HANS GERD RÖTZER

Geschichte der deutschen Literatur

Epochen
Autoren
Werke

C. C. BUCHNERS VERLAG BAMBERG

Hans Gerd Rötzer
Geschichte der deutschen Literatur
Epochen – Autoren – Werke

Für Brigitte
Dank
für die große Geduld
und
die vielen Gespräche

Dieses Werk folgt der reformierten Rechtschreibung und Zeichensetzung. Ausnahmen bilden Texte, bei denen künstlerische, philologische und lizenzrechtliche Gründe einer Änderung entgegenstehen.

Lektorat und Bildauswahl: Gerhard C. Krischker

2. veränderte und erweiterte Auflage 1 4 2 1 2004 02 00 98
Alle Drucke dieser Auflage sind, weil untereinander unverändert, nebeneinander benutzbar.

Einband: CCM · Bamberg
Satz und Druck: Fränkischer Tag GmbH & Co. KG, Bamberg
Bindearbeiten: H. Stürtz AG, Würzburg

ISBN 3 7661 **4140** 6

Vorwort

Eine Literaturgeschichte in einem Band kann nur ein einführender Überblick sein; sie ersetzt keine Epochenbände oder Einzeldarstellungen. Der Autor muss den Mut haben, aus der Fülle des literarischen Angebotes auszuwählen und Schwerpunkte zu setzen. Beides habe ich versucht, und ich bin mir auch bewusst, dass man im Einzelfall anderer Meinung als ich sein wird. Ich habe es vermieden, Namen und Titel nur aufzuzählen. Mir schien es sinnvoller, exemplarisch vorzugehen: Entwicklungen in ihrem gesamtgesellschaftlichen Zusammenhang vorzustellen, Autor und Werk in ihr historisches Umfeld einzuordnen und durchaus das ein oder andere Werk etwas ausführlicher zu behandeln. Der Leser soll dem Gang der Argumentation auch ohne Fachkenntnisse folgen können. Ich möchte ihn für die Literatur begeistern, zumindest aber gewinnen.

Die einzelnen Kapitel sind nicht durchgehend gleich aufgebaut. Folgende Gliederungen aber wiederholen sich: ein tabellarischer Überblick über Zeitereignisse und über die behandelten Autoren und Werke, eine historische Einführung in den Zeitabschnitt, Hervorheben wichtiger literarischer Entwicklungen; einzelne Autoren und Werke.

H. G. R.

Inhaltsverzeichnis

1. Von der Zeit Karls des Großen bis zum Ende der Stauferzeit

(8. bis 13. Jahrhundert)

	vor 750 *Merseburger Zaubersprüche*
768–814 Regierungszeit Karls des Großen – Gründung von Kloster- und Hofschulen – reiche Übersetzungstätigkeit	770/90 *Wessobrunner Gebet*
800 Kaiserkrönung Karls des Großen in Rom – das Frankenreich als Erbe Roms	um 800 *Hildebrandslied* im Kloster Fulda aufgeschrieben
	Anfang 9. Jahrhundert *Muspilli*
	830 *Heliand*
843 Teilung des karolingischen Reiches im Vertrag von Verdun – eigenständige Entwicklung des ostfränkischen Reiches	863/71 *Evangelienharmonie* des Otfried von Weissenburg (800–871)
	Ende 9. Jahrhundert *Petruslied* – *Georgslied* – *Ludwigslied*
910 Gründung des Klosters Cluny, von dem die große Kirchenreform ausgeht (clunyazensischen Reform)	
936–973 Regierungszeit Ottos I. – Bindung der Kirche an die Reichspolitik durch Vergabe weltlicher Ämter	950–1022 Notker der Deutsche – Übersetzer antiker und frühmittelalterlicher Unterrichtswerke
	1063 *Ezzolied*
1070 Einzug der clunyazensischen Reform im Kloster Hirsau	1070 *Memento mori*
1075 Investiturstreit	um 1080 *Annolied*
1077 Heinrich IV. als Büßer beim Papst in Canossa – „Canossagang“	
1096 1. Kreuzzug	
1122 Wormser Konkordat – Ende des Investiturstreites	seit Mitte 12. Jahrhundert Einfluss der höfischen Dichtung (Epos, Lyrik) Frankreichs
1138–1254 Zeit der Stauferherrscher – Stärkung der zentralen Reichsgewalt	1147 *Kaiserchronik* um 1150 *Alexanderlied* des Pfaffen Lamprecht

1152–1190 Regierungszeit Friedrichs I., Barbarossa

um 1150 *König Rother*

um 1150 *Liebeslieder* des KÜRENBERGER

um 1170 *Rolandslied* des PFAFFEN KONRAD

1198 Doppelwahl – Philipp von Schwaben gegen Otto IV. – Einmischung der Päpste in die Reichspolitik – Rivalität zwischen Staufern und Welfen

1150–1190 FRIEDRICH VON HAUSEN – Einfluss des provenzalischen Minnesangs

1170–1190 *Eneide* des HEINRICH VON VELDEKE

Ende 12. Jahrhundert *Herzog Ernst*

um 1165 – um 1215 HARTMANN VON AUE – *Erec* (um 1180) – *Der arme Heinrich* (um 1195) – *Iwein* (um 1205)

um 1200 *Nibelungenlied*

Anfang 13. Jahrhundert GOTTFRIED VON STRASSBURG gestorben – *Tristan* (um 1200)

1212–1250 Regierungszeit Friedrichs II. – Höhepunkt der ritterlich-höfischen Kultur

um 1170 – um 1220 WOLFRAM VON ESCHENBACH – *Parzival* (um 1210)

1170–1230 WALTHER VON DER VOGELWEIDE – *Minnesang* – *Spruchdichtung*

1190–1246 NEIDHART VON REUENTAL – *Sommer-* und *Winterlieder*

1230 FREIDANKS *Bescheidenheit*

1250 DER STRICKER gestorben – *Schwänke des Pfaffen Amis*

1254 Konrad IV., letzter Staufer, stirbt in Neapel.

2. Hälfte 13. Jahrhundert *Meier Helmbrecht* von WERNHER DEM GARTENAERE

1291 Akka, die letzte Bastion der Kreuzritter im Heiligen Land, geht verloren.

Vorchristliche Dichtung

> Literatur, d. h. mit Lettern geschriebene Sprache, beginnt auf Deutsch bald nach 750 im Machtkreis des Frankenreichs. Damals versuchen irische und angelsächsische Mönche, Missionsbischöfe und deren Schüler dieses barbarische Idiom aufzuzeichnen. Sie bedienen sich dazu lateinischer Buchstaben, die sich für die Laute dieser Sprache nicht sonderlich eignen. Die damals begründete Tradition macht, dass bis heute deutsche Buchstaben lateinische Buchstaben sind.
> (KARL BERTAU *Deutsche Literatur im europäischen Mittelalter*)

römische und spätlateinische Quellen

Mit dem Versuch, mündlich überliefertes Erzählgut in lateinischer Schrift festzuhalten, beginnt in Deutschland zur Zeit der karolingischen Reichsgründung eine eigenständige nationalsprachige Schriftliteratur. Die mündliche Tradition reicht aber weit in die vorchristliche Zeit zurück. Nur: Die Quellen sind spärlich und zufällig. Früheste Hinweise finden sich bei römischen Autoren, bei CAESAR *Über den gallischen Krieg* (51 v. Chr.) und TACITUS *Germanien* (98 n. Chr.). Spätlateinische Schriftsteller haben einzelne germanische Stammesgeschichten aufgeschrieben und dabei einiges aus der mündlichen Erzähltradition überliefert, so GREGOR VON TOURS in seiner *Geschichte der Franken* (Ende 6. Jh.) und PAULUS DIACONUS in seiner *Geschichte der Langobarden* (Ende 7. Jh.).

mittelalterliche Bearbeitungen

Weitere wichtige Quellen zur Erschließung der vorchristlichen germanischen Dichtung sind mittelalterliche Bearbeitungen älterer Sagenstoffe, die bis in die Zeit der Völkerwanderung (4. bis 6. Jh.) zurückreichen, z. B. die *Geschichte der Nibelungen* oder der *Sagenkreis um Dietrich von Bern.* In mittelalterlichen Sammlungen, z. B. in der *Älteren Edda,* sind mündlich überlieferte germanische Götter- und Heldenlieder, wenn auch in späteren, bereits christlichen Bearbeitungen noch fassbar.

mündliche Dichtung

Die vorchristliche germanische Dichtung war eine mündliche Dichtung, die von adligen Sängern weitergegeben wurde. Ihre Themen stammten

Themen

- aus dem Mythos: *Schöpfungs- und Göttersagen,*
- aus der eigenen Stammesgeschichte, besonders aus der Zeit der Völkerwanderung: *Heldenlieder,*
- aus dem Bereich kultischer Zauberhandlungen: *Zaubersprüche.*

Stabreim

Das formale Merkmal der germanischen Dichtung bis in das 9. Jahrhundert war der *Stabreim*; er ist kein Endreim, sondern ein Anlautreim (Alliteration). Jede Verszeile hat vier Haupthebungen; drei der vier Hebungen beginnen jeweils mit dem gleichen Konsonanten. Der Reim (Stab) geht von der dritten Hebung aus:

wélaga nu,/wáltant got,/wéwurt/skíhit *(Hildebrandslied)*
(Weh nun, waltender Gott, Wehgeschick geschieht)

erhaltene Texte

Die wenigen noch erhaltenen Texte aus altgermanischer Zeit sind durch Zufall auf uns gekommen; Mönche haben sie im 8. und 9. Jahrhundert auf noch freien Pergamentseiten großer Handschriften festgehalten. Zu ihnen gehören ein Bruchstück aus dem *Hildebrandslied* und einige *Zaubersprüche.*

Hildebrandslied

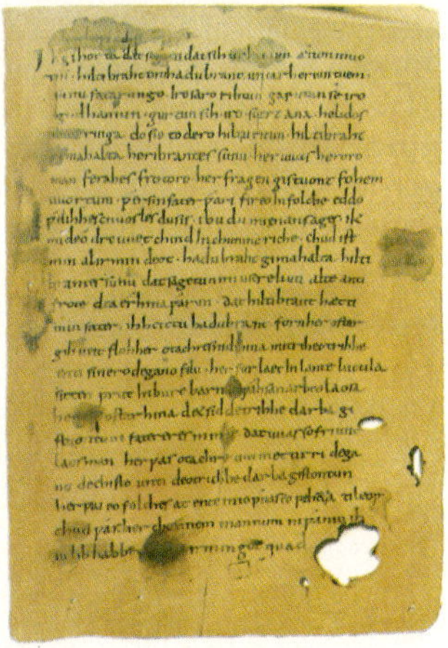

Ik gihorta dat seggen,
dat sih urhettun aenon muotin
Hiltibrant enti Hadubrant untar heriun tuem.
sunufatarungo iro saro rihtun,
garutun se iro gudhamun, gurtun sih iro swert ana,
helidos, ubar hringa, do si to dero hiltiu ritun.
(Anfang)

Ich hörte das sagen,
Dass sich Ausfordrer einzeln trafen,
Hildebrand und Hadubrand, zwischen zwein Heeren.
Sohn und Vater sahn nach der Rüstung,
Das Schlachtgewand richteten sie, gürteten die Schwerter an,
Die Recken, über die Ringe, als sie ritten zu diesem Kampfe.
Hildebrand anhob, er war der hehrere Mann,
Erfahrener und weiser: zu fragen begann er
Mit wenigen Worten, wer der Helden im Volke
Sein Vater wäre „oder wes Geschlechtes du seist.
Sagst du mir nur einen, die andern weiß ich mir:
Kind, im Königreiche kund ist mir da männiglich."
Hadubrand anhob, Hildebrands Sohn:
„Das sagten sie mir, unsere Leute,
Alte und weise, die eher da waren,
Dass Hildebrand hieße mein Vater; ich heiße Hadubrand.
Einst zog er gen Osten, floh des Otacker Zorn
Hin mit Dietrich und vielen seiner Degen.
Er ließ im Lande verlassen sitzen
Sein Weib im Haus, den winzigen Sohn,
Ohne Erb und Eigen, er ritt hin nach Osten.
Denn den Dietrich bedrängte das Sehnen
Nach meinem Vater. Der freundlose Mann,
Auf Otacker war er unmäßig ergrimmt,
Aber der Degen liebster dem Dietrich.
Immer ritt er an des Volkes Spitze: fechten war ihm immer zulieb.
Kund war er kühnen Mannen. – –
Nicht glaube ich, dass er noch lebe."
„Weiß es Allvater oben herab vom Himmel,
Dass du dennoch nie mit so Versippten
Deine Sache führtest" . . .
Da wand er vom Arme gewundene Ringe
Aus Kaisermünzen, wie der König sie ihm gab,
Der Herrscher der Hunnen: „Dass ich mit Huld dir das gebe."
Hadubrand anhob, Hildebrands Sohn:
„Mit dem Gere soll man Gabe empfangen
Spitze wider Spitze
Du scheinst mir, alter Hunne, unmäßig listig.
Lockst mich mit deinen Worten, willst mich werfen mit deinem Speere,
Bist ein so alter Mann und warst immer voll Untreu.
Das sagten mir so die See befahren
Westlich übern Wendelsee, dass der Krieg ihn hinwegnahm.
Tot ist Hildebrand, Heribrands Sohn. –

Wohl aber seh ich an deinem Harnisch,
Dass du hast daheim einen guten Herrn,
Dass aus diesem Reich du nicht bannflüchtig reistest.“
Hildebrand anhob, Heribrands Sohn:
„Weh nun, waltender Gott, Wehgeschick wird!
Ich wallte der Sommer und Winter sechzig außer Lande,
Dass man stets mich reihte zur Schar der Kämpfer.
An keiner Statt kam ich je zu sterben.
Nun soll mit dem Schwert eignes Kind mich erschlagen,
Mit der Waffe mich treffen, oder ich ihn töten.
Doch magst du nun leichtlich, wenn dir langt die Kraft,
Des Hochbejahrten Harnisch gewinnen,
Raub dir erraffen, wenn du irgendein Recht hast . . .
Der sei doch der Feigste der Völker des Ostens,
Der den Kampf dir nun weigre, nun so wohl dich des lüstet
Gemeinsamer Gänge. Erprobe, wer's mag,
Wer von uns heute den Harnisch räume
Oder dieser Brünnen beider darf walten.“
Da ließen sie erstlich Eschlanzen schwirren
In scharfen Schauern, die standen im Schild fest.
Dann sprangen sie zusammen, spaltend den Buntrand,
Hieben harmweckend in die hellen Schilde,
Bis die Lindenschilde ihnen schartig wurden.
Zerwirkt von den Waffen . . .
(Übersetzung: Peter Wapnewski)

Hildebrands Sterbelied

Das *Hildebrandslied* geht in seinem Kern auf Ereignisse aus der Zeit der Völkerwanderung zurück. Das erhaltene Fragment, in dem der heidnische Schicksalsglaube bereits durch christliches Gedankengut überlagert ist, wurde um 800 im Kloster Fulda aufgeschrieben. Hildebrand, ein Gefolgsmann Dietrichs von Bern, kehrt nach langen Jahren aus der Fremde zurück und trifft zwischen zwei Heeren auf seinen Sohn Hadubrand, dem er sich zu erkennen gibt. Dieser aber glaubt nicht, dass sein Vater noch lebe, und verspottet den alten „Hunnen“. Hildebrand beklagt das verhängnisvolle „Wehgeschick“, er ruft den „waltenden Gott“ an; aber das Gesetz der Kriegerehre siegt über die Vaterliebe. Es kommt zum Zweikampf zwischen Vater und Sohn, der wahrscheinlich tragisch endet. Das Fragment bricht mitten in der Schilderung des Kampfes ab; aber in einer anderen Quelle, *Hildebrands Sterbelied,* bekennt der Vater, dass er wider Willen zum Mörder seines Sohnes geworden war. Eine spätere christliche Fassung, das so genannte *Jüngere Hildebrandslied,* gab dem Kampf einen versöhnlichen Ausgang. Im alten *Hildebrandslied* bestimmt noch der Glaube an das unbegreifliche Schicksal, dem der Einzelne nicht entrinnen kann, die Handlung.

Jüngeres Hildebrandslied

Merseburger Zaubersprüche

Eiris sazun idisi, sazun hera duoder,
suma hapt heptidun, suma heri lezidun,
suma clubodun umbi cuniowidi:
insprinc haptbandun, invar vigandun!

Einstmals setzten sich Idise (Idise sind zauberstarke Schlachtjungfrauen, den Walküren verwandt), setzten sich hierhin, dorthin und dahin, manche Hafte hefteten (d. h. sie festigten die Fesseln der feindlichen Gefangenen), manche lähmten das Heer (der Feinde), manche klaubten um heilige Fesseln (es sind die Fesseln aus Eichenzweigen, mit denen der Priester oder König die Gefangenen umwindet, die als Opfer für die Götter bestimmt sind; diese Fesseln lockern die Idise): entspring den Haftbanden, entfahr den Feinden!

Vol ende Wodan vuorun zi holza,
do wart demo Balderes volon sin vuoz birenkit.
thu biguolen Sinthgunt, Sunna era swister.
thu biguolen Friia, Volla era swister,
thu biguolen Wodan, so he wola conda,
sose benrenki, sose bluotrenki,
sose lidirenki:
ben zi bena, bluot zi bluoda;
lid zi geliden, sose gelimida sin!

Vol und Wodan ritten in den Wald. Da ward dem Fohlen Balders sein Fuß verrenkt. Da besprach ihn Sinthgunt, (und) Sonne, ihre Schwester. Da besprach ihn Frija, (und) Volla, ihre Schwester, da besprach ihn Wodan, der es wohl konnte, wie die Beinrenke, so die Blutrenke, so die Gliedrenke: Bein zu Bein, Blut zu Blut, Glied zu Glied, als ob sie geleimt sei'n!
(Übersetzung: Peter Wapnewski)

Die beiden *Merseburger Zaubersprüche* stehen in einer geistlichen Handschrift des 10. Jahrhunderts, sie sind aber vorchristlichen Ursprungs; denn in den einleitenden Versen wird von germanischen Gottheiten erzählt, wie sie einen Gefangenen befreiten oder ein verletztes Pferd heilten. Die Zauberformel zerfällt in zwei Teile; der Schilderung der Wunderkraft folgt die Aufforderung zur Hilfe. Beide Teile, zumindest im zweiten Spruch, sind durch die magische Dreizahl strukturiert.

Lieder-Edda

Die *Ältere Edda* oder *Lieder-Edda* ist eine Sammlung von Götter- und Heldenliedern. Sie wurde im 13. Jh. in Skandinavien aufgezeichnet; die Texte gehen auf ältere Vorlagen zurück. Sie berichtet Einzelheiten aus der Nibelungensage, die in das *Nibelungenlied* nicht aufgenommen worden sind.

Der Einfluss des Christentums

Karl der Große; seine Bildungspolitik

Unter Karl dem Großen (742–814) wurde die Christianisierung der germanischen Stämme abgeschlossen. Die neu gegründeten Klöster (z. B. Fulda, Freising) und die kaiserlichen Hofschulen übernahmen die führende kulturelle Rolle im Reich. Zwar wurden vereinzelt Beispiele der vorchristlichen germanischen Dichtung aufgezeichnet, aber das eigentliche Anliegen war die Übertragung der römisch-christlichen Überlieferung in das Frankenreich; denn Karl der Große sah sich als Nachfolger und Erbe Roms. Latein blieb die Sprache der staatlichen Verwaltung, der Kirche und der Wissenschaft.
Da das Volk aber nicht Latein konnte und auch für die adligen Söhne, die in die Klöster eintraten, Latein eine Fremdsprache war, begann

Übersetzungen

eine rege *Übersetzungstätigkeit:* Deren Ziel war es zum einen, in der deutschen Sprache eigene Begriffe und Ausdrücke für die römisch-christliche Welt zu finden und zu entwickeln, und zum andern, dem Volk in seiner eigenen Sprache und in seiner eigenen Dichtung die christliche Heilslehre zu vermitteln. Die wichtigsten Gebete *(Vater unser, Glaubensbekenntnis, Tauf- und Beichtformeln)* wurden ins Deutsche übersetzt. Die Mönche legten für ihre Übersetzungsarbeit lateinisch-deutsche Wortlisten *(Glossare)* an oder notierten sich im laufenden lateinischen Text zwischen den Zeilen einzelne deutsche Wörter. Diese *Interlinearübersetzungen* folgten meist Wort für Wort dem lateinischen Text, sodass sie auch die lateinische Wortstellung im Satz übernahmen. Noch heute beginnt das *Vaterunser* nach der lateinischen Wortstellung.

Gebete

Glossare

Interlinearübersetzungen

christliche Stabreimdichtung

Gleichzeitig entstand in Anlehnung an germanische Vorbilder eine *christliche Stabreimdichtung.* Im *Wessobrunner Gebet* und im *Muspilli* wurden Weltschöpfung und Weltende, zentrale Themen der germanischen Göttersage, nach den biblischen Texten beschrieben. Im *Heliand* wurden die Evangelien in der Gestalt eines germanischen Heldenepos nacherzählt. Christliche Erzählgedichte sollten die heidnischen Lieder, die im Volke weitererzählt wurden, verdrängen.

Wessobrunner Gebet

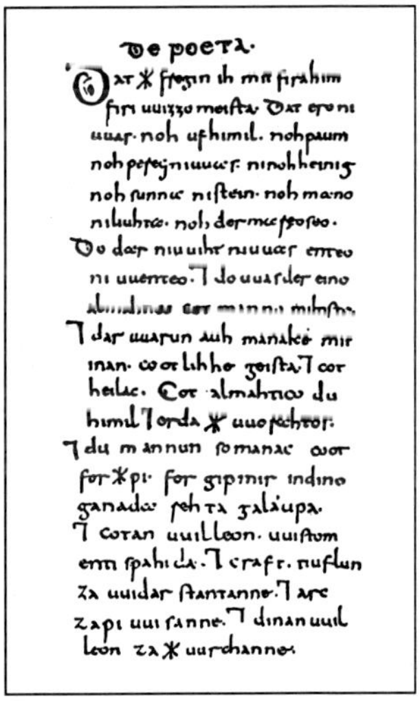

Dat gafregin ih mit firahim   firiuuizzo meista,
Dat ero ni uuas   noh ufhimil,
noh paum   noh pereg ni uuas,
ni nohheinig   noh sunna ni scein,
noh mano ni liuhta,   noh der mareo seo.
Do dar niuuiht ni uuas   enteo ni uuenteo,
enti do uuas der eino   almahtico cot,
manno miltisto,   enti dar uuarun auh manake mit inan
cootlihhe geista. enti cot heilac . . .

Cot almahtico, du himil enti erda gauuorahtos, enti du mannun so manac coot forgapi, forgip mir in dino ganada rehta galaupa enti cotan uuilleon, uuistom enti spahida enti craft, tiuflun za uuidarstantanne enti arc za piuuisanne enti dinan uuilleon za gauurchanne.

Das erfuhr ich bei den Menschen   (als) der Wunder größtes,
dass Erde nicht war   noch der Himmel darüber,
noch Baum   noch Berg war,
noch irgendetwas,   noch die Sonne schien,
noch der Mond leuchtete,   noch das gewaltige Meer.
Da dort nichts war   an Enden und Wenden,
und da (aber) war der eine   allmächtige Gott,
der Männer gnädigster,   und da waren auch viele bei ihm,
göttliche Geister.   Und Gott heiliger . . .

Gott allmächtiger, der du Himmel und Erde geschaffen, und der du den Menschen so viel Gutes schenktest, gib mir in deiner Gnade rechten Glauben und guten Willen, Weisheit und Klugheit und Kraft, den Teufeln zu widerstehen und Arges zu vermeiden und deinen Willen zu tun.

Das *Wessobrunner Gebet,* erhalten in einer Handschrift (Anfang 9. Jh.) aus dem Kloster Wessobrunn, besteht aus zwei Teilen. Der erste Teil (Stabreimdichtung) schildert, wie der e i n e Gott in seiner Allmacht die Welt aus dem Nichts schuf. Im zweiten Teil (Prosa) schließt sich ein Gebet um Gottes Gnade und Hilfe zum rechten Leben an. Die Beschreibung des Nichts erinnert an ähnliche Schöpfungsberichte in der *Edda*; aber Gott ist nicht mehr der Ordner des Chaos, die Welt entsteht aus seinem Willen: Er ist der Weltenschöpfer der Bibel.

Muspilli

Das Gedicht *Muspilli* ist in einem Regensburger Fragment (Ende 9. Jh.) überliefert, das auf eine ältere Fassung zurückgeht. Es ist eine dramatische Darstellung des großen Weltenbrandes, d. h. des Jüngsten Gerichts. Es schildert zunächst das Schicksal der einzelnen Seele nach dem Tode. Die reine Seele kann in das himmlische Paradies einkehren. Der unbußfertige Sünder wird zur ewigen Strafe in die Hölle geworfen. Dann folgt die Vision des Endkampfes zwischen den guten und bösen Mächten, der dem Erscheinen des himmlischen Richters vorausgeht. Das Gedicht hält den Gläubigen die Vergänglichkeit der Welt vor Augen und fordert sie durch eindringliche Schilderung der Höllenstrafe zur bußfertigen Umkehr auf. Es ist eine christliche Bußpredigt, die auf germanische Vorstellungen vom großen Weltenbrand zurückgreift.

Heliand

Der *Heliand* entstand um 830. In der Form des Heldenliedes wird anhand der vier Evangelien die Geschichte Jesu nacherzählt. Das biblische Geschehen ist in die Vorstellungswelt des germanischen Gefolgschaftswesens übertragen, um so auch dem adligen Laien verständlich vor Augen zu führen: Christus ist der Gefolgsherr, die Jünger sind seine Gefolgsleute.

Endreim

Aber der Stabreim setzte sich in der christlichen Dichtung nicht durch. Erstmals taucht in Otfrieds *Evangelienbuch* der *Endreim* auf. Weitere Beispiele sind das *Petruslied,* das *Georgslied* und das *Ludwigslied.* In der Endreimdichtung wird die Langzeile in zwei Teilverse untergliedert, deren Endbetonung jeweils gleich lautet:

Unsar trohtin hat farsált // sancte Petre giuuált
(Unser Herr hat gegeben // Sanct Petrus die Gewalt) *(Petruslied)*

OTFRIEDS *Evangelienbuch*

OTFRIED VON WEISSENBURG (800–871) war Leiter der Klosterschule Weißenburg im Elsass. Das *Evangelienbuch,* die Geschichte des Lebens Jesu, umfasst fünf Bücher. Den einzelnen Erzählabschnitten folgt jeweils eine belehrende Erklärung des Geschehens. Otfried stellte an sein Publikum hohe Anforderungen. In der Vorrede nannte er zwei Gründe, warum er das Evangelienbuch geschrieben habe: 1. um den Einfluss der heidnischen Heldenlieder zurückzudrängen, 2. um die deutsche Sprache ebenbürtig neben die lateinische Sprache zu stellen.

Petruslied

Das *Petruslied,* ältestes erhaltenes Beispiel eines deutschen Kirchenliedes (Ende 9. Jh.), besteht aus drei Strophen zu je zwei Langzeilen (mit Binnenreim) und Kehrreim (Kyrie eleyson // Christe eleyson). Die erste und die zweite Strophe erzählen von der Gewalt, die Petrus verliehen wurde. In der dritten Strophe wird Petrus um Fürsprache angerufen. Der Aufbau hat noch Ähnlichkeit mit den *Merseburger Zaubersprüchen.*

Georgslied

Das *Georgslied* ist das früheste Beispiel einer Heiligenlegende in deutscher Sprache (Ende 9. Jh.). Wahrscheinlich ist es aus Anlass der Überführung der Georgsreliquien auf die Insel Reichenau verfasst worden. Georg ist der große Wundertäter, dem auch der gewaltsame Tod nichts anhaben kann; er tritt noch nicht als der Drachentöter auf.

Ludwigslied

Das *Ludwigslied,* die einzige Dichtung weltlichen Inhalts aus dem 9. Jahrhundert, ist ein Preislied auf Ludwig III., der 881 die Normannen besiegt hatte. Zwar ist es wie ein Heldenlied aufgebaut, aber die Ereignisse werden heilsgeschichtlich gedeutet. Ludwig, Idealbild des christlichen Fürsten, tritt gegen die heidnischen Normannen an: „Der König ritt kühn, er sang das Lied des Herrn, und alle sangen zusammen Kyrie eleison."

Auflösung des Karolingerreiches

Für Karl den Großen war die Kultur- und Bildungsarbeit ein wichtiger Bestandteil seiner Reichspolitik; denn die Franken sollten nicht nur das politische, sondern auch das kulturelle Erbe Roms antreten. Aber schon unter den Enkeln Karls des Großen schwand der Elan, die deutsche Sprache am Vorbild der römischen und lateinisch-christlichen Literatur zu einer gleichrangigen Kultursprache auszubilden. Im Vertrag von Verdun (843) wurde das karolingische Reich in drei selbstständige Verwaltungsgebiete aufgeteilt, die künftig eine getrennte Entwicklung nahmen. Für das ostfränkische Territorium kam im 10. Jahrhundert unter den Ottonen die Bezeichnung *Regnum Teutonicorum* (Königreich der Deutschen) auf.

Kirchenpolitik Ottos des Großen

Zur Zeit Karls des Großen hatten die Klöster vor allem kulturelle und wirtschaftliche Aufgaben. Dies änderte sich unter Otto dem Großen (912–973). Um die Macht der Stammesherzöge zurückzudrängen, stützte er sich auf die hohe Geistlichkeit. Er setzte Bischöfe und Äbte als Landesfürsten ein. Dies hatte für ihn den Vorteil, dass er auf die Erbfolge keine Rücksicht zu nehmen brauchte und jeweils Leute seiner Wahl einsetzen konnte. Für die Kirche hatte es aber den Nachteil, dass ihre Vertreter geistliche und weltliche Ämter verwalteten. Diese doppelte Aufgabe barg in sich die Gefahr einer Verweltlichung der Kirche, und der Konflikt zwischen Staat und Kirche war abzusehen. Im Investiturstreit (1075) brach er offen aus; der Papst verbot den weltlichen Herrschern geistliche Ämter zu verleihen. Der Streit wurde erst 1122 im Wormser Konkordat beigelegt: Bischöfe und Äbte sollten künftig von kirchlichen Gremien gewählt und erst anschließend vom König mit weltlichen Besitztümern belehnt werden.

Investiturstreit

clunyazensische Reform

Schon im 10. Jahrhundert gab es Reformbestrebungen gegen die Verweltlichung der Kirche und den Verfall des klösterlichen Lebens. Sie gingen von dem Kloster Cluny (nördlich von Lyon) aus. Die Clunyazenser forderten die strenge Einhaltung der benediktinischen Regeln (Gehorsam, Armut, Keuschheit). Sie unterstellten sich unmittelbar dem Papst. Das einflussreichste Zentrum östlich des Rheins wurde das Kloster Hirsau im Schwarzwald.

Die deutsche Literatur zur Zeit der Karolinger war Gebrauchsliteratur; sie stand im Dienste der Chistianisierung der germanischen Stämme; sie sollte die wichtigsten Wahrheiten des neuen Glaubens in der Sprache und Vorstellungswelt des Volkes vermitteln. Die Diskussionen um die geistige Erneuerung des kirchlichen Lebens und die Auseinandersetzungen zwischen Kirche und Staat im 10. und frühen 11. Jahrhundert fanden auf einer anderen Ebene statt; sie wurden in lateinischer Sprache geführt. Dies mag einer der Gründe sein, warum für jene Zeit bedeutende literarische Zeugnisse in deutscher Sprache fehlen.

Vorrang der lateinischen Sprache

die große Ausnahme: NOTKER DER DEUTSCHE

Eine Ausnahme bildete das Lebenswerk NOTKERS DES DEUTSCHEN (gest. 1022). Notker leitete die Klosterschule in St. Gallen. Für seine Schüler übersetzte und erklärte er die wichtigen antiken und frühmittelalterlichen Unterrichtswerke. Seine Übersetzungen waren nicht einfach Verstehenshilfen, die sich genau an die Wortfolge hielten; Notker übersetzte nach dem Sinn. Dies war ein wichtiger Fortschritt gegenüber den Eindeutschungen zur Zeit Karls des Großen. Seine Übersetzungen sind ein wichtiger Beitrag auf dem Wege des Deutschen zu einer eigenständigen Kultursprache.

die sieben freien Künste

Das Grundgerüst der mittelalterlichen klösterlichen Bildung waren die *sieben freien Künste,* die auf das philosophische und theologische Studium vorbereiteten. Man könnte sie mit dem Kanon der heutigen Schulfächer vergleichen. Sie gliederten sich in das *Trivium* (Grammatik, Redekunst, logisches Denken) und das *Quadrivium* (Arithmetik, Geometrie, Astronomie und Musik). Ihre Geschichte geht bis in die Antike zurück. Aus ihnen entstand an den mittelalterlichen Hochschulen die philosophische Fakultät, Artistenfakultät (lat. *artes* = Künste) genannt.

deutsche Texte zur Zeit des Investiturstreites

In der zweiten Hälfte des 11. Jahrhunderts, auf dem Höhepunkt des Investiturstreites, setzte auch die deutschsprachige Literatur wieder ein. Die Texte sind ein unmittelbarer Niederschlag der geistigen Erneuerungsbestrebungen und der Auseinandersetzung zwischen Kirche und Staat. Sie sind Beispiele einer neuen innerlichen Frömmigkeit. Sie reichen von düsterer Weltverneinung *(Memento mori)* bis zum gläubigen Vertrauen in die Erlösungstat Christi, die der Weltgeschichte einen neuen Sinn gegeben habe. In dem nach ihm benannten *Ezzolied* (1063) gab der Bamberger Chorherr Ezzo eine heilsgeschichtliche Deutung der Weltgeschichte; erst durch die Auferstehung Christi habe sich die Schöpfung vollendet. Ähnlich ist das *Annolied* (um 1080) aufgebaut; aber es spannt den Bogen bis zum Tode (1075) des Kölner Erzbischofs Anno. Durch diese Aktualisierung griff der unbekannte Autor in den Investiturstreit aufseiten der päpstlichen Partei ein; die Kirche beanspruchte nicht nur die geistliche, sondern auch die weltliche Macht; sie sei die einzige rechtmäßige Sachwalterin Gottes auf Erden.

Ezzo

Memento mori

Memento mori bedeutet: Denke daran, dass du sterben wirst! Der lateinische Titel soll die Gläubigen an die Vergänglichkeit des irdischen Lebens erinnern. Nur wer sich durch Reue und Buße von der Welt abkehre, könne aus dem irdischen Jammertal erlöst werden. Nicht die Erlösungstat Christi, sondern das Strafgericht am Jüngsten Tag ist das bestimmende Thema. Das bekannteste Beispiel aus der Zeit der clunyazensischen Reform ist ein Text, der wahrscheinlich um 1070 im Kloster Hirsau entstand und einem Mönch Notker zugeschrieben wird. Auch die *Erinnerung an den Tod* (um 1160) des Heinrich von Melk ist noch ein Widerhall der clunyazensischen Reform.

Ezzolied

Das Ezzolied war weit verbreitet und wurde auf dem Kreuzzug von 1065 gesungen. Um 1120 wurde es um mehrere Strophen erweitert. Es singt, wie ein Zeitgenosse schrieb, „von den Wundern Christi"; gemeint ist dabei das gesamte Schöpfungswerk. Christus ist Anfang und Ende der Geschichte. Durch seinen Tod und die Auferstehung hat sich das Erlösungswerk vollendet. Geschichte ist Heilsgeschichte. Der Hymnus endet nicht mit einer Aufforderung zur Weltabkehr, sondern mit der Gewissheit, dass die Welt und die Menschheit durch Christus gerettet worden sind.

Annolied

Das *Annolied* (um 1080) beschreibt schon wie das *Ezzolied* die Weltgeschichte als Heilsgeschichte. Der unbekannte Autor erweitert aber aus aktuellem Anlass den Zeitraum bis in seine Gegenwart; er fügt die Geschichte des Bistums Köln und das Leben des Kölner Erzbischofs Anno an, der 1075 im Rufe der Heiligkeit starb. Indem er das Wirken des Erzbischofs in die Heilsgeschichte einordnete, dokumentierte er den Anspruch der päpstlichen Partei auf die geistliche und weltliche Herrschaft; die weltlichen Herrscher seien nur Lehensträger des Papstes, des Stellvertreters Gottes auf Erden.

Ritterlich-höfische Dichtung

Beginn einer adligen Ständedichtung

Bis in das 11. Jahrhundert waren die Autoren deutschsprachiger Texte vorwiegend Geistliche. Auch der Inhalt bezog sich meistens auf religiöse Themen oder war zumindest in einen heilsgeschichtlichen Zusammenhang eingeordnet. Dies änderte sich im 12. Jahrhundert; es entstand eine weltliche Literatur, nun in der Mehrzahl von Laien geschrieben. Mit einer Fülle an Zeugnissen und einem erstaunlichen Gestaltungsvermögen setzte eine neue Epoche der deutschsprachigen Literatur ein.
Die Gründe dafür sind vielseitig:
- die Festigung der politisch-weltlichen Macht in Deutschland unter den staufischen Kaisern (1138–1254)
- das wachsende Selbstbewusstsein des höfischen Rittertums
- das Vorbild der französischen Literatur (höfisches Heldenepos, Lyrik)
- die Erweiterung des Erfahrungshorizontes durch die Kreuzzüge (Kontakt mit anderen Kulturen)

historische Stoffe

Pfaffe Lamprecht

Konrad von Regensburg

Die frühesten Werke der Stauferzeit waren noch von Geistlichen geschrieben, aber sie befassten sich mit weltlichen Themen. Die erste große Geschichtsdarstellung in deutscher Sprache, die *Kaiserchronik*, von den römischen Kaisern bis zur Gegenwart, wurde Mitte des 12. Jahrhunderts in Regensburg verfasst. Um die gleiche Zeit schrieb der Pfaffe Lamprecht sein *Alexanderlied* (um 1150) nach einer französischen Vorlage. Der Pfaffe Konrad von Regensburg bearbeitete in seinem *Rolandslied* (um 1170) einen Stoff aus den Erzählungen um Karl der Großen.

Kaiserchronik

Die *Kaiserchronik* wurde Mitte des 12. Jahrhunderts in Regensburg niedergeschrieben. Sie ist eine Abfolge römischer und deutscher Kaiserbiographien bis zum Jahre 1147. Möglicherweise waren die 17 000 Reimpaarverse ein Gemeinschaftswerk mehrerer geistlicher Autoren. Zwar liegt auch in der *Kaiserchronik* der Schwerpunkt auf der Heilsgeschichte, sie ist aber das erste große Geschichtswerk in deutscher Sprache, das auch den Anspruch der deutschen Herrscher auf das Erbe Roms nachdrücklich betont. Die Lehre von den vier Weltreichen reicht bis in das Altertum zurück; danach ist das römische Reich das letzte Reich vor dem Ende der Geschichte. Deshalb hat nach dem Verständnis der Karolinger und ihrer Nachfolger die Geschichte Roms nicht mit dem Jahre 476 (Sturz des letzten weströmischen Kaisers durch Odoaker) geendet, sondern die deutschen Kaiser führen sie fort; sie sind die Vollender des römischen Weltreiches, und zwar vor allem dann, wenn sie sich mit dem Papst verbünden und seinen Herrschaftsanspruch als Stellvertreter Christi anerkennen. Deshalb werden in der *Kaiserchronik* besonders jene Herrscher hervorgehoben, die die Kaiserkrone als Zeichen der weltlichen Macht aus den Händen des Papstes erhalten haben oder in politischen Auseinandersetzungen auf der Seite des Papstes standen.

Alexanderlied

Die Gestalt Alexanders des Großen (356–323) hatte schon das Altertum fasziniert. Viele Sagen ranken sich um seine Gestalt, mit denen der antike *Alexanderroman* ausgeschmückt wurde. Es ist eine beispielhafte Geschichte von der Vergänglichkeit irdischer Größe. So hatte sie auch der Pfaffe Lamprecht verstanden. Sein *Alexanderlied* ist in drei Fassungen erhalten; es entstand Mitte des 12. Jahrhunderts. Lamprecht ging nicht auf die antiken Quellen zurück; sein Gewährsmann ist Alberich von Besançon, der um 1100 ein französisches Alexanderlied geschrieben hatte. Für die Geschichte der deutschen Literatur ist das *Alexanderlied* aus zwei Gründen bahnbrechend: Es behandelt einen heidnisch-antiken Stoff; es eröffnet den Einfluss französischer literarischer Vorbilder auf die deutsche Literatur. Weltliche Stoffe halten durch die Vermittlung über Frankreich nun endgültig ihren Einzug.

Rolandslied

Der Stoff des *Rolandslieds* geht auf historische Ereignisse zurück. Auf dem Rückmarsch aus dem heidnischen Spanien wurde 778 die Nachhut des Heeres Karls des Großen in den Pyrenäen von rebellischen Basken in einen Hinterhalt gelockt und aufgerieben. Der deutschen Fassung (Regensburg, um 1170) des Pfaffen Konrad liegt wiederum ein französisches Heldenepos aus dem Kreis der Sagen um Karl den Großen zugrunde. Roland, der Anführer der Nachhut, kommt in den Kämpfen um. Der geistliche Autor verband das ritterliche Ideal heldenhafter Vasallentreue mit dem Ideal des christlichen Streiters für den Glauben. Roland sollte ein Vorbild für den Adel sein, der an den Kreuzzügen teilnahm.

Spielmannsepen

Eine andere Gruppe, die so genannten *Spielmannsepen,* lassen der Erzählfreude freien Lauf. Abenteuer und phantastische Erlebnisse nehmen einen breiten Raum ein. Im *König Rother* (um 1150) wurde das Motiv der abenteuerlichen Brautwerbung mit den Machtkämpfen zwischen dem deutschen und dem oströmischen (Konstantinopel) Kaisertum verbunden. Im *Herzog Ernst* (Ende 12. Jh.) wurden Ereignisse aus der deutschen Geschichte mit phantastischen Erzählungen aus dem Orient verwoben. Die Werke richteten sich an ein adliges Publikum; vor dem Hintergrund eines nun gefestigten christlichen Weltbildes preisen sie ritterliche Lebensweise und ritterliche Ideale. Die Helden sind keine individuellen Gestalten, sondern belehrende Vorbilder.

König Rother

König Rother von Bari wirbt heimlich um die Tochter des Königs Konstantin von Konstantinopel. Er entführt die Braut; aber bis zum glücklichen Ende sind noch viele Gefahren zu bestehen. Rother kommt Konstantin im Kampf gegen die Heiden zu Hilfe und besiegt sie. Über seinen Sohn Pippin wird Rother zum Stammvater der karolingischen Herrscher. Mit dieser abenteuerlichen Geschichte, die um 1150 niedergeschrieben wurde, verfolgte der süddeutsche Autor auch ein politisches Programm. Nicht der König von Konstantinopel, sondern Rother besiegt die Heiden; er ist der wahre Verteidiger des christlichen Glaubens. In der Gestalt Rothers verteidigt der Autor den Führungsanspruch der deutschen Kaiser gegen Konstantinopel.

Herzog Ernst

Die Verserzählung *Herzog Ernst* (Ende 12. Jh.) hat die Rebellion des Sohnes gegen den Vater zum Thema. Der Autor hat zwei historische Ereignisse miteinander verbunden: den Aufstand Liudulfs gegen seinen Vater Otto den Großen (953) und die Rebellion Herzog Ernsts II. gegen seinen Stiefvater

Konrad II. (1027). Herzog Ernst wird geächtet und muss fliehen. Er sühnt sein Vergehen auf einem Kreuzzug. Bei seiner Rückkehr wirft er sich im Dom zu Bamberg dem Kaiser zu Füßen und wird in Ehren wieder aufgenommen. Die Kreuzfahrt in den Orient verselbstständigt sich zu einer eigenen Erzählung. Herzog Ernst erlebt phantastische Abenteuer, die an die Erzählungen aus *Tausendundeiner Nacht* erinnern.

Heldendichtung

Das *Nibelungenlied* (um 1200) ist Höhepunkt und Abschluss der germanischen Heldendichtung. Zwar hat der unbekannte Bearbeiter versucht den überlieferten Stoff, der bis in die Zeit der Völkerwanderung zurückreicht, in die Gegenwart zu übertragen, aber die treibenden Kräfte der Handlung ließen sich nicht in christliche Wertvorstellungen einfügen. Das *Nibelungenlied* ist ein vielschichtiges Werk; auf der einen Seite bedingungslose Gefolgschaftstreue bis zur Selbstzerstörung (Hagen) und gnadenlose Blutrache (Kriemhild am Hofe Etzels), auf der anderen Seite das Bestreben, zu vermitteln und zu versöhnen (Dietrich von Bern).

Nibelungenlied

Uns ist in alten maeren   wunders vil geseit
von helden lobebaeren,   von grôzer arebeit,
von freuden hôchgezîten,   von weinen und von klagen,
von küener recken strîten   muget ir nu wunder hoeren sagen.

Ez wuohs in Burgonden   ein vil edel magedîn,
daz in allen landen   niht schoeners mohte sîn.
Kriemhilt was si geheizen;   sie wart ein schoene wîp.
dar umbe muosen degene   vil verliesen den lip.

Der minneclîchen meide   triuten wol gezam.
ir muoten küene recken,   niemen was ir gram.
âne mâzen schoene   sô was ir edel lîp.
der juncfrouwen tugende   zierten anderiu wîp.

In alten Geschichten wird uns vieles Wunderbare berichtet: von ruhmreichen Helden, von hartem Streit, von glücklichen Tagen und Festen, von Schmerz und Klage, vom Kampf tapferer Recken: Davon könnt auch ihr jetzt Wunderbares berichten hören.

Im Land der Burgunden wuchs ein edles Mädchen heran, das war so schön, dass in keinem Land der Welt ein schöneres hätte sein können. Ihr Name war Kriemhild. Später wurde sie eine schöne Frau. Um ihretwillen mussten viele Helden ihr Leben verlieren.

Das liebliche Mädchen verdiente es, geliebt zu werden. Tapfere Recken bemühten sich um ihre Gunst: Niemand konnte ihr feindlich gesinnt sein; denn die Edle war unbeschreiblich schön. Die Gaben, die ihr Natur und Stand verliehen hatten, wären auch für andere Frauen eine Zierde gewesen.
(Übersetzung: Helmut Brackert)

Das *Nibelungenlied* ist in vierzeiligen Strophen geschrieben. Die Verse, mit einem Einschnitt in der Mitte, sind nach der germanischen Langzeile gebaut; sie reimen paarweise. Die Ereignisse werden in 39 Kapiteln (Aventiuren) erzählt. Der erste Teil (1 bis 19) reicht von Siegfrieds Werbung um

Kriemhild am Hofe zu Worms bis hin zu seiner Ermordung durch Hagen; der zweite Teil erzählt, wie Kriemhild Siegfrieds Tod an den Burgunden rächte. Das Werk besteht aus mehreren, zum Teil voneinander unabhängigen Erzählstoffen, die erst im Verlauf der mündlichen Überlieferung bis zur schriftlichen Fassung (um 1200) miteinander verbunden wurden; Erinnerung an historische Ereignisse, Sage und Märchen überlagern sich. Widersprüche, besonders in der Gestalt Kriemhilds, bleiben. Der Beginn des Verhängnisses ist Siegfrieds heimliche Hilfe (Tarnkappe) bei Gunthers Werbung um Brünhild. Als Kriemhild den Betrug verrät, rächt Hagen aus Vasallentreue die Demütigung der Königin; auf der Jagd tötet er hinterrücks Siegfried. Kriemhild, aller Mittel beraubt, da Hagen den Nibelungenschatz im Rhein versenkt hat, gibt König Etzels Werbung nach; aber sie denkt nur noch daran, Siegfrieds Tod an den Burgunden zu rächen. Sie lädt die Burgunden unter dem Vorwand, sich mit ihnen zu versöhnen, an Etzels Hof. Es kommt zu einem blutigen Gemetzel; alle Burgunden finden den Tod. Hagen stirbt durch Kriemhilds Hand. Aber auch Kriemhild überlebt ihre Rache nicht. Hildebrand, Dietrichs Waffenmeister, tötet die Rasende. Die Grundstimmung des Werkes ist – trotz der aktualisierenden Überarbeitung – der germanische Schicksalsglaube, das heldenhafte Erdulden des Verhängnisses; die Gestalten des *Nibelungenliedes* kennen – trotz christlicher Einzelzüge – nicht die versöhnliche Geste christlichen Verzeihens.

Rittertum

Zentren der weltlichen Dichtung waren die Ritterburgen und adligen Höfe. Die Ritter waren ursprünglich ein Berufsstand. Aus ihnen rekrutierten die fränkischen Herrscher ihre berittenen Heere. Die Dienste ihrer Gefolgsleute entlohnten sie durch ein Lehen (Nutzung von Grund und Boden). Die Ritterschaft bestand aus Mitgliedern des alten Geburtsadels und aus zunächst minderbürtigen oder sogar unfreien Dienstmannen (Ministerialen), dem Dienstadel. Durch die Erblichkeit der Lehen verschmolzen seit dem 13. Jahrhundert Geburtsadel und Dienstadel zu einem adligen Stand, der Ritterschaft; ihr Höhepunkt war die Zeit der Kreuzzüge. Der Ritter verpflichtete sich, seinem Lehensherrn treu zu dienen, im Kampf tapfer zu sein, einen christlichen Lebenswandel zu führen, Witwen, Waisen und Bedrängte zu beschützen, die Frauen in ritterlicher Achtung zu ehren. Zuchtvolle Selbstbeherrschung war die höchste Tugend. Das Ideal war der christliche Ritter – Roland war das große Vorbild –, der im Kampf gegen die Heiden den Glauben verteidigte; Rittertum und Kreuzzugsdenken waren eng verbunden. Die ritterliche Vorstellungswelt prägte sich im ritterlich-höfischen *Epos* und *Minnesang* (Verehrung der Frau). Die ritterlich-höfische Dichtung war aber kein realistisches Spiegelbild der Wirklichkeit; in ihr wurde das Selbstverständnis des Rittertums zu einem zeitlosen Idealbild erhöht. Ihre Stoffe wählten die deutschen Dichter nicht aus der eigenen Tradition, sondern aus französischen Quellen.

Einfluss der französischen Versepen

Die Zeit der höfischen Dichtung setzte in Frankreich früher ein als in Deutschland. In den französischen Versepen des 12. Jahrhunderts wurden vor allem drei große Erzählkreise behandelt:
- *der antike Kreis:* der Kampf um Troja;
die Geschichte des Äneas;
die Taten Alexanders
- *der karolingische Kreis:* die Helden um Karl den Großen
- *der bretonische Kreis:* König Artus und die Ritter seiner Tafelrunde;
die Gralssage

Beispiele aus dem antiken und dem karolingischen Kreis finden sich in der deutschen Literatur auch schon im 12. Jahrhundert; die Idealgestalten des ritterlich-höfischen Epos in Deutschland wurden aber um 1200 die Helden aus der *Artusrunde* und der *Gralssage.* Die wichtigste literarische Quelle waren die fünf Artusepen des französischen Dichters CHRÉTIEN DE TROYES (um 1150–um 1190).

Artussage

Die *Erzählungen um König Artus* sind keltischen und bretonischen Ursprungs. König Artus, die Verkörperung des edlen und gerechten Herrschers, hat um sich eine Runde ritterlicher Helden versammelt; zu ihnen gehören Erec, Iwein, Parzival und Tristan. Sein Hof ist Anfang und Ziel der Heldenfahrten. Auf ihren Ausfahrten bestehen die Helden zum Teil unglaubliche Abenteuer; es sind Prüfungsreisen, auf denen sie ihre Berufung zum höfischen Ritter beweisen müssen. Nach bestandener Probe kehren sie zu König Artus zurück.

Gralssage

In der ritterlich-höfischen Dichtung ist die *Gralssage* mit der *Artussage* verbunden. Der Aufenthalt am Artushof ist eine Zwischenstufe auf der Suche nach dem Gral. Die Sage vom Gral vereinigt viele Überlieferungen. Einmal wird er als eine kostbare Schale beschrieben; er sei der biblische Abendmahlskelch oder ein Gefäß, in dem Blutstropfen Christi aufbewahrt werden. Nach einer anderen Überlieferung ist er ein wunderkräftiger Stein, den nur sehen kann, wer die höchste Vollkommenheit errungen hat. Der Tafelrunde der Artussage entspricht die geweihte Runde der Gralshüter. Im Gralsritter vereinigt sich das weltliche Ideal des höfischen Ritters mit christlichen Elementen.

ritterlich-höfische Epen in Deutschland

Die Reihe der ritterlich-höfischen Epen in Deutschland eröffnete die *Eneide* (zwischen 1170 und 1190) des Heinrich von Veldeke. Der Begriff „ritterlich“ bezeichnet den gesellschaftlichen Standort dieser Dichtung. Der Begriff „höfisch“ kennzeichnet die Bildung und das kulturelle Selbstverständnis des Publikums, aus dem diese Dichtung entstand. Der Hof war der Ort des adligen Lebens und der ritterlichen Feste. Das Gegenteil von „höfisch“ war „dörperlich“, d. h. im Dorfe aufgewachsen ohne die Privilegien und die Erziehungsprinzipien der ritterlichen Gesellschaft.

HEINRICH VON VELDEKE

Eneide

HEINRICH VON VELDEKE (Mitte 12. Jh.–Anfang 13. Jh.) stammte aus einem niederländischen Ministerialengeschlecht. Er war ein umfassend gebildeter Mann. Seine *Eneide* geht auf eine französische Bearbeitung zurück, aber er kannte auch die *Aeneis* des römischen Dichters Vergil (70–19 v. Chr.). Nach dem Untergang Trojas sucht Äneas, von den Göttern geleitet, eine neue Heimat, die er schließlich in Italien findet, dort wo später das römische Weltreich seinen Anfang nimmt. Vergil nannte seinen Helden den „frommen“ Äneas, weil er sich dem Willen der Götter fügte. Heinrich von Veldeke deutet die Prüfungen und die Bewährung des heidnischen Helden Äneas als Vorbild ritterlich-höfischen Lebens; er zeichnet die antike Welt im Gewand der historischen Gegenwart.

die drei großen Epiker

HARTMANN VON AUE (um 1165–um 1215), WOLFRAM VON ESCHENBACH (um 1170–um 1220) und GOTTFRIED VON STRASSBURG (gest. Anfang 13. Jh.) bildeten das Dreigestirn der großen Epiker der Stauferzeit. Sie schufen umfangreiche Versepen, in deren Mittelpunkt jeweils eine Gestalt steht, die sich durch Prüfungen bewähren muss. Die Vorlage für diese beispielhaften Geschichten ritterlicher Vollkommenheit war die französische Artusepik. Hartmanns *Erec* (um 1180) war das erste Artusepos in deutscher Sprache; es ist die Geschichte eines Artus-

HARTMANN VON AUE

ritters, der über die Liebe zu einer Frau seine Pflichten als Ritter zu vergessen schien. Das Gegenstück dazu schuf Hartmann im *Iwein* (um 1205), dem ritterlichen Abenteurer. In seiner Verslegende *Der arme Heinrich* (um 1195) beschrieb er den Konflikt zwischen weltlicher Ehre und Gottergebenheit. Wolframs *Parzival* (um 1210) schildert Parzivals Weg zur Berufung als Gralskönig. Das ahnungslose Weltkind läutert sich über mehrere Stufen zum würdigen Hüter des Grals. Zweifel an dem Idealbild der ritterlich-höfischen Gesellschaft, an dem versöhnenden Ausgleich zwischen ritterlicher Selbstbeherrschung und bedingungsloser Selbstverwirklichung kündeten sich im *Tristan* (um 1200) des gebildeten Stadtbürgers Gottfried von Straßburg an.

Im *armen Heinrich* schrieb der Alemanne Hartmann von Aue über sich selbst, dass er ein Ritter sei, der eine gelehrte Ausbildung durchlaufen habe; ein Autor also, der aus dem Stand kam, für den er schrieb, ausgerüstet mit dem gelehrten Wissen seiner Zeit. Die Quelle seiner beiden Artusepen ist Chrétien de Troyes.

Erec

Sein *Erec* (um 1180) ist eine Prüfungsgeschichte in zwei Teilen oder Stufen. Erec wird am Artushofe öffentlich beleidigt. Um seine Ehre zu retten, zieht er auf Abenteuer aus und gewinnt die Liebe der schönen Enite. Ehrenvoll kann er an den Artushof zurückkehren. Im ehelichen Glück aber vergisst er seine ritterlichen Pflichten, bis ihn Enites heimliche Klage wachrüttelt. Ein zweites Mal zieht er aus, um Enites Liebe und seine ritterliche Ehre zurückzugewinnen.

Iwein

Iwein (um 1205) ist das Gegenbild; er vergisst über seine Abenteuerlust die Liebe zu seiner Frau. Auch er muss erst den Weg der Läuterung gehen. In beiden Epen veranschaulicht Hartmann, von unterschiedlichen Ausgangspunkten aus, das Ideal der wahren Ritterschaft; es setzt die Überwindung eines ichbezogenen Verhaltens voraus. Bezeichnend in diesem Läuterungsprozess ist die Rolle der Frau; sie spornt den Helden an und leitet ihn.

Der arme Heinrich

In der Verslegende *Der arme Heinrich* (um 1195) scheint eingangs das Ideal des ritterlich-höfischen Menschen verwirklicht zu sein: Heinrich zeichnet sich durch edle Gesinnung aus, genießt Ansehen und lebt glücklich im Reichtum. Es fehlt ihm aber Wesentliches: Er lebt „ohne Gott"; sein Sinnen und Trachten ist nur auf weltliche Ehre ausgerichtet. Der Aussatz überfällt ihn; er erkennt, dass alles, sein ganzes Leben bisher, nur Schein war. Als ein Mädchen, um ihn zu retten, sich für ihn opfern will, verzichtet er auf diesen Ausweg und unterwirft sich Gott. Heinrich wird, wie durch ein Wunder, von dem Aussatz befreit. Als Geläuterter kann er nun „Besitz, Ansehen und Ehrfurcht vor Gott" in eins bringen. Die Versöhnung findet hier auf einer höheren Ebene statt: zwischen ritterlich-höfischem Lebensideal und jenseitiger Bestimmung des Menschen. Das *Memento mori* der clunyazensischen Reform klingt nach. Hartmanns Legendendichtung zeigt, wie brüchig für den nachdenklichen Beobachter die Brücke zwischen „weltlicher Ehre" und „Gottes Huld" war. Die friedliche Eintracht der Artusrunde gehörte in das Reich der Phantasie; die Wirklichkeit sah anders aus. Nach dem Tode Heinrichs VI. (1197) entbrannte ein blutiger Thronstreit, der den deutschen Adel in zwei feindliche Lager spaltete.

WOLFRAM VON ESCHENBACH

Der Ostfranke Wolfram von Eschenbach stammte aus einem ritterlichen Ministerialengeschlecht; er war unbegütert und daher auf Gönner angewiesen. Im Unterschied zu Hartmann, der sich einen gelehrten Ritter nannte, hatte er keine geistliche Schulbildung genossen; er hatte sich alles selbst angeeignet.

Parzival

Die Erziehung seines gleichnamigen Helden im *Parzival* (um 1210) ist denn auch eher die eines Ritters als die eines Meisters in den sieben freien Künsten. Das Epos ist in 16 Bücher eingeteilt; es umfasst nahezu 25 000 Verse. Herzeloide, früh verwitwet, will ihren Sohn Parzival vor dem unsteten und gefährlichen Leben des Vaters bewahren; aber seine ritterliche Natur schlägt durch. Als „tumber Tor“, ohne auf das Leben vorbereitet zu sein, zieht er in die Welt. So versteht er auch die Ratschläge, die ihn in ritterlichen Tugenden unterweisen sollen, falsch; den Rat, keine Fragen zu stellen, also sich bescheiden zu geben, nimmt er wörtlich. Auf seine Ritterfahrt, die ihn auch an den Artushof geführt hatte, kommt er schließlich zur Gralsburg. Der Gralskönig Anfortas leidet an einer geheimnisvollen Wunde, von der er nur durch eine mitleidvolle Frage erlöst werden kann; aber Parzival stellt die entscheidende Frage nicht. Als Parzival seinen Fehler erkennt, verzweifelt er, bis ihm der Einsiedler Trevrizent von der Barmherzigkeit und Gnade Gottes erzählt. Der geläuterte Parzival kehrt an den Artushof zurück und wird schließlich zum Gralskönig berufen; nun stellt er die erlösende Frage an Anfortas. Parzivals Rittertum geht über das der Artusrunde hinaus; die Gralsritterschaft ist der Weg zu Gott.

Die wichtigste literarische Quelle für Wolframs *Parzival* war Chrétiens unvollendetes Spätwerk *Perceval* (um 1180). Dort waren bereits wichtige Stufen in der Entwicklung des Helden vorgezeichnet. Die französische Version endete mit Percevals Besuch bei dem Einsiedler, der die Läuterung des Weltkindes zu einem christlichen Ritter vorbereitete. Den Schluss, Parzivals endgültigen Einzug in die Gralsburg, hat Wolfram selbst gestaltet; er war allerdings in der Argumentation des französischen *Perceval* schon angedeutet. In Wolframs *Parzival* ist die ritterlich-höfische Idealwelt der Artusrunde in die ritterlich-religiöse Idealwelt der Gralsgemeinschaft überhöht worden; die weltliche Irrfahrt hat sich in eine christliche Pilgerfahrt verwandelt, deren Ziel, symbolisiert in der märchenhaften Gralsburg, bereits außerhalb der Welt liegt. Die Gralsburg trägt Züge des himmlischen Jerusalem. Das 12. und 13. Jahrhundert war die Zeit der Kreuzzüge und Ritterorden; auch in diesem Zusammenhang ist der *Parzival* zu sehen. Vielfach sind die Entlehnungen aus dem Parzival-Stoff in späteren Werken. Richard Wagner (1813–1883) hat sein Bühnenweihfestspiel *Parsifal* (1882) nach den mittelalterlichen Vorlagen geschrieben. Man sah in Wolframs *Parzival* sogar eine Vorstufe des späteren Bildungs- und Entwicklungsromans.

GOTTFRIED VON STRASSBURG

Tristan

Über Gottfried von Straßburg ist wenig bekannt. Aus seiner Dichtung ist zu erschließen, dass er auf der Höhe der zeitgenössischen Gelehrsamkeit stand. Sein einziges Werk ist der *Tristan*. Für Hartmann und Wolfram war die Liebe (Minne) eine läuternde Kraft; nicht Ziel und Erfüllung, sondern Ansporn, sich zu bewähren. In Gottfrieds *Tristan* werden zwei Menschen, Tristan und Isolde, durch die Liebe schuldlos schuldig. Das Symbol für die Unausweichlichkeit ist der magische Liebestrank, durch den die Liebenden untrennbar aneinander gebunden werden. Isolde ist dem König Marke, Tristans Oheim, zur Frau versprochen; trotz ihrer liebenden Gefühle für Tristan unterwirft sie sich dem Wunsche der Eltern. Auf der Reise zu Markes Hof trinken Tristan und Isolde ahnungslos den Liebestrank, der für Marke bestimmt war. Dieser äußere Vorgang spiegelt aber nur eine innere Verfassung. Die elementare Macht der Liebe siegt über Tristans ritterliche Treue zum Gefolgsherrn und Isoldes eheliche Treue zu Marke. Der Autor gibt ihr fast religiöse Züge, sie überwinde alles, auch der Tod könne ihr nichts anhaben. Der *Tristan* sprengt den Rahmen der ritterlich-höfischen Welt; der Konflikt zwischen Selbstverwirklichung und gesellschaftlicher Norm war ein neues Thema.

Lyrik

Neben dem Epos hatte die Lyrik in der Stauferzeit ihre erste Hochblüte; auch sie war Standesdichtung. In mehreren, z. T. farbig illustrierten Handschriften *(Manessische Handschrift)* sind uns die Dichter und ihre Lieder überliefert. Das beherrschende Thema war das ritterliche Frau-

Minnesang

enlob, der *Minnesang*. Das Vorbild war wiederum Frankreich. Form und Aufbau der Minnedichtung gingen auf das System des Lehenswesens zurück. Die Treue des Gefolgsmanns zu seinem Gefolgsherrn wurde auf die adlige Frau übertragen; denn in Südfrankreich gab es früher als in Deutschland die Möglichkeit zur weiblichen Erbfolge und zur Lehensverleihung durch eine adlige Herrin. Die provenzalischen Troubadours (Hofdichter) verbanden das Herrscherlob, den Preisgesang auf den Lehensherrn, mit dem Frauenlob. Die adlige Dame war für den werbenden Sänger aufgrund der gesellschaftlichen Schranken unerreichbar, zudem verlangten die Spielregeln, dass sie eine verheiratete Frau war. Dies schloss eine sinnliche Erfüllung des Treueversprechens aus; Minnedienst sollte ritterliche Bewährung sein. Die umworbene Frau übernahm die Rolle der anspornenden Erzieherin. Aber es fehlten auch nicht die klagenden Töne über ihre Unnahbarkeit; doch dies festigte nur ihren untadeligen Ruf. Es wäre allerdings falsch, wollte man die Liebeslyrik des Hochmittelalters als reine Gesellschaftsdichtung oder als ein Gesellschaftsspiel etikettieren. Die Widersprüche oder Spannungen zwischen Erfüllung und Entsagung, zwischen Spiel und Ernst gehören zur Problematik des Minnesangs. Während die *Marienlyrik* die Gefolgschaftstreue des Lehenswesens religiös verklärte – Maria als die hohe Frau, in deren Dienst der Gläubige sich bewährte –, besang die lateinische *Vagantendichtung* (gesammelt in den *Carmina Burana*), unbekümmert um das ritterlich-höfische Minne-Ideal der Entsagung, die Freuden der Liebe. Die Vaganten waren Universitätsabsolventen ohne Anstellung, die sich ihr Brot als fahrende Sänger verdienten.

Marienlyrik

Vagantendichtung

Kürenberger

Friedrich von Hausen

In den frühen Beispielen des deutschen Minnesangs war noch die Frau die Werbende. Beim Kürenberger (Österreich, Mitte 12. Jh.) vergleicht die Frau ihren Geliebten mit einem gezähmten Falken, der ihr entflogen sei. Der provenzalische Einfluss macht sich erst in den Liedern des Rheinfranken Friedrich von Hausen (um 1150–1190) bemerkbar; das Bild der verehrten Frau wurde zum unerreichbaren Ideal erhöht.

Walther von der Vogelweide

hohe Minne

„Sagt mir jemand, was Minne ist?“ So fragte Walther von der Vogelweide (1170–1230). Und er gab die Antwort: „Minne ist zweier Herzen Wonne: Teilen beide gleich, dann ist Minne da.“ In seinen frühen Liedern sang auch Walther im Stile der so genannten *hohen Minne*.

Ganzer fröiden wart mir nie sô wol ze muote:
mirst geboten, daz ich singen muoz.
sælic sî diu mir daz wol verstê ze guote!
mich mant singen ir vil werder gruoz.
diu mîn iemer hât gewalt,
diu mac mir wol trûren wenden
und senden
fröide manicvalt. *(1. Strophe)*

Noch nie war ich so voller Freude: unwiderstehlich drängt es mich zu singen. Gepriesen sei die, die's gut aufnimmt! Ihre lieben Worte haben mich zum Singen ermutigt. Sie, die mich ganz beherrscht, kann auch mein Trauern ins Gegenteil kehren und mannigfaltige Freude senden.

(Übersetzung: Paul Stapf)

Aber sehr bald entdeckte er die Unnatürlichkeit dieses modischen Spiels. Es sei eine „Wahn-Minne“, da sie keine wirkliche Zuneigung zweier Liebender beschreibe, sondern sich nur in verzehrender Klage erginge. Walther nahm Elemente der Vagantenlieder und der sinnenfrohen älteren Liebeslyrik wieder auf; es entstand ein neuer Ton, der sich wenig um soziale Schranken oder ritterliche Erziehung kümmerte. In seinen Liedern der *niederen Minne* besang er in stimmungsvollen Naturbildern das Liebesglück, das an keinen Stand gebunden war; denn: „Nie ergriff wahre Liebe solche, die nur nach Vermögen und äußerer Schönheit lieben.“

niedere Minne

Under der linden
an der heide,
dâ unser zweier bette was,
dâ mugt ir vinden
schône beide
gebrochen bluomen unde gras.
vor dem walde in einem tal,
tandaradei,
schône sanc diu nahtegal.
(1. Strophe)

Unter der Linde auf der Heide, wo unser beider Ruhstatt war, da könnt ihr sorgsam gepflückte Blumen und Gras finden. Vor dem Walde in einem Tal, tandaradei, sang schön die Nachtigall.
(Übersetzung: Paul Stapf)

Stand und Herkunft Walthers von der Vogelweide sind unbekannt. Bis 1198 hielt er sich am Wiener Hof auf. Danach begann er ein unstetes Leben als fahrender Sänger. Er lernte die Großen des Reiches kennen, griff mit seinen Liedern in den Thronstreit zwischen Philipp von Schwaben und Otto IV. ein und trat schließlich in den Dienst des Staufers Friedrich II., der ihn 1220 mit einem lang ersehnten Lehen in der Gegend von Würzburg beschenkte. Im Würzburger Neumünster wird heute noch sein Grab gezeigt; historisch bezeugt ist es allerdings nicht.

Walther hielt sich vom politischen Tagesgeschehen nicht fern; er formte den *Spruch* zur politischen Waffe. In seinen Reichssprüchen beklagte er den Zerfall der Reichsidee. Berühmt ist das Eingangsbild des nachdenklichen Dichters in dem Spruch *Ich saz ûf eime steine*.

Spruchdichtung

Ich saz ûf eime steine,
und dahte bein mit beine:
dar ûf satzt ich den ellenbogen:
ich hete in mîne hant gesmogen
das kinne und ein mîn wange.
dô dâhte ich mir vil ange,
wie man zer welte solte leben:
deheinen rât kond ich gegeben,
wie man driu dinc erwurbe,
der keines niht verdurbe.
diu zwei sint êre und varnde guot,
daz dicke ein ander schaden tuot:
daz dritte ist gotes hulde,
der zweier übergulde.
die wolte ich gerne in einen schrîn.
jâ leider desn mac niht gesîn,
daz guot und weltlich êre

und gotes hulde mêre
zesamene in ein herze komen.
stîg unde wege sint in benomen:
untriuwe ist in der sâze,
gewalt vert ûf der strâze:
friede unde reht sint sêre wunt.
diu driu enhabent geleites niht,
diu zwei enwerden ê gesunt.

Ich saß auf einem Stein
und schlug Bein über Bein:
darauf setzte ich den Ellenbogen:
ich hatte in meine Hand geschmiegt
das Kinn und meine eine Wange.
Da überlegte ich mir sehr eindringlich,
wie man in der Welt leben müsste:
Keinen Rat konnte ich geben,
wie man drei Dinge erwürbe,
von denen keines verloren ginge.
Die ersten zwei sind Ansehen
vor den Menschen und vergänglicher Besitz,
die oft einander schaden:
Das dritte ist Gottes Gnade,
die über den beiden steht.
Die wollte ich gerne zusammen in einem Schrein.
Aber leider kann das nicht sein,
dass Besitz und weltliches Ansehen
und Gottes Gnade dazu
zusammen in ein Herz kommen.
Steig und Wege sind ihnen genommen:
Untreue ist auf der Lauer,
Gewalt zieht auf der Straße:
Friede und Recht sind sehr verwundet.
Die drei haben keinen Schutz,
eh diese zwei nicht gesund werden.

Weltliches Ansehen, irdischer Besitz und Gottes Gnade könnten nur wieder in einen Schrein kommen, sich versöhnen, wenn Frieden und Recht wieder im Reich einkehrten. Den Kaiser verteidigt er gegen die weltlichen Machtansprüche des Papstes. In seiner Altersdichtung zog sich Walther enttäuscht aus der politischen Auseinandersetzung zurück; pessimistische Weltabkehr bestimmte seine letzten Lieder.

Ende der ritterlich-höfischen Dichtung

Schon Walther von der Vogelweide hatte in seinen Reichssprüchen das Wunschbild der ritterlich-höfischen Gesellschaft mit der politischen Wirklichkeit verglichen; der Streit der Großen um die Macht und der Zwist zwischen Kirche und Herrscher bedrohten die Einheit des Reiches. In seinen späteren Minneliedern wandte er sich vom höfischen Frauenlob ab und beschrieb das persönliche Liebesglück, das sich nicht an Standesgrenzen hielt. Für den Bayern NEIDHART VON REUENTAL (um 1190 – um 1246) aus ritterlichem Geschlecht war die Erinnerung an den Minnesang nur noch Anlass zur Parodie; er verlegte die Szenen

NEIDHART VON REUENTAL

seiner *Sommer-* und *Winterlieder* in eine ländliche Umgebung; seine Burschen und Mädchen äffen unbeholfen das höfische Gehabe nach. Seine derben Satiren auf den Bauernstand wurden vielfach nachgeahmt; sie waren frühe Beispiele wirklichkeitsnahen Erzählens.

Ständesatire

Nach dem erfolglosen Ende der Kreuzzüge hatte das Rittertum seine Bedeutung verloren. Das höfische Großepos wurde durch realistische, moralisch-schwankhafte kleine Verserzählungen verdrängt. DER STRICKER (gest. um 1250), ein fahrender Sänger bürgerlicher Herkunft, verfasste die *Schwänke des Pfaffen Amîs,* eine Sammlung, in der alle Bevölkerungsschichten mit ihren Lastern und Fehlern auftauchen und durch die Schelmenkunst des Titelhelden verspottet und entlarvt werden. WERNHER DER GARTENAERE erzählte in seinem *Meier Helmbrecht* (2. Hälfte 13. Jh.) vom Zerfall der alten Ordnung. Der hochfahrende Bauernsohn (Meier) Helmbrecht verlässt den väterlichen Hof, um in ritterliche Dienste zu treten. Er verdingt sich bei einem Raubritter, in dessen Diensten er erwischt und schließlich von den geschundenen Bauern gehängt wird. Die Satire zielte in zwei Richtungen: Die Ritter sind zu Räubern geworden und die Bauern wollen ihren ehrbaren Stand verlassen. In FREIDANKS *Bescheidenheit* (um 1230), einer moralisch-religiösen Spruchsammlung, wurde eine Lebens- und Tugendlehre vermittelt, die sich nicht mehr auf das Rittertum allein, sondern auf alle Stände bezog. Der Mensch mit seinen Fehlern und in seiner Unzulänglichkeit vor Gott – das wurde das neue Thema.

STRICKER

WERNHER DER GARTENAERE

FREIDANK

Textsammlungen

- Friedrich v. der Leyen: Deutsches Mittelalter, Insel-Verlag, Frankfurt 1962
- Walther Killy: Die deutsche Literatur – Texte und Zeugnisse Band 1: Mittelalter, zwei Teilbände, herausgegeben von Helmut de Boor, C. H. Beck Verlag, München 1965
- Herbert Walz: Die deutsche Literatur im Mittelalter – Geschichte und Dokumentation, Kindler Verlag, München 1976
- Hans Jürgen Koch: Mittelalter I und II, Reclam Verlag (RUB 9601 und 9605), Stuttgart 1976

2 Vom Spätmittelalter bis zur frühen Neuzeit
(14. bis 16. Jahrhundert)

1255 *Frauendienst* von ULRICH VON LICHTENSTEIN

1300 *Minnelieder* von JOHANNES HADLAUB

Mitte 13. Jahrhundert:
Höhepunkt der Scholastik
– Albertus Magnus (1193–1280)
– Thomas von Aquin (1225–1274)

1260–1327 MEISTER ECKHART, Mystiker – *Predigten*

um 1295–1366 HEINRICH SEUSE, Mystiker – *Das Büchlein der ewigen Weisheit*

1256–1273 Interregnum – Schwächung der zentralen Königsgewalt

um 1300–1371 JOHANNES TAULER, Mystiker – *Predigten*

1309–1377 Verlegung des Papstsitzes nach Avignon

1313 *Der Renner* des HUGO VON TRIMBERG

1316–1378 Kaiser Karl IV. – frühhumanistische Strömungen am Prager Hof – Kontakte mit Petrarca

um 1310–1380 JOHANN VON NEUMARKT, Leiter der Prager Kanzlei – *Formelbücher*

1348 große Pest in Europa

1350 *Der Edelstein* von ULRICH BONER

seit Mitte 14. Jahrhundert Universitätsgründungen – Prag (1348) – Wien (1365) – Heidelberg (1385) – Köln (1388) – Erfurt (1392)

1357–1423 HUGO VON MONTFORT – *Lieder*

1391 Innsbrucker Osterspiel

1378–1417 Schisma – Gefährdung der kirchlichen Einheit durch mehrere Gegenpäpste

1392 *Buch von Troja* von HANS MAIR

1377–1445 OSWALD VON WOLKENSTEIN – *Lieder*

um 1400 *Der Ring* von HEINRICH WITTENWEILER

um 1400 *Der Heiligen Leben*

1415 Johannes Hus wird in Konstanz als Ketzer verbrannt.

um 1400 *Der Ackermann aus Böhmen* des JOHANN VON TEPL

1437 *Hug Schapler* von ELISABETH VON NASSAU-SAARBRÜCKEN

um 1400–1468 Johannes Gutenberg – Erfinder des Buchdrucks mit beweglichen Lettern

1444 *Buch vom großen Alexander* von JOHANNES HARTLIEB

seit 1450 *Fastnachtsspiele* von HANS ROSENPLÜT und HANS FOLZ

1453 Eroberung Konstantinopels durch die Türken – Flucht der griechischen Gelehrten nach Italien – großer Einfluss auf die italienische Renaissance	1452/60 *Lochamer Liederbuch*
	1454 *Augsburger Liederbuch*
	1464 *Redentiner Osterspiel*
	15. Jh. *Augsburger Passionsspiel*
	1471 *Liederbuch der Klara Hätzlerin*
1461 *Der Edelstein* – gedruckt – ältester Druck in deutscher Sprache	1473/78 *Das Buch der Abenteuer* von Ulrich Füetrer
	1473 *Pfaffe von Kalenberg* des Philipp Frankfurter
	1478 *Translatzen* des Niklas von Wyle
	1480 *Stylpho* von Jakob Wimpfeling
1492 Kolumbus landet vor der Küste Amerikas.	1490 *Neidhart Fuchs*
um 1466–1536 Erasmus von Rotterdam – bedeutendster Humanist des deutschsprachigen Raums – *Handbüchlein eines christlichen Streiters* (1503) – *Lob der Torheit* (1511)	1494 *Das Narrenschiff* von Sebastian Brant
	1497 *Henno* von Johannes Reuchlin
	1498 *Reinke de Vos*
	1509 *Fortunatus*
	1510 *Till Eulenspiegel* in der Fassung von Hermann Bote
1513 Bauernaufstand im Breisgau	1515/17 *Dunkelmännerbriefe*
	um 1516 *Die Gouchmat* von Pamphilus Gengenbach
1517 Luthers Thesenanschlag – Beginn der Reformation	1517 *Ambraser Heldenbuch* von Hans Ried
1519 Wahl Karls V. zum deutschen Kaiser wird von den Fuggern finanziert.	1517 *Teuerdank* von Kaiser Maximilian I.
1521 Luther vor dem Reichstag zu Worms	1483–1546 Martin Luther, Reformator – *An den christlichen Adel deutscher Nation* (1520) – Bibelübersetzung (1522–1534) – Kirchenlieder (1524 ff.) – Flugschriften gegen die aufständischen Bauern (1525) – *Sendbrief vom Dolmetschen* (1530) – Fabeln (1530)
1519–1522 erste Erdumseglung durch Magellan	1521 *Karsthans*
	1521 *Gesprächsbüchlein* von Ulrich von Hutten

1524–1525 Bauernkrieg

1527 Plünderung Roms durch kaiserliche Truppen

1529 die Türken vor Wien

1534 Gründung der Gesellschaft Jesu

1543 Veröffentlichung des Hauptwerkes von Nikolaus Kopernikus über die Planetenbahnen – die Sonne als Weltzentrum – „kopernikanische Wende"

1545–1563 Konzil zu Trient – Beginn der Gegenreformation

1555 Augsburger Religionsfriede – Der Landesfürst bestimmt die Konfession seiner Untertanen: „Wessen das Land, dessen die Religion."

um 1580 Verbreitung der Kartoffel in Europa, von Irland aus

1594 Gesetz der mechanischen Energieerhaltung von Galilei formuliert

1522 *Von dem großen lutherischen Narren* von Thomas Murner

1522 *Schimpf und Ernst* von Johannes Pauli

1523 *Vom Papst und seiner Priesterschaft* von Niklas Manuel

1494–1576 Hans Sachs – *Dialoge* (1524) – Fastnachtsspiele – Tragödien – Komödien – Schwänke – Meistersang

1527 *Die Parabel vom verlorenen Sohn* von Burkard Waldis

1534 *Etliche Fabeln Äsops* von Erasmus Alberus

1505–vor 1562 Jörg Wickram – *Ritter Galmy* (1539) – *Gabriotto und Reinhard* (1551) – *Der jungen Knaben Spiegel* (1554) – *Das Rollwagenbüchlein* (1555) – *Von guten und bösen Nachbarn* (1556) – *Goldfaden* (1557)

1540 *Mercator* von Thomas Naogeorg

1544 *Reineke Fuchs*

1548 *Äsop, ganz neu gemacht* von Burkard Waldis

1566 *Froschmeuseler* von Georg Rollenhagen (Erstdruck 1595)

1569–1595 *Amadis aus Frankreich*

1582 *Geschichtklitterung* von Johann Fischart

1587 *Historia von D. Johann Fausten*

1587 *Buch der Liebe*

1597 *Lalebuch,* seit 1598: *Die Schildbürger*

Die wachsende Bedeutung der Städte im Spätmittelalter

Die Träger des kulturellen und geistigen Lebens im Hochmittelalter waren die kirchlichen Zentren und die Adelshöfe. Die politische und wirtschaftliche Macht der höfischen Gesellschaft beruhte auf Grundbesitz und Naturalwirtschaft. Ein ganz anderes Wirtschaftssystem entwickelte sich in den Städten: das System der Geldwirtschaft durch Handel und Handwerk. Im Zuge des wirtschaftlichen Aufschwungs der Städte seit dem frühen 14. Jahrhundert wuchs auch das politische und kulturelle Selbstbewusstsein des städtischen Bürgertums. Zunächst lehnte es sich zwar noch an das Vorbild der Adelshöfe (Stadtpatriziat) an, dann aber, als Folge der Auseinandersetzung zwischen Patriziat (Stadtadel) und städtischer Mittelschicht (Handwerkerzünfte), entstanden eigene, neue Formen literarischer Selbstdarstellung. Man eiferte nicht mehr einfach dem höfischen Vorbild in der veränderten Wirklichkeit nach, sondern entdeckte die eigene Erfahrungswelt als Stoff und Inhalt für die Dichtung.

Dieser Ablösungsprozess vollzog sich aber nicht plötzlich; über Jahrhunderte standen beide Kulturbereiche nebeneinander oder vermischten sich. Es wäre falsch, in jener Zeit schon von einer eigenständigen bürgerlichen Kultur zu sprechen. Das späte Mittelalter war eine Zeit des allmählichen Umschwungs, nicht eines plötzlichen Umbruchs. Die ritterlich-höfischen Epen lebten noch Jahrhunderte weiter.

Weiterleben höfischer Epen

Zwischen 1473 und 1478 schrieb ULRICH FÜETRER im Auftrag des Münchner Hofes *Das Buch der Abenteuer*. Das Werk umfasst nahezu 40 000 Verse; Füetrer hat die bekanntesten Stoffe aus der Artus- und Gralssage und aus der Heldendichtung überarbeitet. HANS RIED nahm in sein *Ambraser Heldenbuch* (1517) alte Texte aus der mittelalterlichen Epik auf; das *Kudrunlied* ist beispielsweise nur durch ihn überliefert. Sein Auftraggeber war KAISER MAXIMILIAN I. (1459–1519), den man den „letzten Ritter" genannt hat. Maximilian hatte sich selbst in der höfischen Reimepik versucht. In seinem *Teuerdank* (1517) erzählte er, umrankt von phantastischen Abenteuern, von seiner Werbung um Maria von Burgund. Das Werk war so beliebt, dass es mehrmals gedruckt wurde. Trotzdem bildete es bereits eine Ausnahme; es war das letzte ritterliche Versepos.

Buch der Abenteuer

Ambraser Heldenbuch

Teuerdank

Zwar wurden die mittelalterlichen höfischen Epen weiter erzählt, aber eben nicht mehr in der ursprünglichen Gestalt als Reimdichtung, sondern als vereinfachte Zusammenfassung in Prosa. Die Freude am Inhalt, an den vielschichtigen Verstrickungen und Verwirrungen verdrängte das Interesse an der meisterhaften Gestaltung.

Der Roman, die Prosaerzählung, löste allmählich das Versepos ab; König Artus und die Ritter seiner Tafelrunde wurden zu Romanhelden. Auch die antiken Stoffe erschienen in neuem Gewande; HANS MAYR aus Nördlingen erzählte in seinem *Buch von Troja* (1392) den Trojanischen Krieg nach; JOHANNES HARTLIEB gestaltete die Sagen um Alexander zu seinem *Buch vom großen Alexander* (1444). Neue Stoffe, vor allem aus Frankreich, kamen hinzu. ELISABETH VON NASSAU-SAARBRÜCKEN (1397–1456) übersetzte mehrere Epen aus dem Bereich der Sagen um Karl den Großen. Ihr *Hug Schapler* (1437), die sagenhafte Geschichte des Hugo Capet, der es vom Sohn

Prosaromane

Buch von Troja

Buch vom großen Alexander

Hug Schapler

einer Metzgerstochter bis zum König von Frankreich gebracht hat, ist ein frühes Beispiel sozialen Aufstiegs, das bis ins 18. Jahrhundert immer wieder gedruckt wurde.

Ausklang des Minnesangs

Obwohl sich schon Walther von der Vogelweide vom hohen Minnesang abgewandt und Neidhart von Reuental ihn in seinen Bauernliedern parodiert hatte, lebte der Minnsesang als Form noch vereinzelt weiter.

ULRICH VON LICHTENSTEIN

ULRICH VON LICHTENSTEIN (um 1200–1275), aus einem österreichischen Ministerialengeschlecht, fügte in seiner Verserzählung *Frauendienst* (1255), einer Art Minneroman, ungefähr 60 Lieder ein, in denen er die hohe Minne besang. Seine Vorbilder waren die großen Minnesänger der Stauferzeit, deren Formenreichtum er nachzuahmen versuchte. Selbst bürgerliche Autoren dichteten noch im Stile des Minnesangs; aber der Inhalt änderte sich.

JOHANNES HADLAUB

HUGO VON MONTFORT

JOHANNES HADLAUB (um 1260–1340), Bürger in Zürich, nahm in seine *Minnelieder* (1300) Szenen aus dem Ehealltag auf. Auch HUGO VON MONTFORT (1357–1423), aus einem Vorarlberger Grafengeschlecht, richtete sich in seinen *Liedern* nicht mehr an eine angebetete Herrin, sondern an seine eigene Ehefrau. Seine Lieder nähern sich der Schlichtheit des Volksliedes; sie bestehen aus Vierzeilern mit Kreuzreim.

OSWALD VON WOLKENSTEIN

Der bedeutendste Lyriker des späten Mittelalters war OSWALD VON WOLKENSTEIN (1377–1445), ein Südtiroler Ritter, der in fremden Diensten weit herumgekommen war. Seine *Lieder* sind frühe Beispiele sehr persönlich gestalteter Erlebnisdichtung. Seine Sprache reicht vom gepflegten Ton des höfischen Minnesangs bis zum kräftig-derben Umgangston.

Her wirt, uns dürstet also sere,
trag auff wein! trag auff wein! trag auff wein!
das dir got dein laid verkere,
pring her wein! pring her wein! pring her wein!
und dir dein sälden mere,
nu schenk ein! nu schenk ein! nu schenk ein!...

Sim Jänsel, wollstu's mit mir tanzen?
so kum auch! so kum auch! so kum auch!
Pöckisch well wir umbhin ranzen,
Jans, nicht strauch! Jans, nicht strauch! Jans, nicht strauch!
und schon mir meiner schranzen,
dauch schon, dauch! dauch nach, dauch! dauch, Jans, dauch!

Pfeiff auff, Hainzel, Lippel, Snäggel!
frisch, fro, frei, frisch, fro, frei, frisch, fro, frei.
zwait euch, rüert euch, snurra Bäggel!
Jans, Luzei, Kuenz, Kathrei, Penz, Clarei.
spring kelbrisch, Durta Jäggel!
ju hai hai! ju hai hai! ju hai hai!

Der Reiz seiner Gedichte liegt in ihrer Unmittelbarkeit; er enthüllt schonungslos die Wechselfälle seines unsteten Lebens, er besingt sinnliches Glück, das die Standesunterschiede überwindet; die Spannweite reicht von unbekümmerten Tanz- und Trinkliedern bis zu geistlichen Liedern und zur wehmütigen Altersklage über die Vergänglichkeit alles Irdischen.

Liederbücher

Viele Lieder des Mittelalters wären verloren gegangen, wenn nicht städtische Auftraggeber dazu angeregt hätten, sie in *Liederbüchern* zu sammeln. Die meisten Sammlungen stammen aus dem späten 15. Jahrhundert: *Lochamer Liederbuch* (1452–1460), benannt nach einem Nürnberger Patrizier; *Augsburger Liederbuch* (1454); *Liederbuch der Klara Hätzlerin* (1471), ebenfalls in Augsburg entstanden. Zum Teil sind die Lieder namentlich überliefert, zum Teil anonym. Mehrere hatten schon eine lange Geschichte hinter sich, bis sie in die Sammlungen aufgenommen wurden. Sie wurden verändert, erweitert oder vereinfacht; Generationen haben sich daran beteiligt, bis sie in der uns heute bekannten Gestalt niedergeschrieben und zu *Volksliedern* wurden. Es sind Natur- und Liebeslieder *(Grüß Gott, du schöner Maien; All mein Gedanken, die ich hab', die sind bei dir)*, volkstümliche Balladen über ältere Epenstoffe *(Jüngeres Hildebrandslied)* und geistliche Lieder *(Es kommt ein Schiff geladen)*. Die Vielzahl der erhaltenen Liederbücher (fast 25) zeigt zum einen, dass das städtische Bürgertum sehr traditionsbewusst war und das ältere Liedgut pflegte, und zum andern aber, dass die ritterlich-höfische Lied-Dichtung ein Ende gefunden hatte.

Volkslied

Das Gegenstück zum höfischen Minnesang wurde der städtische *Meistersang*. Durch den Meistersang trat das städtische Bürgertum in einen literarischen Wettstreit mit dem Erbe der höfischen Lied-Dichtung; er schloss sich der Form nach an die mittelalterliche Spruchdichtung an, die Themen stammten aber aus der bürgerlichen Erfahrungswelt (Zeitgeschehen, lehrhafte und religiöse Inhalte).

Meistersang

Als ihren Begründer nannten die Meistersinger den bürgerlichen Spruchdichter HEINRICH VON MEISSEN (um 1250–1318), bekannter unter dem Namen FRAUENLOB, der zu Beginn des 14. Jahrhunderts in Mainz eine Singschule gegründet haben soll. Ursprünglich waren die Meistersinger wohl Sängergemeinschaften an einer Pfarrei, die zu kirchlichen (Prozessionen, Wallfahrten) und weltlichen (Neujahrssingen, Jubiläen) Anlässen sangen. Im 14. Jahrhundert entwickelten sich daraus – besonders in Süddeutschland und am Oberrhein – selbstständige Singgemeinschaften, die nach der Struktur der Zünfte aufgebaut waren; es gab Schuler, Sänger und Meister. Das höchste Amt war das des Merkers, der bei den Wettbewerben auf die genaue Einhaltung des Regelwerks zu achten hatte. Die Kunst des Meistersangs galt als lehr- und erlernbar, sie wurde als ein Handwerk angesehen; deshalb auch die Anlehnung an das Zunftwesen. Zum Meister wurde, wer die Regeln beherrschte und nach dem Vorbild der zwölf großen Meister – zu denen Wolfram von Eschenbach, Walther von der Vogelweide und dessen Lehrer Reinmar von Hagenau gehörten – zu dichten und zu singen verstand. Richard Wagner hat in seiner Oper *Die Meistersinger von Nürnberg*, in der auch Hans Sachs (1494–1576) auftritt, einen solchen Sängerwettstreit beschrieben. Das Grundprinzip war die Dreigliedrigkeit der einzelnen Liedstrophen; ein Aufgesang mit zwei gleich gereimten Teilen (Stollen) zu einer sich wiederholenden Melodie und ein anders gereimter Abgesang mit einer eigenen Melodie:

FRAUENLOB

Owe herzelicher leide
die ich sender tragen muz:
Owe liechter ougen weide,
wenne wirt mir sorgen buz?
Wenne sol din roter munt mich lachen an
unde sprechen „selic man,
swaz du wilt, daz si getan!" (Frauenlob)

Reform des HANS FOLZ

Die formale und inhaltliche Starre, die Betonung auf der handwerklichen Fertigkeit, wurde erst durch die Reform des HANS FOLZ (um 1440–1513) gelockert. Hans Folz, Barbier in Nürnberg, setzte es durch, dass auch neue Melodien erfunden werden durften; dies wurde später sogar die Voraussetzung für den Meistertitel.

HUGO VON TRIMBERG

Der Renner

In seinem Lehrgedicht *Der Renner* (1313) ging der Bamberger Schulmeister HUGO VON TRIMBERG (um 1230–nach 1313) mit der ritterlich-höfischen Dichtung ins Gericht. Die Artus- und Gralsepen seien unwahr, weil an den schönen Worten zu wenig Nutzen klebe; nur der „Unweise" könne sie für wahr halten. Hugo von Trimberg verlangte vom Dichter, dass er sich von den Flügeln seiner Phantasie nicht zu weit tragen lasse und die Freude an dem Erzählten mit dem richtigen Nutzen für sein Publikum verbinde. Nicht das Wunschbild einer heilen, unwirklichen Welt sollte dargestellt werden, sondern der Zwiespalt zwischen dem, was ist, und dem, was sein sollte; so verbinde sich das literarische Vergnügen, die Freude am Erzählten, mit dem Nutzen, mit der moralischen Belehrung. Die satirische Schreibweise, im Spätmittelalter sehr beliebt, trat in unterschiedlichen Formen auf, im kritischen Lehrgedicht, in der Ständesatire, in der Fabel, im Schwank und im Fastnachtsspiel.

Ständesatire

Hugo von Trimberg hatte sein Lehrgedicht nach den sieben Hauptsünden aufgebaut. Um die Belehrung aufzulockern, schob er mehrere kurze Erzählungen ein, die das Gesagte erläutern sollten. Er verband das Lehrgedicht mit der Ständesatire. So auch HEINRICH WITTENWEILER. Sein satirisches Lehrgedicht *Der Ring* (um 1400) ist das umfassendste Sittengemälde des späten Mittelalters.

HEINRICH WITTENWEILER
Der Ring

Es handelt nur vordergründig von der Werbung und Hochzeit des Bauernburschen Bertschi Triefnas, die einen Krieg zwischen zwei Dörfern auslösen. In den Krieg greifen auch Gestalten aus der Heldensage ein, sodass sich die Szene ins Allgemeine erweitert. Dieses Lehrgedicht ist nicht nur eine Parodie des höfischen Epos; auf dem Hintergrund der derb-sinnlichen Handlung preist es die bürgerlichen Tugenden eines Lebenswandels, der von Vernunft und kritischer Selbsteinschätzung geleitet wird. Das Bürgertum grenzte sich sowohl gegenüber dem Adel wie auch gegenüber dem Bauernstand ab.

SEBASTIAN BRANT
Narrenschiff

Der gelehrte Stadtbürger und Jurist SEBASTIAN BRANT (1457–1521) kleidete seine Ständesatire in das Gleichnis vom *Narrenschiff* (1494). Das Schiff mit Narren aus allen Ständen treibt ziellos im Meer. Narrheit, das ist für Brant die fehlende Selbsterkenntnis, die Überheblichkeit, die Hauptsünde im mittelalterlichen Lasterkatalog.

Über hundert Narren stellt er vor; die Verse werden durch Holzschnitte illustriert. Moralische Vergehen werden genauso angeprangert wie gesellschaftliche Torheiten. Das Ziel seiner Kritik sind nicht in erster Linie die Widersprüche in der Ständestruktur, sondern die Narrheit des Einzelnen; jeder kann sich in dem Narrenkatalog wieder erkennen und für sich den richtigen Schluss ziehen. Brants Narrenrevue wurde zu einem Bestseller; sie erschien in vielen Auflagen, wurde in mehrere Sprachen übersetzt und JOHANN GEILER VON KAISERSBERG (1445–1510) schrieb sie für seine Predigtsammlung aus.

Fabel

Die Fabel gehört zu den ältesten Erzählformen. Im 6. Jahrhundert vor Christus soll ÄSOP, ein griechischer Sklave aus Phrygien, die erste europäische Fabelsammlung niedergeschrieben haben. Sie wurde zum

Grundstock aller späteren Fabelsammlungen. PHÄDRUS (um 15 v. Chr. –um 50 n. Chr.), ein Sklave aus Makedonien, hat sie nach Rom gebracht und ins Lateinische übertragen. Die Fabel ist eine kleine Vers- oder Prosaerzählung lehrhaften Inhalts. Sie stellt Tiere in menschlichen Konfliktsituationen dar, um menschliche Schwächen aufzudecken; sie will belehren. Meist endet sie mit einer zusammenfassenden Nutzanwendung (Moral). Die Fabel wurde schon im Altertum zu einer beliebten Schullektüre. Auch in der lateinischen Literatur des Mittelalters finden sich viele Fabelsammlungen. *Der Edelstein* (1350) des Predigermönchs ULRICH BONER ist die erste große deutsche Fabelsammlung. Die meisten der 100 Versfabeln gehen auf lateinische Quellen zurück. Boner übertrug die moralische Nutzanwendung aus den Geschichten auf sein städtisches Publikum. *Der Edelstein,* eine der beliebtesten Fabelsammlungen, wurde 1461 als erstes deutsches Buch in Bamberg gedruckt.

Eins mals zu marckte fur ein mā· Seinē sun
Er zu im nam· Einē esel darzu das· Er dester
gereitē mochte das· Auff den esel saß der man· Seī
sun muste gan· Wie im er her zu reiten nicht· Nu
fugt es sich von geschicht· Das im leut engegen
kamen· Die groß wūder namē· Sie sprachen alle

ULRICH BONER
Der Edelstein

Aus der Reihung mehrerer Fabeln zu einer zusammenhängenden Handlung entstand das *Tierepos.* Auch in ihm treten Tiere in menschlichen Rollen auf, aber nicht mehr in einzelnen abgeschlossenen Situationen; das Tierepos spiegelt den Zustand der gesamten Gesellschaftsordnung. Seine Kritik richtet sich vor allem gegen den Machtmissbrauch und die Willkür der Mächtigen, vertreten durch den Löwen, den Wolf und den Fuchs.

Tierepos

Das früheste deutsche Beispiel ist *Reinhart Fuchs* (um 1180) von Heinrich, mit dem späteren Beinamen Glîchezaere, der sich eigentlich auf den Titelhelden, den heuchlerischen Fuchs, bezieht. Das Original ist nur in Bruchstücken erhalten; die vollständige Handschrift, eine Bearbeitung, stammt aus dem späten 13. Jahrhundert. Der Fuchs begibt sich nach mehreren Misserfolgen in den Vasallendienst des Wolfs, weil er glaubt, dass gegen die Kraft des Wolfs in Verbindung mit seiner eigenen Schläue niemand etwas ausrichten könne. Da aber keiner der beiden bereit ist, das ritterlich-hofische Lehensverhältnis ernst zu nehmen, sondern jeder den andern nur ausnutzt oder hintergeht, kommt der Streit schließlich vor den König, den Löwen. Der Fuchs wendet durch vorgetäuschte Reue und durch das Versprechen, den Löwen von seiner Krankheit zu heilen, die Verhandlung zu seinen Gunsten. Dem Wolf wird zur Strafe das Fell über die Ohren gezogen, der Fuchs steigt in der höfischen Ämterlaufbahn zu hohen Ehren auf. Aber er dankt dem Löwen die offensichtliche Rechtsbeugung schlecht: Er bringt ihn durch Gift um. *Reinhart Fuchs* war einer der schärfsten Angriffe auf das Selbstverständnis der ritterlich-höfischen Gesellschaft: Der König ist bestechlich, Lehnsherr und Vasall betrügen sich gegenseitig und der hinterlistige Emporkömmling wird zum gefeierten Günstling des Königs; die höfische Ordnung wird auf den Kopf gestellt.

Reinhart Fuchs

Der listenreiche Fuchs wurde im Tierepos zum Inbegriff des rücksichtslosen Emporkömmlings. Im *Reinke de Vos* (1498) eines unbekannten Lübecker Autors erweiterte sich das Ränkespiel des Fuchses zu einer allgemeinen Ständesatire. Die Handlung – sie geht auf eine niederländische Vorlage zurück – ist mit ausführlichen lehrhaften Erläuterungen durchsetzt. Eine hochdeutsche Fassung (1544) des niederdeutschen Originals machte die Geschichte des *Reineke Fuchs* zu einem Volksbuch, das in vielen Auflagen verbreitet war. Auch Goethe hat den Stoff bearbeitet. Wiederum wird der listenreiche Fuchs vor den Richterstuhl des Löwen zitiert, da die anderen Tiere sich über seine Missetaten beschwert haben. Aber wiederum versteht es der Fuchs, den König zu belügen und für sich zu gewinnen. Nicht der Angeklagte, son-

Reinke de Vos

dern die Ankläger werden bestraft. Der Fuchs wird sogar Reichskanzler; Korruption und Ämterkauf beherrschen die Gesellschaft. Der unbekannte Autor verschonte keinen Stand; der Egoismus der weltlichen wie der geistlichen Herren wurde angeprangert. Der Autor stand auf der Seite des gemeinen Volkes, das der Willkür der Herrschenden ausgesetzt war. Kirche und Staat haben versucht die Verbreitung des Werkes zu unterbinden. Es war bereits ein Vorbote der religiösen und sozialen Revolutionen des frühen 16. Jahrhunderts.

Schwank

Im *Schwank* macht sich der Überlegene über die Dummheit oder Unbeholfenheit des Unterlegenen lustig; er übertölpelt ihn durch einen Streich. Der Überlegene ist aber nicht notwendig der Mächtigere. Die Waffe des Schwachen ist seine Klugheit, die den Mächtigen überlistet. Dadurch kann der Schwank durchaus auch als Mittel der Kritik an den gesellschaftlichen Zuständen eingesetzt werden. In der Geschichte des Schwanks ist beides zu finden, der Spott über den gemeinen Mann, der es dem Herrn gleichtun will, und die Rebellion gegen den dümmlichen Herrn. Das listige Betrugsspiel kann auch in ein und derselben Gesellschaftsschicht ablaufen. Nicht selten ist am Ende der Betrüger der Betrogene. Das Spektrum der Betrogenen ist im Verlauf der Geschichte des Schwanks immer auch ein Spiegelbild der gesellschaftlichen Machtverhältnisse. Die ritterlich-höfische Gesellschaft machte sich über die Tölpelhaftigkeit der Bauern lustig. Das städtische Bürgertum spottete über die Anmaßung des Adels wie über die Ungebildetheit der ländlichen Bevölkerung. Handwerker und Kaufleute amüsierten sich über die Weltfremdheit der Gelehrten und Kleriker, und die Gesellen erzählten sich Streiche, die sie ihren allmächtigen Zunftmeistern gespielt hatten. Der Schwank war und ist ein gesellschaftliches Ventil, ein Mittel der Gesellschaftskritik.

Pfaffe vom Kalenberg

Ein frühes Beispiel, wie das verstreute Schwankgut um einzelne Personen gruppiert wurde, waren STRICKERS *Schwänke des Pfaffen Amîs* aus der ersten Hälfte des 13. Jahrhunderts. PHILIPP FRANKFURTERS *Pfaffe vom Kalenberg* (Erstdruck 1473) hat eine historische Gestalt aus dem Anfang des 14. Jahrhunderts zum Titelhelden. Der Pfarrer vom Kalenberg schlägt sich mit seinen widerspenstigen Bauern herum, die nur durch List dazu gebracht werden können, den Pfarrer und seine Pfarrei zu versorgen. Den Bischof, der seine Pfarrei besucht, ertappt er mit der Köchin. Dem sauffreudigen Adel erteilt er eine derbe Lektion. Ständesatire und Schwank sind nicht weit voneinander entfernt. Um die Gestalt des Bauernverspötters Neidhart von Reuental (um 1190–um 1246) rankten sich schon sehr früh schwankhafte Verserzählungen. Sie wurden um 1490 unter dem Titel *Neidhart Fuchs* gedruckt. Die Sammlung ist biographisch angelegt; sie vermischt eigene Texte Neidharrts mit Schwänken gegen die Bauern. Das bekannteste Schwankbuch wurde aber der *Till Eulenspiegel.*

Neidhart Fuchs

Till Eulenspiegel

Vielleicht hat es den Spaßmacher Till Eulenspiegel wirklich gegeben. In Mölln (Holstein) wird sein Grabstein gezeigt; dort soll er 1350 gestorben sein. Till Eulenspiegel soll ein Bauernbursche gewesen sein, der durch das Land zog, nirgends länger blieb, mit allen Leuten seinen Schabernack trieb, ihnen Streiche spielte und manchmal auch selbst den Kürzeren zog. Vieles, was man sich bereits von anderen Schelmen erzählte, wurde auf Till Eulenspiegel übertragen. So entstand das Buch von Till Eulenspiegel; die Geschichten reichen von seiner Geburt bis zu seinem Tode. Wahrscheinlich sind die Schwänke um Till Eulenspiegel schon im 15. Jahrhundert aufgeschrieben worden. Wir kennen sie in der Fassung des Braunschweiger Zollschreibers HERMANN BOTE (um 1460–um 1520), die um 1510 in Straßburg gedruckt wurde. Die 96 „Historien" sind in Prosa geschrieben. Till Eulenspiegel wurde zur Beispielsfigur des armen Mannes, der sich mit Witz gegen die Mächtigen wehrt; kein Stand bleibt ausgespart. Besonders hat es Till Eulenspiegel aber auf die städtischen Handwerksmeister abgesehen. Für die Schindereien als Knecht rächt er sich dadurch, dass er gedankenlos hingeworfene Bemerkungen wörtlich nimmt. Als ihm der Bäcker auf die Frage, was er denn backen solle, erzürnt antwortet „Eulen und Meerkatzen", lässt er sich dies nicht zweimal sagen. Der Bäcker hat zum Spott auch noch den Schaden. Eulenspiegel aber verkauft sein Gebäck mit gutem Gewinn.

Ein kurtzweilig lesen von Dyl Vlenspiegel gebore͂ vß dem land zů Brunßwick. Wie er sein leben volbracht hatt. xcvi. seiner geschichten.

Fastnachtsspiel

Wie in der Fastnacht selbst vermischten sich auch im *Fastnachtsspiel* Züge heidnischen und christlichen Ursprungs. Die Maskenumzüge zum Winteraustreiben gingen auf heidnisches Brauchtum zurück. Die Wochen vor Beginn der christlichen Fastenzeit gehörten den Narren; es waren Wochen fröhlicher Ausgelassenheit. Vieles, was sich das Jahr über an Kritik und Unmut angestaut hatte, hatte jetzt freien Lauf. Bei den Umzügen oder in den Wirtshäusern, ohne Bühne und mitten unterm Publikum, wurden kleine, lustige Szenen gespielt, meistens von Handwerksgesellen. Die Stoffe kamen aus der Schwankliteratur oder bezogen sich auf lokale Ereignisse; aber auch die große Politik kam nicht zu kurz. Die Narrenfreiheit schützte den Spötter und Kritiker. Einer der Hauptorte für das Fastnachtsspiel war die freie Reichsstadt Nürnberg mit dem Dreigestirn HANS ROSENPLÜT (seit 1444 städtischer Büchsenmeister), HANS FOLZ (Wundarzt, seit 1479 in Nürnberg) und HANS SACHS (1494–1576), „Schuhmacher und Poet dazu". Viele Stücke von Hans Sachs werden heute noch gespielt; z. B. *Der fahrende Schüler im Paradies* und *Das Kälberbrüten*. Hans Sachs wählte seine Stoffe nicht nur aus der einheimischen Schwanktradition, er nahm auch Stoffe aus anderen Literaturen auf. In dem Fastnachtsspiel *Der schwangere Bauer* (erschienen 1560) bearbeitete er eine Novelle aus GIOVANNI BOCCACCIOS (1313–1375) *Decamerone*. Es ist die Geschichte eines geizigen Bauern, der durch eine eingeredete Schwangerschaft von seiner Krankheit, dem Geiz, kuriert wird.

PAMPHILUS GENGENBACH
Die Gouchmat

Im Stile der Narrenrevue eines Sebastian Brant war das Fastnachtsspiel *Die Gouchmat* (um 1516), d. h. die Narrenwiese, des Basler Buchdruckers und Satirikers PAMPHILUS GENGENBACH (um 1480–1524/25) aufgebaut. Die moralisch-lehrhafte Tendenz des Stückes wurde durch die begleitenden warnenden Kommentare eines weisen Narren unterstrichen. Der Untertitel lautete: „Wider den Ehebruch und die Sünde der Unkeuschheit."

Frau Venus beauftragt ihren Hofmeister Leute aus allen Ständen an ihren Hof zu laden. Es kommen ein Jüngling, ein Ehemann, ein alter Soldat, ein gelehrter Doktor und ein alter unverbesserlicher Narr. Vergeblich warnt der weise Narr am Eingang zum Venusreich die Menschen vor den sträflichen Verlockungen. Alle werden von den Dienerinnen der Frau Venus ausgenommen und mit Spott wieder verjagt. Nur ein Bauer hat das Glück, dass sein Eheweib rechtzeitig erscheint und ihn vor Schlimmerem bewahrt.

Geistliche Dichtung im Spätmittelalter

Predigt

Die clunyazensische Reform, zunächst auf das Klosterleben beschränkt, hatte sich schon im Hochmittelalter auch auf den Weltklerus und die Gläubigen ausgedehnt. Bettelorden (Franziskaner, gegr. 1210) und Predigerorden (Dominikaner, gegr. 1216) lehrten eine neue Religiosität der Armut. Eine ihrer Hauptaufgaben war die christliche Belehrung des Volkes. Zu den ersten großen Volkspredigern gehörte der Franziskanermönch BERTHOLD VON REGENSBURG (1215/20–1272); in seinen wortgewaltigen Bußpredigten verschonte er keinen Stand.

BERTHOLD VON REGENSBURG

Dieses Christentum der Praxis kümmerte sich wenig um theologische Spitzfindigkeiten. Berthold gilt als der Wegbereiter für die großen mystischen Prediger aus dem Dominikanerorden. Die *Mystik,* die ihren Höhepunkt im 14. Jahrhundert hatte, war eine Bewegung der religiösen Verinnerlichung; sie lehnte den äußeren Prunk ab. Der Gläubige sollte sich Gott unmittelbar mit allen seinen Sinnen – nicht nur über den Verstand – nähern und sich mit ihm vereinigen. Die Sprache der Mystik erlangte in der Beschreibung dieser Vereinigung der Seele mit Gott eine bislang unbekannte Bildlichkeit.

Mystik

MEISTER ECKHART

HEINRICH SEUSE

JOHANNES TAULER

Von MEISTER ECKHART (um 1260–1327) sind über 60 Predigten überliefert. Sie kreisen um die Idee vom göttlichen Ursprung der menschlichen Seele und ihrer Sehnsucht, in Gott zurückzukehren, mit ihm eins zu werden. *Das Büchlein der ewigen Weisheit* des Dominikaners HEINRICH SEUSE (um 1295–1366) war eines der meistgelesenen Bücher des Mittelalters. Es ist ein Zwiegespräch zwischen der Weisheit und dem gottsuchenden Menschen über das Leiden Christi. JOHANNES TAULER (um 1300–1371) predigte eine einfache, demütige Gläubigkeit; er lehrte ein Christentum der Tat. Die Lehre der Mystiker von der Erneuerung eines persönlichen Christentums wirkte bis in das Jahrhundert der Reformation nach. Die *devotio moderna,* die Verehrung Gottes aus einer persönlichen inneren Einstellung heraus, des ERASMUS VON ROTTERDAM (1466–1536) hatte ihren Ursprung in der spätmittelalterlichen Mystik.

Legende

Das Spätmittelalter war reich an volkstümlicher religiöser Dichtung. Nach dem Vorbild der lateinischen *Legenda aurea* des JACOBUS DE VORAGINE (1230–1298) entstanden *Legendensammlungen.* Um 1400 verfasste ein Nürnberger Bürger in Prosa *Der Heiligen Leben,* das zwischen 1471 und 1521 über 50 Auflagen erzielte. Seit Johannes Gutenbergs (um 1400–1468) bahnbrechender Erfindung des Buchdrucks mit gegossenen beweglichen Lettern waren die Bücher auch für breitere Schichten erschwinglich, da der Preis durch die massenweise Herstellung wesentlich niedriger lag als bei vorher benutzten Handschriften.

geistliches Spiel

Das geistliche Volksschauspiel geht bis ins 10. Jahrhundert zurück. Früheste kleine Spieleinheiten, die noch während des Gottesdienstes im Kirchenraum aufgeführt wurden, sind der Wechselgesang der drei Marien und der Engel am Grabe des auferstandenen Christus; der Text des Evangeliums wurde nur leicht verändert. Im Verlauf der nächsten Jahrhunderte wurde das Geschehen immer weiter ausgebaut; neue Szenen kamen hinzu. Die lateinischen wurden durch deutsche Texte ersetzt. Die Aufführungen wurden aus der kirchlichen Feier herausgenommen und nach außen verlegt. So entstand im 14. Jahrhundert das geistliche Volksschauspiel, wie es heute noch an verschiedenen Orten aufgeführt wird. Zu den Osterspielen – *Innsbrucker Osterspiel* (1391); *Redentiner Osterspiel* (1464) – kamen Passionsspiele – *Augsburger Spiel* (15. Jh., älteste Vorlage des Oberammergauer Passionsspiels) –, Legendenspiele und Fronleichnamsspiele, bei denen an den einzelnen Stationen der Prozession die ganze Heilsgeschichte dargestellt wurde, vom Paradies bis zum Jüngsten Gericht. Einen Kulissenwechsel gab es nicht. Spieler und Publikum wanderten von Bühnenbild zu Bühnenbild. Im Geviert eines Marktplatzes konnten die Zuschauer entlang der Häuser sämtliche Szenenbilder zugleich überblicken; deshalb spricht man auch von der mittelalterlichen Simultanbühne. Die geistlichen Spiele hatten einen lehrhaften Sinn; das gläubige Volk sollte in kleinen Szenen den Inhalt der Heiligen Schrift erfahren. In dem Maße aber, wie die Spiele sich ausweiteten, neue Gestalten hinzukamen und dramatische Szenen erfunden, ja sogar derbe Schwankeinlagen eingebaut wurden, lösten sie sich vom kirchlichen Rahmen und näherten sich dem weltlichen Spiel.

Die Wiederentdeckung der Antike (Renaissance – Humanismus)

Die bestimmende philosophische Richtung und Wissenschaftsmethode durch das ganze Mittelalter war die *Scholastik.* Sie war kein Weg, um neue Erkenntnisse zu finden; ihre Aufgabe war es, die geoffenbarten Wahrheiten der Kirche, die in Dogmen festgelegt waren, nachträglich auch durch Vernunftgründe zu bestätigen. In ihrer philosophischen Argumentation stützte sie sich vor allem auf die damals bekannten Werke des griechischen Philosophen Aristoteles (384–322 v. Chr.). Der mögliche Widerspruch zwischen heidnischer Philosophie und christlichem Dogma solle aufgehoben werden, um auch die großen Denker der Antike in das christliche Lehrgebäude einbauen zu können. Die Philosophie hatte aber der Theologie zu dienen, und nicht umgekehrt.

Scholastik

Die Scholastik bot allerdings kein einheitliches Bild; man unterscheidet zwischen Früh-, Hoch- und Spätscholastik. Die Auseinandersetzung ging um die Frage, was Wirklichkeit sei, was eine eigene Existenz habe. Die Antwort darauf hatte nicht nur Folgen für die wissenschaftliche Erkenntnis, sondern auch für die Rechtfertigung unterschiedlicher Gesellschaftsstrukturen. In der Frühscholastik (800 bis 1200) wurde die Meinung vertreten, dass die Dinge, die sichtbare Welt, keine eigene Wirklichkeit, keine selbstständige Existenz hätten, sondern nur Abbilder von übergreifenden Ideen seien. Nur die Ideen seien wirklich. Das hieß, dass das Einzelne nur aus dem Ganzen, aus der Idee seine Rechtfertigung habe. Darauf baute das mittelalterliche Ordnungsdenken in Kirche und Staat auf. Die Vertreter dieser Richtung nannte man *Realisten,* weil sie den Begriff, die Idee, für die eigentliche Wirklichkeit (Realität) hielten. Eine ausgleichende Position vertraten in der Hochscholastik (1150–1300) Albertus Magnus (1193–1280), der auch in Köln lehrte, und sein Schüler Thomas von Aquin (1225–1274): die *Universalien,* die umfassenden allgemeinen Begriffe und Ideen, seien nur in den Dingen selbst wirklich; ohne die Dinge, ohne die sichtbare Welt gäbe es sie nicht. Die Meinung hatte schon Aristoteles vertreten: Das Allgemeine wohne im Individuellen. Dies bedeutete zumindest eine Aufwertung des Einzelnen gegenüber dem Ganzen. Seine Höhepunkte erreichte der so genannte *Universalienstreit* in der Spätscholastik (1300–1400). WILHELM VON OCKHAM (1285–1349) sprach den Ideen jegliche Wirklichkeit ab; sie seien nur Begriffe und Namen (lat. *nomen*); das einzig Wirkliche sei das Einzelne, das Individuelle. Die Verteter dieser Richtung nannte man *Nominalisten.* Dieser Universalienstreit war kein, wie es scheinen mag, nur spitzfindiges Geplänkel unter Philosophen und Theologen; denn die Behauptung der Nominalisten, dass nur die Dinge selbst Wirklichkeit seien, brach das mittelalterliche Ordnungsdenken auf und stellte es in Frage. Wenn nur das Einzelne wirklich sei, dann habe es auch ein Vorrecht gegenüber dem Ganzen. Der Nominalismus war ein Angriff auf die kirchliche und staatliche Bevormundung; er war der erste Ansatz zu einem neuen wissenschaftlichen Denken, das sich nicht auf Dogmen und vorgegebene Lehrmeinungen verließ, sondern durch eigene Anschauung (Empirie) den Dingen auf den Grund gehen wollte. Wilhelm von Ockham forderte daher auch die Trennung von Kirche und Staat; er trat für eine persönlich erfahrene Religiosität ein wie auch die Mystiker. Selbst das Einschreiten der Kirche gegen die Nominalisten konnte die wissenschaftliche Neugier nach empirischer Erkenntnis der Natur nicht mehr aufhalten.

Universalienstreit

Universitäten

Zentren dieses neuen Weges wissenschaftlichen Denkens wurden die neu gegründeten Universitäten; sie lösten die klösterlichen Hochschulen ab; 1348 Prag, 1365 Wien, 1385 Heidelberg. Ihr Standort in den Städten wertete die kulturelle und wirtschaftliche Bedeutung des städtischen Bürgertums auf. Die Universitäten Köln (1388) und Erfurt (1392) waren bereits rein städtische Gründungen.

Renaissance

Wichtige Impulse für die neue Weltsicht, die sich nicht auf überlieferte Lehrmeinungen verließ, sondern die Eigenerfahrung betonte, kamen aus Italien. Dort begann im 14. Jahrhundert im Zuge eines erwachenden Nationalbewusstseins eine „Wiedergeburt" (Renaissance) oder besser: Wiederentdeckung der römischen Antike. In den klassischen Werken der Antike glaubte man das neue Menchenbild am besten vorgebildet. Es ging nicht darum, das antike Kulturideal, dessen Mittelpunkt der Mensch war, einfach nachzuahmen, sondern in der Auseinandersetzung mit den antiken Quellen ein neues Selbstverständnis zu finden, das der eigenen historischen Wirklichkeit gerecht wurde. Die Renaissance war eine Bewegung, die das starre dogmatische System der kirchlichen Lehrmeinung unter Berufung auf die antike Weltzugewandtheit zu überwinden versuchte: Weltbejahung statt Weltverneinung. Für den italienischen Renaissance-Dichter FRANCESCO PETRARCA (1304–1374) gab es drei Ansatzpunkte einer produktiven Auseinandersetzung mit der Antike:

PETRARCA

- Die römische Republik sei das realisierte Beispiel einer optimalen Staatsform.
- In der Literatur der römischen Republik sei ein Grad der Vollkommenheit erreicht worden, an den man, über den Kulturzerfall der späteren Jahrhunderte hinweg, wieder anknüpfen müsse.
- Das römische Ideal des selbstverantwortlichen Menschen widerspreche nicht der christlichen Heilslehre; denn die antiken Philosophen hätten durch die natürliche Offenbarung Gottes, die allen Menschen

zuteil geworden sei, ein Menschenbild entwickelt, das durch die christliche Offenbarung vollendet worden sei.

Nur diese drei Gesichtspunkte zusammen, der republikanisch-politische, der kulturell-literarische und der moralische, beschreiben hinreichend den geistigen Neuansatz der Renaissance, auch wenn sie nicht immer im gleichen Maße – das betrifft besonders den republikanischen Ansatz – verwirklicht wurden.

Humanismus

Petrarcas Gewährsmann, auf den er sich immer wieder berief, war der römische Schriftsteller MARCUS TULLIUS CICERO (106–43 v. Chr.). Er war der wichtigste Vermittler der griechischen Philosophie; durch ihn kam sie nach Rom und verband sich mit dem römischen Staatsdenken. Ciceros Begriff der *humanitas,* der freien Persönlichkeitsentfaltung durch Bildung und Erziehung in Verantwortung um das Gemeinwohl, umreißt sehr genau das Programm, das Petrarca skizziert hatte. Die Renaissance war die Bewegung, der Humanismus ihr Ziel.

Frühhumanismus in Deutschland

JOHANN VON NEUMARKT

Petrarca hatte Kontakte mit dem Prager Hofe Kaiser Karls IV. (1316–1378). Dem Kaiser hatte er in mehreren Sendschreiben und bei persönlichen Begegnungen seine Vorstellungen vorgetragen. JOHANN VON NEUMARKT (um 1310–1380), der Leiter der kaiserlichen Kanzlei, stand mit Petrarca in regem Briefwechsel, er bewunderte Petrarcas glänzenden, an Cicero geschulten lateinischen Stil. Da die kaiserliche Kanzlei einen regen Schriftverkehr hatte, stellte er, um die internationale Korrespondenz zu vereinheitlichen, in seinen *Formelbüchern* für die kaiserlichen Beamten eine Mustersammlung von Urkunden und Briefen zusammen. Dabei richtete er sich in den lateinischen wie in den deutschen Beispielen nach dem neulateinischen Vorbild der Italiener. Er übersetzte auch selbst mehrere lateinische Werke ins Deutsche. Die Bemühungen der Prager, wie auch später der Münchner und Wiener Kanzlei um eine verbindliche Sprachnorm in der lateinischen wie in der eigenen Muttersprache waren von entscheidender Bedeutung für das Entstehen einer gemeinsamen deutschen Schriftsprache.

Luthers Bibelübersetzung ist nicht ohne diese Vorarbeiten zu denken. Aus dem Prager Kreis stammte auch JOHANNES VON TEPL (um 1350 bis um 1414). Sein *Ackermann aus Böhmen* ist das erste und bedeutendste Werk des deutschen Frühhumanismus.

Der Ackermann aus Böhmen (um 1400) ist ein Streitgespräch zwischen dem Ackermann und dem Tod, der ihm die Frau genommen hat. Gegen die Behauptung des Todes von der Nichtigkeit und Schlechtigkeit des menschlichen Lebens verteidigt der Ackermann den Wert und die Schönheit des Lebens. Am Ende schlichtet Gott den Streit: Leben und Tod, beides gehöre zusammen, beides habe ein Recht zu seiner Zeit. Es ist ein Werk des Übergangs. Mittelalterlich sind noch die Form des Streitgesprächs und die Argumentation des Todes. Neu ist aber das selbstbewusste Pochen auf den Wert des Lebens und auf das Recht nach irdischem Glück. Die Sprache ist kunstvoll und klar, sie ist an italienischen Vorbildern geschult.

JOHANNES VON TEPL
Der Ackermann aus Böhmen

Des Fürsten Rede von vil Selden, des almechtigen Gotes Urteil.
Das XXXIII. capitel

Der lenze, der sumer, der herbst und der winter, die vier erquicker und hanthaber des jares, die wurden zwitrechtig mit großen kriegen. Ir jeglicher berümet sich seines guten willen und wolte jeder in seiner würkung der beste sein. Der lenze sprach, er erquicket und machte güftig alle frücht; der sumer sprach, er machte zeitig und reif alle frücht; der herbst sprach, er brechte und züge in stedel und in heuser und in keler alle frücht; der winter sprach, er verzeret und vernutztet alle frücht und vertribe alle gifttragende würm. Sie alle rümten sich und kriegeten faste. Sie hetten aber vergessen, das sie sich berümten gewaltiger herschaft, die in von got verlihen was. Ebengleiche tut ir beide. Der kläger klagt sein verlust, als ob sie sein erbrecht were; er wenet nicht, das sie im von Uns sei verlihen. Der Tot berümet sich gewaltiger herschaft, die er noch alleine von Uns zu lehen hat enphangen. Der klagt, das nicht sein ist; diser berümt sich herschaft, die er nicht von im selber hat. Jedoch der krieg ist nicht gar on sach. Ih habt beide wol gefochten: den twinget leit zu klagen, diesen die anfechtung des klägers die warheit zu sagen. Darumb: Kläger habe ere! Der Tot habe sig! Seit jeder mensche dem Tot das leben, der erden den leib, die sele Uns pflichtig ist zu geben. (Schluss)

Die Sprache der Kirche, der staatlichen Verwaltung und der Wissenschaft war und blieb Latein; sie war die gemeineuropäische Gelehrten- und Verwaltungssprache. Auch die Humanisten schrieben lateinisch. Ihr Sprachstil unterschied sich aber wesentlich von dem mittelalterlichen Kirchenlatein; sie schulten sich an der geschliffenen Latinität Ciceros. Dies wirkte sich auch auf die Muttersprache aus; die Regeln der lateinischen Syntax und Stilistik wurden zum richtungweisenden Maßstab.

NIKLAS VON WYLE
Translatzen

Um seine Schüler zu einem gepflegten Deutsch zu erziehen, übersetzte NIKLAS VON WYLE (um 1410–1478) 18 lateinische Texte italienischer Humanisten ins Deutsche. Er selbst hatte in Italien studiert, war Ratsschreiber in verschiedenen deutschen Städten, leitete längere Zeit eine Privatschule und kam in Sondermissionen als Gesandter immer wieder nach Italien. Er war ein wichtiger Vermittler des italienischen Humanismus. Seine Übersetzungen sind eine repräsentative Auswahl der lateinischen Kunstprosa der italienischen Humanisten (Novelle, Brief, Lehrdichtung, Streitgespräch, politische Rede, philosophische Abhandlung), die gleichzeitig auch die neue humanistische Weltanschauung vermittelten. In seinen *Translatzen* oder *Teutschungen* (seit 1461 in Einzelausgaben, 1478 in einer Gesamtausgabe) glich Niklas von Wyle die deutsche Kunstprosa an das lateinische Vorbild an: kunstvolle Verbindung der Sätze, Bevorzugung von Satzgefügen und Satzperioden statt einfacher Reihung.

ERASMUS VON ROTTERDAM

Der bekannteste Humanist des deutschprachigen Raumes war ERASMUS VON ROTTERDAM (um 1466–1536). Er war der wichtigste Vermittler zwischen Humanismus und Reformation, ohne jedoch selbst zu dem neuen Glauben überzutreten.

Er hatte in Deventer und Herzogenbusch die Schule der Brüder vom gemeinsamen Leben besucht. Die Mitglieder dieser Gemeinschaft waren Anhänger der so genannten neuen Frömmigkeit *(devotio moderna)*, einer Reformbewegung innerhalb der Kirche, die ein verinnerlichtes persönliches Christentum der Praxis forderte, klerikalen Pomp ablehnte und tätige Nächstenliebe über spitzfindige Glaubensdiskussion stellte. Erasmus wurde von dieser Glaubenshaltung nachhaltig beeinflusst. Er wurde Augustinermönch; aber schon bald verließ er das Kloster, um seine Universitätsstudien in Frankreich, England und Italien fortzusetzen. Er lernte Griechisch und Hebräisch, beschäftigte sich mit den antiken Autoren, mit der Literatur der Kirchenväter und schloss Freundschaft mit vielen Humanisten seiner Zeit. 1517 wurde er von den

Klostergelübden entbunden. Seit 1521 wirkte er in Basel. Von dort wechselte er 1529 nach Einführung der Reformation in das benachbarte Freiburg. Ein Jahr vor seinem Tode kehrte er nach Basel zurück. Sein wissenschaftliches Prinzip war es, die Quellen selbst zu studieren und sich nicht auf fremde Meinungen zu verlassen. Antike Weisheit und christliche Wahrheit waren für ihn vereinbare Größen; dafür kämpfte er in seinen Schriften ein Leben lang. Die antike Kultur war für ihn eine Vorstufe der heilsgeschichtlichen Vollendung der Weltgeschichte durch das Christentum. Man kann ihn einen christlichen Humanisten nennen. Erasmus gab zahlreiche Werke antiker Klassiker und der Kirchenväter nach dem ursprünglichen Text neu heraus; die von ihm kommentierte griechische Ausgabe des Neuen Testaments war die Grundlage für Luthers Bibelübersetzung. *Das Handbüchlein eines christlichen Streiters* (1503) ist eine Christenlehre im Sinne der neuen Frömmigkeit; es nahm in vielen Punkten die Kritik der Reformatoren an der offiziellen Kirche vorweg. Bekannt ist auch heute noch sein ironisch gemeintes *Lob der Torheit* (1511); die Torheit preist ihren Nutzen für die Menschheit. Das ironische Spiel bewegt sich zwischen der Torheit als glücklichem Nichtwissen, wie es um das menschliche Leben bestellt ist, und der Torheit als der Last des Weisen, der die Vergänglichkeit aller Dinge und allen Lebens durchschaut.

Handbüchlein

Lob der Torheit

Humanisten der Reformation

MELANCHTHON

Erasmus hatte die Fehler der alten Kirche erkannt und kritisiert, aber er wollte keine neue Kirche, sondern eine Reform der alten Kirche von innen heraus. Sein Schüler PHILIPP MELANCHTHON (1497–1560), den man später für seine Verdienste um das Schulwesen den „Lehrmeister Germaniens“ nannte, trat auf die Seite der Reformation; er war Luthers gelehrter humanistischer Mitstreiter, er beriet ihn bei der Übersetzung der griechischen Bibeltexte, und die Neugründungen der protestantischen Hochschulen Marburg, Königsberg und Jena trugen seine Handschrift. Auch ULRICH VON HUTTEN (1488–1523) entschied sich für Luther. Der literarische Dialog, das Streitgespräch war sein Mittel, um leidenschaftlich in die aktuelle Meinungsbildung einzugreifen. Er führte den Dialog in die reformatorische Flugschriftenliteratur ein. Er war einer der Mitverfasser der anonym erschienenen *Dunkelmännerbriefe*.

ULRICH VON HUTTEN
Dunkelmännerbriefe

1511 war es zwischen dem Humanisten Johannes Reuchlin (1455–1522) und konservativen Kölner Theologen zu einem Streit über die Frage gekommen, ob Texte der jüdischen Tradition – mit Ausnahme des Alten Testaments – weiter verbreitet werden dürften. Reuchlins Gegner forderten das Verbot der außerbiblischen jüdischen Literatur. Reuchlin wehrte sich dagegen; nur Schmähschriften gegen den christlichen Glauben sollten verboten werden. Zu seiner Rechtfertigung brachte er 1514 unter dem Titel *Briefe berühmter Männer* eine Sammlung ihn unterstützender Zuschriften berühmter Zeitgenossen heraus. Die *Dunkelmännerbriefe* (1515–1517) sind eine humanistische Satire auf Reuchlins Gegner. Die Autoren schrieben diese Briefe, als stammten sie von Reuchlins Gegnern. Satirisch übertrieben, in einem jämmerlichen Latein, sind die Briefe eine Spottschrift auf religiöse Intoleranz und wissenschaftliche Halbbildung.

lateinisches
Humanistendrama

JAKOB WIMPFELING
Stylpho

Bei einer Examensfeier im Jahre 1480 wollte JAKOB WIMPFELING (1450–1528), damals Dekan der Artistenfakultät in Heidelberg, die jungen Akademiker nicht nur durch eine Rede, sondern auch in einer kleinen szenischen Belehrung vom Nutzen der wissenschaftlichen Studien überzeugen und ließ seinen *Stylpho* aufführen.

Stylpho, ein junger karrierebesessener Kleriker, soeben aus Rom zurückgekehrt und mit Empfehlungsschreiben für mehrere Amtspfründen versehen, trifft Vincentius, der sich zu Hause fleißig den Studien gewidmet hat. Stylpho hält nicht viel von wissenschaftlicher Bildung; er will es möglichst schnell durch Beziehungen zu etwas bringen. Ein Pfarrer unterstützt ihn in seiner Meinung. Aber der Bischof, dem er seine Empfehlungsschreiben vorlegt, schickt ihn zuerst zu einem Schulrektor, der Stylphos Wissen überprüfen soll. Stylpho versagt jämmerlich. Er darf froh sein, dass er schließlich die Stelle eines Dorfschweinehirten bekommt, während der bescheidene und lerneifrige Vincentius später bis zu Bischofswürden aufsteigt.

JOHANNES REUCHLIN

Das Stück besteht aus sechs Dialogszenen mit einem Vorwort und einer abschließenden Zusammenfassung; es ist noch nicht in Akte eingeteilt. Dies findet sich erst in den Stücken von JOHANNES REUCHLIN. Das Humanistendrama hatte seinen formalen Ursprung in der Übernahme oder Weiterführung der römischen Komödie durch die italienischen Humanisten. Von ihnen haben die deutschen Humanisten gelernt. Wichtig ist aber, dass sie in der überlieferten Gestalt der Komödien des PLAUTUS (um 250–184 v. Chr.) und TERENZ (um 195–159 v. Chr.) ihr humanistisches Studienprogramm verteidigten und die kirchlichen Missstände satirisch aufdeckten. Der *Stylpho* richtete sich gegen klerikale Ungebildetheit und gegen Ämterkauf und Pfründenwirtschaft. Reuchlins *Sergius* (1496) nahm den betrügerischen Reliquienhandel aufs Korn; es sei besser, sich auf seinen Verstand zu verlassen als einen zweifelhaften Reliquienkult zu betreiben. Bekannter wurde Reuchlins fünfaktige Komödie *Henno* (1497); sie wurde mehrfach ins Deutsche übersetzt, 1531 auch von Hans Sachs.

Sergius

Henno

Es ist das alte Schwankmotiv vom betrogenen Betrüger. Der Bauer Henno stiehlt seiner Frau Geld und gibt es seinem Knecht Dromo, damit dieser für ihn in der Stadt Tuch für ein neues Gewand kaufe. Der Knecht aber ist nicht besser als sein Herr, er kauft das Tuch für sich, ohne es zu bezahlen. Als es zur Gerichtsverhandlung kommt, rät der Anwalt dem Knecht, den Dummen zu spielen und nur mit „ble“ zu antworten. Der Knecht befolgt aber den Rat auch, als der Anwalt nach dem Freispruch sein Honorar einfordern will. Zum glücklichen Ende heiratet der Knecht die Tochter seines Herrn, und das gestohlene Geld bleibt in der Familie. Die Schwankkomödie *Henno* war kein Programmstück, in dem humanistisches Gedankengut propagiert wurde, sondern ein Übungsspiel, an dem die Schüler den römischen Komödienstil lernen sollten. Das Stück lebte von den ausgeprägten Charakteren und dem lustigen Verwirrspiel.

Das Jahrhundert der Reformation

MARTIN LUTHER

Bibelübersetzung

Die herausragende literarische Leistung des 16. Jahrhunderts war die Übersetzung des Alten und Neuen Testaments durch MARTIN LUTHER (1483–1546). Sie war nicht die erste und zu ihrer Zeit auch nicht die einzige Übersetzung der Bibel, aber die erfolgreichste; und dies aus mehreren Gründen.

Zu Luthers Zeit gab es noch keine einheitliche deutsche Schriftsprache. Um von allen Deutschen verstanden zu werden, musste Luther für seine Bibelübersetzung eine landschaftliche Mischsprache finden, in der die extremen Abweichungen der einzelnen Dialekte abgeschwächt waren. Eine solche überregionale Schriftsprache war in Ansätzen die Kanzleisprache der sächsi-

Meißner Deutsch

schen Kurfürsten. Dieses so genannte „Meißner Deutsch“, benannt nach der Kanzlei in Meißen, wurde zur Grundlage der modernen deutschen „Gemeinsprache“, es glich zwischen dem Niederdeutschen und dem Hochdeutschen aus, es nahm Elemente aus sämtlichen deutschen Sprachregionen auf. Es war ein glücklicher Umstand, dass Luther in diesem sprachlichen Mischgebiet aufwuchs und lebte; er fand einen Sprachstand vor, der es ihm ermöglichte, sich an alle Deutschen zu wenden und von ihnen verstanden zu werden.

Bedeutung des Buchdrucks

Große Bedeutung für den Erfolg der lutherschen Bibelübersetzung hatte aber auch die Erfindung des Buchdrucks – nicht nur weil dadurch dem Reformator ein neues Medium zur Verfügung stand, sondern auch weil den Buchdruckern aus kommerziellen Gründen daran gelegen war, dass ihre Bücher möglichst überall in Deutschland verstanden und gelesen wurden; deshalb waren sie selbst an einer Vereinheitlichung der Sprache und der Rechtschreibung interessiert. Luthers überragende sprachschöpferische Leistung bestand darin, dass er die Ansätze dieser überregionalen Schriftsprache mit Elementen aus der Umgangssprache verband und die Bibel nach dem hebräischen und griechischen Urtext nicht Wort für Wort, sondern sinngemäß mit wachem Gefühl für den treffenden Ausdruck übersetzte. Er wollte dem Volk eine deutsche Volks-Bibel geben, nicht eine in Anlehnung an das Lateinische eingedeutschte Bibel. Er wollte die Bibel in Sprachbildern vermitteln, die aus der Erfahrungswelt seiner Leser stammten. Sein Schreibstil kam dem der gesprochenen Sprache sehr nahe; Sprichwörter und treffende Beispiele aus der Alltagserfahrung ersetzten die gelehrte Definition: „Man muss nicht die Buchstaben in der lateinischen Sprache fragen, wie man deutsch reden soll – so tun es die Esel –, sondern man muss die Mutter im Hause, die Kinder auf der Gasse, den einfachen Mann auf dem Markt darum fragen, und diesen allen auf das Maul sehen, wie sie reden.“ *(Sendbrief vom Dolmetschen,* 1530)

dem Volk aufs Maul schauen

Die Übersetzung des Neuen Testaments erschien erstmals 1522. In den folgenden Jahren übersetzte Luther auch die Bücher des Alten Testaments.

Gesamtausgabe der Bibel

1534 erschien die erste Gesamtausgabe: *„Biblia, das ist die gantze Heilige Schrift Deudsch.“* Luther arbeitete ein Leben lang an der weiteren Verbesserung des deutschen Textes. Auch seine Gegner konnten nicht umhin, die sprachliche Leistung zu bewundern; vieles übernahmen sie in ihre eigenen Bibelübersetzungen, weil Luther das treffendere Bild und das verständlichere Deutsch verwendet hatte. Stolz verwies Luther darauf: „Sie lernen aus meinem Dolmetschen und Deutsch, deutsch zu reden und zu schreiben und stehlen mir daher meine Sprache.“ *(Sendbrief vom Dolmetschen)*

Kirchenlied

Um die Gemeinde an der Gestaltung des Gottesdienstes zu beteiligen, förderte Luther das deutsche Kirchenlied. Er gab 1524 ein Gesangbuch heraus, das ständig erweitert wurde. Einige Lieder stammten von ihm selbst. In der Mehrzahl sind es Übersetzungen oder Nachdichtungen lateinischer Vorlagen (Psalmen, Sequenzen, Hymnen), darunter das berühmteste Lied Luthers „Eine feste Burg ist unser Gott“, oder auch neue Texte auf alte Volksweisen (Kontrafakturen), z. B. „Vom Himmel hoch, da komm ich her“. Die Sprache dieser Lieder kam der lutherschen Bibelübersetzung sehr nahe; denn der reformatorische Glaube sollte in verständlicher Sprache verkündet werden. Und das Kirchenlied war ein wichtiges Mittel der religiösen Belehrung.

Fabeln

Aus dem Äsop übersetzte Luther 13 Fabeln. Im Vorwort von 1530 (gedruckt erst 1557) sagte er, der Sinn der Fabel sei es, „die Wahrheit vom äußerlichen Leben in der Welt auszusprechen“. Luther beschränkte aber die kritische Belehrung durch die Fabel auf moralische und religiöse Nutzanwendung. Politische Aspekte klammerte er aus; der Lauf der Welt sei nicht zu ändern.

Seinem Vorbild folgten die protestantischen Geistlichen Erasmus Alberus (um 1500–1553): *Etliche Fabeln Äsops* (1534), erweitert als *Das Buch der Tugend und Weisheit* (1550), und Burkard Waldis (um 1490–1556): *Äsop, ganz neu gemacht* (1548). Nach einer antiken Vorlage verfasste der humanistische Gelehrte und Prediger Georg Rollenhagen (1542–1609) das satirische Tierepos *Froschmeuseler* (entstanden 1566; Erstdruck 1595). In die Rahmenerzählung, den Krieg zwischen Fröschen und Mäusen, sind viele Fabeln eingefügt, die das protestantische Selbstverständnis festigen sollen; selbst Luther und der Papst tauchen in Tiergestalt auf.

Flugschriften

Die Literatur der Reformationszeit war vor allem Gebrauchsliteratur, – man kann auch sagen: Kampfliteratur. Die literarischen Produkte mussten wegen ihrer Tagesaktualität möglichst schnell unter die Leute im ganzen Land. Mit mühseligen Abschriften wäre das nicht möglich gewesen. Die Technik des Buchdrucks bot dagegen die besten Möglichkeiten zur raschen und massenhaften Verbreitung. Die Flugblätter (Einblattdrucke) oder Flugschriften waren die ersten Zeitungen; Holzschnitte illustrierten den Text, sodass auch im Lesen Ungeübte oder Analphabeten (die Mehrheit der Bevölkerung) zumindest im Groben an der Auseinandersetzung teilnehmen konnten. Der Text war als Brief (Sendschreiben) gestaltet, als Streitgespräch, als Satire oder auch als kurze Thesen- oder Programmschrift. Luthers frühe reformatorische Schriften hatten den Charakter von Flugschriften.

An den christlichen Adel deutscher Nation

Der Thesenanschlag (1517) war noch ein innerkirchlicher Theologenstreit über Buße und Ablasspraxis. In der Schrift *An den christlichen Adel deutscher Nation* (1520) wandte sich Luther bereits an die weltliche Öffentlichkeit; er rief den Adel auf, den christlichen Glauben gegen Rom zu verteidigen. Er trat erstens für ein allgemeines Priestertum ein; die geistliche Gewalt dürfte nicht über der weltlichen stehen. Daraus folge zweitens, dass jeder die Bibel auslegen könne. Und drittens sprach er dem Papst das alleinige Recht ab, ein Konzil einzuberufen. Ein allgemeines Konzil der ganzen Christenheit, der weltlichen und kirchlichen Macht, solle über die innere Reform und die Dezentralisation der Weltkirche verhandeln. Mit dieser Schrift wurde Luther über Nacht populär; denn er hatte vieles ausgedrückt und in einer handfesten Argumentation zusammengefasst, was zum Teil auch in Schriften anderer kritischer Autoren schon angesprochen worden war – nur hatte er es in eine allgemein verständliche Sprache gebracht. Der Humanist Ulrich von Hutten, sein wortstarker Mitstreiter der ersten Jahre, unterstützte ihn in seiner Kritik an der Geistlichkeit und an der Bevormundung der deutschen Nation durch die römische Kurie.

Huttens *Gesprächsbüchlein*

Er übersetzte sein ursprünglich lateinisch geschriebenes *Gesprächsbüchlein* (1521), vier Dialoge über den Zustand der Kirche und über den Streit der weltlichen Obrigkeit in Deutschland mit Rom, in ein derbes, volkstümliches Deutsch; sein Vorbild war der antike satirische Dialog.

Luther und der Bauernaufstand

Die reformatorische Bewegung fiel mit dem revolutionären Befreiungskampf der Bauern zusammen. Die Bauern kämpften gegen geistliche und weltliche Unterdrückung. Die Freiheit eines Christenmenschen sollte auch soziale Folgen haben.

Karsthans

Im *Karsthans* (1521), einem Streitgespräch zwischen Luther, seinem Gegner Thomas Murner (1475–1537), dem Bauern Karsthans (Karst = Breithacke) und dessen Sohn, verteidigt der Bauer in der Sprache des einfachen Mannes Luthers Reformpläne; es war eine Aufklärungsschrift für die Bauern. Luther erkannte die Forderungen der aufständischen Bauern zunächst an, z. B. die Abschaffung der Leibeigenschaft und die Entlastung von erdrückenden Abgaben an den Grundherrn. Deshalb sahen die Bauern in Luther einen ihrer Wortführer. In dem Maße aber wie der Bauernaufstand sich radikalisierte, distanzierte sich Luther von den *Zwölf Artikeln* (1525) der Bauern und rief in mehreren Schriften zur Gegenwehr auf: *Wider die mörderischen und räuberischen Rotten der Bauern* (1525) und *Ein Sendbrief von dem harten Büchlein wider die Bauern* (1525). Luther stellte sich auf die Seite der weltlichen Obrigkeit; sie sei gottgewollt.

Wider die Bauern

Die Diskussion um den rechten Glauben wurde nicht nur in wissenschaftlichen Traktaten und Streitschriften ausgetragen; das Volk brauchte handfeste Argumente und verständliche Beispiele. Neben den illustrierten Flugschriften eignete sich dazu vor allem die gespielte Szene. Der Schweizer NIKLAS MANUEL (1484–1530) schrieb ein Fastnachtsspiel *Vom Papst und seiner Priesterschaft* (1523). In sieben Szenen werden Missstände in der Kirche (Ämterkauf, Ablassschwindel usw.) durchgehechelt. HANS SACHS (1494–1576) verfasste 1524 sieben *Dialoge*, in denen er für die Gedanken der Reformation eintrat. Der bekannteste Dialog ist das Streitgespräch zwischen einem mit gesundem Menschenverstand argumentierenden Schuster und einem ungebildeten Chorherrn. Hans Sachs schrieb auch ein Gedicht auf Luther: *Die wittenbergische Nachtigall* (1523).

die Bühne im Dienste der Reformation

NIKLAS MANUEL

HANS SACHS

Ein wichtiger Punkt der Auseinandersetzung zwischen der katholischen Kirche und Luther war die Rechtfertigungslehre. Nach katholischer Auffassung kann der Mensch durch Werke der Frömmigkeit an seiner Erlösung mitwirken (Werkgerechtigkeit). Luther vertrat die Meinung, dass allein der Glaube den Menschen vor Gott rechtfertige. Dieser Widerstreit ließ sich sehr gut an der biblischen Erzählung vom verlorenen Sohn erläutern; sie wurde geradezu das Paradebeispiel für Luthers Rechtfertigungslehre. BURKARD WALDIS (um 1490–1556) gestaltete nach ihr sein Fastnachtsspiel in zwei Akten *Die Parabel vom verlorenen Sohn* (1527). Der ältere Sohn ist der Vertreter anmaßender Werkgerechtigkeit; der jüngere vertraut reumütig auf die Gnade Gottes, dargestellt im Vater, der den verlorenen Sohn liebevoll wieder zu sich aufnimmt. Verbittert verlässt der ältere Sohn das Haus. Der Stoff wurde im 16. Jahrhundert mehrfach bearbeitet, nicht immer allerdings in dieser polemischen Ausdeutung. THOMAS NAOGEORG (1511–1563) schrieb nach der Geschichte vom Tod des reichen Mannes (Jedermann-Motiv) das lateinische Schuldrama *Mercator* (1540). Der reiche Kaufmann, der wenig an guten Werken vorweisen kann, wird durch Gottes Gnade gerettet.

Rechtfertigungslehre

BURKARD WALDIS
Parabel vom verlorenen Sohn

THOMAS NAOGEORG
„Jedermann"

Der humanistisch gebildete Franziskaner THOMAS MURNER (1475–1537) kannte sehr wohl die Schwächen und Fehler der alten Kirche, die er in seinen frühen satirischen Schriften anprangerte. Zeitweise sympathisierte er auch mit Luthers Reformidee. Als aber die Reformdiskussion die Kirche zu spalten drohte, wandte er sich von Luther ab und wurde sein wortgewaltiger Gegner. In seinem satirischen Versepos *Von dem großen lutherischen Narren* (1522) beschwor er das unförmige Ungeheuer der Reformation, aus dem Luthers Helfer entweichen und Kirchen und Klöster verwüsten. Erst vor der Festung des Glaubens, die Murner selbst verteidigt, wird den Angreifern Halt geboten. Die alte Kirche siegt. Die satirische Erzählung ist voll an zeitgenössischen Anspielungen. Murner fing die Angriffe gegen seine Person auf und kehrte sie gegen seine Gegner. Neben der gelehrten Auseinandersetzung um dogmatische Streitpunkte stehen grobianische Beschimpfungen. Murner zog das ganze Register seiner satirischen Gestaltungskraft gegen die lutherische Reformbewegung, weil er sehr klar

katholische Reformationssatire

THOMAS MURNER
Von dem großen lutherischen Narren

JOHANNES PAULI
Schimpf und Ernst

die Gefahr der endgültigen Kirchenspaltung sah. Der Franziskaner JOHANNES PAULI (1450/54 bis nach 1520), ein bekannter Prediger seiner Zeit, warnte zwar seine Leser vor den Irrlehren der neuen Propheten, aber seine Schwanksammlung *Schimpf und Ernst* (d. h. Scherz und Ernst) aus dem Jahr 1522 war weit entfernt von der polemischen Schärfe seines Ordensgenossen Thomas Murner. Die Schwanksammlung bestand nicht nur aus Schwänken, sondern auch aus Fabeln, Anekdoten, Gleichnissen und Beispielgeschichten, insgesamt aus kurzen Erzählungen, die der Prediger zur Erbauung und moralischen Ermahnung oder zur Erläuterung eines Glaubenssatzes in seine Predigt einfügen konnte; es waren *Predigtmärlein.* Pauli schöpfte aus dem Fundus der mündlichen und schriftlichen Tradition; viele Geschichten übersetzte er aus antiken und neulateinischen Quellen. Er ordnete sie nach Ständen und Berufsgruppen oder nach Themen. Wie sie im Einzelnen zu verstehen waren, fügte er in einer kurz gefassten Moral jeweils an.

frühbürgerlicher Roman

Im Roman, der im 16. Jahrhundert in Deutschland einen ersten Höhepunkt erlebte, blieb der Streit der Konfessionen meist ausgespart. Sein wichtigstes Thema war das Verhältnis des Stadtbürgertums zum Adel.

Fortunatus

Als erster bürgerlicher Roman gilt der 1509 in Augsburg von einem unbekannten Verfasser erschienene *Fortunatus.* Im ersten Teil wird beschrieben, wie ein armer Kaufmannssohn zu Reichtum und Ansehen gelangt und beides in kluger Selbstbescheidung mehrt. Der zweite Teil handelt von der unklugen Lebensweise der beiden Söhne, in deren Händen der Reichtum wieder zerrinnt. Während der Vater es vermieden hat, seinen Stand zu verlassen und sich fremde Rechte anzumaßen, scheitern die Söhne gerade durch ihren Drang, es dem Adel gleichtun zu wollen. Am Leben des Fortunatus stellte der unbekannte Autor die Tugenden vor, die der bürgerlichen Ordnung zugrunde lagen: Fleiß, Verlässlichkeit und Bescheidenheit.

JÖRG WICKRAM

Der Kolmarer Gerichtsschreiber und Ratsdiener JÖRG WICKRAM (1505–vor 1562), der 1555 wegen seines protestantischen Bekenntnisses seine Heimatstadt verließ, war ein vielseitiger Schriftsteller. Er bearbeitete Fastnachtsspiele, schrieb satirische Stücke, biblische Szenen und ist der Autor der populären Schwanksammlung *Das Rollwagenbüchlein* (1555), die eine Flut ähnlicher Sammlungen auslöste. Am bekanntesten wurde er aber durch seine Romane. *Ritter Galmy* (1539) und *Gabriotto und Reinhard* (1551) waren noch Bearbeitungen älterer Vorlagen. *Der jungen Knaben Spiegel* (1554), *Von guten und bösen Nachbarn* (1556) und *Goldfaden* (1557) waren originäre Leistungen.

Der jungen Knaben Spiegel

Der jungen Knaben Spiegel erzählt die gegenläufigen Lebensgeschichten eines strebsamen Bauernsohnes und eines faulen Rittersohnes. Durch Fleiß und Redlichkeit bringt es der Sohn des einfachen Mannes bis zum Kanzler. Die Geschichte endet nur deshalb versöhnlich, weil der Ritter wie der Hausvater in der Parabel vom verlorenen Sohn seinen Sohn, der durch eigenes Verschulden in Not geraten war und sich als Schweinehirt verdingen musste, in Gnaden wieder aufnimmt.

Von guten und bösen Nachbarn

Ausschließlich im Bereich großbürgerlicher Kaufmannsfamilien spielt der Roman *Von guten und bösen Nachbarn.* Die jungen Leute, die das Geschäft der Eltern übernehmen sollen, reisen in die Zentren des Handels, um sich dort weiterzubilden; dies ist ihre Art des Auszugs in die Welt. Zu Hause wartet wohl behütet die von den Eltern zum Vorteil des eigenen Geschäfts ausgesuchte zukünftige Schwiegertochter. Das Glück der Kinder garantiert den wirtschaftlichen Erfolg der durch sie vereinten Handelshäuser. Am Schluss des Romans wohnen alle Personen, die sich im Verlauf der Geschichte als Freunde begegneten, in einer großen Gemeinschaft Haus an Haus. Ihre Stärke ist ihr durch verwandtschaftliche und gesellschaftliche Beziehungen gefestigter Zusammenhalt. Die Familie tritt in den Vordergrund. Man könnte dieses Buch einen ersten frühbürgerlichen Familienroman nennen.

Ähnlich endet auch der *Goldfaden* im trauten Kreise glücklicher Familien, nur mit dem Unterschied, dass Motive aus dem Roman *Der jungen Knaben Spiegel* wieder aufgenommen wurden. Leufried, Sohn eines armen portugiesischen Hirten, wird von seinen reichen Pateneltern in die Stadt genommen und zusammen mit deren Sohn Walter aufgezogen. Beide lernen sehr fleißig. Als aber Leufried in der Schule zum Kinderkönig gewählt wird, regt sich der Neid der besser Situierten. Leufried muss fliehen und verdingt sich bei einem Grafen. Er gewinnt die Zuneigung der Grafentochter Angliana. Sie schenkt ihm als Zeichen ihrer Gunst einen Goldfaden, den er in seine Brust einnäht. Den heranwachsenden Jüngling nimmt der Graf als Kammerdiener zu sich. Das Glück hat sich dem beständigen Leufried wieder zugewandt. Durch Zufall rettet Leufried seinen Freund Walter aus Räuberhand. Beide ziehen nach Lissabon, wo sie an des Königs Hof den Löwen wiederfinden, der bei Leufrieds Geburt aufgetaucht ist und zahm wie ein Hündchen die Herden des Vaters begleitet hat. Nach der Rückkehr auf das Gut des Grafen beginnt das Verhängnis. Die heimliche Liebe zwischen Leufried und Angliana wird entdeckt. Der Graf dingt Mörder, aber der Löwe rettet seinen Herrn. Auch der Groll des Grafen hält nicht lange an. Als Leufried wegen seiner Tapferkeit zum Ritter geschlagen wird, willigt der Graf in die Hochzeit ein. Nach dem Tode des Grafen holt Leufried seine Eltern und die Familie seines Freundes zu sich. Obwohl in diesem Roman neben Hirten, Bauern und Kaufleuten auch Grafen und Könige auftauchen, ist doch das bürgerliche Milieu bestimmend. Die Geschichte ist ein bürgerliches Wunschmärchen vom armen braven Mann, der für sein tugendhaftes Leben mit dem damals einzig vorstellbaren Zeichen eines gerechten Lohnes, mit Ritterschlag und vornehmer Heirat ausgezeichnet wird. Den Auflagen nach zu schließen traf diese Erzählung viel eher den Geschmack der Zeit als das für uns heute wesentlich aufschlussreichere Buch *Von guten und bösen Nachbarn*. Das Bürgertum versuchte sich in der Welt des Adels zu spiegeln.

Goldfaden

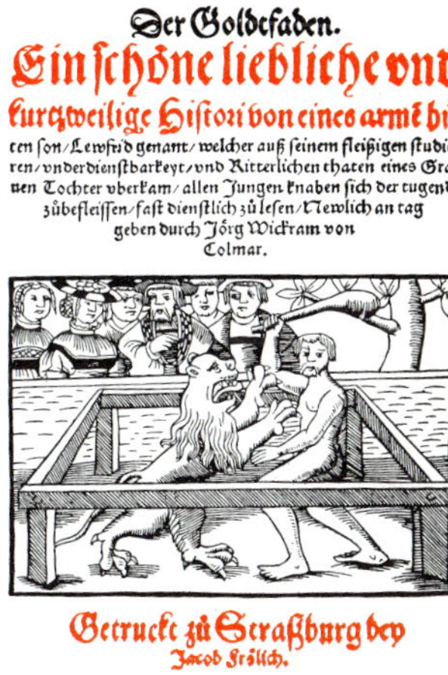
Der Goldtfaden.
Ein schöne liebliche vnd kurtzweilige Histori von eines armē hirten son/Lewfrid genant/welcher auß seinem fleißigen studieren/vnderdienstbarkeyt/vnd Ritterlichen thaten eines Grafen Tochter vberkam/allen Jungen knaben sich der tugendt zůbefleissen/fast dienstlich zů lesen/Newlich an tag geben durch Jörg Wickram von Colmar.
Getruckt zů Straßburg bey Jacob Frölich.

Die 1587 erschienene *Historia von D. Johann Fausten, dem weitbeschreiten Zauberer und Schwarzkünstler* geht auf eine historische Gestalt zurück. Das Werk ist teils ein biographisch gereihter Schwankroman ähnlich dem *Till Eulenspiegel,* teils ein Sammelbecken spätmittelalterlicher Teufels-, Hexen- und Alchimistenliteratur; Fausts wissenschaftliche Neugier, sein Drang, die Geheimnisse der Welt zu ergründen, weist aber schon in die Neuzeit voraus.

Faustbuch

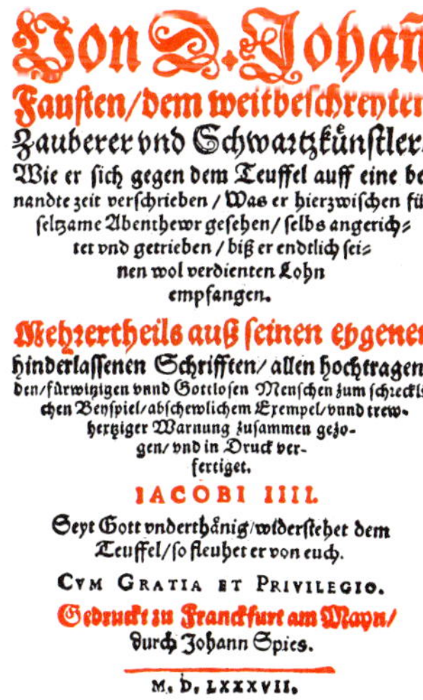
HISTORIA
Von D. Johañ Fausten/dem weitbeschreyten Zauberer vnd Schwartzkünstler/
Wie er sich gegen dem Teuffel auff eine benandte zeit verschrieben/Was er hierzwischen für seltzame Abenthewr gesehen/selbs angerichtet vnd getrieben/biß er endtlich seinen wol verdienten Lohn empfangen.
Mehrertheils auß seinen eygenen hinderlassenen Schrifften/allen hochtragenden/fürwitzigen vnnd Gottlosen Menschen zum schrecklichen Beyspiel/abschewlichem Exempel/vnnd trewhertziger Warnung zusammen gezogen/vnd in Druck verfertiget.
IACOBI IIII.
Seyt Gott vnderthänig/widerstehet dem Teuffel/so fleuhet er von euch.
CVM GRATIA ET PRIVILEGIO.
Gedruckt zu Franckfurt am Mayn/durch Johann Spies.
M. D. LXXXVII.

Faust, ein Bauernsohn, der es in Wittenberg bis zum Doktor der Theologie gebracht hat, wird sehr bald mit den Ergebnissen einer rein theologischen Weltbetrachtung unzufrieden. Sein maßloser Erkenntnisdrang treibt ihn dazu, bis an die Grenzen der Natur vorzudringen. Er wird Arzt; aber auch diese Wissenschaft stillt nicht sein Verlangen. Deshalb verschreibt er sich dem Teufel, der ihn über die menschliche Begrenztheit hinausführt. Mit seinen Zauberkräften durchstreift er die bewohnte Welt, schaut den Himmel, das Paradies und die Hölle. Selbst die warnenden Worte eines greisen Arztes können ihn nicht vom berauschenden Genuss der sinnlich erfassbaren Welt abbringen. Unentwegt will er die Grenzen seiner Erkenntnis übersteigen, bis er am Ende seines Lebens, unbefriedigt wie am Anfang, an seiner eigenen Maßlosigkeit verzweifelt und in die Hölle fährt.

Lalebuch

In die Gruppe der Schwankromane gehört das *Lalebuch* (1597). Anders aber als bei den biographischen Schwankromanen sind hier die Einwohner einer ganzen Stadt, die Lalen zu Laleburg, die Figuren der Schwänke. Die Lalen, ursprünlich weise Leute, die als Ratgeber an vielen Höfen dienten, während zu Hause das Gemeinwesen zerfiel, greifen, um bei den Ihren bleiben zu können, zu einer sonderbaren List: Sie spielen die Narren und vollführen die unsinnigsten Dinge. Sie steigern sich in ihre Narrenrolle so sehr hinein, dass sie, die vermeintlichen Narren, am Ende wirkliche Narren sind. Aus Furcht vor einer Katze stecken sie ihre Stadt in Brand und zerstreuen sich in alle Welt. Überall leben seitdem Narren. Die Lalen sind in den Schwänken immer die Betrogenen; sie unterliegen ihrer eigenen zunächst vorgetäuschten und schließlich wirklichen Dummheit. Das Buch wurde bereits 1598 in veränderter Fassung unter dem Titel *Die Schildbürger* neu aufgelegt.

Die Schildbürger

Renaissance des ritterlich-höfischen Romans

Für diejenigen Bücher, die aus dem Bestand der Romanprosa des 15. und 16. Jahrhunderts durch wohlfeile Ausgaben große Verbreitung fanden und ständig neu dem Geschmack des Publikums angepasst wurden, hat die Romantik die Bezeichnung Volksbuch geprägt. In dem *Buch der Liebe* (1587) besitzen wir einen repräsentativen Querschnitt der damals beliebtesten volkstümlichen Erzählungen. Sie gehen in der Mehrzahl auf Prosafassungen der ritterlich-höfischen Epen zurück.

Buch der Liebe

Amadis

Zu dieser Renaissance der ritterlich-höfischen Welt zumindest im Publikumsgeschmack hat auch der *Amadis aus Frankreich* (1569–1595) beigetragen. Die Geschichte war aus Spanien über Frankreich nach Deutschland gekommen. Vieles erinnert im *Amadis* an die Ritter der Artusrunde.

Ritterparodien

In den Jahren, als der *Amadis* in Frankreich bekannt wurde, erschien eine Satire auf den Ritterroman (1532), in der die ritterlichen Abenteuer der Artuswelt auf einen gewaltigen Riesen übertragen wurden, der Menschen in seinem ausgehöhlten Zahn verstecken konnte. François Rabelais (1494–1553) gestaltete daraus *Gargantua et Pantagruel* (1532–1564). Im Gewande einer Parodie auf die ritterlich-höfische Welt entwarf Rabelais ein kritisches Panorama seiner eigenen Zeit. Johann Fischart (um 1546–1590) wählte aus dem fünfbändigen Werk die Geschichte des Gargantua aus und erweiterte sie zu einer umfangreichen Moralsatire auf die deutschen Verhältnisse. In seinem *Gargantua* (1575, seit 1582 unter dem Titel *Geschichtklitterung*) zog er gegen die deutschen Erzlaster, die Fress- und Sauflust, vom Leder. Den erneuten Erfolg der Ritterbücher machte er sich dabei zunutze.

Johann Fischart
Geschichtklitterung

Textsammlungen

- Herbert Walz: Die deutsche Literatur im Mittelalter – Geschichte und Dokumentation, Kindler-Verlag, München 1976.
- Walther Killy: Die deutsche Literatur – Texte und Zeugnisse Band 2: Spätmittelalter, Humanismus, Reformation, zwei Teilbände, herausgegeben von Hedwig Heger, C. H. Beck Verlag, München 1975 und 1978.
- Josef Schmidt: Renaissance, Humanismus, Reformation, Reclam Verlag (RUB 9609), Stuttgart 1976.

3 Barock

(17. Jahrhundert)

1608 Reichtstag zu Regensburg; die protestantischen Fürsten schließen sich in der *Union* zusammen.

1609 Gründung der katholischen Liga

1618–1648 Dreißigjähriger Krieg

1648 Westfälischer Friede – Wiederherstellung des Augsburger Religionsfriedens – Stärkung der Reichsstände gegenüber der kaiserlichen Macht

um 1650 Bevölkerung in Deutschland seit Beginn des Dreißigjährigen Krieges von 17 auf 8 Millionen gesunken

1602 *Cenodoxus* von Jakob Bidermann

1617 Gründung der *Fruchtbringenden Gesellschaft*

1624 *Buch von der deutschen Poeterey* von Martin Opitz

1607–1658 Georg Philipp Harsdörffer – *Frauenzimmer-Gesprächsspiele* (1641 ff.) – *Poetischer Trichter* (1647) – *Der große Schauplatz lust- und lehrreicher Geschichte* (1650).

1642 *Deutsche Poemata* von Paul Fleming

1644 Gründung des *Pegnesischen Blumenordens*

1649 *Trutznachtigall* von Friedrich Spee

1616–1664 Andreas Gryphius – *Leo Armenius* (1646) – *Katharina von Georgien* (1647) – *Peter Squentz* (1648) – *Horribilicribrifax* (1648) – *Cardenio und Celinde* (1650) – *Carolus Stuardus* (1657) – *Papinianus* (1660)

1654 *Deutsche Sinn-Gedichte* von Friedrich von Logau

1657 *Heilige Seelenlust oder Geistliche Hirtenlieder* von Angelus Silesius

1643–1715 Regierungszeit Ludwigs XIV. in Frankreich – Entfaltung absolutistischer Macht

1663 ständiger Sitz des Reichstags in Regensburg – „Immerwährender Reichstag“

1635–1683 DANIEL CASPER VON LOHENSTEIN – *Cleopatra* (1656) – *Agrippina* und *Epicharis* (1665) – *Sophonisbe* (1669)

1659 *Pietas Victrix* von NICOLAUS AVANCINI

1667 *Geistliche Andachten* von PAUL GERHARDT

1621–1676 HANS JAKOB CHRISTOFFEL VON GRIMMELSHAUSEN – *Simplicissimus* (1668 f.) – *Landstörtzerin Courasche* (1670)

um 1670 Bau der ersten Dreschmaschine – Entwurf einer Rechenmaschine

1672 *Die drei ärgsten Erznarren* von CHRISTIAN WEISE

1683 zweite Belagerung Wiens durch die Türken

1689 *Die asiatische Banise* von HEINRICH ANSHELM VON ZIGLER

1688–1697 Zerstörung der Pfalz durch französische Truppen

1696 *Schelmuffsky* von CHRISTIAN REUTER

1697 Prinz Eugen schlägt die Türken entscheidend bei Zenta – Vormacht Habsburgs in Südosteuropa

1724 *Deutsche und lateinische Gedichte* von CHRISTIAN GÜNTHER

Ein Jahrhundert der Widersprüche

Kaiser Karl V. war es nicht gelungen, die politische und religiöse Einheit des Reiches zu retten. 1556 legte er die Kaiserkrone nieder und zog sich in ein spanisches Kloster zurück. Das Reich zerfiel in mehrere Territorialstaaten. In Spanien und Frankreich bildete sich eine einheitliche, nationale, zentral gelenkte Königsmacht aus; die Idee der Macht verkörperte sich im König (Absolutismus). Deutschland dagegen blieb ein politisch und religiös zerrissenes Land. Die geistlichen und weltlichen Landesfürsten hatten in ihren Territorien durch die Ausschaltung des ländlichen Adels und durch die Entmachtung der Städte zwar auch ein streng zentralistisch geleitetes Regime eingefürt, aber sie blieben unter sich zerstritten. Zu Beginn des 17. Jahrhunderts bildeten sich zwei machtpolitische Lager. 1608 schlossen sich die protestantischen Herrscher zur Union zusammen und im Gegenzug entstand 1609, unter der Führung Maximilians I. von Bayern, die katholische Liga. Der Dreißigjährige Krieg (1618–1648) brachte unsägliches Leid über die deutschen Lande. Das wirtschaftliche Leben erlahmte, verheerende Seuchen taten ein Übriges. Jahrzehnte dauerte es, bis die Bevölkerungszahl wieder den Stand von 1618 erreichte und das wirtschaftliche Leben sich erholte. Um so erstaunlicher ist es, dass in diesem Jahrhundert der politischen und religiösen Wirren das literarische Schaffen nicht versiegte. Im Gegenteil, die literarischen Zeugnisse sind so zahlreich wie seit der Zeit der Staufer im 13. Jahrhundert nicht mehr. Die Nöte und Sehnsüchte des Jahrhunderts, die Spannung zwischen Lebenslust und Todesangst, zwischen Weltbejahung und Vergänglichkeitsbewusstsein spiegeln sich in seiner Dichtung. Die Bezeichnung „Barock" für die Epoche kam erst sehr viel später auf. Auch ist nicht eindeutig geklärt, was sie bedeutet. Vielleicht stammt sie aus dem Protugiesischen. Dort nannte man eine Perle mit unregelmäßiger Oberfläche barock. Ob dies stimmt oder nicht, es trifft zumindest das verwirrende Nebeneinander von extremer Lebensfreude und Weltabkehr, das die Literatur des 17. Jahrhunderts bestimmt.

Zerfall des Reiches

Aufkommen des Absolutismus

Glaubenskriege

wirtschaftlicher Niedergang

gegensätzliches Lebensgefühl

der Begriff „Barock"

Das Signalwort des 17. Jahrhunderts, gerade auch angesichts des politischen und religiösen Chaos, hieß Ordnung. Die deutschen Territorialfürsten ahmten das Vorbild des absolutistischen Hofes in Frankreich nach. Sie bauten sich prächtige Residenzen und versammelten die geistige Elite des Landes an ihren Höfen; jeder wollte wie Ludwig XIV. (1638–1715) ein kleiner „Sonnenkönig" sein. Der Vergleich mit der Sonne als dem Zentrum des Kosmos war sehr treffend. Die Residenzen wurden zu politischen und kulturellen Mittelpunkten. Um ihre Territorien zentral verwalten und regieren zu können, schufen die einzelnen Landesfürsten ein umfassendes Verwaltungssystem. Die Beamten kamen aus dem abhängigen Landadel und aus dem gebildeten Stadtbürgertum. Viele Dichter des 17. Jahrhunderts waren gelehrte Hofbeamte, die ihr Wissen an den europäischen Universitäten erworben hatten.

absolutistische Kleinstaaten

das Vorbild Frankreich

Verwaltungssystem

der gelehrte Hofbeamte

Erneuerung der Lyrik

Versreform des Martin Opitz

Buch von der deutschen Poeterey

Der antike Vers wurde nach Längen und Kürzen gemessen. In den romanischen Sprachen, die aus der lateinischen Sprache entstanden waren, wurden die Verse nach ihrer Silbenzahl bestimmt. Beides entsprach nicht der Eigenart der deutschen Sprache. Martin Opitz (1597–1639) führte die Zählung nach betonten Silben ein; betonte und unbetonte Silbe, Hebung und Senkung, sollen sich gleichmäßig abwechseln. Zwar hatte kaum ein Dichter diese starre Regel, wie sie Martin Opitz in seinem *Buch von der deutschen Poeterey* (1624) vorgeführt hatte, unverändert übernommen, aber das System von *fester* Hebung und *freier* Senkung setzte sich allgemein durch, weil es dem Rhythmus der deutschen Sprache am ehesten entsprach: die Hebungen bestimmen das Versmaß und den Vers. Ähnliches war bereits im Volkslied ausgebildet.

geistliche Lyrik

Friedrich Spee
Trutznachtigall

Paul Gerhardt
Angelus Silesius
Knorr von Rosenroth

Die geistlichen Lieder des Jesuiten Friedrich Spee von Langenfeld (1591–1635) lehnten sich nicht nur der äußeren Gestalt nach an das Volkslied an, sondern übernahmen auch die gefühlsbetonte Naturstimmung aus ihm. Seine Liedersammlung *Trutznachtigall* erschien erst 1649 nach seinem Tod; viele Lieder sind später in die Gesangbücher aufgenommen worden, z. B. *O Heiland, reiß die Himmel auf* oder *Zu Bethlehem geboren.* Der bedeutendste Dichter des protestantischen Kirchenliedes seiner Zeit war Paul Gerhardt (1607–1676). Während Luther in seinen Kirchenliedern die Gemeinschaft der christlichen Gemeinde hervorgehoben hatte, schrieb Paul Gerhardt mehr persönliche Andachts- und Erbauungslieder; die Natur erscheint als Bilderbuch des Schöpfers, in dem die fromme Seele liest, z. B. *Geh aus, mein Herz, und suche Freud* oder *Nun ruhen alle Wälder.* Sein Passionslied *O Haupt voll Blut und Wunden* steht heute in den Gesangbüchern beider Konfessionen. In einer überreichen Bildersprache beschrieb Angelus Silesius (eigentlich Johann Scheffler, 1624–1677), der unter dem Einfluss der Gegenreformation zum katholischen Glauben übergetreten war, das innige Verhältnis des Einzelnen zu Gott; zu seinen volkstümlichen Kirchenliedern gehört *Ich will dich lieben, meine Stärke.* In der schlichten Form der Volksliedstrophe sind auch viele der geistlichen Lieder von Christian Knorr von Rosenroth (1636–1689) gebaut; die Bildvergleiche (Metaphern) aber, z. B. die Lichtsymbolik in *Morgenglanz der Ewigkeit,* entnahm er aus der zeitgenössischen mystischen Literatur: Gott als das unendliche Licht, das die Natur unserer irdischen Existenz erhellt.

Paul Fleming

Simon Dach

Die Lyrik des Barock bietet dem heutigen Leser eine verwirrende Vielfalt; neben einfachen, im Volksliedton verfassten Liedern stehen sehr kunstvolle Gedichtformen. Die meisten Dichter hatten eine akademische Bildung; sie beherrschten die lateinische Sprache gleichermaßen wie die deutsche; nicht wenige dichteten in beiden Sprachen. Und oft, wo der heutige Leser einen sehr persönlichen Ton, eine sehr persönliche Aussage vermutet, hat er es mit sehr kunstvollen Anspielungen zu tun. Selbst die vermeintlich sehr persönlich gehaltenen Liebeslieder eines Paul Fleming (1609–1640) oder die Freundschaftslieder eines Simon Dach (1605–1659) oder die Klagen über die Vergänglichkeit

HOFMANN VON HOFMANNSWALDAU

von ANDREAS GRYPHIUS (1616–1664) und CHRISTIAN HOFMANN VON HOFMANNSWALDAU (1617–1679) sind in Wirklichkeit Texte, die nach einem poetischen Regelsystem aufgebaut sind. Dafür ein Beispiel von Andreas Gryphius:

Es ist alles eitel

Du siehst, wohin du siehst, nur Eitelkeit auf Erden.
Was dieser heute baut, reißt jener morgen ein;
Wo itzund Städte stehn, wird eine Wiese sein,
Auf der ein Schäferskind wird spielen mit den Herden.

Was itzund prächtig blüht, soll bald zertreten werden;
Was itzt so pocht und trotzt, ist morgen Asch und Bein;
Nichts ist, das ewig sei, kein Erz, kein Marmorstein.
Jetzt lacht das Glück uns an, bald donnern die Beschwerden.

Der hohen Taten Ruhm muss wie ein Traum vergehn.
Soll denn das Spiel der Zeit, der leichte Mensch, bestehn?
Ach, was ist alles dies, was wir für köstlich achten.

Als schlechte Nichtigkeit, als Schatten, Staub und Wind
Als eine Wiesenblum, die man nicht wieder findt!
Noch will, was ewig ist, kein einig Mensch betrachten.

ANDREAS GRYPHIUS

Das Gedicht *Es ist alles eitel* ist ein Sonett. Diese Bauform kommt aus der italienischen Literatur; Petrarca hat sie bekannt gemacht. Das Sonett hat einen sehr festen, aber kunstvollen Aufbau. Es besteht aus vier Teilen, aus zwei Quartetten (Vierzeilern) und zwei Terzetten (Dreizeilern). Sein klassisches Reimschema ist abba / abba / cdc / dcd; das Reimschema der Terzette kann aber variieren. Die Versform ist der so genannte Alexandriner. Er ist ein sechshebiger Jambus mit einem deutlichen Einschnitt beim Sprechen nach der dritten Hebung: *Du siehst, wohin du siehst, // nur Eitelkeit auf Erden.* Den Titel hat Gryphius aus dem Alten Testament (*Prediger* 1,2) übernommen. Das entsprechende hebräische Wort, das hier mit *eitel* und *Eitelkeit* wiedergegeben wird, bedeutet ursprüngich *Windhauch;* es ist ein Bild der Vergänglichkeit wie auch die weiteren Beispiele, die Gryphius anführt. Der Hintergrund des Gedichtes ist der Dreißigjährige Krieg, an den schon im ersten Quartett erinnert wird. Gryphius benutzt die Zweiteilung des Alexandriners, um Gegensätze knapp gegeneinander zu stellen: dieser – jener, heute – morgen, bauen – einreißen. Dieser antithetische Bau in Gegensatzpaaren geht durch das ganze Gedicht. Die Aufzählung beginnt im ersten Quartett bei den Städten, d. h. den Werken der Menschen, bezieht im zweiten Quartett die Natur in das Gesetz der Vergänglichkeit ein und endet im ersten Terzett beim Menschen selbst. Im zweiten Terzett werden die einzelnen Stufen der Beobachtung zusammenfassend wiederholt: Alles ist Nichtigkeit. Um dies aber auch sinnhaft vor Augen zu führen, ersetzt er den abstrakten Begriff „Nichtigkeit" nochmals durch anschauliche Wörter: Schatten, Staub, Wind, Welken der Blumen. In diesen Beispielen wird die Anspielung des Titels, der Windhauch der Vergänglichkeit, wiederholt, nun aber als abschließende Erkenntnis aus der Bilderfolge, mit der die Antwort in der letzten Zeile vorbereitet werden soll: Der Vergänglichkeit in der Welt steht ein Ewiges gegenüber. So werden Anfang und Schluss des Gedichtes selbst zum Gegensatzpaar: vergänglich – ewig. Es ist ein Appell an den Menschen, sich auf seine wahre Bestimmung zu besinnen. Das Prinzip des Aufbaus ist die Steigerung: Menschenwerk, Natur, Mensch, Gott. Im letzten Glied der Kette heben sich die Gegensätze auf. Die einzelnen Beobachtungen sind keine unmittelbaren persönlichen Erfahrungen, sondern bewusst eingefügte allgemeine Beispiele für die angestrebte Beweisführung.

IN MANU DOMINI
OMNES SUNT FINES TERRAE.

In domini stat cardo manu, quo vertitur orbis,
Et digitis fines continet ipse suis.

Emblem

Das Denken und Argumentieren in und mit Bildern war charakteristisch für die Dichtung des Barock. Den Dingen und Erscheinungen der sichtbaren Welt wurde ein Sinn zugewiesen, an den sie den Betrachter erinnern sollten. Diese Sehweise geht auf die mittelalterlich-christliche Vorstellung zurück, dass die erschaffene Welt von ihrem Schöpfer kündet, ein Bilderbuch Gottes ist, in dem er uns seine Lehre auf natürliche Weise offenbart. So wurde das Bild vom Pelikan, der in der Not die Jungen mit seinem eigenen Blut ernährt, als Sinnbild des Opfertodes Christi gedeutet. Aber diese Sinnbilder bezogen sich nicht nur auf Glaubenswahrheiten, sondern auch auf moralische Aussagen und allgemeine Lebenserfahrungen. Das sich drehende Rad, das Rad der Fortuna, auf dem, was oben ist, sich nach unten wendet und umgekehrt, wurde als Sinnbild für die Unbeständigkeit des menschlichen Lebens gedeutet. Aus diesem Denken in Sinnbildern entwickelte sich im Barock eine eigene Kunstform, das *Emblem.* Es besteht aus drei Teilen. Eine Überschrift gibt das Thema an. In einem Bild wird das Sinnbild gezeigt. Eine kurze Unterschrift, meist in Form eines *Epigramms,* verbindet Überschrift und Bild und erhellt den Sinn. Diese Struktur ist auch in vielen Gedichten wieder zu finden, z. B. in dem Gedicht *Es ist alles eitel* von Andreas Gryphius. Die Überschrift nennt das Thema, dann wird es in mehreren Bildern vorgeführt und schließlich wird der Sinn zusammengefasst: Der Mensch ist nicht bereit, die Eitelkeit auf Erden zu erkennen und sich seiner wesentlichen Bestimmung zu widmen.

Epigramm

Das *Epigramm,* auf Deutsch: *Sinngedicht,* kommt aus der antiken Literatur. Es ist ein kurzes Gedicht, oft nur ein Zweizeiler, das eine Erfahrung oder Erkenntnis, geistreich und in überraschender Formulierung, z. B. durch Reihung von Gegensätzen, illustriert. Fast alle Lyriker des Barock haben Epigramme geschrieben. Der bekannteste Epigrammatiker war FRIEDRICH VON LOGAU (1604–1655); seine Sammlung *Deutsche Sinn-Gedichte* (1654) enthielt dreitausend Epigramme.

FRIEDRICH VON LOGAU

Gelegenheitsdichtung

Die Gedichte des Barock waren vielfach Auftrags- oder Gelegenheitsdichtung zu Taufen, Hochzeiten usw. und daher öffentliche Dichtung. Man ergötzte sich weniger am Inhalt als an der gelungenen Gestaltung. Dichtung wurde als etwas Erlernbares angesehen. Die vielen erhaltenen Dichtungslehren, z. B. Georg Philipp Harsdörffer *Poetischer Trichter, die deutsche Dicht- und Reimkunst ohne Behuf der lateinischen Sprache, in 6 Stunden einzugießen* (1647 ff.), legen davon Zeugnis ab. Der Gedanke an Ordnung oder der Wunsch danach – im Gegensatz zur chaotischen Wirklichkeit des Dreißigjährigen Krieges – setzte sich auch hier durch. Und nicht selten gipfelte das *Auftrags-* und *Gelegenheitsgedicht* im Lob auf den Fürsten, der die Ordnung sichtbar verkörperte oder verkörpern sollte.

Erlebnislyrik

Eine herausragende Ausnahme, schon im Übergang zum 18. Jahrhundert, waren die Gedichte von JOHANN CHRISTIAN GÜNTHER (1695–1723). Die Sammlung *Deutsche und lateinische Gedichte* erschien erst 1724 nach dem Tod des Dichters. Von den Zeitgenossen wenig beachtet, wurden sie später im *Sturm und Drang* begeistert aufgenommen. Neben Gelegenheitsgedichten im Stile der barocken Auftragsdichtung finden sich in der Sammlung sehr persönlich gehaltene Gedichte, die seinen Lebensweg widerspiegeln. Der Vater hatte dem dichtenden Medizinstudenten die finanzielle Unterstützung entzo-

JOHANN CHRISTIAN GÜNTHER

gen. Vergeblich versuchte Günther eine feste Anstellung zu finden. Eine schwere Krankheit und sein unstetes Wanderleben zehrten an seiner Gesundheit. Mit 28 Jahren starb er. Günther nahm seine persönlichen Erlebnisse und Stimmungen nicht nur zum Anlass, sondern er gab in seinen Gedichten sich selbst preis. Eine solch ursprüngliche individuelle Lyrik war bis dahin unbekannt; sie sprengte den konventionellen Rahmen.

Die seufzende Geduld

Morgen wird es besser werden,
Also seufzt mein schwacher Geist,
Den die Menge der Beschwerden
Überall in Abgrund reißt.

Aber ach, wann bricht der Morgen
Und das Licht der Hoffnung an,
Da ich die so langen Sorgen
Nach und nach vergessen kann?

Sklaven auf den Ruderbänken
Wechseln doch mit Müh und Ruh,
Dies mein unaufhörlich Kränken
Lässt mir keinen Schlummer zu.

Niemand klagt mein schweres Leiden,
Dies vergrößert Last und Pein.
Himmel, lass mich doch verscheiden
Oder gib mir Sonnenschein.

Will ich mich doch gerne fassen,
Wenn mich nur der Trost erquickt,
Dass dein ewiges Verlassen
Mich nicht in die Grube schickt.

Poetik und Rhetorik

das Regelsystem der Rhetorik

Martin Opitz verfolgte mit seinem *Buch von der deutschen Poeterey* nicht das Ziel, eine neue, eigene Dichtungslehre für die deutsche Sprache zu entwickeln – mit Ausnahme der schon genannten Akzentlehre –; er wollte die lateinische Dichtungslehre auf die deutsche Sprache übertragen, um sie ebenbürtig neben die alten Sprachen zu stellen. Seine Dichtungslehre steht in der Tradition der lateinischen Poetiken. Nach antiker und humanistischer Auffassung war die Poetik ein Teilbereich der Rhetorik, der Lehre vom Gestalten einer Rede. Opitz hat diese Auffassung übernommen.

Poetik und Rhetorik

Dichtung wurde verstanden als eine *gebundene Rede,* d. h. eine Rede in Versform. Sie soll den Leser oder Zuhörer durch ihre meisterhafte Gestaltung erfreuen *(delectare)*, in ihrer Aussage nützlich sein *(prodesse)* und zu einer Handlung, Reaktion oder Einsicht bewegen *(movere)*. Die erforderlichen Mittel oder Schritte dazu sind die Erfindung oder Findung des Themas und der Argumente *(inventio)*, die Anordnung der Argumente *(dispositio)* und die sprachliche Ausgestaltung *(elocutio)*, die sich wiederum in die Beschäftigung mit den Sachen *(res)*, mit dem, was man beschreiben oder mitteilen will, und in die Suche nach den treffenden Ausdrücken *(verba)* und der ihnen gemäßen Stilhöhe aufteilt. Dichtung wurde also insgesamt als eine erlernbare Technik, als eine Kunst des guten Redens *(ars bene dicendi)* beschrieben. Der schöpferische Freiraum lag im Bereich der Erfindung und der

Suche nach den Argumenten und Bildern. Dieses Grundschema hat sich bis ins frühe 18. Jahrhundert so gehalten. Dies besagt natürlich nicht, dass es die literarische Produktion ausschließlich bestimmte; es setzte nur Wegmarken, die vieles, was uns heute an der Dichtung des Barock fremd erscheint, erklären können.

Sprachgesellschaften

Nach dem Vorbild der italienischen Akademien entstanden auch in Deutschland Sprachgesellschaften. Es waren gelehrte Vereinigungen zur Pflege der deutschen Sprache und Literatur. Die deutsche Sprache sollte sowohl von modischen ausländischen Einflüssen als auch von einheimischen grobianischen Auswüchsen gereinigt werden und ihre Ebenbürtigkeit neben den anderen europäischen Kultursprachen beweisen. Die Sprachgesellschaften unterstützten die Bemühungen um eine einheitliche deutsche Grammatik und Orthographie, regten Übersetzungen an, an denen die deutschen Autoren sich schulen sollten, und förderten durch regen Briefwechsel die Diskussion über die eigene nationale Dichtung. Ihre Mitglieder waren Adlige und gelehrte Hofbeamte oder akademisch gebildete Stadtbürger. Fast alle bedeutenden zeitgenössischen Dichter und Autoren von Grammatiken und Poetiken waren Mitglieder in einer oder mehreren Sprachgesellschaften.

Fruchtbringende Gesellschaft

Pegnesischer Blumenorden

Die zahlenmäßig größte war die *Fruchtbringende Gesellschaft* (1617) in Sachsen; sie hatte um die Mitte des Jahnrhunderts über 500 Mitglieder. Ihr Hauptanliegen war die Sprachpflege; aus ihren Reihen kamen die wichtigsten Sprachtheoretiker und Grammatiker. Der *Pegnesische Blumenorden* (1644) in Nürnberg widmete sich der geselligen Dichtung, deren Publikum das vornehme Stadtbürgertum war. Georg Philipp Harsdörffer (1607–1658), sein Mitbegründer, war selbst einer der rührigsten Übersetzer, Sammler und Dichter. Seine *Frauenzimmer-Gesprächsspiele* (1641) boten Anregungen zu geselligen Gesprächen und Spielen, reich ausgestattet mit Übersetzungen aus der gesamten europäischen Literatur; so auch *Der große Schauplatz lust- und lehrreicher Geschichte* (1650). Besonders übten sich die Nürnberger aber im schäferlichen Verkleidungsspiel. Sie schlüpften in die Rollen von Schäferinnen und Schäfern und besangen bilderreich und in Klangmalereien das Glück der ländlichen Idylle, aber auch die drohende Gefahr der Zerstörung dieser Idylle durch die Kriegswirren. Die Mode des pastoralen Verkleidungsspiels war in allen literarischen Gattungen zu finden. Sie war eine nur gedachte Flucht aus der Wirklichkeit in eine paradiesische Unschuld. Mit dem Ende des Jahrhunderts endete auch die Bedeutung der Sprachgesellschaften.

Schäfermode

Das gelehrte Drama

Die katholische Reformbewegung in Deutschland ging von Bayern aus. Ihre Stütze waren die Jesuiten, die seit 1542 in Ingolstadt lehrten. Mit ihrer Hilfe versuchten die bayerischen Herzöge eine straffe, zentralistische Neuordnung in Staat und Kirche durchzusetzen. Der Staat überwachte die Erziehung zur Rechtgläubigkeit; der Hof, die Beamten und die Geistlichen sollten dem Volk mit gutem Beispiel vorangehen. Die so genannte Gegenreformation strebte auch eine innere Erneuerung der alten Kirche an. Den Jesuiten wurde die Aufsicht über das Schul- und Universitätswesen anvertraut. Ein Gegenstück zum protestantischen Schuldrama im 16. Jahrhundert bildete an der Wende zum 17. Jahrhundert das *Jesuitendrama.* Man kann es eine in Szene gesetzte Predigt nennen. Ermahnung zum rechten Glauben und Warnung vor

Jesuitendrama

den Folgen menschlicher Überheblichkeit waren die Leitmotive. Die Stoffe kamen aus der Bibel, der Legende und der Geschichte. Die meisten Stücke waren lateinisch geschrieben; sie wurden aber auch übersetzt oder in Programmheften ausführlich erklärt. Das erfolgreichste Stück war der *Cenodoxus* von JAKOB BIDERMANN (1578–1639). Er wurde 1602 in Augsburg erstmals aufgeführt und blieb für viele Jahre auf dem Spielplan der Schulen und Universitäten; 1635 erschien er in einer deutschen Fassung.

JAKOB BIDERMANN
Cendoxus

Cenodoxus, das heißt: der dem eitlen Ruhm Verfallene. Bidermann hatte den Stoff aus der Legende des hl. Bruno von Köln. Dieser soll seinen Entschluss, sich in klösterliche Abgeschiedenheit zurückzuziehen und den Kartäuserorden zu gründen, gefasst haben, als er einer Seelenmesse beiwohnte, während der sich plötzlich der Sarg geöffnet und der Tote, ein berühmter akademischer Lehrer, bekannt habe, er sei wegen seiner unbußfertigen Eitelkeit verdammt. Das fünfaktige Drama im Stile der antiken Tragödie schildert den Lebenslauf des berühmten, aber hoffärtigen Professors der Pariser Universität und das göttliche Gericht über ihn. Cenodoxus kennt nichts als seinen Ehrgeiz; er will von der Welt anerkannt und geehrt werden. Er schlägt die Warnungen des Guten in ihm, das in allegorischen Gestalten auftritt, in den Wind und hört auf die Mächte des Bösen, bis der Tod ihn ruft. Aber nun ist es zu spät. Cenodoxus hat seinen freien Willen missbraucht und wird verdammt. Nicht der versöhnende Gnadenakt Gottes wie im protestantischen Jedermann-Spiel, sondern Gottes Gerechtigkeit steht am Ende. Cenodoxus, der dem eitlen Glanz irdischen Ruhms verfällt, hat sich selbst verdammt. Wie der hl. Bruno angesichts der Selbstbezichtigung des hochmütigen Gelehrten dem Schein des weltlichen Ruhms entsagte, so sollen sich auch die Zuschauer den Verführungen der Welt entziehen. Der *Cenodoxus* war, neben seiner gegenreformatorischen Tendenz, auch eine Abrechnung mit dem Renaissance-Ideal des sich selbst verherrlichenden Individuums.

barockes Festspiel

Da das Jesuitendrama von Staat und Kirche gefördert wurde, boten sich ihm bisher ungeahnte Möglichkeiten theatralischer Prachtentfaltung. Der Wiener Jesuit NICOLAUS AVANCINI (1611–1686) setzte in seinen allegorischen Festspielen Musik und Tanz ein, arbeitete mit aufwendigen Beleuchtungseffekten und Kulissen; er inszenierte Schlachtenszenen und pompöse Festzüge. Sein fünfaktiges Schauspiel *Pietas Victrix* (Die siegreiche Frömmigkeit) wurde 1659 in Anwesenheit des Kaisers am Wiener Hof als kaiserliches Festspiel *(ludus caesareus)* mit großem Gepränge aufgeführt. Es handelt vom Sieg Kaiser Konstantins gegen seinen Widersacher Maxentius und verherrlicht in einer triumphalen Schlussszene den rechtgläubigen Herrscher.

NICOLAUS AVANCINI
Pietas Victrix

Zu Anfang des 17. Jahrhunderts gab es in Deutschland keine festen Theaterensembles; die Stücke wurden von Laien gespielt bei Schulfesten oder besonderen Anlässen. Das professionelle Theater kam aus England. Seit den Achtzigerjahren des 16. Jahrhunderts spielten in Deutschland englische Theatergruppen. Sie brachten vor allem Werke von William Shakespeare (1564–1616) auf die Bühne; später nahmen sie auch spanische, italienische, französische und deutsche Stücke in ihr Repertoire auf. Die Wandertruppe des Joris Jolliphus spielte Mitte des Jahrhunderts mehrere Stücke des Schlesiers ANDREAS GRYPHIUS (1616–1664). Dieser war der Sohn eines evangelischen Archidiakons. Sein Studium absolvierte er an der Universität Leiden; dort wirkte er

englische Wanderbühnen

ANDREAS GRYPHIUS

Trauerspiele

Märtyrerdramen

Lustspiele

auch einige Jahre als akademischer Lehrer. Nach einer mehrjährigen Reise durch Europa ließ er sich als Syndikus in seiner Heimat nieder. Gryphius ist der bedeutendste Dramatiker des Barock. Beeinflusst von den Tragödien Senecas, dem neulateinischen Drama, der Jesuitenbühne und den englischen Wandertruppen, schrieb er historische Trauerspiele *(Leo Armenius, Carolus Stuardus, Papinianus)*, Märtyrerdramen *(Katharina von Georgien)* und Lustspiele *(Peter Squentz, Horribilicribrifax)*. Von ihm stammt auch das erste bürgerliche Trauerspiel *Cardenio und Celinde*. In seinen fünfaktigen Versdramen beachtete er die aristotelische Lehre von den drei Einheiten (Handlung, Ort, Zeit) und führte den antiken Chor wieder ein, der die Handlung kommentiert. Seine Trauerspiele dokumentieren eine pessimistische Grundhaltung; angesichts der Eitelkeit und Nichtigkeit der Welt kann der Einzelne nur durch beharrliche Beständigkeit vor sich selbst bestehen, auch wenn er untergeht. Seine Stücke waren überkonfessionell; sie wurden auch auf katholischen Ordensbühnen gespielt.

Papinianus

Der ausführliche Titel lautet: *Großmütiger Rechtsgelehrter, oder sterbender Aemilius Paulus Papinianus*. Das Stück wurde 1660 in Breslau uraufgeführt. Es erzählt die Geschichte des römischen Rechtsgelehrten Papinianus, der 212 n. Chr. im Alter von 36 Jahren auf den Befehl des tyrannischen Kaisers Caracalla hingerichtet wurde, weil er sich geweigert hatte, dessen verbrecherische Rechtsbeugung zu rechtfertigen. In Rom kämpfen die beiden Brüder Caracalla Bassianus und Geta, die nach dem Willen des Vaters das Reich gemeinsam regieren sollen, um die Alleinherrschaft. Caracalla ermordet seinen Bruder und gibt Papinianus den Befehl, die Tat vor dem Volk zu rechtfertigen; doch dieser weigert sich, Caracalla entsetzt ihn seiner Ämter und klagt ihn des Hochverrates an; aber Papinianus' Rechtsempfinden ist durch nichts zu brechen. Er widersetzt sich auch dem Vorschlag der Soldaten, den Kaiser abzusetzen und ihn zum Kaiser auszurufen. Nicht einmal die Ermordung seines Sohnes lässt Papinianus in seiner Beharrlichkeit für die Wiederherstellung des Rechts schwanken. Um sich den potentiellen Widersacher vom Halse zu schaffen, lässt der Kaiser ihn hinrichten; aber er kann seinen Triumph nicht lange genießen, er wird wahnsinnig. Papinianus hat im Tod über den Kaiser gesiegt. Papinianus ist ein heidnischer Märtyrer; er stirbt für das Ideal einer unbestechlichen Rechtsordnung. Aus freiem Willen opfert er diesem allgemeinen Ideal sein persönliches Glück. Die Ordnung siegt, gerade weil der Einzelne bereit ist, für sie sein Leben einzusetzen. Gryphius hat auf das Bild des edlen Heiden Züge des christlichen Märtyrers übertragen, der den Versuchungen der Welt standhält.

Peter Squentz

In dem Lustspiel *Peter Squentz* (1648) übernahm Gryphius einen antiken Stoff, den auch Shakespeare bearbeitet und die englischen Theatergruppen in ihre Handwerkerparodien eingebaut hatten. Die Handwerker beschließen, vor dem König die Geschichte des unglücklichen Liebespaares Pyramus und Thisbe zu spielen. Die ersten beide Akte sind die Vorbereitung des Spiels im Spiel im dritten Akt. So umständlich die Vorbereitung, so blamabel fällt die Aufführung aus. Die Spieler, die kaum Ahnung von Aufbau und Gestaltung einer hohen Tragödie haben, vergessen ihren Text, improvisieren sehr tölpelhaft und können am Ende nicht mehr zwischen Spiel und Wirklichkeit unterscheiden. Gnädig entlohnt sie der König nicht nach ihrer Leistung, sondern nach den Fehlern, die ihnen unterlaufen sind. Zum einen ist dieses Stück eine Parodie über Auswüchse im handwerklichen Meistersang, zum andern stellt es aber auf heitere Weise Gottes nachsichtige Güte dar, der den guten Willen über die unzulängliche Tat setzt und danach belohnt.

Der zweite große Dramatiker des Barock ist DANIEL CASPER VON LOHENSTEIN (1635–1683). Das durchgehende Thema in seinen historischen Trauerspielen ist die Gefährdung der Vernunft durch unkontrollierte Leidenschaft.

DANIEL CASPER VON LOHENSTEIN

Die besonnenen, um das Wohl des Staates besorgten Gegenspieler der von Leidenschaft und Machtgier geblendeten Herrscher sind in der *Cleopatra* (1656) der spätere Kaiser Augustus und in der *Sophonisbe* (1669), die zur Zeit des Zweiten Punischen Krieges spielt, der römische Feldherr Scipio. Cleopatra und Sophonisbe gehen zugrunde, weil sie in den vorherbestimmten Verlauf der Geschichte eingreifen und den Aufstieg Roms verhindern wollen. Für Lohenstein war das „Verhängnis", d. h. der historische Prozess, kein willkürliches Geschehen, sondern ein von Gott beschlossener Plan; Rom sollte das letzte der vier großen Weltreiche sein und das Heilige Römische Reich Deutscher Nation seine Vollendung. So endet die *Sophonisbe* mit einer prophetischen Verherrlichung des Hauses Habsburg. Die Vorstellung von der historischen Zwangsläufigkeit des „Verhängnisses" erklärt es auch, warum in den beiden Nerodramen *Agrippina* und *Epicharis* (beide 1665) nicht Nero, die Inkarnation des verblendeten Tyrannen, vernichtet wird, sondern seine Widersacher scheitern; denn auch sie, obwohl in lauterer Absicht, wollen die historische Uhr zurückdrehen und das Kaisertum abschaffen. Lohensteins Dramen sind nicht frei von Widersprüchen; sie spiegeln gerade den Konflikt zwischen der Lehre vom freien Willen und der Idee historischer Zwangsläufigkeit. Die Freiheit der Vernunft ist die Einsicht in das „Verhängnis"; ihre Voraussetzung ist das leidenschaftslose Handeln, das den gerechten Herrscher auszeichnet. Lohensteins Dramen sind theatralischer als die seines Vorbildes Gryphius. Er spielt die Leidenschaften und Intrigen mit einem überladenen Wortschwall auf der Bühne aus; Mord und Totschlag werden nicht berichtet, sondern auf der Bühne inszeniert.

Cleopatra

Sophonisbe

Agrippina

Epicharis

Der Roman zwischen Idealbild und Satire

Ordnung und Chaos, göttlicher Heilsplan und menschliche Sündhaftigkeit – das waren die großen Themen der Literatur im 17. Jahrhundert, am sinnfälligsten dargestellt im Roman. Dabei gingen religiöse Vorstellungen und staatspolitische Interessen ineinander über. So wie der *eine* Gott die ganze Welt zusammenhält, ihr Mittelpunkt ist, so sollte auch der Fürst, der Repräsentant der weltlichen Macht, die Sonne sein, die über alle scheint. Das war die Wunschvorstellung, das Ideal. Und so wurde es auch im *höfisch-historischen Roman* vorgestellt. Nach vielfältigen Verwicklungen und Versuchungen trat der Held seine Herrschaft zum Segen seiner Untertanen an. Diese Romane, mehrbändige Fortsetzungswerke, sind heute vergessen. Als Beispiel möge *Die asiatische Banise* (1689) von HEINRICH ANSHELM VON ZIGLER UND KLIPHAUSEN (1663–1696), mit rund 500 Seiten der kleinste dieser Gattung, genügen.

höfisch-historischer Roman

ANSHELM VON ZIGLER

Die asiatische Banise

Zigler, der ausführlich aus historischen Quellen zitiert, hat die blutigen Ereignisse, die sich in der zweiten Hälfte des 16. Jahrhunderts in den hinterindischen Königreichen abspielten, als exotischen Rahmen für sein Idealbild eines vollkommenen, absolutistischen Herrschers verwandt. Er nutzte die Vorliebe seiner Zeitgenossen für exotische Reiseberichte. Der Roman führt mitten in die Handlung. Prinz Balacin von Ava wird auf der Suche nach der Prinzessin Banise aus Pegu von Räubern überfallen und von Freunden gerettet. In deren Haus erzählt ein Vertrauter des Prinzen dessen Jugendgeschichte und wie er in Befolgung eines Orakelspruchs Banise kennen gelernt habe. Der glücklichen Vereinigung steht der Bösewicht Chaumigrem im Wege, der Pegu erobert und Banise entführt hat. Balacin will die geliebte Banise retten, aber die Entführung misslingt. Als er erfährt, dass Banise in Lebensgefahr schwebt und geopfert werden soll, schleicht er sich unerkannt in die Stadt. Am Tage des Opferfestes erdolcht er Chaumigrem. Ganz Pegu umjubelt den Befreier. Hochzeiten beschließen das schauerliche Geschehen; in Hinterindien kehrt wieder Friede ein. Die Familienpolitik der Fürsten bestimmt das Schicksal der Völker. Chaumigrems Intrigen stürzen sie ins Unglück, Balacins Unbescholtenheit und Mut führen sie in eine Epoche des Friedens. Vom Herrscher geht alles aus; er verkörpert den Staat. Die einzelnen Akteure sind keine individuellen Gestalten, sondern Repräsentanten des Kampfes zwischen Ordnung und Chaos.

Schelmenroman

Die Entwicklung des Romans im 17. Jahrhundert verläuft in zwei gegensätzlichen Richtungen, die in ihrem Ansatz sonderbarerweise Gemeinsamkeiten haben. Ihr Ausgangspunkt ist die Auseinandersetzung mit dem Ideal, wie die Welt sein sollte. Die höfisch-historischen Romane entwerfen das Idealbild. Der *Schelmenroman* beschreibt nicht das Idealbild, sondern den Widerspruch zwischen dem Wunschbild einer geordneten Welt und der furchtbaren Erfahrung des Dreißigjährigen Krieges. In diesen Romanen, deren Held meist aus einfachen Verhältnissen kommt und die Welt „von unten" sieht, wird nicht der Lehre widersprochen, dass Gott die Welt bestens eingerichtet habe, wohl aber wird darüber geklagt, dass der Mensch in seiner Sündhaftigkeit diese Ordnung gefährde und zerstöre. Die Form des Schelmenromans kam aus Spanien; er verbreitete sich über ganz Europa. HANS JAKOB CHRISTOFFEL VON GRIMMELSHAUSEN (1621–1676) war zwar nicht der Erste, der einen deutschen Schelmenroman schrieb, aber sein *Simplicissimus* (1668 f.) wird auch heute noch gelesen.

Grimmelshausen
Simplicissimus

Die Handlung des *Simplicissimus* spielt mitten im Dreißigjährigen Krieg. Der kleine Simplicius lebt fernab der Welt und ungebildet im Spessart. Als eines Tages Soldaten den Bauernhof plündern, flieht er in den Wald. Ein Einsiedler nimmt ihn auf und unterrichtet den Dümmling in der christlichen Religion. Drei Dinge solle Simplicius besonders beachten: sich selbst erkennen, böse Gesellschaft meiden und beständig bleiben. Doch er hört wenig auf die Worte des Einsiedlers. Nach dessen Tod zieht er in die Welt und kommt nach Hanau ins protestantische Lager. Der Tor wird ausgelacht. Deshalb übt er sich allmählich in die weltliche Klugheit ein. Sein Narrenkleid benutzt er als bewusste Tarnung, um die Sittenlosigkeit der andern anzuprangern. Die Wechselfälle des Krieges verschlagen ihn an viele Orte. Schließlich wird er kaiserlicher Dragoner und macht sich als der gefürchtete Jäger von Soest einen Namen. Nach seiner Gefangennahme durch schwedische Truppen liegt er untätig in Lippstadt. Er wird zur Ehe gezwungen. Als er in Köln sein dort deponiertes Geld abholen will, muss er erfahren, dass er betrogen worden ist. So schließt er sich zwei Kavalieren an und zieht mit ihnen nach Paris, wo die schönen Damen sich um ihn reißen. Auf dem Heimweg wird er krank. Er schlägt sich als Quacksalber durch. In Baden tut er sich mit einem alten Kumpan zu Raubzügen zusammen und zieht sich schließlich in den Schwarzwald zu einer Kur zurück; er will das Kriegshandwerk vergessen. Doch bald folgt er einem Angebot nach Russland; enttäuscht und betrogen kehrt er wieder zurück. Er entsagt der Welt und wird Einsiedler wie sein Vater. Die fromme Absicht hält nicht lange an. Er wechselt erneut das Kleid des „Waldbruders" mit dem des „Wallbruders" und kommt auf seiner abenteuerlichen Reise in ägyptische Gefangenschaft. Als

ihn europäische Kaufleute heimbringen wollen, geht das Schiff unter. Simplicius rettet sich auf eine einsame Insel, wo er sein Leben in Ruhe beschließen will. Einem holländischen Kapitän, der an dem Eiland landet, übergibt er seinen Lebensbericht. – Simplicius ist, so lebendig er von den ersten Seiten an in seiner Ich-Erzählung dem Leser vor Augen steht, eine bewusst konstruierte Gestalt, die dem Autor zu einem Experiment dient. Simplicius tritt als irdischer Narr und als himmlischer Gelehrter in die Welt. Durch die christliche Belehrung, die er beim Einsiedler empfangen hat, ist er der personifizierte Widerspruch zum wirklichen Treiben in der Welt. Er, der in weltlichen Dingen Unerfahrene, kann den eitlen Schein des menschlichen Lebens anprangern, weil er das, was er sieht, unmittelbar mit dem vergleicht, was der Einsiedler ihn gelehrt hat. Im weiteren Verlauf der Erzählung geht der Widerspruch zwischen dem göttlichen Gebot und der menschlichen Unzulänglichkeit aber auf ihn selber über. Je größer sein Erfolg in der Welt wird, desto weiter entfernt er sich von Gott und von den Lehren des Einsiedlers. Den Konflikt kann er nur lösen, indem er den Ort der Unbeständigkeit, die Welt, verlässt und sich auf eine menschenlose Insel zurückzieht. Auf der Insel will er nur noch an die Rettung seiner Seele denken. In späteren Romanen Grimmelshausens kehrt Simplicius in die Welt zurück und lebt ein Christentum der praktischen Nächstenliebe; er berät und hilft.

politischer Roman

Den Übergang zum Optimismus der Aufklärung im 18. Jahrhundert, dass nämlich die Welt vernünftig eingerichtet sei, versuchte CHRISTIAN WEISE (1642–1708). In seinen Romanen – er nannte sie selbst *politische Romane* – siegt der Held durch praktische Vernunft (dies meinte Weise mit „politisch“) und weiß sich in der Welt einzurichten. In dem Roman *Die drei ärgsten Erznarren in der ganzen Welt* (1672) schickte Weise einen jungen Adligen auf die Reise mit der Aufgabe, die drei größten Narren zu finden. Am Ende erkennt der Junker, dass er selbst der größte Narr ist, der die Fehler nur bei anderen sucht und sich nicht selbst an der Nase zieht.

CHRISTIAN WEISE
Erznarren

Romansatire

Als Satire auf die Reiselust der Helden in den Barock-Romanen war die Lügengeschichte *Schelmuffsky* (1696 f.) von CHRISTIAN REUTER (1665–um 1712) gedacht.

CHRISTIAN REUTER
Schelmuffsky

Schelmuffsky erzählt von seiner Kavalierstour, einer Art Bildungsreise, die ihn über Schweden nach Holland bis an den Hof des Großmoguls geführt habe, von seinen siegreichen Kämpfen mit Seeräubern, seinen Liebschaften mit feinen Damen und wie ihn die ganze Welt als einen Prachtkerl und vornehmen Herrn bestaunt und bewundert habe. Aber kaum heimgekehrt, wird er von seinem kleinen Vetter höhnisch gefragt, was er denn nach vierzehn Tagen schon wieder zu Hause wolle. Alles entpuppt sich als Hirngespinst; Schelmuffsky war gerade eine halbe Meile weit bis ins nächste Wirtshaus gekommen. In einer zweiten Fassung wandelt sich Reuters Romansatire zu einer Standessatire. Der Bürgersohn Schelmuffsky und die Gestalten seiner Phantasie geben sich als vornehme Personen aus; sie kleiden sich aufwendig, äffen den Adel nach, aber ihre Sprache entlarvt sie. Die Lügengeschichte wird zur Satire auf die bürgerliche Standessucht. Der Ausflug in die große Welt ist nicht recht viel mehr als eine Suffphantasie: Romansatire und Gesellschaftssatire vereinen sich.

Textsammlungen

- Walther Killy: Die deutsche Literatur – Texte und Zeugnisse
  Band 3: Das Zeitalter des Barock, herausgegeben von Albrecht Schöne, C. H. Beck Verlag, München 1968
- Renate Fischetti: Barock, Reclam Verlag (RUB 9613), Stuttgart 1977

4 Aufklärung

(18. Jahrhundert)

1695 Franckesche Stiftungen (Halle) zur Erziehung und Betreuung der Jugend

1700 Gründung der Preußischen Akademie der Wissenschaften durch Wilhelm Leibniz

1714 Ende der Hexenprozesse in Preußen

1727 Statut der Herrnhuter Brüdergemeine

1732 Ansiedlung vertriebener Salzburger Protestanten in Ostpreußen

1740–1786 Friedrich II., der Große (geb. 1712), König von Preußen

1740–1780 Maria Theresia (geb. 1717), Königin von Ungarn und Böhmen, Erzherzogin von Österreich

1745 Eröffnung einer Technischen Lehranstalt in Braunschweig, Vorgänger der Technischen Hochschule

1713 *Der Vernünftler* – erste Moralische Wochenschrift in Deutschland

1719 f. – *Robinson Crusoe* von Daniel Defoe (deutsch 1720)

1721–1748 *Irdisches Vergnügen in Gott* von Barthold Heinrich Brockes

1729 *Die Alpen* von Albrecht von Haller

1708–1754 Friedrich von Hagedorn – *Versuch einiger Gedichte* (1729) – *Versuch in poetischen Fabeln und Erzählungen* (1738)

1700–1766 Johann Gottfried Gottsched – *Versuch einer kritischen Dichtkunst* (1730) – *Der sterbende Cato* (1731) – *Deutsche Schaubühne* (1741–1745)

1731 *The London Merchant* von George Lillo (deutsche Aufführung 1754)

1731–1743 *Insel Felsenburg* von Johann Gottfried Schnabel

1740 *Kritische Dichtkunst* von Johann Jakob Breitinger

1689–1761 Samuel Richardson – *Pamela* (1740, deutsch 1743) – *Clarissa* (1747 f., deutsch 1748 f.)

1719–1803 Johann Wilhelm Ludwig Gleim – *Versuch in scherzhaften Liedern* (1744 f.) – *Fabeln* (1757 f.) – *Lieder nach dem Anakreon* (1766)

1715–1769 Christian Fürchtegott Gellert – *Das Leben der schwedischen Gräfin von G . . .* (1747) – *Fabeln und Erzählungen* (1748)

1745–1754 Wieskirche bei Steingaden (Oberbayern) von Dominikus Zimmermann erbaut – Hauptwerk des deutschen Spätbarock

1751–1780 Erscheinen der *Encyclopédie* (35 Bände)

1751 Erstausgabe der *Vossischen Zeitung* (bis 1934)

1752 *Kunst der Fuge* von Johann Sebastian Bach

1756–1763 Siebenjähriger Krieg

1761 Nymphenburger Porzellan-Manufaktur

1769 Patent für James Watt für seine verbesserte Dampfmaschine

1776 amerikanische Unabhängigkeitserklärung

1783 erster Ballonaufstieg mit Heißluft (Montgolfier)

1789 amerikanische Verfassung mit Erklärung der Menschenrechte *(Bill of Rights)*

1789 Beginn der Französischen Revolution

1724–1803 Friedrich Gottlieb Klopstock – *Oden* (1747 ff.) – *Der Messias* (1748–1773) – *Hermann*-Trilogie (1769–1787)

1751–1755 *Sammlung satirischer Schriften* von Gottlieb Wilhelm Rabener

1729–1781 Gotthold Ephraim Lessing – *Miss Sara Sampson* (1755) – *Fabeln* (1759) – *Briefe, die neueste Literatur betreffend* (1759–1765) – *Laokoon* (1766) – *Minna von Barnhelm* (1767) – *Hamburgische Dramaturgie* (1767–1769) – *Emilia Galotti* (1772) – *Erziehung des Menschengeschlechts* (1777 ff.) – *Nathan der Weise* (1779)

1756 *Idyllen* von Salomon Gessner

1733–1813 Christoph Martin Wieland – *Geschichte des Agathon* (1766 f.) – *Die Abderiten* (1774)

1771 *Geschichte des Fräuleins von Sternheim* von Sophie von La Roche

1777 ff. Jung-Stillings *Lebensgeschichte*

1778 ff. *Aphorismen* (vollständig erst in der Ausgabe 1800 ff.) von Georg Christoph Lichtenberg

1724–1804 Immanuel Kant – *Kritik der reinen Vernunft* (1781) – *Kritik der praktischen Vernunft* (1788) – *Kritik der Urteilskraft* (1790)

1785–1790 *Anton Reiser* von Karl Philipp Moritz

1789 *Der arme Mann im Tockenburg* von Ulrich Bräker

Was ist Aufklärung?

1784 antwortete der Königsberger Philosoph Immanuel Kant (1724–1804) auf die Frage „Was ist Aufklärung?“ in einem Aufsatz gleichen Titels:

> *Aufklärung ist der Ausgang des Menschen aus seiner selbstverschuldeten Unmündigkeit. Unmündigkeit ist das Unvermögen, sich seines Verstandes ohne Leitung eines andern zu bedienen. Selbstverschuldet ist diese Unmündigkeit, wenn die Ursache derselben nicht am Mangel des Verstandes, sondern der Entschließung und des Mutes liegt, sich seiner ohne Leitung eines andern zu bedienen.* Sapere aude! *Habe Mut, dich deines eigenen Verstandes zu bedienen! ist also der Wahlspruch der Aufklärung ... Zu dieser Aufklärung aber wird nichts erfordert als Freiheit, und zwar die unschädlichste unter allen, was nur Freiheit heißen mag, nämlich die: von seiner Vernunft in allen Stücken öffentlich Gebrauch zu machen.*

In dem Dialog *Ernst und Falk* (1778) ließ Gotthold Ephraim Lessing (1729–1781) einen Gesprächspartner sagen:

> *Die Staaten vereinigen die Menschen, damit durch diese und in dieser Vereinigung jeder einzelne Mensch seinen Teil von Glückseligkeit desto besser und sicherer genießen könne. – Das Totale der einzelnen Glückseligkeit aller Glieder ist die Glückseligkeit des Staates. Außer dieser gibt es gar keine. Jede andere Glückseligkeit des Staates, bei welcher auch noch so wenig einzelne Glieder leiden und leiden müssen, ist Bemäntelung der Tyrannei.*

In diesen beiden Zitaten ist die Spannweite der Aufklärung umrissen. Sie war der Versuch, den Menschen aus geistiger und politischer Bevormundung zu befreien. Es sollte ein gesellschaftlicher Zustand geschaffen werden, der die Glückseligkeit aller ermögliche und garantiere. Die optimistische Voraussetzung war, dass der richtige Gebrauch der Vernunft und der Mut zum selbstverantworteten Denken die gesellschaftlichen Verhältnisse verändern würden. Aber schon Georg Christoph Lichtenberg (1742–1799), ein kritischer Zeitgenosse der Aufklärung, äußerte sich skeptisch:

> *Man spricht viel von Aufklärung und wünscht mehr Licht. Mein Gott, was hilft aber alles Licht, wenn die Leute entweder keine Augen haben oder die, die sie haben, vorsätzlich verschließen?*

Philosophie – Quellen und Strömungen

Rationalismus

René Descartes

Das Gedankengut der Aufklärung hatte seinen Ursprung in Frankreich und im wirtschaftlich fortschrittlichen England. Der französische Philosoph und Mathematiker René Descartes (1596–1650) war der Begründer des modernen *Rationalismus* (lat. *ratio,* Vernunft, Verstand). Die Grundlage aller wissenschaftlichen Erkenntnis sei die natürliche Vernunft. Die Fähigkeit zu denken gebe dem Menschen die Gewissheit, dass er existiere: „ich denke, also *bin* ich.“ Nicht die sinnliche Wahrnehmung, sondern die Überprüfung der Wirklichkeit anhand eines mathematischen Ordnungssystems, in dem alles aufeinander bezogen ist, lasse den Menschen erkennen, wie die Wirklichkeit aufgebaut sei. Die Vernunft gebe dem Menschen die Möglichkeit, über die Natur zu herrschen und seine Lebensbedingungen zu verbessern; denn die Natur sei nicht willkürlich, sondern nach überprüfbaren Gesetzen eingerichtet. Durch diesen radikalen Rückgriff auf das denkende Ich als letzte Instanz der Erkenntnis löste sich die Philosophie aus der Bevormundung durch die Theologie. Der deutsche Philosoph GOTTFRIED WILHELM LEIBNIZ (1646–1716) führte Descartes' Ideen weiter. Die vernünftige, widerspruchsfreie Ordnung der Welt sei darin begründet, dass allem eine „prästabilierte Harmonie", eine von Gott im voraus festgelegte harmonische Kraft innewohne; deshalb sei die bestehende Welt, da sie ja ein Gedanke Gottes sei, auch die beste aller möglichen Welten. Der Offenbarungsglaube wurde durch eine Vernunftreligion ersetzt. Im 18. Jahrhundert trug CHRISTIAN WOLFF (1679–1754) wesentlich zur Verbreitung des Rationalismus in Deutschland bei. Sein Grundsatz war, dass das Vernünftige auch das Natürliche sei. Kritik an diesem Vernunftsoptimismus, der die sinnliche Erfahrung vernachlässigte, und an dem mathematischen Weltbild übte Ende des Jahrhunderts IMMANUEL KANT (1724–1804):

GOTTFRIED WILHELM LEIBNIZ

CHRISTIAN WOLFF

IMMANUEL KANT

> *Ohne Sinnlichkeit würde uns kein Gegenstand gegeben und ohne Verstand keiner gedacht werden. Gedanken ohne Inhalt sind leer, Anschauungen ohne Begriffe blind.*

Die meisten Aufklärer waren Anhänger des *Deismus*. Gott habe die Welt zwar erschaffen und ihr die Naturgesetze gegeben, er greife aber in die Entwicklung der Welt nicht mehr ein. Die Aufgabe des Menschen sei es, die vernünftige Ordnung der Naturgesetze zu erkennen und nach ihnen zu handeln. Diese Vorstellung hatte auch politische Folgen; denn sie nahm den Menschen nicht nur in die Pflicht, seine Verstandeskräfte zu nutzen, sondern sie gab ihm auch das Recht, sich selbst zu bestimmen. Die Aufklärung war die Alternative des aufstrebenden Bürgertums zur Feudalgesellschaft und zum Absolutismus.

Deismus

Der Holländer BARUCH SPINOZA (1632–1677) leugnete das dualistische Prinzip, dass es nämlich einen außerweltlichen Schöpfer, das ist Gott, und ein von ihm Erschaffenes, das ist der Kosmos, gebe. Er lehrte einen *pantheistischen Monismus;* das heißt, er ging von einer einzigen Substanz aus, die Natur und Gott zugleich sei. Alles sei ein Teil des Ganzen und sich untereinander ebenbürtig. Diese Auffassung entzog dem Adel und dem absolutistischen Obrigkeitsstaat die Rechtfertigung seines Machtanspruches. Die harmonische Ordnung der Welt – darin folgte Spinoza den Ideen Descartes' – könne nicht auf Unfreiheit und Unterdrückung aufgebaut sein. Spinoza hat wesentlich die Ideen der Französischen Revolution vorbereitet und Gotthold Ephraim Lessing (1729–1781) bekannte sich in Deutschland offen zum Spinozismus, wodurch er den Widerspruch der kirchlichen und staatlichen Autorität hervorrief.

BARUCH SPINOZA

Pantheismus

Aufklärerischer Rationalismus und kritischer *Empirismus* waren nur scheinbar sich gegenseitig ausschließende Gegensätze; denn beider gemeinsamer Ansatz war die Beschreibung bzw. Erklärung eines in sich schlüssigen und widerspruchsfreien Erkenntnis- und Wissen-

Empirismus

schaftssystems. Gegenüber dem rein abstrakten Denken der Rationalisten gaben die Empiristen aber der Erkenntnis aus Beobachtung und Erfahrung den Vorrang. JOHN LOCKE (1632–1704) gilt als der Begründer des englischen Empirismus. In seinem vierbändigen Hauptwerk *An Essay concerning human understanding* (Versuch über den menschlichen Verstand, 1690) entwarf er eine Erkenntnislehre, deren Grundlage die sinnliche Erfahrung ist. Aus dieser Erfahrung entwickeln sich Vorstellungen, die wir durch die Tätigkeit des Bewusstseins aufeinander beziehen und so zu Aussagen über Zusammenhänge erweitern, die uns eine Beschreibung der Wirklichkeit ohne Rückgriff auf nur verstandesmäßige Spekulation ermöglichen. Auch VOLTAIRE (1694–1778), einer der wichtigsten kritischen Aufklärer in Frankreich, orientierte sich in seinem philosophischen Denken an Lockes wissenschaftlichem Empirismus. DAVID HUME (1711–1776) führte das menschliche Erkenntnis- und Kombinationsvermögen auf einfache Erfahrungen, auf sinnliche Eindrücke zurück, die wir durch geistige Vorstellungen zu ordnen versuchen. Allerdings lasse die Erfahrung nicht den Schluss zu, dass alles nach dem Gesetz der Kausalität, nach dem Gesetz von Ursache und Wirkung notwendig ablaufe. Unsere Erfahrungswerte seien nur Wahrscheinlichkeitswerte, aber kein Beweis für die Kausalität der Naturgesetze. Der Optimismus der Aufklärung wich bereits der Einsicht, dass dem menschlichen Denken Grenzen gesetzt seien.

JOHN LOCKE

VOLTAIRE

DAVID HUME

Staatslehren

Im Unterschied zur mittelalterlichen Staatsauffassung, die im Staat ein Spiegelbild der gottgewollten Ordnung sah, war für die Aufklärung der Staat ein Gebilde menschlicher Übereinkunft, da das Naturrecht für alle Menschen gleich sei. Nur die Angst vor dem Chaos, die Angst vor dem Kampf aller gegen alle, habe die Menschen veranlasst zum Wohle des Gemeinwesens die absolute Gewalt einem Souverän, dem Alleinherrscher, zu übertragen; so THOMAS HOBBES (1588–1679) im *Leviathan* (1651). JOHN LOCKE (1632–1704) führte in seine Staatstheorie bereits das Prinzip der Gewaltenteilung ein. Die Aufgabe des Staates sei es, das Recht auf Eigentum zu schützen. Die Versammlung der Staatsbürger gebe die Gesetze (Legislative) und bestimme die Staatsform. Der Monarch sei nur das ausführende Organ (Exekutive) und den Staatsbürgern zur Rechenschaft verpflichtet. Der Staat sei das Ergebnis einer vernunftbedingten Übereinkunft. Der Grundsatz der Volkssouveränität war richtungweisend; Lockes Staatstheorie beeinflusste später die amerikanische Unabhängigkeitserklärung (1776). Die Vorbedingung für einen gerechten *Gesellschaftsvertrag (Contrat social,* 1762) zum Wohle aller sah JEAN-JACQUES ROUSSEAU (1712–1778) in der völligen Entscheidungsfreiheit gleichberechtigter Vertragspartner; nicht Angst, sondern die Einsicht in die natürliche Zweckmäßigkeit eines staatlichen Organismus sollte der Anlass zum Gesellschaftsvertrag sein. ADAM SMITH (1723–1790) war ein früher Vertreter liberaler Wirtschaftsideen. Der Wohlstand eines Staates gründe auf der Arbeit und der privaten Initiative seiner Mitglieder. Der Staat sei kein Selbstzweck; er sei für die Bürger da, damit sie in ihm ihre

THOMAS HOBBES
JOHN LOCKE

JEAN-JACQUES ROUSSEAU

ADAM SMITH

Arbeitskraft optimal zum eigenen Nutzen einsetzen könnten – und nicht umgekehrt. Diese Theorie widersprach vor allem dem merkantilistischen System des absolutistischen Staates. Der Merkantilismus war eine staatlich gelenkte Außenhandelspolitik; mit den Handelsüberschüssen sollten die wachsenden Ausgaben des zentralistischen Staates gedeckt werden. Das umfassendste Werk der Aufklärung war die von DENIS DIDEROT (1713–1784) in Zusammenarbeit mit über 50 Autoren herausgegebene *Encyclopédie* (35 Bände, 1751–1780). Der Untertitel lautete: „Auf Vernunfterkenntnis gegründetes Lexikon der Wissenschaften, der Kunst und des Handwerks". Neben namhaften Gelehrten aus allen Bereichen gewann Diderot auch Handwerker zur Mitarbeit, die über die Techniken der einzelnen Berufe schrieben. Die Enzyklopädie war eine Gesamtdarstellung des Wissens der Zeit mit Schwerpunkten in den Naturwissenschaften, frühindustriellen Organisationsformen und der Philosophie. Wegen kritischer Beiträge zur Religion und den herrschenden Staatssystemen wurde die Auslieferung der einzelnen Bände von der Zensur immer wieder verzögert. Nach der Fertigstellung wurde die Enzyklopädie zwar in Frankreich verboten, aber in allen Ländern verbreitet. Ihr Einfluss auf das zeitgenössische Denken kann nicht hoch genug eingeschätzt werden.

DENIS DIDEROT

Encyclopédie

Wege in die Innerlichkeit

Die Aufklärung war ein gesamtgesellschaftliches Phänomen, sie berührte alle Bereiche, auch das Verhältnis des Einzelnen zur Kirche. Bereits 1675 hatte PHILIPP JACOB SPENER (1635–1705) in seinem Buch *Pia Desideria* mit dem Untertitel „Herzliches Verlangen nach gottgefälliger Besserung der wahren evangelischen Kirchen" die Bindung der Landeskirchen an den Landesherrn und den Buchstabenglauben der Amtskirche beklagt. Mit seinen Forderungen zur Reform blieb Spener innerhalb der lutherischen Lehre, aber er forderte eine stärkere Beteiligung der Laien am kirchlichen Leben. Die Laien sollten sich im Sinne des allgemeinen Priestertums in Gemeinschaften zusammenfinden und die Bibel lesen. Tätige Frömmigkeit und brüderliche Liebe seien wichtiger als theologische Spitzfindigkeiten. AUGUST HERMANN FRANCKE (1663–1727) setzte die Forderungen Speners in die Tat um; er gründete in Halle die Franckeschen Stiftungen zur Erziehung und Betreuung der Jugend. Es waren autarke Gemeinwesen vom Kinderheim bis zu Werkstätten, Druckereien und einer eigenen Lehrerausbildung. In seiner Schrift *Öffentliches Zeugnis vom Werk, Wort und Dienst Gottes* (1702) rief er zu einer inneren Erneuerung auf, die aus dem persönlichen Erlebnis der Gotteserfahrung komme und in der Arbeit für die Gemeinschaft sich beweise. Die protestantische Reformbewegung des *Pietismus* wollte zu den urchristlichen Gemeinschaftsformen zurück. Nicht die Kirche als Institution, sondern der Einzelne als tätiges Mitglied einer Glaubensgemeinschaft sei Träger und Verkünder der Glaubenswahrheit. Die Allianz zwischen Kirche und Staat habe den Glauben verfälscht. Die Herrnhuter Brüdergemeine, von NIKOLAUS LUDWIG VON ZINZENDORF (1700–1760) angeregt, sollte ein solcher Kreis urchristlicher Brüderlichkeit sein. Kennzeichnend für den Pietismus war eine individuelle Frömmigkeit, der Mystik des Mittelalters sehr verwandt.

Pietismus

PHILIPP JACOB SPENER

AUGUST HERMANN FRANCKE

NIKOLAUS LUDWIG VON ZINZENDORF

Empfindsamkeit

Die intensive Beschäftigung mit dem eigenen Ich und der Mut zu einer gefühlsbetonten Frömmigkeit schlugen sich auch in der Literatur nieder. Tagebücher, Autobiographien, Briefsammlungen und Briefromane geben davon Zeugnis. Die so genannte *Empfindsamkeit* war die literarische Entsprechung zum religiösen Pietismus; sie war die gefühlsbetonte Strömung innerhalb der Aufklärung. Sie betonte die mitmenschlichen Gefühle und Empfindungen wie Freundschaft, Mitleid, Menschenliebe. In der Projektion eines vernünftigen Gemeinwesens hatte auch die private Innerlichkeit ihren Platz; denn das Wohlergehen der Allgemeinheit hing von der individuellen Glückserfüllung seiner Mitglieder ab. Dies unterschied die bürgerliche Aufklärung vom absolutistischen Staatsdenken.

Moralische Wochenschriften

Populäre Vermittler des breiten Spektrums der Aufklärung – vom Rationalismus bis zur Empfindsamkeit – waren die *Moralischen Wochenschriften.* Sie kamen ursprünglich aus England und verbreiteten sich über ganz Europa. In Deutschland gab es im 18. Jahrhundert über 500 Wochenschriften dieser Art, allerdings von sehr unterschiedlicher Verbreitung und Erscheinungsdauer. Sie waren maßgebend für das Entstehen einer bürgerlich-aufgeklärten Kultur; Belehrung und Unterhaltung hielten sich die Waage. Aus ihnen entstanden im 19. Jahrhundert die *Familienblätter.* Charakteristisch war für die Moralischen Wochenschriften allerdings ihre politische Enthaltsamkeit; darin spiegelt sich der Widerspruch zwischen aufgeklärtem Bewusstsein und politischer Ohnmacht. Der Bürger war am politischen Leben nicht beteiligt; der Souverän war der absolutistische Landesfürst.

Lyrik

lehrhafte Naturlyrik

Barthold Heinrich Brockes

Zu den frühen bekannteren Moralischen Wochenschriften in Deutschland gehörte *Der Patriot* (Hamburg 1724–1726). Sein Herausgeber Barthold Heinrich Brockes (1680–1747) war auch als Lyriker hervorgetreten. In seiner Gedichtsammlung *Irdisches Vergnügen in Gott* (1721–1748) – zum Teil Übersetzungen, zum Teil eigene Gedichte – pries er die vernünftige Ordnung der Natur als ein Abbild der vernünftigen Ordnung Gottes; die sinnenhaft wahrnehmbare Welt zeuge von der Größe und Weisheit ihres Schöpfers, die Natur sei zweckmäßig auf den Menschen ausgerichtet. Die Gedichte beginnen jeweils mit einer detaillierten, einstimmenden Naturbeobachtung. Ihr folgt eine Betrachtung über den Sinn der Erscheinungen, die zur Erkenntnis „aus dieses Weltbuches ABC" führt; denn der „Inhalt dieser Schrift" handle deutlich „von des großen Schöpfers Wesen". Der Vergleich der Natur mit einem Bilderbuch, das Gott gezeichnet habe, stammte aus dem Barock; neu war aber der Optimismus, dass der Mensch mit seiner Vernunft alles erkennen und begreifen könne, da die Gesetze der Vernunft das Bauprinzip des Kosmos seien. In dem Lehrgedicht *Über den Ursprung des Übels* (1734) schrieb der Berner Arzt Albrecht von Haller (1708–1777):

Albrecht von Haller

Die Welt ist selbst gemacht zu ihrer Bürger Glücke,
Ein allgemeines Wohl beseelet die Natur,
Und alles trägt des höchsten Gutes Spur!

Die ursprüngliche Einheit von Mensch und Natur, der natürliche Zustand des „Goldenen Zeitalters", wie es von antiken Autoren genannt wurde, sei aber durch den Menschen selbst gefährdet. Die Menschen hätten sich in den Städten von der Natur entfernt. Hallers Gegenbild zu Stadt und Zivilisation sind die majestätische Alpenwelt und das Leben der Bergbewohner im Rhythmus der Natur. Sein Lehrgedicht *Die Alpen* (entstanden 1729) ist ein Loblied auf das einfache Leben:

Hier herrscht kein Unterschied, den Hochmut hat erfunden,
Der Tugend untertan und Laster edel macht;

Anakreontik

Die *Anakreontik* war die verspielte Variante der lehrhaften Naturlyrik. Der Name geht auf den griechischen Lyriker ANAKREON (um 580–495 v. Chr.) zurück. Von ihm sind einige Gedichte überliefert, die Preislieder auf die Sinnenfreude in ländlicher Idylle sind. Der Schauplatz ist meistens eine liebliche Landschaft, in der sich Freunde und Liebende in schäferlicher Verkleidung zu unbekümmertem Spiel zusammenfinden; sie genießen das Glück des Augenblicks, frei von den Zwängen des Lebens in der Stadt.

FRIEDRICH VON HAGEDORN

Ergebet euch mit freiem Herzen
Der jugendlichen Fröhlichkeit,
Verschiebet nicht das süße Scherzen,
Ihr Freunde, bis ihr älter seid.

So beginnt das Gedicht *Der Tag der Freude* von FRIEDRICH VON HAGEDORN (1708–1754). Die deutschen Anakreontiker übten sich an den antiken Vorbildern. In ihren eigenen Wein- und Liebesliedern ist die Idylle mit Gestalten aus der antiken Götterwelt belebt; Faune und Nymphen tauchen auf. Über allem aber wacht die Tugend; „denn", so schrieb JOHANN WILHELM LUDWIG GLEIM (1719–1803) in seiner *Einladung zum Tanz*, „Tugend und Freude/Sind ewig verwandt!/Es knüpfet sie beide/Ein himmlisches Band." Das heitere Spiel hatte einen ernsten Hintergrund; es entwarf den idealen Wunschzustand menschlichen Zusammenlebens, dem sich die Wirklichkeit widersetzte. Im Vorwort zu seinen *Idyllen* (1756), kleinen Prosaskizzen, charakterisierte SALOMON GESSNER (1730–1788) die auftretenden Schäferinnen und Schäfer als „frei von allen sklavischen Verhältnissen und von allen Bedürfnissen, die nur die unglückliche Entfernung von der Natur notwendig macht".

JOHANN WILHELM LUDWIG GLEIM

SALOMON GESSNER

Die Satire im Dienste der Aufklärung

Satire

Für die Aufklärung war die *Satire* nicht nur ein Mittel, Missverständnisse aufzudecken und Fehlverhalten anzuprangern, sondern sie sollte mit ihrer Kritik zum richtigen Gebrauch der Vernunft erziehen und zur Verbesserung der Sitten beitragen. Durch die politischen Verhältnisse waren ihr aber Grenzen gesetzt. Angesichts der Konflikte mit der staatlichen Zensur klammerte GOTTLIEB WILHELM RABENER (1714–1771) in seinen Satiren (*Sammlung satirischer Schriften,* 1751–1755) die Kritik an Staat und Kirche aus und beschränkte sich auf den Katalog

GOTTLIEB WILHELM RABENER

GEORG CHRISTOPH LICHTENBERG

allgemein-menschlicher Schwächen; denn Deutschland sei nicht das Land, „in welchem eine billige und bessernde Satire es wagen darf, ihr Haupt mit der Freimütigkeit emporzuheben, mit welcher sie gewohnt ist die Laster oder die Torheiten der Menschen zu strafen." GEORG CHRISTOPH LICHTENBERG (1742–1799), Professor der Naturwissenschaften in Göttingen und Herausgeber des *Göttinger Taschenkalenders* (1778 ff.), ließ sich von keiner Zensur bevormunden. In seinen *Aphorismen,* knappen, geistreichen Formulierungen, die zum Teil schon im *Taschenkalender* erschienen waren, vollständig aber erst nach seinem Tode veröffentlicht wurden (1800–1806), stellte er dem Optimismus der Aufklärung in satirischer Überspitzung immer wieder die erfahrene Wirklichkeit gegenüber:

> *„Was doch eigentlich den Armen den Himmel so angenehm macht, ist der Gedanke an die dortige größere Gleichheit der Stände."*

Theater zwischen Regelzwang und schöpferischer Phantasie

die Theaterreform

In der ersten Hälfte des 18. Jahrhunderts gab es in Deutschland noch keine ortsansässigen Theaterensembles mit einer eigenen Bühne. Das Angebot und auch den Aufführungsstil bestimmten die Wandergruppen. Um das Niveau zu heben und ein anspruchsvolles deutsches Theater zu schaffen, gab der Leipziger Professor für Poetik und Philosophie JOHANN CHRISTOPH GOTTSCHED (1700–1766) in sechs Bänden eine *Deutsche Schaubühne nach den Regeln und Exempeln der Alten* (1741–1745) heraus. Seine Vorbilder waren die französischen Dramatiker CORNEILLE (1606–1684), MOLIÈRE (1622–1673) und RACINE (1639–1699), die ihre Stücke nach einer strengen Auslegung der aristotelischen *Poetik* geschrieben hatten. Nahezu die Hälfte der 38 Stücke im Gottscheds *Schaubühne* waren Übersetzungen aus dem Französischen. Dazu kamen einige eigene Werke wie *Der sterbende Cato* (bereits 1731 aufgeführt) und Dramen von deutschen Autoren, die dem gewünschten Regelsystem entsprachen. Aristoteles (384–322 v. Chr.) hatte in seiner *Poetik* die Tragödie und Komödie anhand der Beispiele der großen griechischen Dramatiker AISCHYLOS (524–455 v. Chr.) SOPHOKLES (497–406 v. Chr.), EURIPIDES (480–406 v. Chr.) und ARISTOPHANES (um 445–um 385 v. Chr.) beschrieben. Seine Beobachtungen fasste er in einigen Hauptgedanken zusammen. Diese allerdings wurden im Verlauf der Jahrhunderte zu einem normativen Regelsystem, an dem die dramatischen Werke der eigenen Zeit gemessen wurden. Es waren dies im Einzelnen die Lehre von den drei Einheiten (Raum, Zeit, Handlung), die Ständeklausel (hohe Standespersonen in der Tragödie, einfaches Volk in der Komödie) und die Forderung nach der Wahrscheinlichkeit der Handlung (Nachahmung eines wirklichen oder möglichen Geschehens). Dies alles sah Gottsched am besten bei den französischen Dramatikern des 17. Jahrhunderts verwirklicht. Sein *Versuch einer kritischen Dichtkunst* (1730) war von der Interpretation der aristotelischen *Poetik* durch die französische Klassik des 17. Jahrhunderts geprägt. Dieser *Versuch* sollte die Bühne sowohl von dem

JOHANN CHRISTOPH GOTTSCHED

Vorbild der Franzosen

normative Regeln

Kritische Dichtkunst

Poetik des Aristoteles

barocken Schwulst als auch von den marktschreierischen Hanswurst-Szenen der Wanderbühnen befreien. Gottscheds Programm blieb nicht ohne Widerspruch. Ein Punkt der Kritik war vor allem eine sehr enge Auslegung der Begriffe „Nachahmung“ und „Wahrscheinlichkeit“. Da er auch die Dichtung den Gesetzen der Vernunft unterwarf, konnte die Nachahmung nur eine vernünftige sein, die alles Unberechenbare ausklammerte. Die Handlung im Drama sei „die Erzählung einer unter gewissen Umständen möglichen, aber nicht wirklich vorgefallenen Begebenheit, darunter eine nützliche moralische Wahrheit verborgen liegt“. Diese mögliche Begebenheit müsse aber zumindest nach den Kriterien der Vernunft auch wahrscheinlich sein. Damit schloss er den ganzen Bereich des mit Vernunft nicht Fassbaren, des Wunderbaren und des Widersprüchlichen oder Wahnsinnigen, von der Bühne aus.

Kritik an Gottsched

Wortführer der Kritik an Gottscheds Theaterprogramm wurden die beiden Schweizer Literaturkritiker JOHANN JAKOB BODMER (1698–1783) und JOHANN JAKOB BREITINGER (1701–1776). In seine *Kritische Dichtkunst* (1740), die schon im Titel an Gottscheds Poetik erinnert, nahm Breitinger ein ausführliches Kapitel „Von dem Wunderbaren und dem Wahrscheinlichen“ auf. Die Gefühlsregungen dürften nicht vom Verstand unterdrückt werden. Das Wunderbare habe in der Dichtung durchaus seinen Platz; es sei nichts anderes als „ein vermummtes Wahrscheinliches“. Das Wahrscheinliche beziehe sich nicht ausschließlich auf die Nachahmung der wirklichen Welt; denn die gegenwärtige Ordnung der Welt sei nicht die einzig mögliche. Gott könnte auch eine andere Welt schaffen. Darin sei ihm der Dichter verwandt; in seiner schöpferischen Phantasie könne er auch das andere als Möglichkeit denken. Die Wahrscheinlichkeit der Dichtung müsse sich auf die Wahrscheinlichkeit der in ihr entworfenen Ordnung beziehen. So sei die antike Götter- und Heldendichtung zwar wunderbar, aber in ihrer Handlung wahrscheinlich. Der Poet müsse „dem Wunderbaren die Farbe der Wahrheit anstreichen, und das Wahrscheinliche in die Farbe des Wunderbaren einkleiden“. Mit dieser Unterscheidung hielt zwar auch Breitinger an dem Kriterium der Wahrscheinlichkeit fest, aber er gestand der Dichtung eine eigene Wirklichkeit zu. Dies war ein entscheidender Schritt.

BODMER und BREITINGER

schöpferische Phantasie

GOTTHOLD EPHRAIM LESSING (1729–1781) räumte zwar ein, dass das Theater zu Beginn des 18. Jahrhunderts ein regelloses Spektakel war und dass Gottsched mit seiner Kritik Recht hatte; er habe sich aber zu sehr an die französischen Vorbilder geklammert, die eigene deutsche Tradition außer Acht gelassen und Shakespeares (1564–1616) Bedeutung für das Theater ganz und gar verkannt: „Wenn man die Meisterstücke des Shakespeare, mit einigen bescheidenen Veränderungen, unsern Deutschen übersetzt hätte, ich weiß gewiss, es würde von bessern Folgen gewesen sein, als dass man sie mit dem Corneille und Racine so bekannt gemacht hat.“ (*Briefe, die neueste Literatur betreffend,* 17. Brief, 1759) Shakespeares *Othello, König Lear* und *Hamlet* stünden dem *Ödipus* des Sophokles näher als die „mechanischen“ Nachahmungen der französischen Klassik. Lessing hat die Begeisterung der Deutschen für Shakespeare vorbereitet; sie bestimmte in der zweiten Hälfte des 18. Jahrhunderts die deutsche Theatergeschichte.

GOTTHOLD EPHRAIM LESSING

Lessings Eintreten für Shakespeare

Lessing – ein deutscher Aufklärer

Lessing war ein leidenschaftlicher Verfechter der Aufklärung, aber nichts verachtete er mehr als besserwisserische Überheblichkeit; er kannte die Grenzen menschlicher Vernunft: „Wenn Gott in seiner Rechten alle Wahrheit und in seiner Linken den einzigen immer regen Trieb nach Wahrheit, obschon mit dem Zusatz, mich immer und ewig zu irren, verschlossen hielte und spräche zu mir: Wähle! ich fiele ihm mit Demut in seine Linke und sagte: Vater, gib! Die reine Wahrheit ist ja doch nur für Dich allein!“ So schrieb er 1778, um die Vertreter des Deismus vor den Vorwürfen der protestantischen Orthodoxie zu schützen. Nicht die Gewissheit der Wahrheit, sondern der Weg zu ihr, die Suche war für ihn entscheidend. Die Aufklärung war für ihn kein Resultat, sondern ein Prozess toleranter Menschlichkeit.

Lessing stammte aus einer Pastorenfamilie. Als drittes von zwölf Kindern wurde er 1729 in Kamenz (Sachsen) geboren. 1741–1746 besuchte er die Fürstenschule in Meißen. 1746 begann er in Leipzig mit dem Studium der Theologie, er interessierte sich aber mehr für die Medizin, die Naturwissenschaften und besonders für die Literatur. Ein früher Erfolg war die Aufführung seines Lustspiels *Der junge Gelehrte* (1748) durch die Neuber'sche Theatergruppe. 1748 wagte er den Sprung nach Berlin, um als freier Journalist sein Brot zu verdienen. Dort verbrachte er die meiste Zeit, bis ihn 1760, mitten im Siebenjährigen Krieg, General von Tauentzien als persönlichen Sekretär nach Breslau holte. Seit 1765 lebte er wieder in Berlin, 1767 wurde er nach Hamburg an das neu gegründete Deutsche Nationaltheater berufen. Er sollte als Berater und Kritiker den Spielplan des Nationaltheaters mitgestalten und kommentieren. Das Nationaltheater war eine Privatinitiative Hamburger Kaufleute. Als das Unternehmen an finanziellen Schwierigkeiten scheiterte, übernahm Lessing 1770 die Leitung der berühmten Bibliothek in Wolfenbüttel. Pläne, in Wien oder Mannheim an festen Theatern als Dramaturg oder Theaterdichter zu arbeiten, ließen sich nicht verwirklichen. 1778 verlor Lessing nach kurzer Ehe seine Frau. 1781 starb er bei einem Besuch in Braunschweig.

Lessings theoretische Schriften

Ein Leben lang hat sich Lessing um die Erneuerung des deutschen Theaters bemüht. Das Theater war für ihn der Ort, wo sich die Aufklärung wenigstens als freies Spiel der Gedanken entfalten konnte. Seine wichtigsten Schriften zum Theater und zur Literatur sind die *Briefe, die neueste Literatur betreffend* (1759–1765), die *Hamburgische Dramaturgie* (1767–1769) und der *Laokoon* (1766).

Briefe

Die *Briefe*, periodisch erscheinende Berichte über die zeitgenössische Literatur, hat Lessing nicht allein herausgegeben, aber in den ersten Jahren waren sie hauptsächlich sein Werk. Am berühmtesten wurde der 17. Brief, in dem er Gottscheds Theaterreform nach dem Vorbild der französischen Klassik ablehnte und auf Shakespeare hinwies.

Hamburgische Dramaturgie

Die *Hamburgische Dramaturgie* war zunächst als Theaterzeitschrift geplant, sehr bald wurde sie aber viel mehr; sie wurde Lessings Sprachrohr für ein neues deutsches Theater, das sich vom französischen Vorbild befreien sollte.

Laokoon

Im *Laokoon* setzte er sich mit der Frage auseinander, worin sich bildende Kunst und Wortkunst unterscheiden. Die bildende Kunst gebe ein Nebeneinander im Raum wieder, die Wortkunst aber ein Nacheinander in der Zeit. Die Wortkunst, vor allem das Theater, beschreibe nicht; ihr Gestaltungsprinzip sei die Handlung, die auf eine bestimmte Wirkung ziele. Lessings Kritik wandte sich nicht gegen Aristoteles. Er wollte nur dessen Dramentheorie vor den späteren regelbesessenen Auslegungen retten, um den Blick wieder auf die großen antiken Vorbilder zu richten, und gleichzeitig forderte er, da die

Hamburgische Dramaturgie.
Erster Band.
Hamburg.
In Commission bey J. H. Cramer, in Bremen.

Geschichte ja nicht stillgestanden sei, dass man die aristotelische *Poetik* aktualisiere und den zeitgenössischen Umständen angleiche. Dies galt weniger für die Lehre von den drei Einheiten (Ort, Zeit, Handlung), die Aristoteles niemals so starr definiert hatte, wie später ausgelegt wurde, sondern vielmehr für die Ständeklausel (hohe Standespersonen in der Tragödie, einfaches Volk in der Komödie) und damit verbunden, für die Frage nach Sinn und Wirkung der Tragödie. Aristoteles sah den Sinn der Tragödie darin, dass der Zuschauer durch Furcht und Mitleid geläutert werde. Mitleid, so meinte Lessing, könne aber nur hervorgerufen werden, wenn die Gestalten auf der Bühne aus dem Erfahrungshorizont der Zuschauer stammten. Nur dann wenn man die Schicksalsschläge der handelnden Personen auch als eigenes, mögliches Schicksal erkenne, könnten sich Mitleid und mit ihm Furcht vor gleichen Unglücksfällen einstellen. Deshalb trat Lessing dafür ein, die Ständeklausel neu zu interpretieren und den Charakter über die soziale Herkunft zu stellen. Er setzte sich für soziale Mischformen ein, die der zeitgenössischen Wirklichkeit eher entsprächen. Die Trennung in Tragödie und Komödie sei keine soziale Unterscheidung – dies war sie auch für Aristoteles nicht –, sondern eine Unterscheidung nach dem verhängnisvollen oder glücklichen Ausgang. Gleichzeitig suchte Lessing auch eine neue Deutung des Tragischen. Für die antiken Autoren war es das unbegreifliche Walten des Schicksals, dem Götter und Menschen gleichermaßen unterworfen waren. Ödipus wird unschuldig schuldig, weil er ahnungslos den Vater getötet und die Mutter geehelicht hat. Antigone kann den Konflikt zwischen göttlichem Recht (den Bruder zu beerdigen) und staatlicher Ordnung (den Angreifer zu verurteilen) nicht lösen. Wie sie sich auch entscheidet, sie wird gegenüber einem der beiden Ordnungsprinzipien schuldig. Da die Aufklärung von der Selbstverantwortlichkeit des Menschen ausging, konnte das, was die antiken Autoren mit Tragik meinten, nur ein Konflikt im einzelnen Menschen selbst, z. B. eine Verwirrung der Gefühle, oder ein Konflikt innerhalb des sozialen Herrschaftsgefüges, z. B. bürgerliche Moral gegen Fürstenwillkür, sein. Die Bestimmung der Tragödie, d. h. des ernsten Schauspiels, ist nach Lessing folgende: „sie soll unsre Fähigkeit, Mitleid zu fühlen, erweitern. Sie soll uns nicht bloß lehren gegen diesen oder jenen Unglücklichen Mitleid zu fühlen, sondern sie soll uns so weit fühlbar machen, dass uns der Unglückliche zu allen Zeiten und unter allen Gestalten rühren und für sich einnehmen muss.“ In demselben Brief aus dem Jahre 1756 sagte Lessing: „Der mitleidigste Mensch ist der beste Mensch, zu allen gesellschaftlichen Tugenden, zu allen Arten der Großmut der aufgelegteste. Wer uns also mitleidig macht, macht uns besser und tugendhafter.“

das bürgerliche Trauerspiel

GEORGE LILLO
The London Merchant

Einen entscheidenden Durchbruch zum *bürgerlichen Trauerspiel* bedeutete *The London Merchant* (1731) von GEORGE LILLO (1693–1739). Lillo siedelte die Handlung in der Londoner Kaufmannschaft an. George Barnwell, ein tüchtiger und unbescholtener Kaufmannslehrling, der hoffen darf einmal in das Geschäft seines Prinzipals einheiraten zu können, gerät in die Fänge der Kurtisane Milwood, die ihn zu Unterschlagungen und schließlich zum Mord verführt. Selbst die aufopfernde Kaufmannstochter kann ihn nicht mehr vor dem Verhängnis retten. Milwood und Barnwell werden verurteilt und hingerichtet, die Kurtisane ohne Zeichen von Reue, der verführte Bürgersohn tief zerknirscht und mit dem Trost, dass sein Prinzipal ihm verziehen habe. Mit diesem Stück hatte sich die Tragödie der bürgerlichen Erfahrungswelt geöffnet. Lillos Drama wurde 1752 ins Deutsche übersetzt und 1754 in Hamburg aufgeführt.

Miss Sara Sampson

Lessings bürgerliches Trauerspiel *Miss Sara Sampson* (1755) – in Prosa geschrieben – ist deutlich von dem englischen Vorbild beeinflusst.

Das Stück spielt in England. Mellefont, ein labiler Charakter, hat sich von seiner früheren Geliebten Marwood, die mit Lillos Intrigantin Milwood zu vergleichen ist, getrennt und die ihm bedingungslos ergebene, noch unerfahrene Sara Sampson entführt. Saras leidgeprüfter Vater hat sich durchgerungen den Entführer als Schwiegersohn zu akzeptieren, wenn er nur die geliebte Tochter wieder um sich wissen darf.

Hier setzt die fünfaktige Handlung ein, im äußeren Rahmen nach den Kriterien der aristotelischen *Poetik* als Tragödie aufgebaut. Die Lehre von den drei Einheiten wird genau beachtet. Die Handlung spielt an einem einzigen Ort in zwei Gasthöfen von der Ankunft der Marwood bis zu ihrer überstürzten Flucht nach dem Gespräch mit ihrer Rivalin; nur wenige Personen treten in der Handlung auf. Auch die fünf Akte sind nach dem aristotelischen Handlungsverlauf aufgebaut: Einführung in die Situation (I), Beginn des Konflikts (II), Hoffnung auf glückliche Lösung (III), dramatische Konfrontation der Gegenspieler (IV), die Katastrophe (V). Bewusst hat Lessing also die Bauelemente der klassischen Tragödie beibehalten, allerdings mit den entscheidenden Abweichungen, dass er weder hohe Standespersonen einführte noch die Verantwortung für den Ausgang des Konflikts einer außermenschlichen Instanz übertrug. Mellefont ist bereit sein Verhältnis mit Sara zu legalisieren. Auch der Vater neigt dazu, sich mit seiner Tochter und dem künftigen Schwiegersohn zu versöhnen. Da tritt aus der Vergangenheit Mellefonts frühere Geliebte Marwood auf, die auf ihre alten Rechte nicht verzichten will. Da sie keine Möglichkeit sieht, Mellefont umzustimmen, vergiftet sie in maßloser Rache Sara und flieht nach Frankreich. Mellefont fühlt sich mitschuldig und richtet sich selbst. Die Bereitschaft, die Verwirrung der Gefühle zu verzeihen, weist über das tragische Ende hinaus: Sara und Mellefont sterben ohne Rachgefühle, und der Vater verspricht, sich Arabellas, Mellefonts und Marwoods Tochter, anzunehmen.

Emilia Galotti

Während Lillo seine Gestalten als beispielhafte Typen vorführte nach dem starren Prinzip von Schuld und Sühne, entschied sich Lessing für vielschichtige Charaktere; sie sind weder abgrundtief böse noch unfehlbar tugendhaft, sondern gemischte Charaktere. Die Fähigkeit, ihre Meinung zu ändern und Einsichten zu verarbeiten, individualisiert sie, macht sie menschlich und des Mitleids würdig. Dies gilt auch für den Schluss; nicht die Katastrophe, sondern die Versöhnung ist die weiterweisende Perspektive. Die Leidenschaften werden – zumindest für das Publikum – durch reumütige Einsicht und verzeihendes Mitgefühl geläutert. Der rettende Ort ist die Familie, das Refugium des Bürgertums; die Familie soll den Konflikt überdauern.

In der *Emilia Galotti* (1772) ist das Vater-Tochter-Verhältnis wiederum ein zentrales Motiv. In Briefen und im Stück selbst hat Lessing die Quelle genannt. Es ist die von dem römischen Historiker Livius (59 v. Chr.–17 n. Chr.) überlieferte Virginia-Geschichte: Virginius tötete seine Tochter Virginia, weil er glaubte sie nur so vor den Nachstellungen des einflussreichen Appius Claudius bewahren zu können. Lessing hat das Motiv der bedrohten Unschuld in die Gegenwart verlegt, allerdings wegen der leicht entzifferbaren Anspielung auf absolutistische Willkür nicht nach Deutschland, sondern nach Italien.

Hettore Gonzaga, Prinz von Guastalla, seiner bisherigen Geliebten, der Gräfin Orsina, überdrüssig, begehrt Emilia Galotti, die dem Grafen Appiani versprochen ist. Kurz vor der Trauung wird Emilia von maskierten Dienern überfallen und auf ein Lustschloss des Prinzen entführt. Der Graf, der eine unstandesgemäße Liebesheirat einer Karriere am Fürstenhof vorgezogen hatte, kommt bei dem Überfall um. Der Prinz lässt Emilia in dem Glauben, dass sie von Räubern überfallen worden sei; aber die Verdachtsmomente sprechen eine andere Sprache. Die verschmähte Gräfin Orsina erzählt Emilias Vater, in welcher Gefahr seine Tochter schwebe; sie händigt ihm einen Dolch aus, damit er den Tod seines Schwiegersohns und auch ihre Demütigungen räche. Doch Emilia ist sich ihrer Gefühle nicht sicher; sie befürchtet den Verführungskünsten des Prinzen zu erliegen. Deshalb bittet sie den Vater – und sie erinnert ihn an die römische Virginia-Geschichte – den Dolch gegen sie zu richten. Der Prinz, zwar entsetzt, als er die tote Emilia erblickt, fragt den Vater: „Grausamer Vater, was haben Sie getan?“ und dieser antwortet: „Eine Rose gebrochen, ehe der Sturm sie entblättert.“ Aber die Schuld wälzt der Prinz auf seine ihm hörigen Berater ab; der absolutistische Fürst setzt für sich die moralische Verantwortung außer Kraft. Die Untertanen, angesichts ihrer politischen Ohnmacht, haben nur die Möglichkeit einer selbstaufopfernden Verweigerung; die Tugend, das Prinzip, wird gerettet, aber das Glück des Einzelnen zertreten.

Die *Emilia Galotti* war kein Revolutionsstück, eher eine resignierende Zeitdiagnose. Der zu Beginn des Kapitels zitierte Satz aus Lessings *Ernst und Falk,* dass die Glückseligkeit aller Glieder die Glückseligkeit des Staates sei, war zwar ein Programm der Aufklärung, aber kein Befund, der sich mit der historischen Wirklichkeit deckte. Streng genommen kann man die Aufklärung nicht auf eine Epoche begrenzen; sie war der zum Teil utopische Entwurf einer bürgerlichen Emanzipation, deren Mittel nicht die Gewalt, sondern die Vernunft sein sollte.

Minna von Barnhelm

Auch in der *Minna von Barnhelm* (1767), einem der wenigen deutschen Lustspiele, setzte Lessing die Ständeklausel außer Kraft. Er machte den glücklichen Ausgang der Handlung nicht von dem sozialen Status der Personen, sondern von ihrem Charakter abhängig. Seine Komödie hat – dem Beispiel Shakespeares folgend – zwei Etagen: Auf der Ebene der Dienerschaft wiederholen sich Verstrickung und versöhnliches Ende, wie es die hohe Herrschaft vorgespielt hat. Das heißt, die Ständeklausel ist nicht nur aufgehoben, sondern an ihre Stelle tritt als einziger verbindlicher Maßstab die individuelle Selbstverantwortung, die von der Vernunft, aber nicht von der sozialen Rollenverteilung bestimmt wird.

Major von Tellheim hat unter dem Vorwurf, er habe sich bei der Eintreibung der Kriegsgelder bestechen lassen, unehrenhaft seinen Abschied nehmen müssen. In Wirklichkeit hatte er die fragliche Summe, um Härten zu vermeiden, aus eigener Tasche vorgeschossen und sich eine Schuldverschreibung geben lassen, die er nach Friedensschluss – es ist die Zeit des Siebenjährigen Krieges (1756–1763) – einlösen wollte. In seiner Ehre getroffen und ohne finanzielle Mittel, möchte er die Verlobung mit Minna von Barnhelm wieder lösen, um sie nicht an sein Unglück zu binden. Zufällig steigt Minna, auf der Suche nach ihrem Verlobten, im gleichen Gasthof ab. Vergeblich versucht sie den Major von seinem Entschluss abzubringen. Da der Major nicht umzustimmen ist, greift sie zu einer List: Sie brauche die Hilfe Tellheims; denn ihr Onkel habe sie enterbt. Dies ändert für Tellheim die Situation; aber nun zeigt sich Minna – nur scheinbar – spröde und antwortet mit Tellheims eigenen Argumenten. Als der Onkel eintrifft, klärt sie Tellheim über ihr Versteckspiel auf. Zur gleichen Zeit wird Tellheim durch ein Schreiben des Königs rehabilitiert. Dem glücklichen Ausgang steht nichts mehr im Wege.

Durch die List seiner Verlobten erkennt Tellheim, dass er nahe daran war, das gemeinsame Glück einem äußeren Ehrbegriff zu opfern.
Der ernste Kern dieses Lustspiels ist die innere Läuterung der Charaktere. Die Personen sind nicht mehr – wie in früheren Lustspielen – unveränderbare Typen, sondern komplexe Individuen, mit denen das Publikum sich identifizieren konnte.
In seiner Wolfenbütteler Zeit hatte Lessing Ausschnitte aus den religionskritischen Schriften von Samuel Reimarus (1694–1768) herausgegeben und mit eigenen Entwürfen ergänzt, aus denen seine Abhandlung *Die Erziehung des Menschengeschlechts* (1777) entstand. Reimarus hielt den biblischen Offenbarungsglauben für unvereinbar mit der Vernunft. Lessing vertrat eine vermittelnde Auffassung; die biblische Offenbarung sei nichts anderes als eine bildhafte Vorstufe des aufgeklärten Vernunftwissens. In der fortschreitenden Erziehung des Menschengeschlechts habe die Menschheit gelernt sich von den Bildern zu befreien und die natürliche Ordnung der Welt durch den rechten Gebrauch der Vernunft zu erkennen. Die Veröffentlichung der Reimarus-Fragmente verwickelte Lessing in einen heftigen Konflikt mit Vertretern der Kirche. Ergebnis dieses Streites war seine literarische Antwort: *Nathan der Weise* (1779), der Entwurf einer von der Vernunft geleiteten Toleranz jenseits aller konfessionellen Dogmen.

Nathan der Weise

Lessing verlegte die Handlung des fünfaktigen Versdramas in das Jerusalem zur Zeit der Kreuzzüge; sie spielt unter Juden, Christen und Moslems, unter Vertretern der drei großen monotheistischen Weltreligionen. Das Drama ist nach dem Vorbild der antiken Tragödie analytisch aufgebaut, d. h. in der laufenden Handlung werden zurückliegende Ereignisse, die für das gegenwärtige Geschehen wichtig sind, und die Herkunft und Identität der an der Handlung Beteiligten allmählich erhellt. Am Schlusse zeigt sich, dass die Hauptpersonen – mit Ausnahme Nathans, der für alle die Rolle des väterlichen Beraters übernimmt – untereinander verwandt sind. Der christliche Tempelherr und Recha, die an Kindesstatt angenommene Tochter des reichen Juden Nathan, stammen aus der Ehe zwischen Sultan Saladins verschollenem Lieblingsbruder und einer Christin. Die Rivalität der Konfessionen hebt sich in den Verwandtschaftsbeziehungen auf; Recha vereint in sich, durch Nathans geistige Vaterschaft, alle drei Konfessionen. Nathan überwindet in seiner sorgenden Liebe für Recha und den jungen Tempelherrn die schreckliche Erinnerung an die Ermordung seiner Familie durch fanatische Christen. Der Tempelherr lernt die menschliche Größe Nathans achten. Und der Sultan bittet um die Freundschaft des weisen Ratgebers. Die Handlung setzt ein, als Nathan erfährt, dass ein Tempelherr seine Tochter Recha aus einem brennenden Hause gerettet habe. Nathan will sich bedanken, aber der Tempelherr lehnt die Einladung des Juden zunächst ab und es bedarf eines langen Gesprächs, bis sich die Vorurteile allmählich abbauen. Der Tempelherr besucht Recha und verliebt sich in sie. Währenddessen wird Nathan zum Sultan gerufen, der in Geldnöten ist. Um Nathan zu verunsichern, fragt ihn der Sultan, welche Religion die beste sei. Nathan antwortet mit der berühmten Ringparabel und Saladin ist von Nathans Weisheit und Güte so beeindruckt, dass er den eigentlichen Anlass des Gesprächs, die Geldforderung, ganz vergisst. Durch eine Dienerin erfährt der Tempelherr, dass Recha nicht Nathans Tochter sei, sondern eine getaufte Christin. Nathan seinerseits vermutet im Tempelherrn einen nahen Verwandten seiner Pflegetochter. Die Vermutung wird durch die Aussage eines Klosterbruders zur Gewissheit. In Saladins Palast klärt Nathan in Anwesenheit aller die Vorgeschichte auf.

die Ringparabel

Die Handlung ist um das Kernstück, die Ringparabel, gebaut, die auch nach der Akteinteilung im Zentrum des Dramas steht. Lessing hat sie aus Boccaccios *Decamerone* (1349) entnommen. Ein Mann besaß in grauer Vorzeit einen Ring, der die geheime Kraft hatte, seinen Träger „vor Gott und den Menschen angenehm zu machen". Der Ring ging von Generation zu Generation an den Lieblingssohn über, bis er auf einen Vater von drei Söhnen kam, die alle drei dem Vater gleich lieb waren. Daher ließ er zwei gleiche Ringe, die vom Original nicht zu unterscheiden waren, machen. Damit begann der Streit, und die Söhne zogen vor den Richter. Der aber entschied sich für keinen Ring als den richtigen, sondern sagte:

Es strebe von euch jeder um die Wette,
Die Kraft des Steins in seinem Ring an Tag
Zu legen! komme dieser Kraft mit Sanftmut,
Mit herzlicher Verträglichkeit, mit Wohltun,
Mit innigster Ergebenheit in Gott,
Zu Hilf! Und wenn sich dann der Steine Kräfte
Bei euern Kindes-Kindeskindern äußern:
So lad ich über tausend tausend Jahre
Sie wiederum vor diesen Stuhl. Da wird
Ein weisrer Mann auf diesem Stuhle sitzen,
Als ich; und sprechen: „geht!"

Mit den Ringen sind die drei Religionen gemeint. Der wahre Glaube beweise sich aber nicht durch den Ring, sondern durch die Tat. Über dem Streit um die Rechtgläubigkeit stehe die versöhnende Mitmenschlichkeit, die Nathan selbst beispielhaft vorgelebt habe. Nathan – und mit ihm Lessing – sah die geschichtlich bedingte Eigenständigkeit jeder Religion; ihr Wahrheitskriterium vor dem Richterstuhl der Vernunft sei das Maß der Toleranz, das sie gegenüber Andersdenkenden zu üben bereit sei.

Blankvers

Lessings *Nathan* bedeutete theatergeschichtlich den endgültigen Durchbruch des *Blankverses* auf der deutschen Bühne. Der Blankvers kam aus England; Shakespeare hat ihn verwendet. Er ist ein reimloser jambischer Vers mit fünf Hebungen:

Er íst es! Náthan! – Gótt sei éwig Dánk *(Anfang des Nathan)*

FABELN

Die Fabel war wegen ihres lehrhaften und moralischen Charakters die beliebteste literarische Kleinform der Aufklärung. Friedrich von Hagedorn: *Fabeln und Erzählungen* (1738), Christian Fürchtegott Gellert: *Fabeln und Erzählungen* (1748) und Johann Wilhelm Ludwig Gleim: *Fabeln* (1757 f.) schmückten den Fabelkern jeweils zu einer Art Erzählgedicht aus, in dem sich dramatische und epische Elemente abwechseln. Ihr Vobild waren die französischen Versfabeln von JEAN DE LA FONTAINE (1621–1695), der die antiken Vorlagen in die eigene Gegenwart verlegte; seine Tiere sind verkleidete Gestalten aus der Zeit Ludwigs XIV., höfisch und galant, spielerisch und ränkevoll in ihren Aktionen. Die Charakterstudie überlagert das Typische. Auch Lessing hatte zunächst Fabeln in diesem Stil gedichtet, in seine *Fabeln – Drei Bücher* (1759) nahm er aber dann nur mehr Prosafabeln auf. Sie unterscheiden sich von den Versfabeln dadurch, dass sie jede Abschweifung, jede unnötige Ausmalung vermeiden. Lessing sagte: „Die Kürze ist die Seele der Fabel.“ Lessing leitete die Fabeln weder mit einem erklärenden Vorspann ein noch hing er am Schluss eine erhellende Deutung an. Die angespielte Situation sollte jeweils für sich selbst sprechen:

Der Adler

Man fragte den Adler: „Warum erziehst du deine Jungen so hoch in der Luft?“
Der Adler antwortete: „Würden sie sich, erwachsen, so nahe zur Sonne wagen, wenn ich sie tief an der Erde erzöge?“

Abenteuer, Gefühlswelt und Lebensskizzen im Roman der Aufklärung

Robinsonade

Aus dem spanischen Schelmenroman, der erfundenen Autobiographie eines Dieners vieler Herren, entwickelte sich Ende des 17. Jahrhunderts der europäische *Abenteuerroman* mit einer Fülle an Beispielen, die im Aufbau sich alle sehr ähnlich waren. Die Grundstruktur war die Dreigliedrigkeit: Die erste Phase reicht von der Kindheit des Helden bis zum Ende seiner Ausbildungszeit im Dienste mehrerer Herren. Dann folgen die abenteuerreichen Wanderjahre, die den größten Raum einnehmen. Den Schluss bilden die Einheirat in eine begüterte Familie und das Leben in bürgerlicher Ordnung. Den größten Erfolg hatte *Robinson Crusoe* (1719/20) von DANIEL DEFOE (1660–1731), der schon 1720 in einer deutschen Übersetzung vorlag. Im äußeren Aufbau glich er dem Abenteuerroman.

DANIEL DEFOE
Robinson Crusoe

Robinson Crusoe verlässt aus Abenteuerdrang trotz der Ermahnungen seines Vaters, die sichere Existenz eines sesshaften Kaufmanns nicht aufzugeben, das Elternhaus. Er versucht sein Glück im riskanten Überseehandel und erwirbt in Brasilien eine ertragreiche Plantage. Auf der Fahrt nach Guinea, wo er billige Negersklaven einkaufen will, strandet er nach einem Orkan als einziger Überlebender an einer felsigen Insel, auf der er 28 Jahre verbringt, bis ihn ein englisches Schiff wieder in die Heimat bringt. Nach der Rückkehr gründet er mit dem Erlös aus dem Verkauf seiner Plantage einen eigenen Hausstand. Das Besondere dieses Romans war nicht die bereits bekannte Dreigliedrigkeit, auch nicht die abenteuerlichen Ereignisse auf See, sondern die Inselabgeschiedenheit des Helden fernab von der menschlichen Gesellschaft. Auf der Insel wiederholt Robinson Crusoe für sich die Zivilisationsgeschichte der Menschheit.

JOHANN GOTTFRIED SCHNABEL
Insel Felsenburg

Aus der Fülle der deutschen *Robinsonaden* ragt JOHANN GOTTFRIED SCHNABELS (1692–1752) *Insel Felsenburg* heraus, die ursprünglich unter dem Titel *Wunderliche Fata einiger Seefahrer* (1731–1743) veröffentlicht worden war.

Die Rahmenhandlung des Romans ist mehrfach gebrochen. Dadurch soll der Anspruch unterstrichen werden, dass es sich um eine wahre Geschichte handle. Ein Herausgeber erzählt, wie er an das Manuskript gekommen sei, in dem Eberhard Julius, der Icherzähler, seine Reise zur Insel Felsenburg, seine Erlebnisse dort und, was ihm die Bewohner mitgeteilt hätten, niedergeschrieben habe. Eberhard Julius ist der Urgroßneffe des Altvaters Albert Julius, der mit einer Frau und zwei Männern auf die Insel verschlagen worden war und im Laufe seines langen Lebens dort ein blühendes Staatsgebilde aufgebaut hatte, das in allem das Gegenbild zu den Missständen in Europa war. Die Lebensläufe der Felsenburger teilen sich jeweils in zwei Teile, in den Bericht über ihr unglückliches Leben in Europa und in den Bericht über ihr zufriedenes Leben auf der Insel. Kein Felsenburger will die Insel mehr verlassen; denn hier sind die politischen Wunschvorstellungen der Aufklärung in Erfüllung gegangen; aber eben nur im Wunschbild eines Romans. Die soziale Ordnung auf der Insel trägt Züge der Herrnhuter Brüdergemeine und des protestantischen Pietismus.

Die Literatur des Barock, im Besonderen der Roman, war repräsentativ, d. h. öffentlich. Nicht das Schicksal des Einzelnen stand im Vordergrund des Interesses, sondern der Zustand der Welt insgesamt. Dies galt sowohl für den höfischen Idealroman als auch für seine Kehrseite, den Schelmenroman, in dem die Welt von unten her gesehen und dargestellt wurde. Die Aufklärung zielte auf eine Verbesserung der gesellschaftlichen Bedingungen; doch dies sollte nur eine Vorstufe für die private Glückserfüllung des einzelnen Bürgers sein. Das Individuum war eine Entdeckung der Aufklärung, unterstützt und bestätigt von der Bekenntnisliteratur des Pietismus. Beide Richtungen, die politisch-philosophische Aufklärung und die religiöse Verinnerlichung des Pietismus, vereinten sich im so genannten *empfindsamen Roman.* Der Begriff „empfindsam“ wurde erst von Lessing geprägt – er schlug vor LAURENCE STERNES (1713–1768) *Sentimental Journey* (1767) eine „Reise des Herzens“, wie der Autor sie nannte, in der deutschen Übersetzung eine „empfindsame Reise“ zu nennen –, aber die damit charakterisierte, auf das erlebende Ich ausgerichtete Erzählweise war schon einige Jahrzehnte älter. Sie war bereits durch die autobiographische Bekenntnis- und Briefliteratur des Pietismus vorgezeichnet. Schnabels *Insel Felsenburg* stand an der Wende vom barocken Staatsroman zur privaten Bekenntnisliteratur der Aufklärung, seine utopische Insel war die Projektion eines idealen Staates, in dem jeder die Möglichkeit hatte, sich entsprechend seinen Fähigkeiten zu verwirklichen. Aber dies war eben eine Utopie, angesiedelt in einem Niemandsland. Die Helden des empfindsamen Romans zogen sich in den Bereich der privaten, individuellen Bewährung zurück. Im Nachhinein erkennt die Ich-Erzählerin in dem Roman *Das Leben der schwedischen Gräfin von G . . .* (1747 f.) von CHRISTIAN FÜRCHTEGOTT GELLERT (1715–1769), dass die Vorsehung ihr Leben weise geführt habe; die Intrigen und Wechselfälle waren nur Bewährungsproben.

der empfindsame Roman

CHRISTIAN FÜRCHTEGOTT GELLERT

Das Leben der schwedischen Gräfin von G.

Der Prinz, der die junge Frau begehrt, hat ihren Mann – wie einst David den Urias – zu einem Auftrag in die Ferne abgeordnet. Als sie glauben muss, dass ihr Mann umgekommen sei, heiratet sie nach der geglückten Flucht vor dem Prinzen ihren Retter. Doch kurz darauf kehrt der totgeglaubte Gatte zurück. Um den Konflikt zu lösen, wollen beide Männer auf sie verzichten; aber es findet sich eine harmonische, von der Vernunft diktierte Lösung: Der Retter bleibt dem geprüften Paar als gemeinsamer Freund verbunden. Auch nach dem Tode der beiden Männer schlägt die Gräfin den Antrag des Prinzen aus und lebt zurückgezogen als Witwe. Das Thema des Romans ist die Tugend, die sich selbst in den Wechselfällen des Lebens bewährt, da sie nicht vom Gefühl, sondern von der Vernunft geleitet wird. Gellert gilt als der Begründer des empfindsamen, moralischen Familienromans in Deutschland. Die Handlung ist bewusst konstruiert, um die Tugend der Bedrängten um so heller leuchten zu lassen. Die Kritik an absolutistischer Willkür ist nicht zu übersehen. Zwar wählte Gellert noch das Milieu der adligen Gesellschaft, aber das Interieur war bürgerlich. Der gemeinsame Freund, der dem Glück der beiden nicht im Wege stehen wollte, war ein Vertreter des aufgeklärten Bürgertums; sein Verzicht erhob ihn moralisch über die anmaßende Willkür des Prinzen.

Einfluss des englischen Briefromans

Samuel Richardson

Die Form der Ich-Erzählung im empfindsamen Roman ging zum Teil auf den Schelmenroman und auf die pietistischen Bekenntnisberichte zurück, beeinflusst wurde sie aber auch von Samuel Richardsons (1689–1761) empfindsamen Briefromanen *Pamela* (1740) und *Clarissa* (1741 f.), die sehr früh aus dem Englischen übersetzt wurden und in Deutschland begeisterte Aufnahme fanden.

Sophie von La Roche
Geschichte des Fräuleins von Sternheim

Die *Geschichte des Fräuleins von Sternheim* (1771) von Sophie von La Roche (1731–1807) wird aus der Perspektive einer Freundin erzählt, anhand von „Original-Papieren und anderen zuverlässigen Quellen", wie es im Untertitel heißt. Die Titelheldin selbst kommt in Briefen zu Wort. Über den Sinn dieses Lebensberichtes sagt die Erzählerin: „Glauben Sie, es ist ein Vergnügen für mein Herz, wenn ich mich mit etwas beschäftigen kann, wodurch das geheiligte Andenken der Tugend und Güte einer Person, welche unserm Geschlechte und der Menschheit Ehre gemacht, in mir erneuert wird." Die Titelheldin flieht den Intrigen des Hofes, macht sich als Lehrerin selbstständig und führt zuletzt, nach mehreren Enttäuschungen, eine glückliche Ehe. In den Romanen der Empfindsamkeit wurde immer wieder unterstrichen, dass tugendhafte Beständigkeit, trotz aller Rückschläge, durch Gottes Fügung zu einem guten Ende führe. Mit Tugend war die bürgerliche Arbeitsmoral gemeint, die ihres Lohnes sicher sein könne. Ein Beispiel dafür ist die autobiographische *Lebensgeschichte* (1777 ff.) Johann Heinrich Jung-Stillings (1740–1817). Für Jung-Stilling war der eigene Lebensweg, über den er in der dritten Person berichtet, ein sichtbarer Beweis der göttlichen Vorsehung. Jung-Stilling brachte es vom Schneiderlehrling zum Hochschullehrer und Fürstenberater. Aber es erschienen zur gleichen Zeit auch Romane ohne die optimistischen Perspektiven einer ausgleichenden Gerechtigkeit. Karl Philipp Moritz (1756–1793) verarbeitete in seinem *Anton Reiser* (1785–1790) eigene Erfahrungen. Anton Reiser leidet an der drückenden Armut, in der er aufwächst. Die Umwelt erinnert ihn immer wieder an seine Herkunft und demütigt ihn. Er baut sich eine eigene Welt auf; die Phantasiewelt des Theaters wird ihm zum Zufluchtsort. Die Erzählung endet mit dem Bankrott der Theatergruppe, der sich Anton Reiser angeschlossen hatte. Die Phantasie hielt vor der Wirklichkeit nicht stand. Ein historisches Dokument besonderer Art ist Ulrich Bräkers (1735–1798) Autobiographie *Lebensgeschichte und natürliche Abenteuer des armen Mannes im Tockenburg* (1789). Ulrich Bräker, Sohn Schweizer Kleinbauern, erzählt darin seinen wenig glücklichen Lebenslauf. Da er den Eltern helfen musste, konnte er nur kurze Zeit die Dorfschule besuchen. Betrügerische Werber stecken ihn in das preußische Heer. Er muss am Siebenjährigen Krieg teilnehmen, desertiert und hält sich in der Schweiz mit einem Garnhandel kaum über Wasser. Diese Autobiographie ist eine Geschichte von unten, einfach erzählt. Ulrich Bräker wurde eher von den Umständen getrieben, als dass er sein Leben selbst gestalten konnte.

Jung-Stillings
Lebensgeschichte

Karl Philipp Moritz
Anton Reiser

Ulrich Bräker
Der arme Mann im Tockenburg

Versuche einer christlichen Epik

Wie ein homerisches Epos – nur nicht mit der Anrufung der Musen, sondern der unsterblichen Seele – beginnt *Der Messias – Ein Heldengedicht* (1748–1773) von FRIEDRICH GOTTLIEB KLOPSTOCK (1724–1803).

FRIEDRICH GOTTLIEB KLOPSTOCK
Messias

Sing, unsterbliche Seele, der sündigen Menschen Erlösung,
Die der Messias auf Erden in seiner Menschheit vollendet,
Und durch die er Adams Geschlechte die Liebe der Gottheit
Mit dem Blute des heiligen Bundes von neuem geschenkt hat.

Die ersten drei Gesänge erschienen in der Moralischen Wochenschrift „Bremer Beiträge", deren Mitarbeiter im Streit zwischen Gottsched und seinen Züricher Kritikern eine mittlere Linie zwischen Regelstrenge und schöpferischer Freiheit vertraten.

Fast zwei Jahrzehnte arbeitete Klopstock an diesem biblischen Epos, das in seiner Endfassung aus 20 Gesängen bestand. In freien Rhythmen geschrieben, deren Grundlage der antike Hexameter war, erzählt es in hymnischer Sprache die Erlösung der Menschheit durch Christi Opfertod. Im *Messias* vereinte sich die persönliche, gefühlsbetonte Frömmigkeit des Pietismus mit dem aufklärerischen Optimismus, dass Gott eine vernünftige, die beste aller Welten geschaffen habe.

Seinen antiken Vorbildern treu, erhob Klopstock den Dichter zum prophetischen Seher, zum Mittler zwischen Gott und den Menschen, der das Unsichtbare in einer feierlichen Sprache versinnlichte. Klopstocks Wirkung auf die Zeitgenossen lag mehr in seiner spontanen, sprachlichen Kreativität als in dem Versuch, die Gattung des Epos wieder zu beleben. Klopstock schrieb mehrere patriotische Dramen, deren Titelheld der Germanenfürst Hermann war.

Oden

In seiner Lyrik bevorzugte er die antike Form der Ode und ersetzte den schwerfälligen Alexandriner durch den rhythmischen Reichtum altgriechischer Versmaße. Die Ode *Der Zürchersee* (1750) ist ein Hymnus auf die Majestät der Natur. Nicht die geschaute Natur, sondern der in ihr verborgene Gedanke wird gestaltet:

Schön ist, Mutter Natur, deiner Erfindung Pracht
Auf die Fluren verstreut, schöner ein froh Gesicht,
Das den großen Gedanken
Deiner Schöpfung noch einmal denkt.

Wieland – Aufklärer und Zeitgenosse der Klassik

CHRISTOPH MARTIN WIELAND

Die Einteilung der Literaturgeschichte in Epochen hat ihre Schwierigkeiten; denn die Epochen laufen nicht in einer linearen Chronologie ab, sie überschneiden sich und sind zum Teil sogar gleichzeitig. Auch in der individuellen Lebensgeschichte der Dichter können sie sich vermischen, sodass es schwer fällt, das Werk eines Autors nur in eine einzige literarische Strömung einzuordnen. Dies gilt besonders für CHRISTOPH MARTIN WIELAND (1733–1813). Oft wird er als Dichter des Rokoko, d. h. der spätbarocken verspielten Anakreontik, bezeichnet, aber damit wird sein Werk nur unvollständig charakterisiert. Er war Zeitgenosse Klopstocks, Goethes und der Romantiker. Die ersten werkgetreuen Übersetzungen der Dramen Shakespeares (1762) stammen von ihm, und der Bildungsroman der Klassik und des 19. Jahrhunderts ist in seinen Romanen vorgeprägt. Kaum einer hatte so gründlich und umfassend wie er die antike Literatur gelesen und die Welt der Griechen – wenn auch mit Blick auf die eigene Gegenwart – in seinen Werken wieder erstehen lassen. Durchgehend findet sich in seinen Werken der Zweifel, ob für den Erfolg der Aufklärung schon der Appell an die Vernunft genüge. So hatte er an allen Strömungen des 18. Jahrhunderts teil, aber mit keiner hat er sich endgültig identifiziert.

Wieland stammte aus einem schwäbischen Pfarrhaus. Noch bevor er auf ein pietistisches Internat geschickt wurde, hatte er schon Brockes' *Irdisches Vergnügen in Gott* und Gottscheds *Kritische Dichtkunst* gelesen. Seine ersten Gedichte schrieb er im Stile der Anakreontiker. Auf der Schule tat er sich durch seine umfassende Kenntnis der römischen Literatur hervor. Er las Moralische Wochenschriften, löste sich unter Breitingers Einfluss von Gottscheds Regelpoetik, begeisterte sich für Klopstocks *Messias* und Oden und versuchte sich selbst, nach Klopstocks Vorbild, in biblischen Epen und hymnischen Oden. Während seines Jura-Studiums in Tübingen erreichte ihn eine Einladung Bodmers nach Zürich. Die ersten großen Werke – Romane, Erzählungen und Versepen –, meistens in antikem Gewande, entstanden während Wielands Tätigkeit als Senator in Biberach (1760–1769). Die Erfahrungen und Querelen des beruflichen Alltags wirkten sich auch auf die Dichtung aus, besonders auf den staatspolitischen Bildungsroman *Geschichte des Agathon* (1766 ff.). 1769 folgte Wieland einem Ruf als Professor für Philosophie nach Erfurt; aber bereits 1772 ging er als Prinzenerzieher nach Weimar. Dort blieb er bis zu seinem Tode. In Weimar gab er die erste bedeutende literarische Zeitschrift *Der deutsche Merkur* (1773–1810) heraus. In ihr erschienen auch viele seiner Werke, z. B. der satirische Roman *Die Abderiten* (1774).

Die Abderiten

Wieland hat *Die Abderiten* bis zur endgültigen Fassung (1781) immer wieder „umgearbeitet und vermehrt". Abdera ist das antike Schilda, aber auch das verfremdete Biberach mit mancher Anspielung auf Wielands Erfahrungen während seiner Tätigkeit als Senator. Der satirische Roman umfasst fünf Bücher; er besteht aus zwei Teilen. Im ersten Teil (Buch I bis III) versuchen drei große Weise, der weitgereiste Philosoph Demokritus, der Arzt Hippokrates und der Dichter Euripides, die Abderiten von ihrer Engstirnigkeit und törichten Kirchturmpolitik zu befreien, aber vergeblich; lernende Einsicht und vernünftiges Handeln sind nicht die Stärke der Abderiten. Im zweiten Teil (Buch IV und V), sich selbst überlassen, bahnt sich das Unglück der Abderiten an. Der Prozess um des Esels Schatten, ob nämlich die Miete für einen Esel auch die Nutzung seines Schattens einschließe, teilt die Stadt in zwei Parteien. Der Streit wird nur – mehr zufällig – durch den gewaltsamen Tod des Esels geschlichtet: „Da der Esel selbst nicht mehr ist, was hülf' es, noch lange über seinen Schatten zu rechten?" Doch der städtische Friede wird schon bald erneut durch die der Göttin Latona heiligen Frösche gefährdet. Nach der Vertreibung der Störche haben sich die Frösche so vermehrt, dass sie zu einer städtischen Plage werden. Als auch noch eine Mäuse- und Rattenplage die Stadt heimsucht, beschließen die Abderiten auszuwandern. Ironisch bemerkt der Erzähler am Schluss, für die Geschichte der Abderiten werde sich wohl bald niemand mehr interessieren; denn bei dem gegenwärtigen Fortschritt der Weisheit werde sich in Kürze niemand mehr in den Abderiten wieder erkennen. Es wären dann nur noch „Geschichten aus einem anderen Planeten".

Geschichte des Agathon

Die *Geschichte des Agathon* (1766 f.) hat drei Fassungen; die letzte erschien 1794. Sie ist nach dem spätantiken Romanschema der *Äthiopischen Ge-*

schichten von Heliodor (3. Jh. n. Chr.) aufgebaut. Die Erzählung setzt mitten in der schon fortgeschrittenen Handlung ein. In mehreren Rückblenden in Form von Gesprächen, Berichten oder Icherzählungen werden die vorausgehenden Ereignisse dem Leser allmählich mitgeteilt, sodass sich die anfängliche Verwirrung von Buch zu Buch verringert. Nicht nur der Leser wird über lange Strecken im Unklaren gelassen, sondern auch die Romangestalten. Agathon, auf der Suche nach Psyche, seiner Jugendliebe, wird von Seeräubern entführt. Unter den Gefangenen trifft er seine Geliebte wieder. Aber das Wiedersehen dauert nur kurze Zeit; denn er wird in Smyrna an den Sophisten Hippias als Sklave verkauft. Dieser, ein überzeugter Materialist und Sinnenmensch, will seinen Sklaven von dessen idealistischen Schwärmereien, wie er meint, kurieren und macht ihn mit der schönen Danae, einer ehemaligen Hetäre, was Agathon jedoch nicht weiß, bekannt. Doch das Experiment misslingt; denn Danae lernt den Sklaven schätzen und lieben. Unter seinem Einfluss wandelt sie sich zu einer liebenden Frau. Agathon hat vor ihr keine Geheimnisse. Er erzählt ihr von seiner Erziehung in Delphi, von seiner Liebe zu Psyche und wie sie beide durch die Eifersucht einer Priesterin getrennt wurden. Er erzählt ihr von seiner erfolgreichen politischen Tätigkeit in Athen und wie ihn später die Athener aus Neid aus der Stadt verbannten. Als Hippias ihm, verärgert über seinen Misserfolg, Danaes Identität offenbart, flieht er enttäuscht zu Dionysius nach Syrakus. Er setzt sich bei dem Herrscher für eine Reform des Staatswesens ein, aber ohne Erfolg. So begibt er sich schließlich nach Tarent zu dem weisen Staatsmann Archytas. In dessen Haus trifft er Psyche wieder und erfährt, dass sie seine Schwester ist. Durch Zufall sieht er auch Danae wieder. Danae, die ihm nun rückhaltlos ihre Lebensgeschichte erzählt, will ein neues Leben beginnen; sie bleiben Freunde. Nach Gesprächen mit dem aufgeklärten Menschenfreund Archytas entschließt sich Agathon zu einer Reise durch die damals bekannte Welt, um neue Erfahrungen zu sammeln. Und er kehrt mit der Erfahrung zurück, das „jedermann die Welt verbessert wissen" wolle, dass aber niemand zu finden sei, „der die Verbesserung an ihm selbst anfangen lassen" wolle. So lässt er sich endgültig in Tarent nieder und widmet sich dem Wohl der Allgemeinheit, überzeugt, „dass man in einem großen Wirkungskreis zwar mehr schimmern, aber in einem kleinen mehr Gutes schaffen kann". – Agathon, keineswegs eine einseitig idealisierte Gestalt, sondern – im Sinne Lessings – ein mittlerer Mensch mit Schwächen und Stärken, ist in seiner Lebensgeschichte auf mehrere Proben gestellt worden, durch die er sich zu der Einsicht läutert, dass „Weisheit und Tugend allezeit das richtige Maß sowohl der öffentlichen als der Privatglückseligkeit" seien, dass privates Glück nicht ohne Verantwortung um das Gemeinwohl möglich sei. Agathons moralische Begründung für die Verantwortung um das Gemeinwohl deckt sich mit Kants kategorischem Imperativ: „Handle so, dass die Maxime deines Willens jederzeit zugleich als Prinzip einer allgemeinen Gesetzgebung gelten könne." (*Kritik der praktischen Vernunft,* 1788)

Textsammlungen

- Adalbert Elschenbroich: Deutsche Dichtung im 18. Jahrhundert, Wissenschaftliche Buchgesellschaft, Darmstadt 1960
- Otto F. Best: Aufklärung und Rokoko, Reclam Verlag (RUB 9617), Stuttgart 1976
- Walther Killy: Die deutsche Literatur – Texte und Zeugnisse, Band 4: 18. Jahrhundert, zwei Teilbände, in Verbindung mit Christoph Perels herausgegeben von Walther Killy, C. H. Beck Verlag, München 1983

5 Sturm und Drang (1770–1785)

Wegbereiter:

1730–1788 JOHANN GEORG HAMANN – *Sokratische Denkwürdigkeiten* (1759) – *Kreuzzüge des Philologen* (1762)

1744–1803 JOHANN GOTTFRIED HERDER – *Journal meiner Reise im Jahre 1769* – *Shakespeare* (1773) – *Briefwechsel über Ossian* (1773) – *Volkslieder* (1778 f.)

Der Kreis um Goethe in Straßburg und Frankfurt:

1749–1832 JOHANN WOLFGANG GOETHE – *Sesenheimer Gedichte* – *Frankfurter Oden und Hymnen* – *Götz von Berlichingen* (1773) – *Die Leiden des jungen Werthers* (1774) – *Prometheus* (1774)

1747–1779 HEINRICH LEOPOLD WAGNER – *Die Kindermörderin* (1776)

1751–1792 JAKOB MICHAEL REINHOLD LENZ – *Der Hofmeister* (1774) – *Die Soldaten* (1776)

1752–1831 FRIEDRICH MAXIMILIAN KLINGER – *Die Zwillinge* (1776) – *Sturm und Drang* (1776)

Der Göttinger Hain: Gedichte – Balladen – Idyllen

1740–1815 MATTHIAS CLAUDIUS

1747–1794 GOTTFRIED AUGUST BÜRGER

1748–1776 LUDWIG CHRISTOPH HEINRICH HÖLTY

1750–1814 JOHANN MARTIN MILLER

1750–1819 FRIEDRICH LEOPOLD GRAF ZU STOLBERG

1751–1826 JOHANN HEINRICH VOSS

Württemberg:

1739–1791 CHRISTIAN FRIEDRICH DANIEL SCHUBART – *Deutsche Chronik* (1774 ff.)

1759–1805 FRIEDRICH SCHILLER – *Die Räuber* (1781) – *Die Verschwörung des Fiesco zu Genua* (1783) – *Kabale und Liebe* (1784)

Prometheus als Idealgestalt

Gefühl und Leidenschaft

Geniekult

Die Ideen der Aufklärung – Vernunft und Toleranz – hatte Lessing exemplarisch in den Charakterzügen des weisen Juden Nathan gestaltet. Zur Symbolfigur einer jungen Generation, die sich von der ausschließlichen Vorherrschaft der Vernunft befreien wollte und sich zu den schöpferischen Kräften leidenschaftlicher Gefühle bekannte, wurde der Prometheus aus der griechischen Sage. Goethes Ode *Prometheus,* 1774 auf dem Höhepunkt der Geniebegeisterung entstanden, kann das poetische Manifest des *Sturm und Drang* genannt werden. So vielschichtig wie die Gestalt des Prometheus war auch das Programm dieser rebellischen Bürgersöhne. Sie lehnten die Ideen der Aufklärung nicht ab, sondern erweiterten und radikalisierten sie. Das freie Individuum sei nicht nur ein Verstandeswesen, sondern ein Mensch aus Fleisch und Blut mit Leidenschaften und Gefühlen, die ihn zu schöpferischer Selbstverwirklichung anspornten. Wie politisch brisant das Programm der Stürmer und Dränger war, zeigt Goethes Zögern, die Ode *Prometheus* auch zu veröffentlichen. Im Rückblick nannte er sie das „Zündkraut einer Explosion" und er meinte damit eine politische Explosion.

Prometheus

Bedecke deinen Himmel, Zeus,
Mit Wolkendunst
Und übe, Knaben gleich,
Der Disteln köpft,
An Eichen dich und Bergeshöhn;
Musst mir meine Erde
Doch lassen stehn
Und meine Hütte,
Die du nicht gebaut,
Und meinen Herd,
Um dessen Glut
Du mich beneidest.

Ich kenne nichts Ärmer's
Unter der Sonn' als euch Götter.
Ihr nähret kümmerlich
Von Opfersteuern
Und Gebetshauch
Eure Majestät
Und darbtet, wären
Nicht Kinder und Bettler
Hoffnungsvolle Toren.

Da ich ein Kind war,
Nicht wusst', wo aus noch ein,
Kehrt ich mein verirrtes Aug'
Zur Sonne, als wenn drüber wär'
Ein Ohr, zu hören meine Klage,
Ein Herz wie meins,
Sich des Bedrängten zu erbarmen.

Wer half mir wider
Der Titanen Übermut?
Wer rettete vom Tode mich,
Von Sklaverei?
Hast du's nicht alles selbst vollendet,
Heilig glühend Herz?
Und glühtest jung und gut,
Betrogen, Rettungsdank
Dem Schlafenden dadroben?

Ich dich ehren? Wofür?
Hast du die Schmerzen gelindert
Je des Beladenen?
Hast du die Tränen gestillet
Je des Geängsteten?
Hat nicht mich zum Manne geschmiedet
Die allmächtige Zeit
Und das ewige Schicksal,
Meine Herrn und deine?

Wähntest du etwa,
Ich sollte das Leben hassen,
In Wüsten fliehn,
Weil nicht alle Knabenmorgen –
Blütenträume reiften?

Hier sitz' ich, forme Menschen
Nach meinem Bilde,
Ein Geschlecht, das mir gleich sei,
Zu leiden, weinen,
Genießen und zu freuen sich,
Und dein nicht zu achten,
Wie ich.

Der Prometheus in Goethes gleichnamiger Ode ist der Menschenschöpfer und Menschenlehrer: „Hier sitz ich, forme Menschen / Nach meinem Bilde.“ Er verteidigt die bewohnte Erde, den Lebensbereich der Menschen, gegen die Willkür der Götter. Zeus, gegen den er sich wendet, ist ein hilfloser Herrscher, der sich von fremden Opfern kläglich nährt und vergeblich auf seinen eingebildeten Machtanspruch pocht. Prometheus und seinen Menschen droht keine Gefahr von den Göttern mehr; ihr Gesetz, das sie allein anerkennen, ist die „allmächtige Zeit / Und das ewige Schicksal“. Prometheus schleudert dem absolutistischen Fürstengott entgegen: „Ich dich ehren? Wofür?“ Die Kritik an den bestehenden Herrschaftsverhältnissen ist offenkundig. Prometheus spricht nicht nur für sich selbst als der Menschenschöpfer, er sprich auch in der Rolle seiner Geschöpfe. Goethe entwarf in der Ode *Prometheus* einen gesellschaftlichen Zustand politischer Selbstbestimmung, dem die historische Wirklichkeit widersprach. Neben dem politischen Aspekt findet sich in der Gestalt des Prometheus aber auch noch ein dichterischer Aspekt. Viel zitiert wurden im 18. Jahrhundert die Äußerungen des englischen Kunstphilosophen SHAFTESBURY (1671–1713) über den wahren Dichter; er sei kein bloßer Nachahmer der Natur oder großer Vorbilder, sondern ein Baumeister, der Eigenes gestalte. In der deutschen Übersetzung von 1771 heißt es: „Ein solcher Dichter ist in der Tat ein andrer Schöpfer, ein wahrer Prometheus unter Jupiter.“ Er schafft aus sich selbst, aus eigener Kraft, wie Gott, wie die Natur; seine Dichtung sei eine eigene Welt. Goethe und seine Zeitgenossen sahen dieses Bild vom wahren Dichter, der sich über Regelzwang hinwegsetzte und wie Prometheus seine Werke aus der Kraft seines Genies schuf, in Shakespeare verwirklicht. In der Rede auf den großen englischen Dramatiker sagte Goethe 1771: „Er wetteiferte mit dem Prometheus, bildete ihm Zug für Zug seine Menschen nach, [. . .] und dann belebte er sie alle mit dem Hauch seines Geistes.“ Originalität und Genialität sollten Regelstarre und Vernunftzwang überwinden; denn das Genie, der schöpferische Künstler, trage das Weltgesetz in sich selbst.

politischer Aspekt

dichterischer Aspekt

Wegbereiter des Sturm und Drang

JOHANN GEORG HAMANN

Zu den Wegbereitern des Sturm und Drang gehörten JOHANN GEORG HAMANN (1730–1788) und besonders JOHANN GOTTFRIED HERDER (1744–1803). HAMANN studierte in seiner Heimatstadt Königsberg Theologie und Rechtswissenschaft; er war mit dem Aufklärer Kant befreundet. Durch intensive Bibellektüre wuchs seine Kritik an der Vernunftgläubigkeit der Aufklärung; er lehnte es ab, die Bibel nur verstandesmäßig zu lesen und zu deuten. Gott habe in der Bibel nicht durch die Vernunft, sondern in Bildern und Gleichnissen zu den Menschen gesprochen; deshalb sei die Poesie, die Dichtung, „die Muttersprache des menschlichen Geschlechts“ und göttlichen Ursprungs. Die Schöpfung, die Natur, wirke und offenbare sich durch Sinne und Leidenschaften:

Poesie als Ursprache der Menschheit

> *Sinne und Leidenschaften reden und verstehen nichts als Bilder. In Bildern besteht der ganze Schatz menschlicher Erkenntnis und Glückseligkeit. Der erste Ausbruch der Schöpfung und der erste Eindruck ihres Geschichtsschreibers: – die erste Erscheinung und der erste Genuss der Natur vereinigen sich in dem Worte: Es werde Licht!*
>
> *(Kreuzzüge des Philologen, 1762)*

Für Hamann bargen die Bilder und Gleichnisse, die bildhafte Deutung der Welterschaffung und der Natur, mehr Wahrheit als aufklärerische

Johann Gottfried Herder

Theorien. Hamann sprach der Dichtung – durch den Vergleich mit der Bibel – fast eine religiöse Qualität zu, und auch im Dichter sah er gleichsam einen zweiten Schöpfer. Die Vorstellung von der Dichtung als Ursprache der Menschheit entwickelte Herder in seinen Überlegungen zur Natur- und Volkspoesie weiter und bereitete damit die Romantik vor. Die Vorstellung vom Schöpfer-Dichter beeinflusste die Geniediskussion im Sturm und Drang. Für Hamann zeichnete sich das Genie allerdings nicht durch subjektive Regelfreiheit aus, sondern durch den Einklang seiner „Sinne und Leidenschaften" mit der Natur, d. h. der Offenbarung Gottes in seiner Schöpfung.

Herder lernte Hamann während seines Theologiestudiums in Königsberg (1762–1764) kennen. Auf seine literaturkritischen Arbeiten, die ihn schon sehr früh weiten Kreisen bekannt machten, hatte Hamann einen bestimmenden Einfluss. Während eines mehrmonatigen Aufenthaltes in Straßburg zur Behandlung eines Augenleidens begegnete Herder im Herbst 1770 dem jungen Goethe. In seinen Lebenserinnerungen *Dichtung und Wahrheit* schrieb Goethe über diese Begegnung: „Denn das bedeutendste Ereignis, was die wichtigsten Folgen für mich haben sollte, war die Bekanntschaft und die daran sich knüpfende nähere Verbindung mit Herder. [. . .] Was die Fülle dieser wenigen Wochen betrifft, welche wir zusammen lebten, kann ich wohl sagen, dass alles, was Herder nachher allmählich ausgeführt hat, im Keim angedeutet ward und dass ich dadurch in die glückliche Lage geriet, alles, was ich bisher gedacht, gelernt, mir zugeeignet hatte, zu komplettieren, an ein Höheres anzuknüpfen, zu erweitern." Man kann die Bedeutung, die diese Bekanntschaft für Goethe und den Straßburger Kreis hatte, unter zwei Begriffen zusammenfassen: Originalgenie und Volks- bzw. Naturpoesie.

Originalgenie

Den Begriff Originalgenie verwandte Herder bereits in dem *Journal meiner Reise im Jahre 1769*. Nach dem Vorbild von Jean-Jacques Rousseaus (1712–1778) Erziehungsroman *Emile* (1762) entwarf er ein Schulsystem, das nicht an Normen gebunden war, sondern die schöpferischen Fähigkeiten fördern sollte: „ohne Körper ist unsre Seele im Gebrauch nichts; mit gelähmten Sinnen ist sie selbst gelähmt; mit einem muntern, proportionierten Gebrauch aller Sinne ist sie selbst munter und lebendig." Daher sei es das Ziel einer richtigen Erziehung, die Gesamtheit der Sinnenkräfte freizusetzen: „viele starke, lebhafte, getreue, eigne Sensationen auf die dem Menschen eigenste Art sind die Basis zu einer Reihe von vielen starken, lebhaften, getreuen, eignen Gedanken, und das ist das Originalgenie."

Journal

In seinem Aufsatz über *Shakespeare* (1773) übertrug Herder die Forderung nach der Freisetzung der schöpferischen Kräfte auf die Dichtung. Dichtung sei nicht einfach Nachahmung literarischer Vorbilder; denn die Geschichte bleibe nicht stehen, sie wandle sich. Jedes Volk, jede Zeit müsse ihre eigene Dichtung schaffen. Das dichterische Genie zeichne sich dadurch aus, dass es „aus *seinem* Stoff so natürlich, groß und original eine dramatische Schöpfung zöge als die Griechen aus dem *ihren*". Diese Forderung sah Herder in Shakespeare verwirklicht; er sei „ein Sterblicher mit Götterkraft begabt", ein „Dolmetscher der Natur in all ihren Zungen". Und wie Shakespeare nationale Stoffe zu „einem lebendigen Ganzen" gestaltet habe, so sollten sich auch die Deutschen ihrer eigenen Geschichte erinnern.

Shakespeare-Aufsatz

Naturpoesie

Einsicht in die Geschichtlichkeit der menschlichen Existenz und der Rückgriff auf einen natürlichen Urzustand waren für Herder keine Widersprüche. Zwar lasse Geschichte sich nicht wiederholen, aber die Kenntnis einer ursprünglichen Poesie, einer Naturpoesie, die in der Dichtung des Volkes, in

Briefwechsel über Ossian

der Volkspoesie weiterlebe, zeige uns die Kraft unmittelbarer Empfindung, die durch die wissenschaftliche Denkart späterer Zeiten verloren gegangen sei. Diese Gedanken veröffentlichte Herder in dem *Auszug aus einem Briefwechsel über Ossian und die Lieder alter Völker* (1773). Zwischen 1760 und 1763 hatte der schottische Dichter James Macpherson (1736 bis 1796) eine Sammlung von Gedichten, Balladen und Epen herausgegeben, von denen er behauptete, es seien Übersetzungen der Werke eines gälischen Dichters Ossian aus dem 3. Jahrhundert; in Wirklichkeit waren es aber sehr frei gestaltete Umarbeitungen und Neufassungen unterschiedlicher älterer Texte, die Macpherson mit eigenen Zutaten erweitert und dem zeitgenössischen Geschmack angeglichen hatte. Dies wurde aber erst aus dem Nachlass bekannt. Die Zeitgenossen waren von diesen vermeintlichen Beispielen einer ursprünglichen Poesie begeistert. Herder, der durch die Betonung der Naturverbundenheit in der Volkspoesie Natürlichkeit gegen spätere bewusste Künstlichkeit abheben wollte, nahm in seine *Volkslieder* (1778 f.) aber auch Texte bekannter, zeitgenössischer Autoren auf.

Der junge Goethe

JOHANN WOLFGANG VON GOETHE

Goethe hatte schon in Straßburg begonnen an einem Drama über Götz von Berlichingen zu arbeiten. Der Stoff geht auf die autobiographische Lebensgeschichte des Ritters Götz von Berlichingen (1480–1562) zurück. Die erste Fassung des Stückes entstand Ende 1771 in Frankfurt. Herder hielt die Ausführung des Stoffes für zu wenig strukturiert. Darauf arbeitete Goethe einzelne Szenen noch einmal um. Die endgültige Fassung erschien 1773 im Selbstverlag unter dem Titel *Götz von Berlichingen mit der eisernen Hand.* 1774 folgte die Uraufführung; das Stück wurde mit großem Erfolg auf vielen Bühnen gespielt.

Götz von Berlichingen

Das Schauspiel, wie Goethe es nannte, ist in fünf Akte eingeteilt, aber die Handlung ist nicht geschlossen; sie erstreckt sich über mehrere Jahre und spielt an vielen Orten in Süddeutschland. Zwei Ereignisse aus dem Leben des Götz werden hervorgehoben: seine Fehde mit dem Bischof von Bamberg, die ihn in die Reichsacht setzt, und seine Rolle im Bauernkrieg. Die Handlung spielt, wie in Shakespeares Dramen, auf zwei Ebenen: unter den Knechten und Gefolgsleuten der feindlichen Parteien und unter adligen Standespersonen; sie läuft in schnellem Wechsel in über fünfzig Szenen ab, von großen Volks- und Kriegsszenen bis zu idyllischen Familienporträts. Die verbindende Klammer des Stückes sind nicht mehr die aristotelischen Einheiten von Ort, Zeit und Handlung, sondern die gegensätzlichen Charaktere, alle überragt von der integren Gestalt des Ritters und „braven Mannes" Götz von Berlichingen. Das große Vorbild für die Charakterstudien war Shakespeare. Vor allem zwei Gegensatzpaare bestimmen den Verlauf der Handlung: erstens Götz als Vertreter eines freien Rittertums, der treu zu seinem Wort steht, und sein Jugendfreund Weislingen, der sich als Fürstendiener verdingt hat und mehrmals wortbrüchig wird; zweitens Maria, Schwester des Götz, die von Weislingen verlassen wird, und Adelheid von Walldorf, deren Intrigen Weislingen erliegt.

Der *Götz von Berlichingen* ist eine Verherrlichung der Vergangenheit. Das Reich bildet unter dem Kaiser noch eine Einheit, aber soziale Unruhen und Fürstenwillkür gefährden bereits die alte Ordnung. Götz, die große, einsame Gestalt, von Goethe bewusst idealisiert, ist der letzte Vertreter der alten Ordnung; für ihn sind Treu und Glaube und die Berufung auf ein natürliches Recht bessere Garanten einer gerechten

Ordnung als ein komplizierter Gesetzesapparat. Aber die Geschichte geht über Götz hinweg. Das Stück endet nicht mit der Perspektive auf eine bessere Zukunft, resignierend sagt Götz am Ende: „Es kommen die Zeiten des Betrugs, es ist ihm Freiheit gegeben. Die Nichtswürdigen werden regieren mit List, und der Edle wird in ihre Netze fallen." Dies ist aktuelle Kritik am Zustand des Reiches und am Egoismus der Territorialfürsten im 18. Jahrhundert.

Gedichte im Ton des Volksliedes

Während seiner Studienzeit in Straßburg durchstreifte Goethe auf Anraten Herders das Elsass, um Beispiele der Volksdichtung zu sammeln. Auch ahmte er in einigen Gedichten selbst den schlichten Ton des Volksliedes nach, z. B. im *Heidenröslein;* typisch ist der wiederkehrende Refrain in den drei Strophen. Im *Mailied* beschrieb er das Glück einer erwiderten Liebe in stimmungsvollen Naturbildern. Die Freude wird auf die Natur übertragen; im Naturerlebnis spiegeln sich die Gefühle des lyrischen Ich.

Sesenheimer Gedichte

Die in den so genannten *Sesenheimer Gedichten* angesprochene Geliebte war die Pfarrerstocher Friederike Brion. Ihr war auch das Gedicht *Willkommen und Abschied* gewidmet; es beschreibt den abendlichen Ritt zur Geliebten von Straßburg nach Sesenheim und den Abschied am Morgen. Die Natur ist bei diesem Ritt ein dramatisch belebter Hintergrund; sie ist keine beobachtete Wirklichkeit, sondern gestaltetes Gefühl. Die Sehnsucht des Erzählers, möglichst schnell zu seiner Geliebten zu kommen, und dass er nicht schnell genug bei ihr sein kann, dass seine Gedanken und Wünsche ihm vorauseilen, beides wird in den belebten Naturgestalten verkörpert, die ihn aufhalten wollen. So wird der stürmische Ritt indirekt über die phantastisch belebte Landschaft beschrieben.

Friederike Brion

In seinem Ossian-Aufsatz pries Herder die Ode, die Form des antiken Preisgedichtes in freien, feierlichen Rhythmen, als das schönste Gefäß für das neue Naturgefühl: „Ode! sie wird wieder, was sie war! Gefühl ganzer Situation des Lebens! Gespräch menschlichen Herzens mit Gott! mit sich! mit der ganzen Natur!" Herders Charakteristik der Ode trifft sehr genau Stil und Stimmung der antikisierenden Hymnen, die Goethe nach seiner Rückkehr aus Straßburg in Frankfurt schrieb. Neben dem *Prometheus* sind noch zu nennen *Ganymed* und *Mahomets Gesang*. In der Ode *An Schwager Kronos* (Schwager: Postillon – Kronos: die allmächtige Zeit) verglich Goethe das Leben mit der stürmischen Fahrt in einer Kutsche. Im Unterschied zu den Sesenheimer Gedichten, die bewusst den schlichten Volksliedton nachahmten, häufen sich in den Frankfurter Oden die Anspielungen auf Ereignisse und Gestalten der griechischen Götter- und Heldensagen.

Hymnen und Oden der Frankfurter Zeit

Werther

Im gleichen Jahr 1774, in dem auch die Prometheus-Ode entstanden war, schrieb Goethe in wenigen Wochen den Briefroman *Die Leiden des jungen Werthers* nieder. Die Briefe datieren von Mai 1771 bis Weihnachten 1772; sie sind an Werthers Freund Wilhelm gerichtet, über den aus den Briefen selbst wenig zu erfahren ist. Gegen Ende des Romans schaltet sich ein Herausgeber ein, der den Inhalt der letzten Briefe ergänzt und die Ereignisse bis zu Werthers Selbstmord zu Ende erzählt. Werther versucht in einem allumfassenden Gefühl der Naturbegeisterung die Enge und Begrenzung eines bürgerlichen Lebens zu überwinden. Der Briefstil erlaubt es, die innersten Gefühle zu artikulieren. Den Gedanken einer ursprünglichen, natürlichen Freiheit überträgt

er auf die Natur; aber seine Begeisterung für die Kraft eines natürlichen, von allen gesellschaftlichen Zwängen freien Lebens ist eher ein Wunsch als erlebte Wirklichkeit. Er erlebt die Natur nicht, wie sie sich ihm zeigt, sondern er überträgt seine innere Stimmung auf die Natur; sie ist ihm genau genommen nur Mittel zur schwärmerischen Selbstdarstellung.

Werther sieht und erlebt die Natur zunächst, im Überschwang eines Glücksgefühls und in der Liebe zu Lotte, durch die Gesänge aus Homers *Odyssee;* später, als seine Stimmung umschlägt, weil die Gesellschaft stärker ist als er und weil Lotte einem anderen versprochen ist, vertieft er sich in die schwermütigen Schicksalslieder Ossians. Werther scheitert nicht nur an seiner Umwelt, sondern auch durch sein Unvermögen oder die Weigerung, sich mit der Wirklichkeit auseinanderzusetzen. Im ersten Teil des Briefromans überwiegen die hellen Töne, die schwärmerische Geste, das Eintauchen in Naturstimmungen, das Lob des einfachen Lebens auf dem Lande als Gegensatz zu den Zwängen in der Stadt und am Hofe. Im zweiten Teil, nach dem Entschluss, Lottes Nähe zu meiden, um den Konflikt nicht zu verschärfen, verdüstern sich die Bilder. Am tiefsten wird Werther in seinem sozialen Selbstgefühl getroffen, als er, der Bürgerliche, aufgefordert wird, eine adlige Tischgesellschaft nicht durch seine Anwesenheit zu belasten. Die Einsicht, dass Ideal und Wirklichkeit sich nicht versöhnen lassen, dass selbst seiner Seelenverwandtschaft zu Lotte gesellschaftliche Grenzen gesetzt sind, treibt Werther in eine tödliche Verzweiflung; er erschießt sich. Rückblickend schrieb Goethe im 13. Buch von *Dichtung und Wahrheit* über die Entstehung des *Werther:* „von unbefriedigten Leidenschaften gepeinigt, von außen zu bedeutenden Handlungen keineswegs angeregt, in der einzigen Aussicht, uns in einem schleppenden, geistlosen, bürgerlichen Leben hinhalten zu müssen, befreundete man sich in unmutigem Übermut mit dem Gedanken, das Leben, wenn es einem nicht mehr anstehe, nach eigenem Belieben verlassen zu können, und half sich damit über die Unbilden und Langeweile der Tage notdürftig genug hin. Diese Gesinnung war so allgemein, dass eben *Werther* deswegen die große Wirkung hat, weil er überall anschlug und das Innere eines kranken jugendlichen Wahns öffentlich und fasslich darstellte." Trotz der nicht zu überhörenden Distanzierung von seinem Jugendwerk charakterisierte Goethe den *Werther* sehr genau. Werthers wenn auch schwärmerische Rebellion gegen die herrschende gesellschaftliche und moralische Norm ist als individuelle Revolte ein ohnmächtiges Aufbegehren, das in der Selbstzerstörung endet, weil es kompromisslos war. Und der *Werther* blieb tatsächlich nicht nur eine literarische Fiktion; eine ganze Generation identifizierte sich mit ihm. Der *Werther* wurde zum Kultbuch des Weltschmerzes.

Der Kreis um den jungen Goethe

Zu dem Kreis um den jungen Goethe in Straßburg und Frankfurt gehörten die Dramatiker FRIEDRICH MAXIMILIAN KLINGER (1752–1831), HEINRICH LEOPOLD WAGNER (1747–1779) und JAKOB MICHAEL REINHOLD LENZ (1751–1792).

FRIEDRICH MAXIMILIAN KLINGER

Die Zwillinge

Sturm und Drang

KLINGERS Stücke sind Ausbrüche von Leidenschaft, Hass und Gefühlsverwirrungen. Das Trauerspiel *Die Zwillinge* (1776) schildert den unversöhnlichen Hass zweier feindlicher Brüder. Versöhnlich, nach vielen Verwirrungen, endet in dem Schauspiel *Wirr-Warr* (1776) vor dem Hintergrund des amerikanischen Unabhängigkeitskrieges der Streit der Väter durch die alles überwindende Liebe der Kinder. Dieses Stück erhielt später den Titel *Sturm und Drang,* der zum Namen für die ganze literarische Bewegung der Siebzigerjahre wurde. Die Eingrenzung der Themen auf Familienkonflikte und

Standesgegensätze verdeutlicht den Ansatz aus der Perspektive einer bürgerlichen Kritik an den bestehenden Verhältnissen.

HEINRICH LEOPOLD WAGNER
Die Kindermörderin

In seinem Stück *Die Kindermörderin* (1776) stellt WAGNER den Mord an einem Neugeborenen, ohne ihn zu entschuldigen, als Folge der unversöhnlichen Standesunterschiede dar. Durch Intrigen gegen das verführte Bürgermädchen soll die Offizierskarriere des Verführers, der sein Eheversprechen über alle Standesgrenzen hinweg einlösen möchte, gerettet werden. Zu spät wird das Intrigenspiel entlarvt; der Kindesmörderin, die in einem Anfall von Wahnsinn gehandelt hatte, droht die Todesstrafe. Später gab Wagner der Handlung einen glücklichen Ausgang: der Kindesmord wird verhindert, die Liebenden legalisieren ihr Verhältnis durch die Eheschließung.

JAKOB MICHAEL REINHOLD LENZ

Die beiden Komödien *Der Hofmeister* (1774) und *Die Soldaten* (1776) von LENZ sind frühe Beispiele eines gesellschaftskritischen Milieudramas. Lenz verließ sich nicht wie Goethe auf große Charaktere als Träger der Handlung, er vermied auch die geniale Geste. Seine Gestalten sind Durchschnittsmenschen, gebunden an das Milieu, aus dem sie entstammen. Nicht der Einzelne treibt das Geschehen voran, sondern das Milieu, dem er entstammt. Gut und Böse verteilen sich auf alle Stände; der Vernunftglaube der Aufklärung aber scheitert an den realen Zwängen der Gesellschaft. Lenz karikierte die Arroganz des Adels und die devote Begrenztheit des Bürgertums, aber in allen Ständen finden sich auch kritische Geister, nur dass sie nicht daran glauben, die Welt in einem verbalen Kraftakt verändern zu können; sie sind Gestalten, die zwischen Tragödie und Komödie angesiedelt waren. Der jeweils versöhnliche Schluss, der überraschend das Spiel auf der Bühne beendet – die Liebenden finden zueinander, der Vater hält die verlorene Tochter wieder in den Armen –, lässt die resignierende Einsicht in den Zustand der gesellschaftlichen Wirklichkeit, in die herrschenden Standesgrenzen nicht vergessen.

Der Hofmeister

Im *Hofmeister* muss sich der mittellose Universitätsabsolvent Läuffer unter demütigenden Bedingungen bei Major von Berg als Hauslehrer verdingen. Nicht Leistung, sondern Herkunft entscheidet über das Schicksal des Einzelnen. Daran kann auch der aufgeklärte Bruder des Majors nichts ändern. Läuffer entmannt sich im wörtlichen und im übertragenen Sinn, um sein bescheidenes Auskommen zu finden, das die Gesellschaft ihm zugewiesen hat. Brecht hat den *Hofmeister* 1950 mit besonderer Hervorhebung der Widersprüche in der ständisch gegliederten Gesellschaft überarbeitet.

Die Soldaten

Das Thema der Komödie *Die Soldaten* sind die aufgezwungene Ehelosigkeit des Soldatenberufes und die daraus resultierenden Konflikte, die aber nicht als Einzelfall, sondern exemplarisch dargestellt werden. Wiederum ist die Handlung zwischen den Ständen angesiedelt. Marie, die Tochter eines Kaufmanns, erliegt den galanten Versprechungen des adligen Offiziers Desportes, der von Schulden lebt und nicht daran denkt, seine Karriere durch eine bürgerliche Verbindung aufs Spiel zu setzen. Aber auch das Bürgertum trifft ein Teil der Schuld, da es sich in seinem sozialen Aufstiegsstreben dem Adel anbiedert. Bezeichnenderweise wird der Schaden am Ende nicht menschlich, sondern finanziell behoben. Der Obrist, um den Ruf seiner Truppe besorgt, will die Kaufmannsfamilie entschädigen. Gefühl und Vertrauen werden zu einer pekuniär ersetzbaren Ware degradiert.

Lenz war, wie die anderen Dramatiker des Sturm und Drang, ein begeisterter Leser und Schüler Shakespeares. Wie dieser kümmerte er sich nicht um die Lehre von den aristotelischen Einheiten, seine Stücke sind ein Bündel rasch aufeinander folgender, an verschiedenen Orten und in unterschiedlichen zeitlichen Abständen handelnder Szenen, auch die Ständeklausel spielt keine Rolle mehr, die ganze Gesellschaft kommt auf die Bühne; – aber es ging ihm nicht um den großen Einzelnen, um das geniale, sich selbst bestimmende Individuum, er setzte sich mit den Umständen, mit dem gesellschaftlichen Milieu auseinander, das jedem seine vorgeprägte Rolle zuweist. Seine Dramen, mitten in der Geniebewegung enstanden, waren bereits eine Überwindung oder Kritik des Sturm und Drang; dies macht ihre unverminderte Aktualität aus.

Der Göttinger Hain

1772 gründeten Göttinger Studenten einen Freundschafts- und Dichterbund, den sie nach dem programmatischen Lehrgedicht *Der Hügel und der Hain* (1767) ihres großen Vorbildes Klopstock den *Hainbund* nannten. In dieser Ode hob Klopstock die Tradition einer national-germanischen Dichtung über die Werke der griechischen Antike:

Des Hügels Quell ertönet von Zeus,
Von Wodan, der Quell des Hains.
Weck' ich aus dem alten Untergange Götter
Zu Gemälden des fabelhaften Liedes auf;
So haben die in Teutoniens Hain
Edlere Züge für mich!
Mich weilet dann der Achäer Hügel nicht;
Ich gehe zu dem Quell des Hains!

Beeinflusst war dieser Aufbruch in die nationale heroische Vergangenheit – wenn sie auch mehr Wunschbild als Wirklichkeit war – durch die Übersetzungen von Macphersons *Ossian* und Herders Ansichten über die Volksdichtungen als ursprüngliche Poesie einer Nation. Zwar verband die Dichter des Göttinger Hains mit dem Sturm und Drang die Naturbegeisterung als Gegengewicht zum Rationalismus der Aufklärung, auch die Dichtung der Empfindsamkeit wirkte noch nach; ihr Hauptanliegen aber war die Förderung einer patriotischen Volksdichtung, die sich von fremdländischen Einflüssen befreien sollte. Viele Werke des Göttinger Hains erschienen zuerst im *Göttinger Musenalmanach.*

Johann Martin Miller

Die bevorzugte Gattung war die Lyrik. Johann Martin Miller (1750–1814) gab seinen Gedichten, in denen er gottergebene Zufriedenheit in ländlicher Idylle besang, den schlichten Ton des leicht singbaren Volksliedes.

Friedrich Leopold Graf zu Stolberg

Friedrich Leopold Graf zu Stolberg (1750–1819) entwarf in der Ode *Mein Vaterland,* die er Klopstock gewidmet hatte, eine Utopie altdeutscher Treue und Redlichkeit.

Ich bin ein Deutscher! (Stürzet herab,
Der Freude Tränen, dass ich es bin!)
Fühlte die erbliche Tugend
In den Jahren des Kindes schon!

Was die historische Wirklichkeit der deutschen Kleinstaaterei dem heroischen Nationalgefühl versagte, sollte das Wunschbild ersetzen.

Johann Heinrich Voss

Der Homer-Übersetzer Johann Heinrich Voss (1751–1826) schuf in seinen kleinen Versepen *(Idyllen)* trotz der Verfremdung durch den Hexameter anschaulich-realistische Szenen aus dem ländlichen und bürgerlichen Alltag: *Der siebzigste Geburtstag* (1781), *Luise* (1783).

Ludwig Christoph Heinrich Hölty

Der bekannteste Lyriker des Göttinger Hains war Ludwig Christoph Heinrich Hölty (1748–1776). Die

Themen seiner Lieder sind Freundschaft, Liebe, Natur. Die Form reicht vom mittelalterlichen Tanzliedchen bis zum strengen Strophenbau nach antiken Vorbildern. Die zarte Innigkeit der Gefühle überdeckt ein wehmütiger Hauch von Wissen um die Vergänglichkeit; Hölty war schon sehr früh unheilbar an Tuberkulose erkrankt.

MATTHIAS GLAUDIUS

MATTHIAS CLAUDIUS (1740–1815), Herausgeber des *Wandsbecker Boten,* einer Zeitung, die durch ihre literarischen Beiträge berühmt wurde, war mit den Dichtern des Göttinger Hains befreundet. Herder war von der schlichten Aussagekraft der religiösen Naturlieder so begeistert, dass er das *Abendlied (Der Mond ist aufgegangen)* in seine Volksliedersammlung aufnahm.

Beeinflusst von Herders Gedanken zur Volkspoesie und von Klopstocks Bemühen um ein christliches Volksepos, wählte Claudius für seine Lieder einen volksnahen Ton. Aber es wäre falsch, ihn nur als den Sänger eines schlichten Gottvertrauens, das alle Widersprüche überwindet, zu charakterisieren. In vielen Beiträgen zu seinem *Wandsbecker Boten* äußerte er sich als kritischer Zeitgenosse, geprägt von einer aufgeklärt-christlichen Morallehre.

Sämmtliche Werke des Wandsbecker Bothen

Seine Werke erschienen, von ihm selbst herausgegebenen, in 8 Bänden: *Sämmtliche Werke des Wandsbecker Bothen* (1775–1812). Sie umfassen Gedichte, Erzählungen und Aufsätze.

Kunstballade

Die Beschäftigung mit der mittelalterlichen Tradition des volkstümlichen Erzählgedichtes und die Lektüre der altenglischen Balladen, die Thomas Percy 1765 erstmals in seiner Sammlung *Reliques of Ancient English Poetry* veröffentlicht hatte, und auch das Beispiel der Ossian-Dichtung regten den Kreis der Dichter aus dem Göttinger Hain und der mit ihnen verbundenen Freunde zu einer eigenen Balladen-Dichtung an. Es entstand die Kunstballade. In den Anfangen waren es weniger historische Stoffe, die aufgenommen und gestaltet wurden, sondern tränenreiche Liebes- und Schauergeschichten. Der eigentliche Begründer der deutschen Kunstballade war GOTTFRIED AUGUST BÜRGER (1747–1794). Erzählgedichte im engeren Sinn sind *Die Weiber von Weinsberg, Das Lied vom braven Mann* oder *Der Kaiser und der Abt;* die Stoffe dazu entnahm Bürger aus mittelalterlichen Sagen und Schwänken. Eine andere Gruppe sind die Balladen unheimlichen oder übersinnlichen Inhalts. Am bekanntesten wurde aus dieser Gruppe *Leonore.* Darin behandelte Bürger das Motiv des Wiedergängers; der tote Geliebte holt die Braut ins Grab. Das Schauerliche ist kein Selbstzweck. Der tote Geliebte ist im Siebenjährigen Krieg gefallen. Die Last des Krieges trifft nur den unbeteiligten einfachen Mann. Während der preußische König und die österreichische Kaiserin sich wieder versöhnen und Frieden schließen, muss manche Braut vergeblich auf ihren Geliebten warten. Dies ist Bürgers kurzer einleitender Vorspann zur *Leonore.* Kein begütigender, die Wirklichkeit nur verschleiernder Appell an Leonores Gottvertrauen, dass alles seinen Sinn habe, kann Leonore abhalten, ihren Anteil am Glück einzuklagen und den Geliebten herbeizuwünschen. Im Unterschied zu seinen Freunden aus dem Göttinger Hain besang Bürger nicht nur schwärmerisch Vaterlandsliebe und Freiheit; in seinem Gedicht *Der Bauer – An seinen durchlauchtigen Tyrannen* wurde er konkret und deutlich. Der Fürst lebt von der Arbeit seiner Untertanen, die er ausbeutet und unterdrückt. Wie der Prometheus dem Zeus in Goethes Ode, so schleudert der Bauer dem Fürsten ins Gesicht:

GOTTFRIED AUGUST BÜRGER

Leonore

Ha! du wärst Obrigkeit von Gott?
Gott spendet Segen aus; du raubst!
Du nicht von Gott, Tyrann!

Münchhausen

Bekannt ist Bürger heute noch durch die Bearbeitung der Lügengeschichten des Barons von Münchhausen (1786).

„In tyrannos!" – Schubart und Schiller

Der Ruf „In tyrannos!" (Gegen landesväterliche Willkür!) wurde für CHRISTIAN FRIEDRICH DANIEL SCHUBART (1739–1791) und den jungen FRIEDRICH SCHILLER (1759–1805) zum politisch-literarischen Programm. Der schwäbische Sturm und Drang hatte eine radikalere Ausprägung als andernorts; denn Schubart wie Schiller hatten landesväterliche Willkür am eigenen Leib erfahren müssen.

CHRISTIAN FRIEDRICH DANIEL SCHUBART

SCHUBART, Sohn eines schwäbischen Dorfpfarrers, schlug sich nach seinem Studium mühselig als Hauslehrer und Organist durch. Wegen seiner satirischen Gedichte des Landes verwiesen, gründete er 1774 in Augsburg die zweimal wöchentlich erscheinende *Deutsche Chronik.* Die meisten Beiträge stammten von ihm selbst. In kurzer Zeit wurde das Blatt zu einem Sprachrohr der bürgerlichen Opposition gegen die absolutistischen Landesherren. Um des aufässigen Landeskindes habhaft zu werden, ließ ihn Herzog Karl Eugen 1777 auf württembergisches Territorium locken, wo er verhaftet wurde. Zehn Jahre wurde er, zum Teil unter strengsten Bedingungen, ohne Gerichtsurteil auf dem Hohenasperg gefangen gehalten und einer Umerziehung unterzogen. Als gebrochener Mann, dem Herzog durch sein Wort nicht mehr gefährlich, verließ er den Kerker und wurde sogar zum Theater- und Musikdirektor am Stuttgarter Hof ernannt. Schubart war kein systematischer Revolutionsdenker; auf dem Boden christlicher Moral kämpfte er eher emotional gegen Unrecht und adligen Herrschaftsmissbrauch. Als der Herzog 1779 sein Versprechen, ihn aus der Haft zu entlassen, nicht einlöste, schrieb Schubart im Kerker seine Anklage gegen die Tyrannen. Die Veröffentlichung dieses Gedichtes *Die Fürstengruft* (1781) außerhalb des württembergischen Territoriums hat sicherlich Schubarts Kerkerzeit verlängert. Es war kein Kampflied gegen den Ständestaat, sondern eine religiös begründete Mahnung an selbstherrliche Landesfürsten, in jedem Menschen das Ebenbild Gottes zu achten, um vor dem göttlichen Richterstuhl bestehen zu können; denn der Tod mache alle gleich.

FRIEDRICH SCHILLER

Die

Räuber.

Ein Schauspiel

von fünf Akten,

herausgegeben

von

Friderich Schiller.

Zwote verbesserte Auflage.

Frankfurt und Leipzig.

bei Tobias Löffler.

1782.

Die Räuber

SCHILLERs Vater stand als Verwalter der Hofgärten in herzoglichem Dienst. Obwohl Schiller an ein Theologiestudium dachte, verfügte Herzog Karl Eugen, dass der Junge auf der Karlsschule, einer Hochschule für künftige Offiziere und Beamte, ausgebildet werde. Acht Jahre verbrachte er auf dieser streng geführten Anstalt. 1780 wurde er, schlecht bezahlt, als Regimentsarzt in Stuttgart eingestellt. Auf der Karlsschule hatte Schiller ein Doppelleben führen müssen, vor dem Drill und Zwang entfloh er in die Freiheit der Literatur; er las alles, was er an zeitgenössischer Literatur bekommen konnte. während der letzten Schuljahre begann er, angeregt von einer Erzählung Schubarts, die Arbeit an seinem Erstlingsdrama *Die Räuber.* Heimlich las er seinen Mitschülern einzelne Szenen vor. Als Schiller 1782 ohne herzogliche Erlaubnis zur Uraufführung des Stückes nach Mannheim fuhr, wurde er vom Herzog gemaßregelt und nach einer zweiten unerlaubten Reise 14 Tage in Arrest gesetzt. Als der Herzog ihm sogar Schreibverbot auferlegte, floh er im September 1782 heimlich über die Grenze zu Freunden. Schubarts Schicksal, den er auf dem Hohenasperg besucht hatte, war ihm eine Warnung gewesen.

Das Schauspiel *Die Räuber* (1781) war ein Protest gegen die uniformierte, jede Individualität unterdrückende Erziehung an der Karlsschule. Die Zöglinge waren, so schrieb Schiller 1784, „ein einziges Geschöpf, der getreue Abguss eines und eben dieses Modells, von welchem die plastische Natur sich feierlich lossagte, [. . .] jede Eigenheit, jede Ausgelassenheit der tausendfach spielenden Natur ging in dem regelmäßigen Tempo der herrschenden Ordnung verloren." Die Gestalten seines Erstlings sind Beispiele extremer Individualität, aber geschaffen, wie Schiller selbstkritisch sagte, noch ehe er Menschen kennen gelernt habe: „Unbekannt mit Menschen und Menschenschicksal musste mein Pinsel notwendig die mittlere Linie zwischen Engel und Teufel verfehlen." Die feindlichen Brüder Moor sind daher eher Träger von Ideen als ausgestaltete Charaktere.

Karl, der ältere, ist nach Schillers eigener Interpretation, kein Schurke, aber ein Ungeheuer. Indem er Gerechtigkeit schaffen will und den einen hilft, vernichtet er andere; er ist „das Gemälde einer verirrten großen Seele". Franz, der jüngere, ist nach Schillers Urteil dagegen „ein überlegender Schurke", das Gegenteil seines Bruders, „ein Monstrum der sich selbst befleckenden Natur". Franz, der von der Natur durch seine hässliche Gestalt benachteiligt ist, baut durch falsche Briefe eine skrupellose Intrige auf, die ihm das Erbe, das dem älteren Bruder Karl zusteht, sichern soll. Karl, der glauben muss, dass sein Vater ihn verstoßen habe, zweifelt an der gerechten Ordnung der Welt und schließt sich einer Räuberbande an, deren Hauptmann er wird: er will auf eigene Faust Recht schaffen. Dem Vater erzählt Franz durch einen gedungenen Mitwisser, dass sein ältester Sohn gefallen sei. Selbstquälerische Vorwürfe lassen den Vater scheintot in Ohnmacht fallen; Franz wirft ihn in einen Turm, wo er verhungern soll. Doch der ganze Plan scheitert schließlich an den Gewissensbissen des Mitwissers. Aber Karl erfährt zu spät die Wahrheit. Durch die Schurkereien seiner Räuberbande, die er nicht verhindern konnte, ist er selbst schon zu sehr in Unrecht und Gewalt verstrickt:

> *O über mich Narren, der ich wähnte, die Welt durch Greuel zu verschönern und die Gesetze durch Gesetzlosigkeit aufrecht zu halten! Ich nannte es Rache und Recht – ich maßte mich an, o Vorsicht, die Scharten deines Schwertes auszuwetzen und deine Parteilichkeiten gut zu machen – aber – o eitle Kinderei! – da steh ich am Rand eines entsetzlichen Lebens und erfahre nun mit Zähneklappern und Heulen, dass zwei Menschen wie ich den ganzen Bau der sittlichen Welt zugrund richten würden. Gnade – Gnade dem Knaben, der dir vorgreifen wollte – Dein eigen allein ist die Rache!*

Karl entschließt sich, sich selbst in die Hände der Justiz zu überliefern, als Opfer für die „misshandelte Ordnung" und um sie wieder zu versöhnen. Karl ist mit Goethes Götz zu vergleichen, beide wollen das Recht aus eigener Kraft und durch die Lauterkeit ihrer Motive durchsetzen. Aber das als Selbstverwirklichung des freien Mannes gepriesene Faustrecht widerspricht einer übergreifenden Ordnung. Der Geniekult des Sturm und Drang hatte seine Grenze am Gemeinwohl. Dieses Gemeinwohl, das Karl durch seinen freien Entschluss versöhnen will, war für Schiller nicht irgendeine Gesellschaftsordnung, sondern die natürliche Ordnung der Dinge jenseits aller gesellschaftlichen und historischen Zufälligkeiten, in die der Einzelne sich – wie Karl – nicht aus Zwang, sondern durch Einsicht einfügt. Franz ist in die Literatur als der monströse Bösewicht eingegangen, doch das Bild stimmt nicht ganz. Schiller entschuldigt zwar nicht seine Schurkereien, aber er macht sie verständlich; denn Franz ist in doppelter Weise benachteiligt: die Natur hat ihn missgestaltet, das herrschende Recht, die Erbgesetze, hinter den älteren Bruder zurückgedrängt. Beides hat nicht Franz zu verantworten; deshalb zweifelt er an dem göttlichen Funken in der Ordnung der Natur und an der Gerechtigkeit menschlicher Gesetze – und kennt nur ein Ziel, seinen intriganten Verstand gegen alle einzusetzen, die ihm seinen Anteil am allgemeinen Glück vorenthalten. Sein persönliches Verhängnis ist es, dass er nicht die Kraft besitzt, seine Ichbesessenheit aufzugeben. Vielleicht waren es vor allem die Brüche und Widersprüche, die Zweifel und unbeantworteten Fragen, die dieses an sich triviale Gerüst eines Schauerdramas zu einem Stück Weltliteratur machten, das immer wieder die Interpretation auf der Bühne herausfordert.

Fiesco

Die Verschwörung des Fiesco zu Genua (1783) hat den Untertitel „Ein republikanisches Trauerspiel". Der Stoff geht auf historische Ereignisse Mitte des 16. Jahrhunderts in Genua zurück. Schiller hat mehrere Quellen benutzt. Das Thema ist die Verführung durch die Faszination der Macht.

Die republikanische Partei in Genua plant, noch führerlos, den Sturz des tyrannischen Dogen. Es gelingt ihr, Fiesco, den jungen Grafen von Lavagna, für sich zu gewinnen; aber Fiesco erliegt den Versuchungen der Macht. Noch ehe der Tyrannenstürzer zum neuen Tyrannen wird, tötet ihn der alte Verrina aus Empörung über den Verrat an der Idee der Republik. Der Schwerpunkt der Handlung ist nicht der historische Ablauf, sondern der Konflikt in Fiesco, der zwischen Treue zur republikanischen Idee und Usurpation der Alleinherrschaft schwankt.

Kabale und Liebe

Die ersten Arbeiten zu dem bürgerlichen Trauerspiel *Kabale und Liebe* (ursprünglich: *Luise Millerin*) reichten noch in Schillers Stuttgarter Zeit (1782) zurück; gedruckt und uraufgeführt wurde das Stück 1784. Es hebt sich durch die Schärfe der sozialen Anklage, aber auch durch die strenge Handlungsführung und durch eine Sprache, die Standesunterschiede reflektiert und die einzelnen Personen treffend charakterisiert, deutlich von den beiden anderen Jugenddramen ab.

Schiller vermied es – trotz seiner Parteinahme für das Bürgertum –, den Konflikt in einem polemischen Schwarz-Weiß zwischen Adel und Bürgertum aufzuteilen. Die treibende Kraft sind die gesellschaftlichen Verhältnisse, und die am Geschehen Beteiligten nur ihre bewussten oder unbewussten Opfer. Intriganten gibt es in beiden Lagern; der skrupellose Präsident von Walter auf der Seite der absolutistischen Macht, der schmierige Haussekretär Wurm auf der Seite des Kleinbürgertums. Ferdinand, der Sohn des Präsidenten, und Luise, die Tochter des Stadtmusikanten Miller, stehen durch ihre bedingungslose Liebe zwischen den Ständen; beide gehen an der gesellschaftlichen Wirklichkeit zugrunde. Der Realist ist der alte Miller, der vergeblich davor warnt, Gefühle, und wenn sie noch so lauter sind, über Standesunterschiede zu setzen. Zwar hat das Bürgertum die besseren Argumente, aber es besitzt noch nicht die gesellschaftliche Macht, sie auch durchzusetzen und gegen absolutistische Willkür zu behaupten. Die fürstliche Selbstherrlichkeit fühlt sich noch so sicher, dass die Adligen, die im Stück selbst auftreten, nur als Marionetten des unsichtbaren Landesherrn agieren, der seine Untertanen zu Kriegsdiensten nach Übersee verkauft und mit dem Blutgeld seine Mätresse aushält. Schillers Trauerspiel *Kabale und Liebe* war in Deutschland die radikalste Gesellschaftskritik des Sturm und Drang vor dem Ausbruch der Französischen Revolution.

Textsammlungen

- Heinz Nicolai: Sturm und Drang – Dichtung und theoretische Schriften in zwei Bänden, Winkler Verlag, München 1971
- Ulrich Karthaus: Sturm und Drang und Empfindsamkeit, Reclam Verlag (RUB 9621), Stuttgart 1977

6 Klassik (1786–1805)

JOHANN WOLFGANG VON GOETHE
(1749–1832)

Leben	*Werke*
1749–1765 Kindheit und Jugend in Frankfurt	
1765–1768 Student in Leipzig	
1770–1771 Fortsetzung des Jura-Studiums in Straßburg – Freundschaft mit HERDER	1770–1771 Sesenheimer Gedichte an Friederike Brion
1771–1775 Rechtsanwalt in Frankfurt – Praktikant am Reichskammergericht in Wetzlar	1772–1774 Frankfurter Oden und Hymnen – *Wandrers Sturmlied* – *Prometheus* – *An Schwager Kronos*
	1773 *Götz von Berlichingen*
	1774 *Die Leiden des jungen Werthers*
	1773–1775 *Urfaust*
1775 Übersiedlung nach Weimar	1775 *Egmont* begonnen
1776 Eintritt in den weimarischen Staatsdienst – Ernennung zum Geheimen Legationsrat 1776 Bekanntschaft mit Frau von Stein	1776 ff. Natur- und Gedankenlyrik – *Wandrers Nachtlied* – *Ein gleiches* – *An den Mond* – *Grenzen der Menschheit* – *Gesang der Geister über den Wassern* – *Das Göttliche*
1779 Ernennung zum Geheimen Rat – leitende Aufgaben in der Staatsverwaltung	1777 ff. *Wilhelm Meisters theatralische Sendung*
	1778 *Der Fischer*
	1779 *Iphigenie auf Tauris* (Prosafassung)
	1780 *Torquato Tasso* (Prosafassung)
1782 Erhebung in den Adelsstand	1782 *Erlkönig*

1786–1788 Aufenthalt in Italien

1788 Wiederaufnahme naturwissenschaftlicher Studien – *Die Metamorphose der Pflanzen* (1790) – *Farbenlehre* (1790 ff.)

1791 ff. Leitung des Hoftheaters

1794 Feundschaft mit SCHILLER

1805 SCHILLER gestorben

1806 Heirat mit Christiane Vulpius

1808 Begegnung mit Napoleon auf dem Erfurter Fürstentag

1816 Christiane Vulpius gestorben

1832 in Weimar gestorben

1786–1788 *Iphigenie auf Tauris* (in Versen) – Abschluss des *Egmont* – *Römische Elegien*

1789 *Torquato Tasso* (in Versen)

1795 *Unterhaltungen deutscher Ausgewanderten*

1796 *Wilhelm Meisters Lehrjahre*

1797 *Hermann und Dorothea* – „Balladenjahr“: *Der Schatzgräber* – *Der Zauberlehrling*

1799–1803 *Die natürliche Tochter*

1806 *Faust,* erster Teil, beendet

1807 *Wilhelm Meisters Wanderjahre* begonnen

1809 *Die Wahlverwandtschaften*

1811 ff. autobiographische Aufzeichnungen – *Dichtung und Wahrheit*

1819–1827 *West-östlicher Divan*

1828 *Novelle*

1829 *Wilhelm Meisters Wanderjahre* vollendet

1831 *Faust,* zweiter Teil, abgeschlossen

FRIEDRICH VON SCHILLER
(1759–1805)

Leben	*Werke*
1759–1766 Kindheit in Marbach, Ludwigsburg und Lorch	
1767–1773 Lateinschule in Ludwigsburg – Vorbereitung auf das Theologiestudium	
1773–1780 Studium der Rechte, später (ab 1776) der Medizin auf Befehl des Herzogs an der Karlsschule	
1780–1782 Regimentsmedikus in Stuttgart	
1782 Flucht nach Mannheim – Aufenthalt bei Freunden	1781 *Die Räuber*
1783–1784 Theaterdichter des Mannheimer Nationaltheaters	1783 *Die Verschwörung des Fiesco zu Genua*
1784 Ernennung zum Weimarischen Rat, ohne feste Bezüge	1784 *Kabale und Liebe* – Vortrag: *Was kann eine gute stehende Schaubühne eigentlich bewirken?*
1785–1786 Aufenthalt bei Freunden in Leipzig und Dresden, aus Geldnot	1786 *Der Verbrecher aus verlorener Ehre*
1787 Übersiedlung nach Weimar – Bekanntschaft mit Herder und Wieland – historische Studien – erste distanzierte Begegnung mit Goethe	1787 *Der Geisterseher* – *Don Carlos* 1788 *Geschichte des Abfalls der vereinigten Niederlande*
1789 Berufung zum Professor für Geschichte, in Jena, ohne feste Bezüge	

1790 Heirat mit Charlotte von Lengefeld – weiterhin auf finanzielle Unterstützung durch adlige Gönner angewiesen	
1791 Aufgabe der Lehrtätigkeit wegen einer gefährlichen Erkrankung (vermutlich bakterielle Lungenentzündung) mit häufigen Rückfällen	1791–1793 *Geschichte des Dreißigjährigen Krieges*
1792 ff. Beschäftigung mit der Philosophie Kants	
1793 ff. Korrespondenz mit Wilhelm von Humboldt	1793 *Über Anmut und Würde*
1794 Beginn der Freundschaft mit Goethe	1795 *Briefe über die ästhetische Erziehung des Menschen – Das Ideal und das Leben*
	1795/6 *Über naive und sentimentalische Dichtung*
	1796–1799 *Wallenstein*-Trilogie
	1797 *Die Worte des Glaubens* – „Balladenjahr“: *Der Taucher – Der Ring des Polykrates – Die Kraniche des Ibykus – Der Handschuh – Die Bürgschaft* (1798)
1799 Umzug nach Weimar	1799 *Das Lied von der Glocke*
	1800 *Maria Stuart*
	1801 *Die Jungfrau von Orleans*
1802 Erhebung in den Adelsstand	1802 *Sehnsucht*
	1803 *Die Braut von Messina*
	1804 *Wilhelm Tell*
1805 Tod durch akute Lungenentzündung	1805 *Demetrius* (unvollendet)

Die deutsche Klassik – ein Ereignis in der Provinz

Herkunft und Bedeutung des Begriffs

Das Wort *Klassik* ist von dem lateinischen Adjektiv *classicus* abgeleitet, das in der römischen Verfassung den Angehörigen der höchsten Vermögensklasse bezeichnete. Bereits in der Antike wurde es schon im übertragenen Sinne für *erstklassig, vorbildlich* verwendet. Bei der Übernahme in andere Sprachen wurde es zunächst auf die vorbildhaften antiken Schriftsteller bezogen, dann auf Autoren, die den antiken Vorbildern nacheiferten und ihnen ebenbürtig waren, schließlich auch auf nationale Autoren und Literaturepochen, die für die Entwicklung der eigenen nationalen Literatur vorbildhaft und richtungweisend waren. Allgemein gesagt ist mit Klassik eine Blütezeit oder ein schöpferischer Höhepunkt der einzelnen Nationalliteraturen gemeint. Für den europäischen Raum ist festzuhalten, dass bei der Beurteilung dessen, was klassisch genannt wurde, immer der Blick auf das Vorbild der griechisch-römischen Antike gerichtet war, ob nun im Sinne von Nachahmen, Wetteifern oder auch Übertreffen und Überwinden.

Weimarer Klassik

Die deutsche Klassik fand in der Provinz statt. Deutschland hatte im 18. Jahrhundert weder ein politisches noch ein kulturelles Zentrum. Die Übersiedlung Wielands, Goethes, Herders und Schillers nach Weimar geht auf die private Initiative eines kunstbegeisterten Fürstenhauses zurück. Die deutsche Klassik war, zumindest für die Zeitgenossen, keine bestimmende Literaturrichtung; Aufklärung, Sturm und Drang, Weimarer Klassik und die unterschiedlichen Strömungen der Romantik überschneiden sich – nicht nur im allgemeinen Literaturbetrieb, sondern auch in den Biographien Goethes und Schillers. Im engeren Sinne versteht man unter Weimarer Klassik die Werke Goethes und Schillers; bei Goethe seit seiner Reise nach Italien (1786), bei Schiller seit seiner Beschäftigung mit der Philosophie Kants (1792). Dies sind aber nur Hilfsdaten; gemeint ist die allmähliche Ablösung vom Sturm und Drang. Auch der Endpunkt, Schillers Tod (1805), ist eine eher willkürliche Begrenzung, denn Goethe hat den Freund um fast drei Jahrzehnte überlebt und erst in den letzten Jahren seine beiden Hauptwerke, den *Wilhelm Meister* und den *Faust*, abgeschlossen. Zu dieser Zeit bestimmten aber schon andere Strömungen das literarische Leben in Deutschland.

Jede Entwicklung hat aber auch ihre Vorstufen, ihre Vorbilder und ihre bestimmenden Einflüsse. Biographisch lassen sie sich an Goethes Erfahrung des Weiterlebens der Antike in Italien und an Schillers Beschäftigung mit der Philosophie des deutschen Idealismus festmachen. Dies reicht jedoch nicht aus; denn Goethes Werke der Neunzigerjahre beispielsweise waren auch eine entschiedene Reaktion auf die Französische Revolution. Ästhetisches Bildungsprogramm und gesellschaftspolitische Parteinahme sind nicht zu trennen. Das Denkmodell der prometheischen Rebellion wird in der Zeit der Weimarer Klassik durch das Bestreben nach Ausgleich und Versöhnung der Gegensätze ersetzt. Ausgleich und Harmonie sind vielleicht die besten Begriffe zur Charakterisierung der Weimarer Klassik; sie sind ästhetisch wie politisch zu verstehen. Sie waren aber auch anfällig für Missverständnisse, sodass die Vertreter der Restauration, im frühen 19. Jahrhundert und auch später, die Weimarer Klassik für ihre reaktionären Ziele missbrauchen konnten. Das Ideal der Humanität, die Überwindung des nur scheinbaren Widerspruchs zwischen Freiheit und Pflicht, wurde zum Gehorsam vor der gottgewollten Obrigkeit degradiert. Nichts lag Goethe und Schiller ferner als diese Untertanenmentalität. Ihr Programm einer „ästhetischen Erziehung“ sollte gerade die diskriminierenden Standesgrenzen durch das Recht auf Bildung außer Kraft setzen. Ihr Optimismus, dass dies gelingen könne, war das Erbe der Aufklärung.

Evolution statt Revolution oder: das Erbe der Aufklärung

Die zentralistische Staatsverfassung des Absolutismus hatte ihre Stütze in einer geschulten Beamtenschaft, die sich in wachsendem Maße auch aus Bürgern rekrutierte. Durch das bürgerliche Element drangen die Ideen der Aufklärung in das politische Denken ein. Im so genannten aufgeklärten Absolutismus verstand sich der Fürst nicht mehr als die Verkörperung der Staatssouveränität, sondern als ersten Diener des Staates, der für das Gemeinwohl verantwortlich sei. Bestimmend sind für diese Phase verwaltungstechnische, wirtschaftliche und vor allem Reformen im Erziehungswesen, z. B. die Einführung der allgemeinen Schulpflicht und die Förderung der Landesuniversitäten. Goethe lernte während seiner Tätigkeit im Weimarer Staatsrat alle diese Aufgaben kennen. Und diese Erfahrungen festigten sein Bild vom Staat als einem organischen Gebilde, das im Wechselspiel der Teile funktioniere. Veränderungen zur Verbesserung des Gemeinwohls müssten allmählich vor sich gehen, nicht durch Revolution, sondern durch Evolution. Voraussetzung dazu sei die Erziehung der Bürger durch Bildung zur Mündigkeit oder, wie Kant sagte, der Mut zum selbstständigen Denken. Zwar sympathisierten auch Goethe und Schiller mit den Ideen der Französischen Revolution, die den „Ausgang des Menschen aus seiner selbstverschuldeten Unmündigkeit“ (Kant) bedeuteten, sie verurteilten aber die Gewalt als Mittel zum Zweck. Ihre Leitidee war die Humanität, die Einbindung der individuellen Freiheit in die übergeordneten Notwendigkeiten eines menschenwürdigen Gemeinwesens. Das ideologische Rüstzeug dazu bot die Philosophie Kants, mit der sich Schiller in mehreren Aufsätzen auseinander gesetzt hat.

KANTS *Kritiken*

Das Hauptwerk des Königsberger Philosophen IMMANUEL KANT (1724 bis 1804) sind seine drei *Kritiken.* In der *Kritik der reinen Vernunft* (1781; überarbeitet 1787) beschäftigte er sich mit dem menschlichen Erkenntnisvermögen. Wir können die Dinge nicht an sich erkennen, da unsere Beobachtungen an Raum und Zeit gebunden sind; wir sehen die Dinge, wie sie uns erscheinen. Allerdings existieren in unserem Verstand Begriffe, die vor aller Erfahrung liegen. Mit diesen Verstandesbegriffen – wie z. B. Ursache und Wirkung (Kausalität) oder Notwendigkeit und Zufälligkeit – erklären wir uns die Erscheinungswelt und ihre innere Ordnung. Wir geben der Welt um uns und uns selbst einen Sinn; daraus entstehen die Ideen, die allerdings nicht beweisbar sind, aber unser Handeln bestimmen. Darauf geht er in der *Kritik der praktischen Vernunft* (1788) ein. Unser Handeln ist von einem moralischen Gesetz bestimmt, nämlich so zu handeln, wie wir es auch von anderen uns gegenüber wünschen. Dies ist die Basis einer allgemeinen Gesetzgebung. Diese Handlung ist aber keine naturgesetzliche Notwen-

Kritik der reinen Vernunft

Kritik der praktischen Vernunft

digkeit, sondern sie entspringt unserer sittlichen Freiheit, dem Willen zur Pflicht und Verantwortung. Dies unterscheidet den Menschen von der übrigen Natur, er besitzt die Fähigkeit und Freiheit, seinem Tun selbst einen Sinn zu geben. Das Glück der Allgemeinheit hängt von der moralischen Entscheidung, der Tugend, eines jeden Einzelnen ab. Schließlich geht Kant in der *Kritik der Urteilskraft* (1790) auf die Kriterien ein, nach denen wir Dinge oder Vorgänge beurteilen. Das wichtigste Kriterium ist die Frage nach der Zweckmäßigkeit. Das Kunstwerk aber entzieht sich – nach Kant – dem Zwang eines äußeren Zwecks; anders gesagt: Es besitzt eine innere Zweckmäßigkeit, die sich in seiner vollendeten Gestalt, im harmonischen Zusammenspiel der Teile manifestiert. Kunst ist autonom, unabhängig; die Harmonie des Schönen nimmt im Kunstwerk die Idee der verwirklichten Freiheit vorweg. Besonders diesen Gedanken hat Schiller aufgegriffen für sein Programm einer ästhetischen Erziehung des Menschen. Was Schiller im Freiraum der Kunst entwarf, übertrug Wilhelm von Humboldt (1767–1835) als Leiter des preußischen Unterrichtswesens auf sein Konzept einer humanistischen, freien Persönlichkeitsbildung.

Kritik der Urteilskraft

Vorbild für Goethes Oden der Straßburger und Frankfurter Zeit waren die Preisgesänge des griechischen Dichters Pindar (um 518–um 438) auf die olympischen Sieger. In der *Iphigenie,* die Goethe in Italien vollendete, ließ er den griechischen Mythos neu erstehen und verband ihn mit seinem Ideal der Humanität. Schiller nahm in seine *Braut von Messina* Motive des *König Ödipus* von Sophokles (um 497–um 406) auf und versuchte die Gestalt und den Aufbau der griechischen Tragödie zu aktualisieren.

die Kunst der attischen Polis als Vorbild

Die Forderung nach der Nachahmung der Alten, d. h. der großen Dichter der Antike, war nicht neu; sie durchzog die Geschichte der europäischen Literatur bis ins 18. Jahrhundert. Noch Ende des 17. Jahrhunderts gab es in Frankreich die berühmte und folgenreiche Auseinandersetzung zwischen den Vertretern der Nachahmungspoetik und den Befürwortern einer eigenen zeitgenössischen Dichtung. Neu war allerdings zu Goethes und Schillers Zeit der Perspektivenwandel von der römischen zur griechischen Antike; dieser Wandel geht auf die Untersuchungen des Kunsthistorikers und Archäologen JOHANN JOACHIM WINCKELMANN (1717–1768) zurück. Winckelmann sah das Ideal der Schönheit, „eine edle Einfalt und eine stille Größe", in der Plastik und Malerei Griechenlands zur Zeit der attischen Demokratie verwirklicht. Wir wissen heute, dass Winckelmann die griechische Kunst idealisiert gesehen hat. Man darf aber auch nicht übersehen, dass für ihn die demokratische Staatsverfassung die Voraussetzung der attischen Klassik war: „In Absicht der Verfassung und Regierung von Griechenland ist die Freiheit vornehmste Ursache der Kunst." Die Verwirklichung des Ideals sei nur in historischen Phasen einer optimalen Staatsverfassung möglich. Durch diese wechselseitige Abhängigkeit zwischen Kunst und Zustand des Staates ist die rückwärts gewandte Begeisterung für die griechische Kunst gleichzeitig auch eine politische Perspektive in die Zukunft. In der Harmonie der Kunst, in ihrer Klarheit und Ruhe, im Zusammenspiel der Kräfte, im Ausgleich der Gegensätze, soll sich der künftige Zustand eines gerechten Gemeinwesens spiegeln.

JOHANN JOACHIM WINCKELMANN

Goethe in Weimar

Über seine Kindheit und Jugend hat GOETHE ausführlich in *Dichtung und Wahrheit* (1811) berichtet. Die Autobiographie reicht bis zum Jahre 1775, dem Wechsel an den Hof von Weimar. Goethe wuchs in der freien Reichsstadt Frankfurt auf. Sein Vater war Kaiserlicher Rat ohne verpflichtende Amtsgeschäfte; er kümmerte sich persönlich um die Erziehung des jungen Wolfgang und der um ein Jahr jüngeren Schwester Cornelia. Goethe lernte vor allem Sprachen und hatte sich schon sehr früh ein reiches Literaturwissen angeeignet. Auf Wunsch des Vaters begann er 1765 in Leipzig das Studium der Rechte, aber seine Vorliebe galt den schönen Künsten. In Leipzig wurde er mit Winckelmanns Schriften zur Kunst und Kultur der Antike bekannt, die seine Vorstellungen über das klassische Altertum prägten. Eine schwere Krankheit zwang ihn 1768 das Studium zu unterbrechen und nach Frankfurt zurückzukehren. Susanne von Klettenberg, eine Freundin der Mutter, pflegte ihn, sie suchte den jungen Studenten für den Pietismus zu gewinnen. 1770 nahm Goethe sein Studium in Straßburg wieder auf und schloss es erst 1771 ab. Die Straßburger Zeit war für seine weitere Entwicklung von entscheidender Bedeutung; denn er lernte Herder kennen, der ihn auf die Volksdichtung aufmerksam machte, für Shakespeare begeisterte und durch seinen Geniebegriff von der Regelstarre der französischen Klassik und auch von der Vernunftgläubigkeit der deutschen Aufklärung löste. Unter dem Eindruck dieser Begegnung schrieb Goethe den *Götz* (1773) und den *Werther* (1774); zwei Werke, die seinen frühen Ruf als Dichter des Sturm und Drang begründeten. Weniger erfolgreich waren die Versuche, in Frankfurt eine Anwaltspraxis zu eröffnen. So folgte Goethe 1775 der Einladung des Erbprinzen Karl August nach Weimar, um dort eine Verwaltungslaufbahn im höheren Staatsdienst zu beginnen. Es war für die damalige Zeit eine Sensation, dass ein Bürgerlicher binnen weniger Jahre in die höchsten Staatsämter aufstieg; zu verdanken ist dies neben der unverbrüchlichen Freundschaft seines fürstlichen Gönners auch der disziplinierten Arbeitsweise Goethes. Er arbeitete sich schnell in die vielfältigen Aufgaben ein und ergänzte sein Wissen durch naturwissenschaftliche Studien. Besonders gewogen war ihm die Herzoginmutter Anna Amalia, die seit der Berufung Wielands 1772 zum Prinzenerzieher einen literarischen Kreis um sich versammelt hatte, der später noch durch Herder und Schiller ergänzt wurde; sie wollte Weimar zu einem „Musenhof" machen. Deshalb schätzte sie in Goethe vor allem den Dichter; er war Mittelpunkt ihrer literarischen Gesellschaft und leitete die Liebhaberaufführungen am Hofe, für die er auch eigene Stücke schrieb. 1782 wurde Goethe geadelt. Eine tiefe Seelenverwandtschaft verband ihn mit der Hofdame Charlotte von Stein; ihr hat er viele Gedichte gewidmet. Aber der Bekanntschaft mit der verheirateten Frau waren gesellschaftliche Grenzen gesetzt. Unter dem Zwang der Staatsgeschäfte und durch die provinzielle Enge des Lebens an dem kleinen Hofe litt Goethes literarisches Schaffen. Zwar war es nie ganz unterbrochen worden, aber neue Impulse erhielt es erst durch die fluchtartige Reise nach Italien. Zwei Jahre, 1786–1788, lebte Goethe in Italien. Dort vollendete er die *Iphigenie* und den *Egmont* und bereitete die Endfassung des *Tasso* vor. Nach Weimar zurückgekehrt ließ er sich von allen Amtspflichten entbinden und übernahm die Leitung des Hoftheaters. In diese Zeit (1794) fiel auch die Freundschaft mit Schiller. Sie bedeutete den Höhepunkt der deutschen Klassik; Goethe und Schiller arbeiteten gemeinsam und tauschten ihre Entwürfe aus. Schiller, der mehr philosophisch und historisch orientierte Freund, gab die Anregungen zu einem ästhetischen Programm, das er aus Kants Philosophie entwickelte. Da Goethe auf Ausgleich und Harmonie bedacht war und das Sein als ein organisches

Ganzes sah, waren ihm die Auswüchse der Französischen Revolution ein Greuel. Die Novellensammlung *Unterhaltung deutscher Ausgewanderten* (1795), das Epos *Hermann und Dorothea* (1797) und das Trauerspiel *Die natürliche Tochter* (1799 ff.) sind Ergebnis der Kritik an der Französischen Revolution. Nach Schillers Tod (1805) und nach dem Tod seiner Lebensgefährtin Christiane Vulpius (1816), die er 1806 geheiratet hatte, zog sich Goethe immer mehr zurück. Er begann seine Lebensaufzeichnungen zu ordnen und die beiden großen Werke, die ihn ein Leben lang begleitet hatten, den *Faust* (seit 1773) und den *Wilhelm Meister* (seit 1777), weiterzuführen und jeweils durch einen zweiten Teil zu ergänzen. *Wilhelm Meisters Wanderjahre* wurden 1829 vollendet, der *Faust,* zweiter Teil, 1831. In dem Gedichtzyklus *West-östlicher Divan* (1819 und 1827) überschritt Goethe den europäischen Kulturbereich und öffnete sich der Dichtung des Orients und deren Symbolwelt. Schiller hatte Goethe einen naiven Dichter genannt; er meinte damit, dass Goethe nicht aus dem Gedanken, sondern aus unmittelbarer Anschauung gedichtet habe; die sichtbare Welt war ihm ein Gleichnis der unsichtbaren. Im zweiten Teil des *Faust* ließ Goethe den Türmer Lynkeus singen:

Zum Sehen geboren,
Zum Schauen bestellt,
Dem Turme geschworen,
Gefällt mir die Welt
[. . .]
Ihr glücklichen Augen,
Was je ihr gesehn,
Es sei, wie es wolle,
Es war doch so schön!

Dramen

Egmont

Die Arbeiten am *Egmont* hatte Goethe noch in seinen letzten Jahren in Frankfurt (1775) begonnen, aber abgeschlossen wurde das Trauerspiel nach mehreren Überarbeitungen erst 1787 während des Aufenthaltes in Rom. Inhalt der Handlung ist der Aufstand der Niederlande gegen die spanische Besatzungsmacht. 1567 kommt Herzog Alba im Auftrag Philipps II. in die Niederlande und greift als neuer Statthalter mit blutiger Härte durch; sein berühmtestes Opfer ist Graf Egmont, der Liebling des Volkes. Wie schon im *Götz* hat Goethe auch hier einen historischen Stoff gewählt, dessen treibende Kraft eine große Natur, ein selbstbewusster Einzelgänger ist; und trotzdem sind beide Stücke nur bedingt miteinander zu vergleichen. Im *Götz* war alles auf die Gestalt des Haupthelden ausgerichtet, die Ereignisse wurden am Faden der Biographie vorgeführt, gleichsam als epische Erzählung. Im *Egmont* fällt schon rein äußerlich auf, dass Goethe die Handlung um den dramatischen Höhepunkt – das Eingreifen Albas und Egmonts Verurteilung – auf wenige Tage konzentriert und als repräsentativen Ort Brüssel mit nur sparsamem Szenenwechsel gewählt hat. Auch ist die Handlung keine lockere Abfolge, sondern bewusst auf das Ende hin aufgebaut.

Dies alles weist darauf hin, dass Goethe in der langen Arbeit am *Egmont* sich von der regelbrechenden Geniegebärde des Sturm und Drang allmählich gelöst hat. Nur Egmonts Charakter erinnert noch an das Drama des Sturm und Drang. Aber Egmont steht nicht mehr für sich allein als der einsame Held, er hat Gegenkräfte auch im eigenen Lager, z. B. den besonnenen und politisch agierenden Wilhelm von Oranien, der Egmont vergeblich vor dem

Verhängnis warnt, in das er sich, blind auf sein Gefühl vertrauend, stürzt. Egmont lebt in einer eigenen Welt, selbstbewusst auf der Woge der Zuneigung, die ihm das Volk entgegenbringt. Doch in seinem absoluten Selbstbewusstsein, das die Wirklichkeit der Außenwelt, so wie sie ist, nicht wahrnehmen will, verkennt er, dass die Bürger vor allem Ruhe und Ordnung wünschen, auch um den Preis des Verlustes ihrer verbrieften Rechte; sie verehren Egmont, sie bewundern seinen ungebrochenen Charakter, aber sie folgen ihm nicht. So stürzt sich Egmont selbst in das Verhängnis, er ist Albas berechnender Taktik im Kampf um die Macht nicht gewachsen. Egmont ist im klassischen Sinne eine tragische Figur, weil seine Ichbezogenheit ihm selbst im Wege steht. Noch im Gefängnis will er zunächst nicht wahrhaben, dass er gegen Alba und die spanische Macht verloren hat. Die Lösung, die Goethe für die Schlussszene gewählt hat, fand schon bei den Zeitgenossen keine einhellige Zustimmung: Schiller sprach in einer Rezession vom „Saltomortale in eine Opernwelt". Im Traum erscheint Egmont unter Sphärenmusik die Freiheit in der Gestalt Klärchens, seiner bürgerlichen Geliebten, die ihm bedingungslos treu geblieben ist. Egmont stirbt mit der für ihn trostreichen Gewissheit, dass in Ferdinand, Albas Sohn, seine Idee von einem freien Menschentum weiterlebt. Durch diesen illusionistischen Schluss hat Goethe die politische Grundtendenz des Stückes zugunsten eines individuellen Charaktergemäldes wieder zurückgenommen.

Iphigenie auf Tauris

Die *Iphigenie* spielt in der Zeitlosigkeit des griechischen Mythos. Um die beleidigte Göttin Diana (Artemis) zu versöhnen und für die Flotte der Griechen bei der Ausfahrt gegen Troja günstige Winde zu erbitten, lässt Agamemnon seine Tochter opfern; die Göttin aber entrückt sie in das ferne Taurien, wo Iphigenie ihr unter den Barbaren als Priesterin dient. Unter ihrem Einfluss hat Thoas, der König der Taurier, den barbarischen Brauch abgeschafft, jeden Fremden, der an das Gestade kommt, der Göttin zu opfern. Thoas wirbt um Iphigenie, deren edle Gesinnung ihn beeindruckt. Da aber Iphigenie, immer noch in der Hoffnung, einmal nach Griechenland zurückkehren zu können, sich ihm verweigert, will Thoas den alten Brauch der Menschenopfer wieder einführen und die Ersten sollen die beiden Fremden sein, die man am Strand überrascht hat.

Hier setzt die Handlung des Schauspiels ein. Die beiden Freunde sind Orestes, Iphigenies Bruder, und sein Freund Pylades. Orestes, der seine Mutter getötet hatte, um den Mord an seinem Vater zu rächen, kann den Fluch, den er auf sich geladen hat, nur von sich abwenden, wenn er, wie ein Orakelspruch des Apollo lautet, die Schwester wieder heimführe. Da er den Doppelsinn des Orakels nicht versteht, will er das Bildnis der Diana, der Schwester Apollos, aus dem Barbarenland entführen. Iphigenie versucht verzweifelt das Leben der beiden Fremden zu retten. Um Thoas von seinem Vorhaben abzubringen, offenbart sie ihm ihre fluchbeladene Herkunft aus dem Hause des Tantalus. Der Konflikt verschärft sich noch, als Iphigenie erfährt, wer die Fremden wirklich sind. Als sie sich darauf ihrem Bruder zu erkennen gibt, rät Pylades, um das Schicksal des von den Rachegöttinnen gehetzten Freundes besorgt, das Bildnis der Göttin heimlich zu entführen. Iphigenie stimmt dem Plan zunächst zu, dann aber siegt in ihr das bedingungslose Bekenntnis zur Wahrheit: Sie legt ihrer aller Schicksal in die Hände des Königs. Als Thoas von Orest erfährt, dass der Orakelspruch sich in Wirklichkeit auf die leibliche Schwester beziehe, lässt er die Geschwister und Pylades – von Iphigenies inständiger Bitte zur Versöhnung beeindruckt – schließlich in Frieden ziehen. „Lebt wohl!" sind die letzten Worte in diesem Stück.

Das Schauspiel ist arm an äußerer Handlung; alle Spannung ist nach innen in den Gemütszustand und in den Charakter der Beteiligten verlegt. Iphigenie trägt einen doppelten Konflikt; sie möchte das Vertrauen, das ihr Thoas und sein Diener Arkas entgegenbringen, nicht missbrauchen, sie möchte aber auch Orestes und dessen Freund Pylades retten. Der einzige Ausweg ist für sie – da in diesem Schauspiel nicht die Götter als rettende Instanz wie in der antiken Tragödie auftreten, sondern die Menschen auf sich selbst verwiesen sind – das Wagnis der Wahrhaftigkeit.
Die *Iphigenie* wurde immer wieder als Goethes klassisches Bekenntnis zur Humanität, zur reinen Menschlichkeit gepriesen. Dabei darf aber nicht übersehen werden, dass dieser Entwurf eines sittlichen Verhaltens vom Einverständnis aller abhängt. Nur durch Iphigenies moralische Lauterkeit und ihre bedingungslose Wahrhaftigkeit, das heißt: durch ihr Vorbild einer reinen Menschlichkeit, wird Thoas bewogen ähnlich zu handeln. Der glückliche Ausgang ist kein notwendiger, sondern ein möglicher. In diesem Schauspiel einer idealen Menschlichkeit hat Goethe gleichzeitig auch die Gefährdung dieses Zieles angedeutet: Humanität ist nur möglich, wenn egoistisches Streben überwunden wird. Goethe hatte die Iphigenie zunächst in Prosa geschrieben; so wurde sie 1779 erstmals aufgeführt. Für die endgültige Fassung wählte er den Blankvers in fünfhebigen Jamben.

Torquato Tasso

Torquato Tasso ist ein Künstlerdrama. Es spielt am Renaissancehof von Ferrara. Vorbild der Hauptgestalt ist der italienische Dichter Torquato Tasso (1544–1595). In Tassos Biographie hat Goethe aber auch eigene Erfahrungen aus seiner ersten Weimarer Zeit aufgenommen. Die Staatsgeschäfte, denen sich Goethe am Weimarer Hof in wachsendem Maße widmen musste, drohten sein künstlerisches Schaffen zurückzudrängen. Seine Reise nach Italien kam einer Flucht gleich; frei von Tagespflichten, wollte er sich selbst wiederfinden. Die Arbeit am *Torquato Tasso* fällt in die Zeit der italienischen Reise; im Druck erschien er 1790.
Tasso ist mit Werther zu vergleichen. Werther scheiterte an den Zwängen der Außenwelt, weil sie sich seinen Gefühlen verweigerte. In der Gestalt des Tasso schränkte Goethe den Konflikt zwischen innen und außen auf die Problematik der künstlerischen Existenz ein. Im Grunde tragen die Handlung zwei Gegenspieler, die erst vereint die ganze Fülle menschlicher Selbstverwirklichung umfassen; auf der einen Seite der Künstler Tasso, der nur aus seinem Inneren lebt, auf der anderen Seite der im öffentlichen Leben stehende Staatsmann Antonio:

Zwei Männer sinds, ich hab es lang gefühlt,
Die darum Feinde sind, weil die Natur
Nicht Einen Mann aus ihnen beiden formte.

Tasso bewundert Antonio; er möchte ihn zum Freund, weil er in der Freundschaft zu ihm sich zu ergänzen glaubt. Aber Antonio versteht Tassos Argumente nicht. Tasso seinerseits, in seine Welt der freien schöpferischen Phantasie verstrickt, missachtet durch seine Bedingungslosigkeit die Regeln praktischer Klugheit. Er beleidigt Antonio und zieht sich in sich selbst zurück. Er leidet unter einer doppelten Abhängigkeit: Dem Fürsten, seinem Gönner, verdankt er sein Auskommen; seine Selbstachtung schwankt und wächst mit der öffentlichen Anerkennung. Diese Situation war auch für Goethe in Weimar nicht anders; aber aus dem räumlichen Abstand von Italien aus, wo Goethe die Hauptteile des *Tasso* schrieb, spiegelt sich in den Reaktionen der Gestalten um Tasso auch die Kritik an dessen Unfähigkeit, sich dem Außen, dem tätigen Leben zu öffnen. In einem Selbstgespräch wiederholt Tasso das Urteil der Freunde über sein Verhalten:

[. . .] habe doch
Ein schön Verdienst mir die Natur geschenkt;
Doch leider habe sie mit manchen Schwächen
Die hohe Gabe wieder schlimm begleitet,
Mit ungebundnem Stolz, mit übertriebner
Empfindlichkeit und eignem düsterm Sinn.

Der Schluss des Stückes deutet eine Lösung nur an. Tasso und Antonio beginnen sich zu verstehen. Tasso vertraut sich Antonios Führung an:

So klammert sich der Schiffer endlich noch
Am Felsen fest, an dem er scheitern sollte.

Die natürliche Tochter

Die natürliche Tochter, 1799–1803 entstanden, erinnert an das barocke Trauerspiel, dessen handlungsbestimmende Motive adlige Intrigen um die Usurpation fürstlicher Macht sind. Es bedarf erst einer genauen Entschlüsselung der symbolischen Verweise, um zu erkennen, dass Goethe in diesem Trauerspiel seine kritische Einstellung zur Französischen Revolution und deren unmittelbaren Folgen auf die Bühne gebracht hat.

Eugenie, uneheliches Kind adliger Herkunft, bislang in der Einsamkeit einer idyllischen Natur aufgewachsen, soll nach dem Tod ihrer Mutter ihre Rechte am Hofe antreten. Als ihr Halbbruder, der Sohn des Herzogs, davon erfährt, fürchtet er um sein Erbe; er entführt Eugenie. Das Land wird von Unruhen erschüttert; Teile des Adels rebellieren gegen den König, und das Volk lehnt sich gegen adlige Willkür auf. In den Wirren bleibt Eugenie nur die Wahl zwischen Flucht oder Verzicht auf ihre Standesprivilegien. Sie heiratet einen Bürgerlichen, um im Verborgenen zu warten, bis die Zeiten sich wieder ändern.

Eugenie verkörpert die Tugenden der aristokratischen Welt. In ihrer Person sollen die Werte der alten Ordnung in eine neue Zeit gerettet werden. Seine Kritik an der Revolution kleidete Goethe bewusst in eine rhythmisch überhöhte Sprache. Die Kunst sollte dem Chaos Einhalt gebieten. Zwischen dem *Prometheus,* dem Programm einer rebellischen Jugend, und dem Trauerspiel *Die natürliche Tochter* liegen dreißig Jahre. Der *Prometheus* war noch ein Denkspiel, *Die natürliche Tochter* die kritische Reaktion auf das historische Ereignis einer wirklichen Revolution.

Faust

Die Arbeiten am *Faust* haben Goethe ein Leben lang begleitet. Ein erster Entwurf entstand zwischen 1772 und 1775, die letzten Szenen des zweiten Teils wurden 1831 abgeschlossen. Der Stoff geht auf das Volksbuch *Historia von D. Johann Fausten* (1587) zurück; auch gab es schon vor Goethes Faust mehrere dramatische Bearbeitungen. Im ersten Teil hat Goethe den Teufelspakt mit der zunächst davon unabhängigen Gretchen-Geschichte verbunden. Der Faust des Volksbuches war ein warnendes Beispiel menschlicher Hybris (Hoffart), des schwersten Vergehens gegen Gott nach mittelalterlicher Vorstellung. Goethe hat dieses Motiv in das Streben des Menschen nach immer neuer Erkenntnis aufgewertet.

Faust hat sich in allen Wissenschaften versucht, aber sein Wissensdrang ist nicht befriedigt worden; er will die Grenzen des traditionellen Wissens überschreiten:

Dass ich erkenne, was die Welt
Im Innersten zusammenhält,
Schau alle Wirkenskraft und Samen
Und tu nicht mehr in Worten kramen.

Doch dieser Drang übersteigt das menschliche Vermögen. Deshalb greift er zur Magie und ruft den Erdgeist zu Hilfe. Dieser aber weist ihn in seine Schranken zurück: „Du gleichst dem Geist, den du begreifst, / Nicht mir!" Da bietet ihm Mephistopheles seine Dienste an; er will Faust die Fülle des Lebens genießen lassen, wenn er ihm seine Seele verschreibt. Faust geht den Pakt ein unter der Bedingung:

Werd ich zum Augenblicke sagen:
Verweile doch! du bist so schön!,
Dann magst du mich in Fesseln schlagen,
Dann will ich gern zugrunde gehn!

Denn er glaubt, dass nicht einmal Mephistopheles, der von Gott abgefallene Engel, seine Sehnsüchte befriedigen kann. Der verjüngte Faust stürzt sich ins Leben. Noch ehe ihm Mephistopheles Helena, die schönste Frau des Altertums, herbeizaubern kann, lernt er das unschuldige Gretchen kennen; aber Faust ist dieser bedingungslosen Zuneigung einer liebenden Frau nicht gewachsen. Er empfindet jede Bindung als Einengung. Gretchen wird wahnsinnig; sie tötet ihr Kind. Vergeblich versucht Faust mit Mephistopheles' Hilfe Gretchen aus dem Gefängnis zu befreien. Damit endet der erste Teil.
Er ist eine epische Szenenfolge ohne Akteinteilung. Fausts Charakter ist schon im ersten Teil widersprüchlich. Einerseits strebt er, wie die Helden des Sturm und Drang, nach grenzenloser Selbstverwirklichung, andererseits fühlt er aber verzweifelt die Grenzen, die dem Menschen gesetzt sind. Er ist unfähig zu einer Geste verstehender Mitmenschlichkeit.

Der zweite Teil ist zwar wie das klassische Drama in fünf Akte eingeteilt, aber Fausts weiterer Lebensweg verliert sich im Panorama eines großen Welttheaters. Erst am Schluss wird der ursprüngliche Handlungsansatz, der Teufelspakt, wieder aufgegriffen. Die Hauptarbeit im zweiten Teil fällt in Goethes späte Lebensjahre zwischen 1825 und 1831. Faust, zu neuem Leben erweckt, kommt an den mittelalterlichen Hof des Kaisers; die große Welt tut sich ihm auf. Durch die Erfindung des Papiergeldes gewinnt er die Gunst des Kaisers. Der Kaiser wünscht Paris und Helena, das klassische Liebespaar, zu sehen. Faust erfüllt ihm den Wunsch; aber alles ist nur Schein. Die gerufenen Gestalten verschwinden wieder im Dunst. Nun sucht Faust selbst die Begegnung mit Helena. Die Phantasie versetzt ihn in das Fabelreich der Antike; denn „den Poeten bindet keine Zeit". Faust und Helena werden symbolische Gestalten; in Faust, dem Vertreter eines romantisch verklärten Mittelalters, und in Helena, dem Idealbild antiker Schönheit, sollen die poetischen Vorstellungen der Romantik und der Klassik miteinander verbunden werden. Die Vereinigung von Mittelalter und Antike wird durch den gemeinsamen Sohn Euphorion symbolisiert. Aber auch Euphorion ist nur ein Produkt dichterischer Phantasie. Sein Höhenflug scheitert wie der seines mythischen Vorbildes Ikarus. Am Ende ist Faust wieder allein. Diese Handlung ist Goethes Selbstkritik am Ziel der Klassik, die Antike zu zeitloser Größe wieder zu beleben, und gleichzeitig auch eine Absage an die Begeisterung der Romantik für das Mittelalter. Faust entscheidet sich für das tätige Leben in der Gegenwart: „Dieser Erdenkreis / Gewährt noch Raum zu großen Taten." Faust will dem Meere neues Land abgewinnen und es kolonisieren. Nun glaubt sich Faust am Ziele seiner Wünsche; aber, schon erblindet und vom Alter gebeugt, erkennt er nicht, dass das „Geklirr der Spaten" die Arbeit an seinem eigenen Grab ist. Als Faust bekennt, dass er jetzt „den höchsten Augenblick" seines Glückes genieße, sieht Mephistopheles seinen Vertrag mit Faust erfüllt, auch wenn Faust einem Irrtum erlegen ist. Doch „Faustens Unsterbliches", seine Seele, wird gerettet. Die Engel singen:

Wer immer strebend sich bemüht,
Den können wir erlösen.

Erzählprosa und Epik

Romane

Die Wahlverwandtschaften

Der Roman *Die Wahlverwandtschaften* (1809) ist die Geschichte einer gefährdeten Ehe – und in seinem symbolischen Gehalt der Widerstreit zwischen Leidenschaft und Sittlichkeit oder Chaos und Ordnung. In diesem Roman führte Goethe wichtige Themen aus dem *Werther* (1774) weiter; aber das Geschehen weist trotz seiner geschlossenen Abgeschiedenheit auf einem Landgut über den privaten Bereich hinaus. Es ist zugleich – wie schon in dem Trauerspiel *Die natürliche Tochter* – eine Antwort auf die Wirren der Französischen Revolution. Für den Titel hat Goethe einen Begriff aus der Chemie gewählt. Er bezeichnet einen Vorgang, bei dem bestimmte chemische Elemente, wenn sich ihnen andere nähern, die bestehende Verbindung lösen und eine neue eingehen. Goethe hat diesen Prozess von Anziehung und Abstoßung als eine Denkmöglichkeit, nicht aber als Zwangsläufigkeit auf menschliche Bindungen übertragen:

Denken Sie sich ein A, das mit einem B innig verbunden ist, durch viele Mittel und durch manche Gewalt nicht von ihm zu trennen; denken Sie sich ein C, das sich ebenso zu einem D verhält; bringen Sie nun die beiden Paare in Berührung: A wird sich zu D, C zu B werfen, ohne dass man sagen kann, wer das andere zuerst verlassen, wer sich mit dem andern zuerst wieder verbunden habe.

Goethes Absicht wurde schon von Zeitgenossen gründlich missverstanden; was Goethe als Frage an den Anfang stellte, wurde von manchem Leser als Antwort verstanden. Das Thema ist aber ein ganz anderes; denn die Prozesse in der Natur laufen nach Gesetzen physikalischer und chemischer Notwendigkeit ab, das einzelne Element hat keine Wahl. Der Mensch besitzt aber die Freiheit der sittlichen Entscheidung; sie ist die Grundlage eines humanen Gemeinwesens. Eduard und Charlotte leben zurückgezogen auf einem Landgut; sie widmen sich der Gestaltung ihres Parkes. Diese Beschreibung hat symbolischen Charakter, die rohe Natur wird in eine Kulturlandschaft verwandelt. Eines Tages holt Eduard den Hauptmann, einen alten Freund, der in Not geraten war, ins Schloss, und Charlotte nimmt ihre Nichte Ottilie zu sich. Zwischen dem Hauptmann und Charlotte entsteht eine tiefe Zuneigung; beide überwinden aber aus sittlicher Verantwortung die Verwirrung der Gefühle. Eduard dagegen ist nicht bereit seiner leidenschaftlichen Liebe zu Ottilie zu entsagen. Ottilie, das eigentliche Opfer des Konflikts, zieht sich in sich zurück und stirbt an gebrochenem Lebenswillen. Ein Leitmotiv in Goethes später Dichtung war die Entsagung; sie ist der Preis für den Fortbestand eines menschenwürdigen Gemeinwesens.

Bildungsroman

In der adligen Gesellschaft waren Rang und Name eines Menschen durch seine Herkunft, d. h. von außen her bestimmt; die Achtung, die man ihm entgegenbrachte, war nicht notwendig sein persönliches Verdienst. Das aufstrebende Bürgertum konnte diesem genealogischen Vorurteil nur seine persönliche Leistung, d. h. seine Bildung entgegenstellen. Wilhelm, der Held in dem Bildungsroman *Wilhelm Meister,* ist ein Vertreter des Bürgertums.

Wilhelm Meister

Wilhelm Meisters Lehrjahre

Den ersten Teil, *Wilhelm Meisters Lehrjahre,* hatte Goethe bereits 1777 begonnen, aber erst 1796 abgeschlossen. Wilhelm sagt von sich selbst: „mich selbst, ganz wie ich da bin, auszubilden, das war dunkel von Jugend auf mein Wunsch und meine Absicht." Dies aber glaubt er für sich, den Kaufmannssohn, nur in der fiktiven Welt des Theaters verwirklichen zu können: „Auf den Brettern erscheint der gebildete Mensch so gut persönlich in seinem Glanz als in den obern Klassen." Sein Bildungsweg im Freiraum des Theaters, fernab von unmittelbaren Zwängen, wird, ohne dass er davon weiß, von den Mitgliedern der Turmgesellschaft beobachtet und begleitet. Sie greifen nicht unmittelbar ein; denn „der Irrtum könne nur durch das Irren geheilt werden". Den Weg vom Schein zum Sein muss Wilhelm allein gehen: „Der Mensch ist nicht eher glücklich, als bis sein unbedingtes Streben sich selbst seine Begrenzung bestimmt." Diese Begrenzung findet Wilhelm am Schluss des ersten Teils in der Verantwortung für die Erziehung seines Sohnes. Sein Glück – dies ist sicherlich ein utopischer Zug des Romans – erfüllt sich in der Begegnung und Verbindung mit Natalie, einer Adligen, für die der Adel der Seele nicht an Standesgrenzen gebunden ist. Wilhelm verlässt die Welt des Theaters und widmet sich dem tätigen Leben. Dieser harmonische Schluss war ein Gegenentwurf zum Programm und den Folgen der Französischen Revolution.

Wilhelm Meisters Wanderjahre

Der zweite Teil, *Wilhelm Meisters Wanderjahre* oder *Die Entsagenden,* entstand in zwei Fassungen zwischen 1807 und 1829. Der Untertitel nennt das Motto, das schon für die *Wahlverwandtschaften* galt, die ursprünglich als novellistische Einlage für den zweiten Teil gedacht waren. Entsagung ist hier auf den Anspruch einer universalen Bildung oder Tätigkeit bezogen. Sehr genau beschreibt Goethe den Prozess der modernen Arbeitsteilung im beginnenden Maschinenzeitalter. Der Einzelne muss sich, um mit Erfolg wirken zu können, in seinem Arbeitsfeld eingrenzen und spezialisieren. Wilhelm ergreift den Beruf eines Wundarztes. Auch äußerlich unterscheidet sich der zweite Teil vom ersten. Die individualgeschichtliche Entwicklung im ersten Teil, Wilhelms Bildungsweg, ist durch ständig wechselnde Einstellungen auf die gesellschaftliche Vielfalt abgelöst worden.

Novellen

In seiner Novellensammlung *Unterhaltungen deutscher Ausgewanderten* (1795) übernahm Goethe die Struktur der Rahmenhandlung nach BOCCACCIOS *Dekameron* (1355). Dort flieht eine Gruppe junger Damen und Herren vor der Pest in Florenz auf ein Landgut; um die Zeit zu überbrücken, erzählt man sich gegenseitig Geschichten. Die Rahmenhandlung der *Unterhaltungen* spielt in der unmittelbaren Gegenwart; eine

Unterhaltungen deutscher Ausgewanderten

adlige Gesellschaft flieht vor den französischen Revolutionstruppen, die auf dem linksrheinischen Ufer vordringen. Da der Streit über die Ziele der Französischen Revolution die kleine Gesellschaft der Flüchtlinge in zwei Lager zu spalten droht, verbietet die Baronin weiterhin darüber zu sprechen. Statt dessen solle man sich gegenseitig mit Erzählungen erfreuen: „Lassen Sie uns wenigstens an der Form sehen, dass wir in guter Gesellschaft sind.“ Das Chaos soll durch die Kunst überwunden oder zumindest verdrängt werden, wenn auch nur auf Zeit.

Novelle

Am deutlichsten gestaltete Goethe dieses Prinzip in einer späten Erzählung, der er den Titel *Novelle* (1828) gab. Durch Goethe wurde die Form der romanischen Novelle, vor allem der italienischen, in die deutsche Literatur eingeführt.

Epos

Hermann und Dorothea

Ähnliche Gründe wie bei den *Unterhaltungen* mögen Goethe auch bei der Wahl des antiken Hexameters für das Epos *Hermann und Dorothea* (1797) geleitet haben; denn dessen Inhalt ist mit der Rahmenhandlung der *Unterhaltungen* verwandt. Die strenge Rhythmik des Hexameters ist das ordnende Gegengewicht zu den revolutionären Wirren.

Ein Flüchtlingstreck lagert in der Nähe einer rechtsrheinischen Kleinstadt. Die Bürger helfen zwar den Flüchtlingen, aber sie bleiben für sie doch Fremde, die den kleinbürgerlichen, geruhsamen Alltag stören. Hermann, der Sohn des Wirts, verliebt sich in Dorothea; aber der Vater, der seinem Sohn eine gesicherte Zukunft wünscht, widersetzt sich zunächst der Heirat seines Sohnes mit der Fremden. Erst als er von ihrem untadeligen Leumund erfährt, gibt er seine Zustimmung. Das Epos ist ein Loblied auf die Familie als Garant der bürgerlichen Ordnung.

Aber der Bräutigam sprach, mit edler männlicher Rührung:
Desto fester sei, bei der allgemeinen Erschüttrung,
Dorothea, der Bund! Wir wollen halten und dauern,
Fest uns halten und fest der schönen Güter Besitztum.

Wortwahl und Versbau, die bewusste Künstlichkeit, erheben die familiäre Idylle zu einem zeitlosen Wunschbild. Die eigentliche politische Auseinandersetzung fällt aus.

Gedichte und Balladen

Goethes lyrisches Schaffen ist so umfangreich und so vielseitig, dass es nur bedingt um Schwerpunkte gruppiert oder nach Entwicklungsstufen geordnet werden kann. Am ehesten lassen sich die Gedichte noch thematisch mit anderen Werken, mit den Dramen und Romanen, vergleichen, die jeweils im gleichen Zeitraum entstanden sind. Deshalb sollen hier nur einige Aspekte hervorgehoben werden.

Erlebnislyrik

Die Gedichte der Straßburger und Frankfurter Jahre waren Ausdruck eines gesteigerten Lebensgefühls; sie waren Erlebnislyrik. Die Welt und die Natur wurden aus der Perspektive des erlebenden Ich gesehen, das sich mit der Natur eins fühlt und selbstbewusst gegen äußere Zwänge rebelliert. Die Gestaltungsformen reichen vom einfachen Ton des Volksliedes bis zu den freien Rhythmen der Oden und Hymnen.

Gedankenlyrik

In den ersten Weimarer Jahren nehmen Beispiele von Gedankenlyrik zu. Das Naturbild weitet sich zu einer allgemeinen Aussage über den Menschen und die ihm gesetzten Grenzen. Nicht mehr die Geste des prometheischen Rebellen, sondern die Einsicht, dass wir nur ein kleiner Ring in der Kette des Daseins sind, ist der bestimmende Grundton:

Ein kleiner Ring
Begrenzt unser Leben
Und viele Geschlechter
Reihen sich dauernd
An ihres Daseins
Unendliche Kette (*aus: Grenzen der Menschheit*)

Das Prinzip der Selbstverwirklichung ist die hilfreiche Tat, die im Menschen das Göttliche offenbart:

Der edle Mensch
Sei hilfreich und gut!
Unermüdet schaff er
Das Nützliche, Rechte,
Sei uns ein Vorbild
Jener geahnten Wesen! (*aus: Das Göttliche*)

Römische Elegien

Der Aufenthalt in Italien war ein entscheidender Einschnitt im dichterischen Schaffen Goethes. Auch die *Römischen Elegien* (entstanden 1788–1790) sind ein Ergebnis der Begegnung mit der mediterranen Kultur. Die Antike wird zwar nicht als ein wiederholbares Ereignis gesehen, aber überall begegnete Goethe auch in dem Rom seiner Zeit den historischen und kulturellen Spuren. So kleidet er, getreu der Tradition der Elegie, das Thema von Liebe und Verzicht in die Form des klassischen Distichon:

Eine Welt zwar bist du, o Rom; doch ohne die Liebe
Wäre die Welt nicht die Welt, wäre denn Rom auch nicht Rom.

Das Distichon besteht aus einem Hexameter und einem Pentameter; der Versfuß ist der Daktylus. Schiller hat den antiken Zweizeiler folgendermaßen charakterisiert:

Im Hexameter steigt des Springquells flüssige Säule,
Im Pentameter drauf fällt sie melodisch herab.

Balladen

Das Jahr 1797 ist in die Literaturgeschichte als das „Balladenjahr“ eingegangen. Seit 1794 hatten Goethe und Schiller in freundschaftlicher Verbindung sich gegenseitig ihre literarischen Entwürfe ausgetauscht und miteinander besprochen. Die Initiative um die Diskussion über die Ballade ging von Schiller aus, der mit der Tendenz der Ballade zur trivialen Schauergeschichte unzufrieden war. Schiller selbst bevorzugte den historischen Stoff, die Charakterballade, die einem dramatischen Konflikt sehr nahe kam. Mehrere von Goethes Meisterballaden, die zum Teil schon vor der Freundschaft mit Schiller entstanden, z. B. *Erlkönig* (1782), haben den Grenzbereich zwischen menschlichem Verstandesstreben und unwägbaren Naturkräften zum Thema. Den *Zauberlehrling* könnte man fast auf unsere eigene Gegenwart übertragen. Der Eingriff in die Natur durch menschliche Überheblichkeit hat unübersehbare Folgen; die Natur rächt sich, wenn ihre Ordnung gestört wird.

Goethe sah seine Beschäftigung mit Literaturen früherer Zeiten und anderer Völker als einen Dialog, nicht als Nachahmung. Weder die mittelalterliche Welt des Ossian noch die griechisch-römische Antike sollten in der Gegenwart wieder belebt werden. Goethe suchte das Allgemeine, das über Zeiten und Grenzen hinweg Dauer und Gültigkeit hatte. Die Aneignung des Fremden diente der Auseinandersetzung mit der eigenen Gegenwart. In seiner späteren Lyrik öffnete sich Goethe der Welt des Orients. Er beschäftigte sich besonders mit der Lyrik des persischen Dichters HĀFEZ (14. Jh.). Goethes *West-östlicher Divan* (1819 und 1827) geht in seiner äußeren Gestalt auf den *Diwan* des Hāfez zurück. Diwan war die persische Bezeichnung für das lyrische Gesamtwerk eines Dichters. Schon das Attribut „west-östlich" zeigt, dass Goethe einen Dialog zwischen den Kulturen anstrebte, zwischen der verstandesbetonten Welterklärung des Westens und der beschaulichen Gelassenheit des Orients. In der Rolle des persischen Dichters verband er Motive und Themen aus beiden Kulturen, vom volkstümlichen Lied über die sinnliche Freude des Liebesliedes bis zur Weisheit der Spruchdichtung. Goethes *Divan* ist die Summe eines Lebens, das sich von nationalen Bindungen und literarischen Zeitströmungen befreit hat. Das bestimmende Thema der Gedichte der letzten Lebensjahre ist die Suche nach dem Bleibenden im Wechsel der Geschichte:

West-östlicher Divan

Alterslyrik

Kein Wesen kann zu nichts zerfallen!
Das Ewge regt sich fort in allen,
Am Sein erhalte dich beglückt!
Das Sein ist ewig: denn Gesetze
Bewahren die lebendigen Schätze,
Aus welchen sich das All geschmückt. *(aus: Vermächtnis, 1829)*

Schiller nach der Flucht aus Stuttgart

Nach der Flucht aus Stuttgart im Jahre 1782 war SCHILLER auf die Hilfe von Freunden angewiesen. Seine Anstellung als Theaterdichter in Mannheim dauerte nur ein Jahr. Trotz der finanziellen Not und des Wanderlebens vollendete er den *Fiesco* (1783) und *Kabale und Liebe* (1784), begann er die Arbeiten am *Don Carlos* (1783) und schrieb er die Erzählung *Der Verbrecher aus verlorener Ehre (1786).* 1787 ließ er sich in Weimar nieder. Aufgrund seiner Arbeit über die *Geschichte des Abfalls der vereinigten Niederlande* (1788) erhielt er eine unbesoldete Geschichtsprofessur in Jena. 1790 heiratete er Charlotte von Lengefeld. Aus finanzieller Bedrängnis rettete ihn 1791 ein dreijähriges Ehrengehalt des Erbprinzen von Schleswig-Holstein. Im gleichen Jahr brach eine lebensgefährliche Lungenentzündung aus. Trotzdem führte er seine historischen Studien fort: *Geschichte des Dreißigjährigen Krieges* (1791–1793). Entscheidend wurde für seine späteren Werke die Beschäftigung mit der Philosophie Kants; in mehreren Aufsätzen entwarf er ein ästhetisches Erziehungsprogramm. Die wichtigste Abhandlung für die Selbstbestimmung der Klassik sind wohl die *Briefe über die ästhetische Erziehung des Menschen* (1795). In diese Jahre fiel auch der Beginn der Freundschaft mit Goethe, zunächst in einem ausführlichen Briefwechsel, dann aber seit dem Umzug nach Weimar (1799) auch im persönlichen Umgang. Nach mehreren Jahren der Unterbrechung durch historische und philosophische Studien setzte eine neue schöpferische Phase ein, die er mit bewundernswerter Energie seiner Krankheit abrang. Neben den Balladen und den philosophischen Gedichten entstanden in dichter Folge die *Wallenstein*-Trilogie (1796–1799), *Maria Stuart* (1800), *Die Jungfrau von Orleans* (1801), *Die Braut von Messina* (1803) und *Wilhelm Tell* (1804). Den *Demetrius* konnte er nicht mehr vollenden. In einem Nachruf auf den toten Freund sagte Goethe:

Denn er war unser! Mag das stolze Wort
Den lauten Schmerz gewaltig übertönen!
Er mochte sich bei uns, im sichern Port,
Nach wildem Sturm zum Dauernden gewöhnen.
Indessen schritt sein Geist gewaltig fort
Ins Ewige des Wahren, Guten, Schönen,
Und hinter ihm, in wesenlosem Scheine,
Lag, was uns alle bändigt, das Gemeine.

(Epilog zu Schillers Glocke, 1805)

Schriften zur Kunst und Literatur

Vortrag über die Schaubühne

Das durchgängige Thema in Schillers ästhetischen Schriften ist die sittliche Erziehung durch den „Schein des Schönen". Auch die Kunst diene der „Beförderung allgemeiner Glückseligkeit"; so formuliert er es schon in seinem Mannheimer Vortrag *Was kann eine gute stehende Schaubühne eigentlich wirken?* (1784) Die dramatische Kunst erfülle diese Aufgabe am besten, weil sie handelnde Charaktere, d. h. Menschen in der Entscheidung darstellte; sie vereinige „die Bildung des Verstands und des Herzens mit der edelsten Unterhaltung". Mehr als Gesetze und Religion wirke sie unmittelbar auf die Menschen; sie stelle nicht nur dar, was ist, sondern auch, was sein kann und sein soll: „Die Gerichtsbarkeit der Bühne fängt an, wo das Gebiet der weltlichen Gesetze sich endigt." Bei seiner Argumentation ging Schiller von der aristotelischen Definition aus, dass das Geschehen auf der Bühne das Publikum durch Furcht und Mitleid läutere.

Die Schaubühne ist mehr als jede andere öffentliche Anstalt des Staats eine Schule der praktischen Weisheit, ein Wegweiser durch das bürgerliche Leben, ein unfehlbarer Schlüssel zu den geheimsten Zugängen der menschlichen Seele.

Diese Ausführungen zeigen deutlich, dass die Klassik ihre Wurzeln in der Aufklärung hatte.

Briefe über die ästhetische Erziehung des Menschen

Neben dem Aufsatz *Über Anmut und Würde* (1793) sind wohl die *Briefe über die ästhetische Erziehung des Menschen* (1795) Schillers wichtigste theoretische Abhandlung; ihre Entstehung liegt zwischen den Arbeiten am *Don Carlos* und dem *Wallenstein,* sie fällt in die Zeit der beginnenden Freundschaft mit Goethe. Ästhetik ist ursprünglich die Wissenschaft von der sinnlichen Erkenntnis, seit Kant bezeichnet sie auch die Wissenschaft vom Schönen. Mit dem Schönen ist die Kunst insgesamt gemeint; zu ihr gehört auch die Darstellung des Hässlichen, des guten wie des schlechten Charakters. Schiller war zu sehr Erzieher, als dass sich seine Äußerungen über die Kunst nur auf die Gestaltung beschränken konnten; Kunst müsse im Rahmen ihrer gesellschaftlichen Aufgabe beschrieben werden, Kunst müsse wirken. Deshalb reiche es nicht aus, nur an den Verstand zu appellieren. Da „der Weg zu

dem Kopf durch das Herz“ geöffnet werde, sei die „Ausbildung des Empfindungsvermögens“ ein dringendes Bedürfnis. Hier bahnt sich ein versöhnender Ausgleich zwischen der verstandesbetonten Aufklärung und dem emotionalen Sturm und Drang an.
Welche Rolle spielt nun die Kunst bei der „Beförderung allgemeiner Glückseligkeit“? Schiller geht von folgendem Gedanken aus: „Alle Verbesserung im Politischen soll von Veredlung des Charakters ausgehen.“ Da aber „unter den Einflüssen einer barbarischen Staatsverfassung“ sich der Charakter nicht veredeln könne, müsse man zu diesem Zwecke ein anderes Werkzeug suchen, das diese Aufgabe leisten könne: „Dieses Werkzeug ist die schöne Kunst, diese Quellen öffnen sich in ihren unsterblichen Mustern.“ Als Begründung dafür nennt er die Freiheit der Kunst; sie sei nicht an reale Zwänge gebunden, sie könne Gegenentwürfe zur historischen Wirklichkeit gestalten, um „aus dem Bunde des Möglichen mit dem Notwendigen das Ideal zu erzeugen“. Es geht nicht darum, das Ideal zu verwirklichen; dies wäre Utopie. Schillers Auftrag an den Dichter lautet vielmehr: „gib der Welt, auf die du wirkst, die *Richtung* zum Guten, so wird der ruhige Rhythmus der Zeit die Entwicklung bringen.“ Oder: „Lebe mit deinem Jahrhundert, aber sei nicht sein Geschöpf; leiste deinen Zeitgenossen, aber was sie bedürfen, nicht was sie loben.“ Kunst ist die Projektion der besseren Alternative. Da die charakterliche Bildung auch eine Sache der Form ist, muss nach Schillers Überzeugung das Werkzeug dieser Bildung, nämlich die Kunst selbst, sich aus den Niederungen erheben:

> *Verjage die Willkür, die Frivolität, die Rohigkeit aus ihren [d. h. der Menschen] Vergnügungen, so wirst du sie unbemerkt auch aus ihren Handlungen, endlich aus ihren Gesinnungen verbannen. Wo du sie findest, umgib sie mit edeln, mit großen, mit geistreichen Formen, schließe sie ringsum mit den Symbolen des Vortrefflichen ein, bis der Schein die Wirklichkeit und die Kunst die Natur überwindet.*

Mit diesen Sätzen hat Schiller das Programm der Klassik formuliert. Die Kunst stehe zwar nicht außerhalb der Geschichte, aber ihre Aufgabe sei es, die sittliche Würde des Menschen im Wechsel der Geschichte festzuhalten.

Über naive und sentimentalische Dichtung

In seiner letzten größeren Abhandlung *Über naive und sentimentalische Dichtung* (1795/96) geht Schiller auf die Geschichtlichkeit der Kunst ein. Er sieht ihre Entwicklung in drei Stufen, die auch gleichzeitig drei Varianten des künstlerischen Selbstverständnisses sind. Am Anfang steht die naive Dichtung; sie ist die Nachahmung des Wirklichen durch unmittelbare Anschauung, der Dichter fühlt sich als Teil der Natur. Das historische Beispiel ist die Dichtung der griechischen Antike. Durch die gesellschaftliche Entwicklung hat sich der Mensch von der Natur allmählich entfremdet; sie tritt ihm als das Fremde entgegen, das er nicht mehr unmittelbar durch sein Gefühl und seine Empfindungen erfasst, sondern über seinen Verstand. Er sucht über die verstandesmäßige Beobachtung und Erklärung zum Wesen der Dinge vorzudringen; die Natur ist ihm nur noch ein Abbild der ursprünglichen Einheit. Das Ergebnis dieser Entwicklung, dieser Trennung von Natur und Verstand, von natürlichem Zustand und gesellschaftlichen Herrschaftsformen, ist die sentimentalische Dichtung. Die dritte Stufe ist, nach Schiller, die Forderung an die Gegenwart, die Entzweiung von unmittelbarem Erleben und distanzierter Erfahrung wieder aufzuheben, allerdings nicht durch eine unhistorische Rückkehr zur naiven Sehensweise, sondern durch den Versuch einer Synthese, durch die Versöhnung von Natur und Verstand: „unsere Kultur soll uns, auf dem Wege der Vernunft und der Freiheit, zur Natur zurückführen." Unter Natur versteht Schiller vor allem eine natürliche, eine gerechte Ordnung. Deshalb ist für ihn die Verwirklichung der Idee der Freiheit die notwendige Voraussetzung dieser dritten Stufe. Angesichts der herrschenden Verhältnisse kann diese Versöhnung der Widersprüche vorerst aber nur die Kunst leisten, als Vorgriff auf eine bessere Zukunft.

Dramen

Don Carlos

Im selben Jahr (1787), in dem Goethe seinen *Egmont* abschloss, erschien auch die erste Buchfassung von Schillers *Don Carlos, Infant von Spanien* (ursprüngliche Schreibweise: *Dom Karlos*). Die Anfänge reichen bis in das Jahr 1783 zurück; Schiller hat den Text später noch mehrmals geändert und gekürzt. Beide Dramen behandeln den Abfall der Niederlande von der spanischen Krone. Während der Entstehungszeit des *Don Carlos* arbeitete Schiller an seiner *Geschichte des Abfalls der vereinigten Niederlande* (erschienen 1788). Handlungsort im *Don Carlos* ist Spanien, genauer: der Hof Philipps II.

In den fünf Akten überlagern sich mehrere Handlungsstränge. Der *Don Carlos* entwickelte sich im Verlauf seiner Entstehung von einer Familientragödie zu einem Freiheitsdrama. Don Carlos hat zugunsten seines Vaters auf seine Braut Elisabeth von Valois verzichten müssen, die er heimlich weiterliebt, ohne von ihr erhört zu werden. Die Prinzessin Eboli zettelt aus verschmähter Liebe eine Intrige an, um den Sohn an den Vater zu verraten. Dies versucht Marquis Posa in letzter Minute noch zu verhindern, indem er sich selbst bezichtigt. Aber Marquis Posa, der zentralen Gestalt in dem Drama, geht es nicht nur um die Freundschaft zu Don Carlos; in seinem Plan, die Niederlande von der spanischen Vorherrschaft zu befreien und die Entsendung Albas zu verhindern, hat er Carlos die entscheidende Rolle zugewiesen. Doch das Unternehmen scheitert; Posa wird erschossen, Carlos vom eigenen Vater der Inquisition ausgeliefert. Höhepunkt der Handlung ist das Gespräch zwischen Philipp und Posa im dritten Akt.

Schiller hat Philipp nicht als einen rücksichtslosen Tyrannen dargestellt, sondern als einen Herrscher, der sein eigenes Glück den Zwängen absolutistischer Macht unterworfen hat. Philipp glaubt, dass die Ordnung nur durch ein strenges Regiment aufrechterhalten werden kann; alles andere sei der Beginn von Aufruhr. Posa, in dem der einsame König einen Freund und ebenbürtigen Ratgeber sucht, hält dem König entgegen, dass nur das individuelle Recht auf Gedankenfreiheit das Glück der Bürger befördern könne. Posa ruft nicht zum Umsturz auf – dies wäre ein anachronistisches Missverständnis –, er fordert aufgeklärte Toleranz innerhalb der bestehenden Ordnung. Philipp hält dies für eine gefährliche Utopie; er ist ein Opfer seines eigenen Machtapparates. Die besonnene Argumentation des Marquis Posa trennt den *Don Carlos* von Schillers früheren Stücken; auch die Sprache hat sich durch die Einführung des Blankverses geändert.

Wallenstein-Trilogie

Zwischen der Erstausgabe des *Don Carlos* und den Arbeiten an der *Wallenstein*-Trilogie (1796–1799) liegt ein ganzes Jahrzehnt, ausgefüllt mit historischen und philosophischen Studien. In dieser Zeit entstanden – als Ergebnis der Auseinandersetzung mit der Philosophie

Kants – Schillers ästhetische Abhandlungen. Den Stoff der *Wallenstein*-Trilogie hatte der Historiker Schiller bereits in seiner *Geschichte des Dreißigjährigen Kriegs* (1791–1793) behandelt.

Wallensteins Lager

Im ersten Teil, *Wallensteins Lager,* tritt Wallenstein selbst noch nicht auf. Sein Charakter, sein Ruhm, sein undurchsichtiges Taktieren zwischen den kämpfenden Parteien spiegeln sich im Urteil seiner Soldaten und Offiziere, sodass er, wenn er im zweiten Teil auftritt, dem Publikum kein Unbekannter mehr ist. Begeisterte Zustimmung und warnende Kritik halten sich die Waage. Es zeigt sich aber auch, dass die abgöttische Treue des Söldnerheeres, das auf seinen Feldherrn eingeschworen ist, für Wallenstein eine Versuchung ist, sich vom Kaiser loszusagen und einen eigenen Machtbereich aufzubauen. Die *Wallenstein*-Trilogie ist eine Tragödie über die Verführbarkeit durch die Macht. Schiller hat den historischen Fall ins Exemplarische gewendet. Die Schuld liegt nicht bei Wallenstein allein, es sind auch die Umstände, die ihn beeinflussen. Aber bevor Wallenstein sich entscheidet, sind die Würfel schon gefallen; der Kaiser denkt daran, sich von Wallenstein zu trennen. Dies ist die Handlung des zweiten Teils: *Die Piccolomini.* Der Konflikt, in dem Wallenstein steht, sein Schwanken zwischen Loyalität zum Kaiser und territorialen Eigeninteressen, für die er möglicherweise sogar bereit ist mit dem protestantischen Lager zu paktieren, wird in den beiden Piccolomini personifiziert. Oktavio Piccolomini, der Vater, hält zum Kaiser; er weiß von Wallensteins Plänen einer möglichen Einigung mit den Gegnern des Kaisers. Max Piccolomini, der Sohn, ist von der Loyalität und Integrität seines bewunderten Feldherrn überzeugt. Als er nach einem Komplott der Offiziere, die Wallenstein ergeben sind, von seinem Vater erfährt, dass ein Vertrauter Wallensteins mit den Schweden verhandelt habe, will er sich selbst Gewissheit verschaffen. Wallensteins Entscheidung bleibt noch unklar. Er glaubt an die Astrologie und will eine günstige Konstellation der Gestirne abwarten; aber die Ereignisse haben ihn bereits überholt. Der Kaiser hat von den geheimen Verhandlungen mit den Schweden erfahren. Wallenstein ist gezwungen zu handeln; er nimmt das Angebot der Schweden, die böhmische Krone für den Verzicht auf strategisch wichtige Territorien, an. Der dritte Teil, *Wallensteins Tod,* ist eine doppelte Tragödie: Max Piccolomini, durch seinen Eid an den Kaiser gebunden, wendet sich enttäuscht von Wallenstein ab und sucht den Tod in der Schlacht. – Wallenstein liefert sich, in blindem Vertrauen auf seinen guten Stern, ahnungslos seinen eigenen Mördern aus; er glaubt noch an seine Macht, als schon ein Großteil der Truppen von ihm abgefallen ist. Im Prolog schrieb Schiller über Wallenstein: „Von der Parteien Gunst und Hass verwirrt / Schwankt sein Charakterbild in der Geschichte.“ Dies gilt auch schon für die Gestalten um Wallenstein in der Trilogie; die Vielschichtigkeit und das Widersprüchliche in seinem Charakter entfalten sich in den Reaktionen der anderen.

Die Piccolomini

Wallensteins Tod

Maria Stuart

In dem Trauerspiel *Maria Stuart* (1800) griff Schiller einen Stoff auf, der schon im 16. und 17. Jahrhundert mehrmals gestaltet worden war. 1587 hatte Elisabeth I. die schottische Königin, die bei ihr Schutz gesucht hatte, aus Furcht, dass sie ihr das Recht auf den Thron streitig machen könnte, hinrichten lassen. Marias Beteiligung an der Verschwörung gegen die englische Thronfolgerin und konfessionelle Gegensätze spielten dabei eine wichtige Rolle. Mehr noch aber als im *Wallenstein* hat sich Schiller von den historischen Fakten gelöst und über den Stoff frei verfügt. Schiller war bemüht, „der Phantasie eine Freiheit über die Geschichte zu verschaffen“, um eine Handlung zu gestalten, die den besten Tragödien der griechischen Antike ebenbürtig sei. Er war von der tragischen Qualität des Stoffes – im Sinne des

Aristoteles – überzeugt: „darunter gehört besonders, dass man die Katastrophe gleich in den ersten Szenen sieht und, indem die Handlung des Stücks sich davon wegzubewegen scheint, ihr immer näher und näher geführt wird. An der Furcht des Aristoteles fehlt es also nicht, und das Mitleiden wird sich auch schon finden."

Das Drama ist symmetrisch aufgebaut; den Mittelpunkt und auch die Wende bildet der dritte Akt, das Gespräch der beiden Königinnen, die sich vorher noch nie gesehen haben, in Anwesenheit des Grafen von Leicester, den beide lieben; sie treten sich als Rivalinnen um die Herrschaft und um die Gunst Leicesters gegenüber. Die Handlung setzt ein, als das Todesurteil über Maria Stuart bereits gefällt ist. Maria tritt im ersten Akt auf. Sie weiß, dass das Urteil gegen sie nur ein Vorwand ist, um sie als Thronfolgerin zu beseitigen. Ihre wirkliche Schuld liegt in der Vergangenheit, als sie in den Mord an ihrem Gatten verwickelt war; aber sie ist bereit für sich persönlich das ungerechte Urteil als Sühne für ihre frühere Schuld anzunehmen. Im zweiten Akt wird Elisabeth vorgestellt. Sie wünscht Marias Tod, um ungefährdet den Thron beanspruchen zu können; aber sie möchte den Schein einer gerechten Entscheidung wahren. Deshalb zögert sie noch, das Urteil vollstrecken zu lassen. Leicester sieht in der persönlichen Begegnung der beiden Königinnen eine Chance, Maria zu retten. Und auch Maria schöpft neue Hoffnung, als sie von dem Plan erfährt. So ist die Handlung noch für einen möglichen guten Ausgang offen; aber das Zusammentreffen der beiden Königinnen im dritten Akt führt zum Gegenteil, die Katastrophe wird dadurch nur beschleunigt. Maria, die demütig um Gnade bittet, wird von Elisabeth so provoziert, dass sie die Beherrschung verliert: „Der Thron von England ist durch einen Bastard / Entweiht." Moralisch geht Maria aus der Begegnung als Siegerin hervor; aber ihr Tod ist nun endgültig beschlossen. Im vierten Akt überstürzen sich die Ereignisse. Elisabeth entgeht nur knapp einem Anschlag; sie unterschreibt den Befehl zur Vollstreckung des Urteils. Wiederum aber will sie die Verantwortung nach außen nicht selbst tragen. Sie überlässt das Dokument ihren Untergebenen, ohne klare Anweisungen zu geben. Im fünften Akt wird das Urteil vollstreckt. Noch einmal werden die beiden gegensätzlichen Charaktere gegenübergestellt. Maria geht gefasst in den Tod; ihre Schuld, die sie sühnt, hat nichts mit der Rivalität zwischen den beiden Königinnen zu tun. Elisabeth hat nun die Macht für sich allein, aber sie ist einsam geworden; ihre besonnenen Berater verlassen sie, und auf jene Untergebenen, die ihr blind ergeben waren, wälzt sie die Schuld für das vollstreckte Fehlurteil.

Schiller hat sich sehr genau an die Argumentation und an den Aufbau der antiken Tragödie gehalten, mit einer Ausnahme: Nicht mehr Schicksal oder Verhängnis bestimmen die Handlung, sondern die freie Entscheidung der Menschen im Kampf um die Macht. Der Schein spricht für Elisabeth, die Wahrheit aber gegen sie.

Die Jungfrau von Orleans

Nur ein Jahr später folgte dem staatspolitischen Intrigenspiel um den englischen Thron die legendenhafte Tragödie *Die Jungfrau von Orleans* (1801). Legendenhaft in einem doppelten Sinn: Schiller gestaltete die historischen Ereignisse noch freier als in den anderen Dramen; das Hirtenmädchen Johanna, das Mitte des 15. Jahrhunderts in visionärem Auftrag die Krone Frankreichs gegen die Engländer verteidigte, stirbt nicht als Hexe auf dem Scheiterhaufen, sondern fällt im siegreichen Kampf. Legendenhaft oder – wie Schiller sagte – romantisch ist auch der Rückgriff auf das Wunderbare; Johanna ist von ihrer göttlichen Sendung überzeugt, sie leistet Übermenschliches.

Der Konflikt, den Schiller in diesem Rahmen darstellt, ist ein innermenschlicher: Johanna kann ihren Auftrag nur erfüllen, wenn sie ihre persönlichen Gefühle hintanstellt. Die Verwirklichung der Idee, d. h. hier: die Rettung Frankreichs, gelingt nur um den Preis des Verzichts auf individuelles Glück. Die Freiheit des Einzelnen hat sich der geschichtlichen Notwendigkeit unterzuordnen; so wird es wenigstens in dem Stück vorgeführt: Johanna entscheidet sich für den historischen Auftrag, sie unterdrückt ihren Wunsch nach individueller Glückserfüllung; ihr Lohn ist der Ruhm der Nachwelt. Diesen Ruhm, dass sie der Idee treu geblieben sei, bezahlt sie aber mit dem eigenen Leben, ob – wie in der Geschichte – auf dem Scheiterhaufen oder – wie in Schillers Tragödie – auf dem Schlachtfeld. Eine Versöhnung zwischen objektiver Notwendigkeit und Recht auf Eigenleben findet nicht statt. Schiller hat nicht die Lösung, sondern den Konflikt selbst auf die Bühne gestellt. Die Annäherung in den Schlussszenen an das christliche Märtyrerdrama ist eher eine Verschleierung als eine Antwort auf die Forderung der Aufklärung nach „Glückseligkeit“ auch des Einzelnen.

In der *Jungfrau von Orleans* hat Schiller wie in keinem anderen Stück die Idee der Klassik, d. h. den Versuch einer Versöhnung zwischen objektiver Notwendigkeit und individueller Selbstverwirklichung, so klar herausgearbeitet und auch in Frage gestellt.

Die Braut von Messina

Die Braut von Messina oder Die feindlichen Brüder (1803) ist ein Trauerspiel mit Chören. Das Stück ist ein Experiment, mit dem Schiller versuchte die griechische Tragödie zu aktualisieren. Die Handlung geschieht an einem Tag unter fünf Personen an zwei Orten. Sie setzt ein, als das Verhängnis bereits seinen Lauf genommen hat. Die Vorgeschichte wird in Erzählungen nachgeholt; was an anderen Orten geschieht, berichten Boten. Der Chor, als Gefolge der beiden Brüder in zwei Gruppen eingeteilt, kommentiert die Ereignisse und greift selbst in das Geschehen ein. Deutlich zeigt sich, dass Schiller das analytische Verfahren, die nachträgliche Erhellung der Verstrickungen, wie es aus dem *König Ödipus* des Sophokles bekannt ist, nachgeahmt hat.

Die Handlung setzt ein, als Donna Isabella, Fürstin von Messina, hoffen darf ihre beiden verfeindeten Söhne versöhnt zu haben. Um das Glück zu vollenden, will sie ihre Tochter Beatrice, die heimlich in einem Kloster aufgezogen worden war, zurückholen. Aufgrund eines Orakels, dass die Tochter die Ursache für den Tod seiner beiden Söhne sein werde, hatte der verstorbene Fürst befohlen die Tochter zu töten; aber die Fürstin rettete sie in ein Kloster. Schiller hat das Los des Ödipus auf Beatrice übertragen. Das Verhängnis, die Auslöschung des Fürstengeschlechts, das der Vater verhindern wollte, nimmt seinen Lauf; denn die beiden Brüder haben sich ahnungslos in ihre Schwester verliebt. Der alte Hass bricht wieder auf; Don Cesar tötet seinen Bruder Don Manuel. Als er von der Mutter erfährt, wer Beatrice wirklich ist, richtet er sich selbst.

Der Orakelspruch ist wie im *König Ödipus* gerade deshalb in Erfüllung gegangen, weil die Mutter versucht hatte ihn zu verhindern; das Schicksal bestimmt die Handlungen der Menschen, sie können ihm nicht entgehen. Diese antike Auffassung vom Schicksal war aber im Zeitalter der Aufklärung keine geglaubte Wirklichkeit mehr, sondern nur noch ein theatralisches Motiv, ein Kunstgriff der dramatischen Steigerung. Deshalb legte Schiller den Schwerpunkt auf die Charakterzeichnung der beiden Brüder. Cesars Selbstmord am Ende ist seine freie Entscheidung, die Schuld zu sühnen. Die Brüche zwischen antikem Schicksalsglauben und künstlicher Aktualisierung dieses Motivs sind nicht zu übersehen. Das Stück wurde später weniger seines Inhalts wegen gespielt; die Faszination ging vielmehr von der feierlichen Sprache und der dramatischen Handlungsführung aus. Es wurde zum Vorbild der so genannten Schicksalstragödie im frühen 19. Jahrhundert.

Wilhelm Tell

In seinem letzten vollendeten Stück, dem *Wilhelm Tell* (1804), griff Schiller wieder auf einen historischen Stoff zurück; das Personenregister füllt wie in der *Wallenstein*-Trilogie fast zwei Seiten. Es handelt vom Freiheitskampf der Schweizer zu Beginn des 14. Jahrhunderts gegen die Habsburger und deren Vögte, die das Volk unterdrücken. Der Titelheld ist an dem Aufstand zunächst nicht beteiligt; er ist ein Einzelgänger. Aber seine Rache an dem verhassten Reichsvogt Geßler, der ihn gezwungen hat vom Haupte des Sohnes einen Apfel zu schießen, beschleunigt die Ereignisse. Die Vorbereitungen der Verschwörung, an der Tell nicht teilnimmt, laufen parallel zu Tells Alleingang; beide Handlungsstränge vereinen sich erst am Schluss. Tell greift nicht aus politischer Überzeugung ein, sondern um seine Familie gegen Geßlers Willkür zu schützen. Aber die Tat eines freien Mannes wird zum Fanal des Aufstandes. Um Tells Tat in das rechte Licht zu rücken und um ihn vom Vorwurf des Meuchelmordes zu befreien, stellt Schiller ihm den Kaisermörder Johannes Parricida gegenüber, der nicht aus Notwehr, sondern um eines persönlichen Vorteils wegen getötet hatte. Die dramatischen Gegensätze in diesem Stück sind nicht in erster Linie die Personen, sondern die sich gegenseitig ausschließenden Herrschaftssysteme von Tyrannei und Volkssouveränität; aber auch das Volk kommt nach Schillers Auffassung nicht ohne den starken Einzelnen aus, es braucht seinen Volkshelden.

Erzählprosa

Der Verbrecher aus verlorener Ehre

In der Erzählung *Der Verbrecher aus verlorener Ehre* (1786), die er eine *wahre Geschichte* nennt, hat Schiller einen wirklichen Vorfall bearbeitet. Im Vorspann sagt Schiller, dass es ihm nicht darum gehe, Neugier und Sensationslust des Lesers zu befriedigen; er wolle die Hintergründe aufdecken, die einen bislang Unbescholtenen zum Verbrecher werden ließen: „An seinen Gedanken liegt uns unendlich mehr als an seinen Taten, und noch weit mehr an den Quellen seiner Gedanken als an den Folgen jener Taten.“ Die Erzählung ist eine modern anmutende psychologische und gesellschaftskritische Studie. Schon der Titel gibt eine gewisse Erklärung, und die Analyse zeigt, dass die Gesellschaft an den Verbrechen des Sonnenwirts Christian Wolf einen Großteil der Schuld trägt.

Christian ist die bürgerliche Entsprechung zu Karl Moor in den *Räubern;* er wurde gegen seinen Willen zum Verbrecher. Von der Natur benachteiligt und mittellos, muss er sich weibliche Zuneigung durch Geschenke erkaufen; das Geld dazu verschafft er sich als Wilddieb. Dreimal erwischt ihn sein Rivale, der Forstgehilfe Robert; die Strafen fallen immer drakonischer aus. Das Zusammenleben mit Mördern in der Festungshaft macht ihn selbst zum „Lotterbuben“. Der Versuch, in seinem Dorf wieder ein ordentliches Leben zu beginnen, scheitert am Widerstand der Mitmenschen. So wird er wieder Wilddieb. Als er auf Robert trifft, tötet er ihn, weil er ihn für die Ursache seines Unglücks hält. Er bringt es bis zum Anführer einer Räuberbande; aber von dem verbrecherischen Treiben der Bande bald angewidert, will er seine Schuld als Soldat sühnen. Da ihm dies verweigert wird, stellt er sich freiwillig der Obrigkeit in der Hoffnung, einen gerechten Richter zu finden. Schon im Vorspann hatte Schiller berichtet, dass Christian „durch des Henkers Hand“ gestorben sei.

Der Geisterseher

Nicht vollendet hat Schiller das Romanfragment *Der Geisterseher* (1787). Es behandelt ein verwickeltes Intrigenspiel um die Thronfolge in einem protestantischen Fürstenhaus. Dabei spielen konfessionelle Rivalitäten und spiritistische Scharlatanerien eine wichtige Rolle. Schiller schien es aber weniger um den sensationellen Stoff gegangen zu sein als um die Vielfalt der Möglichkeiten, die der Roman als Erzählgattung bot; die Ereignisse werden in ständig wechselnder Perspektive als Ich-Erzählung, Bericht, Brief oder Gespräch wiedergegeben.

Balladen und Gedichte

Schillers bekannteste Balladen entstanden im regen Gedankenaustausch mit Goethe. Es sind in der Mehrzahl dramatische Erzählgedichte nach antiken oder mittelalterlichen Quellen. Bewusst setzte Schiller das Moment der dramatischen Steigerung ein.

Der Ring des Polykrates

Im *Ring des Polykrates* warnt der ägyptische König den selbstbewussten Polykrates vor den Launen des Glücks; dreimal warnt er ihn und dreimal widerlegen ihn die Ereignisse: Der Feind wird besiegt, die Flotte kehrt reich beladen heim und die Kreter werden durch einen Meeressturm vertrieben. Da aber solches Glück nur den Neid der Götter hervorruft, bittet er Polykrates als letzte Probe:

Und was von allen deinen Schätzen
Dein Herz am höchsten mag ergötzen,
das nimm und wirf's in dieses Meer!

Aber ein Fischer bringt den Ring in einem Fisch zurück. Dies ist für den ägyptischen Gast ein untrügliches Zeichen:

Mein Freund kannst du nicht weiter sein.
Die Götter wollen dein Verderben, [. . .]

Die Bürgschaft

Die Bürgschaft ist wie ein fünfaktiges Drama mit einer Rahmenhandlung aufgebaut. Damon, der den Tyrannen Dionys ermorden wollte, erhält vor seiner Hinrichtung eine Frist von drei Tagen, um seine Schwester zu vermählen; ein Freund bleibt als Bürge zurück. Das dramatische Hauptstück ist die Rückreise: Ein unendlicher Regen schwemmt die Brücke weg; Damon stürzt sich verzweifelt in die Flut und erreicht das andere Ufer (1. Akt). Er wird von Räubern überfallen, aber er schlägt sie in die Flucht (2. Akt). Die sengende Sonne raubt ihm die Kräfte, eine Quelle erfrischt ihn; er darf neu hoffen (3. Akt). Unterwegs erfährt er von Wanderern, dass der Freund, der für ihn gebürgt hatte, jetzt ans Kreuz geschlagen werde; die Katastrophe scheint nicht mehr aufzuhalten zu sein (4. Akt). Ein Diener rät ihm zu fliehen und sich selbst zu retten; aber er will dem Tyrannen zeigen, dass er seinem Freunde treu geblieben war, und er eilt nach Syrakus. Er kommt wider Erwarten noch rechtzeitig an (5. Akt). Den Abschluss der Rahmenhandlung bildet die Bitte des Tyrannen angesichts dieser Freundestreue:

Ich sei, gewährt mir die Bitte,
In eurem Bunde der Dritte.

Der Handschuh

Um die Gefahr, in die sich der Ritter Delorges aus der Laune eines adligen Fräuleins begibt, sichtbar werden zu lassen, wird in der Ballade *Der Handschuh* der Einzug der Raubtiere – Löwe, Tiger, Leopard – dreifach beschrieben. Der Ritter holt den Handschuh des Fräuleins, das ihn auf die Probe stellen will, zum Erstaunen aller aus der Arena heraus; aber die Handlung nimmt eine erstaunliche Wendung:

Und er wirft ihr den Handschuh ins Gesicht:
„Den Dank, Dame, begehr ich nicht",
Und verlässt sie zur selben Stunde.

Gedankenlyrik

Schillers Gedichte sind gereimte philosophische Abhandlungen; sie stehen in der Tradition der antiken Lehrdichtung. Dem sentimentalischen Dichter, wie er sich selbst charakterisierte, lag die unmittelbare Wiedergabe eines individuellen Gefühls, die Erlebnis- oder Naturlyrik, fern. In dem Gedicht *Das Ideal und das Leben* (1795) heißt es:

Das Ideal und das Leben

Aber flüchtet aus der Sinne Schranken
In die Freiheit der Gedanken –

Natur, Landschaft, alles wird ihm zu einem Bild des Gedankens. Das Landschaftsbild eingangs des Gedichtes *Sehnsucht* (1802) ist die räumliche Umsetzung der Begriffe Ideal und Leben:

Sehnsucht

Ach, aus dieses Tales Gründen,
Die der kalte Nebel drückt,

Könnt ich doch den Ausgang finden,
Ach wie fühlt ich mich beglückt!

Dort erblick ich schöne Hügel,
Ewig jung und ewig grün!

Hätt ich Schwingen, hätt ich Flügel,
Nach den Hügeln zög ich hin.

Ein wichtiges Strukturmerkmal der Gedankenlyrik Schillers ist der antithetische Aufbau, d. h. die Gegenüberstellung entgegengesetzter Aussagen, so wie er sich auch schon in der Barocklyrik findet. In dem Gedicht *Die Worte des Glaubens* (1797) z. B. stellt Schiller die drei für ihn fundamentalen Wahrheiten jeweils in Verbindung mit dem möglichen Einwand vor:

Die Worte des Glaubens

Der Mensch ist frei geschaffen, ist frei,
Und würd er in Ketten geboren! . . .

Und die Tugend, sie ist kein leerer Schall,
Der Mensch kann sie üben im Leben! . . .

Und ein Gott ist, ein heiliger Wille lebt,
Wie auch der menschliche wanke! . . .

Textsammlungen

- Walther Killy: Die deutsche Literatur – Texte und Zeugnisse Band 5: Sturm und Drang, Klassik, Romantik, zwei Teilbände, herausgegeben von Hans-Egon Hass, C. H. Beck Verlag, München 1966
- Gabriele Wirsich-Irwin: Klassik, Reclam Verlag (RUB 9625), Stuttgart 1976

7 Romantik (1795–1835)

1789 Französische Revolution	1794 *Wissenschaftslehre* von Johann Gottlieb Fichte
1793 Hinrichtung Ludwigs XVI. – Herrschaft des Wohlfahrtsausschusses	1797 *Ideen zu einer Philosophie der Natur* von Friedrich Wilhelm Joseph Schelling
1795 Friede von Basel zwischen Frankreich und Preußen	1797 *Herzensergießungen eines kunstliebenden Klosterbruders* von Wilhelm Heinrich Wackenroder
1797 Friede von Campoformio zwischen Frankreich und Österreich	1773–1853 Ludwig Tieck – *Der blonde Eckbert* (1797) – *Franz. Sternbalds Wanderungen* (1798) – *Der Runenberg* (1804) – *Des Lebens Überfluss* (1839) – *Vittoria Accorombona* (1840)
1799 Napoleon durch Staatsstreich erster Konsul einer Konsularregierung	1772–1801 Novalis – *Die Christenheit oder Europa* (1799) – *Hymnen an die Nacht* (1800) – *Heinrich von Ofterdingen* (1802)
1802 Konsulat Napoleons auf Lebenszeit	1772–1829 Friedrich Schlegel – *Lucinde* (1799) – *Gespräch über die Poesie* (1800)
	1801 *Florentin* von Dorothea Schlegel
1803 Reichsdeputationshauptschluss – Säkularisierung geistlicher Fürstentümer – Beseitigung von Kleinstaaten	1778–1831 Clemens Brentano – *Godwi* (1801) – *Italienische Märchen* (1805 ff.) – *Rheinmärchen* (1811 ff.) – *Geschichte vom braven Kasperl und dem schönen Annerl* (1817)
	1804 *Nachtwachen* von Bonaventura (August Klingemann)
1804 Napoleon, selbst ernannter Kaiser der Franzosen	1780–1806 Caroline von Günderode – *Gedichte und Phantasien* (1804) – *Poetische Fragmente* (1805)
1805 Koalitionskrieg gegen Frankreich	1805 *Des Knaben Wunderhorn* von Arnim/Brentano

1806 Ende des Heiligen Römischen Reiches Deutscher Nation – Sieg Napoleons über Preußen

1807 ff. Reformen in Preußen durch Freiherrn vom Stein und Freiherrn von Hardenberg – Aufhebung der Erbuntertänigkeit der Bauern – Einschränkung der Vorrechte des Adels – Selbstverwaltung der Städte

1811 Napoleon auf dem Höhepunkt seiner Macht

1812 Napoleons Feldzug gegen Russland

1813 Beginn der Befreiungskriege – Rückzug Napoleons über den Rhein

1814 Napoleon auf die Insel Elba verbannt

1815 Rückkehr Napoleons – nach Niederlage bei Waterloo Verbannung auf die Insel St. Helena

1814–1815 Wiener Kongress – Bildung des Deutschen Bundes unter Führung Österreichs

1817 Wartburgfest der deutschen Studenten zum Gedenken an die Reformation (1517) und an die Leipziger Völkerschlacht (1813)

1819 Karlsbader Beschlüsse – Beginn der restaurativen Politik unter Fürst Metternich

1807 *Die deutschen Volksbücher* von Joseph Görres

1776–1822 E.T.A. Hoffmann – *Ritter Gluck* (1809) – *Der goldne Topf* (1814) – *Die Elixiere des Teufels* (1816) – *Der Sandmann* (1816) – *Das Fräulein von Scuderi* (1819) – *Lebensansichten des Katers Murr* (1819/21)

1812–1815 *Kinder- und Hausmärchen* von Jacob und Wilhelm Grimm

1781–1831 Achim von Arnim – *Isabella von Ägypten* (1812) – *Die Kronenwächter* (1817) – *Die Majoratsherren* (1820)

1814 *Peter Schlemihls wundersame Geschichte* von Adelbert von Chamisso

1788–1857 Joseph von Eichendorff – *Ahnung und Gegenwart* (1815) – *Das Marmorbild* (1819) – *Aus dem Leben eines Taugenichts* (1826) – *Das Schloss Dürande* (1837) – *Gedichte* (1837)

1787–1862 Ludwig Uhland – *Gedichte* (1815 ff.) – *Vaterländische Gedichte* (1817) – *Alte hoch- und niederdeutsche Volkslieder* (1844)

1802–1827 Wilhelm Hauff – *Der Mann im Mond* (1825) – *Lichtenstein* (1826) – *Märchenalmanache* (1826–1828)

1785–1859 Bettina von Arnim – *Goethes Briefwechsel mit einem Kinde* (1835) – *Die Günderode* (1840) – *Dies Buch gehört dem König* (1843).

1792–1850 Gustav Schwab – *Buch der schönsten Geschichten und Sagen* (1836/37) – *Deutsche Volksbücher* (1836/37)

Romantik – ein literarischer Begriff im historischen Kontext

Herkunft und Bedeutung des Begriffs

Der Begriff Romantik tauchte erstmals Ende des 18. Jahrhunderts auf. Er wurde aus den beiden Adjektiven romanisch bzw. romantisch abgeleitet. Ursprünglich bezeichneten sie die Dialekte und späteren nationalen Volkssprachen, die sich aus dem Lateinischen entwickelt haben; man nennt sie heute romanische Sprachen. Damit verbunden war die Unterscheidung zwischen der Literatur der römischen Antike, die in klassischem Latein geschrieben war, und den verschiedenen europäischen Literaturen des Mittelalters, die in der Volkssprache geschrieben waren. Diese Nationalliteraturen hielten sich nicht mehr unbedingt an den Regelkanon der antiken Poetik; sie nahmen eigene Stoffe und Gestaltungsformen auf.

Daraus entstand die folgenreiche Diskussion zwischen den *antiqui* und *moderni,* d. h. den Anhängern der antik-klassischen Literatur, die in ihr ein verbindliches Vorbild sahen, und den Vertretern neuerer Strömungen. Die mittelalterlichen Heldenlieder, Erzählgedichte und Balladen – besonders in Spanien – wurden geradezu zum Grundtyp der Volksdichtung; dies zeigt sich auch in ihrer Benennung; denn *romance* bedeutet zugleich „in der Volkssprache geschrieben" und Romanze (Ballade). Die Bezeichnung wurde auch auf erzählende Prosatexte (Romane) übertragen, zunächst aber in abwertender Bedeutung, und zwar in doppelter Weise. Erstens der Form nach: Es seien Texte, die nicht mehr in gebundener Rede (Vers) geschrieben seien, keine strenge Komposition aufwiesen und in ihrem Handlungsablauf offen seien. Zweitens dem Inhalt nach: Er sei rein erfunden, oft unwahr, er stelle das Phantastische und Wunderbare als Wirklichkeit vor; er kümmere sich nicht um das aristotelische Kriterium der Wahrscheinlichkeit. In diesem Sinne wurde das Adjektiv *romantisch* im 17. und 18. Jahrhundert zur Charakterisierung wilder, noch unberührter Landschaften und verfallener Burgen verwendet; es bezeichnete alles, was nicht nach geometrischen Regeln gestaltet war. Diese zum Teil abwertende Bedeutung änderte sich in Deutschland in der zweiten Hälfte des 18. Jahrhunderts. Durch Herder wurden die eigenständigen nationalen Traditionen gegenüber der Antike aufgewertet. Und für Friedrich Schlegel, den Theoretiker der Romantik, wurde *romantisch* sogar ein Sammelbegriff für die Möglichkeiten einer neuen, zeitgenössischen Dichtung, die den Gegensatz von Verstand und Gefühl, von Regelzwang und schöpferischer Freiheit, von Wahrscheinlichem und Unerklärbarem aufheben sollte. Das Programm zielte auf eine Dichtung, die allumfassend war; die Vielfalt in Natur und Gesellschaft, auch die gegensätzliche, sollte in der Dichtung sich versöhnen.

Zusammenfassend lässt sich sagen: Die Begriffe *Romantik* und *romantisch* bedeuten Ende des 18. Jahrhunderts, nun im positiven Sinn

- Neubewertung der eigenen nationalen Literaturtraditionen,
- Aufwertung des Mittelalters gegenüber der Antike,
- Begeisterung für die so genannte Volksdichtung (Volkspoesie),
- freie Gestaltung und „Natürlichkeit" gegen Regelzwang und „Künstlichkeit",
- Dichtung als allumfassende Weltdeutung, die auch das Unerklärbare und Unheimliche nicht ausspart.

Diese Bedeutungen sind im Einzelnen nicht neu; sie sind nicht ausschließlich auf die Romantik zu beziehen. Ähnliche Diskussionen finden sich schon in der Aufklärung, im Sturm und Drang und in der Weimarer Klassik. Die verschiedenen Strömungen überschneiden sich. Herder, auf den die Romantiker sich berufen, war auch der Lehrmeister des jungen Goethe. Und Schiller nannte seine *Jungfrau von Orleans* eine „romantische Tragödie". Die Romantik war keine einheitliche Bewegung. Deshalb spricht man in der Literaturgeschichte von mehreren Phasen der Romantik. Ein wichtiger Zeitraum waren die Neunzigerjahre des 18. Jahrhunderts, aber die letzten Ausläufer reichen bis in die Mitte des 19. Jahrhunderts. Man muss zwischen der Romantik als einer literarischen Strömung und der Romantik als einem Epochenbegriff der Literaturgeschichte unterscheiden.

Staat und Gesellschaft

Historische Eckdaten für die Literatur der deutschen Romantik sind die Französische Revolution (1789) und der Wiener Kongress (1815). Zu Beginn, bis zur Proklamation der konstitutionellen Monarchie (1791), die das Besitzbürgertum entsprechend seinem Steueraufkommen an der politischen Macht beteiligte, wurde die Französische Revolution in Deutschland begeistert aufgenommen, denn man sah zum Teil Parallelen zwischen den Ideen der Revolution in Frankreich und den Liberalisierungsbestrebungen des aufgeklärten Absolutismus in Deutschland. Aber nach der Abschaffung des Königtums und der Hinrichtung Ludwigs XVI. (1793), nach der Entmachtung der großbürgerlichen Girondisten und mit dem Beginn der Schreckensherrschaft des radikalen Wohlfahrtsausschusses schlug die Sympathie allgemein in Ablehnung um. Diese Ablehnung verstärkte sich durch die Expansionskriege der Revolutionsregierung, die damit von inneren Schwierigkeiten ablenken wollte. Napoleon, ehemals Heerführer der Revolutionstruppen, seit 1804 selbst ernannter Kaiser der Franzosen, veränderte durch seine Feldzüge in wenigen Jahren die politische Landkarte Europas. 1803 wurden die kirchlichen Besitzungen säkularisiert und den Fürsten als Entschädigung für die linksrheinischen Annexionen Frankreichs übereignet. 1806 endete die Geschichte des Heiligen Römischen Reiches Deutscher Nation. 1811 war Napoleon auf dem Gipfel seiner Macht; aber der Widerstand der europäischen Staaten wuchs. Die Befreiungskriege (1813/15) stellten das Gleichgewicht der Macht in Europa wieder her. Für die Fürsten bedeutete dies den Sieg der alten Ordnung. Die Reaktion im Bürgertum war unterschiedlich, aber keineswegs wollte es eine Rückkehr zur politischen und gesellschaftlichen Situation vor 1789. Auch hatten die Befreiungskriege das Nationalbewusstsein gestärkt. Aber durch die Beschlüsse des Wiener Kongresses (1815) wurden alle Erwartungen – sowohl der Republikaner als auch jener, die für eine konstitutionelle Monarchie eintraten – enttäuscht. Die Reformen beschränkten sich auf eine territoriale Neuordnung; zum *Deutschen Bund*, dessen oberste Behörde der Bundestag in Frankfurt war, gehörten 35 landesfürstliche Territorien und vier Städte. Den Vorsitz im Bundestag hatte Österreich. Der österreichische Minister Fürst Metternich betrieb sehr bald eine restaurative Politik, die sich jeder Neuerung oder politischen Öffnung widersetzte. Die Reformansätze des Freiherrn vom Stein in Preußen wurden vom Deutschen Bund nicht übernommen. 1819 wurden auf Veranlassung Metternichs die so genannten Karlsbader Beschlüsse vom Bundestag bestätigt. Sie richteten sich gegen liberale Tendenzen – oder wie es damals hieß: gegen „demagogische Umtriebe"; die Universitäten sollten überwacht, die Burschenschaften als Keimzelle demokratischer Bestrebungen verboten, liberal gesinnte Lehrkräfte entlassen, eine allgemeine Zensur eingeführt und Landesverfassungen nur im Sinne der alten Ständeordnung zugelassen werden. Die Karlsbader Beschlüsse galten bis 1848.

Die Jenaer Romantik

Zentrum der frühen romantischen Bewegung wurde Mitte der Neunzigerjahre die Universitätsstadt Jena. Dort bildete sich um die beiden Brüder AUGUST WILHELM (1767–1845) und FRIEDRICH (1772–1829) SCHLEGEL ein Freundeskreis, zu dem die Philosophen JOHANN GOTTLIEB FICHTE (1762–1814) und FRIEDRICH WILHELM JOSEPH SCHELLING (1775–1854), später auch der evangelische Theologe FRIEDRICH ERNST DANIEL SCHLEIERMACHER (1768–1834) und die beiden Dichter NOVALIS (eigentlich GEORG PHILIPP FRIEDRICH VON HARDENBERG, 1772–1801) und LUDWIG TIECK (1773–1853) gehörten. Einen Überblick über das literarische Programm der Gruppe vermitteln die Zeitschriften *Athenäum* (1798–1800 von den Brüdern Schlegel in Berlin herausgegeben) und Friedrich Schlegels *Gespräch über die Poesie* (1800), das eine Art Zusammenfassung der gemeinsamen Diskussion ist.

Politik – Philosophie – Kunst

1798 schrieb Friedrich Schlegel im *Athenäum:* „Die Französische Revolution, Fichtes Wissenschaftslehre und Goethes Meister sind die größten Tendenzen des Zeitalters.“ Bei dieser Zusammenstellung meinte er weniger die realpolitischen Folgen der Französischen Revolution, sie war ihm eher ein Beweis für den historischen Prozess der Befreiung des Geistes aus fremder Bevormundung: „. . . wem keine Revolution wichtig scheinen kann, die nicht laut und materiell ist, der hat sich noch nicht auf den hohen weiten Standpunkt der Geschichte der Menschheit erhoben.“ Im Unterschied zur Aufklärung ging es nicht darum, eine allgemein verbindliche Vernunftlehre zu entwickeln, die einen Anspruch auf überindividuelle Objektivität hatte, vielmehr sollte das erkennende Ich die letzte Instanz der Weltdeutung sein. Deshalb kann man die Jenaer Romantik auch eine Fortführung des Sturm und Drang nennen. Kant unterschied in seiner Erkenntnislehre (vgl. S. 102 ff.) zwischen den Dingen an sich, die unabhängig von unserer Erkenntnis existieren, und der begrenzten Möglichkeit des erkennenden Ich, die objektive Außenwelt nur als Erscheinung wahrzunehmen. Diese Trennung in Subjekt und Objekt, in ein wahrnehmendes Ich und in eine von ihm unabhängige Realität, versuchte Fichte, ein Schüler Kants, in seiner *Wissenschaftslehre* (1794 ff.) durch einen einheitlichen Grundgedanken aufzuheben: Jegliche Sinngebung gehe vom erkennenden Ich aus. Dadurch dass das Ich sich selbst und das, was es nicht ist, d. h. das Andere, das Nicht-Ich, erkenne, gebe es dem Sein erst einen Sinn und schaffe in seinem Bewusstsein eine Struktur der Welt; diese Struktur sei ein Produkt der subjektiven, sinnstiftenden Einbildungskraft. Dieser so genannte subjektive Idealismus, der die Phantasie zu einer absoluten Größe erhob, war eine der bestimmenden Theorien der Frühromantik. Die von Fichte propagierte Subjektivität konnte aber den Gegensatz von Geist und Natur, von Ich und Welt, nicht tatsächlich, sondern nur im Bewusstsein des Ich aufheben. Um das Bewusstsein des Ich nicht zu subjektiver Willkür zu degradieren, griff Schelling, auf Versöhnung zwischen Ich und Welt bedacht, in seinen *Ideen zu einer Philosophie der Natur* (1797) – ähnlich wie schon vor ihm Lessing – auf Spinozas pantheistischen Monismus zurück (vgl. S. 67): Alles, Geist und Natur, habe seinen Ursprung in einer einzigen Substanz, die Schöpfer und Geschöpf zugleich sei. Daher sei auch das erkennende, schöpferische Subjekt, das Ich, nur ein Teil des Ganzen: „Die Natur soll der sichtbare Geist, der Geist die unsichtbare Natur sein.“ Die Selbsterkenntnis des Ich und die daraus resultierende Weltdeutung, wie Fichte beides beschrieb, sind – nach Schelling – kein Akt subjekti-

FICHTES *Wissenschaftslehre*

SCHELLINGS *Ideen zu einer Philosophie der Natur*

ver Sinngebung oder spielerischer Phantasie, sondern Ergebnis der Identität von Geist und Natur, von Ich und Welt. Fichtes und Schellings Theorien gaben der schöpferischen Phantasie eine besondere Legitimation zur sinnstiftenden Weltdeutung. Sie beeinflussten die Vorstellung der Romantik, dass das Kunstwerk ein allegorischer, ein gleichnishafter Abglanz des Unendlichen sei. Die Poesie wurde so zur Lehrmeisterin aller Wissenschaften erhoben; denn für Schelling war die Poesie die endliche Darstellung des Unendlichen: „Das Unendliche endlich dargestellt ist Schönheit."

FRIEDRICH SCHLEGELS *Gespräch über die Poesie*

In Friedrich Schlegels *Gespräch über die Poesie* (1800) wird dies näher ausgeführt; es war die Programmschrift der Jenaer Romantiker. Auf Herder geht der Gedanke zurück, dass die Poesie „von selbst aus der unsichtbaren Urkraft der Menschheit" hervorblühe und dem göttlichen Schöpfungsakt gleiche; denn die Erde sei das „Gedicht der Gottheit, dessen Teil und Blüte auch wir sind". Poesie entstehe nicht nach den Gesetzen der „vernünftig denkenden Vernunft", ihre Quelle sei „die schöne Verwirrung der Phantasie". Poesie ahme die Wirklichkeit nicht nach, sondern sie entwerfe eine „höhere idealische Ansicht der Dinge, sowohl des Menschen als der äußeren Natur"; sie umfasse das ganze Sein und sei unteilbar. Die Weltdeutung durch die Poesie im Lauf der Geschichte spiegle sich in den Mythen der Völker.

das Wesen der Poesie

schöpferische Phantasie

die Mythen der Völker

> *Einen großen Vorzug hat die Mythologie. Was sonst das Bewusstsein ewig flieht, ist hier dennoch sinnlich geistig zu schauen und festgehalten, wie die Seele in dem umgebenden Leibe, durch den sie in unser Auge schimmert, zu unserem Ohre spricht.*

Mythen sind nicht zeitlos, sondern jeweils an das geschichtliche Selbstverständnis der Völker gebunden. Die Dichter der Antike entwarfen ihr Weltbild im Gewande der Göttermythen; in den Gestalten der Götter versinnlichten sie die Weltkräfte. Die Lehre des Christentums dagegen ging von der Idee des *einen* Weltschöpfers aus. DANTE ALIGHIERI (1265–1321) wird in dem *Gespräch* als „der heilige Stifter und Vater der modernen Poesie" gepriesen; denn in seiner *Göttlichen Komödie* habe er einen neuen, den christlichen Mythos geschaffen. Die spanischen Dichter, besonders CERVANTES (1564–1616) und CALDERÓN (1600–1681), hätten die christliche Tradition weitergeführt und neue Perspektiven der Wirklichkeitserfahrung und -deutung eröffnet, wie auch der große englische Dramatiker SHAKESPEARE (1514–1616). Das rationalistische Zeitalter habe aber den Mythos verworfen, die Poesie sei verarmt. Deshalb sei es die Aufgabe der Gegenwart, einen neuen Mythos zu schaffen; einen wichtigen Weg weise die Philosophie des Idealismus, der die Welt aus der schöpferischen Kraft des sich selbst erkennenden und begreifenden Geistes erklärte:

Idealismus als neuer Mythos

> *Die Philosophie gelangte in wenigen kühnen Schritten dahin, sich selbst und den Geist des Menschen zu verstehen, in dessen Tiefe sie den Urquell der Phantasie und das Ideal der Schönheit entdecken und so die Poesie deutlich anerkennen musste, deren Wesen und Dasein sie bisher auch nicht geahnt hatte. Philosophie und Poesie, die höchsten Kräfte des Menschen, die selbst zu Athen jede für sich in der höchsten Blüte doch nur einzeln wirkten, greifen nun ineinander, um sich in ewiger Wechselwirkung gegenseitig zu beleben und zu bilden.*

romantische Ironie

Der Mythos ist nicht die Welt selbst, sondern nur eine bildliche Deutung, eine Allegorie:

> *Alle heiligen Spiele der Kunst sind nur ferne Nachbildungen von dem unendlichen Spiele der Welt, dem ewig sich selbst bildenden Kunstwerk.*

Poesie war für die Romantiker die Darstellung des Unendlichen mit endlichen Mitteln. Aus dem „Gefühl von dem unauflöslichen Widerstreit des Unbedingten und des Bedingten, der Unmöglichkeit und Notwendigkeit einer vollständigen Mitteilung" (Fr. Schlegel, *Kritische Fragmente*) entstand ein Verhältnis des Autors zu seinem Werk, das man als *romantische Ironie* bezeichnete: Da das Produkt der spielerischen Phantasie nur ein unzulängliches Gleichnis oder ein subjektiver Zugriff ist, dem durch die menschliche Erkenntnis Grenzen gesetzt sind, weist der Autor immer wieder auf den Illusionscharakter des Kunstwerkes hin und durchbricht den schönen Schein der Phantasie. Für Friedrich Schlegel war diese romantische Ironie eine „stete Selbstparodie"; das Spiel der subjektiven Phantasie sollte nicht mit der Wirklichkeit verwechselt werden.

progressive Universalpoesie

Im *Athenäum* (Fragment 116) nannte Friedrich Schlegel die romantische Poesie „eine progressive Universalpoesie". Progressiv ist sie, weil sie – wie die Mythen – in und mit der Geschichte lebt und sich ständig wandelt:

> *Andre Dichtarten sind fertig und können nun vollständig zergliedert werden. Die romantische Dichtart ist noch im Werden; ja das ist ihr eigentliches Wesen, dass sie ewig nur werden, nie vollendet sein kann.*

Universal ist sie, weil sie – wie die Mythen – das ganze Sein umfassen soll:

> *Ihre Bestimmung ist nicht bloß, alle getrennten Gattungen der Poesie wieder zu vereinigen und die Poesie mit der Philosophie und Rhetorik in Berührung zu setzen. Sie will und soll auch Poesie und Prosa, Genialität und Kritik, Kunstpoesie und Naturpoesie bald mischen, bald verschmelzen, die Poesie lebendig und gesellig und das Leben und die Gesellschaft poetisch machen [. . .].*

der Roman als Inbegriff der romantischen Poesie

Diesem Anspruch wird am ehesten die offene Form des Romans gerecht. So endet auch das *Gespräch über die Poesie* mit einem *Brief über den Roman* und einer Diskussion über Goethes Werke, im Besonderen über den *Wilhelm Meister,* der nach Gestalt und Inhalt wesentliche Momente der progressiven Universalpoesie bereits erfülle. Der Roman sei „gemischt aus Erzählung, Gesang und anderen Formen"; d. h. er ist nicht an die traditionellen Gattungsgrenzen gebunden, er ist eine universale Mischform, deren thematische Einheit das „Band der Ideen" sei. Im *Wilhelm Meister* ist dieses „Band der Ideen" das ganzheitliche Bildungsprogramm, in dem der Charakter des Titelhelden sich allmählich entfaltet. Die frühen Romane aus dem Kreise der Jenaer Romantiker standen unter dem Einfluss des *Wilhelm Meister,* dessen erster Teil, die *Lehrjahre,* 1796 erschienen war; sie waren aber gleichzeitig auch eine Auseinandersetzung mit Goethes Bildungsbegriff.

Goethe reagierte auf die historische Entwicklung zur arbeitsteiligen Gesellschaft mit Wilhelm Meisters Bekenntnis zum tätigen Leben im Rahmen einer überschaubaren beruflichen Aufgabe; es war der Weg von der poetischen Welterfassung im Theater zur bürgerlichen Beschränkung. Der Bildungsweg der romantischen Helden verläuft – trotz der formalen Anlehnung an die Komposition des *Wilhelm Meister* – gerade umgekehrt von der äußeren Welt in die innere, jede Beschränkung aufhebende Welt der poetischen Phantasie.

FRIEDRICH SCHLEGELS *Lucinde*

In FRIEDRICH SCHLEGELS Roman *Lucinde* verwirklicht sich diese Poetisierung der Welt im Erlebnis einer schwärmerischen Liebe, die alle Widersprüche im Verhältnis des Einzelnen zur Gesellschaft überwindet. Die einzelnen Ereignisse werden nicht chronologisch im Sinne einer Entwicklung erzählt; sie sind auch nur locker miteinander verbunden, und „die schöne Verwirrung der Phantasie", wie es im *Gespräch über die Poesie* heißt, spiegelt sich in der Vielfalt der benutzten literarischen Formen vom Traktat bis zum Brief.

NOVALIS

Friedrich Schlegel hatte die Handlung der *Lucinde* in seiner eigenen Zeit angesiedelt. NOVALIS verlegte seine Geschichte des Heinrich von Ofterdingen (Fragment, 1802) ins Hochmittelalter. Ein aufschlussreiches Dokument für Novalis' Geschichtsauffassung ist der 1799 entstandene Aufsatz *Die Christenheit oder Europa.*

Verklärt erscheint ihm das europäische Mittelalter, dessen gesellschaftliche und geistige Grundlage die Einheit im Christentum gewesen sei. Für den Zerfall der ursprünglichen Harmonie in der Feudalgeselschaft nennt er zwei Gründe: „Wissen und Haben." Durch die Verweltlichung der Kirche und durch den Streit seit der Reformationszeit um den wahren Glauben habe „die Religion ihren großen politischen friedestiftenden Einfluss" verloren; die Vernunft, d. h. die empirische Welterklärung, habe den Glauben, d. h. die ganzheitliche Weltdeutung im Mythos, verdrängt. Parallel zu diesen Veränderungen auf der geistigen Ebene sieht Novalis auch Umwälzungen in der wirtschaftlichen Struktur, die wiederum politische Folgen haben. Novalis spricht vom „Drucke des Geschäftslebens"; er meint die Entwicklung zu einer arbeitsteiligen Produktionsgesellschaft. Diese Prozesse einer geistigen und wirtschaftlichen Atomisierung der Gesellschaft können nur durch eine Synthese der historischen Erfahrung – dies ist für Novalis die dritte Stufe seines Geschichtsmodells – aufgefangen werden. Ohne diese dritte Stufe genauer zu konturieren, spricht er von einer großen „Versöhnungszeit":

Die Christenheit oder Europa

> *Keiner wird dann mehr protestieren gegen christlichen und weltlichen Zwang, denn das Wesen der Kirche wird echte Freiheit sein, und alle nötigen Reformen werden unter der Leitung derselben als friedliche und förmliche Staatsprozesse betrieben werden.*

Heinrich von Ofterdingen

Das mittelalterliche Szenarium im *Heinrich von Ofterdingen* ist als poetische Vorahnung der künftigen „Versöhnungszeit" zu verstehen. Der Roman blieb Fragment; nur der erste Teil ist ausgeführt, er hat den Titel *Die Erwartung.* Vom zweiten Teil mit dem Titel *Die Erfüllung* existieren der Anfang und einige weitere Notizen. Heinrich, Sohn eines Handwerkers in Eisenach, wird von den Erzählungen eines Fremden seltsam berührt. Die blaue Blume, von der ihm der Fremde erzählt hat, kehrt in seinen Träumen wieder und erweckt in ihm eine grenzenlose Sehnsucht; er verschließt sich in eine eigene Phantasiewelt. Um ihn auf andere Gedanken zu bringen, beschließt die Mutter mit ihm nach Augsburg zu reisen und den Großvater, einen angesehenen Bürger der Stadt, zu besuchen. Diese Reise ist Heinrichs Lehrzeit.

Er lernt auf den einzelnen Stationen der Reise verschiedene Berufe und Lebensformen der mittelalterlichen Welt kennen; Kaufleute, die ihn begleiten, erzählen ihm von fernen Ländern und Zeiten. Im Hause des Großvaters begegnet er dem Dichter Klingsohr, der ihn in das Wesen der Poesie einführt.

> *„Die Erzählung Eurer Reise", sagte Klingsohr, „hat mir gestern Abend eine angenehme Unterhaltung gewährt. Ich habe wohl gemerkt, dass der Geist der Dichtkunst Euer freundlicher Begleiter ist. Eure Gefährten sind unbemerkt seine Stimme geworden. In der Nähe des Dichters bricht die Poesie überall aus. Das Land der Poesie, das romantische Morgenland, hat Euch mit seiner süßen Wehmut begrüßt; der Krieg hat Euch in seiner wilden Herrlichkeit angeredet, und die Natur und Geschichte sind Euch unter der Gestalt eines Bergmanns und eines Einsiedlers begegnet."*

Der Traum von der blauen Blume scheint sich in der erwiderten Liebe zu Klingsohrs Tochter Mathilde zu erfüllen. Heinrichs Hochzeit mit der Tochter des Dichters, mit der Poesie, hat symbolische Bedeutung. Heinrich erlebt die Welt nicht durch eigene Erfahrungen wie z. B. Goethes Wilhelm Meister, sondern durch das Medium der Poesie; die eingestreuten Sagen, Märchen und Erzählungen sind eigenständige Kommentare zur sinnstiftenden Funktion der Poesie, zur Rechtfertigung der Mythen.

> *Es ist mehr Wahrheit in ihren [der Dichter] Märchen als in gelehrten Chroniken. Sind auch ihre Personen und deren Schicksale erfunden: so ist doch der Sinn, in dem sie erfunden sind, wahrhaft und natürlich.*

Den Abschluss des ersten Teils bildet Klingsohrs Märchen. Es ist eine Allegorie des dreistufigen Geschichtsmodells; das neue Zeitalter werde anbrechen, wenn die Poesie die widerstrebenden Kräfte versöhne. Novalis' Mythos einer neu entstehenden Weltharmonie durch die Poesie hatte seine Wurzeln in der christlichen Erlösungslehre.

Hymnen an die Nacht

In den *Hymnen an die Nacht* (1800), dem einzigen zu Lebzeiten des Dichters veröffentlichten Werk, ist der poetische Entwurf der neuen Welt ein Gleichnis der christlichen Heilsgewissheit.

WILHELM HEINRICH WACKENRODER

Im Sommer 1793 verbrachten WILHELM HEINRICH WACKENRODER (1773–1798) und LUDWIG TIECK (1773–1853) ein Semester in Erlangen; sie waren schon seit der gemeinsamen Schulzeit in Berlin miteinander befreundet. Mehrere Wanderungen führten sie durch Franken. In Nürnberg entdeckten sie die spätmittelalterliche Stadtkultur, sie begeisterten sich für die Werke Albrecht Dürers. In Bamberg eröffnete sich ihnen die Pracht des katholischen Zeremoniells. In dem Barockschloss Pommersfelden bewunderten sie die Gemälde der italienischen Renaissance.

Herzensergießungen

Wackenroders *Herzensergießungen eines kunstliebenden Klosterbruders* (1797) geben Zeugnis von der schwärmerischen Begeisterung der beiden Freunde auf diesen Kunst- und Naturwanderungen. Obwohl der Titel dieser Kunstbetrachtungen nicht von Wackenroder stammt, gibt er doch sehr genau die Tendenz wieder: das Versenken in die Natur und Kunst als andächtige Kulthandlung.

Der „Brief eines jungen deutschen Malers in Rom an seinen Freund in Nürnberg" aus den *Herzensergießungen* war die Vorlage für Tiecks Roman *Franz Sternbalds Wanderungen* (1798). In dem Brief ist zu lesen, dass die Kunst erst der Welt ihren Sinn gebe; die Erde sei „durch die Kunst ein gar herrlicher und lieblicher Aufenthalt". Franz, Schüler Albrecht Dürers, unternimmt eine Bildungsreise, die ihn nach Holland und Italien führt. Er lernt die berühmtesten Künstler seiner Zeit kennen. Lange Gespräche über die Kunst füllen den Roman. Zuletzt – diesen Teil hat Tieck nicht mehr ausgeführt – sollte Franz wieder nach Nürnberg zurückkehren und das künstlerische Erbe seines Meisters antreten.

LUDWIG TIECK
Franz Sternbalds Wanderungen

Für Novalis bedeutete die poetische Inszenierung des Hochmittelalters die Vorwegnahme der künftigen dritten Stufe seines Geschichtsmodells, in der sich die widerstrebenden Kräfte endgültig versöhnen. Für Wackenroder – mehr noch als für Tieck – war die Wanderung durch die altdeutsche Vergangenheit eine sentimentale Erinnerung an das verlorene Paradies. Die Oberfläche dieses verklärenden Rückblicks in die deutsche Geschichte und die Hymnen auf die Natur, auf das Rauschen des Waldes und den fernen Hörnerklang konnten das Bewusstsein der Zerrissenheit der künstlerischen Existenz, den Widerspruch zwischen bürgerlicher Ordnung und romantischer Sehnsucht nach Allverbundenheit weder verdecken noch übertönen. Die Sehnsucht, die Franz ohne festes Ziel in die Welt treibt, die ihn aus der dörflichen Idylle und Geborgenheit seines Elternhauses reißt, ist die Angst des Künstlers, im Zwang des Alltags zu verkümmern.

Man hat Tieck vorgeworfen, dass er sich jeder literarischen Strömung anzupassen wusste, vom Programm der Jenaer Romantik bis zum bürgerlichen Realismus in seinen Novellen der späten Zeit, z. B. *Des Lebens Überfluss* (1839), oder bis zu den großen historischen Erzählungen, z. B. *Vittoria Accorombona* (1840). Ein durchgehendes Thema aber dieser langjährigen literarischen Produktion war die Brüchigkeit der poetischen Fiktion; sie war für Tieck nicht die Quelle der Seinserfahrung, sondern ein Spiel der künstlerischen Phantasie, die sich gegen die Wirklichkeit wehrte.

Kunstmärchen

In den beiden Sammlungen *Volksmärchen* (1797) und *Phantasus* (1816) hat Tieck altdeutsche Volksbücher *(Heymonskinder, Magelone, Schildbürger)* nacherzählt, französische Märchen *(Ritter Blaubart, Der gestiefelte Kater)* zum Teil dramatisiert und eigene märchenhafte Erzählungen veröffentlicht. Charakteristisch ist für diese Texte, dass die naive Erzählebene durch zeitgenössische Anspielungen satirisch verfremdet oder aufgehoben wird, dass sich das wunderbare Eingreifen überirdischer Mächte in blinde Willkür verkehrt und dass die Natur dämonische Züge annimmt. Tiecks eigene Märchenerzählungen sind Wanderungen durch die Abgründe des Ich, das sich seiner selbst nicht mehr sicher ist und seine Ängste nach außen in die Natur projiziert. Sie sind erste Beispiele für das andere Gesicht der Romantik, für die so genannte schwarze Romantik.

Der blonde Eckbert

Der äußere Rahmen der Erzählung *Der blonde Eckbert* (1797) ist die altdeutsche Ritterwelt. Berta lebt glücklich und zurückgezogen mit dem Ritter Eckbert auf einer Burg im Harz. Eines Abends erzählt sie dem gemeinsamen Freund Walter ihre Lebensgeschichte. Von ihren Eltern wie ein Aschenputtel misshandelt, war sie verzweifelt in die wilde Bergwelt geflohen und nach tagelangem Umherirren schließlich von einer geheimnisvollen Alten aufgenommen worden, die sie umsichtig in den täglichen Fertigkeiten unterrichtete. Eines Tages, als die Alte für längere Zeit verreist war, überfiel sie das Verlangen, die Einsamkeit zu verlassen und die Welt kennen zu lernen. Sie nahm den Wundervogel der Alten, der Perleneier legte, und einen reichen Vorrat an Perlen mit sich. Das Schuldgefühl gegenüber ihrer Pflegemutter, zunächst übermächtig, verlor sich in dem Maße, wie sie sich in der Stadt einlebte. Schließlich tötete sie den Vogel als letzten Zeugen der verdrängten Erinnerung und heiratete Eckbert. Eine beiläufige Bemerkung Walters am Ende ihrer Erzählung lässt sie argwöhnen, dass er noch mehr über sie wisse als sie selbst. Ein unbestimmtes Schuldgefühl überfällt sie; sie stirbt nach wenigen Tagen, zur gleichen Zeit, als Eckbert, von Misstrauen getrieben, dem unheimlichen Freund im Walde auflauert und ihn tötet. Eckbert verfällt dem Wahnsinn; überall und in jedem sieht er den toten Walter: alles verzerrt sich ihm zu Schreckbildern. Am Ende trifft er auf die Alte; sie ist die Summe aller Gestalten, die ihm begegnet sind: „Siehe, das Unrecht bestraft sich selbst. Niemand als ich war dein Freund Walter, dein Hugo –." Berta war seine Halbschwester, die der Vater bei einem Hirten in Pflege gegeben hatte.

Der Runenberg

Das Märchen *Der Runenberg* (1804) ist fast schon eine desillusionierende Parodie auf die romantische Sehnsucht, den begrenzten Bereich bürgerlicher Existenz zu verlassen und in der Natur sich selbst zu finden. Die Erinnerung an eine wunderschöne Frau, der er auf dem geheimnisvollen Runenberg begegnet ist, und die glitzernde Verführung des Goldes, das ihm ein Fremder anvertraut hat, reißen Christian aus den geordneten Bahnen des Arbeitsalltags. Für Jahre verschwindet er im Runenberg, in seiner Wunschwelt. Und als er noch einmal zurückkehrt, bringt er nur wertlose Steine mit, die der verarmten Familie nichts nützen. Der Wahn hat ihn und die Seinen ruiniert.

Tiecks Kunstmärchen sind eine sozialkritische Umkehrung der traditionellen Märchenerwartung; die Märchenhelden sind auf sich selbst verwiesen, keine Fee hilft ihnen. Die Natur ist das Fremde, eher bedrohend als versöhnend; genau genommen ist sie nicht mehr als eine poetische Chiffre der Selbsterkundung, ein Seismograph individueller Ängste und Wünsche.

Die andere Seite der Romantik

schwarze Romantik

Nachtwachen von Bonaventura

1804 erschien ein Meisterstück der schwarzen Romantik, der Ich-Roman *Nachtwachen* von Bonaventura. Hinter dem Pseudonym vermutet man heute den Braunschweiger Theaterdirektor August Klingemann (1777–1831). Der Ich-Erzähler, ein Findelkind, heißt nach seinem Fundort Kreuzgang. Vergeblich hat er versucht als Poet und Puppenspieler sein Auskommen zu finden; für einige Zeit hat man ihn sogar ins Tollhaus gesteckt, bis er schließlich Nachtwächter wird. Das wirkliche Tollhaus, so zeigt sich, ist die Welt. Auf seinen nächtlichen Rundgängen beobachtet der Nachtwächter das heimliche Treiben der Menschen und erzählt in mehreren Einschüben seine eigene Geschichte. In der Maske des Narren, dem man nichts mehr verübeln kann, dessen Einsichten aber auch nichts bewirken, hält er seiner Zeit den Spiegel vor. Er fühlt sich „wie ein einzig Übriggebliebener nach einer allgemeinen Pest oder Sintflut". Er spottet über die Dichter mit ihren „Träumen von Unsterblichkeit"; ihre Werke seien Luftschlösser. Die Menschen erscheinen ihm trotz der Inthronisation der Vernunft durch die Aufklärung und die Französische Revolution als Marionetten, als mechanische, fremdbestimmte Figuren im chaotischen Welttheater. In dem Chaos der Welt, das nicht ein Gott, sondern die Menschen sich selbst geschaffen haben, ruft er eines Nachts das Jüngste Gericht aus.

Niemand ist darauf vorbereitet. In einer apokalyptischen Rede prangert er die Fürstenwillkür an. Nicht ein humanes Naturrecht, sondern willkürliche Ständeprivilegien bestimmen das Leben der Menschen; jeder verberge sich hinter einer Larve. Er spottet über den Fortschrittsglauben der Aufklärer, dem der Gang der Weltgeschichte selbst widerspreche. Dieser desillusionierende Streifzug durch die Geschichte und die Gegenwart ist ein säkularisierter Totentanz. Das Motiv der Vanitas, der Nichtigkeit des menschlichen Lebens, ist nicht mehr religiös begründet, sondern aus der Verlassenheit des Menschen, der nur noch sich selbst einen Sinn geben könnte. Aber das Echo auf diese moralische Leichenrede im Gebeinhaus der Geschichte – wie der Autor sie bezeichnet – wirft nur das Wort „Nichts" zurück. Der letzte Satz lautet: „Und der Widerhall im Gebeinhaus ruft zum letzten Mal – Nichts! –" Das optimistische Lehrgebäude des Idealismus (vgl. Fichte und Schelling, S. 130) zerplatzt wie eine Luftblase. Novalis' Vorahnung einer nahen „Versöhnungszeit" (vgl. S. 133) bleibt nur eine schöne Utopie im Luftschloss der poetischen Phantasie.

E.T.A. HOFFMANN

Kein deutscher Dichter hat die romantischen Strömungen im In- und Ausland so beeinflusst wie ERNST THEODOR AMADEUS HOFFMANN (1776–1822). Er war ein Universalgenie; Jurist, Karikaturist, Komponist, Schriftsteller und Theaterdirektor zugleich. Über sich selbst schrieb er: „Die Wochentage bin ich Jurist und höchstens etwas Musiker, sonntags am Tage wird gezeichnet und abends bin ich ein sehr witziger Autor bis in die späte Nacht." Den Vornamen Amadeus gab er sich aus Verehrung für Mozart.

Nach dem Studium in Königsberg begann er seine juristische Laufbahn in Berlin und Posen. 1802 wurde er wegen gesellschaftskritischer Karikaturen nach Plock strafversetzt. Nach dem Sieg der napoleonischen Truppen verlor er seine Stellung und hielt sich in Berlin als freischaffender Künstler über Wasser, bis er 1808 die Leitung des Bamberger Theaters übernahm. Kurze Zeit war er auch Musikdirektor bei einer Schauspieltruppe in Leipzig und Dresden. Seit 1814 lebte er erneut in Berlin, nach dem Sieg Preußens über Napoleon wieder in Amt und Würden eingesetzt. Die letzten Jahre brachten ihn noch in Konflikt mit der restaurativen Gesetzgebung der metternichschen Ära. Hoffmanns Doppelexistenz als Künstler und Beamter spiegelt sich in den vielen Erzählungen, die er seit der Bamberger Zeit in drei Sammlungen – *Fantasiestücke in Callots Manier* (1814/15), *Nachtstücke* (1816/17), *Die Serapions-Brüder* (1819/21) – veröffentlichte, und in den Romanen *Die Elixiere des Teufels* (1816) und *Lebensansichten des Katers Murr* (1819/21). In diesen Geschichten vermischt sich die Welt des Phantastischen mit dem Alltäglichen oder bricht unvermittelt in den gewohnten Lauf der Dinge ein. Die „schöne Verwirrung der Phantasie" (Friedrich Schlegel, vgl. S. 131) hat E.T.A. Hoffmann bis ins Unheimliche gesteigert. Die meisten seiner Erzählungen beginnen sehr unverfänglich, wie kleine Alltagsskizzen, mitten in Berlin oder anderswo.

Ritter Gluck

Im *Ritter Gluck* (1809) trifft der Erzähler mehrmals einen sonderbaren Fremden, der sich im Gespräch als ausgezeichneter Kenner der Werke des Komponisten Christoph Willibald Ritter von Gluck (1714–1787) erweist. Der Erzähler folgt einer Einladung des Fremden in dessen Wohnung. Dort spielt der Fremde auf dem Klavier meisterhaft aus Glucks gesammelten Werken, kongenial die einzelnen Themen variierend, zum Erstaunen des Erzählers, der in den Notenbüchern nur leere

Seiten entdeckt. Begeistert lobt der Erzähler den Fremden, dass Gluck die Inventionen nicht besser gelungen wären. Der Fremde verbessert ihn: „Ich bin der Ritter Gluck!" Vor den Augen des Erzählers hat sich der Fremde, auch in der Kleidung, allmählich in den Ritter Gluck verwandelt. Stünde nicht zu Beginn der Erzählung die Notiz „Eine Erinnerung aus dem Jahr 1809", es würde niemand verwundern, dass der Fremde wirklich der Komponist Gluck sei. Diese schwebenden Übergänge von der Alltagsskizze, vom vertrauten Terrain in die Phantasie, ja Phantastik – und auch umgekehrt –, sind ein immer wiederkehrendes Gestaltungsmerkmal in den Werken E.TA. Hoffmanns. Der Fremde, der vermeintliche Ritter Gluck, hat sich in die Musik seines verehrten Vorbildes so hineingefühlt, dass er am Ende nicht mehr zwischen Wirklichkeit und Wunschphantasie unterscheiden kann.

Der goldne Topf

„Am Himmelfahrtstage, nachmittags um drei Uhr, rannte ein junger Mann in Dresden durchs Schwarze Tor und geradezu in einen Korb mit Äpfeln und Kuchen hinein, die ein altes hässliches Weib feilbot, sodass alles, was der Quetschung glücklich entgangen, hinausgeschleudert wurde und die Straßenjungen sich lustig in die Beute teilten, die ihnen der hastige Herr zugeworfen." So beginnt *Der goldne Topf. Ein Märchen aus der neuen Zeit* (1814).

Nichts lässt in dieser genau lokalisierten Eingangsszene künftige phantastische Verwicklungen vermuten. Und tatsächlich lässt sich auch die ganze Geschichte nüchtern nacherzählen: Der Student Anselmus, ein tollpatschiger Zeitgenosse, soll auf Wunsch seines künftigen Schwiegervaters, des Konrektors Paulmann, bis zu einer beamteten Anstellung bei dem Archivarius Lindhorst aushelfen. Veronika, Paulmanns Tochter, hat sich für Anselmus entschieden, weil sie einmal Frau Hofrätin sein möchte; dieser Wunsch lässt sie auch über die verträumte Unbeholfenheit ihres Auserwählten hinwegsehen. Im Hause des Archivarius trifft Anselmus aber Serpentina, eine der drei Töchter des Archivarius, wieder, deren Blicke ihn schon bei einer früheren Begegnung entzückt haben; die beiden verlieben sich auf der Stelle, sehr zur Freude des Archivarius, der seine Töchter unter die Haube bringen will. Als Veronika davon erfährt, bittet sie eine ehemalige Kinderfrau der Familie um Hilfe; denn sie möchte ihren künftigen Hofrat nicht verlieren. Doch vergeblich; der Archivarius weiß alles zu vereiteln und schenkt dem glücklichen Brautpaar zur Vermählung ein Rittergut irgendwo fernab von der Stadt. Aber die Geschichte geht auch für Veronika gut aus; durch die Heirat mit dem beförderten Registrator Heerbrand wird sie doch noch Frau Hofrätin.

So sieht die Geschichte für Anselmus' Freunde aus; er selbst aber erlebt sie ganz anders. Das Äpfelweib ist ein böser Elementargeist, der den Studenten in ein Kristallglas einsperrt, um die Heirat mit Serpentina zu verhindern. Die Töchter des Archivarius sind goldgrüne Schlänglein, deren Augen den Betrachter verzaubern. Der Garten des Archivarius ist eine magische Urlandschaft beseelter Natur; in ihr lebt der Archivarius als feuriger Salamander. Und in dem goldnen Topf, Serpentinas Mitgift, wächst eine wunderbare Lilie, der blauen Blume aus dem *Heinrich von Ofterdingen* vergleichbar. Im Glanze des Topfes soll sich ein „wunderbares Reich, wie es jetzt im Einklang mit der ganzen Natur besteht, in blendendem herrlichen Widerschein abspiegeln, aus seinem Innern aber in dem Augenblick der Vermählung eine Feuerlilie entsprießen, deren ewige Blüte den bewährt befundenen

Jüngling süß duftend umfängt. Bald wird er dann ihre Sprache, die Wunder unseres Reichs [der Erdgeister] verstehen und selbst mit der Geliebten in Atlantis wohnen." Anselmus ist fest davon überzeugt, dass er all das Phantastische mitten im Alltag auch wirklich erlebt. Die Freunde allerdings lächeln über ihn; seine angeblichen Erlebnisse seien nur Träume, Folgen eines langen Zechabends. Selbst der Erzähler ist sich unschlüssig, wie er die Geschichte zu Ende führen soll. Da hilft ihm der Archivarius: Das Rittergut, auf dem das junge Paar lebt, liegt im fernen Atlantis, dem Reich der Poesie und der Liebe. Atlantis ist die Allegorie einer poetischen Stimmung, die das enge Kristallglas materiellen Erfolgsdenkens, in das Anselmus durch die Heirat mit Veronika gesperrt werden sollte, sprengt. Am Schluss fragt der Archivarius den Erzähler: „Ist denn überhaupt des Anselmus Seligkeit etwas anderes als das Leben in der Poesie, der sich der heilige Einklang aller Wesen als tiefstes Geheimnis der Natur offenbart?" Das Vexierspiel zwischen Traum und Wirklichkeit ist ein Mittel der romantischen Ironie, mit deren Hilfe E.T.A. Hoffmann die kleinbürgerliche Beschränktheit des selbstgefälligen Spießbürgers, seine scheinbare Vernünftigkeit karikierte.

Der Sandmann

Die Erzählung *Der Sandmann* (1816) ist das unheimliche Gegenstück zu der heiteren Ironie des Märchens *Der goldne Topf.* Nathanael leidet unter einem Kindheitstrauma. Die Erzählung einer Amme, dass der Sandmann Kindern, die nicht schlafen wollen, die Augen aushacke und sie seinen Vogelkindern zum Fraße gebe, die ungeklärten Umstände beim Tode des Vaters, der wahrscheinlich bei einem chemischen Laborversuch ums Leben gekommen war, und die rätselhaften Besuche des alten Coppelius, dem der kleine Nathanael einmal in das Labor des Vaters nachgeschlichen war, haben sich in Nathanaels Erinnerung zu dem Wahn gefestigt, dass eben dieser Coppelius der Sandmann sei. Und nun schreibt er aus der Universitätsstadt nach Hause, dass ihm der grässliche Coppelius in der Gestalt des Wetterglashändlers Coppola wiederbegegnet sei. Obwohl die Freundin ihm zu erklären versucht, dass alles Entsetzliche und Schreckliche, wovon er berichte, nur in seinem Innern vorgegangen sei, die „wahre wirkliche Außenwelt" aber daran wohl wenig teilgehabt habe, und obwohl er sich dies auch immer selbst einzureden versucht, irritieren ihn Begegnungen mit weiteren Gestalten und – vielleicht nur zufällige – Ähnlichkeiten, sodass er zwischen der fixen Kindheitsidee vom kannibalischen Sandmann und den gegenwärtigen Ereignissen nicht mehr zu unterscheiden vermag und sich in geistiger Verwirrung vom hohen Ratsturm stürzt. Diese Erzählung ist keine triviale Spukgeschichte, wie sie zu Hoffmanns Zeiten Mode war, sondern der Versuch einer psychologischen Studie, wenn auch mit den Requisiten des Schauerromans; der Wahnsinn als Kehrseite der Phantasie.

Das Fräulein von Scuderi

Die Handlung der Kriminalgeschichte *Das Fräulein von Scuderi* (1819) spielt zur Zeit Ludwigs XIV. im Jahr 1680. Sie setzt unvermittelt mit einem geheimnisvollen Vorfall ein; ein verstört wirkender junger Mann gibt im Hause der Scuderi ein Kästchen mit wertvollem Halsschmuck ab. Gleichzeitig erfährt man von einer Serie von Überfällen und Morden, bei denen die Opfer jeweils ihrer Juwelen oder Kleinodien beraubt worden sind. Den Schmuck, der dem Fräulein von Scuderi anvertraut worden ist, identifiziert Cardillac, der berühmteste Goldschmied in Paris, als sein Werk. Ein zweites Mal begegnet der junge Fremde der alten Dame und bittet sie verzweifelt den Schmuck sofort Cardillac zur Reparatur zu bringen. Doch vor dem Hause des Goldschmieds erfährt sie, dass Cardillac erdolcht worden sei. Als Täter beschuldigt man seinen Gesellen Olivier, eben jenen jungen Mann, der ihr das Kästchen überreicht hat. Obwohl alle Indizien gegen Olivier sprechen, entschließt sie sich, Olivier unter vier Augen anzuhören. Und nun erfahren sie und der Leser die Vorgeschichte und den wahren Sachverhalt. Olivier deckt nur aus Liebe zu Madelon, Cardillacs Tochter, den Goldschmied, auf dessen Konto die Überfälle und Morde gehen. Cardillac war von dem Zwang besessen, alle Werke, die er geschaffen hatte, sich wieder zurückzuholen, auch durch Mord. Nicht Olivier, sondern ein Kavalier, der Cardillac auf die Spur gekommen war, hat den Goldschmied aus Notwehr getötet. Diese Erzählung E.T.A. Hoffmanns ist zwar nach dem Muster der nachträglichen Aufschlüsselung eines Kriminalfalls aufgebaut und sie wurde auch zum Vorbild für viele ähnliche Geschichten; Kernstück ist aber nicht das Verbrechen selbst, sondern die psychologische Motivation. Ein Erlebnis seiner Mutter, als sie mit ihm schwanger war, ein pränatales Erlebnis habe Cardillacs Zwangsverhalten vorgeprägt. Da Cardillac glaubte, der Einfluss der Scuderi könne ihn von diesem befreien, hatte er Olivier mit dem Schmuck zu ihr geschickt. Olivier aber zweifelte an dem Erfolg des Experiments und warnte deshalb die alte Dame. Cardillac ist ein Künstler, der sich von seinem Werk, einem Stück seines Selbst, nicht trennen kann; er ist einem mörderischen Zwang ausgesetzt, der ihn wie eine dämonische Macht treibt. Seine Werke sind sein zweites Ich, durch das er sich allein von der Gesellschaft bestätigt sieht; denn er selbst ist hässlich und unscheinbar. Seine Werke hortet er in einem verschlossenen Raum, der nur ihm zugänglich ist. Mit jedem Werk, das er verkaufen muss, glaubt er einen Teil seines eigenen Ich preiszugeben oder zu verraten.

Alltagserfahrungen und Märchen- oder Gespensterwelt, die Aufhebung der Grenzen zwischen Wirklichkeit und Phantasie, ja Phantastik, war für E.T.A. Hoffmann als Spiel der poetischen Freiheit ein Kunstgriff, um irrationale Kräfte, die der Verstand weder ergründen noch begründen kann, sichtbar werden zu lassen. Auch ADELBERT VON CHAMISSO (1781–1838) verwendete für *Peter Schlemihls wundersame Geschichte* (1814) ein Märchenmotiv, das vom verlorenen oder verkauften Schatten.

ADELBERT VON CHAMISSO
Peter Schlemihls wundersame Geschichte

Chamisso erlernte erst mit 15 Jahren in Berlin die deutsche Sprache; seine Familie war vor den Wirren der Französischen Revolution dorthin geflohen. Aber Preußens Niederlage gegen Napoleon belastete das Verhältnis zu den französischen Emigranten; Chamisso fühlte sich wie ein Fremder ohne Heimat, wie ein Mensch ohne Schatten. Sein Studium der Botanik unterbrach er während der Befreiungskriege und unternahm längere Forschungsreisen. 1819 konnte er sich endgültig in Berlin niederlassen; die Universität verlieh ihm für seine wissenschaftlichen Leistungen die Ehrendoktorwürde. Gesellschaftliche Anerkennung gewann er, als ihn die Berliner Akademie der Wissenschaft 1835 zu ihrem Mitglied wählte.

Dem Helden seiner Geschichte, die ein großer literarischer Erfolg wurde, war diese gesellschaftliche Integration versagt geblieben. In Schlemihls Schicksal spiegelt sich sicherlich auch die Situation seines Dichters vor dem Ende der Befreiungskriege, wenn es auch nicht das einzige Thema der Erzählung ist, sondern nur ein wichtiger Aspekt. Leichtfertig hat Schlemihl seinen Schatten für einen nicht versiegenden Glückssäckel verkauft. Sehr bald musste er erkennen, dass ihm der Reichtum nichts nützt; durch seine Schattenlosigkeit wird er von der menschlichen Gemeinschaft ausgeschlossen, er vereinsamt. Den Schatten kann er um den Preis seiner Seele wiedergewinnen; aber er wiedersteht dieser Versuchung, wirft den Glückssäckel von sich und reist mit Hilfe von Siebenmeilenstiefeln, die er zufällig erstanden hat, als Naturforscher durch die Welt. Schlemihl überwindet die Isolation durch wissenschaftliche Tätigkeit im Dienste der Menschheit. Dies ist der eine Aspekt. Auf der anderen Ebene lässt sich Schlemihls Schicksal auch als Gleichnis für die Existenz des Künstlers deuten, der aus der Enge der bürgerlichen Ordnung um den Preis der Vereinsamung ausbricht. Chamisso hatte in Berlin Vorlesungen von A. W. Schlegel gehört; er kannte den Kreis der Frühromantiker, teilte aber nicht deren Idee von der Poetisierung der Wirklichkeit. In seinen Gedichten und vor allem in seinen Balladen, z. .B. *Das Riesen-Spielzeug* (1831) und *Die alte Waschfrau* (1833), wandte er sich – wenn auch zum Teil im Gewande von Sagenstoffen – gesellschaftskritischen Themen zu.

Heidelberger Romantik

ARNIM/BRENTANO
Des Knaben Wunderhorn

1805 erschien in Heidelberg der erste Band der Volksliedersammlung *Des Knaben Wunderhorn,* herausgegeben von ACHIM VON ARNIM (1781–1831) und CLEMENS BRENTANO (1778–1842). Das Vorbild war Herders Sammlung *Volkslieder* (1778), den Anlass gab eine gemeinsame Rheinfahrt der beiden Freunde im Jahr 1802, auf der sie begannen mündlich überlieferte Volkslieder aufzuschreiben. Sie nahmen in ihre Sammlung aber auch schriftlich überlieferte Texte auf, neben älteren auch zeitgenössische und eigene. Unter dem Eindruck der napoleonischen Siegeszüge und angesichts der endgültigen Auflösung des Deutschen Reiches wollten sie in der poetischen Tradition der deutschen Stämme die geistige Einheit als Gegengewicht zur fehlenden politischen Einheit dokumentieren. Diese Betonung der nationalen Tradition unterscheidet die jüngere, die so genannte Heidelberger Romantik von dem Jenaer Kreis der älteren Romantik um die Gebrüder Schlegel
Die geographische Aufteilung darf aber nicht wörtlich genommen werden; denn die beiden Städte sind nur Ausgangspunkte. Zwischen beiden Gruppen bestanden enge Beziehungen; Berlin war sehr bald der gemeinsame Treffpunkt. Und beide Gruppen verband die zumindest anfängliche Verehrung für Goethe: *Des Knaben Wunderhorn* beginnt mit einer Widmung an Goethe. Am zweiten und dritten Band (1808) arbeiteten auch JACOB (1785–1863) und WILHELM (1786–1859) GRIMM mit. Die Brüder Grimm nahmen Brentanos Anregung zu einer Sammlung der deutschen Märchen und Sagen auf: *Kinder- und Hausmärchen* (1812 und 1815), *Deutsche Sagen* (1816 und 1818). Großen Einfluss auf die nationale Begeisterung für die volkstümliche Erzählprosa des deutschen Mittelalters hatte JOSEPH GÖRRES (1776–1848) während seiner Heidelberger Lehrtätigkeit (1806–1808). Seine Abhandlung *Die deutschen Volksbücher* (1807) war die Grundlage für viele spätere Textsammlungen; am bekanntesten wurden die Ausgaben von GUSTAV SCHWAB (1792–1850).

JACOB und WILHELM GRIMM
Kinder- und Hausmärchen
Deutsche Sagen

ACHIM VON ARNIM
Isabella von Ägypten

Die Majoratsherren

Wie Ludwig Tieck, mit dem er befreundet war, vermischte ACHIM VON ARNIM in seinen Novellen – z. B. *Isabella von Ägypten* (1812), *Die Majoratsherren* (1820) – und Romanen historisches Kolorit mit Märchen- und Sagenmotiven; wie E.TA. Hoffmann hob er die Grenzen zwischen Alltags- und Traumwelt auf. Geschichte sollte nicht nach dem äußeren Ablauf der Ereignisse rekonstruiert werden; die inneren Zusammenhänge sollten durch die poetische Phantasie, d. h. im Sinne der Frühromantiker: durch den Mythos erhellt werden.

Die Kronenwächter

Der unvollendete Roman *Die Kronenwächter* (1817) handelt zur Zeit Kaiser Maximilians. Der Geschichte liegt eine mittelalterliche Prophezeiung zugrunde, dass der letzte große Stauferkaiser Friedrich II. nicht gestorben sei, sondern wiederkehren werde, um die Feinde des Reichs zu vernichten, das Reich zu einen und in Frieden zu regieren. Diesen Mythos der nationalen Erneuerung baute Achim von Arnim in die Lebensgeschichte seines Helden ein. Berthold, ein Findelkind, wächst im schwäbischen Waiblingen auf; er ist ein Muster bürgerlichen Schaffensdrangs; er baut eine Tuchfabrik auf und wird Bürgermeister der Stadt. Aber die Kronenwächter, die ihn heimlich leiten, haben mit ihm anderes vor. Sie sind die Wächter der staufischen Krone, und Berthold, der in Wirklichkeit aus dem Geschlecht der Staufer stammt, soll die Macht der Habsburger ablösen und die Prophezeiung vom wiederkehrenden Stauferkaiser erfüllen. Berthold erliegt dieser Versuchung. Faust gibt dem Alternden durch eine Bluttransfusion neues Leben; Berthold zieht als Ritter durch die Lande, er vernachlässigt seine Aufgaben als Kaufmann und Bürgermeister. Vor den Staufergräbern stirbt er. Das Blut, das ihm der Magier Faust eingeführt hat, bricht aus den Adern. Die Illusion einer Restauration der mittelalterlichen Reichsidee zerrinnt. Bertholds zweites Leben, wie es Achim von Arnim nannte, war eine anachronistische Fiktion. Dieser Märchen- oder Sagenroman hatte zweifelsohne zeitgeschichtliche Bezüge; denn der Widerspruch zwischen dem bürgerlichen Handelsleben der aufstrebenden Städte und dem nostalgischen Rückblick auf die ferne Stauferzeit ließ sich auch auf die Zeit der Befreiungskriege übertragen, und zwar in zweifacher Weise: 1. als Warnung vor der verklärenden Begeisterung für das Mittelalter, da die gegenwärtige Gesellschaft eine ganz andere ökonomische Struktur habe – 2. als Widerspruch gegen die politisch restaurativen Tendenzen der deutschen Fürsten, die nach den Befreiungskriegen an der Situation von 1789 wieder anknüpfen wollten. Vergangenes kann in seiner historischen Struktur nicht zurückgerufen werden. Dieser Roman ist eine Selbstkritik der Romantik.

CLEMENS BRENTANO

Obwohl *Godwi* (1801) – ein „verwilderter Roman“, so im Untertitel – wie kein anderer zeitgenössischer Text der romantischen Romantheorie entsprach, verwarf ihn CLEMENS BRENTANO später als ein „krankes, krüppelhaftes Kind“. Ein markanter Einschnitt in Brentanos unruhigem Leben war seine Wende zur christlichen Erbauungsliteratur. Seit 1819 lebte er mehrere Jahre in der Nähe der stigmatisierten Nonne Anna Katharina Emmerick, deren Visionen er aufzeichnete und literarisch bearbeitete. Das Widersprüchliche ist das Einende in Brentanos Leben und in seinen Werken. Während seiner Studienzeit an mehreren Universitäten hatte Brentano, durch ein reiches väterliches Erbe finanziell unabhängig, fast alle literarischen Größen seiner Zeit kennen gelernt, auch noch Wieland und Herder.

Godwi

Thematisch gehört *Godwi* in die Tradition des Bildungsromans, dessen großes Vorbild auch hier Goethes *Wilhelm Meister* ist. Auf einer langen Reise, die ihn bis nach Italien führt, begegnet Godwi nacheinander fünf Frauen; sie sind unterschiedliche Verkörperungen der Liebe. Schuld lädt Godwi auf sich, als er Violette, die ihm in bedingungsloser Liebe ergeben ist, verlässt. Nach Jahren kehrt er auf Violettes Schloss am Rhein zurück. Er findet nur noch Ruinen vor; das Schloss war in den französischen Revolutionswirren verwüstet worden. Er trifft Violette in einem erbarmungswürdigen Zustand wieder und zieht sich mit ihr, des unsteten Lebens müde, auf sein Gut zurück. Nach kurzem Eheglück stirbt Violette im Wahnsinn. Das Romantische an diesem Roman ist weniger das Motiv der Wanderschaft oder der Prozess einer individuellen Läuterung, sondern die Erzählweise. Der erste Teil ist ein Briefroman. Der wichtigste Briefschreiber und Adressat ist Godwi selbst. Godwi berichtet von den Etappen seiner Reise; aus den anderen Briefen ist zu entnehmen, dass die Personen, denen er begegnet, in verwirrender Weise miteinander verbunden oder verwandt sind. Zu Beginn des zweiten Teils wird die Fiktion des Briefromans aufgehoben; der Herausgeber der Briefe – er nennt sich Maria – stellt sich selbst vor. Da er das Knäuel der verschiedenen Handlungsstränge nicht auflösen kann, bittet er Godwi ihm zu helfen. Dieser berichtigt nun im Gespräch mit dem Herausgeber und Erzähler einige Einzelheiten aus dem ersten Teil, urteilt auch über die Art, wie der erste Teil gestaltet ist, und löst die Verwicklungen auf. Als Maria während der Arbeit am zweiten Teil erkrankt und stirbt, führt Godwi seine Geschichte selbst zu Ende. Dieses Verfahren der allmählichen Aufhebung der verschiedenen Erzählebenen und das Eingreifen des Titelhelden in die Erzählung, die Diskussion zwischen literarischer Figur und fiktivem Erzähler und der Kunstgriff, dass die literarische Figur nach dem Tod des Erzählers die Geschichte selbst zu Ende führt – dieses kompositorische Verwirrspiel ist ein Meisterstück romantischer Ironie (vgl. S. 132), eine Mischform im Sinne der progressiven Universalpoesie (Friedrich Schlegel), die alle literarischen Gattungen aufnimmt und den Schluss für eine Fortführung offen hält.

Brentano war ein ideenreicher Anreger und Entdecker; der Plan, Märchen und Sagen zu sammeln, den die Brüder Grimm später ausgeführt haben, geht auf ihn zurück. Er hatte aber kein Interesse an philologischer Texttreue, er bearbeitete die überlieferten Texte, gestaltete sie neu oder fügte einzelne Motive in eigene Erzählungen ein.

Italienische Märchen

Die *Italienischen Märchen,* seit 1805 entstanden (Gesamtausgabe 1846/47), sind freie Bearbeitungen nach dem *Pentamerone* (1634–1636) des Neapolitaners Giambattista Basile (1575–1632). Am bekanntesten ist das Märchen *Gockel, Hinkel und Gackeleia,* das Brentano mehrmals überarbeitet hat. Basiles Märchen waren keine Volksmärchen, sondern Kunstmärchen. Basile verlegte die alten Erzählstoffe in das zeitgenössische süditalienische Milieu. Er erzählte sie wie wahre Begebenheiten; Wunderbares und Alltägliches fließen ineinander. Die Gestalten scheinen aus dem Alltag genommen zu sein, vertraut und märchenhaft zugleich. Die Handlung ist weder einsträngig noch nach dem einfachen Schema von Gut und Böse aufgebaut.

Kunstmärchen

Rheinmärchen

Brentano hat dieses freie Spiel der Phantasie noch gesteigert. In den *Rheinmärchen,* seit 1811 entstanden (Gesamtausgabe 1846), die durch die Erlebnisse des Müllers Radlauf, dessen Mühle am Rhein liegt, lose miteinander verbunden sind, zog Brentano für seine Fabulierlust eine Fülle von Motiven aus Sagen, Märchen und Volksbüchern heran. In seinen Märchen verbirgt sich keine mythische Bedeutsamkeit wie bei Novalis, sie sind auch keine Expeditionen in die Abgründe des Ich wie bei Tieck; sie sind – fast könnte man sagen – spielerischer Selbstzweck, angesiedelt im Reich der Phantasie, wo alles möglich ist. Sie sind frei jeglicher schwerfälliger Moralität, an der den Brüdern Grimm in ihren *Kinder- und Hausmärchen* so viel gelegen war.

Geschichte vom braven Kasperl und dem schönen Annerl

Die *Geschichte vom braven Kasperl und dem schönen Annerl* (1817) könnte auch die Vorlage zu einer Ballade sein. Der einfache Erzählton wird durch den Kunstgriff glaubhaft, dass Brentano die Lebensläufe der beiden Figuren von Kaspers Großmutter erzählen lässt. In der Nacht vor Annerls Hinrichtung begegnet der Erzähler der Großmutter; sie bittet ihn, für sie eine Bittschrift an den Herzog aufzusetzen, „dass zwei Liebende beieinander ruhen sollen“. Als er nach dem Grund fragt, erfährt er, dass Kasper sich erschossen habe, weil er nicht mit der Schande leben konnte, Sohn eines ehrlosen Diebes zu sein. Annerl, ihr Patenkind, sei von einem Adeligen verführt worden, der ihr erzählt habe, ihr Kasper sei im Krieg in Frankreich geblieben. Als der vornehme Herr sie sitzen ließ, habe sie in geistiger Verwirrung ihr Kind getötet und anschließend sich selbst der Justiz gestellt. Nun greift der Erzähler selbst in die Handlung ein; er dringt zum Herzog vor und erreicht einen Aufschub der Urteilsvollstreckung, aber zu spät. Der Herzog, sichtlich bewegt, weil er selbst in eine heimliche Liebesaffäre verwickelt ist, erfüllt die Bitte der Großmutter. Das Schicksal der Untertanen wird zur Mahnung für den Herzog; er ist bereit seine Geliebte zu heiraten. Der balladenähnliche Mittelteil der Geschichte ist in eine Rahmenhandlung eingebettet, in der der Erzähler selbst auftritt. Rahmenhandlung und eigentliche Erzählung kontrastieren durch den unterschiedlichen Erzählton; am Schluss fließen die beiden Ebenen ineinander. Die Rahmenhandlung und die beiden Lebensgeschichten sind thematisch durch die Diskussion über das richtige Verständnis von Ehre verbunden. Kasper und Annerl sind die Opfer eines rein gesellschaftlichen, eines veräußerlichten Ehrbegriffs. Romantisch-märchenhaft innerhalb des realistischen Rahmens sind einige Ereignisse in Annerls Kindheit: Das Schwert des Henkers fängt in ihrer Gegenwart zu pendeln an, der Kopf eines Hingerichteten beißt sich in ihrer Schürze fest. Für die Großmutter sind dies warnende Vorzeichen künftigen Unheils.

Gedichte

Brentano war, wenn man Schillers berühmtes Begriffspaar anwendet, weder ein naiver noch ein sentimentalischer Lyriker, sondern beides zugleich. Die Naivität der Gedichte, ihre scheinbare Schlichtheit ist in Wirklichkeit ein kunstvolles Spiel mit den Motiven und Formen des Volksliedes. Das verlorene Paradies einer ursprünglichen Harmonie kann nur noch in der Kunst zurückgerufen werden; die Harmonie des Seins existiert allein in der künstlerischen Phantasie, auf die historische Wirklichkeit hat sie keinen Einfluss. Diese Spannung zwischen schönem Schein und Wirklichkeit war Brentano immer bewusst; er hat unter ihr gelitten. Für sich selbst hat er diese Spannung später durch seine Hinwendung zur religiösen Erbauungsliteratur aufgehoben. Manchen Gedichten aus seiner romantischen Frühphase – z. B. *Durch den Wald mit raschen Schritten* (1803) – gab er später einen neuen Schluss, durch den sich das poetische Naturbild zu einem religiösen Gleichnis wandelte. Sein bekanntestes Gedicht dürfte das *Abendständchen* (1803) sein:

Hör, es klagt die Flöte wieder,
Und die kühlen Brunnen rauschen.
Golden wehn die Töne nieder,
Stille, stille, lass uns lauschen!

Holde Bitten, mild Verlangen,
Wie es süß zum Herzen spricht!
Durch die Nacht, die mich umfangen,
Blickt zu mir der Töne Licht.

Das Gedicht stammt aus einem Singspiel; es ist ein Wechselgesang – je zwei Zeilen – zwischen einem Mädchen und einem blinden Alten. Als sie auf die Bühne kommen, spielt im Hintergrund eine Flöte, und der Alte sagt: „Hörst du die kühlen Brunnen rauschen?" Darauf antwortet das Mädchen mit den Eingangsversen; die Situation verwandelt sich plötzlich in eine poetische Stimmung, sie löst sich vom Augenblick. Der Blinde kann nur hören; so werden ihm alle Sinneswahrnehmungen zu Tönen; er fühlt und sieht, was er hört. Dieses Ineinander der Sinne – z. B. „der Töne Licht" – nennt man Synästhesie. Verse und Worte bewegen sich in einer eigenen Musikalität, auch ohne begleitende Melodie. Wie sich die Grenzen zwischen den Sinnen aufheben, so auch die Gegensätze. Das Klagen der Flöte ist glänzendes Gold und Licht. Der Zauber der Poesie verwandelt den Augenblick; in der Abendstimmung verlieren sich die Konturen des Alltags.

Joseph von Eichendorff

Joseph von Eichendorff (1788–1857), aus einem katholischen Adelsgeschlecht in Oberschlesien, kam 1807 nach Heidelberg. Auf Anregung von Joseph Görres begann er Volkslieder und Märchen zu sammeln und veröffentlichte seine ersten Gedichte. Arnim und Brentano, die er schon in Heidelberg kennen gelernt hatte, traf er 1809 in Berlin wieder; dort hörte er auch Vorlesungen Fichtes. Zum Abschluss seines Jurastudiums ging er 1810 nach Wien und verkehrte im Hause von Friedrich und Dorothea Schlegel. Nach den Befreiungskriegen trat er in preußische Dienste und arbeitete hauptsächlich im Unterrichtswesen. 1844 ließ er sich vorzeitig pensionieren.

Ahnung und Gegenwart

Sein erster Roman *Ahnung und Gegenwart* (1815) steht, wie es auch schon bei anderen Romantikern zu beobachten war, in der Tradition des *Wilhelm Meister*. Eichendorff hatte ihn unter dem Eindruck der preußischen Niederlagen gegen Napoleon noch vor dem Beginn der Befreiungskriege niedergeschrieben, er sei – so Eichendorff im Entwurf zu einem Vorwort – „ein getreues Bild jener gewitterschwülen Zeit der Erwartung, der Sehnsucht und Verwirrung".

Der junge Graf Friedrich zieht, von einer ziellosen Sehnsucht getrieben, in die Welt. Seine Heimat ist das naturverbundene, friedliche Leben des Landadels. Aus dieser Idylle kommt Friedrich in die Residenzstadt, deren oberflächliche Geschäftigkeit ihn verwirrt und abstößt; Menschen, die er liebt, verlieren sich im Sog höfischer Intrigen. Friedrich meldet sich zu den Soldaten und zieht in den Krieg; aber auch diese patriotische Begeisterung wird enttäuscht: Nach der Niederlage werden Friedrichs Besitzungen eingezogen. Das alte Europa scheint ohne Zukunft zu sein. Leontin, Friedrichs Freund, wandert nach Amerika aus, um dort ein neues Leben zu beginnen. Amerika ist hier kein geographischer Ort, sondern Symbol für einen neuen Anfang ohne den Ballast des alten, zerrütteten Europa. Friedrich, in der Geborgenheit des katholischen Glaubens erzogen, entsagt der Welt, die ihn „gereizt und betrogen", und zieht sich in ein Kloster zurück.

In dem Chaos der Geschichte bleibt nur die Natur sich selbst gleich. Der Roman beginnt und endet mit dem gleichen Naturbild: „Die Sonne ging eben prächtig auf." Die Sonne – und mit ihr die Natur – sei „die neue und doch ewig alte". Friedrichs Lebensstationen, die ihn zu seinem Anfang, zu seinem unerschütterlichen Gottvertrauen zurückführen, haben eine doppelte Perspektive. Zum einen spiegelt sich in ihnen Zeitgeschichte, zum andern der ewige Kampf zwischen Altem und Neuem. Auf die historische Gegenwart bezogen, war es für Eichendorff der Kampf zwischen den restaurativen und revolutionären Kräften um die politische und gesellschaftliche Neuordnung Deutschlands und Europas. Doch die Art, wie Friedrich in einem letzten Gespräch mit Leontin diesen Kampf beschreibt, deutet an, dass Eichendorff diese Zeit des Umbruchs auch in einem gesamtgeschichtlichen Zusammenhang sah, den er aus seiner Glaubenshaltung interpretierte. Das Bewusstsein, in einer historischen Spätzeit zu leben, vermischt sich mit christlichen Endzeitvisionen aus der *Geheimen Offenbarung* des Johannes: „die Leidenschaften, die jetzt verkappt schleichen, werden die Larven wegwerfen und flammender Wahnsinn sich mit Brandfackeln in die Verwirrung stürzen, als wäre die Hölle losgelassen, Recht und Unrecht, beide Parteien, in blinder Wut einander verwechseln." Durch die frühromantische Vorstellung der Einheit von Mensch und Natur geht ein Riss; die politische Geschichte habe sich von der Naturgeschichte gelöst, sie sei das eigene Werk der Menschen und ihrer Verirrungen. In der Novelle *Das Schloss Dürande* (1837), deren Hintergrund die Französische Revolution ist, tritt dieses Geschichtsverständnis noch deutlicher hervor. Nur die Natur ist von diesem Endzeitpessimismus ausgenommen; auf sie überträgt Eichendorff seine Sehnsucht nach einer heilen Welt.

Das Schloss Dürande

Eichendorffs positive Helden sind Pilger; die Welt ist für sie, wie es schon im Barock hieß, ein Probierstein. Sie ändern sich nicht, sondern kehren nur, um Erfahrungen reicher, zu ihren Anfängen zurück. Florio, der junge Edelmann in der Novelle *Das Marmorbild* (1819), wird von seiner poetischen „Verblendung", die ihn in heidnisch-antike Sinnlichkeit verstrickte, befreit. Der Taugenichts in der Ich-Erzählung *Aus dem Leben eines Taugenichts* (1826) kehrt nach einer abenteuerlichen Italienfahrt zu seinem geliebten Mädchen zurück. Ihr junges Glück, fernab der Stadt, umrahmt die Natur: „die Donau rauschte dazwischen herauf – und es war alles, alles gut!"

Das Marmorbild

Aus dem Leben eines Taugenichts

Eichendorffs Naturbilder sind keine naiven Idyllen; sie sind Symbol eines religiösen Gottvertrauens:

Wer hat dich, du schöner Wald,
Aufgebaut so hoch da droben?
Wohl den Meister will ich loben,
Solang noch mein Stimm erschallt. (aus: Der Jäger Abschied)

Seine Landschaften sind keine real gesehenen; zumindest in den Gedichten sind sie ein symbolischer Raum, ein volksliedhaftes Glaubensbekenntnis:

Gedichte

Mondnacht

Es war, als hätt der Himmel
Die Erde still geküsst,
Dass sie im Blütenschimmer
Von ihm nun träumen müsst.

Die Luft ging durch die Felder,
Die Ähren wogten sacht,
Es rauschten leis die Wälder,
So sternklar war die Nacht.

Und meine Seele spannte
Weit ihre Flügel aus,
Flog durch die stillen Lande,
Als flöge sie nach Haus.

Die Erde als Braut des Himmels verwandelt sich in die menschliche Seele, die ihrer himmlischen Heimat zustrebt. Der Raum weitet sich von der Erde zum Himmel, vom Diesseits zum Jenseits. Gebrochen ist das Gesamtbild aber durch den Irrealis; alles ist nur ein Gleichnis – „als hätt", „Als flöge" – einer religiösen übersinnlichen Wirklichkeit. Die schlichte Bilderwelt und die Musikalität der Verse hat viele Gedichte Eichendorffs zu Volksliedern werden lassen.

Frauen in der Romantik

In dem *Gespräch über die Poesie* (1800) hatte Friedrich Schlegel eine Darstellungsweise gewählt, die sehr genau das Leben in den literarischen Zirkeln wiedergab. Man traf sich dort, um über seine eigenen Werke zu sprechen und sich gegenseitig anzuregen. Auch wurde die Freundschaft zu einem ausgiebigen Briefwechsel gepflegt. Von CAROLINE SCHLEGEL-SCHELLING (1763–1809), seit 1796 mit August Wilhelm Schlegel und nach der Scheidung 1801 mit Friedrich Schelling verheiratet, sind über 400 Briefe erhalten. Ihr Haus in Jena war ein Mittelpunkt der Frühromantiker. Sie arbeitete auch an der Zeitschrift *Athenäum* und an A. W. Schlegels Shakespeare-Übersetzungen mit. DOROTHEA SCHLEGEL (1763–1839), in zweiter Ehe mit Friedrich Schlegel verheiratet, schrieb in der Nachfolge des *Wilhelm Meister,* angeregt von F. Schlegels Begriff der progressiven Universalpoesie, den Roman *Florentin* (1801); er blieb Fragment. SOPHIE MEREAU (1770–1806), seit 1798 mit Brentano befreundet, den sie 1803 heiratete, trat als Übersetzerin hervor. Ihre Gedichte erschienen 1800–1802. Sie schrieb zwei Romane. In Berlin war der literarische Salon von RAHEL VARNHAGEN (1771–1833) ein beliebter Treffpunkt. In Wien führte CAROLINE PICHLER (1769–1843) die Tradition ihres Vaters fort und versammelte in ihrem Haus die bedeutendsten Geister der Zeit.

CAROLINE SCHLEGEL-SCHELLING

DOROTHEA SCHLEGEL

SOPHIE MEREAU

RAHEL VARNHAGEN

CAROLINE PICHLER

Leben und Werk der CAROLINE VON GÜNDERODE (1780–1806) – *Gedichte und Phantasien* (1804), *Poetische Fragmente* (1805) – sind in den Briefroman *Die Günderode* (1840) von BETTINA VON ARNIM (1785–1859) eingegangen. Bettina war die Schwester von Clemens Brentano, dessen Freund Achim von Arnim sie 1811 heiratete. Bettina war schon 50 Jahre und Mutter von sieben Kindern, als sie 1835 ihr erstes Buch veröffentlichte unter dem Titel *Goethes Briefwechsel mit einem Kinde.* Es ist eine autobiographische Briefsammlung, beginnend mit dem Jahre 1807, die später deutlich überarbeitet und auch mit erfundenen Briefen ergänzt wurde. Nach dem Selbstmord ihrer Freundin Caroline von Günderode suchte Bettina die Freundschaft mit Goethes Mutter. Durch Vermittlung der Frau Rat, wie Bettina sie nannte, begann ein reger Briefwechsel mit Goethe, den sie schwärmerisch verehrte. Sie besuchte ihn auch mehrmals in Weimar. Politisches Aufsehen erregte ihr dialogischer Roman *Dies Buch gehört dem König* (1843). Durch das Auftreten von Goethes Mutter waren die Gespräche zwar in die Vergangenheit verlegt, ihr Thema war aber die Kritik an der gegenwärtigen restaurativen Politik in Preußen. Unbekümmert um die staatliche Zensur greift Bettina die Missstände in der Verwaltung an, setzt sich für eine konstitutionelle Monarchie ein und macht Vorschläge, wie der wachsenden proletarischen Verarmung zu begegnen sei. Als 1844 der schlesische Weberaufstand ausbrach und man ihr vorwarf, durch die Recherchen für das geplante *Armenbuch* den Aufstand unterstützt zu haben, verzichtete sie auf eine Veröffentlichung. Bettina von Arnim war eine erstaunliche Frau, selbstbewusst und engagiert, auch mit dem Mut, Tabus zu brechen. Ihre Werke umspannen die Zeit von der Frühromantik bis zur politischen Literatur des Vormärz.

CAROLINE VON GÜNDERODE

BETTINA VON ARNIM

Die Günderode

Goethes Briefwechsel mit einem Kinde

Dies Buch gehört dem König

Armenbuch

Schwäbische Romantik

LUDWIG UHLAND (1787–1862) verzichtete 1833 lieber auf seine Tübinger Germanistik-Professur, als dass er sich die Wahrnehmung seines Mandats im württembergischen Parlament verbieten ließ. 1848 war er Mitglied der Deutschen Nationalversammlung in der Frankfurter Paulskirche. Er setzte sich vergeblich für eine großdeutsche Lösung ein, mit der die alte Reichseinheit gerettet werden sollte. Uhlands Idee eines liberalen Ständestaates, der die Freiheit des Einzelnen respektierte, war angesichts der absolutistisch-restaurativen Reaktion seit 1815 ein fortschrittliches Programm. Schon 1817 rief er in seinen *Vaterländischen Gedichten* die Fürsten auf, das „alte, gute Recht" zu achten.

Das Recht, das uns Gesetze gibt,
Die keine Willkür bricht,
Das offene Gerichte liebt,
Und gültig Urteil spricht.

(aus: Das alte, gute Recht)

LUDWIG UHLAND

Vaterländische Gedichte
Gedichte

In seinen Liedern und Balladen (*Gedichte,* seit 1815 in vielen Auflagen) besang Uhland die Welt dieses alten, guten Rechts. Die Wiederbelebung des Mittelalters und der Volksdichtung ist von Uhlands politischem Programm nicht zu trennen.

An unsrer Väter Taten
Mit Liebe sich erbaun,
Fortpflanzen ihre Saaten,
Dem alten Grund vertraun;

(aus: Das Herz für unser Volk)

GUSTAV SCHWAB

Sagen

Volksbücher

Sein Freund GUSTAV SCHWAB (1792–1850) erzählte alte deutsche Sagen nach (*Buch der schönsten Geschichten und Sagen*, 1836/37) und gab die Sammlung *Deutsche Volksbücher* (1836/37) heraus. Die schwäbischen Romantiker waren vor allem historisch orientiert; sie entdeckten die Kultur der Stauferzeit wieder. In diese Vergangenheit projizierten sie ihre Hoffnungen auf eine neue deutsche Nation.

WILHELM HAUFF

Der Mann im Mond

Lichtenstein

Märchenalmanache

WILHELM HAUFF (1802–1827) führte sich als glänzender Parodist in die literarische Öffentlichkeit ein. Seinen Roman *Der Mann im Mond* (1825) gab er unter dem Pseudonym des erfolgreichen Modeschriftstellers rührseliger Liebesgeschichten Carl Heun heraus. Sein historischer Roman *Lichtenstein* (1826) um die Gestalt Herzog Ulrichs von Württemberg, der vor dem Heer des Schwäbischen Bundes (1519) fliehen musste, beinflusste nachhaltig das Mittelalterbild der zeitgenössischen Leser. Am bekanntesten blieben seine Märchennovellen, die er in drei Märchenalmanachen (1826–1828) veröffentlichte. Sie sind in Rahmenhandlungen eingebettet. Im ersten Almanach *Die Karawane* finden sich *Die Geschichte vom Kalif Storch* und *Die Geschichte vom kleinen Muck,* die sich Kaufleute einer Karawane während der Rast erzählen. *Der Zwerg Nase* steht im zweiten Almanach *Der Scheik von Allessandria.* In den dritten Almanach *Das Wirtshaus im Spessart* sind Sagenstoffe aufgenommen wie *Das kalte Herz.*

Textsammlungen

- Walther Killy: Die deutsche Literatur – Texte und Zeugnisse
  Band 5: Sturm und Drang, Klassik, Romantik, zwei Teilbände, herausgegeben von Hans-Egon Hass, C. H. Beck Verlag, München 1966
- Hans-Jürgen Schmitt: Romantik I und II, Reclam Verlag (RUB 9629 und 9633), Stuttgart 1977

8 Zwischen Klassik und Romantik

Johann Christian Friedrich Hölderlin (1770–1843)

1790 ff.	*Tübinger Hymnen, Oden, Elegien, Vaterländische Gesänge*
1797/99	*Hyperion*
1797 ff.	*Der Tod des Empedokles*

Jean Paul (1763–1825)

1783	*Grönländische Prozesse*
1789	*Auswahl aus des Teufels Papieren*
1793	*Die unsichtbare Loge*
1793	*Leben des vergnügten Schulmeisterlein Maria Wuz in Auenthal*
1795	*Hesperus*
1796	*Leben des Quintus Fixlein*
1796 f.	*Siebenkäs*
1800/03	*Titan*
1804	*Vorschule der Aesthetik*
1804 f.	*Flegeljahre*
1808	*Friedens-Predigt an Deutschland*
1817	*Politische Fastenpredigten*

Heinrich von Kleist (1777–1811)

1803	*Die Familie Schroffenstein*
1807	*Amphitryon*
1808	*Der zerbrochne Krug*
1808	*Penthesilea*
1808	*Das Käthchen von Heilbronn*
1808	*Die Hermannsschlacht*
1810	*Über das Marionettentheater*
1810 f.	*Erzählungen (Michael Kohlhaas, Die Marquise von O. . . ., Das Erdbeben in Chili* u. a.)
1811	*Prinz Friedrich von Homburg*

Johann Peter Hebel (1760–1826)

1803/20	*Allemannische Gedichte*
1811	*Schatzkästlein des rheinischen Hausfreundes*

Hölderlin, Jean Paul, Kleist und Hebel lassen sich in keine der herrschenden literarischen Strömungen an der Wende vom 18. zum 19. Jahrhundert einordnen. Sie waren zwar Zeitgenossen – dies beweisen ihre ausführliche Korrespondenz, die persönlichen Begegnungen und die Wahl der Themen und Gattungen –, aber: Sie hielten Distanz. Ihre literarische Bedeutung wurde zum Teil erst von späteren Generationen erkannt und gewürdigt. Deshalb ist es vertretbar, sie als die großen Einzelgänger ihrer Zeit in einem eigenen Kapitel vorzustellen.

Friedrich Hölderlin

FRIEDRICH HÖLDERLIN

Die Rückkehr des Menschen zur ursprünglichen Einheit mit der Natur in einer freien Gesellschaft ist das große Thema in den Werken von JOHANN CHRISTIAN FRIEDRICH HÖLDERLIN (1770–1843).

Von der Mutter, die aus einem pietistischen Pfarrhaus stammte, für den geistlichen Beruf bestimmt, trat er zwar 1788 in das Tübinger Stift ein, sein Interesse galt aber eher der Philosophie. Er las die Schriften von Spinoza, Leibniz und Kant. Aus ihnen übernahm er die pantheistische Idee von der Einheit oder Harmonie des Seins, die durch den gesellschaftlichen Entfremdungsprozess zwischen Mensch und Natur gestört worden sei. Ein fernes Bild der ursprünglichen Harmonie zwischen Mensch, Gesellschaft und Natur sah er im antiken Griechenland. Die Ideale der Französischen Revolution, die Forderungen nach Freiheit, Gleichheit und Brüderlichkeit, weckten in ihm die Hoffnung auf den Anbruch eines neuen Zeitalters der Humanität. Zu seinen Freunden zählten Hegel und Schelling. Nach dem Studium trat er 1793 eine Stelle als Hauslehrer an. Es war dies die einzige Möglichkeit, sich den Berufswünschen der Mutter zu entziehen. Den Winter 1794/95 verbrachte er mit seinem Zögling in Jena und Weimar. Nach der Lösung des Dienstverhältnisses blieb er in Jena. Dort besuchte er Goethe, der sich ihm gegenüber distanziert verhielt, pflegte Kontakte mit Herder und Novalis; vor allem warb er aber um Schiller, die geistige Vaterfigur seiner Tübinger Jahre. Schiller veröffentlichte in seinen Zeitschriften und Almanachen mehrere Gedichte Hölderlins und setzte sich für die Annahme des *Hyperion* bei Cotta ein. Trotz der Perspektiven, die sich ihm in der literarischen Atmosphäre von Jena und Weimar boten, brach Hölderlin Ende Mai 1795 plötzlich in die Heimat auf. Vielleicht wollte er sich dem bestimmenden Einfluss Schillers entziehen. Im gleichen Jahr nahm er eine neue Hauslehrerstelle in Frankfurt bei dem Bankier Gontard an. Dessen Frau Susette wurde die angebetete Diotima in Hölderlins Dichtung. Nach einer Auseinandersetzung mit dem Hausherrn wurde Hölderlin 1798 entlassen. Ein Freund aus der Jenaer Zeit, Isaak von Sinclair, ein überzeugter Republikaner, nahm ihn zu sich nach Homburg. Als der Versuch, eine literarische Zeitschrift zu gründen, scheiterte, verdingte er sich für jeweils kurze Zeit in der Schweiz und in Frankreich wieder als Hauslehrer, bis ihm Isaak von Sinclair aus seiner eigenen Schatulle pro forma eine Stelle als Hofbibliothekar einrichtete. 1806 verschlechterte sich Hölderlins geistige Verfassung so sehr, dass er nach Tübingen in die Klinik gebracht wurde. Von dort wurde er 1807 als unheilbar entlassen. Die Jahre bis zu seinem Tode wurde er von der Familie des Tübinger Schreinermeisters Zimmer gepflegt. – Hölderlins Leben wurde mehrfach im Kontext der historischen politischen Auseinandersetzungen literarisch interpretiert. Beispiele aus jüngster Zeit sind das Drama *Hölderlin* (1971) von Peter Weiss und der Roman *Hölderlin* (1976) von Peter Härtling.

In dem Briefroman *Hyperion oder Der Eremit in Griechenland* (1797–1799) konfrontierte Hölderlin sein Wunschbild mit der erfahrenen Wirklichkeit. Die ersten Arbeiten an dem Roman gehen noch in die Tübinger Zeit zurück; Hölderlin gestaltete ihn mehrmals in Form und Inhalt um. Die jeweils veränderten Fassungen sind Reaktionen auf zeitgeschichtliche und persönliche Ereignisse. Im Unterschied zum Werther schreibt Hyperion nicht aus unmittelbarem Erlebnis an seinen Freund Bellarmin, sondern er erzählt ihm sein bisheriges Leben in reflektierender Distanz vom Ende her, nachdem er sich in die Natureinsamkeit Griechenlands zurückgezogen hat. Die Ereignisse spielen in der zweiten Hälfte des 18. Jahrhunderts.

Hyperion

Susette Gontard

Der junge Grieche Hyperion wächst nach den Erziehungsidealen der griechischen Antike auf; der Einzelne als Teil des Ganzen und in Harmonie mit ihm verbunden. Auf seiner Wanderschaft trifft er Alabanda; er ist ein revolutionärer Patriot und Mann der Tat, der seine griechische Heimat vom türkischen Joch befreien möchte. In dieser Gestalt hat Hölderlin Fichtes Philosophie vom sich selbst setzenden Ich – er hatte seine Vorlesungen in Jena gehört – literarisch verarbeitet. Hyperion teilt zwar Alabandas republikanische Gesinnung, aber er verurteilt die Gewalt, mit der Alabanda aus dem Untergrund die Verhältnisse ändern will. Zu einem zentralen Erlebnis wird für ihn die Begegnung mit Diotima; in der Schönheit der Geliebten offenbart sich ihm das all-einende Gesetz der Natur: „O ihr, die ihr das Höchste und Beste sucht [. . .], wisst ihr seinen Namen? den Namen des, das Eins ist und Alles? Sein Name ist Schönheit." Der Ausbruch des Russisch-Türkischen Krieges (1769–1774) beendet diese schwärmerische Idylle. Alabanda überzeugt seinen Freund, dass nun die Zeit gekommen sei für die gerechte Sache der Freiheit zu kämpfen und das Joch der despotischen Fremdherrschaft abzuschütteln. Aber Ideal und Wirklichkeit sind nicht zu vereinen; die griechischen Freischärler ziehen marodierend durch das Land. Vergeblich, unter dem Einsatz des Lebens, versuchen die Freunde dem Treiben Einhalt zu gebieten. Resigniert zieht sich Hyperion zurück. Als er von Diotimas Tod erfährt, bricht er nach Deutschland auf, um durch die Reise die Trauer über Diotima zu überwinden. Aber in Deutschland begegnet er dem Schreckensbild eines Untertanenstaates. Wieder in Griechenland, sieht er seine Aufgabe darin, als prophetischer Dichter das Bild einer besseren Welt für künftige Generationen zu bewahren. Er selbst findet Ruhe durch die Einsicht, dass der Mensch als vergängliches Wesen zwar nie die höchste Stufe des Ideals erreichen wird, dass er aber selbst in seiner Unzulänglichkeit im Schoße der „göttlichen Natur" geborgen sei.

Hyperions Bericht ist vielschichtig. Die Anspielungen auf den Verlauf der Französischen Revolution, auf den Verrat an den ursprünglichen Idealen ist offenkundig. Die Hauptgestalten – Hyperion, Alabanda und Diotima – sind Verkörperungen der drei Grundideale der Französischen Revolution. Die Lösung ist keine politische – denn schließlich sind in Deutschland alle republikanischen Ansätze gescheitert –, sondern eine philosophische oder besser: utopische. Das durch die Vergöttlichung der Vernunft naturentfremdete Ich solle den Einklang mit der Natur wiederfinden; dies sei die Voraussetzung einer neuen Sittlichkeit. Der Dichter habe die Aufgabe, diesen künftigen Zustand in seinen prophetischen Werken vorwegzunehmen. Eine Rückkehr zur naiven Harmonie der Griechen gebe es nicht mehr, die Harmonie könne sich aber in veränderter Form auf einer neuen historischen Stufe wieder verwirklichen:

Es gibt zwei Ideale unseres Daseins: einen Zustand der höchsten Einfalt, wo unsre Bedürfnisse mit sich selbst und mit unsern Kräften und mit allem, womit wir in Verbindung stehen, durch die bloße Organisation der Natur, ohne unser Zutun, gegenseitig zusammenstimmen und einen Zustand der höchsten Bildung, wo dasselbe stattfinden würde bei unendlich vervielfältigten und verstärkten Bedürfnissen und Kräften, durch die Organisation, die wir uns selbst zu geben imstande sind.
(Fragment von Hyperion)

Der Tod des Empedokles

Dieser zweite Zustand der selbstbestimmten gesellschaftlichen Verantwortung des Menschen ist Thema der ersten Fassung des Dramenfragments *Der Tod des Empedokles*, an dem Hölderlin seit 1797 arbeitete. Nach der antiken Überlieferung soll sich der griechische Naturphilosoph Empedokles (5. Jh. v. Chr.) in den Ätna gestürzt haben, um in den Urgrund der Natur zurückzukehren. Hölderlin hat den Freitod des Empedokles in den einzelnen Fassungen unterschiedlich begründet: – als Sühne einer persönlichen Schuld, weil sich Empedokles zum Herrn über die Natur erhoben habe; als freiwillige Rückkehr zum göttlichen Ursprung; – und in der politischen Version, die der antiken Überlieferung am nächsten steht, als einen allegorischen Opfertod, durch den die Bürger von Agrigent zur politischen Mündigkeit gezwungen werden sollen.

Empedokles, durch die korrupte Priesterschaft aus Agrigent vertrieben, wird nach Entlarvung der Machenschaften vom Volk aufgefordert das Königsamt zu übernehmen. Aber er verweigert sich; denn: „Dies ist die Zeit der Könige nicht mehr." Das Volk als Souverän müsse sich selbst regieren: „Euch ist nicht / Zu helfen, wenn ihr selber euch nicht helft." Er fordert sie auf: „jeder sei, / Wie alle." Aber um ein freies Volk zu werden, müssten sie durch den „reinigenden Tod" der Läuterung wie „Neugeborne" wieder erstehen. Dieses allegorische Bild erklärt er den Bürgern:

Und wie aus krankem Körper sehnt der Geist
Von Agrigent sich aus dem alten Gleise.
So wagts! Was ihr geerbt, was ihr erworben,
Was euch der Väter Mund erzählt, gelehrt,
Gesetz und Brauch, der alten Götter Namen,
Vergesst es kühn und hebt, wie Neugeborne,
Die Augen auf zur göttlichen Natur, [. . .]

In dieser politischen Version wird die vorrevolutionäre Feudalstruktur als Abfall von der Natur angeprangert und das Prinzip der Gleichheit als ein inneres Gesetz der Natur, als die natürliche Ordnung beschrieben.

Lyrik

Tübinger Hymnen

Oden

Elegien

Der revolutionär-utopische Charakter der Dichtung Hölderlins ist überschattet von der resignativen Einsicht in die realen Verhältnisse zu Ausgang des 18. Jahrhunderts. Für sich selbst zog er sich auf den prophetischen Auftrag des Dichters zurück und setzte gegen das Chaos der politischen Wirklichkeit die formale Strenge seiner Dichtung, die am antik-klassischen Vorbild geschult war. Dies gilt vor allem für seine Lyrik. Die frühen Hymnen, auch *Tübinger Hymnen* genannt, sind noch in Reimstrophen aufgebaut; sie standen unter dem Einfluss der Gedankenlyrik Schillers. Doch bald gab Hölderlin die Reimstrophe auf und schrieb *Oden* nach antiken Strophenformen (*Lebenslauf*). Für seine großen *Elegien*, thematisch dem *Hyperion* nahe, verwandte er das elegische Distichon *(Brot und Wein)*. Die späten Hymnen, die so genannten *Vaterländischen Gesänge*, bestehen aus freien Rhythmen nach dem Vorbild Pindars, dessen Hymnen Hölderlin teilweise übersetzt hatte; in ihnen wird der Dichter zum prophetischen Künder einer künftigen Versöhnung der Gegensätze *(Der Rhein, Germanien)*. Zwar lebt die Erinnerung an das goldene Zeitalter weiter, aber der Blick ist nicht rückwärts gewandt, das Neue wird eine dem Alten ebenbürtige Qualität haben:

Vaterländische Gesänge

O nenne, Tochter du der heiligen Erd,
Einmal die Mutter. Es rauschen die Wasser am Fels
Und Wetter im Wald und bei dem Namen derselben
Tönt auf aus alter Zeit Vergangengöttliches wieder.
Wie anders ists! und rechthin glänzt und spricht
Zukünftiges auch erfreulich aus den Fernen. *(Germanien)*

Jean Paul

JEAN PAULS (eigentlich: JOHANN PAUL FRIEDRICH RICHTER, 1763–1825) Leben war bis zu seiner endgültigen Übersiedlung (1804) nach Bayreuth eine wechselnde Abfolge zwischen ländlicher oder kleinstädtischer Zurückgezogenheit und längeren Aufenthalten in Universitäts- und Residenzstädten – oder ins Literarische übersetzt: zwischen der scheinbaren Beschaulichkeit der Idylle und dem Labyrinth des absolutistischen Staatsromans. In der Einleitung zu seinem *Quintus Fixlein* schrieb er über die „drei Wege, glücklicher (nicht glücklich) zu werden“:

JEAN PAUL

Der erste, der in die Höhe geht, ist: so weit über das Gewölke des Lebens hinauszudringen, dass man die ganze äußere Welt mit ihren Wolfsgruben, Beinhäusern und Gewitterableitern von weitem unter seinen Füßen nur wie ein eingeschrumpftes Kindergärtchen liegen sieht. – Der zweite ist: – gerade herabzufallen ins Gärtchen und da sich so einheimisch in eine Furche einzunisten, dass, wenn man aus seinem warmen Lerchennest heraussieht, man ebenfalls keine Wolfsgruben, Beinhäuser und Stangen, sondern nur Ähren erblickt, deren jede für den Nestvogel ein Baum und ein Sonnen- und Regenschirm ist. – Der dritte endlich – den ich für den schwersten und klügsten halte – ist der, mit den beiden andern zu wechseln.“

Bevor Jean Paul in seinen Werken den zweiten und dritten Weg beschrieb, wählte er für seine frühesten Texte das Genre der aufklärerischen Moral- und Gesellschaftssatire.

Jean Paul wurde 1763 in Wunsiedel geboren. Sein Vater war Lehrer; später bekam er eine Pfarrstelle. Der Unterrichtsstil des Vaters, möglichst viel auswendig lernen zu lassen, um ein umfassendes Stoffwissen zu vermitteln, prägte Jean Pauls lebenslange Gewohnheit, sich in Exzerptheften ein enzyklopädisches Wissen anzulegen und für seine Romane zu verwenden. Er besuchte das Gymnasium in Hof. Dorthin kehrte er auch später bis zum Tode seiner Mutter (1797) immer wieder zurück. Das Studium der Theologie in Leipzig brach er nach zwei Jahren (1783) ab; er wollte sich als freier Schriftsteller durchschlagen. Da aber zunächst der Erfolg ausblieb, musste er nacheinander mehrere Stellen als Hauslehrer und Erzieher annehmen.

Der Durchbruch gelang ihm erst mit seinem Roman *Hesperus* (1795). Von 1796 bis zu seiner Übersiedlung nach Bayreuth 1804 lebte er mit Unterbrechungen in Weimar, Leipzig und Berlin. Die Begegnung mit Goethe und Schiller verlief eher kühl; Freundschaft schloss er mit Herder. In Berlin traf er die führenden Vertreter der Jenaer Romantik. Seine fruchtbarste Schaffensphase fiel in die Zeit seiner Wanderjahre. In Bayreuth lebte er zurückgezogen, fast so kauzig wie die Sonderlinge seiner Romane, aber mit wachem Interesse für die politische Entwicklung in Deutschland. In mehreren politischen Schriften wandte er sich an die Öffentlichkeit: *Friedens-Predigt an Deutschland* (1808), *Politische Fastenpredigten* (1817).

Satiren

Grönländische Prozesse

Jean Paul hat sich selbst als Republikaner bezeichnet. Seiner geistigen Herkunft nach war er Pietist und moralischer Aufklärer. In den frühen satirischen Skizzen *Grönländische Prozesse* (1783) überwog noch die moralische Schelte gegen Fürstenwillkür und Untertanengeist. Das Mittel war der entlarvende Witz durch überraschende Vergleiche. Diese Methode hat Jean Paul später ausführlich erläutert: „Der Witz, aber nur im engern Sinn, findet das Verhältnis der Ähnlichkeit, d. h. teilweise Gleichheit, unter größere Ungleichheit versteckt." So lässt er einen Kandidaten der Theologie, der sich beim Fürsten um eine Pfarrstelle bewirbt, das Bittschreiben nach den Regeln der Briefrhetorik mit dem üblichen Lob auf den Adressaten beginnen: „Mein Hauptendzweck dieses Briefes ist, sogar Eure Hochwohlgeboren selber auf Ihre durch die Zeit bestäubte Verdienste aufmerksam zu machen. Sie kennen den großen Wert des alten Adels und alten Käses, zu welchem der eine durch viele Ahnen und der andere durch viele Maden erhoben wird." *(Über den groben Ahnenstolz)* Der Fürst und seine Ahnen als eine lange Kette von Schmarotzern! Die politische Kritik an der feudalen Herrschaftsstruktur verstärkte sich in der *Auswahl aus des Teufels Papieren*, die 1789 im Jahr der Französischen Revolution erschien. Der leibeigene Bauer habe keine Möglichkeit, sich gegen die Willkür seines Herrn und gegen das berüchtigte Bauernlegen zu wehren, wenn „der Edelmann den Leuten Geld zum Bauen leihet, um solches, wenn das Haus fertig ist, plötzlich aufzukündigen und dann die mühsam zusammengeballte Hütte an Zahlungsstatt zu rauben".

Auswahl aus des Teufels Papieren

satirische und humoristische Idyllen

Die Erzählung *Leben des vergnügten Schulmeisterlein Maria Wuz in Auenthal* (1793), die im Anhang zu seinem Roman *Die unsichtbare Loge* erschien, nannte Jean Paul „Eine Art Idylle", denn die vermeintliche idyllische Beschaulichkeit wird durch die Reflexionen des Erzählers durchbrochen.

Leben des vergnügten Schulmeisterlein Maria Wuz

Wuz ist durch nichts in seinem Glauben an die beste aller Welten zu erschüttern. Weder die engstirnige Erziehung im Alumnat noch die ärmlichen häuslichen Verhältnisse können seinen Optimismus brechen; er sieht noch im düstersten Alltag den blauen Himmel der Hoffnung. Die Bibliothek, die er sich mit seinem geringen Salär nicht leisten kann, schreibt er sich einfach selbst. Er zieht sich in eine eigene Welt zurück; seine Phantasie bannt die Bedrohung durch die Wirklichkeit oder verdrängt sie. Nicht mit Spott, sondern mit nachsichtiger Sympathie zeichnet der Erzähler, hinter dem sich, leicht erkennbar, Jean Paul verbirgt, den skurrilen Charakter seines Helden; denn ein Teil von Wuz steckt in jedem. Zeitgeschichtlich ist diese schrullige Biographie eine Parodie auf den subjektiven Idealismus der beginnenden Jenaer Romantik, besonders auf Fichtes Lehre vom sinnstiftenden Ich – sie ist aber auch ein ironisches Konterfei des politisch entmündigten Bürgers und seines Rückzugs ins private Glück.

Humor – „das umgekehrte Erhabene"

Das durchgängige Thema in Jean Pauls Erzählungen ist der Kontrast zwischen der Wirklichkeit und der Idee, zwischen dem Endlichen und dem Unendlichen. Nur durch den Humor sei dieser Kontrast zu ertragen. Der Humor als „das umgekehrte Erhabene" erniedrige das Große und erhöhe das Kleine; er hebe die Unterschiede auf, „weil vor der Unendlichkeit alles gleich ist und nichts". (*Vorschule der Aesthetik*, 1804) Diese philosophische Definition des Humors hat auch eine gesellschaftliche Dimension; denn der Humor und die humoristische Schreibweise relativieren die Standesunterschiede, allerdings nur im Freiraum der Phantasie. Nur in seiner imaginären Bibliothek kann sich das arme Schulmeisterlein Maria Wuz über die Nöte des Alltags erheben und mit den großen Geistern wie mit seinesgleichen verkehren. Der Tagtraum des kauzigen Sonderlings, sein naiver Versuch, die Wirklichkeit umzustülpen, diese „Art Idylle" erzeugt „jenes Lachen, worin noch ein Schmerz und eine Größe ist".

Jean Pauls Erzähltechnik

Schon im *Schulmeisterlein Maria Wuz* sind wesentliche Züge aus der jean-paulschen Erzähltechnik zu erkennen. Der Erzähler ist meist auf mehrfache Weise mit der Geschichte verbunden: er tritt in der Geschichte selbst auf; er spricht mit dem Leser über seine Gestalten; er unterbricht immer wieder die Handlung, um in längeren Exkursen einen Gedanken, der ihm beim Erzählen gekommen ist, weiter auszuführen. Vielfach ist die Handlung gar nicht das Bestimmende, sondern die einkreisende Annäherung an einen Charakter. So wird die Erzählung zu einem komplexen Gebilde; die vertrackte Erzählweise in den späteren großen Romanen ist ein Gleichnis für das Labyrinth der Wirklichkeit, für das Rollenspiel auf der Bühne des Lebens.

Die Reihe der humoristischen Idyllen führte Jean Paul mit dem *Leben des Quintus Fixlein* (1796) und dem *Siebenkäs* (1796 f.) fort. Die humoristische Perspektive ist zwar beibehalten, aber die Helden treten aus dem Status des Sonderlings in die unauffällige Normalität.

Leben des Quintus Fixlein

Durch ein glückliches Erbe und eine vorteilhafte Verwechslung kann sich der Gymnasiallehrer Fixlein nicht nur in der Phantasie, sondern auch in der Wirklichkeit sehr zu seiner Zufriedenheit einrichten. Aus der Trickkiste der trivialen Komödie könnte die Inszenierung des eigenen Scheintodes des Armenadvokaten Siebenkäs stammen. Jean Paul verwandelte dieses Motiv zu einer Satire auf kleinbürgerliche Engstirnigkeit. Durch den gespielten Tod findet Siebenkäs aus den Zwängen und dem Unverstand seiner alten Umgebung zu einer neuen Identität. Doch wie der Scheintod selbst ist auch dieser glückliche Ausgang nur eine Scheinlösung, ein märchenhafter Schluss, der den Kontrast zur Wirklichkeit nur um so deutlicher werden lässt. Die Neugeburt wie Phönix aus der Asche, die Hoffnungen, dass durch die Französische Revolution ein neues Zeitalter der Freiheit beginnen werde, erfüllten sich nicht.

Siebenkäs

Romane

Den ersten großen Erfolg hatte Jean Paul mit seinem Roman *Hesperus* (1795); er nannte ihn eine Biographie. Der Junge Viktor gerät aus der ländlichen Idylle bürgerlicher Redlichkeit in das Intrigenspiel am Fürstenhof. Die Handlung ist – noch ganz im Stil des höfischen Staatsromans – ein Wirrwarr von Verwechslungen und falschen Identitäten, der sich am Ende durch die weise Führung des republikanisch gesinnten Lord Horion glücklich auflöst. Für Viktor sind die Verwirrungen Prüfsteine auf seinem Lebensweg; er behauptet sich durch die Sicher-

Hesperus

heit und Lauterkeit seines Gefühls gegen die Intrigen am Hof. Er und die heimlich republikanisch erzogenen natürlichen Söhne des Fürsten sollen einmal die neuen Staatsideen der Aufklärung verwirklichen. Das adlige Pendant zu Viktor ist Graf Albano, die Hauptgestalt im *Titan* (1800–1803). Albanos Freund und späterer Gegenspieler ist der maßlos ichbesessene Roquairol, eine satirischc Übertreibung des frühromantischen Subjektivismus. Jean Pauls Bildungsideal war weder die abgeklärte Geistigkeit der Klassik noch der romantische Rückzug auf das Ich, sondern der Einklang zwischen innerer Sicherheit und öffentlichem Wirken. Liebe, Freundschaft, Vertrauen und Zuverlässigkeit sind die hervorstechenden Tugenden seiner Helden. Für Viktor und Albano hatte der Auszug in die Welt jeweils ein glückliches Ende; der Kontrast zwischen Ideal und Wirklichkeit wurde märchenhaft gelöst. In den *Flegeljahren* (1804 f.) bleibt dieses glückliche Ende aus. Walt, ein junger angehender Jurist und verträumter Poet, soll, bevor er sein Erbe antreten kann, mehrere Prüfungen bestehen. Der Roman ist eine Art Berufe- und Ständerevue. Walt bewahrt sich zwar die innere Welt seiner Phantasie, seinen Traum, aber die Wirklichkeit läuft ihm davon. Diese Wende deutet Jean Pauls resignierende Einsicht an, dass die Widersprüche sich nur in der Poesie aufheben, im Traum von einer besseren Welt; sie ist auch eine Absage an die romantische Idee, dass die Poesie die Welt durchdringe und ihr erst einen Sinn gebe; sie bereitet den literarischen Realismus des 19. Jahrhunderts vor.

Titan

Flegeljahre

Heinrich von Kleist

HEINRICH VON KLEIST

HEINRICH VON KLEISTS (1777–1811) literarische Bedeutung wurde erst Jahre nach seinem Tode erkannt und begriffen. Er war, wie Thomas Mann ihn charakterisiert, „völlig einmalig, aus aller Hergebrachtheit und Ordnung fallend, radikal in der Hingabe an seine exzentrischen Stoffe bis zur Tollheit, bis zur Hysterie, – allerdings tief unglücklich, mit Ansprüchen an sich selbst, die ihn zermürbten, um das Unmögliche ringend". Der entscheidende Einschnitt in seinem Leben war die Lektüre der Schriften von Kant. Er verstand Kants Untersuchungen über die menschliche Erkenntnis als Kritik an der Erkennbarkeit der Wirklichkeit überhaupt. So klammerte er sich an das Gefühl als letzte handlungsbestimmende Instanz; daher die Maßlosigkeit seiner Gestalten, die sich blindlings oder traumwandlerisch ihrem Gefühl auslieferten. Kleist war sich der Brüchigkeit dieser Alternative bewusst; denn sie provozierte den Konflikt zwischen unbewusstem oder instinktivem Handeln und gesellschaftlicher, historisch bedingter Übereinkunft. Sein Begriff des Tragischen bedurfte keiner außerweltlichen Verankerung durch Vorsehung oder Schicksal. Seine Gestalten – wenn sie nicht in eine traumhafte Märchenwelt entrückt werden, die ihnen später, im märchenhaften Schluss, als vorgeahnte Wirklichkeit entgegentritt – scheitern am Widerspruch zwischen Gefühl und gesellschaftlicher Notwendigkeit.

Kleist stammte aus einer preußischen Offiziersfamilie. Er selbst begann 1792 die militärische Laufbahn, trat aber 1799 freiwillig aus dem Dienst aus und schrieb sich an der Universität Frankfurt a. d. Oder für Philosophie, Natur- und Staatswissenschaften ein. Nach zwei Jahren brach er sein Studium ab. Die Lektüre Kants hatte sein Vertrauen auf die Erkenntniskraft des Verstandes erschüttert und seinen „Lebensplan", den er sich entworfen hatte, fragwürdig werden lassen:

> *Wir können nicht entscheiden, ob das, was wir Wahrheit nennen, wahrhaft Wahrheit ist oder ob es uns nur so scheint. Ist das Letzte, so ist die Wahrheit, die wir hier sammeln, nach dem Tode nicht mehr – und alles Bestreben, ein Eigentum sich zu erwerben, das uns auch in das Grab folgt, ist vergeblich.*
>
> *(Brief vom 22. III. 1801)*

Unstet reiste er durch Europa, hatte zeitweilig den Plan, sich in der Schweiz auf einem Bauernhof niederzulassen. Aus Zweifel an seiner literarischen Berufung und auch aus Verzweiflung über die Erkenntnisohnmacht verbrannte er das Manuskript des Dramas *Robert Guiskard.* An seine Schwester schrieb er: „Die Hölle gab mir meine halben Talente, der Himmel schenke dem Menschen ein ganzes oder gar keins." Immer wieder äußerte er Selbstmordgedanken. Die Krise verschärfte sich in den nächsten Jahren, als – nach einem kurzen Intermezzo im Staatsdienst – seine Pläne einer eigenen Zeitschrift zunächst an dem Ausbleiben der versprochenen Beiträge, dann an der staatlichen Zensur nach den ersten Ausgaben scheiterten und auch die Aufführung seines patriotischen Zeitstückes *Die Hermannsschlacht* (1808), ein Aufruf zum Bündnis zwischen Preußen und Österreich gegen Napoleon, abgelehnt wurde. 1811 ging er mit seiner Freundin Henriette Vogel, die unheilbar krank war, in den Tod. Kleist hatte keines seiner Dramen, die in der kurzen Zeit eines Jahrzehnts entstanden waren, auf einer Bühne gesehen. Nur drei Stücke wurden noch zu seinen Lebzeiten ohne großes Echo aufgeführt. Seine Stücke sprengten den Rahmen der traditionellen Publikumserwartungen; denn nur in den Requisiten oder in äußeren Handlungsmomenten erinnerten sie teilweise an Schauer- und Schicksalsdramen oder an romantische Märchenspiele. Im Kern waren sie immer wieder verzweifelte Versuche, sich der Wahrheit und Untrüglichkeit des Gefühls zu vergewissern.

Schauspiele

Schon in seinem dramatischen Erstling *Die Familie Schroffenstein* (1803) hieß es: „Denn etwas gibt's, das über alles Wähnen / Und Wissen hoch erhaben – das Gefühl / Ist es der Seelengüte andrer."

Die Familie Schroffenstein

Die Handlung des Stückes, ursprünglich in Spanien angesiedelt, dem modischen Bühnenland der zeitgenössischen Schicksalstragödie, wurde in der letzten Fassung, die nicht mehr allein Kleists Werk war, nach Deutschland verlegt. Zwei adlige Familien eines Geschlechts gehen an einem Erbvertrag, der die Einheit des Geschlechts erhalten soll, durch Argwohn und Misstrauen zugrunde; denn jeder Unglücksfall wird als gezielte Mordtat der anderen Seite, die sich des gemeinsamen Erbes bemächtigen möchte, ausgelegt und gerächt. Durch den Argwohn, durch das von Hass geblendete Gefühl, wird der bloße Anschein einer bösen Absicht zur geglaubten, aber falschen Gewissheit. Selbst die Liebe zwischen Ottokar und Agnes, den Kindern der verfeindeten Häuser, ihr Vertrauen auf das untrügliche Gefühl gegenseitiger Ehrlichkeit, kann die Katastrophe der Selbstzerstörung nicht mehr aufhalten; vergeblich greifen sie aufklärend ein.

In diesem Stück sind Kleists Anleihen beim trivialen Schicksalsdrama offensichtlich. Nur: Die Katastrophe ist keine schicksalhafte, fremdbestimmte Zwangsläufigkeit, sondern von den Handelnden selbst verursacht. Im strengen Parallelismus der Szenen zwischen beiden Familien analysiert Kleist den Mechanismus der Eskalation, deren Ursache das teuflische „Versehen“ des Argwohns war.

Amphitryon

In der *Familie Schroffenstein* war es Agnes, die das Gefühl „über alles Wähnen und Wissen“ erhob. Es sind vor allem Frauen, die in Kleists Dramen die Probe, die Prüfung ihrer Gefühlsgewissheit zu bestehen haben. Im *Amphitryon* (1807), nach Molières gleichnamigem Stück (1668), ist das Liebesabenteuer des Göttervaters Zeus, der Alkmene in der Gestalt ihres Gatten Amphitryon besucht, der Prüfstein der Gefühlsgewissheit. Alkmene wird zwar durch den Göttervater in ihren Gefühlen verwirrt, sie kann nicht mehr zwischen dem Gott und ihrem Ehemann unterscheiden – trotzdem bleibt sie in ihrer Liebe sogar dem Göttervater überlegen, weil ihr Gefühl nur dem wirklichen Amphitryon, ihrem Gatten und Geliebten, galt. Alkmenes Identität, ihr Selbstverständnis bleibt von den Wechselfällen des verwirrenden Scheins unberührt.

Penthesilea

Anders die Amazonenkönigin in dem nach ihr benannten Trauerspiel *Penthesilea* (1808). Während sie sich noch ihres liebenden Gefühls zu Achill sicher glaubt, hat das Verhängnis bereits begonnen; denn Penthesilea liebt – unwissentlich – einen Mann, dem sie im Kampf vor Troja unterlegen war. Dies aber verbietet ein archaisches Gesetz ihres Volkes.

Als sie von dem Irrtum erfährt – eine plötzliche Ohnmacht hatte ihr den wirklichen Ausgang des Kampfes verhüllt –, schlägt ihre Liebe in tödlichen, barbarischen Hass um. Sie hat nur noch ein Ziel: die Demütigung durch Achills Tod zu rächen. Achill will sich ihr zum Schein in einem neuen Kampf unterwerfen, aber diese Absicht wird für ihn zum tödlichen Irrtum. So zärtlich wie Penthesilea als Liebende auftrat, so maßlos ist sie nun in ihrem Hass gegen Achill. Penthesileas scheinbar betrogenes Gefühl kann durch nichts mehr versöhnt werden; es ist blind selbst gegenüber Achills liebender Werbung.

Diese Reaktion lässt sich in vielfacher Weise interpretieren. Psychologisch als Geschlechterrivalität, als Hassliebe. Mythologisch als Penthesileas Konflikt zwischen Stammesgesetz und Selbstverwirklichung. Dadurch dass sie unwissentlich das alte Gesetz brach, ist sie aus der Gemeinschaft ihres Volkes ausgeschlossen; aber indem sie versucht sich dem Gesetz nachträglich zu unterwerfen, zerstört sie auch oder unterdrückt sie ihre wirklichen Gefühle. Es ist der Streit zwischen gesellschaftlicher und individueller Identität. Beide hätten durch den „Schein“, durch Achills gespielte Unterwerfung, versöhnt werden können. Dies aber erkennt Penthesilea zu spät.

Das Käthchen von Heilbronn

Über die Titelgestalt seines historischen Schauspiels *Das Käthchen von Heilbronn* (1808) schrieb Kleist: „Das Käthchen von Heilbronn ist die Kehrseite der Penthesilea, ihr andrer Pol, ein Wesen, das ebenso mächtig ist durch gänzliche Hingebung als jene durch Handeln.“

Käthchen, als Tochter eines Heilbronner Waffenschmiedes aufgezogen, folgt blindlings dem Grafen Friedrich Wetter vom Strahl. Sie lässt sich auch nicht durch Demütigungen oder durch die Intrigen der berechnenden Rivalin Kunigunde von Thurneck aus der Nähe des Grafen verdrängen. Die traumwandlerische Sicherheit ihres Gefühls hat sie aus einem Traum, in dem ihr der Graf als ihr künftiger Ehegatte erschienen ist. Einen ähnlichen Traum hat auch der Graf: er werde die Tochter eines Kaisers heiraten. Fälschlich legt er ihn zunächst auf Kunigunde aus, bis durch die Entwirrung des Scheins die wahre Bedeutung offenbar wird; Käthchen ist die natürliche Tochter des Kaisers. Der Traum wird Wirklichkeit, das Ritterspiel endet wie ein Märchen von der verkannten Königstochter.

Kleist sagte in seiner Abhandlung *Über das Marionettentheater* (1810), dass der reinste, paradiesische Zustand des Menschen der Einklang zwischen Gefühl und Handeln sei. Diesen „Stand der Unschuld" wiederzugewinnen sei „das letzte Kapitel von der Geschichte der Welt". In Käthchen hat Kleist dieses utopische Ideal verkörpert. Während alle Gestalten um Käthchen, auch der Graf, durch die Wirrnisse ihres Verstandes schreiten, folgt Käthchen nur ihrem Gefühl. Freilich ist der Schluss märchenhaft, ein Wunschbild eines ersehnten Zustands.

Prinz Friedrich von Homburg

Das Schauspiel *Prinz Friedrich von Homburg* (1811) beginnt und endet mit einem Tagtraum. Zu Beginn entrückt der Traum den Prinzen aus der Wirklichkeit, am Ende verwandelt sich das Traumbild in die Wirklichkeit. In beiden Szenen führt aber nicht eine Märchenfee die Fäden, sondern der preußische Kurfürst Friedrich Wilhelm. Der Verlauf des Traums unterliegt absolutistischer Manipulation. Der Kurfürst nimmt dem Träumer einen Lorbeerkranz aus den Händen, umwickelt ihn mit seiner Halskette und reicht ihn seiner Nichte Natalie. Homburg weiß nicht, dass er Opfer eines Scherzes ist. Das Mischbild von Traum und Wirklichkeit hat ihn verzaubert. Er überhört die genaue Order für die bevorstehende Schlacht (Fehrbellin, 1675) und greift vorzeitig in den Kampf ein. Zwar wird er als Sieger von Fehrbellin gefeiert, aber gleichzeitig hat er sich auch durch sein eigenwilliges Handeln gegen das Militärgesetz vergangen; darauf steht die Todesstrafe. Der Kurfürst ist bereit ihn zu begnadigen, wenn Homburg den Urteilsspruch für falsch hält. Homburg unterwirft sich dem Urteilsspruch, um die Ordnung nicht zu gefährden. Hier greift der Kurfürst wieder ein, begnadigt und belohnt ihn. Der traumhafte Rahmen nimmt der politischen Beweisführung ihre Schärfe; der Konflikt zwischen individueller Entscheidungsverantwortung und objektiver oder genauer: gesellschaftlicher Normsetzung wird durch die freiwillige Unterwerfung des Prinzen unter das Gesetz harmonisiert. Gerade dadurch dass der Konflikt nur zu Lasten des Individuums ausgetragen wird, konnte das Stück auch als eine Verherrlichung der Staatsräson verstanden werden. Diese Interpretation übersieht aber die symbolische Eingangssituation: Die Laune des Fürsten hat den Prinzen verwirrt und zu voreiligem Handeln verführt.

Kleists immer wieder gerühmte dramatische Technik ist die des bohrenden Dialogs. Ein Beispiel dafür ist die Gefängnisszene (IV, 4), als Natalie dem Prinzen den Brief des Kurfürsten überbringt, worin er dem Prinzen es freistellt, das Urteil für ungerecht zu erklären:

DER PRINZ VON HOMBURG. Was sagt er eigentlich im Briefe denn?
NATALIE, ihn verweigernd. Nichts, gar nichts!
DER PRINZ VON HOMBURG. Gebt!
NATALIE. Ihr last ihn ja!
DER PRINZ VON HOMBURG erhascht ihn. Wenngleich!
– Ich will nur sehn, wie ich mich fassen soll.
Er entfaltet und überliest ihn.

NATALIE für sich. O Gott der Welt! Jetzt ists um ihn geschehn!
DER PRINZ VON HOMBURG betroffen.
Sieh da! Höchst wunderbar, so wahr ich lebe!
– Du übersahst die Stelle wohl?
NATALIE. Nein! – Welche?
DER PRINZ VON HOMBURG. Mich selber ruft er zur Entscheidung auf!
NATALIE. Nun ja!
DER PRINZ VON HOMBURG. Recht wacker, in der Tat, recht würdig!
Recht, wie ein großes Herz sich fassen muss!
NATALIE. O seine Großmut, Freund, ist ohne Grenzen!
– Doch nun tu auch das Deine du und schreib,
Wie ers begehrt; du siehst, es ist der Vorwand,
Die äußre Form nur, deren es bedarf:
Sobald er die zwei Wort in Händen hat,
Flugs ist der ganze Streit vorbei!
DER PRINZ VON HOMBURG legt den Brief weg. Nein, Liebe!
Ich will die Sach bis morgen überlegen.
NATALIE. Du Unbegreiflicher! Welch eine Wendung? –
Warum? Weshalb?
DER PRINZ VON HOMBURG erhebt sich leidenschaftlich vom Stuhl.
Ich bitte, frag mich nicht!
Du hast des Briefes Inhalt nicht erwogen!
Dass er mir Unrecht tat, wie's mir bedingt wird,
Das kann ich ihm nicht schreiben; zwingst du mich,
Antwort, in dieser Stimmung, ihm zu geben,
Bei Gott! so setz ich hin: du tust mir Recht!

Der zerbrochne Krug

Der zerbrochne Krug (1808) gehört zu den wenigen geglückten Lustspielen in der deutschen Literatur. Er ist die komische Variante des sophokleischen *König Ödipus*.

Kleists Dorfrichter Adam weiß von Anfang an, über wen zu Gericht gesessen wird. Sein ganzes Bestreben ist es, nicht den Fall aufzuklären, sondern ihn zu verschleiern; denn er selbst hat den Krug zerbrochen, als er nachts aus Eves Zimmer von deren Verlobtem Ruprecht, ohne dass dieser den Dorfrichter erkannte, verjagt wurde. Durch einen falschen Brief, der Ruprechts Rekrutierung nach Übersee ankündigte, und mit dem Versprechen, dies durch eine schriftliche Eingabe verhindern zu können, hatte er sich Zugang zu Eves Zimmer verschafft. Jeder ist ihm recht, um ihn – Ruprecht – als den Schuldigen zu verurteilen. Nur: Die Art, wie er den Prozess führt und wie er argumentiert, entlarvt ihn selbst als den Delinquenten. Eve, die den Frevler kennt, schweigt aus Sorge um ihren Verlobten; denn sie glaubt, nur der Dorfrichter könne ihn vor der drohenden Rekrutierung bewahren. Erst als Ruprecht fälschlich verurteilt wird, packt sie aus. In dem komödiantischen Rahmen ist sie die tragische Figur: Sie muss die Posse mitspielen und Ruprecht bezichtigen, um ihn – wie sie glaubt – zu retten. Flehentlich bittet sie Ruprecht, wenn er sie liebe, um seinetwillen ihr zu vertrauen und das Gefühl über den Schein, der gegen sie spreche, siegen zu lassen. Ruprecht weigert sich. So bleibt ihr nur die Wahrheit, selbst wenn sie dadurch Ruprecht verlieren könnte. Aber sie ist glücklicherweise selbst Opfer des falschen Scheins; was sie zu verhindern suchte, war eine Finte des Dorfrichters Adam.

Erzählungen

Die *Erzählungen*, zum Teil schon vorher veröffentlicht, erschienen 1810/11 in zwei Bänden. Die umfangreichste ist *Michael Kohlhaas*. Der Stoff ist historisch; Kohlhaas wurde 1540 in Berlin hingerichtet.

Michael Kohlhaas

Kleist hielt sich nur in groben Umrissen an die Quellen; er wahrte aber den sachlichen Stil der Chronik bis in die Nähe eines Gerichtsprotokolls; die Fakten sollten für sich selbst sprechen, ohne dass der Berichterstatter eingreifen müsste.

Kohlhaas, dem auf dem Wege von Brandenburg nach Sachsen auf Befehl des Junkers Wenzel von Tronka willkürlich zwei seiner besten Pferde zurückgehalten werden, angeblich als Pfand für den fehlenden Passierschein, versucht zunächst geduldig auf dem offiziellen Instanzenweg zu seinem Recht zu kommen. Da die Sache verzögert und zuletzt sogar niedergeschlagen wird, erklärt er dem Junker die Fehde und greift zur Selbstjustiz, von einem bedingungslosen Rechtsempfinden und Wahrheitsgefühl durchdrungen. Aber diese Bedingungslosigkeit setzt ihn nun selbst ins Unrecht. So steht am Ende der Erzählung, zur Wiederherstellung des Rechts, ein doppelter Urteilsspruch: Der Junker wird bestraft und zur Wiedergutmachung des Unrechts an Kohlhaas verpflichtet; Kohlhaas wird wegen Landfriedensbruchs zum Tode verurteilt. Immer wieder tauchen die beiden Pferde im Verlauf der Ereignisse auf; an ihrer körperlichen Verfassung ist jeweils symbolisch der Zustand des Rechts abzulesen. Als Kohlhaas während einer Amnestie vergeblich auf den gerechten Abschluss des Prozesses gegen den Junker wartet, sind sie zu Schindmähren abgemagert; kurz bevor er den Weg zum Schafott antritt, werden sie ihm wohlgenährt zurückgegeben. Kohlhaas, „einer der rechtschaffendsten zugleich und entsetzlichsten Menschen seiner Zeit“, stirbt versöhnt mit dem Recht, dessen Erzwingung ihn selbst ins Unrecht setzte; dies ist der heillose Widerspruch einer unordentlichen Ordnung. Im *Prinzen von Homburg* und im *Michael Kohlhaas* bildet zwar die Idee eines objektiven Rechts den argumentativen Hintergrund; man sprach daher von einem Läuterungsprozess der Helden, von ihrer Einsicht in die Notwendigkeit einer objektiven Instanz. Aber: Die Idee geht auf Krücken. Kleists Gestalten sind auf sich selbst zurückgeworfen.

Die Marquise von O. . . .

Mehrere Novellen Kleists setzen unvermittelt mit einem ungewöhnlichen Vorfall oder einem dramatischen Zufall ein; die Vorgeschichte wird erst im Verlauf der Erzählung nachgeholt. *Die Marquise von O. . . .*, „ohne ihr Wissen in andere Umstände gekommen“, sucht durch die Zeitungen den unbekannten Vater ihres Kindes, entschlossen, ihn aus Familienrücksichten zu heiraten. Die Geschichte nimmt ein versöhnliches Ende. In der Novelle *Das Erdbeben in Chili* wird ein junges Liebespaar durch die Naturkatastrophe gerettet, er vor dem Selbstmord, sie vor dem Scheiterhaufen bewahrt. Aber das scheinbar rettende Eingreifen der Natur wird ihnen später zum Verhängnis; die Menge, durch einen fanatischen Prediger aufgehetzt, dass ihr Zusammenleben ohne den Segen der Kirche die Strafe des Himmels über die Stadt gebracht habe, fällt über die beiden her; nur das Kind wird durch einen selbstlosen Freund gerettet. In dieser Erzählung, durch Ort und Zeit verfremdet, gelang Kleist ein zeitloses Exempel dafür, wie das scheinheilige Alibi der eigenen Schuldfreiheit einer Mehrheit durch Schuldzuweisung auf eine wehrlose Minderheit zum tödlichen Verhängnis für die zu Unrecht Beschuldigten wird.

Das Erdbeben in Chili

Johann Peter Hebel

JOHANN PETER HEBEL

Allemannische Gedichte

Schatzkästlein des rheinischen Hausfreundes

Unverhofftes Wiedersehen

JOHANN PETER HEBEL (1760–1826), Lehrer und Pfarrer am Oberrhein, zählt zu den großen Volksschriftstellern. Sein christliches Weltbild kleidete er in die heimatliche Erfahrungswelt seiner Landsleute. Hebel hatte als einer der Ersten das poetische Potential des Dialekts und des regionalen Kolorits entdeckt. In seinen *Allemannischen Gedichten* (1803 und 1820) konnte er Nuancen artikulieren, zu denen die Hochsprache nicht fähig war. Über die süddeutsche Sprachlandschaft hinaus wurde er durch das *Schatzkästlein des rheinischen Hausfreundes* (1811) bekannt; es ist eine Sammlung kurzer Erzählungen, die in dem badischen Landkalender *Der Rheinländische Hausfreund* erschienen waren. Über den literarischen Anspruch dieser Kalendergeschichten schrieb er: „So leicht alles hingegossen scheint, so gehört bekanntlich viel mehr dazu etwas zu schreiben, dem man die Kunst und den Fleiß nicht ansieht, als etwas, dem man sie ansieht und das in der nämlichen Form um den Beifall der Gebildetsten zugleich und der Ungebildetsten ringt.“(Brief vom 8. 12. 1809)

In der Erzählung *Unverhofftes Wiedersehen* kommt ein junger Bergmann aus Falun kurz vor der beabsichtigten Heirat bei einem Grubenunglück um. 50 Jahre später, im Jahre 1809, finden Bergleute in der Grube eine durch Eisenvitriol konservierte, noch wohl erhaltene Leiche. Niemand kann den Toten mehr identifizieren – bis auf eine alte Frau, die in ihm ihren Verlobten wieder erkennt, um den sie 50 Jahre getrauert hat. Bevor er beerdigt wird, legt sie ihm ihr Hochzeitsgeschenk von damals, ein schwarzseidenes Halstuch, um und verspricht ihm bald zu folgen. Hebel teilte die Geschichte der beiden Liebenden in zwei Erzählabschnitte, deren Ereignisse 50 Jahre auseinander liegen (Zwischenstück). Der erste Abschnitt handelt von den Hoffnungen und Plänen der Liebenden – und von der Zerstörung des Glücks durch den Tod. Im zweiten Abschnitt wird von dem unverhofften Wiedersehen berichtet. Der Tod – so deutet es der Schluss an – vereint die beiden Liebenden. Dazwischen liegt die lange Zeit von 50 Jahren. Hebel schrieb nicht einfach, dass 50 Jahre vergangen seien; sondern um zu zeigen, was 50 Jahre für ein Menschenleben bedeuten, wie viel sich in dieser Zeit ereignen und verändern kann, berichtete er von Katastrophen, Kriegen und Revolutionen. Drei Kaiser waren in der Zwischenzeit gestorben; nur der Alltag der Landleute und Handwerker war weitergelaufen. Hebel hat die Geschichte, die sich wirklich zugetragen hatte, nicht als sensationelle Nachricht erzählt. Viel wichtiger als das Auffinden der Leiche ist die zeitüberdauernde Treue, deren sichtbares Symbol das Halstuch ist. Die alte Frau legt dem Toten das Halstuch um, das er zur Hochzeit hätte tragen sollen, und begleitet den Zug in ihrem Sonntagsgewand, „als wenn es ihr Hochzeitstag und nicht der Tag seiner Beerdigung wäre“.

9 Biedermeier, Junges Deutschland, Vormärz (1815–1848)

1811 Erfindung der Schnelldruckpresse

1815 Bundesakte des Deutschen Bundes (1820 durch die Wiener Schlussakte bestätigt)

1817 Wartburgfest

1819 Ermordung Kotzebues – Karlsbader Beschlüsse: Verbot der Burschenschaften – Einführung der Vorzensur

1825 Gründung des Börsenvereins der deutschen Buchhändler – erste deutsche Technische Hochschule in Karlsruhe

1817 ff. *Enzyklopädie der philosophischen Wissenschaften* von Georg Wilhelm Friedrich Hegel

1819 *Die Welt als Wille und Vorstellung* von Arthur Schopenhauer

1791–1872 Franz Grillparzer – *Die Ahnfrau* (1817) – *Sappho* (1818) *Das goldene Vließ* (1821) – *König Ottokars Glück und Ende* (1825) – *Das Kloster bei Sendomir* (1828) – *Des Meeres und der Liebe Wellen* (1831) – *Der Traum, ein Leben* (1834) – *Weh dem, der lügt* (1838) – *Der arme Spielmann* (1848) – *Die Jüdin von Toledo* (1872) – *Ein Bruderzwist in Habsburg* (1872) – *Libussa* (1872)

1796–1835 August von Platen – *Ghaselen* (1821 ff.) – *Sonette aus Venedig* (1825) – *Gedichte* (1828) – *Zeitgedichte* (1831)

1801–1836 Christian Dietrich Grabbe – *Herzog Theodor von Gothland* (1822) – *Scherz, Satire, Ironie und tiefere Bedeutung* (1827) – *Marius und Sulla* (1827) – *Don Juan und Faust* (1829) – *Die Hohenstaufen* (1829 f.) – *Napoleon* (1831) – *Hannibal* (1835) – *Die Hermannsschlacht* (1838)

1788–1866 Friedrich Rückert – *Östliche Rosen* (1822) – *Liebesfrühling* (1844)

1790–1836 Ferdinand Raimund – *Der Bauer als Millionär* (1826) – *Der Alpenkönig und der Menschenfeind* (1828) – *Der Verschwender* (1834)

1797–1856 HEINRICH HEINE – *Buch der Lieder* (1827) – *Reisebilder* (1826 ff.) – *Atta Troll* (1843) – *Neue Gedichte* (1844) – *Deutschland. Ein Wintermärchen* (1844) – *Romanzero* (1851)

1830 Julirevolution in Frankreich

1831 *Spaziergänge eines Wiener Poeten* von ANASTASIUS GRÜN

1802–1850 NIKOLAUS LENAU – *Gedichte* (1823 ff.) – *Faust* (1836) – *Savonarola* (1837) – *Don Juan* (1851)

1832 Hambacher Fest

1804–1875 EDUARD MÖRIKE – *Maler Nolten* (1832) – *Gedichte* (1838) – *Das Stuttgarter Hutzelmännlein* (1853) – *Mozart auf der Reise nach Prag* (1855)

1833 Sturm auf die Frankfurter Hauptwache – Gründung des Deutschen Zollvereins

1801–1862 JOHANN NEPOMUK NESTROY – *Lumpazivagabundus* (1833) – *Zu ebener Erde und erster Stock* (1835) – *Einen Jux will er sich machen* (1842) – *Freiheit in Krähwinkel* (1848)

1813–1837 GEORG BÜCHNER – *Der Hessische Landbote* (1834) – *Dantons Tod* (1835) – *Lenz* (1839) – *Leonce und Lena* (1842) – *Woyzeck* (1879)

1834 Verschärfung der Karlsbader Beschlüsse

1834 *Ästhetische Feldzüge* von LUDOLF WIENBARG

1835 Verbot der Jungdeutschen – erste deutsche Eisenbahnlinie zwischen Nürnberg und Fürth

1835 *Wally, die Zweiflerin* von KARL GUTZKOW

1835 f. *Das Leben Jesu* von DAVID FRIEDRICH STRAUSS

1836 *Die Epigonen* von KARL LEBERECHT IMMERMANN

1793–1864 CHARLES SEALSFIELD – *Lebensbilder aus der westlichen Hemisphäre* (1835–1837) – *Das Cajüttenbuch* (1841)

1836 Gründung der Technischen Hochschule Darmstadt

1797–1854 JEREMIAS GOTTHELF – *Der Bauern-Spiegel* (1837) – *Uli der Knecht* (1841) – *Die schwarze Spinne* (1842) – *Uli der Pächter* (1849)

1837 Entlassung der Göttinger Sieben – Lokomotivfabrik Borsig gegründet

1810–1876 Ferdinand Freiligrath – *Gedichte* (1838) – *Ein Glaubensbekenntnis* (1844) – *Ça ira* (1846)

1839 erste Verwendung von Kunstdünger

1810–1886 Ernst Adolf Willkomm – *Die Europamüden* (1838) – *Eisen, Gold und Geist* (1843) – *Weiße Sklaven* (1845)

1840 f. *Unpolitische Lieder* von Hoffmann von Fallersleben

1840 erste Arbeiterbildungsvereine

1841 *Das Wesen des Christentums* von Ludwig Feuerbach

1842–1843 *Rheinische Zeitung*, herausgegeben von Karl Marx

1841 *Datterich* von Ernst Elias Niebergall

1841 *Gräfin Faustine* von Ida von Hahn-Hahn

1841–1843 *Gedichte eines Lebendigen* von Georg Herwegh

1797–1848 Annette von Droste-Hülshoff – *Die Judenbuche* (1842) – *Gedichte* (1844) – *Geistliches Jahr* (1851)

1843 ff. Herstellung von Papier aus Holz durch Holzschliff

1811–1889 Fanny Lewald – *Clementine* (1842) – *Jenny* (1843)

1843 ff. *Schwarzwälder Dorfgeschichten* von Berthold Auerbach

1844 Aufstand der schlesischen Weber

1844 *Verbotene Lieder* von Adolf Glassbrenner

1846 f. Hungersnot durch Missernten

1805–1868 Adalbert Stifter – *Studien* (1844–1850) – *Bunte Steine* (1853) – *Der Nachsommer* (1857)

1848 Märzrevolution – *Manifest der Kommunistischen Partei* von Marx und Engels

1822–1856 Georg Weerth – *Lieder aus Lancashire* (1845 f.) – *Humoristische Skizzen aus dem deutschen Handelsleben* (1845–1848) – *Leben und Taten des berühmten Ritters Schnapphahnski* (1848 f.)

Zur Epochenfrage

Herr! schicke, was du willt,
Ein Liebes oder Leides;
Ich bin vergnügt, dass beides
Aus deinen Händen quillt.

Wollest mit Freuden
Und wollest mit Leiden
Mich nicht überschütten!
Doch in der Mitten
Liegt holdes Bescheiden. *(Eduard Mörike, Gebet, 1832/1846)*

Kommt, ihr kleinen Krabben! – Es war einmal ein arm Kind und hatt kein Vater und keine Mutter, war alles tot, und war niemand mehr auf der Welt. Alles tot, und es is hingangen und hat gesucht Tag und Nacht. Und weil auf der Erde niemand mehr war, wollt's in Himmel gehn, und der Mond guckt es so freundlich an; und wie es endlich zum Mond kam, war's ein Stück faul Holz. Und da is es zur Sonn gangen, und wie es zur Sonn kam, war's ein verwelkt Sonneblum. Und wie's zu den Sternen kam, waren's kleine goldne Mücken, die waren angesteckt, wie der Neuntöter sie auf die Schlehen steckt. Und wie's wieder auf die Erde wollt, war die Erde ein umgestürzter Hafen. Und es war ganz allein. Und da hat sich's hingesetzt und geweint, und da sitzt es noch und is ganz allein.

(Georg Büchner, Woyzeck, 1837)

Ihr Brüder, auf! Erhebt euch froh zum Kampfe,
Des deutschen Volkes Freiheitsfackel raucht!
Zertretet kühn und würgt im Schlachtendampfe
Die Majestät, die Hoheit und Erlaucht!
Nur eine Hoheit gibt es noch, nur eure,
Die höher ist als Fürstenherrlichkeit:
Des Volkes Hoheit ist es, die ich meine,
Des ganzen Volkes Oberherrlichkeit.

Heb dich hinweg, du fürstliches Gesindel!
Tyrannenmacht, Despotenwillkür fort!
Ihr sträubet euch, in eurem Hoheitsschwindel
Zu hören wieder wachen Volkes Wort!
Wohlan denn, Fürsten! Große ihr und kleine!
So wagt den Kampf für diese Herrlichkeit:
Des Volkes Hoheit ist es, die ich meine,
Des ganzen Volkes Oberherrlichkeit. [. . .]

(Harro Harring, Aufruf, 1832)

Drei Texte ungefähr aus der gleichen Zeit, aus den Dreißigerjahren des 19. Jahrhunderts. Auf den ersten Blick lassen sie kaum Gemeinsamkeiten vermuten, aber alle drei sind Reaktionen auf die politischen Verhältnisse in Deutschland während der ersten Hälfte des 19. Jahrhunderts: privates Glück im Vertrauen auf Gott, nihilistische Verzweiflung, Aufruf zur Revolution.

Politisch sind die Jahre zwischen 1815 und 1848 durch den Begriff *Restaurationszeit* treffend gekennzeichnet. Schwieriger ist es, die literarischen Strömungen zu ordnen und zu charakterisieren, wenn man nicht den politischen Begriff allgemein auch auf sie übertragen will, z. B. Literatur in der Restaurationszeit; dies wäre aber nur eine zeitliche Einordnung. Deshalb ist es vorzuziehen, das komplexe Spektrum der Literatur jener Zeit nach der jeweiligen Reaktion der Schriftsteller auf die politischen Verhältnisse aufzugliedern. Für die Werke jener Autoren, die das politische Geschehen weitgehend ausklammern, sich auf Religion und traditionelle Wertordnungen zurückziehen, hat sich der Begriff *Biedermeier* durchgesetzt. Die Ansätze einer politischen Literatur, die aufklärend einwirken und verändern will, die sich nicht resignierend mit der politischen Entmündigung des Bürgertums durch die restaurative Politik des Deutschen Bundes abfindet, werden in zeitlicher Abfolge und auch nach dem Grad ihrer Reformforderungen unter den Bezeichnungen *Junges Deutschland* (ungefähr bis 1835) und *Vormärz* (das Jahrzehnt vor der Revolution von 1848) zusammengefasst. Dabei gibt es natürlich viele Überschneidungen, sowohl in den Biographien der Autoren wie auch in den bestimmenden literarischen Strömungen. Man darf auch nicht vergessen, dass die Leitgedanken der Aufklärung weit in das 19. Jahrhundert hineinreichten, dass die literarischen Programme der Klassik und Romantik noch lange weiterwirkten. Das politische Bewusstsein radikalisierte sich gerade in der Auseinandersetzung mit der Philosophie des deutschen Idealismus. Hegels Idee eines bestimmenden Weltgesetzes wurde von Marx in eine konkrete, materialistische Gesellschaftsgeschichte der Klassenkämpfe umgedeutet.

Restaurationszeit

Biedermeier

Junges Deutschland

Vormärz

Politische, soziale und wirtschaftliche Situation

Die politische Entwicklung in Deutschland ist zwar nicht mit der politischen Entwicklung in Frankreich zu vergleichen, aber wie schon die Revolution von 1789, so wirkten sich auch die Ereignisse von 1815, 1830 und 1848 auf Deutschland aus. 1814 kehrten die Bourbonen auf den französischen Thron zurück. Ludwig XVIII. gab dem Land eine neue Verfassung nach englischem Vorbild. Die *Charte constitutionelle* sah ein Zweikammersystem vor, die Abgeordneten besaßen das Steuerbewilligungsrecht, aber keine Gesetzgebungsinitiative. Die absolute Monarchie wurde durch eine gemäßigte konstitutionelle Monarchie ersetzt. Auch in der Bundesakte (1815) des Deutschen Bundes wurde die Möglichkeit ähnlicher Landesverfassungen eingeräumt, aber sie wurden nur in wenigen Territorien auch wirklich eingeführt. Die deutschen Fürsten behielten das absolutistische Prinzip bei. Artikel 57 der Wiener Schlussakte (1820) bestätigte nochmals die Bestimmungen der Bundesakte, dass „die gesamte Staats-Gewalt in dem Oberhaupte des Staats vereinigt bleiben“ müsse. Die in den Befreiungskriegen geweckten Hoffnungen erfüllten sich nicht. Das Bürgertum blieb von der politischen Verantwortung ausgeschlossen; es konnte nur im privaten Bereich durch Besitz und Bildung eine gewisse Selbstrechtfertigung finden.

Träger der Opposition gegen die metternichsche Restaurationspolitik wurden die Burschenschaften an den deutschen Universitäten; ihre Mitglieder kamen hauptsächlich aus dem mittelständischen Bürgertum. Ein erster Höhepunkt war das *Wartburgfest* (18. 10. 1817), zu dem die Jenaer Burschenschaft eingeladen hatte, in Erinnerung an die Reformation (1517) und zum vierten

Jahrestag der Völkerschlacht bei Leipzig, die den Wendepunkt in den Befreiungskriegen bedeutet hatte. Der äußere Anlass war aber mit konkreten politischen Forderungen verbunden. Sie lauteten: Gründung eines Nationalstaates mit einer konstitutionellen Erbmonarchie, Gleichheit vor dem Gesetz, Presse- und Redefreiheit. Die staatliche Gewalt reagierte prompt. Metternich nahm die Ermordung des regimetreuen Dramatikers Kotzebue (23. 3. 1819) durch einen Burschenschafter zum Vorwand, um gegen die bürgerliche Opposition vorzugehen. Er setzte die so genannten *Karlsbader Beschlüsse* (1819) als verbindlich für den Deutschen Bund durch. Die Beschlüsse zeigen, dass die Maßnahmen in erster Linie gegen das aufstrebende Bildungsbürgertum gerichtet waren, gegen dessen durch akademische Bildung begründeten Anspruch auf Teilhabe an der politischen Verantwortung. Dabei war das Bürgertum nicht grundsätzlich gegen die bestehende Ordnung; es forderte nur die Überwindung des Partikularismus, der die wirtschaftliche Entwicklung hemmte, zugunsten eines Nationalstaates, an dem es im Rahmen einer konstitutionell-monarchischen Verfassung teilhaben konnte. Im Einzelnen sahen die Sanktionen vor: Einsetzung eines Staatskommissars zur Überwachung der Universität, vorgeblich aus moralisch-sittlicher Sorge um die studierende Jugend; Verbot studentischer Vereinigungen mit politischen Zielen; Einführung der Vorzensur für alle Publikationen unter 20 Druckbogen (320 Oktav-Seiten); Einsetzung einer „Central-Untersuchungs-Commission“ zur Abwehr subversiver Umtriebe. Viele Burschenschafter wurden verfolgt, eingesperrt oder flohen ins Ausland (Frankreich, Schweiz). Es begann die erste große Auswanderungswelle der demokratisch gesinnten Intelligenz, es blieb nicht die einzige; selbst konservative Reformer aus dem Geiste der Aufklärung, Vertreter einer konstitutionellen Monarchie, wie Karl Reichsfreiherr vom und zum Stein (1757–1831) oder Wilhelm Freiherr von Humboldt (1767–1835) zogen sich angesichts des fürstlichen Interessenpartikularismus, der einen Nationalstaat verhinderte, und unter dem deprimierenden Eindruck der Karlsbader Beschlüsse aus ihren öffentlichen Ämtern zurück.

Karlsbader Beschlüsse

In der Julirevolution 1830 wurden die Bourbonen entmachtet. Zum König wurde der liberale Herzog Louis Philippe von Orléans gewählt. Im Parlament nahm die republikanische Opposition zu. Die Revolution griff auch auf Deutschland über; in mehreren Ländern wurden die Fürsten gezwungen einer Verfassung zuzustimmen. Überall fanden in Deutschland Kundgebungen statt, bei denen die Forderungen des Wartburgfestes erneuert wurden, vor allem die Gründung eines Nationalstaates und die Aufhebung der Zensur. Auf der Schlossruine Hambach in der Pfalz trafen sich im Mai 1832 über 30 000 Menschen. Der Journalist Philipp Jakob Siebenpfeifer, der zu dem Treffen mit eingeladen hatte, forderte in seiner Rede das Recht auf freie politische Selbstbestimmung der Bürger. Die wachsende und sich radikalisierende Opposition gegen die Monarchie und Fürstensouveränität alarmierte die deutschen Fürsten. In mehreren Erlassen (1832 und 1834) verschärften sie die Bestimmungen der Karlsbader Beschlüsse. Alle politischen Vereine wurden verboten. Das Rede- und Versammlungsrecht wurde rigoros eingeschränkt. Mögliche Systemgegner sollten schon auf Verdacht hin überwacht werden. Jeder Kandidat, der in den Staatsdienst treten wollte, musste ein ausführliches Zeugnis über sein politisches Wohlverhalten vorlegen: Die Maßnahmen richteten sich gezielt gegen Journalisten und Schriftsteller. Die Staatsmacht hatte sehr genau den wachsenden Einfluss des rasant expandierenden Pressewesens auf die öffentliche Meinungsbildung erkannt. Vorläufiger Höhepunkt war das namentliche Verbot der Werke bestimmter Schriftsteller, der so genannten Jungdeutschen, Ende 1835. Als 1837 sieben Göttinger Professoren – unter ihnen die Brüder Grimm – gegen die willkürliche Aufhebung der liberalen Verfassung protestierten, setzte der König sie einfach ab und verwies sie des Landes. In den Jahren bis zur Märzrevolution

Hambacher Fest

Verbot der Jungdeutschen

1848, die in Frankreich für kurze Zeit das Präsidialsystem (nach amerikanischem Vorbild) durchsetzte und in Deutschland zunächst die Einführung einer konstitutionellen Monarchie – nach dem Willen der Mehrheit der bürgerlichen Abgeordneten im Parlament der Paulskirche – erhoffen ließ, in diesem Jahrzehnt des Vormärz artikulierte sich in der Literatur, neben den liberalen Tendenzen einer möglichen Zusammenarbeit zwischen Bürgertum und Adel, auch die Forderung nach einer republikanischen Staatsordnung; denn die Veränderungen in der sozialen Struktur und im Produktionsprozess standen – wenn auch mit einiger Verspätung gegenüber England und Frankreich – schon längst im Widerspruch zur überlieferten und beharrlich verteidigten Staatsform.

Für die erste Hälfte des 19. Jahrhunderts kann man in Deutschland – im Unterschied zu England und Frankreich – noch nicht von einer industriellen Revolution sprechen. Deutschland war politisch und geographisch zerrissen. Die vielen Zollgrenzen behinderten und verteuerten den Handel. Die deutschen Manufakturwaren waren gegenüber den Industrieprodukten aus den zentralistisch geleiteten Staaten nicht konkurrenzfähig. Die von Napoleon verfügte Kontinentalsperre gegen die Einfuhr englischer Waren wirkte sich nach ihrer Aufhebung (1815) katastrophal aus. England warf seine jahrelang gestapelten Produkte zu konkurrenzlosen Preisen auf den kontinentalen Markt. Der Aufstand der schlesischen Weber (1844) hatte noch seine Ursache in den Folgen der Kontinentalsperre. Der innerdeutsche freie Handel belebte sich erst allmählich nach der Gründung des *Deutschen Zollvereins* (1833) unter Führung Preußens und mit dem beginnenden Ausbau eines Eisenbahnnetzes, das sich zwischen 1840 und 1850 von ca. 600 auf 6000 km erweiterte. Die maschinelle Massenproduktion, die Ablösung der Heimindustrie durch den Fabrikbetrieb, setzte erst in der zweiten Hälfte des 19. Jahrhunderts entschieden ein. Aber Ansätze waren vorhanden. 1837 waren in Preußen schon über 400 Dampfmaschinen in Betrieb. Von den 245 Lokomotiven im Jahr 1842 stammten 38 aus deutscher Produktion. Der Eisenbahnbau war durch seine Folgeaufträge ein wichtiger Impuls für den Ausbau der Schwerindustrie und Maschinenproduktion. Die Bauern waren in den meisten Territorien von Fronlasten zwar befreit worden (Bauernbefreiung), aber die hohen Ablösesummen zwangen sie teilweise zu ruinösen Landabtretungen, die ihre bäuerliche Existenz zerstörten. Sie bildeten zusammen mit den Kleinhandwerkern, die nicht mehr konkurrenzfähig waren, das Gros der Lohnarbeiter. Im Parlament der Paulskirche (1848) waren sie noch nicht vertreten; aber auf dem *Ersten Allgemeinen Deutschen Arbeiterkongress* im gleichen Jahr in Berlin begann die Arbeiterschaft sich zu organisieren und ihre Forderungen zu nennen.

Literaturbetrieb

In der ersten Hälfte des 19. Jahrhunderts entstand erstmals eine größere literarische und publizistische Öffentlichkeit. Was dies für die öffentliche Meinungsbildung bedeutete, zeigen die staatlichen Zensurmaßnahmen gegen oppositionelle Autoren und Publikationsorgane. Wichtige technische Neuerungen hatten Druck und Vertrieb erleichtert und verbilligt. Die Erfindung der Schnelldruckpresse (1811) erweiterte in wenigen Jahren die Druckkapazität um das Zehnfache. Die maschinelle Erzeugung des Papiers durch dampfgetriebene Papiermaschinen (seit 1818) verdoppelte die Produktion. Durch den Holzschliff (seit 1843) konnte Papier auch aus Holz – statt nur aus Textilien – gewonnen werden; dies verbilligte erheblich den Preis, das Rohmaterial war nahezu unerschöpflich. Die Druckereien konnten schneller, in größeren Auflagen und billiger arbeiten.

Seit Beginn des Jahrhunderts war die allgemeine Schulpflicht – wenn auch zum Teil unter miserablen Bedingungen – fast überall eingeführt; Lesefähigkeit und Leseinteresse nahmen zu. Georg Büchner hielt es für selbstverständlich, dass die Bauern und Handwerker seine revolutionäre Flugschrift *Der Hessische Landbote* (1834) lesen könnten.

Ausbau und Organisation des Buchhandels

Zwischen 1820 und 1840 verdreifachte sich die Zahl der Buchhandlungen. Die Buchhändler vereinigten sich 1825 im *Börsenverein der deutschen Buchhändler.* Seit 1834 erschien das *Börsenblatt,* das zentrale Verbandsblatt der Buchhändler. Das Urheberrecht (1837) wurde geregelt. Neue Verlage wurden gegründet, das System der Leihbibliotheken ausgebaut. Die Schriftstellerei war nicht mehr nur eine Nebenbeschäftigung; für manchen – z. B. Heine und Gutzkow – wurde sie zum Beruf.

der freie Schriftsteller

Auch die Zensur konnte den Prozess einer erstarkenden literarischen Öffentlichkeit nicht mehr verhindern. Autoren und Verleger wichen ins Ausland aus und versorgten von dort aus den deutschen Markt oder sie nutzten die unterschiedliche Handhabung der Zensurgesetze in den einzelnen deutschen Territorien für sich aus.

neues Verständnis von Literatur

Die Literatur stieg vom hohen Parnass herunter und griff in die politischen und gesellschaftlichen Auseinandersetzungen ein.

Neue Gesellschaftslehren

Marx/Engels

1848, kurz vor dem Ausbruch der Märzrevolution, erschien in London anonym in deutscher Sprache das *Manifest der Kommunistischen Partei.* Seine Autoren waren Karl Marx (1818–1883) und Friedrich Engels (1820–1895). Auf den Verlauf der Revolution selbst hatte das Manifest noch keinen Einfluss; denn die Abgeordneten des Frankfurter Parlaments gehörten in ihrer Mehrheit zum liberalen Bürgertum, das sich für eine konstitutionelle Monarchie entschied. Marx sah die Geschichte als einen dialektischen Prozess von Klassenkämpfen: „Die Geschichte aller bisherigen Gesellschaft ist die Geschichte von Klassenkämpfen." Nicht abstrakte Ideen, sondern die materiellen Bedingungen würden das gesellschaftliche Sein bestimmen. Damit stellte er die Geschichtsphilosophie Hegels, die trotz ihres dialektischen Prinzips von These, Antithese (Widerspruch) und Synthese (Versöhnung) auf der Vorstellung einer geistigen Leitidee basierte, auf die Grundlage einer materialistischen Gesellschaftsgeschichte; er kehrte das Verhältnis zwischen Idee und Sein um: Die gesellschaftlichen Verhältnisse seien die Wirklichkeit, die Basis – die Ideen nur der nachträgliche, rechtfertigende Überbau des herrschenden Systems.

Georg Wilhelm Friedrich Hegel

Georg Wilhelm Friedrich Hegel (1770–1831) war ein Vertreter des objektiven, systematischen Idealismus, im Unterschied zum subjektiven Idealismus der frühen Jenaer Romantik, z. B. Fichtes (vgl. S. 130). Sein Urteilskriterium war das der Aufklärung: „Was vernünftig ist, das ist wirklich, und was wirklich ist, das ist vernünftig." Vernunft und Wirklichkeit versöhnen sich aber erst in einem langen historischen Prozess, der über mehrere sich widerstreitende Entwicklungsstufen (dialektisches Prinzip der Geschichte) führt, bis die Idee, der Weltgeist oder Gott zu sich selbst gefunden und sich in der Geschichte verwirklicht hat. Diese Selbsterkenntnis des Weltprinzips im Prozess der Geschichte – *Enzyklopädie der philosophischen Wissenschaften* (1817) – wurde von Marx auf die Dialektik der Klassenwidersprüche übertragen, d. h. materialisiert. Wie Hegel war auch er ein Systemphilosoph, nur auf materialistischer Basis. Trotz des grundlegenden Widerspruchs zwischen idealistischer und materialistischer Welterklärung vereinte beide die Vorstellung, dass die Selbstfindung des Menschen die Aufhebung historischer, d. h. gesellschaftlicher Widersprüche voraussetze.

Der Hegelianismus teilte sich in eine konservative und in eine progressive Richtung. Die Alt- oder Rechtshegelianer betonten den Systemcharakter und strebten eine Versöhnung mit der bestehenden Ordnung an. Die Jung- oder Linkshegelianer sahen in der dialektischen Methode eine Rechtfertigung für ihre Kritik an den herrschenden politischen und gesellschaftlichen Verhältnissen. Ihre Kritik radikalisierte sich zur Forderung nach revolutionären Veränderungen. Der Linkshegelianismus beeinflusste vor allem die Literatur des Vormärz.

DAVID FRIEDRICH STRAUSS

1835/36 veröffentlichte der Junghegelianer und Theologe DAVID FRIEDRICH STRAUSS (1808–1874) *Das Leben Jesu. Kritisch bearbeitet.* Strauß bezweifelte zwar nicht die Kernwahrheiten des christlichen Glaubens, wohl aber den historischen Dokumentarcharakter der Evangelien; sie seien wie Mythen erzählt und müssten deshalb auch wie Mythen gelesen werden, damit ihre innere Wahrheit, z. B. die Idee der Humanität, deutlich werde. Eine entschieden antiidealistische, d. h. materialistische Kritik am christlichen Offenbarungsglauben war *Das Wesen des Christentums* (1841) von LUDWIG FEUERBACH (1804–1872). Feuerbach wandte sich gegen jede Art von Idealismus. Die mythischen Glaubensvorstellungen seien nichts anderes als jeweils historische Projektionen menschlichen Selbstverständnisses. Gott sei „das ausgesprochene Selbst des Menschen“, die Natur die einzige Wirklichkeit. Auf die gesellschaftlichen Verhältnisse bezogen bedeutete dies, dass jegliche theologische Rechtfertigung einer Herrschaftsform nur die Widerspiegelung der herrschenden Machtverhältnisse sei. Die Religionskritik der radikalen Junghegelianer war gleichzeitig – besonders in ihrer materialistischen Version – auch Gesellschaftskritik.

LUDWIG FEUERBACH

ARTHUR SCHOPENHAUER

Sowohl Hegels Grundsatz von der Vernünftigkeit des Seins als auch die Überzeugung der Junghegelianer, dass die Geschichte ein dialektischer Prozess in aufsteigender Linie sei – beides wurzelte im Geschichtsoptimismus der Aufklärung. Diesen Optimismus nannte ARTHUR SCHOPENHAUER (1788–1860) eine „ruchlose Denkungsart“. Seine Vorstellung vom Willen als einem anonymen, vernunftlosen Weltprinzip, als einem Urtrieb hatte er bereits 1819 in seinem Werk *Die Welt als Wille und Vorstellung* beschrieben. Dieser alles bestimmende Wille – und somit auch die Geschichte – bleibe sich immer gleich, nichts verändere sich. Es war eine pessimistische Grundhaltung, Ausdruck des Widerspruchs zwischen Ideal und Wirklichkeit, die weite Kreise des konservativen Bürgertums erfasste. Auch Nietzsches Lehre von der ewigen Wiederkunft des Gleichen geht auf Schopenhauer zurück. Der pessimistische Weltschmerz war das Gegenstück zu den optimistischen Theorien junghegelianischer Reformbewegungen.

Biedermeier

Schau, dort spaziert Herr Biedermeier,
Und seine Frau, den Sohn am Arm;
Sein Tritt ist sachte wie auf Eier,
Sein Wahlspruch: Weder kalt noch warm.
Das ist ein Bürger, hochgeachtet,
Der geistlich spricht und weltlich trachtet;
Er wohnt in jenem schönen Haus
Und – leiht sein Geld auf Wucher aus.

Gemäßigt stimmt er bei den Wahlen,
Denn er missbilligt jeden Streit;
Obwohl kein Freund von Steuerzahlen,
Verehrt er sehr die Obrigkeit.
Auf's Rathaus und vor Amt gerufen,
Zieht er den Hut schon auf den Stufen;
Dann aber geht er stolz nach Haus
Und – leiht sein Geld auf Wucher aus.

Am Sonntag in der Kirche fehlen,
Das wäre gegen Christenpflicht;
Da holt er Labung seiner Seelen –
Und schlummert, wenn der Pfarrer spricht.
Das führt ihn lieblich bis zum Segen,
Den nimmt der Wackre fromm entgegen.
Dann geht er ganz erbaut nach Haus
Und – leiht sein Geld auf Wucher aus.

Was heißt Biedermeier?

Diese literarische Karikatur eines unpolitischen Zeitgenossen stammt von Ludwig Pfau (1821–1894), der nach der gescheiterten Märzrevolution ins Ausland fliehen musste. 1855 tauchte in der humoristischen Wochenschrift *Fliegende Blätter* der schwäbische Schulmeister Gottlieb Biedermaier als erfundener Autor unfreiwillig komischer und kauziger Verse auf. Das Adjektiv *bieder,* ursprünglich für *rechtschaffen, ordentlich,* wurde von den Gegnern der Restaurationspolitik in eine polemische Charakteristik des konservativ-unpolitischen Bürgertums trivialisiert; es meinte neben der politischen auch eine ästhetische Abwertung. Diese zeitgenössische polemische Abwertung, die in der Wortgeschichte (z. B. Biedermann) weiterwirkt, ist aber nicht unbedingt mit dem später eingeführten literarischen Epochenbegriff des Biedermeier gleichzusetzen. Er ist aus der Kunstgeschichte übernommen, die mit ihm vor allem die bürgerliche Wohn- und Modekultur in der ersten Hälfte des 19. Jahrhunderts beschrieb. In die Literaturgeschichte wurde er zunächst als Gesamtbezeichnung für die Epoche eingeführt, dann aber auf die konservativen Strömungen im Bürgertum eingegrenzt. So wird er auch hier verwendet.

das literarische Biedermeier

Das Biedermeier ist Ausdruck des Rückzugs weiter Kreise des politisch enttäuschten und von der verantwortlichen Mitarbeit im Staate ausgeschlossenen Bürgertums in den privaten Alltag der Familie. Es ist ein resignierender Rückzug in die politische Inaktivität, die durch eine neue empfindsame Familienkultur, durch Ausweichen in verstärkte wirtschaftliche Aktivitäten und durch Rückgriff auf traditionelle Wertordnungen kompensiert wird.

Das Bewusstsein des Widerspruchs zwischen den realen Verhältnissen und der aufklärerischen Forderung nach geistiger und politischer Mündigkeit des Bürgers bleibt. Der Weltschmerz, der sich hinter den literarischen Bekundungen stiller Selbstbescheidung und gelassener Zufriedenheit verbarg, war geradezu eine Modeerscheinung der Zeit. Umso mehr sollte die Dichtung die empfundene Zerrissenheit aufheben; die Liebe zu den kleinen Dingen, zum Detail sollte über die verweigerte Teilhabe an öffentlicher Verantwortung hinwegtrösten. Der glückliche Ausgang in Raimunds viel gespieltem Zaubermärchen *Der Bauer als Millionär* (1826) ist ein Loblied auf die Zufriedenheit.

Wiener Volksstück

Das Wiener Burgtheater wurde 1776 durch kaiserlichen Erlass Nationaltheater; es war dem hohen Schauspiel vorbehalten. Die Volksstücke wurden in den zur gleichen Zeit gegründeten Vorstadttheatern aufgeführt; dort erlebten sie in der ersten Hälfte des 19. Jahrhunderts eine neue Blüte. Das Wiener Volksstück war die heitere Variante des pompösen Barocktheaters, besonders beliebt durch die im frühen 18. Jahrhundert eingeführte lustige Person, den Hanswurst. Die allzu lockere und derbe Spielweise wurde 1752 verboten; der Hanswurst verschwand von der Bühne, der Text musste vorher genau festliegen (Extemporierverbot). Das Volksstück veränderte sich; populäre Gestalten aus dem Wiener Volksleben kamen auf die Bühne; aus den festgelegten Typen wurden komische und lustige Charaktere; trotz der Vermischung mit Märchen und Zauberwelt wurde die Handlung in einzelnen Zügen realistischer. Vieles an Theatereffekten und Szenerie übernahm das Volksstück aus der Barockoper, nur eben auf der Ebene des Vorstadtmilieus. Die Gestalten aus dem Zauberspiel konnte man auf der Straße treffen.

Besserungsstück

In der Tendenz waren die Volksstücke meistens Besserungsstücke wie auch Mozarts *Zauberflöte* (1791) mit dem Text von Emanuel Schikaneder, ein Sprech- und Singtheater, nur etwas handfester. Das Oben und Unten von Zauberwelt und Menschenreich, der Kampf zwischen Gut und Böse, die Doppelung in ein ernstes und komisches Paar, die Läuterung des Helden durch die weise Führung von Feen und Zauberern – all dies wiederholt sich auf der Vorstadtbühne, nur nicht mit dem subtilen Apparat philosophischer Gedankenführung. Ein Mensch ist mit seinem Leben unzufrieden, Feen erfüllen seine heimlichen Wünsche; aber gerade dadurch erkennt er, dass er für seine innere Ruhe nichts gewonnen hat, und er wünscht sich nun, um eine Erkenntnis reicher, zufrieden in seine alte Situation zurück. Viele Stücke von Raimund und Nestroy sind auf dieses Grundschema zurückzuführen. Biedermeierlich ist an ihnen die Suche nach dem kleinen Glück in Zufriedenheit; zum Glück am Ende, zur wiederhergestellten Harmonie, gehört aber auch die humorvoll abgeschwächte Einsicht in den brüchigen Zustand der Welt. Die Autoren kritisieren und parodieren menschliche Schwächen, aber die Obrigkeit klammern sie aus, auch aus Angst vor der Zensur. Das Publikum lacht im Grunde nur über sich selbst. Diese musikalischen Zauberpossen und Besserungsspiele blieben nicht auf die Wiener Vorstädte begrenzt. Sie wurden auf vielen deutschen Bühnen und auch im Ausland gespielt, zum Teil mit den Autoren selbst in den Hauptrollen.

In den beiden Zaubermärchen *Der Bauer als Millionär* und *Der Verschwender* gilt der Zufriedenheit das letzte Wort: „Zufrieden muss man

FERDINAND RAIMUND

Der Bauer als Millionär

sein." FERDINAND RAIMUND (1790–1836), Autor, Schauspieler und Theaterdirektor, setzte alle Requisiten des barocken Illusionstheaters ein, aber seine Feenversammlungen, der ganze Geisterhimmel, könnten auch ein Josefstädter Kaffeekränzchen sein. Die Wurzel des Übels, das die Zufriedenheit stört und Neid, Hass und Unzufriedenheit im Gefolge hat, ist der Reichtum. In dem Zaubermärchen *Das Mädchen aus der Feenwelt oder Der Bauer als Millionär* (1826) mischt er in allen drei Handlungssträngen mit.

Die Fee Lakrimosa hat ihre Geisterkräfte verloren, weil sie ihre Tochter, die einen irdischen Vater hat, in Reichtum erziehen und mit dem Sohn der Geisterkönigin vermählen wollte. Von der Strafe für ihre Anmaßung kann sie nur befreit werden, wenn Lottchen sich für einen armen und tugendhaften Jüngling entschließt. Die Fee gibt ihre Tochter zu dem Waldbauern Fortunatus Wurzel, wo sie ohne Wissen um ihre Herkunft aufwächst. Lottchen verliebt sich tatsächlich in den armen Fischer Karl. Nun aber greift der Neid, da er von Lakrimosa verschmäht worden ist, in die Handlung ein; er überschüttet Wurzel mit Reichtum, um die Erlösung der Fee zu vereiteln. Der frischgebackene Millionär genießt seinen Reichtum, zieht in die Stadt und verbietet Lottchens Bräutigam das Haus; Lottchen soll eine bessere Partie machen. Auch Karl erliegt der Versuchung des Reichtums, den ihm der Hass, Bundesgenosse des Neides, arglistig verschafft hat. Mit ihm wirbt er nun bei Wurzel erfolgreich um die Hand der Tochter. Nur Lottchen weigert sich; in ihrer Meinung von der Bescheidenheit bestärkt, widerspricht sie den Plänen des Stiefvaters – sie weiß nicht, dass der reiche Freier ihr Karl ist – und wartet auf ihren armen Karl. Mit Hilfe der guten Geister und der Zufriedenheit geht alles gut aus; denn Wurzel verflucht seinen Reichtum, als ihn die Jugend verlässt und sich ihm das gebrechliche Alter naht. Die Jugend und das Alter sind personifizierte Allegorien. Sie treten vor Wurzel und sprechen mit ihm, als wären sie er selbst. In dieser Selbstgegenüberstellung erkennt Wurzel sein Fehlverhalten. Ähnlich verläuft auch der Bekehrungsprozess in dem Zauberspiel *Der Alpenkönig und der Menschenfeind* (1828); der Alpengeist Astragalus schlüpft in die Gestalt des Haustyrannen Rappelkopf, sodass dieser sein eigenes Verhalten selbst zu spüren bekommt.

Der Alpenkönig und der Menschenfeind

Der Verschwender

Motive aus dem Stück *Der Bauer als Millionär* hat Raimund in seinem letzten Zaubermärchen *Der Verschwender* wieder aufgenommen. Der reiche Edelmann Julius von Flottwell verdankt seinen Reichtum, ohne es zu wissen, einer Fee. Erst kurz bevor Cheristane wieder in das Feenreich zurückkehren muss, erfährt er die wahre Identität seiner Geliebten. Er stürzt sich in ein verschwenderisches Leben, verspekuliert sich an der Börse und bittet schließlich verarmt vor der Türe seines ehemaligen Dieners Valentin, der ihm allein treu geblieben ist, um ein Almosen. Vor den Ruinen seines Schlosses schwört er: „Ich kehre nie zu eurer Welt zurück." Flottwell ist zwar ein Verschwender, aber auch großzügig und mildtätig. Der Fee hat er ein Jahr seiner Lebenszeit geschenkt und einen Bettler immer wieder reichlich beschenkt. Dieser Bettler ist in Wirklichkeit ein dienstbarer Geist der Fee, der ihm nun alles zurückbringt, sodass Flottwell von seiner eigenen Mildtätigkeit glücklich und zufrieden leben kann. Zwar ist das äußere Geschehen märchenhaft, Wurzel und Flottwell kommen unverhofft zu ihrem Reichtum – im Unterschied zum Märchen ist der Reichtum aber nicht Belohnung, sondern Versuchung und Probe. Die Fee sagt über Flottwell:

Ach! selber darf er sich nur warnen,
Mit Glück und Unglück selbst umgarnen,
Und da er frei von allen Schicksalsketten,
Kann er nur selbst von Schmach sich retten.

Der biedere Tischlermeister Valentin und seine resolute Gattin Rosa sind die eigentlichen Idealgestalten; sie stehen aber außerhalb der Märchenwelt. Valentin hat sich durch seiner Hände Arbeit ein bescheidenes Auskommen geschaffen; er kennt seine Grenzen. Rosa sagt es noch genauer: „Verhältnisse bestimmen die Äußerungen der Menschen." Flottwell ist – wie auch Wurzel – auf märchenhafte Weise zu Geld, zu fremdem Geld, das ihm eigentlich nicht gehört, gekommen – vergleichbar mit dem Spekulationskapital, das während der Befreiungskriege gewonnen und in der nachfolgenden Wirtschaftskrise wieder verloren wurde. Das Lob der Zufriedenheit ist sehr konkret als Lob handwerklicher Rechtschaffenheit und kaufmännischer Kreditwürdigkeit auf der Basis einer soliden Geschäftsführung gemeint. Die Zauberwelt wechselt in den Alltag der Zuschauer. Die moralische Kritik am geliehenen Reichtum aus fremder Hände Arbeit durchbricht die Zauberillusion der Bühne.

JOHANN NEPOMUK NESTROY

In den mehr als 80 Volksstücken von JOHANN NEPOMUK NESTROY (1801–1862) ist die Zauberwelt nur noch ein dekorativer Rahmen; auch die obligate Bekehrung der Helden findet eher aus Rücksicht auf die Publikumserwartung statt, da sie eben zur Gattung des Wiener Zauberspiels gehörte.

Lumpazivagabundus

In der Zauberposse *Der böse Geist Lumpazivagabundus oder Das liederliche Kleeblatt* (1833) streiten sich Feen und Zauberer über die Frage, ob Reichtum oder Liebe den Menschen bessere. Die eigentliche Handlung ist die Geschichte der drei Handwerksgesellen, was jeder mit seinem Anteil an einem unverhofften Lotteriegewinn angefangen hat. Der Schneidergeselle Zwirn und der Schustergeselle Knieriem bleiben zwei liederliche Kumpane; sie verprassen und versaufen ihr Geld und fühlen sich dabei wohl; auch bei einem zweiten Anlauf ändern sie sich nicht. Nur der Tischlergeselle Leim macht sich auf den Weg zu seiner geliebten Peppi, der Tochter seines alten Meisters, heiratet sie, arbeitet sich zum Meister hoch und freut sich seines Wohlstandes. Aber alles bleibt in der Schwebe zwischen Ernst und Ironie. Die Furien zerren die beiden Brüder Liederlich in den Abgrund der bösen Geister – eine parodistische Imitation der Höllenfahrt aus Mozarts *Don Giovanni* (1787) –; doch am Schluss leben alle drei durch das hilfreiche Eingreifen der Fee Amorosa, „Beschützerin der wahren Liebe", mit ihren Familien gemeinsam unter einem Dach und gehen ihren Berufen nach. Knieriem und Zwirn, die aus der Langeweile und dem Trott des Handwerkerhauses geflohen sind, stimmen nun in den Schlusschor mit ein:

Häuslich und arbeitsam – so nur allein
Kann man des Lebens sich dauernd erfreu'n.

So überzeugend mag das nicht geklungen haben; denn die alten Zunftprivilegien, die das Handwerk vor fremder Konkurrenz (Manufakturen, mechanische Betriebe) schützen sollten, waren durch die Forderung nach Gewerbefreiheit, die teilweise schon eingeführt war, ernstlich gefährdet.

Zu ebener Erde und erster Stock

In der Lokalposse *Zu ebener Erde und erster Stock oder Die Launen des Glücks* (1835) übernimmt das Geld selbst die Rolle der Zauberfee. In gegenläufiger Bewegung werden Aufstieg einer armen und Abstieg einer reichen Familie, die beide im selben Haus wohnen, dargestellt. Nicht das Bild vom Glücksrad der Fortuna ist das Neue, sondern das zeitgenössische Milieu sozialer Umbrüche. Zwar endet das Stück noch mit einer Versöhnung zwischen Oben und Unten, dies aber nur aus der theatralischen Notwendigkeit eines glücklichen Ausgangs. Deutlicher als Raimund wandelte Nestroy das Volksstück zu einem zeitkritischen Panorama. Die traditionellen Elemente verschwinden zwar nicht ganz,

Einen Jux will er sich machen

aber sie werden parodistisch verzerrt; die alte Ordnung stimmt nicht mehr, sie lebt nur noch als Theaterillusion weiter. Der Handlungsdiener Weinberl in *Einen Jux will er sich machen* (1842) räsoniert nach seinem Ausflug in die große Welt: „Es g'schieht halt allerhand bei der Zeit, was sich nicht schickt.“

Freiheit in Krähwinkel

Drei Monate nach dem Märzaufstand in Wien, der Metternich zur Flucht nach London gezwungen hatte, kam die Posse *Freiheit in Krähwinkel* (1848) auf die Bühne. Die Zensur war aufgehoben. Bürgerwehr und Studenten hatten die Einberufung eines österreichischen Reichsparlaments erzwungen.

Da es in Krähwinkel an beiden fehlt, verkleiden sich die Frauen und Mädchen in deren Rolle. Krähwinkel liegt in der fernen Provinz. Als die Nachrichten von dem allgemeinen Aufstand bis nach Krähwinkel vordringen, will es auch seine Revolution haben. Nestroy gelang mit dieser Revolutionsposse ein meisterhaftes Vexierspiel zwischen Ernst und Komik. Vielleicht sollte beides ineinander gehen, aus Zweifel an dem Erfolg und aus Distanz zu den radikalrepublikanischen Forderungen. Der Redakteur Eberhard Ultra, aus der Hauptstadt nach Krähwinkel verschlagen, der die ganze Geschichte als Theater im Theater inszeniert – er holt sich die Requisiten aus den gepfändeten Beständen einer Wanderbühne –, ein begeisterter und pathetischer Freiheitsdichter, ein Wortrevolutionär, resümiert: „Es wollen d'Republiken / In Europa nicht glücken.“ Der Krähwinkler Stadtsekretär Reakzerl, erzreaktionär, aber klarsichtiger Beobachter, prognostiziert triumphierend: „Macht nur Krawall, bringt die Verwirrung aufs Höchste, dadurch steigen die Aktien der Reaktion.“ Das Volk singt unbekümmert: „Drum lassen wir jetzt nimmer nach, Freiheit muss sein, / Wir erringen s', und sperren s' uns auch lebenslänglich ein.“

Noch bevor die Revolution scheiterte, artikulierte Nestroy seine Skepsis. Er war entschieden gegen die Zensur, gegen die Unterdrückung der Meinungsfreiheit, er verurteilte den anonymen Machtapparat der metternichschen Bürokratie, er spottete über die unheilige Allianz zwischen Kirche und absolutistischem Obrigkeitsstaat – er weigerte sich aber auch, die historische Wirklichkeit durch eine Utopie zu überspringen. Nestroys Posse über die Märzereignisse hat zwei Teile: *Die Revolution* und *Die Reaktion.*

ERNST ELIAS NIEBERGALL
Datterich

Die Darmstädter Lokalposse *Datterich* (1841) von ERNST ELIAS NIEBERGALL (1815–1843) hält sich auch heute noch auf der Bühne. Die Personen teilen sich in zwei Gruppen; auf der einen Seite der listige Schnorrer Datterich mit seinen Saufkumpanen, der sich mit kleinen Tricks und Intrigen über Wasser zu halten versucht, auf der anderen Seite die etablierten, selbstzufriedenen Handwerker. Immer wieder gelingt es Datterich, sich mit Ausreden seinen Schuldnern zu entziehen, bis diese ihn, als er einen treudummen Handwerker mit Versprechungen ausnehmen will, selbst hereinlegen. Zwar scheint er der Verlierer zu sein, aber bevor er abtritt, reißt er den biederen Bürgern die Maske vom Gesicht. Nur auf ihren eigenen Vorteil bedacht, kümmern sie sich „wenig um des, wos ausserhalb vorgeht“. Und ihr Interesse an Politik geht über Hofnachrichten nicht hinaus. Datterich ist kein Weltverbesserer, er kratzt wie ein Hofnarr nur am Lack. Sein Vokabular unterscheidet sich nicht von dem seiner Mitmenschen; wo Argumente am Platze wären, schwelgt er in Gemeinplätzen und poetischen Phrasen. Aber gerade dieses vermeintliche Einverständnis ist ein geniales Mittel satirischer Entlarvung.

Kaiser Joseph II. (1741–1790) setzte in den letzten Jahren seiner Regierungszeit ein einschneidendes Reformprogramm durch, das aus dem Habsburger Vielvölkerstaat einen zentralistisch geleiteten Einheitsstaat bilden sollte. Im Sinne des aufgeklärten Absolutismus baute er einen effektiveren Verwaltungsapparat auf, beschränkte die Standesprivilegien von Adel und Klerus, führte ein allgemeines Steuersystem für alle Stände ein, hob die Leibeigenschaft auf und förderte einen umfassenden Ausbau der Bildungs- und Sozialeinrichtungen. In seiner Kirchenpolitik drängte er den Einfluss Roms zurück, griff in die Ausbildung des Klerus ein, hob zahlreiche Klöster auf, deren Vermögen er in die neuen Bildungseinrichtungen investierte, und gewährte durch das Toleranzpatent von 1781 Religionsfreiheit. Dieses Reformprogramm, der so genannte Josephinismus, war die Wurzel einer konservativ-aufgeklärten Opposition gegen Metternichs Restaurationspolitik.

Franz Grillparzer

In diesem Rahmen ist auch das literarische Werk Franz Grillparzers (1791–1872) zu sehen. Nach dem Erfolg seiner *Sappho* (1818) wurde er zwar von Metternich freundlich empfangen und offiziell als Dramatiker des Burgtheaters verpflichtet, aber seine Idee einer aufgeklärten Monarchie widersprach dem Despotismus eines Obrigkeitsstaates. In einem Spottgedicht auf Metternich (1836), das erst aus dem Nachlass veröffentlicht wurde, mit dem ironischen Refrain „Wir danken dir o Herr“, resümierte er sarkastisch: „Man arbeit’ leicht, wenn noch so hart, / Ist Einem ’s Denken erst erspart.“ Trotzdem verteidigte er das monarchische Prinzip gegen die konstitutionellen oder gar republikanischen Ideen der Märzrevolution. In dem Gedicht *Mein Vaterland,* das am 1. April 1848 in der neuen „Donauzeitung“ erschien, feierte er zwar die wiedergewonnene geistige Freiheit nach Abschaffung der Zensur, er warnte aber auch vor den, nach seiner Meinung, radikalen und anarchischen Tendenzen, durch die das geschichtlich Gewordene und Gewachsene gefährdet werde: „Bleib du das Land, das stets du warst.“ Noch deutlicher äußerte er sich in dem Gedicht *Der Reichstag* (1849), einem Aufruf gegen uneingeschränkte Volkssouveränität und für die Weiterführung der josephinischen Reformen:

politische Tageslyrik

Die Großen aber, die, nun modernd längst,
Dich eingesetzt zu ihrer Bildung Erben,
Hat Einer je gedacht, wie du nun denkst?
Bürgt Einer, dass dein Umsturz nicht Verderben?

Grillparzer war nach dem Studium der Rechte Hauslehrer, trat in den Dienst der Zollverwaltung, wurde 1832 Direktor des Hofkammerarchivs, erhielt nach seiner Pensionierung (1856) den Titel Hofrat und gehörte seit 1861 als Reichsrat dem österreichischen Herrenhaus an. In den letzten Jahren seines Lebens häuften sich die Ehrungen; nach außen eine geordnete Beamtenlaufbahn. Die innere Biographie Grillparzers, seine Tagebücher und Aufzeichnungen, aber zeigen, dass sein eigentliches Interesse der Geschichte und der Literatur galt.

Dramen

Grillparzer lebte und schrieb aus dem Bewusstsein der Geschichtlichkeit unseres Denkens und Handelns. Er las die Tragödiendichter der griechischen Antike, teilte Goethes und Schillers Begeisterung für die antike Dichtung, widersprach aber dem idealistischen Griechenlandbild der deutschen Klassik. Er beschäftigte sich intensiv mit der spanischen Literatur des Siglo de Oro, vor allem mit Calderón und Lope de Vega.

Dynastische Verbindungen mit Spanien und das gegenreformatorische Wirken der Jesuiten in Österreich und Süddeutschland hatten die Wiener Hofkultur nachhaltig geprägt; hier lebte die Tradition des Barocktheaters und des Jesuitendramas noch weiter, selbst in der Gestalt des Wiener Volksstücks. Dies alles war für Grillparzer noch bewusste Vergangenheit. Ein erster großer Bühnenerfolg war die romantische Schicksalstragödie *Die Ahnfrau* (1817). Sie schildert den Untergang einer Familie zwischen Selbstzerstörung und schicksalhafter Vorherbestimmung. Neu daran ist im Unterschied zu den anderen zeitgenössischen Schauerdramen, dass die Gefühlsverwirrung im Hause Borotin auch ohne den Geisterspuk der schuldbeladenen Ahnfrau in die Katastrophe geführt hätte. – Nicht nur der antike Stoff, die Begrenzung auf wenige Personen (vgl. Goethes *Iphigenie*) und der Blankvers weisen in Grillparzers Trauerspiel *Sappho* (1818) auf die deutsche Klassik hin, besonders in der Thematik gibt es offensichtliche Beziehungen.

Schicksalstragödie

Die Ahnfrau

antike Stoffe

Sappho

Die gefeierte Dichterin Sappho wirbt vergeblich um die Liebe des jüngeren Phaon. Dieser ehrt die Dichterin, aber er liebt ein Mädchen einfachen Gemüts. Sappho ist mit Goethes Tasso verwandt, beide leiden unter der Lebensferne der Kunst, beide wollen in das Leben eintauchen – aber sie bleiben ausgeschlossen. Phaon ist mit Antonio aus Goethes *Tasso* vergleichbar; er verkörpert das Leben, allerdings nicht in öffentlicher Verantwortung wie Antonio, sondern in kleinbürgerlicher Zufriedenheit. Der Kontrast zwischen Kunst und Leben, von dem Grillparzer sprach, spielt nicht mehr auf ebenbürtiger Ebene wie zwischen Tasso und Antonio. Bevor Sappho sich vom Felsen stürzt, ruft sie die Götter an:

O, gebt nicht zu, dass eure Priesterin
Ein Ziel des Hohnes werde eurer Feinde,
Ein Spott des Toren, der sich weiser dünkt.

Das goldene Vließ

Die Trilogie *Das goldene Vließ* (1821) ist eine Bearbeitung der Argonautensage. Der erste Teil: *Der Gastfreund* berichtet, wie das goldene Vließ aus Griechenland nach Kolchis zu den Barbaren kam. Der zweite Teil: *Die Argonauten* handelt von der griechischen Expedition, das goldene Vließ zurückzuholen. Im dritten Teil: *Medea* steht das Los der Barbarentochter, die mit Jason nach Griechenland geflohen war, im Mittelpunkt.

Medea wird in Griechenland von Jason leichtfertig verlassen; er heiratet Kreusa, die Tochter des Königs von Korinth. Medea erfährt die Fremde doppelt, als eine Verstoßene in einem fremden Land. In ihrer Verzweiflung ist ihre Rache so bedingungslos wie ihre Liebe. Die Kulturwelt Griechenlands und die Naturwelt der Barbaren stoßen unversöhnlich aufeinander. Medea geht an dem Konflikt zwischen beiden Welten zugrunde. Im Abschiedsgespräch sagt sie zu Jason: „Dir scheint der Tod das Schlimmste; / Ich kenn' ein noch viel Ärgres: elend sein." *Elend* bedeutet: im fremden Land, entwurzelt, (im doppelten Sinne) heimatlos, verbannt sein; Grillparzers naturhafte Medea ist das Gegenbild zu Goethes verzichtbereiter Iphigenie.

Des Meeres und der Liebe Wellen

Auch in dem Trauerspiel mit dem romantischen Titel *Des Meeres und der Liebe Wellen* (1831) hat Grillparzer den antiken Stoff, die Sage von der unglücklichen Liebe zwischen Hero und Leander, zu einer psychologischen Studie innerer Konflikte verwandelt.

Hero, der Göttin Aphrodite geweiht, soll auf irdische Liebe verzichten. Sie begegnet Leander. Die Kraft der Gefühle durchbricht alle Schranken. Aber das anonyme Gesetz der Ordnung, verkörpert in dem Priester, zerstört das private Glück. Der Priester löscht das Licht, das Leander führen sollte; Leander ertrinkt in den Wellen. Die Tragik der beiden Liebenden bestand in der Illusion, die Zwänge des gesellschaftlichen Seins außer Kraft setzen zu können.

spanische Einflüsse

In dem dramatischen Märchen *Der Traum, ein Leben* (1834) verband Grillparzer das Vergänglichkeitsmotiv des spanischen Barocktheaters mit formalen (Zauberspiel) und inhaltlichen (Besserung) Elementen des Wiener Volksstücks. Der Titel ist eine Umkehrung des spanischen Originals *Das Leben, ein Traum* (1635) von PEDRO CALDERÓN DE LA BARCA (1600–1681).

Der Traum, ein Leben

Bei Calderón erlebt der polnische Königssohn Segismundo die Wirklichkeit als Traum. Der Vater hatte ihn, von den Sternen vor der künftigen Grausamkeit des Thronfolgers gewarnt, in einen Turm gesperrt. Auf Probe lässt er den Sohn, der glaubt, dass er alles nur träume, die Regierung übernehmen; und die Warnung der Sterne bewahrheitet sich. Wieder im Turm, nimmt Segismundo den vermeintlichen Traum, der Wirklichkeit war, als Warnung und Belehrung; er entschließt sich ein gerechter Herrscher zu werden.
Bei Grillparzer ist der Traum eine vorweggenommene Projektion möglicher verhängnisvoller Entwicklungen. Rustan will aus seinem geordneten Landleben ausbrechen und die große Welt genießen; ihn lockt das Abenteuer. Bevor er aufbricht, träumt er seine Wunschwelt, das ferne Königreich Samarkand. Dort usurpiert er – im Traum – durch Mord und Lüge den Königsthron. Als die rächende Strafe über ihn hereinbricht, in der größten Panik – erwacht er. Er erkennt entsetzt, dass er das geträumt hat, was als gefährliche Möglichkeit in ihm selbst schlummerte; und er bessert sich, zufrieden mit dem, was er hat und ist.
Zwar kann das Stück als eine resignierende Rechtfertigung bürgerlicher Privatheit angesichts der realen politischen Verhältnisse interpretiert werden, es geht aber über die tagesbedingte Aktualität hinaus. Das Trauerspiel ist nicht nur ein moralischer Akt einsichtiger Besserung, es führt auch in die Tiefen des Unbewussten, das der Verstand erst kontrollieren kann, wenn es ihm bewusst wird.

Die Jüdin von Toledo

In dem historischen Trauerspiel *Die Jüdin von Toledo* (entstanden um 1850, veröffentlicht 1872), das auf *Die Versöhnung der Majestäten oder Die Jüdin von Toledo* von LOPE DE VEGA (1562–1635) zurückgeht, erlebt Alfons VIII. von Kastilien (1153–1214) seine unbewussten Wünsche nicht als Traum; sie werden in der schönen Jüdin Rahel Wirklichkeit. Er vergisst Familie und Staatsgeschäfte, bis ihn die Notwendigkeit der Staatsräson, eines übergeordneten Prinzips, vor dem er sich als Herrscher verantworten muss, einholt. Rahel wird ermordet. Sie ist das unschuldige Opfer, der Preis für die Bekehrung des Königs.

historische Staatsdramen

Grillparzers erstes großes Historiendrama *König Ottokars Glück und Ende* (1825) führt in die Wirren des Interregnums (1254–1273) bis zum Sieg Rudolfs von Habsburg im Jahre 1278 über Ottokar von Böhmen. Mit Rudolf begann die Geschichte der Habsburger in Österreich.

König Ottokars Glück und Ende

Ottokar und Rudolf sind Gegenfiguren: Ottokar, der rücksichtslose, vom Erfolg geblendete Machtmensch; Rudolf, der gerechte und demütige Herrscher.

Ottokar: So hoch ein Mensch mag seine Größe setzen,
So hoch hat Ottokar gesetzt die seine. [. . .]

Es hat die Welt seit Karol Magnus' Zeiten
Kein Reich noch wie das meinige gesehn.
Ja, Karol Magnus' Krone selbst,
Sie dünkt mir nicht für dieses Haupt zu hoch.

Rudolf: Geschworen hab' ich: Ruh' und Recht zu schirmen;
Beim alles sehenden, dreiein'gen Gott!

Die Hauptfigur der Handlung ist Ottokar. Sein Aufstieg und sein Fall wird wie im Barocktheater als Beispiel menschlicher Verblendung vorgeführt, als Rebellion gegen eine gottgewollte Ordnung, deren Statthalter nach dem Spruch der Kurfürsten Rudolf ist. Im Untergang – auch das gehört zur Tradition des Barocktheaters – erkennt Ottokar seine Fehler: „Ich hab' nicht gut in deiner Welt gehaust, / Du großer Gott!" – „Geblendet war ich, so hab' ich gefehlt!" Im Tode bittet er Gott um ein gnädiges Gericht. Zwar ist dieses Stück eine Huldigung an das österreichische Herrscherhaus, gleichzeitig aber auch eine Warnung vor absolutistischer Willkür und Selbstherrlichkeit.

Ein Bruderzwist in Habsburg

In *König Ottokars Glück und Ende* bildeten Einsicht in historische Notwendigkeit und politisches Handeln noch eine Einheit; Rudolf I. von Habsburg setzte sich gegen Ottokars Partikularinteressen durch. Dem zweiten Träger des Namens, Kaiser Rudolf II. (1552–1612), gelang dies in den Wirren der Glaubenskriege nicht mehr. Davon handelt *Ein Bruderzwist in Habsburg* (vollendet 1848, mit weiteren Änderungen veröffentlicht 1872). In dieser historischen Wende ließ sich die Welt nicht mehr nach dem barocken Gegensatzpaar von Verblendung und Einsicht erklären; dies galt noch mehr für die eigene Gegenwart.

Rudolf II., seit 1576 deutscher Kaiser, glaubt, dass er gerade durch sein Zaudern den drohenden politischen und konfessionellen Zerfall des Reiches noch verhindern kann: „Ich bin das Band, das diese Garbe hält, / Unfruchtbar selbst, doch nötig, weil es bindet." Sein Wahlspruch heißt: „Nicht ich, nur Gott." Der Kaiser sei nur der sichtbare Repräsentant der gottgewollten Ordnung. Seine religiöse Überzeugung, dass Gott die Geschichte lenke und dem Rechten den Weg ebne, lässt ihn als Realpolitiker scheitern. Andere reißen unter dem Vorwand des Glaubenskrieges die Macht an sich und zwingen ihn zur Abdankung. Um die Idee des Kaisertums, um die alte Ordnung zu retten, ist er sogar bereit seine Rechte auf seinen Bruder Matthias, obwohl dieser gegen ihn rebelliert, offiziell zu übertragen. Aber die Entwicklung rollt auch über Matthias hinweg: „Machtlos wie du, wank' ich der Grube zu." Mehrere Passagen dieses Stückes soll Grillparzer erst unter dem Eindruck der Märzrevolution geschrieben haben.

Lustspiel

Weh dem, der lügt!

Grillparzers einziges Lustspiel *Weh dem, der lügt!* (1838) war bei der Premiere durchgefallen. Die ablehnende Kritik verbitterte Grillparzer so sehr, dass er danach kein neues Stück mehr auf die Bühne brachte. *Ein Bruderzwist in Habsburg, Die Jüdin von Toledo* und *Libussa,* die Bearbeitung einer altböhmischen Stammessage, erschienen erst nach seinem Tode. Die Handlung des Lustspiels führt in die Zeit der Merowinger. Bischof Gregor verlangt, dass jeder die Wahrheit sage. Selbst seinen Neffen möchte er nicht um den Preis der Lüge aus germanischer Gefangenschaft befreien. Seinem Küchenjungen Leon gelingt es, den Neffen zurückzuholen, ohne offen zu lügen; er sagt die Wahrheit, wenn sie niemand glaubt, und verdeckt sie, wenn sie gefährlich wird. Am Schluss sieht auch der Bischof ein:

> *Das Unkraut, merk' ich, rottet man nicht aus.*
> *Glück auf, wächst nur der Weizen etwa drüber.*

Erzählungen

Grillparzer hat zwei Erzählungen geschrieben. Eine beschauliche Abendidylle leitet *Das Kloster bei Sendomir* (1828) ein. Zwei kaiserliche Reiter auf dem Weg nach Warschau, zu König Johann Sobiesky (1624–1696), bitten im Kloster um Herberge. Die eigentliche Erzählung, der Bericht eines alten Mönchs über den adligen Gründer des Klosters, zerstört jäh das Stimmungsbild der Eingangsszene: Graf Starschensky, der für die Rehabilitierung der Familie seiner Frau sein ganzes Vermögen eingesetzt hatte, musste entdecken, dass seine Frau ihn von Anfang an betrogen hatte. Zur Strafe tötete er sie. Durch eine Bemerkung des Abtes erfahren die beiden nächtlichen Gäste, dass ihnen der Mönch seine eigene Geschichte erzählt hat und in dem von ihm gestifteten Kloster für seine Schuld, sich selbst das Richteramt angemaßt zu haben, sühnt. Die berichteten Ereignisse laufen in einer dramatischen Szenenfolge ab, bis sie, auf dem Höhepunkt, die Rahmenhandlung einholen.

Das Kloster bei Sendomir

In der Erzählung *Der arme Spielmann* (1848) begegnet der Ich-Erzähler auf einem Spaziergang durch Wien einem alten Mann, dessen Verhalten ihn neugierig macht. Selbstvergessen spielt er kläglich auf einer Geige; niemand beachtet ihn oder wirft ihm eine Münze zu, aber sein Gesicht strahlt einen inneren Frieden aus. Bei einem späteren Besuch in dem ärmlichen Zimmer des Spielmanns erfährt der Erzähler dessen Lebensgeschichte, eine traurige Kette von Demütigungen und beruflichen Fehlschlägen. Aber ein Erlebnis, die nie offen ausgesprochene Zuneigung eines einfachen Mädchens und die Erinnerung an ein Lied, das er von ihm gelernt hatte, verklärte sein Leben. In der Harmonie der Tonschritte baute er sich einen Kosmos auf, eine innere Welt, die nur er hörte. Selbstlos wie er lebte, starb er auch. Der Erzähler erfährt später, dass der Spielmann bei einer Überschwemmung, als er anderen helfen wollte, ertrunken ist. Grillparzer legte über das ereignislose Leben des Spielmanns einen zarten Schleier der Wehmut. Nach außen eine komische Figur, strahlte sein Innenleben eine solche Kraft aus, dass er sich trotz seiner Niederlagen nicht selbst verlor.

Der arme Spielmann

August von Platen

August von Platen (1796–1835) verehrte Goethe und litt unter dem Vorbild. Aus einer verarmten Adelsfamilie, ergriff er zunächst die militärische Laufbahn. Aber als ihm der bayerische König eine kleine Pension aussetzte, quittierte er mit dreißig Jahren den Dienst, von dem er sich schon vorher für sein Universitätsstudium hatte beurlauben lassen, und zog nach Italien. Er lebte mit und in der Literatur; er las sich in alle europäischen Literaturen ein und wurde wie Goethe ein literarischer Weltbürger, weniger an der zeitgenössischen Dichtung als an den großen Vorbildern von der Antike bis zu den klassischen Epochen der einzelnen Nationalliteraturen interessiert. Vor diesem Hintergrund ist es zu verstehen, warum er immer wieder von der Mutlosigkeit sprach, „die den strebenden Geist beim Anblick erhabener Muster, so sehr sie ihn auch begeistern, ergreift, da er sie zu erreichen verzweifeln muss", und von der Anstrengung, „die Eigentümlichkeit seiner Hervorbringung gegen den unfreiwilligen Trieb der Nachahmung unsterblicher Vorgänger (die oft unausweichbar hinsichtlich der Form ist) zu retten". Aus diesem Gefühl der Epigonalität rettete sich Platen durch die Form; seine Gedichte zeichnen sich durch formale Strenge aus. Er schrieb *Ghaselen* (1821), eine orientalische Gedichtform, bei der sich der Reim des ersten Verspaares in jeder geraden Zeile wiederholt (aa ba ca usw.). Nach italienischem Vorbild dichtete er Sonette, z. B. *Sonette aus Venedig* (1825). Er übernahm antike und romanische Strophenformen: *Gedichte* (1828). Die reine Kunst, das Ideal der Schönheit sollte der makellose Gegenentwurf zur Wirklichkeit sein, der Wirklichkeit erst einen Sinn geben: „Die Schönheit als das Leben beseelt den Leib der Zeit." Aber in diesen fast religiösen Schönheitskult mischen sich auch Töne des Weltschmerzes, der existenziellen Einsamkeit:

Ghaselen

Sonette aus Venedig

Gedichte

Wer die Schönheit angeschaut mit Augen,
Ist dem Tode schon anheim gegeben
Wird für keinen Dienst auf Erden taugen,
Und doch wird er vor dem Tode beben,
Wer die Schönheit angeschaut mit Augen! *(Tristan, 1825)*

Oder:

Du bleibst dir selbst in jeder Pein,
Ob alle dich verließen,
Und Luft und Sonne bleiben dein:
Wer ganz mit seinem Schmerz allein,
Der lernt den Schmerz genießen. *(Frühlingslieder, 1835)*

So, als Priester der strengen Kunstform, als Dichter der Schönheit und des Weltschmerzes, als ein Wanderer zwischen Klassik und Romantik ist Platens Bild in die Literaturgeschichte eingegangen. Bekannt sind auch noch seine historischen Balladen wie *Das Grab im Busento.* Weniger bekannt sind aber – obwohl von den Vormärzdichtern Herwegh und Freiligrath begeistert gefeiert – seine politischen *Zeitgedichte* (1831), darunter vor allem die *Polenlieder,* die vom polnischen Freiheitskampf gegen das zaristische Russland handeln. In Deutschland konnten sie erst 1849 vollständig erscheinen; aber eine Auswahl wurde schon 1831 in Straßburg, im französischen Ausland gedruckt. Platen prangerte die Despotie an und forderte nationale Selbstbestimmung, ohne die zukünftige Staatsform konkret zu benennen.

Zeitgedichte

Polenlieder

NIKOLAUS LENAU

„Die Poesie bin ich selber; mein selbstetes Selbst ist die Poesie." NIKOLAUS LENAU, eigentlich NIKOLAUS FRANZ NIEMBSCH, EDLER VON STREHLENAU (1802–1850), von dem diese romantische Selbstcharakteristik stammt, war eine melancholische Natur. Zur Schwermut und zu nihilistischer Verzweiflung neigend, suchte er in der Poesie mit nahezu religiöser Inbrunst jene Kraft, die den Menschen in die Harmonie mit der Natur zurückführe, ihm das Bewusstsein gebe, Teil eines organischen Ganzen zu sein. In seinen *Gedichten* (1832) fließen Naturbeobachtung und innere Stimmung ineinander. Er bemüht die Natur nicht nur als dramatischen Hintergrund seiner individuellen Stimmung, er sieht vielmehr – oder wünscht es zumindest – ein inneres Gesetz zwischen „Natur und Menschenliebe"; dies verbindet ihn mit der empfindsamen Lyrik des 18. Jahrhunderts.

Naturlyrik

Gedichte

Bitte

Weil auf mir, du dunkles Auge,
Übe deine ganze Macht,
Ernste, milde, träumerische,
Unergründlich süße Nacht!

Nimm mit deinem Zauberdunkel
Diese Welt von hinnen mir,
Dass du über meinem Leben
Einsam schwebest für und für.

Versepen

Lenau war sich aber auch der Künstlichkeit dieses schönen Scheins der Harmonie bewusst. Sein Leben selbst widersprach diesem Wunschbild. Die Gestalten der dramatischen Versepen sind Teilprojektionen seines widersprüchlichen Ich. *Faust* (1836) steht in seiner Selbstbesessenheit am Ende vor dem Nichts:

Faust

Ich habe Gottes mich entschlagen
Und der Natur, in stolzem Hassen,
Mich in mir selbst wollt' ich zusammenfassen;
O Wahn! ich kann es nicht ertragen.
Mein Ich, das hohle, finstre, karge,
Umschauert mich gleich einem Sarge.

Savonarola

Das Versepos *Savonarola* (1837) über den spätmittelalterlichen Glaubensreformer entstand zu der Zeit, als Lenau seinen Nihilismus durch die Hinwendung zu einer verinnerlichten Religiosität zu überwinden versuchte. *Don Juan* (1851), der Titelheld seines letzten, unvollendeten Versepos, an dem er noch im letzten Jahr vor Ausbruch des Wahnsinns (1844) schrieb, liefert sich aus Überdruss am Leben seinem Todfeind aus:

Don Juan

Mein Todfeind ist in meine Faust gegeben;
Doch dies auch langweilt, wie das ganze Leben.

FRIEDRICH RÜCKERT

Östliche Rosen

Liebesfrühling

FRIEDRICH RÜCKERT (1788–1866), Professor für Orientalistik in Erlangen und Berlin, war ein typischer Vertreter biedermeierlicher Spätromantik. Er übersetzte aus vielen orientalischen Literaturen, deren Vers- und Strophenformen auch in seine eigenen Gedichtbände – *Östliche Rosen* (1822), *Liebesfrühling* (1844) – eingingen.

volkstümliches Liedgut

Einige der sentimentalen Stimmungsbilder wurden populäres Liedgut – *Aus der Jugendzeit* – oder gehören zum Repertoire des romantischen Kunstliedes – *Du bist die Ruh'*. Auch Balladen – *Barbarossa* – und Kindermärchen – *Vom Bäumlein, das andere Blätter hat gewollt* – hielten sich noch lange in den Lesebüchern. Rückerts Gedichte sind mit Ludwig Richters (1803–1884) idyllischen Buchillustrationen zu vergleichen; eine heile Welt im Kleinen. Was seine leicht hingeschriebenen Verse von poetischer Bilderkraft trennt, verdeutlicht schon ein kurzer Textvergleich:

Herr! schicke, was du willt,	*Herr, der du alles wohl gemacht!*
Ein Liebes oder Leides;	*Ich will nichts, was nicht du willst schenken.*
Ich bin vergnügt, dass beides	*Du machst es nicht, wie wir's gedacht;*
Aus deinen Händen quillt.	*Du machst es besser, als wir's denken.*
(Mörike)	*(Rückert)*

EDUARD MÖRIKE

das Traumland Orplid

Während seiner Studienzeit am Tübinger Stift erfand EDUARD MÖRIKE (1804–1875) mit einem Freund das Traumland Orplid. Es war, wie er später im *Maler Nolten* schrieb, „eine eigene Sphäre von Poesie". Die beiden Freunde wanderten durch „die duftige Landschaft jener Poesie" und belebten sie mit ihrer Phantasie. Aber jenes ferne Inselreich Orplid, von dem sie träumten, „einst der Augapfel der Himmlischen", war nicht nur ein Produkt der Phantasie, es gehörte auch der Vergangenheit an. Es zerfiel, „als die alte Einfalt nach und nach einer verderblichen Verfeinerung der Denkweise und der Sitten zu weichen begann". Der Traum von Orplid gleicht dem Traum von Atlantis in Novalis' *Heinrich von Ofterdingen* und in E.T.A. Hoffmanns *Goldnem Topf;* es ist der Traum von der Versöhnung zwischen Wirklichkeit und Poesie. Obwohl Orplid untergegangen ist, lebt es noch in der Erinnerung seines letzten Königs, der nicht sterben kann, weiter. Etwas von diesem Traum der ursprünglichen „Einfalt", wenn auch mit dem Bewusstsein, dass es Erinnerungsarbeit sei, wirkte in Mörikes Dichtung nach.

Gesang Weylas

Du bist Orplid, mein Land!
Das ferne leuchtet;
Vom Meere dampfet dein besonnter Strand
Den Nebel, so der Götter Wange feuchtet.

Uralte Wasser steigen
Verjüngt um deine Hüften, Kind!
Vor deiner Gottheit beugen
Sich Könige, die deine Wärter sind

Nach seinem Theologiestudium arbeitete Mörike acht Jahre an verschiedenen Orten als Vikar, bis er 1834 die Pfarrstelle in der kleinen schwäbischen Gemeinde Cleversulzbach erhielt. Aber schon mit 39 Jahren, stets kränkelnd und auch zu hypochondrischer Überempfindlichkeit neigend, ließ er sich vorzeitig pensionieren. Das Pfarramt war ihm eine Last gewesen. Nach der Heirat 1851 musste er, um die spärliche Pension aufzubessern, notgedrungen Literaturunterricht an einer Stuttgarter Mädchenschule geben. Die äußeren Umstände seines Lebens erscheinen wie ein permanenter Widerspruch zur heiteren Musikalität seiner Verse. Obwohl im Umgang mit Frauen nicht sehr glücklich, schrieb er die schönsten Liebeslieder. Von der politischen Tagesdiskussion hielt er sich fern, aber in seinem *Maler Nolten* verurteilte er die Willkür obrigkeitlicher Zensur, die selbst der poetischen Phantasie Fesseln anlegte: Nolten und sein Freund Larkens mussten ins Gefängnis, weil der Fürst sich durch ihr Märchenspiel *Der letzte König von Orplid* brüskiert fühlte.

Gedichte

1838 erschienen Mörikes *Gedichte,* zum Teil schon vorher in Journalen veröffentlicht, erstmals in einem Sammelband, der mehrmals erweitert wurde. In seiner Naturlyrik bevorzugte Mörike die tageszeitlichen Übergänge; er setzte das Naturbild in Bewegung um. „Noch träumen Wald und Wiesen" im *September-Morgen.* „Gelassen stieg die Nacht ans Land" in *Um Mitternacht.* Der Frühling – *Er ist's* – naht als Jüngling: „Frühling lässt sein blaues Band / Wieder flattern durch die Lüfte." Bewegt und belebt, in Menschengestalt – so erscheint ihm die Natur, so beobachtet er sie, alle Sinne einsetzend. Die Natur ist ihm das lebendige Gegenüber; schauend nimmt er an ihr teil. Und umgekehrt – am Gefühl der erfüllten oder verlorenen Liebe nimmt die Natur teil.

Naturgedichte

Liebeslieder

Ein Schwälblein erzählt in *Ein Stündlein wohl vor Tag* vom Treuebruch des Geliebten. Im *Gesang zu zweien in der Nacht* verschmilzt das Liebesglück mit der Harmonie der Natur: „Du schwärmst, es schwärmt der Schöpfung Seele mit!“ Vor aller Reflexion steht das Bild, der Ablauf der Ereignisse. Das Memento mori – *Denk es, o Seele* –, von volksliedhafter Bildlichkeit und Schlichtheit, setzt den Gedanken in Bewegung um:

Ein Tännlein grünet wo,
Wer weiß, im Walde,
Ein Rosenstock, wer sagt,
In welchem Garten?
Sie sind erlesen schon,
Denk' es, o Seele!
Auf deinem Grab zu wurzeln
Und zu wachsen.

Zwei schwarze Rösslein weiden
Auf der Wiese,
Sie kehren heim zur Stadt
In muntern Sprüngen.
Sie werden schrittweis gehn
Mit deiner Leiche;
Vielleicht, vielleicht noch eh
An ihren Hufen
Das Eisen los wird,
Das ich blitzen sehe!

Balladen

Dinggedichte

Mörikes Naturerfahrung über das Medium Gestalt gewordener Kräfte hat ihre Wurzeln in der magischen Natursage, im Mythos. Wenn es auch nicht mehr geglaubte Wirklichkeit ist, so lebt es doch als poetische Imagination fort, z. B. in den Balladen *Der Feuerreiter* und *Die Geister am Mummelsee*. In späteren Gedichten wächst die beobachtende Distanz. Aus der genauen Beschreibung des Gegenstandes fügt sich die sinnbildliche Bedeutung zusammen; die Buche – *Die schöne Buche* – als Symbol naturhafter Harmonie, die Lampe – *Auf eine Lampe* – als bewusst gestaltetes, in sich selbst ruhendes Ebenmaß: „Was aber schön ist, selig scheint es in ihm selbst.“

Es wäre zu einseitig, Mörikes Dichtung nur in dem Traumland Orplid oder in der beschaulichen Idylle eines Pfarrhauses anzusiedeln. Das eine war poetische Fiktion, das andere ein verfälschendes Urteil der Nachwelt. Die souverän beherrschte Form vom Volkslied bis zur antiken Ode, die einprägsame Bildlichkeit und die betörende Musikalität der Sprache sollten das Widerstrebende im eigenen Ich und im bedrohlichen Außen bändigen. Dem Kuckuck lauschend, entzieht sich das dichterische Ich den „Fratzen der Gesellschaft“ und fügt sein Erlebnis in „des Sonetts gedrängte Kränze“ *(Am Walde)*: Natur und Poesie als Schutzschild

Maler Nolten

In der zweiteiligen Novelle *Maler Nolten* (1832), die eher ein Roman zu nennen ist, gehen die Hauptgestalten nach außen hin an dem Wirken dämonischer Schicksalskräfte zugrunde. Aber in Wirklichkeit sind diese Einbrüche des Irrationalen, die sich im Roman als eine Folge erklärbarer Zufälle aufklären, nur Projektionen innerer Verstrickungen. Die einzelnen Gestalten leiden an ihrer extremen Subjektivität, in die sie eingeschlossen sind. Die „fatalste Verschränkung der Umstände“

ist die bildliche Umsetzung psychologischer Reflexion. Die Unfähigkeit, sich dem andern vertrauend zu öffnen, zerstört den Lebenswillen. Leitmotivisch zieht die Zigeunerin, an die der Maler Nolten von Jugend an durch ein geheimnisvolles Erlebnis gebunden ist, durch die ganze Erzählung; sie verkörpert das verdrängte Unbewusste. Nolten und sein Freund, der Schauspieler Larkens, beide künstlerische Existenzen außerhalb der Gesellschaft, leiden an der Vereinzelung, deren Ursache sie nicht aufarbeiten können oder wollen. Er scheint, dass Mörike sich in diesem Roman selbstkritisch von eigenen inneren Gefährdungen zu befreien suchte. *Maler Nolten* wurde mit Goethes Bildungsroman *Wilhelm Meister,* mit dessen *Wahlverwandtschaften* und mit E.T.A. Hoffmanns dämonischen Nachtstücken verglichen. Sicherlich sind vergleichbare Einzelzüge zu finden, aber als Ganzes zeigt er etwas Neues: eine psychologische Innenschau.

Das Stuttgarter Hutzelmännlein

Mörikes Kunstmärchen unterscheiden sich von denen der Romantiker durch eine sich überstürzende Erzählfreude und durch die Selbstverständlichkeit, wie das Hilfreich-Wunderbare sich mit realistisch erzählten Menschengeschichten vermischt. Sein bekanntestes Märchen ist *Das Stuttgarter Hutzelmännlein* (1853). Fest angesiedelt im Schwäbischen, erzählt es, mit vielen Unterbrechungen durch Nebengeschichten, die Wanderschaft des Schustergesellen Seppe bis zu seiner glücklichen Heirat mit seiner Vrone. Im Hintergrund hält Seppes Schutzgeist, das Hutzelmännlein, bald strafend, bald belohnend, die Fäden in der Hand.

Mozart auf der Reise nach Prag

Zu den Meisternovellen der deutschen Literatur gehört *Mozart auf der Reise nach Prag* (1855). Mörike verdichtet mehrere Jahre aus Mozarts Leben zu einem Tag. Auf der Reise nach Prag, wo sein *Don Giovanni* aufgeführt werden soll, wird Mozart mit seiner Frau in das Schloss eines musikbegeisterten Grafen eingeladen. Während des Abends rollt sich in heiterer Gesprächsrunde das Leben Mozarts auf; die originelle Raffinesse der Erzählweise besteht in dem ständigen Perspektivenwechsel zwischen Mozart, seiner Frau und dem Erzähler, zwischen künstlerischem Selbstverständnis, Blick für die Alltagsnöte und bewundernder Beobachtung. Aber all dies ist nur das Vorspiel zum furiosen Schlussakkord. Mozart geht ans Klavier und spielt die letzten Stücke aus der Partitur des *Don Giovanni.* Der Untergang des Helden, der Natur und Gesellschaft trotzen wollte, weckt in Mozart die Ahnung seines eigenen frühen Todes. Ein „Schauer der ewigen Schönheit" und das Bewusstsein der Vergänglichkeit, das nur in der reinen Kunst überwunden werden kann, befällt die Zuhörer. Versöhnlich lässt Mörike die Novelle nach dem bedrückenden nächtlichen Erlebnis mit der morgendlichen Weiterfahrt in einen sonnigen Tag hinein enden.

ANNETTE VON DROSTE-HÜLSHOFF

Pochest du an – poch nicht zu laut,
Eh du geprüft des Nachhalls Dauer.
Drückst du die Hand – drück nicht zu traut,
Eh du gefragt des Herzens Schauer.
Wirfst du den Stein – bedenke wohl,
Wie weit ihn deine Hand wird treiben.
Oft schreckt ein Echo dumpf und hohl,
Reicht goldne Hand dir den Obol,
Oft trifft ein Wurf des Nachbars Scheiben.
(An die Weltverbesserer, 1841/42)

Die Tendenz dieses Programmgedichts von ANNETTE VON DROSTE-HÜLSHOFF (1797–1848) wird in der ursprünlichen Überschrift noch deutlicher: *Warnung an die Weltverbesserer.* Annette von Droste-Hülshoff stammte aus einem alten westfälischen Adelsgeschlecht. Sie wuchs in einer konservativ-katholischen, noch ständisch gegliederten Gesellschaft auf. Aus ihrem Glaubensverständnis sah sie in der traditionell-patriarchalischen Gesellschaftsstruktur eine gottgewollte Ordnung, die durch Glaubensverlust und aufklärerischen Rationalismus gefährdet sei. Ihre Warnung vor Veränderung war nicht politisch, sondern aus ihrer religiösen Überzeugung begründet. Am Überlieferten festhalten bedeutete für sie, nach dem „Kompass“ eines gläubigen Gewissens zu leben:

Drum fest, nur fest, nur keinen Schritt zur Seite!
Der Himmel hat die Pfade wohl bezeichnet;
Ein reines Aug' erkennt sie aus der Weite,
Und nur der Wille hat den Pfad verleugnet;
Uns allen ward ein Kompass eingedrückt,
Noch keiner hat ihn aus der Brust gerissen:
Die Ehre nennt ihn, wer zur Erde blickt,
Und wer zum Himmel, nennt ihn das Gewissen. *(Halt fest!)*

Gesellschaftliche Rechtschaffenheit, unabhängig von den jeweils realen politischen Strukturen, und gläubiges Vertrauen in einen göttlichen Heilsplan waren die Leitthemen ihrer Dichtung. Allerdings konnte ihre Klage, dass der sich vom Glauben emanzipierende Verstand, d. h. der moderne Liberalismus, das Übel der Zeit sei, auch für politisch-restaurative Argumente missbraucht werden.

Geistliches Jahr

Der Gedichtzyklus *Geistliches Jahr* (1851) entstand in zwei Phasen zwischen 1819 und 1840. Ausgehend von den Evangelientexten des Kirchenjahres wollte Annette von Droste-Hülshoff zunächst im Stile der religiösen Lyrik des Barock ein Erbauungsbuch schreiben, aber der Zyklus wurde in seiner endgültigen Gestalt ein sehr persönliches Bekenntnis, ein verzweifeltes Ringen um Glaubensgewissheit. Sie übertrug die erlebten Widersprüche ihrer Zeit in das religiöse Gefühl einer schuldhaft verursachten Gottesferne: „Mein Wissen musste meinen Glauben töten.“ *(Am dritten Sonntage nach Ostern)*

Gedichte

In ihren Naturgedichten besonders in den *Heidebildern* der *Gedichte* (1844) überwand Annette von Droste-Hülshoff durch realistisch-sinnenhafte Detailbeobachtung die klassisch-romantische Stimmungslyrik, das Ineinanderfließen von subjektivem Gefühl und Naturbild. Die Natur scheint in sich selbst zu ruhen. Aber trotzdem bleibt sie ein Gleichnis, ein Symbol oder ein erinnernder Vergleich. Sie ist wie das Menschenleben von widerstrebenden Kräften durchwirkt, bald ruhendes Bild des Friedens *(Der Weiher),* bald ein unheimliches Szenarium *(Der Knabe im Moor),* bis zum drohenden Dingsymbol göttlicher Gerechtigkeit wie die Judenbuche in der gleichnamigen Novelle.

Balladen

Ähnlich verwendet Annette von Droste-Hülshoff das Dingsymbol auch in der Ballade *Die Vergeltung.* Der Passagier, der bei einem Schiffbruch einen hilflosen Kranken vom rettenden Balken gestoßen hat, wird an dem gleichen Balken aufgehängt für ein anderes Verbrechen, das er nicht begangen hat; eine höhere Gerechtigkeit richtet ihn. Die meisten Balladen sind dramatische Bearbeitungen historischer Ereignisse oder überlieferter Sagenstoffe. Ihr

Grundthema ist Schuld und Sühne. *Der Knabe im Moor,* der in der Ausgabe von 1844 unter den *Heidebildern* steht, zählt zu den naturmagischen Balladen. Im Unterschied zu Goethes *Erlkönig* oder zum *Fischer* ist aber die Natur nicht selbst das Bedrohende; die Phantasie des Kindes wird durch Wiedergängergeschichten erregt, die an das Moor gebunden sind.

Die Judenbuche

Die Judenbuche (1842), eine Dorf- und Kriminalgeschichte, im Untertitel „Ein Sittengemälde aus dem gebirgichten Westfalen", geht auf einen tatsächlichen Fall Mitte des 18. Jahrhunderts zurück. Annette von Droste-Hülshoff zeichnet zwar die Lebensgeschichte des Friedrich Mergel nach, aber wie schon in Schillers *Verbrecher aus verlorener Ehre* ist die Gesellschaft an dem Geschehen nicht unschuldig. Das alte Rechtsempfinden ist gestört, der Waldfrevel zu einer Landplage geworden; in der Dorfgemeinschaft herrscht eine brutale Hackordnung. Friedrich, Sohn eines versoffenen Kleinbauern, der die Familie ruiniert hat, will aus der sozialen Schande ausbrechen. Er behauptet sich im Dorf durch ein übertriebenes Auftreten, unterstützt von dem gottlosen Oheim, der den Knaben zum unfreiwilligen Mitwisser seiner verbrecherischen Geschäfte macht. Anfangs will sich Friedrich noch einem Geistlichen anvertrauen, aber die Drohungen des Oheims halten ihn davon ab. Als er durch die Geldforderungen des Juden Aaron öffentlich gedemütigt wird, verschwindet er. Drei Tage später findet man den Juden erschlagen unter einer Buche; der Verdacht fällt auf Friedrich. 28 Jahre vergehen, bis ein zerlumpter Mann ins Dorf zurückkehrt, der sich als Friedrichs Jugendfreund Johannes ausgibt; beide seien nach der Flucht in türkische Gefangenschaft geraten. Als man den Heimgekehrten eines Tages erhängt an der Judenbuche entdeckt, identifiziert ihn eine Narbe als Friedrich Mergel. In die Buche waren von Aarons Glaubensbrüdern vor Jahren die Worte eingekerbt worden: „Wenn du dich diesem Ort nahest, so wird es dir ergehen, wie du mir getan hast." Der juristische Fall und seine Aufklärung sind in dieser Geschichte Nebensache. Wichiger sind zum einen das Milieu, die gestörte Ordnung, und zum anderen die Warnung, dass jede Schuld auch jenseits der öffentlichen Gerichtsbarkeit gerächt werde. Aber dies sollte kein Alibi für Selbstgerechtigkeit sein:

> *Du Glücklicher, geboren und gehegt*
> *Im lichten Raum, von frommer Hand gepflegt,*
> *Leg hin die Waagschal', nimmer dir erlaubt!*
> *Lass ruhn den Stein – er trifft dein eignes Haupt! –*

JEREMIAS GOTTHELF

Der Schweizer JEREMIAS GOTTHELF, eigentlich ALBERT BITZIUS (1797–1854), wurde durch seine praktische Gemeindearbeit zum Schriftsteller. Als Seelsorger in Berner Land- und Stadtpfarreien setzte er sich für die Verbesserung des allgemeinen Bildungswesens ein, um das soziale Gefälle zwischen Stadt und Land abzubauen. Die politische Gleichstellung, die in der Schweiz trotz des Widerstandes erzkonservativer Adelskreise garantiert war, sollte durch Bildung gefestigt und gesichert werden.

Pestalozzi als Vorbild

Über den Vater hatte er von den pädagogischen und sozialen Reformbestrebungen JOHANN HEINRICH PESTALOZZIS (1746–1827) erfahren, der mehrere Armenschulen und Waisenhäuser gegründet hatte. Wie Pestalozzi in seinen Erziehungsromanen *Lienhard und Gertrud* (1781–1787) und *Wie Gertrud ihre Kinder lehrt* (1801) versuchte „dem Volk einige ihm wichtige Wahrheiten auf eine Art zu sagen, die ihm in Kopf und ans Herz gehen sollte“, kleidete auch Gotthelf seine Vorstellungen über eine allgemeine Volkserziehung in Erzählungen aus der Erfahrenswelt der bäuerlichen Gesellschaft. Diese Dorfgeschichten sind keine sentimentale Verherrlichung des Landlebens, wie zum Teil die damals viel gelesenen *Schwarzwälder Dorfgeschichten* (1843 ff.) von BERTHOLD AUERBACH (1812–1882), sie sind kritische Darstellungen realer Zustände. Geprägt von Luthers Bibelsprache, wollte auch Gotthelf dem Volk aufs Maul schauen; die Fähigkeit, sich in eindringlicher Bildlichkeit mitzuteilen, war schon an seinen Predigten gerühmt worden. Seinen ersten Roman veröffentlichte er mit 39 Jahren; bis zu seinem Tode schrieb er über 80 Romane und Erzählungen.

Der Bauern-Spiegel

Der Name der Titelgestalt seines ersten Romans wurde zu seinem schriftstellerischen Pseudonym: *Der Bauern-Spiegel oder Lebensgeschichte des Jeremias Gotthelf. Von ihm selbst beschrieben* (1837). Jeremias verliert nach dem frühen Tod seines Vaters Haus und Hof. Er wird Güterbub, d. h. die Gemeinde muss für ihn aufkommen. Von allen nur herumgestoßen, lernt er nichts und kommt unter die Räder. Er flüchtet nach Frankreich und wird Soldat. Dort findet er einen väterlichen Freund, der ihm wieder Mut gibt. Nach Jahren kehrt er heim. Der Lebensbericht endet mit der Aussicht, dass er vielleicht die Stelle des verstorbenen Gemeindeschreibers antreten kann. Die Geschichte handelt nicht nur davon, wie Jeremias mit Hilfe seines Freundes allmählich seine Verbitterung überwindet; vielmehr werden am Leitfaden dieser Lebensgeschichte konkret soziale Missstände geschildert, deren Ursache Geldgier, Herzlosigkeit und Unbildung sind. Von der Idylle des einfachen Lebens, von der Rousseau-Begeisterung des 18. Jahrhunderts ist in diesem Bauernspiegel, der die „trüben Schatten“ des Dorflebens enthält, nichts mehr zu merken: „noch niemand hat in Liebe und Treue euch euer Bild vorgehalten und noch viel weniger ein Bild, das die trüben Schatten eures Lebens enthält. Das ist schlimm; denn kennt ihr diese Schatten nicht, so könnt ihr sie auch nicht verwischen und tilgen.“ (Vorrede)

Uli der Knecht

Uli der Pächter

Ein bäuerlicher Entwicklungsroman ist der Doppelroman *Wie Uli der Knecht glücklich wird* (1841; später *Uli der Knecht*) und *Uli der Pächter* (1849). Die Entwicklung führt allerdings nicht geradlinig zum glücklichen Ende. Uli, der als Knecht allen Versuchungen widerstand und sich durch Redlichkeit gegen alle Intrigen behauptete, wird als Pächter leichtsinnig; er spekuliert, nützt seine Knechte aus und vernachlässigt seine Familie. Erst als Missernten und Krankheit seine Existenz bedrohen, besinnt er sich eines Besseren und deutet die Unglücksfälle als eine Warnung Gottes. Durch den glücklichen Zufall, dass der bislang unbekannte Vater seiner Frau den Hof ersteigerte, kann Uli einen neuen Anfang wagen. Dem Roman liegt eine handfeste christliche Arbeitsmoral zugrunde; Redlichkeit zahle sich auf die Dauer aus; wer Gottes Gebote achte und fleißig sei, könne die Ernte schon im Diesseits einfahren.

Die schwarze Spinne

Die schwarze Spinne gehört zu Gotthelfs Sammlung *Bilder und Sagen aus der Schweiz* (1842). Durch eine Rahmenhandlung wird der alte Sagenstoff mit der Gegenwart verbunden.

Bei einer ländlichen Taufgesellschaft wird der Großvater gefragt, warum in dem Haus noch ein alter Balken stehe. Darauf erzählt der Großvater, was für eine Bewandtnis es mit dem Balken habe. Im hohen Mittelalter hatten die Bauern unter der unerträglichen Last der Frondienste gelitten. In der Not nahmen sie die Hilfe des Teufels an, der dafür ein ungetauftes Kind forderte. Als die Bauern den Pakt nicht einlösen wollten und alle Schuld auf Christine luden, die für sie den Pakt gewagt hatte, wuchs auf Christines Wange, wo der grüne Jäger sie geküsst hatte, eine schwarze Spinne, deren Brut das ganze Land überzog und Tieren und Menschen die Pest brachte, bis eine Frau sich opferte und das Teufelstier in ein Loch des Balkens sperrte. Über Generationen lebten die Bauern fromm und gottesfürchtig in Erinnerung an die Strafe. Aber allmählich kehrten wieder Gottlosigkeit und sittenloses Treiben ein. Da wiederholte sich, als ein Knecht die Spinne aus dem Balken befreite, das große Sterben noch einmal, bis ein Nachfahre der opferbereiten Mutter die Spinne wieder in den Balken einsperrte, wo sie bis heute eingeschlossen sein soll als Mahnung an die Bauern, Gott und den Teufel nicht zu versuchen. So hätten, endet der Großvater, die grausigen Ereignisse dem Hause auch Glück und Segen gebracht, weil seine Bewohner die Botschaft dieser Sage, ob sie nun wahr oder nur ein Gleichnis sei, ernst genommen hätten und in Gottesfurcht lebten.

Gotthelf hat die ländliche Heiterkeit des Tauffestes mit großer Detailfreude beschrieben. Um so unheimlicher wirkt das furchtbare Geschehen in der Erzählung des Großvaters. *Die schwarze Spinne* lässt eine vielschichtige Deutung zu. Sie ist nicht nur eine religiöse Warngeschichte. Die Willkür der Grundherren trieb die Bauern in Not und Schuld. Fast modern mutet die psychologische Begründung an, wie die Bauern allmählich Christine zum Sündenbock machten und sie für die kollektive Schuld opfern wollten, um ihr Gewissen zu beschwichtigen und zu beruhigen.

KARL LEBERECHT IMMERMANN
Die Epigonen

Ein Spiegel der frühen Restaurationszeit ist der Zeitroman *Die Epigonen* (1836) von KARL LEBERECHT IMMERMANN (1796–1840). In Struktur und äußerer Gestalt noch an den klassischen und romantischen Bildungsroman erinnernd, geht er über dessen Harmoniestreben hinaus; die Widersprüche im Übergang vom Feudalismus zur Industriegesellschaft sind sein Thema. Hermann steht zwischen den widerstrebenden Kräften der Zeit; er verkörpert in seiner Person den Übergang. Als natürlicher Sohn eines Adligen und einer Bürgerlichen erbt er nach einer desillusionierenden Wanderschaft durch die alten und neuen Gesellschaftsschichten eine herzogliche Liegenschaft und ein Industrieunternehmen: „Das Erbe des Feudalismus und der Industrie fällt endlich einem zu, der beiden Ständen angehört und keinem.“

eine rückwärts gewandte Utopie

Unfähig, den Anforderungen der neuen Zeit gerecht zu werden, versucht er das Rad der Geschichte zurückzudrehen:

> *Vor allen Dingen sollen die Fabriken eingehn und die Ländereien dem Ackerbau zurückgegeben werden. Jene Anstalten, künstliche Bedürfnisse künstlich zu befriedigen, erscheinen mir geradezu verderblich und schlecht. Die Erde gehört dem Pfluge, dem Sonnenscheine und Regen, welcher das Samenkorn entfaltet, der fleißigen, einfacharbeitenden Hand. Mit Sturmesschnelligkeit eilt die Gegenwart einem trocknen Mechanismus zu; wir können ihren Lauf nicht hemmen, sind aber nicht zu schelten, wenn wir für uns und die Unsrigen ein grünes Plätzchen abzäunen und diese Insel so lange als möglich gegen den Sturz der vorbeirauschenden industriellen Wogen befestigen.*

Das Spätwerk des österreichischen Schriftstellers ADALBERT STIFTER (1805–1868) ist so eine abgezäunte poetische Insel der inneren und äußeren Harmonie. Die frühen Erzählungen durchzog noch eine pessimistische Grundhaltung; die Menschen sind einem willkürlichen, fast dämonischen Schicksal ausgeliefert (z. B. *Der Hochwald* und *Abdias*). Was sie vernünftig vorbereiten und planen, schlägt ins Gegenteil um und wird ihnen zum Verhängnis. Diese Bedrohung durch unbegreifliche Kräfte und die Schicksalsverfallenheit hat Stifter in den überarbeiteten Fassungen für die Sammelbände *Studien* (1844–1850) gemildert. Die poetische Stilisierung der Wirklichkeit sollte den Fatalismus, den schmerzlich erfahrenen Sinnverlust und den herrschenden Kulturpessimismus durch eine neue Sinnstiftung überwinden: „Wir wollen das sanfte Gesetz zu erblicken suchen, wodurch das menschliche Geschlecht geleitet wird." Dieses sanfte Gesetz, von dem Stifter in der berühmten Vorrede zum Erzählband *Bunte Steine* (1853) sprach, war ein ethisches Programm der Mitmenschlichkeit, deren vorzüglichste Eigenschaft die Selbstbescheidung, die „Mäßigung" sei. Stifter stellte sie im abgegrenzten Bereich der Familie und des Freundeskreises dar; die Auseinandersetzung mit der politischen Wirklichkeit klammerte er aus, da jede gewaltsame Veränderung seinem Prinzip des sanften Gesetzes widersprach. Sein Gegenüber, der Spiegel einer harmonischen, in sich gefestigten Ordnung, war die Natur. Die ausladenden Naturschilderungen in seinen Erzählungen – z. B. *Bergkristall* – sind nicht nur Hintergrund; sie sind Bestandteil einer rückwärts gewandten vorindustriellen Utopie. Die Vorbilder gehen über Goethe bis ins 18. Jahrhundert zurück; aber die Nachahmungen vermitteln nicht mehr das ungetrübte Vertrauen in eine natürliche Weltharmonie, sie sind bewusst gestaltete, künstliche Gegenentwürfe zum historischen Befund. Am deutlichsten wird dies in Stifters Bildungsroman *Der Nachsommer* (1857). Heinrich Drendorfs Weltfahrt endet auf dem Asperhof des Freiherrn von Risach. Dort, im abgezirkelten, von der Vernunft geordneten Kleinraum erarbeitet er sich mit Risachs väterlicher Hilfe sein Weltbild; das bedrohliche Draußen fehlt. Die Grundlagen dieses Weltbildes sind die harmonischen Denksysteme der Aufklärung und des deutschen Idealismus. Gegen Ende erzählt Risach seine eigene Geschichte. Mathilde Tarona und er hätten sich in ihrer Jugend dem elterlichen Widerstand gegen eine Heirat gefügt. Jetzt erlebe er mit der mittlerweile verwitweten Freundin einen „Nachsommer" gegenseitiger, rücksichtsvoller Zuneigung. Das Leitthema ist auch hier wieder die Entsagung, die ruhende Ausgewogenheit, die vor dem Einbruch unkontrollierbarer Kräfte schützen soll.

ADALBERT STIFTER

Studien

„das sanfte Gesetz"

Bunte Steine

Der Nachsommer

Wer CHARLES SEALSFIELD (1793–1864) wirklich war, wurde erst aus dem Testament bekannt. Er wurde in Mähren als Karl Anton Postl geboren. Auf Drängen seiner Mutter studierte er Theologie und trat in den Prager Kreuzherrenorden ein. 1823 floh er nach Nordamerika. Die Gründe dafür sind nur zu vermuten; neben persönlichen Gründen war es wohl auch die politische Situation. In Amerika arbeitete er als Farmer und Journalist und schrieb seine ersten Romane. Später kehrte er nach Europa zurück und ließ sich in der Schweiz nieder. Inhalt seiner Romane ist die Geschichte der jungen amerikanischen Demokratie. In den *Lebensbildern aus der westlichen Hemisphäre* (1835–1837) schil-

Erzählungen aus der Neuen Welt

CHARLES SEALSFIELD

Lebensbilder

derte er das Pionierleben der Kolonisten in den Südstaaten. Er war davon überzeugt, dass eine stabile Agrarstruktur und Unternehmergeist auf eigenem Grund und Boden die beste Sicherheit für eine demokratische Staatsordnung seien. Diese „Botschaft" vermittelte er durch realistische Situationsskizzen aus dem amerikanischen Leben. Seine Romane und Erzählungen sind nicht nach einem dramatischen Leitfaden ausgeführt; ihre Besonderheit ist das Nebeneinander, das sich zu einem farbigen Mosaik fügt. *Das Cajüttenbuch* (1841) hat zwei Erzählebenen. Im Landhaus, der so genannten Kajüte, des Kapitäns Murphy trifft sich eine Abendgesellschaft, die über die jüngsten Ereignisse an der Grenze nach Mexiko diskutiert. Aus den einzelnen Erzählbeiträgen während der Diskussion entsteht ein Gesamtbild der politischen und wirtschaftlichen Verhältnisse in den Südstaaten. Der Held der demokratischen Freiheitsbewegung ist das Volk, das auf dieser zweiten Erzählebene in einzelnen Repräsentanten vorgestellt wird.

Das Cajüttenbuch

Das Junge Deutschland oder Die Jungdeutschen

LUDOLF WIENBARG

Ästhetische Feldzüge

Der Literaturwissenschaftler LUDOLF WIENBARG (1802–1872), der aus der Burschenschaftsbewegung kam, hielt 1834 an der Universität Kiel Vorlesungen über die zeitgenössische deutsche Literatur. Die Buchfassung dieser Vorlesungen *Ästhetische Feldzüge* (1834), die bei dem mutigen Verleger Julius Campe in Hamburg erschien, widmete er dem „Jungen Deutschland": „Dir, junges Deutschland, widme ich diese Reden, nicht dem alten."

gegen Adel, trockene Gelehrsamkeit und Philistertum

Der Begriff war ein politisches Programm unter dem Einfluss der Julirevolution, das sich gegen das adlige, gelehrte und philiströse alte Deutschland wandte: „Wer aber dem jungen Deutschland schreibt, der erklärt, dass er jenen altdeutschen Adel nicht anerkennt, dass er jene altdeutsche, tote Gelehrsamkeit in die Grabgewölbe ägyptischer Pyramiden verwünscht und dass er allem altdeutschen Philisterium den Krieg erklärt und dasselbe bis unter den Zipfel der wohl bekannten Nachtmütze unerbittlich zu verfolgen willens ist." Ein Jahr später wurden Wienbargs Schriften verboten, und er musste nach Helgoland fliehen, das damals noch englisch war. Die „Sehnsucht des Gemüts nach einem besseren und schöneren Volksleben" (Wienbarg) wurde vom Staat sehr schnell unterdrückt; es blieb nicht bei dieser Einzelaktion. Das Alibi für das generelle Verbot der Jungdeutschen, die in der Literatur ein politisches Kampf- und Aufklärungsmittel sahen, das sich nicht in ästhetischer Unverbindlichkeit verlieren durfte, sondern auch die Möglichkeit journalistischer Aktualität nutzen sollte – den Vorwand für den staatlichen Zugriff lieferte WOLFGANG MENZEL (1798–1873).

WOLFGANG MENZEL und das Verbot der Jungdeutschen

Wolfgang Menzel war selbst ein Burschenschafter gewesen und hatte einige Jahre im Schweizer Exil leben müssen. Von den Jungdeutschen entfernte er sich aber durch einen übertriebenen Nationalismus bis zu einem leidenschaftlichen Franzosenhass, der ihn alles argwöhnisch beobachten ließ, was aus Frankreich kam, vor allem die Schriften jener deutschen Autoren, die vor der Zensur nach Frankreich ausgewichen waren, Börne und Heine.

Der Vorwand:
Wally, die Zweiflerin
von Karl Gutzkow

Sein folgenreiches Verdikt sprach er aber zunächst nicht über sie, sondern über den Roman eines Schriftstellers, den er selbst mehrere Jahre nach eigener Aussage protegiert hatte. Die schnell zusammengeschriebene Geschichte *Wally, die Zweiflerin* (1835) von Karl Gutzkow (1811–1878) hatte allerdings ihre kompositorischen Schwächen. Doch darauf ging Menzel nicht ein: „Ich finde da einen Roman des Herrn Gutzkow, der in der Tat von Frechheit und Immoralität schwarz aufgeschwollen ist." Menzel warf dem Autor Obszönität und Gotteslästerung vor: „Solange ich lebe, werden Schändlichkeiten dieser Art nicht ungestraft die deutsche Literatur entweihen." Beides hält einer kritischen Lektüre nicht stand. Wally, die in der Ehe zu Erbschaftsmanipulationen missbraucht worden war, sucht bei ihrem Freund Cäsar Halt. Dessen pessimistischer Nihilismus treibt sie in die Schwermut; verzweifelt tötet sie sich selbst, da sie auch in der Religion keinen Trost mehr finden kann. Anstatt sich mit den Argumenten auseinander zu setzen, verkündete Menzel, welche Literatur er wünsche: „Wenn die deutsche Jugend ein Recht haben soll, sich als ‚junges Deutschland' dem alten gegenüberzustellen, so muss sie auch den edlen Feuergeist und die sittliche Begeisterung, die man von jeher an deutschen Jünglingen so hoch schätzt, durchglühen. Es müssen reine, freie, kräftige Naturen sein, aber nicht Schwächlinge und Wollüstlinge."

der Beschluss des Frankfurter Bundestages

Am 10. Dezember 1835 verbot der Bundestag in Frankfurt die Schriften des Jungen Deutschland. Es sei eine literarische Schule, „deren Bemühungen unverhohlen dahin gehen, in belletristischen, für alle Klassen von Lesern zugänglichen Schriften die christliche Religion auf die frechste Weise anzugreifen, die bestehenden sozialen Verhältnisse herabzuwürdigen und alle Zucht und Sittlichkeit zu zerstören". Namentlich wurden der Reihe nach genannt: Heinrich Heine, Karl Gutzkow, Heinrich Laube, Ludolf Wienbarg und Theodor Mundt. Ludwig Börne (1786–1837), dessen *Briefe aus Paris* (1833) trotz des Verbots durch die Zensur überall gelesen wurden, und Heinrich Heine hatten zu dieser Zeit bereits seit Jahren ihren Wohnsitz in Paris.

politische und literarische Positionen des Jungen Deutschland

Die Autoren des Jungen Deutschland bildeten weder eine literarische Schule noch hatten sie ein einheitliches Programm. Börne und Heine beispielsweise, beide einig im Kampf gegen den restaurativen Despotismus in Deutschland, sahen jedoch die Aufgabe der Literatur sehr unterschiedlich. Börne entschied sich für den polemischen Journalismus, Heine blieb auch in seiner Kritik ein Meister ästhetischer Gestaltung. Das politische Credo reichte vom gemäßigten Liberalismus bis zum radikalen Republikanismus. *Eine* Gemeinsamkeit kann man vielleicht nennen: die Überzeugung, dass die Literatur eine öffentliche Aufgabe habe, dass sie aufklärend wirken müsse. Daher ist die Gründung zahlreicher Zeitschriften durch die Jungdeutschen zu erklären. Die Literatur sollte aus dem Elfenbeinturm der deutschen Klassik und Romantik heraus. Heine sprach vom „Ende der Kunstperiode".

Heinrich Heine

1836 schrieb Wolfgang Menzel: „Das Junge Deutschland schwört nicht höher als bei dem Namen Heine" *(Die junge Literatur).* Auf der Verbotsliste von 1835 stand Heines Name an erster Stelle.

Heinrich Heine (1797–1856) stammte aus einer angesehenen jüdischen Kaufmannsfamilie in Düsseldorf. Nach vergeblichen Versuchen, sich mit Hilfe eines Hamburger Onkels, der ihn ein Leben lang unterstützte, eine Existenz als Kaufmann aufzubauen, begann er das Studium der Rechte, das er 1825 in Göttingen mit einer Promotion abschloss. Aber schon während

Buch der Lieder

des Studiums in Bonn und Berlin galt sein Hauptinteresse der Literatur. In Bonn besuchte er die Vorlesungen von A. W. Schlegel, in Rahel Varnhagens Berliner Salon wurde er mit vielen Autoren bekannt. Er selbst hatte sich bereits einen Namen durch die Veröffentlichung der *Gedichte* (1822) gemacht. Nach dem Studium wollte er sich in Hamburg als Advokat niederlassen; aber selbst die Konversion zum Protestantismus – er ließ sich 1825 taufen – konnte ihm nicht zu einer Anwaltslizenz verhelfen. 1827/28 arbeitete er für ein halbes Jahr als Mitherausgeber an den in München erscheinenden *Politischen Annalen.* Während der Jahre bis zu seiner Übersiedlung nach Paris erschienen Heines bekannteste Werke: *Buch der Lieder* (1827) und *Reisebilder* (1826–1831). 1831 ging Heine nach Paris. Ursprünglich wollte er in Frankreich neues Material für die Fortsetzung der *Reisebilder* sammeln und als Korrespondent für deutsche und französische Zeitungen einige Zeit arbeiten. An eine endgültige Übersiedlung dachte er damals noch nicht. Als aber die Berichte für die Augsburger *Allgemeine Zeitung* – 1833 unter dem Titel *Französische Zustände* in Buchform erschienen – durch Metternichs Intervention nicht mehr gedruckt werden durften, befürchtete er, dass ihm eine Rückkehr nach Deutschland „vielleicht auf immer" versperrt sei. Die großen Essays über die deutsche Literatur und Kultur – *Die romantische Schule* und *Zur Geschichte der Religion und Philosophie in Deutschland* – erschienen nun zuerst 1833 und 1834 in französischer Sprache. Das generelle Druckverbot für seine Werke im Jahre 1835 durch den Bundestag bestätigte nur noch seine Befürchtungen. Dennoch war Heine in Paris nicht isoliert; er war als Schriftsteller auch in Frankreich anerkannt, er hatte zu vielen Autoren regen Kontakt. Aber die Angriffe aus Deutschland verbitterten ihn, nicht nur die Hasstiraden des „Franzosenfressers" Menzel, sondern auch die beleidigte Reaktion der schwäbischen Romantiker auf seine etwas forsche Literaturkritik. Heine ist mit seinen Gegnern nie zimperlich verfahren, aber die Angriffe gegen ihn nach 1835 hatten nichts mehr mit literarischen Fehden zu tun. So verschärfte sich auch Heines satirischer Ton im *Atta Troll* (1843) und in *Deutschland. Ein Wintermärchen* (1844). Eine Nervenkrankheit und fortschreitende Lähmungserscheinungen fesselten ihn seit 1848 ans Bett. 1851 erschien sein letzter großer Gedichtzyklus *Romanzero.*

Das *Buch der Lieder* (1827), Heines Jugendwerk, wurde die beliebteste Gedichtsammlung des Jahrhunderts; viele Texte wurden vertont. Es galt, irrtümlich, geradezu als Höhepunkt der romantischen Dichtung. Heines Vorbilder waren aber nicht die großen Romantiker, sondern die eher volkstümelnde schwäbische Schule, die er zugleich nachahmte und ironisch parodierte. Die Naivität des volksliedhaften Tons, das erträumte Liebesglück und die Trauer über die verlorene Liebe waren nur gespielt. Plötzlich bricht Heine aus dem idyllischen Stimmungsbild aus und decouvriert es als Illusion.

Meeresstille

Meeresstille! Ihre Strahlen
Wirft die Sonne auf das Wasser,
Und im wogenden Geschmeide
Zieht das Schiff die grünen Furchen.

Bei dem Steuer liegt der Bootsmann
Auf dem Bauch und schnarchet leise.
Bei dem Mastbaum, segelflickend,
Kauert der beteerte Schiffsjung.

Hinter'm Schmutze seiner Wangen
Sprüht es rot, wehmütig zuckt es
Um das breite Maul und schmerzlich
Schau'n die großen, schönen Augen.

Denn der Capitän steht vor ihm,
Tobt und flucht und schilt ihn: Spitzbub.
„Spitzbub! einen Hering hast du
Aus der Tonne mir gestohlen!"

Meeresstille! Aus den Wellen
Taucht hervor ein kluges Fischlein,
Wärmt das Köpfchen in der Sonne,
Plätschert lustig mit dem Schwänzchen.

Doch die Möwe, aus den Lüften,
Schießt herunter auf das Fischlein,
Und den raschen Raub im Schnabel
Schwingt sie sich hinauf in's Blaue.

Der Titel des Gedichtes *Meeresstille* und das geruhsame Naturbild in der Eingangsstrophe täuschen. Der Kapitän knüpft sich den Schiffsjungen vor, weil er heimlich einen Hering aus der Tonne gestohlen hat, und die Möwe holt sich das Fischlein aus dem Wasser, das eben noch lustig plätscherte. Die menschliche Hackordnung und der Existenzkampf in der Natur strafen die Naturidylle Lügen. Die romantisch-sentimentale Stimmung hebt sich selbst auf; unter der heiteren Oberfläche versteckt sich desillusionierende Ironie. Dies ist ein Kennzeichen der Lyrik Heines. Zu den bekanntesten Texten aus dem *Buch der Lieder* gehören *Ich weiß nicht, was soll es bedeuten* und die Ballade *Belsatzar.*

Neue Gedichte

Die *Zeitgedichte* sind die wichtigste Abteilung in dem Sammelband *Neue Gedichte* (1844). In ihnen setzte sich Heine mit der politischen Situation und der politischen Dichtung in Deutschland auseinander. Er glaubte nicht, dass durch das Wort des Dichters etwas verändert werden könne, denn

Wir sind Germanen, gemütlich und brav,
Wir schlafen gesunden Pflanzenschlaf,
Und wenn wir erwachen, pflegt uns zu dürsten,
Doch nicht nach dem Blute unserer Fürsten.
(Zur Beruhigung)

Kritik an den Dichtern des Vormärz

Die Freiheit, so meinte er resignierend, lebe nur im gedanklichen Wunsch des Dichters. An Georg Herwegh schrieb er:

Herwegh, du eiserne Lerche,
Weil du so himmelhoch dich schwingst,
Hast du die Erde aus dem Gesichte
Verloren – Nur in deinem Gedichte
Lebt jener Lenz, den du besingst.
(An Georg Herwegh)

Sein politischer Pessimismus und die resignierende, zum Teil bissige Ironie entfremdeten ihn den Dichtern des Vormärz. Er verglich sie mit Tyrtaios, der die zerstrittenen Spartaner mit seinen Gedichten versöhnen wollte:

Du singst, wie einst Tyrtäus sang,
Von Heldenmut beseelet,
Doch hast du schlecht dein Publikum
Und deine Zeit gewählet. (An einen politischen Dichter)

Romanzero

Der Gedichtzyklus *Romanzero* (1851) hat seinen Namen nach einer historischen spanischen Balladensammlung. Die meisten Texte dieses Zyklus, zumindest im ersten und im dritten Buch – *Historien* und *Hebräische Melodien* –, sind auch Balladen bzw. Romanzen oder gehen auf Stoffe aus der europäischen und alttestamentlichen Geschichte zurück. Im zweiten Buch – *Lamentationen* – stehen vorwiegend lyrische Selbstgespräche, die Heine in der Rolle des Lazarus führt. Obwohl im historischen Gewande, sind die Texte des *Romanzero* persönlichste Zeitgedichte:

Verlorner Posten in dem Freiheitskriege
Hielt ich seit dreißig Jahren treulich aus.
Ich kämpfe ohne Hoffnung, dass ich siege,
Ich wusste, nie komm ich nach Haus. (Enfant perdu)

getarnte Zeitkritik

Reisebilder

Reisebilder (4 Teile, 1826–1831), wie Heine sie schrieb, waren in Deutschland bislang unbekannt. Heine nahm die Form des Reiseberichts nur als Anlass, um seinen satirischen Skizzen und seinen Auseinandersetzungen mit dem Zeitgeist und literarischen oder politischen Gegnern einen Rahmen zu geben.

Am ehesten kann man noch *Die Harzreise* einen Reisebericht nennen. Aber auch hier schlägt schon auf den ersten Seiten die Ironie durch:

Die Harzreise

Im Allgemeinen werden die Bewohner Göttingens eingeteilt in Studenten, Professoren, Philister und Vieh; welche vier Stände doch nichts weniger als streng geschieden sind. Der Viehstand ist der bedeutendste.

Die Nordsee

Italien

Hinter der scheinbaren Sachlichkeit der Sprache verbirgt sich der Spott über akademische Provinzialität und Philistertum. Die *Reisebilder* sind getarnte Zeitkritik; die staatliche Zensur hat sie mehrmals verstümmelt oder ganz verboten. In dem Reisebild *Die Nordsee* steht Heines erster großer Angriff auf die anachronistischen Adelsprivilegien. Diese Kritik verschärft sich in den italienischen Reisebildern *Reise von München nach Genua, Die Bäder von Lucca* und *Die Stadt Lucca.* Heine bekennt sich zu den Zielen der Französischen Revolution und verhehlt auch nicht seine Bewunderung für Napoleon. Diese leicht missverständliche Parteinahme für einen modernen Staatszentralismus, der den deutschen Partikularismus hätte überwinden können, und die persönlichen Ausfälle gegen Platen haben Heine auch bei Freunden geschadet; später suchte er beides zu korrigieren oder richtig zu stellen. Gravierender aber wurde seine Kritik an der Allianz von Staat und Kirche. Hier traf er den Nerv der restaurativen Politik.

Satire auf die Tendenzliteratur

Atta Troll

So sehr Heine ein politischer Kritiker war, so sehr war er auch Dichter. Charakter und Gesinnung, so schrieb er in der Vorrede zu seinem satirischen Tierepos *Atta Troll* (1843, erweitert 1847), könnten Talent nicht ersetzen; Dichtkunst sei keine politische, sondern zuerst eine Stilfrage. Holprige Tendenzliteratur schade der Sache nur. Der Held seiner literarischen Satire ist der tollpatschige Tanzbär Atta Troll, der die Welt verbessern wollte, aber wie einst Roland in dem „Tal von Ronceval" in einen Hinterhalt geriet. Auf seinem Grabstein steht: „Kein Talent, doch ein Charakter!"

Leiden an Deutschland

Deutschland. Ein Wintermärchen

Das zweite satirische Versepos *Deutschland. Ein Wintermärchen* (1844) geht auf eine Reise im Herbst 1843 zurück. Nach dreizehn Jahren Pariser Exil sah Heine die Heimat wieder; er besuchte seine Familie und seinen Verleger in Hamburg. „Ein neues Lied, ein besseres Lied“ wollte er aus Liebe zu Deutschland dichten: „Wir wollen hier auf Erden schon / Das Himmelreich errichten.“ Aber das Reiseepos wurde zu einer satirischen Bestandsaufnahme. Die Julirevolution war in Deutschland ohne Folgen geblieben. In den satirischen Ton, in den Spott über die politische Rückständigkeit Deutschlands mischt sich am Schluss wehmütige Trauer:

> Ich wollte weinen, wo ich einst
> Geweint die bittersten Tränen –
> Ich glaube, Vaterlandsliebe nennt
> Man dieses törichte Sehnen.

Seinen Kritikern, die auch sehr bald auftraten, entgegnete Heine schon im Vorwort: „Pflanzt die schwarz-rot-goldene Fahne auf die Höhe des deutschen Gedankens, macht sie zur Standarte des freien Menschentums, und ich will mein bestes Herzblut für sie hingeben. Beruhigt Euch, ich liebe das Vaterland ebenso sehr wie ihr.“

CHRISTIAN DIETRICH GRABBE

Anreger des realistischen Dramas

Das spätere Urteil der Literaturgeschichte spiegelt nicht immer den Geschmack des zeitgenössischen Publikums. Nicht die Romane von Goethe und Jean Paul waren die bevorzugte Lektüre, sondern die Ritter- und Schauerromane von Goethes Schwager Christian August Vulpius (1762–1827) und die rührseligen Erzählungen von Heinrich Clauren (1771–1854). Nicht die Dramen von Schiller und Kleist beherrschten die Bühne, sondern die kleinbürgerlichen Familien- und Unterhaltungsstücke eines August Kotzebue (1761–1819) und August Wilhelm Iffland (1759–1815). CHRISTIAN DIETRICH GRABBE (1801–1836) erlebte nur die Uraufführung seiner Tragödie *Don Juan und Faust*. Die meisten Stücke kamen erst gegen Ende des Jahrhunderts auf die Bühne, sein letztes Werk: *Die Hermannsschlacht* erst 100 Jahre nach seinem Tode. Neben Büchner war Grabbe der bedeutendste Anreger des realistischen Dramas. Die Zeitgenossen lernten seine Stücke nur in Buchform kennen. Unter den Jungdeutschen wurden sie heftig diskutiert. Heine, dem Grabbe während seiner Studentenzeit in Berlin begegnete, war einer seiner frühen Förderer. Die Zurückhaltung der Bühnen hatte aber auch Gründe, die im theatralischen Aufbau der Stücke selbst lagen. Immermann, der Grabbe für einige Zeit als Dramaturg beschäftigt hatte, bat ihn vergeblich, seine Stücke in eine bühnengerechte Form zu bringen; denn die Massenszenen, der ständige Schauplatzwechsel und die blutrünstigen Ausbrüche (in den frühen Stücken) überforderten die Möglichkeiten der Bühne. Grabbe bevorzugte historische Themen. Im Vordergrund stehen der große einsame Held und die anonymen Volksmassen; die treibende Kraft der Handlung aber ist die Geschichte selbst.

Schicksalstragödie

Herzog Theodor von Gothland

In seinem ersten Stück, dem *Herzog Theodor von Gothland* (1822), einem schauerromantischen Intrigenstück, bemühte er zwar noch das Schicksal als Ursache einer schuldlos-schuldigen Verstrickung, Herzog Gothland ist Franz und Karl Moor in einem, aber das Schicksal ist keine überindividuelle Macht, der die Menschen hilflos ausgeliefert historische Dramen

Marius und Sulla

Die Hohenstaufen

Hannibal

Die Hermannsschlacht

wären, sondern ein zynisch eingefädelter Racheakt. Tieck, dem Grabbe das Stück zur Beurteilung geschickt hatte, sah zwar gekonnte Anleihen bei Shakespeare, er erschrak aber auch vor dem „Zweifel an Gott oder Schöpfung" und dem „Ton einer tiefen Verzweiflung". Grabbes historische Dramen, ob nun das Fragment *Marius und Sulla* (1827), die beiden Hohenstaufen-Stücke *Kaiser Friedrich Barbarossa* (1829) und *Kaiser Heinrich der Sechste* (1830) oder *Hannibal* (1835) und *Die Hermannsschlacht* (posthum 1838) – alle diese Stücke, so genau sie auch im Detail den Quellen folgen, sind auf die damalige Gegenwart, auf die Restaurationszeit nach 1815 bezogen.

Napoleon oder Die hundert Tage

Am deutlichsten ist dies in dem Zeitstück *Napoleon oder Die hundert Tage* (1831) zu erkennen, dessen Ereignisse nur 15 Jahre zurückliegen. Geschichte läuft für Grabbe nicht nach einem inneren Weltgesetz ab, das durch die Religion oder ein philosophisches System begründet werden könnte; ohne dass Grabbe schon den Begriff Klassenkampf verwendete, ist Geschichte für ihn eine sehr konkrete innerweltliche Auseinandersetzung zwischen individueller Vorstellung bzw. Selbsttäuschung und der irrationalen Reaktion der geschichtsträchtigen, aber anonymen Volksmassen. Gerade weil der Verlauf der Geschichte kein Exempel der Vernunft sei, zieht Grabbe das pessimistische Fazit, dass sich alles wiederhole. Das Napoleon-Stück hat keinen Helden; jeder kämpft nur für seinen eigenen Vorteil. Napoleon will seine Macht wiedergewinnen und kaschiert seinen imperialen Anspruch mit der Behauptung, dass er allein die Revolution vollenden könne. Wellington interessiert die politische Situation Frankreichs nicht; er möchte nur keinen gefährlichen Gegner am Kanal haben. Blücher schwärmt von Preußens Größe, ohne an das Volk zu denken. Die Volksmasse selbst ist ein Chamäleon. Zwar hasst sie die Bourbonen und die zurückgekehrten Royalisten, die den alten Feudalismus wieder herstellen möchten, aber sie jubelt dem König genauso zu, als er eine liberale Konstitution verspricht, wie dem Kaiser, weil er sie an Frankreichs Macht erinnert. Für die fortschrittlichen Republikaner ist Napoleon das kleinere Übel: „Er werde wieder Kaiser, jedoch kräftig gebändigt mit einer Constitution." Aber der Altrevolutionär Jauve warnt sie vor Napoleon, der im Volk nur eine anmaßende Canaille sehe. Die deutschen Truppen wissen nicht, wofür sie kämpfen:

das manipulierte Volk

Berliner:	*Wissen Sie auch, warum wir kämpfen?*
Schlesier:	*Das hört man auf allen Wegen – Für König, Freiheit, Vaterland –*
Berliner:	*Was halten Sie von die Freiheit?*
Schlesier:	*Man sagt, sie wäre was Gutes.*
Berliner:	*(für sich) – – Wie ich ahnte, – pure Dummheit –*

Andere betrügen sich mit einem romantischen Freiheitspathos: „Wer ließe sich nicht gern von Kartätschen zerschmettern bei diesem Liede und seiner Musik?" Gemeint ist *Lützows wilde, verwegene Jagd.* Nach dem Siege der Koalitionstruppen sagt Napoleon prophetisch:

> *Da stürzen die feindlichen Truppen siegjubelnd heran, wähnen die Tyrannei vertrieben, den ewigen Frieden erobert, die goldne Zeit zurückgeführt zu haben – Die Armen! Statt eines großen Tyrannen, wie sie mich zu nennen belieben, werden sie bald lauter kleine besitzen, [. . .]*

Nichts hat sich geändert, das Volk ist sein eigener Totengräber geworden; Napoleons Kampf gegen die Royalisten hat die alte Ordnung gestärkt. – Im Aufbau des Stückes orientierte sich Grabbe an Schillers *Wallenstein.* Bevor

Don Juan und Faust

Napoleon selbst auftritt, wird er durch die Stimmung im Volk charakterisiert. Auch die Ereignisse der hundert Tage werden in der Reaktion des Volkes gezeigt. Gegen Ende des vierten Aufzuges aber wandelt sich das Stück zu einem ermüdenden Schlachtengemetzel. Man sah darin eine kompositorische Schwäche, man kann diesen Schluss aber auch als desillusionierende Dokumentation exemplarischer Sinnlosigkeit interpretieren. Blüchers patriotische Schlussworte sind nicht ohne Zynismus: „Wird die Zukunft eurer würdig – Heil dann! – Wird sie es nicht, dann tröstet euch damit, dass eure Aufopferung eine bessere verdiente!"

In der Tragödie *Don Juan und Faust* (1829) führte Grabbe zwei Gestalten der Weltliteratur zusammen, die zwei entgegengesetzte Weltanschauungen verkörpern. Beide gehen zwar, wie es ihre literarische Biographie verlangt, zugrunde, aber Grabbes Sympathie galt Don Juan. Er ist der Sensualist, der Sinnenmensch des Augenblicks, der das Leben genießt und nimmt, wie es ist. Faust ist der maßlose Grübler, der auf seiner Suche nach einem Weltgesetz sich selbst verliert und das Leben versäumt. Die Handlung der beiden Hauptgestalten hat Grabbe durch die gemeinsame Liebe zu Donna Anna verbunden. Donna Anna fühlt sich zu Don Juan hingezogen; Faust, der, von einem imaginären Wunschbild besessen, ihre Liebe erzwingen will, ist ihr unheimlich. Als Faust an Donna Anna seine Grenzen erkennen muss, tötet er sie aus Hass. Er konnte es nicht ertragen, dass seine Maßlosigkeit vor dem einfachsten Gefühl kapitulieren musste.

Scherz, Satire, Ironie und tiefere Bedeutung

Zum nicht gerade umfangreichen Repertoire des deutschen Lustspiels gehört auch heute noch Grabbes Literatursatire *Scherz, Satire, Ironie und tiefere Bedeutung* (1827). Obwohl gespickt mit zeitgenössischen Anspielungen, wirken die grotesken Szenen auch durch sich selbst. Am Ende der turbulenten Handlung, die der Teufel listig eingefädelt hat, taucht der Autor selbst auf und lässt sich zwinkernden Auges von einem Schulmeister einführen: „Das ist der vermaledeite Grabbe, oder wie man ihn eigentlich nennen sollte, die zwergige Krabbe, der Verfasser dieses Stücks! Er ist so dumm wie ein Kuhfuß, schimpft auf alle Schriftsteller und taugt selber nichts."

Literatur des Vormärz

Der renommierteste deutsche Literaturpreis unserer Tage ist nach einem Medizinstudenten benannt, der von seinem Landesherrn steckbrieflich gesucht wurde.

> *Steckbrief*
>
> *Der hierunter signalisirte Georg Büchner, Student der Medizin aus Darmstadt, hat sich der gerichtlichen Untersuchung seiner indicirten Theilnahme an staatsverrätherischen Handlungen durch die Entfernung aus dem Vaterlande entzogen. Man ersucht deßhalb die öffentlichen Behörden des In- und Auslandes, denselben im Betretungsfalle festnehmen und wohlverwahrt an die unterzeichnete Stelle abliefern zu lassen.*
>
> *Darmstadt, den 13. Juni 1835.*

Georg Büchner

2493. Steckbrief.

Der hierunter signalisirte Georg Büchner, Student der Medizin aus Darmstadt, hat sich der gerichtlichen Untersuchung seiner indicirten Theilnahme an staatsverrätherischen Handlungen durch die Entfernung aus dem Vaterlande entzogen. Man ersucht deshalb die öffentlichen Behörden des In- und Auslandes, denselben im Betretungsfalle festnehmen und wohlverwahrt an die unterzeichnete Stelle abliefern zu lassen.

Darmstadt, den 13. Juni 1835.

Der von Großh. Hess. Hofgericht der Provinz Oberhessen bestellte Untersuchungs-Richter, Hofgerichtsrath

Georgi.

Personal-Beschreibung.

Alter: 21 Jahre,
Größe: 6 Schuh, 9 Zoll neuen Hessischen Maases,
Haare: blond,
Stirne: sehr gewölbt,
Augenbraunen: blond,
Augen: grau,
Nase: stark,
Mund: klein,
Bart: blond,
Kinn: rund,
Angesicht: oval,
Gesichtsfarbe: frisch,
Statur: kräftig, schlank,
Besondere Kennzeichen: Kurzsichtigkeit.

Der Titel der Ausstellung zu seinem 150. Todestag lautete: *Georg Büchner: Revolutionär, Dichter, Wissenschaftler.* Kurz vor seiner Flucht schickte Georg Büchner (1813–1837) das Manuskript des Revolutionsdramas *Dantons Tod* an Karl Gutzkow und bat ihn um Veröffentlichung. Gutzkow war von dem Stück sehr angetan, aber er wagte es nicht, das Original ohne freiwillige Vorzensur – auch im Interesse des Autors – drucken zu lassen. Schon im Exil, schrieb Büchner an Gutzkow: „Das Verhältnis zwischen Armen und Reichen ist das einzige revolutionäre Element in der Welt." Büchners Erstling, *Der Hessische Landbote,* war ein Aufruf aus dem Untergrund an die Bauern, sich gegen ihre Ausbeuter zu erheben: „Der Bauer geht hinter dem Pflug, der Vornehme aber geht hinter ihm und dem Pflug und treibt ihn mit den Ochsen am Pflug, er nimmt das Korn und lässt ihm die Stoppeln."

Der Hessische Landbote

Büchners Vater war Arzt und stellvertretender Leiter des Darmstädter Bürgerspitals; zu seinen Aufgaben gehörte auch die medizinische Versorgung der Stadtarmen. Über ihn erfuhr der junge Büchner einiges von der wirtschaftlichen Not der einfachen Leute und von dem Druck der Steuerlasten. Im *Hessischen Landboten* schrieb er später: „Geht einmal nach Darmstadt und seht, wie die Herren sich für euer Geld dort lustig machen, und erzählt dann euern hungrigen Weibern und Kindern, dass ihr Brot an fremden Bäuchen herrlich angeschlagen sei." In einem Schülerzirkel traf er sich mit Gleichgesinnten; man grüßte sich republikanisch mit „Bon jour, citoyen". Das Medizinstudium begann er 1831 in Straßburg; um das Landesexamen abzulegen, musste er 1833 an die Universität Gießen. Mehrere seiner Darmstädter Freunde waren nach dem gescheiterten Sturm auf die Frankfurter Hauptwache (3. April 1833) verhaftet worden. Als sie 1834 wieder freikamen, plädierte Büchner dafür, die Veränderung an der Basis durch Aufklärung der niederen Volksklassen zu betreiben. Er gründete in Gießen und Darmstadt Sektionen der *Gesellschaft der Menschenrechte.* Dort las er auch den ersten Entwurf zu einer Flugschrift vor. Der Butzbacher Schulrektor Friedrich Ludwig Weidig (1791–1837) überarbeitete die Flugschrift, er fügte mehrere Bibelzitate ein und besorgte den Druck. *Der Hessische Landbote* (1834) wurde nachts heimlich in Oberhessen verteilt. Da polizeiliche Untersuchungen drohten, verließ Büchner Gießen und ging nach Darmstadt zurück. Anfang 1835 schrieb er in fünf Wochen das Revolutionsdrama *Dantons Tod.* Als er erfuhr, dass er verhaftet werden sollte, floh er nach Straßburg ins französische Ausland.

Dantons Tod

Der Arbeit an *Dantons Tod* (1835) ging ein intensives Studium der Französischen Revolution voraus. Büchner hielt sich genau an die historischen Quellen. Er wählte die dokumentarisch-realistische Form, um den historischen Ereignissen möglichst nahe zu kommen. Er wollte die Welt nicht zeigen, wie sie sein sollte, sondern wie sie ist. Trotzdem ist das Stück gedeutete Wirklichkeit; denn aus dem Verlauf der Ereignisse manifestiert sich für Büchner der „Fatalismus der Geschichte", die über den Einzelnen hinwegrollt. Danton möchte den Mechanismus der Revolution anhalten, aber er muss erkennen: „Wir haben nicht die Revolution gemacht, sondern die Revolution hat uns gemacht." Die Gegenspieler sind Robespierre und Danton. Büchner wählte als Ausschnitt aus der Revolution das Frühjahr 1794. Es ist die Phase, in der die Revolution in eine Diktatur des Schreckens umschlägt. Robespierre, „das Dogma der Revolution", will die Idee der Revolution auch über das Glück des Einzelnen hinweg – und wenn es sein muss, mit Gewalt – zu Ende führen. Danton, der noch 1792 die grausamen Septembermorde veranlasst hatte, erkennt, dass die sich verselbstständigende Revolution nicht Glück, sondern Schrecken bringt. Deshalb stellt er sich gegen Robespierre und wird selbst Opfer der Revolution. In diesem Stück setzte sich Büchner mit den Widersprüchen einer Revolution auseinander, die das Programm der politischen Freiheit auf ihrem Panier hatte, aber an den realen ökonomischen Bedingungen nichts geändert hatte; die Reichen blieben reich und die Armen arm. *Dantons Tod* wurde erst 1902 uraufgeführt.

Während der anderthalb Jahre in Straßburg schloss Büchner sein Studium ab und qualifizierte sich durch wissenschaftliche Arbeiten für eine Universitätslaufbahn. In dieser Zeit entstanden auch die Erzählung *Lenz,* die Komödie *Leonce und Lena* und das Fragment gebliebene Drama *Woyzeck.* Im Oktober 1836 erhielt Büchner eine Privatdozentur an der Universität Zürich. Sein Asyl-Aufenthalt war auf sechs Monate befristet. Am 19. Februar 1837 starb er an Typhus.

Lenz

Die Erzählung *Lenz* (1839) geht zu großen Teilen auf den Bericht des Pfarrers Oberlin zurück, bei dem Jakob Michael Reinhold Lenz (1715–1792), ein Freund Goethes in der Straßburger Zeit, Anfang 1778 in einer psychischen Krise zwei Wochen verbrachte. Büchners fast protokollarische Zurückhaltung, die auf einen kompositorischen Faden verzichtete und nur den widersprüchlichen, momentan ausbrechenden Stimmungen des seelisch kranken Lenz folgte, diese Dokumentation eines gestörten Bewusstseins, das zwischen mystischem Gottvertrauen und dem Gefühl gnadenloser Verlassenheit schwankte, gestaltete die Pathologie des Einzelfalls zum Symptom der Zeit: „sein Dasein war ihm eine notwendige Last. – So lebte er hin . . .“.

Leonce und Lena

Leonce und Lena war für einen von dem Verleger Cotta ausgeschriebenen Lustspiel-Wettbewerb gedacht; aber Büchner schickte das Manuskript nicht fristgerecht ein. Die Handlung ist sehr einfach: Prinz Leonce, von Weltschmerz und Langeweile geplagt, flieht vor der Pflichtheirat mit Prinzessin Lena nach Italien. Unterwegs begegnen sich die beiden, ohne sich zu erkennen, und verlieben sich. Als sie maskiert an den Hof kommen, werden sie *in effigie,* d. h. als Ersatz für das flüchtige Paar, getraut, das sie selbst sind. Am Ende ist alles so gekommen, wie es von Anfang vorgesehen war. Das Stück ist aber nicht nur Scherz und Satire, es hat auch Ernst und tiefere Bedeutung, um einen Titel Grabbes zu verwenden. Der Weltschmerz und die Langeweile des Prinzen resultieren aus seinem Müßiggang; die Bauern, die zusammengetrieben wurden, um dem jungen Paar zu huldigen, können sich vor Hunger kaum aufrecht halten. Leonce und sein Vater, König Peter, eine Parodie auf Fichtes Lehre vom sich selbst setzenden Ich, können sich eine Philosophie leisten, weil sie satt sind. Das absolutistische Gepränge spielt in einem Sandkasten-Fürstentum, dessen Grenzen rundum man mit bloßem Auge erblickt. Dantons Fatalismus – „Puppen sind wir, von unbekannten Gewalten am Draht gezogen; nichts, nichts sind wir selbst!“ – ist parodistisch wieder aufgenommen; Leonce und Lena fungieren nur als bewusstlose „Automaten“ in einem sinnlosen Spiel.

Woyzeck

Das Drama *Woyzeck* (1879) blieb Fragment. Im Nachlass fanden sich vier voneinander abweichende Handschriften. 1879 erschien eine erste Spielfassung. Seit dieser Zeit dauert der Streit über die Frage, welche

Anordnung der Szenenfolge die authentische sei. Eine endgültige Antwort wird es nicht geben, da der Schluss nicht ausgeführt ist. Dem Drama liegt die Geschichte des Gelegenheitsarbeiters Woyzeck aus Leipzig zugrunde, der die Baderswitwe Woost im Eingang ihrer Wohnung erstochen hatte. 1824 war er öffentlich durch das Schwert hingerichtet worden. Dieser Kriminalfall hatte zu seiner Zeit großes Aufsehen erregt. In wissenschaftlichen Kreisen zweifelte man an der Zurechnungsfähigkeit des Angeklagten und ob er überhaupt hätte verurteilt werden können. Büchner kannte die medizinischen Gutachten; er hat Einzelheiten daraus übernommen.

Der Füsilier Woyzeck hat eine Geliebte, die von ihm ein Kind hat. Er sorgt, so gut er kann, für die beiden: Er bringt sein ganzes Geld zu Marie. Er lässt sich auch für Geld als medizinische Testperson benutzen. Ein Tambourmajor lernt Marie kennen. Sie ist von seiner Männlichkeit fasziniert und verfällt ihm trotz ihrer Schuldgefühle gegenüber Woyzeck. Als Woyzeck die beiden miteinander tanzen sieht, treibt ihn etwas Marie zu erstechen; er hält es für Stimmen, die auf ihn eindringen. Er kauft ein Messer und ersticht Marie vor der Stadt. Als man Blutspuren an seinen Kleidern entdeckt, flieht er. Am Tatort sucht er das Messer und wirft es in den See. Im Wasser will er das Blut abwaschen. Hier bricht die Handlung ab.

Woyzeck ist eine geschundene Natur, auf der sozialen Leiter weit unten angesiedelt. Marie und das Kind sind das Einzige, was seinem Leben einen Sinn gibt; er tut alles, um sie nicht zu verlieren. Im Verlauf des Stückes wird Woyzeck schrittweise zerstört; Wahnvorstellungen verfolgen ihn. Für die Medizin ist er nur ein interessanter Fall. Der Grundkonstellation nach könnte man das Stück ein Eifersuchtsdrama nennen. Aber dieser äußere Rahmen ist das Belangloseste an dem Stück. Vielmehr wird versucht die Tat zu motivieren: erstens aus den Wahnvorstellungen Woyzecks und zweitens als Resultat einer sozialen Zerstörung der Titelfigur. Büchner bezog das ganze soziale Umfeld mit ein, in dem Woyzeck lebt.

Vorläufer des sozialen Dramas

Woyzeck gilt als das erste soziale Drama in der deutschen Literatur. Das Stück handelt ausschließlich im vierten Stand; es artikuliert das Selbstverständnis der Unterdrückten. Diese sehen den Zustand ihrer Existenz als gegebene Tatsache an, gegen die sie sich nicht auflehnen wollen und, nach ihrer Meinung, auch nicht können. Sie sind Opfer ihres Milieus. Sie sitzen, wie das Kind in dem berühmten Märchen der Großmutter, auf den Trümmern der Welt: „Und wie's wieder auf die Erde wollt, war die Erde ein umgestürzter Hafen. Und es war ganz allein. Und da hat sich's hingesetzt und geweint, und da sitzt es noch und ist ganz allein." Das Stück wird von sozialem Mitleid bestimmt. Sein Leitthema ist der fatalistische Nihilismus, dass es in der Welt kein ordnendes Prinzip gebe, dass die Welt selbst sinnlos sei. Dieser Fatalismus wirkt auf das sozial-politische Bewusstsein zurück: Resignation oder – im Extremfall – Wahnsinn. Die Gestalten argumentieren mit den Bildern der Bibel; aber ihre Weltvorstellung ist nicht mehr die der Bibel.

politische Lyrik im Vormärz

Im Jahr 1840 schrieb Georg Herwegh über die jüngste Literatur: „Das Abzeichen der modernen Literatur ist es eben, dass sie ein Kind der Politik, deutscher gesprochen, ein Kind der Julirevolution ist." Die neue politische Literatur habe mit Börnes Reise nach Frankreich und mit Heines *Reisebildern* ihren Anfang genommen.

Aber obwohl die Autoren des Vormärz sich auf die Jungdeutschen beriefen, haben sich doch die Akzente verschoben. Dies lässt sich sehr deutlich an der unterschiedlichen Reaktion auf den ersten Lyrikband *Gedichte* (1838) des später gefeierten Revolutionsdichters FERDINAND FREILIGRATH (1810–1876) zeigen. Heine spottete im *Atta Troll* über dessen ungelenke Tendenzdichtung; rechte Gesinnung könne nicht die fehlende sprachliche Gestaltungskraft ersetzen. Herwegh kritisierte, dass Freiligrath damals noch nicht eindeutig Partei ergreifen wollte, sondern die Mission des Dichters auf einer höheren, überparteilichen Ebene sah. Heines Kritik war eine ästhetische, Herweghs eine politische. Freiligrath war in seinen frühen Gedichten vom schlichten Ton der schwäbischen Romantik beeinflusst. Seine Rheinlieder trugen ihm sogar eine Jahrespension des preußischen Königs ein. Die Wende zum politischen Kampflied begann mit dem Sammelband *Ein Glaubensbekenntnis. Zeitgedichte* (1844). Die Zeit sei reif für eine Revolution von unten. Den nächsten Band: *Ça ira!* (1846) veröffentlichte er im Schweizer Exil. Darin steht das Gedicht *Von unten auf!* über den Maschinisten, der das Dampfschiff des Königs in Fahrt hält:

FERDINAND FREILIGRATH

Gedichte

Ein Glaubensbekenntnis

Ça ira!

Es liegt an mir: – ein Ruck von mir, ein Schlag von mir zu dieser Frist,
Und siehe, das Gebäude stürzt, von welchem du die Spitze bist!
Der Boden birst, aufschlägt die Glut und sprengt dich krachend in die Luft!
Wir aber steigen feuerfest aufwärts ans Licht aus unsrer Gruft!

Während der Märzrevolution kam Freiligrath nach Deutschland zurück. Er wurde Mitglied im „Bund der Kommunisten“. Seine Gedichte wurden auf Flugblättern verteilt. Nach dem Scheitern der Revolution floh er nach London, da er steckbrieflich gesucht wurde. Erst 1868 konnte er nach Deutschland wieder zurückkehren.

Das restaurative System vor und nach der Märzrevolution unterdrückte jegliche Opposition. Selbst ein liberaler Monarchist wie der Österreicher ANASTASIUS GRÜN, eigentlich ANTON ALEXANDER GRAF AUERSPERG (1806–1876), dessen *Spaziergänge eines Wiener Poeten* (1831) als die erste Sammlung politischer Lyrik des Vormärz gilt, konnte seinen Appell an den Kaiser, Gedankenfreiheit zu gewähren, nur anonym veröffentlichen. Das Buch wurde verboten und die Polizei fahndete nach dem Verfasser.

ANASTASIUS GRÜN
Spaziergänge eines Wiener Poeten

Auch der national gesinnte Literaturhistoriker AUGUST HEINRICH HOFFMANN VON FALLERSLEBEN (1798–1874), dem die Deutschen ihre Nationalhymne verdanken *(Lied der Deutschen,* 1841), wurde nach dem Erscheinen seiner *Unpolitischen Lieder* (1840/41) aus dem Dienst entlassen und des Landes verwiesen. Viele Autoren wichen mit ihren Werken in die Schweiz aus. Von dort kamen die Bücher heimlich nach Deutschland zurück. Ein Beispiel für viele sind die wiederholt aufgelegten *Verbotenen Lieder* (1844) von ADOLF GLASSBRENNER (1810–1876) und der sensationelle Erfolg der *Gedichte eines Lebendigen* (1841/43) von GEORG HERWEGH (1817–1875). Es war eine Lyrik der Ausrufezeichen. Was Herweghs politischen Gedichten an analytischer Schärfe fehlte, ersetzte das deklamatorische Pathos: „Ein Schwert in eurer Hand ist das Gedicht.“ Von ihm stammt auch das *Bundeslied* (1864) des Allgemeinen Deutschen Arbeitervereins:

HOFFMANN VON FALLERSLEBEN
Unpolitische Lieder

ADOLF GLASSBRENNER
Verbotene Lieder

GEORG HERWEGH
Gedichte eines Lebendigen

Mann der Arbeit, aufgewacht!
Und erkenne deine Macht!
Alle Räder stehen still,
Wenn dein starker Arm es will.

Satire

GEORG WEERTH

Humoristische Skizzen aus dem deutschen Handelsleben

Leben und Taten des berühmten Ritters Schnapphahnski

GEORG WEERTH (1822–1856) kam 1843 nach England; er arbeitete als Kaufmann in einer Textilfirma. Er hatte Kontakt zur englischen Arbeiterbewegung. Über Engels lernte er Marx kennen und schloss sich dem „Bund der Kommunisten" an. 1848 kam er nach Deutschland, um als politischer Publizist für die Revolution zu arbeiten; er übernahm bis zum Verbot 1849 das Feuilleton der „Neuen Rheinischen Zeitung". Dort erschienen auch seine Satiren auf das Handelsbürgertum und die preußischen Junker: *Humoristische Skizzen aus dem deutschen Handelsleben* (1845–1848) und *Leben und Taten des berühmten Ritters Schnapphahnski* (1848). Ein proletarischer Aufklärungsroman blieb Fragment. Noch in England waren die *Lieder aus Lancashire* (1845) entstanden, die in volksliedhaftem Balladenton das Los der Industriearbeiter schilderten. Nach dem Scheitern der Revolution resignierte Weerth und verstummte.

Industrieromane

ERNST ADOLF WILLKOMM

Die Europamüden

Eisen, Gold und Geist

Weiße Sklaven

Die Schriftsteller des Vormärz bevorzugten die literarische Kleinform; die Literatur sollte über Zeitschriften und Zeitungen schnell unters Volk kommen; das Feuilleton gewann an Bedeutung. Größere Erzählungen oder Romane waren die Ausnahme. In seinem Roman: *Die Europamüden* (1838) artikulierte ERNST ADOLF WILLKOMM (1810–1886) den zeitgenössischen Pessimismus, dass sich in Europa noch etwas verändern könne. Das republikanische Amerika wurde zum fernen Vorbild einer besseren Gesellschaftsordnung. In den nachfolgenden Romanen setzte sich Willkomm mit den Klassengegensätzen der beginnenden Industriegesellschaft auseinander. *Eisen, Gold und Geist* (1843) schildert die Rebellion der Industriearbeiter gegen die katastrophalen Arbeitsbedingungen. *Weiße Sklaven oder Die Leiden des Volkes* (1845) behandelt aus dem aktuellen Anlass des schlesischen Weberaufstandes die Situation der Textilarbeiter.

Romane zur Frauenemanzipation

IDA VON HAHN-HAHN
Gräfin Faustine

FANNY LEWALD

Clementine

Jenny

Zum Entwurf einer gerechteren Gesellschaftsordnung gehörte auch die Forderung nach der Gleichberechtigung der Frau. Die Voraussetzung dafür war, dass den Frauen die gleichen Ausbildungschancen gewährt und jegliche Bildungsdiskriminierung abgebaut werde. Ironisch sagte die mecklenburgische Gräfin IDA VON HAHN-HAHN (1805–1880): „Schickt die Mädchen auf die Universität und die Knaben in die Nähschule und Küche: nach drei Generationen werdet ihr wissen, ob es unmöglich ist und was es heißt, die Unterdrückten sein." Während sich die Emanzipationsbestrebungen der Gräfin auf die Aristokratie – *Gräfin Faustine* (1841) – beschränkten, trat die Kaufmannstochter FANNY LEWALD (1811–1889) in ihren Romanen *Clementine* (1842) und *Jenny* (1843) für eine klassenübergreifende Gleichberechtigung der Frau ein, die auch die politischen Rechte garantieren sollte.

Textsammlungen

- Walther Killy: Die deutsche Literatur – Texte und Zeugnisse Band 6: 19. Jahrhundert, herausgegeben von Benno von Wiese, C. H. Beck Verlag, München [2]1984
- Florian Vaßen: Restauration, Vormärz und 48er Revolution, Reclam Verlag (RUB 9637), Stuttgart 1976

10 Poetischer Realismus (1850–1890)

1849 Einführung des Dreiklassenwahlrechts in Preußen

1850 Wiederherstellung des Deutschen Bundes – Rivalität zwischen Preußen und Österreich

1851 erste Weltausstellung in London

1855 verbessertes Verfahren zur Stahlproduktion durch die *Bessemer-Birne*

1859 Gründung des Deutschen Nationalvereins mit dem Ziel eines deutschen Bundesstaates unter Preußens Führung

1859 Darwin: *Über die Entstehung der Arten durch natürliche Zuchtwahl* – Marx: *Zur Kritik der politischen Ökonomie*

1863 Allgemeiner Deutscher Arbeiterverein gegründet

1865 Pferdestraßenbahn in Berlin

1866 f. Gründung des Norddeutschen Bundes nach dem Sieg Preußens über Österreich und den Deutschen Bund

1867 Gründung eines deutschen Zollparlaments mit Abgeordneten aus Nord- und Süddeutschland

1869 Sozialdemokratische Arbeiterpartei gegründet

1813–1863 FRIEDRICH HEBBEL – *Judith* (1841) – *Gedichte* (1842 ff.) – *Maria Magdalena* (1844) – *Herodes und Mariamne* (1850) – *Agnes Bernauer* (1855) – *Gyges und sein Ring* (1856) – *Die Nibelungen* (1862)

1798–1871 WILLIBALD ALEXIS – *Die Hosen des Herrn von Bredow* (1846) – *Ruhe ist die erste Bürgerpflicht* (1852)

1855 *Ekkehard* von VIKTOR VON SCHEFFEL

1816–1895 GUSTAV FREYTAG – *Soll und Haben* (1855) – *Bilder aus der deutschen Vergangenheit* (1859 ff). – *Die Ahnen* (1872 ff.)

1813–1865 OTTO LUDWIG – *Der Erbförster* (1853) – *Die Makkabäer* (1854) – *Zwischen Himmel und Erde* (1856)

1819–1890 GOTTFRIED KELLER – *Gedichte* (1846) – *Neuere Gedichte* (1851) – *Der grüne Heinrich* (1. Fassung 1854; 2. Fassung 1879) – *Die Leute von Seldwyla* (1856 und 1874) – *Sieben Legenden* (1872) – *Züricher Novellen* (1878) – *Das Sinngedicht* (1882) – *Gesammelte Gedichte* (1883) – *Martin Salander* (1886)

1817–1888 THEODOR STORM – *Immensee* (1850) – *Gedichte* (1852 ff.) – *Im Schloss* (1861) – *Pole Poppenspäler* (1874) – *Aquis submersus* (1876) – *Hans und Heinz Kirch* (1883) – *Der Schimmelreiter* (1888)

1831–1910 WILHELM RAABE – *Die Chronik der Sperlingsgasse* (1856) – *Die schwarze Galeere* (1861) – *Der Hungerpastor* (1864) – *Abu Telfan* (1868) – *Der Schüdderump* (1870) – *Stopfkuchen* (1891) – *Die Akten des Vogelsangs* (1896)

1870/71 Deutsch-Französischer Krieg

1871 Gründung des Deutschen Reiches

1873 Rückgang der Konjunktur durch Weltwirtschaftskrise

1875 Sozialistische Arbeiterpartei Deutschlands gegründet

1876 Nikolaus Otto baut einen Viertakt-Gasmotor (Ottomotor).

1878 Gründung des Weltpostvereins in Paris

1879 Einfuhrzölle auf ausländische Waren zum „Schutz der nationalen Arbeit" – Einschränkung einer internationalen freien Marktwirtschaft

1878–1890 Sozialistengesetz – Verbot der Sozialdemokratie durch Bismarck

1881 erste elektrische Straßenbahn in Berlin – Bau der ersten örtlichen Telefonnetze

1883–1889 Sozialgesetzgebung (Kranken-, Unfall-, Alters- und Invalidenversicherung)

1884 Gründung der Deutschen Kolonialgesellschaft – Deutschland beteiligt sich an der kolonialen Aufteilung Afrikas.

1885 Daimler baut ein Kraftrad mit Benzinmotor.

1890 Bismarck wird als Reichskanzler entlassen. – Ende des Sozialistengesetzes – August Bebel Führer der Sozialdemokratischen Partei

1825–1898 CONRAD FERDINAND MEYER – *Zwanzig Balladen* (1864) – *Romanzen und Bilder* (1869) – *Huttens letzte Tage* (1871) – *Das Amulett* (1873) – *Georg Jenatsch* (1876) – *Der Schuss von der Kanzel* (1878) – *Der Heilige* (1880) – *Gustav Adolfs Page* (1882) – *Gedichte* (1882) – *Plautus im Nonnenkloster* (1882) – *Das Leiden eines Knaben* (1883) – *Die Hochzeit des Mönchs* (1884) – *Die Richterin* (1885) – *Die Versuchung des Pescara* (1887) – *Angela Borgia* (1891)

1829–1911 FRIEDRICH SPIELHAGEN – *Problematische Naturen* (1861 f.) – *Hammer und Amboss* (1869) – *Sturmflut* (1877)

1839–1889 LUDWIG ANZENGRUBER – *Der Meineidbauer* (1872) – *Der G'wissenswurm* (1874) – *Das vierte Gebot* (1878) – *Dorfgänge* (1879) – *Der Sternsteinhof* (1885)

1830–1916 MARIE VON EBNER-ESCHENBACH – *Dorf- und Schlossgeschichten* (1883 ff.) – *Das Gemeindekind* (1887)

1819–1898 THEODOR FONTANE – *Balladen* (1861 ff.) – *Wanderungen durch die Mark Brandenburg* (1862–1882) – *Vor dem Sturm* (1878) – *Grete Minde* (1880) – *L'Adultera* (1882) – *Schach von Wuthenow* (1883) – *Irrungen, Wirrungen* (1888) – *Stine* (1890) – *Frau Jenny Treibel* (1892) – *Effi Briest* (1895) – *Der Stechlin* (1899)

1830–1914 PAUL HEYSE – *Deutscher Novellenschatz* (Hg., 1871 ff.) – *Novellen* (1904 f.)

1832–1908 WILHELM BUSCH – *Max und Moritz* (1865) – *Die fromme Helene* (1872) – *Pater Filucius* (1872) – *Kritik des Herzens* (1874) – *Knopp*-Trilogie (1875) – *Balduin Bählamm* (1883) – *Maler Klecksel* (1884) – *Zu guter Letzt* (1904)

1845–1909 ERNST VON WILDENBRUCH – *Die Karolinger* (1882) – *Die Quitzows* (1888)

Die Industrialisierung und ihre Folgen

die Situation nach 1848

Im Parlament der Paulskirche stellte das liberale Bürgertum die Mehrheit. Es kämpfte, wie schon 1813–1815, für die nationale Einheit und für eine parlamentarische Volksvertretung, die aus allgemeinen, gleichen und geheimen Wahlen hervorgehen sollte. Die Forderungen von 1848 waren eher politischer als sozialrevolutionärer Natur. Die Reichsverfassung von 1849 sah sogar eine Erbmonarchie vor. Die Mehrheit des Bürgertums dachte nicht daran, die traditionelle Struktur grundlegend zu ändern, sie wollte nur ein Mitspracherecht. Das Scheitern dieser Forderungen führte nicht zu einer neuen oppositionellen Bewegung, sondern zum Rückzug des Bürgertums aus der politischen Öffentlichkeit; man versuchte die verweigerte politische Mitverantwortung auszugleichen. In wenigen Jahren gelang der Anschluss an die führenden europäischen Industrienationen. Fabriken, die schon in den Vierzigerjahren oder früher gegründet worden waren – wie Krupp, Hanomag, Borsig, Maffei, MAN, Zeiss oder Siemens und Halske – expandierten in einem bisher unbekannten Ausmaße. Dazu kam, dass durch die kleindeutsche Regelung – 1866 Gründung des Norddeutschen Bundes unter Preußens Führung, 1871 Gründung des Deutschen Reiches – die Mehrheitsforderungen von 1848 von oben her verwirklicht wurden. Das allgemeine Wahlrecht wurde in der Reichsverfassung zumindest für den Reichstag endgültig verankert.
Die Industrialisierung brachte aber auch eine soziale Umschichtung mit sich. Kleine und mittlere Handwerksbetriebe und Manufakturen wurden von der Großindustrie verdrängt, da sie nicht mehr konkurrenzfähig produzieren konnten. Verarmte Handwerker und Landarbeiter bildeten in den industriellen Ballungszentren, in den großen Städten, die neue Schicht des Proletariats, das nichts als seine Arbeitskraft zur Verfügung hatte. Das wohlhabende Bürgertum sah plötzlich seine Privilegien von unten her gefährdet. Gegen die liberalen Tendenzen eines individuellen Erfolgsstrebens standen die Forderungen des Proletariats nach sozialer Gerechtigkeit und politischer Mitsprache. 1875 vereinigten sich der *Allgemeine Deutsche Arbeiterverein* (gegründet 1863) und die *Sozialdemokratische Arbeiterpartei* (gegründet 1869) zur *Sozialistischen Arbeiterpartei Deutschlands.* Reichskanzler Otto von Bismarck (1815–1898) nutzte die Angst des Besitzbürgertums vor revolutionären Umwälzungen für seine Politik. Mit dem Sozialistengesetz (1878–1890), das die „gemeingefährlichen Bestrebungen" der Sozialdemokratie unterbinden sollte, verpflichtete er sich das Bürgertum. Gleichzeitig versuchte er aber auch durch eine vorbildliche Sozialgesetzgebung (Kranken-, Unfall-, Alters- und Invalidenversicherung, 1883–1889) die Arbeiterschaft für den Staat zu gewinnen und die gemäßigten Kräfte von den radikalen Kräften zu trennen.

Sozialistengesetz

Sozialgesetzgebung

Rückzug auf Bildung

Die so genannte Gründerzeit bietet kein einheitliches Bild. Der wirtschaftliche Aufschwung der Sechzigerjahre und die materialistische Fortschrittsgläubigkeit hatten die Probleme nur verdeckt und die Lösung der sozialen Frage vertagt. In den Siebzigerjahren kam die Industrie durch eine sich abzeichnende Absatzkrise in Schwierigkeiten, die bis in die Neunzigerjahre andauerten. Die Rezession traf auch das Besitzbürgertum. Der optimistische Schwung der Anfangsjahre verschwand. In der Literatur schlug sich diese Veränderung in einem verstärkten Rückgriff auf Bildungstraditionen nieder. Bildung sollte einerseits einen Schutz gegen die nivellierende Massengesellschaft bieten, andererseits sollte sie ein traditionelles Wertesystem retten, das von den tatsächlichen wirtschaftlichen und sozialen Umwälzungen noch nicht berührt war; man erinnerte sich der Klassiker und des deutschen Idealismus. Klassikerausgaben kamen in Massenauflagen auf den Markt. 1867 begann Reclams Universal-Bibliothek zu erscheinen; der erste Band war Goethes *Faust – I. Teil.*

Realismus – ein Begriff und seine Interpreten

Den Begriff des poetischen Realismus hat OTTO LUDWIG geprägt. In seinen Notizen (um 1860) findet sich folgende Definition:

> *Es handelt sich hier von einer Welt, die von der schaffenden Phantasie vermittelt ist, nicht von der gemeinen; sie schafft die Welt noch einmal, keine so genannte phantastische Welt, d. h. keine zusammenhanglose, im Gegenteil, eine, in der der Zusammenhang sichtbarer ist als in der wirklichen, nicht ein Stück Welt, sondern eine ganze, geschlossene, die alle ihre Bedingungen, alle ihre Folgen in sich selbst hat. [. . .] Eine Welt, die in der Mitte steht zwischen der objektiven Wahrheit in den Dingen und dem Gesetze, das unser Geist hineinzulegen gedrungen ist, eine Welt, aus dem, was wir von der wirklichen Welt erkennen, durch das in uns wohnende Gesetz wieder geboren. Eine Welt, in der die Mannigfaltigkeit der Dinge nicht verschwindet, aber durch Harmonie und Kontrast für unsern Geist in Einheit gebracht ist.*

die Totalität des Seins im Ausschnitt

Dieser künstlerische oder poetische Realismus steht – nach Otto Ludwig – zwischen dem Naturalismus, der sich in der Mannigfaltigkeit der Erscheinungen verliert, und dem Idealismus, der hinter den Dingen nur die Einheit des Seins erblickt. Der Realismus beziehe sich auf die Welt, aber er gebe sie nicht unmittelbar wieder, er ordne sie mittels der schöpferischen Phantasie: „er schafft die Welt noch einmal“. In der Begrenztheit einer Handlung müsse die Totalität, „die objektive Wahrheit in den Dingen“ hervortreten. Das Kunstwerk sei künstlerisch gestaltete Deutung der Wirklichkeit. Otto Ludwigs Definition des poetischen Realismus ist noch in hohem Maße dem Idealismus verpflichtet, man könnte auch von einem idealistischen Realismus sprechen, weil die Sinngebung der Erscheinungen nach einem inneren Gesetz versucht wird, das allerdings nicht näher beschrieben wird.

die Suche nach einem inneren Gesetz

1853 schrieb THEODOR FONTANE in dem Beitrag *Unsere lyrische und epische Poesie seit 1848:*

> Was unsere Zeit nach allen Seiten hin charakterisiert, das ist ihr Realismus. [. . .] vor allem aber sind es die materiellen Fragen, nebst jenen tausend Versuchen zur Lösung des sozialen Rätsels, welche so entschieden in den Vordergrund treten, dass kein Zweifel bleibt: Die Welt ist des Spekulierens müde und verlangt nach jener „frischen grünen Weide“, die so nah lag und doch so fern.

Aber dies sei nicht nur heute der Fall. Kunst sei, wenn sie Kunst war, immer schon dem Realismus, der Beobachtung der Wirklichkeit verpflichtet gewesen: „Der Realismus [...] *er ist die Kunst.*" Er suche kein ewiges Gesetz in den Dingen; er sei „der geborene Feind aller Phrasen und Überschwänglichkeit". Vom Naturalismus unterscheide sich der Realismus durch die bewusste ästhetische Gestaltung:

Realismus als Voraussetzung der Kunst

> *Vor allen Dingen verstehen wir nicht darunter das nächste Wiedergeben alltäglichen Lebens, am wenigsten seines Elends und seiner Schattenseiten.*

Realismus sei, so fasst Fontane zusammen, die „Widerspiegelung alles wirklichen Lebens, aller wahren Kräfte und Interessen im Elemente der Kunst".

Mitte der Neunzigerjahre klagte FRIEDRICH SPIELHAGEN darüber, dass der Roman nicht mehr in der Lage sei die Vielfalt der Erscheinungen in einem übergeordneten Prinzip der Ganzheit wiederzugeben und zu deuten. Als Gründe dafür nannte er die „Buntscheckigkeit", d. h. die Vielschichtigkeit und Widersprüchlichkeit der Gesellschaft, die „Zerklüftung in zahlreiche, durch Bildung, Vermögen, Ansehen streng geschiedene Klassen" und die „Teilung der Arbeit ins Endlose". Was Spielhagen im Einzelnen aufzählte, charakterisiert den sozialen, kulturellen und arbeitstechnischen Wandel in der zweiten Hälfte des 19. Jahrhunderts. Die Komplexität der Wirklichkeit und die Widersprüche in der Gesellschaft vereitelten den Rückgriff auf ein harmonisches Weltbild. Spielhagen sah zwar ein, dass das Handeln der Menschen von Natur und Milieu beinflusst werde, aber er forderte vom Autor nicht die Widersprüche zwischen Individuum und Gesellschaft, nicht die Entfremdung des Menschen von sich selbst durch die wachsende Arbeitsteilung, – sondern gerade die Einheit von Mensch und Natur, von Individuum und Gesellschaft wieder erstehen zu lassen. Das Mittel dazu sei die schöpferische Phantasie des Dichters, die das weit auseinander Liegende zu einer poetischen Sinneinheit verbinde.

Rettung der Ordnung durch die schöpferische Phantasie

Bei den drei zeitgenössischen Beispielen zur Definition einer realistischen Literatur wird, trotz der Unterschiede im Einzelnen, eines doch sehr deutlich: Dichtung soll keine rein mechanische Widerspiegelung sein, sondern eine künstlerische, eine poetische Erfassung und Deutung, eine Art geläuterte Wirklichkeit, wie es Fontane andeutete. Dieser poetische oder – wie er auch noch genannt wird – bürgerliche Realismus ist trotz seiner thematischen Öffnung für neue Wirklichkeitserfahrungen kein objektiver, kein „realistischer" Realismus; die poetische Harmonisierung soll Widersprüche wenn nicht aufheben, so doch entschärfen. Es ist aber zu unterstreichen, dass die Hinwendung zur zeitgenössischen Wirklichkeit der Literatur in Deutschland neue Bereiche der sozialen Erfahrung eröffnet hat. Um nur einige Themen zu nennen, die in das Bewusstsein der Autoren traten: die Situation der Frau in der Gesellschaft; der Widerspruch zwischen bürgerlicher Moral und tatsächlichem Handeln; der Strukturwandel der Gesellschaft und der Produktionsverhältnisse; die Umschichtung der Verfügung über die Produktionsmittel; der vierte Stand als sich organisierender Machtfaktor. Dies heißt aber nicht, dass sich durch die Ausrichtung des Interes-

Kunst als gestaltete Wirklichkeitserfahrung

neue Bereiche der Literatur

ses auf diese neuen, verwirrenden Phänomene bei den Autoren auch schon die Einstellung geändert habe, dass sie bereit wären überkommene Positionen der Wirklichkeitsdeutung preiszugeben und sich auf die gesellschaftliche Wirklichkeit selbst zu verlassen; die Widersprüche der bürgerlichen Ordnung wiederholen sich in der Argumentation der literarischen Beispiele. Gegen die neue Wirklichkeitserfahrung stehen das Festhalten am Individuum als letzter Rechtfertigungsinstanz im Bildungs- und Erziehungsroman oder der Rückgriff auf ältere theologische und philosophische Modelle; kaum werden sozialkritische oder gesellschaftsanalytische Modelle herangezogen. Auch die Forderung, die Wirklichkeit poetisch zu überhöhen und ihr wenigstens in der Fiktion der Literatur einen übergreifenden Sinn zu geben, trennt den poetischen Realismus von der faktischen Wirklichkeit der gesellschaftlichen Verhältnisse, obwohl er sich gerade ihnen öffnen wollte. Man sah die Wirklichkeit, aber man wollte sie durch Gesetze außerhalb der Wirklichkeit ordnen. Das eigentlich „Realistische" im bürgerlichen Realismus ist die Dokumentation der Widersprüche zwischen Beobachtung und poetischer Deutung. Je mehr der Autor diese Widersprüche herausstellte – wie z. B. Fontane –, desto interessanter wurden seine Werke für den späteren Leser. Der Auflösung des Zusammenhangs der Dinge, der hektischen industriellen Entwicklung und der sozialen Umschichtung sollte ein sinngebender Realitätsbegriff entgegengestellt werden. Aber an dem Versuch, das Individuum als letzte Begründungsinstanz zu retten, an diesem Erbe der Aufklärung hatten sogar die bürgerlichen Realisten ihre Zweifel. Der andere Weg, die Geschichte als Prozess von Klassenkämpfen zu interpretieren, war nicht die Sache des Bürgertums.

Verteidigung liberaler Positionen

Die großen Erzähler

Roman, Novelle und Erzählung waren die bevorzugten Gattungen im Realismus. Sie waren in ihrer Struktur verhältnismäßig offen, weil sie nicht – wie Lyrik, Drama und Epos – an ein festes überliefertes Regelsystem gebunden waren, sondern neue Inhalte und Darstellungsformen aufnehmen konnten. Die Prosa ermöglichte auch eine sprachliche Annäherung an die Alltagserfahrung. Vier thematische Großgruppen lassen sich in der Erzählprosa des Realismus unterscheiden, wobei die Bezeichnung als Roman, Novelle oder Erzählung fließend ist: 1. der gesellschaftskritische Zeitroman, der meistens im bürgerlichen Milieu handelt; 2. der Entwicklungs- oder Bildungsroman, der Zeitgeschichte exemplarisch an einzelnen Lebensläufen darstellt; 3. die Dorfgeschichte, die entweder ein Gegenbild zur Stadtkultur ist oder die Folgen der Industrialisierung für die Landbevölkerung beschreibt; 4. der historische Roman. Die größten Erfolge hatten, nach der Auflagenhöhe, die historischen Romane; vielleicht, weil sie von der Gegenwart ablenkten. Insgesamt ist zu beobachten, was schon in den theoretischen Schriften hervortrat, dass Zeitkritik immer wieder durch einen versöhnenden Schluss oder Ausblick aufgefangen wird; – und mag es auch nur verinnerlichte Resignation sein, die durch die künstlerische Gestaltung versöhnt wird. Die Trivialliteratur der florierenden Familienblätter hat diesen Trick weidlich ausgenutzt. Die *Gartenlaube* brachte es mit ihrer Erfolgsautorin Eugenie Marlitt (1825–1887) Mitte der Siebzigerjahre auf fast 400 000 wöchentlich verkaufte Exemplare. Auf den Bücherlisten der vornehmen Leihbibliotheken, die eine Art Gradmesser des gehobenen Publikumsgeschmacks waren, nahmen nicht die großen realistischen Erzähler die ersten Ränge ein, sondern Viktor von Scheffel, Felix Dahn und Gustav Freytag.

„Die Moral meines Buches ist: dass derjenige, dem es nicht gelingt, die Verhältnisse seiner Person und seiner Familie im Gleichgewicht zu erhalten, auch unbefähigt sei im staatlichen Leben eine wirksame und ehrenvolle Stellung einzunehmen." Was Gottfried Keller (1819–1890) bereits im Exposee zu seinem Roman *Der grüne Heinrich* schrieb, kann als Leitthema seines ganzen Erzählwerkes gelten, das vom Impuls einer demokratischen Volksaufklärung durchdrungen war. Die räumliche Beschränkung in seinem Erzählwerk auf die Schweiz und ihre Bewohner war kein Rückzug in die provinzielle Idylle. Während in Deutschland die Ideen der Märzrevolution scheiterten, vereinten sich die Schweizer Kantone 1848 zu einem demokratischen Bundesstaat. Im überschaubaren Rahmen seiner Schweizer Heimat konnte Keller die Totalität eines selbstbestimmten Gemeinwesens, seine Schwächen und Möglichkeiten aufblättern.

Gottfried Keller

Gottfried Keller stammte aus einer Züricher Handwerkerfamilie. Nach dem frühen Tod des Vaters wuchs er in bescheidenen Verhältnissen auf. Die kantonale Industrieschule musste er wegen eines Schülerulks vorzeitig verlassen. Sein Wunsch war, Landschaftsmaler zu werden; er nahm Malstunden. Von der Mutter finanziell unterstützt, ging er 1840 nach München, um sich weiterzubilden. Da aber das Geld für einen regelmäßigen Unterricht fehlte und er auch Zweifel an seinem Talent hatte, wandte er sich von der Malerei ab und kehrte nach Zürich zurück. Im Umgang mit deutschen Emigranten festigte sich sein Wunsch, sich künftig der Schriftstellerei zu widmen. Ein erster Gedichtband erschien. Entscheidend wurde für seine weitere Entwicklung ein längerer Studienaufenthalt in Deutschland (1848–1855), der ihm zum Teil durch ein Ausbildungsstipendium der Züricher Regierung ermöglicht wurde. In Heidelberg hörte er Vorlesungen des materialistischen Philosophen Ludwig Feuerbach, dessen Religionskritik ihn nachhaltig beeinflusste. In Berlin hatte er Zugang zu literarischen Salons. Bis zu einer Anstellung als Staatsschreiber im Kanton Zürich (1861) erschien sein erster Roman *Der grüne Heinrich* und der erste Teil der Novellensammlung *Die Leute von Seldwyla*. 1876 schied er aus dem Dienst aus und lebte als freier Schriftsteller. Obwohl der Ort seiner Erzählungen immer wieder die Schweiz war, fühlte er sich selbst als ein deutscher Schriftsteller.

Der grüne Heinrich

Der grüne Heinrich ist ein Entwicklungs- und Bildungsroman, in dem Keller Autobiographisches verarbeitet hat. Das Bildungsziel ist aber nicht mehr eine übergreifende Idee, sondern die soziale Wirklichkeit selbst. In der ersten Fassung (1854) scheitert der Versuch einer sozialen Eingliederung an Heinrichs Ichbezogenheit, er stellt die Wunschbilder seiner Phantasie über die reale Erfahrung und Beobachtung. Heinrich will Landschaftsmaler werden. Gegen alle Selbstzweifel und wirtschaftlichen Schwierigkeiten setzt er bei der Mutter seinen Willen durch, sich in München weiterbilden zu dürfen. Dort in der Fremde erkennt er zu spät seine falsche Selbsteinschätzung. Als er zurückkehrt, ist seine Mutter, die ihn mit ihren spärlichen Einkünften unter-

erste Fassung

zweite Fassung

stützt hat, schon tot. Doppelte Schuld bedrückt ihn und nimmt ihm den Lebenswillen. In der zweiten Fassung (1879), die er schon sehr früh geplant hatte, änderte Keller Wichtiges. Der Roman setzt nicht mehr mit der Abreise nach München ein, sondern beginnt chronologisch mit der Kindheits- und Jugendgeschichte, die in der ersten Fassung nachträglich erzählt worden war. Auch ist der Roman jetzt durchgehend in Ich-Form erzählt, wodurch der Erzähler deutlicher über sich selbst reflektieren kann. Am entscheidendsten ist aber der veränderte Schluss. Schon auf der Heimreise fasst Heinrich den Entschluss, sich nicht einem zerstörerischen Selbstmitleid hinzugeben, sondern ein öffentliches Amt anzustreben und für die Gemeinschaft zu arbeiten. In der neuen Tätigkeit löst sich seine innere Verkrampfung; und Judith, eine Freundin aus seiner Jugendzeit, die er nach Jahren wieder trifft, in ihrem Sinn für praktische Hilfsbereitschaft ganz das Gegenteil von Heinrich, gibt ihm neues Selbstvertrauen. Der Humor ist die versöhnende Geste über die menschlichen Unzulänglichkeiten; er durchzieht besonders in der zweiten distanzierteren Fassung den ganzen Roman.

Die Leute von Seldwyla

Die Leute von Seldwyla (1856 und 1874) war Kellers erster Novellenzyklus. Seldwyla – der Name bedeutet Glückstadt – war ein fiktiver Ort irgendwo in der Schweiz, ein zweites Schilda. Obwohl Keller die Einwohner von Seldwyla mit nachsichtigem Humor zeichnete, bricht immer wieder die Tendenz zur Satire und Zeitkritik durch. Die Seldwyler glauben sich auf dem Stand der Zeit, weil sie ihre besten Mannesjahre mit Spekulationen verbringen, bewusst Schulden machen und erst später, wenn es nicht mehr anders geht, mit ihrer Hände Arbeit sich über Wasser halten. Bedenkenlos geben sie die öffentlichen Gelder aus. Um Politik kümmern sie sich nur, wenn sie etwas Unterbrechung in den Alltag bringt. Die Idylle ist also alles andere als ein intaktes Gemeinwesen, das auf den Fleiß und die Verantwortung seiner Bürger bauen könnte. In einigen Novellen hielt Keller den Seldwylern den Spiegel vor und zeigte ihnen, wie privates Glück und Gemeinwohl richtig befördert werden könnten; z. B. in *Frau Regel Amrain und ihr Jüngster,* einem Erziehungsroman en miniature. Frau Amrain gehört nicht zu den Seldwylern; sie hat von auswärts nach Seldwyla geheiratet. Ihr Mann, ein echter Seldwyler, hatte sich beim Kauf eines Steinbruchs verspekuliert und daraufhin vor seinen Gläubigern das Weite gesucht. Frau Amrain, mit den drei Söhnen allein gelassen, übernimmt nun, um es den Seldwylern zu zeigen, die Sanierung des Betriebes und führt Fritz, ihren Jüngsten, mit klugem Bedacht in seine Aufgabe als Verwalter des Steinbruchs ein. Das Prinzip ihrer Erziehung ist nicht die Belehrung, sondern die praktische Lebenserfahrung. Fritz lernt nacheinander den bürgerlichen Tugendkatalog: Fleiß, Sparsamkeit, Zuverlässigkeit und Verantwortungsbewusstsein in privaten und öffentlichen Dingen. Kellers optimistischer Entwurf eines demokratischen Gemeinwesens hat noch vorindustrielle Züge; er beruhte auf dem Selbstbewusstsein einer liberal gesinnten Handwerkerschaft. Gegenüber der realen wirtschaftlichen Entwicklung war er bereits ein Anachronismus, ein überholtes Ziel. Höchst aktuell war aber die Kritik an den geldwirtschaftlichen Spekulationen als negativer Begleiterscheinung der sich anbahnenden Industrialisierung. Diesen frühkapitalistischen Auswüchsen, die in Seldwyla eine Art Gesellschaftsspiel waren, stellte er das Lob hand-

Frau Regel Amrain und ihr Jüngster

werklicher und kaufmännischer Redlichkeit gegenüber. Dies gilt auch für die bekannteste Novelle aus dem Seldwyler Zyklus, für *Kleider machen Leute*. Wenzel Strapinski, ein Schneidergeselle, „hatte wegen des Falliments irgendeines Seldwyler Schneidermeisters seinen Arbeitslohn mit der Arbeit zugleich verlieren und auswandern müssen". Im benachbarten reichen Goldach hält man ihn wegen seines Aussehens für einen Grafen, der in einer wichtigen Mission inkognito unterwegs sei. Ganz Goldach überfällt das Adelsfieber; jeder will sich mit großzügigen Vorleistungen bei dem hohen Herrn einführen, um später daraus Nutzen zu ziehen. Selbst Nettchen, die Tochter des Amtsrats, wiegt sich in der Hoffnung, bald Frau Gräfin zu werden. Aber alles platzt wie eine Seifenblase. Keller machte sich in dieser Novelle über die Nobilitierungssucht des Besitzbürgertums lustig. Die Einzige, die sich nach der Blamage an die Realität hält, ist Nettchen; sie hat bemerkt, dass Wenzel ein ehrlicher Kerl ist und nur dem Wunschdenken der Goldacher zum Opfer gefallen ist. Wenzel wird ein bescheidener, sparsamer und fleißiger Geschäftsmann, der es noch zu solidem Wohlstand bringt. Dass aber der glückliche Ausgang in *Kleider machen Leute* nur eine poetische Lösung, eine erhoffte Möglichkeit war, zeigt eine andere Novelle aus dem Zyklus. Hinter Nettchens resoluter Haltung stand die finanzielle Absicherung durch ein ererbtes Vermögen. Die beiden sich bedingungslos Liebenden in *Romeo und Julia auf dem Dorfe* haben nichts als ihre Liebe. Da die beiden verfeindeten Väter ihnen in einem selbstzerstörerischen Streit um Besitz und Rechthaberei die ökonomische Basis für eine bürgerliche Ehe geraubt haben, wählen sie den Freitod, unfähig sich von dem bürgerlichen Vorurteil, dass der Besitz den Wert des Menschen bestimme, zu befreien. Diese Novelle, mit einem unvermittelten Nebeneinander von lyrischer Zartheit und scharfer Sozialkritik, fällt aus dem Rahmen der Seldwyler Geschichten; sie endet ohne Hoffnung.

Kleider machen Leute

Romeo und Julia auf dem Dorfe

In den *Züricher Novellen* (1878) griff Keller historische Stoffe auf. Sie sollten als Gegenstück zur Seldwyler Narrenwelt positive Beispiele redlichen Gemeinsinns zeigen. *Das Fähnlein der sieben Aufrechten,* bereits 1861 außerhalb der Sammlung erschienen, erzählt die Geschichte sieben ergrauter Züricher Handwerksmeister, die zwar im Politischen republikanisch gesinnt waren, aber soziale Rangunterschiede auch untereinander streng beachteten. Karl, dem Sohn des armen Schneidermeisters Hediger, gelingt es, beim eidgenössischen Freischießen, an dem die sieben Aufrechten mit einer eigene Fahne teilnehmen wollen, durch sein beherztes Auftreten und eine inprovisierte patriotische Rede den Starrsinn der Alten zu brechen; der reiche Zimmermeister Frymann willigt in die Heirat seiner Tochter mit Karl ein. Die Alten haben von den Jungen gelernt. Diese Erzählung war ein Festgedicht auf die neue eidgenössische Bundesverfassung, ein Aufruf zu ihrer inhaltlichen Verwirklichung.

Züricher Novellen

Das Fähnlein der sieben Aufrechten

Kellers *Sieben Legenden* (1872) sind ein Spiel mit der überlieferten Legendenform; die Heiligen zeigen sich menschlich, sie ziehen sich nicht aus der Welt zurück, sondern bekehren sich wie *Der schlimm-heilige Vitalis* zu Lebensfreude und glücklichem Ehestand. Überall siegt das Leben über asketische Weltabkehr. Selbst die Muttergottes greift in Liebesnöten helfend ein. Kellers Legenden stehen den Märchen sehr nahe. Thematisch verbunden mit den *Sieben Legenden* ist *Das Sinngedicht* (1882), eine Rahmenhandlung mit sechs Novellen zu Logaus Zweizeiler:

Sieben Legenden

Das Sinngedicht

Wie willst du weiße Lilien zu roten Rosen machen?
Küss eine weiße Galathee: sie wird errötend lachen.

Ein junger Mann, der die Wahrheit dieses Spruches überprüfen möchte, lernt in einer vornehmen Erzählrunde selbst seine Galathee kennen. In den *Sieben Legenden* und im *Sinngedicht* hatte Keller auf politische Aktualität verzichtet und sich auf Allgemein-Menschliches beschränkt. *Martin Salander* (1886), sein letztes Werk, ist nochmals ein zeitkritischer Gesellschaftsroman, aber ohne die optimistische Perspektive oder Hoffnung früherer Werke. Salanders gutmütige Hilfsbereitschaft wird skrupellos ausgenutzt. Die Einforderungen von Bürgschaften bringen ihn an den Rand des Ruins. Die vermeintlichen demokratischen Gesinnungsfreunde entpuppen sich als egoistische Opportunisten; die Programme von 1848 sind zu Lippenbekenntnissen degradiert. Dieser Roman spiegelt Kellers resignierenden Zweifel, ob die freiheitlichen, republikanischen Ideen von einst in der kapitalistischen Ellenbogengesellschaft noch verwirklicht werden können. Kellers politisches Programm, sein pädagogischer Impuls ging immer von einem moralischen Appell aus. Dieses Erbe der Aufklärung behielt er auch in seinem letzten Roman bei; er analysierte die Gesellschaft aus der Perspektive des Individuums. In einer geplanten Fortsetzung sollte die Geschichte Arnold Salanders, des Sohns, erzählt werden, der das Familienunternehmen wider den korrupten Zeitgeist im Sinne des Vaters erfolgreich weiterführte; aber es blieb beim Plan.

Martin Salander

Conrad Ferdinand Meyer

Conrad Ferdinand Meyer (1825–1898) ist, nach dem Geburtsjahr, der dritte der drei großen Schweizer Erzähler. Gotthelf und Keller hatten für ihre Werke Stoffe aus der zeitgenössischen Gegenwart bevorzugt, Meyer wählte historische. Gotthelf war ein rühriger Pfarrer und Erzieher, Keller entschied sich für den Staatsdienst; Meyer war ein Leben lang Privatier und Schriftsteller.

Conrad Ferdinand Meyer stammte aus einer wohlhabenden Züricher Patrizierfamilie. Sein Vater, den er mit fünfzehn Jahren verlor, war Regierungsrat. Die Mutter, schwermütig, beging 1856 Selbstmord. Im Hause herrschte calvinistische Zucht. Um so verständlicher ist es, dass der Sohn nach abgebrochenem Jurastudium sich den großen Ereignissen und Persönlichkeiten der Geschichte zuwandte. Eine Erbschaft machte ihn unabhängig und erlaubte ihm längere Reisen; ein bestimmendes Erlebnis war die Welt der italienischen Renaissance. Diese Epoche selbstbewusster Ich-Erfahrung und der reformatorische Protest gegen dogmatische Bevormundung wurden Thema und Hintergrund seiner historischen Romane und Novellen. Er bewunderte die großen Einzelnen, die der Geschichte Gestalt gegeben und Auflösungen ins Chaos verhindert haben; deshalb war er auch in seinen literarischen Werken von einem leidenschaftlichen Formwillen besessen. Mehrmals überarbeitete und straffte er seine Erzählungen und Gedichte. Bismarcks resolute Einigungspolitik, die Gründung des deutschen Reiches, faszinierte ihn mehr als der Kampf um eine demokratische Verfassung. Dies unterschied ihn von seinem älteren Landsmann Gottfried Keller.

Huttens letzte Tage

Seine erste größere Dichtung, *Huttens letzte Tage,* ein Versepos, erschien 1871 kurz nach dem Ende des Deutsch-Französischen Krieges; das Honorar stiftete er dem deutschem Invalidenfonds. Später schrieb er, er habe sich für Hutten interessiert, weil auch Hutten „von der Einheit und Macht des Reiches geträumt“ habe. Hutten, Humanist, Anhänger der Reformation und streitbarer Reichsritter für eine von Rom freie, starke kaiserliche Macht, hatte kurz vor seinem Tode durch Zwinglis Vermittlung Asyl auf der Insel Ufenau im Züricher See gefunden. Dies ist die Situation, von der aus Meyer nochmals Huttens Leben aufrollt: der Rückblick auf den großen geschichtlichen Augenblick im Angesicht des Todes: „Aufs Tiefste ergriff mich jetzt der ungeheure Kontrast zwischen der in den Weltlauf eingreifenden Tatenfülle seiner Kampfjahre und der traumartigen Stille seiner letzten Zufluchtsstätte." – Die Versuchung durch die Macht, der Konflikt zwischen Recht und notwendigem Handeln sind die zentralen Themen der beiden größeren Erzählungen *Georg Jenatsch* (1876; später *Jürg Jenatsch*) und *Die Versuchung des Pescara* (1887). – In einer dramatischen Bilderfolge zeichnet Meyer die Geschichte des Schweizer Volkshelden Georg Jenatsch nach, der zur Zeit des Dreißigjährigen Krieges die Schweizer im Kampf gegen die katholischen Spanier anführte. Durch seinen taktischen Übertritt zum katholischen Glauben erreicht Jenatsch die nationale Unabhängigkeit der Schweiz, ihn aber kostet es das Leben. – Pescara, Feldherr Kaiser Karls V., geht nur zum Schein auf den Verschwörungsplan der italienischen Stadtstaaten ein, da er erkennt, dass hinter der Forderung nach nationaler Unabhängigkeit separatistische Territorialinteressen stehen. Da er an einer tödlichen Wunde leidet, ist er selbst nicht mehr verführbar, er bleibt dem Kaiser und der Idee des Kaisertums treu. – Um seinen Erzählungen historische Glaubwürdigkeit zu geben, wählte Meyer die distanzierende Rahmentechnik; nicht er erzählt, sondern er lässt Zeitzeugen zu Worte kommen. In der Novelle *Das Amulett* (1873) ist es der Calvinist Hans von Schadau, der von seinem katholischen Schweizer Landsmann Wilhelm Boccard aus dem Inferno der Pariser Bartholomäusnacht (1572) gerettet wird. Das Medaillon der Muttergottes von Einsiedeln, das den Katholiken beschützen sollte, rettet dem Ketzer das Leben; Boccard wird von einer Kugel tödlich getrofen, die Schadau gegolten hat. Der Rückzug des Erzählers aus dem historischen Bericht ist dreifach gestaffelt:

Jürg Jenatsch

Die Versuchung des Pescara

Das Amulett

1. Er habe nur vergilbte Aufzeichnungen aus dem 17. Jahrhundert „in die Sprache unserer Zeit" übersetzt.
2. Schadau trifft Jahre nach den Ereignissen den greisen Vater seines Freundes.
3. Diese Begegnung veranlasst Schadau „den ganzen Verlauf dieser wundersamen Geschichte schriftlich niederzulegen und so mein Gemüt zu erleichtern".

Die historische Glaubwürdigkeit wird noch durch die Wahl der Ich-Form verstärkt. So wird Geschichte zur Erinnerungsarbeit; sie spiegelt sich in dem, was die Erinnerung als bemerkenswert festhält. – Die Geschichte des Kanzlers und Erzbischofs Thomas Becket, der 1170 von den Gefolgsleuten des Königs in der Kathedrale von Canterbury ermordet wurde, weil er das göttliche Recht höher stellte als politisches Kalkül, wird in der Novelle *Der Heilige* (1880) aus dem Abstand von zwanzig Jahren nach den Ereignissen von einem Schweizer erzählt, der Thomas Becket mehrmals begegnet ist. Der Bericht des Schweizers, der im Dienste des englischen Königs stand, ist das weltliche Gegenstück zur bereits einsetzenden Legendenbildung; Becket war schon drei Jahre nach seinem Tode heilig gesprochen worden. Auch hier stellte Meyer die Geschichte in die Dialektik zwischen tatsächlich Geschehenem und der Erinnerung. – In der Novelle *Plautus im Nonnen-*

Der Heilige

Plautus im Nonnenkloster

kloster (1882) tritt der italienische Humanist Poggio als Erzähler auf; er berichtet, wie er zur Zeit des Konstanzer Konzils für seine Verschwiegenheit über ein klösterliches Betrugsspiel zu einer wertvollen Abschrift eines Plautustextes gekommen ist. Durch die persönliche Perspektive eines besonderen Anlasses wird Meyers Kritik an klösterlichen Missständen im ausgehenden Mittelalter in Handlung umgesetzt.

Das Leiden eines Knaben

– *Das Leiden eines Knaben* (1883), der in einer Jesuitenschule stellvertretend für seinen Vater, an dem man sich nicht rächen konnte, gequält wurde, erzählt der Leibarzt Ludwigs XIV. in dem Moment, als dieser sich einen neuen jesuitischen Beichtvater sucht. Das Kernstück der Novelle wird zum Argument für das Geschehen im Erzählrahmen.

Die Hochzeit des Mönchs

– In der Novelle *Die Hochzeit des Mönchs* (1884) ahmte Meyer die Rahmensituation von Boccaccios *Decamerone* nach, dem Muster der italienischen Gesellschaftsnovellistik; Dante wird in einem vornehmen Kreise aufgefordert eine Geschichte zu dem Thema „Plötzlicher Berufswechsel mit gutem oder schlechtem oder lächerlichem Ausgange" zu erzählen. – Nur vier Novellen haben keine Rahmenerzählung:

Der Schuss von der Kanzel

Gustav Adolfs Page

Die Richterin

Angela Borgia

Der Schuss von der Kanzel (1878), eine „Farce", wie Meyer sie selbst nannte, über einen Waffennarr, der sich mehr um die Jagd als um sein Pfarramt kümmert; *Gustav Adolfs Page* (1882), die Geschichte der Auguste Leubelfing aus Nürnberg, die in Männerkleidung dem heimlich verehrten schwedischen König dient; *Die Richterin* (1885), eine Geschichte über Schuld und Pflicht aus der Zeit Karls des Großen; *Angela Borgia* (1891), ein Sittengemälde aus der italienischen Spätrenaissance zur Zeit des verweltlichten Papsttums.

THEODOR STORM

Der Husumer Advokat und spätere Amtsrichter THEODOR STORM (1817–1888) war keineswegs nur Autor stimmungsvoller novellistischer Idyllen; er hat in vierzig Jahren über fünfzig Novellen geschrieben. *Immensee* hatte zwar seinen literarischen Ruf begründet, ihm aber auch sehr früh ein bestimmtes Etikett zugewiesen.

Storm unterstützte 1848 aus demokratischer Überzeugung die Provisorische Regierung in Kiel, die sich gegen die dänische Krone erhoben hatte und ein unabhängiges Schleswig-Holstein forderte. Als die dänischen Justizbehörden von ihm eine Loyalitätserklärung verlangten, verzichtete er lieber auf seine Zulassung als Advokat und ging für elf Jahre nach Preußen. 1864, nach dem Einmarsch Preußens in Schleswig, kehrte er nach Husum zurück; in einer Bürgerversammlung war er zum Landvogt gewählt worden. Von 1867, nach der Verwaltungsreform, bis 1880 arbeitete er als Amtsrichter.

Immensee

Immensee (1850) ist eine Reihung lyrisch verklärter wehmütiger Erinnerungsbilder an eine verlorene Liebe. Vor dem geistigen Auge eines alten einsamen Mannes – dies ist der Rahmen – wiederholt sich der Wandel von einem kindlich-unschuldigen Spiel zu inniger Zuneigung. Die Schuld, dass diese erwachende Liebe zerstört wurde, trifft ihn selbst; denn er hatte während seiner Studienzeit den Kontakt leichtsinnig unterbrochen. Als er zurückkehrte, ist es zu spät; die junge Frau hatte auf Drängen der Mutter seinen Freund geheiratet. Die Konflikte und Spannungen werden nur indirekt durch Symbole angedeutet. Der endgültige Verzicht verdichtet sich im Symbol der Wasserlilie, die der Heimgekehrte auf dem See vergeblich zu pflücken versucht; er sieht sie, aber sie bleibt ihm unerreichbar. Storm hat selbst gesagt, dass seine frühen novellistischen Versuche aus der Lyrik erwachsen sind. Dies hat sich später geändert. 1881 schrieb er an Gottfried Keller: „Die

Novelle ist die strengste und geschlossenste Form der Prosadichtung, die Schwester des Dramas; und es kommt nur auf den Autor an, darin das Höchste der Poesie zu leisten."

Im Schloss

Kunstvolle Gestaltung verbindet sich bereits in der Novelle *Im Schloss* (1861) mit entschiedener Gesellschaftskritik. Der Baron auf dem Schloss will mit den Handwerkern und Kaufleuten der nahen Kleinstadt nichts zu tun haben. Mit demonstrativ bekundeter Langeweile, verstärkt durch eine herablassende, fast verachtende Geste – dies sind bissige Reminiszenzen an das preußische Junkertum, wie es Storm während seines „Exils" erlebt hatte –, verlässt er vorzeitig ein Bürgerfest. Den Hauslehrer, den fleißigen Sohn aus einem Bauernhof in der Nachbarschaft, der später Universitätsprofessor wurde, behandelt der Baron wie einen Domestiken, wie ein Stück in der Inventarliste seines Schlosses, obwohl er ihm für die liebevolle und selbstlose Zuneigung zu dem kränklichen Schlosserben hätte danken müssen. Aus dem Schema feudalistischer Arroganz fallen Anna, die Tochter des Barons, und ihr Oheim, der die Rolle des aufgeklärten und distanzierten Beobachters übernimmt. Anna denkt nicht an Standesgrenzen, sie handelt aus ihrem Gefühl; aber sie unterwirft sich im Konfliktfall dann doch dem Diktat ihres Vaters und heiratet einen ungeliebten Junker. Ihre Wiederbegegnung mit Arnold, dem Hauslehrer, in der Residenzstadt, dem ihre wirkliche Liebe galt, führt zum Skandal; sie muss in die Trennung von ihrem Gatten einwilligen, um dessen Karriere nicht zu gefährden. Storm gibt der Geschichte ein versöhnliches Ende; nach dem Tode des ungeliebten Pflichtgatten finden Anna und Arnold ein spätes Glück mit dem wohlwollenden Segen des Oheims. Aber dieser Schluss trägt den Konflikt nicht aus; er ist das kompositorische Zugeständnis an die Harmonisierungstendenzen des poetischen Realismus. Die Geschichte wird kunstvoll auf verschiedenen Zeitebenen und aus verschiedenen Perspektiven erzählt. In der ersten Phase reicht sie bis zu Annas Rückkehr in das Schloss nach der erzwungenen Trennung von ihrem Mann, einmal von einem außenstehenden Erzähler kurz zusammengefasst, dann von Anna selbst in Form von Tagesbuchnotizen aufgezeichnet. Die beiden Ebenen der „äußeren" und „inneren" Geschichte treffen sich, als Anna ihre Notizen einem jungen Verwandten zum Lesen gibt, um das heimliche Gerede über sie zu entkräften. In der Diskussion mit ihm arbeitet sie die Vergangenheit auf. Von nun an läuft die Erzählung chronologisch weiter. Anna beabsichtigt zu ihrem Mann zurückzukehren; aber statt eines persönlichen Briefes erreichte sie die Nachricht vom Tode ihres Mannes. Nach einigen Wochen fährt der Oheim mit dem ehemaligen Hauslehrer im Schlosse vor, dem Glück steht nichts mehr im Wege.

Aquis submersus

Fünfzehn Jahre später ließ Storm das gleiche Motiv in der historischen Novelle *Aquis submersus* (1876) tragisch enden. Als der Maler Johannes seine Jugendliebe, die Tochter seines verstorbenen adligen Gönners, wieder trifft, erfährt er, dass sie, um ihrem gemeinsamen Kind vor dem Gesetz einen Vater zu geben, einen protestantischen Geistlichen geheiratet habe. Während dieser Unterredung ertrinkt das unbeaufsichtigte Kind im Weiher; der Tod wird als Strafe empfunden. Man schrieb das Jahr 1666. Die Geschichte wird in altertümelndem Stil von dem Maler selbst berichtet. Der Erzähler war auf den Inhalt der vergilbten Blätter neugierig geworden, als er auf ein Bild stieß, das er ähnlich schon früher in der Kirche gesehen hatte. Es zeigte einen toten Knaben, der in seinen Händen eine weiße Wasserlilie trug. Die Inschrift auf dem Bilde „C.P.A.S." deutet er als Culpa Patris Aquis Submersus, d. h. durch die Schuld des Vaters im Wasser ertrunken. Um dem Bericht eine historische Glaubwürdigkeit zu verleihen, stellte ihn Storm nicht wie in der zeitgenössischen Novelle *Im Schloss* offen als Standeskonflikt dar, sondern deutete ihn nach dem Selbstverständnis der Betroffenen als eine barocke Beispielgeschichte von Schuld und Sühne. Die Kritik des Autors an pharisäischer Glaubensanmaßung, die sich selbst zum Richter erhebt, bricht aber immer wieder durch, sodass trotz des historischen Kolorits die Perspektive in die Gegenwart nicht fehlt. Die adlige Mutter des toten Knaben war nicht nur Opfer moralischer Überheblichkeit; die weltliche Schuld an der Katastrophe trägt ihr Bruder, der sie zu einer ihm gemäßen Heirat zwingen wollte. Der Maler versuchte den Junker umzustimmen: „Ich bin kein geringer Mann in meiner Kunst und hoffe, es auch wohl noch einmal den Größeren gleichzutun; so bitte ich Euch geziementlich, gebet Eure Schwester Katharina mir zum Ehgemahl –". Die Antwort war „ein gellend Lachen"; der Junker schoss auf ihn und jagte ihn wie einen räudigen Hund vom Schloss. Dies war Kritik an herrschaftlicher Willkür in historischem Gewande.

Pole Poppenspäler

Storm setzte sich in seinen Zeitnovellen aber auch mit den Spannungen innerhalb des Bürgertums auseinander. Eine Art Präludium zum Thema ist die Novelle *Pole Poppenspäler* (1874), die Storm für eine Jugendzeitschrift geschrieben hatte. Der Erzähler der Rahmenhandlung erfährt von dem alten Paul Paulsen, einem ehrbaren Drechslermeister, wie er zu dem Schimpf- und Spottnamen Pole Poppenspäler gekommen war. Paulsens Liebe zu Lisei, der Tochter eines fahrenden Puppenspielers, der er in seiner Kindheit begegnet war und die er später, als ihr Vater unter falschem Verdacht eingesperrt worden war, zufällig wieder traf, hat sich im Widerspruch gegen landläufige Vorurteile bewährt. Paulsen wehrte sich gegen die Abschottung der alteingesessenen Handwerkerschaft nach unten. Anders verhielt sich Hans Kirch, der seinen Sohn einmal in den oberen Rängen des städtischen Patriziats sehen wollte.

Hans und Heinz Kirch

Die Novelle *Hans und Heinz Kirch* (1883) wird ohne Rahmen in chronologischer Reihenfolge erzählt. Die Honoratioren der kleinen Ostseestadt sind wohlhabende Schiffseigner und Kaufleute. Nur wer zu ihnen gehört, darf in der Kirche auf der Empore Platz nehmen. Die Leute „aus dem kleinen Bürgerstande" haben unten ihren Platz. Hans Kirch stammt aus kleinen Verhältnissen; was ihm die Herkunft versagte, möchte er durch Fleiß und Sparsamkeit erreichen. Doch als ein Ratsherrenstuhl frei wird, übergeht man seine Bewerbung. Deshalb setzt Hans Kirch alle Hoffnungen auf seinen Sohn Heinz, in dem er nur „den Erben seiner aufstrebenden Pläne" liebt. Er verbietet Heinz den Umgang mit Wieb, der Tochter einer Wäscherin; denn die ungleiche Verbindung würde der Reputation des Sohnes schaden. Aber Heinz trotzt dem Vater und verlässt das Haus im Streit. Nach siebzehn Jahren kehrt Heinz verarmt zurück; vergeblich versucht er sich mit dem Vater auszusprechen. Nach kurzer Zeit verlässt er die Stadt für immer. In der Stadt hat sich nichts verändert; „der Magistrat behauptete sein altes Ansehen, wenngleich die Senatoren jetzt in ‚Stadträte' und die Deputierten in ‚Stadtverordnete' verwandelt waren". Anhand des Vater-Sohn-Konfliktes rollte Storm den reaktionären Widerstand des etablierten Bürgertums gegen politische und gesellschaftliche Neuerungen auf. Hans Kirch war ihm ein Beispiel für das Verhalten kleinbürgerlicher nachrückender Schichten, die sich in die alte Ordnung integrieren wollten und sie dadurch festigten. Wie sie von oben getreten wurden, so traten sie nach unten. Zwar sieht Hans Kirch schließlich seinen Fehler ein – auch dies wieder ein Zugständnis an die Versöhnungstendenz des poetischen Realismus –, an der tatsächlichen Situation ändert dies aber nichts. Die letzten Jahre der Erzählung münden in die Gegenwart der Gründerzeit ein.

Der Schimmelreiter

Storms letzte Novelle war *Der Schimmelreiter* (1888). Obwohl durch einen dreifach gestaffelten Erzählrahmen ins 18. Jahrhundert verlegt, spiegelt die Geschichte des Deichgrafen Hauke Haien Storms Auseinandersetzung mit seiner eigenen Zeit.

Der arme Bauernsohn Hauke Haien, von einem unersättlichen Wissendrang besessen, arbeitet sich durch zähen Fleiß zum Deichgrafen hoch. Ausschlaggebend für seine Wahl ist aber nicht sein technisches Wissen, sondern der Grundbesitz, der ihm nach der Heirat mit der Tochter des verstorbenen Deichgrafen zugefallen war. Hauke Haien will das Land durch einen neuen, besseren Deich absichern. Nur mit Mühe und nicht im notwendigen Umfang setzt er seinen Plan gegen Trägheit, Unvernunft und Aberglauben bei den übrigen Bauern durch. Des Streitens müde, führt er das Werk nicht so, wie seine Berechnungen es verlangen, zu Ende. Bei der nächsten Sturmflut bricht der alte Damm; Hauke Haien und seine Familie kommen in den Fluten um. Sein Lebenswerk, der neue Damm, aber hat sich bewährt. Für die Nachwelt wurde Hauke Haien eine dämonische Sagengestalt, aber für den aufgeklärten Schulmeister, der die Geschichte erzählte, gehört er zu den großen Einzelnen, die mit Einsatzbereitschaft und im Vertrauen auf ihr Wissen gegen Fortschrittsfeindlichkeit angingen, die den Mut hatten, Neues zu wagen, zum Wohle der Gemeinschaft. Hauke Haien war nicht bereit alles so zu belassen, wie es war. Dies ist zugleich Kritik an erstarrten Gesellschaftsstrukturen und optimistische Hoffnung auf den Fortgang der bürgerlichen Aufklärung. Die Initiative wies Storm, in der Tradition des Liberalismus, dem Einzelnen zu.

WILHELM RAABE (1831–1910) veröffentlichte zwischen 1856 und 1899 nahezu siebzig Romane, Novellen und Erzählungen. Das bürgerliche Publikum schätzte seine frühen Werke; in den liebevoll gezeichneten Einzelgängern, die sich in dem begrenzten Raum des Privaten zu verwirklichen suchten, glaubte es sich wieder zu erkennen. Die radikale Kritik des Spätwerks an der gesellschaftlichen Entwicklung im Kaiserreich lehnte es ab. Auch in der Literaturgeschichte hat sich dieser Trend lange gehalten.

WILHELM RAABE

Raabe war aber alles andere als nur ein humorvoller Idylliker des kleinen Glücks. Die Lebenswege seiner Gestalten werden immer wieder von den Ereignissen der großen Politik gekreuzt und beeinflusst; der überschaubare Rahmen ist keine abgeschirmte Idylle, sondern ein Ausschnitt des Zeitgeschehens, in dem sich die gesamtgesellschaftliche Veränderung spiegelt. Zum Teil war das Urteil über Raabe aus seiner persönlichen Lebensgeschichte bedingt. In den Fünfzigerjahren schrieb er sich als Gasthörer an der Berliner Universität ein. 1860 trat er dem liberalen „Deutschen Nationalverein“ bei, in dessen Programm die Überwindung der deutschen Kleinstaaterei durch einen Nationalstaat unter preußischer Führung stand. 1862 ließ er sich in Stuttgart nieder; er glaubte, dass diese Stadt für einen freischaffenden Schriftsteller die besten Bedingungen biete. Aber schon 1870 zog er in seine Heimat nach Braunschweig zurück, fernab der literarischen Zentren. Dort lebte er noch vierzig Jahre; in dieser Zeit entstanden, nach seinem eigenen Urteil, seine wichtigsten zeitkritischen Werke.

Von Anfang an zielte Raabes Gesellschaftskritik in zwei Richtungen. Als Vertreter eines aufgeklärten und liberalen Bürgertums wandte er sich sowohl gegen reaktionäre Engstirnigkeit, die das Bildungserbe der Aufklärung und der Klassik, ohne sich mit dessen progressiven Tendenzen auseinander zu setzen, zu einem formalen Wissensstoff degradiert hatte, wie auch gegen die rabiate, materialistische Erfolgsmentalität des neuen Industrie- und Finanzadels. Raabe schrieb nicht gegen die Zeit, aber der Preis des Fortschritts durfte nicht der Verlust individueller Selbstverwirklichung oder der Verzicht auf Humanität sein. In den späten Werken artikulierte Raabe allerdings immer deutlicher seine Skepsis gegenüber den eigenen Wunschvorstellungen; Selbstachtung und Selbstbewahrung seien nur noch durch gesellschaftlichen Ausstieg möglich. Seine positiven Helden erscheinen ihrer Umwelt als Käuze. Sie schaffen sich, wie Stopfkuchen im gleichnamigen Roman, ein eigenes Territorium; aber dieser Schutz gelingt eben nur noch in der literarischen Fiktion.

Die Chronik der Sperlingsgasse

Die Chronik der Sperlingsgasse (1856), erschienen unter dem Pseudonym Jacob Corvinus, war Raabes größter Erfolg. Der Roman entstand und handelt in Berlin; die Ereignisse werden auf zwei Zeitebenen erzählt. Johannes Wachholder, ein alter Mann, der schon dreißig Jahre in der Berliner Sperlingsgasse lebt, zeichnet im Winter 1854 seine Beobachtungen und Erinnerungen auf; Gegenwart und Vergangenheit überlagern sich. Durch Erzählungen Dritter reicht der berichtete Zeitraum bis zu den Napoleonischen Kriegen zurück. So entsteht eine Chronik über ein halbes Jahrhundert deutscher Geschichte aus der Perspektive der Bewohner in der Sperlingsgasse.

Die große Geschichte konkretisiert sich in kleinen Einzelschicksalen. Die Leute aus der Sperlingsgasse machen nicht Geschichte, die Geschichte prägt sie. So privat das Erzählte auch im Einzelnen anmutet, es fügt sich wie ein Mosaik zu einer kritischen Chronik der Restaurationszeit. Der Journalist Dr. Wimmer gerät in die Mühlen der Zensur und wird des Landes verwiesen. Roder, ein liberaler Lehrer, flieht nach dem Scheitern der Märzrevolution nach Amerika. Kleine Handwerker bangen um ihre Existenz, da sie nicht mehr konkurrenzfähig sind. Die geschlossene Welt der Sperlingsgasse löst sich in der Anonymität der modernen Zeitläufte allmählich auf. Das explosionsartige Anwachsen der Bevölkerung in den Großstädten zerstört alte, gewachsene Strukturen.

„Stuttgarter Trilogie“

> *„Wir sind am Schlusse – und es war ein langer und mühseliger Weg von der Hungerpfarre zu Grunzenow an der Ostsee über Abu Telfan im Tumurkielande und im Schatten des Mondgebirges bis in dieses Siechenhaus zu Krodebeck am Fuße des alten germanischen Zauberberges!“*

Mit diesem Schlusswort im *Schüdderump* hat Raabe die drei Romane seiner Stuttgarter Zeit selbst in einen thematischen Zusammenhang gestellt. *Der Hungerpastor* fügt sich noch am ehesten in die Tradition des Bildungsromans; aber die Auseinandersetzung mit den herrschenden Bildungs- und Erziehungsvorstellungen geht bereits in eine Gesellschaftskritik über, die sich im *Abu Telfan* und im *Schüdderump* noch verstärkt. Nur der *Hungerpastor* hat ein versöhnliches Ende. In den beiden anderen Romanen wird die Diskrepanz zwischen humaner Selbstverwirklichung und gesellschaftlicher Realität nicht mehr aufgehoben; selbst ein Rückzug in den Frieden des eigenen Ich – wie noch im *Hungerpastor* – scheint nicht mehr möglich zu sein.

Der Hungerpastor

Der Hungerpastor (1864) ist die Geschichte vom Hunger nach Leben, „wie er im Einzelnen zerstörend und erhaltend wirkt". Beide Möglichkeiten werden an den gegenläufigen Lebenswegen zweier Freunde dargestellt.

Hans Unwirsch und Moses Freudenstein kommen aus einfachen Verhältnissen; durch Bildung wollen sie sich den Weg zu einem besseren Leben ebnen. Moses Freudenstein wird zu einem skrupellosen Opportunisten, der später sogar gegen den Freund intrigiert. Hans Unwirsch sieht seine Erfüllung im Dienst am Nächsten; er wird Pfarrer in einer kleinen, armen Gemeinde. Die Gegenüberstellung zweier gegensätzlicher Lebensläufe, die einen gewissen exemplarischen Charakter haben sollen, führt sehr leicht in eine Schwarzweißmalerei; davon ist der *Hungerpastor* nicht frei. Moses kennt nur den äußeren Erfolg und verkümmert innerlich. Hans zieht sich auf seinen inneren Frieden zurück: „Vater, ich bin meinen Weg in Unruhe gegangen; aber ich habe die Wahrheit gefunden; ich habe gelernt das Nichtige von dem Echten, den Schein von der Wirklichkeit zu unterscheiden." Der mittlere Weg als dritte Möglichkeit fehlt in diesem Roman. Dass Raabe den negativen Part einem Juden zugewiesen hat, konnte als Antisemitismus missverstanden werden. Raabe hat sich gegen diese Deutung gewehrt.

Abu Telfan

Der *Hungerpastor* war der Versuch einer Innenansicht der zeitgenössischen Gesellschaft. In dem Roman *Abu Telfan* (1868) wird sie von außen gesehen. Leonhard Hagebucher, der unter abenteuerlichen Umständen in die Gefangenschaft eines afrikanischen Sultans geraten war, kehrt nach Jahren in seine Heimat zurück; aber er findet sich in dem provinziellen Milieu nicht mehr zurecht. Je länger er sich umsieht, desto deutlicher erkennt er, wie unter der biederen Oberfläche Neid, Intrigen und Engstirnigkeit den Alltag bestimmen. Man verdächtigt Leonhard, dass er revolutionäre Ideen verbreite. Am liebsten hätte man es gesehen, „wenn die Mohren dahinten am Äquator den unnützen Menschen bei sich behalten hätten". Der Roman beginnt und endet mit einem Spruch Mahomets: „Wenn ihr wüsstet, was ich weiß, so würdet ihr viel weinen und wenig lachen".

Der Schüdderump

Der Roman *Der Schüdderump* (1870) hat seinen Titel nach dem Pestkarren. In der Geschichte selbst spielt er keine Rolle; er ist aber das bestimmende Symbol, das den Roman deuten soll.

Die Hauptperson ist Dietrich Häußler, obwohl er erst in der zweiten Hälfte auftaucht. Häußler, ein rücksichtsloser Emporkömmling, durch Spekulationen in Wien reich geworden und geadelt, beurteilt seine Umwelt nur nach Geld und kommerzieller Verwendbarkeit. Jahrelang hat er sich nicht um seine verwaiste Enkeltochter Antonie gekümmert. Antonie ist von hilfreichen Leuten erzogen worden. Eine innige Freundschaft verbindet sie mit dem Gutsherrensohn Hennig von Lauen. Die Idylle wird jäh durch das Auftauchen des Großvaters zerstört. Er holt seine Enkelin ab, um sie durch eine Heirat für seine Pläne einzuspannen. Selbst Hennig, der sie später in Wien wieder trifft, kann die todkranke Antonie nicht mehr retten.

Raabes bittere Kritik richtet sich gegen die Geldmentalität des neureichen Bürgertums, durch die jede zwischenmenschliche Beziehung zerstört wird. In diesem letzten Roman seiner Stuttgarter Trilogie machte er auch keine Zugeständnisse mehr an die Harmonisierungstendenzen des poetischen Realismus. Im Vorwort zur zweiten Auflage (1894) schrieb er: „In dem Zeitraum ist wieder manches, was gut, edel und lieb war, und manches, was sich für bedeutend, epochemachend, unverwüstlich hielt oder dafür gehalten wurde, auf den Schüdderump geraten; aber er rollt weiter durch die Welt. Es lässt sich daran nichts ändern, Herrschaften. Diese Räder lassen sich nicht aufhalten.“ Dieser Kultur- und Gesellschaftspessimismus passte nicht in das Panorama der Gründerzeit; er schockierte das Publikum. Raabe hielt an den Idealen des aufgeklärten Bürgertums fest, die er durch das materialistische Erfolgsdenken gefährdet sah.

Stopfkuchen

In seinen späten Werken nahm Raabe nochmals Erzählstrukturen früherer Romane auf. Der Ich-Erzähler in dem Roman *Stopfkuchen* (1891) kommt wie die Hauptgestalt aus *Abu Telfan* nach langen Jahren wieder in die Heimat, aber nur als Gast auf kurze Zeit. Während der Rückfahrt nach Südafrika schreibt er seine Eindrücke nieder. Der wichtigste Teil des Berichts ist die Geschichte seines Freundes Stopfkuchen, der sich auf der Roten Schanze eine eigene Welt aufgebaut hat.

Stopfkuchen ist kein resignierter Einzelgänger oder Kauz, er hat sich nur von allen Zwängen freigehalten. Er ist das Gegenbild eines veräußerlichten Erfolgsstrebens. Sein Ziel war es gewesen, einmal Herr auf eigenem Grund und Boden zu sein und sich von niemandem bevormunden zu lassen; dies hat er erreicht. Aus Mitleid hält er mit seinem Wissen über einen Mordfall zurück, bis der Täter, der Landbriefträger Störzer, gestorben ist. Störzer war eine geschundene Natur; auf seinen Landgängen träumte er vom Glück in fernen Ländern. Die Sehnsucht nach seinem Utopia übertrug er auf den Ich-Erzähler Eduard, der ihn als Kind oft begleitet hatte. Eduard konnte den Traum für sich verwirklichen. Der reiche Viehhändler Kienbaum hatte den armen Störzer so lange provoziert und gedemütigt, bis dieser aus Wut einen Stein warf, der den Viehhändler tödlich traf.

Die Akten des Vogelsangs

Die Erzählung *Die Akten des Vogelsangs* (1896) verbindet den Chronikstil seines Erstlings mit den gegenläufigen Biographien im *Hungerpastor*; die beiden Rollen sind auf den Erzähler und dessen Jugendfreund verteilt.

Der Bericht über den Jugendfreund, der in einem Reich lebte, das „nicht sehr von dieser Welt war“, der sich gegen das Statusdenken seiner Umwelt wehrte, ist durch die Subjektivität des Erzählers gebrochen, der es als Oberregierungsrat „nach bürgerlichen Begriffen (sehr wohl berechtigten!) zu einer soliden Existenz in der schwankenden Welt gebracht“ habe. Die Erinnerung an den toten Freund wird zu einer zweifelnden Selbstbefragung über den Sinn der totalen Anpassung.

Die schwarze Galeere

Zwar überwiegen in Raabes Werk zeitgeschichtliche Themen, er hat aber auch historische Stoffe bearbeitet. In der Novelle *Die schwarze Galeere* (1861) geht es um den Freiheitskampf der Niederländer gegen die Spanier. In sechs dramatischen Bildern, deren Handlung am Schluss ineinander läuft, erzählt er, wie Jan Norris durch einen wagemutigen Angriff der schwarzen Galeere seine Braut rettet und mehrere Schiffe der Spanier kapert. Die Kaperfahrt (1599) der schwarzen Galeere ist historisch, die Handlung selbst erfunden.

THEODOR FONTANE

THEODOR FONTANE (1819–1898) veröffentlichte mit 59 Jahren seinen ersten Roman. Vorher hatte er sich bereits als Balladendichter, politischer Korrespondent und Literaturkritiker in Berlin einen Namen gemacht.

Fontane stammte aus einer französischen Hugenottenfamilie, die sich nach ihrer Vertreibung in Preußen niedergelassen hatte. Er lernte nach der mittleren Reife zunächst Apotheker und übte den Beruf auch einige Jahre aus. Aber schon früh ging er seinen literarischen Interessen nach. Erste Gedichte, im Stile der Vormärzdichtung, erschienen in den Vierzigerjahren; er arbeitete als freier Korrespondent für einige Zeitungen. 1844 trat er dem literarischen Sonntagsverein „Der Tunnel über der Spree" bei. 1848 stand er auf der Seite der Demokraten und schrieb auch für deren Zeitungen. Mehr als Rücksicht auf seine Familie als aus politischer Überzeugung arbeitete er in den Fünfzigerjahren für die offizielle Regierungspresse und ging 1855 für drei Jahre als preußischer Presseagent nach London. Dieser Auslandsaufenthalt im fortschrittlichen England wurde für ihn entscheidend. 1860 übernahm er das Englandressort der konservativen *Neuen Preußischen Zeitung.* 1870 zog er sich vom politischen Journalismus zurück. Ein Vertrag mit der *Vossischen Zeitung* als Theaterkritiker sicherte ihn finanziell ab und gab ihm die Möglichkeit, sich intensiver seinen literarischen Plänen zu widmen.

Wanderungen durch die Mark Brandenburg

Die *Wanderungen durch die Mark Brandenburg* (1862–1882, 4 Teile), eine Mischung von sehr persönlich gehaltenen Reisebildern und Exkursen in die preußische Geschichte, waren – wenn auch mehr zufällig – wichtige Vorstudien zu Fontanes erzählerischem Werk; einzelne Landstriche und Gestalten tauchen auch in den Romanen und Erzählungen wieder auf. Die Detailfreude seiner heimatlichen Skizzen lässt sich mit dem plattdeutschen Episodenroman *Ut mine Stromtid* (1862–1864) von FRITZ REUTER (1810–1874) vergleichen. Reuter, den Fontane sehr schätzte, erzählte darin aus seiner „Stromtid", d. h. aus seiner Zeit als Landwirtschaftsvolontär im Mecklenburgischen.

historische Romane

Vor dem Sturm

Grete Minde

Schach von Wuthenow

Fontanes erster Roman *Vor dem Sturm* (1878) gehört zu den wenigen Beispielen historischer Erzählungen, die er geschrieben hat. Die Handlung spielt im Winter 1812, kurz nach Napoleons Niederlage und noch vor dem Beginn der Befreiungskriege. In der Reaktion von Landadel und Volk auf die Ereignisse spiegelt sich die Umbruchstimmung zu einem ständeübergreifenden Nationalgefühl. In *Grete Minde. Nach einer altmärkischen Chronik* (1880) wird das Schicksal einer jungen Frau erzählt, die durch das abweisende Vorurteil ihrer Umwelt zu einer Verzweiflungstat getrieben wird. Grete war die Tochter einer Fremden; nach dem Tode ihres Vaters wurde sie gedemütigt und um ihr Erbteil betrogen. Sie kommt bei einem verheerenden Brand um, den sie selbst gelegt hatte. *Schach von Wuthenow* (1883) markiert Fontanes Übergang vom historischen zum zeitkritischen Gesellschaftsroman. Zwar spielt die Geschichte des preußischen Offiziers Schach von Wuthenow noch zu Anfang des 19. Jahrhunderts, aber das Thema, die Erstarrung des altadeligen Ehrbegriffs zu einem äußerlichen, gesellschaftlichen Zwang, wurde für die weiteren Romane bestimmend. Schach von Wuthenow geht zwar eine Scheinehe ein, weil er vom König zur „Legitimisierung" eines unglücklichen Verhältnisses gezwungen worden war. Da er aber den Spott des Offizierskorps nicht ertragen kann und sich vor einem zurückgezogenen Leben in der Provinz ohne den Glanz der Hauptstadt fürchtet, erschießt er sich nach der Trauung. Er wird selbst ein Opfer der Rücksicht auf den Schein, den er vorher kritisiert hatte. Historisch gesehen wirft diese Geschichte ein bezeichnendes Licht auf den Zustand des preußischen Adels vor Beginn der Befreiungskriege; generell entlarvt sie die Scheinhaftigkeit standesbedingter Verhaltensweisen. Gegen Ende des Romans heißt es in einem Brief:

> *Da haben Sie das Wesen der falschen Ehre. Sie macht uns abhängig vom Schwankendsten und Willkürlichsten, was es gibt, von dem auf Triebsand aufgebauten Urteile der Gesellschaft, und veranlasst uns die heiligsten Gebote, die schönsten und natürlichsten Regungen eben diesem Gesellschaftsgötzen zum Opfer zu bringen. Und diesem Kultus einer falschen Ehre, die nichts ist als Eitelkeit und Verschrobenheit, ist denn auch Schach erlegen und Größeres als er wird folgen.*

Fontane erzählt die Geschichte nicht aus der Perspektive eines allwissenden Erzählers; er hält sich im Urteil zurück. Er bevorzugt die Konversation, in der die einzelnen Beteiligten sich selbst darstellen können. Dadurch entsteht ein breites Spektrum der Meinungen. Seine Romane sind über weite Strecken aneinander gereihte Gesprächsszenen; dieser Eindruck verstärkt sich noch durch die Wahl der Kapitelüberschriften. Die Konversation wurde die bevorzugte Erzähltechnik seiner Gesellschaftsromane, sie gab ihnen eine gewisse Offenheit im Abwägen des Für und Wider und überließ dem Leser scheinbar die eigene Parteinahme.

zeitkritische Gesellschaftsromane

Fontanes Gesellschaftsromane sind Protokolle über gestörte oder gefährdete zwischenmenschliche Beziehungen. Standesunterschiede oder gesellschaftliche Normen verstricken die Menschen in Konflikte, die ihr persönliches Glück bedrohen. Vor allem geht es um die Institution der Ehe: Ehen scheitern, weil sie aus gesellschaftlichem oder finanziellem Kalkül geschlossen wurden; Liebende müssen auf eine Heirat verzichten, weil Standesunterschiede im Wege stehen; Eheleute leben sich auseinander, weil nicht Zuneigung, sondern Konvention am Anfang der Ehe stand. Es handelt sich aber bei Fontanes Zeitromanen nicht einfach um Ehe- oder Beziehungsgeschichten; die Konflikte im privaten Bereich werden vielmehr als Indiz allgemeiner Verunsicherungen und Umwälzungen dargestellt, die überlieferten moralischen Normen decken sich nicht mehr mit dem realen Leben. Opfer der normativen Zwänge, die wenigstens den Schein einer intakten Ordnung retten sollen, auch auf Kosten individueller Selbstverwirklichung, sind meistens die Frauen. Ihnen ist ein Rollenverhalten aufgezwungen, dem sie zu entsprechen haben, wenn sie sich nicht der gesellschaftlichen Ächtung aussetzen wollen. Zwar unterliegen in Fontanes Romanen die Männer auch diesen normativen Zwängen, oft ist ihr Verhalten sogar der Auslöser des Konflikts; aber unter Erfolgsdruck und Karrieredenken haben sie diese Zwänge bereits so verinnerlicht, dass ihnen die Widersprüchlichkeit ihres Verhaltens nicht mehr bewusst wird.

L'Adultera

Die Ehebruchsgeschichte *L'Adultera* (1882), die auf einen wirklichen Vorfall in der Berliner Gesellschaft zurückging, löste Entrüstung aus, obwohl Fontane ihr einen versöhnlichen Schluss gab. Der wohlhabende Kommerzienrat van der Straaten hatte mit 42 Jahren eine junge siebzehnjährige Schweizer Adlige geheiratet, die nach dem Tode ihres Vaters außer ihrem Titel nichts besaß. In der Aussicht, auf nichts verzichten zu müssen, hatte sie trotz des Altersunterschiedes in die Ehe eingewilligt. Aber: „Einige Freunde beider Häuser ermangelten selbstverständlich nicht, allerhand Trübes zu prophezeien." Und sie sollten Recht behalten; „denn die junge Frau war fast noch mehr sein Stolz als sein Glück". Während Melanie in ihrer ersten Ehe mehr ein gesellschaftliches Requisit war, findet sie in ihrer zweiten Ehe als gleichberechtigte Partnerin ihre eigentliche Lebensaufgabe, sodass am Schluss auch van der Straaten versöhnend die Hand reicht.

Irrungen, Wirrungen

In den beiden Romanen *Irrungen, Wirrungen* (1888) und *Stine* (1890) verhindern Standesunterschiede eine Heirat. Beide Romane haben den gleichen Ausgangspunkt: ein Adliger liebt ein Mädchen aus kleinbürgerlichen Verhältnissen, die gegenseitige Zuneigung ist ehrlich. In *Irrungen, Wirrungen* sind sich Lene und Botho bewusst, dass ihr privates Glück nur eine zeitlich begrenzte Episode außerhalb der Gesellschaft ist. Sie rebellieren nicht, sondern jeder kehrt in seine Welt zurück: Botho willigt in eine vorteilhafte Heirat ein, um den angeschlagenen Familienbesitz zu retten; Lene heiratet einen Fabrikmeister. Der Preis für das Weiterleben im Ordnungsgefüge der Gesellschaft ist der Verzicht auf individuelles Glück. Fontane tritt nicht als Ankläger auf, sondern als Chronist der Fakten. Seine Sympathie gilt den Betroffenen, aber er ist auch davon überzeugt, dass die Negation der herrschenden Norm Illusion bleibt. Vernunft wird als die Einsicht in das Mögliche apostrophiert. Stine versucht in dem gleichnamigen Roman ihren adligen Freund von der Unmöglichkeit seines Verlangens zu überzeugen. Vergeblich; er vergiftet sich, weil er Stines Vernunft des Überlebens nicht akzeptieren will.

Stine

Effi Briest

Den Roman *Effi Briest* (1895) – wohl der bekannteste Text Fontanes – durchzieht ein Netz von Symbolen.

Äußerlich verläuft die Handlung ohne größere Höhepunkte. Baron von Innstetten, ein erfolgreicher Karrierebeamter, bittet Frau von Briest, seine alte Jugendfreundin, um die Hand der Tochter. Effi, noch halb ein Kind, träumt von der großen Welt und einem Leben in der großstädtischen Gesellschaft. Die Schaukel, ihr Lieblingsspielzeug, ist ein mehrfach wiederkehrendes Symbol ihres traumhaften Schwebens über der Wirklichkeit. Die Ehe verläuft ohne Spannungen, aber Effi fühlt sich in der Alltäglichkeit der Konvention vernachlässigt. Sie lernt Major von Crampas kennen, der genau das verkörpert, was Baron von Innstetten fehlt. Ein glücklicher Umstand, die Versetzung ihres Mannes, lässt sie die gefährliche Liaison ohne irgendwelches Aufsehen beenden und vergessen. Nach Jahren erfährt Innstetten durch Zufall aus aufbewahrten Briefen von dem, was geschehen war. Ohne sich mit seiner Frau noch auszusprechen, leitet er die Scheidung wie einen routinemäßigen Verwaltungsakt ein, fordert Major von Crampas zum Duell und tötet ihn. Die Unterwerfung unter ein anonymes gesellschaftliches Es diktiert das Handeln. Selbst Effi versucht noch kurz vor ihrem Tod Innstettens Reaktion zu verstehen und zu rechtfertigen. Geheimrat Wüllersdorf wirft Innstetten vor, er habe sich nur „Hilfskonstruktionen" zurechtgelegt, aber Innstetten kontert, dass man ohne den „Krimskrams" der Ehre, der ja an allem schuld sei, nicht leben könne. Innstetten hatte das Duell „ohnes jedes Gefühl von Hass oder gar von Durst nach Rache" gefordert. Sein Leben richtete sich nicht nach selbstverantworteten Entscheidungen, sondern nach Paragraphen: „Aber im Zusammenleben mit den Menschen hat sich ein Etwas ausgebildet, das nun mal da ist und nach dessen Paragraphen wir uns gewöhnt haben alles zu beurteilen, die andern und uns selbst." Dieses „tyrannisierende Gesellschafts-Etwas" sei die Triebfeder eines fremdbestimmten Handelns. Innstettens „Prinzipienreiterei", die sich auf eine anonyme Instanz, eben die herrschende Meinung, zurückzieht, war eine Bankrotterklärung des Systems. In diesen eingeschobenen Grundsatzdiskussionen wurde der Einzelfall zur gesamtgesellschaftlichen Diagnose.

Baron von Innstetten, Repräsentant des Adels, hat den Einfluss des gesellschaftlichen Seins auf das individuelle Bewusstsein zumindest reflektiert; das aufstrebende Geldbürgertum verschanzt sich hinter der realen Macht der Fakten. Es garniert seine Salongespräche mit Zitaten aus dem literarischen Bildungsschatz; wenn es aber um die Reputation der eigenen Familie geht, dann bestimmen finanzielles Kalkül und hierarchisches Statusdenken das Handeln. In dem Roman *Frau Jenny Treibel* (1892) schuf Fontane ein satirisches Genrebild dieser Mentalität. Zweck der Geschichte sei es, so schrieb Fontane in einem Brief, „das Hohle, Phrasenhafte, Lügnerische, Hochmütige, Hartherzige des Bourgeois-Standpunktes zu zeigen, der von Schiller spricht und Gerson meint." Gerson war ein bekanntes Berliner Modehaus, das auch den Hof belieferte. Frau Kommerzienrat Treibel, geborene Bürstenbinder, aus einem kleinen Kolonialwarengeschäft, hintertreibt die Verlobung ihres Sohnes mit Corinna, der Tochter eines Gymnasialprofessors, dessen Gedichte sie seit ihrer Jugend mit verzückten Blicken zitiert, weil eine Verbindung mit der Familie ihres Jugendfreundes finanziell und gesellschaftlich nichts einbringe. Frau Treibel kehrt bei jeder Gelegenheit die Kommerzienrätin hervor, aber ihre Sprache entlarvt sie. Ohne sozialkritische Schärfe inszeniert Fontane die Episode als Komödie, über die am Schluss auch Corinna lächelt. Sie heiratet ihren Dozenten der Archäologie, froh darüber, „aus dem allen heraus zu sein"; denn die Allianz zwischen Bildung und Geld wäre zu Lasten der Bildung gegangen.

Frau Jenny Treibel

Der Stechlin (1899), Fontanes letztes Werk, ist eine dialogisierte Bestandsaufnahme der Zeit. Handlung findet kaum statt. Das Wichtigste sind die Gespräche, in denen die großen Ereignisse draußen kommentiert werden. In einer Charakteristik seines Romans schrieb Fontane: „Einerseits in einem altmodischen märkischen Gut, andererseits in einem neumodischen gräflichen Hause (Berlin) treffen sich verschiedene Personen und sprechen da Gott und die Welt durch. Alles Plauderei, Dialog, in dem sich die Charaktere geben, mit und in ihnen die Geschichte." Dubslav, der alte Herr auf Stechlin, verkörpert die alten Tugenden des bodenständigen märkischen Adels. Verankert in der Tradition, lehnt er das Neue nicht ab. Offen für gesellschaftliche Veränderungen, sieht er den Sieg des sozialdemokratischen Kandidaten bei den Reichstagswahlen, für die er sich auch hatte aufstellen lassen, nicht als Niederlage; er ist kein Prinzipienreiter, seine politische Maxime ist der argumentierende Dialog. Vieles an eigener Überzeugung hat Fontane auf den alten Stechlin übertragen.

Der Stechlin

Realismus auf dem Lande

MARIE VON EBNER-ESCHENBACH (1830–1916), aus einem alten mährischen Adelsgeschlecht, schildert in ihren *Dorf- und Schlossgeschichten* (1883–1886) keine ländlichen Idyllen. Unter dem Einfluss des großen russischen Realisten Ivan Turgenev (1818–1883) entwarf sie sozialkritische Skizzen über den Adel und die Kluft zwischen Gutsherrschaft und Gutsarbeitern, dem ländlichen Proletariat. Das Unrecht, das sie

MARIE VON EBNER-ESCHENBACH

Dorf- und Schlossgeschichten

sah, führte sie nicht unbedingt auf die herrschende Gesellschaftsstruktur, sondern auf Unvernunft und fehlende Nächstenliebe zurück. Mitleid bestimmte ihr Engagement für Tagelöhner und Dienstboten. Den Adel forderte sie auf: „Seien wir vernünftiger und besser.“ Sie glaubte, dass die soziale Kluft durch Menschlichkeit gemildert werden könnte.

Er lasst die Hand küssen

In der Erzählung *Er lasst die Hand küssen* (1886), deren Handlung einige Jahrzehnte zurückliegt, übernimmt der Dorfarzt die Rolle des mutigen Aufklärers. Er hält der alten Gräfin, die nur nach dem Buchstaben des Gesetzes über einen armen Gutsarbeiter richtet, das Milieu und die wirtschaftlichen Umstände als Ursache der Verstrickungen vor, an denen sie durch die herzlose und bigotte Selbstherrlichkeit mitschuldig sei. Einsicht und Begnadigung kommen zu spät. Mischka, ein zweiter Woyzeck, der sich um seine Geliebte und das Kind gekümmert hatte, übersteht die Prügelstrafe nicht: „Er lasst die Hand küssen, er ist schon tot.“ – Der Roman *Das Gemeindekind* (1887) ist eine dörfliche Milieustudie. Die beiden Kinder eines Mörders wachsen bei fremden Leuten auf. Milada, das Mädchen, hat Glück; eine Gutsherrin nimmt sich ihrer an und ermöglicht ihr eine gute Schulausbildung. Pavel, der Junge, fällt der Gemeinde zur Last. Die Geschichte der Eltern festigt das Vorurteil über ihn, bis er sich selbst so verhält, wie man es voraussagte. Marie von Ebner-Eschenbach lässt die Geschichte aber nicht mit dem Sieg des Milieus enden. Die absteigende Linie des ersten Teils ist nur als Vorbereitung für den optimistischen Beweisgang gedacht, dass sittliche Kraft und energischer Lebenswille auch Vorurteile überwinden können. Durch die Schwester findet Pavel wieder zu sich selbst und setzt sich in seiner Umwelt durch.

Das Gemeindekind

Krambambuli

Krambambuli (1883), die Geschichte eines Hundes im Konflikt zwischen seinem ersten und zweiten Herrn, erschien in den *Dorf- und Schlossgeschichten.* Krambambuli ist von seinem ersten Herrn, einem Wilderer und Mörder, verkauft worden. Von seinem zweiten Herrn, dem Revierförster, wird er zwar gut behandelt und geliebt, aber der Hund kann seinen ersten Herrn nicht vergessen. Als der Förster den Wilderer stellt und jener den Hund zu sich ruft, folgt Krambambuli schließlich dem Wilderer und verursacht ungewollt dessen Tod; denn der Förster nutzt die Chance und erschießt den Wilderer. Vom Förster verstoßen, der aber trotzdem immer wieder an ihn denken muss, irrt Krambambuli durch die Wälder. Eines Tages wird er tot vor dem Försterhaus aufgefunden. Die Erzählung ist mehr als eine Tiergeschichte. Auf den Hund ist der tragische Konflikt zwischen Zuneigung und Pflicht übertragen: Wie er sich auch entscheidet, es bleibt immer ein Rest an Schuldbewusstsein.

LUDWIG ANZENGRUBER

Dorfgänge

„Ja, für die Verklärung des Lebens spricht alles und dagegen nur eines – die Wahrheit.“ Im Vorwort zum zweiten Teil seiner gesammelten Dorfgeschichten *Dorfgänge* (1879) erläutert LUDWIG ANZENGRUBER (1839–1889) seine Erzählweise und Stoffwahl. Er hielt nichts von einer romantischen Beschönigung der Wirklichkeit; einem realistischen Schriftsteller dürfe nichts fremd sein, er könne nicht auf die Gefühle der Leser Rücksicht nehmen. Marie von Ebner-Eschenbach ließ auch noch im sozialen Elend ihrer Gestalten ein religiöses Vertrauen durchblicken, das die Kraft zum Überleben gab. Ludwig Anzengruber, ein überzeugter Materialist, schilderte wie Gottfried Keller die erfahrene Welt als das einzig Wirkliche. Die bäuerliche Dorfgemeinschaft wählte er aus, weil er in diesem überschaubaren und relativ geschlossenen Rahmen ursprüngliche Charaktere und soziale Grundkonflikte darstellen konnte.

Der Sternsteinhof

Im Roman *Der Sternsteinhof* (1885) geht es um den Existenzkampf der Besitzlosen, die ihren Anteil am Glück einfordern. Die Häuslertochter Helene Zinshofer wird durch Zähigkeit, Fleiß und auch durch Rücksichtslosigkeit, die sie selbst erfahren musste und nun zurückzahlt, schließlich die Herrin auf dem reichsten Hof der Umgebung; mehr als geliebt will sie geachtet werden. Moralische Überlegungen werden beim Kampf um den Besitz, der das gesellschaftliche Ansehen sichert, beiseite geschoben. Der Dorfroman wird zum exemplarischen Zeitroman.

Historische Romane

WILLIBALD ALEXIS

Die Hosen des Herrn von Bredow

Ruhe ist die erste Bürgerpflicht

VIKTOR VON SCHEFFEL
Ekkehard

GUSTAV FREYTAG

Bilder aus der deutschen Vergangenheit

Die Ahnen

FELIX DAHN
Ein Kampf um Rom

Der Engländer WALTER SCOTT (1771–1832) gilt als der Begründer des historischen Romans. In seinen Romanen hat er 500 Jahre englisch-schottische Geschichte dargestellt. Den Erzählrahmen bildeten jeweils die überlieferten historischen Ereignisse oder es standen historische Gestalten im Hintergrund. Die Handlung selbst oder die Personen waren frei erfunden. In Deutschland wurden Scotts Romane durch WILLIBALD ALEXIS (eigentlich WILLIBALD HÄRING, 1798–1871) bekannt. Er übersetzte sie ins Deutsche und gab auch mehrere eigene Romane unter Scotts Namen heraus. Später veröffentlichte er unter seinem eigenen Namen einen Romanzyklus aus der brandenburgisch-preußischen Geschichte, darunter *Die Hosen des Herrn von Bredow* (1846). Alexis hatte als Freiwilliger in den Befreiungskriegen gekämpft. Die Enttäuschung über die Entwicklung nach 1815 und die Wiederholung der Verweigerung demokratischer Rechte nach 1848 schlägt sich in seinem Roman *Ruhe ist die erste Bürgerpflicht* (1852) nieder, der zur Zeit der Besetzung Preußens durch Napoleon handelt. Alexis – dies war seine realistische Grundtendenz – stellt Geschichte nicht als eine Folge großer Ereignisse oder als Leistung großer Einzelner dar, sondern mit Blick auf die Gesamtgesellschaft. – Den wohl größten Erfolg hatte zu seiner Zeit JOSEPH VIKTOR VON SCHEFFEL (1826–1886) mit dem Roman *Ekkehard* (1855). Die sentimentale Geschichte des Mönchs Ekkehard von St. Gallen, angesiedelt im 10. Jahrhundert, ist aber nur in den Requisiten historisch; sie ist eine anachronistische Verlegung der späteren Gefühlsromantik ins Mittelalter. Das erneute Interesse an der Geschichte – im Unterschied zur Romantik nicht nur eine rückwärts gewandte Nostalgie, sondern eine Art nationale Identitätssuche – hing auch mit den zeitgenössischen nationalstaatlichen Bestrebungen zusammen. – GUSTAV FREYTAG (1816–1895), seit 1867 Abgeordneter der National-liberalen Partei im Norddeutschen Reichstag, hob in seinen *Bildern aus der deutschen Vergangenheit* (1859–1862), einem kulturhistorischen Panorama, und in dem Romanzyklus *Die Ahnen* (1872–1880), einer Familienchronik von der Zeit der Völkerwanderung bis in die Mitte des 19. Jahrhunderts, den Anteil der Handwerker und Kaufleute an der geschichtlichen Entwicklung hervor. In den *Ahnen* wollte er den Deutschen nach der Reichsgründung gleichsam ein bürgerliches Nationalbewusstsein vermitteln, das in der Geschichte verankert war. Angesichts der Dominanz des Adels im Militär und in der höheren Verwaltung war dies durchaus progressiv, wenn auch – von heute aus gesehen – die nationale Begeisterung nicht ganz frei von einem nationalistischen Dünkel war. – Im Gefolge der national-politisch orientierten historischen Romane florierten auch die so genannten „Professorenromane“. *Ein Kampf um Rom* (1876–1878), die Geschichte der Ostgoten in Italien, von FELIX DAHN (1834–1912) ist das bekannteste Beispiel.

Populäre Zeitromane

Gustav Freytag
Soll und Haben

Zwei junge Leute, die sich noch aus der Volksschule kennen, treffen sich auf ihrem Weg nach Breslau, wo sie ihr Glück machen wollen. Der eine, Anton Wohlfahrt, geht zu einem Großkaufmann in die Lehre; durch Fleiß und Ehrlichkeit arbeitet er sich zum Geschäftspartner seines Lehrherrn hoch. Der andere, Veitel Itzig, hat nur den einen Wunsch, sich gesellschaftlich durchzusetzen; er verdingt sich bei einem Makler, verstrickt sich in zweifelhafte Spekulationen und kommt mit dem Gesetz in Konflikt. Die Lebenswege der beiden Schulkameraden kreuzen sich auch später mehrmals: Anton hilft dem Freiherrn von Rothsattel, das hochverschuldete Gut zu retten; Veitel steht auf der Seite des skrupellosen Spekulanten, die das Gut an sich reißen wollen. Gustav Freytag hat seine Kaufmannsgeschichte *Soll und Haben* (1855) wie ein Drama aufgebaut: die Hauptgestalten werden eingangs vorgestellt, der Konflikt kristallisiert sich um die adligen Besitzungen, am Schluss siegt die kaufmännische Redlichkeit. Die Handlung selbst simplifizierte Gustav Freytag zu einer Schwarzweißgeschichte: Es gibt nur Gute und Böse, dazwischen höchstens einige Zauderer, die sich dann doch zum redlichen Lebenswandel bekehren. Den Part des redlichen und fleißigen Kaufmanns, für den der Beruf auch eine moralische Qualität besitzt, hat er einem braven deutschen Beamtensohn zugewiesen; Anton ist untadelig bis zur Profillosigkeit. Die andern, die Bösewichte, das sind in völkischer Borniertheit die Fremdrassigen. Die Schematisierung geht so weit, dass Freytag auch das Milieu, in dem die beiden Antagonisten ihre berufliche Laufbahn beginnen, nach Gut und Böse einteilt. In der Gestalt Antons konnte das entpolitisierte Bürgertum sein Ideal wieder erkennen; die Dominanz der Moralität, die Gleichsetzung von beruflichem Erfolg und Lebensglück, dokumentierte zumindest die geforderte Anerkennung durch den Adel, der ohne die Hilfe des arbeitsamen Bürgertums, der Kaufleute und Handwerker nicht mehr existieren könne. Diese Argumentation war sicherlich auch ein Grund für den Erfolg des Romans *Soll und Haben:* Befriedigung in der Arbeit als Ersatz für die vorenthaltene Teilhabe an der politischen Verantwortung. Der tatsächliche gesellschaftliche Wandel durch die beginnende Industrialisierung wurde nicht erwähnt; die Gegenkraft zum feudalen Grundbesitz rekrutierte sich, zumindest in der literarischen Fiktion, aus der Kaufmannsschaft und dem Handwerkerstand. Die Konflikte in der gesellschaftlichen Umschichtung wurden individualisiert, d. h. sie wurden nicht historisch, sondern moralisch erklärt. Dies zeigt sich sehr deutlich in der Erzählung *Zwischen Himmel und Erde* (1856) von OTTO LUDWIG (1813–1865). Es ist die Geschichte zweier Brüder aus einem Dachdeckergeschäft. Der eine droht durch seinen Egoismus und Leichtsinn den Betrieb und die Familie zu ruinieren; der andere opfert sich selbstlos für den Fortbestand des Unternehmens auf. Otto Ludwig erklärte die gegensätzliche Handlungsweise der beiden Brüder aus deren unterschiedlichem Charakter; er vermied triviale Typisierungen. Im Unterschied zu Gustav Freytag und Otto Ludwig bemühte sich FRIEDRICH SPIELHAGEN (1829–1911) durch die Technik des Nebeneinander, die in den Romanen der Jungdeutschen ausgebildet worden war – vor allem von Karl Gutzkow –, um eine gesamtgesellschaftliche Darstellung. In seinem Roman *Problematische Naturen* (1861/2) verteidigte er die Ideale der Märzrevolution. Sein Held, von unehelicher adliger Abstammung, aber ein entschiedener Vertreter des liberal-demokratischen Bürgertums, stirbt 1848 auf den Barrikaden von Berlin. In dem sozialen Roman *Hammer und Amboss* (1869) befreit sich der bürgerliche Georg Hartwig von adliger Bevormundung und arbeitet sich zu einem gerechten Fabrikherrn hoch, der aus der Einsicht, dass im Arbeitsprozess jeder eine wichtige Aufgabe habe, die Klassengegen-

OTTO LUDWIG
Zwischen Himmel und Erde

FRIEDRICH SPIELHAGEN

Problematische Naturen

Hammer und Amboss

sätze durch eine humanere Ordnung aufheben möchte. Diese Perspektive besaß aber utopischen Charakter, der die realen Verhältnisse widersprachen. Resigniert beschrieb Spielhagen in seinem Roman *Sturmflut* (1877) die Entwicklung nach 1871. Er handelt vom Bau einer Eisenbahnlinie, bei dem adlige Grundbesitzer und kapitalkräftige Bürger rücksichtslos ihre Vorteile ausnützen und einträchtig sich das Geschäft teilen. Spielhagen kritisierte den Verrat des Bürgertums an seinen Idealen; den Materialismus der Gründerzeit stellte er als eine zerstörende Sturmflut dar. Das Großbürgertum, das von seinen frühen antifeudalen Romanen begeistert war, fühlte sich durch diese scharfe Abrechnung brüskiert; es wandte sich von ihm ab. Spielhagens Romane waren trotz des politischen Engagements keine realistischen Milieustudien; die Reflexion überwog. Nach seiner Vorstellung vom realistischen Erzählen sollte der Autor nicht nur Befunde wiedergeben, sondern auch Alternativen zur gesellschaftlichen „Zerklüftung“ entwerfen.

Sturmflut

Epigonale Novellistik

Zu seiner Zeit als der Erbe Goethes und der deutschen Klassik gefeiert, von König Maximilian II. als Dichter an den Münchner Hof berufen und 1910 mit dem Nobelpreis für Literatur ausgezeichnet, wird PAUL HEYSE (1830–1914) heute fast nur noch in Untersuchungen zur Geschichte der Novellentheorie erwähnt. In der Einleitung zum *Deutschen Novellenschatz*, den er 1871–1876 herausgab, entwickelte er sein formales Strukturmuster der Novelle. Als Vorbild diente ihm eine Erzählung aus dem *Decamerone* (1348); sie lautet in Boccaccios Kurzfassung (V, 9): „Federigo degli Alberghi liebt, ohne geliebt zu werden, und verschwendet in ritterlichem Aufwande sein ganzes Vermögen, sodass ihm nur noch ein Falke bleibt; den setzt er, da er sonst nichts hat, seiner Dame, die zu ihm gekommen ist, als Speise vor: als sie das erfährt, ändert sie ihren Sinn, nimmt ihn zum Gatten und macht ihn zum Herrn ihres Reichtums.“ Jede Novelle, so forderte Heyse, müsse einen „Falken“, ein Dingsymbol haben, das eine entscheidende Situation sichtbar mache. Die Novelle erzähle „in einem *einzigen* Kreise einen *einzelnen* Konflikt, eine sittliche oder Schicksals-Idee oder ein entschieden abgegrenztes Charakterbild“. Der Individualismus seiner Gestalten, ihre Forderung nach Selbstverwirklichung, vollzieht sich in einem Freiraum, der in der erfahrenen Wirklichkeit nicht existierte. Heyse betonte die Form vor dem Inhalt und der gesellschaftlichen Einbindung. In seinen Novellen, in der Mehrzahl Liebesgeschichten, ähnlich der italienischen Falken-Novelle, entwarf er eine ästhetische Welt des zeitlos Schönen; dies hielten er und sein Publikum für klassisch. Es war aber in Wirklichkeit nur ein schöngeistiges Ausweichen in die Form, die sehr schnell zum Klischee verkümmerte. Die Sammlung seiner *Novellen* (1904 f.), Rückblick auf ein halbes Jahrhundert literarischer Produktion, umfasste acht Bände.

PAUL HEYSE

Deutscher Novellenschatz

Novellen

FRIEDRICH HEBBEL

Das Drama – Gesellschaftskritik im Rahmen überlieferter Formen

Kaum ein anderer Dramatiker hat sein literarisches Schaffen in Tagebüchern, Briefen und Aufsätzen so ausführlich kommentiert wie FRIEDRICH HEBBEL (1813–1863). Anknüpfend an die Grundopposition zwischen Notwendigkeit und Freiheit, wie sie von Schiller aus Kants Philosophie entwickelt wurde, und in Verbindung mit Hegels Methode einer historischen Dialektik, die den weltgeschichtlichen Prozess als eine Abfolge sich widerstreitender Entwicklungsstufen erklärte, versuchte er den Begriff des Tragischen zu aktualisieren; denn das Drama – er meinte die Tragödie – galt ihm als „die höchste Kunstform“. In dem Aufsatz *Ein Wort über das Drama* (1843) formulierte er die wichtigsten Ansätze seiner Dramentheorie:

Ein Wort über das Drama

> *Das Drama stellt den Lebensprozess an sich dar. Und zwar nicht bloß in dem Sinne, dass es uns das Leben in seiner ganzen Breite vorführt, was die epische Dichtung sich ja wohl auch zu tun erlaubt, sondern in dem Sinne, dass es uns das bedenkliche Verhältnis vergegenwärtigt, worin das aus dem ursprünglichen Nexus entlassene Individuum dem Ganzen, dessen Teil es trotz seiner unbegreiflichen Freiheit noch immer geblieben ist, gegenübersteht. Das Drama ist demnach, wie es sich für die höchste Kunstform schicken will, auf gleiche Weise ans Seiende wie ans Werdende verwiesen: ans Seiende, indem es nicht müde werden darf die ewige Wahrheit zu wiederholen, dass das Leben als Vereinzelung, die nicht Maß zu halten weiß, die Schuld nicht bloß zufällig erzeugt, sondern sie notwendig und wesentlich mit einschließt und bedingt; ans Werdende, indem es an immer neuen Stoffen, wie die wandelnde Zeit und ihr Niederschlag, die Geschichte, sie ihm entgegenbringt, darzutun hat, dass der Mensch, wie die Dinge um ihn her sich auch verändern mögen, seiner Natur und seinem Geschmack nach ewig derselbe bleibt. Hierbei ist nicht zu übersehen, dass die dramatische Schuld nicht, wie die christliche Erbsünde, erst aus der Richtung des menschlichen Willens entspringt, sondern unmittelbar aus dem Willen selbst, aus der starren eigenmächtigen Ausdehnung des Ichs, hervorgeht, und dass es daher dramatisch völlig gleichgültig ist, ob der Held an einer vortrefflichen oder verwerflichen Bestrebung scheitert.*

Für die Philosophie der Aufklärung und des deutschen Idealismus war die Gegenüberstellung von Notwendigkeit und Freiheit kein unaufhebbarer Gegensatz. Notwendigkeit – das war das übergreifende Weltgesetz, ob nun als göttliche Idee oder als Gesamtheit einer natürlichen Ordnung; Freiheit – das war der Bereich des sich entfaltenden Individuums. Ein Konflikt zwischen Notwendigkeit und Freiheit – so die Vorstellung – könne nur entstehen, wenn das Individuum seine Freiheit missbraucht und die Notwendigkeit einer objektiven – ob nun göttlichen oder natürlichen – Ordnung verneint oder missachtet. Der richtige Gebrauch der Freiheit war nach dieser Definition – im theologischen wie im philosophischen Sinn – die Fähigkeit, das Gesetz der objektiven Notwendigkeit zu erkennen und nach ihm zu handeln; denn dann hob sich die Spannung zwischen Notwendigkeit und Freiheit, zwischen dem Weltganzen und dem Individuum, in der Harmonie des Widerstrebenden auf. Das Ziel der Kunst, und im Besonderen: der Tragödie, sei es, so sagte Schelling in seiner *Philosophie der Kunst* (1802/03), den Gegensatz der Notwendigkeit und der Freiheit so zu lösen, dass „die Notwendigkeit siegt, ohne dass die Freiheit unterliegt und hinwiederum die Freiheit obsiegt, ohne dass die Notwendigkeit besiegt wird“. Hebbel hat zwar aus der idealistischen Philosophie die Dialektik zwischen Notwendigkeit und Freiheit, zwischen dem „Ganzen“ und dem Individuum übernommen, aber er sieht die Schuld des Individuums nicht mehr einfach im Auflehnen gegen das übergeordnete Ganze, gegen die ursprüngliche Einheit allen Seins, sondern die Individualität ist selbst schon die dem Menschen innewohnende Schuld gegenüber dem Ganzen; das bedeutet für Hebbel, dass der Mensch selbst schon eine tragische Existenz ist. Seine Individualität, sein Wille ist die Voraussetzung für den Fortgang der Geschichte – gleichzeitig aber auch eine Rebellion gegen das beharrende Ganze: Die Geschichte braucht den Einzelnen, aber sie dankt es ihm nicht. Hebbel brach radikal mit der idealistischen Auffassung, dass in der Welt und in der Geschichte ein übergeordnetes moralisches Prinzip walte. Die historische Notwendigkeit ist nichts anderes als der jeweilige Zustand der Welt, der sich gegen Veränderung wehrt und den Einzelnen, der verändernd eingreifen will, vernichtet. Sein Vokabular hatte Hebbel noch aus dem deutschen Idealismus, aber wenn er vom Weltwillen oder der alles umgreifenden Idee spricht, dann meint er nicht mehr ein göttliches Prinzip, das den Weltlauf bestimmt, sondern die reale historische Situation gesellschaftlicher Widersprüche, die er als tragisch versteht, weil sie den, der sie aufzuheben versucht, vernichtet. Der Gang der Geschichte ist die einzige Notwendigkeit: „Es gibt nur eine Notwendigkeit, die, dass die Welt besteht; wie es den Individuen aber in der Welt ergeht, ist gleichgültig. Das Böse, das sie verüben, muss, indem es die Existenz der Welt gefährdet, bestraft werden; aber zu ihrer Entschuldigung für das Unglück, das sie erleiden, ist kein Grund vorhanden." (Tagebuch, November 1843)

tragischer Nihilismus

Hebbel stammte aus Wesselburen in Schleswig-Holstein, das damals noch zur dänischen Krone gehörte. Sein Vater war Maurer. Die ärmlichen Verhältnisse der Familie erlaubten es nicht, den Sohn eine höhere Schule besuchen zu lassen. Mit fünfzehn Jahren wurde er für freie Kost und Wohnung Schreiber und Laufbursche bei dem örtlichen Kirchspielvogt. Es war eine harte Lehrzeit, reich an Entbehrungen, an die sich Hebbel ein Leben lang erinnerte. Aber er konnte zum ersten Mal seinen Wissensdurst stillen. Wahllos las er sich durch die Bibliothek seines Dienstherrn und eignete sich als Autodidakt ein erstaunliches, wenn auch wenig geordnetes Wissen an. Erste Gedichte entstanden, die er zum Teil auch veröffentlichen konnte. 1835 ging er mit finanzieller Unterstützung von Gönnern nach Hamburg, um sich für ein Universitätsstudium vorzubereiten. Dort lernte er die Näherin Elise Lensing kennen. Sie war neun Jahre älter als Hebbel; selbstlos unterstützte sie ihn über Jahre mit ihren kärglichen Mitteln. Ihr verdankte es Hebbel, dass er zumindest als Gasthörer die Universität Heidelberg und München besuchen konnte. 1839 kehrte er völlig mittellos nach Hamburg zurück und hielt sich mit Gelegenheitsarbeiten für Journale über Wasser. 1843 schien sich seine Lage etwas zu bessern; der dänische König gewährte ihm für zwei Jahre ein Reisestipendium. 1841 war die Tragödie *Judith,* 1842 der erste Sammelband seiner *Gedichte* erschienen. Zunächst ging er nach Paris, dort machte er die Bekanntschaft Heines. Nach einem längeren Aufenthalt in Italien ließ er sich in Wien nieder und heiratete die Burgschauspielerin Christine Enghaus. Wien brachte die Wende. Der Erfolg seiner frühen Dramen öffnete ihm die vornehmen Häuser. Plötzlich war er der gefeierte Dramatiker. Er erhielt zahlreiche Auszeichnungen. 1863 wurde ihm für die *Nibelungen* der Schillerpreis verliehen. Er starb während der Arbeiten am *Demetrius;* er hatte Schillers Fragment vollenden wollen.

Ideendrama

Hebbels Tragödien stehen in der Tradition des Ideendramas. Für die Handlung wählte er Stoffe aus der Bibel, dem Mythos oder der Geschichte, die den großen Einzelnen, ob Mann oder Frau, im Konflikt mit der herrschenden Weltordnung zeigen. Das Individuum ist Täter und Opfer zugleich; es treibt den Weltprozess voran, aber es geht auch an seiner Vereinzelung zugrunde. In der Tragödie *Judith* (1841) glaubt die jungfräuliche Witwe von Gott ausersehen zu sein, das jüdische Volk vor dem heidnischen Feldherrn Holofernes zu retten. Holofernes, der in übermenschlicher Maßlosigkeit nur sich selbst anerkennt, vernichtet jeden, der sich seinem Machtanspruch in den Weg stellt. Als er Bethulien belagert und die Einwohner aus Angst schon bereit sind bedingungslos zu kapitulieren, wagt sich Judith ins feindliche Lager unter dem Vorwand, die Stadt dem Feldherrn auszuliefern; aber ihr Plan ist es, Holofernes zu töten, um den Kampfeswillen der Feinde zu brechen. Die Tat gelingt ihr; doch sie muss erkennen, dass ihr Motiv zur Tat nicht das Wohl des Volkes oder der göttliche Auftrag war, sondern die Rache für die Missachtung ihrer Person: Holofernes, zu dem sie sich als einem ebenbürtigen selbstbewussten Individuum hingezogen fühlte, sah in ihr nur ein Objekt seiner Lust; deshalb tötete sie ihn. Vom Volk als Retterin gefeiert, kehrt sie innerlich gebrochen in die Stadt zurück.

Judith

Neben der weltgeschichtlichen Dialektik – der Ablösung alter Ordnungen durch neue – taucht auch hier schon als weiteres wichtiges Moment der Kampf der Geschlechter, die Rivalität zwischen Mann und Frau auf. Hebbel hat das weltgeschichtliche Motiv psychologisch in einen individuellen Konflikt umgedeutet. Als Werkzeug der Geschichte treibt Judith die notwendige Ablösung alter Strukturen voran, aber sie handelt nicht im Sinne einer überindividuellen Notwendigkeit, sondern aus verletztem Stolz, um ihre Würde als Person zu retten. Die vermeintliche Idee eines objektiven Weltgesetzes ist nur die nachträgliche Interpretation subjektiv motivierter Handlungen. Die Idee wird zur bloßen gedanklichen Konstruktion. Dies unterscheidet Hebbel fundamental von der idealistischen Klassik, als deren Erbe man ihn lange Zeit missverstand.

Maria Magdalena (1844) ist Hebbels einziges zeitgenössisches Stück. Er nannte es ein *bürgerliches Trauerspiel.* So lautete auch der Untertitel zu Schillers *Kabale und Liebe;* aber während Schiller den tragischen Ausgang der Handlung noch aus den Standesunterschieden entwickelte, spielt Hebbels Stück ausschließlich im engen Rahmen kleinbürgerlicher Begrenztheit. Das Stück ist eher eine soziale Diagnose als eine Anklage. Die Gestalten sind im Netz der öffentlichen Moralvorstellungen gefangen; Sittlichkeit ist durch Sitte, durch die herrschende Meinung ersetzt. Die Personen handeln nicht aus sich selbst, sondern sie fügen sich einem anonymen Diktat; daher ist die Frage nach einer subjektiven Schuld auch nur zweitrangig.

Maria Magdalena

Klara, die Tochter des Tischlermeisters Anton – er tyrannisiert seine Familie mit moralisierendem Rigorismus –, ist schwanger von dem Schreiber Leonhard, der Klara zu einer intimen Beziehung gezwungen hat, um sie an sich zu binden und ihre Jugendliebe, den gerade von der Akademie zurückgekehrten Sekretär Friedrich, auszuschalten. Als Leonhard erfährt, dass Karl, Klaras Bruder, fälschlich des Diebstahls bezichtigt wird und dass die erhoffte Mitgift für eine Bürgschaft gepfändet ist, verlässt er Klara. Friedrich fordert Leonhard zum Duell, in dem beide tödlich verwundet werden. Klara, die keinen Ausweg mehr weiß, weil sie dem Vater versprochen hat ihm keine öffentliche Schande zu bereiten, stürzt sich in den Brunnen. Die Dialoge in diesem bürgerlichen Trauerspiel sind Monologe, zwischenmenschliches, verzeihendes Verstehen wird durch die Angst vor der herrschenden Meinung der Öffentlichkeit unterdrückt. Jeder steht für sich allein. Die Tragik entsteht, wie Hebbel sagte, „ganz einfach aus der bürgerlichen Welt selbst, aus ihrem zähen und in sich selbst begründeten Beharren auf den überlieferten patriarchalischen Anschauungen und ihrer Unfähigkeit, sich in verwickelten Lagen zu helfen“. (Brief 11. 12. 1843)

Herodes und Mariamne

Herodes und Mariamne (1850) ist eine Tragödie der Zeitenwende. Herodes herrscht despotisch über seine Untertanen; jedem, selbst seiner Frau, misstraut er. Gegen Ende der Handlung erscheinen die Heiligen Drei Könige auf der Suche nach dem neugeborenen König, unter dessen Führung ein neues Zeitalter der mitmenschlichen Liebe beginnen werde.

Wie schon in der Tragödie *Judith* verband Hebbel die weltgeschichtliche Wende mit einem Konflikt der Geschlechter. Mariamme, ihrem Gatten bis in den Tod treu ergeben, erfährt, dass Herodes sie aus Furcht, sie könnte einmal die Frau eines anderen sein, unter das Schwert gestellt habe, d. h. sie töten zu lassen, wenn er nicht mehr lebend von einer gefährlichen Mission zurückkehre. Mariamme fühlt sich durch dieses Misstrauen in ihrer persönlichen Würde getroffen. Einmal verzeiht sie, aber als die Situation sich wiederholt, provoziert sie den König und zwingt ihn das Urteil zu vollstrecken: „Du sollst das Weib, das du erblicktest, töten / Und erst im Tod mich sehen, wie ich bin! –“ Die Absicht ist klar: Hebbel schreibt gegen die Anmaßung, dass Menschen über Menschen verfügen könnten, aber die Verengung des Konflikts – der ja als ein gesellschaftlicher gedacht ist – auf einen privaten Vertrauensverlust nimmt der Polemik die gesamtgesellschaftliche Schärfe. Die radikale Kritik am System konnte als Korrektur am Verhalten Einzelner missverstanden werden.

Agnes Bernauer

In dem historischen Trauerspiel *Agnes Bernauer* (1855) bezog Hebbel die Dialektik zwischen Notwendigkeit und Freiheit, zwischen Weltgesetz und Individuum, auf das Verhältnis zwischen der Staatsräson und dem Wunsch nach privater Glückserfüllung.

Albrecht hatte 1432 die bildschöne Agnes, Tochter eines Baders in Augsburg, heimlich geheiratet. Sein Vater, Herzog Ernst, befürchtete, dass diese unebenbürtige Heirat Unruhe unter den bayerischen Adel bringe und den Widerstand gegen sein Haus schüre. Als im Streit um die Thronfolge ein Bürgerkrieg auszubrechen drohte, ließ er 1435 Agnes in der Donau bei Straubing ertränken. Er setzt Albrecht als seinen Nachfolger ein und fordert ihn auf, über den Vater zu richten. Die tote Agnes ehre er als die Frau seines Sohnes; ihr Tod sei der notwendige Preis für die Rettung des Friedens gewesen. Agnes sei „das reinste Opfer, das der Notwendigkeit im Lauf aller Jahrhunderte gefallen ist“.

In diesem Drama spielt das Recht des Einzelnen auf Glück – ein Recht, das die Aufklärung als das höchste Ziel des Staates deklariert hatte – keine Rolle; die Idee einer humanen Gesellschaft ist auf den Kopf gestellt. Nach Hebbels eigenem Urteil ist in dem Stück „ganz einfach das Verhältnis des Individuums zur Gesellschaft dargestellt und demgemäß an zwei Charakteren, von denen der eine aus der höchsten Region hervorging, der andere aus der niedrigsten, anschaulich gemacht, dass das Individuum, wie herrlich und groß, wie edel und schön es immer sei, sich der Gesellschaft unter allen Umständen beugen muss, weil in dieser und ihrem notwendigen formalen Ausdruck, dem Staat, die ganze Menschheit lebt“. (Brief vom 16. 2. 1852)

In keinem seiner Stücke hat sich Hebbel so genau – zumindest im formalen Aufbau – an das aristotelische Regelsystem gehalten wie in der fünfaktigen Tragödie *Gyges und sein Ring* (1856): Die Handlung, durch Ort und Zeit begrenzt, spielt unter hohen Standespersonen. Die Sprache ist in den Blankvers gebunden. Die Wende zur Katastrophe am Ende wird durch schrittweises Erkennen der Zusammenhänge vorbereitet. Sein Vorbild war der antikisierende Dramenstil der Klassik. Die Themen und Motive aber, die das Verhängnis auslösten, waren schon in anderen Werken Hebbels aufgetaucht: 1. Der Gegensatz zwischen beharrender Tradition und Neuerungswillen, 2. die Missachtung der persönlichen Würde der Frau.

Gyges und sein Ring

Kandaules, König von Lydien, will alte Bräuche und Sitten abschaffen und sein Reich neuen Ideen öffnen. Rhodope, seine Frau, aber lebt in der Tradition; für sie ist die Sitte ihrer Väter nicht einfach ein äußerer Zwang, sondern Teil ihres Wesens. Als Kandaules sich über die Gefühle seiner Frau hinwegsetzt, fordert sie Sühne für sich und die beleidigte Sitte. Kandaules hatte den Griechen Gyges dazu überredet, mit Hilfe eines unsichtbar machenden Ringes heimlich in die Gemächer der Königin einzudringen und sie in ihrer unverhüllten Schönheit zu betrachten, damit er einen Mitwisser seines Glückes habe. Als Rhodope den Frevel entdeckt und erfährt, wer der Urheber war, zwingt sie Gyges, Kandaules zu töten und ihr Gemahl zu werden, damit niemand, wie es die Sitte forderte, außer Vater und Ehemann sie entschleiert gesehen habe. Nach der Trauung ersticht sie sich, der Frevel an der heiligen Sitte und ihrer Person ist gesühnt. In der Argumentation vermischt sich die weltgeschichtliche Dialektik zwischen Beharren und Veränderung mit der psychologischen Analyse des Geschlechterkonflikts. Kandaules ist Werkzeug der Geschichte; er rührte „an den Schlaf der Welt" und geht daran zugrunde, aber mit dem Griechen Gyges kündet sich ein neues Zeitalter an.

Hebbels letztes Werk ist die *Nibelungen*-Trilogie (1862): *Der gehörnte Siegfried, Siegfrieds Tod, Kriemhilds Rache.* Hebbel konzentriert die Handlung auf die Rache zweier gedemütigter Frauen. Brunhild, die Königin von Isenland, eine mythische Gestalt mit übermenschlichen Kräften, hat bisher alle ihre Freier besiegt; sie kann nur den zum Manne nehmen, dem sie im Kampfe unterliegt. Als König Gunther aus Worms um Brunhild wirbt, hilft ihm, durch eine Tarnkappe unsichtbar, der junge Siegfried; als Lohn wird ihm Kriemhild, Gunthers Schwester, zur Frau versprochen. Als Brunhild an der Pforte des Wormser Doms den Vortritt vor Kriemhild fordert, verrät Kriemhild das Geheimnis. Brunhild, doppelt getroffen, weil Siegfried, der einzige Mann, der ihr ebenbürtig gewesen wäre, sie verschmäht und um Kriemhilds willen getäuscht hat, denkt nur noch an Rache. Hagen Tronje, Gunthers blind ergebener Vasall, tötet Siegfried hinterrücks bei der Jagd im Odenwald. Vergeblich verlangt Kriemhild Sühne für den Mord an Siegfried. Sie heiratet den Hunnenkönig Etzel; er solle ihr Rächer an den Burgunden werden. Bei einem Besuch an Etzels Hof kommen alle Burgunden um; Kriemhilds maßlose Wut verschont niemanden. Als sie Hagen mit Balmung, Siegfrieds Schwert, erschlägt, tötet der alte Hildebrant die Rasende. Etzel, von dem sinnlosen Gemetzel angewidert, legt die Krone nieder:

Die Nibelungen

Etzel: *Nun sollt' ich richten – rächen – neue Bäche*
Ins Blutmeer leiten – doch es widert mich,

Ich kann's nicht mehr – mir wird die Last zu schwer –
Herr Dietrich, nehmt mir meine Kronen ab
und schleppt die Welt auf Eurem Rücken weiter –
Dietrich: Im Namen dessen, der am Kreuz erblich!

Dieser unvermittelte Schluss soll, wie schon in anderen Stücken, die weltgeschichtliche Wende andeuten. Unter der Herrschaft Dietrichs von Bern, des historischen Theoderich, wird die barbarische Zeit endgültig durch das Christentum, durch das Gebot der Liebe abgelöst. Dies ist die Hoffnung auf Versöhnung, die im letzten Satz der Trilogie ausgesprochen wird.

Otto Ludwig

Der Erbförster

Otto Ludwigs Trauerspiele stehen unter dem Einfluss Schillers. Die Zeitgenossen sahen auch Parallelen zu Hebbel. *Der Erbförster* (1853) wurde mit *Maria Magdalena* verglichen, da beide Werke Zeitstücke sind. Doch in der Argumentation haben sie wenig gemeinsam. Während Klara an den anonymen Zwängen kleinbürgerlicher Moralvorstellungen scheitert, verstrickt sich der rechthaberische Erbförster in eine theatralisch inszenierte Abfolge nur äußerlicher Zufälle und Verwechslungen, die als verhängnisvolle Schicksalsschläge im Stil der romantischen Schauertragödie vorgestellt werden: er erschießt, auf der Suche nach einem vermeintlichen Mörder, seine eigene Tochter und richtet am Schluss sich selbst.

Die Makkabäer

Das Trauerspiel *Die Makkabäer* (1854) wurde schon des Stoffes wegen mit Hebbels *Judith* verglichen; es schildert in epischer Breite und mit wechselnden Hauptpersonen den Befreiungskampf der Juden gegen den syrischen König Antiochus.

Ernst von Wildenbruch

Die Karolinger

Ernst von Wildenbruch (1845–1909), eine Generation jünger als Hebbel, wählte für seine Historiendramen nationale Stoffe. In dem Schauspiel *Die Karolinger* (1882) inszenierte er die Machtkämpfe unter den Söhnen Ludwigs des Frommen als ein Netz privater Intrigen. Die dramatischen Effekte deckten die politischen Motive zu.

Die Quitzows

In einem Zyklus, der mit dem Stück *Die Quitzows* (1888) begann, rollte Ernst von Wildenbruch die Geschichte der preußischen Hohenzollern seit dem frühen 15. Jahrhundert auf. Das einzige, aber erfolgreiche Ziel dieser dramatisierten Historien war die Verherrlichung Preußens und des neuen Kaiserreiches. Die Hohenzollern werden als die Hüter von Recht und Ordnung gepriesen.

gesellschaftskritische Volksstücke

Ludwig Anzengruber

Im *Meineidbauer* (1872) hat Ludwig Anzengruber das Wiener Volksstück zum sozialen Dorfdrama verwandelt. Das dörfliche Milieu und die überlieferten Moralvorstellungen der ländlichen Bevölkerung spielen eine große Rolle. Die Gestalten sind keine Typen, sondern ausgeprägte, in ihren Widersprüchen dargestellte Charaktere.

Der Meineidbauer

Mathias Ferner ist durch einen Meineid zum Herrn auf dem Kreuzweghof geworden. Er hatte das Testament seines Bruders, der den Hof seinen unehelichen Kindern vermachen wollte, vernichtet. Die Schuld lastet schwer auf ihm, aber der Wunsch nach eigenem Besitz ist mächtiger. Nach Jahren taucht ein belastender Brief wieder auf. Vor Angst und Verzweiflung stirbt Mathias Ferner. Aber Vroni, die rechtmäßige Erbin, verzichtet aus Liebe auf ihr Recht; sie heiratet Franz, den Sohn des Meineidbauern. So ist am Ende die Schuld gesühnt und neues Unglück vermieden. Anzengruber hat die Ereignisse vom Ende her aufgerollt, schrittweise dringt die Vorgeschichte in das Geschehen ein.

Anton Hutterer, Privatier und Hausbesitzer, fragt einen jungen Geistlichen, was seine Tochter, für die er gegen ihren Willen einen Bräutigam ausgesucht hatte, tun solle: „Gehorchen und das Glück Gott anheimstellen!“ Die Tochter gehorcht und wird unglücklich. In dem Volksstück *Das vierte Gebot* (1878) beschrieb Anzengruber an drei Familien die Forderungen, die das vierte Gebot auch an die Eltern stelle; denn elterlicher Egoismus zerstöre das Glück der Kinder. Anzengrubers Stücke waren Angriffe auf die veräußerlichte Moral einer erstarrten Ordnung, die sich mit zurechtgelegten Bibelzitaten verteidigte. Der bissige Spott auf bigotte Scheinheiligkeit, hinter der sich – wie in der Bauernkomödie *Der G'wissenswurm* (1874) – sehr weltliche Besitzgier verbarg, sollte über das schadenfrohe Lachen hinaus auch selbstkritische Betroffenheit bewirken.

Das vierte Gebot

Der G'wissenswurm

Der alte Grillhofer, ein reicher Bauer, hatte vor vielen Jahren ein Verhältnis mit einer Magd, um deren weiteres Schicksal er sich weder gekümmert noch Gedanken gemacht hat. Jetzt, als kränkelnden Witwer, überfällt ihn die Angst und Sorge – nicht um die Magd und das Kind, das sie vielleicht von ihm hat, sondern um sein Seelenheil. Dusterer, sein Schwager, schleicht sich bei ihm ein und rät ihm auf alle weltlichen Güter zu verzichten; er soll ihm den Hof überschreiben. Doch überraschend erfährt Grillhofer, dass er eine Tochter habe. Liesl vertreibt dem Vater die religiösen Flausen und der Erbschleicher geht leer aus.

Gedichte und Balladen

Die großen Erzähler und Dramatiker des poetischen Realismus waren auch die bedeutendsten Lyriker, deren Gedichte und Balladen vor dem Urteil späterer Generationen bestanden. Die Bestrebungen des Münchner Dichterkreises (seit 1852) am Hofe Maximilians II. – unter seinem Wortführer Emanuel Geibel (1815–1884) –, das klassische und romantische Erbe nachahmend weiterzuführen, wurden zwar von vielen Zeitgenossen begeistert aufgenommen – vor allem wegen der deutschtümelnd-nationalistischen Töne –, aber sie waren damals schon anachronistische, von der Wirklichkeit überholte Spielereien. Ein bezeichnendes Merkmal für die kritisch-realistische Lyrik nach 1848 war allerdings die Ausklammerung tagespolitischer oder aktueller Themen. Dies bedeutet jedoch nicht, dass die Autoren weniger engagiert geschrieben hätten. Nur, sie stellten erstens – im Sinne Heinrich Heines – die literarische Qualität über den aktuellen Gebrauchswert und zweitens bezog sich die Thematik mehr auf geistig-existentielle als auf politische Fragen. Oder anders formuliert: Sie interpretierten ihr gesellschaftliches Sein aus der Perspektive individueller Betroffenheit. Dies war ein Wesenszug des bürgerlichen Realismus.

Kellers Gedichte erschienen in drei Sammlungen: *Gedichte* (1846), *Neuere Gedichte* (1851), *Gesammelte Gedichte* (1883). In den frühen Gedichten überwog die politische Tendenzlyrik, wobei er das deklamatorische Pathos vermied. Die Natur ist ihm kein Gleichnis einer jenseitigen Welt, sondern in sich selbst existierende Wirklichkeit. Man vergleiche nur sein *Wanderlied* (1844) mit Eichendorffs motivgleichem

Gottfried Keller

Gedichte

Neuere Gedichte

Gesammelte Gedichte

Gedicht *Mondnacht* (1837). Bei Eichendorff weitet sich das Naturbild zu einem unendlichen jenseitigen Sehnen; bei Keller ist es reine Anschauung, ein erlebter Augenblick

Wanderlied

Wie meine Seele jubelt
Ob dieser schönen Welt!
Wie eine Lerche schwebt sie
Hoch über Wald und Feld

Bald wiegt sie sich auf Lilien,
Die still in Gärten stehn,
Dann wieder plötzlich stürzt sie
Sich in die fernsten Seen.

Nun ruht sie auf des letzten
und blausten Berges Rand
Und schaut mit trunknen Augen
Hinüber ins fremde Land.

Doch kann sie nicht entrinnen,
Wie sie auch flieht allwärts,
Denn sie ist festgebunden,
Fest an ein schweres Herz!

Friedrich Hebbel
Gedichte

Die Mehrzahl seiner *Gedichte* (Erstausgabe 1842, erweiterte Ausgaben 1848 und 1857) schrieb Hebbel in jungen Jahren. Vor dem Erfolg seiner ersten Dramen fühlte er sich als Lyriker. Das Ringen um eine eigene Weltanschauung, die Auseinandersetzung mit der Philosophie des Idealismus, spiegelt sich auch in den Gedichten. Hauptthema – selbst in den Naturbildern – ist die Spannung zwischen dem Weltganzen und dem Individuum. Naturstimmung und individuelles Gefühl gehen in Reflexionen über den Weltzusammenhang über, die Natur erscheint als Symbol des Weltgesetzes. Schon in dem frühen Gedicht *Nachtlied* (1836) leidet das lyrische Ich an seiner Vereinzelung; es fühlt sich nicht mehr durch ein romantisches Allgefühl mit der Natur eins. Der nächtliche Himmel, die fernen Bahnen der Sterne wecken nicht Sehnsucht, sondern beengen das „Herz in der Brust"; der Rhythmus des Weltenlaufs „verdrängt" individuelles Leben, er nimmt auf den Einzelnen keine Rücksicht. Dieser Gedanke wiederholt sich auch in allen Dramen Hebbels. Daher könnte man das *Nachtlied* fast einen lyrischen Prolog zu den Dramen nennen. Nur in wenigen Naturgedichten, z. B. im *Herbstlied* (1852), verharrt das lyrische Ich in beobachtender Betrachtung:

Herbstbild

Dies ist ein Herbsttag, wie ich keinen sah!
Die Luft ist still, als atmete man kaum,
Und dennoch fallen raschelnd, fern und nah,
Die schönsten Früchte ab von jedem Baum.

O stört sie nicht, die Feier der Natur!
Dies ist die Lese, die sie selber hält,
Denn heute löst sich von den Zweigen nur,
Was vor dem milden Strahl der Sonne fällt.

Theodor Storm
Gedichte

Die *Gedichte* (1852) erschienen zu Storms Lebzeiten, mehrfach erweitert, in sieben Auflagen. Liebe, Natur, Tages- und Jahreszeiten sind die Hauptthemen. Die Naturbilder sind eng mit Storms Heimat verbunden; sie haben einen festen Ort und sind nicht nur eine poetische Chiffre. Im Gedicht *die Stadt* besingt er Husum aus der Erinnerung an der „Jugend Zauber".

Die Stadt

Am grauen Strand, am grauen Meer
Und seitab liegt die Stadt;
Der Nebel drückt die Dächer schwer,
Und durch die Stille braust das Meer
Eintönig um die Stadt.

Es rauscht kein Wald, es schlägt im Mai
kein Vogel ohne Unterlass;
Die Wandergans mit hartem Schrei
Nur fliegt in Herbstesnacht vorbei,
Am Strande weht das Gras.

Doch hängt mein Herz an dir,
Du graue Stadt am Meer;
Der Jugend Zauber für und für
Ruht lächelnd doch auf dir, auf dir,
Du graue Stadt am Meer.

Theodor Fontane
Balladen

In der ersten Phase seiner Balladendichtung, vor Erscheinen der Romane, bevorzugte Fontane historische Stoffe aus dem englisch-schottischen Bereich – *Archibald Douglas* (1854) –, aus Preußen – *Der alte Dessauer* (1846) – und aus den nordischen Ländern – *Gorm Grymme* (1864). Die preußischen Balladen sind Charakterskizzen, die anderen stehen dem Stil der erzählenden Volksballade nahe (Wechsel von Erzählung und wörtlicher Rede). In den späten Balladen gestaltete Fontane auch aktuelle Ereignisse. *Die Brück' am Tay* (1880) entstand nur wenige Tage nach dem schweren Eisenbahnunglück bei Dundee, von dem er aus der Vossischen Zeitung erfahren hatte. Am 28. Dezember 1879 stürzte die Brücke über den Tay in Schottland bei einem Sturm ein, gerade in dem Augenblick, als ein Zug über die Brücke fuhr. Fontane dramatisierte das Unglück als Kampf zwischen menschlicher Technik und Naturgewalten, die er durch Sturmgeister – es sind die Schicksalshexen aus Shakespeares *Macbeth* – symbolisierte. Das Auftreten der Sturmgeister bildet den Rahmen: „Tand, Tand / Ist das Gebilde von Menschenhand!" Die Zerstörung der Brücke, die Vernichtung des Zuges mit den Passagieren wird am Schicksal des Lokführers und seiner Eltern, die auf ihn warten, gezeigt. Fontane verband die Atmosphäre, das Ambiente der naturmagischen Ballade mit der Form des realistischen Erzählgedichts.

Conrad Ferdinand Meyer

Zwanzig Balladen

Romanzen und Bilder

Gedichte

Meyer hatte seine literarische Laufbahn nicht mit Erzählungen, sondern mit Balladen begonnen: *Zwanzig Balladen* (1864), *Romanzen und Bilder* (1869). Die *Gedichte* erschienen 1882; damals hatte er sich bereits als Erzähler einen Namen gemacht. Die Ballade kam als dramatisches Erzählgedicht der Novellenstruktur nahe; in einem einzelnen Ereignis kristallisiert sich oder verdichtet sich ein größerer Zusammenhang.

Die Füße im Feuer

Als Beispiel sei *Die Füße im Feuer* angeführt: Ein Reiter, der während der Hugenottenkriege eine Edelfrau, weil sie das Versteck eines hugenottischen

Junkers nicht preisgeben wollte, durch Feuer zu Tode gefoltert hatte, kommt nach drei Jahren als Kurier des Königs während eines Sturms gerade in das Schloss, in dem er das Verbrechen begangen hatte. Er wird erkannt; er befürchtet, dass er in der Nacht von dem Edelmann umgebracht werde. Dieser aber behandelt ihn wie einen Gast und lässt ihn am Morgen weiterziehn; denn die Rache sei Gottes. – Das Geschehen ist aus der Sicht des Reiters wiedergegeben als dramatischer Bericht in zwei Zeitebenen, die drei Jahre auseinander liegen. Im Bewusstsein des Reiters wird die Vergangenheit in die Gegenwart geholt. Die Erzählperspektive des Reiters wird erst am Schluss durchbrochen, als der Edelmann den teuflischen Mord beim Namen nennt und ganz anders reagiert, als der Reiter es vermutet hatte. Das schrittweise Nachholen der Vorgeschichte in dieser einen Nacht ist ein wichtiges Moment zur Erzeugung von Spannung. Die Schlusspointe besteht im Doppelsinn des Satzes: „Dem größten König eigen!" Der Edelmann meint Gott, der Reiter seinen Dienstherrn. Der Reiter ist am Ende der Gleiche wie am Anfang; er hat nichts begriffen. Das zentrale Thema ist die Entscheidung des Edelmanns, Gott die Rache zu überlassen. Aber dieses Ringen um den richtigen Entschluss tritt nur mittelbar zutage. Dies ist Meyers Kunst der indirekten, distanzierten Darstellung, wie sie auch in den Novellen zu beobachten ist.

In Meyers Gedichten dominiert nicht subjektive Empfindung oder Anschauung, sondern die bewusst gestaltete Form. Viele Gedichte liegen in mehreren Fassungen vor. Die Form war für Meyer das eigentliche Poetische. Er strebte zu einer klassischen, vom Augenblick befreiten Klarheit. Es ist der Weg von der emotionalen Erlebnisdichtung zum poetischen Symbol, zum symbolischen Dinggedicht. Dies verdeutlicht sich bei einem Vergleich verschiedener Fassungen des Gedichts *Der römische Brunnen.*

Der römische Brunnen

In einem römischen Garten
Verborgen ist ein Bronne,
Behütet von dem harten
Geleucht der Mittagssonne.
Er steigt in schlankem Strahle
In dunkle Laubesnacht
Und sinkt in eine Schale
Und übergießt sie sacht.

Die Wasser steigen nieder
In zweiter Schale Mitte,
Und voll ist diese wieder,
Sie flutet in die dritte:
Ein Nehmen und ein Geben,
Und alle bleiben reich,
Und alle Fluten leben
Und ruhen doch zugleich.
(um 1860/70)

Der Springquell plätschert und ergießt
Sich in der Marmorschale Grund,
Die, sich verschleiernd, überfließt
In einer zweiten Schale Rund;
Und diese gibt, sie wird zu reich,
Der dritten wallend ihre Flut,
Und jede nimmt und gibt zugleich
Und alles strömt und alles ruht. (1870)

Aufsteigt der Strahl und fallend gießt
Er voll der Marmorschale Rund,
Die, sich verschleiernd, überfließt
In einer zweiten Schale Grund,
Die zweite gibt, sie wird zu reich,
Der dritten wallend ihre Flut,
Und jede nimmt und gibt zugleich
Und strömt und ruht. (1882)

In der ersten Fassung steht noch viel Beschreibung und Interpretation. In der zweiten Fassung konzentriert sich Meyer bereits auf den Vorgang selbst. In der dritten Fassung geht der Vorgang in den Sprachrhythmus ein. Das ständige Ineinanderfließen von Bewegung und Ruhe, von Werden und Sein, an der jede Schale teilhat, sodass der Brunnen eine in sich stabile Ordnung wiederkehrender Gleichheit ist, braucht nicht mehr gedeutet zu werden; die symbolische Aussage tritt aus dem Ding mühelos hervor.

Bildergeschichten

In den Märchen wird das Böse bestraft und das Gute belohnt. Nach diesem Schema scheint auch WILHELM BUSCH (1832–1908) seine Bild- und Textgeschichten aufgebaut zu haben; aber eben nur scheinbar. Die Geschichte von *Max und Moritz* (1865) ist die parodistische Umkehr moralischer Kinderbelehrung. Die beiden Strolche wehren sich gegen die scheinheilige Biederkeit der Erwachsenen. Durch ihre Streiche entlarven sie die spießige Engstirnigkeit ihrer Umwelt. Dafür werden sie bestraft. Sich fügen oder in der Mühle der Gesellschaft zermahlen werden –, eine dritte Möglichkeit gibt es nicht. Wilhelm Busch sah seine pessimistische Auffassung von der Abwesenheit des Guten im Gesellschaftsprozess durch Schopenhauers Philosophie vom blinden Willen als Lebensprinzip bestätigt:

WILHELM BUSCH

Max und Moritz

Das Gute – dieser Satz steht fest –
Ist stets das Böse, was man lässt!

In diesem Netz der Zwänge sind auch die Erwachsenen gefangen. Busch kritisierte bissig die Maske falscher und hinterlistiger Frömmelei – *Die fromme Helene* (1872), *Pater Filucius* (1872) – oder karikierte den Biedermann in seiner selbstzufriedenen Bequemlichkeit – *Knopp*-Trilogie: *Abenteuer eines Junggesellen, Herr und Frau Knopp, Julchen* (1875). – Resignierende Selbstironie findet sich in *Balduin Bählamm. Der verhinderte Dichter* (1883) oder *Maler Klecksel* (1884). Die einprägsame einfache Form des Knittelverses und die handliche Kurzfassung der spruchhaften Lebensweisheiten trugen dazu bei, dass manche Passage aus den Bildergeschichten und Gedichten in das Repertoire der sprichwörtlichen Redensarten eingegangen ist:

Die fromme Helene

Pater Filucius

Knopp-Trilogie

Balduin Bählamm

Maler Klecksel

Wenn einer, der mit Mühe kaum
Geklettert ist auf einen Baum,
Schon meint, dass er ein Vogel wär,
So irrt sich der. *(Fink und Frosch)*

Auch in den Gedichten, ob nun aphoristische Spruchweisheiten, Reflexionen über das eigene Leben, Fabeln oder kleine Szenen, bestimmten Ironie und Skepsis den Ton. Verschmitzt-verfremdet heißt es in der *Kritik des Herzens* (1874), seiner ersten Gedichtsammlung:

Kritik des Herzens

Sei ein braver Biedermann,
Fange tüchtig an zu loben!
Und du wirst von uns sodann
Gerne mit emporgehoben.

Wilhelm Busch verstand es meisterhaft, Lebensweisheiten nicht zu dozieren, sondern in kleine Szenen zu fassen; z. B. *Der alte Narr* oder *Bewaffneter Friede* aus *Zu guter Letzt* (1904). Seine gereimten Skizzen kamen bereits in die Nähe des satirischen Kabaretts.

Zu guter Letzt

Textsammlungen

- Walther Killy: Die deutsche Literatur – Texte und Zeugnisse Band 6: 19. Jahrhundert, herausgegeben von Benno von Wiese, C. H. Beck Verlag, München [2]1984
- Andreas Huyssen: Bürgerlicher Realismus, Reclam Verlag (RUB 9641), Stuttgart 1976

11 Naturalismus (ca. 1880–1900)

Ausländische Vorbilder

1799–1850	HONORÉ DE BALZAC *Die menschliche Komödie* (1830 ff.)
1828–1910	LEO TOLSTOI *Krieg und Frieden* (1864 ff.) – *Anna Karenina* (1873 ff.) – *Die Macht der Finsternis* (1886)
1828–1906	HENRIK IBSEN *Gespenster* (1881)
1832–1910	BJØRNSTJERNE BJØRNSON *Ein Handschuh* (1883)
1840–1902	EMILE ZOLA *Der Experimentalroman* (1880) – *Die Familien Rougon-Macquart* (1871 ff.) – *Thérèse Raquin* (1878)
1849–1912	AUGUST STRINDBERG *Der Vater* (1887) – *Fräulein Julie* (1888)

Deutsche Vertreter

1844–1909	DETLEV VON LILIENCRON *Adjutantenritte* (1883) – *Neue Gedichte* (1893) – *Bunte Beute* (1903)
1846–1927	MICHAEL GEORG CONRAD *Was die Isar rauscht* (1888)
1854–1941	MAX KRETZER *Meister Timpe* (1888)
1857–1928	HERMANN SUDERMANN *Frau Sorge* (1887) – *Die Ehre* (1889)
1862–1890	HERMANN CONRADI *Adam Mensch* (1889)
1862–1941	JOHANNES SCHLAF *Papa Hamlet* (mit Arno Holz, 1889) – *Die Familie Selicke* (mit A. Holz, 1890) – *Meister Oelze* (1892)
1862–1946	GERHART HAUPTMANN *Bahnwärter Thiel* (1888) – *Vor Sonnenaufgang* (1889) – *Die Weber* (1892) – *Der Biberpelz* (1893) – *Hanneles Himmelfahrt* (1894) – *Die versunkene Glocke* (1896) – *Fuhrmann Henschel* (1899) – *Rose Bernd* (1903) – *Und Pippa tanzt* (1906) – *Der Narr in Christo Emanuel Quint* (1910) – *Die Ratten* (1911) – *Der Ketzer von Soana* (1918) – *Die Atriden-Tetralogie* (1941 ff.)
1863–1929	ARNO HOLZ *Das Buch der Zeit* (1886) – *Papa Hamlet* (mit J. Schlaf, 1889) – *Die Familie Selicke* (mit J. Schlaf, 1890) – *Phantasus* (1898 ff.)

Literatur und empirische Wissenschaften

die Forderung nach Wissenschaftlichkeit

Der Naturalismus war eine Entwicklung in der Spätphase des bürgerlichen bzw. poetischen Realismus. Er war keine literarische Epoche im eigentlichen Sinne. Viel eher kann man ihn als den Versuch charakterisieren, Erkenntnisse der zeitgenössischen positivistischen Naturwissenschaften auf die Literatur zu übertragen; denn auch die Literatur sollte das Kriterium erfüllen, die Wirklichkeit nach objektiv überprüfbaren Gesetzen darzustellen und zu erklären. Der Wunsch, die Literatur auf eine Basis wissenschaftlicher Überprüfbarkeit zu stellen, war durchaus verständlich. Zu deutlich zeigten sich in der zeitgenössischen Literatur die Widersprüche zwischen literarischer Gestaltung und gesellschaftlicher Wirklichkeit; die Literatur des poetischen Realismus beschränkte sich weiterhin hauptsächlich auf die bürgerliche Erfahrungswelt und klammerte die Folgen der atemberaubend expandierenden Industrialisierung – die Verschärfung der sozialen Gegensätze, die Entstehung eines städtischen Proletariats – mit wenigen Ausnahmen aus ihrem Themenkatalog aus. Die Konflikte wurden in der Literatur noch individuell und moralisch gelöst, während der Konkurrenzkampf um die Marktanteile und die Auseinandersetzungen zwischen den einzelnen Klassen nach ganz anderen Gesetzen abliefen.

Naturalismus als konsequenter Realismus

Der Naturalismus, d. h. nach der Selbstcharakteristik der Zeitgenossen: der konsequente Realismus, bedeutete eine Öffnung in zwei Richtungen. Er kannte erstens keine gesellschaftlichen oder moralischen Tabus; alles sei, wenn es auf die Wirklichkeit Einfluss habe, auch darstellenswert. Daraus folgte zweitens, dass auch die Darstellungsweise selbst sich der Wirklichkeit zu unterwerfen habe: denn ihre Glaubwürdigkeit hänge vom Grad der Annäherung an die gesellschaftlichen Gegebenheiten ab.

wissenschaftlicher und literarischer Positivismus

Auguste Comte

Hippolyte Taine

Milieutheorie

Charles Darwin

der Kampf ums Dasein

Die Naturalisten gingen vom Totalitätsanspruch der positivistischen Naturwissenschaften aus. Das Erkenntnisverfahren des Positivismus war die experimentelle Beobachtung und Überprüfung von Gesetzmäßigkeiten nach dem Prinzip von Ursache und Wirkung. Dieses mechanistische Verfahren, von Auguste Comte (1798–1857) auch auf die Gesellschaftswissenschaften übertragen, baute Hippolyte Taine (1828–1893) zu einer umfassenden Milieutheorie aus: Das gesellschaftliche Sein des Einzelnen und der Gemeinschaft wurde durch Herkunft, soziales Umfeld und Zeitumstände bestimmt. Der Einzelne und die Gesellschaft seien ein Produkt dieser drei Faktoren. Diese deterministische Milieutheorie wurde durch Charles Darwins (1809–1882) biologische Selektionstheorie um den Gedanken eines ständigen Fortschritts durch natürliche Auswahl erweitert. Zwar kannte der materialistische Positivismus keine Willensfreiheit, die von den natürlichen Bedingungen abgelöst wäre, er sah aber in der Evolution durch Selektion, wenn nicht einen individuellen, so doch einen kollektiven Fortschritt. In den literaturtheoretischen Äußerungen der Naturalisten tauchen immer wieder die drei Varianten des naturwissenschaftlichen Positivismus auf: 1. der mechanistische Kausalismus, 2. die Milieugebundenheit, 3. die Evolution durch Selektion. Gemeinsam ist allen drei Varianten, auf die gesellschaftliche Wirklichkeit bezogen, dass der Mensch nicht durch sich selbst, sondern durch Umstände von außen bestimmt werde. Wenn also etwas zum Besseren verändert werden könne, dann nur durch die Veränderung der äußeren Bedingungen, d. h. naturwissenschaftlich: durch die Veränderung der experimentellen Anordnung.

Bedeutung der Zeitschriften

Gesellschaft

Freie Bühne

Ein wichtiges Sprachrohr für die naturalistischen Literaturprogramme war die 1885 in München gegründete Zeitschrift *Gesellschaft.* In ihr kann man die engagierte Diskussion verfolgen, die der eigentlichen literarischen Produktion vorausging. Seit 1890 übernahm die Zeitschrift des Berliner Theatervereins *Freie Bühne* eine ähnliche Rolle. Der Grundton der Beiträge ist immer wieder der gleiche. Als Beispiel mögen die *zwölf Artikel des Realismus (Gesellschaft,* 1889) von Conrad Alberti dienen:

Einheit von Kunst und Natur

Geist und Natur seien nur unterschiedliche Aspekte eines einheitlichen Gesetzes der Materie: „Da alle Naturgesetze, welche die mechanischen Vorgänge in der physischen Welt regeln, auch alle geistigen Vorgänge und Erscheinungen bestimmen, so ist auch die Kunst genau denselben Gesetzen unterworfen wie die mechanische Welt. Die Prinzipien des Kampfes ums Dasein, der natürlichen Auslese, der Vererbung und der Anpassung haben in Kunst und Kunstgeschichte ebenso unbedingte Geltung wie in der physiologischen Entwicklung der Organismen." Kunst kenne keine Standesunterschiede; vor den objektiven Gesetzen seien alle gleich, „der Kaiser so viel wie der Proletarier". Die einzige beschreibenswerte Wirklichkeit sei die empirisch erfassbare materielle Welt: „Jedes Kunstwerk sei objektiv realistisch. Die reale Natur ist das einzig Erkennbare, mithin für uns Menschen das einzig Wahre und daher der einzig berechtigte Gegenstand künstlerischer Darstellung, ihr unablässiges Studium die einzige Aufgabe des Künstlers." Eine moralische oder ästhetische Bewertung dessen, was in die Kunst aufgenommen werden dürfe, könne es nicht geben, da die Natur alles umfasse. Noch eindeutiger hatte WILHELM BÖLSCHE in seiner Studie *Die naturwissenschaftlichen Grundlagen der Poesie* (1887) die materialistische Soziologie Taines und die Vererbungslehre Darwins, d. h. insgesamt die empirische Methode der Naturwissenschaften, auch für die moderne Literatur verbindlich erklärt: *Die Basis unseres gesamten modernen Denkens bilden die Naturwissenschaften. Wir hören täglich mehr auf, die Welt und die Menschen nach metaphysischen Gesichtspunkten zu betrachten, die Erscheinungen der Natur selbst haben uns allmählich das Bild einer unerschütterlichen Gesetzmäßigkeit alles kosmischen Geschehens eingeprägt.*

das Experiment als Erkenntnisprinzip

Ein wichtiges Verfahren der empirischen Naturwissenschaften ist das Experiment, das durch seine Anordnung das Verhältnis zwischen Ursache und Wirkung erhellt und zu erkennenbaren Gesetzmäßigkeiten führt. In ähnlicher Weise, so Wilhelm Bölsche in der erwähnten Studie, müsse auch der Autor verfahren.

> *Jede poetische Schöpfung, die sich bemüht die Linien des Natürlichen und Möglichen nicht zu überschreiten und die Dinge logisch sich entwickeln zu lassen, ist vom Standpunkt der Wissenschaft betrachtet nicht mehr und nicht minder als ein einfaches, in der Phantasie durchgeführtes Experiment im buchstäblichen, wissenschaftlichen Sinne genommen.*

Der Dichter, der sein literarisches Experiment nach den Erkenntnissen der modernen Soziologie anordnet, sei „in seiner Weise ein Experimentator, wie der Chemiker, der allerlei Stoffe mischt, in gewisse Temperaturgrade bringt und den Erfolg beobachtet." Naturalismus ist also nicht naiver Abklatsch oder fotografische Spiegelung der Wirklichkeit, sondern der Versuch, auf experimentellem Wege, d. h. durch vorgegebene Konstellationen, die gesellschaftsbestimmenden Gesetzmäßigkeiten zu erkennen und herauszustellen.

Kunst = Natur – x

In der Formel „Kunst = Natur – x", mit der Arno Holz die Kunst mathematisch erfassen wollte, ist x das von der Natur verschiedene Material des literarischen Experiments, z. B. die Beschränkung auf das geschriebene Wort, oder die von der Natur abweichende Darstellungsweise, z. B. die Handlung auf einer Bühne. Kunst ist immer weniger als die Wirklichkeit selbst; sie ist eine Annäherung an die Wirklichkeit: „Die Kunst hat die Tendenz, wieder die Natur zu sein." (Holz) Dass Kunst auch etwas anderes als Natur, dass sie ein freies Spiel der Phantasie sein könnte, dieser Gedanke wurde von den Naturalisten gerade wegen ihrer Forderung nach Wissenschaftlichkeit zurückgewiesen.

EMILE ZOLA

Der Gedanke, dass die Literatur die Kriterien eines wissenschaftlichen Experiments erfüllen müsse, geht auf EMILE ZOLA (1840–1902) zurück. Zola suchte für eine umfassende Darstellung seiner Zeit eine methodische Grundlage. Er entwickelte sie in seiner Studie über den *Experimentalroman* (1880) aus der herrschenden Milieu- und Vererbungstheorie. Soziale Eingebundenheit und Erbanlagen seien die bestimmenden Faktoren der individuellen wie auch der gesamtgesellschaftlichen Entwicklung. Die Leistung des Autors besteht nach Zola in der Anordnung des Experiments und in der genauen Beobachtung des Verlaufs zwangsläufiger Konflikte aufgrund soziologischer und biologischer Gesetzmäßigkeiten. Wer die bestimmenden Faktoren kenne, der könne auch auf sie Einfluss nehmen und verändernd einwirken. Somit sei die naturalistische Beobachtung auch eine notwendige Voraussetzung für mögliche gesellschaftliche Veränderungen und Verbesserungen. In dem 20bändigen Romanzyklus *Les Rougon-Macquart* (1871–1893) entwarf Zola eine zeitgenössische Natur- und Sozialgeschichte mehrerer Familien auf der gesamten Skala gesellschaftlicher Schichten. Er führte genaue Milieustudien durch und wich keinem Tabu aus. Ausführlich beschrieb er den Mechanismus proletarischer Verelendung (*L'assommoir, Der Totschläger,* 1877) oder die Ausbeutung der Bergarbeiter durch skrupellose Grubenbesitzer (*Germinal,* 1885). Sein Romanzyklus schloss zeitlich an die *Comédie Humaine* (*Menschliche Komödie,* 1830 ff.) von HONORÉ DE BALZAC (1799–1850) an; auch sie war der Versuch eines umfassenden Gesellschaftspanoramas seit der Französischen Revolution. Aber während Balzac ein Meister individueller Schattierung und psychologischer Motivation war, betonte Zola immer wieder die Zwangsläufigkeit eines durch Milieu und Vererbung bestimmten Ablaufs; ihn interessierte vor allem der Mechanismus des Naturgesetzes. Deshalb sind seine Gestalten oft eher Repräsentanten gesellschaftlicher Schichten oder milieubedingter Befunde als sich entwickelnde Individuen im Sinne des bürgerlichen Realismus. Im Realismus wurde noch die Individualität betont, der Naturalismus führte in die Literatur das Gesetz gesellschaftlicher und biologischer Gebundenheit ein, die dem Einzelnen nur wenig individuellen Spielraum gab.

Les Rougon-Macquart

HONORÉ DE BALZAC
Comédie Humaine

Ausländische Einflüsse

Zola als Lehrmeister

Arno Holz setzte in dem *Buch der Zeit* Emile Zola an die Spitze der Ahnentafel der zeitgenössischen, d. h. der naturalistischen Literatur. Kein Name wurde in den Literaturdiskussionen der Achtzigerjahre häufiger genannt als der Zolas, und aus keinem Werk wurde häufiger zitiert als aus Zolas *Experimentalroman.* Die deutschen Naturalisten identifizierten sich geradezu mit Zolas literarischem Programm, wenn sie ihn auch nicht in der ihm eigenen Gattung, dem Roman, nachahmten, sondern sich auf das Drama verlegten. Man kann sogar sagen, dass die deutschen Naturalisten die mechanisch-materialistische Soziologie von Comte und Taine sowie die Evolutions- und Vererbungslehre Darwins eher aus den Essays Zolas als aus den Originalen kennen gelernt haben. Das mag auch ein Grund dafür sein, warum diese Theorien in den Dramen der deutschen Naturalisten dann zu wenig differenziert verwendet wurden. Das Entscheidende war aber die Entdeckung neuer Bereiche der sozialen Wirklichkeit für die Literatur; das Proletariat verdrängte das Bürgertum, der schöne Schein wich den realen Konflikten der Massengesellschaft.

neue Bereiche der sozialen Wirklichkeit

Zola, Ibsen und Tolstoi stehen in Arno Holz' *Buch der Zeit* stellvertretend für die wichtigsten ausländischen Vorbilder. Aufschlussreich ist auch der Spielplan der *Freien Bühne* in Berlin. Da sie einen Vereinsstatus hatte, konnte sie durch geschlossene Veranstaltungen die Zensur umgehen und auch Stücke aufführen, die auf öffentlichen Bühnen nicht gespielt wurden. In den ersten Jahren ihres Bestehens seit 1889 wurden neben den wichtigsten deutschen Dramatikern des Naturalismus, allen voran Gerhart Hauptmann, auch die Norweger Bjørnstjerne Bjørnson und Henrik Ibsen, der Schwede August Strindberg, der Russe Leo Tolstoi und natürlich der Franzose Emile Zola gespielt.

Spielplan der *Freien Bühne*

B. Bjørnson
Ein Handschuh

Bjørnstjerne Bjørnson (1832–1910) blieb als Autor kritischer Gesellschaftsdramen im Schatten Ibsens. In dem Schauspiel *Ein Handschuh* (1883) griff er die bürgerliche Scheinmoral an: Die Tochter eines reichen Geschäftsmannes erfährt kurz vor ihrer Heirat, dass ihre sittlichen Ideale nur noch als Forderungen an die Ehefrau gelten; selbst ihr Vater hat die Mutter betrogen. Eine Welt bricht in der jungen Frau zusammen. – In Henrik Ibsens (1828–1906) Gesellschaftsdramen tritt die Handlung gegenüber der genauen Charakterstudie zurück. Das Familiendrama *Gespenster* (1881) ist analytisch aufgebaut: Frau Helene Alving will ein Asyl errichten, das den Namen ihres Mannes tragen soll. Zur geplanten Einweihung kommt die Familie zusammen. In Gesprächen enthüllt sich für die Betroffenen, dass die Vergangenheit nur eine aufgebaute Schutzfassade gegen die Wirklichkeit war. Helene Alving hatte versucht ihre Ehe und die Karriere ihres Mannes zu retten. Der Preis dafür war ihre eigene Lebenslüge, ihr Verzicht auf Selbstverwirklichung. Aber die Vergangenheit holt die Wirklichkeit ein, die Fassade bricht zusammen. Der mühsame Versuch, dem Sohne und dessen Halbschwester den wirklichen Charakter des Vaters zu verschweigen, scheitert. Symbolisch brennt am Schluss das Asyl ab. Ibsens schonungslose Entlarvung der bürgerlichen Welt spielt sich im Privaten ab. – August Strindberg (1849–1912) wurde später von den Expressionisten gleichermaßen beansprucht wie vorher von den Naturalisten; Strindberg kam vom Naturalismus zum Expressionismus. In den beiden Stücken *Der Vater* (1887) und *Fräulein Julie* (1888) verfolgte er einen strikten wissenschaftlichen Naturalismus im Sinne der Milieu- und Vererbungstheorie. Gefühl und Moral sind als Argumentationen ausgeschaltet. Alles ist ein Kampf ums Überleben: der Schwächere unterliegt. Der Rittmeister in dem Stück *Der Vater* wird von seiner Frau in den Wahnsinn getrieben, da sie ihm die Zuneigung der Tochter raubt. Fräulein Julie, die zunächst den Diener ihres Vaters verführt hat, verzweifelt nun in der Rolle der gesellschaftlich Gedemütigten und sieht nur noch im Selbstmord einen Ausweg. – Leo Tolstoi (1828–1910) gehört mit seinen Romanen *Krieg und Frieden* (1864 ff.) und *Anna Karenina* (1873 ff.) neben F. M. Dostojewski (1821-1881) zu den großen russischen Realisten des 19. Jahrhunderts. In späten Jahren wandte er sich auch dem Drama zu. *Macht*

Henrik Ibsen
Gespenster

August Strindberg

Der Vater

Fräulein Julie

Leo Tolstoi

Krieg und Frieden

Anna Karenina

der Finsternis (1886) ist ein Bauerndrama. Es handelt von dem moralischen Abstieg und der reumütigen Umkehr des Bauernburschen Nikita, der durch das Leben in der Stadt verdorben worden war. Er ist von Gestalten umgeben, die sein Handeln beeinflussen; die einen ziehen ihn in einem raffinierten Intrigenspiel in das Verhängnis, die andern rufen ihn durch ihre geradlinige Art wieder zur Besinnung. Die Zeitgenossen lobten die Milieutreue der Handlung und der Sprache. Das Stück wirkte nachhaltig auf die deutschen Naturalisten. – EMILE ZOLAS (1840–1902) *Thérèse Raquin* ist die Bühnenfassung (1878) des gleichnamigen Romans (1867). Dieser Roman, in dem Zola nach eigenen Worten bewusst wie ein Anatom vorging, um die milieu- und triebbedingte Handlungsweise eines ehebrecherischen Paares wissenschaftlich genau zu beschreiben, bildet Zolas Übergang zum konsequenten Naturalismus.

Macht der Finsternis

EMILE ZOLA
Thérèse Raquin

Grenzen des Naturalismus

Von den hier genannten Stücken, die alle zwischen 1889 und 1892 auf der *Freien Bühne* gespielt wurden, ist nur Zolas *Thérèse Raquin* im proletarischen Großstadtmilieu angesiedelt, und nur in diesem Stück wird – zumindest nach den Vorstellungen des Autors – ein wissenschaftliches Experiment zur Zwangsläufigkeit eines milieu- und triebbedingten Handelns vorgeführt. Die anderen Stücke verbinden Milieustudien mit Charakteranalysen. Der konsequente Realismus zeigte schon in den ausländischen Beispielen die Grenzen für die Übertragung der positivistischen Experimentalmethode auf die Literatur. Menschliches Handeln und Reagieren ist mehr als nur die mechanische Abfolge von Ursache und Wirkung. Und zum andern ist ein Autor nicht schon dann naturalistisch, wenn er den Schauplatz ins Proletariat verlegt. Wichtig ist aber festzuhalten, dass im Naturalismus, besonders unter dem Einfluss Zolas, der Literatur neue soziale Räume und Themen erschlossen wurden. Hinter dem Anspruch auf naturwissenschaftliche Exaktheit stand das pädagogische Anliegen, durch nachvollziehbare Aufklärung die Bedingungen des gesellschaftlichen Seins analog den Anordnungen bei einem wissenschaftlichen Experiment so zu verändern, dass bessere Verhältnisse entstehen können. Die Diagnose – der Philosoph FRIEDRICH NIETZSCHE (1844–1900) sprach 1878 in *Menschliches, Allzumenschliches* vom psychologischen Seziertisch wie Zola in *Thérèse Raquin* von der Arbeit des Anatoms –, die Diagnose sollte die Vorbereitung dazu sein.

Ein erstes Beispiel: *Papa Hamlet*

ARNO HOLZ /
JOHANNES SCHLAF
Papa Hamlet

Ein erstes literarisches Dokument des experimentellen Naturalismus in Deutschland war die Erzählskizze *Papa Hamlet,* die als Titelgeschichte 1889 in einem kleinen Sammelband erschien. ARNO HOLZ (1863–1929) und JOHANNES SCHLAF (1862–1941), die Autoren dieser Gemeinschaftsproduktion, verbargen sich hinter dem norwegischen Pseudonym Bjarne P. Holmsen, weil sie hofften mit einer ausländischen Urheberschaft ihren Texten eine größere Aufmerksamkeit zu verschaffen. Der Erfolg und das Echo waren beachtlich. Gerhart Hauptmann, wohl wissend, wer die Skizzen geschrieben hatte, widmete sein erstes Drama jenem Holmsen, „dem konsequentesten Realisten“, um sich für die entscheidende Anregung, die er durch das Buch empfangen hatte, zu bedanken.

In *Papa Hamlet* ist der Naturalismus nicht einfach auf den Inhalt – Milieu, Vererbung usw. – beschränkt, sondern er taucht als ein Gestaltungsproblem auf. Der von Zola geforderte Experimentcharakter der Literatur wurde auf die Sprache und die szenische Gestaltung übertragen: Das Dargestellte sollte sich selbst interpretieren, ohne die Hilfe eines erklärenden Erzählers. In diesen Erzählskizzen waren bereits Techniken des Films – die schnelle Reihung von Ausschnitten – und des Dokumentartheaters – die protokollarische Genauigkeit der Sprache – vorweggenommen. Die einzelnen Szenen sind so gestaltet, als fänden sie im Moment der Lektüre statt. Man sprach daher auch vom Sekundenstil; denn die Sprache bleibt genau im Tempo des Geschehens, bis in die Pausen hinein, die graphisch wiedergegeben wurden:

> *„K-lopft da nicht wer?“*
> *Er hatte sich jetzt noch tiefer geduckt. Sein Schatten über ihm pendelte, seine Augen sahen jetzt plötzlich weiß aus.*
> *Eine Diele knackte, das Öl knisterte, draußen auf die Dachrinne tropfte das Tauwetter.*
> *Tipp* . . . .
> . . . . *Tipp* . . . .
> . . . . *Tipp* . . . .
> . . . . *Tipp* . . . .
> . . . .

Niels Thienwiebel, die Hauptfigur in *Papa Hamlet,* ist ein runtergekommener, arbeitsloser Schmierenkomödiant, der sich auf Kosten anderer durchschnorrt. Die gespreizte Sprache seiner shakespeareschen Scheinwelt – er sieht sich als den großen, verkannten Hamlet-Darsteller – wirkt in der kläglichen Alltäglichkeit, in der er lebt, lächerlich. Und die ständige Deklamation moralischer Werte widerspricht seinem wahren Charakter; er tyrannisiert seine schwachsinnige, kranke Frau, erstickt aus Wut sein schreiendes Kind und erfriert schließlich „durch Suff“ im Rinnstein. Wenn Thienwiebel die Rolle des großen Mimen ablegt, wenn er ohne Publikum ist, dann bricht seine eigene Sprache durch, sie entlarvt ihn:

> *Ach was! halt dein Maul, sag ich!...*
> *Die Ohren vollplärren... Könnte mir noch*
> *grade passen!... Sind die Sachen gepackt?!*

In diesem Milieu der Armut und der Triebhaftigkeit gibt es keine frei entscheidenden oder handelnden Helden. Alle sind Opfer, Erleidende, die dem Lauf der Dinge ausgeliefert sind, bis zur fatalistischen Resignation. Eine Redewendung, die in *Papa Hamlet* immer wieder gesagt wird und die Erzählskizzen auch abschließt, lautet: „Aber – es war ja alles egal! So oder so!“

Dramen

Die Familie Selicke

In dem Drama *Die Familie Selicke* (1890) haben Arno Holz und Johannes Schlaf die naturalistische Dialogtechnik ihrer Erzählskizzen folgerichtig auf die Bühne übertragen; denn es kommt, wie sich schon in den Erzählskizzen zeigte, die Entfaltung der Handlung durch milieugetreues Sprechen, ohne interpretierende Einschübe eines Erzählers, dem Ziel des Naturalismus, die Kunst wieder Natur werden zu lassen, am nächsten.

Die Familie des Buchhalters Selicke wartet, wie jeden Abend, voll Sorge auf den Vater. Und wie jeden Abend kommt er betrunken nach Hause: Ein Zustandsgemälde einer zerrütteten Ehe, in der keiner dem andern mehr etwas zu sagen hat, in einem bedrückenden ärmlichen Milieu. Die Handlung setzt unvermittelt im Fluss der täglichen Ereignisse ein. Trotzdem ist dieser Abend nicht wie jeder Abend: Es ist Weihnachten. Kurz nachdem der Vater heimkommt, stirbt das jüngste Kind. Toni, die Älteste, verzichtet auf ihr privates Glück, um die Familie in dieser Situation nicht allein zu lassen; sie lehnt den Heiratsantrag des Pfarrkandidaten Wendt ab. Die Kritik hat dieses Stück immer wieder als ein Muster des naturalistischen Dramas gepriesen. Fontane sprach von dem Neuland, das die Autoren betreten hätten. In der nuancierten Ausarbeitung des Dialogs oder besser: des vereitelten Miteinander-Redens bietet das Stück neue Möglichkeiten; aber die Handlung selbst geht über das bürgerliche Familienstück nicht hinaus. Die sprachliche Charakterisierung des Milieus und der Personen ist wichtiger als die Analyse der Zustände. Zudem widerspricht die Zuspitzung der Handlung, durch den Zusammenfall mehrerer Ereignisse zu einem dramatischen Höhepunkt, der naturalistischen Forderung nach Wirklichkeitsbeschreibung; diese Zuspitzung ist ein altes, notwendiges Gestaltungsmittel des Theaters. Der Grat zwischen treffender Milieuskizze und Rührseligkeit ist sehr schmal, zumal wenn das Stück mit einem heroischen Verzicht endet. In seinem Drama *Meister Oelze* (1892) vermied Johannes Schlaf das mögliche Abgleiten in bloße Rührseligkeit dadurch, dass er dem Stück einen Ausgang ohne Auflösung des Konflikts gab: Pauline ist sich zwar sicher, dass ihr Stiefbruder sie durch einen Mord um ihr Erbe gebracht hat, aber sie kann es nicht beweisen. Meister Oelze stirbt, ohne Reue gezeigt oder etwas preisgegeben zu haben.

Meister Oelze

Der erfolgreichste Dramatiker des Naturalismus: Gerhart Hauptmann

GERHART HAUPTMANN

Der erfolgreichste Dramatiker des Naturalismus war GERHART HAUPTMANN (1862–1946). Er stammte aus Schlesien. Ursprünglich wollte er Bildhauer werden; er studierte auch einige Jahre an der Kunsthochschule in Breslau. Mitte der Achtzigerjahre wechselte er aber nach Berlin und schrieb sich an der Universität für Geschichte ein. Das Berliner Theaterleben zog ihn an; er sah die gesellschaftskritischen Stücke von Ibsen. Auch wurde er mit Holz und Schlaf bekannt. Ihnen ist sein erstes Drama *Vor Sonnenaufgang* (1889) gewidmet; es hat den Untertitel „Soziales Drama."

Vor Sonnenaufgang

Alfred Loth, ein idealistischer und zugleich dogmatischer Weltverbesserer, kommt nach Schlesien, um für eine kritische Studie über die Arbeitsbedingungen der Bergleute zu recherchieren. Zufällig trifft er seinen Studienfreund Hoffmann wieder. Der allerdings hat den gemeinsamen Idealen früherer Jahre schon längst abgeschworen. Durch Spekulationen mit Abbaulizenzen für Kohle und durch Einheirat in die Familie des Bauerngutsbesitzers Krause, der seine Felder gewinnträchtig an die Zechen verkauft hatte, ist er ein reicher Mann geworden. Zwar schwimmt das ganze Haus im Überfluss und man stellt den Reichtum nach der Art neureicher Emporkömmlinge zur Schau, aber Alkoholismus und Müßiggang haben die Familienverhältnisse zerrüttet. Nur Helene, Krauses jüngere Tochter, versucht sich diesem Sumpf zu entziehen; doch vergeblich. Zunächst hoffte sie auf Loths Zuneigung, die auch von ihm erwidert wurde. Als Loth aber vom chronischen Alkoholismus der Familie erfährt, reist er überstürzt ab und überlässt Helene ihrem Schicksal. Helene sieht keinen Ausweg mehr und ersticht sich.

In dem Stück sind zwei Darstellungsbereiche auszumachen. Zum einen die nuancierte, detailbesessene Milieustudie des Krause'schen Hauses, zum andern der dazu kontrastierende Handlungsansatz durch die Ankunft eines Fremden, des Weltverbesserers Loth. Durch dieses Gegeneinander von Zustand und veränderndem Eingriff kommt die Handlung in Gang, werden die Konflikte artikuliert. Als Erklärungsmodell wird die bereits mehrfach genannte Theorie gesellschaftlicher und erbbiologischer Abhängigkeit zugrunde gelegt. Allerdings gestaltet Hauptmann das Stück nicht in einem bedingungslosen Ja oder Nein. Seine Figuren sind nicht einfach Thesenträger eines szenischen Experiments, sondern facettenreiche Charaktere, mit Fehlern und Fehlurteilen auf beiden Seiten der Argumentation. Hoffmann, zwar ein skrupelloser Egoist, durchschaut die Mechanismen der wirklichen Verhältnisse besser als Loth. – Loth denkt an die Menschheit und vergisst das Glück des Einzelnen. Kommentarlos opfert er seiner Wissenschaftsgläubigkeit jegliche Regung von Zuneigung und Liebe. Helene wird Opfer der Verhältnisse *und* eines vermeintlichen Naturgesetzes, dessentwegen Loth sie verlässt. Um Helenes Verzweiflung in ihrem ganzen Ausmaße auf die Bühne zu bringen, durchsetzte Hauptmann den Sprechtext mit genauen Regieanweisungen zur Gestik:

> *Helene allein:*
>
> *Sie sieht sich um und ruft leise:* Alfred! Alfred! *(Und dann, als sie keine Antwort erhält, in schneller Folge:)* Alfred! Alfred! *Dabei ist sie bis zur Tür des Wintergartens geeilt, durch die sie spähend blickt. Dann ab in den Wintergarten. Nach einer Weile erscheint sie wieder.* Alfred! *Immer unruhiger werdend, am Fenster, durch das sie hinausblickt:* Alfred! *Sie öffnet das Fenster und steigt auf einen davor stehenden Stuhl. In diesem Augenblick klingt deutlich vom Hofe herein das Geschrei des betrunkenen, aus dem Wirtshaus heimkehrenden Bauern, ihres Vaters:* Dohie hä! biin iich nee a hibscher Moan? Hoa iich nee a hibsch Weib? Hoa' iich ne a poar hibsche Tächter dohie bä? *Helene stößt einen kurzen Schrei aus und rennt wie gejagt nach der Mitteltür. Von dort aus entdeckt sie den Brief, welchen Loth auf dem Tisch zurückgelassen. Sie stürzt sich darauf, reißt ihn auf und durchfliegt ihn, einzelne Worte aus seinem Inhalt laut hervorstoßend:* „Unübersteiglich!" . . . „Niemals wieder!" *Sie lässt den Brief fallen, wankt.* Zu Ende! *Rafft sich auf, hält sich den Kopf mit beiden Händen, kurz und scharf schreiend:* Zu En-de! *Stürzt ab durch die Mitte.*

Dass aber auch der Naturalismus sich nicht auf bloße Wirklichkeitsschilderung beschränkt, sondern ebenso die Vielfalt literarischer Mittel nutzt, zeigt schon die symbolische Verwendung des Titels; für Helene beginnt kein neuer Tag.

Die Weber

Obwohl in dem Drama *Vor Sonnenaufgang* Loths Recherchen über das Los der Bergarbeiter der Anlass der Handlung waren, spielen die Bergarbeiter in dem ganzen Stück kaum eine Rolle. In dem Schauspiel *Die Weber* (1892) dagegen wird das Proletariat zur kollektiven Person. Die historische Vorlage ist der erfolglose, vom Militär blutig niedergeschlagene Aufstand der schlesischen Lohnweber im Jahre 1844. Mechanisierte Massenproduktion, sinkende Weltmarktpreise und die Monopolstellung der Fabrikanten hatten die Lebensbedingungen der We-

ber unter das Existenzminimum gedrückt. Hauptmann kannte die Ereignisse aus seiner eigenen Familiengeschichte; denn sein Großvater war noch Lohnweber gewesen. Das Stück liegt in zwei Fassungen vor; die eine ist im schlesischen Dialekt geschrieben, die andere dem Hochdeutschen angenähert. Die Handlung läuft in fünf Akten an verschiedenen Orten ab. Sie wird in doppelter Weise ausgelöst – durch das extreme, nicht mehr zu ertragende Elend der Weber *und* durch das Auftreten eines „Fremden", Moritz Jäger, der nach seinem Dienst bei den Husaren in sein Dorf zurückkommt und zum Anführer der aufständischen Weber wird.

Der erste Akt ist eine einführende Milieuschilderung der sozialen Situation der Weber. Im Haus des Fabrikanten Dreißiger liefern sie ihre Auftragswebereien ab für einen Hungerlohn, der nicht einmal zum Notwendigsten reicht. Die Angestellten und Arbeiter des Fabrikanten sind treue Diener ihres Herren; sie kümmern sich wenig um die Not und die Bitten der Weber, jeder ist auf seinen eigenen Vorteil aus. Der zweite Akt wechselt in das Häuslermilieu. Nach der einführenden Massenszene werden nun die Folgen des Elends an einer einzelnen Familie gezeigt. Moritz Jäger tritt auf. Durch das Dreißiger-Lied schürt er die Bereitschaft der Weber, sich gegen die Ausbeutung zu wehren. Der dritte Akt spielt in einem Wirtshaus. Wie im ersten Akt zeigt sich auch hier, dass die Weber nicht mit der Unterstützung der Bauern und Handwerker rechnen können; wer etwas besitzt, wehrt sich gegen die Ärmeren. Die Konfrontation spitzt sich zu, die Polizei greift ein, aber der Aufstand ist nicht mehr aufzuhalten. Der vierte Akt beginnt zunächst mit einem Gespräch im Hause des Fabrikanten Dreißiger über die angeblich unberechtigten Forderungen der Weber. Kirche, Staat und Unternehmertum sind sich in ihrer Meinung einig. Diese selbstgefällige Konversation wird jäh durch das Eindringen der plündernden Weber beendet; die Familie wird mitsamt der Gesellschaft verjagt. Die Unruhen weiten sich aus. Im fünften Akt, der in der Stube des alten Hilse spielt, hört man von den Kämpfen ringsum. Die aufständischen Weber ziehen in die Nachbardörfer, um die Maschinenwebereien zu zerstören; denn sie glauben, dass die Einführung industrieller Fabrikationsweisen an ihrem Elend schuld sei. Mittlerweile sind Truppen angerückt, um den Aufstand niederzuschlagen. Im Kugelhagel stirbt der alte Hilse, der sich aus religiöser Überzeugung von den Auseinandersetzungen fern gehalten hatte.

Die Aufführung des Stückes löste einen Theaterskandal aus; denn die großbürgerliche Unternehmerschaft, unterstützt von Staat und Kirche, fühlte sich – zu Recht – angegriffen und karikiert. Die viel diskutierte Frage aber, ob Hauptmann nun ein ideologisches Revolutionsdrama geschrieben habe, verbietet sich eigentlich aus dem Anspruch des Naturalismus, die Wirklichkeit genau nachzuzeichnen, von selbst; denn Hauptmann konnte und wollte nicht – in anachronistischer Verschiebung der Fakten – den schlesischen Webern von 1844 einen Bewusstseinsstand der Neunzigerjahre zusprechen. Deshalb geht es in dem Stück vor allem um das Milieu, um die Schilderung des sozialen Elends, – mit dem Ziel eines menschlichen Mitgefühls oder Mitleids, wie Hauptmann selbst immer wieder für sich den Begriff „sozial" deutete. Deshalb ist das Stück nicht zwingend argumentativ aufgebaut, sondern in der Gestalt eines epischen Berichts, der zeigt, dass Not – und nicht revolutionäre Strategie – die Weber in den aussichtslosen Kampf trieb. Ihre Aktionen waren emotional begründet; sie kämpften gegen die Maschinenwebereien wie gegen einen persönlichen Feind. Sie glaubten ihre Not lindern zu können, wenn sie die reale Entwicklung aufhielten. Für manchen Zeitgenossen war der Schluss des Stückes unbefriedigend; aber Hauptmann hielt sich erstens an den tatsächlichen Verlauf des Aufstandes – er wurde durch das Militär blutig niedergeschlagen – und zweitens war die Gestalt des gottergebenen Hilse, der auf eine Gerechtigkeit im Jenseits hoffte und Gott das Handeln überließ, keine unwahrscheinliche Figur.

Der Biberpelz

Mutter Wolffen aus der Diebeskomödie *Der Biberpelz* (1893) hält sich an das, was sie sieht. Sie spielt die Rolle der arbeitsamen Waschfrau und umsichtigen Mutter, wie es von ihr gewünscht wird. Dies ist ihre Taktik, um die Gesellschaft mit ihren eigenen Waffen zu schlagen oder mit ihren eigenen Moralforderungen zu blenden. Sie stiehlt einen Biberpelz, um mit dem Erlös Schulden abzutragen und ihre Familie über Wasser zu halten. Ihr ungewollter Mitspieler ist der Amtsvorsteher von Wehrhahn, dem es mehr darum geht, den Staat vor Liberalen und Demokraten zu schützen, als der Wahrheit und dem Recht zum Sieg zu verhelfen. Blind in seinem Argwohn gegenüber kritischen Zeitgenossen, kehrt er die Indizien gegen Zeugen und Geschädigte und bestätigt Mutter Wolffen, dass sie „eine ehrliche Haut“ sei, was selbst Mutter Wolffen zu viel des „Guten“ ist. Offensichtlich hat Gerhart Hauptmann in dieser Gesellschaftskomödie seinem Ärger über die moralische Scheinheiligkeit, mit der von konservativen, vor allem preußisch-adligen Kreisen seine sozialkritischen Stücke zurückgewiesen wurden, freien Lauf gelassen. Trotzdem sind die einzelnen Gestalten keine überzeichneten Typen, sondern durchgestaltete Charaktere. Deshalb wird die Handlung auch nicht zu einem bühnenwirksamen Abschluss oder zu einer Lösung geführt; sie endet offen. Der Hintergrund der aktuellen Polemik gegen die herrschende konservative Strömung im Kaiserreich waren die Sozialistengesetze, die der Sozialdemokratie jegliche politische Tätigkeit bis 1890 verboten hatten; aber Hauptmanns Komödie verliert auch ohne Kenntnis dieses historischen Bezugs nichts von ihrer Vitalität.

Hauptmann war nicht der führende Theoretiker des Naturalismus, aber seine Sicherheit, bühnenwirksame Szenen zu gestalten und ein soziales Ambiente oder eine Stimmung sichtbar und fühlbar werden zu lassen, förderte nicht zu Unrecht seinen Ruf, der bedeutendste deutsche Dramatiker des Naturalismus zu sein. Er verdrängte sehr schnell seine Lehrmeister Arno Holz und Johannes Schlaf von der Bühne. An Popularität kam ihm für kurze Zeit nur Hermann Sudermann nahe, der die sozialkritischen Thesen des Naturalismus für das traditionelle Intrigendrama nutzte; so z. B. setzte er in dem Drama *Die Ehre* (1889) soziale Konflikte in eine Rivalität zwischen Vorder- und Hinterhaus um, der Klassenkampf reduzierte sich auf das Familiäre. Der Naturalismus als beherrschende literarische Strömung dauerte nur wenige Jahre; sehr schnell kam man an die Grenzen der Wirklichkeitsbesessenheit, die wesentliche Impulse der Literatur unterdrückte: das freie Spiel der Phantasie oder die Möglichkeit, eigene Welten zu schaffen und Alternativen zur Wirklichkeit durchzuspielen. Gerhart Hauptmann hat zwar über die Neunzigerjahre hinaus auch noch naturalistische Dramen geschrieben – *Fuhrmann Henschel* (1889), *Rose Bernd* (1903), *Die Ratten* (1911) –, er wandte sich aber schon früh auch anderen Inhalten und Gestaltungsformen zu.

Fuhrmann Henschel

Rose Bernd

Die Ratten

In einigen Stücken setzte er als bewussten Kontrast zur armseligen Wirklichkeit der Häusler Träume und Märchenmotive ein. Dadurch veränderte sich auch die sprachliche Gestalt. Das Gegenüber von realer Situation und erträumter Erlösung zeigt sich im Wechsel zwischen Dialekt-Prosa und hymnischem Vers oder Lied. In der „Traumdichtung“ *Hanneles Himmelfahrt* (1894) träumt ein kleines Mädchen, das aus Angst vor seinem brutalen Stiefvater ins Wasser gesprungen war, von einer schönen Welt des Jenseits, in die es, während es im Armenhaus stirbt, emporgetragen wird. Die Sehnsuchtsphantasien sind zwar realistisch als Fieberträume erklärt, sie haben aber eine eigene, den Naturalismus übersteigende poetische Qualität, die sich dem Diktat der Wirklichkeit entzieht. – In die Reihe der Märchenspiele, mit denen Hauptmann eine symbolische Deutung der Wirklichkeit oder einen Gegenentwurf zu ihr aus der Kraft der schöpferischen Phantasie schuf, gehören auch *Die versunkene Glocke* (1896) und das „Glashüttenmärchen“ *Und Pippa tanzt* (1906), in dem Hauptmann schlesische Sagenstoffe verarbeitet hat.

Traum- und Märchendichtung

Hanneles Himmelfahrt

Die versunkene Glocke

Und Pippa tanzt

In den späteren Jahren entfernte sich Hauptmann gänzlich von seiner naturalistischen Vergangenheit und griff auf Stoffe des griechischen Mythos und auf die strenge Form der antiken Tragödie zurück. In der Atriden-Tetralogie (1941), die zum Teil erst nach seinem Tode erschien, behandelte er in vier Tragödien die Geschichte des Atridenhauses von Iphigenies Opferung vor der Überfahrt nach Troja bis zu ihrer Rückkehr nach Delphi: *Iphigenie in Aulis, Agamemnons Tod Elektra* und *Iphigenie in Delphi.* Unter dem Eindruck seiner eigenen Zeit stilisierte er die mythischen Ereignisse nicht zu einem Idealbild selbstloser Humanität wie Goethe in seiner *Iphigenie auf Tauris;* es ist eine Welt im Prozess der Auflösung, dem Chaos preisgegeben. Zwischen *Vor Sonnenaufgang* und der Atriden-Tetralogie lag ein halbes Jahrhundert.

Rückkehr zu Mythos und Tragödie

Atriden-Tetralogie

Erzählprosa

In der Erzählprosa des deutschen Naturalismus sind zwei Richtungen zu beobachten, die sich sowohl formal wie auch inhaltlich unterscheiden. Arno Holz und Johannes Schlaf haben ihre Erzählskizzen in *Papa Hamlet* als Werk eines norwegischen Autors ausgegeben. In der Betonung des Dialogs und in der psychologischen Analyse sind diese Texte, zumindest was die Erzähltechnik betrifft, sicherlich mehr von Ibsen als von Zola beeinflusst – Zolas epische Zyklustechnik versuchte MICHAEL GEORG CONRAD (1846–1927) nachzuahmen. Wie Zola für seinen umfangreichen Romanzyklus Paris als Zentruam wählte, so Conrad das München des ausgehenden 19. Jahrhunderts. Von den geplanten zehn Romanen erschienen aber nur drei, darunter der Titelroman *Was die Isar rauscht* (1888). In einem lockeren, durch viele Nebenhandlungen unterbrochenen Handlungsverlauf erzählt Conrad von den Auseinandersetzungen um die Bebauung der Isarufer. Der Roman ist eher ein Skizzenbuch städtischer Impressionen als eine einheitlich durchgestaltete Erzählung. – MAX KRETZER (1854–1941), der schon mit 13 Jahren in der Fabrik arbeiten musste und das Milieu des Berliner Proletariats aus eigener Erfahrung kannte, galt als der deutsche

MICHAEL GEORG CONRAD
Was die Isar rauscht

MAX KRETZER
Meister Timpe

Zola. Am bekanntesten wurde er durch den sozialen Roman *Meister Timpe* (1888). Der Drechslermeister Timpe unterliegt im Kampf gegen Kapital und Großindustrie; selbst der eigene Sohn wechselt auf die andere Seite. In der entschiedenen Parteinahme für das bodenständige Handwerk und in der generellen Ablehnung der Industrialisierung folgt Kretzer noch den traditionellen Strömungen des Handwerkerromans. –

HERMANN SUDERMANN
Frau Sorge

HERMANN SUDERMANN (1857–1928), mit seinen Dramen und Romanen zu seiner Zeit gleichermaßen erfolgreich, verband den sozialkritischen Ansatz des Naturalismus mit den traditionellen Formen einer chronologisch erzählten Lebensgeschichte. *Frau Sorge* (1887), sein bekanntester Roman, spielt im ländlichen Milieu Ostpreußens; er erzählt die Geschichte eines Bauernsohns, der durch Fleiß und selbstlose Hilfe einen verkommenen Hof wieder hochbringt. Milieu und Gestalten sind vereinfachend typisiert; das mag mit ein Grund für die Popularität dieses Romans gewesen sein. –

HERMANN CONRADI
Adam Mensch

HERMANN CONRADI (1862–1890) setzte in seinem Roman *Adam Mensch* (1889) den von den naturalistischen Theoretikern geforderten wissenschaftlichen Positivismus, d. h. die Milieu- und Vererbungstheorie, in einen radikalen, jede Norm verneinenden Subjektivismus seines Helden um. Adam Mensch glaubt durch ein rücksichtsloses Ausleben seiner Wünsche, auch auf Kosten anderer, die Selbstverwirklichung erzwingen zu können; aber die Gebärde des genialen Übermenschen ist nicht mehr als der Selbstbetrug eines Opportunisten, der sich seine Extravaganzen nur aufgrund einer reichen Heirat leisten kann. Die Widersprüchlichkeit des Titelhelden spiegelt sich in sprachlich sehr ausgefeilten Selbstbeobachtungen.

Gerhart Hauptmann

Gerhart Hauptmanns novellistische Studie *Bahnwärter Thiel* (1888) gehört, neben *Papa Hamlet,* zu den wenigen Erzähltexten des Naturalismus, die auch heute noch nicht nur aus literarhistorischem Interesse gelesen werden.

Bahnwärter Thiel

Die Erzählung gliedert sich in zwei deutlich voneinander abgehobene Abschnitte. Die Vorgeschichte, ein sachlich distanzierter, fast protokollarischer Bericht, informiert über die Ereignisse bis zu Thiels zweiter Heirat. Die Erzählhaltung ist die beobachtende Außenperspektive. Durch die Charakteristik der Person wird aber der zweite Abschnitt bereits vorbereitet, weil die charakterlichen Unterschiede und Gegensätze schon auf mögliche Konflikte hinweisen. Thiel hat nach dem Tode seiner ersten Frau, die im Kindbett starb, eine derbe kraftstrotzende Magd geheiratet. Er wird ihr hörig. Für seinen kleinen Sohn Tobias aus erster Ehe beginnt ein Leidensweg; die Stiefmutter hasst das Kind und quält es, aber Thiel wagt es nicht, sich gegen die Frau aufzulehnen. Der zweite Abschnitt setzt damit ein, dass Thiel Augenzeuge der Quälereien wird, ohne einzugreifen. Die Angst und Selbstbezichtungen entladen sich nachts, wenn er seine Bahnstrecke kontrolliert, in einer vorahnenden Traumvision: Er sieht seine erste Frau, wie sie mit einem blutigen Bündel vor ihm flieht. Kurze Zeit danach gerät Tobias durch die Unachtsamkeit seiner Stiefmutter unter einen Zug. Thiel wird wahnsinnig: er erschlägt seine Frau und das gemeinsame Kind. In diesem zweiten Abschnitt wechselt der Erzähler aus der Außenperspektive in die Innenansicht. Thiels Ängste, das verdrängte Schuldgefühl und der Ausbruch des Wahnsinns werden nicht einfach diagnostizierend beobachtet, sondern aus dem Bewusstsein Thiels selbst artikuliert. Im Vergleich mit dem beobachtenden Sekundenstil des *Papa Hamlet* könnte man hier von einem psychologisch-analytischen Sekundenstil sprechen, der dem inneren Monolog, dem Selbstgespräch in der dritten Person, sehr nahe kommt. Hauptmanns Erzählung ist in der Wiedergabe der

Details und in der Motivation der Handlung aus Thiels triebhafter Verfallenheit ein Stück naturalistischer Prosa. Sie sprengt aber zugleich auch die Grenzen des Naturalismus: zum einen durch den novellistisch-dramatischen Aufbau, der auf einen entscheidenden Wendepunkt zustrebt; zum anderen durch die dominierenden Symbole, z. B. durch visionäre, traumhafte Vorahnungen und den immer wiederkehrenden Bezugspunkt der Eisenbahnstrecke, jenes Ortes, an dem – wie der Schnellzug aus dem nächtlichen Dunkel – die Katastrophe in den Alltag einbricht.
Die treibende Kraft des Irrationalen, des verstandesmäßig nicht Erfassbaren, bestimmte auch in späteren Romanen und Erzählungen Gerhart Hauptmanns den Handlungsverlauf. In dem Roman *Der Narr in Christo Emanuel Quint* (1910) verinnerlicht ein schlesischer Tischlergeselle die Nachfolge Christi bis zur teilweisen Idenfikation mit dem Vorbild. Die Gestalt des Emanuel Quint kommt aus der langen Tradition der schlesischen Mystiker. In der Erzählung *Der Ketzer von Soana* (1918) überwindet bedingungslose Liebe alle bürgerlichen und kirchlichen Schranken; ein junger Priester bricht das Zölibat und bekennt sich, frei von Schuld, zu diesem Schritt erfüllter Lebensbejahung.

Der Narr in Christo Emanuel Quint

Der Ketzer von Soana

Lyrik

Arno Holz charakterisierte seine Gedichtsammlung *Das Buch der Zeit* (1886) als „Lieder eines Modernen“. Der Anspruch des Zeitgemäßen bezog sich aber nicht in erster Linie auf die poetische Form, sondern auf die Erweiterung und Aktualisierung des lyrischen Stoff- und Motivinventars. Die Großstadt, die Industrialisierung und ihre sozialen Folgen, die politischen Auseinandersetzungen zwischen Bourgeoisie und Proletariat waren die neuen Themen. Mit Ausnahme der wachsenden Tendenz zur Umgangssprache sind die Gedichte aber noch durchaus vergleichbar mit der sozialkritischen Lyrik des Vormärz; auch Holz griff noch auf einfache, volksliedhafte Vers- und Strophenformen zurück. Der Beginn auch einer ästhetischen Erneuerung setzte mit dem lyrischen Zyklus *Phantasus* (1898) ein, den Holz ein Leben lang immer wieder überarbeitet und erweitert hat.

Arno Holz

Das Buch der Zeit

Phantasus

Dieser Zyklus sollte ein Weltgedicht des naturwissenschaftlichen Zeitalters, seine poetische Dokumentation werden. Phantasus, der schon im *Buch der Zeit* auftrat, ist die Verkörperung dichterischer Welterfassung. Er schafft keine neue Welt, sondern er versucht in die Wirklichkeit der Dinge einzudringen und sie durch die Sprache, durch die genaue Benennung festzuhalten. Er selbst versteht sich durch die uranfängliche Einheit allen materiellen Seins als Teil des Ganzen. Wie alles, was existiert, ein poesiewürdiger Gegenstand ist, so kennt auch die sprachliche Klaviatur keine Einschränkung, keine Tabus. Um die Wirklichkeit möglichst authentisch auch in der Sprache zu spiegeln, arbeitete Holz mit der Collagen-Technik, d. h. er griff Zitate aus dem Alltag (Schlagertexte, Modewörter usw.) auf und montierte sie in ein Textbild ein – oder er näherte sich dem Gegenstand der Beschreibung mit immer neuen sprachlichen Einkreisungen; was sich nicht mit einem Wort sagen ließ, wurde in langen Wortsequenzen beschrieben. Wichtig war aber auch sein Ansatz, die traditionellen Reim- und Strophenformen aufzugeben und nur den Rhythmus als strukturelle Klammer zu benutzen. Der Text wurde an einer gedachten Mittelachse ausgerichtet. Diese veränderte graphische Anordnung sollte zu einem neuen und natürlicheren rhythmischen Lesen des Textes anregen.

Berliner Himmelfahrtstag

In den Grunewald
seit
fünf Uhr
früh,
vom Wannseebahnhof, vom
Ringbahnhof,
über
die . . . Stadtbahnhöfe . . . spie
Berlin
seine Extrazüge.

Über
die
Brücke von Halensee,
über
Wilmersdorf, Schmargendorf, Zehlendorf,
über Charlottenburg, über
Westend
und
den Spandauer Bock,
von
allen Seiten, querüber den
„Stern",
zwischen trommelnden Turnerzügen, zwischen
Kremsern mit Musik,
entlang
die schimmernde Havel,
katerkrummbuckelten, klimmbeinstrampelten,
kilometerten
sich die
„Chausseeflöhe".
„Pankow, Pankow, Pankow, Kille, Kille", „Rixdorfer", „Schunkelwalzer",
„Holzauktion"

DETLEV VON LILIENCRON

DETLEV VON LILIENCRON (1844–1909) hielt wenig von literarischen Theorien und Manifesten.

Den Naturalisten

Ein echter Dichter, der erkoren,
ist immer als Naturalist geboren,
Doch wird er ein roher Bursche bleiben,
Tät ihm in die Wiege die Fee nicht verschreiben
Zwei Gnaden aus ihrem Wunderland:
Humor und die feinste Künstlerhand.

Er sympathisierte aber mit den Jüngeren, weil sie mutig gesellschaftliche und sprachliche Tabus brachen und das Einzugsfeld der Literatur erweiterten. Ohne das Überlieferte abzulehnen, nahm er an den neuen Entwicklungen teil.

Seine Lyrik reicht von spontaner Wirklichkeitsnähe und vitaler Gegenständlichkeit bis zu impressionistischen Stimmungsbildern oder musikalischen Gemälden:

Die Musik kommt

Klingling, bumbum und tschingdada,
Zieht im Triumph der Perserschah?
Und um die Ecke brausend brichts
Wie Tubaton des Weltgerichts.
Voran der Schellenträger. (. . .)

Plötzlich können die Verse aus einem heiteren Spiel zur tiefsinnigen Reflexion wechseln. Knappe Skizzen, in denen nur die Konturen ausgeführt sind, treffen das Wesentliche:

Siegesfest

Flatternde Fahnen
Und frohes Gedränge.
Fliegende Kränze
Und Siegesgesänge.

Schweigende Gräber,
Verödung und Grauen.
Welkende Kränze,
Verlassene Frauen.

Heißes Umarmen
Nach schmerzlichem Sehnen.
Brechende Herzen,
Erstorbene Tränen.

Liliencron war ein musikalischer Augenmensch; seine Gedichte leben in einer überschwänglichen Sinnenwelt. Sie sind in mehreren Bänden erschienen. Zu den bekannteren Sammlungen gehören *Adjutantenritte* (1883), *Neue Gedichte* (1893) und *Bunte Beute* (1903). Die scheinbare Leichtigkeit der Gedichte beruht auf einem sehr sensiblen Formenempfinden. Liliencron dichtete in freien Rhythmen *und* in kunstvollen Strophenformen. Die Themen seiner Gedichte sind die eines preußischen Junkers: Soldatenleben, Amouren, Jagd, Natur, Jahreszeiten.

Adjutantenritte

Neue Gedichte

Bunte Beute

Der Naturalismus in seiner konsequenten Ausrichtung dauerte nur wenige Jahre. Selbst seine bekanntesten Vertreter wie Arno Holz und Gerhart Hauptmann hielten sich nicht an das bedingungslose Wirklichkeitskriterium; denn das Ausklammern kreativer Phantasie oder der Verzicht auf Symbole hätte eine Einengung und auch Verarmung der Literatur bedeutet.

Textsammlungen

- Walther Killy: Die deutsche Literatur – Texte und Zeugnisse Band 6: 19. Jahrhundert, herausgegeben von Benno von Wiese, C. H. Beck Verlag, München ²1984
- Walter Schmähling: Naturalismus, Reclam Verlag (RUB 9645), Stuttgart 1977

12 Gegenströmungen zum Naturalismus (ca. 1890–1918)

1883 ff. *Also sprach Zarathustra* von Friedrich Nietzsche

1888–1918 Regierungszeit Kaiser Wilhelms II.

1853–1944 Isolde Kurz – *Florentiner Novellen* (1890) – *Italienische Erzählungen* (1895)

1890 Reichskanzler Bismarck wird von Wilhelm II. entlassen. Der Rückversicherungsvertrag mit Russland wird nicht erneuert.

1868–1933 Stefan George – *Hymnen* (1890) – *Pilgerfahrten* – (1891) – *Algabal* (1892) – *Das Jahr der Seele* (1897) – *Der Teppich des Lebens* (1900) – *Der siebente Ring* (1907) – *Der Stern des Bundes* (1913)

1863–1920 Richard Dehmel – *Erlösungen* (1891) – *Aber die Liebe* (1893)

1864–1918 Frank Wedekind – *Frühlings Erwachen* (1891) – *Der Erdgeist* (1895) – *Die Büchse der Pandora* (1904)

1891 Gründung des Internationalen Friedensbüros in der Schweiz – päpstliche Enzykliken zur Arbeiterfrage: „Rerum novarum" von Leo XIII. – Erfurter Programm der SPD – erster Kongress der freien Gewerkschaften

1874–1929 Hugo von Hofmannsthal – *Gestern* (1891) – *Der Tor und der Tod* (1893) – *Das Märchen der 672. Nacht* (1895) – *Reitergeschichte* (1899) – *Ein Brief* (1902) – *Ausgewählte Gedichte* (1903) – *Elektra* (1903) – *König Ödipus* (1910) – *Jedermann* (1911) – *Der Schwierige* (1921) – *Das Salzburger Große Welttheater* (1922) – *Der Unbestechliche* (1923) – *Der Turm* (1927)

1894 Verteidigungsbündnis zwischen Frankreich und Russland – erstes internationales Autorennen Paris–Rouen

1862–1931 Arthur Schnitzler – *Anatol* (1893) – *Liebelei* (1895) – *Der grüne Kakadu* (1899) – *Reigen* (1900) – *Lieutenant Gustl* (1900)

1859–1919 Peter Altenberg – *Wie ich es sehe* (1896) – *Bilderbögen des kleinen Lebens* (1909)

1896 Olympische Spiele in Athen – in Köln erste Ansätze zu einer Arbeitslosenversicherung

1871–1914 Christian Morgenstern – *Auf vielen Wegen* (1897) – *Ich und die Welt* (1898) – *Ein Sommer* (1900) – *Galgenlieder* (1905) – *Melancholie* (1906) – *Palmström* (1910) – *Palma Kunkel*

1897 erster Zionistenkongress in Basel

(1916) – *Stufen* (1918) – *Der Gingganz* (1919) – *Epigramme und Sprüche* (1920)

1898 Beginn der deutschen Flottengesetzgebung

1873–1934 JAKOB WASSERMANN – *Die Juden von Zirndorf* (1897) – *Caspar Hauser* (1908) – *Das Gänsemännchen* (1915) – *Der Fall Mauritius* (1928) – *Etzel Andergast* (1931) – *Josef Kerkhovens dritte Existenz* (1934)

1904 Annäherung zwischen Frankreich und England: *Entente cordiale*

1902 ff. *Balladen und Lieder* von LULU VON STRAUSS UND TORNEY

1907 *Balladen und Lieder* von AGNES MIEGEL

1908 *Die Balladen und ritterlichen Lieder* von BÖRRIES VON MÜNCHHAUSEN

1875–1926 RAINER MARIA RILKE – *Die Weise von Liebe und Tod des Cornets Christoph Rilke* (1899) – *Das Buch der Bilder* (1902 ff.) – *Das Stunden-Buch* (1905) – *Neue Gedichte* (1907 f.) – *Die Aufzeichnungen des Malte Laurids Brigge* (1910) – *Die Duineser Elegien* (1923) – *Die Sonette an Orpheus* (1923)

1906 intensiver Ausbau der deutschen Kriegsflotte

1874–1936 KARL KRAUS – *Die Fackel* (1899–1936) – *Die letzten Tage der Menschheit* (1918 f.)

1878–1962 RUDOLF ALEXANDER SCHRÖDER – *Unmut* (1899) – *Elysium* (1906) – *Mitte des Lebens* (1930) – *Ein Lobgesang* (1937) – *Hymne an Deutschland* (1950)

1907 England, Russland und Frankreich durch Verträge wechselseitig verbunden – Isolation Deutschlands

1875–1955 THOMAS MANN – *Buddenbrooks* (1901) – *Tonio Kröger* (1903) – *Königliche Hoheit* (1909) – *Der Tod in Venedig* (1912) – *Betrachtungen eines Unpolitischen* (1918) – *Der Zauberberg* (1924) – *Doktor Faustus* (1947) – *Joseph und seine Brüder* (1948) – *Der Erwählte* (1951) – *Bekenntnisse des Hochstaplers Felix Krull* (1954)

1912 Festigung des Bündnisses zwischen Deutschland, Italien und Österreich: Dreibund

1867–1921 Ludwig Thoma – *Die Lokalbahn* (1902) – *Lausbubengeschichten* (1905) – *Andreas Vöst* (1906) – *Tante Frieda* (1907) – *Moral* (1908) – *Filserbriefe* (1909) – *Der Wittiber* (1911) – *Magdalena* (1912)

1864–1947 Ricarda Huch – *Aus der Triumphgasse* (1903) – *Der Fall Deruga* (1917) – *Deutsche Geschichte* (1934 ff.)

1914 (28. Juni) Ermordung des österreichischen Thronfolgerpaares – (1.–3. August) Kriegserklärung des Deutschen Reiches an Russland und Frankreich – Bündnisfall für England

1877–1962 Hermann Hesse – *Peter Camenzind* (1904) – *Gedichte* (1905 ff.) – *Unterm Rad* (1906) – *Demian* (1919) – *Siddhartha* (1922) – *Der Steppenwolf* (1927) – *Narziss und Goldmund* (1930) – *Das Glasperlenspiel* (1934)

1866–1933 Paul Ernst – *Demetrios* (1905) – *Der Weg zur Form* (1906) – *Ariadne auf Naxos* (1912)

1917 (6. April) Kriegserklärung der USA an das Deutsche Reich – (November) Sieg der Revolution in Russland

1871–1950 Heinrich Mann – *Professor Unrat* (1905) – *Der Untertan* (1916) – *Henry Quatre* (1935 ff.)

1918 (3. November) Aufstand der Matrosen in Kiel – (9. November) Revolution in Berlin – Ausrufung der Republik durch Philipp Scheidemann – (11. November) Abschluss des Waffenstillstandes

1880–1942 Robert Musil – *Die Verwirrungen des Zöglings Törless* (1906) – *Der Mann ohne Eigenschaften* (1930 ff.)

1919 (28. Juni) Unterzeichnung des Friedensvertrages in Versailles – Gründung des Völkerbundes

1920 *Der Schleier von* Emil Strauss

Der Widerspruch als einzige Gemeinsamkeit

Politisch lassen sich die Jahre zwischen 1890 und 1918 leichter beschreiben als in der literarischen Entwicklung. 1890 musste Bismarck auf Drängen Kaiser Wilhelms II. als Reichskanzler zurücktreten. Dies hatte langfristig schwerwiegende Folgen. Bismarcks Politik war auf eine Sicherung Deutschlands innerhalb der europäischen Staaten ausgerichtet gewesen. Der junge Kaiser wollte, dass Deutschland eine weltpolitische Rolle spiele. Wilhelm II. durchschaute nicht die Absicht des bismarckschen Bündnissystems; er erneuerte nicht den Rückversicherungsvertrag mit Russland. Und es geschah genau das, was Bismarck verhindern wollte: Russland verbündete sich mit Frankreich. England fühlte sich durch die expansive Flottenpolitik des Deutschen Reiches bedroht und schloss sich in der „Entente cordiale" an Russland und Frankreich an. Seit 1907 war Deutschland isoliert, auf seiner Seite hatte es nur Österreich und Italien. Gegenseitiges Misstrauen und Wettrüsten führten in die Kriegshysterie. Mehrere Versuche, den Konflikt durch Friedenskonferenzen und Verträge zu verhindern, schlugen fehl. Das Attentat von Sarajevo war nicht die Ursache des Kriegsausbruchs, sondern nur der letzte Anlass. Die Kriegsbegeisterung auf deutscher Seite schlug nach den furchtbaren Materialschlachten im Westen sehr bald um. 1918 kapitulierte Deutschland bedingungslos. Am 9. November 1918 rief Philipp Scheidemann in Berlin die Republik aus.

die Vielfalt der literarischen Strömungen

Die Bezeichnung „Gegenströmungen zum Naturalismus" trifft nur einen Teil des literarischen Lebens um die Jahrhundertwende. Genau genommen war auch der Naturalismus nur eine von vielen gleichzeitigen Strömungen, nur dass er in den ersten Jahren die literarische Diskussion bestimmte. Und dies gilt ebenso für den Expressionismus am zeitlichen Ende dieses Abschnittes. Es ist sehr genau zwischen ästhetischen und ideologischen Abgrenzungen zum Naturalismus zu unterscheiden; denn die Kritik an der Art, wie die Naturalisten die Wirklichkeit authentisch wiedergeben zu können glaubten, schloss nicht automatisch ein Desinteresse am sozialen Engagement des Naturalismus ein. Und umgekehrt, die Bejahung des direkten Zugriffs auf das Leben war nicht von selbst schon eine Auseinandersetzung mit den Fragen der Gegenwart. Selbst die Negation der unmittelbaren Einwirkung der Literatur (Kunst um ihrer selbst willen) waren Auseinandersetzungen mit der aktuellen Wirklichkeit. Auch haben Entwicklungen in der bildenden Kunst – Impressionismus, Symbolismus, Jugendstil – auf die Literatur eingewirkt.

Einflüsse der französischen Symbolisten

Tatsache ist, dass sich unter dem Einfluss der französischen Symbolisten Charles Baudelaire (1821–1867), Stéphane Mallarmé (1842–1898), Paul Verlaine (1844–1896) und Arthur Rimbaud (1854–1891) in Deutschland Anfang der Neunzigerjahre ein entschiedener Antinaturalismus bemerkbar machte. Er bedeutete eine Absage an die Vergleichbarkeit von Dichtung und Wirklichkeit. Dichtung und ihr sprachliches Beziehungsgefüge, die Symbole, seien eine für sich abgeschlossene Welt, reine Poesie. Dichtung genüge sich selbst, sie sei „Kunst für die Kunst“. So formulierte es auch Stefan George, und Ähnliches ist noch beim jungen Hofmannsthal zu lesen. Diese ästhetische Exklusivität einer eigenen dichterischen Welt verband sich mit dem priesterlichen Gestus aus FRIEDRICH NIETZSCHES (1844–1900) *Also sprach Zarathustra* (1883/85). Diese Rettung in die Kunst beinhaltet aber trotz ihrer Absage an die Wirklichkeit eine gesellschaftliche Aussage; denn sie entstand aus dem Gefühl, einer kulturellen Spätzeit anzugehören, die nur noch rückwärts gewandt ist. Man spricht in diesem Zusammenhang mit den französischen Begriffen von *décadence* und *fin de siècle.* Beispiele dafür sind die impressionistischen Dramen Schnitzlers, die lyrischen Einakter Hofmannsthals, aber auch die psychologische Prosa eines Thomas Mann. Ein wesentliches Merkmal dieser Spätzeit-Dichtung ist die Suche nach einer Rechtfertigung der Individualität und des subjektiven Urteils, z. B. in Musils oder Hesses Erzählprosa. Oder man griff auf die Tradition zurück, richtete sich nach klassischen Vorbildern, bis zur Epigonalität. Zwischen den beiden Extremen, dem dogmatischen Naturalismus und der reinen Poesie, lag ein weites Feld unterschiedlicher Ansätze, die bis in die Mitte des 20. Jahrhunderts weitergeführt wurden.

FRIEDRICH NIETZSCHE
Also sprach Zarathustra

STEFAN GEORGE

Deutsche Vertreter des Symbolismus

In der dichtung – wie in aller kunst-betätigung – ist jeder der noch von der sucht ergriffen ist etwas ›sagen‹ etwas ›wirken‹ zu wollen nicht einmal wert in den vorhof der kunst einzutreten.
Den wert der dichtung entscheidet nicht der sinn (sonst wäre sie etwa weisheit gelahrtheit) sondern die form [. . .] *(1894)*

„eine kunst für die kunst“

Dieses Bekenntnis zum literarischen Symbolismus, zu einer zweckfreien Ästhetik, zu einer Kunst um ihrer selbst willen, könnte von Baudelaire oder Mallarmé stammen. STEFAN GEORGE (1868–1933), der Autor dieser Zeilen, kannte Mallarmé persönlich. Die Begegnung mit dem gefeierten Lyriker der „reinen Poesie“ *(poésie pure)* im Jahre 1889 und die Teilnahme an dessen berühmten Dienstags-Gesellschaften blieben nicht ohne Einfluss auf Georges eigene Lyrik. Er las die Werke der Symbolisten und übertrug Gedichte von Baudelaire, Mallarmé, Verlaine und Rimbaud ins Deutsche; es war ein sich übendes Aneignen der Vorbilder. Das Ziel war, wie er in der Einleitung der *Blätter für die Kunst* (1892 ff.) progammatisch schrieb, „eine kunst für die kunst“ aus einer „neuen fühlweise und mache“. Die neue Fühlweise war antinaturalistisch; Kunst sollte keine Naturnachahmung sein, sondern eine eigene Symbolwelt, reiner Ausdruck des Geistes. Konkreter lässt sich fassen, was er mit der neuen „mache“ meinte. Um das Kunstwerk aus dem Bereich der Alltäglichkeit herauszuheben und um es vor dem Zugriff Uneingeweihter zu schützen, gab er seine Gedichtbände zunächst jeweils nur in kleiner Auflage als bibliophilen Privatdruck für seine Freunde heraus. Durchgehende Kleinschreibung und nur sporadischer

Gebrauch der Satzzeichen sowie ein eigenes, der Handschrift Georges nachgestaltetes Schriftbild erweckten schon im Erscheinungsbild den Eindruck des Ungewöhnlichen. In der Wortwahl mied George Umgangssprachliches; er bevorzugte einen erlesenen Wortschatz. Den Satzbau beschränkte er auf wenige Grundstrukturen; die harte Fügung der Sätze und auch der Wörter betonte den Gestus der Feierlichkeit. Vers und Strophe wurden nach klassischen Formmustern gestaltet. Nichts wurde einer momentanen Stimmung überlassen; denn: „Strengstes mass ist zugleich höchste freiheit."

Hymnen

Pilgerfahrten

Algabal

Schon von den Frühwerken *Hymnen* (1890), *Pilgerfahrten* (1891) und *Algabal* (1892) an treten drei Themen oder Motive hervor: der Dichter und sein Auftrag als bewusste Selbststilisierung, das Werk und sein Gegenstand, der poetische Raum. Der Dichter des neuen Kunstkultes ist der Priesterkönig Algabal, der die Masse verachtet und nur die Auserwählten in das geheime, durch Symbole abgeschirmte Reich der Kunst führt. Algabal lebt in einer Welt reiner Künstlichkeit. Über drei Stufen wie in dem Gedicht *Vogelschau* hat er das bloße Naturbild (1. Strophe), die exotische Verzauberung durch die Dinge (2. Strophe) und die dämonischen Abgründe im eigenen Ich (3. Strophe) überwunden. Das Eingangsbild kehrt am Ende zurück; aber mit veränderten Attributen: statt „hell und heiß" jetzt „kalt und klar".

Vogelschau

Weisse schwalben sah ich fliegen·
Schwalben schnee- und silberweiss·
Sah sie sich im winde wiegen·
In dem winde hell und heiss.

Bunte häher sah ich hüpfen·
Papagei und kolibri·
Durch die wunder-bäume schlüpfen
In dem Wald der Tusferi.

Grosse raben sah ich flattern·
Dohlen schwarz und dunkelgrau·
Nah am grunde über nattern
Im verzauberten gehau.

Schwalben seh ich wieder fliegen·
Schnee- und silberweisse schar·
Wie sie sich im winde wiegen
In dem winde kalt und klar!

Es ist, als ob das Naturbild in eine Porzellanplastik, in ein reines Kunstgebilde verwandelt wäre. Das Gedicht in seiner vollendetsten Form vergleicht George mit einem edlen Schmuck aus seltenem Material:

Die Spange

Ich wollte sie aus kühlem eisen
Und wie ein glatter fester streif·
Doch war im schacht auf allen gleisen
So kein metall zum gusse reif.

Nun aber soll sie also sein:
Wie eine grosse fremde dolde
Geformt aus feuerrotem golde
Und reichem blitzendem gestein.

Der priesterliche Dichter zieht sich im Zwiegespräch mit sich selbst oder mit einem Schüler in die Künstlichkeit einer Parklandschaft zurück. Der poetische Raum ist nicht der laute Ort des Marktes, sondern ein abgeschlossenes Kunstterrain, wenigen nur geöffnet. Das herbstliche Bild trägt einen Schleier von Vergänglichkeit und Resignation. Der Rückblick auf Verlorenes ist chiffrierter Kulturpessimismus, Rückzug in den kleinen elitären Kreis Gleichgesinnter:

NACH DER LESE

Komm in den totgesagten park und schau:
Der schimmer ferner lächelnder gestade
Der reinen wolken unverhofftes blau
Erhellt die weiher und die bunten pfade

Dort nimm das tiefe gelb das weiche grau
Von birken und von buchs · der wind ist lau
Die späten rosen welkten noch nicht ganz
Erlese küsse sie und flicht den kranz

Vergiss auch diese lezten astern nicht
Den purpur um die ranken wilder reben
Und auch was übrig blieb von grünem leben
Verwinde leicht im herbstlichen gesicht.

Komm in den totgesagten park und schau:
Der schimmer ferner lächelnder gestade·
Der reinen wolken unverhofftes blau
Erhellt die weiher und die bunten pfade.

Dort nimm das tiefe gelb · das weiche grau
Von birken und von buchs · der wind ist lau·
Die späten rosen welkten noch nicht ganz·
Erlese küsse sie und flicht den kranz·

Vergiss auch diese letzten astern nicht·
Den purpur um die ranken wilder reben·
Und auch was übrig blieb von grünem leben
Verwinde leicht im herbstlichen gesicht.

Das Jahr der Seele

Dieses Parkgedicht – es steht in dem Band *Das Jahr der Seele* (1897) – ist keine impressionistische Naturlyrik, sondern die symbolische Gestaltung innerer Zustände; die Kunst bleibt Kunst, selbst in Naturgestalt.

Der Teppich des Lebens

Der siebente Ring

Der Stern des Bundes

George verstand den Führungsanspruch des Dichterpropheten sehr persönlich. Er scharte um sich einen Kreis, von dem er bedingungslose Gefolgschaft forderte, wie in dem Gedicht *Der Jüngling* aus dem Band *Der Teppich des Lebens* (1900). Georges Selbstverständnis wechselte in den folgenden Bänden *Der siebente Ring* (1907) und *Der Stern des Bundes* (1913) von dem eines Hüters der reinen Kunst zu dem eines ideologischen Führers einer elitären Kultgemeinschaft. Verschwommen blieben die feierlichen Sprachgesten. Zwar sprach George vom Reich des Geistes, aber das innere Hierarchiegefüge dieses Reiches des Geistes konnte auch als ein Vorbild für reale Umstrukturierungen der Gesellschaft missverstanden oder missbraucht werden:

Dies ist reich des Geistes: abglanz
Meines reiches · hof und hain.
Neugestaltet umgeboren
Wird hier jeder: ort der wiege
Heimat bleibt ein märchenklang.
Durch die sendung durch den segen
Tauscht ihr sippe stand und namen
Väter mütter sind nicht mehr . . .·
Aus der sohnschaft · der erlosten·
Kür ich meine herrn der welt.
(Aus: *Der Stern des Bundes*)

Zwar hatte sich George selbst den werbenden Annäherungen der Nationalsozialisten entzogen, er konnte aber nicht verhindern, dass seine Verse faschistische Spruchdichtung wurden:

Du hast des adlers blick der froh zur sonne
Sich wendet – abwärts nur zu schlag und biss.
(Aus: *Der Stern des Bundes*)

Was ist die Welt?

Was ist die Welt? Ein ewiges Gedicht,
Daraus der Geist der Gottheit strahlt und glüht,
Daraus der Wein der Weisheit schäumt und sprüht,
Daraus der Laut der Liebe zu uns spricht.

Und jedes Menschen wechselndes Gemüt,
Ein Strahl ists, der aus dieser Sonne bricht,
Ein Vers, der sich an tausend andre flicht,
Der unbemerkt verhallt, verlischt, verblüht.

Und doch auch eine Welt für sich allein,
Voll süß-geheimer, nie vernommner Töne,
Begabt mit eigner, unentweihter Schöne,

Und keines Andern Nachhall, Widerschein.
Und wenn du gar zu lesen drin verstündest,
Ein Buch, das du im Leben nicht ergründest.

HUGO VON HOFMANNSTHAL

Was ist die Welt? – So begann auch ein Gedicht aus dem 17. Jahrhundert von Christian Hofmann von Hofmannswaldau. Für den Barockdichter war die Welt ein „schnöder Schein", ein „kurzes Prangen", eine „schwere Last"; von all dem musste sich die Seele befreien, um im Jenseits die wahre Schönheit schauen zu können. Vergänglichheit war das Grundmotiv barocker Weltbetrachtung. HUGO VON HOFMANNSTHAL (1874–1929), Gymnasiast in Wien und gerade sechzehn Jahre alt, preist, als Antwort auf die Frage des Barockdichters, die Welt als ein ewiges Gedicht, als ein Kunstwerk der göttlichen Weisheit und Liebe. Hofmannsthals Loblied auf die Welt ist keine Erlebnislyrik, sondern zitierte Literatur. Das Gedicht, das die Welt preisen soll, wird zu einem eigenen künstlichen Kosmos der Symbole. Das Gedicht ist nicht nur ein Spiegel oder Gleichnis der Welt, es ersetzt geradezu Welterfahrung. In einem melodisch sanften Schreiten fügen sich die Verse in die strenge Form des Sonetts; kein ungewohntes Wort sperrt sich dem Rhythmus. Diese poetische Leichtigkeit des Sagens unterscheidet Hofmannsthal von seinem älteren Freund George, von dessen majestätischem, bestimmendem Zugriff auf die Sprache. Mehrere der frühen Gedichte Hofmannsthals wurden zuerst in Georges *Blättern für die Kunst* veröffentlicht; auf Drängen Georges erschien auch ein erster Sammelband *Ausgewählte Gedichte* (1903). Stefan George suchte die Freundschaft des Jüngeren, weil – wie sich Hofmannsthal noch später an das erste Gespräch erinnerte – alles darauf hindeute, „dass ich unter den wenigen in Europa sei (und hier in Österreich der Einzige), mit denen er Verbindung zu suchen habe: es handle sich um die Vereinigung derer, welche ahnten, was das Dichterische sei". Die erste Begegnung fand 1891 in Wien statt; von mehreren Zerwürfnissen überschattet, endete die Bekanntschaft 1906 in gänzlicher Entfremdung. Hofmannsthals tolerante Aufgeschlossenheit ließ sich nicht mit Georges unduldsamem Führungsanspruch vereinen. Hofmannsthal lebte im Reichtum der europäischen Tradition. Seine frühen Werke haben zwar Anklänge an den französischen Symbolismus, aber aus dem Gefüge der Symbole entsteht keine neue Welt der Kunst um ihrer selbst willen. Überall trifft man auf Zitate, wird an Früheres erinnert. Dies ist

Ausgewählte Gedichte

jedoch kein epigonales Nachdichten, sondern ein bewusstes Leben in der Geschichte; Gegenwart erhellt sich erst durch Vergangenes.
Mit dem Gedicht *Vorfrühling,* das schon 1892 entstanden war, leitete Hofmannsthal auch spätere Ausgaben seiner Lyrik ein:

Vorfrühling

Es läuft der Frühlingswind
Durch kahle Alleen,
Seltsame Dinge sind
In seinem Wehn.

Er hat sich gewiegt,
Wo Weinen war,
Und hat sich geschmiegt
In zerrüttetes Haar.

Er schüttelte nieder
Akazienblüten.
Und kühlte die Glieder,
Die atmend glühten.

Lippen im Lachen
Hat er berührt,
Die weichen und wachen
Fluren durchspürt.

Er glitt durch die Flöte
Als schluchzender Schrei.
An dämmernder Röte
Flog er vorbei.

Er flog mit Schweigen
Durch flüsternde Zimmer
Und löschte im Neigen
Der Ampel Schimmer.

Es läuft der Frühlingswind
durch kahle Alleen,
Seltsame Dinge sind
In seinem Wehn.

Durch die glatten
Kahlen Alleen
Treibt sein Wehn
Blasse Schatten.

Und den Duft,
Den er gebracht,
Von wo er gekommen
Seit gestern Nacht.

Zwar scheint der Dichter nur zu beobachten, dem Spiel des Windes nachzublicken; aber der Wind, obwohl nirgends genauer umrissen, wird zu einer lebendigen Gestalt, zu einem personifizierten Naturphänomen. Und die Erwartung, die Vorahnung ist keine Beschreibung, sondern Bewegung und Melodie. Die Regionen, die der Wind durchstreift, sind nur beim ersten Anblick Naturlandschaften; sie verwandeln sich durch die Attribute und Verben des Gefühls, der Trauer und der Freude zu Landschaften oder Stationen des menschlichen Lebens. Aber nichts ist aufdringlich ins Symbol gedrängt oder zur Metapher erhoben; es bleibt ein Spiel der Ahnungen, in musikalischer Leichtigkeit wie in Goethes oder Mörikes Frühlingsgedichten. Die symbolische Erweiterung des Geschauten eröffnet sich dem Leser von selbst. Und das Naturbild dient nicht nur dem symbolischen Sinn; es existiert auch für sich selbst. Ähnlich ist das Ineinsgehen von Situation und Symbol oder von Bild und Deutung in dem Gedicht *Die Beiden* (1896): der Becher als Symbol der Liebe, als ein reines Dingsymbol, durch das innere Regungen sichtbar werden. Ein lyrisches Ich, das erklärend eingriffe, würde den klaren Aufbau der drei Strophen nur stören: die beiden Eingangsstrophen als Einzelcharakteristiken – „So leicht und sicher war ihr Gang" und „So leicht und fest war seine Hand" – in der Schlussstrophe, schon durch die Länge betont, die Begegnung der beiden, die alles verändert – „Denn beide bebten sie so sehr".

Die Beiden

Sie trug den Becher in der Hand
– Ihr Kinn und Mund glich seinem Rand –,
So leicht und sicher war ihr Gang,
Kein Tropfen aus dem Becher sprang.

So leicht und fest war seine Hand:
Er ritt auf einem jungen Pferde,
Und mit nachlässiger Gebärde
Erzwang er, dass es zitternd stand.

Jedoch, wenn er aus ihrer Hand
Den leichten Becher nehmen sollte,
So war es beiden allzu schwer:
Denn beide bebten sie so sehr,
Dass keine Hand die andre fand
Und dunkler Wein am Boden rollte.

lyrische Dramen

Auffallend ist schon bei dem jungen Hofmannsthal, dass sein bevorzugtes Thema nicht die Gegenwart oder der erlebte Augenblick ist. Das Bewusstsein, Glied in einer langen Kette der Geschichte zu sein, ist geradezu das dominierende Motiv in den so genannten lyrischen Dramen. Bereits in dem lyrischen Einakter *Gestern* (1891) heißt es:

Gestern

Dies Gestern ist so eins mit deinem Sein,
Du kannst es nicht verwischen, nicht vergessen:
Es ist, so lang wir wissen, dass es war.

Der Tor und der Tod

Hofmannsthals Gestalten leben im Gefühl einer Spätzeitlichkeit. Claudio, der junge Edelmann in dem Spiel *Der Tor und der Tod* (1893), wurde geradezu die Identifikationsfigur einer ganzen Generation. Aber Hofmannsthal dokumentierte nicht nur einen Bewusstseinsstand, das Spiel vom Tod des greisen Jünglings war auch Kritik an der resignativen Fin-de-siècle-Stimmung, an dieser Flucht vor der Wirklichkeit in die Kunst.

Claudio steht am Fenster und betrachtet von ferne die Außenwelt, das wirkliche Leben; nichts hat er selbst erlebt:

Es scheint mein ganzes, mein versäumtes Leben
Verlorene Lust und nie geweinte Tränen
Um diese Gassen, dieses Haus zu weben
Und ewig sinnlos Suchen, wirres Sehnen.

Seine physische Müdigkeit, sich schon als Jüngling wie ein Greis zu fühlen, ist auch die kollektive Müdigkeit einer Generation, die sich nur als Nachgeborene sieht. Der Tod fordert Claudio zur Rechenschaft, noch bevor er für ein gelebtes Leben Rechenschaft leisten könnte. Der Jüngling steht durch seine Verweigerung gegenüber dem realen Leben vor dem Anfang schon am Ende. Die Einsicht kommt zu spät:

Der Tod
Doch alle reif, fallt ihr in meinen Arm.
Claudio
Ich aber bin nicht reif, drum lasst mich hier.
Ich will nicht länger töricht jammern,
Ich will mich an die Erdenscholle klammern,
Die tiefste Lebenssehnsucht schreit in mir.

Angesichts des Todes ziehen in Gestalt der Mutter, der Geliebten und des Freundes die versäumten Möglichkeiten seines Lebens noch einmal an ihm vorbei. Der Freund charakterisiert ihn treffend und wirft ihm seine Selbstbesessenheit vor:

Der keinem etwas war und keiner ihm.

Der Tod, so paradox es klingt, wird Claudios erstes elementares Erlebnis:

Erst, da ich sterbe, spür ich, dass ich bin.

Erzählungen

Das plötzliche Auftreten des Todes und das Gefühl eines nicht gelebten Lebens sind Themen, die Hofmannsthal auch in mehreren Erzählungen der Neunzigerjahre behandelte. Der junge Kaufmannssohn aus dem

Das Märchen der 672. Nacht

Märchen der 672. Nacht (1895) hat vieles mit Claudio gemein. Der Geselligkeit und des gastlichen Lebens überdrüssig, zieht er sich in seine Räume zurück. Nur durch seine Diener, die ihm hündisch ergeben sind, nimmt er noch Kontakt zur Außenwelt auf. Er schafft sich eine künstliche Welt der schönen, aber toten Dinge. Als ein geheimnisvoller Brief ihn zwingt sein Haus zu verlassen, wird das Erleben der Außenwelt zum Albtraum. Aus einem inneren Schuldgefühl gegenüber der Wirklichkeit verzerrt sich alles zur Bedrohung. Vom Hufe eines Pferdes getroffen stirbt er: „Er hasste seinen vorzeitigen Tod so sehr, dass er sein Leben hasste, weil es ihn dahin geführt hatte." Hofmannsthal beschrieb diese geistige Verstörung sachlich wie in einem Krank-

Reitergeschichte

heitsbericht. – Auch in der *Reitergeschichte* (1899) wahrte er beobachtende Distanz. Anton Lerch, Wachtmeister in einer Reiterschwadron, wird wegen Insubordination von seinem Vorgesetzten erschossen; sein Leben wird ausgelöscht, bevor noch die unterdrückten Wunschphantasien, die rauschhaft an diesem erfolgreichen Kampftag an ihm vorbeigezogen sind, Wirklichkeit werden konnten.

Ein Brief

1902 erschien *Ein Brief* mit dem Datum vom 22. August 1603, in dem der erfolgreiche Dichter Lord Chandos sich bei dem berühmten Francis Bacon „wegen des gänzlichen Verzichtes auf literarische Betätigung" entschuldigte. Hinter dem fiktiven Schreiber und der historischen Verfremdung verbirgt sich Hofmannsthal selbst. Chandos hat die Sicherheit verloren, dass das poetische Wort Wirklichkeit aufnehmen könne; er sieht Kunst nur noch als Schein, als schönes Spiel. Wörter und Begriffe zerfallen ihm beim Zugriff auf die Dinge: „Es zerfiel mir alles in Teile, die Teile wieder in Teile, und nichts ließ sich mit einem Begriff umspannen." Die Sprache und die Bilder, deren er sich bisher bedient habe, seien dem Ansturm des erfahrenen Lebens nicht mehr gewachsen. Aber die Sprache, die er benötige, um die Dinge sprechen zu lassen, habe er noch nicht gefunden, deshalb schweige er.

antike Vorbilder

Aus diesem selbst auferlegten Schweigen, aus dieser Sprachkrise befreite sich Hofmannsthal durch Bearbeitung antiker Tragödien – z. B. *Elektra* (1903) und *König Ödipus* (1910) – und durch die Erneuerung

Erneuerung des Mysterienspiels

der Symbolwelt des mittelalterlichen und barocken Mysterienspiels. Nach der christlichen Metapher vom Welttheater ist die Welt eine Bühne, auf der jeder seine Rolle zu spielen hat. Und die Problematik von Schein und Sein ist durch die scharfe Trennung zwischen der Welt als Ort der Vergänglichkeit und der jenseitigen Bestimmung des Menschen aufgehoben. In diesen Spielen geht es nicht um eine authentische Wiedergabe der Erscheinungswelt, sondern um die symbolische

Ausdeutung; das Spiel wird als Spiel begriffen. Die Frage nach der Nachahmung oder gar Spiegelung der Wirklichkeit wäre verfehlt. Hofmannsthals bekannteste Nachdichtung eines Mysterienspiels nach alten Vorlagen wurde *Jedermann. Das Spiel vom Sterben des reichen Mannes* (1911). Der Titel umreißt bereits den Inhalt. Mitten im Fest wird Jedermann vom Tod aufgefordert vor Gottes Thron zu erscheinen. Kurze Zeit bleibt ihm noch, um sich einen Begleiter zu suchen; aber alle verlassen ihn, bis auf seine wenigen guten Werke und den schwachen Glauben, beide als Allegorien in Frauengestalt personifiziert. Die Werke und der Glaube sind zu schwach, um ihn allein zu retten; erst als Jedermann tiefe Reue zeigt, verliert der Teufel seine Macht über ihn. – *Das Salzburger Große Welttheater* (1922), wie *Jedermann* ein fester Bestandteil der Salzburger Festspiele, wurde nach dem barocken Vorbild *El gran teatro del mundo* (1675) des Spaniers Calderón gestaltet. Über das Verhältnis seines Stückes zu dem Calderóns schrieb Hofmannsthal: „Von diesem ist hier die das Ganze tragende Metapher entlehnt: Dass die Welt ein Schaugerüst aufbaut, worauf die Menschen in ihren von Gott ihnen zugeteilten Rollen das Spiel des Lebens aufführen; ferner der Titel dieses Spiels und die Namen der sechs Gestalten, durch welche die Menschheit vorgestellt wird – sonst nichts. Diese Bestandteile aber eignen nicht dem großen katholischen Dichter als eine Erfindung, sondern gehören zu dem Schatz von Mythen und Allegorien, die das Mittelalter ausgeformt und den späteren Jahrhunderten übermacht hat." Hofmannsthal sah in der mittelalterlichen, christlichen Symbolwelt eine sinnstiftende Weltdeutung, die das in Teile zerfallene Ganze (Chandos' Brief) wieder vereinte. Es blieb aber die Frage, ob das geschlossene, geistige Weltbild des Mittelalters noch auf die Realität des zwanzigsten Jahrhunderts angewendet werden konnte. In der zweiten Fassung des Trauerspiels *Der Turm* (1927), ebenfalls nach einem Werk Calderóns: *La vida es sueño* (*Das Leben ein Traum*, 1636), unterliegt König Sigismund, der in seiner Regierung Geist und Macht versöhnen wollte, den irrationalen Einbrüchen der Gewalt in die Geschichte. In dieser pessimistischen Variante zur ersten Fassung, die noch ein Bild künftiger Versöhnung entworfen hatte, spiegelt sich auch das Bewusstsein, nach dem Zusammenbruch der Donaumonarchie und angesichts der veränderten politischen Landschaft am Ende eines historischen Abschnittes zu stehen.

Jedermann

Das Salzburger Große Welttheater

Der Turm

Das Welttheater in der mittelalterlichen und barocken Tradition geht von repräsentativer Öffentlichkeit aus; nicht Charaktere, sondern Standesvertreter kommen auf die Bühne, da die Welt als ein überpersönliches Ganzes gesehen wird. Der private Raum, die Geschichte gebrochen im Alltäglichen, ist dem Lustspiel vorbehalten; auch dies hat Tradition. Die Auffassung, am Ende eines historischen Abschnittes zu stehen, die rückblickende Aufmerksamkeit auf das Gewesene, das Unzeitgemäße eines Charakters in seiner sich wandelnden Umgebung – dies alles sind Themen, die bei Hofmannsthal von Anfang an auftauchen. Aber den lockeren Konversationsstil, die ironische Selbstbefragung erreicht er erst in seinen Lustspielen, die, ohne literarhistorische Vorlage, in der Gegenwart, genauer: kurz vor dem Ende der Donaumonarchie – *Der Unbestechliche* (1923) – oder in den Jahren danach – *Der Schwierige* (1921) – spielen. Beide, der Unbestechliche und der Schwierige – sie werden nicht mit ihrem Namen, sondern mit ihrer

Lustspiele

Der Unbestechliche

Der Schwierige

hervorstechenden Charaktereigenschaft im Titel zitiert –, sind unzeitgemäße Zeitgenossen. Die Meisterschaft zeigt sich in der nuancenreichen Beiläufigkeit der Dialoge. In den skurrilen Titelgestalten lebt die Erinnerung an übergreifende, historisch verankerte Ordnungsgefüge weiter. Ihre Sperrigkeit gegen die allgemeine Tendenz, gegen den Zeitgeist, ist eine verdeckte Mahnung, das Wissen um historisches Werden nicht einfach, der Aktualität zuliebe, auszuklammern oder zu vergessen.

Impressionistische Bilderwelt

Rainer Maria Rilke

Reiten, reiten, reiten, durch den Tag, durch die Nacht, durch den Tag.
Reiten, reiten, reiten.
Und der Mut ist so müde geworden und die Sehnsucht so groß. Es gibt keine Berge mehr, kaum einen Baum. Nichts wagt aufzustehen. Fremde Hütten hocken durstig an versumpften Brunnen. Nirgends ein Turm. Und immer das gleiche Bild. Man hat zwei Augen zu viel. Nur in der Nacht manchmal glaubt man den Weg zu kennen. Vielleicht kehren wir nächstens immer wieder das Stück zurück, das wir in der fremden Sonne mühsam gewonnen haben? Es kann sein. Die Sonne ist schwer, wie bei uns tief im Sommer. Aber wir haben im Sommer Abschied genommen. Die Kleider der Frauen leuchteten lang aus dem Grün. Und nun reiten wir lang. Es muss also Herbst sein. Wenigstens dort, wo traurige Frauen von uns wissen.

Die Weise von Liebe und Tod des Cornets Christoph Rilke

So beginnt *Die Weise von Liebe und Tod des Cornets Christoph Rilke* (1899). Den Kern der Handlung entnahm Rainer Maria Rilke (1875–1926) wahrscheinlich einer Chronik aus dem 17. Jahrhundert. Die Namensverwandtschaft ist zufällig; der 18-jährige Christoph von Rilke auf Langenau fiel 1663 im Kampf gegen die Türken. Rainer Maria Rilke, in Prag geboren, aus einer bürgerlichen Beamtenfamilie, übertrug auf diesen fernen Namensvetter, die historische Verfremdung bewusst nutzend, ein Lebensgefühl, das aus den Zwängen der modernen Industriegesellschaft auszubrechen versucht. Die Alternative des Anders-Seins und Anders-Lebens hat keine scharfen Konturen; es ist eher eine heroische Geste des kurzen, intensiven Lebens zwischen einem Liebeserleben und dem Tod in der Schlacht. Vieles ist verschwommen in diesen impressionistischen Skizzen, aber voll farbenprächtiger Sprachbilder. Dieses kleine Buch, eben weil es eine suggestive Beliebigkeit besaß, die den Rahmen für vieles geben konnte, wurde zum Kultbuch der ersten großen „Aussteigergeneration" in Deutschland. Ganz anders stellt sich zehn Jahre später die Wirklichkeitserfahrung in dem Tagebuchroman *Die Aufzeichnungen des Malte Laurids Brigge* (1910) dar. Unter der bedrängenden und bedrückenden Großstadtgegenwart lernt der 28-jährige Malte, der letzte aus einem dänischen Geschlecht, die Außenwelt und die Macht der Dinge sehen. Vor dem Einbruch der Bedrohung – er beschreibt mit diagnostischer Schärfe die sozialen Kontraste in Paris, das Elend und den Zerfall – rettet er sich durch die Erinnerungen an seine eigene Kindheit und – im offenen Schluss der Aufzeichnungen – durch das metaphysische Verlangen nach der Liebe in Gott.

Die Aufzeichnungen des Malte Laurids Brigge

Das Stunden-Buch

Dies alles sind auch Stufen in Rilkes lyrischem Werk. *Das Stunden-Buch, enthaltend die drei Bücher: Vom mönchischen Leben / Von der Pilgerschaft / Von der Armut und vom Tode* (1905) erinnert an mittelalterliche Sammlungen privater Gebete. In der Kunstform des Gebetes verließ Rilke bereits die traditionelle Stimmungslyrik seiner frühen Gedichte und erprobte neue Bilder, die in sensualistischer und visueller Umsetzung die Grenzen des Sagbaren erweitern sollten. Aber es blieb immer noch ein Sich-Verlieren in den Bildern, die eher Stimmungen als feste Aussagen hervorriefen; es sind Einkreisungen des Sinns hinter den Dingen:

Ich lebe mein Leben in wachsenden Ringen,
die sich über die Dinge ziehn.
Ich werde den letzten vielleicht nicht vollbringen,
aber versuchen will ich ihn.

Ich kreise um Gott, um den uralten Turm,
und ich kreise jahrtausendelang;
und ich weiß noch nicht: bin ich ein Falke, ein Sturm
oder ein großer Gesang.

Das Buch der Bilder

Ungefähr zur gleichen Zeit wie das *Stunden-Buch* entstand *Das Buch der Bilder* (1902/06). Viele der Gedichte zeigen, wie Rilke die evozierten Bilder immer mehr vergegenständlichte und länger bei der einzelnen Beobachtung verharrte, ohne dabei dem eingefangenen Augenblick aber die Öffnung in das Allgemein-Gleichnishafte zu nehmen:

Herbsttag

Herr: es ist Zeit. Der Sommer war sehr groß.
Leg deinen Schatten auf die Sonnenuhren,
und auf den Fluren lass die Winde los.

Befiehl den letzten Früchten voll zu sein;
gib ihnen noch zwei südlichere Tage,
dränge sie zur Vollendung hin und jage
die letzte Süße in den schweren Wein.

Wer jetzt kein Haus hat, baut sich keines mehr.
Wer jetzt allein ist, wird es lange bleiben,
wird wachen, lesen, lange Briefe schreiben
und wird in den Alleen hin und her
unruhig wandern, wenn die Blätter treiben.

Neue Gedichte

Die Sammlung *Neue Gedichte* (1907/08) bedeutete die entschiedene Hinwendung zum Dinglichen, zur beobachtenden Perspektive des Ding-Gedichts. Das Kunstwerk als für sich selbst Bestehendes und sich selbst Deutendes sollte sich vom subjektiven Ich des Autors lösen; dies galt auch für den Gegenstand der Beobachtung selbst. Großen Einfluss auf diese Wende von der einfühlsamen Impression zur Distanz gegenüber den Dingen hatte die Begegnung mit den Werken des französischen Bildhauers Rodin.

Eines der frühen Beispiele (1903) für die gewandelte Perspektive ist:

Der Panther

Im Jardin des Plantes, Paris

Sein Blick ist vom Vorübergehn der Stäbe
so müd geworden, dass er nichts mehr hält.
Ihm ist, als ob es tausend Stäbe gäbe
und hinter tausend Stäben keine Welt.

Der weiche Gang geschmeidig starker Schritte,
der sich im allerkleinsten Kreise dreht,
ist wie ein Tanz von Kraft um eine Mitte,
in der betäubt ein großer Wille steht.

Nur manchmal schiebt der Vorhang der Pupille
sich lautlos auf –. Dann geht ein Bild hinein,
geht durch der Glieder angespannte Stille –
und hört im Herzen auf zu sein.

Der Beobachter beschreibt den Panther, sich selbst zunächst aus dem „Geschehen" ausklammernd. Aber es ist nicht nur eine beschreibende Beobachtung, sondern zugleich auch Deutung, indem der Beobachter sich in den Gegenstand seiner Beschreibung versetzt. Obwohl er in der dritten Person bleibt, legt er dem Gegenstand, dem Panther, Gefühle und Regungen zu, die er aus der Beobachtung des Tieres von außen her erschließt, gleichsam als wenn er in der Rolle des Tieres wäre. Das Ding wird menschlich; es steht nicht für sich selbst, sondern weitet sich zu einem Gleichnis für vergleichbare Situationen eines Menschen: Der Mensch im Gitter der Zwänge von außen; die Widerstände staffeln sich wie Gitterstäbe vor ihm.

Die Duineser Elegien

Die Sonette an Orpheus

Das Spätwerk, *Die Duineser Elegien* (1923) und *Die Sonette an Orpheus* (1923), entzieht sich sowohl den Stimmungsassoziationen der frühen Gedichte wie auch dem gegenständlichen Zugriff der Ding-Gedichte. Diese späten Gedichte sind existenzielle Selbstbefragungen. Die Bilder, mit autobiographischen Erinnerungen und Anspielungen überfrachtet, lassen sich nur noch bruchstückhaft entziffern, vielleicht weil das Fragen selbst schon zur Antwort gehört. Es ist eine Vergewisserung der eigenen Existenz durch die Sprache bis an die Grenze der sprachlichen Möglichkeit.

CHRISTIAN MORGENSTERN

Wer den Namen Morgenstern hört, denkt wohl sogleich an die *Galgenlieder.* Zunächst nur im Berliner Freundeskreis der „Galgenbrüder" gesungen und vorgetragen, wurden sie sein bekanntestes Werk. Im Rückblick zählte CHRISTIAN MORGENSTERN (1871–1914) die Lektüre Nietzsches und die Beschäftigung mit dem Werk des Anthroposophen Rudolf Steiner zu den wichtigsten Daten seines Lebens. Nietzsche wurde bis zur Bekanntschaft mit Rudolf Steiner sein „eigentlicher Bildner und die leidenschaftliche Liebe langer Jahre". In der symbolistischen Gedankenlyrik der frühen Gedichtbände *Auf vielen Wegen* (1897) und *Ich und die Welt* (1898) nähert sich das poetische Ich der priesterlichen Sprachgeste Zarathustras (Nietzsche) oder auch Algabals (George):

Auf vielen Wegen

Ich und die Welt

Wer einmal frei
vom großen Wahn
ins leere Aug
der Sphinx geblickt,

verachtet stumm
der Erde Weh,
der Erde Lust,
und lächelt nur.

(*Der Wissende,* Schlussstrophe)

Die Landschaftsbilder dagegen sind impressionistische Skizzen von musikalischer Leichtigkeit ohne philosophisches Pathos, z. B. in den Gedichtbänden *Ein Sommer* (1900) oder *Melancholie* (1906). Die reflektierende Prosa, *Stufen* (1918), *Epigramme und Sprüche* (1920), in denen er seinen Weg zu einer vergeistigten, idealistischen Betrachtung von Natur und Mensch beschrieb, deutlich unter dem Einfluss der Lebenslehre Rudolf Steiners, – diese Texte erschienen erst nach seinem Tode.

Ein Sommer

Melancholie

Stufen

Epigramme und Sprüche

Die frühesten Texte der *Galgenlieder* entstanden 1895, ohne dass Morgenstern zunächst an die Veröffentlichung seiner grotesken Sprachspiele dachte; aber das begeisterte Echo bei den Lesungen in Ernst von Wolzogens Kabarett „Überbrettl" ermutigte ihn zu seiner ersten Ausgabe im Jahre 1905. Aus einzelnen Gedichten wurden neue, selbstständige Ableger weiterer Sammlungen. In der Ausgabe *Alle Galgenlieder* von 1932 finden sich auch die ursprünglich separat edierten Sammlungen *Palmström* (1910), *Palma Kunkel* (1916) und *Der Gingganz* (1919).

Galgenlieder

Palmström

Palma Kunkel

Der Gingganz

Morgenstern widmete die *Galgenlieder* „Dem Kinde im Manne" und er zitierte Nietzsche: „Im echten Manne ist ein Kind versteckt: das will ich spielen." Der Überraschungseffekt in Morgensterns Sprachgrotesken hat weniger mit spielerischer Nonsens-Dichtung zu tun, er entsteht aus dem Wörtlichnehmen der Wortinhalte, die sich von der allgemeinen Erfahrung loslösen und befreien, um eine eigene, nicht unbedingt logische Sprachwelt aufzubauen. Neue Strukturen entstehen, die den Zwang des Üblichen aufheben. Es ist ein Spiel mit der Erkenntnismöglichkeit durch Sprache. Wenn es einen Ochsenfrosch gibt, warum kann die Sprache dann nicht auch einen „Ochsenspatz" erschaffen *(Neue Bildungen, der Natur vorgeschlagen)*. Oder warum soll *Der Werwolf*, der nichts von seiner etymologischen Herkunft (wer = lat. vir: Mann) weiß, nicht auf den Gedanken kommen, sich eine eigene Ahnengalerie deklinieren zu lassen? Doch der Eingriff der herrschenden Sprachregelung, man kann auch sagen: die gesellschaftlich verordnete Normalität, dass „nicht sein *kann*, was nicht sein *darf*" *(Die unmögliche Tatsache)*, lähmt den Flug der Phantasie: Der Architekt, der noch aus dem Zwischenraum im Lattenzaun ein Lufthaus (im doppelten Sinn) bauen konnte, findet nicht das Wohlwollen des Senats:

Der Lattenzaun

Es war einmal ein Lattenzaun,
mit Zwischenraum, hindurchzuschaun.

Ein Architekt, der dieses sah,
stand eines Abends plötzlich da –

und nahm den Zwischenraum heraus
und baute draus ein großes Haus.

Der Zaun indessen stand ganz dumm,
mit Latten ohne was herum.

Ein Anblick grässlich und gemein.
Drum zog ihn der Senat auch ein.

Der Architekt jedoch entfloh
nach Afri- od- Ameriko.

Die Entdeckung des Unbewussten

ARTHUR SCHNITZLER

Sigmund Freud schrieb dem Wiener Arztkollegen und Schriftsteller ARTHUR SCHNITZLER (1862–1931) zum sechzigsten Geburtstag: „Ihr Determinismus wie Ihre Skepsis – was die Leute Pessimismus heißen –, Ihr Ergriffensein von den Wahrheiten des Unbewussten, von der Triebnatur des Menschen, Ihre Zersetzung der kulturell-konventionellen Sicherheiten, das Haften Ihrer Gedanken an der Polarität von Lieben und Sterben, das alles berührte mich mit einer unheimlichen Vertrautheit." Schnitzler sei im Grunde seines Wesens „ein psychologischer Tiefenforscher". – Hugo von Hofmannsthal widmete dem älteren Freund und Mentor eine *Einleitung* für den szenischen Zyklus *Anatol* (1893):

Also spielen wir Theater,
Spielen unsre eignen Stücke,
Früh gereift und zart und traurig,
Die Komödie unsrer Seele,
Unsres Fühlens Heut und Gestern,
Böser Dinge hübsche Formel,
Glatte Worte, bunte Bilder
Halbes, heimliches Empfinden,
Agonien, Episoden ...

Beide beurteilten Schnitzler aus ihrem eigenen Wissenschafts- und Kunstverständnis, und beide trafen wesentliche Züge des Werkes; zum einen die Projektion unbewusster innerer Vorgänge auf die Bühne, zum anderen das Leben als Abfolge vorgegebener Sozialrollen.

Wie Fontane die Berliner Gesellschaft des ausgehenden Jahrhunderts in seinen Romanen festhielt, so Schnitzler das Wiener Pendant vor allem in seinen Schauspielen, Komödien und Grotesken. Aber es gibt Unterschiede, nicht nur geographische. Fontane beobachtete und analysierte von außen; die Konflikte, die durch die gesellschaftliche Umstrukturierung im großen Boom der Industrialisierung entstanden und oft ein Resultat des Widerspruchs zwischen tradierten, starren Wertvorstellungen und der Wirklichkeit waren, sah er als fremdvermittelte Konflikte, die nicht in der Verantwortung des Einzelnen standen. Schnitzler interpretierte – nicht weniger an den gesellschaftlichen Widersprüchen interessiert – aus der Spannung zwischen individueller Triebstruktur und sozialem Rollenzwang oder Rollenprivileg. Während Fontane in seinen Romanen über Standeskonflikte – *Irrungen, Wirrungen* (1888) und *Stine* (1890) – das private Desaster aus übermächtigen, anonymen Zwängen ableitete, denen die Individuen ausgeliefert sind, betonte Schnitzler gerade die auswechselbare Beliebigkeit, die individuelle Anonymität seiner Gestalten. Fontane war der sozialere, Schnitzler der psychologischere Beobachter. Schnitzlers Gestalten sind beliebige Typen; auf der einen Seite der gelangweilte Adlige und Offizier, der satte Privatier, die zu Repräsentationszwecken degradierte Ehefrau – auf der anderen Seite das „süße Mädel" aus der Vorstadt, das seine Träume wenn auch nur für ein kurzes Intermezzo verwirklichen möchte, oder die Dirne, die sich als Ware vermarktet, um ihren Anteil am Leben zu sichern: eine kranke, dekadente Gesellschaft ohne Perspektive.

Anatol

Sowohl in dem Einakterzyklus *Anatol* (1893) wie auch in dem Szenenpotpourri *Reigen* (1900) ist die Reihenfolge belanglos und austauschbar. Anatol, eine Mischung zwischen Großbürger und Bohemien, zwischen Lebensverlangen und Lebensmüdigkeit, verliert sich im Äußerlichen, um die Angst vor sich selbst zu verstecken. Das morbide Selbstmitleid ist geradezu sein Lebenselixier: „Ich fühle, wie viel mir verloren ginge, wenn ich mich eines schönen Tages ‚stark' fände! ... Es gibt so viele Krankheiten und nur eine Gesundheit –! ... Man muss immer genau so gesund sein wie die andern – man kann aber ganz anders krank sein wie jeder andere!" Anatols wechselnde Beziehungen zu Frauen sind austauschbar; es ist ein verdinglichter Mechanismus der Wiederholung, in dem sich Anatols Unfähigkeit zeigt, aus dem eigenen Ich herauszutreten. Dieser Mechanismus wird im *Reigen,* einer losen Folge von zehn Szenen, zum Prinzip. Die sexuellen Beziehungen durchlaufen die Stufenleiter der Auswechselbarkeit vom gemeinen Soldaten bis zum Grafen. Schnitzler wurde von entrüsteten Moralwächtern mit dem Vorwurf der Pornographie gründlich missverstanden. In den zehn Dialogen entlarvt er gerade den Deckmantel moralischer Oberfläche als die herrschende Gesellschaftslüge. Er prangert die doppelte Moral öffentlichen Gehabes und geheimer Wünsche an. Der Versuch einer ernsthaften Bindung wird in dem Schauspiel *Liebelei* (1895) durch soziale Konventionen vereitelt. Christine, die Tochter eines Violinspielers am Josefstädter Theater, glaubt, dass ehrliche Zuneigung jede soziale Schranke überwinden kann. Fritz Lobheimer – Student, Offizier und Sohn eines Gutsbesitzers – beugt sich im Schwanken zwischen Gefühl und vermeintlicher Pflicht dem Diktat der öffentlichen Norm; er fällt im Duell für eine schon beendete Affäre mit einer verheirateten Frau.

Reigen

Liebelei

Schnitzler beschrieb das Krankheitsbild einer sich selbst auflösenden Gesellschaft. In dem Einakter *Der grüne Kakadu* (1899) steigerte er die Kritik zur Groteske. Am Vorabend der Französischen Revolution treffen sich Adlige in der Kneipe eines ehemaligen Theaterdirektors, um sich – nur als prickelndes Spiel gedacht – ihren eigenen Untergang vorspielen zu lassen. Sie applaudieren den Schauspielern und wissen nicht, dass das Spiel schon Wirklichkeit geworden ist. Sie beklatschen ihren eigenen Untergang. Sie sind nicht einmal fähig die realen Veränderungen wahrzunehmen; sie leben im privilegierten Gestern und leugnen die Gegenwart.

Der grüne Kakadu

In der Novelle *Lieutenant Gustl* (1900) setzte Schnitzler für die satirische Selbstentlarvung der Titelfigur – zum ersten Mal in der deutschen Literatur – den „inneren Monolog" ein. Leutnant Gustl, seine Mittelmäßigkeit hinter Arroganz verbergend, wird nach einem Konzert von einem Bäckermeister, der nicht satisfaktionsfähig ist, beleidigt. Da er diesen Makel auf seiner Ehre nicht durch ein Duell beseitigen kann, glaubt er sich selbst erschießen zu müssen. Nach einer durchwachten Nacht erfährt er im Kaffeehaus, dass den Bäckermeister der Schlag getroffen habe. Nach diesem „Mordsglück" kann Leutnant Gustl wie bisher weiterleben: „Die Hauptsach' ist: er ist tot und ich darf leben, und alles g'hört wieder mein!" Durch den inneren Monolog, durch den unkontrollierten Gedankenfluss, durch das Ineinander von momentanem Überlegen und hochkommenden Erinnerungsfetzen entsteht eine Art Selbstanalyse. Leutnant Gustl ist ein geistig und gefühlsmäßig demontiertes Ich, das nur noch aus dem Rahmen äußerer Konvention reagiert oder handelt. So wird er, ohne dass ein kommentierender Au-

Lieutenant Gustl

tor eingreift, durch seine Selbstbekundungen zur Karikatur eines Milieus. Er fragt nicht nach dem Sinn seines Tuns; er begnügt sich für seine Rechtfertigung mit eingeübten Gemeinplätzen und Vorurteilen.

PETER ALTENBERG

Wie ich es sehe

Bilderbögen des kleinen Lebens

Schnitzlers Bühnenskizzen hatten nur eine scheinbare private Beliebigkeit; denn die Momentaufnahmen waren stellvertretend für einen generellen Befund der Gesellschaft. Dies gilt noch mehr für die kurzen Prosaskizzen seines Freundes PETER ALTENBERG (1859–1919), die einzelne Fragmente eines Panoramas sind, aber in ihrer Summe ein impressionistisches Gesamtbild des ausgehenden Jahrhunderts ergeben. Der präzise Zugriff auf das Detail, auf den zufälligen Augenblick durch eine äußerst verdichtete Sprache, die Leichtigkeit als Ergebnis einer sensiblen Sprachbeherrschung – dies hat schon den unbestechlichen Sprachkritiker Karl Kraus begeistert; er kümmerte sich darum, dass die Skizzen auch veröffentlicht wurden. Eine erste Sammlung erschien 1896 unter dem Titel *Wie ich es sehe.* In diesen *Bilderbögen des kleinen Lebens,* wie eine andere Sammlung von 1909 hieß, vermischen sich Sympathie und Kritik. Dies ist kein Widerspruch; er hebt sich durch den Blickwinkel des Beobachters auf, der die fotografische Momentaufnahme durch ein Davor und Danach ergänzt.

Kritische Moralisten

KARL KRAUS

Die letzten Tage der Menschheit

Die Leistung ist einzigartig. Ein Journalist gründet in Wien eine literatur-, kultur- und gesellschaftskritische Zeitschrift – sie erscheint in 37 Jahrgängen (1899–1936) – und die meisten Beiträge stammen von ihm selbst. KARL KRAUS (1874–1936), der ein Fanatiker sprachlicher Genauigkeit war, hat viele der Texte, die zuerst in seiner Zeitschrift *Die Fackel* erschienen waren, für einzelne thematische Sammelbände nochmals gründlich überholt. Diese unerbittliche Spracharbeit, die er sich selbst auferlegte, setzte er auch als Maßstab seiner Kritik an. Im Einzelnen mögen seine Urteile heute angreifbar sein, faszinierend aber bleibt die Hellhörigkeit, mit der er sprachliche Diskrepanzen und falschen Zungenschlag entdeckte und parodierte. Seine Kultur- und Gesellschaftskritik erfolgte über das Medium der Sprache, da falsches Bewusstsein nur ein Ergebnis deformierter oder missbrauchter Sprache sein konnte. So waren seine Kritiken und Analysen oft Attacken, die er auf den Zitaten des Gegners ritt, um diesen mit seinen eigenen Waffen, mit seiner eigenen Sprache, in die Schranken zu weisen; der Kampf ging um die Wahrheit der Sprache, gegen jeglichen Missbrauch durch fremden Machtzugriff. In den über 200 Szenen seines Riesendramas *Die letzten Tage der Menschheit* (1918) wird der militaristische Wahnsinnspatriotismus des Ersten Weltkrieges in Deutschland und Österreich durch Originalzitate dokumentiert. Die Verdichtung des authentischen Sprachmaterials durch die Montage sollte die Unvernunft und den bewusst gesteuerten Sprachmissbrauch ohne zusätzlichen Kommentar entlarven. Dieser Optimismus, dass Vernunft und vernünftiges Handeln ein zwangsläufiges Resultat aufklärender Spracharbeit seien, war noch ein Erbe der Aufklärung.

FRANK WEDEKIND

In Christian Dietrich Grabbe und Georg Büchner, den Wegbereitern des realistischen Dramas, sah FRANK WEDEKIND (1864–1918) seine literarischen Vorbilder, und für die Expressionisten wurde er später ein wichtiger Vorläufer und Anreger. Die Erstausgabe seiner „Kindertragödie" *Frühlings Erwachen* (1891) erschien in Zürich ein Jahr vor Gerhart Hauptmanns Schauspiel *Die Weber.* Von der Zensur wurde das Stück endgültig erst 1912 freigegeben; in diesem Jahr kam das expressionistische Programmstück *Der Bettler* von Reinhard Sorge heraus. *Frühlings Erwachen* ist neben den so genannten Lulu-Dramen (*Der Erdgeist,* 1895; *Die Büchse der Pandora,* 1904) Wedekinds bekanntestes Stück. Wedekind schrieb nicht nur für das Theater, er inszenierte und spielte auch selbst; er trat in Kabaretts auf und trug eigene Texte vor *(Der Tantenmörder);* einige Jahre schrieb er auch Texte für die satirische Zeitschrift „Simplicissimus".

Lulu-Dramen

In der Handlung des Stückes geht es nicht primär um naturalistische Wahrscheinlichkeit, sondern um die möglichst einprägsame Dokumentation der gesellschaftlichen Aktualität des Hauptthemas. Durch den Einsatz einer breiten Skala sprachlicher und szenischer Mittel zeigt sich Wedekinds Verwandtschaft zum späteren Expressionismus. Die Szenen reichen von naturalistischen Dialogen über lyrische Impressionen bis zu Satire, Karikatur und Groteske. In der Schlussszene wird gar die Schauerromantik einer nächtlichen Friedhofsszene bemüht; der Geist eines Toten erscheint. Vierzehnjährige, die Hauptfiguren dieses Stückes, sprechen in einer uneigentlichen, ihnen selbst fremden Sprache. Sie ahmen entweder die idealistische Diktion der klassischen Literatur nach, eine Reminiszenz an den wirklichkeitsfremden Unterricht, oder versteigen sich in ein scheinbares Wissenschaftsdeutsch, zwischendurch fallen sie immer wieder in eine fast ratlos unbeholfene Sprache zurück, die ihre eigentlichen Ängste offenbart. Das Hauptthema sind Pubertätsnöte – verstärkt noch durch schulischen Leistungsdruck – einer von den Erwachsenen während dieser entscheidenden Phase im Stich gelassenen Jugend. Die Eltern, selbst Opfer einer sexualfeindlichen Erziehung, geben das Sprachtabu weiter oder „bereinigen" die realen Folgen durch eine tödlich ausgehende Abtreibung. Pubertäre Selbstaufklärung wird von den Erziehern wie ein Angriff auf die Moral schärfstens geahndet. Moritz, der dem Leistungsdruck der Schule und den überzogenen Erwartungen der Eltern nicht mehr gerecht werden kann, begeht Selbstmord; Melchior, sein Freund, auf den man alle Schuld schiebt, wird in eine Besserungsanstalt geschickt. Das Stück ist „Dem Vermummten Herrn" gewidmet, der in der Schlussszene auftritt und Melchior davon abhält, dem toten Moritz nachzufolgen. Es ist viel gerätselt worden, wer oder was mit dem vermummten Herrn gemeint sein könnte. An einer Stelle sagt der vermummte Herr zu Melchior: „Du lernst mich nicht kennen, ohne dich mir anzuvertrauen." Vielleicht ist er eine Personifikation des Lebens, das „verhüllt" noch auf Melchior wartet, Allegorie einer Hoffnung.

Frühlings Erwachen

Im gleichen Jahr wie Wedekinds Drama *Frühlings Erwachen* erschien Richard Dehmels (1863–1920) erster Lyrikband *Erlösungen* (1891). Das Einleitungsgedicht hatte den Titel „Denkzettel für den verehrten Leser". Dehmel warnt den Leser davor, seine Gedichte als Gedankenprodukte zu lesen.

Richard Dehmel

Erlösungen

Gedichte sind keine Abhandlungen;
meine Gedichte sind Seelenwanderungen.
Selbe vollziehen sich aus Gefühlen,
die den ganzen Menschen aufwühlen.
[. . .]

Und, merk dir's, kein Erleben geschieht aus Gedanken;
ach, die Gedanken sind nur Ranken,
die wir arabeskenhaft flechten
um Manifeste von grundlosen Mächten.
Denn das Leben hat kein Gehirn,
verwirrt dir höchstens dein Gehirn
wird dir nur mit Schmerz oder Lust
als ein beseelender Wille bewusst,
[. . .]

Dieser Wille zum Leben wurde im Unterschied zum Naturalismus nicht aus einem erbbiologischen Determinismus begründet, er sollte ein neuer Mythos der Lebenskraft sein. Schopenhauers Willenphilosophie und Nietzsches Kulturkritik haben Dehmel beeinflusst. Er stellte die sinnliche Welterfassung über die gedankliche. Er pries den Eros als eine Manifestation des kosmischen Lebenswillens, gleichsam als ein Grundprinzip der Schöpfung. Selbst die sozialkritischen Gedichte in dem Band *Aber die Liebe* (1893) spiegeln in ihren Bildern und Vergleichen die kreatürliche Lebensdynamik. Dehmel bejahte die sinnliche Natur des Menschen. Er wehrte sich gegen verlogene bürgerliche Sexualmoral; darin war er Wedekind verwandt. In Sprache und Gestalt waren seine Gedichte eher Beispiele traditioneller Lyrik, zum Teil an die Lyrik des Vormärz, zum Teil an Liliencrons impressionistische Naturlyrik erinnernd.

Aber die Liebe

Bürgertum und künstlerische Existenz

THOMAS MANN

THOMAS MANN (1875–1955) knüpfte bewusst an traditionelle Erzählformen an. Klassischer oder bürgerlicher Bildungs- bzw. Erziehungsroman, Schelmenroman und Novelle – dies sind Gattungsbegriffe, die in der Beurteilung seiner Werke immer wieder auftauchen. Auch die Wahl historischer Erzählstoffe oder die breit angelegten Darstellungen aus großbürgerlichem Milieu fielen nicht aus dem Rahmen des poetischen Realismus. Selbst der Rückgriff auf biblische (*Joseph und seine Brüder,* 1948) oder Legendenstoffe (*Der Erwählte,* 1951), um in ihnen die eigene Wirklichkeit zu interpretieren, hatte seine Vorgänger. Das faszinierend Neue an der Erzählweise Thomas Manns war, dass er die überlieferten Erzählformen an der Wirklichkeit scheitern ließ. Sein Mittel, diese Erzählformen für die aktuelle Wirklichkeitserfahrung zu öffnen, war die Ironie, die bisweilen bis zur Parodie oder Satire ging. Das heißt: Thomas Mann hat die Unmöglichkeit, den Prozess sozialer und kultureller Veränderungen im gewohnten literarischen Gewande wiederzugeben, selbst zum Thema seines umfangreichen Erzählwerkes gemacht. Am Anfang war es ein Spiel mit der Tradition, am Schluss war es persönliche Betroffenheit: Dr. Serenus Zeitblom, der das Leben seines Freundes Adrian Leverkühn in den letzten Jahren des Zweiten Weltkrieges niederzuschreiben versucht, ist trotz seiner humanistischen Weltferne eine liebevoll gestaltete Teilprojektion des Autors. Am Ende des *Doktor Faustus* ist selbst die Ironie aufgehoben. Der Erzähler beendet die Geschichte seines Jugendfreundes – hilflos oder als letzte Hoffnung – mit einem Gebet: „Ein einsamer Mann faltet seine Hände und spricht: Gott sei eurer armen Seele gnädig, mein Freund, mein Vaterland."

Thomas Mann stammte aus einem alten Lübecker Patriziergeschlecht. In München lernte er zunächst als Volontär in einer Versicherungsgesellschaft, aber schon früh gehörte er zu den Mitarbeitern der satirischen Zeitschrift *Simplicissimus,* war auch einige Zeit Redakteur, bis er als freier Schriftsteller lebte. Nach seinem humanistischen Selbstverständnis und bewusst in der Tradition verankert, sah er zunächst einen Gegensatz zwischen Geist und Politik, zwischen Kultur und Zivilisation; die demokratischen Bestrebungen des 19. Jahrhunderts zeigen für ihn eine deutliche Tendenz zur kollektiven Nivellierung, zur Reglementierung des Geistes: „Der Mensch ist nicht nur ein soziales, sondern auch ein metaphysisches Wesen." Diese Gedanken, die er noch in den *Betrachtungen eines Unpolitischen* (1918) vertrat, waren aber weniger Ergebnis eines politischen Misstrauens, sondern im positiven Sinne eine entscheidende Warnung vor jeglicher Form eines staatlichen Totalitarismus; Thomas Mann verteidigte die Weimarer Republik gegen totalitäre Ideologien von links und rechts. 1933 kehrte er, früh genug gewarnt, von einer Reise nicht mehr nach Deutschland zurück; er emigrierte zunächst in die Schweiz, später in die USA. Die Nationalsozialisten bürgerten ihn aus, die Universität Bonn erkannte ihm die Ehrendoktorwürde wieder ab. „Ich habe es mir nicht träumen lassen, es ist mir nicht an der Wiege gesungen worden, dass ich meine höheren Tage als Emigrant, zu Hause enteignet und verfemt, in tief notwendigem politischem Protest verbringen würde." In der Emigration wurde er zum bekanntesten Repräsentanten des anderen, des besseren Deutschland; er half vielen Leidensgenossen die Entbehrungen besser zu überstehen. 1952 kehrte er nach Kilchberg bei Zürich zurück.

Buddenbrooks

> *„Hanno, kleiner Hanno", fuhr Frau Permaneder fort, und die Tränen flossen über die flaumige, matte Haut ihrer Wangen . . . „Tom, Vater, Großvater und die anderen alle! Wo sind sie hin? Man sieht sie nicht mehr. Ach, es ist so hart und traurig!"*

Tony, die Schwester des verstorbenen Senators Thomas Buddenbrook, unter dessen Leitung das Familienunternehmen, ein traditionsreiches Lübecker Handelshaus, seinen Höhepunkt und plötzlichen Sturz erlebte, fasst die Familiengeschichte auf ihre Weise als ein rührend trauriges Ereignis zusammen. Tony, nicht gerade tiefschürfend in ihren Überlegungen, aber resolut im Zugriff auf das Notwendige, bewahrt am Ende die Erinnerung an die Familiengeschichte: . . . „solange ich am Leben bin, wollen wir zusammenhalten, wir paar Leute, die wir übrig bleiben . . . Einmal in der Woche kommt ihr zu mir zum Essen . . . Und dann lesen wir in den Familienpapieren –". Dieser sentimentale Schluss ist eine ironische Verfremdung, durch die Thomas Mann den Abstand zum Erzählten wahren konnte. Dieser Schluss nahm der Geschichte vom „Verfall einer Familie", wie der Roman *Buddenbrooks* (1901) im Untertitel heißt, die pathetische Schwere. Seine Sympathie für die Geschichte dieses Hauses, zu der Thomas Mann genaue Recherchen in der eigenen Familiengeschichte durchgeführt hatte, verbarg er hinter Ironie. In Wirklichkeit, ganz im Unterschied zu Tonys Seufzer „Ach, es ist so hart und traurig!", sind die *Buddenbrooks* kein abgeschirmtes Stück Familienerinnerung, sondern „ein als Familien-Saga verkleideter Gesellschaftsroman, der als solcher dem westeuropäischen Typ des Romans näher stand als dem deutschen, ein vom Verfallsgedanken überschattetes Kulturgemälde". Anders als Zola, auf dessen Romanzyklus er hier offensichtlich anspielte, schilderte er den „Verfall" aber nicht als ein notwendiges Ergebnis naturwissenschaftlicher Gesetzmäßigkeiten, sondern als einen komplizierten Prozess widerstrebender und sich überlagernder Entwicklungen und Tendenzen im individualpsychologischen wie auch im kulturellen und ökonomischen Bereich.

Der Roman spielt in der Zeit zwischen 1835 und 1877 über vier Generationen. Zwei antithetische Motivpaare laufen durch die gesamte Handlung. Erstens: Die Buddenbrooks sind noch Repräsentanten eines patrizischen Bürgertums, kulturbewusst, mit einem patriarchalischen Verantwortungsgefühl für alle, die in der Firma arbeiten – und davon überzeugt, dass ein solides Berufsethos die Vorausetzung des Erfolges sei. Sie versuchen diese Tradition, als Teil ihres Selbstverständnisses, weiterzuführen. Aber sie geraten immer mehr in Konflikt mit den realen kapitalistischen Verhältnissen eines brutalen Expansionssystems, vor dem sie – zunächst schlechten Gewissens Kompromisse eingehend – schließlich kapitulieren müssen; ihr wirtschaftlich erfolgreicher Gegenspieler sind die Hagenströms, denen sie weichen müssen. Zweitens: (Es ist das wesentlich schwierigere, aber für Thomas Manns Erzählwerk durchgehend bestimmende Motivpaar) In dem Maße, wie die wirtschaftliche und damit auch gesellschaftliche Reputation der Buddenbrooks „verfällt", wächst oder kultiviert sich das Künstlerische, d. h. die Selbstverwirklichung ohne Rücksicht auf kapitalwirtschaftliche Vermarktung. Thomas Mann und die Gestalten seiner erzählerischen Projektionen entscheiden sich nicht – klar und unwiderruflich – *für* die Kunst *gegen* die nüchterne Wirklichkeit oder umgekehrt. Im Gesamtwerk bleibt beides in der Schwebe, Hanno, der Letzte in der männlichen Linie der Buddenbrooks, stirbt als Kind an Typhus; ein banaler Zufall, aber im symbolischen Verweischarakter der Komposition sehr bewusst gesetzt. Kunst und Leben, Ästhetik und Vitalität, schöpferische Phantasie und gesellschaftliche Norm – Gegensätze oder alternative Erfahrungen? Thomas Mann lässt in den frühen Werken die Antwort in der Schwebe; er entzieht sich ihr durch die ironische, alles Definitive vermeidende Erzählweise. Bald hebt er jegliche Trennung zwischen sich und seinen Gestalten auf, bald ironisiert er ihre Gefühle oder Wünsche, um nicht als der eigentliche Gefühls- oder Wunschträger ertappt zu werden.

Tonio Kröger

Die Erzählung *Tonio Kröger* (1903) könnte man die novellistische Skizze zu einem Entwicklungs- und Bildungsroman nennen. Der Erzählhintergrund ist das Lübecker Ambiente wie schon in den *Buddenbrooks*.

Die Erzählung gliedert sich in drei Lebensausschnitte. Tonio ist der Sohn des angesehenen Konsuls Kröger, der sich seine temperamentvolle, musikalische Frau „einstmals von ganz unten auf der Landkarte heraufgeholt hatte". Tonio, der seinen würdigen Vater bewundert und seine „dunkle und feurige Mutter" liebt, erfährt schon als Gymnasiast den Widerstreit – nicht Widerspruch – zwischen Geist und Leben, zwischen Künstlertum und bürgerlicher Existenz. Er sucht die Freundschaft seines Mitschülers Hans Hansen, der – ein sportlicher, blonder Typ – in allem das Gegenteil von ihm ist; Tonio lebt in und mit der Literatur, seinem Freund Hans bleibt dieser Bereich fremd. Tonio will in das Leben eindringen, an bürgerlicher Normalität teilhaben, aber sein sensibles Beobachten und seine kritische Intellektualität hindern ihn immer wieder daran. Er verlässt die Heimat; in München wird er ein angesehener Schriftsteller. Nach Jahren trifft er bei einem Besuch in Dänemark Hans Hansen und Ingeborg, seine damals unerreichbare Tanzstundenliebe, wieder, ohne dass er sich zu erkennen gibt:

> *Er sah sie an, sah, wie Hans Hansen so keck und wohlgestaltet wie nur jemals, breit in den Schultern und schmal in den Hüften, in seinem Matrosenanzug dastand, sah, wie Ingeborg auf eine gewisse übermütige Art lachend den Kopf zur Seite warf, [. . .]*
> *– und plötzlich erschütterte das Heimweh seine Brust mit einem solchen Schmerz, dass er unwillkürlich weiter ins Dunkel zurückwich, damit niemand das Zucken seines Gesichtes sähe.*

Tonio bekennt nach dieser Begegnung in einem Brief: „Ich stehe zwischen zwei Welten, bin in keiner daheim und habe es infolgedessen ein wenig schwer." Er sucht bürgerliche Geborgenheit, aber nicht um den Preis seines geistigen Selbstverlustes. Deshalb muss er die Spannung in sich zwischen dem Bürger und dem Künstler aushalten; er sublimiert diese Spannung als eine fruchtbare Dialektik: „Denn wenn irgendetwas imstande ist, aus einem Literaten einen Dichter zu machen, so ist es diese meine Bürgerliebe zum Menschlichen, Lebendigen und Gewöhnlichen." Diese Reflexionen, so distanziert sie in einer literarischen Fiktion wiedergegeben werden, entsprachen in hohem Maße dem künstlerischen Selbstverständnis des Autors.

Der Tod in Venedig

Der Versuch, die Trennung von Kunst und Leben individuell aufzuheben oder: den Künstler in die soziale Verantwortung zu nehmen, ist ein leitmotivisches Thema im Gesamtwerk Thomas Manns, auch in der Dokumentation des Scheiterns, z. B. in der Novelle *Der Tod in Venedig* (1912).

Gustav Aschenbach, um die fünfzig Jahre alt, Schriftsteller mit einer festen Gemeinde, hat aus narzisshaftem Drang zu öffentlicher Anerkennung und repräsentativer Existenz sein Leben nach Zucht und Leistung ausgerichtet, sodass er der Dichter wurde „all dieser Moralisten der Leistung, die, schmächtig von Wuchs und spröde von Mitteln, durch Willensverzückung und kluge Verwaltung sich wenigstens eine Zeitlang die Wirkungen der Größe abgewinnen". Alles Erleben hat sich für Aschenbach bisher in der Imagination seiner Werke abgespielt. Aus diesem Gefüge der Disziplin und Form, aus dieser künstlerischen Existenz bricht er plötzlich auf, um „das Fremdartige und Bezuglose" (dies ist seine Chiffre für das wirkliche Leben) zu suchen. In Venedig (bezeichnend, dass er das Leben in der Künstlichkeit eines historischen Kulturdokuments sucht) stirbt er bei einer Choleraepidemie. Mehrere Gestalten, Symbole der Todesverfallenheit, nehmen im Erzählverlauf das Ende vorweg. Aschenbachs Tod, so sinnlos und zufällig er eintritt, ist auf der symbolischen Ebene das konsequente Fazit der Unfähigkeit, sich dem Leben als etwas, das außerhalb des eigenen Ich existiert, zu stellen. Der schöne Knabe Tadzio, dem Aschenbach am Strand begegnet, verwandelt sich für ihn zu einem olympischen Gott; d. h. Aschenbach kann Wirklichkeit und Leben nur noch durch das Prisma der Kunst wahrnehmen. Tadzios Anblick gab Aschenbach „mythische Vorstellungen ein, er war wie Dichterkunde von anfänglichen Zeiten, vom Ursprung der Form und von der Geburt der Götter". Aschenbach lebt aus zweiter Hand; dem Tode schon nahe, kann er das Erlebte nur nach literarischer Vorlage reproduzieren; er erinnert sich an das Gespäch zwischen Sokrates und dessen jugendlichem Freund aus Platons Dialog *Phaidros.* Dies alles ist höchste Vergeistigung des Lebens, aber auch Verlust der unmittelbaren Lebenserfahrung.

Königliche Hoheit

Ein kontrapunktisches Intermezzo, wenn auch vom Thema der anderen Romane und Erzählungen nicht zu weit entfernt, ist der Märchenroman *Königliche Hoheit* (1909).

In einer deutschen Residenzstadt – in den ironischen Anspielungen auf die Zeit gar nicht so märchenhaft fremd – wird Prinz Klaus Heinrich, Zweiter in der Erbfolge, auf seine künftigen Repräsentationsaufgaben vorbereitet; er soll begreifen, dass er nicht als Individuum, sondern nur als Rollenfigur eine Aufgabe hat. Der Prinz verweigert sich diesem verdinglichten Rollenzwang; glücklicherweise findet er seine bürgerliche Märchenprinzessin, deren väterliche Finanzressourcen, begleitet von gegenseitiger Zuneigung und entschiedenem Sinn fürs Praktische, das öffentliche und das private Wohlergehen gleichermaßen glücklich befördern.

Bekenntnisse des Hochstaplers Felix Krull

Auf heitere Weise und mit deutlicher Selbstironie variierte Thomas Mann in dem Schelmenroman *Bekenntnisse des Hochstaplers Felix Krull* (1954) sein Grundthema, den Widerstreit zwischen bürgerlicher und künstlerischer Existenz. Felix Krull ist kein selbstquälerischer Tonio Kröger, sondern eben eine „glückliche" Natur, wie sein Vorname es andeutet; sein „Künstlertum" – nur in Anführungszeichen zu zitieren – ist der genial-unbekümmerte Wechsel in die schauspielerische Illusion: Felix Krull *ist* nicht jemand, sondern er *spielt* jemanden.

Nahezu fünfzig Jahre hat sich Thomas Mann immer wieder mit der pikaresken Lebensgeschichte seines Glückskindes beschäftigt, aber auch die Ausgabe letzter Hand, über dreißig Jahre nach Veröffentlichung der ersten Abenteuer (1922), blieb Fragment. Sie endet schon zu Anfang der großen Weltfahrt, die bereits in den ersten Notizen als der Kern des Ganzen gedacht war. Der mittellose, aber phantasiereiche Möchtegern schlüpft in die Rolle eines jungen Grafen, dem die Familie, um ihn von einem unerwünschten Liebesverhältnis zu kurieren, eine Weltreise verordnet hat: „Felix macht ihm den Vorschlag zu tauschen. Er empfängt das Geld, sie schreiben zusammen nach dem Bädeker die Briefe, und Felix reist als Graf und gibt die Briefe an den betreffenden Stationen auf, während der wirkliche Graf bei seinem Liebchen bleibt." So war der Roman geplant, und Felix sollte seine Lebensgeschichte nach der Entlassung aus dem Zuchthaus niederschreiben. Diese Erzählperspektive einer autobiographischen Rechtfertigung war von Anfang an bestimmend; sie gehört zur Grundstruktur des europäischen Schelmenromans. Wie in den klassischen Beispielen (z. B. *Lazarillo de Tormes,* 1554) berichtet auch Felix zunächst über seine Herkunft und seine Jugenderlebnisse. Beides hat ihn entscheidend geprägt, bevor er seine große Weltfahrt – hier mit der wichtigen Variante: unter falscher Identität – antritt. Es sollten die Sühne (im Zuchthaus) und die Läuterung des desillusionierten Weltfahrers folgen. Aber Felix Krull unterscheidet sich von seinen Vorgängern – und auch von den anderen Gestalten aus der fiktiven Erzählwelt seines Erfinders –: Felix spielt der Welt die Rolle vor, die sie von ihm erwartet, und er wird dabei selbst zu einem Spielball des launischen Zufalls. Doch dies bekümmert ihn nicht; das Schillern zwischen Sein und Schein garantiert seinen Anteil am Glück. Der Schelm will nicht die Gesellschaft entlarven, sondern die Freiräume, die noch geblieben sind, sehr eigennützig ausnützen. Der Schelm ist nicht – wie in der großen europäischen Tradition dieser Erzählgattung – durch sein kaum nachahmenswertes Leben eine Warnung, sondern eher eine Figur, die im Spiel der Phantasie Freiräume, auch wenn sie nur am Rande des großen realen Geschehens lokalisiert sind, andeutet und die Selbstsicherheit bürgerlicher Normen zumindest etwas ins Wanken bringt.

Der Zauberberg

1929 erhielt Thomas Mann den Literatur-Nobelpreis für die *Buddenbrooks,* der eigentliche Grund jedoch war der beispiellose Erfolg seines 1924 erschienenen Romans *Der Zauberberg.* Die ersten Arbeiten reichen noch in die Jahre vor dem Ersten Weltkrieg zurück. Beendet wurde der Roman aber, dessen Handlung zwischen 1907 und 1914 spielt, aus der Erfahrung der weltverändernden Kriegsfolgen.

Der für drei Wochen geplante Besuch des frisch examinierten Hamburger Patriziersohns Hans Castorp bei seinem kranken Vetter in einem Lungensanatorium in Davos dehnt sich bis zu einem Aufenthalt über sieben Jahre aus, den erst der Ausbruch des Ersten Weltkrieges jäh beendet. Auch die Geschichte, zunächst als eine humorvolle Skizze über das unwirkliche Leben in mondänen Kurorten gedacht, wuchs im Laufe der Jahre zu einem umfangreichen zeitkritischen Roman an. Hans Castorp wird während seines Besuches selbst zum Patienten; er beginnt in der abgeschlossenen Welt des Sanatoriums „hier oben“, fern vom Getriebe im Flachland, eine innere Bildungsreise; in den Gestalten der Mitpatienten lernt er die unterschiedlichen geistigen Strömungen seiner Zeit kennen. Je mehr er aber in die Welt des Geistigen eindringt, sich fast wie in einer Märchenwelt verliert (Thomas Mann arbeitet bewusst mit Märchensymbolik, z. B. mit der Siebenzahl), desto untüchtiger wird er fürs Leben im Flachland. Der nicht mehr beschriebene, aber vermutete Tod in den Materialschlachten des Ersten Weltkrieges ist ein von außen diktierter Schluss, der allem Verlangen nach geistiger Lebensorientierung ein brutales, sinnloses Ende setzt. Das durchgehende Handlungs- und Argumentationsprinzip des Romans ist die Dialektik des Widersprüchlichen oder Gegensätzlichen; sie ist das Leben, ihre Aufhebung ist der Tod.

Doktor Faustus

Die Erzählzeit des *Doktor Faustus* (1947) endet 1945 in den Wirren der letzten Kriegstage:

> *Deutschland, die Wangen hektisch gerötet, taumelte dazumal auf der Höhe wüster Triumphe, im Begriff, die Welt zu gewinnen kraft des einen Vertrages, den es zu halten gesonnen war, und den es mit seinem Blute gezeichnet hatte. Heute stürzt es, von Dämonen umschlungen, über einem Auge die Hand und mit dem andern ins Grauen starrend, hinab von Verzweiflung zu Verzweiflung. Wann wird es des Schlundes Grund erreichen? Wann wird aus letzter Hoffnungslosigkeit, ein Wunder, das über den Glauben geht, das Licht der Hoffnung tragen? Ein einsamer Mann faltet seine Hände und spricht: Gott sei euerer armen Seele gnädig, mein Freund, mein Vaterland.*

„dazumal“: das Jahr 1940 – als der deutsche Tonsetzer Adrian Leverkühn an den Spätfolgen einer venerischen Krankheit in geistiger Umnachtung starb, als das nationalsozialistische Deutschland im Siegesrausch Europa überrollte und besetzte.
„heute“: das Jahr 1945 – als Deutschland selbst zum Kriegsschauplatz geworden war, als der Biograph die Lebensgeschichte seines Freundes abschloss.
„kraft des einen Vertrages“: – der rassistische Größenwahn des sich selbst zum Herrenvolk proklamierenden nationalsozialistischen Parteikaders, dessen Ziel die „Arisierung“ der Welt war, – der Pakt des Tonsetzers mit dem Teufel, um für den Preis menschlicher Vereinsamung und tödlicher Krankheit in dem noch zugestandenen Lebensabschnitt höchste und reinste Kunst zu schaffen.

„Ein einsamer Mann“ – Dr. Serenus Zeitblom, Altphilologe, Gymnasialprofessor und Dozent an der theologischen Hochschule in Freising; ein überzeugter Humanist, der sich selbst als eine „gesunde, human temperierte, auf das Harmonische und Vernünftige gerichtete Natur“ charakterisiert: „Dieser Gesinnung habe ich Opfer gebracht, ideelle und solche des äußeren Wohlseins, indem ich ohne Zögern meinen mir lieben Lehrberuf vor der Zeit aufgab, als sich erwies, dass sie sich mit dem Geiste und den Ansprüchen unserer geschichtlichen Entwicklung nicht vereinbaren ließ.“ Zeitblom ist zugleich Biograph – *Das Leben des deutschen Tonsetzers Adrian Leverkühn, erzählt von einem Freunde“* – und Augenzeuge der deutschen Katastrophe.

Durch den dazwischengeschalteten Erzähler gelang Thomas Mann einerseits der notwendige Abstand zu beiden Erzählstoffen – der Erzähler wird selbst zu einem Teil der Geschichte, die er interpretiert – zum andern verband Thomas Mann durch die Sehweise seines Erzählers den selbstzerstörerischen Drang nach übermenschlicher Vollendung – dargestellt im aktualisierten Faust-Stoff des spätmittelalterlichen Volksbuches – mit dem völkischen Größenwahn der nationalsozialistischen Ideologie. So wurde der Roman über den fiktiven biographischen Anlass hinaus das Panorama einer Kulturkrise; das humanistische Erbe des Abendlandes war der einstürmenden Barbarei des Machtdenkens nicht mehr gewachsen. Aber – und dies ist Thomas Manns geniale Handhabung der distanzierenden Ironie – der Wortführer des Humanismus ist ein verstörter Pädagoge, der sich vor dem herrschenden Zeitgeist ins Private zurückgezogen hat.

Heinrich Mann

Geschichte und individuelle Erfahrung

Thomas Manns älterer Bruder Heinrich Mann (1871–1950) wählte als Mittel seiner engagierten Gesellschaftskritik die Satire. Bis zur grotesken Übersteigerung legte er die Scheinmoral und den nationalen Dünkel der wilhelminischen Zeit bloß. Die Auflösungserscheinungen der bürgerlichen Gesellschaft schilderte und beurteilte er nicht nur aus der Spannung zwischen Bürger und Künstler, er analysierte den kulturellen und wirtschaftlichen Verfall als eine Konsequenz politischer Unmündigkeit. Seine literarischen Vorbilder waren die großen französischen Realisten des 19. Jahrhunderts; sein politisches Credo war ein durch die Aufklärung und durch die Französische Revolution geprägter Republikanismus. *Geist und Tat* – so der Titel eines Aufsatzes von 1910 und einer späteren Essaysammlung (1931) über französische Autoren des 19. Jahrhunderts –, Literatur und Politik bildeten keinen Widerspruch; die Literatur stand gegenüber der Gesellschaft in einer moralischen Verantwortung. Heinrich Mann lebte dies selbst vor; in Essays und Artikeln bezog er zur politischen und gesellschaftlichen Entwicklung immer wieder Stellung. Während der Weimarer Republik setzte er sich für ein Bündnis der linken Parteien gegen die Nationalsozialisten ein; im Exil wurde er zum politischen Sprachrohr eines Großteils der deutschen Emigranten. 1933 war er aus der Preußischen Akademie der Künste ausgeschlossen worden. Seine Bücher wurden verbrannt und verboten. Nach dem Einmarsch der deutschen Truppen in Frankreich floh er in die USA; es wurden Jahre bitterer wirtschaftlicher Not.

Geist und Tat

Heinrich Manns umfangreiches Erzählwerk ist nach seinen eigenen Worten „die innere Zeitgeschichte“ seiner Gegenwart, vom Kaiserreich über die Weimarer Republik bis zum Ende des Dritten Reiches. 1922 schrieb er in einem Brief: „Durchweg sind meine Romane soziologisch. Den menschlichen Verhältnissen, die sie darstellen, liegen überall zu Grunde die Machtverhältnisse der Gesellschaft. Die am häufigsten von mir durchgeführte Idee ist eben die der Macht.“

Professor Unrat

In dem Roman *Professor Unrat oder Das Ende eines Tyrannen* (1905) wird der alternde Gymnasialprofessor Raat das Opfer seiner eigenen Erziehungsziele. Er erzieht seine Schüler im kleinbürgerlichen Untertanengeist und wacht wie ein drohender Ordnungshüter über die gesellschaftliche Scheinmoral, die das Gefüge des wilhelminischen Staates sichern solle; „eine einflussreiche Kirche, ein handfester Säbel, strikter Gehorsam und starre Sitten" seien die Garanten der Ordnung. Auf seinen Streifzügen nach renitenten Schülern in verrufenen Amüsierlokalen trifft er die leichtlebige Rosa Fröhlich. In diesem zunächst ungleichen Verhältnis befreit sich Professor Unrat, wie sein Spitzname lautet, von den Zwängen seiner eigenen Erziehungsmaximen; aber in dem Maße, wie er sich von ihnen absetzt, entfernt sich auch seine Umwelt von ihm. Das Bürgertum verurteilt seine Heirat mit Rosa Fröhlich als einen Affront gegen die öffentliche Moral. Als Unrat erkennt, dass er, als Erzieher, selbst Opfer lebensfeindlicher Zwänge war, beginnt er sich an dieser Gesellschaft, der er diente und die ihn deformiert hatte, zu rächen: Er setzt sich über alle Tabus hinweg, er führt ein Leben außerhalb der geduldeten Norm, um seine bürgerliche Umwelt zu provozieren und der Scheinheiligkeit zu überführen. Aber dieser destruktive Ansatz reicht zur Alternative einer besseren Gesellschaft nicht aus. Unrat ist selbst in seiner anarchischen Rebellion gegen die Ordnung noch ein Produkt dieser Ordnung; er kennt nur noch Hass. Der Schluss des Romans geht über die satirische Erzählweise hinaus; er ist eine Art Interpretation der realen Verhältnisse: Unrat wird wegen eines Diebstahls verhaftet. Die Hintergründe interessieren niemanden; wichtig ist, dass die herrschende Ordnung siegt und im verwerflichen Beispiel des Delinquenten sogar eine Rechtfertigung ihrer Notwendigkeit dokumentieren kann.

Der Untertan

Der Untertan (1916) ist die Geschichte einer opportunistischen Anpassung. Heinrich Mann erzählt die Lebensgeschichte des Diederich Heßling als eine Satire sowohl auf den bürgerlichen Bildungsroman als auch auf das wilhelminische Kaiserreich. Heßling könnte das Produkt der Erziehung von Professor Unrat sein, Muster eines untertänigen Bürgers, der durch seine ideologische Identifikation mit dem Repräsentanten der Macht eine Parodie auf das klassische Bildungsprogramm der Persönlichkeitswerdung ist.

Durch die Unterwerfung unter die personifizierte Staatsautorität überspielt Heßling seine Mittelmäßigkeit; durch das Rolleneinverständnis mit der Macht gewinnt er selbst seinen Anteil an der Macht. Nach außen ein konformer Musterbürger, handelt er in Wirklichkeit nach doppelter Moral, so im Einzelfall die öffentliche Situation wiederholend: Der Untertan gegenüber dem Staatsapparat ist ein Tyrann im eigenen gesellschaftlichen Umfeld. Ein Kaiser en miniature, wird er selbst zur beredten Karikatur des Kaiserreiches. Zwar macht am Ende des Romans bei einer Denkmalseinweihung, als Heßling die Festrede halten soll – Krönung seiner Rollenverschmelzung mit dem Kaiserhaus –, ein Unwetter dem ganzen Zauber ein klägliches Ende, aber dies ist nur ein satirischer Abschluss, ein Wunsch; denn mit dem Krieg verschwand zwar der Kaiser, die Heßlinge aber blieben. Einzelne Episoden des Romans waren schon vor 1914 erschienen. Unter dem Druck der Zensur wurde zu Kriegsbeginn die weitere Veröffentlichung unterbunden. Die Ausgabe von 1916 war ein Privatdruck. Der große Erfolg des Romans begann mit der Ausgabe von 1918, nach dem Ende des Kaiserreiches.

Henri Quatre

Die Vorarbeiten zu dem zweiteiligen Roman über das Leben Heinrichs IV. von Navarra (1553–1610) reichen noch in die Zwanzigerjahre zurück, abgeschlossen wurde das Werk aber erst im französischen Exil: *Die Jugend des Königs Henri Quatre* (1935), *Die Vollendung des Königs Henri Quatre* (1938). Die konfessionellen Kämpfe in Frankreich zur Zeit Heinrichs noch vor seiner Krönung (1589) waren nichts anderes als politische Machtkämpfe. Heinrich, der Anführer der Hugenotten, versuchte die Korruption zu unterbinden und Reformen durchzuführen. Bei seiner Hochzeit mit Margarete von Valois kam es zur berüchtigten Bartholomäusnacht (1572); die hugenottischen Reformer wurden ermordet. Heinrich wurde zwar verschont, aber er musste als Gefangener am Hofe bleiben. Deutlich verglich Heinrich Mann die historische Situation mit der aktuellen Wirklichkeit in Deutschland, bis hinein in Parallelen zwischen den Gegnern Heinrichs und den nationalsozialistischen Führern. Der historische Roman sollte ein gleichnishafter Spiegel der Gegenwart sein. Heinrich, der als König (1589) ein Programm religiöser Toleranz (Edikt von Nantes; allgemeine Glaubensfreiheit) verkündete, wichtige Reformen im Staatsapparat durchsetzte und auf einen Völkerbund in Europa hoffte, der die nationalen Rivalitäten (vor allem zwischen Deutschland und Frankreich) aufhöbe, wurde im historischen Gewand als das Idealbild eines Staatsmannes gezeichnet, dessen politisches Grundgesetz die Menschlichkeit war. Heinrich konnte sein Reformprogramm nicht vollenden; er wurde von fanatischen Gegnern seiner Politik ermordet. Ohne die Historie zu verfälschen, zeichnete Heinrich Mann, der sehr gewissenhaft recherchiert hatte, das historische Ereignis als einen lehrreichen Denkansatz für die Gegenwart. Auch hier sollte die Literatur wieder – wie schon in dem Aufsatz *Geist und Tat* – Teil des politischen Handelns sein.

JAKOB WASSERMANN

JAKOB WASSERMANN (1873–1934), Sohn eines jüdischen Kaufmanns aus Fürth, von den Zeitgenossen gefeiert, gehört heute zu den Autoren, die erst wieder zu entdecken sind. Er war ein Erzähler von grüblerischer, übersprudelnder Phantasie; die Fülle der Motive und Handlungsstränge strapazierte die Erzählstruktur bisweilen aber so sehr, dass Kritiker ihm mangelnde Disziplin im Erzählen vorwarfen. Thomas Mann hat Wassermann und sein Werk treffend charakterisiert: „In der Tat scheint mir Wassermanns bester Wert in seinem ahnungsvollen, dichterischen dunklen Weltempfinden zu beruhen." Wassermann behandelte, im Unterschied zu seinen literarischen Freunden, das Problem des Außenseiters nicht nur unter der Konstellation: Künstler gegen Bürger; das Außenseitertum, begründet auch durch seine Herkunft, war für ihn ein vielschichtiges Thema, eine generelle Existenzfrage, die in den großen Romanen aus unterschiedlicher Perspektive beleuchtet wurde. Die eigene Doppelidentität – *Mein Weg als Deutscher und Jude* (so der Titel der Autobiographie von 1921) – war dabei nur *ein,* wenn auch ein wichtiger, thematischer Ansatz.

Mein Weg als Deutscher und Jude

Die Juden von Zirndorf

Der frühe Roman *Die Juden von Zirndorf* (1897) besteht aus zwei Teilen. Im ersten Teil, dem Vorspiel, wird erzählt, wie die Fürther Juden im 17. Jahrhundert sich zu Sabbatai Zewi, dem erhofften Messias, aufmachten. Er sollte sie aus ihrer Bedrängnis in eine bessere Zukunft führen. Als sie ihn fanden, mussten sie erfahren, dass er zum Islam übergetreten war. So zogen sie wieder nach Franken heim: „Geschlecht auf Geschlecht erstand und verblühte, und eine neue Zeit kam." Der zweite Teil, der eigentliche Roman, handelt in den letzten Jahrzehnten des 19. Jahrhunderts; die Suche nach der religiösen Identität, wie sie im Vorspiel legendenhaft dargestellt wurde, verwandelt sich in die Suche nach einer individuellen Selbstbestimmung, auch im Widerspruch zur Gesellschaft. – Die Rolle des Außenseiters und Heimatlosen bestimmt auch den historischen Roman *Caspar Hauser oder Die Trägheit des Herzens* (1908). Die Herkunft des Caspar Hauser, der 1828 in Nürnberg auftauchte, keine Erinnerung hatte und 1833 in Ansbach auf mysteriöse Weise ermordert wurde, ist bis heute nicht geklärt. Wassermann ging

Caspar Hauser

es weniger um die Spekulationen zur Vorgeschichte, er stellte Caspar Hauser als das Opfer einer Gesellschaft dar, die sich nicht wirklich um ihn kümmert, sondern ihn zu eigenen Vorteilen ausnützt. Caspar Hauser bleibt ein Fremder. – Am ehesten ist noch *Das Gänsemännchen* (1915) ein Künstlerroman. Der Musiker Daniel Nothafft befreit sich nach vielen Rückschlägen aus seiner Isolation und Ich-Befangenheit: er lernt seine künstlerischen Fähigkeiten als Auftrag im Dienste der Mitmenschen zu begreifen. – In dem Roman *Der Fall Mauritius* (1928) bildet die Geschichte eines Justizirrtums nur den Hintergrund für die Darstellung eines Vater-Sohn-Konfliktes. Dem jungen Etzel Andergast,von einem entschiedenen Gerechtigkeitsempfinden besessen, gelingt es durch intensive Nachforschungen, die Unschuld des seit achtzehn Jahren im Zuchthaus inhaftierten Mauritius zu beweisen. Etzels Vater, der damals die Anklage vertreten hatte, sieht zwar sein fehlerhaftes Vorgehen bei der Untersuchung ein, aber mit Rücksicht auf seinen Ruf weigert er sich das Urteil zu revidieren. So wird der Sohn zum Gegner des Vaters. Ein weiterer wichtiger Handlungsstrang ist die sich offenbarende Parallelität von Konflikten im Leben des Oberstaatsanwaltes und des zu Unrecht Verurteilten. Die Frage nach Schuld und Verantwortung im Leben weicht der Einsicht, dass es Umstände geben kann, die sich durch Gesetze und Rechtsprechung nicht mehr zweifelsfrei beurteilen lassen. Der *Fall Mauritius* bildet zusammen mit den Romanen *Etzel Andergast* (1931) und *Joseph Kerkhovens dritte Existenz* (1934), in denen die Lebensgeschichten weitergeführt wurden, eine Trilogie über die bürgerliche Gesellschaft bis in die Weimarer Republik.

Das Gänsemännchen

Der Fall Mauritius

Etzel Andergast

Joseph Kerkhoven

1896 gründete der Verleger Albert Langen in München die politisch-satirische Wochenschrift *Simplicissimus.* Zu den ersten Mitarbeitern zählte neben Wedekind und Thomas Mann auch der Dachauer Rechtsanwalt LUDWIG THOMA (1867–1921); er veröffentlichte neben kleineren Erzählskizzen unter seinem eigenen Namen auch zeitkritische Gedichte unter dem Pseudonym Peter Schlemihl. Als Wedekind wegen Majestätsbeleidigung belangt wurde, weil er zwei satirische Gedichte auf Kaiser Wilhelms II. Palästinareise für den *Simplicissimus* geschrieben hatte und für einige Monate ins Ausland fliehen musste, übernahm Ludwig Thoma dessen Part als politisch-satirischer Lyriker und trat in die Redaktion ein. Ludwig Thoma, obwohl vom Dialekt und Milieu seiner bayerischen Heimat geprägt, war genauso wenig ein regionaler Heimatdichter wie der Lübecker Thomas Mann. Herkunft und Erfahrungswelt gaben nur den Rahmen für die engagierte Gesellschaftskritik, die sich sowohl auf die Willkür des Beamtenapparats gegenüber den einfachen Leuten als auch auf den Opportunismus der Berufspolitiker bezog. Ludwig Thomas Rückgriff auf die einfachen Verhältnisse, in denen sich die große Politik und der allgemeine Zustand der Gesellschaft spiegelt, wurde mehrfach mit den bissigen Karikaturen des Zeichners und Satirikers Wilhelm Busch verglichen, nicht zu Unrecht.

LUDWIG THOMA

Die *Lausbubengeschichten* (1905), weitergeführt in *Tante Frieda* (1907), sind eine Satire auf die Welt der Erwachsenen aus der Perspektive des Lateinschülers Ludwig. Seine Streiche richten sich gegen dümmliche Überheblichkeit und obrigkeitshörige Anpassung. Beides findet sich bereits in der Eingangsgeschichte *Der vornehme Knabe:* Arthur spielt schon das Spiel der Großen; er will kommandieren und Militär sein. Seine Eltern, „feine Leute“ aus Preußen, rümpfen über die einfachen Sitten der Landbevölkerung die Nase. Ludwig erteilt den Eltern und dem weichlichen Knaben eine Lektion.

Lausbubengeschichten

Tante Frieda

Filserbriefe

Der *Briefwechsel eines bayerischen Landtagsabgeordneten* (1909), in der Fortsetzung *Jozef Filsers Briefwexel* (1912), entstand aus aktuellen politischen Satiren, die Ludwig Thoma für den *Simplicissimus* geschrieben hatte. Filser, ein Bauer aus Dachau, schreibt von München aus – in einer eigenwilligen Orthographie und deutlich vom Dialekt eingefärbt – an seine Frau, an die örtlichen Würdenträger und an „Spezis", wie er das Leben und die Politik in der Landeshauptstadt sieht. Unbelastet und schlitzohrig zugleich, entlarvt Filser durch den direkten Zugriff Missstände, teils ungewollt durch seine Sprache, teils bewusst. Die Gestalt Filsers ist Teil der Satire; durch Filser wird Ludwig Thomas Zeitkritik literarisch verfremdet. Die Satire sollte nicht vernichten, sondern den Widerspruch zwischen moralischem Anspruch und tatsächlichem Verhalten aufdecken. „Spott", so meinte Ludwig Thoma, „untergräbt keine echte Autorität, weil er sie nicht treffen kann, aber dem auf Äußerlichkeiten ruhenden, konventionell festgehaltenen, dem übertriebenen und angemaßten Ansehen tut er Abbruch, und das ist nicht schädlich." Die Schärfe des satirischen Angriffs versteckt sich bei Ludwig Thoma hinter scheinbarer Volkstümlichkeit und Heiterkeit. – Seine Komödien waren alles andere als Volksstücke mit gutem, beruhigendem Ende. Wenn am Ende in der Komödie *Die Lokalbahn* (1902) die Bürger der deutschen Kleinstadt Dornstein erleichtert aufatmen, dass ihr revolutionärer Protest gegen die Willkür der Obrigkeit – ein Protest, der sich nur in der Phantasie des Bürgermeisters abgespielt hatte – keine Folgen für das weitere Wohlergehen ihrer Gemeinde habe, und wenn sie sich nun gegenseitig lauthals ihre Loyalität zur Obrigkeit bekunden, von der sie kurz vorher noch anders sprachen, dann ist dieses „glückliche Ende" der Komödie selbst schon Entlarvung eines unverbesserlichen Untertanengeistes; der Schluss bedarf keines weiteren Kommentars: „Wir Dornsteiner sind und bleiben treue Untertanen. Jetzt und immerdar." *Die Lokalbahn* ist eine Satire auf kleinbürgerliche Scheincourage. Die Komödie *Moral* (1908) handelt, im Rahmen einer polizeilichen Untersuchung zur Wahrung der öffentlichen Moral, von großbürgerlicher Scheinmoral. Was dem einfachen Volk, über dessen Sitte und Moral der hochkarätig besetzte Sittlichkeitsverein wacht, unter Strafandrohung verboten ist, das deklarieren die hohen Herren, die selbst in den Skandal verwickelt sind, als „kavaliermäßige Vergnügen". Die Angelegenheit wird finanziell bereinigt und mit Zustimmung der hohen Obrigkeit nicht weiter gerichtlich untersucht. Am Schluss gibt es sogar noch einen Orden, nicht für die Rettung der Moral, sondern für die Wahrung des Scheins. Ludwig Thoma hat diese Satire auf moralische Scheinheiligkeit als Antwort auf seine Verurteilung zu einer sechswöchigen Haftstrafe wegen Beleidigung der Sittlichkeitsvereine geschrieben. Abweichungen von der öffentlichen Moral werden in der hohen Gesellschaft und bei den armen Leuten unterschiedlich beurteilt und geahndet. Was Thoma bei den Honoratioren des Herzogtums Gerolstein satirisch in eine Komödie einkleidete – *Moral* –, wurde im sozialen, von moralischen Vorurteilen und auch selbstgefälligen Scheinheiligkeiten bedingten Rahmen einer Dorfgesellschaft zu einer Tragödie. *Magdalena* (1912) ist die Tragödie einer Gütlerstochter, die aus Not sich in Schuld verstrickt. Aber anstatt mit dem helfenden Mitgefühl der Dorfbewohner, der Obrigkeit und der Kirche rechnen zu dürfen, fällt über sie die Selbstgerechtigkeit einer Gesellschaftsordnung her, die ihre eigenen Fehler – mit der Duldung des Staates und dem Segen der Kirche – auf das Schuldkonto der Außenseiter transferieren darf. Ludwig Thomas Rückgriff auf seine Erfahrungen aus der Dachauer Advokatenzeit hatte nichts mit Heimatkunst zu tun. Das ländliche, in Traditionen und Vorurteilen erstarrte Milieu war nur ein weiterer Aspekt naturalistischer Gesellschaftskritik. – In den Romanen verlegte er die Konflikte in einen überschaubaren Raum. *Andreas Vöst* (1906) ist die Geschichte eines Bauern, der im Kampf um sein

Die Lokalbahn

Moral

Magdalena

Andreas Vöst

Recht gegen Missgunst und politische Intrige die Selbstkontrolle verliert und aus der Reaktion gegen das Unrecht selbst schuldig wird. *Der Wittiber* (1911) ist eine ländliche Variante des Vater-Sohn-Konflikts, eines Motivs, das sowohl im Naturalismus wie später im Expressionismus mehrfach behandelt wurde. Obwohl Ludwig Thoma für seine Geschichten den überschaubaren Rahmen einer geographisch eingrenzbaren Landschaft bevorzugte, sind seine Satiren, Komödien und Romane exemplarische und lebendige Dokumente kritischer Beobachtung aus der Zeit des Kaiserreiches. Ein dunkler Fleck in seiner Biographie sind seine antisemitischen Zeitungsartikel.

Der Wittiber

Der Widerstreit von Ich und Gesellschaft

Der Österreicher ROBERT MUSIL (1880–1942) hatte zwar mit seiner Schülergeschichte *Die Verwirrungen des Zöglings Törless* (1906) beim Publikum und bei der Kritik einen frühen Erfolg, aber dieser Erfolg wiederholte sich nicht für die späteren Werke. Die Diskussion um die Bedeutung des Musil'schen Romanwerks insgesamt setzte erst zehn Jahre nach seinem Tode ein. Heute zählt Musil zu den großen Erzählern des 20. Jahrhunderts. Sein Grundthema ist der Zweifel an der Möglichkeit einer objektiven Wahrnehmung der Wirklichkeit, wie sie im Realismus und im Naturalismus vertreten wurde. Die Bedingungen des Erzählens werden selber zum Inhalt des Erzählten. Nichts sei endgültig; selbst das Wagnis des Lebens sei nur eine Hypothese oder ein utopischer Entwurf, den erst die Erfahrung bestätige oder korrigiere. Musils Argumentation für das Prinzip der Utopie hat einiges mit Zolas Experimentalroman gemein:

ROBERT MUSIL

Die Verwirrungen des Zöglings Törless

> *Utopie bedeutet das Experiment, worin die mögliche Veränderung eines Elements und die Wirkungen beobachtet werden, die sie in jener zusammengesetzten Erscheinung hervorrufen würde, die wir Leben nennen.*

Die Vorläufigkeit oder das Noch-nicht sei das Wesentliche in der gesellschaftlichen oder individuellen Erfahrung:

> *... diese Ordnung ist nicht so fest, wie sie sich gibt; kein Ding, kein Ich, keine Form, kein Grundsatz sind sicher, alles ist in einer unsichtbaren, aber niemals ruhenden Wandlung begriffen, im Unfesten liegt mehr von der Zukunft als im Festen, und die Gegenwart ist nichts als eine Hypothese, über die man noch nicht hinausgekommen ist.*

Das Leben und das Erzählen selbst werden zu einem Versuch, zu einem Essay:

> *Ungefähr wie ein Essay in der Folge seiner Abschnitte ein Ding von vielen Seiten nimmt, ohne es ganz zu erfassen, – denn ein ganz erfasstes Ding verliert mit einem Male seinen Umfang und schmilzt zu einem Begriff ein – glaubte er Welt und eigenes Leben am richtigsten ansehen und behandeln zu können. Der Wert einer Handlung oder einer Eigenschaft, ja sogar deren Wesen und Natur erschienen ihm abhängig von den Umständen, die sie umgaben, von den Zielen, denen sie dienten, mit einem Wort, von dem bald so, bald anders beschaffenen Ganzen, dem sie angehörten.*

Jede Einzelheit stehe in einem umfassenderen Zusammenhang als nur in einer chronologischen oder lebensgeschichtlichen Linie: das Leben sei „ein unendliches System von Zusammenhängen“. Nur: dieses System entzieht sich endgültiger Beobachtung und Beschreibung; es bleibt beim Versuch.

Der Mann ohne Eigenschaften

Diese Gedanken stehen in Musils bedeutendstem Roman *Der Mann ohne Eigenschaften* (1930), seinem Lebenswerk, das Fragment blieb. Sie sind teils Äußerungen des Erzählers, teils sind sie Ulrich, der Hauptfigur, in den Mund gelegt. Die im Titel angeführte Eigenschaftslosigkeit ist nicht als Charakterlosigkeit zu verstehen; sie ist vielmehr eine zwingende Folgerung aus der Erkenntnis, dass jede Existenz ein Entwurf auf die Zukunft ist und daher nicht in Normen erstarrt sein dürfe. Sie meint aber auch die Macht der kollektiven Zwänge in der modernen Gesellschaft, die individuelles Verhalten überrollen: Das Ich erfährt sich selbst als ein gesellschaftliches Es, das fremdbestimmt ist. Beides, die Utopie des Ich und die Macht des Kollektivs, sind Inhalt des Romans. Musil hat den Konflikt oder Widerspruch zwischen Ich und gesellschaftlichem Zwang nicht aufgehoben. Gerade die Erfahrung des Widerspruchs, des sich nicht einstellenden Kompromisses, wird für realistischer gehalten als jegliche individuelle Sinngebung. Deshalb sprach er mit Blick auf seine Erzählweise immer wieder von „Hypothese“ und „Essay“.

Besessen von sprachlicher Genauigkeit und hohem Stilempfinden arbeitete Musil die Texte der einzelnen Kapitel immer wieder um. Nicht einmal durch finanzielle Not ließ er sich von dem Anspruch abbringen, den er an sich und sein Werk stellte. Er gab sogar gesicherte Anstellungen auf, um sich ausschließlich dem Roman zu widmen. Die Vorarbeiten reichen bis zu Beginn des Jahrhunderts zurück; das erste Buch erschien 1930, das zweite Buch 1933. Weitere Kapitel und Entwürfe wurden in der ersten großen Gesamtausgabe 1952 veröffentlicht. Durch diese Ausgabe kam der zu Lebzeiten fast vergessene Autor wieder ins Bewusstsein des Publikums. Die Hauptfigur des Romans ist neben dem Erzähler, der mit kommentierenden Einschüben das Geschehen begleitet, ein junger Mann namens Ulrich, der in seiner bisherigen beruflichen Laufbahn resignierend erkannt hat, dass die Sachzusammenhänge über dem Menschen stehen: „Es ist eine Welt von Eigenschaften ohne Mann entstanden, von Erlebnissen ohne den, der sie erlebt.“ Ulrich entzieht sich dem Räderwerk und übernimmt die Rolle des kritischen Beobachters. Den äußeren, immer wieder durch Reflexionen unterbrochenen Handlungsrahmen bildet die Vorbereitung der Feiern zum siebzigjährigen Regierungsjubiläum Kaiser Franz Josefs im Jahre 1918, die sich von den gleichzeitigen Feierlichkeiten zum dreißigjährigen Regierungsjubiläum Kaiser Wilhelms II. abheben sollten. Die Vorbereitungen beginnen im Jahre 1913; der Erzähler schreibt aber bereits aus dem Wissen des Untergangs der beiden Monarchien. So verwandelt sich, in ironischer Verfremdung, die geplante Staatsfeier in einen Nachruf. In dieses Panorama der Spätzeit sind viele Episoden, Nebenhandlungen und Beobachtungen eingebettet, die sich in Ulrichs Bewusstsein spiegeln. Ulrich möchte für sich den Bruch zwischen Verstand und Gefühl, zwischen den Sachzusammenhängen und dem Recht auf Individualität aufheben; dies aber gelingt nur zum Teil durch die Flucht in eine private Utopie, dargestellt in der Geschwisterliebe zwischen Ulrich und Agathe, die sich über alle Konventionen und moralische Normen hinwegsetzt. Das Wesentliche in diesem Roman ist nicht die Handlung, sondern die Reflexion über sie.

1951 schrieb Hermann Hesse (1877–1962) rückblickend in einem Brief an französische Studenten, die sich mit dem *Peter Camenzind* (1904), seinem ersten erfolgreichen Roman, beschäftigten, dass in ihm der Anfang des roten Fadens zu finden sei, der durch sein ganzes Werk gehe:

Hermann Hesse

> *Ich bin zwar nicht bei der etwas kauzigen Eremitenhaltung Camenzinds geblieben, ich habe mich im Lauf meiner Entwicklung den Problemen der Zeit nicht entzogen und nie, wie meine politischen Kritiker meinen, im elfenbeinernen Turme gelebt – aber das erste und brennendste meiner Probleme war nie der Staat, die Gesellschaft oder die Kirche, sondern der einzelne Mensch, die Persönlichkeit, das einmalige, nicht normierte Individuum.*

Mehrmals, zur Zeit der Wandervogel-Bewegung, nach den beiden Weltkriegen und im Jugendprotest der späten Sechzigerjahre, wurden einzelne Romanfiguren Hesses oder sein Gesamtwerk zu Identifikationsfiguren oder -texten für die junge Generation, die, überdrüssig der Gesellschaftszwänge und der großstädtischen, industriellen Zivilisation, in alternative Lebensformen ausstieg. Gründe dafür sind wohl die generelle Kritik an der Anonymität der modernen Massengesellschaft, das energische Beharren auf dem Recht einer selbstbestimmten Individualität und der Entwurf einer menschenwürdigen Lebenswelt fernab der Städte in einer intakten Natur.

Peter Camenzind

In dem schon erwähnten Brief meinte Hermann Hesse über den Titelhelden im *Peter Camenzind*, dass er „von der Welt und Gesellschaft zur Natur" zurückstrebe und seinen eigenen Weg gehen wolle: „Er ist nicht für das Leben im Kollektiv geschaffen, er ist ein einsamer König in einem von ihm selbst geschaffenen Traumreich." Zwar spiegelt sich in dieser Charakteristik viel Autobiographisches, sie ist aber auch ein Lebensprogramm, das seine Wurzeln im Humanitätsideal der deutschen Klassik, im Naturkult der Romantik und zum Teil auch im Bildungsroman des poetischen Realismus, namentlich in Gottfried Kellers *Grünem Heinrich* hat. Hesses Entwürfe einer vorindustriellen, naturunmittelbaren Lebenswelt waren zwar, an der Wirklichkeit gemessen, rückwärts gewandte Utopien, sie besaßen aber für viele Leser eine Art Hoffnungspotential, – dass nämlich der Einzelne durchaus die Kraft habe, sich dem Zwang fremdbestimmter Existenz zu entziehen oder zu widersetzen. Dieser trostreiche Protest wird durch eine klar strukturierte Erzählweise unterstützt, die an keiner Stelle einen Zweifel am Prozess des Erzählens aufkommen lässt, d. h. die Möglichkeit oder Unmöglichkeit, Wirklichkeit in Worte zu fassen, nicht selbst zum Thema der Erzählung wählt. Hesses Peter Camenzind beschreibt seinen Lebensweg Schritt für Schritt in einem übersichtlichen Nacheinander. Der Faden der Erzählung läuft beharrlich im Zeitgefüge ab, er wird an keiner Stelle zurückgespult oder festgehalten. Die alternative Schlichtheit eines dörflichen Lebens gegen die verwirrenden Eindrücke städtischer Zivilisation wird in der Erzählweise selbst dokumentiert. Peter Camenzind, Sohn eines Bauern aus dem Schweizer Dorf Nimikon, kehrt nach Schulzeit und Studium, nach vielversprechenden Ansätzen als Literaturkritiker, nach langen Bildungsreisen, aber auch in der Einsicht seines Unvermögens, im Kontakt mit anderen aus sich selbst herauszutreten, in das Heimatdorf zurück. Peter Camenzind verherrlicht nicht eine imaginäre Idylle. Er schildert die Alltäglichkeit des kleinbäuerlichen Tageslaufs; aber das Bekenntnis zur notwendigen Routine auf dem Land ist gleichzeitig auch sein Protest gegen die unpersönlichen Zwänge einer modernen Stadtgesellschaft. Peter Camenzind, der in der liebevollen Pflege des Krüppels Boppi seine Mitmenschlichkeit sich selbst beweisen wollte, sieht in der Bereitschaft, sich der Not anderer zu öffnen, einen Akt der Selbstverwirklichung. Der Roman endet, wo er begann: Peter Camenzind kehrt aus der Stadt nach Hause zurück: er pflegt den kranken Vater; vielleicht übernimmt er auch die Pacht einer Schankwirtschaft. Wichtig ist aber, dass ihm alles, was er beobachtet, nicht mehr als ein fremder Vorgang erscheint, sondern als Teil seiner eigenen Frage an das Leben.

Unterm Rad

Peter Camenzind rettete seine Individualität durch Verzicht auf das große Leben. Hans Giebenrath ist in dem Schülerroman *Unterm Rad* (1906) hilflos dem lebensleeren Erziehungsapparat einer nur noch formalen Bildungstradition ausgeliefert. Vieles, was Hans Giebenrath erlebt, hat Parallelen in Hesses eigener Schulzeit: die Vorbereitung zum Württembergischen Landexamen, die Flucht aus dem Klosterseminar Maulbronn, Schwermut bis zu Selbstmordgedanken, Beginn einer Mechanikerlehre. Als Hans tot im Wasser gefunden wird – niemand weiß, ob es ein Unfall oder Selbstmord war –, trauert man um den Jungen, aus dem noch etwas hätte werden können; aber im Leben hatte man die Begeisterungsfähigkeit des Jungen unterdrückt und zerstört. Dieser ausweglos endende Roman bedeutete für Hesse so etwas wie ein Sich-Freischreiben von der bedrückenden Erinnerung. Später, in seinem letzten großen Roman, entwarf er das Wunschbild einer repressionsfreien Erziehung. Hesses Ansatz zur Kritik ist meistens mehr ein individueller, ein persönlicher als ein generell gesellschaftlicher; für die Gestalt des Hans Giebenrath sei sowohl das eigene „leidensschwere Schülertum" als auch das seines Bruders Hans Vorlage und Ursache gewesen.

Hesse behält den persönlichen Ansatz auch in der literarischen Fiktion bei; jede Menschengeschichte sei die Geschichte „eines wirklichen, einmaligen, lebenden Menschen". Oder: „Das Leben jedes Menschen ist ein Weg zu sich selber hin, der Versuch eines Weges, die Andeutung eines Pfades." Beide Zitate stammen aus der Einleitung zum

Demian

Demian (1919), den Hesse zunächst als Ich-Roman eines (erfundenen) Autors Emil Sinclair herausgebracht hatte. In Wirklichkeit war es ein Versteckspiel Hesses, um die Erfahrungen des Ersten Weltkrieges und das Bewusstsein einer tiefgreifenden Veränderung von sich selbst zu distanzieren. Demian wird der hilfreiche Lebensführer des jüngeren Sinclair. Der Weg zu einem neuen Selbstverständnis führt aber nicht über gesellschaftliche Einsicht oder verstandesmäßige Argumentation; die radikale Ichbezogenheit, „der Weg zu sich selber" verliert sich in Bildern, Gleichnissen und Symbolen.

Hesse hatte sich in den Jahren vorher sehr intensiv mit der Symboldeutung der Psychoanalyse beschäftigt. Der Prozess einer individuellen und gesellschaftlichen Neuwerdung wird selbst zum mythischen Bild: „Es kämpfte sich ein Riesenvogel aus dem Ei, und das Ei war die Welt, und die Welt musste in Trümmer gehen." Hesse bezog diese Neugeburt aus der Asche überholter Traditionen auf einen individuellen Läuterungsprozess, aber der Kontext, in dem er diese Bilder verwandelte – Sinclair erlebt sie als Traumvision, während er auf Wache steht und von einer Granate getroffen wird –, widersetzte sich zumindest nicht der Interpretation, dass der Krieg ein notwendiges, reinigendes Durchgangsstadium zum „neuen Menschen" sei. Viele haben den *Demian*, der eine Abrechnung mit der Ideologie der Kaiserzeit sein sollte, so gelesen, gleichsam als wenn der Krieg der einzige Ausweg aus erstarrten Gesellschaftsformen wäre. Hesse, obwohl entschiedener Pazifist, hat zur Vernebelung selbst beigetragen, indem er Sinclair die Kriegsbegeisterung als ein schicksalhaftes Ereignis preisen lässt: „Auch ich wurde von Menschen umarmt, die ich nie gesehen hatte, und ich verstand es und erwiderte es gerne. Es war ein Rausch, in dem sie es taten, kein Schicksalswille, aber der Rausch war heilig, er rührte daher, dass sie alle diesen kurzen aufrüttelnden Blick in die Augen des Schicksals getan hatten."

Siddhartha

Hesse nannte den Roman *Siddhartha* (1922) im Untertitel eine indische Dichtung. Die fernöstliche Welt hatte er bereits 1911 auf einer längeren Reise kennen gelernt. Wieder ist die Entwicklungsgeschichte des Brahmanensohns Siddhartha, wie schon vorher der Lebenslauf eines Peter Camenzind oder Emil Sinclair, eine der vielen Teilansichten des Autors selbst. Siddhartha will auf einer Weltfahrt sich selbst, sein eigenes Ich entdecken. Zunächst zieht er sich zu den Mönchen in eine asketische Einsamkeit zurück. Doch bald stürzt er sich, der theologischen Spitzfindigkeiten überdrüssig, in den Weltgenuss. In einem dritten Stadium heben sich die Widersprüche zwischen Weltflucht und Weltgenuss auf. Diese höchste Stufe gewinnt Siddhartha durch eine innere Gelassenheit; nämlich die Welt nicht mehr mit einer „eingebildeten Welt" zu vergleichen, sondern „sie zu lassen, wie sie ist, und sie zu lieben und ihr gerne anzugehören". Hinter dieser bildlichen Sprechweise, die den ganzen Roman durchzieht, verbirgt sich Hesses Absage an jede dogmatische oder ideologische Einseitigkeit. Siddhartha erreicht diese Stufe allverstehender Toleranz aber erst fernab weltlicher Betriebsamkeit bei einem Fährmann; das Einverständnis mit der Welt setzt den Auszug aus der Welt voraus. So ist auch *Siddhartha* ein weiteres Aussteiger-Märchen, dieses Mal nur im Gewande exotischer Ferne.

Der Steppenwolf

Harry Haller, ein Mann von nahezu 50 Jahren, an seiner bürgerlichen Vergangenheit leidend, aber ohne den Mut, sich endgültig von ihr loszusagen, kauft einem Straßenhändler den „Tractat vom Steppenwolf" ab und entdeckt, dass er selbst darin beschrieben ist. Der Roman *Der Steppenwolf* (1927) wird auf drei Ebenen oder aus drei Perspektiven erzählt; jeweils ist es eine Annäherung an Harry Haller, den Steppenwolf. Eine erste Charakteristik gibt der Herausgeber, der ihn als Untermieter bei seiner Tante beobachten konnte und auch öfters mit ihm sprach. Dann folgt das tagebuchähnliche Manuskript Hallers, das er dem Herausgeber zurückgelassen hatte. In Hallers Unterlagen befindet sich auch der Traktat. Über den Plan schrieb Hesse 1925 in einem Brief:

> *... es ist die Geschichte eines Menschen, welcher komischerweise darunter leidet, dass er zur Hälfte ein Mensch, zur anderen Hälfte ein Wolf ist. Die eine Hälfte will fressen, saufen, morden und dergleichen einfache Dinge, die andere will denken, Mozart hören und so weiter, dadurch entstehen Störungen, und es geht dem Manne nicht gut, bis er entdeckt, dass es zwei Auswege aus seiner Lage gibt, entweder sich aufzuhängen oder aber sich zum Humor zu bekehren.*

Der Herausgeber sieht in Hallers pathologischer Zerrissenheit zwischen Geistnatur und Triebwesen, in seiner Seelenkrankheit, „die Krankheit der Zeit selbst, die Neurose jener Generation, welcher Haller angehört". Es sei eine Generation, die „so zwischen zwei Seiten, zwischen zwei Lebensstile hineingerät, dass ihr jede Selbstverständlichkeit, jede Sitte, jede Geborgenheit und Unschuld verloren geht." Im Traktat wird argumentiert, dass die wertende Trennung der bürgerlichen Moral in

Trieb und Geist eine „Vergewaltigung des Wirklichen“ sei; der Mensch handle immer aus einer ganzheitlichen Konzeption, er sei beides zugleich. Und Harry Haller bricht, als er das Mädchen Hermine und deren Freundin kennen lernt, aus seinem intellektuellen Ghetto aus; denn er erkennt, dass sich hinter der Verkleidung als „Idealist und Weltverächter, als wehmütiger Einsiedler und als grollender Prophet“ nur der „Bourgeois“ versteckt habe. Die für ihn höchste Stufe der Ichwerdung ist der Humor; er fange damit an, „dass man die eigene Person nicht mehr ernst nimmt“. Dies sei die definitive Befreiung aus überkommenen Zwängen. Haller – und mit ihm Hermann Hesse – überspielte den zeitgenössischen Kulturpessimismus mit Selbstironie: Der Einzelne ist immer nur ein vorläufiger Entwurf zum „Ziel des langen Weges der Menschwerdung“.

Narziss und Goldmund

In der Erzählung *Narziss und Goldmund* (1930) hob Hesse die personale Einheit von Geist und Sinnenwelt wieder auf. Er übertrug die sich ergänzende Antithetik auf ein Freundespaar. Die Erzählung handelt im Mittelalter. Narziss und Goldmund sind Klosterschüler. Narziss entscheidet sich für das mönchische Leben. Dem jüngeren Freund hilft er sein eigenes Wesen zu finden: Goldmund verlässt das Kloster; er ist der künstlerische Sinnenmensch. Die Synthese beider Lebenswege ist die unverbrüchliche Freundschaft; sie wird als die höhere Einheit der widerstrebenden Lebensprinzipien verherrlicht: „Goldmund ist erst mit Narziss (oder doch mit seiner Beziehung zu Narziss) zusammen ein Ganzes“ (Hesse, 1931).

Das Glasperlenspiel

In den Romanen von *Peter Camenzind* bis zu *Narziss und Goldmund* ging Hermann Hesse vom Individuum aus, er betonte das Einmalige einer Person, auch wenn sich in ihr die Summe des Zeitgeistes vereinte; trotz aller fernöstlichen Ideen blieb das Persönliche im Weltganzen das Vorrangige. Dies war ein Erbe der Romantik und des Idealismus. Anders als in seinem letzten großen Roman *Das Glasperlenspiel* (1943): Hier wird die Gemeinschaft demonstrativ vor den Einzelnen gestellt.

Der übersteigerte Individualismus des bürgerlichen „feuilletonistischen Zeitalters“, wie in dem Roman das 20. Jahrhundert charakterisiert wird, ist überwunden. Ein neues mönchisches Gemeinschaftsgefühl vereint die Elite der Nation. Der Einzelne fühlt sich in der Geschichtlichkeit der Gemeinschaft geborgen. Das neue Ideal ist das „Reich des Geistes und der Seele“ (Hesse, 1955). Aus der Perspektive der Zukunft wird auf das 20. Jahrhundert zurückgeblickt. Der Roman ist ein politischer Gegenentwurf zur Geistverneinung des Nationalsozialismus gewesen. Mittelpunkt des neuen Reiches, dessen Wurzeln tief ins Mittelalter zurückgehen, ist das Glasperlenspiel. In diesem zweckfreien Spiel der reinen Geistigkeit manifestiert sich die Fülle des abendländischen Geistes: „Das Glasperlenspiel ist also ein Spiel mit sämtlichen Inhalten und Werten unserer Kultur.“ Die Regeln des Spiels und sein Aufbau werden nicht näher beschrieben; das Spiel steht für eine Lebensidee. Ein mönchischer Orden pflegt in der pädagogischen Provinz Kastalien das Spiel und erzieht die Elite der Nation. Der höchste Rang, der erreicht werden kann, ist der Magister Ludi, der Meister des Spiels. An der Lebensbeschreibung des Josef Knecht, der diesen Rang innehatte, wird das Leben in dem kastalischen Reich der sinnerfüllten Geistigkeit exemplarisch dargestellt. Und es wird auch selbstkritisch als eine Utopie fortgeführt: Josef Knecht hat in seinen Lehr- und Wanderjahren „vom Vorhandensein einer Welt außerhalb unsrer kleinen Provinz“ erfahren; in dieser Welt außerhalb der beschützten Gemeinschaft pulsiere das wirkliche Leben „voll Werden, voll Geschichte, voll Versuch und ewig neuem Anfang“. Josef Knecht bittet darum, von seinem Amt beurlaubt zu werden; er möchte das Angebot eines weltlichen Freundes annehmen, dessen Sohn zu erziehen. Auf der Reise zur neuen Wirkungsstätte ertrinkt Knecht. Dieser Tod hat symbolischen Charakter. Kastalien ist eben doch nur ein Wunschbild des Geistes, reine Künstlichkeit, die vor dem Leben selbst nicht standhält. Als der Roman 1946 auch in Deutschland erschien – die erste Ausgabe war in der Schweiz verlegt worden –, traf er auf ein begeistertes Publikum. Nach der furchtbaren Zeit der Unterdrückung des Geistes wurde die Botschaft einer geistigen Erneuerung dankbar aufgenommen.

Gedichte

Im Nebel

Seltsam, im Nebel zu wandern!
Einsam ist jeder Busch und Stein,
Kein Baum sieht den andern,
Jeder ist allein.

Voll von Freunden war mir die Welt,
Als noch mein Leben licht war;
Nun, da der Nebel fällt,
Ist keiner mehr sichtbar.

Wahrlich, keiner ist weise,
Der nicht das Dunkel kennt,
Das unentrinnbar und leise
Von allen ihn trennt.

Seltsam, im Nebel zu wandern!
Leben ist Einsamsein.
Kein Mensch kennt den andern,
Jeder ist allein.

Stufen

Wie jede Blüte welkt und jede Jugend
Dem Alter weicht, blüht jede Lebensstufe,
Blüht jede Weisheit auch und jede Tugend
Zu ihrer Zeit und darf nicht ewig dauern.
Es muss das Herz bei jedem Lebensrufe
Bereit zum Abschied sein und Neubeginne,
Um sich in Tapferkeit und ohne Trauern
In andre, neue Bindungen zu geben.
Und jedem Anfang wohnt ein Zauber inne,
Der uns beschützt und der uns hilft zu leben.

Wir sollen heiter Raum um Raum durchschreiten,
An keinem wie an einer Heimat hängen,
Der Weltgeist will nicht fesseln uns und engen,
Er will uns Stuf' um Stufe heben, weiten.
Kaum sind wir heimisch einem Lebenskreise
Und traulich eingewohnt, so droht Erschlaffen,
Nur wer bereit zu Aufbruch ist und Reise,
Mag lähmender Gewöhnung sich entraffen.
Es wird vielleicht auch noch die Todesstunde
Uns neuen Räumen jung entgegensenden,
Des Lebens Ruf an uns wird niemals enden . . .
Wohlan denn, Herz, nimmt Abschied und gesunde!

An den beiden Gedichten *Im Nebel* (1905) und *Stufen* (1941) lässt sich sehr gut der allmähliche Themenwechsel in Hesses Werk verdeutlichen. Das frühe Gedicht *Im Nebel* ist ein melancholischer Gesang auf die Einsamkeit; jeder ist isoliert und auf sich selbst bezogen. Die Gesellschaft ist das Fremde, das sich im Nebel verliert. Ganz anders in dem späten Gedicht *Stufen* aus dem *Glasperlenspiel:* Der Einzelne fühlt sich in einem großen Plan des Weltgeistes eingebunden; alles lebt in einer inneren, sich immer wieder verändernden Gemeinschaft. Hesses Gedichte sind Gedanken und Stimmung zugleich; man könnte sie eine gedankliche Stimmungslyrik nennen. In den Anfängen bleibt der Blick nach innen, in die Abgründe des Individuums gerichtet; später richtet er sich auf die Geschichte, auf das Leben in übergreifenden Zusammenhängen.

RICARDA HUCH

Der Weg in die Geschichte

Was bei Hesse als ein zeitliches Nacheinander zu beschreiben ist, nämlich die Entwicklung von der Selbstbestimmung des Individuums bis zum Bewusstwerden der Geschichtlichkeit menschlicher Existenz – dies greift in den Werken RICARDA HUCHS (1864–1947) von Anfang an ineinander. Sie stammte aus einer Braunschweiger Großkaufmannsfamilie. Ihr Geschichtsstudium absolvierte sie in Zürich und promovierte auch dort, weil an deutschen Universitäten den Frauen die akademische Laufbahn noch verschlossen war. Ihre soziale Beobachtungsschärfe bewies sie in einem frühen Roman, der zumindest im Titel und im Chronikstil an ähnliche Texte Wilhelm Raabes erinnerte: In den Lebensskizzen *Aus der Triumphgasse* (1902) entwarf sie an einzelnen Lebensläufen ein städtisches Panorama, dessen Hintergrund die Armenviertel von Triest waren. In dem Kriminalfall *Der Fall Deruga*, fünfzehn Jahre später, übertrug sie die Verantwortung auf die freie Entscheidung selbstbewusster Individuen: Dr. Deruga bekennt sich dazu, seiner Frau, die an tödlichem Krebs erkrankt war, auf deren Wunsch den Tod erleichtert zu haben. Parallel zu diesen literarischen Erkundungen der zeitgenössischen Gesellschaft liefen die Studien historischer Entwicklungen. Ricarda Huch suchte den Maßstab objektiven Urteilens in der Geschichte. Vielfach wird in der literaturgeschichtlichen Würdigung ihr Interesse an der Geschichte des Heiligen Römischen Reiches Deutscher Nation – *Deutsche Geschichte* (1934–1949) – zu ausschließlich betont. Zwar war für sie, ganz im Sinne des romantischen Geschichtsurteils, das mittelalterliche Kaiserreich die letzte große Verwirklichung einer übergreifenden Idee, aber Ricarda Huch hat auch sehr detaillierte Studien zu den gesellschaftlichen Umwälzungen und zu den ideologischen Auseinandersetzungen im 19. Jahrhundert geschrieben. Mit ihrem Versuch, die Erfahrung der Geschichte für die bessere Gestaltung der Gegenwart zu nutzen, gehörte sie zur konservativen Opposition gegen den Nationalsozialismus; 1933 trat sie aus der Preußischen Akademie der Künste aus:

Aus der Triumphgasse

Der Fall Deruga

Deutsche Geschichte

> *„Dass ein Deutscher deutsch empfindet, möchte ich fast für selbstverständlich halten; aber was deutsch ist und wie Deutschtum sich bestätigen soll, darüber gibt es verschiedene Meinungen. Was die jetzige Regierung als nationale Gesinnung vorschreibt, ist nicht mein Deutschtum. Die Zentralisierung, den Zwang, die brutalen Methoden, die Diffamierung Andersdenkender, das prahlerische Selbstlob halte ich für undeutsch und unheilvoll."* *(Brief vom 9. April 1933)*

Rudolf Alexander Schröder (1878–1962), eng befreundet mit Hugo von Hofmannsthal und Mitbegründer (1899) der Münchner Zeitschrift „Die Insel", aus der später der Insel-Verlag entstand, sah in der Formenstrenge und artistischen Vielfalt der antiken Lyrik sein großes Vorbild; die Form sollte das Bewahrende und Überdauernde sein. Schon für seine frühen weltlichen Gedichte – z. B. in den Sammlungen *Unmut* (1899) und *Elysium* (1906) – bevorzugte er antike Vers- und Strophenformen oder das Sonett der italienischen Renaissance. Die Übersetzungen umfassen in der Ausgabe seiner gesammelten Werke allein vier Bände: aus dem Griechischen die homerischen Epen, aus dem Lateinischen Epen und Gedichte von Vergil und Horaz; aus dem Französischen Dramen von Corneille, Racine und Molière; und schließlich aus dem Englischen Dramen Shakespeares. Es sind die großen, klassischen Namen der Weltliteratur, deren Werke er nicht nur übersetzte, sondern ebenbürtig nachzugestalten versuchte. Die klassische Formenstrenge übertrug er auch auf seine religiöse Lyrik – z. B. *Mitte des Lebens* (1930) – und das protestantische Kirchenlied – z. B. *Ein Lobgesang* (1937). Das abendländische Erbe von der Antike bis zur Aufklärung, die heidnische Philosophie und der christliche Glaube sollten dem Einbruch der Barbarei wehren. Aber sein Vertrauen in die Kraft der Überlieferung wurde durch die Ereignisse irritiert. Deshalb schloss er sich Mitte der Dreißigerjahre der Bekennenden Kirche an. Nach dem Krieg beauftragte ihn der damalige Bundespräsident Theodor Heuss den Text für eine neue deutsche Nationalhymne zu schreiben; die *Hymne an Deutschland* (1950) setzte sich aber nicht durch:

Rudolf Alexander Schröder

Unmut

Elysium

Mitte des Lebens

Ein Lobgesang

Hymne an Deutschland

Land des Glaubens, deutsches Land
Land der Väter und der Erben
Uns im Leben und im Sterben
Haus und Herberg, Trost und Pfand,
Sei den Toten zum Gedächtnis,
Den Lebend'gen zum Vermächtnis
Freudig vor der Welt bekannt,
Land des Glaubens, deutsches Land. *(Erste Strophe)*

Der Titel der Schrift *Der Weg zur Form* (1906) von Paul Ernst (1866–1933) ist eine treffende Zusammenfassung traditionalistischer Literaturtendenzen um die Jahrhundertwende. Die Dichtung klassischer Epochen kann ein anregendes Vorbild sein, mit dem man sich wetteifernd auseinander setzt – wie es immer wieder geschehen ist und geschieht. So hat sich Hugo von Hofmannsthal in einigen Stücken mit Geist und Form mittelalterlicher Mysterienspiele und spanischer Barockdramen auseinander gesetzt, ohne sie epigonal nachzuahmen. Diese Gefahr besteht allerdings, wenn das formale Element, die Tradition der Form, zu sehr betont wird. Die Lyrik Rudolf Alexander Schröders ist beispielsweise nicht immer frei von formaler Epigonalität. Das bewusste Anknüpfen an Vergangenes oder auch der Rückgriff auf Vorbilder wird in Bezeichnungen wie neuklassisch bzw. neuklassizistisch oder neuromantisch verdeutlicht und unterstrichen. Das Drama *Demetrios* (1905) von Paul Ernst zeigt deutlich Anlehnungen an die gleichnamigen Dramenfragmente von Schiller und Hebbel. Paul Ernst tat aber noch ein Übriges; die Fabel der Handlung stützt sich auf die historischen Ereignisse um den russischen Usurpator. Paul Ernst griff auf ähnlich strukturierte Ereignisse aus der Geschichte des antiken Sparta zurück. So vereinte sich klassische Form mit antikem Tragödienstoff. In dem ebenfalls antikisierenden Schauspiel *Ariadne auf Naxos* (1912) ahmte Paul Ernst die sophokleische Technik der nachträglichen Analyse der vor dem Drama liegenden Handlung nach; gemeint sind die Umstände der Flucht von Theseus und Ariadne aus Kreta nach dem Sieg über den Minotaurus.

Paul Ernst

Der Weg zur Form

Demetrios

Ariadne auf Naxos

Isolde Kurz

Florentiner Novellen

Italienische Erzählungen

Isolde Kurz (1853–1944), von Paul Heyses Vorliebe für die Renaissance beeinflusst, wählte für ihren ersten Sammelband *Florentiner Novellen* (1890) Themen und Gestalten aus der italienischen Renaissance. Neu daran waren nicht die Stoffwahl und das Handlungsgefüge; denn der Trend zum historischen Genrebild war schon während des ganzen 19. Jahrhunderts zu beobachten. Dem Trend rein formaler, epigonaler Nachahmung wirkte der Versuch entgegen, Handlungen und Reaktionen aus der Person selbst psychologisch zu motivieren. Schon 1895, in den *Italienischen Erzählungen*, wandte sich Isolde Kurz Stoffen der Gegenwart zu.

Emil Strauss
Der Schleier

Zu einem klassischen Text, zumindest in der Geschichte der Literatur, ist die Novelle *Der Schleier* (1920) von Emil Strauss (1866–1960) geworden. Es wäre aber besser, statt klassisch das Attribut klassizistisch, d. h. in der Manier der Klassik zu verwenden. In der Dingsymbolik – der Schleier als das sichtbare Zeichen der alle Gefahren überdauernden Institution der Ehe – ist die Gestaltung der Handlung der Novellistik Goethes verpflichtet. Im Unterschied zu Goethe aber, der die verweisende Symbolik sehr zurückhaltend und unaufdringlich einsetzt, ist in der Novelle von Emil Strauß der Schleier allgegenwärtig und nicht zu übersehen; die klassizistische Nachahmung stolpert durch Überdeutlichkeit über sich selbst.

neue Balladen

Börries von Münchhausen
Die Balladen und Ritterlichen Lieder

Lulu von Strauss und Torney
Balladen und Lieder

Agnes Miegel
Balladen und Lieder

Die Ballade gehört als dramatische Kurzform seit dem Sturm und Drang zum literarischen Repertoire. Ihre Dynamik, ihre Ausrichtung auf momentane Entscheidungsbereitschaft, machte sie zu einer progressiven Gattung innerhalb des literarischen Angebotes. Schubart und Bürger (Ende des 18. Jahrhunderts) setzten sie als Sprachrohr gegen feudal-absolutistische Willkür ein. Heine und die Jungdeutschen griffen in den Momentaufnahmen die Restauration und das alte System an; die Balladen über das Elend und den Aufstand der Weber hatten unmittelbare Folgen, wenn auch nicht im Sinne der Autoren; sie wurden als subversive Literatur verboten. In der Wiederbelebung der Ballade zu Beginn des 20. Jahrhunderts wurde diese Tradition zurückgedrängt. Börries von Münchhausen (1874–1945) bevorzugte heldische Stoffe aus der Geschichte und besang anachronistisch feudal-junkerlichen Lebensstil: *Die Balladen und Ritterlichen Lieder* (1908). Lulu von Strauss und Torney (1873–1956) versuchte die altenglische Volksballade, das Ineinander von historischer Erinnerung und naturmagischen Vorstellungen, wieder zu beleben: *Balladen und Lieder* (1902 ff.). Agnes Miegel (1879–1964) gehörte wie Lulu von Strauß und Torney zum Kreis um Börries von Münchhausen. In ihren Sagen- und Naturballaden verschmelzen magische und religiöse Weltdeutung ineinander: *Balladen und Lieder* (1907). Die vorindustrielle, bäuerlich-bodenständige Thematik konnte als Blut-und-Boden-Ideologie missverstanden werden, zumindest war sie für derartige Interpretationen anfällig.

Textsammlungen

- Walther Killy: Die deutsche Literatur – Texte und Zeugnisse Band 7: 20. Jahrhundert, herausgegeben von Walther Killy, C. H. Beck Verlag, München 1967
- Ulrich Karthaus: Impressionismus, Symbolismus und Jugendstil, Reclam Verlag (RUB 9649), Stuttgart 1977

13 Expressionismus (ca. 1910–1925)

Lyrik

1887–1912 GEORG HEYM
Der ewige Tag (1911) – *Umbra vitae* (1912)

1883–1914 ERNST STADLER
Praeludien (1904) – *Der Aufbruch* (1914)

1890–1945 FRANZ WERFEL
Der Weltfreund (1911) – *Wir sind* (1913) – *Einander* (1915)

1869–1945 ELSE LASKER-SCHÜLER
Styx (1902) – *Der siebente Tag* (1905) – *Meine Wunder* (1911) – *Hebräische Balladen* (1913) – *Mein blaues Klavier* (1943)

1887–1914 GEORG TRAKL
Gedichte (1913) – *Sebastian im Traum* (1914) – *Die Dichtungen* (1919)

1886–1956 GOTTFRIED BENN
Morgue (1912) – *Söhne* (1913) – *Fleisch* (1917) – *Statische Gedichte* (1948)

1874–1915 AUGUST STRAMM
Du (1915) – *Tropfblut* (1919)

1890–1918 GERRIT ENGELKE
Rhythmus des neuen Europa (1921)

1891–1958 JOHANNES R. BECHER
Verfall und Triumph (1914) – *An Europa* (1916) – *Verbrüderung* (1916) – *Gedichte für ein Volk* (1919)

Drama

1892–1916 REINHARD J. SORGE
Der Bettler (1912)

1890–1940 WALTER HASENCLEVER
Der Sohn (1914)

1893–1939 ERNST TOLLER
Die Wandlung (1919) – *Masse Mensch* (1921) – *Die Maschinenstürmer* (1922) – *Der deutsche Hinkemann* (1923) – *Hoppla, wir leben!* (1927)

1887–1936 REINHARD GOERING
Seeschlacht (1917)

1878–1945 GEORG KAISER
Die Bürger von Calais (1914) – *Von morgens bis mitternachts* (1916) – *Gas* (I und II; 1918/20)

1870–1938	ERNST BARLACH *Der tote Tag* (1912) – *Der arme Vetter* (1918) – *Die Sündflut* (1924) – *Der blaue Boll* (1926)
1878–1942	CARL STERNHEIM *Die Hose* (1911) – *Der Snob* (1913) – *1913* (1915) *Bürger Schippel* (1913) – *Tabula rasa* (1916)
	Erzählprosa
1878–1957	ALFRED DÖBLIN *Die Ermordung einer Butterblume* (1910) – *Die drei Sprünge des Wang-lun* (1915) – *Berge, Meere und Giganten* (1924) – *Berlin Alexanderplatz* (1929) – *Hamlet* (1957)
1890–1945	FRANZ WERFEL *Nicht der Mörder, der Ermordete ist schuldig* (1926) – *Der Abituriententag* (1928) – *Der veruntreute Himmel* (1939) – *Das Lied von Bernadette* (1941) – *Stern der Ungeborenen* (1946)
1883–1924	FRANZ KAFKA *Das Urteil* (1913) – *Die Verwandlung* (1915) – *In der Strafkolonie* (1919) – *Ein Landarzt* (1919) – *Ein Hungerkünstler* (1924) – *Der Prozess* (1925) – *Das Schloss* (1926) – *Amerika* (1927)
	Dada
1916	Gründung des „Cabaret Voltaire“ in Zürich: HUGO BALL, HANS ARP, RICHARD HUELSENBECK

Das „expressionistische“ Jahrzehnt

ein Begriff und viele Meinungen

Für den zweiten Band seiner Geschichte der zeitgenössischen Literatur wählte Albert Soergel den Titel *Im Banne des Expressionismus* (1925). In der Einleitung schrieb er, es habe sich zwischen 1910 und 1920 „aus einem neuen Seelenzustande“ eine Kunstauffassung und -ausübung geklärt, für die sich der Name Expressionismus durchgesetzt habe: „Ein im Ganzen glückliches Wort, das klar den Gegensatz der neuen Kunst zur naturalistisch-impressionistischen Tatsachen- und Stimmungskunst wie zur ästhetisch-neuromantischen Phantasiekunst, ebenso den Gegensatz zu Zola wie zu Hofmannsthal spiegelt“; was einst „Eindruck von außen“, sei jetzt „Ausdruck des Innern“. Bei den Dichtern selbst und in späteren Untersuchungen fällt das Urteil kritischer aus. Gottfried Benn, der zu den wichtigsten Lyrikern des Expressionismus zählt, stellte 1955 in der Einleitung zu der Anthologie *Lyrik des expressionistischen Jahrzehnts* die rhetorische Frage: „Aber: Expressiv – was ist nun das und was ist der Expressionismus? Gab es ihn überhaupt?“

zur Geschichte des Begriffs

In Deutschland tauchte der Name als Bezeichnung eines Stils oder einer Gruppe erstmals 1911 auf. Bei einer Ausstellung der Berliner Sezession wurden in einem eigenen Raum Werke der französischen Avantgarde gezeigt; für das Publikum fasste man die ausgestellten Künstler unter dem Namen „Expressionisten“ zusammen. Und dieser Name setzte sich für die Avantgarde der bildenden Kunst sehr schnell durch. Er wurde auch bald auf die avantgardistische Literatur übertragen, die sich unter den bisher gängigen Bezeichnungen nicht katalogisieren ließ. Wesentlich zögernder verhielten sich die Autoren selbst: Yvan Goll meinte, der Expressionismus sei „weniger eine Kunstform als eine Erlebnisform“. Otto Flake sprach es noch deutlicher aus: „alle Expressionisten sind Subjektivisten.“ Damit nahm er ein wesentliches Moment der späteren Kritik am Expressionismus vorweg, nämlich die mangelnde Bereitschaft, sich mit der Wirklichkeit außerhalb des eigenen Ich auseinander zu setzen: Das Ich wollte die Wirklichkeit nicht in ihrer Komplexität, als Wirklichkeit einer industriellen Massengesellschaft, wahrnehmen, sondern eine neue, freilich bessere Wirklichkeit aus sich selbst setzen; so sehr dieser Wunsch auch Zustimmung finden mochte, in dem Versuch, ihn zu verwirklichen, musste er Utopie bleiben. Aber der entschiedene Subjektivismus war nur *ein* Aspekt des „expressionistischen Jahrzehnts“, wenn auch der meistgenannte. Die aktivistische Variante artikulierte Kurt Hiller: „Wir wollen, bei lebendigem Leibe, ins Paradies.“ Nicht die Kunst, sondern die gesellschaftlichen Verhältnisse sollten vor allem geändert werden. René Schickele sprach, mitten im Krieg, ganz im Sinne Kurt Hillers, von der Verantwortung der Literatur für die Gesellschaft: Der Expressionismus – er meinte die literarische Avantgarde im Jahre 1916 – bedeute „vor allem den Wunsch, neben die Schilderung einen moralischen Willen zu setzen; er ist kämpferisch; er ist radikal; er schleudert die Kunst, die in und seit unserer Klassik ein vornehmes Privatleben führte, durch die Straße – selbst auf die Gefahr hin, dass sie dort zugrunde geht“.

der Einfluss der literarischen Zeitschriften

Nach den wenigen, aber doch sehr programmatischen Äußerungen zeitgenössischer Schriftsteller, die in den avantgardistischen Zeitschriften

Die Aktion
Der Sturm
Die weißen Blätter

zu finden sind – zu nennen sind *Die Aktion* (1910–1932), *Der Sturm* (1910–1932), *Die weißen Blätter* (1913–1920) –, gab es an den beiden Polen der Skala zwei markante Richtungen: eine ausgesprochen subjektive, die vom Ideal der Selbstbestimmung ausging, und eine engagiert gesellschaftlich-aktivistische. Beide waren jedoch im Kern utopisch, weil sie an die Macht des Wortes glaubten. Die Grenzen sind jedoch nicht scharf zu ziehen; die Programme beider Richtungen vermischen sich. Dies lässt sich sehr gut an dem Vorwort zeigen, das Kurt Pinthus 1919 für die wohl bekannteste Anthologie expressionistischer Dichtung, für die *Menschheitsdämmerung* schrieb. Die Rebellion, so schrieb er, sei gegen eine Menschheit gerichtet gewesen, „die sich ganz und gar abhängig gemacht hatte von ihrer eigenen Schöpfung, von ihrer Wissenschaft, von Technik, Statistik, Handel und Industrie, von einer erstarrten Gemeinschaftsordnung, bourgeoisen und konventionellen Bräuchen". Gegen dieses Panorama des menschlichen Verfalls hätten die jungen Autoren die Leitthemen „Mensch, Welt, Bruder, Gott" gestellt; man habe den neuen Menschen, den brüderlichen Menschen gefordert. Aber auch dies war mehr ein ethischer, moralischer Appell als eine konkrete Auseinandersetzung mit der Zeit, mit dem Imperialismus, dem Weltkrieg, der Revolution, der Industriegesellschaft.

Menschheitsdämmerung

das „Oh-Mensch"-Gefühl

1917 sprach Kasimir Edschmid in seinem Vortrag „Expressionismus in der Dichtung" vom maßlosen Gefühl, vom Weltgefühl, vom Dasein als großer Vision, vom Ausbruch des Innern: „Die Realität muss von uns geschaffen werden." Oder: „Aus Kulisse und Joch überlieferten verfälschten Gefühls tritt nichts als der Mensch." Dieser hier skizzierte idealistische Subjektivismus verband sich mit den allerorts zu hörenden „Oh-Mensch"-Appellen: Veränderung der Welt, aber nicht aus rationaler Einsicht in die Verhältnisse, sondern aus der Autonomie des sendungsbewussten Ich. Doch auf diesem Wege lässt sich die Welt nicht verändern, zumindest nicht in ihrer äußeren gesellschaftlichen Struktur. Diese Einsicht blieb auch den begeisterten Weltverbesserern nicht erspart. Es ist bezeichnend, dass die 1. Deutsche Expressionisten-Ausstellung 1920 nicht zum Fanal, sondern zum resignierten Rückblick wurde. Kasimir Edschmid, der noch drei Jahre zuvor das Programm der Jungen hymnisch verkündete hatte, eröffnete die Ausstellung mit einem Nachruf auf den Expressionismus: „Was vor zehn Jahren anfing den Bürger heftig zu verwirren, hat in der weniger gottgesegneten Gegenwart des Jahres 1920 nicht einmal das Rührende mehr der Sensation."

Was war der Expressionismus? Es war eine Rebellion gegen die etablierte kapitalistisch-bürgerliche Gesellschaft in allen ihren Erscheinungsformen – *und* eine moralische Bewegung für die Wiederentdeckung des Menschen als eines Ich, das sich hier und jetzt verwirklichen will. Es war der Versuch, die Selbstentfremdung des Menschen, seine Verdinglichung, wieder aufzuheben. Nur – mit welchen Mitteln? Die meisten, die nach dem neuen Menschen riefen, waren Bürgersöhne, hatten die obligaten bürgerlichen Bildungswege durchlaufen; sie waren Söhne aus gut situierten Häusern. Nietzsche war ihnen bekannter als die proletarische Wirklichkeit. An Nietzsche, an seinem Begriff von der großen Tat richteten sie sich auf: die große Tat, ein magischer Begriff, der im Übermaß in der Literatur jenes Jahrzehnts zu finden ist; die große Tat als Selbstbefreiung, als Selbstverwirklichung. Die Ausführung fiel allerdings sehr kläglich aus; sie beschränkte sich auf den Konflikt zwischen Vätern und Söhnen. Die Väter als Repräsentanten des verachteten Gesellschaftssystems mussten von den Söhnen als den Fackelträgern eines neuen Zeitalters der Menschlichkeit überwunden werden. Der befreiende Vatermord wurde das Standardthema auf der Bühne; die bekanntesten Beispiele sind Reinhard Sorges *Bettler* oder Walter Hasenclevers *Der Sohn*. Nicht die Symptome wurden analysiert, sondern ein personifizierter Sündenbock geschaffen; es wurde ein Kampf gegen die übermächtigen Väter. Was man dem Zeitalter vorwarf, das lastete man auch den Vätern an, durch die man sich um die Menschlichkeit betrogen sah. Die antibürgerliche Haltung hatte ihren Keim im Bürgertum selbst; es war ein geschlossener Kreis der Argumentation. Nicht die Verhältnisse sollten revidiert werden, sondern der Geist, die Macht des Geistes, sollte über die Verhältnisse, über die Wirklichkeit siegen. Dies war der Grund für die unentwegten Appelle, den Geist wieder rein erstehen zu lassen, ein Paradies der Freiheit des Geistes und der allumfassenden Brüderlichkeit zu schaffen: „Mensch zum Menschen!" – so war in vielen Gedichten zu lesen. Doch dieser Appell scheiterte an der Wirklichkeit, an der Übermacht der gesellschaftlichen und ökonomischen Zwänge, die zu untersuchen man versäumt hatte. Das Scheitern der expressionistischen Bewegung war in ihren Programmen selbst vorgezeichnet. Es genügte nicht, die Sprache der Väter zu zertrümmern, die Grammatik aufzuheben, die Tradition über Bord zu werfen oder die Bühne zur Kanzel zu machen. Der utopische Charakter des Expressionismus war zwar ein verständliches Vorrecht der Jugend, aber ohne Wirkung, auch für die Expressionisten selbst, die seit 1920 neue Wege suchten, die sie radikal von den Ursprüngen wegführten. Die einen zogen sich auf die Kunst als die einzige Wirklichkeit zurück, die andern, die Mehrheit, entschieden sich für den sozialistischen Weg, für die politische Arbeit, oder suchten ihre Heimat in einer erneuerten religiösen Gläubigkeit.

NIETZSCHE

Philosophische Einflüsse

Die Einflüsse FRIEDRICH NIETZSCHES (1844–1900) sind weniger in textlichen oder thematischen Übereinstimmungen zu suchen oder zu finden; es war der Gesamtgestus, sowohl der sprachliche als auch der ideologische, der begeisterte. Nietzsche hatte die Tabus der Vätermoral zerstört, jegliche jenseitsbestimmte Tradition oder Reglementierung verneint und den neuen Menschen, der sich von diesen Zwängen befreit hatte, auf sich selbst gestellt; er selbst sollte sich seine Welt und seine Weltordnung schaffen. Dazu kam die ekstatische Sprache, in der Nietzsche mit seiner Zeit und deren Vorstellungen abrechnete.

> *Denn was uns selbst angeht, unser Hintergrund war Nietzsche: Sein inneres Wesen mit Worten zu zerreißen, der Drang sich auszudrücken, zu formulieren, zu blenden, zu funkeln auf jede Gefahr und ohne Rücksicht auf Ergebnisse, das Verlöschen des Inhalts zugunsten der Expression – das war ja seine Existenz.* (Gottfried Benn, 1955)

HENRI BERGSON

Nietzsches Idee des individuellen Willens als gesellschaftlicher Gestaltungskraft war entschieden auf das einzelne Ich ausgerichtet. Der französische Philosoph HENRI BERGSON (1859–1941) sprach von einem schöpferischen Lebenswillen *(élan vital),* der dem Leben insgesamt innewohne, der also nicht nur ein individuelles Aufbegehren war, sondern den Verlauf gesamtgesellschaftlicher Entwicklungen bestimmte. In diesem Sinne konnte sich das einzelne Ich in seiner Rebellion gegen verkrustete Gesellschaftsstrukturen und moralische Normen als Teil einer übergreifenden historischen Entwicklung verstehen. Dies kam dem Selbstverständnis vieler Expressionisten sehr nahe, die ihr eigenes existenzielles Erlebnis als eine repräsentative Erfahrung der gesellschaftlichen Wirklichkeit überhaupt verstanden wissen wollten. Aber dies alles blieb gegenüber der realen Lebenserfahrung ein nicht einlösbarer Wunsch. Der dänische Philosoph und Theologe SÖREN KIERKEGAARD (1813–1855), dessen Werk zwar schon ein halbes Jahrhundert früher entstanden war, aber erst seit 1909 in einer deutschen Gesamtausgabe erschien, sah die Aufhebung der Widersprüche zwischen Wunsch und Erfahrung und die Möglichkeit einer existenziellen Sinngebung für jeden Einzelnen allein in einem sehr persönlichen, unmittelbar erfahrenen Christentum. Dieser religiöse Existenzialismus, der die Glaubensbereitschaft über die empirische Erfahrung setzte, stand der subjektivistischen Richtung des Expressionismus nicht fern und gab ihr manchen Impuls; das vielfach behandelte Thema der inneren Wandlung, das so genannte Damaskus-Erlebnis, ist ein im Kern religiöses Motiv.

SÖREN KIERKEGAARD

Lyrik

Ausbruch und Aufbruch

Die Überschriften in der ersten großen Anthologie der expressionistischen Lyrik, in der *Menschheitsdämmerung – Symphonie jüngster Dichtung* (1919), lauten: Sturz und Schrei, Erweckung des Herzens, Aufruf und Empörung, Liebe des Menschen. Der Mensch steht im Mittelpunkt, von Ängsten geschüttelt, auf Erneuerung hoffend, Mitmenschlichkeit suchend. Das extreme Gefühl, der ekstatische Ausbruch scheint der Normalzustand zu sein; das Alte wird zerbrochen, Neues begeistert beschrieben. Dies ist das Privileg jedes jugendlichen Aufbruchs gegen die Generation der Väter in eine bessere Zukunft; aber dieser Ausbruch aus Überkommenem und der Aufbruch zu neuen Ufern, beides kann sehr unterschiedlich und vielfältig geschehen: durch die bessere, verstandesmäßig begründete Alternative oder aus der Kraft emotionaler Selbstsicherheit. In der Lyrik des expressionistischen Jahrzehnts kam vieles zusammen. Sicher hat das emotionale Moment die wichtigste Rolle gespielt, zumindest im Selbstverständnis der Zeitgenossen – der Appellcharakter der Lyrik zeigt sich schon an den vielen Ausrufezeichen –, aber daneben gab es noch viele andere Aspekte – Zerstörung der traditionellen Bilderwelt, Desillusion, Konfrontation mit dem Grauen, nüchterne Bestandsaufnahme: „Von Goethe bis George und Hofmannsthal hatte die deutsche Sprache eine einheitliche Färbung, eine einheitliche Richtung und ein einheitliches Gefühl, jetzt war es aus, der Aufstand begann. Ein Aufstand mit Eruptionen, Ekstasen, Hass, neuer Menschheitssehnsucht, mit Zerschleuderung der Sprache zur Zerschleuderung der Welt." (Gottfried Benn, 1955) Der ekstatische Gefühlsdrang überforderte nicht selten das poetische Können; im Abstand der Jahre wird dies um so deutlicher. Doch die Aufbruchstimmung beeindruckt noch immer.

Aufbruch Kurt Heynicke

Es blüht die Welt,
Ja, hoch erhoben, Herz, wach auf!
Erhellt die Welt,
zerschellt die Nacht,
brich auf ins Licht!

In die Liebe, Herz, brich auf,
Mit guten Augen leuchte Mensch zu Mensch.
Hände fassen.
Bergentgegen gottesnackt empor.
O, mein blühend Volk!
Aus meinen Händen alle Sonne nimm dir zu.
Erhellt die Welt,
die Nacht zerbricht.
Brich auf ins Licht!
O Mensch, ins Licht!

Der gute Mensch Franz Werfel

Sein ist die Kraft, das Regiment der Sterne,
Er hält die Welt, wie eine Nuss in Fäusten,
Unsterblich schlingt sich Lachen um sein Antlitz,
Krieg ist sein Wesen und Triumph sein Schritt.

Und wo er ist und seine Hände breitet,
Und wo sein Ruf tyrannisch niederdonnert,
Zerbricht das Ungerechte aller Schöpfung,
Und alle Dinge werden Gott und eins.

Unüberwindlich sind des Guten Tränen,
Baustoff der Welt und Wasser der Gebilde.
Wo seine guten Tränen niedersinken,
Verzehrt sich jede Form und kommt zu sich.

Gar keine Wut ist seiner zu vergleichen.
Er steht im Scheiterhaufen seines Lebens,
Und ihm zu Füßen ringelt sich verloren
Der Teufel, ein zertretner Feuerwurm.

Und fährt er hin, dann bleiben ihm zur Seite,
Zwei Engel, die das Haupt in Sphären tauchen,
Und brüllen jubelnd unter Gold und Feuer,
Und schlagen donnernd ihre Schilde an.

die andere Seite des Expressionismus

Die andere Seite, das düstere oder verängstigte Gesicht des Expressionismus, waren die apokalyptischen Bilder der industriellen Großstädte. Die Bedrohung nahm dämonische Gestalt an, als wäre sie ein unaufhaltsames Ereignis. Die „Oh-Mensch"-Ekstase erstarrt im Obduktionsprotokoll.

Weltende Jakob van Hoddis

Dem Bürger fliegt vom spitzen Kopf der Hut,
In allen Lüften hallt es wie Geschrei.
Dachdecker stürzen ab und gehn entzwei.
Und an den Küsten – liest man – steigt die Flut.

Der Sturm ist da, die wilden Meere hupfen
An Land, um dicke Dämme zu zerdrücken.
Die meisten Menschen haben einen Schnupfen.
Die Eisenbahnen fallen von den Brücken.

Kleine Aster Gottfried Benn

Ein ersoffener Bierfahrer wurde auf den Tisch gestemmt.
Irgendeiner hatte ihm eine dunkelhelllila Aster
zwischen die Zähne geklemmt.
Als ich von der Brust aus
unter der Haut
mit einem langen Messer
Zunge und Gaumen herausschnitt,
muss ich sie angestoßen haben, denn sie glitt
in das nebenliegende Gehirn.
Ich packte sie ihm in die Brusthöhle
zwischen die Holzwolle,
als man zunähte.
Trinke dich satt in deiner Vase!
Ruhe sanft,
kleine Aster!

Der Gott der Stadt Georg Heym

Auf einem Häuserblocke sitzt er breit.
Die Winde lagern schwarz um seine Stirn.
Er schaut voll Wut, wo fern in Einsamkeit
Die letzten Häuser in das Land verirrn.

Vom Abend glänzt der rote Bauch dem Baal,
Die großen Städte knieen um ihn her.
Der Kirchenglocken ungeheure Zahl
Wogt auf zu ihm aus schwarzer Türme Meer.

Wie Korybanten-Tanz dröhnt die Musik
Der Millionen durch die Straßen laut.
Der Schlote Rauch, die Wolken der Fabrik
Ziehn auf zu ihm, wie Duft von Weihrauch blaut.

Das Wetter schwält in seinen Augenbrauen.
Der dunkle Abend wird in Nacht betäubt.
Die Stürme flattern, die wie Geier schauen
Von seinem Haupthaar, das im Zorne sträubt.

Er streckt ins Dunkel seine Fleischerfaust.
Er schüttelt sie. Ein Meer von Feuer jagt
Durch eine Straße. Und der Glutqualm braust
Und frisst sie auf, bis spät der Morgen tagt.

Alle fünf Beispiele, die zeigen, wie schwer die Lyrik des Expressionismus thematisch zu fixieren ist, finden sich auch in der Anthologie *Menschheitsdämmerung.*

GEORG HEYM

Der ewige Tag

Der Dieb

Umbra vitae

GEORG HEYM (1887–1912) ertrank mit 24 Jahren beim Eislaufen auf der Havel. Er hatte gerade seine juristische Staatsprüfung bestanden und dachte an eine Laufbahn als Berufsoffizier. 1911 war sein erster Lyrikband erschienen: *Der ewige Tag.* Auch hatte er bereits einen Vertrag für den Erzählband *Der Dieb,* der 1913 erschien. Nach seinem Tode gaben Freunde unter dem Titel *Umbra vitae* (1912) eine Auswahl aus dem lyrischen Nachlass heraus. Seit 1910 hatte Georg Heym im „Neopathetischen Cabaret" eigene Gedichte vorgetragen. Bei den Verhandlungen zur Gestaltung seines ersten Lyrikbandes schrieb er an den Verleger Ernst Rowohlt, dass er die Gedichte *Die Dämonen der Städte* und *Der Gott der Stadt* für seine besten halte: „Die von mir erwähnten Gedichte und noch einige andere beabsichtigte ich zuerst nicht drucken zu lassen, weil die Zeit für sie vielleicht noch nicht empfänglich ist, wie etwa auch für das Gedicht Fieberspital." (31. 12. 1910) Diese Selbsteinschätzung stimmt mit späteren Urteilen über Georg Heyms Dichtung überein. Georg Heym hat die Großstadt als Thema der Lyrik entdeckt. Die Sammlung *Der ewige Tag* beginnt mit zwei Stadtgedichten: *Berlin I* und *Berlin II.* Ein Vergleich zwischen diesen und den beiden anderen genannten Gedichten zum gleichen Thema zeigt, wie Georg Heym aus zunächst genauer, distanzierter Beobachtung im Stile des Naturalismus zu visionären, apokalyptischen Bildern wechselt; die Bedrohung wird personifiziert und nimmt dämonische Gestalt an. Diese Umgestaltung der Beobachtung in eine Ausdruckswelt des Phantastischen, in einen Albtraum, ist das eigentlich Expressionistische in diesen Gedichten. Die Grundstimmung ist Bedrohung, Verfall, Zerstörung. Selbst in den Jahreszeiten- und Tageszeiten-Gedichten überwiegen die Stimmung der Vergänglichkeit und düstere Bilder.

Der Winter

Der Sturm heult immer laut in den Kaminen
Und jede Nacht ist blutig-rot und dunkel.
Die Häuser recken sich mit leeren Mienen.

Nun wohnen wir in rings umbauter Enge,
Im kargen Licht und Dunkel unserer Gruben,
Wie Seiler zerrend grauer Stunden Länge.

Die Tage zwängen sich in niedre Stuben,
Wo heisres Feuer krächzt in großen Öfen.
Wir stehen an den ausgefrornen Scheiben
Und starren schräge nach den leeren Höfen.

Charakteristisch für die Lyrik Georg Heyms ist die Einbindung des expressiven Bildinventars in eine strenge Strophenform; mehrere Gedichte sind Sonette. Die Form soll das Chaos bändigen.

ERNST STADLER

ERNST STADLER (1883–1914) stammte aus dem Elsass. Er studierte deutsche, französische und englische Literatur; er übersetzte viele moderne französische Autoren ins Deutsche. Seit 1910 lehrte er an der Universität Brüssel. Er war ein entschiedener Europäer, der für eine Annäherung zwischen Frankreich und Deutschland eintrat. Zu Beginn des Ersten Weltkrieges wurde er eingezogen und fiel schon in den ersten Monaten. Ernst Stadler stand – wie viele seiner Zeitgenossen – in seinen lyrischen Anfängen unter dem Einfluss Georges und auch Hofmannsthals; die frühen Landschafts- und Naturgedichte aus dem Band *Praeludien* (1904) ahmen bis ins Detail die Symbolik und feierliche Geste der Lyrik Georges nach. Einen neuen Ton hatten die Gedichte des Bandes *Der Aufbruch* (1914). Die feierliche Geste wurde von einem stürmischen Rhythmus abgelöst; der Wunsch nach Veränderung verband sich mit der rauschhaften Gewissheit einer bevorstehenden Erneuerung, die als Nietzsches große Tat inszeniert wurde; der Krieg sollte der symbolische Ort der Reinigung sein. In dem Gedicht, das dem Band auch den Titel gab, schilderte Ernst Stadler den Ausbruch aus lähmender Stagnation als rauschhafte Kampferwartung:

Praeludien

Der Aufbruch

Ich war in Reihen eingeschient, die in den Morgen
(stießen, Feuer über Helm und Bügel,
Vorwärts, in Blick und Blut die Schlacht, mit vorgehaltnem Zügel.
Vielleicht würden uns am Abend Siegesmärsche umstreichen,
Vielleicht lägen wir irgendwo ausgestreckt unter Leichen.
Aber vor dem Erraffen und vor dem Versinken
Würden unsre Augen sich an Welt und Sonne satt und
(glühend trinken.

(Der Aufbruch, Schluss)

Das Bild war sehr bald Wirklichkeit geworden – aber anders als erwartet. In den Gedichten Stadlers, der zu den Wegbereitern des Expressionismus gezählt wird, zeigt sich symptomatisch, wie sehr der Wunsch nach Erneuerung in dem, was er zu überwinden sich anstrengte, selbst hängen blieb. Der Expressionismus war für die meisten Autoren – zumindest am Anfang – eine emotionale Rebellion.

FRANZ WERFEL

Im Nachwort zur Gesamtausgabe seiner frühen Gedichte schrieb Franz Werfel 1927:

. . . wenn ich die ersten Teile dieses Buches durchblättere, muten mich meine eigenen Worte an, als stammten sie nicht aus einer anderen Zeit, sondern aus einem anderen Leben; und jene zumal, die mir die liebsten sind. Diese Entfernung mag der Grund sein, warum die Auswahl aus meinem frühesten Buche Der Weltfreund ziemlich dicht ist, und warum ich keine Scham hatte, selbst Verse eines Achtzehnjährigen stehn zu lassen, deren Entgleisungen offensichtlich sind.

Der Weltfreund

Wir sind

Einander

Die frühen Gedichtbände hatten sehr bezeichnende Titel: *Der Weltfreund* (1911), *Wir sind* (1913), *Einander* (1915). Das Widmungsgedicht „An den Leser“ im ersten Gedichtband endet mit den Versen:

Oh, könnte es einmal geschehn,
Dass wir uns, Bruder, in die Arme fallen!

Werfels Appelle zur Mitmenschlichkeit wurden das Programm des idealistischen Expressionismus, der später eine religiöse Wende nahm. Charakteristisch für diese Richtung waren das große Gefühl und die große sprachliche Geste, die allerdings, wie Werfel selbstkritisch bemerkte, auch ins Triviale umkippen konnte, in die theatralische Geste. Dies aber mindert nicht den Respekt vor dem ethischen Wollen: „Tausend gute Taten will ich tun!“

ELSE LASKER-SCHÜLER

ELSE LASKER-SCHÜLER (1869–1945) lebte in ihrer Dichtung. Ihr Vorbild war Peter Hille (1854–1904), ein Lyriker von impressionistischer Unmittelbarkeit, ein Vagant, der durch die Lande zog. Sie brach aus der großbürgerlichen Enge ihres Elternhauses und ihrer ersten Ehe aus, lebte mit und unter den jungen Expressionisten in Berlin, war einige Jahre mit Herwarth Walden, dem Herausgeber der avantgardistischen Literaturzeitschrift „Der Sturm", verheiratet, mit Benn eng befreundet und setzte sich sehr früh für Trakl ein. Else Lasker-Schüler schuf sich eine eigene Phantasiewelt; sie besang und malte oder zeichnete sich selbst als die Gestalten ihrer Phantasie. Sie war der herrliche Prinz Jussuf aus dem ägyptischen Theben oder Josef aus dem Alten Testament. Auch ihren Freunden wies sie eigene Rollen in ihrer poetischen Welt zu. Ihre Gedichte sind bald mit der expressionistischen Farbenwelt des Malers Franz Marc zu vergleichen, dem sie mehrere Gedichte widmete, bald tauchen Bilder aus der jüdischen Mystik und Geschichte auf. Sinnliche Zärtlichkeit wechselt mit schlichtem Gebetston. Eine exotische Farbenpracht leuchtet aus den Metaphern. Blau ist die Chiffre ihrer Sehnsucht, ihr Traum vom „siebenten Tag" der Schöpfung, wie einer ihrer frühen Gedichtbände hieß. Wie sie selbst in Peter Hille ihr Vorbild sah, so war sie später Vorbild für die Generation des „expressionistischen Jahrzehnts". Ihre ersten Gedichtbände erschienen schon zu Beginn des Jahrhunderts: *Styx* (1902), *Der siebente Tag* (1905), *Meine Wunder* (1911), *Hebräische Balladen* (1913). 1932 wurde Else Lasker-Schüler mit dem Kleist-Preis geehrt. 1933 musste sie aus Deutschland fliehen; sie starb 1945 in Jerusalem. Ihr letzter Gedichtband, der die Entbehrungen des Exils spiegelt, hieß *Mein blaues Klavier* (1943). Das blaue Klavier des Titelgedichts ist das schmerzliche Symbol für Verlust und Zerstörung. Die Hoffnung (blau) ist nur noch Erinnerung an ein zerstörtes Zuhause (Klavier). Das Klavier steht nicht mehr im Salon, niemand kann es spielen; die Barbarei (Ratten) hat es okkupiert. Das Gedicht endet als Gebet.

Styx

Der siebente Tag

Meine Wunder

Hebräische Balladen

Mein blaues Klavier

Mein blaues Klavier

Ich habe zu Hause ein blaues Klavier
und kenne doch keine Note.

Es seht im Dunkel der Kellertür,
Seitdem die Welt verrohte.

Es spielen Sternenhände vier
– Die Mondfrau sang im Boote –
Nun tanzen die Ratten im Geklirr.

Zerbrochen ist die Klaviatür . . .
Ich beweine die blaue Tote.

Ach liebe Engel öffnet mir
– Ich aß vom bitteren Brote –
Mir lebend schon die Himmelstür –
Auch wider dem Verbote.

GEORG TRAKL

GEORG TRAKL (1887–1914) wurde 1914 als Militärapotheker zu einer Innsbrucker Sanitätskolonne eingezogen. Nach der Schlacht bei Grodek überfiel ihn das Grauen. Er musste über neunzig Schwerverwundete versorgen; aber er konnte ihnen nicht helfen, da es am Notwendigsten fehlte: „Alle Straßen münden in schwarze Verwesung" *(Grodek).* In Krakau, in der psychiatrischen Abteilung des Spitals, machte er seinem Leben mit einer Überdosis an Betäubungsmitteln ein Ende. Trakls Gedichte erschienen zuerst in der Zeitschrift „Der Brenner". Der erste Band *Gedichte* kam 1913 heraus; *Sebastian im Traum* folgte 1914. Eine erste Gesamtausgabe *Die Dichtungen* erschien posthum 1919.

Gedichte

Sebastian im Traum

Die Dichtungen

Trakls Gedichte bestehen aus Bilderreihen, aus scheinbar distanzierten Beobachtungen in einfachen Aussagesätzen ohne das Dazwischentreten eines lyrischen Ich. Die Bilder scheinen isoliert zu stehen, aber im Gesamtgefüge der Strophen weisen sie über sich hinaus. Die Beobachtungen summieren sich zu einer Grundstimmung. So wandelt sich das Bild einer winterlichen Landschaft in dem Gedicht *Im Winter* zu einer Ahnung des Todes. Die Farben werden zu Symbolen. Attribute wie „einsam", „ungeheuer" und „leer" sind hervorgehoben. Der Blick des Beobachters ruht auf einem verendenden Wild, in dessen Blut Raben plätschern. Am Ende stehen, die Trostlosigkeit nur noch steigernd, Substantive ohne syntaktische Einordnung: Es ist eine Landschaft ohne Menschen, mit Ausnahme der Jäger, die das Wild tödlich verwunden.

Im Winter

Der Acker leuchtet weiß und kalt.
Der Himmel ist einsam und ungeheuer.
Dohlen kreisen über dem Weiher
Und Jäger steigen nieder vom Wald.

Ein Schweigen in schwarzen Wipfeln wohnt.
Ein Feuerschein huscht aus den Hütten.
Bisweilen schellt sehr fern ein Schlitten
Und langsam steigt der graue Mond.

Ein Wild verblutet sanft am Rain
Und Raben plätschern in blutigen Gossen.
Das Rohr bebt gelb und aufgeschossen.
Frost, Rauch, ein Schritt im leeren Hain.

Trakls Bilderwelt besitzt eine suggestive Kraft. Nicht die Überprüfbarkeit des Geschehens ist entscheidend, sondern die Gefühle und Stimmungen, die durch die Bilder hervorgerufen (evoziert) werden. In den frühen Gedichten lässt die Bilderwelt sich noch gedanklich aufschlüsseln, in den späten Gedichten entziehen sich die Bilder und Traumvisionen logischer Sinngebung; sie sind schwer zugängliche, äußerst verdichtete Symbole der Lebenssehnsucht und der Verzweiflung, düstere Vorahnungen kommender Katastrophen.

GOTTFRIED BENN

Morgue

1912 veröffentlichte der Berliner Arzt GOTTFRIED BENN (1886–1956) einen kleinen Band mit neun Gedichten, die begeisterte Zustimmung bei der Avantgarde und entrüstete Ablehnung in der bürgerlichen Literaturkritik hervorriefen. Der Zyklus *Morgue* war nach dem Pariser Leichenschauhaus benannt. In diesen Gedichten brach Benn mit allen lyrischen Konventionen des schönen Scheins. Er zerstörte die überlieferten poetischen Bilder. Bewusst provozierend, setzte er die beliebten Blumen- und Jugendmotive in einen konträren, desillusionierenden Zusammenhang. In dem Eingangsgedicht *Kleine Aster* (vgl. S. 306) ist die Vase der Blume der Leichnam eines ersoffenen Bierfahrers auf dem Seziertisch. Eine *Schöne Jugend* erleben junge Ratten im Leib eines „Mädchens, das lange im Schilf gelegen hatte“. Das Hässliche, die Verwesung, die Sinnleere wurde zum Thema – nicht aus Faszination am Makabren, sondern um sich der Wirklichkeit zu stellen; es sollte eine Bestandsaufnahme, eine medizinische Diagnose sein. Benn löste das lyrische Parlando durch kühle Fachterminologie, Medizinerjargon und drastische Alltagssprache ab. Bis 1917 folgten zwei weitere Sammlungen: *Söhne* (1913), *Fleisch* (1917)

Söhne

Fleisch

Es blieb nicht bei der Diagnose, bei der Destruktion einer metaphysischen Sinngebung. Benn sprach immer wieder von der elementaren Vitalität der Natur: „Leben und Tod, Befruchten und Gebären“ (*Gesänge I,* 1913). Dieser Biologismus als eine kollektive Lebenskraft jenseits jeglicher Individualität, dieses Aufgehen in einem Ganzen war der Gegenentwurf. Für kurze Zeit sympathisierte Benn mit den Nationalsozialisten; es faszinierte ihn das Eintauchen in die Kollektivität. Sehr bald sah er seinen Fehler ein und zog sich zurück, auch weil er von den neuen Machthabern wegen seiner frühen Lyrik angegriffen wurde. Er diente „dem Gegenglück, dem Geist“ (*Einsamer nie* –, 1936); die Form, die schöpferische Gestaltung sollte das Überdauernde sein. Die Gedichte seit 1935 wurden 1948 unter dem Titel *Statische Gedichte* veröffentlicht. 1951 sagte Benn in dem Vortrag „Probleme der Lyrik“:

Statische Gedichte

> *Artistik ist der Versuch der Kunst, innerhalb des allgemeinen Verfalls der Inhalte sich selbst als Inhalt zu erleben und aus diesem Erlebnis einen neuen Stil zu bilden, es ist der Versuch, gegen den allgemeinen Nihilismus der Werte eine neue Transzendenz zu setzen: die Transzendenz der schöpferischen Lust.*

Dieses Programm kann man eine Metaphysik – oder wie Benn sagte: eine Transzendenz der Form – nennen; das Statische, das zeitlos Dauernde bleibt die Form. Dieses Programm war eine Rückkehr zum Symbolismus, eine Absage an die Zeitbezogenheit und gesellschaftliche Verantwortung des Dichters und der Dichtung. Das „sich umgrenzende Ich“ (*Reisen,* 1950) verwirklicht sich im gestalteten Wort, in der Form; durch seine schöpferische Kraft überwindet es den Nihilismus der Außenwelt.

Die konsequenteste Ausrichtung des Expressionismus als einer reinen Kunstform und nicht nur einer Erlebensperspektive wurde in der Zeitschrift „Der Sturm“ von ihrem Herausgeber Herwarth Walden (1878–1941) und dem Kreis vertreten, den er um sich versammelt hatte. Walden nahm den Begriff Expressionismus wörtlich. Kunst sei keine Nachahmung, sondern Imagination und absolutes Produkt. Der Autor sei nicht dem Gesetz der Sprache unterworfen, sondern er verfüge frei über den Wortkörper; er gebe ihm erst Sinn und Gestalt. Expressionismus sei „Wortkunst“. Der Drang nach unmittelbarem Ausdruck der inneren Vorstellungswelt setze sich über die Syntax hinweg und dringe zum Wort als expressivem Sinnträger selbst vor. So neu war auch diese Sprachgebärde nicht, sie hatte schon ihre Beispiele im Sturm und Drang, im Geniekult. Aber sie kam in einem neuen Gewande: 1912 veröffentlichte Walden in seiner Zeitschrift das „Manifest des Futurismus“ des Italieners F. T. Marinetti (1876–1944). Der italienische Futurismus zelebrierte erstens eine bedingungslose Begeisterung für die moderne Industriewelt; und zweitens – dies lag dem Programm des „Sturm“-Kreises näher – festigte er den Anspruch auf kreative

radikaler Expressionismus

Freiheit in der sprachlichen Gestaltung; damit war auch eine Negation der bisherigen Sprachkonventionen – z. B. der Grammatik – gemeint: Kunst schafft sich selbst eine Welt. Dieser genialische Gestus, dieser Anspruch des Prometheus, gegen Zeus anzutreten – ein Motiv, das durch die ganze abendländische Tradition läuft –, war für den „Sturm"-Kreis, Benns Metaphysik der reinen Form vorwegnehmend, das Ziel des konsequenten Expressionismus. Doch die Taten hinkten den Worten nach. August Stramm (1874–1915) – er fiel in Russland – ist eine Ausnahme. Er veröffentlichte seine ersten Beispiele einer konstruktivistischen Lyrik, die jenseits einer konventionellen Grammatik stand und den Wortwert selbst wörtlich nahm, in Waldens Zeitschrift. Weitere Texte erschienen in den Bänden Du (1915) und Tropfblut (1919). Zu diesem verdichteten Stil gehörte es, dass die Logik der Syntax aufgehoben wurde und die einzelnen Wörter außerhalb eines konventionellen Sprachgefüges Assoziationen auslösten.

AUGUST STRAMM

Du

Tropfblut

Kriegsgrab

Stäbe flehen kreuze Arme
Schrift zagt blasses Unbekannt
Blumen frechen Staube schüchtern
Flimmer
tränet
glast
Vergessen

Die poetische Vorstellungswelt sollte nichts mit der Sprache des Alltags zu tun haben; darin unterschied sich das Programm des „Sturm"-Kreises von der diagnostischen Schärfe Benns. In einer Einführung zu dem Gedichtband *Du* hieß es: „Für August Stramm ist das Wort immer eine Neuschöpfung, und jedes Kunstwerk gibt sich selbst seinen Rhythmus. Gegenstand, Stoff des Gedichtes ist der gesamte künstlerische Ausdruck, der kein äußeres Erleben wiedergibt, sondern aus einer inneren Vision hervorgeht."

Der Expressionismus war für viele Autoren ein Durchgangsstadium; nach gemeinsamen Anfängen verzweigten sich die Wege. Der idealistische Ansatz zur Weltverbrüderung wurde später zu einem religiösen oder politischen Programm. Der Aufruf *Mensch zu Mensch* des Arbeiterdichters GERRIT ENGELKE (1890–1918) ist durchaus mit ähnlichen Texten von Werfel zu vergleichen; die erste Strophe lautet:

GERRIT ENGELKE
Rhythmus des neuen Europa

Menschen, Menschen alle, streckt die Hände
Über Meere, Wälder in die Welt zur Einigkeit!
Dass sich Herz zu Herzen sende:
Neue Zeit!

Engelke fiel noch in den letzten Kriegstagen. Die ersehnte Erneuerung der Gesellschaft besang er in hymnischen Strophen. In seinen Gedichten tauchen die Stadt und die Arbeitswelt als bestimmendes Thema auf. Sein Optimismus kam aus einem religiösen Vertrauen. Ein posthumer Sammelband heißt *Rhythmus des neuen Europa* (1921).

die Hinwendung
zum Sozialismus

JOHANNES R. BECHER

Den großen Einschnitt, die Wende vom idealistischen Appell zum politischen Programm, bildete für viele der Überlebenden die Erfahrung des Krieges. JOHANNES R. BECHER (1891–1958) wurde 1919 Mitglied der Kommunistischen Partei. Die Gedichte seiner expressionistischen

Phase – in den Bänden: *Verfall und Triumph* (1914), *An Europa* (1916), *Verbrüderung* (1916), *Gedichte für ein Volk* (1919) – sind pathetische Proteste gegen Erstarrung. Um das Alte zu überwinden, müsse auch die Sprache der Väter zertrümmert werden. Eine neue Syntax solle das Neue künden. Entschiedener Pazifist und Weltbürger, feierte er 1917 die Oktoberrevolution als Vorbild einer radikalen Veränderung auch in Deutschland. Einem Messias gleich tritt *Der Sozialist* in dem gleichnamigen Hymnus auf:

Verfall und Triumph

An Europa

Verbrüderung

Gedichte für ein Volk

Mein Sozialist! voll wird die Welt dir tönen,
Das Tal dich feiern, tiefster Stadt vereint.
Wirr schwemmt dahin verrosteter Staaten Brei.
Er schleiert auf von neuem Horizont.

Es ist fast symptomatisch für den Expressionismus aller Richtungen, dass der Protest oder die Alternative eher von Pathos und prophetischer Sprache als von gedanklicher Schärfe begleitet war. Die ideologische Ausrichtung der Dichtung im Dienste eines politischen Programms begann bei Becher erst in den Zwanzigerjahren während der Weimarer Republik. Er war Mitbegründer des „Bundes proletarisch-revolutionärer Schriftsteller". Von den Nationalsozialisten verfolgt, emigrierte er 1933 über Prag nach Moskau. 1945 kehrte er nach Deutschland zurück. 1954 wurde er Kultusminister der DDR.

Drama

Strindbergs Einfluss

August Strindberg, der schon das naturalistische Drama beeinflusst hatte, wirkte auch auf die Entwicklung des expressionistischen Dramas ein. Seine Trilogie *Nach Damaskus* (1898–1901) gilt als das Vorbild für das expressionistische Stationendrama. Für Strindberg war dieses Werk eine szenische Selbstsuche, ein Versuch, sich in der Vielfalt seiner Erinnerungen wieder zu finden. In der Gestalt des Unbekannten tritt er sich selbst gegenüber, er betrachtet sich wie einen Fremden, den er begreifen will.

Nach Damaskus

Der erste Teil der Trilogie umfasst eine übersichtlich gegliederte Szenenfolge; er besteht aus 17 Bildern. Die Szenen 1 bis 8 wiederholen sich spiegelverkehrt in den Szenen 10 bis 17. Der erste Teil beginnt und endet mit einem Bild, das den Titel „An der Straßenecke" trägt. Die Wanderung in die Vergangenheit kehrt an den Ausgangspunkt zurück, nur dass am Ende das bisher Unbekannte bewusst gesehen und beurteilt wird. Den Wendepunkt bildet die neunte Szene „Das Asyl", sie ist das „Damaskus"-Erlebnis des Unbekannten, der Beginn seiner Bekehrung. Der Unbekannte war vor seiner Vergangenheit geflohen, weil sie ihn zum Eingeständnis seiner Unzulänglichkeit gezwungen hätte. Die Gestalten seines schuldhaften Verhaltens verfolgen ihn; in ihnen erkennt er sich selbst. Wenn er mit ihnen spricht, führt er Selbstgespräche. Als er im Asyl von ihnen umringt wird und er sich mit seiner eigenen Vergangenheit konfrontiert sieht, zerbricht seine maßlose Egozentrik und er geht den Weg noch einmal.

Stationentechnik

Dieses Stationendrama, dem christlichen Kreuzweg nachgebaut, ist ein „Seelengemälde", das eher an eine mittelalterliche Büßergeschichte als an expressionistische Welterneuerung erinnert. Trotzdem hat es das expressionistische Drama in Deutschland entscheidend beeinflusst, vor allem aus zwei Gründen – aus einem strukturellen und einem thematischen: Der Held durchläuft beispielhaft in einzelnen Stationen seine Entwicklung; sie ist ein Prozess der Läuterung zu einem besseren Ich und – aus der Beispielhaftigkeit heraus – auch zu einer besseren Gesellschaft. Der Appell des lyrischen Ich in den „Mensch-zu-Mensch"-Gedichten ist hier auf eine dramatische Figur übertragen.

REINHARD JOHANNES SORGE
Der Bettler

REINHARD JOHANNES SORGE (1892–1916) hatte sich, ehe er den *Bettler* (1912) schrieb, eingehend mit Strindberg befasst. Er übernahm von ihm die Stationentechnik und die Hervorhebung des dramatischen Ich. Der Bettler taucht nacheinander in mehreren Rollen auf, die jeweils sein besonderes Verhältnis zur Umwelt charakterisieren. Er ist abwechselnd Dichter, Sohn, Bruder, Jüngling und an einer Stelle namentlich der Autor selbst. Die Personen, die ihn auf den einzelnen Etappen seiner Entwicklung begleiten, sind ohne Eigennamen, bestimmt nur durch ihre Funktion als Vater, Mutter, Mäzen usw. Strindbergs Unbekannter wollte durch die Annahme seiner Vergangenheit sich selbst finden. Sorges Bettler zielt auf die Zukunft. Es geht nicht um die Identität des Helden mit sich selbst, sondern um die Frage, wie das dramatische Ich gesellschaftliche Widerstände überwinden und das angesprochene Publikum in eine bessere Welt führen könne.

Der Bettler versteht seine eigene Biographie als beispielgebend; deshalb findet auch kaum ein Dialog statt, der Bettler verkündet. Sorge dachte sich die Bühne der Zukunft als „heilende Stätte" der geknechteten Menschheit, zu der „Massen der Arbeiter / [. . .] die Ahnung ihres höheren Lebens / In großen Wogen" anschwemmt. Dieser Wunsch, den er im ersten Aufzug thematisiert hatte, scheiterte für den Bettler als Dichter nicht nur, weil das Publikum sich widersetzte, sondern auch, weil der Autor und seine Figur ihre Sehnsüchte nicht in Geschehen umsetzen konnten. Die Maßlosigkeit des eigenen Sendungsbewusstseins vereitelt den Dialog. Der Bettler als Dichter will nicht die Wirklichkeit erkennen, sondern die Welt solle seine Mission anerkennen:

Ich will die Welt auf meine Schultern nehmen
Und sie mit Lobgesang zur Sonne tragen.

Das Ziel der Befreiung liegt außerhalb der Welt in einem religiösen Utopia, das sich nur durch „Symbole der Ewigkeit" andeuten lässt. Deshalb nimmt der Bettler nach dem missglückten Versuch, ein neues Theater zu schaffen, seine eigene Biographie zum Stoff für eine Ersatzhandlung, aus der die „Ewigen Beziehungen" erahnt werden könnten. Die Stufen seiner Befreiung sind die Absage an das Vergnügungstheater – Brecht nennt es später das kulinarische Theater –, die Vergiftung des Vaters als des Symbols einer weltverfallenen Sehnsucht, die Verurteilung der modernen Industriegesellschaft und schließlich der Aufbruch zur Pilgerschaft in das Reich einer verbrüderten Menschheit. Der Weg in die neue, nur schemenhaft skizzierte Welt ist im Grund ein Weg in die Innerlichkeit. Darüber kann auch die ekstatische, jede Form sprengende Sprachgebärde nicht hinwegtäuschen.

Nach diesem Stück hat sich Sorge folgerichtig biblischen Themen zugewandt; in ihnen glaubte er sichtbare Symbole der Ewigkeit gefunden zu haben. Die Radikalität der Ich-Perspektive und der bedingungslose Idealismus, die Vision einer anderen, humaneren Gesellschaft – und auch die Szenentechnik, die Elemente des Films vorwegnahm, lassen den *Bettler* mit Recht als das erste expressionistische Drama erscheinen.

Walter Hasenclever
Der Sohn

Über sein Stück *Der Sohn* (1914) sagte Walter Hasenclever (1890–1940), es sei der „Aufruhr des Geistes gegen die Wirklichkeit“. Der Wunsch zur Menschwerdung durch den Geist nehme im Sohn, der Titelfigur, Gestalt an.

Der Sohn, der aus Protest gegen das Leistungsdenken seines Vaters in der Schule durchgefallen ist, lebt wie ein Gefangener im elterlichen Haus. In seiner absoluten Isolation baut er sich das Idealbild einer brüderlichen Menschheit auf, die keine Unterschiede kenne. Er steigert seine Sehnsucht, aus der großbürgerlichen Enge auszubrechen, zu einem „grenzenlosen Gefühl“. Er steht unter dem Zwang, den Vater, d. h. das Selbstbewusstsein der wilhelminischen Ära, durch eine große Leistung, durch die Tat zu überwinden; aber es gelingen ihm nur klägliche Proteste. Der Vater ist bewusst bis zur Groteske verzerrt; aus der Perspektive des Sohnes ist er das personifizierte Gegenteil zur Verbrüderungssehnsucht des Sohnes. Der Vater verlangt die Begrenzung in der bürgerlichen Ordnung; der Sohn will Befreiung aus den auferlegten Zwängen. Doch: Mehr als eine Parodie der klassischen Bühnensprache gelingt ihm nicht: „Verlassen sei die Öde deines Hauses und die Täglichkeit deiner Person. Ich fühl’s, ich geh einer glücklichen Erde entgegen. Ich will ihr Prophet sein.“ Die Idee der Befreiung schrumpft zum Vater-Sohn-Konflikt. Der Übervater wird stellvertretend für die Ungerechtigkeiten der Welt zur Verantwortung gezogen.

Ernst Toller

Ernst Toller (1893–1939) gab seinem 1919 erschienenen Stationendrama *Die Wandlung* den Untertitel „Das Ringen eines Menschen“. In sechs Stationen, die sich in 13 Bildern aufgliedern, schildert Toller den verzweifelten Versuch des deutschen Juden Friedrich, der autobiographische Züge trägt, aus seiner rassischen Isolation auszubrechen und in die nationale Gemeinschaft aufgenommen zu werden.

Die Wandlung

Auf der vorderen Bühne werden die biographischen Stationen des Protagonisten dargestellt. Auf der hinteren, leicht erhöhten Bühne spielen sich Traumszenen ab, die jeweils zum Geschehen auf der vorderen Bühne kontrastieren; sie zeigen in apokalyptischen Bildern die Brutalität des Krieges. In den Traumbildern tauchen Figuren mit dem Antlitz Friedrichs auf, die das Geschehen auf der vorderen Bühne durchschauen. Im ersten Bild meldet sich Friedrich freiwillig zu den Waffen, im Glauben, dass das Erlebnis an der Front ihn aus seiner rassischen Isolation befreien könne. Aber die vaterländische Begeisterung wird durch das Spiel auf der hinteren Bühne desillusioniert. Dicht zusammengepfercht in einem Eisenbahnzug fahren Soldaten in den Tod. Im dritten Bild meldet sich Friedrich zu einer gefährlichen Patrouille. Ihre erfolgreiche Ausführung soll ihm endgültig die Aufnahme in die vaterländische Gemeinschaft ermöglichen. Und während auf der hinteren Bühne verstümmelte Skelette, die Opfer eine Patrouille, zwischen den Schützengräben tanzen, wird Friedrich im fünften Bild wegen seiner Tapferkeit vor dem Feind tatsächlich das Bürgerrecht verliehen. Aber es überkommen ihn erste Zweifel am Wert des Begriffs Vaterland. Auf der hinteren Bühne wird ein Lazarett gezeigt, in dem die Kriegskrüppel nur Forschungsmaterial für die Militärmedizin sind. Ein Pfarrer mit dem Antlitz Friedrichs verzweifelt angesichts dieser Trostlosigkeit. Friedrich ist zwar die Integration in die Gemeinschaft gelungen, aber es ist eine Gemeinschaft der Entmenschten. Jetzt beginnt seine Wandlung. Im siebten Bild zertrümmert Friedrich die von ihm geschaffene Statue „Sieg des Vaterlandes“; denn er sieht keine heldischen Sieger, sondern nur elende Kriegskrüppel auf den Straßen. Die Gemeinschaft, die Friedrich vorschwebt, kennt keine rassischen oder nationalen Begrenzungen; es ist die befreite Menschheit. Er macht sich auf den Weg sie zu finden, doch er trifft nur die geknechteten Proletarier, die in den Fabriken ausgebeutet werden. In einem weiteren Traumbild opfert sich ein Proletarier mit dem Antlitz Friedrichs stellvertretend für die geknechteten Massen; es ist eine Golgatha-Szene. Sie ist symbolisch zu verstehen: Nicht durch die Verbesserung der Arbeitsbedingungen, nicht durch die Veränderung der Besitzverhältnisse, sondern durch die totale Verweigerung, durch die Zerstörung der Industriegesellschaft, so glaubte Toller, könne die neue Menschheit geschaffen werden. Obwohl Toller Vorsitzender des revolutionären Arbeiter- und Soldatenrates in München während der kurzen Zeit der Räterepublik war, entwarf er in allen seinen Dramen ein antiindustrielles, ein im Grunde ungeschichtliches Idealbild einer verbrüderten Menschheit. Der Protagonist in der *Wandlung* ist kein Revolutionär, sondern ein prophetischer Welterneuerer. Als Friedrich, dessen Sehnsucht nach nationaler Gemeinschaft sich nun in eine Sehnsucht nach Weltverbrüderung gewandelt hat, in eine Revolutionsversammlung gerät, tritt er für Gewaltlosigkeit ein. Nur so könne der Mensch sich wieder seinem ursprünglichen Bild nähern. Im letzten Bild, der Volksversammlung vor einer Kirche, werden Bühne und Zuschauerraum eins. Friedrich wendet sich an das Publikum, das auf der Bühne vorgestellte Idealbild der neuen Menschheit in die Wirklichkeit umzusetzen. Toller glaubte an die Wirksamkeit seines Appells; vor den Fabriktoren verteilte er Vervielfältigungen einzelner Szenen aus der *Wandlung*. Über den autobiographischen Hintergrund seines Revolutionsdramas – und mehr noch: über die geistige Situation einer ganzen Generation berichtete Toller in seinen Erinnerungen *Eine Jugend in Deutschland* (1933). Sie erschienen, schon im Exil, in jenem Jahr, als in Deutschland seine Bücher verbrannt wurden. Diese Erinnerungen ersetzen eine ganze Bibliothek historischer Darstellungen.

Masse Mensch

Die Wandlung endete mit dem Aufruf: „Brüder recket zermarterte Hand, / Flammender freudiger Ton! / Schreite durch unser freies Land / Revolution! Revolution!" Toller dachte an eine gewaltfreie, an eine soziale Revolution, wie es im Untertitel zu dem Versdrama in sieben Bildern *Masse Mensch* (1921) hieß. Er schrieb dieses Stück schon aus der Erfahrung der gescheiterten Münchner Räterepublik. Seinen eigenen Konflikt, für eine Revolution ohne Blutvergießen einzutreten, aber die Gewalt nicht verhindern zu können, diesen Konflikt übertrug er auf eine Frau, die wie er aus dem Bürgertum stammte; sie solidarisierte sich mit den proletarischen Massen für eine Welt klassenloser Brüderlichkeit. Diese Vision scheitert sowohl am Widerstand skrupelloser Geschäftemacher wie auch am Wankelmut der Masse. Die Frau fühlt sich schuldig, weil sie Blutvergießen nicht verhindern konnte: „Höre: kein Mensch darf Menschen töten / Um einer Sache willen. / Unheilig jede Sache, die dies verlangt." Die „Werkverbundene freie Menschheit" bleibt noch ein Versprechen für die Zukunft. Toller hat auch in diesem Verkündigungsdrama die Revolution vor allem als eine moralische Erneuerung dargestellt; deshalb hat sein Vokabular mehr religiöse Metaphern als sozialistische Argumentation. Seine Stücke sind die inszenierte Parallele zu der „Mensch-zu-Mensch"-Lyrik. Auch in dem

Der Maschinenstürmer

historischen Drama *Die Maschinenstürmer* (1922), das vom Aufstand der englischen Weber (1815) handelt, verkündete er sein Ideal einer „Weltgemeinschaft allen Werkvolks", aber mit wachsender Resignation und Zweifel. Egoismus und Hass auch unter den Ausgebeuteten stünden der „großen Menschheitstat" im Wege.

In der Tragödie *Der deutsche Hinkemann* (1923) verzichtete Toller abermals auf die Darstellung einer repräsentativen Gesellschaftsidee. Die Personen sind nicht mehr nur Träger einer Idee, sondern individuell gestaltet, wie auch der Konflikt sich im Privaten abspielt. Es ist die Geschichte des heimgekehrten Kriegskrüppels, der sich nicht mehr zurechtfindet, von seiner Umwelt verspottet wird und an deren Lieblosigkeit zugrunde geht. Die visionäre Aufbruchsstimmung der frühen Stücke wich einer wachsenden Resignation. In der revuehaften Szenenfolge *Hoppla, wir leben!* (1927) haben die Revolutionäre von einst ihre Ideale vergessen und sich dem, was sie Normalität nennen, angepasst; sie leben, wie der Titel (nach einem Schlager) sagt, aus dem Moment. Der Lauf der Geschichte wird mit einem sich sinnlos drehenden Karussell verglichen.

Der deutsche Hinkemann

Hoppla, wir leben!

Dieser Zweifel an der Möglichkeit, dass der bessere Gedanke auch Wirklichkeit werden könnte, war schon das Resümee in dem Antikriegsdrama *Seeschlacht* (1917) von Reinhard Goering (1887–1936). Der fünfte Matrose, der Skeptiker unter den sieben Matrosen, die im Panzerturm eines Kriegsschiffs in die Schlacht fahren, sagt am Schluss:

Reinhard Goering
Seeschlacht

Die Schlacht geht weiter, hörst du?
Mach deine Augen noch nicht zu.
Ich habe gut geschossen, wie?
Ich hätte auch gut gemeutert! Wie?
Aber schießen lag uns wohl näher? Wie?
Muss uns wohl näher gelegen haben?

Georg Kaiser (1878–1945) schrieb sein Stationendrama *Von morgens bis mitternachts* im gleichen Jahr, als Sorges *Bettler* erschien; veröffentlicht wurde es 1916. Auch Kaiser verwendete die lineare Reihung exemplarischer Stationen in einem entscheidenden Lebensabschnitt seiner Hauptfigur für die Dokumentation eines Läuterungs- oder Erkenntnisprozesses. Im Unterschied aber zu Sorge und Toller, die eine lebensgeschichtliche Abfolge vorführten, konstruierte Kaiser ein Denkspiel.

Georg Kaiser

Ein Kassierer bricht aus seiner belanglosen Alltäglichkeit aus, unterschlägt 60 000 Mark, um einer vornehmen Dame aus Italien, die er fälschlicherweise für eine Betrügerin hält, zu imponieren. Im Sog der Ereignisse will er nun das wirkliche Leben, ein gesteigertes Lebensgefühl erfahren. Zu Hause stirbt die Mutter, „weil einer einmal vor dem Mittagessen weggeht". Die Familie des Kassierers existiert in einer ritualisierten Ordnung; in der erstarrten Bürgerlichkeit ist der Tagesablauf zu einem Selbstzweck geworden, den zu stören schon tödliche Folgen hat. Aus dieser familiären Enge bricht der Kassierer aus, um wirkliches Leben zu erfahren. Er durchläuft, im Stil einer filmischen Raffung, exemplarisch drei Stationen oder genauer: drei Enttäuschungen – im Sportpalast, im Ballhaus und im Lokal der Heilsarmee. Das Geld, das goldene Kalb des Kapitalismus, öffnet ihm Türen und auch die Augen. Im Sportpalast erlebt er beim Sechstagerennen die leidenschaftliche Begeisterung des Publikums und er glaubt in ein gesteigertes Lebensgefühl eintauchen zu können. Aber als die Staatsautorität, die „Hoheit", in der Loge erscheint, sinkt die Menge in einen devoten Untertanengeist zurück. Im Ballhaus, der nächsten Station, ist alles nur vorgetäuschter Schein; jeder spielt dem anderen etwas vor, jeder denkt nur an seinen Vorteil. So glaubt er, an der dritten Station, im Lokal der Heilsarmee, endlich einen Ort selbstloser Mitmenschlichkeit gefunden zu haben. Er streift seine Wünsche ab, ist bereit das gestohlene Geld zurückzugeben; aber die soeben noch Bußfertigen

Von morgens bis mitternachts

stürzen sich auf das Geld, als wäre es der Garant des ewigen Lebens. Nur das Mädchen, das ihm schon öfters begegnet war, scheint sich nicht um das Geld zu kümmern. Und er schöpft neue Hoffnung auf eine selbstlose Mitmenschlichkeit; doch vergeblich. Das Mädchen verrät ihn an die Polizei, um die Belohnung zu kassieren. In seinen Hoffnungen betrogen, erschießt sich der Kassierer. Zu Beginn seines Kreuzzuges war ihm der Tod erschienen und am Ende konturiert sich im Gewirr der Drähte eines Kronleuchters wieder ein Totengerippe. Fast im Stile eines mittelalterlichen Totentanzes bemühte Kaiser für seine Kritik an der tödlichen Langeweile eines erstarrten Bürgertums die Personifikation des Todes. Sprache und Handeln sind ohne mitmenschliches Echo. Der Monolog ersetzt den Dialog. Kaisers gesellschaftliche Analyse ist erbarmungslos ohne den Lichtblick auf eine neue Humanität: „Es ist ein Kurzschluss in der Leitung." So der letzte Satz im Stück aus dem Munde des Schutzmanns.

Die Bürger von Calais

Das Bühnenspiel *Die Bürger von Calais* (1914) war Georg Kaisers erfolgreichstes Stück. Über 60 Dramen hat er insgesamt geschrieben. Bis 1933 gehörte er neben Gerhart Hauptmann zu den meistgespielten zeitgenössischen Autoren. Zur Bearbeitung des historischen Stoffes über die Belagerung von Calais (1347) wurde er durch Auguste Rodins Denkmal „Die Bürger von Calais" angeregt. Um ihre Stadt und den wichtigsten Handelshafen vor der Zerstörung zu retten, lieferten sich sechs angesehene Bürger im Büßerhemd, den Strick um den Hals, dem siegreichen englischen König aus; sie stellten das Gemeinwohl über das Wohl des Einzelnen.

Dies ist auch das Hauptargument in Kaisers Stück; es traf sich mit seinem ethischen Programm vom „neuen Menschen", der Leitfigur seiner expressionistischen Verkündigungsdramen. Die historische Vorgabe änderte er nur in einem wichtigen Detail: Statt sechs melden sich für den Opfergang sieben Bürger, einer soll durch das Los wieder zurücktreten. Dies war nicht nur eine formale Veränderung, um die Handlung aufzufüllen. Die Möglichkeit für jeden Einzelnen, von seinem Versprechen durch Los wieder befreit zu werden, sollte eine Prüfung der inneren Bereitschaft sein. Im ersten Akt wird die Forderung des englischen Königs nach Auslieferung von sechs angesehenen Bürgern mitgeteilt. Die Gegner der Forderung werden überstimmt; es melden sich sieben Bürger. Im zweiten Akt soll das Los über jeden entscheiden; sie nehmen Abschied von den Ihren. Eustache de Saint-Pierre hatte aber in die Urne nur blaue Kugeln gelegt; denn er wollte die Entscheidung noch hinauszögern. So wird vereinbart, wer am nächsten Tag als Letzter auf den Markt komme, der sei frei. Am nächsten Tag (dritter Akt) fehlt Eustache; er hat sich selbst getötet, um die anderen nicht an der Größe und Bedeutung ihres Opfers zweifeln zu lassen. Da dem englischen König ein Sohn geboren wird, begnadigt er die sechs Bürger. An der Bahre seines Sohnes sagt Eustaches Vater: „– ich habe den neuen Menschen gesehen – in dieser Nacht ist er geboren! – –" Die Bereitschaft, sich dem Gemeinwohl zu opfern, drückt Kaiser durch christliche Opfersymbolik aus. Den moralischen Appell verkündet Kaiser nicht in einer euphorisch-hymnischen Sprache – wie Sorge oder Toller –, seine Diktion ist eher gedrängt, feierlich knapp; die Wirkung auf den Zuschauer geht von dem choreographisch inszenierten Geschehen aus. In allen drei Akten spielt die Handlung vor der Kulisse des Bürgervolkes im Stadthaus oder auf dem Markt. Das Stück hat den Charakter eines zeitlos feierlichen Weihespiels; die Gestalten tragen stilisierte „überweite Gewänder".

Gas (I und II)

Noch deutlicher als in den *Bürgern von Calais* sind in den beiden Revolutionsdramen *Gas I* (1918) und *Gas II* (1920) die Anspielungen auf den christlichen Opfer- und Erlösungsgedanken.

Nach einer verheerenden Explosion in der Gasfabrik ruft der Milliardärssohn die Arbeiter auf, sich von der Knechtschaft der Maschinenwelt zu befreien und auf den Ruinen der Fabrik ein neues, lebenswürdiges Landleben zu beginnen. Doch die Menge folgt den Versprechungen des Ingenieurs: „Herrscher seid ihr hier – im Werk von allmächtiger Leistung – ihr schafft Gas!“ Sie bedroht den Milliardärssohn und kehrt in die verstaatlichte Fabrik zurück. *Gas I* endet mit dem Versprechen der Tochter an den Milliardärssohn, den neuen Menschen, der die Arbeiter aus ihrer selbstzerstörerischen Verblendung retten soll, zu gebären. Schon im ersten Teil haben die Gestalten keine persönlichen Namen; im zweiten Teil treten nur noch zwei gleichgeschaltete uniforme Gruppen auf, die um die Vormacht kämpfen; die Arbeiter selbst sind nur noch die anonymen Opfer zwischen den Fronten. Als der Großingenieur die Arbeiter aufruft, im Kampf gegen die Unterdrücker Giftgas einzusetzen, und der Milliardärarbeiter, Sohn des Milliardärssohns, überstimmt wird, zertrümmert dieser die tödliche Giftgaskugel; er will sich selbst opfern, um Schlimmeres zu verhindern. Doch vergeblich; alles endet in einem apokalyptischen Inferno. Beide Stücke stehen unter dem unmittelbaren Eindruck der Kriegsereignisse. Sie sind pazifistische Appelle. Aber die Auseinandersetzung mit der Industriewelt findet nicht statt; denn diese wird insgesamt dämonisiert. Auch der Rückgriff auf eine vorindustrielle Idylle war keine realisierbare Alternative. Daher wirkten beide Stücke eher durch ihr aufrüttelndes Pathos, durch die suggestiven Massenszenen und die Anleihen bei der christlichen Symbolik als durch Offenlegung gesellschaftlicher Widersprüche.

ERNST BARLACH

ERNST BARLACH (1870–1938), Bildhauer, Graphiker und Schriftsteller, hat die expressionistische Idee vom neuen Menschen ins Religiöse gewendet. Seine Gestalten sind Gottsucher, sie sind unterwegs zu einem Gott jenseits biblisch-anthropomorpher Vorstellungen, sie sind unterwegs zu einem neuen Ich, das die Absurdität der menschlichen Existenzerfahrung durch das Vertrauen in die Herkunft des Menschen aus Gott auszuhalten vermag. Für alle Gestalten Barlachs ist nicht das Ziel das Entscheidende, sondern das Unterwegssein selbst: „Ein Weg braucht kein Wohin, es genügt ein Woher.“ So heißt es schon in dem Mythenspiel *Der tote Tag* (1912), das vom Kampf des erdgebundenen mütterlichen Schöpfungsprinzips gegen einen geistigen Vatergott handelt. Die Handlung ist eine symbolische Versinnlichung absoluter Ideen. Sie kann aus der Wirklichkeit des Alltags sich plötzlich zu einem zeitlosen Geschehen entgrenzen, z. B. in dem Drama *Der arme Vetter* (1918), oder sie spielt selbst schon in der Gleichniswelt biblischer Überlieferung, die Barlach umdeutet: In dem biblischen Drama *Die Sündflut* (1924) ist Noahs Gott nur die Spiegelung menschlicher Einbildungskraft. Calan, Noahs Gegenspieler und Herausforderer des biblischen Gottes, dringt zu einem neuen Gottverständnis vor, in dem sich auch die Absurdität und die Widersprüche der menschlichen Erfahrung aufheben: Gott sei das Sein selbst, aus dem alles komme und in dem alles ruhe. Dem Calan aus biblischer Frühzeit entspricht in dem Drama *Der blaue Boll* (1926) ein vitaler mecklenburgischer Gutsbesitzer, der medizinisch durch eine temporäre Bewusstseinsspaltung und symbolisch durch die Projektion seines geläuterten Ich begreift, dass nur er selbst das Göttliche in sich verwirklichen kann. Das Entscheidende ist wieder, wie schon in dem frühen Stück *Der tote Tag*, das Unterwegssein.

Der tote Tag

Der arme Vetter

Die Sündflut

Der blaue Boll

CARL STERNHEIM

In seinen Komödien hat CARL STERNHEIM (1878–1942) den Ruf der Expressionisten nach dem neuen Menschen zur Groteske verzerrt. Sei-

„Aus dem bürgerlichen Heldenleben"

ne Helden leben unter der Tarnkappe bürgerlicher Biederkeit ihre heimlichen Wünsche aus und nutzen mit brutaler Schläue jeden Vorteil, der sich ihnen bietet. Diese Ausschnitte „aus dem bürgerlichen Heldenleben" – wie Sternheim einen Zyklus nannte – karikieren philiströse Borniertheit, sie warnen aber auch vor der vitalen Kraft und Gefährlichkeit des Spießbürgers.

Die Hose

Theobald Maske, die Hauptfigur in dem bürgerlichen Lustspiel *Die Hose* (1911), ein kleiner Beamter, der niemandem auffallen will, lässt andere über Gott und die Welt philosophieren und eine neue Ordnung nach Nietzsches Lehre vom Übermenschen proklamieren; was er für sich erreichen will, erreicht er durch scheinheiliges, überstrapaziertes Lippenbekenntnis zur herrschenden Moral und Ordnung. Theobald Maskes Egoismus und sein handfestes Lebensprinzip, dass der Schwächere dem Stärkeren weichen müsse, setzen sich durch. Die „Maske" des Expansionskapitalismus der Kaiserzeit war die überbetonte moralische Bürgerlichkeit, die den rücksichtslosen Konkurrenzkampf verdecken sollte. Was Theobald Maske noch im Kleinen praktizierte, gelingt seinem Sohn in der Komödie *Der Snob* (1913) im großen Stil. Christian Maske ist ein skrupelloser Aufsteiger und Karrierist. Auf dem Wege zum Generaldirektor und zur Einheirat in den Adel benutzt er Menschen, die ihm nahe stehen, wie Figuren auf einem Schachbrett; er schützt sie oder opfert sie, je nachdem wie es sein Vorteil erfordert. Rückblickend sagte Sternheim über seine satirische Familienchronik, in ihr sei alles Wesentliche der Jahre bis 1924 gezeigt: „Aufstieg und zynisches Verkommen einer bürgerlichen Dynastie bis zum Augenblick der Entscheidung über Europas Schicksal." Das Schauspiel *1913* (1915) durfte während des Ersten Weltkrieges nicht aufgeführt werden, da es nach Meinung der Zensurbehörde den inneren Frieden stören könne. Christian, nunmehr Freiherr Maske von Buchow, und seine Kinder sind in Rüstungsgeschäfte großen Stils verwickelt. Sie profitieren von der Kriegshysterie. Die Tochter übertrifft den Vater an Skrupellosigkeit; eine aufsteigende Linie mit negativen Vorzeichen.

Der Snob

1913

Sternheims Gestalten sind weder Opfer der Gesellschaft noch Gegenentwürfe zu den realen Verhältnissen; sie verkörpern die Mehrheitsstimmung. Deshalb sind sie in Sprache und Handlung auswechselbar, repräsentative Typen des Mittelwertes. Die Satire besteht darin, dass Sternheim das moralisch nicht als normal zu vertretende Verhalten in grotesker Überzeichnung als die Normalität des gesellschaftlichen Zustandes darstellt. Das Lachen erstickt dem Zuschauer im Halse angesichts der Folgen dieser karikierten Bürgerlichkeit.

Bürger Schippel

Ein zweiter Aufsteigerzyklus dreht sich um Paul Schippel. In der Komödie *Bürger Schippel* (1913) steht ein ehrenwertes bürgerliches Gesangsquartett vor einer schweren Entscheidung; auf der Suche nach einem neuen Tenor bleibt ihm zur Wahl nur noch der unehelich geborene Proletarier Paul Schippel. Um die Gunst des Fürsten und den Siegeskranz zu retten, nehmen die Bürger zähneknirschend den Proletarier in ihre Reihen auf. Schippel seinerseits schlüpft schnell in die Rolle des dünkelhaften Bürgers; er verinnerlicht, was die Gesellschaft ihm vorspielte, und beherrscht seinen Part noch besser als seine Lehrmeister. In *Tabula rasa* (1916), der Fortsetzung, tritt er als Unternehmer auf, der Kampf um den eigenen Vorteil lässt das sozialistische Gewissen verstummen. Noch deutlicher wird dies an dem Berufsproletarier Wilhelm Ständer, der Hauptgestalt in *Tabula rasa,* exemplifiziert; als Vertrauensmann der Arbeiterschaft spielt er den progressiven Sozialisten, im Privaten ist er auf seinen eigenen Vorteil bedacht, spekuliert mit Aktien und nützt seine Mitmenschen skrupellos aus.

Tabula rasa

Mit der doppelten Kritik am philiströsen Bürgerdünkel und am sozialistischen Lippenbekenntnis setzte sich Sternheim zwischen die Stühle; aber der Konflikt zwischen bourgeoiser Existenz und fortschrittlichem Gesellschaftsbewusstsein war auch ein Teil der eigenen Lebenserfahrung.

Erzählprosa

1913 schrieb der Berliner Nervenarzt ALFRED DÖBLIN (1878–1957) in der expressionistischen Programmzeitschrift „Der Sturm", die er 1910 mitbegründet hatte, *An Romanautoren und ihre Kritiker:*

> *Man lerne von der Psychiatrie, der einzigen Wissenschaft, die sich mit dem seelischen ganzen Menschen befasst; sie [...] beschränkt sich auf die Notierung der Abläufe, Bewegungen, – mit einem Kopfschütteln, Achselzucken für das Weitere und das „Warum" und „Wie".*
>
> *[...] Die Darstellung erfordert bei der ungeheuren Menge des Geformten einen Kinostil. In höchster Gedrängtheit und Präzision hat die „Fülle der Gesichte" vorbeizuziehen.*
>
> *[...] Rapide Abläufe, Durcheinander in bloßen Stichworten; wie überhaupt an allen Stellen die höchste Exaktheit in suggestiven Wendungen zu erreichen gesucht werden muss.*
>
> *[...] Die Hegemonie des Autors ist zu brechen; nicht weit genug kann der Fanatismus der Selbstverleugnung getrieben werden.*

ALFRED DÖBLIN

Alfred Döblin hatte diese ihm wesentlichen Forderungen – exakte Notierung der Abläufe; rascher Bildwechsel (Kinostil), komprimierte, suggestive Sprache; der Autor als bloßer Beobachter – schon in seiner frühen Erzählung *Die Ermordung einer Butterblume* (1910) berücksichtigt; sie gilt als eines der ersten und konsequentesten Beispiele expressionistischer Erzählprosa.

Die Ermordung einer Butterblume

Der Kaufmann Michael Fischer schlägt auf einem Spaziergang, mit seinem Spazierstöckchen spielend durch die Luft fuchtelnd, zufällig einer Butterblume den Blütenkopf ab. Daraus entwickelt sich eine selbstzerstörerische Schuldpsychose. Fischer versucht durch Wiedergutmachung die Butterblume und ihre Artgenossen zu besänftigen; er richtet ihr ein Konto ein und lässt an seinem Tisch für sie mitdecken. Stellvertretend für die Ermordete pflegt er in einem Topf eine andere Butterblume wie eine Geliebte, doch bald entzieht er sich durch kleine kaufmännische Betrügereien – Kontoabrechnungen zu seinen Gunsten – der auferlegten Sühne und fühlt sich schließlich wieder frei, als die Ersatzblume dem Putzwahn der Haushälterin zum Opfer fällt.

Projektion der Innenwelt

Die Butterblume ist die Projektion eines Schuldgefühls, dessen Grund Herr Fischer nicht angeben kann. Die Natur erscheint ihm als Tribunal und Rächerin des Verbrechens. Er kann die Natur nicht von sich abheben, sondern nur in Relation zu sich selbst sehen; die Natur ist seine sichtbar gewordene Innenwelt, vor der er sich fürchtet. In seinen Wahnvorstellungen verwandelt sich die Natur zu einer bedrohten, ihm überlegenen Macht. Sie ist belebt von seinen inneren Ängsten; deshalb flieht er immer wieder in die Stadt zurück, in abgeschlossene Bezirke, die ihm Sicherheit vor sich selbst geben. Die Erzählung liegt zwischen psychiatrischem Protokoll und sozialkritischer Satire. Sie schildert den fortschreitenden „Ablauf“ eines Verfolgungswahns in expressiv übersteigerter Sprache. Sie karikiert satirisch eine verwaltete, kommerzielle Welt, deren Gesetze sogar noch der geistesgestörte Kaufmann Fischer beherrscht; selbst im Wahn handelt er noch als cleverer Kaufmann. Die Erzählung beschreibt die Isolation des Einzelnen, seine Ersatzreaktion, seine angestauten Aggressionen, verursacht durch ein kommerzielles Reglement. Satirisch verzerrt sie aus der Perspektive Fischers die Wirklichkeit. Die Natur ist das Unbegreifliche, das nicht in positiven Rechtsnormen zu fassen ist; daher bedroht sie den durch gesellschaftliche Zwänge deformierten Menschen. Im übertragenen Sinne handelt die Erzählung vom Realitätsverlust des sich selbst fremd gewordenen Menschen, der das Außen nur noch als Bedrohung seiner Existenz begreift. Das Verhältnis zwischen Mensch und Natur ist gestört.

Berge, Meere und Giganten

Die Deformation der sozialen Existenz, zu einem apokalyptischen Panorama in einem visionären Zukunftsroman erweitert, war auch Thema des 1924 erschienenen Romans *Berge, Meere und Giganten.* Nur die Rückkehr zu einem Leben in und mit der Natur lasse den Rest der Menschheit, nach apokalyptischen Katastrophen einer übertechnisierten Massengesellschaft, für einen Neubeginn überleben. Nach diesem Roman, der in seinem moralischen Appell und in seiner menschheitsgeschichtlichen Diagnose, in der fast chaotischen Bilderfülle und suggestiven Sprache noch ganz und gar expressionistisch war – wie auch der Parabelroman aus der chinesischen Geschichte *Die drei Sprünge des Wang-lun* (1915) –, näherte sich Döblin dem Programm der neuen Sachlichkeit der Zwanzigerjahre; aber es wäre falsch, den Großstadtroman *Berlin Alexanderplatz* (1929) als Beispiel der neuen Sachlichkeit zu zitieren. Zwar konzentriert sich das Thema nun auf die soziale Realität der modernen Großstadt, zwar sind einzelne neue Erzähltechniken dazugekommen – z. B. der innere Monolog wie im *Ulysses* (1922, dt. 1927) von James Joyce oder die Montagetechnik wie in *Manhattan Transfer* (1925, dt. 1927) von John Dos Passos –, die expressionistische Entgrenzung des Geschehens zu einem exemplarischen Ereignis ist aber geblieben. Plötzlich wandelt sich die Großstadt zur babylonischen Hure des Alten Testaments. Und der desillusionierende Lebensweg des aus dem Gefängnis entlassenen ehemaligen Transportarbeiters Franz Biberkopf ist eine Fortführung der Stationentechnik des expressionistischen Dramas. Auch die moritatenhafte Reihung – immer wieder schiebt sich der Erzähler in den einzelnen Erzählsequenzen als Bänkelsänger dazwischen – oder die Einblendung von journalistischem Informationsmaterial stilisiert die Geschichte des Franz Biberkopf zu einer repräsentativen Erfahrung. Der authentischen Aufzeichnung eines Ganoven- oder Kneipengesprächs folgt unvermittelt der Rückgriff des Erzählers auf antik-mythische oder biblische Vergleichssituationen. Den Inhalt hat Döblin selbst kurz zusammengefasst: „Von einem einfachen Mann wird hier erzählt, der in Berlin am Alexanderplatz als Straßenhändler steht. Der Mann hat vor anständig zu sein, da stellt ihm das Leben hinterlistig ein Bein. Er wird betrogen, er wird in Verbrechen reingezogen, zuletzt wird ihm seine Braut genommen und auf

Die drei Sprünge des Wang-lun

Berlin Alexanderplatz

rohe Weise umgebracht. Ganz aus ist es mit dem Mann Franz Biberkopf. Am Schluss aber erhält er eine sehr klare Belehrung. Man fängt nicht sein Leben mit guten Worten und Vorsätzen an, mit Erkennen und Verstehen fängt man es an und mit dem richtigen Nebenmann.“ Döblin, jüdischer Abstammung, musste 1933 aus Deutschland fliehen. Als er aus dem Exil zurückkehrte, um am kulturellen Wiederaufbau seiner Heimat mitzuwirken, war er ein Fremder wie Odysseus; so ist auch sein letzter Roman *Hamlet* (1957) eine Heimkehrergeschichte.

Hamlet

Franz Werfel

Franz Werfel (1890–1945), aus einer jüdischen Kaufmannsfamilie in Prag, mit Franz Kafka befreundet, wurde zunächst als Lyriker der expressionistischen Weltverbrüderung bekannt. Schon in den Anfängen hatte seine Idee der Mitmenschlichkeit auch eine religiöse Dimension. In seinem Erzählwerk tritt dies noch deutlicher zutage. Die Frage nach der individuellen Schuld reicht von der Novelle *Nicht der Mörder, der Ermordete ist schuldig* (1920) über den Roman *Der Abiturientenag. Die Geschichte einer Jugendschuld* (1928) bis zum Roman *Der veruntreute Himmel* (1939). Immer wieder geht es um das Bild, das sich jemand von seinem Nächsten macht oder es ihm aufzwingt. In dem Text von 1920 vereitelt die Autoritätssucht der Väter die freie Entfaltung der Söhne; die Väter sind selbst die Ursache des Hasses und deshalb auch schuld an der Rebellion der Söhne gegen sie. Die Novelle liegt in der Argumentation auf der Ebene der Dramen von Sorge *(Der Bettler)* und Hasenclever *(Der Sohn)*. In der Lebensgeschichte der Magd Teta Linek – *Der veruntreute Himmel* – geht es um ein Tauschgeschäft mit einem Scheck fürs Jenseits: Teta Linek will sich mit der Finanzierung des Theologiestudiums ihres Neffen ihren Anteil am Himmel erkaufen. Später erkennt sie, dass sie aus Eigensucht sich an ihrem Neffen, der ihren Wünschen nicht gerecht werden konnte, schuldig gemacht hat. Werfels größter Erfolg war nach dem Zweiten Weltkrieg die Lebensgeschichte der Bernadette Soubirous aus Lourdes: *Das Lied von Bernadette* (1941). Dieser Roman war die Einlösung eines Gelübdes für die geglückte Flucht aus Frankreich (1940) über Lourdes vor den Nazis. Posthum erschien 1946 der utopische Roman *Stern der Ungeborenen.* Dieser Roman, der in einer fernen Zukunft der vergeistigten, „astromentalen“ Menschheit spielt, in der Leid und Glück – das eine als Preis des anderen – aufgehoben sind, ist ein Loblied auf den Menschen der alten Zeit, der sich seiner Schwächen bewusst ist und daher noch Freud und Leid, d. h. Emotionen erleben und äußern kann. Das Bekenntnis zum Menschen war für Werfel auch ein Bekenntnis zu den Grenzen menschlicher Existenz.

Nicht der Mörder, der Ermordete ist schuldig

Der Abiturientenag

Der veruntreute Himmel

Das Lied von Bernadette

Stern der Ungeborenen

> *Es war an einem Sonntagvormittag im schönsten Frühjahr. Georg Bendemann, ein junger Kaufmann, saß in seinem Privatzimmer im ersten Stock eines der niedrigen, leichtgebauten Häuser, die entlang des Flusses in einer langen Reihe, fast nur in der Höhe und Färbung unterschieden, sich hinzogen. Er hatte gerade einen Brief an einen sich im Ausland befindlichen Jugendfreund beendet, verschloss ihn in spielerischer Langsamkeit und sah dann, den Ellbogen auf den Schreibtisch gestützt, aus dem Fenster auf den Fluss, die Brücke und die Anhöhen am anderen Ufer mit ihrem schwachen Grün.*

Franz Kafka
Das Urteil

Die Erzählung *Das Urteil* (1913) von Franz Kafka (1883–1924) beginnt wie eine Sonntagsidylle. Sie endet mit dem Urteil des Vaters über den Sohn – „Ich verurteile dich jetzt zum Tode des Ertrinkens!“ –, das der Sohn wie unter einem übermächtigen Zwang sofort an sich vollstreckt. Georg hat gerade nach längerem Zögern einem Freund in Petersburg geschrieben, dass er sich verlobt habe und demnächst heiraten werde. Bevor er den Brief abschickt, will er noch den Vater über den Inhalt informieren. In dem Gespräch, das belanglos beginnt, tritt der Vater allmählich als übergroße patriarchalische Gestalt hervor, die schon längst bei dem Freund gegen den Sohn intrigiert hat. Der Sohn ist dieser vernichtenden Übermacht und Eifersucht des Vaters nicht gewachsen. Obwohl der kränkliche Vater ihm physisch unterlegen ist, unterwirft er sich dessen Willensdiktatur bis zur Selbstzerstörung. Das Thema der hypnotischen Unterwerfung unter eine unbegreifliche Macht ist das immer wiederkehrende Thema in Kafkas Werk. Es ist der im expressionistischen Drama thematisierte Vater-Sohn-Konflikt. Es hat autobiographische Parallelen; Kafka litt unter der patriarchalischen Tyrannei seines Vaters, dem er in einer Art Hassliebe ausgeliefert war. Dieser ödipale Konflikt hat aber auch eine gesellschaftliche und eine weltanschauliche Dimension; es ist das Leiden des Individuums an einer ihm fremd gewordenen Gesellschaft und ein ohnmächtiges Verlangen nach einer existenziellen Sinngebung über das physische Leben hinaus.

Franz Kafka stammte aus Prag; er war Sohn eines jüdischen Kaufmanns. Dem Vater zuliebe und auch unter dessen Druck studierte er einen Brotberuf; er schloss das juristische Studium mit dem Doktor ab. Zeitweilig arbeitete er, mit vielen Unterbrechungen, als Angestellter in einer Versicherungsgesellschaft. Eine früh ausbrechende Tuberkulose zwang ihn 1922 zur vorzeitigen Pensionierung. Kafka lebte sehr zurückgezogen. Zu seinen engeren Freunden zählten Franz Werfel und Max Brod, der später seinen Nachlass herausgab. Kafkas Prosa lässt sich schwer einer bestimmten Richtung zuordnen. Seine Bilder- und Symbolwelt ist gleichzeitig verschlossen und nach vielen Interpretationsrichtungen offen; jüdisch-kabbalistische Mythentradition und christliche Motive gehen ineinander. Wortschatz und Syntax scheinen leicht verständlich zu sein, aber im Kontext der Erzählung sind sie in ein kompliziertes Verweissystem gebettet.

Die Verwandlung

„Als Gregor Samsa eines Morgens aus unruhigen Träumen erwachte, fand er sich in seinem Bett zu einem ungeheuren Ungeziefer verwandelt.“ Dies ist der erste Satz der Erzählung Kafkas: *Die Verwandlung* (1915). Für die Erzählsituation ist dieser Satz wörtlich zu nehmen. Die Geschichte selbst ist das Protokoll der Folgen dieser Verwandlung. Gregor hat sich absichtlich, ohne sich dessen bewusst zu sein, in die Rolle des widerlichen Käfers geträumt, die nun Wirklichkeit ist. Er, der bisher, um Eltern und Schwester zu versorgen, als Vertreter unterwegs war, zwingt nun durch seine herbeigewünschte Hilflosigkeit die Familie sich um ihn zu kümmern. Seine Selbsteinschätzung drückt sich in der Metamorphose zu einem hässlichen, Ekel erregenden Ungeziefer aus; in der Forderung an seine Umwelt auf Liebe und Aufmerksamkeit steckt gleichzeitig auch ein Quantum Schuldgefühl. Die Familie kümmert sich nur widerwillig um ihn. Obwohl er nun zu Hause bleibt, lebt er isoliert von den andern, wird getreten und gestoßen. Zunächst glaubt er „sich wieder einbezogen in den menschlichen Kreis“, aber: Der Vater machte sich immer wieder daran, „Gregor durch Schwenken des Stockes und der Zeitung in sein Zimmer zurückzutreiben“. In seiner selbstzerstörerischen Regression, die auch ein Teil Selbstbestrafung ist, wird er in seiner Dankbarkeit für Zuwendung immer bescheidener, sodass er am Ende sogar Hiebe und Stöße noch als wenigstens irgendeine Form der Zuwendung annimmt. Gregor verwest bei lebendigem Leibe; er geht an den Verletzungen ein, die er durch Stöße bekommen hatte. Trotzdem sind seine letzten Gedanken versöhnlich: „An seine Familie dachte er mit Rührung und Liebe zurück." Ähnlich endet die Erzählung *Das Urteil*: Als sich Georg Bendemann in den Fluss stürzt, ruft er leise: „Liebe Eltern, ich habe euch doch immer geliebt." Die autobiographische Reminiszenz, das Leiden am Vater, der auch in der *Verwandlung* übermächtig auftritt, reicht nicht aus für die Interpretation. Dieses Leiden an einer nicht abwendbaren Übermacht, dieses Gefühl des Verlorenseins selbst im engen Kreis der Familie ist auch ein gesellschaftliches und metaphysisches Leiden.

In der Strafkolonie

Ein Landarzt

Der Hungerkünstler

Amerika

Zu Lebzeiten Kafkas erschienen nur seine Erzählungen: 1919 *In der Strafkolonie,* im gleichen Jahr die Sammlung *Ein Landarzt* und 1924 ein weiterer Erzählband *Ein Hungerkünstler.* Die Romane *Der Prozess, Das Schloss* und *Amerika* hat Max Brod gegen den Willen Kafkas aus dem Nachlass ediert; Kafka hatte testamentarisch verfügt, dass alles verbrannt werden sollte. Die drei Romane sind unvollendet und zum Teil von Max Brod aus Gesprächsnotizen ergänzt.

Der Prozess

Der Roman *Der Prozess* entstand bereits 1914/15; aus dem Nachlass erschien er 1925. Er beginnt mit der lapidaren Bemerkung: „Jemand musste Josef K. verleumdet haben, denn ohne dass er etwas Böses getan hätte, wurde er eines Morgens verhaftet." Der Bankangestellte Josef K. dachte zunächst noch an einen Geburtstagsscherz, doch bald muss er erfahren, dass ihm von einer anonym, unerkannt bleibenden Instanz der Prozess gemacht wird. Aus anfänglichen Rechtfertigungsgründen seiner Unschuld verstrickt sich Josef K., ohne sich einer konkreten Schuld bewusst zu sein, in ein Schuldgefühl, sodass er am Schluss die Rolle des Angeklagten annimmt; die Schuld wird zu einem Faktum, Josef K. wird hingerichtet. Die Interpretation dieser offen liegenden Handlung bereitet Schwierigkeiten; die Deutungsversuche reichen von autobiographischen (Schuldkomplex gegenüber dem Vater) bis zu gesellschaftlichen (Willkür totalitärer Macht) und religiösen (Erbschuld des Menschen) Aspekten. Der Grundtenor auch der unterschiedlichsten Interpretationen ist die Beobachtung, dass das Individuum sich seiner selbst nicht mehr gewiss ist und sich anonymen Mächten – welcher Art auch immer – ausgeliefert sieht.

Das Schloss

Der Roman *Das Schloss* (1926) ist unvollendet; das Schlusskapitel ist nicht ausgeführt. Der mögliche Schluss ist nur durch Max Brods Bericht über ein Gespräch mit Kafka in groben Umrissen bekannt. K. kommt in ein Dorf, um bei der gräflichen Behörde eine Stelle als Landvermesser anzutreten. Am nächsten Morgen will er zum Schloss hoch, um sich vorzustellen; aber er kann den Weg nicht finden. Das Schloss bleibt in unerreichbarer Ferne. Der erste, indirekte Kontakt mit dem Schloss findet durch einen Boten statt, der ihm einen Brief eines höheren Schlossbeamten bringt; darin wird die Anstellung nochmals bestätigt. Doch K. bleibt ohne Arbeitsauftrag; auch weitere Versuche, ins Schloss zu gelangen, misslingen. Von dem Gemeindevorsteher erfährt K., dass man hier gar keinen Landvermesser brauche. Trotzdem kommt ein Brief aus dem Schloss, in dem man sich lobend über seine Tätigkeit als Landvermesser äußert. Der einzige Kontakt zum Schloss sind die

Schlossbeamten im Dorf, die ihm immer wieder Hoffnung machen, dass er bald vom Schloss eine direkte Nachricht erhalten werde. Sechs Tage wartet K. bereits seit seiner Ankunft im Dorf. Hier bricht der Roman ab. Nach einer Mitteilung Max Brods sollte der Roman damit enden, dass K. auf seine Eingaben an das Schloss erst, als er vor Entkräftung stirbt, eine endgültige Antwort erhält, „dass zwar ein Rechtsanspruch K.'s, im Dorfe zu wohnen, nicht bestand – dass man ihm aber doch mit Rücksicht auf gewisse Nebenumstände gestatte hier zu leben und zu arbeiten".

K. äußerte mehrmals, dass man vom Dorf aus gar nicht beurteilen könne, ob das, was man für das Schloss halte, überhaupt ein Schloss sei. Die Existenz des Schlosses wird im ganzen Roman nicht eindeutig bewiesen oder bestätigt. Barnabas, ein Mann aus dem Dorfe, mit dem K. über das Schloss spricht, erzählt ihm, dass er als Bote manchmal bis zu den Kanzleien im Schloss vordringen kann – aber sagt er die Wahrheit? Die Beamten würden mechanisch eine sinnlos anmutende Arbeit verrichten. Der innere Bereich des Schlosses bleibt auch Barnabas verschlossen. Der einzige Befehl aus dem Schloss, der im Dorf ankommt, ist überholt: Vor Jahren hatte man einen Landvermesser gebraucht. Jetzt, da kein Bedarf mehr vorliegt, soll die Stelle besetzt werden, da der Beschluss nun einmal gefasst worden ist; der Verwaltungsapparat verselbstständigt sich, er entwickelt eine eigene Gesetzmäßigkeit. Trotzdem gilt das Schloss im Dorf als die Instanz der ausübenden Macht. Personell tritt die Macht nicht in Erscheinung, nur in den nachrangigen Chargen ihrer Ausführungsorgane. Die Dorfbewohner unterwerfen sich einer Herrschaftsstruktur, die sie nur vermuten. Die Macht existiert als ständige Bedrohung. Der Mechanismus der Macht bedarf keines Anstoßes von oben, vom Schloss her; er reguliert sich aus der Reaktion der Dorfbewohner. Das Prinzip der totalitären Macht wirkt in den Unterdrückten selbst. Auch K. liefert sich dem Schloss, dieser anonymen – vielleicht nur fiktiven? – Macht bis zur Selbstaufgabe aus.

Wie schwer es ist, Kafkas realistische Parabeln zu interpretieren – oder auch: welche Vielfalt der Verstehensebenen im Text selbst vorstrukturiert ist, zumindest als Möglichkeit für den Leser, sollen vier Richtungen der Interpretation verdeutlichen:

- Das Schloss ist ein Gleichnis der göttlichen Gnade, die dem Menschen nur dann zuteil wird, wenn er sich bedingungslos bis zur Selbstentäußerung der ihm unbegreiflichen, verborgenen göttlichen Macht ausliefert.
- Die Geschichte K.'s ist die Geschichte des sich selbst überlassenen Menschen, dessen einzige Gewissheit seine eigene Existenz ist. Die Wirklichkeit selbst ist sinnlos, chaotisch.
- Das Schloss ist ein Gleichnis der väterlichen Macht und Bedrohung, unter der Kafka ein Leben lang gelitten hat. Die individuell erfahrene patriarchalische Macht kann aber auch die Gestalt des Staates annehmen.
- Das Schloss ist ein Gleichnis dafür, wie unterdrückte Menschen Machtstrukturen so sehr verinnerlichen, dass die Macht selbst in den Prozess der Unterdrückung nicht mehr einzugreifen braucht. Das Symbol dieser totalitären Herrschaftsstruktur, die nirgends zu fassen ist, aber überall als Bedrohung existiert, ist das im Nebel verschwindende, den Dorfbewohnern unerreichbare Schloss.

Dada

das Prinzip der Destruktion

Der Expressionismus war in allen seinen Erscheinungsformen ein Protest – sowohl gegen traditionelle Wertvorstellungen wie auch gegen konventionelle Kunstformen. Die Destruktion des Gegebenen war die Voraussetzung für Alternativen zum herrschenden Wirklichkeitsverhältnis, sie war ein Angriff auf die Welt der Väter, auf den Imperialismus und auf die bürgerliche Scheinmoral. Am konsequentesten waren die Dadaisten; sie hatten selbst am expressionistischen Menschheitspathos ihre Zweifel. Sie wollten die Sprache zu sich selbst zurückführen, die Laute und Wortkörper vom Ballast falscher Inhalte befreien. Dada war „der Ekel vor der albernen verstandesmäßigen Erklärung der Welt“ (Hans Arp). Die Wortschöpfung Dada selbst ist nichts anderes als die lautliche Nachahmung eines kindlichen Gestammels. Frech wirbelte man die Sprachbilder durcheinander, wie es schon Jakob van Hoddis in seinem Gedicht *Weltende* (vgl. S. 306) tat, oder atomisierte die Sprache zu reinen Klangsequenzen ohne Sinn. Ähnliche Tendenzen zur Abstraktion oder Verselbstständigung des Materials, zur Dominanz der Komposition, gab es auch in der bildenden Kunst, im Kubismus, Konstruktivismus und Surrealismus. 1916 hatte HUGO BALL (1886–1927), der als entschiedener Pazifist in die Schweiz emigriert war, in Zürich die Kleinkunstbühne „Cabaret Voltaire“ gegründet. Neben ihm traten dort auch HANS ARP (1886–1960) und RICHARD HUELSENBECK (1892–1974) auf. In futuristischer Verkleidung rezitierte Hugo Ball absurde Lautgedichte:

HUGO BALL

HANS ARP

RICHARD HUELSENBECK

Lautgedichte

KARAWANE

jolifanto bambla ô falli bambla
grossiga m'pfa habla horem
égiga goramen
higo bloiko russula huju
hollaka hollala
anlogo bung
blago bung
blago bung
bosso fataka
ü üü ü
schampa wulla wussa ólobo
hej tatta gôrem
eschige zunbada
wulubu ssubudu uluw ssubudu
tumba ba- umf
kusagauma
ba - umf

Parodien

Richard Huelsenbeck parodierte die konstruktivistische Lyrik August Stramms:

Capriccio

(Nach der strammen „Sturm"-Methode gedichtet)

Jammer brüllen. Affen heulen.
Gluten klammen
Klammen Klauben
Bimmel Baumel
Bummel Bummel
in die Nacht.
Wanda wende
Wanda Wanda
Wanda wolle
Nächte bersten
sind geborsten
birsten borsten
eines Schweins.

simultanistische Gedichte

Gemeinsam trug man „simultanistische Gedichte" vor; jeder sprach oder sang gleichzeitig seinen Text – wie in einem polyphonen Vokalwerk: „Das SIMULTANISTISCHE Gedicht lehrt den Sinn des Durcheinanderjagens aller Dinge, während Herr Schulze liest, fährt der Balkanzug über die Brücke bei Nisch, ein Schwein jammert im Keller des Schlächters Nuttke." (*Dadaistisches Manifest,* 1918). Die spontane Gleichzeitigkeit – der Lärm der Großstadt als Kulisse, Satzfetzen und rhythmisierte Lautsequenzen – sollte die Totalität, „das gewaltige Hokuspokus des Daseins" spiegeln. Dada war Befreiung: „Der Dadaismus steht zum ersten Mal dem Leben nicht mehr ästhetisch gegenüber, indem er alle Schlagworte von Ethik, Kultur und Innerlichkeit, die nur Mäntel für schwache Muskeln sind, in seine Bestandteile zerfetzt." Die dadaistische Begeisterung hielt nur wenige Jahre an; Dada war eher ein innovatorisches Kunstprogramm als eine genau bestimmbare Stilrichtung. Von den Manifesten der Dadaisten gingen viele Anregungen aus, sie wirkten auf das Bauhaus, die bedeutendste Kunstschule während der Weimarer Republik, auf das absurde Theater und auf die konkrete Poesie. Auch die Kunst-Happenings waren schon in den Dada-Soirees vorweggenommen. Neben Zürich waren Berlin und Paris Zentren des Dadaismus gewesen.

Textsammlungen

- Walther Killy: Die deutsche Literatur – Texte und Zeugnisse, Band 7: 20. Jahrhundert, herausgegeben von Walther Killy, C. H. Beck Verlag, München 1967
- Otto F. Best: Expressionismus und Dadaismus, Reclam Verlag (RUB 9653), Stuttgart 1977

14 Von der Weimarer Republik bis zum Ende des Dritten Reiches

(1918–1945)

1860–1952 CLARA VIEBIG – *Das tägliche Brot* (1900) – *Die vor den Toren* (1910)

1918 (9. November) Ausrufung der Republik

1878–1956 HANS CAROSSA – *Gedichte* (1910) – *Eine Kindheit* (1922) – *Verwandlungen der Jugend* (1928) – *Der Arzt Gion* (1932) – *Geheimnisse des reifen Lebens* (1936) – *Das Jahr der schönen Täuschungen* (1941) – *Ungleiche Welten* (1951) – *Der Tag des jungen Arztes* (1955)

1881–1942 STEFAN ZWEIG – *Erstes Erlebnis* (1911) – *Verwirrung der Gefühle* (1927) – *Sternstunden der Menschheit* (1927) – *Ungeduld des Herzens* (1938) – *Schachnovelle* (1941) – *Die Welt von gestern* (1942)

1884–1941 OSKAR LOERKE – *Wanderschaft* (1911) – *Der Silberdistelwald* (1934) – *Der Wald der Welt* (1936)

1919 Wahl Friedrich Eberts zum ersten Reichspräsidenten – Unterzeichnung des Versailler Vertrages – Inkrafttreten der Weimarer Verfassung

1881–1920 LENA CHRIST – *Erinnerungen einer Überflüssigen* (1912) – *Mathias Bichler* (1914) – *Die Rumplhanni* (1916) – *Madam Bäurin* (1920)

1890–1935 KURT TUCHOLSKY – *Rheinsberg* (1912) – *Mit 5 PS* (1928) – *Das Lächeln der Mona Lisa* (1928) – *Schloss Gripsholm* (1931)

1882–1961 LEONHARD FRANK – *Die Räuberbande* (1914) – *Der Mensch ist gut* (1918) – *Karl und Anna* (1927) – *Das Ochsenfurter Männerquartett* (1927) – *Von drei Millionen drei* (1932) – *Links wo das Herz ist* (1952)

1918 *Der Heiligenhof* von HERMANN STEHR

1890–1928 KLABUND – *Bracke* (1918) – *Der Kreidekreis* (1925) – *Die Harfenjule* (1927)

1888–1953 FRIEDRICH WOLF – *Das bist du* (1919) – *Der arme Konrad* (1924) – *Die Matrosen von Cattaro* (1930) – *Tai Yang erwacht* (1931)

1883–1934 JOACHIM RINGELNATZ – *Turngedichte* (1920) – *Kuttel Daddeldu* (1920)

1920 Kapp-Putsch, erster Umsturzversuch von rechts – Wahlen zum Reichstag

1896–1981 WALTER MEHRING – *Das politische Cabaret* (1920) – *Ketzerbrevier* (1921)

1898–1956 BERTOLT BRECHT – Stücke: *Baal* (1920) – *Trommeln in der Nacht* (Uraufführung 1922) – *Im Dickicht der Städte* (Uraufführung 1923) – *Mann ist Mann* (Uraufführung 1926) – *Die Dreigroschenoper* (Uraufführung 1928) – *Das Badener Lehrstück vom Einverständnis* (Uraufführung 1929) – *Die Maßnahme* (Uraufführung 1930) – *Die Ausnahme und die Regel* (entstanden 1930) – *Der Jasager und der Neinsager* (1931) – *Die heilige Johanna der Schlachthöfe* (1932) – *Furcht und Elend des Dritten Reiches* (1938) – *Leben des Galilei* (begonnen 1938) – *Mutter Courage und ihre Kinder* (Uraufführung 1941) – *Der aufhaltsame Aufstieg des Arturo Ui* (entstanden 1941) – *Der gute Mensch von Sezuan* (Uraufführung 1943) – *Herr Puntila und sein Knecht Matti* (Uraufführung 1948) – *Der kaukasische Kreidekreis* (1949) – *Die Tage der Commune* (Uraufführung 1956)

1923 Marsch auf die Feldherrnhalle – Adolf Hitler ruft in München zu einer „nationalen Revolution“ auf. – Höhepunkt der Inflation in Deutschland – Unruhen in Sachsen und Thüringen

Erzählprosa: *Geschichten vom Herrn Keuner* (entstanden zwischen 1926 und 1956) – *Der Tui-Roman* (begonnen 1933) – Dreigroschenroman (1934) – *Flüchtlingsgespräche* (entstanden zwischen 1936 und 1944) – *Die Geschäfte des Herrn Julius Caesar* (begonnen 1938) – *Kalendergeschichten* (1949)

Gedichte: *Hauspostille* (1927) – *Lieder Gedichte Chöre (1934)* – *Svendborger Gedichte* (1939) – *Buckower Elegien* (1953)

1895–1998 ERNST JÜNGER – *In Stahlgewittern* (1920) – *Das Wäldchen 125* (1925) – *Feuer und Blut* (1925) – *Auf den Marmorklippen* (1939) – *Heliopolis* (1949)

1925 Paul von Hindenburg zum Reichspräsidenten gewählt – Konferenz von Locarno – Stresemanns Ausgleichspolitik mit ersten innen- und außenpolitischen Erfolgen

1896–1977 CARL ZUCKMAYER – *Kreuzweg* (1920) – *Der fröhliche Weinberg* (1925) – *Schinderhannes* (1927) – *Der Hauptmann von Köpenick* (1930) – *Des Teufels General* (1946) – *Das kalte Licht* (1955) – *Der Rattenfänger* (1975)

1894–1939 JOSEPH ROTH – *Das Spinnennetz* (1923) – *Hotel Savoy* (1924) – *Radetzkymarsch* (1932) – *Die Kapuzinergruft* (1938)

1884–1958 LION FEUCHTWANGER – *Die hässliche Herzogin Margarete Maultasch* (1923) – *Jud Süß* (1925) – Josephus-Trilogie (1932–1945) – *Der Wartesaal* (1930–1940)

1926 Aufnahme Deutschlands in den Völkerbund – Stabilisierung der deutschen Rentenmark

1887–1945 BRUNO FRANK – *Tage des Königs* (1924) – *Trenck* (1925) – *Politische Novelle* (1928) – *Der Reisepass* (1937)

1925 *Der rasende Reporter* von EGON ERWIN KISCH

1891–1958 FERDINAND BRUCKNER – *Krankheit der Jugend* (1926) – *Die Rassen* (1933)

1901–1974 MARIELUISE FLEISSER – *Fegefeuer in Ingolstadt* (1926) – *Pioniere in Ingolstadt* (1929)

1929 Beginn der Weltwirtschaftskrise – „Schwarzer Freitag" an der New-Yorker Börse – Massenarbeitslosigkeit – Ende der großen Koalition nach Stresemanns Tod

1889–1938 CARL VON OSSIETZKY – seit 1927 Leiter der „Weltbühne"

1927 *Der Streit um den Sergeanten Grischa* von ARNOLD ZWEIG

1894–1967 OSKAR MARIA GRAF – *Wir sind Gefangene* (1927) – *Das bayrische Dekameron* (1928) – *Kalendergeschichten* (1929) – *Bolwieser* (1931) – *Anton Sittinger* (1937) – *Der große Bauernspiegel* (1962) – *Gelächter von außen* (1966)

1930 Demokratie in der Krise – Regierungspolitik ohne Mehrheiten – Präsidialkabinett

1931 Harzburger Front: Bündnis zwischen Nationalsozialisten, Deutschnationalen und Stahlhelm

1932 über sechs Millionen Arbeitslose in Deutschland

1933 (30. Januar) Adolf Hitler zum Reichskanzler ernannt – (27. Februar) Reichstagsbrand – (23. März) Ermächtigungsgesetz – (10. Mai) öffentliche Bücherverbrennung – erste große Fluchtwelle aus Deutschland – (22. September) Gründung der Reichskulturkammer – Errichtung von Konzentrationslagern

1889–1979 LUDWIG RENN – *Krieg* (1928) – *Nachkrieg* (1930)

1928 *Jahrgang 1902* von ERNST GLAESER

1899–1974 ERICH KÄSTNER – *Herz auf Taille* (1928) – *Lärm im Spiegel* (1929) – *Emil und die Detektive* (1929) – *Ein Mann gibt Auskunft* (1930) – *Pünktchen und Anton* (1930) – *Fabian* (1931) – *Gesang zwischen den Stühlen* (1932) – *Das fliegende Klassenzimmer* (1933) – *Das doppelte Lottchen* (1949)

1900–1983 ANNA SEGHERS – *Der Aufstand der Fischer von St. Barbara* (1928) – *Das siebte Kreuz* (1943) – *Transit* (1944) – *Die Toten bleiben jung* (1949)

1876–1971 GERTRUD VON LE FORT – *Das Schweißtuch der Veronika* (1928–1946) – *Die Letzte am Schafott* (1931)

1929 *Perrudja* von HANS HENNY JAHNN

1898–1970 ERICH MARIA REMARQUE – *Im Westen nichts Neues* (1929) – *Arc de Triomphe* (1946)

1930 *Die Powenzbande* von ERNST PENZOLDT

1901–1938 ÖDÖN VON HORVÁTH – *Der ewige Spießer* (1930) – *Italienische Nacht* (1931) – *Geschichten aus dem Wienerwald* (1931) – *Kasimir und Karoline* (1932) – *Glaube Liebe Hoffnung* (1933)

1886–1951 HERMANN BROCH – *Die Schlafwandler* (1931/32 – *Der Tod des Vergil* (1945) *Die Schuldlosen* (1950)

1932 *Das Karl-Valentin-Buch*

1893–1947 HANS FALLADA – *Kleiner Mann, was nun?* (1932) – *Wer einmal aus dem Blechnapf frisst* (1934) – *Wolf unter Wölfen* (1937)

1934 Hitler übernimmt als „Führer und Reichskanzler" auch das Amt des Reichspräsidenten.

1934 *Adel und Untergang* von Josef Weinheber

1887–1950 Ernst Wiechert – *Die Majorin* (1934) – *Das einfache Leben* (1939) – *Missa sine nomine* (1950)

1882–1968 Wilhelm Lehmann – *Antwort des Schweigens* (1935) – *Meine Gedichtbücher* (1957)

1935 „Nürnberger Gesetze"

1935 *Der irdische Tag* von Georg Britting

1892–1964 Werner Bergengruen – *Der Großtyrann und das Gericht* (1935) – *Am Himmel wie auf Erden* (1940) – *Der spanische Rosenstock* (1940)

1935 *Die Blendung* von Elias Canetti

1936 verstärkter Ausbau der Rüstungsindustrie

1936 *Die Saat* von Gustav Regler

1886–1941 Max Herrmann-Neisse – *Um uns die Fremde* (1936) – *Mir bleibt mein Lied* – (1942) – *Heimatfern* (1945)

1938 Einmarsch nach Österreich – (29. September) Münchner Abkommen – (9. November) Zerstörung der Synagogen und jüdischen Geschäfte (Reichskristallnacht)

1906–1970 Stefan Andres – *El Greco malt den Großinquisitor* (1936) – *Wir sind Utopia* (1942)

1936 *Die sterbende Kirche* von Edzard Schaper

1893–1942 Jochen Klepper – *Der Vater* (1937) – *Unter dem Schatten deiner Flügel* (1956)

1939 (1. September) Beginn des Zweiten Weltkrieges

1938 *Las Casas vor Karl V.* von Reinhold Schneider

1943 Schlacht von Stalingrad

1944 Landung der Alliierten in der Normandie

1945 (8. Mai) bedingungslose Kapitulation

1946 *Das unauslöschliche Siegel* von Elisabeth Langgässer

Erster Teil: Literatur in der Weimarer Republik

Von der Republik in die Diktatur

Die Weimarer Republik

In der kurzen Zeitspanne zwischen dem 3. und 9. November 1918 war die Monarchie verschwunden und Deutschland eine Republik geworden, zumindest dem Namen nach. Am 3. November weigerten sich in Kiel über 40 000 Matrosen, auf Befehl der Heeresleitung – ohne Zustimmung der Reichsregierung – gegen England in See zu stechen. Die Admiralität wollte nicht ohne Widerstand kapitulieren; einem fragwürdigen Ehrbegriff sollten die Mannschaften geopfert werden. Die Meuterei der Matrosen wandelte sich sehr schnell zu einem radikalpolitischen Programm einer Basisdemokratie. Überall in Deutschland bildeten sich Arbeiter- und Soldatenräte. Am 9. November erreichte die Revolution Berlin. Man forderte die Abdankung des Kaisers; denn Wilhelm II. als Verkörperung des preußischen Imperialismus erschwerte nur die Verhandlungen mit den Alliierten über einen Waffenstillstand. Max von Baden, letzter Reichskanzler des alten Regimes, gab – auf eigene Verantwortung den kaiserlichen Entscheidungen klug vorausgreifend – die Abdankung des Kaisers bekannt und übertrug sein Amt als Reichskanzler auf Friedrich Ebert, den Vorsitzenden der sozialdemokratischen Mehrheitsfraktion im Reichstag. Noch am selben Tag, dem 9. November, rief der Sozialdemokrat Philipp Scheidemann gegen 14 Uhr auf einem Balkon des Reichstagsgebäudes die Republik aus, um den radikalen Basisdemokraten des Spartakusbundes zuvorzukommen. Und tatsächlich verkündete der Spartakusführer Karl Liebknecht zwei Stunden später – doch ohne Erfolg – die Sozialistische Republik Deutschland. Schon in den Novemberereignissen zeigten sich die Schwierigkeiten der neuen ersten deutschen Republik. Noch vor dem Auftreten der ultrarechten Nationalsozialisten sah sich die junge Republik, die mehrheitlich von einer bürgerlichen Sozialdemokratie getragen wurde, sowohl von rechts – durch Monarchisten und Militärfetischisten – wie auch von links – durch radikale Basisdemokraten – gefährdet. Friedrich Ebert wagte den Pakt mit dem Heer als dem kleineren Übel gegen radikale Umwälzungen.

Aber die außen- und innenpolitischen Probleme blieben: Durch den Friedensvertrag von Versailles war dem deutschen Reich vor der Weltöffentlichkeit die alleinige Kriegsschuld zugewiesen worden. Deutschland musste 13 % seines Staatsgebietes abtreten, darunter einen Großteil des oberschlesischen Industriegebietes. Die Reparationsleistungen wurden in einer Höhe festgesetzt, die das geschwächte Land auch beim besten Willen nicht hätte bezahlen können. Besonders diese drei Punkte wurden für die Rechte ein Alibi-Argument, um jede Regierung, die den Versailler Vertrag erfüllen wollte, als Verräter am deutschen Volk zu diffamieren. Zu einer innenpolitischen Gefahr wurden die Freikorps. Zunächst hatte die Regierung diese privaten Selbstschutzverbände, die sich aus heimgekehrten Soldaten rekrutierten, mehrmals gegen linksradikale Aufstände und zur Sicherung der Grenzen im Osten eingesetzt. Bald aber richteten sich die Aktivitäten der Freikorps – in ihrer Mehrheit extrem nationalistisch und Gegner des Parlamentarismus – gegen die demokratische Ordnung selbst. Dies hatte zur Folge, dass auch andere politische Gruppen paramilitärische Selbstschutzverbände bildeten. 1920 kam es zum ersten Putsch von rechts (Kapp-Putsch). Nur durch den Aufruf der Gewerkschaften zum Generalstreik wurde der Umsturz verhindert. Drei Jahre später auf dem Höhepunkt der Inflation, als Gustav Stresemann mit Hilfe einer breiten Mehrheit im Reichstag sein wirtschaftliches Sanierungsprogramm und einen Plan für die Zahlung der Reparationen durchsetzte, rief Adolf Hitler von München aus zu einer „nationalen Revolution" gegen die Reichsregierung auf. Der Demonstrationszug zur Münchner Feldherrnhalle (9. 11. 1923) als Generalprobe für den „Marsch auf Berlin" wurde von der Polizei blutig niedergeschlagen. Hitler wurde zu fünf Jahren Festungshaft verurteilt; aber Ende 1924 war er bereits wieder auf freiem Fuß. Von da an änderte sich seine Taktik: Statt mit Gewalt wollte er legal – d. h. die Schwächen der Weimarer Verfassung ausnutzend – an die Macht kommen.

Mitte der Zwanzigerjahre schien sich die neue Republik zu konsolidieren. Die Reparationszahlungen wurden reduziert. Gustav Stresemanns Außenpolitik, deren Kernstück die Überwindung der außenpolitischen Isolation Deutschlands war, zeigte erste Erfolge: Deutschland wurde 1926 in den Völkerbund aufgenommen. Die Rentenmark (seit 1923) wurde zu einer soliden Währung, eine wichtige Voraussetzung für die staatliche Finanzpolitik, um den Zahlungsverpflichtungen aus dem Versailler Vertrag durch Exportüberschüsse nachkommen zu können. Aber das äußere Bild trog. Nach dem Tode Friedrich Eberts war Generalfeldmarschall Paul von Hindenburg 1925 zum Reichspräsidenten gewählt worden; erzkonservativ, durch und durch preußischer Militär, artikulierte er schon 1919 die verhängnisvolle „Dolchstoßlegende": Die deutsche Armee sei nicht von ihrem Gegner besiegt, sondern durch „revolutionäre Zermürbung" aus der Heimat von hinten erdolcht worden. Hindenburgs Wahl bedeutete das Anwachsen einer konservativ-nationalistischen Mehrheitsmeinung. Nach Stresemanns Tod (1929) zerfiel die große Koalition durch parteiliche Partikularinteressen; seitdem wurde die Weimarer Republik durch Präsidialkabinette regiert, d. h. durch Minderheitsregierungen, die sich auf den Notverordnungsparagraphen der Weimarer Verfassung (Art. 48) stützten. Den größten Rückschlag bedeutete die Weltwirtschaftskrise von 1929. Ende Oktober 1929 brachen an der New Yorker Börse („Schwarzer Freitag") die Kurse zusammen. Die Banken forderten ihre Kredite zurück. Dies traf die deutsche Wirtschaft empfindlich, da sie erstens auf ausländische Kredite und zweitens auf Exportaufträge, die nun ausblieben, angewiesen war. Bis 1932 halbierte sich die Produktion; die Arbeitslosenzahl stieg auf über sechs Millionen. Zwar konnte eine rigorose Sparpolitik unter Reichskanzler Heinrich Brüning durch unpopuläre Maßnahmen den Staatsbankrott verhindern und eine Staatssanierung vorbereiten, die sich Ende 1932 bereits abzeichnete – aber die Situation war emotional so aufgeheizt, dass Parolen über Argumente siegten. Die Rechten luden die ganze Schuld auf die „Erfüllungspolitiker", die sich dem Versailler Diktat gebeugt hätten. Jetzt sah die extreme Rechte ihre Stunde gekommen (Harzburger Front, 1931). Bei den Juliwahlen 1932 erreichten die Nationalsozialisten 37,2 %; zusammen mit ihren Erzfeinden, den Kommunisten (14,2 %), konnten sie paradoxerweise – aus unterschiedlichem Interesse – den Reichstag lahm legen (die Weimarer Verfassung kannte kein konstruktives Misstrauensvotum). Am 30. Januar 1933 schließlich ließ sich Hindenburg von seinen Beratern überreden und ernannte Hitler zum Reichskanzler – in der Hoffnung, dass die bürgerlichen Minister ihn in Schach halten würden. Zur Eröffnung des Reichstages am 21. März 1933 inszenierte Hitler in der Garnisonskirche von Potsdam seine theatralische Reverenz vor der preußischen Tradition, die ihn als loyalen Partner der national-konservativen Kräfte empfehlen sollte. In Wirklichkeit war der Weg in die Diktatur schon beschlossen. Zwei Tage später legte Hitler im Reichstag das „Ermächtigungsgesetz" vor; dies war das Ende der Demokratie. Innerhalb weniger Wochen löste Hitler die Parteien und Gewerkschaften auf und erklärte die NSDAP zur einzigen Staatspartei. Das „Gesetz zur Wiederherstellung des Berufsbeamtentums" schloss „Nichtarier" und politische Gegner aus der Beamtenschaft aus.

30. Januar 1933

„Ermächtigungsgesetz"

die Gleichschaltung der Kunst und Literatur

Bücherverbrennung

erste Schreibverbote

Reichskulturkammer

Flucht und Exil

Der politischen Gleichschaltung folgte die kulturelle. Am 10. Mai 1933 wurden öffentlich Bücher jener Autoren verbrannt, denen man „undeutschen Geist" vorwarf, – unter ihnen Heinrich Mann, Erich Kästner, Erich Maria Remarque, Kurt Tucholsky und Carl von Ossietzky. Heinrich Mann war schon vorher gezwungen worden, den Vorsitz der Sektion für Dichtung in der Preußischen Akademie der Künste niederzulegen. Als er und Käthe Kollwitz auf Anweisung der Regierung aus der Akademie ausgeschlossen wurden, verzichteten auch Alfred Döblin, Ricarda Huch und Thomas Mann auf ihre weitere Mitgliedschaft in der Akademie. Im Zuge der Umbesetzung der Sektion für Dichtung mit parteitreuen oder dem Regime genehmen Schriftstellern wurden weitere bedeutende Namen ausgeschlossen: Franz Werfel, Leonhard Frank, Georg Kaiser, Jakob Wassermann, um nur einige zu nennen. Wer künftig in Kunst und Wissenschaft tätig sein wollte, musste Mitglied der Reichskulturkammer (22. 9. 1933) – d. h. ihrer Sektionen wie der Reichsschrifttumskammer und Reichspressekammer – sein. Ihr Präsident war Reichspropagandaminister Joseph Goebbels. Ausschluss oder verweigerte Aufnahme bedeutete absolutes Berufs- und Schreibverbot. Es begann der große Exodus der Wissenschaftler und Künstler aus Deutschland. Um der Verfolgung aus rassischen oder politischen Gründen zu entgehen, aber auch aus Protest gegen das Regime, emigrierten viele ins Ausland; große und kritische deutsche Literatur wurde nun für zwölf Jahre im Exil geschrieben.

„Die goldenen Zwanzigerjahre"

Eine relative wirtschaftliche Stabilisierung zeichnete sich in den Jahren zwischen 1923 und 1929 ab. Nach der Inflation fehlte es in Deutschland zwar an Kapital, um produzieren zu können, aber nicht an Arbeitskräften. Dies war eine Chance für die amerikanischen Banken, ihr überschüssiges Kapital möglichst günstig anzulegen. Das riesige Industriepotential in Deutschland ließ eine hohe Verzinsung erhoffen. Durch den einsetzenden wirtschaftlichen Aufschwung beruhigte sich das politische Leben, die Republik gewann an Boden. Mit dem Dollar kamen auch amerikanische Wirtschafts- und Finanzmaximen, die in den Alltag eindrangen. Nach den Jahren der Entbehrung floh man in den Wert der Ware und des Geldes; ein überstürztes Konsumverhalten kennzeichnete die so genannten goldenen Zwanzigerjahre. Mit dem Börsenkrach von 1929, als die Kredite zurückgefordert wurden, kam die große Ernüchterung; der vorübergehende Wohlstand war nur geliehen.

Neue Sachlichkeit

Der wirtschaftliche Pragmatismus der Aufschwungsjahre wirkte sich auch auf die Kunst aus. Die authentische Wirklichkeit, die Dinge selbst sollten über jeder Spekulation stehen. Anstelle eines expressionistischen Pathos sollte das Dokumentarische Aussage und Form bestimmen. Diese unter dem Begriff „Neue Sachlichkeit" zusammengefassten Tendenzen hatten aber durchaus verschiedene Begründungen; die sozialistischen oder marxistischen Künstler verstanden etwas anderes darunter als die bürgerliche Mitte. Für die Marxisten war es mehr als nur ein wirklichkeitsnahes Schreiben und Beschreiben; es sollte gleichzeitig auch ein Aufdecken der realen Gesellschaftsprozesse sein. Gemeinsam war allen Richtungen der „Neuen Sachlichkeit" eine gewisse

Nüchternheit in der Bestandsaufnahme der Fakten; sie reichte von dem Versuch, sich in den Gegebenheiten einzurichten und das Beste aus ihnen für die eigene Existenz herauszuholen, bis zu dem Extrem der totalen Desillusion, in der sich der Einzelne der Herrschaft oder Willkür der Ereignisse ausgeliefert sah und vergeblich einen Sinn reklamierte.

Eine wichtige Aufgabe in der Literaturvermittlung übernahmen neben dem Buchdruck die neuen Medien Hörfunk und Tonfilm. Diese beiden Medien veränderten langfristig das Rezeptionsverhalten des Publikums. Die ersten Hörspiele gingen in Deutschland 1924 über den Äther; zunächst waren es Bearbeitungen von Dramen oder Erzählungen, dann folgten aber sehr bald eigens für den Hörfunk geschriebene Werke, das Hörspiel im eigentlichen Sinn. Der Stummfilm hatte schon früher literarische Themen übernommen; aber er musste sich zwischen den einzelnen Szenen mit eingeblendeten Erklärungen begnügen. Durch den Tonfilm (in Deutschland seit 1929) konnte das Wort auch akustisch wahrgenommen werden. Der Tonfilm bot sich als eine neue Form der Bühne an; zum Teil war er der Theaterbühne sogar überlegen, weil er durch seine technischen Möglichkeiten schnelle Szenenwechsel, Einblendungen u. a. einsetzen konnte. Nicht zu übersehen ist auch, dass von nun an das inszenierte Kunstwerk fast unbegrenzt reproduzierbar wurde; es blieb nicht nur den Theaterbesuchern vorbehalten.

neue Medien

Hörfunk

Tonfilm

Literatur gegen den Krieg

Erich Maria Remarque
Im Westen nichts Neues

Es geschah am 10. Mai 1933 in Berlin: „Während der Verbrennung der Bücher spielten SA- und SS-Kapellen vaterländische Weisen und Marschlieder, bis neun Vertreter der Studentenschaft, denen die Werke nach einzelnen Gebieten zugeteilt waren, mit markanten Worten die Bücher des undeutschen Geistes dem Feuer übergaben. [. . .] 7. Rufer: Gegen den literarischen Verrat am Soldaten des Weltkrieges, für Erziehung des Volkes im Geiste der Wahrhaftigkeit! Ich übergebe der Flamme die Schriften von Erich Maria Remarque." (Neuköllner Tageblatt, 12. 5. 1933). Der Weltkriegsroman *Im Westen nichts Neues* (1929) von Erich Maria Remarque (1898–1970) war einer der größten Bucherfolge der Zwanzigerjahre. Als Vorabdruck war er 1928 in der liberalen Vossischen Zeitung erschienen. Im Vorwort schrieb Remarque, sein Buch sei „weder eine Anklage noch ein Bekenntnis", sondern ein Versuch, „über eine Generation zu berichten, die vom Kriege zerstört wurde – auch wenn sie seinen Granaten entkam".

In einem betont unterkühlten Reportagestil, ohne emotionales Entsetzen über den Krieg oder begeisterte Verherrlichung des Soldatischen, berichtet der Ich-Erzähler Paul Bäumer über sich und seine Schulkameraden, wie sie anfangs mit großen Idealen in den Krieg zogen, aber durch Kasernendrill und die Materialschlachten abstumpften. Das Einzige, was sie noch hält, ist das Erlebnis der Kameradschaft; aber auch sie bietet keine Perspektive der Hoffnung. In einem Schlussvermerk erfährt der Leser, dass Bäumer als Letzter seiner Schulklasse im Oktober 1918 fiel, an einem Tag, an dem im Heeresbericht stand, dass „im Westen nichts Neues zu melden" sei. Die illusionslose, fast fotografische Wiedergabe des alltäglichen Kriegsgrauens, diese distanzierte Sachlichkeit war mit ein Grund, warum das Buch auf die Zeitgenossen so wirkte. Eine Generation erkannte ihre eigene Vergangenheit wieder, eine vom Krieg zerstörte, verlorene Generation, wie sie sich selber charakterisierte. An einer Stelle seines Berichtes resümiert Bäumer: „Wären wir 1916 heimgekommen, wir hätten aus dem Schmerz und der Stärke unserer Erlebnisse einen Sturm entfesselt. Wenn wir jetzt zurückkehren, sind wir müde, zerfallen, ausgebrannt, wurzellos und ohne Hoffnung. Wir werden uns nicht mehr zurechtfinden können."

Ernst Tollers Held in dem Stück *Die Wandlung* (1919) war noch mit der idealistischen Hoffnung aus dem Krieg zurückgekehrt, dass die gemeinsame Erfahrung zu einem radikalen Pazifismus und zu einer geistigen und politischen Erneuerung führen werde. Nach zehn Jahren, am Beginn der Wirtschaftskrise, sah alles anders aus. Der Militarismus und der Untertanengeist der Kaiserzeit waren noch nicht Vergangenheit. Die desillusionierenden Weltkriegsromane spiegelten in der Vergangenheit die Widersprüche der Gegenwart. ARNOLD ZWEIG (1887–1968) beschrieb in dem Roman *Der Streit um den Sergeanten Grischa* (1927), wie ein sich verselbstständigendes Machtbewusstsein jegliche moralische Verantwortung verdrängt: Der russische Kriegsgefangene Grischa kommt im Kompetenzgerangel der Militärs um. Obwohl ein zu Unrecht gegen ihn ergangenes Militärgerichtsurteil wieder aufgehoben worden ist, wird er dennoch hingerichtet. Die Vertreter der altpreußischen Staatsmoral unterliegen dem autoritären Machtpolitiker Generalmajor Schieffenzahn. Die Geschichte war fast eine gleichnishafte Vorwegnahme der Ereignisse der nächsten Jahre. Die Antikriegsromane der Zwanzigerjahre waren auch eine Anklage gegen die Väter. Die Söhne sahen sich durch die Politik der wilhelminischen Zeit, die in den Krieg führte, um ihre Zukunft betrogen. Erst im Krieg – aber zu spät – konnten sie sich von der falschen Moral und dem dümmlichen, aber gefährlichen Nationaldünkel der Erwachsenen befreien. In ERNST GLAESERS (1902–1963) Roman *Jahrgang 1902*(1928) erzählt ein Gymnasiast dieses Jahrgangs aus seiner Perspektive die Situation der Vorkriegsjahre und die weitere Entwicklung im Krieg. LUDWIG RENNS (1889–1979) autobiographisches Kriegstagebuch *Krieg* (1928) hat vieles mit Remarques Roman *Im Westen nichts Neues* gemeinsam. Es endet mit dem Zusammenbruch 1918. In der Fortsetzung *Nachkrieg* (1930) beginnt die politische Bewusstseinsbildung, durch die das Trauma des Krieges überwunden wird.

ARNOLD ZWEIG
Der Streit um den Sergeanten Grischa

ERNST GLAESER
Jahrgang 1902

LUDWIG RENN

Krieg

Nachkrieg

Vom Mythos des Heldischen

Die Nationalsozialisten griffen Remarque deshalb so scharf an und verbrannten stellvertretend auch für die andere Antikriegsliteratur seine Bücher, weil er die ideologische und materielle Wiederaufrüstung gefährdete. Seine Warnung vor dem Missbrauch der Jugend durch militärische Erziehung und Idealisierung der Kriegswirklichkeit traf genau das völkische Erziehungsprogramm der NSDAP. Anders verhielt es sich mit ERNST JÜNGER (1895–1998). Seine Kriegstagebücher *In Stahlgewittern* (1920), *Das Wäldchen 125* (1925), *Feuer und Blut* (1925) und die Essays aus jener Zeit *Der Kampf als inneres Erlebnis* (1922), *Die totale Mobilmachung* (1931), *Der Arbeiter* (1932) lieferten dem Faschismus – ob gewollt oder ungewollt – sogar Argumente.

ERNST JÜNGER

Kriegstagebücher

Essays

Ernst Jünger hat die Grausamkeiten des Stellungskrieges und der Materialschlachten in seinen Tagebüchern nicht unterdrückt, aber der Krieg war ihm nur Ort heroischer Selbstbewährung; die heldische Geste stand über moralischen Einwänden. Der Krieg rollte wie ein faszinierendes Naturereignis ab, das der Tagebuchschreiber rauschhaft genießt. Der Krieg wird mit einer suggestiven Metaphorik und Sprachkraft seiner eigenen grausamen Wirklichkeit entrückt. Schon auf den ersten Seiten im ersten Tagebuch *In Stahlgewittern* ist zu lesen: „Mit ungläubiger Ehrfurcht lauschten wir den langsamen Takten des Walzwerkes der Front, einer Melodie, die uns in langen Jahren Gewohnheit werden sollte." Der Krieg wurde zur großen Erwartung: „Der Krieg musste es uns ja bringen, das Große, Starke, Feierliche. Er schien uns männliche Tat, ein fröhliches Schützenfest, auf blumigen, blutbetauten Wiesen." Diese Anfangsbegeisterung wurde zwar bald mit der blutigen Wirklichkeit konfrontiert, aber bis zum Ende änderten sich weder die Grundeinstellung zur heldischen Tat als Selbstzweck noch die Metaphern vom Naturvergleich bis zur Anleihe an der sakralen Sprache: „Ein Schleier senkt sich über die Fülle der bunten, schrecklichen und wunderbaren Bilder dieser Schlacht, die wie ein Traum aus blutig dunklen und feuerroten Farben das Herz den Prüfungen der Tiefe unterzog." (*Feuer und Blut*, Ende) In dem Essay *Der Kampf als inneres Erlebnis* wird der Krieg mit einer prächtigen Orchidee verglichen, „die keiner anderen Berechtigung bedarf als der ihrer eigenen Existenz". Der Krieg wird geradezu als Entschädigung für die Frustration des Friedens gesehen: „Da entschädigte sich der Mensch in rauschender Orgie für alles Versäumte. Da wurden seine Triebe, zu lange schon durch die Gesellschaft und ihre Gesetze gedämmt, wieder das Einzige und Heilige und die letzte Vernunft." Als die Nationalsozialisten ihn 1933 auch institutionell vereinnahmen wollten durch Aufnahme in die Preußische Akademie der Künste, lehnte Ernst Jünger das Angebot ab und ging gegenüber den neuen Machthabern deutlich auf Distanz. Sein revolutionärer Nationalismus, seine Umwertung der Werte, seine Philosophie der Tat als Selbstwerdung – vieles stammt aus dem Nihilismus des 19. Jahrhunderts von Schopenhauer bis Nietzsche –, diese faszinierende Selbstdarstellung hatte etwas Elitär-Aristokratisches an sich, das sie von völkischer Blut-und-Boden-Mentalität trennte. Sie konnte allerdings auch zur Rechtfertigung des Führerprinzips herangezogen werden.

die tödliche Ästhetik des Heldischen

Politischer Journalismus

Unter Carl von Ossietzky (1889–1938) wurde die Wochenschrift „Die Weltbühne" zum wichtigsten Sprachrohr der intellektuellen Linken. Carl von Ossietzky war entschiedener Humanist und Pazifist. Schon während des Weltkrieges redete er vor der „Deutschen Friedensgesellschaft", ab 1919 arbeitete er in Berlin als Sekretär für diese Organisation. In seinen Leitartikeln in der „Berliner Volks-Zeitung" (ab 1920) warnte er vor extremistischen Entwicklungen von rechts wie von links, vor den reaktionären Kräften in der Reichswehr und vor einem neuen Militarismus. 1927 übernahm er die Leitung der „Weltbühne". Wegen seiner Kritik am steigenden Wehretat – für ihn ein Zeichen beginnender heimlicher Wiederaufrüstung – klagte die Reichswehr gegen ihn; 1931 wurde er zu 18 Monaten verurteilt und musste trotz heftiger Proteste aus der ganzen Welt die Strafe antreten. Noch am 7. Februar 1933 sprach er in dem Artikel *Kavaliere und Rundköpfe* von der gefährlichen Verbindung, die die Konservativen mit Hitler einge-

Carl von Ossietzky
„Die Weltbühne"

gangen seien: der Parlamentarismus werde absterben und die Diktatur aufgehen. Einen Tag nach dem Reichstagsbrand wurde er verhaftet; es begann ein Leidensweg durch die Konzentrationslager. Auch eine Intervention der internationalen Öffentlichkeit half nichts. Für die Welt wurde Carl von Ossietzky zum Synonym für das bessere, für das andere Deutschland. 1936 erhielt er, trotz der Warnungen des Naziregimes, den Friedensnobelpreis für 1935. 1938 starb er an den Entbehrungen und Quälereien in den Konzentrationslagern. Selbst während der letzten Monate im Krankenhaus war er isoliert und ständig bewacht. Die Nazis konnten ihn zwar körperlich vernichten, aber nicht seinen Willen brechen. Carl von Ossietzky hat jedem Angebot widerstanden, seiner Vergangenheit abzuschwören und sich mit den neuen Machthabern auszusöhnen.

Kurt Tucholsky

Rheinsberg

Schloss Gripsholm

Mit 5 PS

Das Lächeln der Mona Lisa

Kurt Tucholsky (1890–1935) war für kurze Zeit zwischen 1926 und 1927 provisorischer Herausgeber der „Weltbühne", in der er schon seit 1913 unter verschiedenen Pseudonymen veröffentlicht hatte, als sie noch „Schaubühne" hieß. Tucholsky war in seinem Verhältnis zu Deutschland zerrissen wie Heinrich Heine; er hasste das offizielle „Deutschland", das er in Anführungszeichen schrieb, und er liebte jenes Deutschland, aus dessen Geschichte und in dessen Tradition er lebte. Schon früh schrieb er neben Theaterkritiken Artikel gegen Militärdünkel und rechtslastige Justiz; er trat für eine radikale Demokratie ein und warnte bereits 1922 vor dem Aufmarsch der Nationalsozialisten. Er liebte den scharfen Aphorismus genauso wie den ausführlichen Bericht; er konnte mit Berliner Schnauze satirisch in den Songs sein wie liebenswürdig heiter in seinen beiden Romanen *Rheinsberg* (1912) und *Schloss Gripsholm* (1931). Unerschrocken wagte er offen Missstände und Unrecht anzuprangern. Wenn es galt, zu einer Überzeugung zu stehen, dann unterzeichnete er seine Beiträge nicht mit einem seiner Pseudonyme, sondern mit seinem eigenen Namen. Seine Arbeiten kamen auch in mehreren Sammelbänden heraus, z. B. *Mit 5 PS* (1928) oder *Das Lächeln der Mona Lisa* (1928). Seit 1924 lebte er hauptsächlich in Paris, 1929 siedelte er nach Schweden über. Seine Resignation, dass alles Warnen vor dem Faschismus vergeblich sei, wuchs und ließ ihn schließlich 1933 verstummen: „Die Welt, für die wir gearbeitet haben und der wir angehören, existiert nicht mehr. – Die Welt, der wir angehört haben, ist tot. Man muss das mit Anstand zu tragen wissen." Seine Schriften wurden verbrannt; im August 1933 folgte die Ausbürgerung. Zwei Jahre später nahm sich Kurt Tucholsky verzweifelt das Leben.

Egon Erwin Kisch
Der rasende Reporter

Wegweisend für den kritischen Journalismus in Deutschland wurden die Arbeiten des „rasenden Reporters" Egon Erwin Kisch (1885–1948). Über Nacht wurde der Titel des Sammelbandes *Der rasende Reporter* (1925) zum Synonym für den Autor. Kisch sah in der aktuellen Reportage ein Mittel, auf Gesellschaft und öffentliche Meinung verändernd einzuwirken. Die Reportagen sollten das kritische Engagement ihres Verfassers zeigen, aber sich allein am Gegenstand orientieren und so objektiv und sachlich wie möglich sein. Unter Sachlichkeit verstand Kisch auch, die Hintergründe, das soziale Umfeld der Ereignisse und Vorfälle genau zu recherchieren. In der Nacht des Reichstagsbrandes wurde Kisch verhaftet und als tschechischer Staatsbürger nach Prag abgeschoben. Nach dem Einmarsch der Deutschen emigrierte er nach Mexiko.

Politisches Kabarett

Zum ersten Mal von der Zensur befreit, waren die Zwanzigerjahre die große Zeit des politischen Kabaretts. Die ersten satirischen Kleinkunstbühnen waren in Deutschland um die Jahrhundertwende entstanden, das „Überbrettl" (1901) in Berlin und die „Elf Scharfrichter" (1901) in München; aber die Zensur, besonders während des Krieges, zwang die Autoren brisante politische Themen auszuklammern oder vorsichtig zu behandeln. Daher war das bevorzugte Genre des frühen Kabaretts die Satire auf bürgerliche Scheinmoral. Die Beiträge stammten von Detlev von Liliencron, Frank Wedekind, Richard Dehmel, Else Lasker-Schüler und Ludwig Thoma – neben anderen. Ihre ersten Auftritte hatten Joachim Ringelnatz und Karl Valentin. JOACHIM RINGELNATZ (1883–1934) hatte sein Publikum in München und in Berlin; beim Münchner Kabarett „Simplizissimus" hatte er angefangen. Am bekanntesten sind seine *Turngedichte* (1920): „Deutsche Frau, dich ruft der Barrn, . . ." – und das frivole Seemannsgeflunkere von *Kuttel Daddeldu* (1920). Der skurrile Worthumor des Münchner Volkskomikers KARL VALENTIN (1882–1948) war mehr als nur ein Spielen mit Dialekt-Klischees, er nahm die Sprache ernst und dachte in seinen Sketchen, bei denen ihm Liesl Karlstadt Partnerin war, selbst vermeintlich absurde Widersprüchlichkeiten zu Ende. Bertolt Brecht hat ihn geschätzt und viel von ihm gelernt. Kurt Tucholsky nannte ihn einen „Linksdenker", der die Logik der Sprache von der anderen, unüblichen Seite – eben „vertrackt" – aufdröselte. Die frühen Texte erschienen in dem ersten Sammelband *Das Karl-Valentin-Buch* (1932). 1920 gründete WALTER MEHRING (1896–1981) in Berlin das linksliberale „Politische Cabaret". Noch in den Anfängen der jungen Weimarer Republik warnte er in seinen provokativen Chansons vor der politischen Trägheit der Bürger, die sich zu neuem Wahnsinn dressieren lassen könnten:

JOACHIM RINGELNATZ
Turngedichte
Kuttel Daddeldu

KARL VALENTIN
Das Karl-Valentin-Buch

WALTER MEHRING

Alles – in Freiheit dressiert,
Alles – pariert und harrt des Winks
Von rechts bis links!
Das Tier ward Mensch – der Mensch ist feig
Und frisst sich auf mit Krieg und Streik!
Sie würden sich zerfetzen
Nach Noten und Gesetzen
Und fürchten die Dressur!
Das ist Kultur! (*Aus: Dressur*)

Viele seiner Texte wurden von Friedrich Hollaender vertont. 1920 brachte er den Band *Das politische Cabaret* heraus; 1921 folgte das *Ketzerbrevier*. Berlin wurde zum Zentrum des politisch-satirischen Kabaretts; zu nennen sind „Größenwahn" (1920), das „Kabarett der Komiker" (1924) und „Die Katakombe" (1929). Alle, die damals zur literarischen Avantgarde zählten, schrieben für das Kabarett; neben den schon Genannten: Kurt Tucholsky, Bertolt Brecht, Erich Weinert, Klabund, Erich Kästner und viele andere. KLABUNDS (eigentlich ALFRED HENSCHKE, 1890–1928) Repertoire reichte von Gauner- und Vagantenballaden, von Szenen aus dem Berliner Obdachlosen- und Ganovenmilieu bis zu politischen Zeitgedichten. Souverän spielte er mit den lyri-

Das politische Cabaret

Ketzerbrevier

KLABUND

schen Formen vom simplen Volkslied bis zur symbolischen Gedankenlyrik. Der französische Vagant François Villon (um 1431–1463), Heinrich Heine und Frank Wedekind waren seine Vorbilder. In der *Ballade des Vergessens*, erschienen in dem Gedichtband *Die Harfenjule* (1927), erinnerte er an die Folgen der deutschen Kriegseuphorie von 1914 und warnte vor dem neu erstarkenden Militarismus; in einer apokalyptischen Vision zeichnete er die drohende Selbstzerstörung:

Die Harfenjule

Der neue Krieg kommt anders daher,
Als ihr ihn euch geträumt noch.
Er kommt nicht mit Säbel und Gewehr,
Zu heldischer Geste gebäumt noch:
Er kommt mit Gift und Gasen geballt,
Gebraut in des Teufels Essen.
Ihr werdet, ihr werdet ihn nicht so bald
Vergessen, vergessen, vergessen.

Bracke

Der Kreidekreis

Klabund trat auch als Erzähler und Dramatiker auf. *Bracke* (1918) ist ein hintergründiger Schelmenroman mit Motiven aus dem Eulenspiegelstoff. Durch das Drama *Der Kreidekreis* (1925) lernte Bertolt Brecht den chinesischen Stoff kennen, den er später selbst zu einem Stück gestaltete.

Politische Satire

Erich Kästner

Erich Kästner (1899–1974) erlebte am 10. Mai 1933 in Berlin, wie seine Bücher öffentlich verbrannt wurden. Im Börsenblatt für den Deutschen Buchhandel wurde eine Woche später eine „schwarze Liste“ von Büchern veröffentlicht, die bei der „Säuberung der öffentlichen Büchereien auszumerzen“ seien. Bei Erich Kästner stand: „Alles, außer ‚Emil‘.“ Trotzdem blieb Erich Kästner in Deutschland; nach dem Publikationsverbot übernahm er Auftragsarbeiten für die Filmindustrie. 1928 hatte er, ein Gedicht von Goethe parodierend, geschrieben:

Kennst du das Land, wo die Kanonen blühn?
Du kennst es nicht? Du wirst es kennen lernen!

Herz auf Taille
Lärm im Spiegel
Ein Mann gibt Auskunft
Gesang zwischen den Stühlen

Seine satirischen Gedichte, die seit 1928 in einzelnen Bänden erschienen – *Herz auf Taille* (1928), *Lärm im Spiegel* (1929), *Ein Mann gibt Auskunft* (1930), *Gesang zwischen den Stühlen* (1932) – richten sich gegen Militarismus und Untertanengeist. Mit der Satire verband sich der moralische Wille zur Aufklärung, durch aggressive Zerrbilder aufzurütteln und zu erziehen. Aber *Die Entwicklung der Menschheit* – so der Titel eines Gedichtes von 1932 – verläuft anders, als aufklärerischer Optimismus es erhofft:

So haben sie mit dem Kopf und dem Mund
den Fortschritt der Menschheit geschaffen.
Doch davon mal abgesehen und
bei Lichte betrachtet sind sie im Grund
noch immer die alten Affen.

Bald in den saloppen Umgangston verfallend, bald bewusst lyrische Kunstformen ergreifend, bald schneidend im Ton, bald zurückhaltend, warb Kästner für die Solidarität der Menschlichkeit:

Wir sitzen alle im gleichen Zug
und reisen quer durch die Zeit.
Wir sehen hinaus. Wir sahen genug.
Wir fahren alle im gleichen Zug.
Und keiner weiß, wie weit.
(Das Eisenbahngleichnis, 1932, erste Strophe)

Diesem „Kästner für Erwachsene", zu dem auch der satirische Roman *Fabian. Die Geschichte eines Moralisten* (1931) gehört, steht der „Kästner für Kinder" nicht fern. Kästner dürfte der erste deutsche Autor sein, der auch durch seine Kinderbücher Weltgeltung errang. *Emil und die Detektive* (1929), *Pünktchen und Anton* (1930) und *Das fliegende Klassenzimmer* (1933), um nur einige Titel zu nennen, sind in viele Sprachen übersetzt worden. Der Erfolg seiner Kinderbücher beruht darauf, dass Kästner nicht aus der Perspektive der Erwachsenen schrieb, sondern versuchte in die Erwartungs- und Phantasiewelt der Kinder einzudringen. Ohne erhobenen Zeigefinger erzählte er von Konflikten und wie sie gelöst werden könnten. Nach dem Zweiten Weltkrieg wurde Kästner Feuilletonchef der ersten von den Alliierten eingerichteten überregionalen Tageszeitung „Die neue Zeitung". Er gehörte zu den Mitbegründern des Kabaretts „Die Schaubude" (1945) und „Die Kleine Freiheit" (1951). 1957 erhielt er den Georg-Büchner-Preis.

Fabian

Emil und die Detektive

Pünktchen und Anton

Das fliegende Klassenzimmer

Lyrik

Unter dem Einfluss der Neuen Sachlichkeit, die auch der Lyrik einen neuen Gebrauchswert gegeben hat, bedeutet Naturlyrik nicht mehr gefühlsmäßiges Versinken in ein Allgefühl der Schöpfung oder Projektion innerer Stimmungen auf das Naturbild. Naturlyrik war jetzt genaue Beobachtung, Erkenntnis der Distanz, Suche nach dem exakten Wort bis zu botanischer Beschreibung. Nicht nur der Mensch war der Natur fremd geworden durch die eigene Welt von Technik und Industrie, sondern auch die Natur dem Menschen; sie blieb außerhalb der Städte. WILHELM LEHMANN (1882–1968) nannte für sein lyrisches Schaffen zwei Kriterien; erstens ein genaues Beobachten und Erfassen der Natur, der „phänomenalen" Welt, d. h. der Erscheinungswelt – und zweitens den Rückgriff auf den Mythos als die symbolische oder allegorische Gestaltwerdung der Naturwelt. Mythos ist bildliche Gestaltung der Erkenntnis, er gibt – im Bild und in der Sprache – dem subjektiven Erlebnis eine objektive Gestalt. So wird auch das sprachliche Resultat der Naturbeobachtung in den Gedichten Lehmanns zu einem weiterweisenden Bildzeichen. Wilhelm Lehmann wandte sich erst spät der Lyrik zu; vorher schrieb er expressionistische Erzählprosa. Sein erster Gedichtband *Antwort des Schweigens* erschien 1935. Eine erste Gesamtausgabe *Meine Gedichtbücher* gab er 1957 heraus. Mit OSKAR LOERKE (1884–1941) verband ihn nicht nur eine enge Freundschaft, sondern auch ein sehr verwandtes Lyrikverständnis. Oskar Loerke war der esoterischere, der dunklere Naturlyriker von beiden; die Bilder und Metaphern, die mythischen Anspielungen lösen sich nicht immer bereitwillig auf. Das evozierte Bild strahlt eine eigene Magie aus. Die Formstrenge besonders der späten Gedichte war auch eine Reaktion auf den Kulturverfall. Aber man musste genau hinhören, um die Zeitkritik zu verstehen.

Naturlyrik

WILHELM LEHMANN

Antwort des Schweigens

Meine Gedichtbücher

OSKAR LOERKE

Wanderschaft

Trinkspruch

Immer stand ein Lichtberg auf Erden gegründet,
Unverdrossen hat ihn die Sonne täglich entzündet.
Unverdrossen nahm ihn zu sich die große Nacht,
Immer tat sie ihn in die ewige Acht.
Wie gut: im Glas den Sonnenberg von einst zu heben,
Getrost, nicht nur in Einer Zeit zu leben.
(aus: Der Wald der Welt, 1936)

Der Wald der Welt

Der Silberdistelwald

Insgesamt hat Oskar Loerke seit dem Band *Wanderschaft* (1911) sieben Gedichtsammlungen herausgegeben. Sein bekanntester Band wurde *Der Silberdistelwald* (1934). In den Naturgedichten von Lehmann und Loerke taucht das erfahrende und beobachtende Ich zwar auf, aber es ist nicht die Mitte des Gedichts. Das Naturbild hat Eigenleben. Von einer fast barocken Sinnlichkeit sind dagegen die Naturgedichte von GEORG BRITTING (1891–1964); alle fünf Sinne spielen ihren Orchesterpart. Barock ist aber auch der elementare Gleichnischarakter der Natur, die über sich hinausweist. Dieses Bildlich-Legendenhafte ist Teil einer vom Brauchtum geprägten Frömmigkeit; die süddeutsche Landschaft ist Brittings bevorzugter Bildhintergrund. Mit naturalistischer Genauigkeit skizziert er eine Momentaufnahme *(Raubritter)* genauso meisterhaft, wie er den Regen in einen übermütigen Riesen verwandelt *(Fröhlicher Regen).* Der erste Gedichtband *Der irdische Tag* (1935) war auch zugleich sein erfolgreichster.

GEORG BRITTING
Der irdische Tag

neoklassizistische Lyrik

Ein merkwürdiger Widerspruch bestand bei dem Österreicher JOSEF WEINHEBER (1892–1945) zwischen seinem poetischen Postulat nach Formenstrenge und seinem Sympathisieren mit der nationalsozialistischen Ideologie. Seine großen Vorbilder waren die antiken Lyriker, mit ihren streng gestalteten Strophenformen, und Hölderlin, der antike Formen wieder belebt hatte. Beeindruckend ist die Formenvielfalt, die Weinheber einsetzte. Sein Ringen um die Form verglich er mit der Arbeit eines Bildhauers, der eine Figur aus einem Stein heraushämmere; nicht anders lege er aus den alltäglichen Wörtern einen neuen Sinn frei. Es war die heroische Geste, die ihn faszinierte und auch verführte. Mit dem Gedicht *Adel und Untergang* (1934) wurde er bekannt.

JOSEF WEINHEBER
Adel und Untergang

Schelmenroman

Die satirisch-heitere Erzählung war in jenen Jahren selten. Eine Ausnahme bildete der Schelmenroman *Die Powenzbande. Zoologie einer Familie gemeinverständlich dargestellt* (1930) von ERNST PENZOLDT (1892–1955).

ERNST PENZOLDT
Die Powenzbande

Die Geschichte der Powenz-Sippe beginnt mit der Ankunft des Baltus Powenz in einem verträumten Provinzstädtchen Anfang der Neunzigerjahre. Baltus Powenz – niemand weiß, wo er eigentlich herstammt – setzt eine stattliche Familie in die Welt. Die Kinder zeichnen sich durch eine solidarische Arbeitsscheu und höchst erfindungsreiche Angriffe auf die bürgerliche Ruhe aus. Den Krieg überstehen sie auf ihre Weise; sie nutzen die allgemeine Vaterlandsbegeisterung für ihren martialischen Devotionalienhandel, sodass der Krieg für sie nur von ökonomischem Vorteil ist. In der Inflation etablieren sie sich durch gerissene Spekulationen, bauen sich ein stattliches Haus und leben fröhlich in die Zwanzigerjahre hinein: „Das Leben ist herrlich, fürwahr, die Existenz aber ist fürchterlich.“ Dies alles – auch eine Parodie auf die Schriftenreihen der Heimatvereine – wird, mit sorgfältigen Fußnoten und Anmerkungen versehen, vom Verwalter des Familienmuseums erzählt. Parallelen zu den *Abenteuern des braven Soldaten Schwejk* (deutsch 1926) von dem tschechischen Autor Jaroslav Hašek dürften nicht zufällig sein; gespielte Dummheit ist auch eine kluge Variante politischen Selbstschutzes.

Sozialer Roman

Das schwere Los der Tagelöhner und Dienstboten auf dem Lande war schon in den Erzählungen und Romanen von Ludwig Anzengruber und Marie von Ebner-Eschenbach ein kritisch dargestelltes Thema; der soziale Heimatroman hatte bereits eine Tradition. Das proletarische Großstadtmilieu wurde erst unter dem Einfluss Zolas zu einem Erzählgegenstand.

Clara Viebig

Das tägliche Brot

Die vor den Toren

Beides verband sich in den Erzählungen und Romanen von Clara Viebig (1860–1952), z. B. *Das tägliche Brot* (1900) und *Die vor den Toren* (1910); sie handeln von Bauernarmut, Dienstbotenelend und sozialen Spannungen. Hintergrund sind die Landflucht und die Sogkraft der Großstadt während der Gründerzeit, aber auch die Folgen des gesellschaftlichen und wirtschaftlichen Strukturwandels. Neben der Linie der realistischen Bauernromane im Stile Ludwig Thomas und Ludwig Anzengrubers lief zwar die sentimentale Hofgeschichte weiter; am bekanntesten dürfte *Der Heiligenhof* (1918) von Hermann Stehr (1864–1940) sein mit der Mischung von Bodenständigkeit und religiöser Innerlichkeit. Neue Akzente aber setzten Lena Christ und Oskar Maria Graf.

Hermann Stehr

Der Heiligenhof

Lena Christ

Erinnerungen einer Überflüssigen

In den *Erinnerungen einer Überflüssigen* (1912) erzählte Lena Christ (1881–1920) mit protokollarischer Genauigkeit ihr eigenes Leben. Sie stammte aus ärmsten Verhältnissen, war ein uneheliches Kind, wuchs in Oberbayern auf, war Dienstbote auf dem Lande, arbeitete als Servierin in München. Nach einer ersten gescheiterten Ehe heiratete sie den Schriftsteller Peter Benedix, der sie zum Schreiben anregte. In ihren Romanen drückt sich die Sehnsucht aus, zu Besitz und bürgerlicher Anerkennung zu kommen. Dies ist das utopische Moment im realistischen Milieu; gegen alle Widerstände setzen sich ihre Romanfiguren durch, die Handlung mündet in ein versöhnliches Ende.

Mathias Bichler

Die Rumpelhanni

Madam Bäurin

In dem historischen Entwicklungsroman *Mathias Bichler* (1914) wird das Findelkind ein angesehener und geachteter Bildschnitzer. Viel Autobiographisches ist in den Roman *Die Rumpelhanni* (1916) eingegangen. Er spielt in den ersten Kriegsjahren. Die Rumpelhanni, ohne Eltern, verdingt sich als Magd, wird als „Hergelaufene“ herumgestoßen, obwohl sie fleißig ist. Ihr erster Versuch, nach oben zu kommen, scheitert; sie spielte dem Hoferben vor, dass sie von ihm ein Kind erwarte. Als der Schwindel aufkommt, wird sie vom Hof verjagt. In München schlägt sie sich zunächst als Gemüse- und Blumenfrau durch; ihr zäher Fleiß und ihre Sparsamkeit werden allmählich belohnt, sie heiratet schließlich in einen Gasthof ein. Lena Christs letzter Roman *Madam Bäurin* (1920) hat die Versöhnung zwischen Stadt und Land zum Thema. Die Tochter einer verwitweten Rechtsrätin setzt sich gegen die Vorurteile durch und heiratet einen Bauern. Bei allen drei Romanen zeigt sich, dass trotz der realistischen Genauigkeit und trotz der unmittelbaren Erzählhaltung bestimmte überlieferte literarische Vorgaben den Handlungsverlauf noch beeinflussen oder besser: vorstrukturieren.

Oskar Maria Graf

Oskar Maria Graf (1894–1967) aus Berg am Starnberger See empfand es 1933 als eine Schmach, dass seine Bücher nicht verbrannt wurden. Daher rief er in einem öffentlichen Brief dazu auf: „Verbrennt mich!“ Nur ein Buch war auf die schwarze Liste gesetzt worden, nach Grafs Aussage sein wichtigstes: *Wir sind Gefangene,* in dem er seine Entwicklung zum Sozialisten beschrieb. Für die Nazis war er trotz seiner sozialistischen Sympathien vor allem ein „bodenständiger“ Schriftsteller. Dies stimmte und war gleichzeitig ein Missverständnis; zwar nannte er sich selbst ironisch einen bayerischen Provinzschriftsteller, aber dies bezog sich nur auf das Ambiente, aus dem er seinen Erzählstoff nahm. Die neuen Machthaber korrigierten ihr Versehen sehr schnell; Graf wurde ausgebürgert und seine Bücher verschwanden aus den Büchereien. Bis zu seinem Tode lebte Graf in New York; 1958 erhielt er die amerikanische Staatsbürgerschaft. Über sich selbst sagte er 1960: „Ich war nie Parteisozialist und habe mir nicht erst von marxistischen Schriftgelehrten sagen lassen müssen, was Sozialismus ist.“ Seine soziale Herkunft habe ihn „instinktiv und zwangsläufig zum Rebellen gemacht“; er habe immer „aus einer grundmenschlichen Empörung gegen jeden Missbrauch der Schwächeren durch die Stärkeren“ gehandelt. In seinen autobiographischen Schriften spiegelte er jeweils die politischen Ereignisse im Horizont seines eigenen Entwicklungsstandes; diese Texte sind gleichzeitig eine genaue Selbstbefragung und ein wichtiges Zeitdokument.

Wir sind Gefangene

Gelächter von außen

Wir sind Gefangene. Ein Bekenntnis aus diesem Jahrzehnt (1927) umfasst die Jahre 1905–1919. Die Fortsetzung bis zum Ende der Weimarer Republik: *Gelächter von außen* erschien erst 1966. Oskar Maria Graf stammte aus einer Bäckerei. Da man für seine Bildungswünsche kein Verständnis hatte, floh er mit 17 Jahren nach München und schlug sich auf eigene Faust durch. Er arbeitete in der Münchner Räterepublik mit; diese Erfahrungen haben ihn entscheidend geprägt. Im Exil setzte er sich für seine Leidensgenossen ein; zusammen mit Thomas Mann und Ferdinand Bruckner gründete er 1938 den „Schutzbund Deutsch-Amerikanischer Schriftsteller“.

Das bayrische Dekameron

Kalendergeschichten

Der große Bauernspiegel

Neben den schlitzohrigen und nicht zimperlichen derben Schwänken aus dem dörflichen Alltag in den Sammlungen *Das bayrische Dekameron* (1928), *Kalendergeschichten* (1929), *Der große Bauernspiegel* (1962), die heiter und hintergründig zugleich sind, stehen seine Romane aus dem kleinbürgerlichen Alltag; sie sind verarbeitete Zeitkritik. Stellvertretend seien zwei genannt: *Bolwieser* und *Anton Sittinger.*

Bolwieser

Anton Sittinger

Der Mief einer spießigen Kleinstadt liegt über der Ehegeschichte *Bolwieser* (1913). Bolwieser, Bahnhofsvorsteher in einer kleinen Provinzstadt, ist seiner Frau verfallen; um sie für sich zu besitzen, deckt er sogar ihre Seitensprünge und schwört einen Meineid, der ihn ins Gefängnis bringt. Nicht Liebe, sondern Besitzbesessenheit bestimmt sein Handeln. Die Erzählung geht auf einen wirklichen Justizfall zurück; aber Graf hat sie nicht als lokalen Tratsch erzählt, sondern um Charaktere zu studieren und zu gestalten, die in ihren eigenen Zwängen gefangen sind, unfähig über sich selbst nachzudenken. Der satirische Roman *Anton Sittinger* (1937) erschien bereits im Exil. Er ist eine Chronik der Weimarer Republik aus der Perspektive eines unpolitischen Münchner Postinspektors. Anton Sittinger will sich aus allem heraushalten, sich in den politischen Auseinandersetzungen für niemanden entscheiden, um in Ruhe in seinem kleinen Bereich für sich selbst leben zu können. Aber gerade dadurch wird er zum politischen Opportunisten; denn seine Indifferenz ist immer ein Ja für die jeweils Herrschenden. Aus Leuten wie Anton Sittinger rekrutierte sich für Graf das Heer der Mitläufer: „Menschen wie Sittinger gibt es in allen Ländern Abertausende. Ihre Zahl ist Legion. Alle Gescheitheit und List, aller Unglaube und alle Erbärmlichkeit einer untergehenden Schicht ist in ihnen vereinigt. In manchen Zeiten hießen sie ‚du' und ‚ich' . . .". Der ursprüngliche Titel des Romans lautete: „Sittinger bleibt obenauf". Obwohl im Grunde kein Anhänger Hitlers, ist Sittinger am Ende Parteimitglied. Graf schrieb grimmig über den Spießer in allen seinen Erscheinungsformen, auf dem Land und in der Stadt – aber er ließ immer wieder durchblicken, dass der Spießer in jedem stecken kann; deshalb sinken seine Gestalten, so kritisch er sie auch darstellt, nicht zu bloßen Karikaturen ab. Selbst in der Kritik versucht er ihnen gerecht zu werden. Dies ist die Stärke seiner Erzählweise; sie lässt über manche Kompositionsschwächen hinwegsehen.

LEONHARD FRANK

Links wo das Herz ist

Der Mensch ist gut

Die Räuberbande

Das Ochsenfurter Männerquartett

Von drei Millionen drei

Karl und Anna

LEONHARD FRANK (1882–1961), der aus einer Würzburger Arbeiterfamilie stammte, gab seiner romanhaften Autobiographie den bezeichnenden Titel *Links wo das Herz ist* (1952). Schon sehr früh hatte er sich mit linksradikalen Theorien auseinander gesetzt, er hielt aber an dem Prinzip des politischen Individuums fest. 1915 emigrierte er zum ersten Mal; als überzeugter Pazifist schrieb er von der Schweiz aus Erzählungen gegen den Krieg. Zunächst in Zeitschriften veröffentlicht, fasste er sie 1918 unter dem Titel *Der Mensch ist gut* zusammen. An fünf Einzelfällen wird der Wahnsinn des Krieges dargestellt, wie sich durch Gedankenlosigkeit und Nachplappern Kriegsbegeisterung aufbaut, bis die Katastrophe hereinbricht. In einprägsamen, expressionistisch gesteigerten Szenen beginnt der Aufruf zur Umkehr, zur Revolution aus dem Geist der Menschenliebe. Diese Erzählungen gegen den Krieg wirken deshalb so aufrüttelnd, weil sie Ereignisse, die jedem widerfahren konnten, durchspielten. Von der staatlichen Zensur wurden sie gleich nach Erscheinen bis 1918 verboten; in der jungen Republik hielt man sie für einen der aufwühlendsten Appelle gegen jegliche Form des Militarismus; für die Nationalsozialisten waren sie später ein Vorwand, um Leonhard Frank aus der preußischen Akademie der Künste auszuschließen und ihm die deutsche Staatsangehörigkeit abzuerkennen. Er musste ein zweites Mal emigrieren. *Die Räuberbande* (1914) ist die Geschichte von zwölf Würzburger Jungen, die sich im „Karl-May-Fieber" eine eigene Welt aufbauen, um sich den Zwängen des kleinbürgerlichen Milieus der Erwachsenen zu entziehen. Aber je älter sie werden, desto bereitwilliger ordnen sie sich – mit wenigen Ausnahmen – in die vorher attackierte Welt der Väter ein; so das selbstironische Fazit des Erzählers. Gerühmt wurde an diesem Roman vor allem die gelungene Einbeziehung der fränkischen Landschaft in die Handlung. Später führte Leonhard Frank in den Romanen. *Das Ochsenfurter Männerquartett* (1927) und *Von drei Millionen drei* (1932) einzelne Lebensläufe aus der *Räuberbande* bis in die Zeit der großen Wirtschaftskrise und Arbeitslosigkeit weiter. Die Erzählung *Karl und Anna* (1927), erfolgreich auch dramatisiert und verfilmt, ist eine sehr einfühlsam und unpathetisch erzählte Liebesgeschichte auf dem Hintergrund von Verwirrungen, die aus jahrelanger Trennung durch den Krieg entstanden sind.

HANS FALLADA

HANS FALLADA (eigentlich RUDOLF DITZEN, 1893–1947) stammte aus Greifswald in Pommern. Bis sein Roman *Kleiner Mann, was nun?*, der zum Welterfolg wurde, erschien, hatte er sich auf mehreren Schulen und in mehreren Berufen versucht. Selbst aus einem gut situierten bürgerlichen Haus – der Vater war zum Schluss Reichsgerichtsrat in Leipzig – rebellierte er immer wieder gerade deshalb gegen Statuserwartungen. Seine bevorzugte literarische Welt war die des kleinen Mannes.

Kleiner Mann, was nun?

Kleiner Mann, was nun? (1932) spielt zur Zeit der Weltwirtschaftskrise auf der Seite der Betroffenen. Es ist die Geschichte des arbeitslosen Textilverkäufers Johannes Pinneberg, der nicht durch eigenes Verschulden, sondern durch die Umstände sozial immer tiefer absinkt. Die erste Stelle verliert er, weil er nicht die hässliche Tochter seines Chefs heiraten wollte, die zweite, weil es an Arbeit fehlt – und durch Verleumdung. Er gerät ins Räderwerk der Sozialhilfe; er verliert sein Selbstgefühl. Nur Lämmchen, seine Frau, tröstet und ermuntert ihn: „Du bist doch bei mir, wir sind doch beisammen ..." Der Roman endet offen, ohne Perspektive, als Frage wie der Titel. Die Geschichte des arbeitslosen Ehepaars ist in eine Vielzahl von Nebenhandlungen eingebettet, durch die das zeitgenössische Milieu eingefangen wird. Die Dialogstruktur überwiegt; die einzelnen Personen kommen selbst zu Wort. *Kleiner Mann, was nun?* ist ein gutes Beispiel für den Erzählstil der Neuen Sachlichkeit, der es um authentische Darstellung gesellschaftlicher Zustände ging.

Wer einmal aus dem Blechnapf frisst

Wer einmal aus dem Blechnapf frisst (1934) ist die Geschichte eines Gestrauchelten, der vergeblich gegen gesellschaftliche Vorurteile wie auch gegen seine eigene Labilität ankämpft. Nicht aus eigener Entscheidung, sondern unter dem Druck der Umstände wird er rückfällig.

Wolf unter Wölfen

In dem Roman *Wolf unter Wölfen* (1937) sind die ersten Erschütterungen der Weimarer Republik zur Zeit der Inflation der zeitgeschichtliche Hintergrund.

Sozialistische Erzählmodelle

ANNA SEGHERS

ANNA SEGHERS (1900–1983) erhielt für ihr erstes Werk *Der Aufstand der Fischer von St. Barbara* (1928) den Kleist-Preis.

Der Aufstand der Fischer von St. Barbara

Diese Erzählung ist eine gleichnishafte Modellstudie über den Verlauf eines Arbeitskonfliktes, gleichsam ein erzähltes Lehrstück. Deshalb ist der Ort der Handlung fiktiv. Die Fischer von St. Barbara wissen, dass sie von der Reederei, die das Fischereimonopol hat, ausgebeutet werden; aber erst nach der Ankunft eines erfahrenen Wortführers organisieren sie ihren gewerkschaftlichen Widerstand. Voraussetzung für den Erfolg ihres Aufstandes ist die Solidarität aller Fischer. Doch Not und Versprechungen, auch Teilerfolge lassen die Front abbröckeln. Am Schluss erstickt der Aufstand im Gewehrfeuer der Armee. Weder der Verlauf noch das Scheitern des Aufstandes ist der argumentative Kern der Erzählung, sondern der Erfahrungszuwachs unter den Betroffenen als Hoffnung auf die Zukunft. Anna Seghers, die 1928 der KPD beitrat, hat dieses Vertrauen in den Sieg der Vernunft, ein Vertrauen, das anfangs mehr von dem Erbe der Aufklärung als von Parteiideologie bestimmt war, in ihren Romanen immer wieder beschrieben und bekräftigt. 1933 musste sie aus Deutschland fliehen; die letzten Jahre vor ihrer Rückkehr nach Ostberlin (1947) verbrachte sie in Mexiko. Dort erschien auch *Das siebte Kreuz. Roman aus Hitlerdeutschland* (1943). In diesem

Das siebte Kreuz

Roman, aus einer Serie zeitkritischer Analysen im Übergang von der Weimarer Republik zum Dritten Reich, werden zwar Ort und Zeit genannt, aber das Geschehen selbst weitet sich wiederum ins Exemplarische: Sieben Häftlinge sind aus dem Konzentrationslager Westhofen entkommen. Für jeden lässt der Lagerkommandant ein Kreuz errichten, an dem sie enden sollen. Nur ein Kreuz bleibt leer; nur einem gelingt die Flucht in die Freiheit jenseits der deutschen Grenzen. Dieses leere siebte Kreuz wird zum Symbol der Hoffnung. Die Menschlichkeit ist stärker als die Angst vor der Staatspolizei; viele helfen dem Mechaniker Georg Heisler auf der Flucht.

Die Toten bleiben jung

Auch der proletarische Generationenroman *Die Toten bleiben jung* (1949), ein breit angelegtes Epos im Stile des realistischen Romans des 19. Jahrhunderts, deutet am Schluss die Hoffnung auf eine bessere Welt an: In den Berliner Straßenkämpfen nach dem Ersten Weltkrieg wird ein junger Spartakist von Freikorps-Offizieren erschossen. Seine Freundin kommt nach seinem Tode mit einem Jungen nieder, in dem die Idee des Vaters weiterleben wird. Die Erzählerin verfolgt bis zum Zusammenbruch des Dritten Reiches die Spuren der Mörder und der Betroffenen, in den rheinischen Industriellenkreisen, auf den ostdeutschen Landgütern, in den Berliner Elendsvierteln und an der russischen Front. Am Ende schließt sich der Kreis symbolisch zu einem neuen Anfang. Der Sohn des Spartakisten stirbt auf Befehl des gleichen Offiziers, der schon seinen Vater auf dem Gewissen hatte; aber während der Offizier beim nahenden Zusammenbruch des Faschismus sich selbst richtet, wird der Tote in einem Kind weiterleben, das seine Freundin zu Hause erwartet. Die Toten und ihre Ideen bleiben jung, die Revolution, die Hoffnung auf eine neue Welt wird niemals sterben – dies ist der äußere Rahmen und zugleich auch durchgehendes Argument für den ganzen Roman. Aber unter dem Zwang des Revolutionsmythos wurde das zeitgeschichtliche Panorama schematisiert; hier die Helden, dort die Schurken. Die frühen Werke waren viel facettenreicher. Im *Aufstand der Fischer von St. Barbara* wählte Anna Seghers für die Gestaltung den schnellen Szenen- und Perspektivenwechsel; die Autorin verschwand gleichsam hinter der Kamera. Der Leser fühlte sich als Zeuge der Ereignisse wie bei einer Reportage. In dem Roman *Die Toten bleiben jung* greift die Erzählerin dagegen immer wieder interpretierend in die Handlung ein.

HANS HENNY JAHNN
Perrudja

Die Utopie einer zwangsfreien Gesellschaft, die in eine natürliche, vitalistische Ursprünglichkeit zurückkehrt, diesen trotz der psychoanalytischen Erklärungen anachronistisch-nostalgischen Traum von der ursprünglichen Harmonie der Schöpfung gestaltete HANS HENNY JAHNN (1894–1959), der schon vorher als Autor mystisch-religiöser Erlösungsdramen bekannt geworden war, in dem mythischen Roman *Perrudja* (1929). Perrudja steigt zum Herrn eines internationalen Großkonzerns auf, er gilt als der reichste Mann der Welt. Doch dieser äußere spektakuläre Entwicklungsprozess ist nebensächlich gegenüber der inneren Triebwelt und dem Versuch, den moralischen Normenzwang der bürgerlichen Welt abzustreifen. Der Grundgedanke anarchischer Freiheit und Unschuld wird auf das Leben insgesamt übertragen. Erzähltechnisch neu ist der gesteigerte Einsatz des inneren Monologs, der die momentanen Bewusstseinsströme ungebrochen artikuliert; die Erzählweise zeigt deutliche Parallelen zu JAMES JOYCE' (1882–1941) *Ulysses* (1922).

Historischer Roman

LION FEUCHTWANGER

LION FEUCHTWANGER (1884–1958), befreundet mit Heinrich Mann und Alfred Döblin, Gönner und Berater von Bertolt Brecht und Marieluise Fleißer, gehörte schon vor dem Ersten Weltkrieg zu den wichtigsten Theaterkritikern der „Schaubühne" (der späteren „Weltbühne"). Er selbst war mit seinen eigenen frühen dramatischen Versuchen wenig erfolgreich. Sein eigentliches literarisches Metier war der historische Roman, an dessen neuer Blüte in den Zwanzigerjahren er großen Anteil hatte. Im Unterschied zum historischen Roman des 19. Jahrhunderts handelte es sich nicht um eine historische Realienkunde in Erzählform; die historische Perspektive zielte auf die Gegenwart, im Spiegel der Geschichte sollte Gegenwärtiges in seiner Entwicklung geklärt und dokumentiert werden. Über seine Romane urteilte Feuchtwanger im Rückblick: „Ich für meinen Teil habe mich, seitdem ich schreibe, bemüht historische Romane für die Vernunft zu schreiben, gegen Dummheit und Gewalt, gegen das, was Marx das Versinken in die Geschichtslosigkeit nennt." Psychologische Charakterstudie und ökonomische Analyse gegen ideologische Blindheit zugleich ist der Roman *Die hässliche Herzogin Margarete Maultasch* (1923), der im 14. Jahrhundert spielt. Margarete erkennt, dass politische Entscheidungen nach materiellen Interessen getroffen werden; deshalb verlässt sie sich auf die neuen Kräfte des städtischen Handelsbürgertums. Wenn sie auch persönlich den dynastischen Intrigenkämpfen unterliegt, so ist ihre Entscheidung für das erstarkende Bürgertum ein richtiger Vorgriff auf die Zukunft. Psychologisch sehr differenziert und jede einseitige Parteinahme vermeidend, untersuchte Feuchtwanger in dem Roman *Jud Süß* (1925) anhand der historischen Gestalt des Heidelberger Halbjuden und herzoglichen Finanzberaters Josef Süß Oppenheimer (1692–1738) die Entstehung einer antisemitischen Pogromstimmung. Die scheinbare Bestätigung eines Vorurteils wird in der Geschichte des Josef Süß aus der den Juden von der Gesellschaft oktroyierten Rolle erklärt. Veit Harlan hat 1940 in seinem antisemitischen Propagandafilm die Argumentation umgekehrt und den von außen auferlegten Rollenzwang zu einer rassischen Charaktereigenschaft verfälscht. Zur gleichen Zeit, als dieser Film entstand, musste der Jude Lion Feuchtwanger vor den nach Frankreich einrückenden deutschen Truppen über Spanien und Portugal nach Amerika fliehen. Noch in Deutschland begonnen, aber erst im Exil vollendet wurde die Josephus-Trilogie, eine breit angelegte Darstellung des jüdischen Freiheitskampfes gegen die römischen Besatzer: *Der jüdische Krieg* (1932), *Die Söhne* (1935), *Der Tag wird kommen* (1945). Die historischen Details dieser Darstellung ließen sich ohne Schwierigkeiten aktualisieren. Zum wichtigsten Werk wurde Feuchtwangers zeitgeschichtliche Trilogie *Der Wartesaal* mit den Teilen *Erfolg* (1930), *Die Geschwister Oppenheim* (1933) und *Exil* (1940). Sie schildert den „Wiedereinbruch der Barbarei in Deutschland und ihren zeitweiligen Sieg über die Vernunft". An Einzelschicksalen verfolgte Feuchtwanger die Entwicklung seit Beginn der Zwanzigerjahre bis zum Exodus der kritischen Intelligenz aus Deutschland; wie die Kritiker und Gegner des neu erwachenden Nationalismus, der sich zum militanten Faschismus entwickelte, zunächst glaubten mit den Argu-

Die hässliche Herzogin Margarete Maultasch

Jud Süß

Josephus-Trilogie

Der Wartesaal

menten der Vernunft den Nationalsozialismus aufhalten zu können, bis sie einsehen mussten, dass nur rechtzeitige Gegengewalt das Verhängnis hätte verhindern können.

BRUNO FRANK (1887–1945), mehr am Psychogramm seiner Charaktere als am historischen Überbau interessiert, wählte für seine Erzählungen die Zeit Friedrichs des Großen. Der Erzählband *Tage des Königs* (1924) stellte den preußischen König in drei Episoden vor, die seinen Ruf als aufgeklärten Landesherrn bestätigen, ohne seine Schwächen und Widersprüche zu überspielen. Mit dieser kritisch-distanzierten Sympathie für die Tradition Preußens wollte Bruno Frank dem Geschichtsmissbrauch der reaktionären Nationalisten entgegenwirken. Ein Intrigenroman aus der gleichen Zeit ist die Lebensgeschichte des Freiherrn von der Trenck, der zunächst vom König gefördert und begünstigt, durch Umstände, die gegen ihn sprechen, später verfolgt und in den Kerker geworfen wird: *Trenck, Roman eines Günstlings* (1925). Die Erzählung *Politische Novelle* (1928) wurde von Thomas Mann wegen ihrer Aktualität und der mutigen Perspektive „unübertrefflich“ genannt; denn mitten in dem Streit um die Dolchstoßlegende und die „Erfüllungspolitik“ lässt Bruno Frank zwei hohe Minister, einen Deutschen und einen Franzosen, in Südfrankreich ein Gespräch über die Einigung Europas führen, die den unseligen Streit der Söhne Karls des Großen endgültig beenden solle.

BRUNO FRANK

Tage des Königs

Trenck

Politische Novelle

GUSTAV REGLER (1898–1963), der 1928 im gleichen Jahr wie Anna Seghers in die KPD eintrat, schrieb seine historische Fallstudie *Die Saat* (1936) über den Verlauf eines Bauernaufstandes gegen weltliche und klerikale Landesherren bereits im Exil. Die historische Vorlage ist die Rebellion der elsässischen Bauern im Jahre 1493 unter ihrem Anführer Joss Fritz. Die Einzelheiten ließen sich aber – in der Konstellation zwischen skrupelloser Machtausübung und elementarem Lebensrecht des Volkes – sehr leicht auf die Gegenwart übertragen, obwohl Regler dem historischen Ambiente in der Erzählung selbst sehr treu blieb: Er wollte nur das Exemplarische in der geschichtlichen Erfahrung hervorheben.

GUSTAV REGLER

Die Saat

Zeitgeschichte im Roman

JOSEPH ROTH (1894–1939) starb im Pariser Exil. In der *Legende vom heiligen Trinker* (1939) hat er die Umstände seines eigenen Todes vorweggenommen. Während seiner Tätigkeit als Journalist in Berlin Anfang der Zwanzigerjahre schrieb er gesellschaftskritische Zeitromane, in denen er besonders vor rechtsradikalen Entwicklungen warnte. *Das Spinnennetz* (1923), der erste Roman in dieser Reihe, erschien in Fortsetzungen in der sozialistischen Wiener „Arbeiter-Zeitung“. Als Thema wurde in der Ankündigung genannt: der „Sumpfboden der Reaktion, die moralische und geistige Verwilderung, aus der als Blüte das Hakenkreuzlertum aufsteigt“. Der Roman ist die Geschichte eines Kleinbürgers, der seine eigene Mittelmäßigkeit hinter skrupelloser Ausnutzung eines kollektiven Machtapparates zu verstecken sucht. Als

JOSEPH ROTH

Legende vom heiligen Trinker

Das Spinnennetz

Offizier aus dem Krieg heimgekehrt, findet sich Theodor Lohse im zivilen Alltag nicht mehr zurecht; er schließt sich einer rechtsradikalen Geheimorganisation an und unterwirft sich dem paramilitärischen Kollektiv, das ihm eine neue Identität gibt. Hellsichtig und besorgt beschrieb Roth in diesem Zeitroman, dessen Handlung noch vor den Münchner Ereignissen von 1923 liegt, das Psychogramm jener sozialen Gruppen, aus denen sich die rechtsradikalen Gruppierungen rekrutierten. Er entlarvte ihre reaktionäre Gesinnung und bedingungslose Führergläubigkeit; Hitler tritt bereits als bestimmendes Vorbild für Theodor Lohse und seine Gesinnungsgenossen in der „Bewegung" auf.

Hotel Savoy

Gleichnishaft stellte Joseph Roth aus der Ich-Perspektive eines ostjüdischen Kriegsheimkehrers die Situation der Nachkriegsgesellschaft im *Hotel Savoy* (1924) dar; es ist eine entwurzelte Gesellschaft, die nur noch auf Abruf existiert. Der Wohlstand ist gepumpt; die Lebensangst wird mit Lebenshektik überspielt. Die politische Entwicklung ließ Joseph Roth allmählich an der Wirksamkeit seiner zeitkritischen Romanreportagen zweifeln. Er wandte sich immer mehr einem religiös begründeten Weltbild zu, verbunden mit melancholischer Sympathie für das alte Österreich und seine ostjüdische Heimat Galizien.

Radetzkymarsch

Die Kapuzinergruft

In den beiden Romanen *Radetzkymarsch* (1932) und *Die Kapuzinergruft* (1938) beschrieb er aus der Perspektive der nach der Schlacht von Solferino (1859) geadelten Familie Trotta und einer bürgerlichen Nebenlinie die allmähliche Auflösung der Donaumonarchie und später die Geschichte der Republik Österreich bis zum „Anschluss" 1938. Diese Romane sind ein wehmütiger Abgesang auf eine verschwundene Welt, die aus sich heraus nicht mehr die Kraft hatte zu überleben. Am Schluss steht Franz Ferdinand Trotta vor der Kapuzinergruft:

> *Die Kapuzinergruft, wo meine Kaiser liegen, begraben in steinernen Särgen, war geschlossen. Der Bruder Kapuziner kam mir entgegen und fragte: „Was wünschen Sie?"*
> *„Ich will den Sarg meines Kaisers Franz Joseph besuchen", erwiderte ich.*
> *„Gott segne Sie!", sagte der Bruder und er schlug das Kreuz über mich.*
> *„Gott erhalte . . .!", rief ich.*
> *„Pst!", sagte der Bruder.*
> *Wohin soll ich, ich jetzt, ein Trotta? . . .*

STEFAN ZWEIG

In seiner *Erasmus*-Biographie (1935) schrieb STEFAN ZWEIG (1881–1942): „Der große humanistische Traum von der Auflösung der Gegensätze im Geiste der Gerechtigkeit, die ersehnte Vereinigung der Nationen im Zeichen gemeinsamer Kultur ist Utopie geblieben, unerfüllt und vielleicht nie erfüllbar innerhalb unserer Wirklichkeit." Stefan Zweig fühlte sich mit dem großen Humanisten Erasmus von Rotterdam (1469–1536) geistig verwandt. Seine Kultur war die abendländische Tradition, und Geschichte war für ihn die Leistung oder das Scheitern großer Einzelner. Aber dieses Geschichtsbild, das sich auf den Einzelnen stützt und die umfassenden Gesellschaftsprozesse außer Acht lässt, war ein Erbe des individualistischen Freiheitsbegriffs des bürgerlich-liberalen 19. Jahrhunderts; es war, wie Stefan Zweig seine Autobiographie nannte, *Die Welt von gestern* (1942).

Stefan Zweigs umfangreiches Gesamtwerk, seine Novellen, Biographien und historischen Miniaturen, konzentrieren sich von Anfang an auf die Geschichte von Individuen. Mit psychoanalytischer Schärfe – wissenschaftlich sich auf Freud stützend, im Erzählduktus an die Novellen von Kleist erinnernd – geht er seelischen Konflikten, Gefühlsverwirrungen und Selbsttäuschungen nach. Selbst seine Auseinandersetzung mit dem Nationalsozialismus in der späten *Schachnovelle* reduziert er auf individuelle Konfrontationen, die allerdings repräsentativen Charakter haben. Zweigs Widerstand gegen Hitler kam aus seinem rigorosen Pazifismus und aus einem humanistisch-konservativen, in der Haltung aristokratischen Moralismus. Er war mit dem französischen Dichter Romain Rolland (1866–1944) befreundet, der wie er unentwegt in seinen Schriften für Völkerverständigung eintrat. Im Exil unterstützte er viele Kollegen, die nicht wie er durch die internationale Verbreitung ihrer Werke finanziell abgesichert waren. Die Entwicklung der Situation in Europa nach 1933 stimmte ihn pessimistisch bis zur Verzweiflung; 1942 nahm er sich in Brasilien das Leben.

Erstes Erlebnis

Verwirrung der Gefühle

Ungeduld des Herzens

Die ersten Novellen waren 1911 unter dem Titel *Erstes Erlebnis* erschienen; schon in ihnen wurde das Grundthema sichtbar, das Zweig später auch zum Titel einer Novelle nahm: *Verwirrung der Gefühle* (1927); und es wurde in dem psychologischen Bekenntnisroman *Ungeduld des Herzens* (1938) weitergeführt: Im Rückblick erzählt ein Offizier, wie er sich im Sommer 1914 aus Mitleid mit einem gelähmten Mädchen verlobt habe. Aber vor den Kameraden habe er nicht den Mut gehabt, sich zu diesem Schritt zu bekennen. Als seine Verlobte davon erfahren habe, habe sie Selbstmord begangen. Aus Schuldgefühlen, die er im Krieg ersticken wollte, sei er unfreiwillig zum Helden geworden. Zweigs größter Bucherfolg dürften die historischen Miniaturen *Sternstunden der Menschheit* (1927) gewesen sein. In ihnen stellte Zweig jeweils große Einzelne in einer entscheidenden Situation ihres Lebens dar. Die ursprünglichen fünf Miniaturen wurden später auf zwölf erweitert.

Sternstunden der Menschheit

Schachnovelle

Die *Schachnovelle* (1941) ist Stefan Zweigs letzte Erzählung. Sie ist die Geschichte eines Autors, der vor den Nationalsozialisten fliehen musste, und sie handelt von einem Verfolgten, der die Stationen des faschistischen Terrors durchlaufen hat. Der Erzähler wird auf der Schiffsreise von New York nach Buenos Aires Zeuge eines sonderbaren Vorfalls. Bei einer Simultanpartie gegen den Weltschachmeister, der auf dem Schiff mitreist, erzwingt ein unbekannter Fahrgast ein sensationelles Unentschieden; aber er weigert sich eine weitere angebotene Partie anzunehmen. Diesem unerklärlichen Verhalten geht der Erzähler nach und erfährt die Geschichte des Dr. B., wie er mit Hilfe eines Schachbuchs, aus dem er 150 Meisterpartien auswendig lernte, die zermürbende Einzelhaft im Gestapo-Gefängnis überstand. Beim Schachspiel auf dem Schiff werden alle bedrückenden Erinnerungen wieder wach. In dem letzten Spiel, dem er schließlich zustimmt, versucht Dr. B. sich zu vergewissern, ob er die Erinnerung an das Grauen überwinden und wieder in eine humanere Wirklichkeit zurückkehren kann. Dr. B. war ein konservativ-christlicher Monarchist, seine Familie gehörte zu einer humanistisch orientierten Bildungsschicht. Seine Biographie steht stellvertretend für die konservative Opposition gegen den Nationalsozialismus.

HERMANN BROCH

Die Schlafwandler

HERMANN BROCH (1886–1951), diplomierter Textilingenieur, arbeitete fast zwanzig Jahre an leitender Stelle im Familienunternehmen, der Spinnfabrik Teesdorf bei Wien, ehe er ein zweites Studium (Mathematik, Philosophie, Psychologie) begann und sich ausschließlich seinen literarischen Interessen widmete. Er zählt zu den großen deutschsprachigen Romanciers in der ersten Hälfte des 20. Jahrhunderts, aber sein literarisches Schicksal ähnelt dem Musils: häufig zitiert, wenig gelesen. Seine Romane führen zum Teil die Tradition des bürgerlichen Realismus fort, vergleichbar mit Fontanes Gesellschaftsstudien oder mit Thomas Manns Familienchronik, nur dass in der Gesellschafts- und Kulturkritik die übergreifenden Momente stärker hervortreten. In der Romantrilogie *Die Schlafwandler* (1931/32) bildet die deutsche Geschichte vom Drei-Kaiser-Jahr (1888) bis zum Ende des Ersten Weltkrieges den zeitgeschichtlichen Hintergrund.

In drei Phasen werden die Auflösung der traditionellen Gesellschaftsstrukturen und der Zusammenbruch der alten Wertordnung nachgezeichnet. Im ersten Teil: *1888 Pasenow oder Die Romantik* ersteht nochmals das Berlin Fontanes aus der Perspektive des westpreußischen Landadels. Der Gardeoffizier Joachim von Pasenow ist gezwungen den Dienst zu quittieren und die Verwaltung der väterlichen Güter zu übernehmen. Ohne Uniform, als Zivilist fühlt er sich eines Teils seiner Sicherheit und seines Selbstverständnisses beraubt. Er ersetzt den Verlust durch ein neues Korsett, durch die Überbetonung des gesellschaftlichen Rituals der Umgangsformen und durch strikte Beachtung der Standesnormen. Die Leere dieser veräußerlichten, fremdbestimmten Existenz versucht er durch eine imaginierte heile Scheinwelt zu füllen: Die Ehe, die er nur aus Standespflicht und aus ökonomischer Rücksicht geschlossen hat, stilisiert Joachim von Pasenow zu einem sakralen Ort unzerstörbarer Harmonie. Dies ist sein romantischer Selbstbetrug, wie es schon im Titel angedeutet wird. Die feudale Ordnung und mit ihr auch ihr Wertesystem waren schon längst überholt. Im zweiten Teil: *1903 Esch oder Die Anarchie* wechselt die Szene ins rheinische Industriegebiet. Der Handlungsgehilfe und spätere Buchhalter August Esch, ein typischer Vertreter des städtischen Kleinbürgertums, verliert in der Anonymität der Industriegesellschaft die Orientierung; in seinen Träumen baut er sich eine Ersatzwelt auf, gegen die Anarchie der Außenwelt. Im dritten Teil: *1918 Huguenau oder Die Sachlichkeit* ist die traditionelle Erzählweise aufgehoben; statt einer Haupthandlung verschränken sich mehrere Parallelhandlungen. Der endgültige Zusammenbruch des traditionellen Ordungsgefüges spiegelt sich auch in der literarischen Gestaltung selbst. Zusätzlich läuft durch den ganzen dritten Teil in mehreren Abschnitten ein Essay über den „Zerfall der Werte". In mehreren Querschnitten soll eine repräsentative Bestandsaufnahme der Zeit gegeben werden. Der Ort, um den sich alles immer wieder konzentriert, ist ein Städtchen an der Mosel. Dort lebt Joachim von Pasenow als Stadtkommandant, und August Esch ist der Besitzer der Lokalzeitung. Beide haben sich gegen die politischen Ereignisse durch religiöses Sektierertum abgeschottet. Der Mann der „Sachlichkeit", das heißt: eines skrupellosen Opportunismus, ist Wilhelm Huguenau, der durch Bodenspekulationen und betrügerische Kaufverträge während der Novemberunruhen 1918 in dem Moselstädtchen zu Vermögen kommt und später in seiner elsässischen Heimat als angesehener Fabrikbesitzer und Familienvater lebt. Die Mehrzahl der Personen in dieser Trilogie sind Schlafwandler, wie der Titel sagt; sie leben zwischen Traum und Wachen, sie halten an überlieferten Wertvorstellungen zumindest formal fest, fühlen aber, dass ihnen die Wirklichkeit schon längst entglitten ist.

Die Schuldlosen

Später hat Hermann Broch in dem Roman in elf Erzählungen: *Die Schuldlosen* (1950) das Panorama der deutschen Geschichte bis 1933 fortgeführt. Die Erzählungen sind in drei Gruppen geordnet: 1913 die Zeit unmittelbar vor dem Ersten Weltkrieg, 1923 die Jahre der Inflation und 1933 das Ende der Republik.

In einem Kommentar zum Inhalt schrieb Hermann Broch, dass er in gewissem Sinn mit diesem Roman zur Darstellungsweise der *Schlafwandler* zurückgekehrt sei und den Zeitgeist heraufbeschwöre, „um daraus die Handlungsweise der Protagonisten zu entwickeln und erklärbar zu machen, darüber hinaus aber, um den vielleicht ergründbaren Sinn des Gesamtgeschehens aufzuspüren". Trotzdem gebe es wichtige Unterschiede: „Gewiss, die dort gestellte Frage nach den seelischen Gründen, welche ein ganzes Volk in eine von ihm nicht gewollte, katastrophale Aggression hineintreiben können, wird auch hier wiederholt, doch die wilhelminische Aggression war eine ganz andere als die hitlerische: bis 1918 waren die alten Wertsysteme, wenn auch schon zerfallend, noch in Kraft, doch nachher waren sie durch den Krieg so gründlich abgerissen, dass ihre sozusagen vernebelnde Wirksamkeit sich nicht mehr zur Erklärung, geschweige denn zur Entschuldigung widersinniger Verbrechen heranziehen lässt. Eine völlig neue Situation hat sich etabliert – in den ‚Schlafwandlern' bloß vorgeahnt, und zwar in der Gestalt des Huguenau –, eine Situation des nackten Verbrechens, die Situation der völligen Vereinsamung des Individuums."
Hermann Broch war 1938 nach dem „Anschluss" Österreichs verhaftet und vorübergehend in „Schutzhaft" genommen worden, nicht weil er Jude war, sondern weil ihn der Briefträger als „Kommunisten" denunziert hatte; Broch bezog die Moskauer Emigranten-Zeitschrift „Das Wort". Im Sommer 1938 floh Broch über London in die USA. Obwohl selbst ständig finanzieller Unterstützung bedürftig – seine Romane und Essays hatten nicht den Verkaufserfolg im Ausland wie die Werke Thomas Manns –, half er vielen bei der Emigration und Eingliederung.

Der Tod des Vergil

Hermann Brochs Meisterwerk ist der Roman *Der Tod des Vergil;* er entstand bereits im Exil und erschien 1945. Dieser Roman ist Brochs Bekenntnis zur Kulturtradition des Abendlandes, die durch die Barbarei des Nationalsozialismus gefährdet war. Der römische Dichter Vergil (70–19 v. Chr.) galt seit dem frühen Mittelalter als der Vater des Abendlandes, weil er die Ablösung der antiken Welt durch das Christentum prophetisch vorhergesehen und die Überhöhung der antiken Humanität durch das Evangelium der Liebe und des Erbarmens in seinen Werken bereits vorweggenommen habe. Der handlungsarme Roman umfasst die letzten 18 Lebensstunden des Dichters im Angesicht des Todes. In Selbstgesprächen (in Gestalt des inneren Monologs in der dritten Person), in Fieberträumen und plötzlich auftauchenden Erinnerungen ersteht noch einmal der gesamte Bewusstseinshorizont des Dichters Vergil. Er zweifelt an seiner kontemplativen, beobachtenden Existenz als Dichter; ob er nicht besser aktiv und helfend in das Zeitgeschehen hätte eingreifen sollen. Er denkt daran, seine *Aeneis,* sein großes Epos über die Gründung Roms, vernichten zu lassen. Aber im Tod, in der Erwartung des Eingehens in die große Harmonie des Seins – der dritte und vierte Teil des Romans ist überschrieben: *Erde – Die Erwartung* und *Äther – die Heimkehr* – lösen sich die Gegensätze und Widersprüche, die Zweifel auf. Sein letzter Gedanke gilt seinen Sklaven; Vergil bittet den Kaiser sie nach seinem Tode freizulassen.

Elias Canetti

Elias Canetti (1905–1994) hatte seine literarischen Hauptwerke schon in den Dreißigerjahren geschrieben, aber erst in den Sechzigerjahren wurde die deutsche Öffentlichkeit auf ihn aufmerksam. Nach dem Deutschen Kritikerpreis (1966) wurde er in rascher Folge mit den bedeutendsten Literaturpreisen geehrt, darunter dem Georg-Büchner-Preis (1972) und dem Nobelpreis für Literatur (1981). Elias Canetti schrieb seine Werke in deutscher Sprache, die er erst mit acht Jahren erlernte. Geboren wurde er in Bulgarien. Er stammte aus einer Familie sephardischer Juden, die 1492 aus Spanien ihres Glaubens wegen vertrieben worden waren. Er besuchte das Realgymnasium in Frankfurt und studierte in Wien. 1938 emigrierte er vor den Nationalsozialisten nach London; das Schicksal seiner Vorfahren wiederholte sich in seinem eigenen Leben. In seinen autobiographischen Erinnerungen beschreibt er nochmals den Weg eines jüdischen Kosmopoliten, der in der europäischen Tradition des deutschen Geisteslebens denkt und schreibt: *Die gerettete Zunge* (1977), *Die Fackel im Ohr* (1980), *Das Augenspiel* (1985). In seiner Sprachkultur und in seiner anschaulichen Schreibweise ist er mit dem Wiener Sprachkritiker Karl Kraus vergleichbar, dessen Vorlesungen er in den Zwanzigerjahren hörte und der ihn entscheidend beeinflusste. Er selbst beruft sich immer wieder auf den französischen Romanschriftsteller Stendhal (1783–1842), der unbeirrt vom jeweils herrschenden Publikumsgeschmack seine Werke an seinen eigenen Qualitätskriterien maß. Stendhals Romane zählen heute zu den Meisterwerken der Erzählprosa des 19. Jahrhunderts; Canetti erhielt fünfzig Jahre nach der Niederschrift seines literarischen Erstlings den Nobelpreis für Literatur.

Die Blendung

Der Roman *Die Blendung* (1935) war mit Anspielung auf Balzacs Romanzyklus *La comédie humaine* (1829 ff.) als Eröffnungsband einer ähnlichen Reihe gedacht – nur mit dem Unterschied, dass diese „Menschliche Komödie" an Außenseiterexistenzen dargestellt werden sollte, an Menschen, die für das Alltagsverständnis als Irre galten. Der Sinologe Peter Kien – ein Privatgelehrter, der in und mit seiner Bibliothek lebt – ist ein solcher Außenseiter. Im äußeren Handlungsverlauf liest sich der Roman als die Geschichte eines weltfremden Wissenschaftlers und Büchermenschen, der in die Fänge seiner Haushälterin gerät, sie ehelicht und bald erfahren muss, dass sie ihn ausnehmen will. Dies ist alles sehr realistisch erzählt, mit einer Diktion, die an Döblins *Berlin Alexanderplatz* erinnert. Auch Peter Kien lässt sich mit obskuren Gestalten ein, um seine Bibliothek für sich zu retten. Und als die wirtschaftliche und geistige Katastrophe droht, taucht – wie ein rettender Engel, wie ein *Deus ex machina* – der Bruder, ein berühmter Psychiater, auf und bringt nach außen hin alles wieder in Ordnung. Aber am Ende des Romans verbrennt sich Kien – wieder im Besitz seiner Bibliothek – zusammen mit seinen Büchern. Zum Erzählstil, der bis zur minutiösen Wiedergabe wirklicher Dialogszenen zu reichen scheint, kontrastieren die Überschriften der drei Teile: *Ein Kopf ohne Welt – Kopflose Welt – Welt im Kopf.* Der Deutung sind viele Wege offen: Die Kraft geistiger Welterfassung scheitert an banaler Besitzgier *(Ein Kopf ohne Welt)* – keine Gesellschaft kommt ohne einen ideologischen Überbau *(Kopflose Welt)* aus – die Welt der aktuellen Ereignisse kümmert sich wenig um ihre eigene Geschichte oder Herkunft *(Welt im Kopf).* Die Selbstverbrennung des Privatgelehrten auf dem Scheiterhaufen seiner Bibliothek, die das Wissen der Vergangenheit konserviert, ist als eine Provokation gegen die geschichtsunwillige Gesellschaft zu verstehen: ein Appell, der nichts an Aktualität verloren hat. Die pointiert-satirische Gesellschaftskritik findet sich auch in Canettis Dramen, die ebenfalls schon in den Dreißigerjahren entstanden – z. B. *Die Hochzeit* (1932). Nach jahrzehntelangen Vorarbeiten erschien 1960 Canettis wissenschaftliche Gesellschaftsanalyse *Masse und Macht.*

Masse und Macht

Theater der Zwanzigerjahre

Überwindung des Expressionismus

Für das Theater waren die ersten Jahre der Weimarer Republik eine Zeit des nachgeholten Expressionismus. Mit einer gewissen Verzögerung gegenüber der Lyrik kamen nach 1918 die wichtigsten expressionistischen Dramen auf die Bühne: Ernst Toller, *Die Wandlung* (1918) – Georg Kaiser, *Gas* (1918/20). Aber schon sehr bald wurden neue Tendenzen bemerkbar. Im expressionistischen Drama meinte der Ruf nach Veränderung vor allem eine moralische Erneuerung des Individuums; die Lösung sozialer Konflikte sollte durch eine innere Bereitschaft des Einzelnen geschehen. Nicht die gesellschaftlichen Bedingungen, sondern die Menschen standen im Blickfeld. Aber dieser idealistische Appell scheiterte an der Wirklichkeit. Der Elan des Aufbruchs war sehr schnell durch Inflation, Parteienkampf und restaurative Tendenzen gebrochen. Deshalb wandelte sich selbst bei den expressionistischen Dramatikern der idealistische Glaube an den neuen Menschen in resignative Enttäuschung. Die Desillusion zeigte mehrere Varianten.

Lehrtheater

Friedrich Wolf

Das bist du

Der arme Konrad

Tai Yang erwacht

Die Matrosen von Cattaro

Tollers humanistischer Idealismus wurde vom sozialistischen Agitations- und Lehrtheater abgelöst: die „Verhältnisse" wurden untersucht und analysiert. Bertolt Brechts Werke aus dieser Zeit sind zwar heute die bekannteren, aber damals war Friedrich Wolf (1888–1953) der erfolgreichste sozialistische Dramatiker. Er begann mit einem noch symbolischen Ideendrama: *Das bist du* (1919). Sehr bald wandte er sich dem politischen Stück zu. In historischer – *Der arme Konrad* (1924) – und geographischer – *Tai Yang erwacht* (1931) – Verfremdung untersuchte bzw. dokumentierte er die Bedingungen über Erfolg oder Scheitern proletarischer Befreiungsbewegungen. Dies gilt auch für *Die Matrosen von Cattaro* (1930); das Stück handelt von dem Aufstand der österreichischen Matrosen 1918 in der Bucht von Cattaro. Friedrich Wolf hat die Lehrstücke revolutionären, gesellschaftsverändernden Handelns zwar wie Brecht verfremdet, aber er unterschied sich von Brecht in einem wesentlichen Punkt: Er übernahm für seine Dramen die Forderung des Aristoteles, dass der Zuschauer durch Mitleiden und Mitfühlen an den dargestellten Ereignissen „gereinigt", d. h. geläutert und zum Handeln aufgerufen werden solle. Brecht setzte auf Provokation zum alternativen Handeln.

Psychoanalytisches Konversationsstück

Ferdinand Bruckner

Krankheit der Jugend

Eine zweite Variante ist das psychoanalytische Panorama einer verstörten Generation ohne Zukunft, die aus der Wirklichkeit in sexuelle Anarchie und momentane Triebbefriedigung flieht. Unfähig ein gesellschaftliches Verantwortungsbewusstsein zu entwickeln, verabsolutiert sie die zügellosen Wünsche des Ich. Das bürgerliche Ambiente zur Zeit der Inflation wird zu einem Szenarium tödlicher Langeweile. Es ist die zynische Desillusionierung der expressionistischen Utopie vom neuen Menschen. Bereits der Titel des für diese Richtung repräsentativen Stückes: *Krankheit der Jugend* (1926) von Ferdinand Bruckner (eigentlich: Theodor Tagger, 1891–1958) ist eine Aufhebung des ex-

Die Rassen

pressionistischen Sendungsprogrammes: Die Söhne sind nicht mehr in der Lage die Väter zu überwinden. Diese Jugend war aber auch anfällig für rechtsradikalen Totalitarismus und Rassenwahn. Bruckners Stück *Die Rassen* (1933) musste bereits im Züricher Exil uraufgeführt werden.

Sozialkritisches Volksstück

Marieluise Fleisser

Langfristig erfolgreich und über die Zwanzigerjahre hinauswirkend war das sozialkritische Volksstück. Seine herausragenden Vertreter waren Marieluise Fleißer, Ödön von Horváth und Carl Zuckmayer. Marieluise Fleisser (1901–1974) stammte aus Ingolstadt. Dort handeln ihre Volksstücke, mit denen sie in Berlin Aufsehen erregte. Die Provinz war nicht nur Modell, sondern erlebter Hintergrund. Marieluise Fleißer konstruierte ihre Stücke nicht am Leitfaden präziser Argumentationen oder bewusst intendierter Provokation, wie Brecht es tat, sie gestaltete aus der Beobachtung und Erfahrung selbst; die Argumente sollten im Dargestellten durchscheinen. Ihre Stücke waren ungestutztes Naturgewächs, dem auch die korrigierenden Eingriffe von Brecht in der Substanz nichts anhaben konnten. Es war kein lehrhaftes Theater, – eher ein verzweifeltes Fragen. Olga, Opfer einer kleinstädtischen Hetzjagd, sagt in *Fegefeuer in Ingolstadt:* „Ach, dass wir in eine Welt der Gemeinheit fallen mit jedem Tag, wie wir in diesen Leib gefallen sind und wir haben ihn an uns."

Marieluise Fleißer wuchs in einem streng-katholischen Milieu auf, zunächst zu Hause, dann in einer Klosterschule in Regensburg. Nach dem Abitur studierte sie in München Theaterwissenschaft. Dort lernte sie über Lion Feuchtwanger den drei Jahre älteren Bertolt Brecht kennen. Brecht schätzte ihre unmittelbare sprachliche und szenische Gestaltungskraft; er setzte sich für die Aufführung ihrer Stücke ein und griff zum Teil auch bei den Proben in den Text und in die Szenengestaltung ein, besonders bei den *Pionieren in Ingolstadt.* Die Beziehung zwischen beiden war ungleich. Marieluise Fleißer lieferte sich dem bestimmenden Einfluss Brechts aus, sie suchte menschlichen Kontakt. Brecht war von der gemeinsamen Theaterarbeit besessen. Nach dem Skandal um die Berliner Aufführung ihrer *Pioniere in Ingolstadt,* die Brecht mit gewagten Szenen zu einem provokativen Lehrstück stilisiert hatte, trennte sie sich von Brecht, da sie sich von ihm in der allgemeinen Hetze gegen ihre Person allein gelassen fühlte. Aber auch in ihren späteren Memoiren wirkte noch das bedrängende Gefühl einer hilflosen Abhängigkeit nach, unter der sie litt und von der sie sich befreien musste. Marieluise Fleißer kehrte – nach einer weiteren Enttäuschung – in die Provinz zurück; sie heiratete einen Jugendfreund, der eine Tabakhandlung hatte. Dauerhafte Anerkennung erfuhr sie erst sehr spät, als in den Sechzigerjahren Martin Sperr, Rainer Werner Faßbinder und Franz Xaver Kroetz sich in ihren kritischen Volksstücken auf Marieluise Fleißers Vorbild beriefen; sie selbst sah sich plötzlich als geistige „Ziehmutter" dieser jüngeren Autoren.

In ihren Stücken und in ihrer Erzählprosa gibt es einige konstante Grundmotive: die menschliche Vereinsamung in einer unmenschlichen Hackordnung, die Macht eines starren gesellschaftlichen Normengefüges, die Brutalisierung der Gefühle und – wohl als wichtigstes – die Frau als hilfloses Opfer gesellschaftlicher Zwänge. Die Rudel-Gesellschaft, eine Bezeichnung Marieluise Fleißers, duldet keine Abweichung; wer den Normen nicht entspricht oder sich ihnen widersetzt, wird erbarmungslos gehetzt. In der Bilderfolge *Fegefeuer in Ingolstadt* (1926) sind es die Schülerin Olga, die wahrscheinlich ein Kind erwartet, und Roelle, der schon durch seine äußere Erscheinung zum Außenseiter abgestempelt ist. Die Argumente für die Hetzjagd kommen aus einer muffigen Beichtzettel-Mentalität. Die Sprache sind entliehene Versatzstücke aus dem Katechismus, dem sakralen Ritual und einem angelernten gymnasialen Bildungswissen; im Grunde herrscht in den Gesprächen Sprachlosigkeit, man rettet sich in den Anspruch rigoroser Normen. Selbst der Versuch, zumindest unter den Außenseitern eine mitmenschliche Solidarität aufzubauen, scheitert. Roelle will Olga helfen, aber nur unter der Bedingung, dass er Macht über sie ausüben kann, d. h. die Opfer der Gesellschaft haben selbst schon den Mechanismus der Hackordnung für sich verinnerlicht. In dieser bedrückenden Enge erstirbt jegliches Gefühl. – *Pioniere in Ingolstadt* (1929), eine Komödie in zwölf Bildern, handelt, so könnte man sagen, von der Unfähigkeit zu lieben. Das Dienstmädchen Berta lernt während des Manövers einen Pionier kennen; sie möchte, dass das Verhältnis mehr sei als nur eine Episode; sie sucht Zuneigung, Geborgenheit, Dauer. Aber der Pionier Karl kennt nur Unterwerfung und Macht; diese Prinzipien überträgt er auch auf sein Verhältnis zu Berta. Die Dialoge scheitern an Karls Unvermögen und Unwillen, sein Verhalten zu überdenken. Berta sagt kurz vor dem Abschied: „Ich meine halt, wir haben Wichtiges ausgelassen. Die Liebe haben wir ausgelassen."

Fegefeuer in Ingolstadt

Pioniere in Ingolstadt

Marieluise Fleißer beschrieb den Zustand, ÖDÖN VON HORVÁTH (1901–1938) die Folgen. Beide kamen sich in der Schilderung des kleinbürgerlichen, verklemmten Milieus sehr nahe, nur: Horváth erweiterte die Schilderung um die politische Dimension. *Der ewige Spießer* (1930), so der Titel eines seiner Romane, ist der zu kurz gekommene Kleinbürger mit falschem Zungenschlag, – ein Aufsteiger aus dem verbürgerlichten Proletariat oder einer aus dem alten Mittelstand, der den Anschluss verpasst hat; er führt die Phraseologie des Bildungsbürgertums im Munde, geriert sich als umsichtiger Menschenfreund, denkt aber nur an seinen Vorteil und versteckt seine heimlichen, unerfüllten Wünsche hinter schöngeistiges oder moralisches Gerede. Aus dem Bewusstsein seiner individuellen Bedeutungslosigkeit ist der Spießer besonders anfällig für kollektiven Machtrausch; denn das Ganze – die Partei, die Bewegung oder das Volk –, in das er eintaucht, verleiht ihm eine neue Identität.

ÖDÖN VON HORVÁTH

Der ewige Spießer

Horváths Ziel war es, das falsche Bewusstsein, das sich hinter der sprachlichen Idylle gespielter Gemütlichkeit und Herzlichkeit verbarg, zu entlarven; das Volksstück wurde zur Tragikomödie, das Lachen zur Grimasse. Stutzig machen schon die Titel: *Italienische Nacht* und *Geschichten aus dem Wienerwald.* Für beide Stücke erhielt Horváth 1931 den Kleistpreis. Dem Direktor des Theaters am Schiffbauerdamm in Berlin bot Horváth die *Italienische Nacht* (1931) mit dem Kommentar an: „Eine aktuelle politische Komödie". Das Stück spielt 1930 in einer süddeutschen Kleinstadt: Die Republikaner haben für ihre „Italienische Nacht" ein Lokal gemietet. Am selben Ort und am gleichen Tag feiern die Faschisten ihren „Deutschen Tag". Es kommt zu Handgreiflichkeiten. Die Republikaner siegen zwar, aber sie sind in sich selbst zerstritten. Die Älteren ruhen sich auf ihrem Erfolg von 1918 aus und schieben die Warnungen ihrer jüngeren, radikaleren Parteigenossen beiseite.

Italienische Nacht

Blind vor der Wirklichkeit verwalten sie die Republik wie einen Traditionsverein: „Von einer akuten Bedrohung der demokratischen Republik kann natürlich keineswegs gesprochen werden. Kameraden! Solange es einen republikanischen Schutzverband gibt – und solange ich hier die Ehre habe, Vorsitzender der hiesigen Ortsgruppe zu sein, solange kann die Republik ruhig schlafen!" Drei Jahre später wachte sie verstört auf.

Geschichten aus dem Wienerwald

„Nichts gibt so sehr das Gefühl der Unendlichkeit als wie die Dummheit." – Dies ist das Motto der *Geschichten aus dem Wienerwald* (1931). Die Orte der Handlung stammen aus dem Klischeerepertoire der Wiener Operette: ein idyllisch verträumtes Gässchen in einer Wiener Vorstadt, eine Lichtung im Wienerwald und ein Häuschen in der Wachau. Die Hauptpersonen: ein nettes Wiener Mädel, um das ein fleißiger Fleischhauer wirbt, das aber einem Luftikus sein Herz schenkt; das Melodram kann beginnen. Unter dieser Oberfläche bewusster Kitschassoziationen verbirgt sich jedoch lebenszerstörende Banalität und Bosheit. Die Opfer sind Marianne, das nette Mädel, und ihr uneheliches Kind. Indem Horváth die Idylle übersteigert oder den Widerspruch zwischen Handlung und Sprachverhalten dokumentiert, entlarvt er falsches Gefühl und falsches Bewusstsein. Marianne träumt von einem inneren Glück und gefühlvoller Zuwendung; Alfred betört sie durch eine Operettensprache. Doch als das Kind kommt, hat er sie bald satt. Die Großmutter in der Wachau lässt das Kind absichtlich im Luftzug stehen, und es stirbt. Marianne steigt im Tingeltangel immer weiter ab. Am Ende rettet sie der Fleischhauer Oskar aus der Not und heiratet sie. Aber dieser versöhnliche Operettenschluss ist Mariannes Ende als eigenes Ich; denn der Fleischhauer liebt sie nicht, er will sie nur besitzen. Desillusioniert fasst Marianne ihren Lebenslauf zusammen: „Ich hab mal Gott gefragt, was er mit mir vorhat. – Er hat es mir aber nicht gesagt, sonst wär ich nämlich nicht mehr da. – Er hat mir überhaupt nichts gesagt. – Er hat mich überraschen wollen. Pfui!"

Die wirklich tragischen Figuren in Horváths Volksstücken, die von einer besseren Welt, von ihrem kleinen Anteil am Glück träumen und an die Ehrlichkeit von Gefühlsregungen glauben, sind die Frauen; aber sie unterliegen in der Brutalität der verdinglichten Beziehung zwischen den Menschen. In

Kasimir und Karoline

Kasimir und Karoline (1932), einer rasanten Folge von 117 Szenen aus der Zeit der Wirtschaftskrise und existenzbedrohenden Arbeitslosigkeit – alles zusammengedrängt während eines Oktoberfestbummels –, sagt Karoline, die als Einzige über den Moment hinaussieht: „Man hat halt oft so eine Sehnsucht in sich – aber dann kehrt man zurück mit gebrochenen Flügeln und das Leben geht weiter, als wäre man nie dabei gewesen." Für Elisabeth in

Glaube Liebe Hoffnung

Glaube Liebe Hoffnung (1933), die, um sich ehrlich durchs Leben zu schlagen, selbst ihren Körper an die Anatomie verkaufen will, die immer wieder auf verbale Bekundungen eines mitmenschlichen Gefühls vertraut, wird das Ringen um ein menschenwürdiges Überleben zum „Totentanz"; sie stürzt sich ins Wasser. Niemand sah ihr ehrliches Bemühen, in der Gesellschaft zu bestehen, jeder – selbst ihr Verlobter – nur die unfreiwilligen, aus dem Zwang der Umstände resultierenden Ausrutscher. – Ödön von Horváth, ungarischer Abstammung, der die Weimarer Republik in München und Berlin als Zeitgenosse erlebte, der frühzeitig in seinen Stücken vor der vermeintlichen Biederkeit der braunen „Bewegung" warnte und den zu kurz gekommenen Spießer als potentiellen Mitläufer faschistischer Ideologie entlarvte, musste 1934 nach Österreich emigrieren, 1938 – es hätte die Inszenierung eines eigenen Stückes sein können – wurde er in Paris von einem herabstürzenden Ast erschlagen.

Carl Zuckmayer

Carl Zuckmayer (1896–1977) begann – ähnlich wie Ernst Toller – seine Laufbahn als Dramatiker mit einem expressionistischen Erlösungsdrama: *Kreuzweg* (1920), nur mit weniger Erfolg. Der grandiose Durchbruch gelang ihm fünf Jahre später mit dem Volksstück *Der fröhliche Weinberg*. Carl Zuckmayer war Zeitgenosse von Marieluise Fleißer und Ödön von Horváth; er schrieb wie sie sozialkritische Volksstücke. Trotzdem fällt es schwer, sie miteinander zu vergleichen. Zuckmayer stellte keine völlig gebrochenen, keine zerstörten Charaktere auf die Bühne; seine Gestalten haben auch in der Niederlage noch menschliche Würde und Lebenswillen. Es bleibt eine Perspektive, eine Hoffnung auf Zukunft. Diese Haltung geht auf Zuckmayers eigene Überzeugung zurück, dass das Leben als Ganzes eine unzerstörbare Kraft sei, sich immer wieder erneuere und Rückschläge überdauere. Zuckmayer ließ sich nicht auf Ideologien ein, er mied Extreme jeder Richtung. Immer wieder schimmert in Kritik und Satire das Bild eines Ausgleichs durch, der aus Verantwortung um den Menschen erstarrte Gegensätze überwindet. Zuckmayers volkstümliche Gestalten sind in der Landschaft verwurzelt; sie leben aus der Geschichte und in der Sprache ihrer Herkunft. Diese landschaftliche und historische Einbettung, die gerade die Vielfalt der bestimmenden Einflüsse im Lauf der Geschichte einer Region berücksichtigte und bejahte – Zuckmayers Heimat ist Rheinhessen, ein historischer Schmelztiegel der abendländischen Kulturgeschichte –, war der erklärte Gegenentwurf zu einem nationalistischen Blut-und-Boden-Kult. In Zuckmayers eigener Familiengeschichte spiegelte sich die historische Internationalität der Region. Aus diesem Grunde und weil er der Kulturpolitik des Demagogen Joseph Goebbels öffentlich widersprach, erhielt er 1933 Aufführungsverbot; er ging nach Österreich und emigrierte 1938 in die USA. Den Zweiten Weltkrieg überstand er als Farmer, die letzten Jahre lebte er in der Schweiz.

Kreuzweg

Der fröhliche Weinberg

Das Berliner Publikum war bei der Premiere begeistert. *Der fröhliche Weinberg* (1925) war, ohne in triviale Klischees abzurutschen, ein derb-frivoles Volksstück; trotz der kritischen Anspielungen auf Inflation und reaktionären Nationalismus konnte man frei heraus lachen. Während einer turbulenten Weinfestnacht entdeckt der Weingutsbesitzer Gunderloch, dass er nahe daran war, zwei große Fehler zu begehen: sich zu früh aufs Altenteil zurückzuziehen und seine Tochter zu einer Ehe mit einem akademischen, nationalistischen Fatzken zu überreden. Doch beides wird noch rechtzeitig verhindert. Der rüstige Witwer heiratet seine treue Haushälterin, Klärchen bekommt ihren geliebten Rheinschiffer – und dazu gibt's noch zwei weitere glückliche Paare; dies ist vielleicht das selbstironische Zugeständnis an das obligatorische Happyend der Heimatstücke. Zuckmayers Gestalten sind weder typisierte Komödienfiguren noch farblose Thesenträger, sondern plastische Charaktere, differenziert in ihren Reaktionen, nicht einseitig verzerrt; selbst an den im Ganzen unangenehmen Zeitgenossen wird der eine oder andere versöhnliche Zug nicht vergessen. Diese Meisterschaft in der Personengestaltung, dazu eine lebendige Handlung und sicherer Zugriff im Milieu waren Zuckmayers Stärke. In einer kurzen Einblendung in ein Gespräch über die Abnahme der Fleischkontrolle bei einer Hausschlachtung blitzt die ganze Borniertheit der nachgeplapperten Dolchstoßlegende auf, mit der spätere Entscheidungen gerechtfertigt wurden:

> *Eismayer: [. . .] Es gibt heutzutage kei noble Leut mehr. Als Gastwirt merkt ma's.*

Kurrle: Das sind die traurigen Folgen der Revolution.
Eismayer: Das ist alles, weil die uns den Dolch in de Rücke gebohrt hawwe. Darunter leide mir heut auch in der Viehzucht. Aber ma sagt ja, es soll bald wieder anders werde!
Kurrle: Ja, es geht manches vor, was mancher nicht ahnt.

Schinderhannes

In dem balladesken Volksstück *Schinderhannes* (1927) erzählte Zuckmayer die Geschichte des deutschen Robin Hood und Volkshelden Johann Bückler, der während der napoleonischen Besatzungszeit am Rhein auf seine Art für Recht sorgte, den reichen Kaufleuten das Geld nahm und es unter die Armen verteilte. Die zeitgenössischen Anspielungen auf Kriegs- und Spekulationsgewinnler sind zwar leicht zu entdecken, aber im Mittelpunkt bleibt doch die Symbolfigur des Schinderhannes, der das Recht auf Menschlichkeit über das positve Gesetz stellte.

Zuckmayers Idee der Menschlichkeit und das Vertrauen auf sie äußerte sich eher in seinen Gestalten und deren Erlebnissen als in Thesen und logisch geführten Argumentationen. Dies dürfte mit ein Grund für den breiten Erfolg seiner Volks- und Zeitstücke sein. Die Konstellation ist jeweils sehr einfach, aber die Folgen sind vielfältig. In dem „deutschen Märchen“ *Der Hauptmann von Köpenick* (1930), das auf die Geschichte des mehrfach vorbestraften Schusters Wilhelm Voigt zurückgeht, der 1906 mit einer Hauptmannsuniform die ganze Köpenicker Stadtverwaltung täuschte, geht es um den sinnlosen Kreislauf ohne Anfang, dass nur der eine Arbeit bekommen könne, der bereits eine Aufenthaltsgenehmigung habe, dass aber wiederum für die Aufenthaltsgenehmigung der vorherige Nachweis einer Arbeitsstelle nötig sei. Diesen Kreislauf versucht der Schuster Wilhelm Voigt mit seinem Wissen über die nahezu magische Kraft der Militäruniform in Preußen zu unterbrechen; sein Wissen hat er aus dem Gefängnis, wo er durch täglichen Militärdrill und umfassende Militärkunde auf seine Wiedereingliederung in die preußische Gesellschaft vorbereitet worden war. Er kauft sich beim Trödler eine Uniform, befiehlt einem vorbeiziehenden Soldatentrupp, im Sonderauftrag mit ihm zum Köpenicker Rathaus zu ziehen. Alles gelingt nach Wunsch, die Uniform und das zackige Auftreten öffnet alle Türen. Nur das Ziel, sich einen Pass zu beschaffen, erreicht Voigt nicht; denn in Köpenick gibt es keine Passstelle. Die Unmenschlichkeit einer verwalteten Gesellschaft und preußischer Militärfetischismus siegen zwar, aber am Ende lacht eine ganze Gesellschaft über sich selbst. Auch diese Zurücknahme der eigentlichen Konsequenz des Stücks, die Überleitung zu einer möglichen Aufhebung der Widersprüche, ist für Zuckmayers Werke bezeichnend; nichts ist endgültig oder ohne Ausweg.

Der Hauptmann von Köpenick

Gerade diese Differenziertheit in der Charakterzeichnung und das Abwägen gegenteiliger Handlungsgewichte, d. h. das Vermeiden schwarzweiß anmutender Ergebnisse oder Urteile konnte bei den Zuschauern auch zu Missverständnissen führen, wie beispielsweise in der Diskussion über sein Zeitstück *Des Teufels General* (1946). General Harras spielt in einem Teufelsspiel mit, weil seine Leidenschaft für das Fliegen größer ist als seine politische Entschiedenheit. Er weiß dies – und handelt trotzdem anders. Er durchschaut das Ziel des Spiels, aber er hat nicht die Kraft, es abzubrechen. Deshalb bleibt er in seiner Einstellung zu den Nationalsozialisten schillernd, er widerspricht ihnen offen,

Des Teufels General

aber er trennt sich nicht von ihnen. Der Schluss des Stückes – Harras entdeckt, dass sein Freund, Chefingenieur Oderbruch, ein entschiedener Nazigegner, für die Sabotage an den Maschinen verantwortlich ist, und er setzt sich in eine der Maschinen, um nach seinem Lebensstil zu enden –, dieser Schluss konnte tatsächlich als Heroisierung einer Einzelgestalt missverstanden werden. Deshalb zog Zuckmayer in den Sechzigerjahren das Stück von den Bühnen zurück, um zu vermeiden, das es als „Entschuldigung eines gewissen Mitmachertyps" missverstanden werde; denn dies war es mit Sicherheit nicht. Eher eine problematische individualgeschichtliche Aufarbeitung eines sehr komplexen Sachverhaltes. Spätere zeitkritische Stücke Zuckmayers wurden zwar mit Respekt aufgenommen, sie hatten aber nicht mehr den großen Widerhall wie *Der Hauptmann von Köpenick* oder *Des Teufels General.* Zu ihnen gehören *Das kalte Licht* (1955), ein Drama über die gesellschaftliche Verantwortung des Wissenschaftlers für die Folgen seiner Forschungen, im Thema vergleichbar mit Dürrenmatts *Physikern* oder Kipphardts *In der Sache J. Robert Oppenheimer,* und *Der Rattenfänger* (1975), eine historische Fabel über Klassenkampf, Ausbeutung und Hoffnung auf ein besseres Zeitalter, die durch ihre Fülle der Anspielungen die Möglichkeiten des Gleichnisspiels, der Parabel im Sinne Brechts, sprengte.

Das kalte Licht

Der Rattenfänger

Der Stückeschreiber Bertolt Brecht

BERTOLT BRECHT (1898–1956) nannte sich einen Stückeschreiber; er betonte das Handwerkliche und schützte die Arbeit im Team. Er entwickelte die Theorie des epischen, antiaristotelischen Theaters; aber seine besten Stücke entstanden, als er sich von dem starren ideologischen und kompositionellen Korsett seiner sozialistischen Lehrstücke wieder befreit hatte. Er begann wie viele als desillusionierter Expressionist; in den frühen Dramen herrschten Anarchie und Chaos. Nach der Lektüre der Werke von Marx setzte die Arbeit an den Lehrstücken ein. Im Exil entstanden die Meisterdramen; Brecht versuchte die Dialektik gesellschaftlicher Prozesse exemplarisch darzustellen. Das Mittel dazu war die historische oder parabelhafte Verfremdung.

BERTOLT BRECHT

Brecht wurde in Augsburg geboren. Er stammte aus wohl situierten Verhältnissen; der Vater war Prokurist und später Direktor einer Papierfabrik. 1917 begann er in München das Medizinstudium. Im Herbst 1918, kurz vor Kriegsende, wurde er noch zu den Sanitätern eingezogen. Während der Novemberunruhen war er im Augsburger Arbeiter- und Soldatenrat tätig. In München besuchte er Veranstaltungen der USPD. Er war zwar weiter an der Universität immatrikuliert, widmete sich aber immer mehr seinen schrifstellerischen Arbeiten. Die ersten Stücke wurden aufgeführt. 1924 ging er als Regieassistent zu Max Reinhardt nach Berlin. Seit 1926 beschäftigte er sich mit dem dialektischen Materialismus und besuchte Vorlesungen zur Nationalökonomie. 1928 wurde im Theater am Schiffbauerdamm die *Dreigroschenoper* uraufgeführt; sie war Brechts erfolgreichstes Werk. Obwohl er in seinen Lehrstücken die Linie der Partei vertrat, wurde Brecht doch niemals Mitglied der Kommunistischen Partei. Am Tag nach dem Reichstagsbrand floh er aus

Deutschland nach Dänemark. Kurz vor der Besetzung Dänemarks entkam er 1940 nach Schweden. Über Finnland und Russland emigrierte er schließlich in die USA. 1947 musste er sich vor dem Ausschuss für antiamerikanische Aktivität verteidigen; man warf ihm vor Kommunist zu sein. Brecht kehrte nach Europa zurück. In Zürich, wo er Max Frisch kennen lernte, wartete er vergeblich auf eine Einreisegenehmigung nach Westdeutschland. Er ging nach Ostberlin. Dort gründete er sein Berliner Ensemble, mit dem er, seit 1954 im Theater am Schiffbauerdamm, bis zu seinem Tode arbeitete.

Baal

Eine balladeske Szenenfolge aus dem Leben eines wilden Genies ist *Baal* (1920). Baal ist ein dichtender Vagant, Anarchist, vitaler Genießer, asozialer Wüstling; er nützt jeden aus, er ist immer nur er selbst, er kann immer nur sich selbst lieben. Er ist zugleich sympathisch in seiner Unmittelbarkeit und abstoßend in seiner Rücksichtslosigkeit. Er ist ein personifizierter Bürgerschreck, eine Provokation, und dies ganz bewusst. Er setzt sich über bürgerliche Moral hinweg, er verspottet sie, weil sie verlogen ist. Baal ist kein Weg, keine Perspektive, er ist einfach der entlarvende Widerspruch zu bürgerlicher Enge, ein jugendlicher Protest nicht mehr mit dem Pathos expressionistischer Bühnensprache, sondern mit vitaler Kaltschnäuzigkeit. Brecht wollte den frechen Kraftakt, der nicht zu ernst und zu wörtlich zu nehmen war, später etwas relativieren und in die Linie der Stücke einordnen. Er meinte, Baal sei „asozial, aber in einer asozialen Gesellschaft", d. h. der Bürgerschreck ist ein Produkt eben dieser Gesellschaft, die sich über ihn entrüstet. Brecht hat den Text mehrmals überarbeitet mit der Tendenz, die naturhafte Urgewalt dieser mythischen Figur, die nach einer mesopotamischen Fruchtbarkeitsgottheit benannt ist, hervorzuheben. Bereits in diesem frühen Stück taucht Brechts Vorliebe für Songeinlagen auf, durch die das Geschehen gegliedert oder kommentiert wird.

Trommeln in der Nacht

Vom revolutionären Lehrstück war die Komödie *Trommeln in der Nacht* (Uraufführung 1922) noch weit entfernt. Sie hieß ursprünglich *Spartakus*. Brecht nahm für das Stück den Kleist-Preis entgegen.

Andreas Kragler, über vier Jahre vermisst, kommt mitten im Spartakusaufstand nach Berlin heim. Aus Klassensolidarität sympathisiert er zwar mit den aufständischen Proletariern, aber dem fragwürdigen Sieg der großen Idee zieht er sein privates Glück vor: „Mein Fleisch soll im Rinnstein verwesen, dass eure Idee in den Himmel kommt? Seid ihr besoffen?" Er zieht sich mit Anna, seiner Braut, aus dem umkämpften Zeitungsviertel zurück: „Der Dudelsack pfeift, die armen Leute sterben im Zeitungsviertel, die Häuser fallen auf sie, der Morgen graut, sie liegen wie ersäufte Katzen auf dem Asphalt, ich bin ein Schwein, und das Schwein geht heim." Sein Ausruf „Glotzt nicht so romantisch!", der nach der Regieanweisung auch auf Plakaten im Zuschauerraum hängen sollte, hat einen doppelten Sinn; er richtet sich von der Handlung aus gegen ideologisch beschönigte Selbstaufopferung, die im Sieg des Ganzen den Einzelnen übersieht, und er war bereits eine erste Andeutung der späteren Verfremdungstheorie, die das Theater nicht als einen Ort kulinarischen Vergnügens, sondern als Podium engagierter Auseinandersetzung sah. Denn um die Haupthandlung gruppiert sich ein Bündel von Szenen, in denen Annas Eltern und der Schwiegersohn, der ihr statt des vermissten Andreas zugedacht war, als die materiellen Kriegsgewinnler dargestellt werden. Um Geld, wenn es Zinsen trägt, tun sie alles und arbeiten sie für jeden. In zynischer Überspitzung ist der Krieg ihr materieller Glücksbringer gewesen. In diesem Stück geht die Perspektive zwar über den individuellen Horizont hinaus, aber die gesellschaftliche Auseinandersetzung wird trotzdem (noch) nicht klassenkämpferisch, sondern nach dem Kriterium individuellen Glücks geführt. Mit dieser Situation in diesem Zeitstück hatte Brecht später seine interpretatorischen Schwierigkeiten.

Im Dickicht der Städte

In den folgenden Stücken *Im Dickicht der Städte* (Uraufführung 1923) und *Mann ist Mann* (Uraufführung 1926) stellte Brecht das Wechselverhältnis von Individuum und Gesellschaft in einer absurden Handlung oder in einer exotisch fernen Fabel dar. *Im Dickicht der Städte* entbrennt zwischen dem Chicagoer Holzhändler Shlink und Garga, einem Angestellten in einer Leihbibliothek, ein sinnloser Kampf auf Leben und Tod, weil – dies ist die Absurdität – nur noch in der Feindschaft die menschliche Vereinsamung überwunden werden könne. In *Mann ist Mann* wird nicht nur der indische Packer Galy Gay durch bewusste und unbewusste Verwechslungen zu einer manipulierbaren, jeweils austauschbaren Figur, der Verlust individueller Identität ist im gesellschaftlichen Mechanismus allgemein geworden. In diesen Stücken, in denen Brecht den theatralischen Spielcharakter durch Einblendungen, durch Spiel im Spiel, durch das Sprechen über die Rampe oder durch eine unwahrscheinliche Fabel verdeutlichte, um die Illusion nachgestellter Wirklichkeit gleich gar nicht aufkommen zu lassen, sind schon wichtige Elemente des epischen Theaters verwendet, dessen Theorie erst Jahre später formuliert wurde.

Mann ist Mann

die Theorie des epischen Theaters

Brecht stand mit seinen Versuchen, Funktion und Darstellungsform des zeitgenössischen Theaters zu ändern, nicht allein. In den Zwanzigerjahren arbeitete der Theaterregisseur ERWIN PISCATOR (1893–1966) an der Entwicklung eines politischen Dokumentartheaters. Um möglichst authentisch die gesellschaftlichen Verhältnisse auf die Bühne zu bringen, nutzte er alle technischen Mittel; er setzte Filmeinblendungen zur Illustration ein oder Ausschnitte aus Rundfunkreden. Er arbeitete mit Plakaten und mit informierenden Tabellen. Er ließ das Geschehen auf mehreren Ebenen spielen, sodass eine Szene die andere erläuterte. Das Ziel war, den Zuschauer umfasssend zu informieren, damit er die Dialektik der gesellschaftlichen Prozesse erkenne und die Möglichkeit, gegenwärtige Zustände zu verändern, ergreife. Dies alles übernahm bis in Einzelheiten auch Brecht, nur mit dem Unterschied, dass er die direkte Wiedergabe der Verhältnisse auf der Bühne für falsch hielt, weil durch diese simulierte Unmittelbarkeit zu schnell Identifikationen entstünden. Man müsse im Gegenteil bestimmte Situationen und Verhaltensweisen historisch oder geographisch verfremden, denn durch diese Ferne von der persönlichen Erfahrung oder möglichen Gleichsetzung werde das Exemplarische, das Wichtige an den vorgestellten Fällen, um so klarer erkannt und analysiert. Brecht forderte durch diesen „Verfremdungseffekt" das Publikum zur Mitarbeit auf; es solle Theater nicht einfach konsumieren, sondern begreifen, dass es aktiver Teil an dem Auftrag zur Veränderung der bestehenden Verhältnisse sei. Deshalb dürfe auch der Schauspieler immer nur in zeigender Geste die einzelnen Episoden vorführen; man müsse erkennen, dass er nicht die Gestalt sei, die er spiele, sondern sie nur interpretierend dem Publikum vorspiele. Auch könne die Handlung auf der Bühne nicht wie im klassischen Drama und der Poetik des Aristoteles ein geschlossenes Ganzes sein, sondern nur eine Abfolge von beispielhaften Ausschnitten, an denen Wichtiges gezeigt werde. Diese Technik des ausschnittweisen Erzählens nannte Brecht die *epische* Form des Theaters, im Unterschied zur dramatischen Form des klassischen aristotelischen Theaters. In den *Anmerkungen zur Oper „Aufstieg und Fall der Stadt Mahagonny"* stellte Brecht 1930 beide Theaterformen tabellarisch gegenüber:

„Verfremdungseffekt"

„zeigende Geste"

Episierung

Dramatische Form des Theaters	*Epische Form des Theaters*
Die Bühne „verkörpert" einen Vorgang	sie erzählt ihn
verwickelt den Zuschauer in eine Aktion und	macht ihn zum Betrachter, aber
verbraucht seine Aktivität	weckt seine Aktivität
ermöglicht ihm Gefühle	erzwingt von ihm Entscheidungen
vermittelt ihm Erlebnisse	vermittelt ihm Kenntnisse
der Zuschauer wird in eine Handlung hineinversetzt	er wird ihr gegenübergesetzt
es wird mit Suggestion gearbeitet	es wird mit Argumenten gearbeitet
die Empfindungen werden konserviert	bis zu Erkenntnissen getrieben
der Mensch wird als bekannt vorausgesetzt	der Mensch ist Gegenstand der Untersuchung
der unveränderliche Mensch	der veränderliche und verändernde Mensch
Spannung auf den Ausgang	Spannung auf den Gang
eine Szene für die andere	jede Szene für sich
die Geschehnisse verlaufen linear	in Kurven
natura non facit saltus	facit saltus
die Welt, wie sie ist	die Welt, wie sie sein wird
was der Mensch soll	was der Mensch muss
seine Triebe	seine Beweggründe
das Denken bestimmt das Sein	das gesellschaftliche Sein bestimmt das Denken

Obwohl Brecht belehren wollte und sein Publikum zur Mitarbeit an der Veränderung der Zustände aufforderte – und dies umso mehr, je überzeugter er war, im Marxismus die wissenschaftliche Grundlage für seine Gesllschaftsanalyse gefunden zu haben –, wurde sein Theater doch kein sprödes Lehrtheater, mit Ausnahme der extrem parteikonformen Lehrstücke. Fast im Widerspruch zur Intention des Autors genoss das bürgerliche Publikum, das auch weiterhin sein Publikum blieb, die Aufführungen seiner Stücke als ein kulinarisches Ereignis. Bei der *Dreigroschenoper* (Uraufführung 1928) dachte und denkt wohl kaum jemand zunächst daran, dass sie „ein Versuch im epischen Theater" war. Die *Dreigroschenoper* war ein Angriff auf scheinheilige Bürgerlichkeit, die von der verbrecherischen Bettlergesellschaft des Bettlerkö-

Die Dreigroschenoper

nigs Peachum und der Gangsterclique des Mackie Messer erfolgreich nachgeahmt und in ihrer Perversion noch belohnt wurde; Mackie Messer, schon unterm Galgen, wurde von der Königin begnadigt und in den Adelsstand erhoben. Diese Bürgerschelte ging beim Publikum in der Begeisterung für die „kulinarischen" Songs unter.

Die heilige Johanna der Schlachthöfe

Das Stück *Die heilige Johanna der Schlachthöfe* (1932, Uraufführung 1959) ist zum Großteil literarisches Zitat in Anspielung auf Schillers *Jungfrau von Orleans*. Brecht verlegte die Geschichte der Jeanne d'Arc in die Chicagoer Schlachthöfe. Hintergrund ist die Wirtschaftskrise und große Arbeitslosigkeit Ende der Zwanzigerjahre. Den persönlich-tragischen Konflikt in Schillers Stück, den Widerstreit zwischen Auftrag und individueller Glückserwartung, verwandelte Brecht in eine gesellschaftliche Alternative zwischen Mitleid und Klassenkampf, zwischen Dulden und solidarischer Gewalt.

Der Kampf der Chicagoer Fleischfabrikanten um das Monopol, wie sie sich durch Börsenspekulation und gezielt falsche Information gegenseitig in den Bankrott jagen wollen, ist das Modell, die zeigende Geste für den Konkurrenzkapitalismus, dessen wirkliche Opfer die ausgesperrten Arbeiter sind. Johanna Dark, Leutnant der Schwarzen Strohhüte, möchte den Armen helfen; aber ihr Mitleid, dessen Prinzip die Gewaltlosigkeit ist, bringt die Arbeiter in noch größere Armut und Abhängigkeit: Sie gibt einen Brief, der wichtige Informationen über den Generalstreik enthält, nicht weiter. Zu spät erkennt sie:

Es hilft nur Gewalt, wo Gewalt herrscht, und
Es helfen nur Menschen, wo Menschen sind.

Unterdessen hat der Fleischkönig Mauler Johannas mildtätiges Wirken schon längst in seinen Plan der Beschwichtigung der Arbeiter eingebaut; er preist sie als die heilige Johanna der Schlachthöfe, die den Arbeitsfrieden wieder gebracht habe. In diesem Stück ist das Wichtigste die Diskussion über alternative Argumentation; deshalb sind alle Gestalten plakative Beispielfiguren in dem Diskurs. Szenen und Sprache sind bewusst verfremdet, einmal durch Übernahmen aus dem Repertoire der Klassik – neben Schillers *Jungfrau von Orleans* auch aus Goethes *Faust* und Gedichten von Hölderlin –, zum andern durch eine bewusst entpersönlichte, theatralisch-deklamatorische Sprache. Überall wird die zeigende Geste durch Verfremdung sichtbar. Der pädagogische Impetus ist die Provokation; das Publikum soll für seine eigene gesellschaftliche Wirklichkeit Gegenmodelle zum Dargestellten entwerfen und verwirklichen. So wenigstens dachte sich Brecht die Wirkung seiner Stücke; sie sollten Teil eines proletarischen Emanzipationsprozesses sein. *Die heilige Johanna der Schlachthöfe* wurde erst 1959 nach Brechts Tod uraufgeführt. Zu Beginn der Dreißigerjahre wagte schon kein Regisseur mehr, sie auf die Bühne zu bringen.

Lehrstücke

Das Badener Lehrstück vom Einverständnis

Der Jasager und der Neinsager

Die Ausnahme und die Regel

Die Maßnahme (Uraufführung 1930) gehört neben dem *Badener Lehrstück vom Einverständnis* (Uraufführung 1929), der Schuloper *Der Jasager und der Neinsager* (1931) und dem Lehrstück *Die Ausnahme und die Regel* (entstanden 1930) zu Brechts Lehrstücken im engeren Sinn. Diese Lehrstücke waren nicht zur Aufführung vor einem Publikum gedacht. Die Schauspieler selbst sollten das Publikum sein; im Spielen der Texte, in der zeigenden Auseinandersetzung mit den angebotenen Bildfolgen sollten sie die Lehre, das richtige Verhalten gemäß den Forderungen der Partei, begreifen und diskutieren. Diese Lehrstücke waren eine dogmatische Exegese der kommunistischen Parteidoktrin. Die Belehrung konnte also nur in Richtung des absoluten Wahrheitsanspruchs der Partei gehen.

Die Maßnahme

Ein Muster solcher Parteikonformität, aber auch das beste Beispiel kompositorischer Strenge ist *Die Maßnahme.* Dieses Lehrstück ist ein Spiel im Spiel. Auf die zeigende Geste wird immer wieder hingewiesen: „Wir wiederholen das Gespräch." – „Wir wiederholen den Vorgang." Das heißt: Bereits Geschehenes wird interpretierend nachgestellt. Vor dem Parteitribunal, dem „Kontrollchor", erklären die „vier Agitatoren", warum sie nach erfolgreichem Abschluss ihres Revolutionsauftrages in China ohne den „jungen Genossen" zurückgekommen sind. Sie hatten ihn – im wörtlichen Sinn – in einer Kalkgrube ausgelöscht, weil er aus Mitleid mehrmals voreilig gehandelt und damit die Revolution, den solidarischen Aufstand der Massen, gefährdet habe; sie hätten sich nur durch sein restloses Verschwinden retten und damit die Revolution zu Ende führen können. Verlauf und Folgen der Mission werden nun vor dem Parteirat von den zurückgekehrten Agitatoren nachgespielt. Der Dialog findet zwischen dem Kontrollchor und den Agitatoren statt. Da das Recht des Kollektivs kompromisslos über das Recht des Einzelnen gestellt wird, ist auch die Sprache unpersönlich, fast rhythmisch-deklamatorisch wie in einem Weihespiel. Eine makabre Entlarvung ist der Titel; die Rettung der Revolution durch die Tötung des jungen Genossen wird versachlicht als „Maßnahme" deklariert. Man kann nur – im Sinne der „Verfremdung" – entschuldigend annehmen, dass der Titel selbst eine Provokation sein sollte.

Die Tage der Commune

Doch noch in dem historischen Drama *Die Tage der Commune* (Uraufführung 1956) erklärte Brecht das Scheitern des Pariser Kommunarden-Aufstands 1871 damit, dass die Kommunarden zu lange gewartet hätten, die Revolution mit Gewalt durchzusetzen und die Freiheitsrechte des Einzelnen für einige Zeit, aus Notwendigkeit für das Vorrecht der Allgemeinheit, außer Kraft zu setzen. Die Mehrheit entschied sich – in Brechts Stück – für Verhandlungen: „Der Sozialismus marschiert ohne Bajonette!" – „Die Commune verurteilt den Bürgerkrieg!" Die Radikalen unterlagen mit ihrer Behauptung, „dass die Gerechtigkeit der Gewalt bedarf", und der Aufstand brach zusammen.

Szenen aus dem Dritten Reich

Furcht und Elend des Dritten Reiches

Die Geschichte des Dritten Reiches bis zum Anschluss Österreichs hat Brecht in zwei Stücken kommentiert. Das erste, *Furcht und Elend des Dritten Reiches* (1935–1938 entstanden, in einer Auswahl 1938 in Paris aufgeführt, 1945 erstmals publiziert), ist eine Abfolge naturalistischer Szenen aus dem Alltag der Angst. Brecht hat aus dem dänischen Exil die Entwicklung beobachtet und dokumentarisches Material gesammelt. Angesichts der Ereignisse wurde die Frage nach der ästhetischen Gestaltung gegenstandslos; die einzelnen Szenen, die zusammengefasst ein repräsentatives Spektrum des deutschen Alltags ergeben, sind naturalistisch gestaltet ohne den theoretischen Ballast der Verfremdungstheorie. Die Wirklichkeit hatte die Theorie schon längst überholt.

Der aufhaltsame Aufstieg des Arturo Ui

Wie manch anderer überzeugter Antifaschist glaubte auch Bertolt Brecht, dass dem Phänomen Hitler noch mit den Mitteln der Parodie beizukommen sei. In dem Parabelstück *Der aufhaltsame Aufstieg des Arturo Ui* (1941 geschrieben, 1957 veröffentlicht) verfremdete er den Aufstieg Hitlers in der Weimarer Republik, mit Anspielungen auf Hindenburg und den Osthilfeskandal, zu einer Chicagoer Gangstergeschichte um die Neuverteilung des Blumenkohlgeschäfts, die im Gewand der satirischen Parabel bis zum Anschluss Österreichs reicht. Diese Neuauflage aus dem Milieu der *heiligen Johanna der Schlachthöfe* war aber – ungewollt – eher eine Verniedlichung als eine satirische Entlarvung der realen Situation.

die späten Stücke

Obwohl Brecht in seiner orthodoxen Phase der sozialistischen Lehrstücke das Kollektiv als Motor der Geschichte beschrieb, richteten sich die Titel seiner Stücke, besonders in den späten Dramen, meistens nach Einzelgestalten. Es sind Fallstudien, in denen Brecht am oder im Leben des Einzelnen exemplarische Entwicklungen oder gesellschaftliche Widersprüche aufzuzeigen versuchte. Diese Stücke, entweder inszenierte Geschichte wie im *Leben des Galilei* oder fiktive Parabel wie *Der gute Mensch von Sezuan,* schildern den gesellschaftlichen Konflikt als einen zuerst individuellen Konflikt. Das *Leben des Galilei* existiert in mehreren Fassungen; 1938 begonnen, wurde die letzte Fassung 1957 posthum aufgeführt. Die historische Bilderfolge über den Physiker und Astronomen Galileo Galilei (1564–1642), dessen Name zum Synonym für die moderne, empirische Naturwissenschaft wurde, hat Brecht mehrmals verändert, besonders den Schluss, aus dem Galileis Verhalten erklärt werden sollte. Gestalt und Handlung sind sehr vielschichtig.

Leben des Galilei

Die ursprüngliche Interpretation war, dass Galilei sich dem Befehl der Inquisition, seine neue Lehre zu widerrufen, nur deshalb unterworfen habe, um im Geheimen an seinem Werk weiterschreiben zu können. In späteren Versionen verurteilt Galilei diese Unterwerfung selbst als Verrat an der Wissenschaft, weil die Wissenschaft und der Wissenschaftler dadurch für die Herrschenden manipulierbar wurden. Auch tauchte die Variante auf, dass Galilei sich gefügt habe, weil er einfach sein Leben genießen und nicht einer Idee opfern wollte. Das *Leben des Galilei* ist ein sehr aktuelles, unterschiedlich zu deutendes Stück über die Verantwortung des Wissenschaftlers gegenüber seiner Forschung und ihrer Verwendung in der Gesellschaft. Es handelt von dem Verhältnis des Wissenschaftlers zur Macht. Am Anfang noch ein Stück, das den wissenschaftlichen Fortschritt pries, nach dem Abwurf der Atombombe über Hiroshima eher ein Stück über den Zweifel am Segen des technisch und wissenschaftlich Machbaren, spiegelt es das Dilemma des Wissenschaftlers, der zwischen dem Nutzen und dem möglichen Missbrauch seiner Entdeckung abwägen muss, ohne die Entwicklung noch beeinflussen zu können.

Die Verfremdung sollte auch Widerspruch gegen das Dargestellte hervorrufen, das Publikum zum Nachdenken anregen, ob sich nicht etwas ändern müsse. In der Bilderchronik aus dem Dreißigjährigen Krieg *Mutter Courage und ihre Kinder* (Uraufführung 1941) fordern die Lebensläufe der Marketenderin und ihrer drei Kinder zum Widerspruch heraus.

Mutter Courage und ihre Kinder

Je wütender der Krieg tobt, desto bessere Geschäfte macht die Courage. Je näher der Friede kommt, desto schlechter geht es ihr. Die Courage sucht durch den Krieg und durch das Geschäft, das sie mit ihm macht, zu profitieren und ihre Kinder zu versorgen. Aber gerade durch den Versuch, aus dem Krieg Nutzen zu ziehen, bringt sie ihre eigene Sippe in Gefahr. Am Schluss steht sie allein und verarmt da. Der Draufgänger Eilif wurde hingerichtet, weil er auch in den Friedensintervallen plünderte und marodierte; er verstand nicht, warum etwas auf einmal ein Verbrechen sein sollte, wofür man ihn vorher ausgezeichnet und gelobt hatte. Der ehrliche Schweizerkas wurde erschossen, weil er die Feldkasse vor dem Gegner retten wollte. Die stumme Kattrin opferte sich, um die Kinder der Stadt Halle zu retten. Ihr Handeln allein, ihre Selbstaufopferung hat einen Sinn. Aber die Courage versteht das nicht; sie ist handelndes Opfer im Getriebe. Sie lebt vom Krieg, erkennt aber nicht, wie eng Krieg und Geschäft zusammenhängen. Sie kennt nur eins: „Ich muss wieder in Handel kommen."

Der gute Mensch von Sezuan

Der gute Mensch von Sezuan (Uraufführung 1943) ist ein „Parabelstück". Das Stück spielt in der Hauptstadt von Sezuan (China), „welche halb europäisiert ist".

Um ihre Existenz zu rechtfertigen, müssen die Götter einen guten Menschen ausfindig machen. Sie finden Shen Te, eine arme Prostituierte, die als Einzige dazu bereit ist, ihnen ein Nachtlager zur Verfügung zu stellen. Sie schenken ihr zur Belohnung das Kapital zur Gründung einer Tabakhandlung und beobachten ihre Schritte im Gutsein. Sie nimmt eine achtköpfige Familie auf und teilt den Armen des Viertels Reis aus; einem stellungslosen Flieger, den sie liebt, will sie Geld für eine neue Stellung beschaffen. Aber Shen Te muss entdecken, dass sie nicht gut bleiben und weiterleben kann. Sie gibt sich als ihren Vetter aus, der die nötige Rücksichtslosigkeit besitzt, um ihre Angelegenheiten in Ordnung zu bringen. Das Geschäft floriert, aber nur deshalb, weil Shen Te sich völlig in ihren bösen Vetter verwandelt. Die Götter decken in einem Prozess am Ende die Wahrheit auf, kehren aber in den Himmel zurück, ohne Shen Tes Problem zu lösen. Den richtigen Schluss zu finden, das überlassen sie den Zuschauern. Ein Spieler verabschiedet das Publikum mit der Aufforderung:

Verehrtes Publikum, los such dir selbst den Schluss!
Es muss ein guter da sein, muss, muss, muss!

Im Vorspiel legt der Autor durch den Mund der drei Götter dem Zuschauer seine Frage vor, die er in den nachfolgenden Bildern untersucht, ob man nämlich gut sein und zugleich gut leben könne. Das zehnte Bild, das Gericht über Shen Te, ist die ratlose Antwort auf die Frage des Vorspiels. Die Lösung wird an das Publikum weitergegeben. Mit dieser Konstruktion wird Brechts didaktisches Konzept seiner Bühnenarbeit deutlich; er verdichtete komplexe Sachverhalte bis zu einfachen Fabeln, um das ihm Wesentliche klar zu „zeigen".

Herr Puntila und sein Knecht Matti

Das Volksstück *Herr Puntila und sein Knecht Matti* (entstanden 1940; Uraufführung 1948) schrieb Brecht in einer naturalistischen, vom süddeutschen Dialekt leicht eingefärbten Prosa. Das Argument der Handlung ist das gleiche wie im *Guten Menschen von Sezuan.* Die herrschende kapitalistische Gesellschaftsordnung zwinge den Menschen sein Bewusstsein zu spalten und eine Doppelexistenz zu leben. Wie die gute Shen Te nur mit Hilfe des bösen Shui Ta, in den sie sich verwandelt, überleben kann, so ist – nun auf der anderen Seite des Gesellschaftsspektrums – der Gutsbesitzer Puntila nur im Suff ein guter Mensch, der auch an andere denkt und hilft. Sobald er aber wieder nüchtern wird, verlässt ihn seine Menschlichkeit und er fällt in seine Klassenrolle zurück. Diese Wechselbäder macht sein Chauffeur Matti – im Suff sein Freund, bei Nüchternheit sein Knecht – einige Male mit. Da er aber beobachtet, dass sich an Puntila nichts ändern wird, wendet er ihm den Rücken:

's wird Zeit, dass deine Knechte dir den Rücken kehren.
Den guten Herrn, den finden sie geschwind
Wenn sie erst ihre eigenen Herren sind.

Der kaukasische Kreidekreis

In dem Stück *Der kaukasische Kreidekreis* (1949; deutsche Erstaufführung 1954) nahm Brecht nochmals die Technik des Spiels im Spiel auf. Der Streit zwischen zwei kaukasischen Kolchosdörfern um ein Tal wird nicht nach Besitzrechten, sondern nach Gründen der wirtschaftlichen Vernunft geschlichtet. Dass diese Entscheidung die bessere war, wird durch das Spiel vom Kreidekreis, das die Genossen zum Abschluss der Verhandlung aufführen, erläutert: Der Richter Azdak spricht der Magd Grusche ein Kind zu, dessen leibliche Mutter sie nicht ist. Weil sie bei der Probe im Kreidekreis – nur die leibliche Mutter werde die Kraft haben, das Kind an sich zu ziehen –, aus Sorge, dem Kind wehzutun, das Kind losließ, erkannte der Richter, dass sie die wirklich „Mütterliche" sei:

Ihr aber, ihr Zuhörer vom Kreidekreis
Nehmt zur Kenntnis die Meinung der Alten:
Dass da gehören soll, was da ist, denen, die für es gut sind,
also
Die Kinder den Mütterlichen, damit sie gedeihen
Die Wagen den guten Fahrern, damit sie gut fahren
Und das Tal den Bewässerern, damit es Frucht bringt.

Brechts erzählerisches Werk

Dreigroschenroman

Die Geschäfte des Herrn Julius Caesar

Der Tui-Roman

Geschichten vom Herrn Keuner

Bertolt Brecht hat nur einen größeren Roman geschrieben, den *Dreigroschenroman* (1934). Er ist eine Aktualisierung der Handlung der *Dreigroschenoper* nach den Kriterien der marxistischen Kapitalismuskritik, mit der sich Brecht in den späten Zwanzigerjahren intensiv auseinandergesetzt hatte. *Die Geschäfte des Herrn Julius Caesar,* begonnen 1938, und *Der Tui-Roman,* begonnen 1933, blieben Fragment. Brecht bevorzugte kleinere Geschichten, die er thematisch zusammenfasste oder um eine Person gruppierte. Die 87 *Geschichten vom Herrn Keuner* entstanden zwischen 1926 und 1956. Herr Keuner, „der Denkende", ist eine Figur, die erstmals in den Lehrstücken auftauchte. Herr Keuner ist ein marxistisch eingefärbter Sokrates oder weiser Rabbi, der nicht durch Thesen und Theorien, sondern durch Geschichten, durch Beispielerzählungen belehrt. Statt Fragen sofort zu beantworten, kleidet er seine Antwort in eine Gleichnisgeschichte. Brecht hat viel aus dem Neuen Testament und aus der chassidischen Erzähltradition gelernt. Wie er in seinen Stücken die Parabel bevorzugte, belehrte er auch in seinen Geschichten jeweils durch eine neue Geschichte: „Herr K. sprach über die Unart, erlittenes Unrecht stillschweigend in sich hineinzufressen, und erzählte folgende Geschichte:" – So fängt *Der hilflose Knabe* an. Es ist der Stil der Kalendergeschichte, wie Johann Peter Hebel ihn literaturfähig gemacht hatte. Eine von Brecht 1949 zusammengestellte Sammlung von Geschichten hieß dann auch *Kalendergeschichten.*

Kalendergeschichten

Brechts Lyrik

Hauspostille

Der Stückeschreiber Brecht war auch ein produktiver Lyriker. Zwischen 1927 und 1939 gab er drei Auswahlbände heraus, die nur ein kleiner Ausschnitt aus seinem lyrischen Schaffen waren. Der erste Band, *Bertolt Brechts Hauspostille* (1927), brachte vor allem Balladen, Moritaten und Songs. Das große Vorbild François Villon, dem Brecht in der Gestalt seines genial-chaotischen Baal huldigte, und der Einfluss der Moritaten-Songs im Stile Wedekinds sind leicht zu erkennen. Brecht hatte viele dieser Texte zur Gitarre in Augsburger und Münchner Kneipen vorgetragen. Das gesungene Erzählgedicht ist eine Form, die Brecht auch in seinen Theaterstücken verwendete; der Song war ein wesentlicher Bestandteil in Brechts epischem Theater. Brecht wählte Wortschatz und Syntax des Bänkelsangs; schon in den frühen Texten betonte er den Gebrauchswert seiner Gedichte. Deshalb nannte er seine erste Sammlung – natürlich bewusst parodistisch – nach dem Titel der christlichen Erbauungsbücher eine Hauspostille. In ihr steht *Erinnerung an die Marie A.;* dieses Gedicht gilt als eines der schönsten Liebeslieder. Am Schluss porträtierte Brecht sich selbst in der Ballade *Vom Armen B. B.*

Lieder Gedichte Chöre

Die Hauspostille war im Großen und Ganzen noch sehr persönlich gehalten. Im zweiten Auswahlband, *Lieder Gedichte Chöre* (1934), ist das politische Engagement bestimmend: der Kampf gegen den Faschismus in Deutschland *(Das Lied vom SA-Mann)* und die Einübung ins richtige Klassenbewusstsein *(Lob des Kommunismus).* Der Band endet mit einem Klagelied über Deutschland:

O Deutschland, bleiche Mutter!
Wie haben deine Söhne dich zugerichtet
Dass du unter den Völkern sitzest
Ein Gespött oder eine Furcht!

Svendborger Gedichte

In dem dritten Auswahlband, *Svendborger Gedichte* (1939), benannt nach Brechts damaligem dänischem Exil, fehlen orthodoxe Lehrgedichte. Verzweifelt kommentierte er die Entwicklung in Deutschland *(Deutsche Kriegsfibel, Deutsche Satiren, Lied gegen den Krieg).* Der Band endet mit der Bitte *An die Nachgeborenen:*

Ihr, die ihr auftauchen werdet aus der Flut
In der wir untergegangen sind
Gedenkt
Wenn ihr von unseren Schwächen sprecht
Auch der finsteren Zeit
Der ihr entronnen seid.

Gingen wir doch, öfter als die Schuhe die Länder wechselnd
Durch die Kriege der Klassen, verzweifelt
Wenn da nur Unrecht war und keine Empörung.

Dabei wissen wir doch:
Auch der Hass gegen die Niedrigkeit
Verzerrt die Züge.
Auch der Zorn über das Unrecht
Macht die Stimme heiser. Ach, wir
Die wir den Boden bereiten wollten für Freundlichkeit
Konnten selber nicht freundlich sein.

Ihr aber, wenn es so weit sein wird
Dass der Mensch dem Menschen ein Helfer ist
Gedenkt unsrer
Mit Nachsicht.

(Schluss)

Zweiter Teil: Literatur im Exil

Die politische Entwicklung 1933–1945

Viele Schriftsteller, die 1933 ins benachbarte Ausland flohen, glaubten noch, es werde nur ein verlängerter Urlaub sein, weil Hitler sich auf Dauer nicht halten könne. Aber es kam anders. Nach dem Tod Hindenburgs im Februar 1934 übernahm Hitler als „Führer und Reichskanzler“ auch das Amt des Reichspräsidenten. Beamtenschaft und Heer wurden von nun an auf seinen Namen vereidigt. Ziel des nationalsozialistischen Führerprinzips war der Aufbau einer „gleichgeschalteten“, auf Hitler eingeschworenen Gesellschaft. Diese zentralistische Gleichschaltung, diese Ausrichtung auf die absolute Autorität des Führers, erstreckte sich auf das ganze öffentliche Leben, auf Staat, Partei, Wirtschaft und Kultur. In der Reichskulturkammer wurden alle Kulturschaffenden erfasst und überwacht. Hitler setzte bis 1939 gegen den Widerstand der Weltöffentlichkeit einen Großteil seines Programms durch: sukzessive Aufhebung des Versailler Vertrags, allgemeine Wiederaufrüstung und räumliche Expansion im Osten zu einem großdeutschen Reich unter der Einbeziehung Österreichs, der Tschechei und Teilen Polens. Nach den militärischen Erfolgen der ersten Kriegsjahre begann nach dem Angriff auf die Sowjetunion und der Kriegserklärung an die USA im Jahre 1941 die Wende. Im Februar 1943 kapitulierte die 6. Armee in Stalingrad; im Juni 1944 landeten die Alliierten in der Normandie. 1945 war Deutschland ein besetztes Land.

der Exodus der Schriftsteller

In einem ersten Überblick *verboten und verbrannt* (1947) schrieb Alfred Kantorowicz über die Exilschriftsteller:

> *Die in der Welt geachtetsten und bekanntesten Namen der zeitgenössischen Literatur sind ihnen zuzuzählen. Sie und mit ihnen Tausende deutscher Wissenschaftler (Nobelpreisträger unter ihnen), Künstler, Musiker im Exil haben den deutschen Geist, die deutsche Kunst und die deutsche Literatur vor der Welt und in der Welt würdig repräsentiert. Ihr Kampf und ihre Werke trugen dazu bei, die Kulturbestände des alten Europa zu bewahren und in das neue Europa, das nun auf den Trümmern entstehen soll, hinüberzuretten.*

In der ersten Phase des Exils blieben die meisten in den europäischen Nachbarstaaten und warteten darauf, bald wieder zurückkehren zu können. Nach dem Anschluss Österreichs (1938) und mit Beginn des Krieges setzte eine zweite Fluchtwelle nach Übersee ein, da Europa – mit Ausnahme Schwedens und der Schweiz – keine Sicherheit mehr bot. Die Gründe für die Flucht und Emigration waren sehr verschieden: politische Verfolgung nach dem Verbot der Parteien, rassische Diskriminierung, Vorbehalte aus humanistischer Tradition gegen die Ideologie des Nationalsozialismus. Die Nationalsozialisten argumentierten bei der Ausbürgerung der oppositionellen und „unerwünschten“ Schriftsteller auf drei Ebenen. Den Reichstagsbrand (27. Februar 1933) nahmen sie zum Vorwand, um gegen Kommunisten und Sozialdemokraten vorzugehen. Das „Gesetz zur Wiederherstellung des Berufsbeamtentums“ (7. April 1933) richtete sich gegen „Nichtarier“ und politisch Andersdenkende, die aus der Beamtenschaft ausgeschlossen wurden. Gegen die konservative Opposition ging Joseph Goebbels mit Begriffen wie Kulturpessimisten und bürgerliche Dekadenz vor; gemeint waren z. B. Thomas Mann und Alfred Döblin. Direkte Aktionen oder Maßnahmen waren die spektakulär inszenierte Bücherverbrennung (10. Mai 1933) und die sich anschließenden „Listen des schädlichen und unerwünschten Schrifttums“, die Ausbürgerungslisten seit August 1933 und die Richtlinien für die Mitgliedschaft in der Reichsschrifttumskammer. In den „Nürnberger Gesetzen“ (1935) wurde jüdischen Mitbürgern die deutsche Staatsangehörigkeit als Vollbürger aberkannt. Trotzdem blieben noch zwei Drittel der jüdischen Bevölkerung in Deutschland; die meisten wurden nach der Zerstörung der Synagogen in der so genannten „Reichskristallnacht“ (1938) in den Konzentrationslagern Opfer des Rassenwahns.

Das Exil

Die emigrierten Schriftsteller hatten in Deutschland ihre Verlage und ihr Publikum verloren. Nur wenige waren wie Thomas Mann, Franz Werfel, Stefan Zweig, Lion Feuchtwanger oder Bertolt Brecht im Ausland bereits so bekannt, dass sie ein internationales Publikum hatten. Robert Musil und Hermann Broch, deren Werke heute zu den großen Beispielen der Romanliteratur in der ersten Hälfte des 20. Jahrhunderts zählen, waren auf fremde Hilfe und Spenden angewiesen. Die Solidarität war allerdings groß; die Emigranten unterstützten sich oder halfen sich gegenseitig.

Organisationen

1933 wurde in Paris der „Schutzverband deutscher Schriftsteller im Exil“ gegründet. Alfred Kantorowicz eröffnete eine „Deutsche Freiheitsbibliothek“, in der alles gesammelt wurde, was in Deutschland verfemt war. Eine wichtige Hilfsorganisation wurde nach 1939 der „Schutzverband deutsch-amerikanischer Schriftsteller“. Das Wichtigste aber war, neue Publikationsmöglichkeiten zu finden. Viele Exilzeitschriften wurden gegründet; aber nur wenige kamen über die Anfänge hinaus.

Zeitschriften

Zu ihnen gehörten *Die Sammlung* (Amsterdam, 1933 bis 1935), *Neue deutsche Blätter* (Prag/Paris, 1933–1939), *Das Wort* (Moskau, 1936–1939). Emigrierte Verleger und Schriftsteller gründeten im Ausland Verlage, um die in Deutschland verbotene Literatur zu publizieren:

Verlage

Malik-Verlag (Prag), Editions du Carrefour (Paris), El Libro Libre (Mexiko). Ausländische Verlage nahmen deutsche Exilautoren in ihr Programm auf: Querido und Allert de Lange (beide in den Niederlanden), Emil Oprecht (Schweiz). Gottfried Bermann-Fischer verlegte 1938 seinen Verlag von Wien ins neutrale Schweden. In den vier großen Verlagen (Fischer, Querido, de Lange und Oprecht) wurden bis 1945 ungefähr 500 Titel deutscher Literatur aufgelegt, die meisten in sehr kleiner Auflage, denn die privatwirtschaftlich geführten Verlage im Westen konnten keine Risiken eingehen. Der Käuferkreis war auf die Emigranten selbst und interessierte Ausländer beschränkt.

Das Exil als Thema

Die aus Deutschland vertriebenen oder aus Protest emigrierten Schriftsteller waren keine Unbekannten mehr, denn sonst hätten sie nicht die Angriffe und Hasstiraden der nationalsozialistischen Propaganda auf sich gezogen. Zum Teil lagen ihre ersten großen literarischen Erfolge lange vor der Weimarer Republik; man denke nur an Thomas Mann – *Buddenbrooks* (1901) – und Heinrich Mann – *Professor Unrat* (1905). Das Exil war zwar eine schlimme Erfahrung, aber nicht notwendig auch eine Unterbrechung der literarischen Pläne. Deshalb sind die Werke, die das Exil selbst zum Thema haben, nicht sehr zahlreich. Die meisten Autoren schrieben zunächst an den Werken weiter, die sie schon vor 1933 begonnen hatten.

Am unmittelbarsten schlug sich die Exilerfahrung in der Lyrik nieder. Neben Brecht, Tucholsky, J. R. Becher und Else Lasker-Schüler ist vor allem MAX HERRMANN-NEISSE (1886–1941) – *Um uns die Fremde* (1936), *Mir bleibt mein Lied* (1942), *Heimatfern* (1945) – zu nennen. In Romanform verarbeiteten die Schwierigkeiten und Rückschläge im Exil, den Kampf mit uneinsichtigen Einwanderungsbehörden usw. Bruno Frank (*Der Reisepass,* 1937), Lion Feuchtwanger (*Exil,* 1940), Anna Seghers (*Transit,* 1944). Ein Welterfolg wurde Erich Maria Remarques Emigrantenroman *Arc de Triomphe* (1946). Bertolt Brechts *Flüchtlingsgespräche,* entstanden zwischen 1936 und 1944, wurden erst 1957 veröffentlicht. Die „Komödie einer Tragödie", d. h. die Flucht durch Frankreich vor den Deutschen, nannte Franz Werfel sein Theaterstück *Jacobowsky und der Oberst* (1944).

MAX HERRMANN-NEISSE
Um uns die Fremde
Mir bleibt mein Lied
Heimatfern
Bruno Frank: *Der Reisepass*
Lion Feuchtwanger: *Exil*
Anna Seghers: *Transit*
E. M. Remarque: *Arc de Triomphe*
Bertolt Brecht: *Flüchtlingsgespräche*
Franz Werfel: *Jacobowsky und der Oberst*

Das Dritte Reich als Thema

In mehreren Exilromanen und -dramen wurde auch über das Dritte Reich berichtet. Die wichtigsten Werke, die bereits an anderer Stelle behandelt wurden, seien hier nochmals genannt:

Oskar Maria Graf	*Anton Sittinger* (1937) siehe Seite 346 f.
Anna Seghers	*Das siebte Kreuz* (1943) siehe Seite 348 f.
Lion Feuchtwanger	*Der Wartesaal* (1930–1940) siehe Seite 350 f.
Stefan Zweig	*Schachnovelle* (1941) siehe Seite 353 f.
Carl Zuckmayer	*Des Teufels General* (1946) siehe Seite 362 f.
Bertolt Brecht	*Furcht und Elend des Dritten Reiches* (1938) *Der aufhaltsame Aufstieg des Arturo Ui* (1957) siehe Seiten 368 f.

Neben diesen Versuchen, die aktuellen Ereignisse als Erzähl- und Handlungsgrundlage heranzuziehen, gab es auch die zeitliche Verfremdung im historischen Roman. Historische Ereignisse wurden so ausgewählt und dargestellt, dass sie Analogien zur Gegenwart sein konnten. Diese doppelsinnige Argumentation im historischen Gewande und gleichzeitig im Blick auf die Gegenwart, ohne dass dieser Blick eindeutig zwingend ist, war schon immer ein Versteckspiel, um gegen Tyrannen und totalitäre Regierungen schreiben zu können. Auch hier seien nur die Titel wiederholt:

Lion Feuchtwanger	Josephus-Trilogie (1932–1945) siehe Seite 350
Gustav Regler	*Die Saat* (1936) siehe Seite 351
Heinrich Mann	*Henri Quatre* (1935–1938) siehe Seite 285
Thomas Mann	*Joseph und seine Brüder* (1948) siehe Seite 278
Bertolt Brecht	*Die Geschäfte des Herrn Julius Caesar* (Fragment, begonnen 1938) siehe Seite 371
Hermann Broch	*Der Tod des Vergil* (1945) siehe Seite 355

Ein Teil dieser historischen Romane war allerdings schon lange vor dem Exil begonnen worden und der Stoff hatte nicht unmittelbar etwas mit der Entwicklung nach 1933 zu tun. Mögliche Analogien sind erst später bei der endgültigen Ausarbeitung entstanden. Für diejenigen Autoren aber, die in Deutschland zurückblieben, wurde der historische Roman ein wichtiges, wenn nicht das einzige Medium zur versteckten Zeitkritik. Werner Bergengruen, Stefan Andres, Reinhold Schneider und Jochen Klepper haben dafür Beispiele geliefert.

Literatur in Deutschland 1933–1945

WERNER BERGENGRUEN

Der historische Roman *Der Großtyrann und das Gericht* (1935) von WERNER BERGENGRUEN (1892–1964) berichtet „von den Versuchungen der Mächtigen und von der Leichtverführbarkeit der Unmächtigen und Bedrohten". Als Motto ist ihm die Bitte aus dem Vaterunser vorangestellt: Ne nos inducas in tentationem! (Führe uns nicht in Versuchung!) Bergengruen hat immer wieder betont, dass die möglichen Parallelen in diesem Roman zur Situation im Dritten Reich nicht beabsichtigt waren, auf jeden Fall stellten sie sich beim zeitgenössischen Leser aber ein.

Der Großtyrann und das Gericht

Die Geschichte handelt in Italien während der Renaissance. Ein Untergebener des Großtyrannen ist ermordet worden und nun verlangt der Großtyrann die Aufklärung des Mordes. Tatsächlich hat er ihn aber selber aus staatspolitischer Notwendigkeit begangen. Nur verwendet er ihn jetzt, um seine Untertanen zu prüfen und auch zu versuchen. Im Schlussgericht, als der Fall vom Großtyrannen selbst aufgedeckt wird, muss er sich sagen lassen, dass er sich in doppelter Weise versündigt habe; er habe sich durch sein absolutistisches, gottgleiches Verfügen über Leben *und* Denken seiner Untertanen außerhalb der menschlichen Gesellschaft gestellt. Erschüttert sieht der Herrscher seinen frevelhaften Hochmut ein. Dieser novelleske Roman ist vor allem eine christlich-humanistische Parabel; der Schwerpunkt liegt nicht im Öffentlich-Politischen, sondern im Moralisch-Religiösen. Die übermenschliche Anmaßung galt im ganzen christlichen Abendland als die größte Sünde und Verirrung menschlichen Geistes.

Am Himmel wie auf Erden

Auch der Roman *Am Himmel wie auf Erden* (1940) ist ein historisches Gleichnis: Das Gottvertrauen der Gläubigen wird in einer Extremsituation auf die Probe gestellt.

Astrologische Berechnungen künden im Jahre 1524 für Berlin und möglicherweise ganz Brandenburg eine unmittelbar bevorstehende Flutkatastrophe an. In dieser Weltuntergangsstimmung brechen, über alle Stände hinweg, elementare Ängste auf. Doch am Ende, als der Termin der Katastrophe verstrichen ist, zeigt sich – in der Intention des Romangeschehens – die trostreiche Lehre, die auch das Motto des Romans ist: Fürchtet euch nicht! Dieser facettenreiche, im historischen Detail sehr genaue Roman ist nach seiner Konzeption noch barockes Welttheater, das von der göttlichen Ordnung „am Himmel wie auf Erden" künden soll. Ein ästhetisches Juwel ist Bergengruens Liebesnovelle *Der spanische Rosenstock* (1940).

Der spanische Rosenstock

STEFAN ANDRES

Das Thema der Novelle *El Greco malt den Großinquisitor* (1936) von STEFAN ANDRES (1906–1970) ist der Mut des Künstlers, sich nicht für Machtinteressen oder ideologische Propaganda missbrauchen zu lassen.

El Greco malt den Großinquisitor

El Greco erhält den Auftrag, den Großinquisitor, den höchsten kirchlichen Repräsentanten der Inquisition in Spanien, zu porträtieren. Auch auf die Gefahr hin, mit der Inquisition in Konflikt zu geraten, malt er kein erbauliches Dekorationsbild, sondern versucht Person und anonyme Institution, in deren Namen Menschen verbrannt werden, in dem Porträt gleichzeitig zu erfassen. Stellvertretend überträgt er auf das Erscheinungsbild des Großinquisitors die dogmatische Härte der Inquisition. Der Großinquisitor versteht das Bild; das Amt, das ihm übertragen wurde, ist seine Versuchung, der er widerstehen muss. „Es wird Zeit“, sagt El Greco, „dass alle, die im Geheimen wissen, dass die Erde nicht Mitte der Welt ist, auch keinem Menschen mehr einräumen Mitte des Menschen zu sein. Wir haben eine andere Mitte.“ Diese Aussage, in erster Linie theologisch, konnte auch politisch interpretiert werden.

Wir sind Utopia

In der Erzählung *Wir sind Utopia* (1942) entscheidet sich die Hauptgestalt für eine bedingungslose christliche Handlungsweise. Ein aus dem Kloster geflohener Priester findet während des spanischen Bürgerkrieges zu seiner Aufgabe zurück; er stellt die priesterliche Pflicht, einem Menschen die Beichte abzunehmen, höher als die Möglichkeit, in Notwehr sich und seine Mitgefangenen zu retten.

Reinhold Schneider
Las Casas vor Karl V.

Bei den hier erwähnten historischen Parabelgeschichten ist der Mächtige jeweils zur Einsicht fähig. Er ist kein tyrannisches Monstrum, sondern jemand, der unter der Last der Verantwortung und auch unter der Versuchung durch die Macht leidet. Reinhold Schneiders (1903–1958) Erzählung *Las Casas vor Karl V.* (1938) ist in ihrem Kern historisch. Sie berichtet von dem Versuch des Mönches Las Casas (1474–1566), beim Kaiser für ein Gesetz einzutreten, das die Ausbeutung der Indios verbietet und ihnen die menschlichen Grundrechte garantiert.

Reinhold Schneiders „Szenen aus der Konquistadorenzeit“ beginnen mit der Überfahrt des Mönchs von Vera Cruz nach Spanien. Auf dieser Reise erfährt Las Casas die Lebensgeschichte eines spanischen Hidalgos, der sich in der Neuen Welt ein Vermögen geschaffen hat, nun aber todkrank zurückreist. An dieser Biographie wird das Anliegen, warum Las Casas den Kaiser sprechen möchte, exemplarisch dargestellt; die Missionierung der Indios durch die Kirche war für die spanischen Eroberer und Abenteurer nur ein Vorwand, um sich die Schätze der Indios anzueignen. In Valladolid stellt sich Las Casas einer Disputation, um die Rechte der Indios zu verteidigen. Am letzten Tag hört der Kaiser zu. Tief beeindruckt gibt er Las Casas den Auftrag, auch wenn er von der Vergeblichkeit des Unternehmens angesichts der materiellen Gier seiner Leute überzeugt ist, als Bischof von Chiapas die vom Kaiser erlassenen Gesetze für die Gleichstellung der Indios unter den Spaniern durchzusetzen. Die Indios stehen in dieser Geschichte unmissverständlich für jede diskriminierte und leidende Minderheit. Reinhold Schneider brauchte gar nicht mehr rückblickend zu ergänzen (1954), dass die historische Szenerie als „Möglichkeit eines Protestes gegen die Verfolgung der Juden“ gedacht war. Keine Möglichkeit auf Parallelen bot allerdings der Rest der Geschichte, es sei denn, er war als ein moralischer Appell gedacht: Der Hidalgo, zunächst ein Ausbeuter der Indios, wird, sich bekehrend, ein Mitstreiter des Mönchs und der Kaiser ist bereit Recht zu schaffen.

Der Gegenentwurf einer christlichen Weltordnung, geprägt von humanistischer Tradition, zwar konservativ in den Strukturen, aber entschieden in dem Eintreten für die Rechte des Einzelnen, war gegenüber dem

JOCHEN KLEPPER

Der Vater

brutalen Einbruch eines Rassendarwinismus machtlos. JOCHEN KLEPPER (1893–1942), der in seinem historischen Roman *Der Vater* (1937) aus der Sicht einer protestantischen Staatsloyalität die Verantwortung oder Legitimation des „Landesvaters" in der Gestalt Friedrich Wilhelms I. von Preußen (1688–1740) beschrieb und in der Staatsautorität noch ganz im Sinne Luthers ein Organ der religiös begründeten Weltordnung sah, schied 1942 zusammen mit seiner jüdischen Frau und seiner Stieftochter aus dem Leben, um ihnen die Greuel der Konzentrationslager zu ersparen. Ein sehr persönliches Zeitdokument religiös begründeter Opposition gegen den Nationalsozialismus ist das 1956 veröffentlichte Tagebuch *Unter dem Schatten deiner Flügel.*

Unter dem Schatten deiner Flügel

In den historischen Romanen eines christlich-abendländischen Weltbildes wurde immer wieder die politische Möglichkeit einer Überwindung dunkler Zeiten angedeutet. Es gab aber auch Autorinnen und Autoren, die den Prozess der individuellen Selbstbewahrung ganz und gar auf das religiöse Erlebnis reduzierten oder konzentrierten. GERTRUD VON LE FORT (1876–1971), hugenottischer Abstammung, in Westfalen geboren, in Heidelberg Studium der protestantischen Theologie, der Geschichte und Philosophie, 1926 zum Katholizismus übergetreten, hat in ihren Romanen und Erzählungen immer wieder die verändernde Kraft eines existenziellen Vertrauens in den Glauben beschworen. In der Erzählung *Die Letzte am Schafott* (1931), von Georges Bernanos 1948 dramatisiert, beschreibt Gertrud von Le Fort, wie eine Novizin, die während der Französischen Revolution verängstigt aus dem Kloster geflohen ist, auf dem Todesweg der Nonnen zur Guillotine plötzlich aus der Masse der Zuschauer heraustretend, den unterbrochenen Gesang der Nonnen weiterführt, bis sie selbst, sich freiwillig zu ihrem Glauben bekennend, enthauptet wird. Der Glaube habe die physische Angst überwinden helfen. In dem zweiteiligen Roman *Das Schweißtuch der Veronika* (1928–1946) – er handelt vor und nach dem Ersten Weltkrieg – verzichtet die Heldin auf ihre Berufung zum klösterlichen Leben, um bis an die Grenze der Selbstaufopferung die Seele ihres Freundes vor der Verdammnis zu retten. Diese Alternativen eines existenziell erfahrenen Glaubens, bewusst sich aus der Geschichte ausklammernd, hatten in der moralischen Aufbruchsstimmung nach 1945 ein breites Echo, denn zur gleichen Zeit gab es ähnliche Strömungen in Frankreich (Georges Bernanos, *Tagebuch eines Landpfarrers,* 1936) und England (Graham Greene, *Die Kraft und die Herrlichkeit,* 1940).

GERTRUD VON LE FORT

Die Letzte am Schafott

Das Schweißtuch der Veronika

Zu diesen radikalen Bekenntnissen eines Vertrauens in die göttliche Ordnung gehört auch der noch während des Krieges geschriebene Roman *Das unauslöschliche Siegel* von ELISABETH LANGGÄSSER (1899–1950). Mit dem Siegel ist die Taufe gemeint. Die Handlung – sie reicht von 1914 bis 1943 (im Epilog) – besteht aus einer Vielfalt szenischer Überblendungen, Orte und Zeitstrukturen überwindend; in diesem Weltspiel zwischen Gott und seinem Widersacher sind die Menschen durch die göttliche Vorsehung eingeplant, auch wenn sie ihre Rolle nicht sofort begreifen. Auch hier lebt noch barockes Weltverständnis weiter. EDZARD SCHAPER (1908–1984) hat den Konflikt zwischen Glauben und Staatsmacht in das kommunistische Russland verlegt; in dem Roman *Die sterbende Kirche* (1936) verliert zwar die Kirche als Institution ihren Einfluss, sie festigt sich aber in der Wider-

ELISABETH LANGGÄSSER
Das unauslöschliche Siegel

EDZARD SCHAPER
Die sterbende Kirche

standskraft Einzelner als Glaubenshoffnung. In der christlich-konservativen Literatur seit 1933, soweit sie in Deutschland erschien, sind zwar Vergleichsansätze zur aktuellen Erfahrung immer wieder zu finden, aber der direkte Bezug wurde vermieden. Dies war der Preis dafür, auch weiterhin in Deutschland publizieren zu können.

Hans Carossa

Hans Carossa (1878–1956) lehnte zwar 1933 die Aufnahme in die gleichgeschaltete Preußische Dichterakademie ab, übernahm aber 1941 die Präsidentschaft des faschistischen Europäischen Schriftstellerverbandes. Er setzte sich 1941 für den jüdischen Dichter Alfred Mombert ein, um ihn aus dem Konzentrationslager zu retten, er schrieb aber damals auch ein Geburtstagsgedicht auf den Führer. Dem Arzt und Schriftsteller Carossa war durch seine Verwurzelung in der humanistischen und klassischen Tradition der Nationalsozialismus fremd, trotzdem wurde er von den neuen Machthabern umworben.

Ungleiche Welten

Seinen Rechenschaftsbericht über die Zeit des Dritten Reiches überschrieb er mit dem bezeichnenden Titel *Ungleiche Welten* (1951). Darin schrieb er: „Würde man mich fragen: Wie bist du behandelt worden im Dritten Reich?, so müsste die Antwort lauten: Es ist mir, äußerlich betrachtet, nichts geschehen, und wer das Unrecht, das andern angetan wurde, nicht mitfühlte oder wem es nichts ausmachte, einer Nation anzugehören, die von Jahr zu Jahr in der Achtung der Besten aller Kulturvölker sank, der konnte an meiner Stelle ganz leidlich dahinleben. Von einer gewissen Zeit an wurde ich sogar umworben, und man sah mir vieles nach." Carossas Vorbilder waren Goethe, Hölderlin, Eichendorff, Mörike und vor allem Stifter; es war das deutsche idealistische Kulturerbe von der Klassik bis zum bürgerlichen Realismus. Daher sahen die Nationalsozialisten in ihm einen Repräsentanten deutscher Kulturtradition, den man der Welt als Alibi vorstellen konnte. Dies war das Missverständnis auf beiden Seiten. Seinen Ruf und auch seine hohe Beliebtheit als Schriftsteller einer heilen Welt und der kleinen Freuden abseits der hektischen Großstädte verdankte er neben seinen frühen *Gedichten* (1910) vor allem seinen autobiographischen Werken – *Eine Kindheit* (1922), *Verwandlungen einer Jugend* (1928), *Das Jahr der schönen Täuschungen* (1941), *Der Tag des jungen Arztes* (1955) – und den Romanen *Der Arzt Gion* (1932) und *Geheimnisse des reifen Lebens* (1936). In allen Werken münden die Ereignisse, über alle Turbulenzen hinweg, in eine versöhnende Harmonie. Liebevoll und genau werden die kleinen Dinge des Alltags beschrieben.

autobiographische Berichte

Der Arzt Gion

Geheimnisse des reifen Lebens

Ernst Wiechert

Ernst Wiechert (1887–1950) wurde wie Hans Carossa und Ernst Jünger von den Nationalsozialisten umworben, aber er distanzierte sich deutlicher und energischer als Carossa und Jünger. Seine Rede *Der Dichter und die Zeit,* die er 1935 als Einleitung zu einer Lesung aus seinen Werken an der Münchner Universität hielt, wurde zwei Jahre später in der Moskauer Exilzeitschrift „Das Wort" als ein beachtenswertes Beispiel konservativen Widerstands abgedruckt.

In dieser Rede trennte er scharf zwischen Dichtung und Zeit. Mit Zeit meinte er das jeweils aktuelle politische Geschehen. Dichtung dagegen gehe über den Moment hinaus, sie beanspruche zeitlose Gültigkeit. Dies bedeutete eine damals sehr genau verstandene Absage an die Versuche, Schriftsteller und ihre Werke in den Dienst politischer Zwecke zu stellen. Man kann und wird über Wiecherts Dichtungsverständnis streiten, denn es ist in seinem Konzept ahistorisch, aber es war eine deutliche Absage an das nationalsozialistische Kulturprogramm. Ernst Wiechert wurde 1938 verhaftet und einige Zeit im

Die Majorin

Das einfache Leben

Missa sine nomine

KZ Buchenwald festgehalten. Seine Bücher wurden nicht verboten; denn in ihrem Lob einer vorindustriellen Naturverbundenheit und in ihrem Argwohn gegenüber einer differenzierten Intellektualität boten sich durchaus partielle Vergleichsmöglichkeiten mit der nationalsozialistischen Blut-und-Boden-Literatur. Wiecherts Entwurf eines „einfachen Lebens" hatte aber nichts mit diesen völkischen Verwurzelungsbekundungen zu tun; er kam aus einer christlich-moralischen Haltung.
Seine Romane – *Die Majorin* (1934), *Das einfache Leben* (1939), *Missa sine nomine* (1950) – sind Wandlungs- und Läuterungsgeschichten, die sich in der Stille abgeschiedener Natureinsamkeit abspielen. Schlichte Mitmenschlichkeit und eine religiös erfahrene Naturverbundenheit sind die alles überwindenden Kräfte. Die symbolische Bedeutung des Erzählten steht über der Auseinandersetzung mit der aktuellen Wirklichkeit; sie ist nur als die Außenwelt angedeutet, aus der sich die Geläuterten in ihre Innerlichkeit zurückziehen.

Ernst Jünger

Auf den Marmorklippen

Heliopolis

1939 erschien Ernst Jüngers Roman *Auf den Marmorklippen.* Es ist ein utopisches Szenarium, aufgebaut wie eine Heldensage. Die friedliebenden Uferleute werden vom Oberförster bedroht, der mit seiner marodierenden Bande im Wald lebt. Die Uferleute unterliegen, ihre Stätten werden niedergebrannt. Sie ziehen in ein anderes Land, wo man sie freundlich aufnimmt. Parallelen zu Ereignissen im Dritten Reich drängen sich nicht nur, was das Gesamtkonzept betrifft, auf; auch Details, wie die Folterlager im Wald oder innere Führungskämpfe unter den Waldleuten, geben unmissverständliche Hinweise. Ein zweiter utopischer Roman, der nach dem Zweiten Weltkrieg erschien, geht über den historischen Befund hinaus. In *Heliopolis* (1949), im Spannungsfeld zweier sich widersprechender Herrschaftsformen, entwarf Ernst Jünger sein gewandeltes politisches Programm. Die Oberstadt von Heliopolis kontrolliert der Prokonsul. Er denkt in historischen Ordnungen, den Staat betrachtet er als etwas allmählich im Zusammenspiel der Kräfte Gewachsenes, dessen Ziel und Aufgabe der freie Mensch sei. Freiheit aber bedeute nicht Gleichheit im Sinne von Gleichschaltung. Sie sei abgestuft nach dem individuellen Selbstverständnis. Der Landvogt, der die proletarische Unterstadt beherrscht, „will außerhalb der Geschichte ein Kollektiv zum Staat erheben", er will „Gleichmachung des menschlichen Bestandes" und „Perfektion der Technik". Die Partei des Landvogts wächst zusehends, da die entwurzelte Bevölkerung den reibungslosen Staatsmechanismus als etwas Angenehmes empfindet, das sie ihrer Pflichten entbindet. Diese Entwicklung aber bedrohe die Zukunft des „souveränen Individuums". Aufgehalten werden könne diese Entwicklung, so der Prokonsul, nur noch durch ein neues Bewusstsein für gegenseitige Verantwortung.

Textsammlungen

- Walther Killy: Die deutsche Literatur – Texte und Zeugnisse, Band 7: 20. Jahrhundert, herausgegeben von Walther Killy, C. H. Beck Verlag, München 1967
- Henri R. Paucker: Neue Sachlichkeit – Literatur im „Dritten Reich" und im Exil, Reclam Verlag (RUB 9657), Stuttgart 1976

15 Vom Ende des Zweiten Weltkrieges bis zur Wiedervereinigung (1945–1990)

8. Mai 1945 Ende des Zweiten Weltkrieges in Europa – bedingungslose Kapitulation der deutschen Wehrmacht – Aufteilung Deutschlands in vier Besatzungszonen

26. Juni 1945 Fünfzig Nationen unterschreiben die Charta der Vereinten Nationen (UN).

2. September 1945 Kapitulation Japans nach Abwurf von Atombomben auf Hiroshima und Nagasaki

1946 in der sowjetischen Besatzungszone Zusammenschluss von KPD und SPD zur Sozialistischen Einheitspartei Deutschlands (SED) – allmähliche Zweiteilung Deutschlands – Gebiete östlich der Oder-Neiße-Grenze unter sowjetischer und polnischer Verwaltung

1947 Beginn des Marshallplans, der amerikanischen Wirtschaftshilfe

1903 –1972 Ernst Kreuder – *Die Gesellschaft vom Dachboden* (1946) – *Die Unauffindbaren* (1948)

1907–1980 Wolfgang Weyrauch – *Auf der bewegten Erde* (1946) – *Tausend Gramm* (Hg., 1949) – *An die Wand geschrieben* (1950) – *Die japanischen Fischer* (1955)

1946 *Venezianisches Credo* von Rudolf Hagelstange

1891–1970 Nelly Sachs – *In den Wohnungen des Todes* (1947) – *Sternverdunkelung* (1949) – *Flucht und Verwandlung* (1959) – *Glühende Rätsel* (1964)

1901–1974 Marie Luise Kaschnitz – *Gedichte* (1947) – *Zukunftsmusik* (1950) – *Neue Gedichte* (1957) – *Kein Zauberspruch* (1972)

1901–1977 Hans Erich Nossack – *Nekyia* (1947) – *Spätestens im November* (1955) – *Spirale* (1956) – *Der jüngere Bruder* (1958) – *Der Fall d'Arthez* (1968)

1920 –1989 Wolfdietrich Schnurre – *Das Begräbnis* (1947) – *Man sollte dagegen sein* (1960) – *Die Erzählungen* (1966)

1921–1947 Wolfgang Borchert – *Draußen vor der Tür* (1947) – *Die Hundeblume* (1947) – *An diesem Dienstag* (1947) – *Das Gesamtwerk* (1949)

1902 –1972 Günter Eich – *Abgelegene Gehöfte* (1948) – *Untergrundbahn* (1949) – *Träume* (1950) – *Die Andere und ich* (1951) – *Die Mädchen aus Viterbo* (1952) – *Botschaften des Regens* (1955) – *Die Brandung von Setúbal* (1957)

1948 *Die rote Katze* von Luise Rinser

1948 Währungsreform – „Berlin-Blockade“, Sperrung der Zugänge zu den Westsektoren – Versorgung bis Mai 1949 über eine Luftbrücke

1914–1979 ARNO SCHMIDT – *Leviathan* (1949) – *Brand's Haide* (1951) – *Aus dem Leben eines Fauns* (1953) – *Das steinerne Herz* (1956) – *Die Gelehrtenrepublik* (1957) – *Kaff auch Mare Crisium* (1960) – *Zettels Traum* (1970)

4. April 1949 Abschluss des Nordatlantikpakts (NATO)

23. Mai 1949 Gründung der Bundesrepublik Deutschland

1921–1990 FRIEDRICH DÜRRENMATT – *Romulus der Große* (1949) – *Der Tunnel* (1952) – *Die Ehe des Herrn Mississippi* (1952) – *Der Richter und sein Henker* (1952) – *Der Verdacht* (1953) – *Ein Engel kommt nach Babylon* (1954) – *Die Panne* (1956) – *Der Besuch der alten Dame* (1956) – *Das Versprechen* (1958) – *Die Physiker* (1962) – *Herkules und der Stall des Augias* (1963) – *Der Meteor* (1966) – *Achterloo* (1983) – *Der Auftrag* (1986)

1950 *Bürgermeister Anna* von FRIEDRICH WOLF

7. Oktober 1949 Gründung der Deutschen Demokratischen Republik

1908–1976 GERD GAISER – *Eine Stimme hebt an* (1950) – *Schlussball* (1958)

1908 ALBRECHT GOES – *Unruhige Nacht* (1950) – *Das Brandopfer* (1954)

1950–1953 Koreakrieg

1912–1994 ERWIN STRITTMATTER – *Ochsenkutscher* (1950) – *Katzgraben* (1953) – *Ole Bienkopp* (1963)

1913 STEFAN HEYM – *Der bittere Lorbeer* (1950) – *Die Augen der Vernunft* (1951) – *Goldsborough* (1953) – *Der Fall Glasenapp* (1958) – *Schatten und Licht* (1960) – *Die Papiere des Andreas Lenz* (1963) – *Lassalle* (1969) – *Die Schmähschrift* (1970) – *Der König David Bericht* (1972) – *5 Tage im Juni* (1974) – *Schwarzenberg* (1984)

1951 Aufnahme der Bundesrepublik Deutschland in den Europarat

1950 *Die Zeit der Gesamtheit* von STEPHAN HERMLIN

1917–1985 HEINRICH BÖLL – *Wanderer, kommst du nach Spa ...* (1950) – *Wo warst du, Adam?* (1951) – *Und sagte kein einziges Wort* (1953) – *Haus ohne Hüter* (1954) – *Billard um halbzehn* (1959) – *Ansichten eines Clowns* (1963) – *Gruppenbild mit Dame* (1971) – *Die verlorene Ehre der Katharina Blum* (1974) – *Fürsorgliche Belagerung* (1979) – *Frauen vor Flusslandschaft* (1985)

1926 ERICH LOEST – *Jungen, die übrig blieben* (1950) – *Das Jahr der Prüfung* (1954) – *Schattenboxen* (1973) – *Es geht seinen Gang* (1978) – *Durch die Erde ein Riss* (1981) – *Völkerschlachtdenkmal* (1984) – *Der vierte Zensor* (1984) – *Zwiebelmuster* (1985) – *Froschkonzert* (1987) – *Fallhöhe* (1989) – *Nikolaikirche* (1995)

1952 Aufhebung des Besatzungsstatus für die Bundesrepublik Deutschland durch den Deutschlandvertrag – Wiedergutmachungsabkommen zwischen Bundesrepublik Deutschland und Israel – „Aufbau des Sozialismus“ in der DDR

1896–1966 HEIMITO VON DODERER – *Die Strudelhofstiege* (1951) – *Die erleuchteten Fenster* (1951) – *Die Dämonen* (1956) – *Roman No 7* (1963–1967)

1906–1996 WOLFGANG KOEPPEN – *Tauben im Gras* (1951) – *Das Treibhaus* (1953) – *Der Tod in Rom* (1954)

1951 *Menschen an unserer Seite* von EDUARD CLAUDIUS

1951 *Der unbehauste Mensch* von HANS EGON HOLTHUSEN

1926 SIEGRIED LENZ – *Es waren Habichte in der Luft* (1951) – *Duell mit dem Schatten* (1953) – *So zärtlich war Suleyken* (1955) – *Der Mann im Strom* (1957) – *Das Feuerschiff* (1960) – *Zeit der Schuldlosen/Zeit der Schuldigen* (1962) – *Stadtgespräch* (1963) – *Deutschstunde* (1968) – *Das Vorbild* (1978) – *Heimatmuseum* (1978) – *Der Verlust* (1981) – *Exerzierplatz* (1985)

1914–1980 ALFRED ANDERSCH – *Die Kirschen der Freiheit* (1952) – *Sansibar* (1957) – *Die Rote* (1960) – *Efraim* (1967) – *Winterspelt* (1974)

1953 Tod Stalins

1915 Karl Krolow – *Die Zeichen der Welt* (1952) – *Wind und Zeit* (1954) – *Tage und Nächte* (1956) – *Fremde Körper* (1959)

1916–1991 Wolfgang Hildesheimer – *Lieblose Legenden* (1955) – *Spiele, in denen es dunkel wird* (1958) – *Herrn Walsers Raben* (1960) – *Nachtstück* (1963) – *Tynset* (1965) – *Masante* (1973) – *Mozart* (1977) – *Marbot* (1981)

17. Juni 1953 Arbeiteraufstand in der DDR gegen die Erhöhung der Arbeitsnormen

1920–1970 Paul Celan – *Mohn und Gedächtnis* (1952) – *Sprachgitter* (1959) – *Die Niemandsrose* (1963) – *Atemwende* (1967)

1952 *Spiegelgeschichte* von Ilse Aichinger

1925 Heinz Piontek – *Die Furt* (1952) – *Die Rauchfahne* (1953)

1953 *Das Schiff Esperanza* von Fred von Hoerschelmann

1954 ff. Aufbau eigener Streitkräfte in der Bundesrepublik Deutschland und der DDR

1911–1991 Max Frisch – *Don Juan oder Die Liebe zur Geometrie* (1953) – *Stiller* (1954) – *Homo faber* (1957) – *Biedermann und die Brandstifter* (1958) – *Andorra* (1961) – *Mein Name sei Gantenbein* (1964) – *Biografie* (1967)

1922 –1982 Heinar Kipphardt – *Shakespeare dringend gesucht* (1953) – *In der Sache J. Robert Oppenheimer* (1964) – *Bruder Eichmann* (1982)

1925 Eugen Gomringer – *Konstellation* (1953) – *worte sind schatten* (1969)

1926 –1973 Ingeborg Bachmann – *Die gestundete Zeit* (1953) – *Anrufung des großen Bären* (1956) – *Der gute Gott von Manhattan* (1958) – *Das dreißigste Jahr* (1961) – *Malina* (1971)

1955 Beitritt der Bundesrepublik Deutschland zur NATO und der DDR zum Warschauer Pakt – Genfer Gipfelkonferenz über atomare Abrüstung und Truppenreduzierungen

1954 *Das unverwesliche Erbe* von Ina Seidel

1921–1996 Helmut Heissenbüttel – *Kombinationen* (1954) – *Topographien* (1956) – *Textbuch I* ff. (1960 ff.)

1956 Ungarnaufstand – Unruhen in Polen – Verbot der KPD in der Bundesrepublik Deutschland

1922–1984 Franz Fühmann – *Kameraden* (1955) – *Kabelkran und Blauer Peter* (1961) – *Das Judenauto* (1962) – *Saiäns-Fiktschen* (1981)

1928 Peter Hacks – *Das Volksbuch vom Herzog Ernst* (1953) – *Eröffnung des indischen Zeitalters* (1955) – *Der Müller von Sanssouci* (1958) – *Die Sorgen und die Macht* (1958) – *Moritz Tassow* (1965) – *Amphitryon* (1968) – *Margarete in Aix* (1969) – *Omphale* (1970) – *Adam und Eva* (1973) – *Das Jahrmarktsfest zu Plundersweilern* (1975) – *Ein Gespräch im Hause Stein über den abwesenden Herrn von Goethe* (1976) – *Die Vögel* (1981)

1957 Sputnik, erster sowjetischer Weltraumsatellit

1927 Günter Grass – *Die Vorzüge der Windhühner* (1956) – *Onkel, Onkel* (1958) – *Noch zehn Minuten bis Buffalo* (1959) – *Die Blechtrommel* (1959) – *Gleisdreieck* (1960) – *Die bösen Köche* (1961) – *Katz und Maus* (1961) – *Hundejahre* (1963) – *Die Plebejer proben den Aufstand* (1966) – *Ausgefragt* (1967) – *örtlich betäubt* (1969) – *Aus dem Tagebuch einer Schnecke* (1972) – *Der Butt* (1977) – *Das Treffen in Telgte* (1979) – *Die Rättin* (1986)

1935 Christoph Meckel – *Tarnkappe* (1956) – *Wildnisse* (1962) – *Bei Lebzeiten zu singen* (1967) – *Suchbild* (1980)

1927 Martin Walser – *Ehen in Philippsburg* (1957) – *Halbzeit* (1960) – *Der Abstecher* (1961) – *Eiche und Angora* (1962) – *Überlebensgroß Herr Krott* (1964) – *Der Schwarze Schwan* (1964) – *Das Einhorn* (1966) – *Der Sturz* (1973) – *Ein fliehendes Pferd* (1978) – *Brandung* (1985) – *Dorle und Wolf* (1987)

1929 HANS MAGNUS ENZENSBERGER – *verteidigung der wölfe* (1957) – *landessprache* (1960) – *blindenschrift* (1964) – *Das Verhör von Habana* (1970) – *Gedichte* (1971) – *Die Furie des Verschwindens* (1980) – *Ach Europa!* (1987) – *Zukunftsmusik* (1991) – *Kiosk* (1995)

1958 Berlin-Ultimatum – sowjetische Forderung nach Umwandlung Westberlins in eine freie Stadt – Charles de Gaulle neuer französischer Regierungschef

1958 *Nackt unter Wölfen* von BRUNO APITZ

1921 HANS CARL ARTMANN – *med ana schwoazzn dintn* (1958) – *The Best of H. C. Artmann* (1970)

1958 *Die Feststellung* von HELMUT BAIERL

1959 Godesberger Programm der SPD, Verzicht auf Verstaatlichungen – Sieg Fidel Castros auf Kuba

1929–1995 HEINER MÜLLER – *Der Lohndrücker* (1958) – *Die Korrektur* (1958) – *Die Umsiedlerin* (1961) – *Philoktet* (1964) – *Der Bau* (1965) – *Herakles* (1966) – *Der Horatier* (1969) – *Macbeth* (1971) – *Germania Tod in Berlin* 1971 – *Mauser* (1975) – *Die Hamletmaschine* (1977)

1960 Verschärfung des Konflikts zwischen der Sowjetunion und China

1926 FRANZ MON – *artikulationen* (1959) – *Lesebuch* (1967)

1929 PETER RÜHMKORF – *Irdisches Vergnügen in g* (1929) – *Kunststücke* (1962) – *Haltbar bis Ende 1999* (1979) – *Außer der Liebe nichts* (1986) – *Einmalig wie wir alle* (1989)

1961 erster bemannter Raumflug: Gagarin

1934–1984 UWE JOHNSON – *Mutmaßungen über Jakob* (1959) – *Das dritte Buch über Achim* (1961) – *Zwei Ansichten* (1965) – *Jahrestage* (1970–1983)

1916–1982 PETER WEISS – *Der Schatten des Körpers des Kutschers* (1960) – *Abschied von den Eltern* (1961) – *Fluchtpunkt* (1962) – *Marat/Sade* (1964) – *Die Ermittlung* (1965) – *Gesang vom lusitanischen Popanz* (1967) – *Vietnam-Diskurs* (1968) – *Trotzki im Exil* (1970) – *Die Ästhetik des Widerstands* (1975–1981)

13. August 1961 Bau der Berliner Mauer

1926 Christa Reinig – *Die Steine von Finisterre* (1960) – *Gedichte* (1963) – *Schwalbe von Olevano* (1969)

1962 Kubakrise – Streit um russischen Raketenstützpunkt auf Kuba

1960–1963 *Die Abenteuer des Werner Holt* von Dieter Noll

1917–1965 Johannes Bobrowski – *Sarmatische Zeit* (1961) – *Schattenland Ströme* (1962) – *Levins Mühle* (1964) – *Litauische Claviere* (1966)

1933–1973 Brigitte Reimann – *Ankunft im Alltag* (1961) – *Franziska Linkerhand* (1974)

1903–1981 Peter Huchel – *Chausseen Chausseen* (1963) – *Die Sternenreuse* (1967) – *Gezählte Tage* (1972) – *Die neunte Stunde* (1979)

1926 Max von der Grün – *Irrlicht und Feuer* (1963) – *Stellenweise Glatteis* (1973)

1929 Christa Wolf – *Der geteilte Himmel* (1963) – *Nachdenken über Christa T.* (1968) – *Kindheitsmuster* (1976) – *Kein Ort. Nirgends* (1979) – *Kassandra* (1983) – *Sommerstück* (1989)

1963 Freundschaftsvertrag zwischen Frankreich und der Bundesrepublik Deutschland

1931–1989 Thomas Bernhard – *Frost* (1963) – *Verstörung* (1967) – *Ein Fest für Boris* (1968) – *Das Kalkwerk* (1970) – *Der Präsident* (1975) – *Korrektur* (1975) – *Vor dem Ruhestand* (1979) – *Beton* (1982) – *Auslöschung* (1986) – *Heldenplatz* (1988)

1931 Rolf Hochhuth – *Der Stellvertreter* (1963) – *Soldaten* (1967) – *Die Juristen* (1979) – *Ärztinnen* (1980) – *Judith* (1985)

22. November 1963 John F. Kennedy stirbt an den Folgen eines Attentats.

1933 Reiner Kunze – *Widmungen* (1963) – *Sensible Wege* (1969) – *Zimmerlautstärke* (1972) – *Die wunderbaren Jahre* (1976) – *auf eigene hoffnung* (1981)

1935 Karl Mickel – *Lobverse & Beschimpfungen* (1963) – *Vita nova mea* (1966)

1921–1988 ERICH FRIED – *Warngedichte* (1964) – *und Vietnam und* (1966) – *Gegengift* (1974) – *Beunruhigungen* (1984) – *Um Klarheit* (1985)

1964 *Spur der Steine* von ERIK NEUTSCH

1964 verstärkter Einsatz amerikanischer Truppen in Südvietnam – Eskalation des Vietnamkrieges

1933 PETER HÄRTLING – *Niembsch* (1964) – *Das war der Hirbel* (1973) – *Oma* (1975) – *Hölderlin* (1976) – *Ben liebt Anna* (1979) – *Nachgetragene Liebe* (1980) – *Waiblingers Augen* (1987) – *Bozena* (1994)

1935 PETER BICHSEL – *Eigentlich möchte Frau Blum den Milchmann kennen lernen* (1964) – *Kindergeschichten* (1969)

1965 Aufnahme diplomatischer Beziehungen zwischen der Bundesrepublik Deutschland und Israel

1926 HERMANN KANT – *Die Aula* (1965) – *Das Impressum* (1972)

1935 HELGA M. NOVAK – *Die Ballade von der reisenden Anna* (1965) – *Balladen vom kurzen Prozess* (1975) – *Grünheide, Grünheide* (1983) – *Legende Transsib* (1985)

1965 *Die Drahtharfe* von WOLF BIERMANN

1966 „Große proletarische Kulturrevolution" in China – Bildung der großen Koalition in der Bundesrepublik Deutschland als Folge einer Wirtschaftskrise – Entstehen einer „außerparlamentarischen Opposition" (APO)

1939 VOLKER BRAUN – *Provokation für mich* (1965) – *Die Kipper* (1972) – *Das ungezwungene Leben Kasts* (1972) – *Hinze und Kunze* (1973) – *Gegen die symmetrische Welt* (1974) – *Tinka* (1976) – *Guevara* (1977) – *Großer Frieden* (1979) – *Training des aufrechten Gangs* (1979) – *Dmitri* (1982) – *Hinze-Kunze-Roman* (1985) – *Langsamer knirschender Morgen* (1987)

1925 ERNST JANDL – *Laut und Luise* (1966) – *der künstliche baum* (1970) – *idyllen* (1989)

1942 GÜNTER WALLRAFF – *Wir brauchen dich* (1966) – *Ihr da oben – wir da unten* (1973) – *Ganz unten* (1985)

1942 PETER HANDKE – *Publikumsbeschimpfung* (1966) – *Kaspar* (1968) – *Die Angst des Tormanns beim Elfmeter* (1970) – *Der kurze Brief zum langen Abschied* (1972) – *Die linkshändige Frau* (1976) – *Der Chinese des Schmerzes* (1983) – *Die Wiederholung* (1986) – *Die Abwesenheit* (1987) – *Mein Jahr in der Niemandsbucht* (1994)

1967 Militärputsch in Griechenland – Israelisch-arabischer Sechstagekrieg – Protestdemonstrationen beim Staatsbesuch des Schahs in der Bundesrepublik Deutschland

1966–1971 *Bayrische Trilogie* von MARTIN SPEER

1967 *Spiel nicht mit den Schmuddelkindern* von FRANZ JOSEF DEGENHARDT

1935 SARAH KIRSCH – *Landaufenthalt* (1967) – *Die Pantherfrau* (1973) – *Zaubersprüche* (1973) – *Hundert Gedichte* (1985) – *Landwege* (1985) – *Schneewärme* (1989) – *Erlkönigs Tochter* (1992) – *Bodenlos* (1996)

1937–1979 NICOLAS BORN – *Marktlage* (1967) – *Wo mir der Kopf steht* (1970) – *Das Auge des Entdeckers* (1972) – *Die erdabgewandte Seite der Geschichte* (1976) – *Die Fälschung* (1979)

1968 Verabschiedung der Notstandsgesetze in der Bundesrepublik Deutschland – Studentenunruhen – Vertrag über die Nichtverbreitung von Atomwaffen – Einmarsch von Truppen in die Tschechoslowakei, Ende des „Prager Frühlings“

1925 TANKRED DORST – *Toller* (1968) – *Auf dem Chimborazo* (1973) – *Die Villa* (1980) – *Heinrich* (1985) – *Herr Paul* (1993)

1968 *Buridans Esel* von GÜNTER DE BRUYN

1932 GABRIELE WOHMANN – *Ländliches Fest* (1968) – *Paarlauf* (1979) – *Glücklicher Vorgang* (1986) – *Wäre wunderbar. Am liebsten sofort* (1994)

1968 *Jakob der Lügner* von JUREK BECKER

1968 *Bottroper Protokolle* von ERIKA RUNGE

1969 *Katzelmacher* von RAINER WERNER FASSBINDER

1970 *Eisenwichser* von HEINRICH HENKEL

1970 *Kaputte Spiele* von ANGELIKA MECHTEL

1970 Reise des Bundeskanzlers Willy Brandt in die DDR – neue Ostpolitik durch Gewaltverzichtsverträge

1946 FRANZ XAVER KROETZ – *Heimarbeit* (1970) – *Stallerhof* (1972) – *Geisterbahn* (1972) – *Nicht Fisch nicht Fleisch* (1981) – *Der Nusser* (1986)

1971 *Martin Luther & Thomas Münzer* von DIETER FORTE

1971 Friedensnobelpreis für Willy Brandt – Machtwechsel in der DDR, Honecker als Nachfolger Ulbrichts

1934 ULRICH PLENZDORF – *Die neuen Leiden des jungen W.* (1972) – *Die Legende von Paul und Paula* (1974) – *Karla* (1978) – *Die Legende vom Glück ohne Ende* (1979)

1972 Erweiterung der Europäischen Gemeinschaft

1944 BOTHO STRAUSS – *Die Hypochonder* (1972) – *Bekannte Gesichter, gemischte Gefühle* (1974) – *Trilogie des Wiedersehens* (1976) – *Die Widmung* (1976) – *Groß und klein* (1978) – *Rumor* (1980) – *Paare, Passanten* (1981) – *Der Park* (1984) – *Der junge Mann* (1984) – *Die Fremdenführerin* (1986) – *Niemand anderes* (1987) – *Besucher (1988)* – *Schlusschor* (1991) – *Das Gleichgewicht* (1993) – *Wohnen Dämmern Lügen* (1994)

1973 Aufnahme der Bundesrepublik Deutschland und der DDR in die Vereinten Nationen – Waffenstillstandsabkommen für Vietnam – Europäische Sicherheitskonferenz in Helsinki

1973 *Klassenliebe* von KARIN STRUCK

1974 *Das Ende der Landschaftsmalerei* von JÜRGEN BECKER

1932 ROLF SCHNEIDER – *Die Reise nach Jaroslaw* (1974) – *Das Glück* (1976) – *November* (1979)

1974 „Revolution der Nelken" in Portugal – Rücktritt Brandts als Bundeskanzler – Watergate-Skandal in den USA

1933–1990 IRMTRAUD MORGNER – *Leben und Abenteuer der Trobadora Beatriz* (1974) – *Amanda* (1983)

1974 *Karin W.* von GERTI TETZNER

1975 Prozess in Stammheim gegen Mitglieder der „Roten-Armee-Fraktion" (RAF)

1944 JÜRGEN THEOBALDY – *Blaue Flecken* (1974) – *Die Sommertour* (1983) – *Midlands, Drinks* (1984)

1976 Ausbürgerung Wolf Biermanns aus der DDR

1977 Demonstrationen der Atomkraftgegner in der Bundesrepublik Deutschland – Eskalation des Terrorismus

1979 Revolution im Iran

1980 Boykott der Olympischen Spiele in Moskau nach dem Einmarsch sowjetischer Truppen in Afghanistan

1982 Rücktritt der sozialliberalen Koalition unter Bundeskanzler Helmut Schmidt – Bildung einer christlich-liberalen Koalition mit Bundeskanzler Helmut Kohl

1983 Abbau der Selbstschussanlagen an der innerdeutschen Grenze

1985 Michail Gorbatschow wird Generalsekretär des ZK der KPdSU. Innenpolitisch tritt er für gesellschaftlichen Umbau (Perestroika) und für mehr Öffentlichkeit (Glasnost) ein. Außenpolitisch setzt er auf eine allgemeine Abrüstung.

1988 Demokratisierungsbestrebungen in der Sowjetunion, in Polen und Ungarn

1989 Massenflucht aus der DDR – Rücktritt Erich Honeckers – (9. November 1989) Öffnung der Berliner Mauer – Demokratisierung der DDR – Ende der kulturellen und politischen Isolation

1990 freie Wahlen in der DDR und in den anderen ehemaligen Ostblockstaaten – (3. Oktober 1990) Wiederherstellung der deutschen Einheit

1975 *Westwärts 1 & 2* von ROLF DIETER BRINKMANN

1944 ELISABETH PLESSEN – *Mitteilung an den Adel* (1976) – *Kohlhaas* (1979)

1946 ELFRIEDE JELINEK – *Die Liebhaberinnen* (1975) – *Die Ausgesperrten* (1980) – *Krankheit oder Moderne Frauen* (1987) – *Raststätte* (1994) – *Die Kinder der Toten* (1995)

1901–1988 ROSE AUSLÄNDER – *Der Regenbogen* (1939) – *Doppelspiel* (1977) – *Im Atemhaus wohnen* (1980)

1976 *Schweig, Bub!* von FITZGERALD KUSZ

1929 GÜNTER KUNERT – *Unterwegs nach Utopia* (1977) – *Abtötungsverfahren* (1980) – *Stillleben* (1984) – *Berlin beizeiten* (1987) – *Fremd daheim* (1990)

1977 *Guten Morgen, du Schöne* herausgegeben von MAXIE WANDER

1986 *Ordnung ist das ganze Leben* von LUDWIG HARIG

1986 *fai obbochd* von GERHARD C. KRISCHKER

1946 ULLA HAHN – *Herz über Kopf* (1981) – *Spielende* (1983) – *Freudenfeuer* (1985) – *Unerhörte Nähe* (1988)

Deutschland nach 1945

die Teilung und ihre Folgen

Deutschland war 1945 ein besetztes Land, aufgeteilt in vier Besatzungszonen. Berlin gehörte keiner Besatzungszone an, sondern hatte mit seinen vier Sektoren einen Sonderstatus; eine Alliierte Viermächtekommandantur sollte die ehemalige Reichshauptstadt gemeinsam verwalten. Die Gebiete östlich der Oder-Neiße-Grenze kamen unter polnische und sowjetische Verwaltung; die endgültigen Grenzen sollte später ein Friedensvertrag regeln. Über zwölf Millionen Deutsche wurden aus den Ostgebieten des Deutschen Reiches und aus anderen jahrhundertealten Siedlungsgebieten in Mittel- und Osteuropa vertrieben. Das Bündnis der Siegermächte zerbrach sehr bald nach dem Sieg über den gemeinsamen Feind; die ideologischen Unterschiede zwischen den Westalliierten und Sowjetrussland waren zu groß, als dass eine gemeinsame Deutschlandpolitik entworfen werden konnte. Die Westzonen und die Ostzone entwickelten sich auseinander und wurden jeweils in den westlichen und östlichen Machtblock eingegliedert. Aus den drei Westzonen entstand am 23. Mai 1949 die Bundesrepublik Deutschland, aus der Ostzone am 7. Oktober 1949 die Deutsche Demokratische Republik. Beide Teile Deutschlands gehörten von nun an bis 1990 verschiedenen Gesellschaftsordnungen an. 1955 wurden die beiden deutschen Staaten bereits wieder mit eigenen Armeen versehen, in die jeweiligen Militärbündnisse aufgenommen, die Bundesrepublik Deutschland in die NATO, die Deutsche Demokratische Republik in den Warschauer Pakt. Der militärischen Zuordnung ensprach die wirtschaftliche.

Die rigorose Unterbindung der Freizügigkeit zwischen beiden deutschen Staaten seitens der DDR wirkte sich auch auf das literarische Leben aus. Die deutschsprachige Literatur in der Schweiz, in Österreich und in der Bundesrepublik bot weiterhin eine lebendige Vielfalt im regen Austausch über die Landesgrenzen hinweg. In Hamburg, Zürich und Wien wurden die gleichen Stücke gespielt. *Biedermann und die Brandstifter* oder *Andorra* von dem Schweizer Dramatiker Max Frisch wurden als Parabelstücke der jüngsten deutschen Geschichte verstanden und interpretiert. 1966 sorgte der Österreicher Peter Handke bei der denkwürdigen Tagung der Gruppe 47 in Princeton für frischen Wind; er wurde zum Sprecher der jungen Autoren, die gegen eingefahrene Darstellungsweisen und Kritiker-Vorurteile aufbegehrten. In der DDR entwickelte sich durch die enge Verbindung von Parteiideologie und Kunstproduktion, durch die staatliche Verpflichtung zum positiven sozialistischen Realismus – als einem Beitrag zur gesellschaftlichen Konsolidierung des realen Sozialismus – eine eigene Literatur ohne Austausch mit den anderen deutschsprachigen Literaturen. Annäherungen waren erst seit den späten Siebzigerjahren zu beoachten. Deshalb erscheint es sinnvoll, im Rahmen einer Literaturgeschichte den Sonderweg der Literatur in der DDR bis zu den Ereignissen Ende 1989 auch separat zu beschreiben. Mit dem 9. November 1989 (Öffnung der Grenze nach Westen) endete dieses Kapitel eines aufgezwungenen Sonderwegs. Die Meinungsfreiheit war wieder garantiert. Die Ausbürgerungen kritischer DDR-Autoren wurden aufgehoben. Am 3. Oktober 1990 wurden die Länder der DDR Teil der Bundesrepublik Deutschland.

das Jahr 1968

Ein wichtiger Einschnitt in der Nachkriegszeit war das Jahr 1968. In den Fünfzigerjahren erlebte die Bundesrepbulik einen ungeahnten wirtschaftlichen Aufschwung; in der ganzen Welt sprach man vom deutschen Wirtschaftswunder. Seine Grundlagen waren die amerikanische Wirtschafts- und Finanzhilfe (Marshall-Plan) zum Wiederaufbau der Industrie und die von dem damaligen Wirtschaftsminister Ludwig Erhard durchgesetzte soziale Marktwirtschaft. Die soziale Marktwirtschaft war ein Mittelweg zwischen reiner Privatwirtschaft und staatlicher Steuerung. Sie förderte zwar die Privatinitiativen, sie behielt sich aber auch regulierende staatliche Eingriffe vor, um das Sozialgefüge im Gleichgewicht zu halten. In dieser allgemeinen Prosperität waren sehr schnell die moralische Aufbruchsstimmung der Jahre nach 1945 und die Erinnerung an die jüngste Vergangenheit wieder vergessen. Die nationalsozialistische Vergangenheit wurde nicht bewältigt, sondern verdrängt. Gegen dieses übermächtige Konsum- und Wohlstandsdenken wuchs in den Sechzigerjahren intellektueller Widerstand; besonders unter den Studenten artikulierte sich ein neues Bewusstsein. Verstärkt wurde dieser Widerstand auch durch eine erste Wirtschaftskrise Mitte der Sechzigerjahre; die Zahl der Arbeitslosen stieg Ende 1966 erstmals auf über 600 000. Eigentlicher Auslöser für die Organisation einer außerparlamentarischen Opposition wurde aber die Diskussion um die Notstandsgesetze, die 1968 von der großen Koalition im Bundestag verabschiedet wurden. Dazu kam das energische Drängen auf die schon längst anstehende Reform des Hochschul- und Bildungswesens. Der Protest der Schüler und Studenten hatte eine radikal-politische Orientierung; er richtete sich gegen die restaurativen Tendenzen einer sich verselbstständigenden Staatsmacht und gegen eine immer mehr kapitalistisch orientierte Wirtschaftsstruktur. Die geistigen Väter dieses Protestes wurden Max Horkheimer, Theodor W. Adorno und Herbert Marcuse, die schon in den Zwanzigerjahren in Frankfurt („Frankfurter Schule") und später im amerikanischen Exil eine neomarxistische Gesellschaftskritik entwickelt hatten. Die Ereignisse von 1968 veränderten zwar nicht die politische Situation, sie setzten aber ein neues kritisches Denken in Gang, das sich vor allem in der Reform des Erziehungs- und Bildungswesens niederschlug. 1968 wurde zum Teil die Diskussion nachgeholt, die schon 1945 hätte stattfinden müssen.

Gab es eine Stunde Null?

1945 – Versuch einer Bestandsaufnahme

1945 bedeutete für die deutsche Literatur keinen voraussetzungslosen Neuanfang, keine Stunde Null, genauso wenig wie 1918 – nur mit dem grundlegenden Unterschied, dass jetzt zwölf Jahre Schweigen und unterbrochener Austausch mit dem Ausland zu überwinden und aufzuarbeiten waren. Das Schweigen hatte sich nicht nur über die Exilliteratur gelegt, sondern über alle Autoren und Werke, die auf die „schwarzen Listen" gekommen waren. Eine Generation war herangewachsen, die bislang von der Literatur des Expressionismus oder der Weimarer Republik noch nichts gehört hatte; auch die zeitgenössische Literatur des Auslands war ihr weitgehend unbekannt geblieben. Die Jahre unmittelbar nach 1945 bedeuteten für das literarische Leben in Deutschland zunächst eine gründliche Bestandsaufnahme und Aufarbeitung. Sie bezog sich vor allem auf drei Bereiche: erstens auf die Exilliteratur und die Literatur vor 1933, zweitens auf die literarischen Strömungen im Ausland und drittens auf die Literatur, die zwischen 1933 und 1945 in Deutschland selbst entstanden war.

Literatur aus dem Exil

Die literarischen Ereignisse der ersten Nachkriegsjahre waren Werke von Autoren, die schon während der Zeit der Weimarer Republik oder noch früher ihre ersten großen Werke geschrieben hatten. Sie wurden respektvoll aufgenommen, aber es fehlte für das Publikum, das ja von der Entwicklung für Jahre ausgeschlossen war, der entsprechende Rezeptionshintergrund. Diese Werke – zu nennen sind *Doktor Faustus* von Thomas Mann, *Das Glasperlenspiel* von Hermann Hesse, *Der Tod des Vergil* von Hermann Broch, *Stern der Ungeborenen* von Franz Werfel oder *Der Mann ohne Eigenschaften* von Robert Musil – gingen über den aktuellen Verstehensrahmen oder die momentane Erwartung hinaus, obwohl sie auf die politischen Veränderungen während der Zeit ihres Entstehens immer wieder anspielten. In diesen Werken – bezeichnenderweise Romane – waren die zeitgeschichtliche Aktualität oder der unmittelbare Bezug jeweils nur Teilaspekte einer historischen Perspektive; sie waren letzte Ausläufer des bürgerlichen Realismus, in der Argumentation und folglich auch in der Komposition entschieden beeinflusst von den Erkenntnissen der Psychoanalyse (Sigmund Freud, C. G. Jung).

die unterbrochene Tradition

Bert Brecht, dessen Stücke *Mutter Courage und ihre Kinder, Der gute Mensch von Sezuan* und *Leben des Galilei* noch während des Krieges in Zürich ihre erfolgreiche Uraufführung erlebten, wurde, kaum aus dem Exil zurückgekehrt, ein zweites Mal Opfer politischer Säuberungsmaßnahmen. In Westdeutschland waren seine Werke tabu, eine objektiv-kritische Auseinandersetzung setzte in Westdeutschland erst Ende der Fünfzigerjahre ein, als man zwischen dem Ideologen und dem Künstler zu unterscheiden begann. Die Berührungsangst zwischen den ausgebürgerten Schriftstellern und ihrer deutschen Heimat war sehr groß; nur zögernd kamen sie zurück, andere blieben und starben in ihrem Gastland. Diese Schwierigkeiten des Dialogs sollte man auch im Nachhinein nicht übergehen; sie waren auf Seiten der Exilschriftsteller die Folge bitterer lebensgeschichtlicher Erfahrungen. Und im Nachkriegsdeutschland war man zu sehr mit sich selbst beschäftigt. Hans Egon Holthusen sagte 1951 in seinem Londoner Vortrag *Die Überwindung des Nullpunkts:*

> *Unter denen, die zurückkamen, waren – last not least – auch die Emigranten, die sich den sehr aufnahmefähigen deutschen Büchermarkt und die stoffgierigen deutschen Bühnen wieder zu erobern trachteten. Ihre Rückkehr in die deutsche Öffentlichkeit war in einzelnen Fällen mit politischen Reibereien und heftigen Pressefehden verbunden, es zeigte sich, dass die Verständigung zwischen Emigranten und Daheimgebliebenen oft nur unter großen Schwierigkeiten herzustellen war, dass keine der beiden Parteien die Lage der anderen, ihre Erlebnisse, ihre Leistungen, die persönlichen und politischen Leiden und Kämpfe, die auf beiden Seiten bestanden worden waren, recht zu würdigen wusste.*

der Blick auf das Ausland

Die Annäherung an die ausländische Literatur oder besser: die selektive Sichtung des großen Angebots gestaltete sich leichter; denn es gab viele Werke, in denen das Bedürfnis nach einer existenziellen Orientierung – ob nun religiös oder philosophisch begründet – angesprochen oder auch beantwortet wurde. Zu den ersten Nachkriegsinszenierungen gehörten die Parabelspiele von Thornton Wilder (1897–1975): *Unsere kleine Stadt* und *Wir sind noch einmal davongekommen.* In diesen Stücken wurde die Menschheitsgeschichte exemplarisch dargestellt mit dem trostreichen Schluss oder Ausblick, dass die Menschen auch die schlimmsten Rückschläge überwinden werden. Eine religiöse Variante dieser existenziellen Lebenshilfe war das Welttheater *Der seidene Schuh* von Paul Claudel (1868–1955). Die Art der Rezeption der ausländischen Literatur in den Nachkriegsjahren ist ein Spiegelbild der geistigen Verfassung und der Erwartungen jener Jahre. Zielpunkt war immer wieder die Frage nach dem Sinn der individuellen Existenz; die Antwort reichte von den schon genannten religiös motivierten Beispielen – anzufügen sind noch die Romane von Georges Bernanos (1888–1948) *Die Sonne Satans* und *Tagebuch eines Landpfarrers* – bis zum materialistischen Existenzialismus mit seinen Hauptvertretern Jean-Paul Sartre (1905–1980) und Albert Camus (1913–1960). Auch die Begeisterung für die Romane und Erzählungen von William Faulkner (1897–1962) – *Licht im August* –, John Steinbeck (1902–1968) – *Stürmische Ernte; Von Mäusen und Menschen* – oder Ernest Hemingway (1899–1961) – *Fiesta; Wem die Stunde schlägt* – fügt sich in diesen Rahmen; der Einzelne steht im Mittelpunkt; um ihn geht es, nicht um das System. Dies ist ein symptomatischer Schwerpunkt auch in den ersten Beispielen der deutschen Nachkriegsliteratur.

Der unbehauste Mensch

1951 gab HANS EGON HOLTHUSEN (1913–1997) unter dem Titel *Der unbehauste Mensch* einen Essayband über die zeitgenössische Literatur heraus. Dieser Titel wurde ein fester Begriff zur Charakteristik der Zeit wie einige Jahre später *Die skeptische Generation* (1957) von Helmut Schelsky. Der Begriff drückte den Wunsch nach einer metaphysischen Geborgenheit aus. 1948 schrieb Holthusen: „Die Zeit scheint reif zu sein, die aus allen Fugen geratene Welt wieder in Ordnung zu denken, die Parodien auf das alte Wahre und die Sinnverkehrungen des geoffenbarten und überlieferten Wissens zurückzunehmen. Einige der kühnsten und fortgeschrittensten Geister unserer Epoche sind am Werk, das alte Wahre in neuer Sprache wieder herzustellen." Sein Kronzeuge ist der englische Dichter Thomas Stearns Eliot (1888–1965; *Mord im Dom,* 1935). Die Vertreter dieses christlichen Existenzialismus fand Holthusen in Deutschland unter den Autoren der so genannten „inneren Emigration", die trotz ihrer religiös oder humanistisch bedingten Ablehnung des Hitlerregimes in Deutschland geblieben waren und zum Teil auch weiter veröffentlichen konnten. Sie waren nach dem Krieg die Autoren der ersten Stunde; denn sie waren dem deutschen Publikum bereits bekannt und sie artikulierten in ihren Werken die allgemeine moralische Aufbruchsstimmung, die vor allem religiös motiviert war. Zu ihnen gehörten R. A. Schröder (*Die geistlichen Gedichte,* 1949), W. Bergengruen (*Die heile Welt,* Gedichte, 1950), E. Langgässer (*Das unauslöschliche Siegel,* Roman, 1946), R. Schneider (*Apokalypse,* Gedichte, 1949), G. von Le Fort (*Gedichte,* 1949), E. Schaper (*Der letzte Advent,* Roman, 1949), H. Carossa mit seinen Lebensberichten, E. Wiechert (*Missa sine nomine,* Roman, 1950), St. Andres (*Das Tier aus der Tiefe,* Roman, 1949) und bereits in die Fünfzigerjahre hinein auch INA SEIDEL (1885–1974; *Das unverwesliche Erbe,* Roman, 1954) und ALBRECHT GOES (geb. 1908; *Unruhige Nacht,* 1950, *Das Brandopfer,* 1954, Erzählungen). Diese Werke waren durchgehend eine Literatur der Innerlichkeit, das Gesellschaftliche trat vor dem Individuellen zurück. Es ging um eine Erneuerung in christlichem Geist.

Autoren der „inneren Emigration"

christliche Dichtung in den ersten Nachkriegsjahren

INA SEIDEL
Das unverwesliche Erbe

ALBRECHT GOES

Unruhige Nacht

Das Brandopfer

Ernst Kreuder

Die Gesellschaft vom Dachboden

Die Unauffindbaren

In der Erzählung *Die Gesellschaft vom Dachboden* (1946) und in dem Roman *Die Unauffindbaren* (1948) erzählte Ernst Kreuder (1903–1972) jeweils von jungen Leuten, die sich in Geheimbünden zusammengefunden hatten, um unter dem Banner der Phantasie gegen die reine Vernunftwelt und die Übermacht der Technik lebenswerte Alternativen zu entwickeln und zu verwirklichen. Ernst Kreuder, noch deutlich beeinflusst von den Idealen der Jugendbewegung und in seinem Plädoyer für die befreiende Kraft der Phantasie ein später Nachfahre der Romantiker, erwartete, wie er es in seinen Phantasiegestalten beispielhaft vorstellte, die Erneuerung durch eine innere Wandlung. Schon sehr früh warnte er vor der geistigen Verarmung und den ökologischen Folgen einer überreizten Produktions- und Konsumwelt. Aber er dozierte nicht, sondern stellte seine Alternativen in den abenteuerlichen Lebensläufen der Geheimbündler vor; man wird an Jean Paul und E.TA. Hoffmann erinnert. Ernst Kreuder vermied es, seine Geschichten zu genau auf die reale Gegenwart festzulegen; die Phantasie bis zum Phantastischen regiert auch den Handlungsverlauf. Ernst Kreuder blieb wie auch Arno Schmidt ein respektierter Einzelgänger.

Gerd Gaiser

Eine Stimme hebt an

Schlussball

Zwar übte auch Gerd Gaiser (1908–1976) schon sehr früh Kritik an dem Ausbleiben einer geistigen Erneuerung in den Nachkriegsjahren, vor allem an der beginnenden Konsumorientiertheit; aber trotz seiner aktuellen Zeitbezogenheit war er in seinen Gegenentwürfen ein Nachfahre des poetischen Realismus, der eine ausgleichende, zeitlose Humanität anstrebte, die ihre Wurzeln im deutschen Idealismus und in der Klassik hatte. In dem Heimkehrer-Roman *Eine Stimme hebt an* (1950) sucht die Hauptfigur ihre innere Ruhe in der gesunden Welt ländlicher Atmosphäre; die generelle Zivilisationsskepsis und die Abkehr von den Städten ist mit Ernst Wiecherts Lob auf das einfache Leben zu vergleichen. Noch deutlicher zeigt sich die Tendenz, nicht gesellschaftspolitisch, sondern individuell-moralisch zu argumentieren, in dem Roman *Schlussball* (1958) aus den ineinander verschränkten Monologen von zehn Stimmen. Dessen Fazit lautete, dass nur der edle Einzelne, der sich der technischen Massengesellschaft entzieht, die Idee der Menschlichkeit weitertragen könne. Eine Auseinandersetzung mit der Welt, wie sie ist, findet nicht statt. Die moderne und experimentierfreudige Kompositionsstruktur kontrastiert auffallend mit Gaisers rückwärts gewandtem Menschenbild, mit seiner Suche nach einer harmonisch-natürlichen Ordnung.

„Wir – die Generation ohne Abschied“

Im November 1947 wurden innerhalb von 14 Tagen in Hamburg zwei Theaterstücke uraufgeführt, die bald auf allen deutschen Bühnen gespielt wurden. Das eine war *Des Teufels General* von Carl Zuckmayer, das andere das Kriegsheimkehrerstück *Draußen vor der Tür* von Wolfgang Borchert (1921–1947).

Wolfgang Borchert

Der junge Autor war einen Tag vor der Uraufführung während eines Kuraufenthaltes in Basel gestorben. Borchert war Soldat an der Ostfront gewesen. Wegen seiner offenen Kritik an der Kriegspolitik des Regimes wurde er zweimal zu Haftstrafen verurteilt und nur zur Frontbewährung begnadigt. Schwer krank kehrte er aus dem Krieg zurück. In knapp zwei Jahren schuf er sein Werk, das 1949 (nach Einzelveröffentlichungen seit 1946) unter dem Titel *Das Gesamtwerk* zusammen mit Arbeiten aus dem Nachlass veröffentlicht wurde.

Borchert war wohl der bekannteste Autor der ersten Nachkriegsjahre. Seine Jugend und sein Schicksal, seine Kriegserfahrung und seine Erlebnisse nach der Rückkehr in die Heimat machten ihn zum Sprachrohr der „Generation ohne Abschied“:

Wir sind eine Generation ohne Heimkehr, denn wir haben nichts, zu dem wir heimkehren könnten, und wir haben keinen, bei dem unser Herz aufgehoben wäre – so sind wir eine Generation ohne Abschied geworden und ohne Heimkehr. Aber wir sind eine Generation der Ankunft. Vielleicht sind wir eine Generation voller Ankunft auf einem neuen Stern, in einem neuen Leben. Voller Ankunft unter einer neuen Sonne, zu neuen Herzen. Vielleicht sind wir voller Ankunft zu einem neuen Lieben, zu einem neuen Lachen, zu einem neuen Gott. Wir sind eine Generation ohne Abschied, aber wir wissen, dass alle Ankunft uns gehört. *(Generation ohne Abschied)*

„der letzte Expressionist"

Dieses Manifest könnte auch von einem Expressionisten stammen, von Reinhard J. Sorge oder Ernst Toller. Und tatsächlich weist vieles in der Gestaltung und im appellativen Charakter der Texte auf den Expressionismus zurück, ohne dass hier eine epigonale Nachahmung vorläge; es sind die Parallelen oder Analogien im Ausgangspunkt. Daher ist es nicht falsch, in der Charakterisierung der Werke von Wolfgang Borchert immer wieder auf Vergleiche mit dem „expressionistischen Jahrzehnt" zurückzugreifen.

Draußen vor der Tür

Draußen vor der Tür ist „ein ganz alltäglicher Film. Von einem Mann, der nach Deutschland kommt, einer von denen. Einer von denen, die nach Hause kommen und die dann doch nicht nach Hause kommen, weil für sie kein Zuhause mehr da ist. Und ihr Zuhause ist dann draußen vor der Tür. Ihr Deutschland ist draußen, nachts im Regen, auf der Straße. Das ist ihr Deutschland." So heißt es im Vorspann des Stückes, das vor der Uraufführung als Hörspiel gesendet worden war. Das Stück ist Welttheater – Gott und Tod treten auf –, es ist eine allegorische Traumvision – der Heimkehrer Beckmann spricht mit der Elbe und seinem anderen, lebensbejahenden Ich – und es ist ein expressionistisches Stationendrama über Beckmanns Versuch, mit dem Ballast seiner Erfahrung an der Front wieder in den Alltag der schnell vergessenden, opportunistischen Nachkriegszeit aufgenommen zu werden. Der ehemalige Unteroffizier Beckmann kommt nach drei Jahren aus russischer Gefangenschaft mit einem steifen Bein zurück. Zu Hause trifft er seine Frau mit einem anderen an; das Warten hatte sie zermürbt. Verzweifelt stürzt er sich in die Elbe, aber die Elbe wirft ihn wieder an Land: Er solle erst sein Leben leben. Als er glaubt in der Begegnung mit einem Mädchen auf eine neue Zukunft hoffen zu dürfen, kehrt deren Gatte, der einbeinige Obergefreite Bauer, zurück. Beckmanns Schicksal wiederholt sich in einer anderen Familie – nur: Er fühlt sich verantwortlich, weil Bauer sein Bein verlor, als er, Beckmann, die Patrouille führte. Um sich von dieser Last zu befreien, will Beckmann die Verantwortung für dieses Unternehmen an seinen ehemaligen Vorgesetzten, den Obersten, zurückgeben; doch dieser, schon längst in das Lager der Nachkriegsspekulanten umgeschwenkt, verlacht ihn als unverbesserlichen Querulanten und schickt ihn zu einem Kabarett-Direktor: Sein Auftritt als Moralist könnte eine Glanznummer werden – und so geht es weiter, bis Beckmann sich ein zweites Mal, jetzt endgültig, in die Elbe stürzen will. Sein anderes Ich, das ihm immer wieder Mut einreden will, beschwört ihn nochmals bei einer traumhaften Revue der bisherigen Ereignisse, sich für das Leben zu entscheiden; aber am Schluss verstummt „der Andere", und Beckmann fragt verzweifelt – ganz im Stile der provokativen Verfremdung Bertolt Brechts –:

Wo ist denn der alte Mann, der sich Gott nennt?
Warum redet er denn nicht!
Gebt doch Antwort!

Warum schweigt ihr denn? Warum?
Gibt denn keiner Antwort?
Gibt keiner Antwort???
Gibt denn keiner, keiner Antwort???

Erzählungen

Die Hundeblume

An diesem Dienstag

Im Frühjahr 1947 kam Borcherts erster Kurzgeschichtenband heraus: *Die Hundeblume. Erzählungen aus unseren Tagen.* Ein zweiter: *An diesem Dienstag. Neunzehn Geschichten* folgte kurz nach seinem Tod. Obwohl Borchert seine Texte noch Erzählungen oder Geschichten nannte, waren sie bereits typische Beispiele der für die deutsche Literatur neuen Gattung Kurzgeschichte. Die Texte sind jeweils kleine Ausschnitte oder Szenen aus dem Alltag der Trümmerjahre. Sie handeln von der Not ums tägliche Brot, von verstörter Kindheit und von den Versuchen, mitten im Chaos noch zwischenmenschliches Vertrauen zu retten: Szenen und Situationen, in denen jeder sich wieder erkennen konnte. Das war auch der Grund, warum viele Texte sehr bald zum literarischen Kanon der Lesebücher gehörten: *Die drei dunklen Könige, Nachts schlafen die Ratten doch* oder seine wohl beste Kurzgeschichten *Schischyphusch* und *Das Brot* aus dem Nachlass.

„Kahlschlag in unserem Dickicht“

In *Das ist unser Manifest* schrieb Wolfgang Borchert:

> *Wir brauchen keine Dichter mit guter Grammatik. Zu guter Grammatik fehlt uns Geduld. Wir brauchen die mit dem heißen heiser geschluchzten Gefühl. Die zu Baum Baum und zu Weib Weib sagen und ja sagen und nein sagen: laut und deutlich und dreifach und ohne Konjunktiv. [. . .] Unsere Moral ist die Wahrheit. Und die Wahrheit ist neu und hart wie der Tod. Doch auch so milde, so überraschend und so gerecht. Beide sind nackt.*

Wolfgang Weyrauchs Nachwort zu *Tausend Gramm*

1949 gab Wolfgang Weyrauch (1907–1980) eine Prosa-Anthologie: *Tausend Gramm* heraus. Sie war eine erste umfassende Dokumentation der deutschen Erzählprosa der Nachkriegsjahre. Berühmt wurde Weyrauchs Nachwort zu dieser Anthologie. Es stimmt in vielem mit dem überein, was schon Borchert geschrieben hatte.

Die Gegenwart lasse keine Schönschreiberei, keine „kalligraphische“ Literatur mehr zu: „Die zukünftige deutsche Literatur wird eine verpflichtete Literatur sein, oder sie wird nicht sein.“ Ihre Grundlagen sind: „Die Methode der Bestandsaufnahme. Die Intention der Wahrheit. Beides um den Preis der Poesie.“ Denn: „Die Schönheit ist ein gutes Ding. Aber Schönheit ohne Wahrheit ist böse. Wahrheit ohne Schönheit ist besser. Sie bereitet die legitime Schönheit vor, die Schönheit hinter der Selbstdreingabe, hinter dem Schmerz.“ Diese Literatur sei ein „Kahlschlag in unserem Dickicht“. Ihre Autoren fingen „in Sprache, Substanz und Konzeption von vorn an“. Dies bedeutete aber nicht einen voraussetzungslosen Anfang, eben eine Stunde Null – es wäre naiv, an eine solche Möglichkeit zu denken –, Weyrauch meinte, dass man erst die Verfälschungen und den Sprachmissbrauch der vergangenen Jahre wieder abtragen müsse, um zu wahren Aussagen zu kommen. Als Beispiel führte er das Gedicht *Inventur* von Günter Eich an: die Bestandsaufnahme beginnt mit den Zeilen:

Dies ist meine Mütze,
dies ist mein Mantel,
hier mein Rasierzeug
im Beutel aus Leinen.

Ein Jahr nach dieser Anthologie brachte Weyrauch den eigenen Gedichtband *An die Wand geschrieben* heraus. Bekannter sind seine Heimkehrererzählungen *Auf der bewegten Erde* (1946) und das Hörspiel *Die Japanischen Fischer* (1955).

An die Wand geschrieben
Auf der bewegten Erde
Die japanischen Fischer

Zwischen 1945 und 1948 haben Dolf Sternberger, Gerhard Storz und W. E. Süskind in der Zeitschrift *Die Wandlung* mehrere Beiträge über den Sprachmissbrauch im Dritten Reich geschrieben; sie wurden 1957 unter dem Titel *Aus dem Wörterbuch des Unmenschen* als Buch veröffentlicht. 1945, zu Beginn der Arbeiten, glaubten die Autoren noch, dass sie mit ihrer Arbeit etwas bewegen könnten: „Der Verderb der Sprache ist der Verderb des Menschen. Seien wir auf der Hut!“ 1957 stellten sie bereits resignierend fest:

Aus dem Wörterbuch des Unmenschen

> *Das Wörterbuch des Unmenschen ist das Wörterbuch der geltenden deutschen Sprache geblieben, der Schrift- und der Umgangssprache, namentlich wie sie im Munde der Organisatoren, der Werber und Verkäufer, der Funktionäre von Verbänden und Kollektiven aller Art ertönt. Sie alle haben, so scheint es, ein Stück vom totalitären Sprachgebrauch geerbt, an sich gerissen, aufgelesen oder sonst sich zugeeignet, nur dass die schauerliche Macht daraus gewichen ist.*

Die Gruppe 47

Mehr durch Zufall entstand 1947 eine literarische Institution, die ohne Vereinsstatuten auskam und über zwanzig Jahre das literarische Leben in Deutschland entscheidend beeinflusste.

Hans Werner Richter

Hans Werner Richter (1908–1993) und Alfred Andersch hatten 1946 die Zeitschrift *Der Ruf* gegründet; sie war 1947 von den Alliierten verboten worden, da sie ihnen zu kritisch war. Im Herbst 1947 luden Richter und Andersch alte und künftige Mitarbeiter zur Vorbereitung einer neuen Zeitschrift ein; sie sollte *Der Skorpion* heißen. Doch die Pläne scheiterten am erneuten Widerstand der Zensurbehörden. Die Zusammenkunft, bei der man sich gegenseitig eigene Arbeiten vorlas und sich der Kritik stellte, wurde aber unter der Leitung von Hans Werner Richter zu einer Dauereinrichtung. Zunächst traf man sich zweimal im Jahr zu Lesungen, dann nur noch einmal jährlich. Nach dem Gründungsdatum nannte man sich Gruppe 47. Sehr bald festigte sich auch das Ritual. Richter lud ein: die Debütanten mussten sich schweigend das Urteil der Kritiker anhören. In loser Folge wurde der Preis der Gruppe 47 vergeben, finanziell ohne Bedeutung, aber von Jahr zu Jahr mehr eine wichtige Empfehlung bei Medien und Verlagen. Die ursprünglich links-avantgardistische Einstellung und das kritische Engagement für eine neue, realistische Literatur traten allerdings in dem Maße in den Hintergrund, wie sich der Marktwert der von der Gruppe 47 akzeptierten Schriftsteller festigte. Die Gruppe, die in ihren Anfängen Zeichen gesetzt hatte, musste sich von der Protestbewegung der 68er-Jahre heftige Kritik an ihrem späteren vorsichtigen Taktieren anhören. Die Gruppe 47 löste sich auf; doch ihre Geschichte ist auch ein Teil der Geschichte der Literatur in der Bundesrepublik jener Jahre. Sie repräsentierte nicht das literarische Leben generell, aber sie hatte einen wichtigen Anteil daran. Die Preisträger der Fünfzigerjahre waren Günter Eich, Heinrich Böll, Ilse Aichinger, Ingeborg Bachmann, Martin Walser und Günter Grass. Aus ihren Werken lasen bei den Tagungen neben anderen Paul Celan, Hans Magnus Enzensberger, Erich Fried, Peter Härtling, Peter Handke, Uwe Johnson, Siegfried Lenz, Wolfdietrich Schnurre, Peter Weiss und Gabriele Wohmann. Eine fulminante Schlussdissonanz setzte 1966 Peter Handke. Joachim Kaiser, einer aus Richters Richtergruppe, berichtete darüber: „Aber gerade dieser Peter Handke, mit hübscher Beatle-Frisur und unaustilgbarem Zorn gegen die alten Bonzen ausgestattet, sorgte für eine Einladung, weil er im Namen der Jüngsten aufbegehrte. Obwohl seine wohlüberlegt aufgebaute Prosa an Wittgenstein erinnert hatte, beschwerte er sich gerade darüber, dass die jungen Autoren es sich zu leicht machten, indem sie in leerem, endlosem ‚Beschreiben' verharrten und dass die verstaubten Kritiker damit höchst einverstanden seien, weil für einen langweiligen Quatsch ihre Kategorien gerade noch ausreichen." Trotzdem: Viele, die in der Gruppe 47 sich erstmals an die Öffentlichkeit gewagt haben, sind auch später wichtige und erwähnenswerte Autoren geblieben – neben der Vielzahl derer, die ohne das Placet der Gruppe 47 und manchmal auch in Protest gegen sie sich durchgesetzt haben. In einem Sammelband *außerdem – Deutsche Literatur minus Gruppe 47 gleich wie viel?* bot Hans Dollinger 1967 „eine Ergänzung, ohne die das Gesamtbild der deutschsprachigen Gegenwartsliteratur [. . .] nicht komplett ist."

Eine neu entdeckte Gattung: die Kurzgeschichte

Der erste Text, der beim ersten Treffen der Gruppe 47 vorgelesen wurde, war eine Kurzgeschichte: *Das Begräbnis* von Wolfdietrich Schnurre. Der Preis der Gruppe 47 wurde 1951 und 1952 jeweils für eine Kurzgeschichte verliehen, 1951 an Heinrich Böll für *Die schwarzen Schafe,* 1952 an Ilse Aichinger für die *Spiegelgeschichte.* Die Kurzgeschichte ist eine neue Variante zur amerikanischen *short story* von Mark Twain (1838–1910) bis Ernest Hemingway (1899–1961). Besonders die unterkühlte Erzählhaltung und das sparsame Szenarium in Hemingways Texten hatten auch für die deutsche Kurzgeschichte einen gewissen Vorbildcharakter. Trotzdem lässt sie sich nicht einheitlich beschreiben. Einen wichtigen Wesenszug sah Wolfdietrich Schnurre allerdings darin, dass sie einer „der sensibelsten Seismographen der sozialen, politischen und allgemein menschlichen Verhältnisse" war. Die Gemeinsamkeiten lägen daher „im Stofflichen: in der Überfülle an peinigenden Erlebnissen aus den Kriegsjahren. Schuld, Anklage, Verzweiflung – das drängte zur Aussage. Zu keiner ästhetisch verbrämten, auch zu keiner durchkomponierten oder gar episch gegliederten; nein: zu einer atemlos heruntergeschriebenen, keuchend kurzen, misstrauisch kargen Mitteilungsform." (*Kritik und Waffe,* 1961) Schnurre nannte die Kurzgeschichte „ein Stück herausgerissenes Leben"; ihre Stärke liege im Weglassen, ihr Kunstgriff sei die Untertreibung. Es gab in den ersten Jahrzehnten nach 1945 kaum einen bedeutenden Autor, der nicht auch Kurzgeschichten geschrieben hätte. Dazu einige Beispiele:

WOLFDIETRICH SCHNURRE
Das Begräbnis

Das Begräbnis (entstanden 1945) ist zwar nicht WOLFDIETRICH SCHNURRES (1920–1989) beste oder bekannteste Kurzgeschichte, sie hat aber das Flair des Anfangs, des Ausprobierens. Er hat sie erst 13 Jahre nach der Lesung vor der Gruppe 47 zusammen mit anderen frühen Erzähltexten in dem Sammelband *Man sollte dagegen sein* (1960) veröffentlicht. „Von keinem geliebt, von keinem gehasst, starb heute nach langem, mit himmlischer Geduld ertragenem Leiden: Gott." Diese Traueranzeige findet der Icherzähler plötzlich auf seinem Tisch und er begibt sich zum angekündigten Zeitpunkt an den Ort der Beerdigung. Unterwegs fragt er, ob die Nachricht vom Tode Gottes nicht schon in allen Medien verbreitet worden sei, aber niemand weiß etwas davon, niemand ist überrascht; man wundert sich eher, warum er nicht schon längst gestorben sei. Selbst der Pfarrer waltet desinteressiert und routinemäßig seines Amtes. Die Desillusion des Vorgangs überträgt sich auf die Sprache; sie ist so rau und schnodderig wie das Geschehen selbst, sie ist so grob gehobelt wie die Kiste, in der Gott begraben wird. Am Ende steht kein Kommentar, kein Urteil. Jeder geht seiner Wege. Diese Geschichte hat frappierende Parallelen zur Gestalt des alten Mannes, „an den keiner mehr glaubt", in Borcherts Stück *Draußen vor der Tür.* Beide Texte beschreiben einen Befund existenziellen Zweifels an metaphysischen Trostbekundungen; das Hier und Jetzt sei zu verändern. – Einen ersten Überblick bis in die Sechzigerjahre über Schnurres Erzählprosa gab der Band *Die Erzählungen* (1966).

Heinrich Böll
Wanderer, kommst du nach Spa . . .

Die Kurzgeschichte *Wanderer, kommst du nach Spa . . .* von Heinrich Böll erschien 1950 in dem gleichnamigen Sammelband. Ein schwer verwundeter Soldat wird in ein provisorisches Lazarett gebracht. Er kommt in ein Gebäude, das er auf einmal als sein altes Gymnasium wieder erkennt, aus dem er vor kurzem an die Front entlassen worden war. Auf dem Transport, durch die Gänge und über Stiegen, zum Zeichensaal wird er durch die Büsten und Bilder an den Wänden vom „Großen Kurfürsten bis Hitler", durch das Nebeneinander von griechischer Idealwelt, preußischer Geschichte und nationalsozialistischem Germanenkult an den Missbrauch der humanistischen Erziehungsziele erinnert. Dieser Abriss zur Geschichte einer verführten und missbrauchten Jugend läuft ohne großen Kommentar und ohne lange Reflexion ab. Das Beobachtete selbst, die Widersprüche zwischen der Erinnerung an die Schule und der Kriegsrealität interpretieren sich selbst. Auf der Tafel im Zeichensaal steht noch der Anfang des sinnlos zu Schönschreibübungen benutzten Spruchs über die toten Spartaner am Thermopylen-Pass (480 vor Christus)

Elisabeth Langgässer
Saisonbeginn

Die Kurzgeschichte *Saisonbeginn* von Elisabeth Langgässer erschien 1947 in dem Sammelband *Der Torso.* Die Geschichte beginnt unverfänglich. Drei Arbeiter haben den Auftrag, vor dem Ort ein Schild aufzustellen. Landschaft und Ort muten wie eine Idylle an. Das Dorf ist für seine Gäste gerüstet. Nur letzte Vorkehrungen werden noch getroffen; zu ihnen gehört auch das Schild, dessen Aufschrift erst am Schluss genannt wird. Alles freut sich auf die Saison. Nur die Aufzählung der Schilder macht stutzig; neben Verkehrs- und Hinweisschildern ist unvermittelt auch von der Inschrift am Kreuz Christi die Rede. Das neue Schild wird schließlich neben dem Kreuz aufgestellt; seine Aufschrift lautet: „In diesem Kurort sind Juden unerwünscht." Das zentrale Thema der Erzählung ist der Beginn der Judenverfolgung in Deutschland in den ersten Jahren des Dritten Reiches. Die kleine Kurgemeinde steht stellvertretend für die Ereignisse in Deutschland. Vom Schluss her wird deutlich, dass die Anspielungen auf Golgatha bewusst gesetzt sind. Die drei Arbeiter stellen nicht einen Pfosten mit einem Schild auf, sondern bereiten symbolisch eine neue Kreuzigung vor. Ihre Werkzeuge – Hammer, Zange und Nägel – sind die der Kreuzigung auf Golgatha. Durch diese symbolischen Verweise öffnet sich die Aussage der Erzählung. Die genau beschriebene Situation wird zu einem Gleichnis.

Luise Rinser
Die rote Katze

Die rote Katze (Erstdruck 1948; später in: *Ein Bündel weißer Narzissen* 1956) von Luise Rinser (geb. 1911) wird als Frage einer Dreizehnjährigen an ein Publikum erzählt, ob es recht war, eine Katze zu töten, die ihren jüngeren Geschwistern im Hungerwinter 1946/47 das bisschen, was noch geblieben war, weggefressen hatte. Während die Not immer größer wird und die Geschwister immer magerer, gedeiht die Katze durch das Mitleid der Umwelt zu einem feisten Brocken. Das Mädchen, das sich für seine Familie verantwortlich fühlt und alles Mögliche unternimmt, um etwas zum Essen nach Hause zu bringen – es muss, obwohl selbst noch ein Kind, die Rolle einer Erwachsenen übernehmen –, tötet schließlich die Katze, obwohl es selbst sie immer wieder gefüttert hat: „ ‚Ich kann das nicht sehen', hab ich ihr gesagt, ‚es geht nicht, dass meine Geschwister hungern, und du bist fett, ich kann das einfach nicht mehr mit ansehen.' " Diese Kurzgeschichte ist ein Beispiel für Rollenprosa; ein Konflikt wird in seinen Auswirkungen dargestellt, sodass der Leser die innere Ursache der Handlungsweise erkennen und beurteilen kann. Der Entschluss, die Katze zu töten, kommt aus der Sorge um die Geschwister.

ILSE AICHINGER
Spiegelgeschichte

Die Erzählstruktur der *Spiegelgeschichte* (1952) von ILSE AICHINGER (geb. 1921) ist bereits eine weltanschauliche Deutung des Geschehens. Spiegelbildlich wird in der Du-Form der Lebenslauf einer Frau von ihrem Tode nach einer heimlichen Abtreibung bis zu ihrer Geburt erzählt, gleichsam als liefe ein Film rückwärts. Das bedeutet die Rückkehr zum Ursprung im Tode. Die Zeit als verändernde Zukunft ist in der Vergangenheit aufgehoben. Tod und Geburt, beides sind Übertritte von einem Zustand in einen anderen. Über die Verleihung des Preises der Gruppe 47 an Ilse Aichinger für diese Geschichte im Frühjahr 1952 schrieb Hans Georg Brenner: „Ihre ‚Spiegelgeschichte', der rückwärtige Ablauf eines Menschenlebens, in dessen Spiegelschau Tod und Geburt eins werden, ist vielleicht die seltsamste, zarteste deutsche Prosa der Nachkriegszeit, ein unheimlich vibrierendes Geheimnis, das sich keusch verhüllt." (in: *Die Literatur,* 1. VI. 1952)

Hörspiel

die Besonderheit des Mediums

In den Fünfzigerjahren hatte auch das literarische Hörspiel seine Blütezeit. Dem eigenen Charakter und den Möglichkeiten des Hörfunks entsprechend wurden originale Hörspieltexte geschrieben, die keine nachträglichen Bearbeitungen von Bühnenstücken oder Erzählungen waren. Das Fehlen einer Bühne, der Ausfall einer räumlichen Gestaltung und die Konzentration auf eine rein akustische Imagination gaben dem Hörspiel eigene Formen der Darbietung. Die Zahl der Stimmen musste „überhörbar" sein, stimmliche Unterscheidungen mussten markant herausgearbeitet sein, so durften z. B. nicht zu viele Personen eingeführt werden. Handlungs- und Ablaufsstruktur durften nicht zu kompliziert sein; denn alles konnte nur über die Sprache selbst, über Geräusche und Musik vermittelt werden. Das Hörspiel war dem Bühnenstück aber darin überlegen, dass es an raum-zeitliche Begrenzungen nicht gebunden war und sie unvermittelt überschreiten konnte, dass es Reales und Phantastisches, Wirklichkeit und Traum ineinander verweben oder gegenüberstellen konnte. Gefördert wurde die Hörspielproduktion auch durch den 1951 gegründeten Hörspielpreis der Kriegsblinden.

Der erfolgreichste Hörspielautor war Günter Eich; zu seinen bekanntesten Stücken gehören *Träume* (1950), *Die Andre und ich* (1951), *Die Mädchen aus Viterbo* (1952) oder *Die Brandung von Setúbal* (1957). Weitere Autoren der Fünfzigerjahre waren Ilse Aichinger: *Knöpfe* (1953), FRED VON HOERSCHELMANN (1901–1976) *Das Schiff Esperanza* (1953), Wolfgang Weyrauch: *Die japanischen Fischer* (1955), Ingeborg Bachmann: *Der gute Gott von Manhattan* (1958), Wolfgang Hildesheimer: *Herrn Walsers Raben* (1960). Die Hörspiele der Fünfzigerjahre waren vor allem erzählende Hörspiele, die mit den Illusionsmöglichkeiten des Hörfunks arbeiteten. Das Hörspiel der Sechzigerjahre – als Autoren sind zu nennen Helmut Heißenbüttel, Peter Handke oder Ernst Jandl – konzentrierte sich auf die Sprache selbst, auf das Experiment mit der Sprache, auf die Sprache als Ideologieträger – d. h. insgesamt: auf die Sprachkritik. In diesen Hörsequenzen gab es keine zusammenhängende Handlung mehr, keine Erzählfolge – und auch keine individuellen Stimmen. Sie sind experimentelle Sprechstücke, deren einziger Gegenstand die Sprache ist.

Lyrik in den ersten Nachkriegsjahren

GÜNTER EICH (1907–1972) war der erste Preisträger der Gruppe 47. Der Preis galt vor allem seiner Lyrik, deren nüchterner Ton für die Zeitgenossen so etwas wie einen Neuanfang in und mit der Sprache bedeutete. 1947 sagte er über die Aufgabe des Schriftstellers – er gab ihm nach einer Gestalt aus Gottfried Benns Werk den Namen Rönne –

GÜNTER EICH

[. . .]
alles, was er schreibt, sollte fern sein jeder unverbindlichen Dekoration, fern aller Verschönerung des Daseins. Im Sonnenuntergang, den Rönne besingt, geht nicht ein Tag der Gefühle zu Ende, sondern vorerst einmal eine genau messbare Anzahl von Stunden, in denen Fabriksirenen ertönen, Straßenbahnen kreischen und ein Bagger den Häuserschutt von den Straßen räumt. Durch den Wald, von dem Rönne spricht, klingt kein Posthorn mehr, sondern bei Morgengrauen ziehen die Kinder und Frauen mit klappernden Eimern in die Beeren; dort werden Reisig und Zapfen gesammelt, nicht weil es poetisch ist, sondern weil es keine Kohlen gibt; Aufforstung und Abholzung, statistische Zahlen und eine Ziffer im Haushaltsplan, – so trockene Dinge können bedeutender sein als die subtilen Gefühle, die der Spaziergänger beim Einatmen des Tannenduftes hat. Ich will nicht sagen, dass es keine Schönheit gibt, aber sie setzt Wahrheit voraus.
Der Zwang zur Wahrheit, das ist die Situation des Schriftstellers. Er bedauert sie nicht, er begrüßt sie, auch wenn sie nur um den Preis des bequemen Lebens zu erkaufen war.
Wenn die Wahrheit einmal unser aller Eigentum geworden ist, wird es auch möglich sein, eine echte Ethik darauf zu gründen. Bauen wir nicht auf Triebsand! Ich bemerke, dass ich schon gar nicht mehr vom Schriftsteller spreche. Und das ist richtig so, denn seine Situation ist auch die Situation aller.

1948 erschien sein Gedichtband *Abgelegene Gehöfte.* Wegen einzelner Gedichte wie *Inventur* und *Latrine* wurde dieser Band ein viel zitiertes Beispiel der Kahlschlag- und Trümmerliteratur. Die *Inventur* war wörtlich zu nehmen, nach der Katastrophe sollte auch eine Bestandsaufnahme der Sprache stattfinden. Stellvertretend zählt ein Kriegsgefangener auf, was ihm an notwendigen und eigenen Gegenständen noch geblieben ist; er sortiert sie für seinen Tagesablauf, jedes überflüssige Wort,

Abgelegene Gehöfte

jedes ausschmückende Adjektiv vermeidend. Doch es zeigt sich schon in diesem Gedicht, dass die Begrenzung auf die Fakten und auf das Jetzt ein selbstauferlegter Zwang ist, eine Selbsttäuschung; denn die Vergangenheit des eigenen Erlebens hebt sich nicht auf.

Inventur

Dies ist meine Mütze,
dies ist mein Mantel,
hier mein Rasierzeug
im Beutel aus Leinen.

Konservenbüchse:
Mein Teller, mein Becher,
ich hab in das Weißblech
den Namen geritzt.

Geritzt hier mit diesem
kostbaren Nagel,
den vor begehrlichen
Augen ich berge.

Im Brotbeutel sind
ein Paar wollene Socken
und einiges, was ich
niemand verrate,

so dient es als Kissen
nachts meinem Kopf.
Die Pappe hier liegt
zwischen mir und der Erde.

Die Bleistiftmine
lieb ich am meisten:
Tags schreibt sie mir Verse,
die nachts ich erdacht.

Dies ist mein Notizbuch,
dies meine Zeltbahn,
dies ist mein Handtuch,
dies ist mein Zwirn.

In dem desillusionierenden und bewusst provozierenden Gedicht *Latrine* reimt sich „Hölderlin" auf „Urin". Poetische Erinnerungen mischen sich mit dem Augenblick. Mitten im fäkalischen Dreck zitiert das Erzähl-Ich Verse von Hölderlin: „Geh aber nun und grüße / die schöne Garonne –". Der Sinn ist nicht, Hölderlins Sprache zu desavouieren oder die Romantik – die Strophen sind nach der vierzeiligen Volksliedstrophe aufgebaut – zu parodieren. Es dokumentiert sich in diesen Zeilen, in denen Bildungserinnerungen und desolate Gegenwart aufeinander stoßen, eher der Wunsch, aus diesem Dilemma herauszufinden und beides zu akzeptieren. Zwar ist durch die historische Erfahrung die Beziehung zwischen Mensch und Natur gestört, aber sie besteht trotzdem, auch im Konflikt, weiter; nur: das beobachtete Naturgeschehen verwandelt sich in Disharmonie. Die Natur wird dem Ich zum fremden Gegenüber (z. B. *Pfaffenhut*). Auf der *Schuttablage* (erstmals in dem Band *Untergrundbahn,* 1949) liegen die Scherben der Geschichte und der Zivilisation. Die „goldene Tassenschrift" kündet nur noch auf Scherben von „Liebe, Hoffnung und Glauben"; aber in den Trümmern sprießt das Leben durch die Risse. Wie das beschrieben wird, ist es nicht mehr die Sprache einer Inven-

Untergrundbahn

tur, sondern eine poetische Bildkreation: „Durch die Emaille wie durch ein Herz / wachsen die Brennnesselflammen." Nicht die Natur ist gestört, sondern das Einverständnis zwischen Natur und Mensch ist aufgekündigt. Das poetische Ich muss sich erst wieder seiner Außenwelt vergewissern und sie in Worte ordnen. In diesem Sinne sind auch die Naturgedichte in dem Band *Botschaften des Regens* (1955) eine Art von Bestandsaufnahme. In Günter Eichs Gedichten aus diesen Jahren konzentriert sich die politische Perspektive auf das Individuum. Nur wenige Gedichte haben eine so plakative Öffentlichkeit wie das 1951 entstandene Gedicht *Wacht auf, denn eure Träume sind schlecht;* es nimmt in seinem Schluss Argumentationen vorweg, wie sie später in Enzensbergers Gedichten zu finden sind:

Botschaften des Regens

Nein, schlaft nicht, während die Ordner der Welt geschäftig sind!
Seid misstrauisch gegen ihre Macht, die sie vorgeben für euch erwerben zu müssen!
Wacht darüber, dass eure Herzen nicht leer sind, wenn mit der Leere eurer Herzen gerechnet wird!
Tut das Unnütze, singt die Lieder, die man aus eurem Mund nicht erwartet!
Seid unbequem, seid Sand, nicht das Öl im Getriebe der Welt!

Naturlyrische Elemente finden sich bei Heinz Piontek (geb. 1925) besonders in seinen frühen Gedichtsammlungen *Die Furt* (1952) und *Die Rauchfahne* (1953). Die genauen Naturbilder wechseln vom Stimmungsbild und von subjektiver Naturerfahrung zu einer Wirklichkeit hinter den Erscheinungen; das Unendliche spiegelt sich im Endlichen. Die Einflüsse reichen von barocker Natursymbolik bis zur zeitgenössischen Naturlyrik, z. B. Georg Britting.

Heinz Piontek

Die Furt

Die Rauchfahne

Gottfried Benn erlebte nach dem Erscheinen seines Gedichtbandes *Statische Gedichte* (1948) eine erstaunliche Renaissance. Er setzte den absoluten Anspruch in die Form, in die „Artistik", wie er es 1951 in seinem Vortrag *Probleme der Lyrik* formulierte: „Aber die Form *ist* ja das Gedicht." Der Grund, warum Benn dieses Echo fand, war sicherlich sein Angebot, in die Unverbindlichkeit des Artifiziellen zu fliehen und sich an der suggestiven Wortakrobatik zu begeistern. Bei diesem ästhetischen Rückzug aus der Wirklichkeit berief sich Benn auf Friedrich Nietzsche: „die Kunst als die eigentliche Aufgabe des Lebens, die Kunst als dessen metaphysische Tätigkeit". Benns *Statische Gedichte* wurden aber auch als chiffrierte Signale des Realitätszerfalls und des Ichverlustes verstanden; die absolute Form sollte das Chaos bannen.

Gottfried Benn
Statische Gedichte

Ein anderer Gedichtband, der in den ersten Nachkriegsjahren häufig gelesen wurde, war *Venezianisches Credo* (1946) von Rudolf Hagelstange (1912–1984). Die Gedichte sind in der strengen Form des Sonetts gebaut. Die Sprache schreitet feierlich, sie richtet sich an die Öffentlichkeit, die bevorzugte Anredeform ist „ihr". Die Form ist aber nicht als artistischer Selbstzweck gedacht, sie soll ein symbolischer Vorgriff auf eine neue Ordnung sein, die das Chaos der unmittelbaren Vergangenheit bändigt. Die Argumentation wird nicht politisch geführt; sie wird durch den moralischen Appell ersetzt, der seine Sicherheit aus dem religiösen Glauben nimmt. Diese Gedichte gehören in den breiten Strom der religiösen Lyrik einer Gertrud von Le Fort oder eines Rudolf Alexander Schröder. Sie bedeutet nach den Erschütterungen eine neue innere Orientierung; sie arbeitet die Vergangenheit nicht auf, sie tröstete über sie hinweg.

Rudolf Hagelstange
Venezianisches Credo

MARIE LUISE KASCHNITZ

Gedichte

Beides, nämlich Zugriff auf die Außenwelt und Spiegel religiöser Erfahrung, sind die Gedichte von MARIE LUISE KASCHNITZ (1901–1974). Unter dem unmittelbaren Eindruck des Zusammenbruchs schrieb sie noch eine optimistische Zukunftsvision, im Glauben, dass man aus der Geschichte lerne; in dem Gedicht *Hernach* aus *Gedichte* (1947) skizzierte sie im schlichten Stil der Volksliedstrophe eine heile Welt künftiger „Freudenfeuer"; aber das Szenarium war bereits ein Anachronismus gegenüber der Realität:

Hernach

Einst wird sein, dass dieses wilde
Wetter auch zu Ende geht,
Dass ein Abend voller Milde
Über diesen Tälern steht.

Wenn die Heimgekehrten teilen
Still mit Weib und Kind das Brot,
Und die Alten friedlich weilen
Vor der Tür im Abendrot.

Ja, dann werden Früchte reifen,
Ruhig nach der Zeit Gebot;
Liebe wird zu Liebe schweifen,
Allerwege unbedroht.

Wo vordem der Schrecken wohnte,
Und die Furcht die Geißel schwang,
Wo der schauerlich gewohnte
Warnruf nächtelang erklang

Werden Städte wieder glänzen,
Licht bei Licht, ein heller Saal,
Hochzeitlich in Blumenkränzen
Finden Gäste sich zum Mahl.

Freudenfeuer werden brennen,
Himmelauf im sanften Wind. –
Zitternd werden wir erkennen,
Dass wir dennoch sterblich sind.

Zukunftsmusik

Wenige Jahre später warnte Marie Luise Kaschnitz in dem Band *Zukunftsmusik* (1950) vor dem immer stärker werdenden materialistischen Denken in der Euphorie des Wiederaufbaus:

Vom Kommenden hör' ich sie flüstern, die ewige Stimme.
Nicht von Maschinen spricht sie,
Nicht von Vermehrung der Ernten,
Nicht von gewonnenem Schiffsraum.
Zusammenklang sagt sie und Würde des Menschen und Freiheit,
Hoffnung sagt sie und Liebe, das süßeste Wort.

(aus: Fürchtet euch nicht)

Die Warnungen verdichteten sich zu Enttäuschungen über die reale Entwicklung. In dem Zyklus religiöser Gedichte: *Tutzinger Gedichtkreis* (in *Neue Gedichte,* 1957) beklagte sie in verschlüsselten Bildern die restaurativen Tendenzen der Zeit. Und angesichts der Zerstörung der Umwelt schwanden auch die schönen Naturbilder; es blieb in den späten Gedichten nur noch ein kahles Refugium der Einsamkeit, das *Kein Zauberspruch* – so der Titel eines Bandes von 1972 – mehr befreit.

Neue Gedichte

Kein Zauberspruch

Die Gärten

Die Gärten untergepflügt
Die Wälder zermahlen
Auf dem Nacktfels die Hütte gebaut
Umzäunt mit geschütteten Steinen
Eine Cactusfeige gesetzt
Einen Brunnen gegraben
Mich selbst
Ans Drehkreuz gespannt
Da geh ich geh ich rundum
Schöpfe mein brackiges Lebenswasser
Schreie den Eselsschrei
Hinauf zu den Sternen.

Karl Krolow (geb. 1915) war in seinen Anfängen ein Schüler Wilhelm Lehmanns. Wie dieser stellte er sich auf die „phänomenale" Welt ein, die er genau und mit allen Sinnen einzufangen versuchte, und wie dieser durchwebte er die Beobachtungen mit Anspielungen auf mythische Bilder und Gestalten. Die Naturgedichte in den Bänden *Die Zeichen der Welt* (1952) und *Wind und Zeit* (1954) sind noch deutlich von der Lyrik Wilhelm Lehmanns beeinflusst. Eine treffende Selbstcharakteristik ist die „intellektuelle Heiterkeit", die Krolow besonders für seine Gedichte in den Bänden *Tage und Nächte* (1956) und *Fremde Körper* (1959) hervorhebt. Er liebt das geistreiche und unauffällig auftretende Spiel mit Metaphern, mit Wort- und Bildassoziationen, die sich zu einer manchmal surrealistischen Collage gruppieren *(Gewitterlandschaft).* Aber wie Günter Eich sich gleich nach dem Kriege kritisch über die Naturlyrik äußerte (siehe S. 403), so fragte Karl Krolow 1973 in dem Aufsatz *Wie sind meine Finger so grün. Natur und Mensch im deutschen Gedicht* nicht weniger kritisch, ob unter dem Eindruck der Umweltzerstörung diese von ihm so hoch geschätzte „intellektuelle Heiterkeit" dem Gegenstand überhaupt noch angemessen sei und wie ein Gedicht aussehen müsste, das die neuen Erfahrungen aufarbeite:

Karl Krolow

Die Zeichen der Welt
Wind und Zeit
Tage und Nächte
Fremde Körper

Es ist schwer zu sagen, wie heute ein Natur-, ein Landschaftsgedicht – angesichts von tief greifenden Veränderungen, die sich unsere alte, natürliche Umwelt gefallen lassen muss – auszusehen habe. Sicherlich kann ein wie immer „nostalgisches" Verhältnis zur Natur nicht in Frage kommen. Man muss differenzierter mit dem Problem im Gedicht sich auseinander setzen. Man muss – finde ich – die Fakten, die Miseren, die Verhängnisse durchaus einbeziehen. Mit der „heilen" Welt, dem chlorophyllgrünen Gegenbereich zum Zivilisations- und Technizitätsbereich hat das nichts zu tun. In einem Herbstgedicht – es heißt „Augenblick mit Jahreszeit" – habe ich selber solches problematische (und offene) Verhältnis zur Sprache zu bringen versucht:

„Was von Natur übrig geblieben ist"

*„Lass die Gardine wehn
ins Innere des Zimmers
und den Wind draußen
etwas näher kommen durch
staubiges Laub und aus dem
dünnen Himmel mit lauter
chemischen Flecken, vielleicht
Wolkenbildungen.
Jedenfalls ist September.
Der Herbst wird abgestaubt überall
in der schmutzigen Luft, die nun
ins Zimmer kommt als Windstoß
einen Augenblick, in der Zeitung
blättert und Briefe
in den Papierkorb schickt. Du kriegst den
Schluckauf nicht weg
vor Trockenheit. Du schmeckst nichts
als diesen Dreck vom letzten Sommer,
der still stand in Abgasen.
Du schließt das Fenster.
Aber es ist zu spät."*

In diesen Zeilen sollte das Risiko so gut es ging ausgesprochen werden, mit dem wir leben als Menschen, als Zeitgenossen, mit dem, was von Natur (gar im Sinne von Schöpfung) übrig geblieben ist, mit dem, was hier auch Widerstand leistet, mit dem, was möglicherweise zu verhindern wäre.

die Gegenwart der Erinnerung: Lyrik jüdischer Autoren

NELLY SACHS

In den Wohnungen des Todes

Sternverdunkelung

Flucht und Verwandlung

Glühende Rätsel

PAUL CELAN

Mohn und Gedächtnis

NELLY SACHS (1891–1970) erhielt 1966 zusammen mit Samuel Joseph Agnon den Nobelpreis für Literatur. Sie wurde in Berlin geboren und stammte aus einer großbürgerlichen jüdischen Familie. Seit 1940 lebte sie in Schweden; Selma Lagerlöf hatte sich für sie eingesetzt und die Ausreise in letzter Minute ermöglicht. Mit biblischer Bildlichkeit und der dunklen Mystik des ostjüdischen Chassidismus, und gleichzeitig vom hymnischen Stil Hölderlins beeinflusst, beschrieb sie die Leiden und Verfolgungen des jüdischen Volkes. Ohne Hass bannte sie das Grauen in eine visionäre Symbolwelt, vergleichbar den Psalmisten des Alten Testamentes, die Israels Los in Klageliedern besangen. Der erste Gedichtband *In den Wohnungen des Todes* erschien 1947; weitere folgten, z. B. *Sternverdunkelung* (1949), *Flucht und Verwandlung* (1959) oder *Glühende Rätsel* (1964). Nelly Sachs hatte ein tiefes Vertrauen in die läuternde Kraft des Wortes. Ihr Glaube an die Sprache – jenseits des Missbrauchs durch die Mörder – war vom Sprachverständnis der deutschen Klassik und Romantik geprägt. – PAUL CELAN (1920–1970), dessen Eltern im KZ umkamen, ging 1948 nach Paris und lehrte dort als Lektor deutsche Sprache und Literatur. Die Todeserfahrung und die Vergeblichkeit der Worte bis zum Verstummen sind immer wieder auftretende Themen in seinen Gedichten. Schon in den frühen Gedichten tauchte eine sehr individuelle Metaphernwelt auf. Berühmt ist die „Schwarze Milch der Frühe" aus der *Todesfuge;* sie ist die Chiffre für den Tod in den Vernichtungslagern. In dem Gedicht *Espenbaum* – es stammt aus dem Gedichtband *Mohn und Gedächtnis* (1952) – verschränkte er, die gleiche Technik wie in der *Todesfuge* benutzend, zwei Bild- und Erinnerungsbereiche ineinander: die unzerstörbare Natur und die Erinnerung an die Deportation und den Tod der Mutter. Das idyllische Naturbild erlischt vor dem poetischen Auge; zur Wirklichkeit wird der Tod. In der *Todesfuge* schrieb Paul Celan: „Der Tod ist ein Meister aus Deutschland sein Auge ist blau / er trifft dich mit bleierner Kugel er trifft dich genau“. In den späteren Gedichtbänden verschließen sich die Metaphern und Symbole zunehmend einer unmittelbaren Öffnung ihres Bedeutungsraumes. Die Sprache selbst, die nur ihr selbst eigene Wirklichkeit wird zum Thema, beispielsweise in den Bänden *Sprachgitter* (1959), *Die Niemandsrose* (1963) und *Atemwende* (1967). Welterfahrung ist ein Stück Spracherfahrung, – und auch umgekehrt. 1960 sagte Paul Celan bei der Entgegennahme des Büchner-Preises: „Wir leben unter finsteren Himmeln, und – es gibt wenig Menschen. Darum gibt es wohl auch so wenig Gedichte.“ Paul Celan setzte 1970 seinem Leben selbst ein Ende.

Sprachgitter

Die Niemandsrose

Atemwende

ROSE AUSLÄNDER (1901–1988) stammte wie Paul Celan aus Czernowitz. Nach ihrem frühen Gedichtband *Der Regenbogen* (1939) erschienen erst in den Siebzigerjahren, dann aber in dichter Folge, weitere Bände; z. B. *Doppelspiel* (1977) und *Im Atemhaus wohnen* (1980). Für Rose Ausländer war das Wort der letzte Zufluchtsort vor der Erinnerung an die Zeit im Ghetto und im Exil, – ihr „Mutterland“:

ROSE AUSLÄNDER
Der Regenbogen

Doppelspiel
Im Atemhaus wohnen

Mein Vaterland ist tot
sie haben es begraben
im Feuer

Ich lebe
in meinem Mutterland
Wort

Zeitkritische Romane der Fünfzigerjahre

Die drei Romane *Tauben im Gras* (1951), *Das Treibhaus* (1953) und *Der Tod in Rom* (1954) von WOLFGANG KOEPPEN (1906–1996) waren die erste kritische Bestandsaufnahme der Bundesrepublik. Koeppen musste den Nerv getroffen oder an Tabus gerührt haben; denn die Romane wurden genauso empört abgelehnt wie begeistert aufgenommen. An der Ablehnung mag das Missverständnis schuld gewesen sein, dass man die Texte zu sehr als realistische Reportagen sah; sie waren aber in erster Linie Literatur, und zwar höchst kunstvoll gebaute, mit der Freiheit, erkannte Tendenzen grell und auch überzogen herauszuarbeiten.

WOLFGANG KOEPPEN

Der Roman *Tauben im Gras* spielt kurz nach der Währungsreform. Er hat keine durchgehende Handlung. Die strukturierende Einheit ist die Zeit. Aus über 100 kurzen Erzählabschnitten mit mehr als 30 Akteuren entsteht in der Chronologie eines einzigen Tages ein großflächiges Mosaik der Nachkriegszeit; scheinbar isolierte Einzelschicksale sind Teil der gesellschaftlichen Gesamtsituation. Diese Technik – der schnelle Szenenwechsel, das kurze Aufblenden, die experimentelle Vielfalt des sprachlichen Zugriffs wie innerer Monolog und erzählte Rede oder das Ineinander von Beobachtung und traumhafter Einbildung – hat Koeppen von James Joyce (*Ulysses*, 1922) und

Tauben im Gras

John Dos Passos (*Manhattan Transfer*, 1925) übernommen. Im Stile der epischen Dramaturgie Brechts hat er in die Momentskizzen plakative Schlagzeilen und Nachrichten eingebaut. Es war eine neue, mit Ausnahme von Döblins *Alexanderplatz* in Deutschland noch nicht praktizierte Erzählweise. Über die Zeit, die er in diesem Roman zu charakterisieren versuchte, sagte Koeppen: „Die Zeit war kostbar, sie war eine Atempause auf dem Schlachtfeld und man hatte noch nicht richtig Atem geholt, wieder wurde gerüstet." Die Menschen leben in einer Betäubung, es hat sich nichts geändert; auch die rassischen Vorurteile sind geblieben. Es ist ein Welttheater ohne Alternativen zum Erlebten und ohne Perspektiven für die Zukunft. Koeppen nannte es ein Pandämonium. Albtraumhaft bricht bei einem Überfall des aufgebrachten Mobs auf einen amerikanischen Club für Farbige die Erinnerung an die Reichskristallnacht durch:

> *Die Steine, die Steine, die sie geworfen hatte, das klirrende Glas, die fallenden Scherben erschreckten die Menge. Die Älteren fühlten sich an etwas erinnert; sie fühlten sich an eine andere Blindheit, an eine frühere Aktion, an andere Scherben erinnert. Mit Scherben hatte es damals begonnen und mit Scherben hatte es geendet.*

Das Treibhaus

Ort der Handlung im Roman *Das Treibhaus* ist Bonn zur Zeit der Debatten um die Wiederaufrüstung. Erzählt wird der vergebliche Kampf des Bundestagsabgeordneten Keetenheuve gegen die Wiederaufrüstung: „Das Kriegsende hatte ihn mit Hoffnungen erfüllt, die noch eine Weile anhielten, und er glaubte sich nun einer Sache hingeben zu müssen, nachdem er so lange abseits gestanden hatte. Er wollte Jugendträume verwirklichen, er glaubte damals an eine Wandlung, doch bald sah er, wie töricht dieser Glaube war." Er ist im Grund ein expressionistischer Utopist, eine Gestalt aus Tollers Drama *Die Wandlung*, „ein Gewissensmensch und somit ein Ärgernis". Um den lästigen Warner loszuwerden, bietet man ihm einen Botschafterposten an, aber er lehnt ab. Er will vor sich selber bestehen können – und wählt den Freitod. Das Ärgernis für die Zeitgenossen war in diesem Roman das bedingungslose Einfordern der moralischen Versprechungen gleich nach Kriegsende. In den Gängen der Lobby wollte niemand mehr etwas davon hören. Geschäft und Profit zählten. Es ist dies Koeppens politischster Roman, zugleich auch der mit der einfachsten Erzählstruktur.

Der Tod in Rom

In dem Roman *Der Tod in Rom* zeigen sich die Grenzen für die literarische Bewältigung und Aufarbeitung der zeitgenössischen Geschichte. Seine Themen sind das ungebrochene Weiterleben faschistischer Ideologie in vielen Köpfen und der nahtlose Übergang in mancher Biographie von einer NS-Charge zu einem politischen Amt in dem neuen Staat. Koeppen hat den komplexen Sachverhalt in eine Familiengeschichte gedrängt, genauer: in den kurzen Abschnitt eines Familientreffens in Rom. Bei diesem Treffen erschießt der ehemalige SS-General Gottlieb Judejahn unter der Wahnvorstellung, dass er Hitlers Befehl zur „Endlösung" zu Ende ausführen müsse, eine ahnungslose Jüdin. Der Ablauf des Geschehens, dem zudem noch eine Verwechslung zugrunde liegt, verzerrt sich zu einer diabolischen Groteske, zum Krankheitsbild eines Psychopathen: darunter leidet allerdings die argumentative Analyse. Der Titel ist eine Anspielung auf Thomas Manns Erzählung *Der Tod in Venedig*. 1986 sagte Wolfgang Koeppen in einem Gespräch, nach seinen drei Romanen aus den Fünfzigerjahren befragt:

> *Vielleicht habe ich vieles vorausgesehen, das gehört zum Handwerk, doch ich wollte niemals ein Prophet, gar ein Politiker sein. Es schien mir nach meinen Erfahrungen und Beobachtungen so, dass der Weg, den wir gehen, gefährlich ist. Ich träumte mir damals ein offensichtlich friedliches Deutschland. Ein ganzes Deutschland ohne Rüstung. Und nicht ein geteiltes Deutschland mit konträren politischen Auffassungen in fremden Diensten. Die Gefahren sind noch gewachsen seit damals. Unsere Erde ist leichter zerstörbar geworden und es sind Leute da, die nicht davor zurückschrecken, sie zu zerstören, diese empfindliche, komplizierte Welt.* (SZ 21. 6. 1986)

HANS ERICH NOSSACK

Seinen Vortrag *Die schwache Position der Literatur* (1965) beendete HANS ERICH NOSSACK (1901–1977) mit den Worten: „Für den Schriftsteller scheint mir die ihm einzig angemessene Existenzmöglichkeit – denn Standort wäre schon wieder ein viel zu sicherer Begriff – der unfassbare, ungeschichtliche Moment zwischen Gestern und Morgen zu sein, den wir Gegenwart nennen. Dafür muss schon einige Zweideutigkeit in Kauf genommen werden." Was Nossack in dem Vortrag mit Zweideutigkeit umschrieb, war sein schriftstellerisches Wahrheitsprinzip, jede Aussage bereits im Moment ihrer Formulierung wieder anzuzweifeln und wie in einer Spirale immer wieder neu zu überprüfen. Nossacks Werk ist ein einziger Monolog intensiver Selbstbefragung – ohne Rücksicht auf den Leser. Den Leser führte er zwar in einigen Werken als ein mögliches Du an, aber eben nur im Hinblick auf eine vielleicht künftige Begegnung. Die Werke waren im Prozess ihres Entstehens Berichte des Autors an sich selbst, schwer zu entschlüsseln in ihrer vieldeutigen Bildersprache – und ohne modisches Zugeständnis an das Publikum. Es blieb – das zeigt auch das Echo seiner Werke – eine respektvolle Distanz zwischen Publikum und Autor; von der Kritik gelobt, mit Preisen geehrt (Georg-Büchner-Preis, 1961) – und trotzdem ein Autor außerhalb des literarischen Marktes, obwohl nur wenige sich so radikal wie er zur Gegenwart als dominantem Thema bekannten:

> *Literatur und Dichtung sind immer ein Neubeginnen, niemals ein Fortsetzen; ein Anknüpfen an das schon Vorhandene gibt es da nicht. Literatur ist deshalb revolutionär, weil sie immer für das Lebendige gegen das Institutionelle eintritt. Immer für die Gegenwart gegen die Vergangenheit. Immer für das Suchen nach Wahrheit gegen dogmatisierten Besitz der Wahrheit, immer für die Frage gegen die gebrauchsfertige Antwort. Immer für den Menschen gegen seine Degradierung zum sozialen Quotienten.*

Aber Nossack beschrieb die Gegenwart nicht als ein einfaches Jetzt, sondern als eine existenzielle Erfahrung im Sinne von Barlach und Camus, in der sich menschliche Grundsituationen wiederholen; er sprach von Analogien. Das Sammelbecken existenzieller Erfahrungen ist der Mythos; – und das Wissen aus dem Mythos ist für Nossack die Alternative zu dem Versuch, die Geschichte zur Lehrmeisterin zu erheben. Man kann in seinem Werk drei Phasen erkennen, obwohl sie nicht unbedingt chronologisch aufeinander folgen (seine wichtigste Zeichenfigur ist die Spirale): Es gibt erstens eine historische Bestandsaufnahme; diese wird aber zweitens durch die Selbstbefragung des Ich zurückgedrängt. Am Ende – ob als Resignation oder als Ansporn, das bleibt offen – steht der Verzicht auf Geschichtlichkeit. Dies kann man an den Werken im Einzelnen erklären. Aktualität bedeutete für Nossack nicht Tagesjournalismus, sondern Erhellung der gegenwärtigen Ereignisse durch die Bilderwelt des Mythos. Das Jahr 1945 markierte für Hans Erich Nossack einen doppelten Neubeginn. Er hatte nach 1933 Schreibverbot; trotzdem schrieb er, wie viele, für die Zeit danach. Aber 1943 verbrannte alles bei der Bombardierung Hamburgs.

Nekyia

Nekyia. Bericht eines Überlebenden (1947) besitzt bereits alle Elemente (Themen, Motive und Erzählstrukturen) der späteren Werke. Ein Mensch, der Erzähler, kehrt nach der Katastrophe in die zerstörte Stadt zurück. Der Bericht ist, wie der griechische Titel andeutet, eine Totenbeschwörung, ein Besuch bei den Geistern der Toten; aber in der Stadt ist niemand mehr zu finden, nicht einmal mehr die Toten, sie existieren nur noch in der Erinnerung des Erzählers. Ursache und Umstände der Katastrophe bleiben im Unklaren; mit der Katastrophe kann die Zerstörung Hamburgs gemeint sein, aber auch das Ende des NS-Regimes oder generell die Aufhebung des Lebens im Tod als dem anderen Zustand. Auch die Stadt ist nicht näher charakterisiert, ob Hamburg, eine Totenstadt oder ein Gleichnisbild für die Rückkehr in die verlorene Vergangenheit. Dies alles spielt auch keine Rolle. Selbst die Erzählebenen laufen wie Wolken ineinander als Traum, Selbstgespräch oder erinnerter Mythos. Der Erzähler ist stellvertretend für seine Generation auf der Suche nach seinem Spiegelbild, das ihm im Spiegel nicht mehr gegenübertritt, und nach seinem Namen, der ihm verloren gegangen ist. Mit beidem ist der Identitätsverlust gemeint. Stellvertretend durchlebt der Erzähler auch in seinen Erinnerungen, die sich mit den Menschheitsmythen vermischen – vom Bruderkampf zwischen Kain und Abel bis zur Orestes-Sage –, die Geschichte der Menschheit. In diesem Roman sprach Nossack noch von der Hoffnung, dass die sinnlose Selbstvernichtung der Menschen verhindert werden könnte. Auch dies stellt er im mythischen Bild dar: Orestes, zu dem der Erzähler im Erinnerungstraum wurde, weigert sich Täter und Opfer der Blutrache an der Mutter zu werden. Das Vergangene müsse überwunden werden. Deshalb will sich der Erzähler mit dem Rücken zur Stadt stellen und aufpassen, dass keiner von den Überlebenden in die Stadt, in die Vergangenheit zurückkehrt:

> *Das ist meine Aufgabe. Gelingt es mir, so lange dort auszuharren, wie es notwendig ist, wird mir am Ende ein unsterblicher Name zuteil. Man wird „der Hirte“ sagen, und jeder, der es ausspricht, wird wissen, wen er damit meint.*

Spätestens im November

Spirale

Der jüngere Bruder

Der Fall d'Arthez

Die neue Identität soll sich aus dem existenziellen Jetzt bilden; sie soll keine Entlehnung aus der Vergangenheit sein. Auch Nossacks Romane aus den Fünfzigerjahren – *Spätestens im November* (1955), *Spirale. Roman einer schlaflosen Nacht* (1956) oder *Der jüngere Bruder* (1958) – sind Befragungen der Vergangenheit mit dem Ziele, sie zu überwinden, aber es breitet sich der Eindruck der Vergeblichkeit über die Berichte, überall hat sich restauratives Denken durchgesetzt. Der „Hirte“, wie der Erneuerer in *Nekyia* genannt wurde, zieht sich auf sich selbst zurück, er meldet sich von der Gesellschaft ab und zieht die intellektuelle Einsamkeit – in dem Roman *Der Fall d'Arthez* (1968) heißt sie Exterritorialität – der identitätsfeindlichen Konformität vor, er wehrt sich gegen die „Degradierung zum sozialen Quotienten“.

HEIMITO VON DODERER

Auf den ersten Blick scheint HEIMITO VON DODERER (1896–1966) in seinen Romanen die Gegenwart ausgeklammert zu haben; die Mehrzahl handelt vor oder nach dem Ersten Weltkrieg, ihr Ort ist Österreich und die Hauptstadt Wien. Tatsächlich stellen sie aber eine Art Spurensuche dar. In den so genannten Wiener Romanen: *Die Strudlhofstiege* (1951), *Die erleuchteten Fenster* (1951), *Die Dämonen* (1956) –, deren Entstehen zum Teil bis in die späten Dreißigerjahre zurückreicht, geht Doderer Einzelschicksalen nach, die für sich nur Randnotizen zur Geschichte zu sein scheinen. In dem für die Betroffenen unbewussten Zueinander ergibt sich aber ein repräsentatives Spektrum der Zeitumstände. Heimito von Doderer fungierte in diesem allmählichen Zusammenlauf separater Vorgänge als der allwissende Erzähler und Beobachter. Er sitze, so sagte er selbst, als Erzähler auf jener Seite, „wo die Zusammenhänge offen liegen, die ins Bewusstsein meiner Person niemals eintreten". Misstrauisch gegenüber politischen Erklärungen und Argumentationen wollte er Einzelschicksale und Nationalgeschichte als ein „fatologisches Gewebe" darstellen. Unbewusst sei der Einzelne Teil des gesamtgeschichtlichen Prozesses. Sehr differenziert und detailliert ging Doderer den Quellen des Antisemitismus und Faschismus noch vor dem Anschluss Öreichs nach – seine erinnerte Vergangenheit, seine Spurensuche, ist Arbeit für die Gegenwart –, aber die Rückführung historischer Prozesse auf schicksalhafte (lat.: *fatum*) Abläufe konnte auch als entlastende Entschuldigung dienen. Der *Roman No 7*, vierteilig angelegt, blieb Fragment; es erschienen *Die Wasserfälle von Slunj* (1963) und als Bruchstück *Der Grenzwald* (1976). In den episodenreichen Romanen Doderers besteht eine gewisse Diskrepanz zwischen seiner avantgardistischen Erzählweise – strikte Außenbeobachtungen wie im *Nouveau Roman* – und seinem auktorialen Erzählerverhalten, das die einzelnen Lebensläufe schicksalhaft („fatologisch") zusammenführt. Seine Aversion gegen eine rationale Gesellschaftsdiagnose ist selbst eine Ideologie. Der Zufälligkeit und Zwangsläufigkeit schicksalhafter Konstellationen, deren Beziehungssystem dem Betroffenen dunkel blieb – dies meinte Doderer mit Tragik und mit rein tragischer Schuld –, stellte er die artistische Ordnung des Kunstwerkes entgegen; am Ende laufen die Fäden zusammen.

„Wiener Romane"

Roman No 7

Kommentare zur Wohlstandsgesellschaft

> *Der Name Homer ist der gesamten abendländischen Bildungswelt unverdächtig: Homer ist der Stammvater europäischer Epik, aber Homer erzählt vom Trojanischen Krieg, von der Zerstörung Trojas und von der Heimkehr des Odysseus – Kriegs-, Trümmer- und Heimkehrerliteratur –, wir haben keinen Grund, uns dieser Bezeichnung zu schämen.*
>
> *Heinrich Böll (1952)*

Bekenntnis zur Trümmerliteratur

Heinrich Böll

Die Geschichte des Odysseus ist in den ersten Nachkriegsjahren öfters zitiert worden; sie galt als mythisches Urbild für die Heimkehr aus dem Krieg in eine fremd gewordene Heimat. Borcherts ehemaliger Unteroffizier Beckmann aus *Draußen vor der Tür* ist ein moderner Odysseus wie auch der Landser Feinhals in dem Roman *Wo warst du, Adam?* von Heinrich Böll (1917–1985). Nur: Die antike Geschichte nimmt ein gutes Ende, während Beckmanns Geschichte mit einer verzweifelten Frage ohne Antwort und die Heimkehr des Landser Feinhals im tödlichen Granathagel enden. Bölls früheste Veröffentlichungen waren Kurzgeschichten: sie wurden in dem Band *Wanderer, kommst du nach Spa . . .* (1950) gesammelt. Die Titelgeschichte wurde zu einem Klassiker der deutschen Kurzgeschichte nach 1945. Bölls Meisterschaft bestand darin, in einem einsträngigen, kurzen Erzählverlauf, d. h. in ver-

Wanderer, kommst du nach Spa . . .

dichteter Darstellung, die Erfahrung und Verstörung der Heimkehrergeneration zu artikulieren. Böll bekannte sich zur Trümmerliteratur, zur Geschichte von unten, zur Erfahrung des namenlosen Jedermann; er konzentrierte die Erfahrung im Brennspiegel der Kurzgeschichte und gestaltete sie zu einer repräsentativen Dokumentation des Bewusstseinsstandes seiner eigenen Generation.

Böll, in Köln aufgewachsen, stammte aus einem katholischen Elternhaus, das seinen Glauben bewusst lebte. Nach dem Abitur begann er zunächst eine Buchhändlerlehre. Der Plan, Literatur zu studieren, wurde durch den Krieg unterbrochen. Böll war während des gesamten Krieges von 1939 bis 1945 Soldat. 1945 kehrte er nach Köln zurück. Er nahm sein Studium wieder auf; nach ersten literarischen Erfolgen entschloss er sich für die Existenz eines freien Schriftstellers.

Wo warst du, Adam?

Böll nannte *Wo warst du, Adam?* (1951) zwar einen Roman, aber der Text ist eher eine Reihung von neun Kurzgeschichten, zusammengehalten durch die immer wieder auftauchende Gestalt des Landser Feinhals und durch die allmähliche geographische Verlagerung der Ereignisse von der Front in die Heimat. Der Erzählverlauf ist ein kontinuierliches Rückzugsgefecht aus dem Wahnsinn und der Grausamkeit des Krieges; schon das Elternhaus vor Augen und in der Hoffnung, dass alles vorüber sei, wird Feinhals von einer sinnlos abgeschossenen Granate getötet. Böll nahm für diesen Roman den Vorwurf einer fast trivialen Abstimmung der Ereignisse auf den zeitlichen Höhepunkt am Ende des Geschehens in Kauf; der Tod seines Helden noch kurz vor der Kapitulation und schon in Sichtweite des Elternhauses sollte die Absurdität des Krieges verdeutlichen. Als Motto hatte er einen Satz von Antoine de Saint Exupéry gewählt: „Der Krieg ist eine Krankheit. Wie der Typhus.“ Bölls frühe Romane waren keine politisch-argumentativen Auseinandersetzungen mit der Entwicklung in der Nachkriegszeit, im Unterschied zu den gesellschaftskritischen Romanen von Wolfgang Koeppen; sie waren Momentaufnahmen, sehr sensible Milieustudien aus dem Alltag der betroffenen Bevölkerung, eine Art Panorama der Zeit. – Wohnungsnot und daraus entstandene Spannungen sind das Thema des gesellschaftskritischen Eheromans *Und sagte kein einziges Wort* (1953). Die Konflikte werden jeweils aus der Perspektive der Ehepartner erzählt. Sie haben sich nicht entfremdet, sondern die räumliche Enge führt zu überreizten Reaktionen, denen der Telefonist Fred Bogner aus dem Wege zu gehen versucht; er zieht aus. Aber er sieht ein, dass dies weder für ihn noch für seine Familie eine Lösung ist, und er entschließt sich nach Hause zurückzukehren. Gezielt richtete sich Bölls Kritik schon in diesem Roman gegen ein pharisäerhaftes Christentum, das den äußeren Schein wahrt, aber im Innern egoistisch-herzlos ist. Die Bogners müssen mit den drei Kindern in einem einzigen Raum leben, während Frau Franke, eine viel beschäftigte Vereinskatholikin, mit ihrem Mann mehrere Zimmer zur Verfügung hat, die sie gar nicht bewohnen kann. Aber die kirchlichen Behörden haben ihr die Dringlichkeit des Raumbedarfs für ihre Vereinstätigkeit bestätigt. – Bölls Werk durchzieht von Anfang an wie ein Leitfaden das entschiedene Plädoyer für einen realen Sozialkatholizismus. Aus dieser Haltung argumentierte und urteilte er auch später. Seine gesellschaftliche Richtschnur war die eines selbstkritischen Moralisten, der im Detail die Tendenz des Ganzen sah. – Der Roman *Haus ohne Hüter* (1954) erzählt in mehrfachem Perspektivenwechsel exemplarische Schicksale der Kriegerwitwen, die noch zu jung waren, um auf ihren Anteil am Leben zu verzichten, und von der pubertären Verstörung der Söhne, die ohne Väter aufgewachsen waren. Auch hier schiebt sich die Kritik an einem zu Katechismusfragen erstarrten Katholizismus in den Vordergrund. Bölls Darstellungskunst brillierte im Detail. Die genau umrissene und begrenzte Szene gelang

Und sagte kein einziges Wort

Haus ohne Hüter

ihm besser als die epische Großform; bezeichnenderweise waren seine frühen Romane denn auch thematische Kurzgeschichtensammlungen. – Eine neue Phase in Bölls Erzähltechnik begann mit dem Generationenroman *Billard um halbzehn* (1959). Die Handlung läuft über drei Generationen einer Architektenfamilie. Die Berichte darüber – meist als erinnerte Rede oder innerer Monolog – sind in den Rahmen eines einzigen Tages im Jahre 1958 eingeordnet. Die historische Aufarbeitung reicht bis in die Jahre vor dem Ersten Weltkrieg, bis in die Wilhelminische Zeit zurück. Der Gegenstand, auf den sich die Erinnerung bezieht, ist eine Abtei, an deren Bau, Zerstörung und Wiederaufbau die einzelnen Generationen beteiligt waren. Die Absicht dieses erinnerten Erzählens ist es, faschistische Ideologie und den vor allem religiös motivierten Widerstand aus diesem halben Jahrhundert deutscher Geschichte zu erklären. Um die Ereignisse übergreifend zu ordnen, benutzte Böll eine christliche Sakramentalsymbolik und er reduzierte die komplexe Zeitgeschichte auf ein dualistisches Modell zwischen Tätern und Opfern, zwischen dem „Büffel" und dem „Lamm". – Sein wohl bekanntester Roman, der wiederum durch das Ineinander von Kritik an der gesellschaftlichen wie an der kirchlich-institutionellen Entwicklung in der Bundesrepublik geprägt ist, wurde *Ansichten eines Clowns* (1963). Der Clown ist ein moderner Simplicissimus, der seine eigene Geschichte und das, was um ihn geschieht, erzählt und kommentiert. Durch diese Konzentrierung der Perspektive in den Brennspiegel eines erzählenden Ich war der Autor gewissermaßen entlastet: Einseitigkeiten und groteske Verzerrungen gingen zu Lasten des vorgeschobenen Erzählers. Der Clown ist Hans Schnier, er stammt aus einer reichen rheinischen Industriellenfamilie. Er ist ein Aussteiger aus Protest gegen die institutionelle Vereinnahmung des Individuums in Staat und Kirche – aber auch aus Zorn über die Verdrängung und verweigerte Aufarbeitung der jüngsten Vergangenheit. Schniers Selbstrettung seiner Individualität geschieht um den Preis seiner gesellschaftlichen Absicherung; er verliert seine Lebensgefährtin, die ein gesellschaftlich normiertes Leben dem individuellen Freiheitsdrang vorzieht, – und sein Berufsgewand als Clown wird zu seiner zweiten Natur: Als er auf der Treppe des Bonner Bahnhofs mitten im Karnevalstreiben sitzt, wirft man ihm einen Groschen in den Hut. Man hält ihn für einen Bettler. – Das weibliche Pendant zu Hans Schnier ist Leni Pfeiffer in dem Roman *Gruppenbild mit Dame* (1971). Böll schreibt über sie: „Ich habe versucht das Schicksal einer Frau von Ende vierzig zu beschreiben oder zu schreiben, die die ganze Last dieser Geschichte zwischen 1922 und 1970 mit auf sich genommen hat." Im Unterschied zu Schnier hat Leni Pfeiffer die Kraft zum Protest; in ihrem begrenzten Lebensbereich setzt sie sich durch Solidarisierung mit Gleichgesinnten gegen Profitgier und Immobilienspekulationen durch. Sie war sozusagen die Gestalt gewordene Hoffnung der Erwartungen aus der außerparlamentarischen Opposition von 1968. Es ist übrigens durchgehend in Bölls Werken zu beobachten, dass er sehr akribisch die jeweils zeitaktuelle Stimmung und Diskussion in seine Erzähprosa einarbeitete; in diesem Sinne kann man seine Werke als ein Panorama der gesellschaftlichen Entwicklung in der Bundesrepublik bis in die Achtzigerjahre ansehen, wenn auch mit der Einschränkung, dass das emotional-moralische Urteil vorherrscht. Böll erhielt 1972 den Nobelpreis für Literatur; von 1971 bis 1974 war er Präsident des internationalen PEN, der größten und wichtigsten Schriftstellerorganisation. – 1974 erschien seine Erzählung *Die verlorene Ehre der Katharina Blum oder: Wie Gewalt entstehen und wohin sie führen kann.* Dieser Text hat die widersprüchlichsten Reaktionen hervorgerufen, weil Böll ohne den Schutzschild einer literarischen Verfremdung argumentierte. Personen und Handlung, zwar erfunden, ließen sich auf ähnliche tatsächliche Begebenheiten beziehen. Bölls polemisches Argument war in dieser Erzählung, dass die notwendige Bekämpfung des eskalierenden politi-

Billard um halbzehn

Ansichten eines Clowns

Gruppenbild mit Dame

Die verlorene Ehre der Katharina Blum

schen Terrorismus kein Alibi für eine allgemeine Gesinnungsschnüffelei und für eine öffentliche Hetzjagd auf Systemkritiker sein dürfe. Am Beispiel der Katharina Blum, die durch eine skrupellose Sensationspresse diffamiert wird, zeigte Böll die Gefahren opportunistischer Meinungsmanipulationen, die dem Einzelnen jede Möglichkeit, sich zu rechtfertigen, rauben. Er wehrte sich dagegen, dass jeder, der Kritik am Staate übte, sogleich als Sympathisant des Terrorismus abgestempelt wurde. Er wehrte sich gegen jede Form staatlicher Bevormundung und Observierung, gegen jegliche *Fürsorgliche Belagerung* (1979), wie der Titel einer seiner späten Romane lautete. Die Heftigkeit, mit der er individuelle Integrität, das in Artikel 1 des Grundgesetzes garantierte Recht auf die Würde des Menschen, zu Recht verteidigte, führte aber durch die einseitige Einfärbung des Erzählten auch zu Missverständnissen und zu Ablehnung in der Literaturkritik. Dies gilt besonders für seinen letzten Roman *Frauen vor Flusslandschaft* (1985), den er im Untertitel einen „Roman in Dialogen und Selbstgesprächen" nannte. Die Flusslandschaft ist das Rheinufer des Bonner Regierungsviertels, und die Frauen sind die Ehefrauen oder Freundinnen der Abgeordneten und Regierungsbeamten. Das politische Szenarium der Hauptstadt wird aus der Perspektive der Frauen gesehen, die selbst Opfer eines opportunistischen Karrieredenkens der Männer sind. Die politisch Verantwortlichen sind zu willfährigen Handlangern eines anonymen Machtapparates geworden. Dieser Roman war eine verbitterte Abrechnung, die den realen Zustand der Bundesrepublik kompromisslos an den Erwartungen des politischen Neuanfangs nach 1945 maß; dieser Roman war aber keine kritisch-erhellende Analyse der gesellschaftlichen Entwicklung seit 1949. Wie schon früher in einzelnen Werken zog Böll die Satire und die groteske Verzerrung einem argumentativen Disput vor.

Fürsorgliche Belagerung

Frauen vor Flusslandschaft

MARTIN WALSER

MARTIN WALSERS (geb. 1927) bevorzugter Erzählbereich ist die gesellschaftliche Mittel- oder besser Zwischenschicht in der Bundesrepublik. Ihr gehören die Mehrzahl seiner Romanfiguren an, deren Selbstbewusstsein zwischen Anpassung und Verweigerung schwankt: denn sie sind sich in der Definition ihres sozialen Status sehr unsicher. Die meisten haben eine akademische Ausbildung, zum Teil mit Abschluss und anschließender „Verbeamtung". Politik als Profession liegt ihnen fern; sie räsonieren, aber sie handeln nicht. Ihre wichtigsten Bezugspunkte sind Beruf und Familie; in beidem erschöpft sich ihr Versuch einer sozialen Integration, die ihrem individuellen Selbstverständnis eine gewisse Sicherheit bieten soll. Doch die überzogene Anpassung an die anonyme Norm, gerade dieses Untertauchen in die Konformität zerstört Individualität, das Individuum wird sich selbst fremd. Walsers Gestalten stehen immer wieder vor der Alternative, entweder Erfolg um den Preis des Selbstverlustes oder Verzicht auf öffentliches Echo zugunsten eines inneren Einverständnisses mit sich selbst.

Ehen in Philippsburg

Bewusst satirisch überzeichnet, ist diese Alternative schon Thema des ersten Romans *Ehen in Philippsburg* (1957); er besteht aus vier desolaten Ehegeschichten. Die wichtigste davon zeigt den Aufstieg eines sozialen Außenseiters durch skrupellose Anpassung. In allen vier Skizzen ist die Ehe kein partnerschaftlicher Dialog, sondern höchstens ein Mittel beruflicher oder gesellschaftlicher Absicherung. Und der Aufsteiger mausert sich in dem Maße zu einem angesehenen Philippsburger Bürger, wie er die Mechanismen einer doppelten Moral anerkennt und selbst praktiziert. Natürlich versteckte sich hinter Walsers Lokalposse auch die Kritik an der neuen Wohlstandsgesellschaft. Aber Walser erzählt nicht großflächig, er ist besessen vom Detail. Seine Sprache, differenziert und nuancenreich, ist eine permanente Einkreisung des Sachverhaltes aus der Perspektive eines einzelnen Erzähl-Ich; das Komplexe soll im individuellen Fall, der natürlich auch eine Erfindung des Autors ist, verständlich werden.

Kristlein-Trilogie: *Halbzeit* *Das Einhorn* *Der Sturz*

Über drei Romane – *Halbzeit* (1960), *Das Einhorn* (1966), *Der Sturz* (1973) – hält er fast fünfzehn Jahre an seinem Ich-Erzähler Anselm Kristlein fest, den man eine repräsentative Durchschnittsfigur nennen kann.

Nach einem abgebrochenen Studium, das ihm den sozialen Aufstieg über eine akademische Qualifikation hätte sichern sollen, beginnt er als Handelsvertreter, um seine Familie versorgen zu können. Sein Prinzip ist die „Mimikry", wie bereits das erste Kapitel in *Halbzeit* überschrieben ist: Anpassung um jeden Preis. Anselm Kristlein beklagt in langen Monologen zwar den Selbstverlust, aber er rechtfertigt sein Handeln durch den Zwang der Umstände. Äußerlich stellt sich der Erfolg ein – er wird Werbetexter und Werbefachmann –, aber der Zweifel am Sinn seines Verhaltens wächst. Im zweiten Band der Trilogie, im *Einhorn*, nimmt Anselm Kristlein, nun Schriftsteller, den Auftrag einer Schweizer Verlegerin an, ein Buch über die Liebe zu schreiben; „öppis gnaus" solle es sein. Die Texte werden zwar etwas Genaues, aber nicht im Sinne der Auftraggeberin; denn Anselms Versuch, über die Liebe objektiv – „sachlich" – zu schreiben, wird zu einer sehr subjektiven, mit der Erinnerung und um sprachliche Angemessenheit ringenden Selbstbefragung. Der Erzähler, der als Werbetexter forsch und erfolgreich auftrat, ist sich bei dieser Selbstbefragung weder seiner eigenen Erinnerung noch der Bedeutung der Wörter mehr sicher. Die soziale Desorientierung läuft parallel zur intellektuellen, zur sprachlichen. Im dritten Band, im *Sturz*, versagt Kristleins Mimikry – oder anders gesagt: Er begreift, dass er durch das Versteckspiel sich selbst aufgegeben und verraten hat. In dieser Trilogie hat Walser den Selbstzweifel seines Ich-Erzählers am Sinn seines Handelns auch auf die Sprache und die Erzählbarkeit übertragen.

In den nachfolgenden Romanen wählte Walser für seine Erzählperspektive wieder die Er-Form. Diese Romane, vom Autor zum Teil als Novellen bezeichnet, haben eine präzisere Handlungsführung als die weitschweifigen Ich-Berichte.

Ein fliehendes Pferd

In der Novelle *Ein fliehendes Pferd* (1978) treffen sich nach vielen Jahren zwei Studienfreunde zufällig im Urlaub wieder. Sie sind in ihrer Lebenseinstellung erklärte Gegensätze. Beide über die Mitte der Vierzig hinaus, wirkt der eine, Helmut Halm, ein Lehrer aus Stuttgart, wie ein resignierter Frührentner, während der andere, Klaus Buch, sportliche und berufliche Dynamik ausstrahlt und schon nach der ersten Begegnung das Steuer der Urlaubsplanung an sich reißt. Halm hat sich bereits vom äußeren Leben, das ihm keine entscheidenden Veränderungen mehr verspricht, in seine philosophischen Betrachtungen zurückgezogen. Klaus Buch dagegen drängt auf Aktivität und positive Lebensgestaltung. Aber im Verlauf der Begegnung und der Gespräche bröckelt die Fassade ab. Klaus Buch wird in Wirklichkeit von seiner eigenen Rolle getrieben; er ist ein Opfer der von ihm selbst errichteten Scheinexistenz. Sein Leben ist Selbsttäuschung. Halm, der Skeptiker und Zauderer, ist ihm am Ende überlegen. – Halm tritt später in dem Roman *Brandung* (1985) nochmals auf; er ist – wie vorher sein Autor – zu einer Gastdozentur für deutsche Literatur nach Berkeley eingeladen worden. Wieder trifft er auf dynamische Gestalten und kaltschnäuzige Zyniker: Doch alle gespielte Selbstsicherheit ist nur ein Fluchtversuch vor der eigenen Leere. Bilder der Todessymbolik durchziehen den ganzen Roman. – Auf sehr problematische Weise hat Walser in der Novelle *Dorle und Wolf* (1987) indi-

Brandung

Dorle und Wolf

viduelle und politische Zerrissenheit miteinander verbunden. Wolf spioniert in Bonn für die DDR, weil er eine militärische Eskalation der Teilung Deutschlands verhindern und selbst aus dem Zustand eines „halbierten" Individuums herauskommen möchte. Er verbindet und vergleicht sein eigenes Schicksal mit der politischen Situation. Am Schluss stellt er sich den westdeutschen Behörden mit der Bedingung, dass er nicht nach Ost-Berlin ausgetauscht werde. Aber er sagte den Behörden nichts Neues; denn schon längst wurde er observiert und als gezielter Fehlinformant für die andere Seite benutzt.

Der Abstecher

Eiche und Angora

Überlebensgroß Herr Krott

Der Schwarze Schwan

Walser hat in den Sechzigerjahren auch einige Theaterstücke geschrieben. Es sind vor allem Erzählstücke, mehr szenische Romane als dramatische Handlung. Sein erstes Stück *Der Abstecher* (1961) war eine Satire auf die verklemmten Wünsche und die moralische Verlogenheit des Kleinbürgers. Mit den Mitteln des absurden Theaters und der Groteske entwarf er ein makabres Spiel heimlicher Seitensprünge und sadistischer Rache, dessen tödliche Konsequenz jedoch durch die sauffreudige Fraternisation zweier Spießernaturen vermieden wird. Im Titel selbst dokumentiert sich die Ambivalenz der Bedeutung. – *Eiche und Angora* (1962) ist eine „deutsche Chronik" in drei Bilderfolgen von 1945 bis 1960. Sie schildert den nahtlosen Übergang der willfährigen Opportunisten und ewigen Mitläufer vom NS-Amt zu neuen kommunalen Würden und Pfründen. Nur die Opfer von früher sind auch die Unterlegenen von heute. Das ganze Stück nähert sich der gezielt kabarettistischen Überzeichnung der politischen Revue. Der laute Erfolg der Wohlstandsgesellschaft übertönt alle Fragen über die Vergangenheit. – Der Wohlstand einer privilegierten Oberschicht, so lautet die satirisch verfremdete These in dem Stück *Überlebensgroß Herr Krott* (1964), der kapitalistische Wohlstand sei immun gegen jede Veränderung. Diese Feststellung war Resignation und Provokation zugleich. – Eine moderne Hamletversion, angesiedelt in einem Irrenhaus, bei der Rudi, Sohn eines Professors, der für den Tod von KZ-Häftlingen verantwortlich war, seinen Vater zum Bekenntnis der Schuld zwingen will, ist das Stück *Der Schwarze Schwan* (1964); in den literarischen und historischen Anspielungen, in der Ansiedlung in einer Nervenheilanstalt zweifellos Walsers interessantestes Stück zur Vergangenheitsbewältigung, d. h. zur gescheiterten Aufarbeitung der NS-Vergangenheit, überfordert es aber auch gerade durch die vielen literarischen und historischen Anspielungen den Zuschauer. Der Verfremdungseffekt, der bei Brecht ein Moment belehrender Provokation war, geriet – wahrscheinlich ungewollt – zu einem artistischen Versteckspiel.

ALFRED ANDERSCH

Die Kirschen der Freiheit

Auch ALFRED ANDERSCH (1914–1980) wählte für seine Romane individuelle Lebensräume; darin ist er mit Martin Walser vergleichbar. Die großen Ereignisse spiegeln sich im Einzelschicksal. Dies war für Alfred Andersch jedoch nicht nur ein erzähltechnischer Aspekt, sondern auch ein lebensgeschichtliches Programm. Ohne autobiographische Berichte zu sein wie noch *Die Kirschen der Freiheit* (1952), tauchen in den Biographien seiner Romangestalten immer wieder leicht entzifferbare Parallelen zu seinem eigenen Leben auf. Früh war er der Kommunistischen Partei beigetreten, hatte sich später aber unter dem Eindruck der stalinistischen Säuberungswelle von ihr wieder gelöst. Einige Monate war er Häftling im KZ Dachau. Nach dem Kriege arbeitete er als Journalist; er hatte 1946 zusammen mit Hans Werner Richter die Zeitschrift *Der Ruf* gegründet. Die Hauptgestalten seiner Romane sind entschiedene Individualisten; das Recht auf eine selbstbestimmte Freiheit geht ihnen über alles; jede Form einer totalitären Staatsideologie, ob von links oder von rechts, ist ihnen suspekt. Oberflächlich gesehen sind sie alle auf der Flucht vor den bestehenden Verhältnissen, sie sind Außenseiter; diese Flucht ist für sie aber der Versuch, ihre Willensfreiheit zu retten.

Sansibar

In dem Roman *Sansibar oder Der letzte Grund* (1957) kreuzen sich kurz vor dem Zweiten Weltkrieg die Lebensgeschichten von fünf Personen in einem kleinen Ostseestädtchen. Alle haben sie ihre Erfahrung mit totalitären Systemen gemacht. Die beiden Kommunisten sehen ihre ursprünglichen Ideale durch Stalins Terror zerstört. Die Jüdin ist auf der Flucht vor den Nazis. Ein Pfarrer rettet eine Barlach-Plastik vor der Vernichtung durch die Nazis. In inneren Monologen kurz vor der Flucht über die Ostsee nach Schweden artikulieren sie ihre persönlichen Vorstellungen von Freiheit. Wie problematisch, ja sogar illusionistisch dieses Freiheitsbild aber sein kann, stellt Andersch selbstironisch durch die Abenteuersehnsucht eines Schiffsjungen dar, dessen Vorstellung von Freiheit in der Ferne mit der Insel Sansibar in Verbindung gebracht wird. – *Die Rote* (1960) ist eine junge Frau, die aus der Wohlstandsumgebung ausbricht, sich dem Konsumzwang entzieht und nach turbulenten Verwicklungen im Stile einer Agentengeschichte sich für eine alternative Lebensweise entschließt. Doch dies alles ist mehr Wunsch als wahrscheinliche Wirklichkeit. – Am differenziertesten hat Alfred Andersch die Selbsterkundung und das Bewusstwerden individueller Existenz in dem Roman *Efraim* (1967) beschrieben. Der Ich-Erzähler, ein Journalist, der an seinem Beruf zweifelt, verschränkt in seinen monologischen Selbstbefragungen die Situation der Sechzigerjahre, das wachsende Unbehagen am Wohlstandsdenken, mit Erinnerungen an jüdische Schicksale während der Nazi-Zeit; er selbst stammte aus einer deutsch-jüdischen Familie und hatte später die englische Staatsbürgerschaft angenommen. – *Winterspelt* (1974) ist eine Modellgeschichte über das Scheitern individueller Vernunft am Widerstand ideologischer Fanatiker. In Winterspelt, einem Ort in der Eifel, wollten 1944 zwei Offiziere, ein deutscher und ein amerikanischer, für die ihnen anvertrauten Soldaten den Krieg vorzeitig beenden.

Die Rote

Efraim

Winterspelt

Literatur als spielerische Alternative

ARNO SCHMIDT (1914–1979) war ein Einzelgänger. Er ist in keine literarische Richtung einzuordnen. Seit 1958 lebte er zurückgezogen in der Lüneburger Heide. Seine Erzähltexte haben mit der traditionellen Romanform wenig gemeinsam; sie sind eher Montagen aus gedanklichen Assoziationen und Sprachspielen. Eine wichtige Rolle spielen dabei Arno Schmidts phonetische Schreibweise und seine eigenwillige Etymologie, durch die er unbewusste Einflüsse im Sprachgebrauch hörbar und sichtbar machen wollte; er schuf sich seine eigene Sprachpsychologie. Seine literarischen Freunde waren vergessene und unterschätzte Dichter der Vergangenheit, für die er in kenntnisreichen Essays warb. Arno Schmidt fordert seinen Lesern einige kulturgeschichtliche Kenntnisse ab, ohne die sie in seine Texte gar nicht einsteigen können.

ARNO SCHMIDT

Dieser Dialog mit dem Bildungswissen begann schon in dem Erzählband *Leviathan* (1949). In den Fünfzigerjahren entstanden mehrere Kurzromane, die eine relativ ähnliche Grundstruktur haben; Erzähler oder Romanfigur überwinden die Enge ihres Alltags durch einen geistigen Dialog mit Personen oder Ereignissen aus der Geschichte. Hinter seinen Romanfiguren ist der Autor oft selbst auszumachen, z. B. in *Brand's Haide* (1951) oder in *Aus dem Leben eines Fauns* (1953). Der Ich-Erzähler in dem Roman *Das steinerne Herz* (1956), der im Jahre 1954 spielt, aber in seinen komplizierten Ver-

Leviathan
Brand's Haide
Aus dem Leben eines Fauns
Das steinerne Herz

ästelungen und Genealogien weit zurückreicht, ist ein Büchersammler und Privatgelehrter, der nur für seine wissenschaftliche Leidenschaft lebt und ihr alles unterordnet. In den turbulenten Suchaktionen nach einzelnen Ausgaben konkretisiert sich auch ein Stück Zeigeschichte: das kulturelle und sprachliche Auseinanderdriften der beiden Teile Deutschlands. In dem satirischen Zukunftsroman *Die Gelehrtenrepublik* (1957) – er handelt nach einem Atomkrieg, der das Leben auf der Erde verändert hat – und in dem Roman auf zwei Ebenen *Kaff auch Mare Crisium* (1960) – der Leerlauf eines Aufenthaltes auf dem Land wird durch das Phantasiespiel über das Leben in einer künstlichen Mondkolonie nach der Zerstörung der Erde überbrückt –, in diesen rasterförmig (d. h. in filmischen Ausschnitten) zusammengesetzten Textfolgen wird hinter dem satirischen Spiel mit tradiertem Bildungswissen aber auch die Skepsis an der Wirksamkeit dieses Wissens sichtbar. Die Gelehrtenrepublik – der Titel ist eine Anspielung auf den gleichnamigen Roman (1774) von Klopstock –, als Idylle des Geistes und der Kunst gedacht, führt die Querelen der alten Welt unverändert weiter; das literarische Zitat verwandelt sich zur bitteren Zeitkritik.

Die Gelehrtenrepublik

Kaff auch Mare Crisium

Das umfangreichste und im doppelten Sinne gewichtigste Werk Arno Schmidts ist *Zettels Traum* (1970). Auf mehr als 1300 maschinenschriftlichen Seiten im Format DIN A3, die photomechanisch wiedergegeben sind, protokolliert der Ich-Erzähler Daniel Pagenstecher den Besuch des Ehepaars Jacobi mit der Tochter Franziska bei ihm.

Zettels Traum

Das Protokoll – es umfasst gerade einen Tag – ist in drei Rubriken aufgeteilt. Der Mittelteil gehört dem Ablauf des Besuchs und den entstehenden Beziehungen zwischen den Personen. Der Grund des Besuches ist die Übertragung der Werke von Edgar Allan Poe durch die Jacobis; in langen Gesprächen mit ihrem Freund Pagenstecher versuchen sie Übersetzungsprobleme zu klären und den Sinn hinter den Sätzen wiederzugeben. Pagenstecher interpretiert Poe mit Hilfe seiner „Etym"-Theorie, einer Variante zu Freuds psychoanalytischem Ansatz, aus den Strömungen des Unbewussten, die in der Sprache zutage kämen. Links davon sind die Zitate aus Poes Werken gesammelt, die jeweils zur Erklärung herangezogen werden. Rechts davon stehen die assoziativen Gedankenspiele oder erinnerten Zitate des Ich-Erzählers zum Diskussionsverlauf. Doch lässt sich nicht alles nach dieser Gliederung auflösen. Es kann alles so sein, aber es kann auch ganz anders gemeint sein. Der Autor treibt ein Versteckspiel mit dem Leser. Schon der Titel ist zweifach zu verstehen: Es können die unzähligen Notiz-Zettel gemeint sein für die Vorarbeiten zu dem endgültigen Text. Sicher bezieht er sich aber auch auf den Traum des Webers Zettel in Shakespeares *Sommernachtstraum. Zettels Traum* ist eine Art Gesamtkunstwerk; die Wahrnehmung der Welt, die sprachliche Artikulierung dieser Wahrnehmung geschieht aus dem unerschöpflichen Fundus der Literatur oder genauer: aus den durch die Sprache vermittelten Bildern.

Impulse aus der Schweiz

In den Fünziger- und frühen Sechzigerjahren gehörten die deutschsprachigen Bühnen den beiden Schweizer Stückeschreibern Max Frisch und Friedrich Dürrenmatt. *Andorra* oder *Die Physiker* waren damals viel gespielte Stücke. Beide Autoren kamen von Brecht her oder erarbeiteten ihre Dramenkonzeption in der Auseinandersetzung mit Brechts epischem Theater. Ihre Stücke gehen jeweils ins Exemplarische, sie nähern sich der Parabel. Ein Thema, das bei Max Frisch (1911–1991) öfters auftaucht, ist der Widerstand des Einzelnen gegen eine Rolle, die ihm von der Gesellschaft aufgezwungen wird. In der Komödie *Don Juan oder Die Liebe zur Geometrie* (1953) war die Rollenverweigerung der Hauptgestalt eher noch ein Spiel mit der Tradition einer literarischen Figur. Don Juan weigert sich der amouröse Held zu sein; er liebt die Klarheit und Nüchternheit der Geometrie. Doch dies ändert nicht die Meinung der Umwelt über ihn. Er scheitert aber auch selbst an dem fast naiven Wunsch, die Welt und den Sinn des Lebens mathematisch unumstößlich zu definieren. – Die Fabel zu dem Stück in zwölf Bildern *Andorra* (1961) findet sich als kleine Erzählskizze *Der andorranische Jude* schon im *Tagebuch 1946–1949.*

Max Frisch

Don Juan oder Die Liebe zur Geometrie

Andorra

Die Bilderfolge ist im Stile einer Gerichtsverhandlung aufgebaut. Vor dem Vorhang verteidigen sich die Personen, warum sie in dem behandelten Vorfall so und nicht anders gehandelt haben; sie versuchen sich zu rechtfertigen, jeder auf seine Weise, und verfälschen dabei, was wirklich geschah. Was wirklich geschah, wird dann jeweils in einzelnen Szenen auf der Bühne gezeigt: Andri gilt im Dorf als Jude. Der Lehrer, sein Adoptivvater – in Wirklichkeit sein tatsächlicher Vater –, hat dies im Dorf verbreitet, weil er glaubte den Jungen so vor politischen Nachtstellungen retten zu können. Jeder sieht in dem Jungen typische jüdische Verhaltensweisen. Als die Situation sich ändert, da das Land von Judenhassern bedroht wird, sagt der Lehrer die Wahrheit. Aber zu spät. Andri hat das Bild, das die Gesellschaft von ihm hatte, bereits total verinnerlicht. Als Produkt dieser Gesellschaft geht er in der Judenverfolgung unter. In diesem Stück geht es um den Wahnsinn rassischer Diskriminierung; die Mehrheit macht sich ein Bild von der unterlegenen Minderheit und behandelt sie nach diesem Bilde. Frisch sagte zu *Andorra:* „Das Andorra dieses Stücks hat nichts zu tun mit dem wirklichen Kleinstaat dieses Namens, gemeint ist auch nicht ein anderer Kleinstaat; Andorra ist der Name für ein Modell."

Biedermann und die Brandstifter

Ein Modell ist auch *Biedermann und die Brandstifter* (1958). Dieses „Lehrstück ohne Lehre" verweist auf politische Realität, ohne sich nur auf *einen* Fall zu beschränken.

Herr Biedermann, ein sonst sehr ordentlicher Bürger, nimmt zwei Landstreicher in sein Haus auf, von denen er sehr bald erfährt, dass sie Brandstifter sind und die Stadt niederbrennen wollen. Da ihm aber bereits die nötige Zivilcourage fehlt und auch weil er glaubt, es könne schon nicht so schlimm werden, wenn er etwas nachgebe, versorgt er selbst allmählich die Brandstifter mit allem, was sie brauchen, um die Stadt zu vernichten. Und am Schluss geht auch Herr Biedermann in den Flammen unter.

Deutlich ist schon aus der Fabel zu beobachten, dass Frisch mit dem zeigenden Gestus und mit dem Verfremdungseffekt arbeitet, wie Brecht sie entwickelt hatte. Der Zuschauer soll, von der Absurdität der Handlung überzeugt, in der gesellschaftlichen Realität Alternativen zum Denken des Herrn Biedermann entwickeln. Aber der Zweifel des Autors, dass dies auch so geschehe, ist schon im Untertitel angedeutet. Brechts episches Theater verfolgte ein pädagogisches Ziel. Brecht glaubte den Zuschauer durch seine Stücke zur Vernunft, zum verantwortungsvollen Handeln bringen zu können. Genau in diesem Punkt unterscheidet sich Frisch von Brecht. Sein Theater hat pessimistische, ja sogar fatalistische Züge. So lässt er in dem Spiel *Biografie* (1967) einen Menschen, der mit dem Verlauf seiner Biografie unzufrieden ist,

Biografie

das Leben noch einmal leben, und zwar nach freier Entscheidung. Aber die zweite Geschichte endet wie die erste, bestimmt von einer fatalistischen Zwangsläufigkeit.

Stiller

Mit seinen Romanen hatte Max Frisch nicht weniger Erfolg als mit seinen Dramen. Auch haben die Gestalten seiner Dramen und Romane einiges gemeinsam. „Ich bin nicht Stiller!" Mit dieser Behauptung beginnt der Roman *Stiller* (1954).

Ein Mann, der sich bei der Einreise in die Schweiz als der Amerikaner Jim Larkin White auswies, wurde von den Behörden in Untersuchungshaft genommen, weil man ihn für den seit einigen Jahren flüchtigen Schweizer Bürger Anatol Ludwig Stiller hält, gegen den ein Ermittlungsverfahren wegen Spionage läuft. Aber diese äußeren Anlässe sind für die Geschichte selbst nebensächlich. Die Geschichte ist eine innere Auseinandersetzung Stillers mit sich selbst, mit dem, der er ist, und mit dem, der er sein möchte. Stiller war vor seiner Vergangenheit und vor seinem Versagen geflohen, er wollte sich eine neue Identität aufbauen; deshalb konnte er vor sich und vor den Behörden auch behaupten, er sei nicht (mehr) Stiller. Im Gefängnis beginnt er auf Anraten seines Verteidigers die Aufzeichnungen über sein Leben, damit über seine Identität Klarheit entstehe. Dieser erste Teil des Romans, „Stillers Aufzeichnungen im Gefängnis", ist zugleich auch der umfassendste. Ihm folgt ein „Nachwort des Staatsanwaltes" über die weitere Entwicklung Stillers nach dem Urteilsspruch. Stiller hatte schließlich das Urteil, dass er Stiller sei, akzeptiert; für den Rest der Anklage erwies sich seine Unschuld. Die Phase nach dem Urteil ist eine Wiederholung des ersten Lebens, ähnlich der Fabel in dem Stück *Biografie,* und sie endet ähnlich: Stiller ist er selbst geblieben, mit allen seinen Fehlern und Frustrationen. Allerdings mit *einem* wichtigen Unterschied: Er hat seine historische Identität, seine Lebensgeschichte, vor der er fliehen wollte, für sich neu angenommen und bejaht. In diesem Roman kommt das Vorurteil nicht – wie beispielsweise in dem Stück *Andorra* – von außen, es hat sich im Ich selbst festgesetzt. Stiller begreift, dass die Bereitschaft, sich selbst anzunehmen, der einzige Weg aus einer Scheinwelt der Wünsche ist.

Homo faber

Wie in den Roman *Stiller* wählte Frisch auch in dem Bericht *Homo faber* (1957) die sehr individuelle und intime Bekenntnisform der Tagebuchaufzeichnungen. Auch dieser Roman ist ein Rechtfertigungsversuch des Ich-Erzählers, der allmählich in eine kritische Selbsterkenntnis mündet.

Walter Faber, von der mathematischen Berechenbarbeit und Organisation der Wirklichkeit überzeugt, wird durch sehr zufällige und durchaus nicht zwingend logische Umstände an Ereignisse aus seinem Leben erinnert, die zwanzig Jahre zurückliegen und für ihn als abgeschlossen galten. Er begegnet, ohne es zunächst zu wissen, seiner eigenen Tochter und wird allmählich in die Erinnerung an das Jahr 1936 zurückgeführt. Er trifft seine Freundin wieder und erfährt, dass alles anders verlaufen sei, als er es für sich bestimmt habe. Eine Wiederholung der Begegnung zu einer besseren Zukunft, ein geplanter Neubeginn, wird durch Fabers tödlichen Magenkrebs verhindert; dadurch stirbt Faber wenigstens mit der Illusion, dass diese Revision der Vergangenheit hätte möglich sein können. Aber die Ansätze zeigen schon, dass sich die Fehler der Vergangenheit nur wiederholt hätten.

Mein Name sei Gantenbein

Ein Mann verabschiedet sich vorzeitig aus einer Abendgesellschaft; kurz darauf wird er tot in seinem Auto gefunden. Wahrscheinlich war es Herzversagen. Aber wer war er? Was war seine Geschichte? Niemand kennt sie. Es bleibt nur die Imagination: „Ich stelle mir vor."

Die Variationen der Annäherung an die mögliche Geschichte eines Ich sind Inhalt des Romans *Mein Name sei Gantenbein* (1964). Ein Erzähl-Ich befragt sich selbst, stets neue Rollen übernehmend, um auf den Kern seiner Identität im Fluss der Lebensgeschichte zu stoßen. Das Fazit: „Jedermann erfindet sich früher oder später eine Geschichte, die er für sein Leben hält." So war es schon der Fall bei Stiller. Frisch ist seinem zentralen Thema treu geblieben.

FRIEDRICH DÜRRENMATT

Der Theaterkritiker Georg Hensel nannte die Theaterstücke FRIEDRICH DÜRRENMATTS (1921–1990) sehr treffend „blutige Späße". Dürrenmatt selbst bezeichnete seine Stücke als Komödien oder Grotesken:

„Uns kommt nur noch die Komödie bei"

> *Die Tragödie setzt Schuld, Not, Maß, Übersicht, Verantwortung voraus. In der Wurstelei unseres Jahrhunderts, in diesem Kehraus der weißen Rasse, gibt es keine Schuldigen und auch keine Verantwortlichen mehr. Alle können nichts dafür und haben es nicht gewollt. Es geht wirklich ohne jeden. Alles wird mitgerissen und bleibt in irgendeinem Rechen hängen. Wir sind zu kollektiv schuldig, zu kollektiv gebettet in die Sünden unserer Väter und Vorväter. Wir sind nur noch Kindeskinder. Das ist unser Pech, nicht unsere Schuld: Schuld gibt es nur noch als persönliche Leistung, als religiöse Tat. Uns kommt nur noch die Komödie bei. Unsere Welt hat ebenso zur Groteske geführt wie zur Atombombe, wie ja die apokalyptischen Bilder des Hieronymus Bosch auch grotesk sind. Doch das Groteske ist nur ein sinnlicher Ausdruck, ein sinnliches Paradox, die Gestalt einer Ungestalt, das Gesicht einer gesichtlosen Welt, und genau so wie unser Denken ohne den Begriff des Paradoxen nicht mehr auszukommen scheint, so auch die Kunst, unsere Welt, die nur noch ist, weil die Atombombe existiert: aus Furcht vor ihr.* (*Theaterprobleme, 1955*)

In fast klassicher brechtscher Verfremdung sieht Dürrenmatt in der Groteske, in der bewussten Verzerrung und im Paradox, im offensichtlichen Widersinn, die adäquaten Darstellungs- und Erklärungsmuster für die Situation der gegenwärtigen Welt. Die Welt sei in das Chaos zurückgefallen und das Natürliche zum Sonderfall geworden; der Unsinn falle nicht mehr auf. Wer sich daher über das Chaos hinweg bewahren will, muss die Tarnkappe des Narren aufsetzen. Dieses Motiv zieht sich durch die wichtigsten Werke Dürrenmatts, sehr klar skizziert schon in der „ungeschichtlichen Komödie" *Romulus der Große* (1949).

Romulus der Große

Romulus Augustus, Kaiser von Westrom, ist im Urteil der Geschichte nur ein kläglicher Epigone seines großen Namensvetters am Beginn der römischen Weltherrschaft. Vor dem Kehraus des Römischen Imperiums – man schreibt das Jahr 476 nach Christus – bewahrt er sich dadurch, dass er den kindischen Hühnernarren spielt. Die Groteske überschlägt sich und wird enthüllendes Welttheater; denn der Narr entpuppt sich als der einzige Wissende. Er hat mit vollem Bewusstsein sich die Narrenkappe übergezogen, um seine eigene Welt zu retten. Die großmäuligen Volkshelden stehen am Schluss als die Betrogenen da; sie waren einem Phantom nachgelaufen, dem Glauben an die Größe und Ehre Roms.

Die Ehe des Herrn Mississippi

Ideologien sind tödlich, weil in ihrem Kern notwendig intolerant; dies ist das Fazit des Moritaten-Bilderbogens *Die Ehe des Herrn Mississippi* (1952). Keiner der Weltverbesserer, ob er nun mit der Bibel oder mit dem *Kapital* auf die Welt, personifiziert in Anastasia, einredet, ändert etwas zum Guten. Dürrenmatt parodiert die Weltgeschichte und die Geschichte der Ideologien als ein selbstzerstörerisches Ehedebakel.

Ein Engel kommt nach Babylon

Wie in Brechts Parabelstück *Der gute Mensch von Sezuan* drei Götter auf die Erde geschickt wurden, um die Welt zu retten, wenn sich genügend gute Menschen fänden, so soll in Dürrenmatts Komödie *Ein Engel kommt nach Babylon* (1954) ein Engel das Mädchen Kurrubi, Allegorie für die „Gnade des Himmels", dem Geringsten der Menschen übergeben. In diesem Wettstreit um Besitzverzicht und Bedürfnislosigkeit siegt zwar zunächst der als Bettler verkleidete König Nebukadnezar über den wirklichen Bettler Akki. Da er aber nur im Spiel und nicht in der Wirklichkeit auf seine Macht verzichten kann, zieht das Mädchen Kurrubi mit dem Bettler Akki in die Wüste hinaus, wo Akki irgendwo, fern von den Machtrivalitäten der Menschen, ein neues, glücklicheres Land finden will.

Dürrenmatt schließt sich aus den „blutigen Späßen" seiner Grotesken nicht aus. In einer Anmerkung zu der tragischen Komödie *Der Besuch der alten Dame* (1956) schrieb er: „Der Besuch der alten Dame ist eine Geschichte, die sich irgendwo in Mitteleuropa in einer kleinen Stadt ereignet, geschrieben von einem, der sich von diesen Leuten durchaus nicht distanziert und der nicht so sicher ist, ob er anders handeln würde." Die Stadt Güllen und die Geschichte ihrer Bürger ist ein Modell, eine Parabel der kollektiven Verführbarkeit.

Der Besuch der alten Dame

Klara Wäscher hatte in jungen Jahren Güllen verlassen müssen, weil Ill, ihr Geliebter, die Vaterschaft des gemeinsamen Kindes abgestritten und falsche Zeugen gedungen hatte, die Klaras lockeren Lebenswandel bezeugen sollten. Nach Jahren kehrte sie wie ein Racheengel als die Multimilliardärin Claire Zachanassian in das verarmte Güllen zurück. Niemand in Güllen weiß, dass sie systematisch die Wirtschaft der Kleinstadt lahm gelegt hatte. Dies war Teil ihres Racheplans. Sie will die Güllener nicht vernichten, nur deren Käuflichkeit demonstrieren. Sie ist bereit, die Stadt wieder zu Wohlstand zu führen, unter einer Bedingung: „Eine Milliarde für Güllen, wenn jemand Alfred Ill tötet." Empört lehnen die Güllener das Angebot ab, aber Ill muss sehen, wie sie durch Ratenkäufe in Hoffnung auf den künftigen Geldregen die Tat zu einer wirtschaftlichen Notwendigkeit werden lassen. Am Ende wird Ill getötet. In dem Maße, wie Moral und Recht schwinden, wächst der Wohlstand. Zu Beginn der Handlung hatte Claire zum Bürgermeister gesagt, man könne alles kaufen, auch Gerechtigkeit; der Schluss bestätigt sie. Innerhalb dieser bitterbösen Groteske läuft noch der Handlungsstrang einer individuellen Läuterung: Ill nimmt die Strafe als Sühne für seine Schuld am Schicksal Klara Wäschers an. Doch diese persönliche innere Wandlung hat keine Rückwirkung auf die Öffentlichkeit.

Die Physiker

Der einzige Sinn der Menschheitsgeschichte scheint ihre Sinnlosigkeit zu sein. Die Komödie *Die Physiker* (1962) ist ein Gegenstück zu Brechts *Galilei.* Der Wissenschaftler Dr. Möbius hat sich in ein Irrenhaus zurückgezogen; er spielt den Verrückten, um zu vermeiden, dass seine Entdeckung zur Vernichtung der Menschheit missbraucht wird. Aber vergeblich: Die Ärztin, die die Anstalt leitet, ist die wirklich Wahnsinnige; sie hat die Formel abgeschrieben und wertet sie in ihren heimlich gegründeten Fabriken aus. Die Selbstzerstörung der Menschheit ist nicht aufzuhalten, es gibt nur noch den Rückzug des Einzelnen auf sich selbst. – Der Stall des Augias, ein Gleichnis für die Welt (*Herkules und der Stall der Augias,* 1963), kann nicht mehr gereinigt werden. Als einzige Hoffnung bleibt eine religiöse – das Warten auf die Gnade. Augias sagt zu seinem Sohn: „Die Gnade, dass unsere Welt sich erhelle, kannst du nicht erzwingen, doch die Voraussetzung in dir kannst du schaffen, dass die Gnade – wenn sie kommt – in dir einen

Herkules und Stall des Augias

reinen Spiegel finde für ihr Licht." – Ein Mann, der sterben will, kann nicht sterben; immer wieder wird er neu zum Leben erweckt. Die Menschen um ihn, die leben wollen, sterben alle, wenn sie sich mit ihm einlassen. Das ist die Ausgangsidee der Komödie *Der Meteor* (1966). Die Fabel erinnert an die mitteralterlichen Spiele von der verkehrten Welt, und sie kann sehr vielschichtig ausgedeutet werden. Zunächst als Absurdität und Sinnlosigkeit, weil alles sein eigenes Gegenteil ist und im Widerspruch zu sich selbst existiert. Dann aber auch bis in religiöse Bereiche; nicht der Tod, sondern das Leben sei die eigentliche Strafe. – Die Welt als Irrenhaus, der Irrsinn als Normalität, – das ist der Schauplatz und der Hintergrund der Komödie *Achterloo* (1983). Das große Welttheater, besetzt mit historischen Figuren von Jan Hus bis zu Karl Marx, die sich um Napoleon gruppieren, ist eine Gesprächsfolge über gegenwärtige weltpolitische Blockbildungen mit Erinnerungen an vergangene Ereignisse. Wie schon in der *Ehe des Herrn Mississippi* werden auch hier die Ideologien als das zerstörerische Moment angeprangert. Die Weltgeschichte wird von Irren und aus deren Perspektive wiederholt und kommentiert; – und das Ergebnis bleibt das alte.

Der Meteor

Achterloo

Zu Dürrenmatts früher Erzählprosa gehören drei Kriminalromane: *Der Richter und sein Henker* (1952), *Der Verdacht* (1953) und *Das Versprechen* (1958). Zwar erzählt Dürrenmatt besonders im ersten Roman mit anhaltender Spannung; aber das Wichtigste ist nicht die Aufklärung des Falls, sondern der Versuch des Kommissars Bärlach, nach einem fast alttestamentlichen Gerechtigkeitssinn das dämonisch Böse zu bekämpfen und dort als selbsternannter Richter einzugreifen, wo die Gerichte versagt haben. Tschanz, sein Mitarbeiter, der für einen Mord, den er an einem Kollegen begangen hat, einen Mörder suchen muss, wird durch Bärlachs Taktik zum Henker eines größeren Verbrechers, der sich vor jeder Verfolgung sicher gefühlt hatte. – Im zweiten Roman wird der Verdacht, dass sich hinter einem bekannten Schweizer Modearzt ein berüchtigter KZ-Arzt verberge, sehr schnell zur Gewissheit. Bärlachs Mittel versagen den Verbrecher zur Rechenschaft zu ziehen; er ist auf fremde, unerwartete Hilfe angewiesen. – Den dritten Roman nannte Dürrenmatt ein „Requiem auf den Kriminalroman". Er ist eine doppelt verschachtelte Ich-Erzählung. Nach einem Vortrag unterhält sich ein Kriminalschriftsteller mit dem ehemaligen Kommandanten der Kantonspolizei Zürich. Der Kommandant bemängelt an den Kriminalromanen, „dass eure Verbrecher ihre Strafe finden. Denn dieses schöne Märchen ist wohl moralisch notwendig. Es gehört zu den staatserhaltenden Lügen, wie etwa auch der fromme Spruch, das Verbrechen lohne sich nicht, – wobei man doch nur die menschliche Gesellschaft zu betrachten braucht, um die Wahrheit über diesen Punkt zu erfahren –". Und dann erzählt er ihm den vergeblichen Versuch seines besten Mitarbeiters Matthäi, einen Sexualverbrecher und Kindermörder in eine Falle zu locken. Matthäi geht daran zugrunde. Anders als in dem Film „Es geschah am helllichten Tag", für den Dürrenmatt das Drehbuch geschrieben hatte, wird der Fall erst durch ein Bekenntnis auf dem Totenbett aufgedeckt. – Der Motivkomplex des Gerichts, des Urteils, des Schuldbewusstseins taucht bei Dürrenmatt bis zu der religiösen Dimension des Weltgerichts häufig auf.

Der Richter und sein Henker

Der Verdacht

Das Versprechen

In der Erzählung *Die Panne* (1956) gerät ein Handlungsreisender nach einer Autopanne zufällig in die abendliche Spielrunde pensionierter Juristen. Sie bitten ihn zum Spaß den Part des Angeklagten zu übernehmen. Für den Handlungsreisenden wird das Spiel, je bohrender die Fragen der Richter in ihn dringen, zur Wirklichkeit. Was er im Konkur-

Die Panne

renzkampf des Alltags verdrängt hatte, taucht wieder auf; er fühlt sich schuldig. Das Übungsspiel der alten Herren ist für ihn ein deprimierender Rechenschaftsbericht über sein Leben, den er nicht übersteht; am Morgen findet man ihn erhängt in seinem Zimmer. Wie es bildlich in Dürrenmatts bekanntester Kurzgeschichte *Der Tunnel* (1952) dargestellt und gedeutet wird: – die Absurdität des eigenen Lebens, die vergebliche Frage nach dem Sinn des Lebens kann nur auf einer Ebene jenseits der Alltäglichkeit beantwortet werden; nämlich in der Hoffnung, dass der Sturz in die Tiefe ein Fallen in Gottes Hand sei. Bei Dürrenmatt liegen groteskes Spiel und metaphysisches Vertrauen nicht weit auseinander. Nur: die Groteske verliert immer mehr ihren Spielcharakter, sie nähert sich zum Verwechseln der Wirklichkeit. George Orwells Horrorvisionen der totalen Überwachung und Kollektivierung des Individuums in einer verwalteten Welt, auf 1984 prognostiziert, ist nicht nur zeitlich, sondern auch nach den Möglichkeiten längst ein Denkspiel vergangener Zeiten. Dürrenmatts Erzählung *Der Auftrag* (1986) schildert die Recherchen einer Filmjournalistin über einen Mordfall in Nordafrika – sie soll das Leben einer Frau, die tot aufgefunden worden war, rekonstruieren –, doch die Erkundigungen bleiben im Netz der Überwachungssysteme hängen. Der Untertitel der Erzählung lautet vielsagend: „Vom Beobachten des Beobachters der Beobachter."

Der Tunnel

Der Auftrag

Lyrik zwischen Reflexion und Agitation

INGEBORG BACHMANN

„Die Wahrheit ist dem Menschen zumutbar"

Zwar erlebte Gottfried Benns Lyrik in den Fünfzigerjahren eine erstaunliche Renaissance; denn Benn entwarf in seinen Gedichten ein autonomes Reich der Kunst, unberührt und unbelastet von politischen Querelen. Aber diese Flucht in das Ästhetische, diese Konstruktion reiner „Artistik" blieb Episode. Günter Eich wechselte schon sehr früh von der Inventur zum plakativen Appell: „Seid unbequem, seid Sand, nicht das Öl im Getriebe der Welt!" Die appellative Hinwendung an ein Publikum, d. h. der forcierte Öffentlichkeitscharakter, wurde für die Lyrik der Fünziger- und Sechzigerjahre bestimmend. Als INGEBORG BACHMANN (1926–1973) für das Hörspiel *Der gute Gott von Manhattan* (1958) den Hörspielpreis der Kriegsblinden erhielt, sagte sie in der Dankesrede unter dem Motto *Die Wahrheit ist dem Menschen zumutbar:*

> *Denn bei allem, was wir tun, denken und fühlen, möchten wir manchmal bis zum Äußersten gehen. Der Wunsch wird in uns wach, die Grenzen zu überschreiten, die uns gesetzt sind. Nicht um mich zu widerrufen, sondern um es deutlicher zu ergänzen, möchte ich sagen: Es ist auch mir gewiss, dass wir in der Ordnung bleiben müssen, dass es den Austritt aus der Gesellschaft nicht gibt und wir uns aneinander prüfen müssen. Innerhalb der Grenzen aber haben wir den Blick gerichtet auf das Vollkommene, das Unmögliche, Unerreichbare, sei es der Liebe, der Freiheit oder jeder reinen Größe. Im Widerspiel des Unmöglichen mit dem Möglichen erweitern wir unsere Möglichkeiten. Dass wir es erzeugen, dieses Spannungsverhältnis, an dem wir wachsen, darauf, meine ich, kommt es an: dass wir uns orientieren an einem Ziel, das freilich, wenn wir uns nähern, sich noch einmal entfernt.*

Ingeborg Bachmann stammte aus Österreich. 1950 hatte sie eine Doktorarbeit über „Die kritische Aufnahme der Existenzialphilosophie Martin Heideggers" geschrieben. Und diese Arbeit, vor allem die Auseinandersetzung mit der Philosophie und der Sprache Heideggers, hat Spuren hinterlassen. Die Frage nach der Zeit als dem Medium der Existenzerfahrung, die Gewissheit des Todes, die Angst vor dem, was sein wird, aber auch die Erfahrung der Liebe als des erfüllten Jetzt – dies alles sind thematische Berührungspunkte mit Heideggers Philosophie. Und auch sein Ringen um die Sprache als Gestaltwerdung menschlicher Seinserfahrungen – nichts fehlt davon in der Lyrik Ingeborg Bachmanns. Trotzdem ist ihre Lyrik keine poetische Paraphrase der heideggerschen Existenzialphilosophie. In den beiden Gedichtsammlungen *Die gestundete Zeit* (1953) und *Anrufung des großen Bären* (1956) artikuliert sich eine faszinierende Sprach- und Bilderkraft. Die Bilder, die Vergleiche und besonderes das Naturinventar sind nicht neu, aber die Komposition der Gestaltungselemente lässt aufhorchen. Im Einzelnen sind die Bilder durchaus traditionell und aus dem Fundus der poetischen Vergleiche, aber zugleich sprengen sie die Logik einer traditionellen Bilderwelt; sie lassen sich nicht mehr in eine argumentative Gedankenkette auflösen; sie sind Hintergrund einer elementaren Erfahrung, eines elementaren Unbehagens, das bis zur Verzweiflung reicht, weil die Bedingungslosigkeit der Gefühle in der Realität der gesellschaftlichen Umstände keinen Platz hat oder haben darf. Dies ist das Thema des preisgekrönten Hörspiels *Der gute Gott von Manhattan* (1958) wie auch des Romans *Malina* (1971), der als Anfang eines größeren Romanzyklus gedacht war. Als Utopie – und dies im wörtlichen Sinn als ein Nirgendwo – bleibt der Zustand jenseits der gesellschaftlichen Zwänge als ein gedachter Freiraum wie in den Erzählskizzen des Sammelbandes *Das dreißigste Jahr* (1961). Zeitkritisch sind Ingeborg Bachmanns Gedichte in dem Sinn, dass sie gesellschaftliche Vereinsamung und den Verlust menschlicher Solidarität in einer konsumorientierten Welt beklagen, wie in dem Gedicht *Reklame.*

Die gestundete Zeit

Anrufung des großen Bären

Der gute Gott von Manhattan

Malina

Das dreißigste Jahr

Wohin aber gehen wir
ohne sorge sei ohne sorge
wenn es dunkel und wenn es kalt wird
sei ohne sorge
aber
mit musik
was sollen wir tun
heiter und mit musik
und denken
heiter
angesichts eines Endes
mit musik
und wohin tragen wir
am besten
unsre Fragen und den Schauer aller Jahre
in die Traumwäscherei ohne sorge sei ohne sorge
was aber geschieht
am besten
wenn Totenstille
eintritt

Hans Magnus Enzensberger

Hans Magnus Enzensberger (geb. 1929) ist mit seiner rigorosen Forderung nach dem Primat der literarischen Qualität auch in der politischen Lyrik dem Jungdeutschen Heinrich Heine verwandt; das richtige Bewusstsein mache einen Text nicht schon zum Kunstwerk. Enzensber-

verteidigung der wölfe

landessprache

blindenschrift

ger trat zuerst mit dem Gedichtband *verteidigung der wölfe* (1957) an die Öffentlichkeit; ihm folgten *landessprache* (1960) und *blindenschrift* (1964). Seine Gedichte bezeichnete er als „gebrauchsgegenstände"; sie sollten provozieren und Reaktionen erzwingen, keinesfalls ein gefälliger Konsumartikel sein. Der Zorn über die gesellschaftliche Stagnation Ende der Fünfzigerjahre – „wo es aufwärts geht, aber nicht vorwärts" – wird durch eine unterkühlte Sprachhaltung versachlicht; das Argument steht vor der Emotion. Enzensberger ist ein Meister auf der Klaviatur der poetischen Mittel; dies brachte ihm heftige Kritik von Seiten der radikalen Linken ein, die in der ästhetischen Verschlüsselung einen Rückschritt in bürgerliche Poesie sah. Wie Brecht arbeitet Enzensberger mit dem Verfremdungseffekt; er entlarvt gängige Redewendungen als traditionelle Verschleierungsfloskeln der Wirklichkeit, er stellt sie in einen unerwartet veränderten Kontext, der ihre inhaltliche Brüchigkeit offenlegt. Diese permanente Anspielung auf Zitate und Kulturwissen verlangt vom Leser allerdings eine intensive Mitarbeit; er muss sich im wörtlichen Sinne die Texte erarbeiten. Nach der verhältnismäßig raschen Editionsfolge der ersten Gedichtbände trat eine größere Pause bis zu dem Band *Die Furie des Verschwindens* (1980) ein, abgesehen von einigen neuen Texten in dem Rückblick *Gedichte 1955–1970* (1971). Einen Einschnitt bilden die späten Sechzigerjahre. Der polemische Imperativ, der direkte Zugriff oder der Appell ohne Verschlüsselung werden zurückgenommen. Deutlich tritt neben einer sehr viel subtileren Reflexion als früher auch die selbstkritische Frage über die Wirksamkeit des warnenden Wortes und ob die Kunst überhaupt einen Einfluss haben könne, in den Vordergrund:

Die Furie des Verschwindens

Gedichte 1955–1970

Der Fliegende Robert

Eskapismus, ruft ihr mir zu,
vorwurfsvoll.
Was denn sonst, antworte ich,
bei diesem Sauwetter! –,
spanne den Regenschirm auf
und erhebe mich in die Lüfte.
Von euch aus gesehen,
werde ich immer kleiner und kleiner,
bis ich verschwunden bin.
Ich hinterlasse nichts weiter
als eine Legende,
mit der ihr Neidhammel,
wenn es draußen stürmt,
euern Kindern in den Ohren liegt,
damit sie euch nicht davonfliegen.

Zukunftsmusik

Kiosk

Diese Linie setzt sich in den Gedichtbänden *Zukunftsmusik* (1991) und *Kiosk* (1995) fort. Die aggressive, messerscharfe Vehemenz der frühen Gedichte ist einer beobachtenden Nachdenklichkeit gewichen.

Ach Europa!

Politische Essayistik und publizistisches Engagement treten an die Stelle der politischen Lyrik. 1965 gründete Enzensberger die Zeitschrift *Kursbuch* und leitete sie bis 1975. Mit seinem politischen Reisejournal *Ach Europa! Wahrnehmungen aus sieben Ländern* (1987) nahm er die

Agitprop-Lyrik

Tradition der heineschen Reisebilder wieder auf; die einzelnen Kapitel erschienen in vielen Ländern als Vorabdrucke.

ERICH FRIED

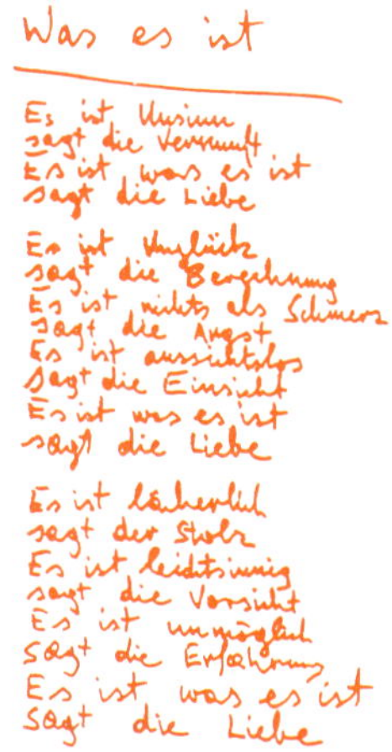

Radikal und bedingungslos in der politischen Aussage – jedes sprachliche Mittel bis zum Kalauer nutzend, um aufzurütteln, Poesie im Dienste gesellschaftlicher Diagnose und vorausblickender Warnung: So könnte man das lyrische Gesamtwerk ERICH FRIEDS (1921–1988) global charakterisieren. Erich Fried stammte noch aus der Generation der Emigranten. 1938, nach der Besetzung Österreichs, musste er ins Ausland fliehen; er ging nach London, dort blieb er bis zu seinem Tode. Unverkennbar ist seine Nähe zum politischen Kabarett der Zwanzigerjahre. Wenn man Enzensberger mit Heine vergleicht, dann Erich Fried mit Kurt Tucholsky. Enzensberger war, um einen weiteren Vergleich zu wagen, mit seinen frühen Gedichtbänden ein Analytiker der politischen Großwetterlage. Fried kümmerte sich um das Detail, um den Einbruch des Politischen in die Alltäglichkeit; deshalb setzte er sich auch bisweilen, um die Diskussion zu forcieren, über poetische Geschmacksfragen hinweg; er bekannte sich zur Agitprop-Lyrik: „Entscheidend aber ist, dass ein verständlicher Text in einem Zusammenhang gebracht wird, in dem er zum Denken, Formulieren und Handeln anregen kann." In der Sammlung *Warngedichte* (1964), die ihn in der Bundesrepublik bekannt machte, warnte er vor der allseits beobachtbaren Verdrängung der unmittelbaren Vergangenheit. Zum Sprachrohr der studentischen und außerparlamentarischen Opposition wurde er mit dem Band *und Vietnam und* (1966). Seine Gedichte sollten *Gegengift* (1974) und *Beunruhigungen* (1984) sein oder ein Ringen *Um Klarheit* (1985) gegen das Vergessen, wie weitere Bände hießen.

Warngedichte

und Vietnam und

Gegengift

Beunruhigungen

Um Klarheit

Angst und Zweifel

Zweifle nicht
an dem
der dir sagt
er hat Angst

aber hab Angst
vor dem
der dir sagt
er kennt keinen Zweifel (*aus: Gegengift*)

PETER RÜHMKORF

PETER RÜHMKORF (geb. 1929) nannte Erich Frieds politische Lyrik einen „modernen nachbrechtischen Typus des Aufklärungsgedichts". Um Aufklärung, um ein neues Verhältnis zur „naturalen und sozialen Wirklichkeit", wie er es 1960 formulierte, ging es auch ihm, aber er setzte seine Lyrik nicht als Megaphon in der aktuellen und politischen Auseinandersetzung ein. Dazu benutzte er die Streitschrift und den Essay.

Sein politisches Engagement in den Gedichten lief über Gegengesänge und Parodien. Er griff vertraute Texte aus der Literatur auf und verfremdete sie, indem er den bekannten Inhalt mit der neuen Wirklichkeit unserer aktuellen Situation konfrontierte. In der *Variation auf „Gesang des Deutschen" von Friedrich Hölderlin* aus dem Band *Kunststücke* (1962) unterlegte er das feierliche Pathos der Vorlage dem Konsum-Materialismus der neuen Wohlstandsgesellschaft. Zu seinen bekanntesten Texten gehört das *Lied der Naturlyriker* aus dem Band *Irdisches Vergnügen in g* (1959); es war eine Parodie auf die damals gerade wieder zur Mode werdende Flucht in die konfliktferne Natur-

Kunststücke

Irdisches Vergnügen in g

Haltbar bis Ende 1999
Außer der Liebe nichts
Einmalig wie wir alle

idylle. In den Sammlungen seit den späten Siebzigerjahren – *Haltbar bis Ende 1999* (1979), *Außer der Liebe nichts* (1986) und *Einmalig wie wir alle* (1989) – trat das parodistische Element zurück.

Protestsongs

F. J. DEGENHARDT
Spiel nicht mit den Schmuddelkindern

WOLF BIERMANN
Die Drahtharfe

Zum modernen Bänkelsang wurde der Protestsong. In seiner agitatorischen Form kam er aus der amerikanischen Bürgerrechtsbewegung. In Deutschland verband er sich mit der Tradition des politischen Liedes seit Heinrich Heine. Seinen Höhepunkt hatte er zur Zeit der Studentenbewegung. 1967 erschien von FRANZ JOSEF DEGENHARDT (1931) *Spiel nicht mit den Schmuddelkindern.* – Der Ostberliner Liedermacher WOLF BIERMANN (1936), an Brechts Balladen geschult, erhielt wegen seiner kritischen Lieder in dem Band *Die Drahtharfe* (1965) zunächst Auftrittsverbot; 1976 wurde er aus der DDR ausgebürgert.

Konkrete Poesie

Gesellschaftskritik mit dem Mittel der Sprachkritik – das ist Ziel und Inhalt der konkreten Poesie. Die Sprache ist nicht das Bezeichnete selbst, sondern sie bezeichnet nur etwas. Durch diesen Zugriff auf die Bedeutung von etwas oder auf die Meinung über etwas wirkt sie auf unser Wirklichkeitsverständnis ein. Durch die Sprache kann unser Denken bis zu Vorurteilen vorstrukturiert werden. Die konkrete Poesie – der Begriff stammt von Eugen Gomringer – will nun gerade die Beziehung zwischen Bezeichnendem (Sprache) und Bezeichnetem (Erfahrungswelt) aufheben und sich mit der Sprache selbst und ihren Möglichkeiten beschäftigen. Es ist dies nicht nur ein spielerischer, sondern auch ein sehr sprachkritischer Ansatz, der im Experimentieren mit der Sprache – man spricht von experimenteller Poesie – ideologische Sprachschablonen entlarven will. Die Sprache selbst, ihre eigene Materialität wird zum Beobachtungs- und Erprobungsobjekt. Tendenzen dieser Art reichen weit zurück. Schon im Barock gab es visuelle Gedichte und Lautgedichte. Die französischen Modernisten des neunzehnten Jahrhunderts schufen eine innersprachliche Bilderwelt, die sich nicht mehr mit außersprachlichen Wirklichkeitserfahrungen erfassen ließ. Die Dadaisten ließen die Wörter aus „Ekel vor der albernen verstandesmäßigen Erklärung der Welt" nur noch als Lautkörper gelten. Aber ganz ohne inhaltliche (Semantik) und strukturelle (Syntax) Verweise kam man auch im reinen Lautgedicht nicht aus, und wenn man sie auch nur verfremdend einsetzte. Auch das konkrete Gedicht verlangt Interpretation.

EUGEN GOMRINGER

Konstellationen

worte sind schatten

EUGEN GOMRINGER (geb. 1925) nannte seine Sprachspiele *Konstellationen;* sie erschienen erstmals 1953. Unter dem Titel *worte sind schatten* kam 1969 eine erweiterte Fassung heraus. Die bewusste graphische Gestaltungsmöglichkeit mit Worten/Wörtern verglich er mit Sternenbildern; die Worte/Wörter seien die Sterne. Auch betonte er den Spielcharakter der Konstellationen: „die konstellation ist eine ordnung und zugleich ein spielraum mit festen größen. sie erlaubt das spiel. sie erlaubt die reihenbildung der wortbegriffe a,b,c und deren mögliche variationen." Ein Beispiel für dieses Hör- und Sehspiel („audiovisuelle konstellationen") ist

baum
baum kind

kind
kind hund

hund
hund haus

haus
haus baum

baum kind hund haus

Aus der Wortfolge und der wechselnden Kombination entsteht eine mögliche Bedeutung. Ein Text, der nur durch Sehen verstanden werden kann („visuelle konstellationen"), ist

schweigen schweigen schweigen
schweigen schweigen schweigen
schweigen   schweigen
schweigen schweigen schweigen
schweigen schweigen schweigen

Die Aussparung gibt das absolute Schweigen wieder.

HELMUT HEISSENBÜTTEL (1921–1996) bezeichnete seine Textmontagen als *Kombinationen* (1954) oder *Topographien* (1956); seit 1960 erschienen sie in einer *Textbuch*-Reihe. Heißenbüttel beschränkt sich nicht auf die graphische Anordnung einzelner Wortkörper, sondern er bezieht in seine kombinatorischen Sprachspiele bewusst syntaktische Strukturen mit ein. Er überprüft sozusagen die Belastbarkeit der Sprache, in dem er bestimmte Strukturen oder Wortgruppen immer neu variiert. Durch diese Eindringlichkeit werden neue Schichten des Sprachverstehens freigelegt. Als Beispiel dafür kann man die *Politische Grammatik* (1. Absatz) aus *Textbuch 2* nehmen:

HELMUT HEISSENBÜTTEL

Kombinationen

Topographien

Textbuch

> Verfolger verfolgen die Verfolgten. Verfolgte aber werden Verfolger. Und weil Verfolgte Verfolger werden werden aus Verfolgten verfolgende Verfolgte und aus Verfolgern verfolgte Verfolger. Aus verfolgten Verfolgern aber werden wiederum Verfolger [verfolgende verfolgte Verfolger]. Und aus verfolgenden Verfolgten werden wiederum Verfolgte [verfolgte verfolgende Verfolgte]. Machen Verfolger Verfolgte. Machen verfolgende Verfolgte verfolgte Verfolger. Machen verfolgende verfolgte Verfolger verfolgte verfolgende Verfolgte. Und so ad infinitum.

Die Kombinationsvarianten entstehen nicht als Resultat der Beobachtung der Außenwelt, sie ergeben sich aus dem etymologischen und syntaktischen Potential der Sprache selbst. Sie zeigen die mechanische Zwangsläufigkeit eines tödlich-absurden Ablaufs. Heißenbüttels Sprachspiele sind kritische Aufklärungsarbeit.

Auch FRANZ MON (eigentlich FRANZ LÖFFELHOLZ, geb. 1926) griff für seine *artikulationen* (1959) durchaus gängige Sprachstrukturen oder Redewendungen auf; er verfremdete sie aber durch die unerwartete Zusammenstellung oder er demaskierte durch penetrantes Beharren am Wortinventar die Ratlosigkeit von Sprachfloskeln:

FRANZ MON

artikulationen

Lesebuch

man muss was tun
muss man was tun
was muss man tun
tun muss man was

man hätte was getan
hätte man was getan
was hätte man getan
hätte man was getan

tun was man muss
was man tun muss
tun muss man was
was muss man tun
(aus: Lesebuch, 1967)

Die moralischen Appelle („man muss was tun"), die irreale Entschuldigung („man hätte was getan") und die Berufung auf delegierte Pflicht („tun was man muss"), die hier nur in äußerster sprachlicher Reduktion, gleichsam im Rohmaterial „artikuliert" werden, sind gängige Floskeln im privaten wie im öffentlichen Sprachgebrauch; sie ersetzen die Auseinandersetzung mit der eigenen Verantwortung.

ERNST JANDL

Bei den Texten von ERNST JANDL (geb. 1925) tritt der hintergründige Spielcharakter der konkreten Poesie am deutlichsten hervor:

lichtung

manche meinen
lechts und rinks
kann man nicht
velwechsern.
werch ein illtum!
(aus: Laut und Luise, 1966)

Laut und Luise

Dieser Fünfzeiler ist ein Zungenbrecher, aber er hat auch eben durch das Jonglieren mit der Buchstabenfolge seinen Hintersinn: Die politischen Zuordnungen links und rechts sind nicht so eindeutig; sie können sich verwischen bis zur Austauschbarkeit.

der künstliche baum

idyllen

Jandls Sprach- und Sprechspiele – man muss sie hören oder sich laut vorlesen – umfassen das gesamte Register von der heiteren, schon Kindern verständlichen Wortakrobatik (*ottos mops* aus: *der künstliche baum,* 1970) bis zur gezielten Enttarnung falscher Denk- und Sprachkonventionen; die vermeintlichen *idyllen* in dem gleichnamigen Band (1989) sind nur ein Scheingebilde, das einer genauen Befragung nicht standhält.

Dialektgedichte

HANS CARL ARTMANN (geb. 1921), der seit 1953 für einige Jahre Kontakte mit den Wiener Experimentalisten („Wiener Gruppe“: Konrad Bayer, Friedrich Achleitner, Gerhard Rühm, Oswald Wiener) hatte, erweiterte das sprachliche Experimentierfeld der konkreten Poesie um den Dialekt. Unter Dialekt versteht er nicht die sentimentale Variante der Standardsprache, die Feiertagsfolklore, sondern die Möglichkeiten einer sehr differenzierten Nuancenvielfalt, die nur der Dialekt leisten kann. Mit dem Band *med ana schwoazzn dintn* (1958) wurde er bekannt; aber sein Repertoire ist umfassender: Er dichtet frivol und kaltschnäuzig wie Villon, naturerfüllt wie die Romantiker und zynisch sezierend wie Quevedo. Artmann ist eines der letzten Exemplare eines literarischen Vaganten, reich an Anregungen, aber schwer einzuordnen; 1997 erhielt er den Büchner-Preis.

HANS CARL ARTMANN

med ana schwoazzn dintn

H. C. Artmann kann als poetische Vaterfigur einer jungen Generation von Dialektdichtern gelten, die Mitte der Siebzigerjahre der Mundart neues Terrain erschrieben. Für Autoren wie den Friesen Oswald Andrae, den Rheinländer Ludwig Soumagne, den Elsässer André Weckmann, die Franken Gerhard C. Krischker und Fitzgerald Kusz, die Bayern Josef Wittmann und Bernhard Setzwein und die Alemannen Manfred Bosch und Georg Holzwarth bedeutete der Dialekt mehr als nur eine possierliche Sprachform. Sie benutzten ihn, um die Sorgen, Wünsche, Hoffnungen und Bedürfnisse des „kleinen Mannes“ zu artikulieren.

Der Dialekt grenzt die Leserschaft zwar ein, er gibt aber auch Anstöße. FITZGERALD KUSZ (geb. 1944) aus Nürnberg hat sein Dialektstück *Schweig, Bub!* (1976), vergleichbar mit Brechts *Kleinbürgerhochzeit* und Karl Valentins *Firmling*, für die Aufführung in anderen Dialektregionen jeweils „übersetzen“ lassen. Und es zeigt sich, dass jeweils andere Stücke entstanden sind; auch wenn die Generallinie der Handlung beibehalten wurde, so hat der Dialektwechsel doch die sprachliche Feineinstellung verändert. – Im Dialekt kann ein komplexer Sachverhalt oder Ablauf ohne umständliche Erklärung blitzartig begriffen werden, schneller als in einem erklärenden Traktat. GERHARD C. KRISCHKER (geb. 1947) aus Bamberg konfrontiert die Alltagsfloskeln seiner Sprachregion mit der aktuellen Erfahrungswelt. Und aus der Überlagerung von idiomatischem Wortspiel und realer Konsequenz entstehen Verstörungen; das alltäglich benutzte Sprachbild wird zum Schreckbild:

FITZGERALD KUSZ
Schweig, Bub!

GERHARD C. KRISCHKER
fai obbochd

waffensegnung

hailiggs
kanonaroä

(aus: fai obbochd, 1986)

Deutsch-deutsche Geschichten

GÜNTER GRASS

Gedichte
Die Vorzüge der Windhühner
Gleisdreieck
Ausgefragt

Stücke
Onkel, Onkel
Noch zehn Minuten bis Buffalo
Die bösen Köche

Die Plebejer proben den Aufstand

GÜNTER GRASS (geb. 1927) aus Danzig hatte sich nicht von Anfang an ausschließlich für die Erzählprosa entschieden. Er hat Bildhauerei und Graphik studiert, verbrachte einige Jahre in Paris und zog 1960, kurz nach dem sensationellen Erfolg seiner *Blechtrommel,* nach Westberlin. Seine frühesten literarischen Arbeiten waren die Gedichtbände *Die Vorzüge der Windhühner* (1956) und *Gleisdreieck* (1960), ihnen folgte 1967 noch der Band *Ausgefragt,* in dem sich die entschiedene Hinwendung zu politischer Stellungnahme dokumentierte. Seine frühen Stücke wie *Onkel, Onkel* (1958), *Noch zehn Minuten bis Buffalo* (1959) oder *Die bösen Köche* (1961) gehören zum Theater des Absurden, wobei die Absurdität der Handlung ein beziehungsreiches Versteckspiel mit symbolischen Hinweisen auf die gesellschaftliche Situation ist, jedoch vielfach verschlüsselt und nirgends endgültig festzulegen. Es war Theater, das mit sich selbst spielte.

Ein ganz anderes Stück und explizit auf aktuelle Ereignisse bezogen war das „deutsche Trauerspiel" *Die Plebejer proben den Aufstand* (1966). Ort der Handlung ist eine Probebühne in Ostberlin am 17. Juni 1953. Der Chef (mit Zügen Bert Brechts) bereitet eine Aufführung von Shakespeares *Coriolan* vor. Das Stück behandelt den Aufstand der römischen Plebejer gegen die Patrizier; er endete mit dem Erfolg der Plebejer, die ihr politisches Mitbestimmungsrecht durch die Einführung des Amtes der Volkstribunen durchsetzten. Ihr größter Widersacher war der reaktionäre Patrizier Coriolan. Die Proben werden durch die Ereignisse des Aufstandes vom 17. Juni 1953 unterbrochen; protestierende Arbeiter bitten den Chef um Unterstützung für ihre politischen Forderungen; die *Coriolan*-Szenen und die Juni-Ereignisse gehen ineinander. Der Chef jedoch zieht sich auf die Kunst zurück; er baut Anregungen aus dem aktuellen Aufstand des Proletariats in seine Inszenierung des historischen Stoffes ein, ohne auch politische Konsequenzen zu akzeptieren. Tatsächlich hatte Brecht 1952/53 eine Bearbeitung des *Coriolan* begonnen – und auch sein Verhalten während des Aufstandes wird sehr unterschiedlich bewertet.

Grass übte keine detaillierte Abrechnung mit Brechts Verhalten; ihm ging es eher um eine generelle Demonstration der politischen Verantwortung auch der Literatur. Seit 1961 hatte er sich politisch engagiert und Willy Brandts Programm der außenpolitischen Öffnung unterstützt. Eine Bestandsaufnahme besonders über den Wahlkampf 1969 und die Bildung eines sozial-liberalen Kabinetts unter Bundeskanzler Brandt ist *Aus dem Tagebuch einer Schnecke* (1972); der Titel ist auch als Antwort auf die Radikalreformer von 1968 zu verstehen; Grass plädierte für eine realistische Politik des Möglichen, auch wenn es nur kleine Schritte zum Ziel waren.

Romane und Novellen

Die Blechtrommel

Das Erscheinen des Romans *Die Blechtrommel* (1959) gehört zu den herausragenden literarischen Daten der Nachkriegszeit. Zusammen mit der Novelle *Katz und Maus* und dem Roman *Hundejahre* bildete *Die Blechtrommel* später die so genannte *Danziger Trilogie,* da in diesen Texten Danzig der lokale Hintergrund oder Ausgangspunkt war. Während die Literaturkritiker schon von der Krise oder gar dem Ende des Romans unkten, schrieb Grass einen modernen Schelmenroman, der sich mit den klassischen Vorbildern messen konnte; die Sprache und die Bilderwelt strotzten von Vitalität und sprühenden Einfällen. Das historische Panorama umfasst die Zeit von der Jahrhundertwende bis in die Fünfzigerjahre. Ganz im Stile der klassischen Schelmenromane erzählt Oskar Matzerath seine Lebensgeschichte von einer Warte bereits außerhalb der Gesellschaft als Insasse einer Heil- und Pflegeanstalt.

Aus Protest gegen die Erwachsenenwelt und aus Furcht vor ihr beschließt Oskar mit drei Jahren, sein Wachstum einzustellen; er legt sich eine Kindertrommel zu, um zwischen sich und den Erwachsenen „eine notwendige Distanz ertrommeln zu können". Äußerlich ein Krüppel, bleibt sein Geist aber wach und entwickelt sich weiter. So kann er im Schutze seiner selbstgewählten Außenseiterrolle und aus der Perspektive von unten seine Umwelt beschreiben und entlarven, eine Umwelt kleinbürgerlichen Miefs und selbstgefälliger Borniertheit. Erst Jahre später entschließt er sich wieder zum Wachstum. Seine pikaresken Memoiren beendet Oskar an seinem dreißigsten Geburtstag kurz vor der Entlassung aus der Anstalt.

Katz und Maus

Oskar war bewusst ein Außenseiter, um sich dem Zwang der Erwachsenenwelt zu entziehen; er wollte an der Krankheit „Gesellschaft" nicht teilhaben. Joachim Mahlke, die Hauptfigur in der Novelle *Katz und Maus* (1961) ist dagegen von Natur abnorm; er hat einen übergroßen Adamsapfel. Durch übersteigerte Konformität und durch besondere Leistungen versucht er diesen Fehler zu verdecken oder vergessen zu machen.

Mahlkes Geschichte bis zu seinem rätselhaften Verschwinden wird von einem ehemaligen Klassenkameraden erzählt, der Mahlke einmal dem allgemeinen Gespött ausgesetzt hatte; er hatte ihm eine Katze auf den mausförmigen Adamsapfel gejagt. Die 13 Episoden aus Mahlkes Leben sollten eine Art Wiedergutmachung sein. Der Titel der Novelle hat einen doppelten Sinn. Zum einen bezieht er sich auf die Geschichte mit der Katze, zum anderen ist aber Mahlke mit der Maus selbst gemeint; er wird von der grausamen Gesellschaft, von der Katze, gejagt. Im verzweifelten Bemühen zu überleben und seinen Wert vor der Gesellschaft zu beweisen – sein ganzes Bestreben fixiert sich auf das Ritterkreuz, das er auch später tatsächlich verliehen bekommt und vor seinen Adamsapfel hängen kann –, in dem Versuch, immer noch um eins besser zu sein, ruiniert er sich; denn der Spott und die Verachtung der andern verfolgen ihn weiter.

Hundejahre

Mit dem Roman *Hundejahre* (1963) schließt die *Danziger Trilogie* ab. Es ist die Geschichte einer wechselhaften Freundschaft zwischen einem Halbjuden und einem Deutschen, die zeitweise eher einer rivalisierenden Feindschaft gleicht. Die ursprüngliche Blutsbrüderschaft zwischen beiden zerfällt in der Nazizeit; der eine tritt in die SA ein und beteiligt sich an Ausschreitungen gegen die Juden, der andere wird Opfer des Rassenwahns, aber er überlebt. Die symbolreiche Doppelbiographie (mit deutlichen Hinweisen auf die antiken Mythen über die Unterwelt) wird von drei Erzählern vorgeführt; sie reicht von der Weimarer Zeit bis in die Fünfzigerjahre.

örtlich betäubt

Der Roman *örtlich betäubt* (1969) war eine unmittelbare politische Antwort auf die Forderungen der 68er-Bewegung. Den äußeren Erzählrahmen bilden die Behandlungssitzungen des Studienrats Starusch bei seinem Zahnarzt.

Während dieser Sitzungen entwirft Starusch, durch den ablenkenden Fernseher im Behandlungsraum angeregt, fiktive Abweichungen zu seiner eigenen Biographie. Er ist eine Figur aus der *Blechtrommel;* in seiner Jugend war er ein radikaler Anarchist. In diesen möglichen Lebensabläufen vermischen sich in der Argumentation Staruschs eigene Jugendziele mit den Forderungen der radikalen Linken von 1968. Starusch neigt inzwischen zu Kompromissbereitschaft und lehnt radikale Bedingungslosigkeit als Utopismus ab. Zu seinem Gegenspieler, in dem er zum Teil seine eigene frühere Einstellung gespiegelt sieht, wird der Schüler Scherbaum, der liberales Einlenken als Verrat denunziert. Zwei Generationen, in ihren Ansätzen verwandt, in der Taktik verschieden, stehen sich gegenüber. Grass ergriff die Partei seines Altersgenossen. Der Mut, sich politisch zu stellen, brachte ihm für seinen Roman *örtlich betäubt* sehr unterschiedliche Kritiken ein.

Der Butt

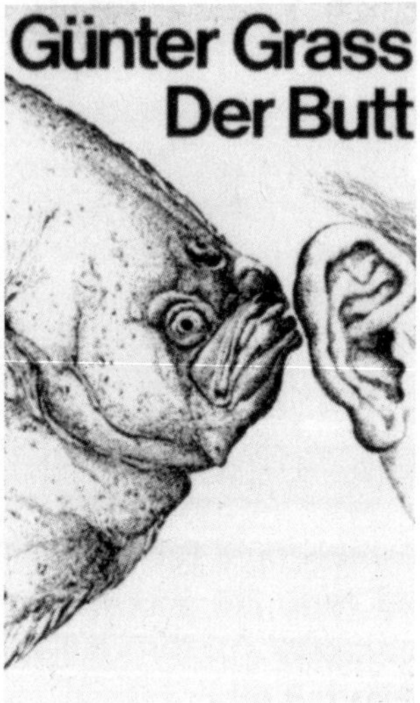

Mit dem Menschheitsmythos *Der Butt* (1977), einem grandiosen Entwurf der Menschheitsgeschichte von matriarchalischen Uranfängen bis zur Herrschaft des Patriarchats, zog sich Grass zumindest in seiner Erzählprosa aus der unmittelbaren, aktuellen politischen Auseinandersetzung zurück. Die Requisiten zu dem neuen Mythos stammen aus dem Märchen *Von dem Fischer un syner Fru* von Philipp Otto Runge (1777–1810).

Ende der Jungsteinzeit fing der Fischer Edek den Butt, einen uralten allwissenden Fisch, der sprechen kann. Für seine Freilassung macht der Butt den Fischer unsterblich. Der Fischer ist das durchlaufende erzählende Ich über die Jahrtausende hinweg; er schlüpft in immer neue Gestalten. Der Butt redet ihm zu, sich gegen die Vorherrschaft der Frauen zu wehren und das Matriarchat durch das Patriarchat abzulösen. Während der Schwangerschaft seiner Frau Ilsebill in der Jetztzeit erzählt der Fischer je Monat eine Geschichte aus dem Menschheitsmythos. Die Frauen, deren Partner er jeweils ist, repräsentieren den Verlauf der Menschheitsgeschichte. Und es zeigt sich, dass der Wechsel vom Matriarchat zum Patriarchat die Welt nicht verbessert hat. Im Gegenteil: Am Ende der Männerherrschaft steht die ökologische Katastrophe globalen Ausmaßes; sie wird Inhalt der negativen Utopie *Die Rättin.* Geblieben ist nur die bewahrende und lebenserhaltende Kraft des Weiblichen. Der Butt ist mit seiner Ideologie des männlichen Herrschaftsprinzips gescheitert. Er wird ein zweites Mal, jetzt von Feministinnen eingefangen, die ihn vor ein Frauentribunal stellen, vor ein „Feminal", und ihn zwingen ihre Partei zu ergreifen. Dies alles erzählt Grass mit viel Ironie, voll derber Lebenslust und kulinarischer Lebensfreude. Aber trotzdem bleibt es ein Abgesang, eine resignative Rückschau auf Jahrtausende verfehlter Männerherrschaft.

Das Treffen in Telgte

Vor dem Roman *Die Rättin,* der apokalyptischen Fortsetzung des *Butt,* brachte Grass die Erzählung *Das Treffen in Telgte* (1979) heraus. Gegen Ende des Dreißigjährigen Krieges lässt Grass auf Einladung Simon Dachs eine Dichter- und Kritikerschar – wie später Hans Werner Richter die Gruppe 47 – zu gemeinsamen Lesungen und Diskussionen zusammenkommen; das historisch eingefärbte Treffen ist eine Erfindung des Autors. Gemeinsam ist beiden Ebenen, der fiktiven und der realen, das Umfeld: Am Ende eines mörderischen Krieges in einem geteilten und zerstörten Deutschland treffen sich Vertreter des Geistes und der Kultur, Repräsentanten einer geistigen Welt; sie dokumentieren über die politische Zerrissenheit hinweg die Idee und Gewissheit einer gemeinsamen Geschichte und Kultur.

Die Rättin

Auf dieses Intermezzo, auf diese Fiktion von der überdauernden Kraft der Kunst, folgt 1986 die negative Utopie *Die Rättin.* Dieser Roman ist ein Angsttraum, in dem die drohenden ökologischen Katastrophen zu Ende gedacht sind und bereits als Vergangenheit beschrieben werden. Der Ich-Erzähler findet unter dem Weihnachtsbaum kein Stofftier oder einen Hamster, sondern eine Ratte:

> *Schluss! sagt sie. Euch gab es mal. Gewesen seid ihr, erinnert als Wahn. Nie wieder werdet ihr Daten setzen. Alle Perspektiven gelöscht. Ausgeschissen habt ihr. Und zwar restlos. Wurde auch Zeit!*

Der Nachlass des Menschen, so verkündet die Rättin in den Traumvisionen einer menschenlosen Zukunft, seien die unübersehbaren Müllberge; die Menschheit habe sich selbst zerstört durch Atomverseuchung und Strahlentod. Nur die Ratten hätten überlebt: „Wir waren immer schon da." *Die Rättin* endet mit der Hoffnung auf einen Gegentraum:

> *Nur angenommen, es gäbe uns Menschen noch ...*
>
> *Gut, nehmen wir an.*
>
> *... doch diesmal wollen wir füreinander und außerdem friedfertig, hörst du, in Liebe und sanft, wie wir geschaffen sind von Natur ...*
>
> *Ein schöner Traum, sagte die Rättin, bevor sie verging.*

SIEGFRIED LENZ

„Ich bekenne, ich brauche Geschichten, um die Welt zu verstehen." Mit diesem Satz charakterisierte SIEGFRIED LENZ (geb. 1926) treffend seine Erzählprosa. Er geht in seinen Texten von menschlichen Grundsituationen aus. Das, was er erzählt, zwangt er nicht in ein ideologisches Korsett, um es zu erklären; er verfremdet es auch nicht ins Mythische wie Grass. Vielmehr bleibt er, ganz im Sinne der Nachahmungslehre des Aristoteles, bei durchaus möglichen oder wahrscheinlichen Vorgängen, die er zu verstehen versucht, indem er sie erzählt. Diese ausgedachten Vorgänge sind offene Modelle; an ihnen wird mögliches Verhalten alternativ durchgespielt. Manche seiner Erzählungen sind mit den szenischen Spielmodellen von Max Frisch vergleichbar. Seine Erzählungen sind gestaltete Einsichten; allerdings geht er vorwiegend von Einzelschicksalen aus, er sieht jeweils die Folgen für die Existenz des Einzelnen vor aller kollektiv-gesellschaftlichen Interpretation: Im Einzelfall wird der Vorgang exemplarisch. Die frühen Romane der Fünfzigerjahre – *Es waren Habichte in der Luft* (1951), *Duell mit dem Schatten* (1953), *Der Mann im Strom* (1957) – könnte man Vorspiele zu seinen zentralen Themen nennen.

Es waren Habichte in der Luft

Duell mit dem Schatten

Der Mann im Strom

Es waren Habichte in der Luft erzählt von dem ohnmächtigen Widerstand eines Einzelnen gegen einen totalitären Machtapparat. *Duell mit dem Schatten* handelt von dem Versuch eines Obersten der deutschen Wehrmacht, durch die Rückkehr an den Tatort nach dem Krieg sich von einer alten Schuld zu befreien. *Der Mann im Strom* nimmt bereits die Kritik an den restaurativen Tendenzen im Nachkriegsdeutschland und an der zunehmenden Konsumorientiertheit auf. In die frühe Zeit gehört aber auch die heitere Huldigung an die masurische Heimat *So zärtlich war Suleyken* (1955).

So zärtlich war Suleyken

Mit Beginn der Sechzigerjahre wurden Thema und Stoff entschieden politischer und aktueller. Lenz unterstützte, wie Grass, die Aussöhnungspolitik mit den Staaten des Ostblocks. Aber über das aktuelle parteipolitische Engagement hinaus ging es Lenz um eine längst fällige, immer wieder verdrängte Auseinandersetzung mit der jüngsten deutschen Geschichte: Er wollte den Ursachen der Katastrophe nachgehen und das latente Weiterleben faschistischer Denkweisen aufdecken. Im Grunde schrieb er, um die Irritationen seiner Generation aufzuarbeiten. Die ersten Texte dieser Phase betonen noch das Modellhafte und Exemplarische des jeweils geschilderten Konfliktes.

Stadtgespräch

Der Roman *Stadtgespräch* (1963) hat zwei Handlungsteile. Im ersten wird erzählt, wie Daniel, das Haupt einer Widerstandsgruppe, durch willkürliche Geiselnahme gezwungen werden soll sich selbst den Okkupationstruppen zu stellen. Daniel will sich stellen, um das Leben der Geiseln zu retten; aber seine Leute hindern ihn daran, weil er noch gebraucht wird. Später, als die Lage sich wieder geändert hat, muss er sich gegen das „Stadtgespräch", er sei nur feige gewesen, verteidigen. Leute, die dabei waren, sollen die wirklichen Umstände wiedergeben.

Schon bei diesem Modell zeigt sich, dass Lenz die individualgeschichtliche Analyse dem übergreifenden gesellschaftlichen Argument vorzieht. Trotzdem sind diese Einzelfälle repräsentative Beispiele; sie weisen über sich hinaus. Dies gilt für die Titelgeschichte des Erzählbandes *Das Feuerschiff* (1960) genauso wie für das Hörspiel und Drama *Zeit der Schuldlosen / Zeit der Schuldigen* (1962).

Das Feuerschiff

In der Erzählung griff Lenz das Bild vom Staat als Schiff auf. Das Feuerschiff, das den anderen Schiffen den Weg weisen soll, nimmt drei Schiffbrüchige auf. Doch bald zeigt sich, dass es flüchtige Verbrecher sind, die das Schiff an sich reißen wollen, um mit ihm zu fliehen. Jeder Mensch der Besatzung ist gefordert sich jetzt zu bewähren, um das Schiff zu retten, d. h. die demokratische Ordnung gegen Diktatur und Tyrannei zu verteidigen. In diesem Band steht auch die Erzählung *Ein Freund der Regierung,* die ohne viel Kommentar, nur in der reinen Beschreibung eines Vorgangs den Mechanismus totalitärer Kontrolle dokumentiert.

Ein Freund der Regierung

Zeit der Schuldlosen

In dem Sprechstück *Zeit der Schuldlosen* wird durchgespielt, wie untätiges Zusehen und die Haltung „Was geht das mich an?" zur Schuld führen.

Um einen Verschwörer zum Sprechen zu bringen und die Namen seiner Mithelfer zu erfahren, wird er mit zufälligen Geiseln zusammengesperrt, die erst wieder entlassen werden sollen, wenn entweder die Namen vorliegen oder der Fall anders erledigt ist. Nicht die Diktatur, sondern der Verschwörer gegen die Diktatur wird nun für ihre Lage verantwortlich gemacht; die Geiseln bringen ihn um. Später wiederholt sich die Szene, nur mit umgekehrten Vorzeichen. Nach dem Sieg über das Gewaltregime werden die Mörder des Verschwörers gesucht. Jetzt kämpft jeder gegen jeden; jeder der ehemaligen Mitinhaftierten schiebt dem anderen die Schuld am Mord zu. Keiner will es gewesen sein, obwohl jeder beteiligt war. Das Stück endet, ohne dass der Fall wirklich zu Ende diskutiert wird; denn ähnlich wie in dem expressionistischen Stück *Die Bürger von Calais* von Georg Kaiser opfert sich ein Unschuldiger.

Deutschstunde

Eine neue Phase setzte mit dem Roman *Deutschstunde* (1968) ein; er ist der erste der großen zeitgeschichtlichen Romane, in denen Lenz den strengen Modellcharakter einer argumentativen Handlungsführung abstreifte und der Erzählung selbst, d. h. den dargestellten Ereignissen Eigengewicht gab.

Den Erzählrahmen bildet der Auftrag oder die Strafarbeit für den jugendlichen Strafgefangenen Siggi Jepsen, einen Aufsatz zum Thema „Die Freuden der Pflicht" zu schreiben. Auf der Suche nach Beispielen rekonstruiert er seine eigene Kindheitsgeschichte in einem Dorf in Schleswig während des Dritten Reiches und in den ersten Nachkriegsjahren. In diesem sehr genau beschriebenen Ambiente sind sein pflichtbesessener Vater – ein obrigkeitshöriger Polizist –, der von den Nazis mit Malverbot belegte Nansen (er trägt Züge Emil Noltes) und Siggi Jepsen, der Erzähler, die Hauptgestalten. Ohne über Sinn und Hintergrund des Malverbotes nachzudenken, überwacht Siggis Vater ordnungsgemäß und stur die Einhaltung dieser Anordnung auch über den Krieg hinaus. Siggi entwickelt Taktiken, um dem Maler zu helfen und seine Werke zu retten, auch über den Krieg hinaus, und gerät dabei mit dem Gesetz in Konflikt. In diesem Roman wird die Unterwerfung unter autoritäre Bevormundung und die allmähliche Selbstentmündigung des Staatsbürgers in den kleinen Schritten eines provinziellen Alltags dargestellt; ebenso aber auch die Formen des individuellen Widerstandes.

Das Vorbild

Der im Titel fast pädagogisch aufmunternd wirkende Roman *Das Vorbild* (1973) endet in der vergeblichen Suche nach vorbildlichen Lebensläufen in der Gegenwart. Die Mitglieder einer Lesebuch-Kommission, die ein dementsprechendes Kapitel zusammenstellen sollen, dokumentieren in ihrem eigenen Alltag die Unmöglichkeit eines solchen Ansinnens. Als Grund wird der Wertezerfall in einer hektischen Konsumgesellschaft angegeben. – In dem Roman *Heimatmuseum* (1978) entsteht nochmals am Leitfaden der Lebensgeschichte des Teppichwebers Rogalla eine lebendige Chronik der masurischen Heimat, die gleichzeitig auch aus der Perspektive eines kleinstädtischen Alltags ein Stück deutscher Geschichte von der Kaiserzeit bis in die Gegenwart spiegelt.

Heimatmuseum

Der Erzählansatz ist Rogallas Versuch, die Zerstörung seines privaten Heimatmuseums, das er zunächst in den Westen gerettet hatte, zu rechtfertigen. Heimat bedeutet für ihn individuelle Erinnerung, die er auf dem Krankenbett durch seine Lebensgeschichte an den Schwiegersohn weitergibt. Heimat sei nicht geographisch einklagbar. Deshalb hat er das neu errichtete Museum in Brand gesteckt; er wollte die Erinnerung an die Heimat vor politischem Missbrauch durch unbelehrbare Revanchisten retten.

Der Verlust

Der im Stile einer Novelle aufgebaute Roman *Der Verlust* (1981) endet offen mit einem Versprechen: Nora entschließt sich bei ihrem Freund, der die Sprache verloren hat, zu bleiben und ihre Unselbstständigkeit zu überwinden. In dieser Konfliktgeschichte verzichtete Siegfried Lenz auf epische Breite; er konzentrierte sich auf eine psychologisierende Analyse der Folgen dieser „sich ereigneten unerhörten Begebenheit" (Goethe). Er untersuchte den Sprachverlust als Verlust sozialer Kommunikation. – Dagegen schließt der Roman *Exerzierplatz* (1985) wieder an die epische Breite und Vielfalt der anderen zeitgeschichtlichen Romane an. In ihm geht es um die Rekultivierung eines ehemals militärisch genutzten Terrains. Diese reale Erzählebene hat auch eine leicht einsehbare symbolische Perspektive.

Exerzierplatz

Uwe Johnson

Uwe Johnson (1934–1984) stammte aus Pommern. Er studierte in Leipzig und Rostock Germanistik. 1959 zog er nach Westberlin um. Das zentrale Thema seiner Romane ist die deutsche Teilung. Man könnte *Mutmaßungen über Jakob, Das dritte Buch über Achim* und *Zwei Ansichten* analog zu einem Titel von Grass eine „deutsch-deutsche Trilogie" nennen.

Mutmaßungen über Jakob

In den *Mutmaßungen über Jakob* (1959) versucht ein Erzähler sich Klarheit über Umstände und Hintergründe eines tödlichen Unfalls zu verschaffen. Der Reichsbahnbeamte Jakob Abs war nach seiner enttäuschten Rückkehr von einem Besuch aus der Bundesrepublik in Dresden von einer Lokomotive überfahren worden. Die Recherchen aus dem Bekanntenkreis des Verunglückten führen zwar zu keinem endgültigen Schluss, aber sie liefern Einzelheiten aus Jakobs Leben, die der Leser selbst in Beziehung setzen muss. Jakob Abs, eher ein unpolitischer Zeitgenosse, als Beamter loyal gegenüber der Obrigkeit, gerät in die deutsch-deutschen Spannungen, da seine Mutter und seine Freundin in den Westen geflohen sind. Der Geheimdienst interessiert sich für ihn. Ob der Tod ein Unfall, eine Verzweiflungstat oder bestellter Mord war, – es bleibt bei Mutmaßungen. Die Details aus dem Alltag sind wichtiger; sie rekonstruieren die politische Situation zur Zeit des Ungarnaufstandes im Jahre 1956. Durch eine sperrige, oft umständliche Verwaltungssprache wird vom Erzähler Distanz gewahrt und jede Schwarzweißmalerei vermieden. – Schon in den Fünfzigerjahren entwickelte sich die politische Teilung auch zu einem sprachlichen Problem. Ein Hamburger Sportjournalist, der beim Besuch einer alten Freundin in der DDR den Auftrag erhalten hatte, ein Buch über den erfolgreichen Radsportler Achim zu schreiben – und zwar sollte er in diesem Buch, dem dritten über Achim, vor allem dessen politischen Aufstieg zum Volksvertreter beschreiben –, gibt nach vergeblichen Versuchen, gerade auch die Widersprüche einer deutschen Biographie – Hitlerjunge, Beteiligung am 17. Juni, sozialistischer Volksvertreter – darzustellen und zu erklären, den Auftrag an den Staatsverlag zurück; *Das dritte Buch über Achim* (1961) wird nicht geschrieben, es bleibt bei einem Bericht über den vergeblichen Versuch, über zwei verschiedene Gesellschaftssysteme in einer beiden gemeinsamen Sprache zu schreiben und zu urteilen. Diese gescheiterte Spurensuche wird nicht chronologisch erzählt, sondern in einem fiktiven Gespräch, in dem die referierten Ereignisse immer wieder durch Fragen unterbrochen werden. – In der Erzählung *Zwei Ansichten* (1965) wird die Begegnung zweier Lebenswege aus beiden Teilen Deutschlands durch den Bau der Mauer plötzlich unterbrochen. Der Pressefotograf B. aus Holstein und die Krankenschwester D. aus Ostberlin sind Durchschnittsgestalten, keine exponierten Vertreter der jeweiligen Systeme, aber dafür durch ihre Alltäglichkeit um so repräsentativer. Zwar kommt es durch Fluchthelfer zu einer Wiederbegegnung; aber die unterschiedlichen Lebensansichten sind nicht mehr miteinander vereinbar. Johnson vermied es, dieses gegenseitige Fremdwerden oder Fremdsein nur auf äußere Grenzbarrieren zurückzuführen; es beruht auch auf der zu großen charakterlichen Verschiedenheit der beiden.

Das dritte Buch über Achim

Zwei Ansichten

Jahrestage

Johnsons Hauptwerk ist der vierbändige Roman *Jahrestage* (1970–1983). Die ersten Bände erschienen in rascher Folge; zwischen dem Erscheinen des dritten und vierten Bandes liegen zehn Jahre. Hauptfigur und Erzählerin ist Gesine Cresspahl, die schon im ersten Roman *Mutmaßungen über Jakob* eine wichtige Rolle gespielt hatte. Sie lebt jetzt mit ihrer Tochter, deren Vater der tödlich verunglückte Reichsbahnbeamte Jakob Abs ist, in New York. Über einen Zeitraum von einem Jahr, von August 1967 bis August 1968, erzählt sie ihrer Tochter die Geschichte ihrer Familie und ihr eigenes Leben bis zur Flucht in den Westen. Der Roman spielt auf zwei Zeitebenen: Die erzählte Zeit reicht bis in die Zwanzigerjahre zurück. In Gesines Erinnerungen, Berichten und imaginierten Zwiegesprächen mit den Eltern, mit Verwandten und Bekannten entsteht aus der Perspektive und im Umfeld der ehemaligen Heimat Mecklenburg das komplexe Panorama der jüngsten deutschen Geschichte. Die fiktive Erzählzeit, in der Gesine gewissenhaft die Tagesnachrichten aus der *New York Times* notiert und kommentiert, umfasst dagegen aktuelle weltpolitische Ereignisse (Vietnamkrieg, Prager Frühling) und bietet versuchsweise ein kritisches Amerika-Bild an; sie endet mit dem Einmarsch der Truppen des Warschauer Paktes in Prag und der Zerstörung einer politischen Hoffnung. Dieses Datum, der 20. August 1968, ist auch für Gesines Berufsleben wichtig; durch die veränderte Situation kann sie eine Reise im Auftrag einer Bank, bei der sie arbeitet, nicht mehr antreten. Die erzählte Zeit hat die Erzählzeit eingeholt. Johnsons großer epischer Erzählbogen in diesem Roman erinnert an Zeitromane des bürgerlichen Realismus. Nicht ohne Grund erhielt er den Fontane- und Thomas-Mann-Preis.

PETER WEISS

Aus der Romanproduktion der frühen Achtzigerjahre ist nur noch *Die Ästhetik des Widerstands* von PETER WEISS mit Uwe Johnsons *Jahrestagen* vergleichbar. Beide Werke sind anhand eines biographischen Leitfadens umfangreiche und komplexe Auseinandersetzungen mit der noch nicht aufgearbeiteten jüngsten deutschen Geschichte. Peter Weiss schrieb zuerst in der Sprache seiner Exilheimat Schweden. Nach einem langen Fluchtweg war der Sohn eines jüdischen Textilfabrikanten 1945 schwedischer Staatsbürger geworden. Sein literarisches Werk kann man als ein permanentes Experiment charakterisieren; Peter Weiss ahmte sich in keinem seiner Werke selbst nach, immer wieder suchte er neue Gestaltungsmöglichkeiten in der Erzählprosa wie auch im Drama.

Der Schatten des Körpers des Kutschers

In Deutschland wurde er durch die Erzählung *Der Schatten des Körpers des Kutschers* (1960) sehr schnell bekannt. Mit fanatischer Besessenheit, jeder Nuance nachspürend, sich an den Erscheinungen festkrallend, setzt der Erzähler auch die banalste Beobachtung in Sprache um; die Erscheinungen verselbstständigen sich bis zur Sinnlosigkeit oder Sinnleere. Denn was dargestellt wird, ist der eng begrenzte Raum einer bürgerlichen Hölle, in der nur noch das Ritual einer veräußerlichten Ordnung den konventionellen Ablauf sichert; aber schon die kleinste Störung lässt alles in sich zusammenfallen. In dem Versuch, bis an die Grenze sprachlicher Wiedergabe zu kommen, erinnert die Erzählweise an *Ulysses* von James Joyce; der Umschlag der Alltäglichkeit ins Absurde hat Parallelen zu Samuel Becketts Antiromanen. – Die beiden nachfolgenden Werke sind deutlicher autobiographisch geprägt. In der Erzählung *Abschied von den Eltern* (1961) wird das lange verdrängte Scheitern eines Familienlebens aufgearbeitet. Der Bericht ist das Ergebnis einer Befreiung von dem väterlichen Über-Ich, dem der sensible, künstlerisch veranlagte Sohn ausgeliefert war. Der autobiographische Roman *Fluchtpunkt* (1962) führt den *Abschied* bis 1947 weiter. Darüber hinaus ist er aber auch eine detaillierte Analyse der Exilerfahrung.

Abschied von den Eltern

Fluchtpunkt

Die Ästhetik des Widerstands

Nach über einem Jahrzehnt dramatischer Arbeiten kehrte Peter Weiss mit dem dreibändigen Roman *Die Ästhetik des Widerstands* (1975–1981) zur Erzählprosa zurück. Er ist ein mehrschichtig angelegter proletarischer Entwicklungs- und Bildungsroman. Die fiktive Biographie des proletarischen Erzählers – er ist Mitglied der KPD und gehört während des Dritten Reiches einer antifaschistischen Untergrundbewegung an – läuft streckenweise mit der ihres Autors parallel. Um ihr einen glaubwürdigen zeitgeschichtlichen Hintergrund zu geben, tauchen historische Gestalten auf, werden historische Ereignisse eingebaut. Dadurch übernimmt die Erzählung eine doppelte Funktion.

Sie beschreibt – aus der Perspektive eines proletarischen Beobachters – den Weg des faschistischen Deutschland in die Katastrophe und sie zeichnet den exemplarischen Weg einer proletarischen Emanzipation nach. Für den Erzähler entfaltet sich die Kunst als die symbolische Darstellung realer Klassenkämpfe; in Gesprächen, deren Beiträge bisweilen den Charakter eines eigenständigen Essays annehmen, werden Werke der Weltliteratur im Hinblick auf ihren aufklärenden, klassenkämpferischen Kern untersucht. So stellt sich dem Erzähler und seinen Freunden der Kampf zwischen den Giganten und den olympischen Göttern auf dem Fries des berühmten Pergamon-Altars – er steht in Berlin im Pergamon-Museum, wo der Roman beginnt und endet – als der ewige Kampf zwischen Unten und Oben dar. Im Grunde sprengt der intellektuelle und erzählerische Totalitätsanspruch, von dem Peter Weiss ausging, den Rahmen eines Romans. Der Autor strebte ein Gesamtkunstwerk an, eine umfassende Gesellschaftsdeutung; darin war er fast ein Schüler der Frühromantiker, mit denen er sich bei den Vorarbeiten zu seinem Hölderlin-Stück (1971) beschäftigt hatte.

Die Wirklichkeit des Absurden

WOLFGANG HILDESHEIMER

WOLFGANG HILDESHEIMER (1916–1991) emigrierte 1933 mit seinen Eltern nach Palästina. Nach dem Krieg wohnte er zunächst bei München; 1957 erfolgte die Übersiedlung in die Schweiz. In den Jahren der Emigration lernte er als Möbelschreiner und Innenarchitekt und studierte Malerei und Graphik. Die endgültige Entscheidung für die Literatur traf er erst Anfang der Fünfzigerjahre.

Lieblose Legenden

Spiele, in denen es dunkel wird

Die Verspätung

Nachtstück

Die *Lieblosen Legenden* (1952) sind Satiren. Die Satire kritisiert und übertreibt aus der Sicherheit einer gefestigten Überzeugung. Sobald die Sicherheit schwindet, die überlieferte Vorstellung fragwürdig wird oder gar die absurde Sinnlosigkeit zum bestimmenden Merkmal der Welterfahrung wird, schlägt die Satire in die Groteske um. In mehreren Hörspielen und besonders in seinen Theaterstücken *Spiele, in denen es dunkel wird* (Sammelband, 1958), *Die Verspätung* (1961) und *Nachtstück* (1963) variierte Hildesheimer die Erfahrung von der „Wirklichkeit des Absurden". Absurd bedeutet, dass der Wirklichkeit nicht mehr mit Logik beizukommen ist; die Wirklichkeit widerspricht der Scheinsicherheit überlieferter Sinnstrukturen. Einflüsse von Beckett und Ionesco sind in dieser Phase bei Hildesheimer offensichtlich.

Tynset

Masante

Ein Versuch, sich der unbegreiflichen Außenwelt zu entziehen und wenigstens in individueller Erfahrung sicheren Boden zu gewinnen, waren die monologischen Selbsterkundungen der Erzähler in den Romanen *Tynset* (1965) und *Masante* (1973). – Tynset ist für den Erzähler nur ein zufälliger Ort aus dem Kursbuch, an dem er während einer schlaflosen Nacht seine Erinnerungen und Wünsche festmacht, und er weiß, dass dieser Ort für ihn nur in seiner Phantasie existiert und ihm keinen Schutz bieten kann. – In dem Roman *Masante* träumt der Erzähler nicht mehr von einem fernen Ort außerhalb der gesellschaftlichen Zwänge, er hat ihn in Meona, einem verfallenen Ort am Rande der Wüste, gefunden. Aber dieser Ort ist ohne Zukunft. Wörtlich und im übertragenen Sinn ist er ein Ort des Zerfalls. In beiden Fällen, ob in der Phantasie *(Tynset)* oder im Ortswechsel *(Masante)* scheitert der Ausbruchsversuch. – Mit seinem *Mozart*-Buch (1977) wandte sich Hildesheimer der Biographie zu. Aus den überlieferten Daten einer realen Lebensgeschichte sollte sich wenigstens die Möglichkeit einer Annäherung an die Wirklichkeit ergeben. – Bereits für den Roman *Marbot* (1981), eine erfundene Biographie über eine erfundene Figur, ließ Hildesheimer diesen Anspruch wieder fallen. Die Absurdität und die irrationale Zufälligkeit der Wirklichkeit lassen sich nur in der Fiktion, in der poetischen Erfindung aufheben.

Mozart

Marbot

Literatur der Arbeitswelt

> *Literarische Gruppen, Vereinigungen von Schriftstellern hat es immer wieder gegeben, wird es wahrscheinlich in gewissen Zeitabständen immer wieder geben, einfach aus dem begreiflichen Wunsch heraus, dass sich so der Autor aus seiner Isolation lösen kann; die Dortmunder Gruppe 61 ist dahingehend ein Novum, dass hier erstmals Autoren sich zusammengefunden haben, die sich einem bestimmten Thema verpflichtet fühlen, das Problem Arbeit in die Literatur zu bringen. Also: Auseinandersetzung mit der industriellen Arbeitswelt, wobei das nicht so verstanden werden soll, dass hier eine Arbeitsplatzbeschreibung erfolgen soll, sondern der Mensch in der Konfliktsituation mit der modernen Industriegesellschaft.*
>
> *(Max von der Grün, 1970)*

Die Entstehung der Dortmunder Gruppe 61 geht auf eine Initiative des Dortmunder Büchereidirektors Fritz Hüser zurück, der das „Archiv für Arbeiterdichtung und soziale Literatur" aufgebaut hatte. Hüser lud am Karfreitag 1961 einige Leute ein, die sich mit dem Thema Arbeit und Arbeitswelt literarisch beschaftigten. Von Anfang an war Max von der Grün dabei, von ihm stammte die Anregung zu dem Treffen. Er war in den ersten Jahren auch der bekannteste Vertreter der Gruppe 61. Zwar knüpfte die Gruppe, zumindest nach den Vorstellungen Hüsers, an die proletarischen Aufklärungs- und Bildungsbestrebungen der Arbeitervereine im 19. Jahrhundert oder des „Bundes proletarisch-revolutionärer Schriftsteller" in der Weimarer Republik an, sie verfolgte aber keine klassenkämpferischen oder parteipolitisch festgelegten Ziele; im Vordergrund stand der inhaltliche Aspekt: „Literarisch-künstlerische Auseinandersetzung mit der industriellen Arbeitswelt der Gegenwart und ihrer sozialen Probleme. Geistige Auseinandersetzung mit dem technischen Zeitalter" (Aus dem Programm der Gruppe 61).

Dortmunder Gruppe 61

Werkkreis Literatur der Arbeitswelt

Im Wirtschaftsboom der Fünfzigerjahre hatte eine Literatur dieses Inhalts noch wenig Chancen. Als vereinzeltes Beispiel mit einem Thema aus der Arbeitswelt könnte man den 1957 erschienenen Roman *Der Mann im Strom* von Siegfried Lenz nennen. In den Sechzigerjahren änderte sich die wirtschaftliche Situation: Es gab erste Anzeichen einer Rezession, Arbeitsplätze wurden durch Automatisierung und Stilllegung gefährdet. Es entstand ein neues Problembewusstsein und die sozialen Fragen wurden auch politisch diskutiert. Mitte der Sechzigerjahre gab es in der Gruppe 61 selbst heftige Kritik an der politischen Neutralität des ursprünglichen Programms. 1970 spaltete sich der Werkkreis Literatur der Arbeitswelt ab. In seinem Programm stand: „Er will dazu beitragen, die gesellschaftlichen Verhältnisse im Interesse der Arbeitenden zu verändern.“ Auch die Gruppe 61 änderte 1971 ihr Programm: „Die Gruppe 61 will unter Benutzung aller Kommunikationsmöglichkeiten Sachverhalte der Ausbeutung ins öffentliche Bewusstsein bringen.“ Im Werkkreis organisierten sich regionale literarische Werkstätten, in denen man sich traf, um eigene Arbeiten gemeinsam zu besprechen oder sich gegenseitig zu helfen. Die Ergebnisse, zum Teil aus Wettbewerben, wurden in mehreren Taschenbuchausgaben veröffentlicht; z. B. *Ein Baukran stürzt um* (1970) oder *Lauter Arbeitgeber* (1971).

MAX VON DER GRÜN

MAX VON DER GRÜN (geb. 1926) arbeitete von 1951 bis 1964 im Ruhrbergbau. Ort seiner sozialkritischen Romane ist das Ruhrgebiet mit seinen Strukturproblemen in den Jahren des Zechensterbens.

Irrlicht und Feuer

In dem Roman *Irrlicht und Feuer* (1963), der ihm eine Klage des Unternehmerverbandes Ruhrbergbau einbrachte, erzählte er anhand der Geschichte des ehemaligen Hauers und späteren Fließbandarbeiters Jürgen Fohrmann von den Schwierigkeiten und Verstörungen, die der erzwungene Berufswechsel für die Betroffenen mit sich brachte, und von dem menschenverachtenden Kalkül der Verantwortlichen. Äußerlich scheint die staubfreie Arbeitsstelle am Fließband für den ehemaligen Kumpel zwar ein Aufstieg, aber mit der Veränderung der Arbeitssituation ändert sich auch das soziale Umfeld, die Konsumerwartungen steigen. – Die Haupthandlung in dem Roman *Stellenweise Glatteis* (1973) ist der an Kleists Michael Kohlhaas erinnernde verzweifelte Einzelkampf des Lastwagenfahrers Maiwald gegen das raffinierte Überwachungssystem in seiner Firma. Maiwald setzt es zwar durch, dass die Schriftsätze verschwinden, und er bringt die Belegschaft seines und anderer Betriebe auf seine Seite, aber am Schluss steht er wieder – nicht ohne Schuld auch der Gewerkschaftsleitung, die nach unternehmerischen Prinzipien verfährt – arbeitslos vor dem Werktor. Nur durch Zufall findet er wieder Arbeit.

Stellenweise Glatteis

Max von der Grüns proletarische Romane haben den traditionellen Aufbau einer realistischen Erzählweise; sie sind meist in Ichform geschrieben. Er hielt sich an fiktive, erfundene Handlungen wie auch ANGELIKA MECHTEL (geb. 1943) in ihrem Roman *Kaputte Spiele* (1970), der bereits Erfahrungen der 68er-Bewegung aufarbeitete. – Erika Runge und Günter Wallraff wählten die Form der Reportage oder des Protokolls; ihre Berichte aus der Arbeitswelt sollten authentischen Charakter haben und nicht frei erfunden sein. Die Fernsehregisseurin und Filmemacherin ERIKA RUNGE (geb. 1939) benutzte für ihre *Bottroper Protokolle* (1968) über den Alltag im Revier mitgeschnittene Tonbandaufnahmen, die sie nur leicht bearbeitete. – GÜNTER WALLRAFFS (geb. 1942) Industriereportagen sind Selbsterfahrungen; er arbeitete selbst am Fließband, schlüpfte in die Rolle eines Gastarbeiters und untersuchte, nicht ohne Risiko, unter fremder Identität Missstände in Großunternehmen. Sein Vorgehen fand nicht ungeteilte Zustimmung, denn manchmal korrigierte er auch die Tatbestände im Sinne seiner polemischen Argumentation. Aber seine Reportagen haben Diskussionen angeregt und manches ins öffentliche Bewusstsein gebracht. Sie sind in mehreren Bänden veröffentlicht: *Wir brauchen dich. Als Arbeiter in deutschen Industriebetrieben* (1966), *Ihr da oben – wir da unten* (zusammen mit Bernt Engelmann; 1973) oder *Ganz unten* (1985). – Der Wunsch der Initiatoren der Gruppe 61, dass Arbeiter ihre eigenen Erfahrungen gestalten, scheiterte meistens an der sozialen Sprachbarrie-

ANGELIKA MECHTEL
Kaputte Spiele

ERIKA RUNGE
Bottroper Protokolle

GÜNTER WALLRAFF

Wir brauchen dich

Ihr da oben – wir da unten

Ganz unten

re. HEINRICH HENKEL (geb. 1937), der eine Malerlehre abgeschlossen und mehrere Jahre in dem erlernten Beruf gearbeitet hatte, hat gerade diese Sprachlosigkeit und das Unvermögen, sich über die eigene Situation Klarheit zu verschaffen, zum Thema seiner Theaterstücke gemacht.

HEINRICH HENKEL

In seinem Erstling, dem Zweiakter *Eisenwichser* (1970), arbeiten zwei Anstreicher in einem unterirdischen Rohrsystem. Sie freuen sich über den gleichmäßigen Trott ihrer Arbeit, die keine Hektik mit sich bringt, aber sie sind unfähig zu begreifen, dass sie bei dieser scheinbar privilegierten Arbeit durch Dämpfe den Tod einatmen. Das Stück endet in einem Blackout; die Arbeiter hängen ohnmächtig in den Rohren. Die Kritik dieses Stückes ist klassenkämpferisch in einem ganz anderen Sinn als in der Konstellation von „Ihr da oben – wir da unten"; es geht um eine kritische Bewusstseinsbildung. Soziale und geistige Emanzipation erfordern Selbstdisziplin und Bereitschaft zur selbstkritischen Reflexion. Ganz im Sinne Brechts sagte Henkel in einem Interview (1971), es gehe ihm darum, „den Zuschauer zum Nachdenken zu zwingen".

Eisenwichser

Dokumentartheater

Für den großen Regisseur Erwin Piscator war ROLF HOCHHUTH (geb. 1931) der Wunschautor, den er in den Zwanzigerjahren vergeblich gesucht hatte. 1963 führte er Hochhuths *Stellvertreter* im Theater am Kurfürstendamm auf; es wurde eines der meistgespielten, aber auch umstrittensten Stücke der Nachkriegszeit. Nicht bühnenwirksame Brillanz, sondern das Thema war Anlass heftiger Diskussionen.

ROLF HOCHHUTH

Es ging um die Frage, warum Papst Pius XII. zur Judenverfolgung geschwiegen und sich mit seiner moralischen Autorität nicht gegen die Nationalsozialisten gestellt habe. In der Buchversion ist der Text ein umfangreiches Lesestück, vollständig in der Originalfassung ist es kaum auf die Bühne gekommen. Die Regisseure haben unterschiedliche Schwerpunkte gesetzt; daher hat die Rolle des Papstes in jeder Inszenierung auch unterschiedliche Nuancen, vom gefühllosen Taktiker der Macht bis zum scheiternden Vermittler in der Politik des Möglichen. *Der Stellvertreter* ist ein dialogisiertes Thesendrama, in der Handlungsführung eher spröde und schwerfällig. Das moralische Engagement verdeckt die kompositorischen Schwächen.

Der Stellvertreter

In den *Soldaten* (1967) befasste sich Hochhuth mit Churchill und dessen unklarer Rolle bei dem Flugzeugabsturz, durch den der Chef der polnischen Exilregierung, General Sikorski, um Leben kam. Sikorski hatte sich dagegen gewehrt, dass Churchill der Annexion Ostpolens durch Stalin zustimme. – Die *Juristen* (1979) sind ein Schlüsselstück, das sich auf die NS-Richter-Vergangenheit eines bundesdeutschen Ministerpräsidenten bezieht. Wieder war die Brisanz des Stoffes attraktiver als die Gestaltung. – In den *Ärztinnen* (1980) griff Hochhuth Praktiken der Pharmaindustrie auf, der es mehr um Gewinne als um die Patienten ginge. – In dem Trauerspiel *Judith* (1985) aktualisierte Hochhuth den biblischen Stoff zu einem Kampf gegen die Produktion chemischer Waffen. Die moderne Judith ist eine Journalistin, die den neuen Holofernes, einen amerikanischen Präsidenten, mit dem Nervengas tötet, dessen Produktion er angeordnet hatte. In diesen letzten Stücken entfernte sich Hochhuth vom dokumentarischen Ansatz seiner frühen Stücke.

Soldaten

Juristen

Ärztinnen

Judith

HEINAR KIPPHARDT

In der Sache J. Robert Oppenheimer

In einer Nachbemerkung zu seinem Stück *In der Sache J. Robert Oppenheimer* (1964) schrieb HEINAR KIPPHARDT (1922–1982) einiges über seine Arbeitsweise. Er sah sich „ausdrücklich an die Tatsachen gebunden, die aus den Dokumenten und Berichten zur Sache hervorgehen". Hauptsächliche Quelle war das umfangreiche Protokoll des Untersuchungsverfahrens gegen J. Robert Oppenheimer: „Es ist die Arbeit des Verfassers, ein abgekürztes Bild des Verfahrens zu liefern, das szenisch darstellbar ist und das die Wahrheit nicht beschädigt." Das Stück sei trotzdem ein Theaterstück, „keine Montage von dokumentarischem Material".

J. R. Oppenheimer, Physiker und Leiter der amerikanischen Atomforschung, war 1954 vor einen Untersuchungsausschuss zitiert worden, der überprüfen sollte, ob der Wissenschaftler nicht bewusst bestimmte Entwicklungen in der militärischen Forschung verzögert oder boykottiert habe. Dieses Verhör und die öffentlichen Protokolle wurden zu einem exemplarischen Dokument über den Gewissenskonflikt des Wissenschaftlers zwischen wertneutraler Forschung und moralischer Verantwortung, zwischen Staatsloyalität und individueller Freiheit. Das Stück ist eine szenische Reihung der Verhöre, auf die wesentlichen Punkte konzentriert, auf die Frage, ob ein Wissenschaftler aus Loyalität zum Staat gegen sein Gewissen handeln darf oder soll. Die einzelnen Etappen des Verhörs sind immer wieder durch Zwischenszenen unterbrochen, in denen die historischen Akteure dieses Tribunals den Ablauf der Befragung kommentieren oder als Theater im Theater entscheidende Vorgänge nochmals nachgespielt werden. Die Inszenierung der Fakten im Stile einer Verhandlung – wie auch in Frischs *Andorra* – setzte sich im Dokumentartheater gegen Hochhuths Tendenz zur Episierung durch.

Bruder Eichmann

Kipphardts letztem Stück *Bruder Eichmann* (1982) liegen die Protokolle aus dem Jerusalemer Prozess gegen Eichmann zugrunde, der für den Transport der Juden in die Vernichtungslager verantwortlich gewesen war.

Hans Magnus Enzensberger
Das Verhör von Habana

Auch Hans Magnus Enzensberger wählte für sein Stück *Das Verhör von Habana* (1970) die Form eines Gerichtsverhörs. Lange Passagen wurden aus den Protokollen wörtlich zitiert. Aus ihnen wurde der gescheiterte Invasionsversuch von Exilkubanern in der Schweinebucht (1961) nochmals aufgerollt. Für Enzensberger war das Dokumentartheater mehr als bloße Dokumentation oder Faktenwiedergabe. Er versuchte durch die Auswahl der Dokumente das Muster, die Grundstruktur eines politischen Vorgangs, exemplarisch zu fassen. Gemeint ist die Reaktion der Konterrevolution auf den Prozess der sozialistischen Umstrukturierung in Kuba. Der im Einzelnen dokumentierte Fall soll einen möglichen Rahmen für die Interpretation ähnlicher Situationen geben.

Doch diese Entwicklung wurde nicht weiter verfolgt, da sie wegen ihrer argumentativen Abstraktheit untheatralisch ist. Das Theater braucht Bilder, Szenen, Handlung, etwas, was die Sinne unmittelbar aufnehmen können. Folgerichtig entwickelte sich daher das dokumentarische Theater in einem Zweig zur politisch-historischen Revue, die zwar aus der Geschichte zitiert, aber eine eigene Handlung erfindet. Im Sinne des Verfremdungseffekts (Brecht) wird das Einzelne bewusst übersteigert und mit theatralischen Mitteln wie Tanz, Songs und Dekoration hervorgehoben. Repräsentativ für diese Richtung ist DIETER FORTES (geb. 1935) Stück *Martin Luther & Thomas Münzer oder Die Einführung der Buchhaltung* (1971).

DIETER FORTE
Martin Luther & Thomas Münzer

Dieter Forte ersetzte ein Klischee durch das andere. Mit seinem Versuch, die gesellschaftlichen und wirtschaftlichen Hintergründe der Reformation, besonders des Streites der Reformatoren untereinander, darzustellen, wollte er das bürgerlich-idealistische Klischee, dass Geschichte nur geistiger Prozess sei, der Lächerlichkeit preisgeben. Aber dadurch, dass er Gegenwart und Vergangenheit vermischte, Aktualität und Geschichtlichkeit revuehaft – auf Effekt bedacht – ineinander schob, schuf er ein neues, schon banales Klischee – dass eben Geld die Welt regiere.

Peter Weiss

Den anderen Zweig der Weiterführung des Dokumentartheaters bilden die Stücke von PETER WEISS (1916–1982). Theater hatte für ihn die Funktion, den Zuschauer zur Analyse der eigenen Wirklichkeit zu befähigen. Als Mittel diente ihm das historische Dokumentarspiel. Seine Argumentations- und Arbeitsweise lässt sich sehr gut an seinem bekanntesten Stück erklären: *Die Verfolgung und Ermordung Jean Paul Marats dargestellt durch die Schauspielgruppe des Hospizes zu Charenton unter Anleitung des Herrn de Sade* (1964, revidiert 1965).

Marat / Sade

Das Drama, ein Spiel im Spiel, wird im Jahre 1808 von den Insassen des Irrenhauses Charenton aufgeführt. Autor und Regisseur ist der Marquis de Sade, historisch tatsächlich Insasse von Charenton und Überlebender der Französischen Revolution. Der Mord an Marat im Jahre 1793 wird von de Sade fünfzehn Jahre später in Szene gesetzt; zu einer Zeit also, als der Mord selbst schon wieder Geschichte ist, Napoleon an der Macht ist und die Französische Revolution fast wieder rückgängig gemacht ist. Die Restauration ist wieder im Vormarsch. Im Stück wird sie durch den Direktor des Irrenhauses verkörpert, der mit seiner Familie zugleich das Publikum für das Spiel im Spiel ist. Was ist der Sinn dieser komplizierten Struktur? Das auf der Bühne dargestellte, historisch bereits gebrochene Spiel – als Retrospektive aus der Situation des Jahres 1808 auf die Revolution – soll den heutigen Zuschauer dazu veranlassen, die derzeitige politisch-soziale Situation kritisch zu bedenken; denn auch in den Sechzigerjahren gab es restaurative und reformfeindliche Tendenzen. Weiss deutete dies alles nur indirekt durch das Spiel im Spiel an. Er nutzte die ästhetischen Eigengesetzlichkeiten des Theaters. Der Bühnenraum sollte nur ein Raum sein, auf dem die Deutung der Wirklichkeit, aber nicht die Wirklichkeit selbst gespielt wird.

chorische Dokumentation

Die Ermittlung

Ganz anders ging Peter Weiss in dem Stück über den Auschwitz-Prozess vor: *Die Ermittlung. Oratorium in elf Gesängen* (1965). Die Zahl der Zeugen, Ankläger, Richter und Verteidiger in dem Frankfurter Prozess (1963/65) gegen achtzehn Angeklagte fasste er in wenige anonyme Figuren zusammen; nur die Angeklagten behielten ihre Namen. Der Leidensweg der Vernichtung von der Selektion an der Bahnrampe bis zu den Verbrennungsöfen wurde in den einzelnen chorischen Sprechgesängen aus Prozessakten und Zeitungsberichten nachgezeichnet. – Der *Gesang vom lusitanischen Popanz* (1967) war zumindest in der Bühnengestaltung und in der großflächigen Choreographie – im Zentrum der Bühne stand ein überdimensionales Monstrum aus Schrottresten als Symbol des kapitalistischen Kolonialismus – nicht frei von Anleihen beim expressionistischen Theater und dessen Filmversionen.

Gesang vom lusitanischen Popanz

Lusitanien, d. h. Portugal, war mit seiner Diktatur unter Salazar und dem Festhalten an seiner imperialistischen Kolonialpolitik (bis zur friedlichen

„Revolution der Nelken“ 1974) ein stellvertretendes Beispiel für jede Art von Unterdrückung. In mehrfachem Rollenwechsel werden mit plakativen Requisiten Szenen kolonialkapitalistischer Ausbeutung und Unterdrückung vorgeführt, bis am Schluss der Popanz zerstört wird: Hoffnung auf künftige Befreiung.

Vietnam-Diskurs

Trotzki im Exil

In seinen weiteren Stücken wechselte Peter Weiss deutlich vom Dokumentar- zum ideologischen Agitationstheater. Beispiele dafür sind sein Vietnam-Projekt: *Diskurs über die Vorgeschichte und den Verlauf des lang andauernden Befreiungskampfes in Viet Nam* (1968) sowie der Rehabilitationsversuch der Idee von der permanenten Revolution in der rückblickenden Szenenfolge *Trotzki im Exil* (1970). Dem Theater hat dieser Wechsel keine neuen Impulse gebracht.

TANKRED DORST

Toller

Auf dem Chimborazo
Die Villa
Heinrich oder Die Schmerzen der Phantasie
Herr Paul

Am 9. November 1968, am fünfzigsten Jahrestag der Ausrufung der Republik, wurde in Stuttgart *Toller. Szenen aus einer deutschen Revolution von* TANKRED DORST (geb. 1925) uraufgeführt. Der Inhalt des Stückes ist das Scheitern der Münchner Räterepublik 1919, dargestellt vor allem an dem vergeblichen Versuch des Dramatikers Ernst Toller, seine humanistischen Ideale in der Politik zu verwirklichen. Der Idealist scheiterte an der Realität revolutionärer Zwänge. Als Vorsitzender des Zentralrates konnte er nur eingreifen, um sinnloses Morden zu vermeiden, aber die Idee einer Räterepublik war von Anfang an gescheitert. Den Verlauf von April bis Juli 1919 zeichnet Dorst in Form einer politischen Revue nach. Zum Teil übernimmt er Szenen aus Tollers Stücken, arbeitet mit Kontrastszenen wie in Tollers *Wandlung,* fügt Songs ein und verfremdet die Handlung, indem er Toller einzelne Ereignisse aus der Perspektive des New Yorker Exils erinnernd wiedergeben lässt. So entsteht neben der historischen Dokumentation das Psychogramm eines Dramatikers und Revolutionärs, der durch das Wort, durch das Theater die Welt verändern wollte. – Seit 1973 arbeitet Tankred Dorst an einer mehrteiligen deutschen Familienchronik von der Weimarer Republik bis zur Gegenwart: *Auf dem Chimborazo* (1973), *Die Villa* (1980) und *Heinrich oder Die Schmerzen der Phantasie* (1985). Diese Stücke sind Zeitgeschichte aus der Perspektive von Einzelschicksalen. Groteske Elemente überwiegen in dem Stück *Herr Paul* (1993).

Sozialkritisches Volkstheater

Ende der Sechzigerjahre war Marieluise Fleißer wieder entdeckt worden – und mit ihr die Tradition des sozialkritischen Volkstheaters bis zu Ödön von Horváth. Die Wiederaufnahme dieser Tradition lag ganz im Trend der Zeit, eine realistische, in die Breite wirkende Literatur zu schreiben. Wenn man das Volk – gemeint ist das Proletariat – ansprechen wolle, dann – so ungefähr lautete die Argumentation eines Sperr, Fassbinder oder Kroetz – müsse man auch die Sprache und die Vorstellungswelt dieses gewünschten Publikums aufnehmen. Dies geschah aber nicht, um dem Publikum die Möglichkeit zu geben, sich voll Zufriedenheit auf der Bühne wieder zu erkennen, sondern auf der Bühne wurde die benutzte Sprache als ein Klischee entlarvt. Wie schon in den Werken Horváths – z. B. *Geschichten aus dem Wienerwald* – sind die Gestalten auf der Bühne ohne eigentliche Sprache, sie bedienen sich fremder Sprachmuster und dokumentieren dadurch, wie fremd sie sich selbst geworden sind; sie sind gar nicht fähig Vorgänge, die sie berühren, zu artikulieren – und erst recht nicht komplexe gesellschaftliche Zusammenhänge. Ihr Denken bewegt sich in Vorurteilen, die sie selbst nicht auflösen oder korrigieren können. Sie sind Opfer der Zustände, ohne es zu wissen. In diesen neuen Volksstücken wiederholte sich jene Diskussion, die schon in den Zwanzigerjahren zwischen Marieluise Fleißer und Bertolt Brecht geführt worden war. Brecht war davon überzeugt, dass das Proletariat belehrt werden könne, um sich aus seiner Lage zu befreien. Marieluise Fleißer vertrat das pessimistische Gegenteil, dass nämlich die Sprachlosigkeit auch das Bewusstsein schon deformiert habe und deshalb eine Selbstbefreiung aus den Fremdzwängen nicht mehr möglich sei.

MARTIN SPERR
Bayerische Trilogie

Ähnlich wie Ödön von Horváth bezog auch MARTIN SPERR (geb. 1944) die Titel seiner Werke in das Spiel ironischer Desillusion ein: Sie evozieren ländliche Idylle oder geruhsame Handlungen: *Jagdszenen aus Niederbayern* (1966), *Landshuter Erzählungen* (1967) und *Münchner Freiheit* (1971); aber sie sind alles andere als dies. Sie handeln von der Jagd auf Menschen, die durch irgendein Anderssein aus der Dorfgemeinschaft ausgeschlossen und malträtiert werden, vom gnadenlosen Konkurrenzkampf in einer Kleinstadt, der mit scheinheiligen Floskeln verdeckt wird, und von der rücksichtslosen Bauspekulation in München. Klar zu erkennen ist die Absicht, in dieser *Bayerischen Trilogie* ein Spektrum der verschiedenen Sozialstrukturen vom Dorf bis zur Großstadt und ein zeitgeschichtliches Panorama seit der Währungsreform zu entwerfen.

RAINER WERNER FASSBINDER
Katzelmacher

RAINER WERNER FASSBINDER (1946–1982) widmete *Katzelmacher* (1969), sein erstes Stück, Marieluise Fleißer; die Verfilmung begründete seinen Ruf als avantgardistischen Filmemacher. Es gehört zu einer Reihe eigener Stücke und Bearbeitungen, die Fassbinder im Münchner „Antiteater" selbst inszenierte.

Das Stück hat keine Regieanweisungen; es ist eine Folge kurzer, einem Filmausschnitt sehr ähnlicher Gesprächsbrocken in einer deformierten Sprache. Argumente werden durch Vorurteile und demagogische Gemeinplätze ersetzt. In diesem Stück ist der Gehetzte ein griechischer Gastarbeiter in einem kleinen dörflichen Betrieb, der Wundertüten herstellt. Die Männer des Dorfes rotten sich zusammen, um den Fremden, der ihnen bei den Frauen überlegen ist und in dem Betrieb besser arbeitet als jeder andere, mit brutaler Gewalt aus dem Dorf zu vertreiben. Jedes Scheinargument ist willkommen, um das Vorgehen zu rechtfertigen: „Immer hab ich es gesagt: der Fremdarbeiter muss weg." – „Genau, weil das sind schlechte Menschen wo fremde sind." Oder: „Der muss weg." – „Genau. Eine Ordnung muss wieder her." Eigene unterdrückte Sexualwünsche überträgt man auf den Fremden und bestraft ihn als Sündenbock für die unerfüllten Wünsche. Die Sprache wirkt entlarvend. Das Pochen auf die heile Welt, auf die Ordnung zeigt gerade den Umfang der sozialen Zerrüttung.

FRANZ XAVER KROETZ

FRANZ XAVER KROETZ (geb. 1946) betrachtet Marieluise Fleißers *Pioniere in Ingolstadt* als das Stück. Dieses Urteil ist sehr aufschlussreich. Die Gestalten in den *Pionieren* leiden unter ihrer sprachlichen und sozialen Vereinsamung, sie suchen Zuneigung und Liebe; aber sie sind bereits so sehr fremden Zwängen ausgeliefert, dass sie nicht mehr die Fähigkeit dazu besitzen: Im Versuch, sich zu begegnen und zu verstehen, quälen sie sich gegenseitig und führen die an ihnen erprobten Unterdrückungsmechanismen, deren Opfer sie sind, nun unter sich selbst weiter. Im Grunde ist dieser Zweifel an der Veränderbarkeit einer gesellschaftlichen Randgruppenexistenz schon die Inhaltsangabe der meisten Stücke, die Kroetz in den Siebzigerjahren schrieb. Es hat Proteste bei den Aufführungen gegeben, weil man die kompromisslose Konsequenz seines Milieu-Fatalismus, die als provokativer Appell gedacht war, um „Interessen und Hintergründe für menschliches Verhalten aufzuzeigen" (Kroetz), weil man die Mittel der Kunst mit der Wirklichkeit gleichsetzte und verwechselte.

Heimarbeit

Die Diskussion entbrannte vor allem um das Stück *Heimarbeit* (1970): Ein Mann tötet das Kind seiner Frau, das sie von einem anderen hatte, um die Verhältnisse wieder so, wie er sie für richtig hält, in Ordnung zu bringen; die Frau kehrt in die Familie zurück und der gewohnte Trott spielt sich wieder ein. Es werden keine Argumente gewechselt; für die Gestalten ist eben alles so, wie es ist. Die Familie hält sich nach einem Unfall des Mannes mit Heimarbeit über Wasser. – Die beiden Stücke *Stallerhof* (1972) und *Geisterbahn* (1972) gehören zusammen. Beppi, die geistig zurückgebliebene Tochter des Stallerhofbauern, und Sepp, der Altknecht auf dem Hofe – beide vom Schicksal benachteiligt –, retten sich gegenseitig aus ihrer Einsamkeit. Der Knecht gibt Peppi das Gefühl von Zuneigung, die sie ihm erwidert. Als Beppi von dem Knecht ein Kind erwartet, wird der Knecht vom Hofe verjagt. Da es aber ein Bub wird, scheint sich doch noch ein glückliches Ende anzubahnen. Doch bevor sich die Alten mit dem Knecht aussöhnen, stirbt er. Beppi ist wieder allein und tötet voll Verzweiflung ihr Kind, das man ihr wegnehmen will. – Kroetz war von 1972 bis 1980 Mitglied der DKP; in den Werken äußerte sich dies durch das Abschwächen des Milieu-Fatalismus, wie er in den frühen Werken zu beobachten war. Jetzt wehren sich die Gestalten und versuchen Strategien, um ihre soziale Situation zu verbessern. Trotzdem schrieb Kroetz keine Lehrstücke im Stile Brechts. Weder verfremdete er noch deutete er Lösungen an. Aber die Gestalten haben ein neues Bewusstsein, sie reflektieren über ihre eigene Situation. In dem Stück *Nicht Fisch nicht Fleisch* (1981) schilderte er die unterschiedliche Reaktion zweier Schriftsetzer auf die Umstellung im Betrieb vom Bleisatz zum modernen Fotosatz. Der eine resigniert und wird arbeitslos; der andere engagiert sich im Betriebsrat und begeistert sich für die neue Technik. Kroetz wechselte vom sozialkritischen Volksstück zum proletarischen Theater im Stile Ernst Tollers, dessen *Hinkemann* er unter dem Titel *Der Nusser* (1986) bearbeitete.

Stallerhof

Geisterbahn

Nicht Fisch nicht Fleisch

Der Nusser

Fragen an die Väter

Der Generationenkonflikt ist ein immer wieder auftauchendes Thema in der Literatur. Zu bestimmten Zeiten jedoch häufen sich die Beispiele, so im Expressionismus und seit den Siebzigerjahren. Es ist zu beobachten, dass es sich in beiden Fällen um Zeiten handelt mit gravierenden Veränderungen in der Wirtschaft und im öffentlichen Bewusstsein. Die nachfolgende Generation misst die Maximen der Väter an den realen Ergebnissen, sie greift fragend die Widersprüche auf. Dies war nach 1945 umso notwendiger, da die Vätergeneration sich im Taumel des erfolgreichen Wiederaufbaus über die eigene Vergangenheit ausgeschwiegen hatte. Auch waren als Folge des Krieges für viele Familien traditionelle Strukturen zerstört, gesellschaftliche Umschichtungen fanden statt, die Mobilität nahm zu.

KARIN STRUCK (geb. 1947) legte ihren autobiographischen Bericht *Klassenliebe* (1973) als Tagebuch an. Sie beschreibt ihre allmähliche Entfremdung aus alten sozialen Bindungen – sie stammt aus einer Arbeiterfamilie – durch den intellektuellen Aufstieg (Schule, Studium, Beruf). Damit verbunden ist ein bohrendes Nachdenken über das Rollenverhältnis der Frau. Ziel dieser Selbstbefragung ist die Rückgewinnung eines solidarischen Einverständnisses mit der sozialen Herkunft. – Nicht in einer Rebellion gegen die soziale Aufsteigermentalität, sondern aus Protest gegen den anachronistischen Dünkel des Adels löst sich in dem Roman *Mitteilung an den Adel* (1976) von ELISABETH PLESSEN (geb. 1944) die Tochter von dem übermächtigen Vater. Auch in diesem Text – Erinnerungsnotizen auf der Fahrt zur Beerdigung des Vaters – ist Autobiographisches verarbeitet worden. In dem Roman *Kohlhaas* (1979) wird die Auseinandersetzung am historischen Beispiel weitergeführt. – CHRISTOPH MECKEL (geb. 1935), mehr durch seine Lyrik vom expressionistischen Pathos bis zur surrealistischen Bildmontage (*Tarnkappe,* 1956; *Wildnisse,* 1962; *Bei Lebzeiten zu singen,* 1967) bekannt, veröffentlichte 1980 *Suchbild über meinen Vater.* – Auch PETER HÄRTLING (geb. 1933) verzichtete bei seinem Bericht *Nachgetragene Liebe* (1980) auf literarische Verfremdung; er ging der Erinnerung an seinen Vater nach, nicht um ihn zu rechtfertigen, sondern um ihn zu verstehen:

KARIN STRUCK
Klassenliebe

ELISABETH PLESSEN

Mitteilung an den Adel

Kohlhaas

CHRISTOPH MECKEL
Suchbild

PETER HÄRTLING

Nachgetragene Liebe

> *Ich bin älter als du. Ich rede mit meinen Kindern, wie du nicht mit mir geredet hast, nicht reden konntest. Nun, da ich die Zeit verbrauche, die dir genommen wurde, lerne ich dich zu verstehen.*

Historische Spurensuche in Einzelschicksalen – so könnte man Härtlings erzählerisches Anliegen nennen. Die Art, wie er sich mit seinem Vater auseinander setzte, markante und entscheidende Szenen aus der Erinnerung hervorholend, findet sich auch in seinen Romanen, von *Niembsch* (1964) über *Hölderlin* (1976) und *Waiblingers Auge* (1987) bis zu *Bozena* (1994). Zu seinem umfangreichen Erzählwerk gehören auch Kinderromane, die zum Teil schon Klassiker geworden sind, wie *Das war der Hirbel* (1973), *Oma* (1975) oder *Ben liebt Anna* (1979). – Ironisch zitiert LUDWIG HARIG (geb. 1927) seinen Vater im Titel der Biographie *Ordnung ist das ganze Leben. Roman meines Vaters* (1986).

Niembsch
Hölderlin
Waiblingers Augen
Bozena

LUDWIG HARIG
Ordnung ist das ganze Leben

Kritik am Neorealismus

„Nicht die Verhältnisse sind so, sondern die Sprache." – Mit diesem Satz könnte man die seit den Sechzigerjahren sich anbahnende Gegenströmung zur engagierten sozialkritischen Literatur beschreiben. Nicht die Dinge selbst seien der eigentliche Gegenstand der Literatur, sondern die Sprache, durch die uns eine Vorstellung von den Dingen – eben die Wirklichkeit der Sprache, nicht aber der Dinge – vermittelt wird. Diese Wende gegen den Neorealismus ist mit den Namen Peter Handke, Thomas Bernhard und Botho Strauß verbunden.
In seinen frühen Sprechstücken und Romanen durchbrach PETER HANDKE (geb. 1942) die gewohnten Wahrnehmungs- und Erfahrungs-

PETER HANDKE

weisen, um eine kritische Sensibilität gegenüber der kollektiven Macht der Sprachsysteme zu vermitteln; denn Literatur entsteht nicht durch die Dinge, sondern durch die Sprache und deren Normen, die wir im Verlauf des Spracherwerbs verinnerlichen, zu unseren eigenen machen. Um uns also im Sinne der Aufklärung selbst zu begreifen, um nicht in den vorgefertigten Strukturen, auch Denkstrukturen der Sprache hängen zu bleiben, müssen wir uns zuerst mit der Sprache auseinander setzen und gegen die vorgeprägten Erwartungen spielerische Alternativen entwickeln, durch die wir fähig werden die in der Bilderwelt der Sprache (Metaphern, Allegorien, Sprichwörter usw.) versteckten Vorurteile aufzudecken. Was wir als Wirklichkeit vermeintlich wahrnehmen, ist nichts anderes als eine eigene durch die Sprache geschaffene, artifizielle Welt. Auf das Theater übertragen hieß dies für Peter Handke, dass die Sprache die Hauptperson auf der Bühne sei:

Sprechstücke

> *Die Sprechstücke sind Schauspiele ohne Bilder, insofern, als sie kein Bild von der Welt geben. Sie zeigen auf die Welt nicht in der Form von Bildern, sondern in der Form von Worten, und die Worte der Sprechstücke zeigen nicht auf die Welt als etwas außerhalb der Worte Liegendes, sondern auf die Welt in den Worten selber. Die Worte, aus denen die Sprechstücke bestehen, geben kein Bild von der Welt, sondern einen Begriff von der Welt.*
>
> *(Handke, Bemerkung zu meinen Sprechstücken)*

Deshalb inszenierte Handke das Theater als Theater oder: Kunst als Kunst; die Bühne sollte nicht wie im Illusionstheater mit der Wirklichkeit verwechselt werden.

Publikumsbeschimpfung

In seinem bekanntesten Sprechstück *Publikumsbeschimpfung* (1966) drehte er das Verhältnis von Bühne und Zuschauerraum um; in dieser Ansprache an das Publikum geht es nicht um eine Bühnenhandlung, sondern um das Selbstverständnis des Publikums, das mit gewissen vorgeprägten Erwartungen in das Theater kommt. Diese Erwartungen sollten als unreflektierte Konventionen entlarvt werden, als ästhetische Spielregeln analog zu gesellschaftlichen Normen und Fremdzwängen. Das heißt: Das Theater sollte den Mechanismus eines entstehenden Normenzwanges, der für den Einzelnen das Bild von Wirklichkeit prägt, im Spiel vorführen und erklären. Verursacher und Vermittler dieser Normen ist die Sprache selbst; durch sie wird der Einzelne sozialisiert, in das herrschende System eingegliedert – auf Kosten seiner Individualität. Die Sozialisation ist ein Prozess individualitätszerstörender Anpassung. Dies ist das Thema des Sprechstücks *Kaspar* (1968). Durch unsichtbare Stimmen, die Einsager – sie repräsentieren die Macht der Sprache –, werden, wie es ironisch im Text heißt, „Kaspar die Satzmodelle beigebracht, mit denen sich ein ordentlicher Mensch durchs Leben schlägt". Am Ende nach dieser Sprachberieselung ist Kaspar einer von vielen Kaspars. Sein Ich, seine zufällige Identität, ist durch die Sprache an die kollektive Norm angepasst worden. Das Ich artikuliert sich in einer fremdbestimmten Sprache, aus der es auch seine Vorstellung von Wirklichkeit übernimmt. Deshalb schreibt Handke gegen jede Form indoktrinierender Systeme an.

Kaspar

Die Angst des Tormanns beim Elfmeter

In der Erzählung *Die Angst des Tormanns beim Elfmeter* (1970) sieht sich der Monteur Josef Bloch plötzlich außerhalb seiner gewohnten Rolle:

> *Dem Monteur Josef Bloch, der früher ein bekannter Tormann gewesen war, wurde, als er sich am Vormittag zur Arbeit meldete, mitgeteilt, dass er entlassen sei.*

Aus dem Trott einer fremdbestimmten Rolle entlassen, reagiert er desorientiert und destruktiv; er ermordet eine Kinokassiererin. Er sieht die Außenwelt, beschreibt sie genau, ohne sie zu begreifen. Die beginnende Schizophrenie ist nur ein äußeres Zeichen einer inneren Verwirrung. Die Rebellion gegen eine Ordnung, die ihn zur Arbeitskraft verdinglicht hat, ist in ihrer mörderischen Sinnlosigkeit selbst Teil der verhassten Ordnung. Und diese lückenlose, dem Einzelnen keinen Freiraum lassende Ordnung hat wiederum – für Josef Bloch – ihre Entsprechung oder ihr Vorbild in der Sprache:

> *Er ging weiter, weil –*
> *Musste er das Weitergehen begründen, damit –?*
> *Was bezweckte er, wenn –? Musste er das „wenn" begründen, indem er –? Ging das so weiter, bis –? War er schon so weit, dass –?*
> *Warum musste daraus, dass er hier ging, etwas gefolgert werden?*

Handkes Analyse der Außenwelt über das Medium sprachlicher Strukturen und Zwänge ist immer wieder auf die Perspektive einer radikalen Subjektivität zurückzuführen, einer Radikalität, die so weit geht, dass er sich selbst mit einbezieht. Zum Inhalt des Romans *Der kurze Brief zum langen Abschied* (1972), einer Art Entwicklungsroman, in dem der Ich-Erzähler auf Erfahrungsvorbilder aus der Literatur zurückgreift, sagte Handke: „Die psychischen Grundkonstellationen des Buches sind autobiographisch, aber die äußere Geschichte ist fingiert – bis auf Einzelheiten." Diese äußere Geschichte ist die hektische Reise eines österreichischen Schriftstellers durch die USA. Er möchte sich durch diese Reise von seiner Vergangenheit, von früheren Rollen befreien; aber die Erinnerung verfolgt ihn albtraumartig. Nur durch die Auseinandersetzung mit diesen Angstbildern gelingt ihm die Möglichkeit eines versöhnlichen Neuanfangs. – Spätestens in der Erzählung *Die linkshändige Frau* (1976) verlagerte Handke die Handlung von einer sprachlich vermittelten Rollenfiguration der Personen wieder oder erstmals auf ein außersprachliches gesellschaftliches Beziehungsgefüge. Er beschreibt Kontaktverlust und Kontaktsehnsucht in einer Kleingruppe, die wirtschaftlich abgesichert ist und sich auch zu artikulieren weiß. Die linkshändige Frau befreit sich im übertragenen und im wörtlichen Sinn von der rechtshändig ausgerichteten Gesellschaft, d. h. hier sehr leicht dechiffrierbar: von der patriarchalischen Vorherrschaft. Doch diese Loslösung wird nicht polemisch vorgeführt, sondern mit allen Verlusten und auch sentimentalen Rückerinnerungen protokollarisch festgehalten. Ein Ende gibt es nicht, sondern nur Momente versöhnlicher Ruhe im latenten Geschlechterstreit.

Der kurze Brief zum langen Abschied

Die linkshändige Frau

Das dominierende Motiv der größeren Erzähltexte zwischen 1983 und 1987 ist die Angst vor der Endgültigkeit, die keinen Wandel oder Wechsel mehr zulässt – im Extremfall die existenzielle Angst vor dem Tode. Andreas Loser, der Ich-Erzähler des Romans *Der Chinese des Schmerzes* (1983), nennt seine Lebensgeschichte eine „Schwellengeschichte". Dies ist sie in mehrfacher Hinsicht.

Der Chinese des Schmerzes

Von Beruf Altphilologe, weiß er nicht, ob er wegen eines Vorfalls – er hatte einen Passanten niedergestoßen – entlassen oder nur beurlaubt ist. Er lebt von seiner Familie getrennt, ohne an Scheidung zu denken. Er möchte seine archäologische Arbeit über antike Villengrundrisse, die er mit Hilfe von Türschwellenabdrücken rekonstruiert, endlich zu Ende bringen, bevor er vielleicht wieder ins Berufsleben einsteigt. Ohne Richter zu sein, richtet er einen Neonazi. Eine Frau, der er kurz begegnet, sagt von ihm, er stehe „außerhalb des üblichen Rechts". Darunter leidet Loser zwar, aber durch diesen Schwebezustand zwischen den Alternativen erfährt er auch seine Existenz.

Die Wiederholung

In dem Roman *Die Wiederholung* (1968) erzählt der 45-jährige Filip Kobal über die Suche vor 25 Jahren nach seinem verschollenen älteren Bruder. Die Suche nach der Geschichte des Bruders ist gleichzeitig ein Zurückholen, ein Wiederbringen der eigenen Geschichte des Erzählers. Aus diesem erinnernden Schreiben entsteht für den Erzähler etwas Neues, ein bewusstes Aufarbeiten der Vergangenheit für einen neuen Anfang. – Im dritten Roman dieses Themenkreises, *Die Abwesenheit. Ein Märchen* (1987), brechen vier Personen, eine Frau und drei Männer, aus der vorhersehbaren Endgültigkeit ihrer sozialen Existenz aus und machen sich gemeinsam auf den Weg zu einer alternativen Lebensweise. Sie überwinden die Angst vor der Erstarrung durch ein gemeinsames Unterwegssein. Die vier Lebensläufe, zunächst getrennt erzählt, laufen in dem „Wir" des Erzählers zusammen. Sie leben nicht außerhalb der Welt, nicht außerhalb der verschmutzten Natur und Zivilisation; aber in ihrer kreativen Phantasie, in ihrer Märchenwelt verwandelt sich die ökologische Trostlosigkeit zu Wunschlandschaften ihrer Innenwelt. Die Phantasie und das Leben in der Literatur treten an die Stelle der realen Erfahrung: Handkes umfangreichster Roman *Mein Jahr in der Niemandsbucht* (1994) wird im Untertitel „Ein Märchen aus den neuen Zeiten" genannt.

Die Abwesenheit

Mein Jahr in der Niemandsbucht

PETER BICHSEL

Kindergeschichten

In dem Sprechstück *Kaspar* stellte Peter Handke die Sozialisation eines Individuums durch Sprachnormen dar. PETER BICHSEL (geb. 1935) ging in seiner Geschichte *Ein Tisch ist ein Tisch,* die in dem Band *Kindergeschichten* (1969) steht, den umgekehrten Weg; doch das Ergebnis ist das gleiche. Wer sich den Sprachkonventionen widersetzt, isoliert sich auch von der Gesellschaft; er vereinsamt. Die gesellschaftliche Erfahrung ist zugleich auch eine sprachliche. Vorher hatte Peter Bichsel durch den Erzählband *Eigentlich möchte Frau Blum den Milchmann kennen lernen* (1964) auf sich aufmerksam gemacht. In diesen 21 sehr kurzen Skizzen, in denen die Handlung zu Zustandsbildern erstarrt, artikuliert er literarisch den Zweifel am sprachlichen Zugriff auf die Wirklichkeit, ob Wirklichkeit durch Sprache (die selbst von Konventionen bestimmt ist) objektiv wiedergegeben werden könne. Ein Jahr nach dem Erscheinen seines ersten Erzählbandes erhielt Bichsel den Preis der Gruppe 47.

Eigentlich möchte Frau Blum den Milchmann kennen lernen

GABRIELE WOHMANN

Ländliches Fest

Paarlauf

Glücklicher Vorgang

Eine zentrale Situation in den Romanen und Erzählungen von GABRIELE WOHMANN (geb. 1932) ist das Beziehungsgefüge in der Familie oder einer Kleingruppe; die Konstellationen wiederholen sich, jeweils nur leicht verändert. Nicht der plötzliche Einbruch eines ungewöhnlichen Ereignisses in den gewohnten Tageslauf, sondern die zermürbende Belanglosigkeit des Alltäglichen bestimmt den Dialog, der keiner ist. Selbst jene Gestalten in den Erzählungen, die den Beziehungsmechanismus durchschauen, halten an vorgegebenen Bindungen fest, weil sie keine Alternative nennen können. Gabriele Wohmann setzt ihre Erzähltexte aus minutiös beschriebenen Kleinszenen oder kurzen Dialogen zusammen; die genaue Beobachtung ersetzt die erklärende Reflexion des Erzählers. Viele Gestalten sind Projektionen des eigenen Konfliktes der Autorin: Sie durchschaut die antiintellektuelle Bürgerlichkeit, aber sie kann nicht das Stützkorsett bürgerlicher Lebensformen und Sozialordnungen ablegen. Darin zeigen sich einige Parallelen zu Handke. Stellvertretend seien aus den zahlreichen Titeln genannt: *Ländliches Fest* (1968), *Paarlauf* (1979), *Glücklicher Vorgang* (1986) und *Wäre wunderbar. Am liebsten sofort* (1994).

Wäre wunderbar. Am liebsten sofort

„wenn einer ein schicksal hat, dann ist es ein mann, wenn einer ein schicksal bekommt, dann ist es eine frau." – So lautet das Fazit in dem Roman *Die Liebhaberinnen* (1975) von ELFRIEDE JELINEK (geb. 1946). In ihren Romanen und Theaterstücken sind die Diskriminierung der Frauen in einer von Männern beherrschten Gesellschaft und das soziale Klassengefälle die durchgehenden Themen. Der historische und gesellschaftliche Ort ist immer wieder Österreich. In den frühen Werken lässt sich noch deutlich der brechtsche Ansatz – Literatur als Aufforderung zur Veränderung – erkennen; doch sehr bald werden Argumentation und Darstellung zu bitterbösen Grotesken radikalisiert, die nur noch Zustände spiegeln. Die Handlung – in dem Roman *Die Ausgesperrten* (1980) noch im Einzelnen zu verfolgen – löst sich z. B. in dem Erzähl-Kompendium *Die Kinder der Toten* (1995) zu einem makabren Totentanz auf; die Theaterstücke – z. B. *Krankheit oder Moderne Frauen* (1987), *Raststätte* (1994) – sind Sozialsatire und Gruselkabinett in einem. 1998 erhielt E. Jelinek den Georg-Büchner-Preis.

ELFRIEDE JELINEK

Die Liebhaberinnen

Die Ausgesperrten

Die Kinder der Toten

Krankheit oder Moderne Frauen

Raststätte

NICOLAS BORN (1937–1979) hat die Studentenbewegung Ende der Sechzigerjahre in Berlin miterlebt; die Erinnerung daran und auch die kritische Aufarbeitung sind zwar in seine Romane eingegangen, vor allem erzählte er aber über missglückte Beziehungen und über die Unfähigkeit, sich den Mitmenschen unvoreingenommen zu nähern. Zwar fehlt es nicht an Versuchen; aber je größer die Bereitschaft, desto größer auch die Gefahr eines Scheiterns. Die Versuche des Erzählers in dem Roman *Die erdabgewandte Seite der Geschichte* (1976) enden in wachsender Vereinsamung, die auch sein Selbstverständnis in Frage stellt. Es ist fast symptomatisch für das gesellschaftliche Selbstverständnis der Siebzigerjahre, wie sich der ursprüngliche gesellschaftskritische Ansatz der Sechzigerjahre auf private Beziehungskonflikte reduzierte. Der Einzelne ist ohnmächtig gegenüber anonymen Zwängen; der äußerste Protest scheint die individuelle Verweigerung zu sein, um ein „verfälschtes" Leben abzustreifen. In Nicolas Borns letztem Roman *Die Fälschung* (1979) kündigt der Journalist Georg Laschen nach seiner Rückkehr aus dem vom Bürgerkrieg zerrütteten Libanon bei der Illustrierten, die ihn in das Kampfgebiet zur Berichterstattung geschickt hatte. Während seiner Recherchen in Beirut war er auf Nachrichtenhändler getroffen, von denen die Ereignisse nur nach ihrem pekuniären Marktwert beurteilt wurden; und die ideologischen Bekenntnisse der Bürgerkriegsgegner entpuppten sich als handfeste ökonomische Interessen. Parallel zu dieser journalistischen Aufdeckung einer öffentlichen Meinungsmanipulation lief für Georg Laschen die Aufarbeitung seiner privaten Verdrängungen. Sie endet mit einem Kompromiss; er kehrt zu seiner Familie, d. h. in die Anforderungen und Pflichten des Alltags zurück.

NICOLAS BORN

Die erdabgewandte Seite der Geschichte

Die Fälschung

Er sei, so hieß es in einem der vielen Nachrufe auf THOMAS BERNHARD (1931–1989), der „letzte Erbe des vernichteten Europa" gewesen, eines Europa, dessen Geistes- und Kulturtradition weder zwei Weltkriege noch den Holocaust verhindern konnte. In seinen Werken

THOMAS BERNHARD

zog er daraus die unerbittliche Konsequenz, dass Zukunft nur ein euphemistisches Synonym für Verfall sei. Die Geschichte habe keine aufsteigende Linie; der Glaube der Aufklärung an die Verbesserbarkeit der Welt sei durch den realen Verlauf der Geschichte selbst widerlegt worden. Die Erinnerung an das, was hätte sein können, und an das, was wurde, konkretisierte sich für Thomas Bernhard in seiner Hassliebe zu Österreich, zu dessen Vergangenheit, vor der die Gegenwart versagt. Die nationale Lokalisation seiner Fortschrittskritik war Anlass zu vielen Missverständnissen und unerfreulichen Auseinandersetzungen; aber Bernhard zog die provozierende Übersteigerung dem geruhsamen Kompromiss vor. Sein zentrales Thema war der Tod als der einzige Fixpunkt im Leben der Menschen.

Ein Fest für Boris

In dem Stück *Ein Fest für Boris* (1968) sind die Todesbestimmtheit des Menschen und sein Trieb zur Zerstörung des Mitmenschen, der auch die Selbstzerstörung einschließt, die Leitthemen der absurden Szenen. Für Thomas Bernhard sind die zwischenmenschlichen Beziehungen durch Misstrauen, Angst und Hass geprägt, bis zur böswilligen Quälerei. Auf der Bühne wird das Leben als eine Krankheit inszeniert, die mit Sicherheit zum Tode führt. Der diesem inneren Zustand entsprechende äußere Zustand des Menschen ist – im bildlichen Sinn der Darstellung – der hilflose Krüppel, der demontierte Mensch. Eingangs des Stückes heißt es: „Alle Beinlosen in Rollstühlen." Boris gehört mit dreizehn anderen aus dem Krüppelasyl zu ihnen. Dieses Stück und in gleicher Weise die folgenden demonstrieren den fortschreitenden Verfallsprozess der Gesellschaft und ihrer Strukturen. Doch der Autor zog aus dem tatsächlichen Befund der Gesellschaft keine politische Lehre oder gar Belehrung. Er formulierte keine Manifeste zur Verbesserung der Menschheit, denn dies wäre nach seinem Selbstverständnis ein sinnloses Unterfangen gewesen. Bernhards auf der Bühne inszenierte Absurdität hat einen weltanschaulichen Hintergrund; sie ist Audruck einer inneren Verfassung, weitaus extremer als beispielsweise bei Ionesco oder Beckett. In diesem Theater wurde auch die letzte Möglichkeit zerstört, die Absurdität noch in eine irgendwie strukturierte Handlungsfolge zu binden; die Szene löst sich auf, atomisiert sich in selbstständige, beziehungslose Vorgänge und Wörter. Selbst die Dialoge sind nichts anderes als eine beziehungslose Addition von Monologen.

Der Präsident

Das Stück *Der Präsident* (1975) besteht in seinen Hauptteilen aus zwei großen Monologen, dem der Präsidentin und dem des Präsidenten. Der Präsident war durch Zufall einem Attentat entkommen; die Kugel traf seinen Leibwächter, den Obersten. Der Hund der Präsidentin starb vor Schreck. Eingangs macht sich die Präsidentin für die Trauerfeierlichkeiten zurecht, als ginge sie zu einem Ball. Sie trauert um den Hund, nicht um den Obersten. Die Sätze sind durchweg Zitate oder belanglose Floskeln, reine Worthülsen. Der Präsident erholt sich mit einer Schauspielerin von dem Attentat. Die Gewissheit, dass sein eigener Sohn, der auf der Seite seiner Gegner steht, ihn töten wird, – dieses an antike Tragik erinnernde Motiv geht in grotesken Situationen unter. Das Roulette ersetzt die politische Argumentation. Im kurzen Schlussbild liegt der Präsident auf der Bahre. Und das feierliche Staatsritual nimmt seinen Lauf. Beziehungslos stehen Sätze und Szenen nebeneinander. Die Klammer, die das Sinnlose festhält, ist das zum Selbstzweck gewordene Zeremoniell.

Vor dem Ruhestand

In der „Komödie von deutscher Seele“, wie er sie sarkastisch-ironisch nannte, *Vor dem Ruhestand* (1979), konkretisierte Bernhard seinen generellen Geschichtspessimismus an einem Fall, der nicht ganz frei war von aktuellen Anspielungen. Der Gerichtspräsident Rudolf Höller steht kurz vor seiner Pensionierung; er hat am Aufbau der Bundesrepublik mitgewirkt. Trotzdem feiert er jedes Jahr den Geburtstag seines Gönners Heinrich Himmler. Höller hat als SS-Offizier und KZ-Kommandant im NS-Regime Karriere gemacht; in der Erinnerung an diese Zeit lebt und handelt er unterschwellig auch weiter. Seine Schwester Vera, die ihn liebt und anbetet, unterstützt ihn in diesem Teutonenkult. Clara, die zweite Schwester, die an das sozialistische Erbe der Weimarer Republik zu erinnern versucht, ist querschnittsgelähmt und ihren revanchistischen Geschwistern ausgeliefert. Dass Rudolf Höller während seiner faschistischen Erinnerungsorgie einen gefährlichen Herzanfall erleidet, ist eher ein theaterfreundlicher Zufall als ein bewusst gesetzter Akt ausgleichender Gerechtigkeit. Man kann sogar sagen, dass Thomas Bernhard die Inszenierung seiner poetischen Gerechtigkeit (die Bestrafung auf offener Bühne vor dem Publikum) bewusst zur Farce degradierte; derartiges komme nur in der Literatur vor.

Heldenplatz

Das Stück *Heldenplatz* (1988) – benannt nach dem Wiener Heldenplatz, auf dem Hitler 1938 nach dem Einmarsch in Österreich begeistert umjubelt wurde – war Bernhards umstrittener Beitrag zum 50-jährigen Gedenken des Ereignisses. Es erzählt an einem Einzelbeispiel von den Folgen: von der Vertreibung der jüdischen Bevölkerung, von dem Exil, von der Rückkehr in die fremd gewordene Heimat. Bernhards Version der Geschichte richtet sich bewusst gegen beschönigende Verschleierungen über braune Tendenzen auch in Österreich. Aufgerollt wird die Vergangenheit am Tag der Beerdigung des jüdischen Professors Josef Schuster im Frühjahr 1988, der Selbstmord begangen hatte, weil er nicht noch einmal ins Exil wollte.

In den zahlreichen Bühnenstücken seit 1968 hatte Bernhard Themen seiner Erzählprosa weitergeführt. Er hatte als Romancier begonnen, aber bekannt wurde er vor allem als Theaterschriftsteller.
1968 sagte Thomas Bernhard in einer Rede, die von einer seiner Romangestalten stammen könnte:

„die Riesen der Angst“

> *es ist alles lächerlich, wenn man an den Tod denkt. Man geht durch das Leben, beeindruckt, unbeeindruckt, durch die Szene, alles ist austauschbar, im Requisitenstaat besser oder schlechter geschult: ein Irrtum! [. . .] Wir bevölkern ein Trauma, wir fürchten uns, wir haben ein Recht, uns zu fürchten, wir sehen schon, wenn auch undeutlich im Hintergrund: die Riesen der Angst.*

Frost

Seine Romane sind ein sich wiederholendes *Memento mori!,* der Tod als die einzige Gewissheit ohne den Lichtblick eines transzendenten Trostes. Das Register seiner Gestalten unterscheidet sich nur dadurch, dass die einen den „stufenweisen Abbau des Lichts“ – wie es metaphorisch in dem ersten Roman *Frost* (1963) hieß – bewusst erleben, erleiden und artikulieren, während die anderen, die Mehrheit, „*un*beeindruckt“ (das heißt auch: sprachlos) den „Weg in die Hölle“ gehen; auch dies ist ein Zitat aus dem Roman *Frost.* Die Hauptgestalten seiner Romane, die sich rücksichtslos äußern, sind Grenzgänger am Rande der Gesellschaft; nur so können sie die Spanne bis zum Tod vor sich selbst mit Selbstachtung bestehen, sie sind „Abgrundmenschen“.

So charakterisiert der Erzähler, ein Medizinstudent, den Maler und Einzelgänger Strauch, den er im Auftrag von dessen Bruder, einem Arzt, observieren sollte, um Möglichkeiten für eine Therapie zu erkunden. Für den Bruder und für die Außenwelt ist Strauch ein Fall fortgeschrittener Bewusstseinsspaltung. Aber das minutiöse Protokoll des Berichterstatters zeigt – es läuft über vier Wochen bis zum Verschwinden Strauchs in einem Schneesturm –, dass Strauch nicht an sich, sondern an der Kälte, dem „Frost", der Welt leidet. Er fühlt sich doppelt vereinsamt; die Bevölkerung im Gebirgstal beargwöhnt den Einzelgänger und er selbst sieht in den Naturphänomenen nur Bilder des Verfalls: „Ein Schneetreiben ist absolut ein Vorgang des Todes." Die biblische Weltschöpfungswoche ist für ihn im weiteren Verlauf der Menschheitsgeschichte eine absteigende Reihe von „Entschöpfungstagen". In diesem Roman, den der Berichterstatter distanziert als die Krankheitsgeschichte eines Einzelgängers referiert, bleibt das Urteil über den Zustand der Welt noch in der Verantwortung eines vermeintlich Wahnsinnigen. – Diesen interpretatorischen Fluchtweg schloss Bernhard in dem Roman *Verstörung* (1967) aus. Der Vater, ein Landarzt, nimmt seinen Sohn, einen Studiosus, auf eine seiner Routinevisiten mit. Die einzelnen Krankenbesuche sind eine sich steigernde Wiederholung des Verfalls und der zur Gewohnheit gewordenen Gewalttätigkeit.

Verstörung

Das Kalkwerk

Wie der ehemalige Maler Strauch in *Frost,* so lebt auch Konrad in dem Roman *Das Kalkwerk* (1970) zurückgezogen von den Menschen in einem stillgelegten Kalkwerk, um sein Lebenswerk, eine große Studie über das Gehör zu schreiben. Doch diese Arbeit wird nie geschrieben. Im Wissen seines Unvermögens, etwas zu schaffen, das ihn überdauern könnte, tötet er seine körperbehinderte Frau, um sich mit dieser Tat selbst ein Ende zu setzen. Der Roman ist analytisch aufgebaut. Zu Beginn erfährt der Leser aus Gerüchten und Protokollen, die ein Versicherungsvertreter zusammenträgt, von der Mordtat. Im weiteren Verlauf versucht der Erzähler Hintergründe und Umstände der Mordtat herauszufinden. Es entstehen Bruchstücke zu einer Biographie der totalen Isolation. – Der Roman *Korrektur* (1975) ist eine Variante zum *Kalkwerk.* Mit vereinzelten Parallelen zum Leben des österreichischen Philosophen Ludwig Wittgenstein (1889–1951) rekonstruiert ein Erzähler aus dem Nachlass des Naturwissenschaftlers Roithamer dessen selbstquälerisches Bestreben, Vollkommenes zu schaffen. Am Ende steht der Selbstmord als die endgültige Korrektur an sich selbst. – Auch der Icherzähler in dem Roman *Beton* (1982) scheitert an seiner Aufgabe, eine Arbeit über den Komponisten Mendelssohn Bartholdy zu schreiben. Thomas Bernhard wählte die Wiederholung nicht nur als Prinzip der Steigerung in seinen Texten, sondern er variierte auch von Text zu Text nur ganz wenige Themen.

Korrektur

Beton

Auslöschung

In seinem letzten Roman *Auslöschung. Ein Zerfall* (1968) baute Bernhard die Familiengeschichte des Ich-Erzählers in einen größeren zeitgeschichtlichen Rahmen ein. Es ist eine verbitterte, rücksichtslose Abrechnung mit seiner Heimat Österreich, aus einer Hassliebe: „Immer und immer wieder sage ich mir, wir lieben dieses Land, aber wir hassen diesen Staat." Als persönliche Sühne für die Schuld seiner Familie und Österreichs während der faschistischen Zeit vermacht der Ich-Erzähler nach dem Tod der Eltern den gesamten Besitz der Israelitischen Kultusgemeinde in Wien. Auch in diesem Roman steht am Ende der Tod. In einem Einschub wird vermerkt, daß der Ich-Erzähler 1983 in Rom gestorben ist.

Bevor Botho Strauss (geb. 1944) eigene Stücke schrieb, war er Theaterkritiker und Dramaturg. Sein erstes Stück *Die Hypochonder* (1972) ist ein Spiel mit dem Illusionscharakter des Theaters, eine theatralische Fingerübung. Anders als Handke hielt er den Zuschauern nicht provozierend die eingefahrenen Theatererwartungen vor, sondern ließ sie in das beziehungsreiche Verwirrspiel, in dem alles möglich war, hineinstolpern. Zwar setzte Strauß seine Bühnenwirklichkeit sehr deutlich vom sozialkritischen Dokumentartheater und vom ideologischen Lehrstück ab; beides waren ihm zu unmittelbare und dadurch verfälschende Zugriffe auf die Erfahrungswelt. Doch dies hieß nicht, dass er sich mit absurder Spielakrobatik begnügte. Schon am zweiten Stück, der Komödie *Bekannte Gesichter, gemischte Gefühle* (1974), ist zu beobachten, wie Strauß die scheinbare Banalität eines Gesprächs oder einer Geste in ein ganzes Deutungsbündel einfügt; dabei überfordert er manchmal die Tragfähigkeit der Symbole und Metaphern.

Botho Strauss

Die Hypochonder

Bekannte Gesichter, gemischte Gefühle

In einem heruntergekommenen Hotel leben sieben Personen zusammen – drei Ehepaare, in sehr variablen Beziehungen untereinander, und ein einzelner Herr. Ihre Amouren sind nur noch Erinnerungen; sie leben, wie einer von ihnen sagte, „in einem erstaunlichen Museum von Leidenschaften". Die äußere Idylle – es ist das Weihnachtsfest, das sie gemeinsam verbringen wollen – entpuppt sich durch jähe Ausbrüche aus dem belanglosen Konversationsstil als ein Ort innerer Kälte und totaler Beziehungslosigkeit; aus Langeweile wartet man auf die nächste Katastrophe wie auf eine Abwechslung. Und sie kommt: Stefan, der bankrotte Besitzer des Hotels, macht aus Ekel vor den andern seinem Leben ein Ende; er legt sich in eine Kühltruhe und erfriert. Am Schluss liegt er wie ein zusammengekauerter Embryo tiefgefroren auf der Bühne. Durch diese Bilder stellen sich Assoziationen ein: Weihnachten wird zum Szenarium absoluter Vereinsamung; die aggressiven Emotionen werden nur zeitweilig durch Sprachfloskeln verdeckt. Die Sehnsucht nach Schutz und Geborgenheit erfriert in einem Produkt des Zivilisationswohlstandes. Strauß bringt die Vergeblichkeit und das Versagen zwischenmenschlicher Beziehungen auf die Bühne. Die Handlungen, wenn man sie überhaupt so nennen kann, sind nur visuelle Vergegenwärtigungen innerer Zustände und Nöte.

Trilogie des Wiedersehens

In der *Trilogie des Wiedersehens* (1976), einer lockeren Szenenfolge über die Vorbesichtigung einer Ausstellung zum Thema „Kapitalistischer Realismus", werden die eingeladenen Gäste selbst zum Ausstellungsobjekt. Wiederum zeigt sich, dass die Kommunikation emotional und auch sprachlich erheblich gestört ist. Die einzelnen Sätze – es ist unerheblich, wer sie spricht – ergeben einen Katalog der Defizite und der elementaren Wünsche. Niemand ist er selbst, sondern immer nur Träger einer zugewiesenen Rolle.

Die Szenenfolge *Groß und klein* (1978) ist in der Technik des expressionistischen Stationendramas aufgebaut.

Groß und klein

Lotte, Grafikerin, allein stehend, Mitte dreißig, tritt in allen Szenen auf; sie hält das Panorama der desolaten Alltagsausschnitte zusammen. Ihr Stationenweg erfüllt eine doppelte Aufgabe. Subjektiv bedeutet er Lottes Versuch, mitmenschlichen Kontakt und Liebe zu finden. Aber überall, wo Lotte auftaucht und helfen will – dies ist die zweite Intention des Stückes –, verschlimmern sich durch die Abwehrhaltung der anderen oder auch durch deren Unfähigkeit, sich dem Nächsten zu öffnen, die Symptome sozialer Kälte und

Vereinsamung. Die Szenen gewinnen fast eine metaphysische Dimension: Lotte als ein Engel, der mit seinem Auftrag, den Menschen zu helfen, scheitert.

Der Park

Auch in den weiteren Stücken wiederholt sich das relativ begrenzte wie auch gleichzeitig sehr allgemeine Themenrepertoire: Beziehungsarmut, Gefühlskälte, Unfähigkeit zur Liebe. Nur dass Strauß die Requisiten und die Fabel variiert. Seit dem Stück *Der Park* (1984) greift er zunehmend auf literarische Vorlagen und Mythen zurück. Sprache und Geschehensablauf funktionieren immer perfekter, aber sie sind nur äußere Staffage einer inneren Leere. Im *Park* mischt sich Strauß in Shakespeares *Sommernachtstraum* ein, um ihn fortzuführen; aber die Gegenwart versagt vor dem Mythos. Das heitere erotische Verwirrspiel der Vorlage verwandelt sich in kafkaeske Zerrbilder der Liebe. – *Die Fremdenführerin* (1986), ein Stück mit nur zwei Sprechrollen – er, ein 45-jähriger Lehrer, der in Griechenland zu sich selbst finden will; sie, Kunststudentin und Fremdenführerin im antiken Olympia, die ihre Gefühle und Wünsche ohne Rücksicht auf gesellschaftliche Konventionen ausleben will – ist eine Mischung zwischen selbstquälerischem Zu-Tode-Reden einer Beziehung und dem akademischen Bestreben, der Situation durch Berufung auf die antike Mythenwelt einen Sinn zu geben. Am Ende, als die Fremdenführerin, weil sie die eigene Freiheit einer normierten Zweierbeziehung vorzieht, ihren Lehrer verlässt, rezitiert dieser den Mythos von Pan und Syrinx, sich und seine Freundin zum Mythos stilisierend; alles sehr nahe am Rande der Lächerlichkeit und dem Gelächter preisgegeben.

Die Fremdenführerin

Besucher

Über seine Komödie *Besucher* (1988), ein Schauspiel über Schauspieler, sagte Botho Strauß: „Alles ist Theater und Alles ist Leben –". Und gegen die eindeutige Ausdeutung des Kunstwerkes – „es auf dem Prüfstand entweder einer subjektiven ‚Betroffenheit' oder eines flachen Sozialkritizismus zu messen" – wehrt er sich im Namen der „freiheitlich symbolische(n) Grundordnung der Kunst". Die Ingredienzien aus dem überlieferten Symbolinventar können den Text aber auch so verdunkeln, dass man aus dem Labyrinth der Gedankengänge nicht mehr ohne den Interpretationsfaden der Ariadne herauskommt. Dies gilt auch für weitere Stücke, z. B. *Schlusschor* (1991) oder *Das Gleichgewicht* (1993).

Schlusschor
Das Gleichgewicht

Mythen des Alltags

Die Verkäuferin hat sich die monotone Preisansage eines Automaten, wie man es aus U-Bahnhöfen und Parkgaragen im Ohr hat, angewöhnt. Ebenso freundlich und unbewegt sagt sie: „Bitte zahlen Sie sieben Mark und achtundzwanzig", statt „Siebenachtundzwanzig!", wie es unter Menschen üblich ist. Das Vorbild ihrer Höflichkeit ist ein Automat, ihn ahmt sie nach.

Paare, Passanten

Diese kleine Szene aus dem Skizzenbuch *Paare, Passanten* (1981) zeigt eine für Botho Strauß typische Erzählweise, wie er eine beiläufige Beobachtung plötzlich in einen größeren Zusammenhang stellt, der ihr eine ganz neue Qualität gibt. Dieses Skizzenbuch ist ein Schlüsseltext, da Strauß die Beobachtungen durch Reflexionen ergänzt und so den von ihm gemeinten Sinn zumindest andeutet. Diese Szenen sind Mythen des Alltags, wie er sie auch in seinen Stücken aneinander reihte, als ein Panorama seiner Spaziergänge durch die Gegenwart.

Ein genauer Beobachter bis zur selbstquälerischen Analyse ist der Erzähler in der Erzählung *Die Widmung* (1977). In totaler Isolation protokolliert er seine Selbstbeobachtung für eine Freundin, die ihn verlassen hatte; aber sie liest das Manuskript nicht einmal.

Die Widmung

Rumor (1980) ist die Zerfallsgeschichte eines frühzeitig alternden Mannes, der aus Ohnmacht gegen die äußeren Zwänge und aus einer Hassangst vor seinem ehemaligen allmächtigen Arbeitgeber, einer Art Übervater, in den Alkoholismus flieht und Halt bei seiner Tochter sucht. In Umkehrung zu Kafkas Vaterkomplex wird hier der Vater bis zum inzestuösen Verlangen von der Tochter abhängig. Das penetrante Selbstmitleid des Vaters leitet die „Selbstzerstückelung" ein. In diesem Roman pendeln die Argumente zwischen individuellem Versagen und dem äußeren Druck wirtschaftlicher Machtverhältnisse.

Rumor

Wie Botho Strauß seit dem *Park* in seine Bühnenstücke immer häufiger mythische Elemente einfügte, so öffnete er mit dem Roman *Der junge Mann* (1984) seine Erzählprosa dem Phantastischen und dem bizarren Spiel dunkler Andeutungen. *Der junge Mann* ist im äußeren Rahmen eine Schauspielergeschichte mit deutlichen Anleihen bei Goethes *Wilhelm Meister*. Der große Erzählbogen ist aber durch eine Vielfalt unterschiedlicher Textsorten unterbrochen. Den Gedanken der Romantik vom Gesamtkunstwerk einer „progressiven Universalpoesie" (Friedrich Schlegel) ironisch aufnehmend, sagt Strauß schon in der Einleitung, das Werk sei ein „RomantischerReflexionsRoman". Die Zeit der gesellschaftlichen Gegenwart wird nicht in einem Nacheinander, sondern in vielschichtigen Überlagerungen eingefangen. Strauß sucht im Fluss der Zeit das Bleibende, in den Erscheinungen den Archetypus, das Urbild. Die Mythen des Alltags setzen sich in den Prosa-Sammlungen *Niemand anderes* (1987) und *Wohnen Dämmern Lügen* (1994) fort.

Der junge Mann

Niemand anderes

Wohnen Dämmern Lügen

Lyrik – Neue Subjektivität

Auf dem Etikett, das die Lyrik der Siebziger- und Achtzigerjahre charakterisiert, steht „Neue Subjektivität", „Subjektiver Realismus", „Neue Sensibilität" oder Ähnliches. Bezeichnungen wie „sozialkritisch" oder „ideologiekritisch" fehlen. Das heißt aber nicht, dass auch das entsprechende Bewusstsein verschwunden wäre. Es hat sich nur die Perspektive geändert; die persönliche Betroffenheit und ihre unmittelbare Umsetzung in eine oft sehr direkte und vorläufige Ausformulierung haben die große gesellschaftliche Sprechgeste verdrängt. Das Ich – ob nun der Autor selbst oder die Gestalt seiner Phantasie – befreit sich von kollektiven Vorgaben und artikuliert sich entgegen den kanonisierten literarischen Erwartungen. Subjektivität bedeutet auf keinen Fall Rückzug in die Privatheit; sie ist im Gegenteil eine Radikalisierung der Verantwortungsbereitschaft. Die Erzählprosa eines Handke, Bernhard oder Strauß ist eine introvertierte Nabelschau; aber in der Selbstbesichtigung der Romanfiguren werden auch Symptome der Zeit deutlich. Ähnlich verhält es sich mit der Lyrik jener Jahre. Rolf Dieter Brinkmann, geboren 1940, kam 1975 bei einem Verkehrsunfall in London ums Leben. Sein Gedichtband *Westwärts 1 & 2* (1975) wurde zum Kursbuch der neuen Subjektivität. Vorbilder oder Anregungen für Brinkmanns Protestlyrik gegen etablierte Sehgewohnheiten waren die amerikanischen Alternativ-Szenen der Pop- und Undergroundliteratur, die er in Deutschland bekannt gemacht hatte. Es gelang ihm mitten „in der verfluchten dunstigen Abgestorbenheit" der Städte Momente des sensiblen Aufatmens einzufangen:

ROLF DIETER BRINKMANN

Westwärts 1 & 2

Einen jener klassischen

schwarzen Tangos in Köln. Ende des
Monats August, da der Sommer schon

ganz verstaubt ist, kurz nach Laden
Schluss aus der offenen Tür einer

dunklen Wirtschaft, die einem
Griechen gehört, hören, ist beinahe

ein Wunder: für einen Moment eine
Überraschung, für einen Moment

Aufatmen, für einen Moment
eine Pause in dieser Straße,

die niemand liebt und atemlos
macht, beim Hindurchgehen. Ich

schrieb das schnell auf, bevor
der Moment in der verfluchten

dunstigen Abgestorbenheit Kölns
wieder erlosch.

Nicolas Born

Marktlage

Wo mir der Kopf steht

Das Auge des Entdeckers

Nicolas Born charakterisierte die Texte seines Freundes als „Stillleben einer Horrorwelt". Er selbst wechselte in der kurzen Phase von fünf Jahren vom politischen Protestgedicht zum utopischen Entwurf einer ästhetischen Gegenwelt: *Marktlage* (1967), *Wo mir der Kopf steht* (1970), *Das Auge des Entdeckers* (1972).

JÜRGEN BECKER

Das Ende der Landschaftsmalerei

Der Titel des Gedichtbandes *Das Ende der Landschaftsmalerei* (1974) von JÜRGEN BECKER (geb. 1932) bedeutet für die Biographie des Autors eine Rückkehr zu den Wörtern nach dem Fotoband *Eine Zeit ohne Wörter* (1971). Er ist aber auch ein Resümee irritierter Wahrnehmung.

Natur-Gedicht

in der Nähe des Hauses,
der Kahlschlag, Kieshügel, Krater
erinnern mich daran –
nichts Neues; kaputte Natur,
aber ich vergesse das gern,
solange ein Strauch steht

Die Harmonie einer Landschaft ist mehrfach gestört. Immer wieder wird in den Gedichten die unwirkliche Situation des damals geteilten Berlin angesprochen; sprachliche Momentaufnahmen konstatieren die Gefährdung der Umwelt durch „Kahlschlag" usw. – politische und ökologische Beobachtungen fließen ineinander. Subjektive Betroffenheit und der Versuch, von Zukunft zu sprechen, sind das Ergebnis. TROTZDEM, so könnte der Band auch überschrieben sein.

JÜRGEN THEOBALDY

JÜRGEN THEOBALDY (geb. 1944), ein Vertreter des radikalen Subjektivismus in der Lyrik, gab 1977 eine Anthologie zeitgenössischer Lyrik heraus: *Und ich bewege mich doch. Gedichte vor und nach 1968.* Durch den Untertitel unterstreicht er den markanten Einschnitt des Jahres 1968 nicht nur im politischen Bewusstsein. Die politische Lyrik der Sechzigerjahre richtete sich gegen die ästhetische Abgeschlossenheit der „reinen" Poesie. Lyrik sollte eine Gebrauchsware werden und wirken; deshalb hatte sie eher rhetorisch-agitatorisch als poetisch zu sein. Aber das Ergebnis, die Erfolglosigkeit der Proklamations-Lyrik, ließ Zweifel aufkommen. Deshalb wechselte in einer entschiedenen Wende der Bezugspunkt von der Idee einer kollektiven Solidarität zum beobachtenden und erfahrenden Ich. Diese Radikalisierung der Perspektive auf ein Ich, das sich unmittelbar äußert, dieser Verzicht auf ästhetische Gestaltung zugunsten einer authentischen Wahrnehmung kam aber einer Aufhebung der Gattung Lyrik sehr nahe; denn Gedichte waren diese Impressionsflüsse nur noch durch die graphische Zeilenanordnung des Textes:

Zu Besuch

Ein warmer Regen am Abend
und ich höre dich lächeln, obwohl du
nicht hier bist. Die Bäume vorm Haus
sind leiser geworden; ich trete
vom Fenster weg. Hinter mir im Sessel
mein Vater, den Bademantel über der Weste
um Kohlen zu sparen. Geschichten
aus einem fremden Leben, fremder
als Geschichtsbücher. Inflationen
Hungersnöte, drei Ehen; Kellner
Vorführer von Propagandafilmen, Heizer
bei den Amerikanern. Ratschläge, die ich
nicht annehmen kann. Drüben geht Licht an.
Mein Vater, der immer noch spart. Jetzt geht
der Fernseher an. Ich höre dich lächeln.
Die Möbel werden dunkler und gegen Jahresende
sinkt die Rente oder, wie sie
in Mannheim sagen: das alles bleibt dir
in den Kleidern hängen; das geht
nicht mehr heraus. Das ist schwer
schwer wie ein warmer Regen am Abend
wie dein Lächeln, das ich höre
obwohl du nicht hier bist.

Blaue Flecken

Dieser nach Zeilen gegliederte Prosatext stammt aus dem Band *Blaue Flecken* (1974). In einem Beitrag aus dem Jahre 1975 forderte Theobaldy vom „jüngeren Lyriker" dem Gedicht „soviel wie nur irgend möglich vom wirklichen Leben mitzugeben". Das Gedicht sollte sich vollsaugen mit den „Widersprüchen, Konflikten und Problemen", die uns beschäftigen. Zehn Jahre später, in den Bänden *Die Sommertour* (1983)

Die Sommertour

Midlands, Drinks

und *Midlands, Drinks* (1984), hat sich die Aversion gegen poetische Formstrukturen gelegt.

ULLA HAHN
Herz über Kopf
Spielende
Freudenfeuer
Unerhörte Nähe

ULLA HAHN (geb. 1946), die zwischen 1981 und 1988 vier Lyrikbände veröffentlicht hat – *Herz über Kopf* (1981), *Spielende* (1983), *Freudenfeuer* (1985), *Unerhörte Nähe* (1988) –, greift auf der Suche nach lyrischen Formen – teils in ironischem Ton, der die Verfremdung unterstreicht – auf einfache Strophen- und Liedformen zurück. Die Gedichtbände lesen sich wie ein privates Tagebuch. Die Außenwelt, sie fehlt in diesen Texten oder sie wird schemenhaft nach literarischen Vorbildern zitiert.

Deutsch-deutsche Grenzüberschreitungen

CHRISTA REINIG
Die Steine von Finisterre
Gedichte
Schwalben von Olevano
HELGA M. NOVAK
Die Ballade von der reisenden Anna
Balladen vom kurzen Prozess
Grünheide, Grünheide
Legende Transsib
SARAH KIRSCH
Zaubersprüche

Christa Reinig, Helga M. Novak, Sarah Kirsch, Reiner Kunze und Günter Kunert sind Namen, die ebenfalls repräsentativ für die neue Subjektivität in der Lyrik seit den Siebzigerjahren waren. Gemeinsam ist ihnen, dass sie aus politischen Gründen die DDR verließen oder ausgebürgert wurden. – CHRISTA REINIG (geb. 1926) konnte ihre Gedichte nur vereinzelt in DDR-Anthologien unterbringen. Ihre Lyrik-Bände – *Die Steine von Finisterre* (1960), *Gedichte* (1963), *Schwalben von Olevano* (1969) – erschienen in der Bundesrepublik. Als sie 1964 den Bremer Literaturpreis entgegennahm, blieb sie im Westen. Die sensible Individualität ihrer Erzählgedichte, die sich gegen jede erzwungene Unterwerfung unter einen Totalitätsanspruch wehrte, widersprach der offiziellen Ideologie. Robinson tauchte als Identifikationsgestalt schon in den frühen Gedichten auf: Bewusstsein der Einsamkeit und Möglichkeit der Selbsterfahrung. – HELGA M. NOVAK (geb. 1935) verlor 1966 die DDR-Staatsbürgerschaft. Ihr erster Gedichtband *Die Ballade von der reisenden Anna* erschien 1965 in der Bundesrepublik. Sie schrieb aggressiver als Christa Reinig; ihre Polemik ist direkt und unverhüllt. Sie bevorzugte in ihren politischen Gedichten den Balladenstil Brechts mit einfachen und einprägsamen Formulierungen wie in dem Bericht über einen staatskonformen Lebenslauf *Lernjahre sind keine Herrenjahre* oder sie nahm die Parteidoktrin beim Wort: „ich habe am Ende / eine Frage / wem gehört eigentlich / das Volkseigentum?" *(Einem Funktionär ins Poesiealbum).* Weitere Gedichtbände sind *Balladen vom kurzen Prozess* (1975) – *Grünheide, Grünheide* (1983) und *Legende Transsib* (1985). – SARAH KIRSCH (geb. 1935) verließ 1977 die DDR. Die beiden Zeilen aus dem Gedicht *Im Sommer* – „Wenn man hier keine Zeitung hält / Ist die Welt in Ordnung." – könnten als Motto für alle ihre Gedichte stehen. Sarah Kirsch spricht von Alltäglichem, vom Jahreslauf der Natur; sie entwirft impressionistische Momentaufnahmen, die sehr persönlich getönt sind. Sie verwandelt sich in ihre Umwelt; was sie sieht, das ist sie selbst. Aber diese Naturmetaphern eines ewigen Einklangs leben nur in der Fiktion des Gedichtes – wie Märchen, aus denen Sarah Kirsch immer wieder zitiert. Die *Zaubersprüche* (1973) versagen vor der Wirklichkeit.

Die Verwandlung

Die Landschaft ward nun von
Fliehenden einträchtigen Katzen und
Mäusen bestimmt platzenden
Vogelschwärmen mördrischen tieffliegenden
Festungen aufspritzenden Erdfontänen. *(1985)*

Landaufenthalt

Hundert Gedichte

Landwege

Aus ihren vielen Gedichtbänden seit *Landaufenthalt* (1967) sind 1985 zwei Anthologien erschienen: *Hundert Gedichte* und *Landwege.* Weitere Gedichtbände sind *Schneewärme* (1989), *Erlkönigs Tochter* (1992) und *Bodenlos* (1996). Für ihr Gesamtwerk wurde Sarah Kirsch 1996 mit dem Büchner-Preis geehrt.

Schneewärme

Erlkönigs Tochter

Bodenlos

Die wunderbaren Jahre (1976), kurze Erzählskizzen aus dem Alltag der DDR, durch die REINER KUNZE (geb. 1933) schlagartig in der Bundesrepublik bekannt wurde, durch die er aber auch die Chance verlor, in der DDR veröffentlichen zu können, waren über Jahre durch zunehmende Kritik an dem Widerspruch zwischen sozialistischer Ideologie und real erlebtem Alltag vorbereitet worden. In dem Lyrikband *Widmungen* aus dem Jahre 1963 sprach er in dem Gedicht *In der thaya* von den Angstträumen der Fiebernächte: In der Form einer Fabel – deutlich an Brecht geschult – kritisiert er die kollektive Gleichschaltung, die selbst die Rosen abschaffen will, weil ihre Blätter eine individuelle Vielfalt zeigen. Der Dichter, in dessen Händen die Rose aufblüht, wird als Verräter an der Ordnung denunziert. Kunzes Gedichte sind zwar Gedankenlyrik, aber sie leben aus den Bildern. Anfänglich waren die Bildmetaphern noch erzählend ausgefüllt. In dem Band *Sensible Wege* (1969) nahmen die prägnanten Kurzformen zu:

REINER KUNZE

Die wunderbaren Jahre

Widmungen

Sensible Wege

Rückkehr aus Prag
Dresden frühjahr 1968

Eine lehre liegt mir auf der zunge, doch
zwischen den zähnen sucht der zoll

Eine derart verdichtete Metapher, die sich nicht mehr als Vergleich gibt, ist jedoch ohne historisches Wissen nur noch schwer aufzuschlüsseln. Ansatz- oder Ausgangspunkt der lyrischen Reflexion war für Reiner Kunze immer das persönliche Erlebnis, z. B. die Gespräche mit der Tochter in dem Band *Zimmerlautstärke* (1972). Der erste Lyrik-Band nach der Übersiedlung in den Westen hieß *auf eigene hoffnung* (1981). Die Geographie hat sich erweitert; Post, Brief und Briefmarke – vorher mehrfach auftauchende Metaphern – sind durch die Wirklichkeit ersetzt worden. – GÜNTER KUNERT (geb. 1929) wurde von Bert Brecht, den er 1951 kennen lernte, gefördert. Seit 1950 erschienen seine Erzählprosa und Gedichte in der DDR und in der BRD. Als Kunert sich für Wolf Biermann einsetzte und gegen dessen Ausbürgerung protestierte, wurde er aus der SED ausgeschlossen; 1979 kam er mit einem mehrjährigen Visum in die Bundesrepublik. Der Lyrik-Band *Unterwegs nach Utopia* (1977) durfte in der DDR nicht mehr erscheinen. Der Grund dafür war nicht nur Kunerts Solidarität mit dem Liedermacher Wolf Biermann, sondern auch seine endgültige

Zimmerlautstärke

auf eigene hoffnung

GÜNTER KUNERT

Unterwegs nach Utopia

Absage an den Sozialismus als realisierte oder realisierbare Utopie. Beeinflusst vom französischen Existenzialismus, wurde die Gestalt des Sisyphos, der gegen die Sinnlosigkeit angeht, ohne dass er sie jemals aufheben kann, zum Sinnbild seines Schreibens gegen das Nichts. In der doppelten Bedeutung des Wortes „aufgeben" umschreibt Kunert die Absurdität der menschlichen Existenz in dem Gedicht *Aufgabe;* die Hoffnung, die weiß, dass es kein Ziel außerhalb des Menschen gibt, ist das Trotzdem gegen das Nichts:

Die Hoffnung aufgeben
wie einen Brief ohne Adresse
Nicht zustellbar und
an niemand gerichtet
[...]
Die schwerste Aufgabe ist:
aufgeben können
Wer mit der Hoffnung anfängt
hat seine Lektion schon
gelernt.

Unterwegs nach Utopia bedeutet aber auch, dass der Mensch selbst die Voraussetzungen für eine veränderte, bessere Welt schaffen muss; in dem Gedicht *Unterwegs nach Utopia II* ist dies die geforderte Alternative zur Flucht aus der Verantwortung. Das eigentliche Politikum sind nicht mehr die konkurrierenden Ideologien, sondern die Fragen nach einer ökologischen Überlebenschance: *Abtötungsverfahren* (1980), *Stillleben* (1984), *Fremd daheim* (1990). Wir blicken der Gorgo ins Gesicht und erstarren nicht mehr:

Abtötungsverfahren

Stillleben

Fremd daheim

Spaziergang

Zwischen berieselten Vorgärten
wachsbleichen Automobilen
synthetischen Tulpen
verlierst du dich
in der Betrachtung deines Jahrhunderts.
Zutraulich aber blickt währenddem
aus jedem Fenster
das Haupt einer Gorgone.

Berlin beizeiten

(aus: Berlin beizeiten, 1987)

Exkurs über die Literatur der DDR
(1949–1990)

Literatur und Klassenbewusstsein

In der Sowjetischen Besatzungszone (SBZ) und späteren Deutschen Demokratischen Republik (DDR) war das literarische Leben bis in die Fünfzigerjahre nachhaltig von den zurückkehrenden Emigranten geprägt worden. Die meisten von ihnen hatten schon während der Weimarer Republik veröffentlicht und waren Mitglieder des 1928 gegründeten „Bundes proletarisch-revolutionärer Schriftsteller“ gewesen – wie Bruno Apitz, Erich Arendt, Johannes R. Becher, Willi Bredel, Hans Marchwitza, Ludwig Renn, Anna Seghers, Erich Weinert, Friedrich Wolf u. a. Eine Diskussion über die „Stunde Null“ für die deutsche Literatur im Jahre 1945, über „Kahlschlag“ oder „Inventur“ fand in der SBZ nicht statt; denn man sah in der Kulturarbeit für den neuen Staat eine Fortsetzung sowohl sozialistischer Programme der Zwanzigerjahre als auch des antifaschistischen Kampfes während des Exils. Der am 4. Juli 1945 in Berlin gegründete „Kulturbund zur demokratischen Erneuerung Deutschlands“, dessen erster Präsident Johannes R. Becher wurde, war noch ein gesamtdeutsches Unternehmen, in dem auch bürgerliche Antifaschisten – wenn auch als Minderheit – vertreten waren. Aber die Verständigung hielt auf beiden Seiten nicht lange an; ein Übriges tat die politische Großwetterlage, der Beginn des so genannten „Kalten Krieges“ zwischen den Siegermächten. Ende 1947 wurde der „Kulturbund“ in den Berliner Westsektoren verboten.

Rückkehr der Emigranten

„Kulturbund“

Die politische Führung der SBZ hatte sehr früh die wichtige Rolle der Literatur beim Aufbau des Sozialismus betont. Nach der Theorie der Dialektik zwischen Basis und Überbau sollte der Schriftsteller das neue Klassenbewusstsein beschreiben und in seinen Werken den Fortschritt des Aufbaus der neuen sozialistischen Gesellschaft spiegeln. Kritik am System war nicht erlaubt; nur Abweichungen von der Partei-Ideologie durften angeprangert werden. Die Literatur solle – so hieß es im Kulturprogramm der I. Parteikonferenz der SED im Jahre 1949 – „Arbeitsfreude und Optimismus“ vermitteln. Fritz Erpenbeck, einflussreicher Kulturfunktionär und Sprachrohr Walter Ulbrichts, in dessen Kadergruppe er 1945 nach Berlin zurückgekehrt war, beschrieb im gleichen Jahr die Vorstellungen der Partei folgendermaßen:

> *Ein Kunstwerk kann nur entstehen auf der inhaltlichen Grundlage des gesellschaftlichen Wahren. Mit anderen Worten: ein Werk, das nicht die großen gesellschaftlichen Tendenzen der Realität gestaltet, also den Klassenkampf wahrhaft widerspiegelt, kann niemals ein Kunstwerk sein.*

Aufbauliteratur

In den Jahren bis zur Gründung der DDR überwogen die Programme; die Beispiele für eine Literatur des „sozialistischen Realismus" ließen noch auf sich warten. Die meisten Werke, die bis 1949 erschienen, waren noch Rückblicke auf den antifaschistischen Kampf und auf das Exil. Ein erstes Beispiel für die neue Phase der so genannten „Aufbauliteratur" war die Komödie *Bürgermeister Anna* (1950) von Friedrich Wolf, der schon in den Zwanzigerjahren sozialistische Dramen geschrieben hatte: Eine junge Bürgermeisterin setzt sich gegen alte Strukturen und gegen bürokratische Anlaufschwierigkeiten mit dem Plan für den Bau eines Schulhauses energisch durch.

Friedrich Wolf
Bürgermeister Anna

Bertolt Brecht, der die Bearbeitung und Inszenierung der Bauernkomödie *Katzgraben* (1953) von Erwin Strittmatter ausführlich protokolliert hatte („Katzgraben"-Notate), meinte, sie sei seines Wissens das erste Stück, „das den modernen Klassenkampf auf dem Dorf auf die deutsche Bühne bringt. Es zeigt Großbauer, Mittelbauer, Kleinbauer und Parteisekrektär nach der Vertreibung der Junker in der Deutschen Demokratischen Republik." Strittmatter demonstrierte in dem Stück „sein neues, ansteckendes Lebensgefühl".

Erwin Strittmatter
Katzgraben

Die epische Bilderfolge in vier Akten handelt in den Jahren 1947/48 in dem Dorf Katzgraben. Äußerer Anlass ist die Diskussion um den Bau einer neuen Straße, die das Dorf an die Stadt anbinden und den wirtschaftlichen und kulturellen Austausch verbessern soll. Im Kampf gegen den Großbauern, der das Projekt verhindern will, um seinen Einfluss nicht zu verlieren, lernen die Kleinbauern und die zunächst schwankenden Mittelbauern – sie haben sprechende Namen: Großmann, Kleinschmidt und Mittelländer – den Vorteil eines solidarischen Verhaltens. In dem „Nachspiel" aus dem Jahre 1958 sind die Kleinbauern bereits der Landwirtschaftlichen Produktionsgenossenschaft (LPG) beigetreten und überzeugte Sozialisten geworden. *Katzgraben* war ursprünglich als Auftragsarbeit für die Berliner Weltjugendfestspiele 1951 begonnen worden. Brecht baute es in seiner Inszenierung zu einem optimistischen Lehrstück aus. Das „Nachspiel", das Loblied auf die Kollektivierung der Landwirtschaft, entstand nach seinem Tode.

Eduard Claudius
Menschen an unserer Seite

Eduard Claudius (1911–1976) erhielt für seinen Industrieroman *Menschen an unserer Seite* (1951) noch im Erscheinungsjahr den Nationalpreis der DDR. Der Inhalt geht auf die authentische Geschichte des Maureraktivisten und Helden der Arbeit Hans Garbe zurück, der in einem Berliner Betrieb durch individuelle Planungsinitiative den Zusammenbruch der Produktion verhinderte.

Im Roman heißt er Hans Aehre, eine symbolische Anspielung auf die Ähren im Staatsemblem der DDR. Im Betrieb muss der letzte Ringofen, der während des Krieges nicht zerstört wurde, dringend repariert werden. Dazu müsste er gelöscht werden – und dies bedeutete Produktionsausfall. Hans Aehre entwickelt ein Verfahren, den Ofen auch während der Betriebszeit zu reparieren, damit die Produktion weiterlaufen kann. Er setzt sich gegen den anfänglichen Widerstand der Betriebsleitung und der Kollegen durch. Aehre wird als ein klassenbewusster Arbeiter dargestellt, der sich für das Kollektiv verantwortlich fühlt. Er war der neue Typ des Helden in der DDR-Literatur.

Heiner Müller
Der Lohndrücker

Heiner Müller übernahm in seinem Theaterstück *Der Lohndrücker* (1958) wichtige Handlungselemente aus dem von Eduard Claudius behandelten Stoff. Er verlegte den Schwerpunkt auf die Umerziehung der noch nicht klassenbewussten Arbeiter durch den Ofenmaurer Balke, der durch sein Vorbild den Kollegen ein neues Bewusstsein vorlebt.

Nach den Vorstellungen der Partei sollten die Gestalten in der Literatur Vorbildcharakter für die arbeitende Bevölkerung haben. Die Literatur stand im „sozialistischen Realismus" im Dienste des Aufbaus einer sozialistischen Gesellschaftsordnung. Literatur hatte verständlich zu sein. Der Inhalt, die Handlung, die notwendige positive Perspektive auf die Zukunft – sie waren wichtiger als Fragen der ästhetischen Gestaltung. Die authentische Widerspiegelung der gesellschaftlichen Realität durfte nicht durch literarische Experimente verstellt werden. Deshalb fand auch in der SBZ und späteren DDR kaum eine Rezeption moderner westlicher Literatur statt, ganz im Unterschied zu den Westzonen und der späteren BRD. Kunst, die über einen simplen Wiedererkennungseffekt hinausging, wurde mit dem Etikett „Formalismus" belegt und abgelehnt. 1951 forderte das Zentralkomitee der SED zum Kampf gegen „die Herrschaft des Formalismus in der Kunst" auf. Formalismus wurde folgendermaßen definiert:

„sozialistischer Realismus"

> *Der Formalismus bedeutet Zersetzung und Zerstörung der Kunst selbst. Die Formalisten leugnen, dass die entscheidende Bedeutung im Inhalt, in der Idee, im Gedanken des Werkes liegt. Nach ihrer Auffassung besteht die Bedeutung eines Kunstwerkes nicht in seinem Inhalt, sondern in seiner Form. Überall, wo die Frage der Form selbstständige Bedeutung gewinnt, verliert die Kunst ihren humanistischen und demokratischen Charakter.*

Dem Verdikt gegen den Formalismus seitens der offiziellen Kulturpolitik lag die Ansicht zugrunde, Kunst müsse in erster Linie belehren, Wege weisen, eine didaktische Funktion beim Aufbau der neuen Gesellschaft haben. Das zeigte auch die Diskussion um die Themenwahl. Unzufrieden mit der nur zögernden Bereitschaft der Schriftsteller, aufmunternde Beispiele aus dem Alltag der DDR zu gestalten, lancierte die Partie eine „spontane" Diskussion in ihrem Sinne: Kumpel aus dem Braunkohlerevier wandten sich 1955 in einem offenen Brief an die Schriftsteller.

> *Wir möchten mehr Bücher über den gewaltigen Aufbau, der sich auf allen Gebieten der Deutschen Demokratischen Republik vollzieht, über das Schaffen und Leben der Werktätigen. Schreiben Sie und gestalten Sie den werktätigen Menschen so, wie er ist, von Fleisch und Blut, wie er arbeitet, liebt und kämpft, zeigen Sie ihn, den Enthusiasmus, unsere Leidenschaft und das große Verantwortungsbewusstsein, das die Arbeiter im Kampf um das Neue beseelt.*

Damit die Entwicklung nicht mehr dem Zufall überlassen bliebe, wurde 1955 in Leipzig ein „Literaturinstitut" für schreibende Arbeiter gegründet. Es hatte den Rang einer künstlerischen Hochschule; 1959 wurde es nach Johannes R. Becher benannt. In diesem Institut wurden Arbeiter über den zweiten Bildungsweg zu Schriftstellern ausgebildet. Die kompromisslose Ausrichtung auf den sozialistischen Realismus wurde später unter dem Namen „Bitterfelder Weg" bekannt. Selbst im Rahmen der Diskussion um das bürgerlich-humanistische Erbe als Teil der fortschrittlichen Nationalliteratur wurden Vorschläge zu einer Koexistenz zwischen kritischem (bürgerlichem) und sozialistischem Realismus als „Revisionismus" bekämpft.

Der Bitterfelder Weg

In einer Kulturkonferenz des Zentralkomitees der SED im Oktober 1957 wurde in mehreren Thesen der sozialistische Realismus als „die neue schöpferische Methode der sozialistischen Kunst“ deklariert und seine Überlegenheit gegenüber der „kapitalistischen Dekadenz“ im Westen unterstrichen. Das immer deutlichere dirigistisch-dogmatische Eingreifen der Parteiorgane in der Literaturdiskussion hatte seine Gründe auch in den politischen Ereignissen von 1956 (Niederschlagung der Aufstände in Polen und Ungarn); ideologische Abweichungen sollten schon in ihren Ansätzen unterbunden werden. – Für 1959 hatte der Mitteldeutsche Verlag Halle seine Autoren zur Jahrestagung nach Bitterfeld eingeladen. Aus Anlass eines Preisausschreibens sollte über die literarische Gestaltung des sozialistischen Aufbaus gesprochen werden. Die Tagung gewann eine besondere Bedeutung, weil neben vielen Kulturfunktionären auch Walter Ulbricht anwesend war und eine programmatische Rede hielt. Ulbrichts Forderungen, sich in der Literatur mehr auf die sozialistische Wirklichkeit zu konzentrieren und vor Ort zu recherchieren – „Wir sind der Meinung, dass die Probleme der Gegenwart niemand besser gestalten kann als der Schriftsteller oder der Werktätige, der dieses neue Leben, die Neugestaltung dieses Lebens miterlebt und mit um die Neugestaltung kämpft.“ –, diese Forderungen wurden Inhalt der Konferenzbeschlüsse: Die Arbeiter sollten selbst zur Feder greifen und über ihre Erfahrungen schreiben. Der Staat sollte besonders jene Autoren fördern, die sich „die literarische Gestaltung von Problemen der sozialistischen Umwälzung in der DDR zum Thema nehmen“. Zum Schlagwort wurde der Appell des Altkommunisten Alfred Kurella: „Kumpel, greif zur Feder – die sozialistische Nationalkultur braucht dich!“

„Kumpel, greif zur Feder –“!

Das Drama bis in die frühen 60er-Jahre

Brecht und das „Berliner Ensemble“

Für das Theater der DDR wurde Bert Brecht der große Lehrmeister. Brecht hat zwar Stücke der so genannten „Aufbau-Phase“ wie Strittmatters *Katzgraben* inszeniert, selbst aber mied er in seinen Stücken den unmittelbaren Kontakt mit dem Alltag der DDR. Er wich auf die Geschichte *(Die Tage der Commune)* oder die Parabel *(Der kaukasische Kreidekreis)* aus und bearbeitete Stücke von Lenz *(Der Hofmeister),* Shakespeare *(Coriolan)* oder Molière *(Don Juan).* Sein – noch in der Verfremdung – aktuellstes Stück war vielleicht die Bearbeitung des *Coriolan.* In diesem Stück wurde die Dialektik der Klassenkämpfe, konkret: der gesellschaftliche Umbruch in der DDR, mit Hilfe einer römischen Sage erklärt. In der Formalismus-Diskussion widersprach Brecht zwar nicht der Parteidoktrin, er wehrte sich aber mit dem Formalismus auch Fragen der künstlerischen Form zu verwerfen: „In der Kunst spielt die Form eine große Rolle. Sie ist nicht alles, aber sie ist doch so viel, dass Vernachlässigung ein Werk zunichte macht.“ (Aus: *Was ist Formalismus?)*

Lehrstücke für die Parteiarbeit

Brecht starb 1956; er konnte sich gegen grobklotzige Nachahmer nicht mehr wehren. Zu ihnen gehörte Helmut Baierl (geb. 1926), den Walter Ulbricht in seiner Bitterfelder Rede lobend erwähnte, weil seine Werke ein Beispiel dafür seien, dass „die Gegenwartsthematik die Bühne erobern kann“. Baierl war Absolvent des Leipziger „Literaturinstituts“; von 1959 bis 1967 arbeitete er im „Berliner Ensemble“ mit. Das Stück, das ihm Ulbrichts Lob eingetra-

Helmut Baierl

Die Feststellung

gen hat, war das Lehrstück zur Agrar-Kollektivierung *Die Feststellung* (1958). Streng nach der brechtschen Theorie der Lehrstücke werden als Spiel im Spiel und durch Rollentausch die Gründe dargestellt, warum der Mittelbauer Finze zunächst geflohen, dann in die DDR zurückgekehrt ist und um Aufnahme in die LPG (Landwirtschaftliche Produktionsgenossenschaft) gebeten hat. Das obligatorische Happy-End sollte die staatlichen Maßnahmen ideologisch rechtfertigen.

Heinar Kipphardt
Shakespeare dringend gesucht

Heinar Kipphardt gab 1959 seinen Posten als Chefdramaturg am Deutschen Theater in Ost-Berlin auf und wechselte nach Düsseldorf; der Vorwurf revisionistischer Tendenzen war auch gegen ihn erhoben worden. Sein Lustspiel *Shakespeare dringend gesucht* (1953) war eine sehr leicht durchschaubare Satire auf die staatliche Kulturerwartung und ideologische Sollerfüllung; die Suche nach dem systemkonformen, idealen Staatsautor über einen öffentlich ausgeschriebenen Wettbewerb – damit beginnt das Stück – gab Anlass genug, die offizielle Kulturpolitik mit deren eigenem Vokabular durch übertriebene Zustimmung zu ironisieren. Das Stück wurde in der DDR ein Publikumserfolg.

Heiner Müller
Der Lohndrücker
Die Korrektur
Die Umsiedlerin
Der Bau

Heiner Müller (1929–1995) hat in seinen frühen Stücken mit kritischer Sympathie die Entwicklung in der DDR kommentiert. Im Ergebnis zustimmend, stellte er aber auch Rückschläge und Schwierigkeiten dar, die der Schwerfälligkeit des staatlichen Organisationsapparates anzulasten waren. Die beiden Lehrstücke *Der Lohndrücker* (vgl. S. 468) und *Die Korrektur*, Szenen aus der „Aufbau-Phase“ der DDR, wurden 1958 ohne Abstriche aufgeführt. Weitere Stücke aber wie *Die Umsiedlerin* (1961) oder *Der Bau* (1965, nach dem Roman *Spur der Steine* von Erik Neutsch) wurden entweder nach der Uraufführung oder schon während der Proben abgesetzt. Heiner Müllers realistisches Abbild der objektiven Verhältnisse war den Kulturfunktionären zu realistisch, d. h. nicht im Sinne des propagierten Aufbau-Optimismus. Dem Vorbild seines Lehrmeisters Brecht folgend, entschied sich Heiner Müller nach diesen Maßregelungen für historische Stoffe oder für Bearbeitungen klassischer Werke.

Peter Hacks

Peter Hacks (geb. 1928) hatte in München Literatur- und Theaterwissenschaft studiert. Mit seinem historischen Stück über Christoph Columbus: *Eröffnung des indischen Zeitalters* (1955) gewann er 1954 den Wettbewerb für junge Autoren der Stadt München. Dieses und auch die anderen historischen Stücke – *Das Volksbuch vom Herzog Ernst* (entstanden 1953) und *Der Müller von Sanssouci* (1958) – sind epische Lehrbeispiele im Stile des brechtschen Theaters. Ihre ideologische Grundlage ist die marxistische Geschichtsanalyse; nicht der einzelne Held, sondern der Widerstreit der Klasseninteressen bestimme den Verlauf der Geschichte. 1955 übersiedelte Peter Hacks nach Ost-Berlin; er arbeitete mit dem Berliner Ensemble zusammen und war 1960 bis 1963 Dramaturg am Deutschen Theater. Mit zwei Zeitstücken beteiligte er sich am „Bitterfelder Weg“; beide Stücke wurden heftig diskutiert und von den Kulturideologen kritisiert. Schließlich wurde Peter Hacks gezwungen von seinem Posten als Dramaturg zurückzutreten.

Die Sorgen und die Macht

Dabei hatte sich Peter Hacks für sein erstes Zeitstück *Die Sorgen und die Macht* (1958, Überarbeitungen 1960 und 1962) vor Ort informiert. Anlass war ein ausgeschriebener Wettbewerb für Stücke aus der Arbeitswelt der DDR. Hacks wählte ein heikles Thema, das sehr aktuell war: den Zwang, das staatlich gesetzte Plansoll zu erreichen oder gar zu überbieten, d. h. die Quantität ging oft zu Lasten der Qualität. Im Stück wird der Konflikt exemplarisch an zwei Firmen vorgeführt. Die Brikettfabrik hat ihr Soll übererfüllt, die Arbeiter verdienen überdurchschnittlich. Aber:

> *Natürlich taugt das Zeug nichts. Aktivistenarbeit. Ich sage dir doch: Sozialismus ist, wenn man jeden Dreck los wird.*
> *(Max Fidorra, Brikettarbeiter)*

Die Glashütte kann ihr Soll nicht erreichen, weil das gelieferte Heizmaterial nichts taugt; die Glasarbeiter verdienen schlecht. Als dies der Parteileitung bekannt wird, ruft sie zu einem internen Qualitätswettbewerb zwischen den Brigaden der Brikettfabrik auf. Nach einigen Widerständen und Rückschlägen stellt sich zwar das sozialistische Happy-End ein – es wird qualitativ besser und rentabler gearbeitet ohne quantitative Einbußen –, aber der gute Schluss resultiert nicht aus ideologischer Bewusstseinsschulung, sondern aus wirtschaftlichem Kalkül; die Mehrzahl der Arbeiter hat schließlich mitgemacht, weil sie dabei auch Vorteile für sich selbst sah. Dies war für die Kulturfunktionäre zu wenig; kein Stück – und dazu nicht gerade das beste – ist in der DDR so ausführlich besprochen und auf seine ideologische Substanz abgeklopft worden wie *Die Sorgen und die Macht.* – Auch das zweite Zeitstück: *Moritz Tassow* (1965), als Komödie deklariert, wurde nach einigen Aufführungen vom Spielplan abgesetzt. *Moritz Tassow* ist die Geschichte eines kommunistischen Utopisten, der nach dem Zusammenbruch der Nazi-Herrschaft auf einem Gut in Mecklenburg gleich das Endstadium der klassenlosen Gesellschaft in der „Kommune 3. Jahrtausend" verwirklichen möchte; die absolut repressionsfreie Gesellschaft, in der jeder sich aus Lust um das Gemeinwohl kümmert. Doch diese anarchistische Wunschprojektion scheitert ganz einfach an der Faulheit der Kommunarden.

Moritz Tassow

Erzählprosa bis in die Sechzigerjahre

Stephan Hermlin
Die Zeit der Gemeinsamkeit

Ludwig Renn
Der spanische Krieg

Franz Fühmann
Kameraden
Das Judenauto

Dieter Noll
Die Abenteuer des Werner Holt

Bruno Apitz
Nackt unter Wölfen

Jurek Becker
Jakob der Lügner

Bis weit in die Fünfzigerjahre waren antifaschistischer Widerstand, Exil und Krieg noch wichtige Themen der Erzählprosa: die Hinwendung zu Themen der Aufbau-Phase in der DDR begann sehr zögernd, wenn man von der trivialen Beifallsliteratur absieht. Neben Anna Seghers und Arnold Zweig sind zu nennen: Stephan Hermlin (1915–1997) mit Erzählungen aus der Emigrationszeit *Die Zeit der Gemeinsamkeit* (1950), Ludwig Renn (1889–1979) mit seinem autobiographischen Bericht *Der spanische Krieg* (1955), Franz Fühmann (1922–1984) mit der Novelle *Kameraden* und dem Erzählband *Das Judenauto* (1962), Dieter Noll (geb. 1927) mit dem politischen Entwicklungsroman über seine eigene Generation *Die Abenteuer des Werner Holt* (1960 und 1963). Das erfolgreichste Werk wurde der Roman über das KZ Buchenwald *Nackt unter Wölfen* (1958) von Bruno Apitz (1900–1979); es wurde in alle Weltsprachen übersetzt. Jurek Becker (1937–1997) erzählte in seinem Roman *Jakob der Lügner* (1968) die Geschichte von Jakob Heym, der durch erfundene Nachrichten über den erfolgreichen Vormarsch der Russen seinen Leidensgenossen im Ghetto Mut geben wollte.

ERWIN STRITTMATTER
Ochsenkutscher

Der Fortsetzungsabdruck des Romans *Ochsenkutscher* von ERWIN STRITTMATTER (1912–1994) wurde 1950 in der „Märkischen Volksstimme“ mit folgendem Vorspann eingeleitet:

> *Der Roman behandelt die Bodenreform, obwohl darin noch kein Wort zu lesen ist. Als der Verfasser begann die Durchführung der Bodenreform in Romanform zu kleiden, fand er, dass er ihre Notwendigkeit durch ein Zurückgreifen auf die Zeit besser würde sichtbar machen können, in der sie für die Menschen, die den Roman „Ochsenkutscher“ bevölkern, noch ein Traum war.*

Ochsenkutscher war nach der offiziellen Sprachregelung ein „Erinnerungsbuch“. Strittmatter hatte den Roman bereits 1945 abgeschlossen und bis zur Veröffentlichung nur noch geringfügig überarbeitet. In dem Roman werden die Jugend und die ersten Berufsjahre des Gutsarbeitersohns „Lope“ Kleinermann auf einem Gutshof in der Niederlausitz während der Weimarer Republik bis zum Beginn des Dritten Reiches erzählt. Lope, 1912 im gleichen Jahr wie sein Autor geboren, bestimmt die jeweilige Beobachtungsperspektive. Korrigiert und belehrt wird er von einem allwissenden Erzähler, der die Zusammenhänge herstellt. Sehr früh erfährt Lope, was es heißt, arm zu sein; er sieht die krassen Unterschiede zwischen Arm und Reich. Die politischen Umwälzungen Anfang der Dreißigerjahre wirken sich auch im Dorf und auf dem Gut aus. Aber die Ereignisse werden noch individualgeschichtlich vorgeführt, als Rivalitäten zwischen einzelnen Gestalten – ohne einen normativen gesellschaftstheoretischen Hintergrund. Trotzdem wurde der Roman von der Kritik gelobt; denn Strittmatter kam aus dem Volk. Er war Sohn eines Bäckers und Kleinbauern.

Ole Bienkopp

Ein Vordenker und Wegbereiter der Kollektivierung der Landwirtschaft ist in Strittmatters sozialistischem Dorfroman *Ole Bienkopp* (1963) der gleichnamige Held. Noch bevor die Partei an Landwirtschaftliche Produktionsgenossenschaften denkt, bringt Ole Hansen, genannt Ole Bienkopp, die Kleinbauern dazu, sich zusammenzuschließen, um gemeinsam Maschinen anzuschaffen und so gegenüber den Großbauern konkurrenzfähig zu bleiben. Später übernimmt die Partei Hansens Idee; aber Hansen kommt mit dem schwerfälligen Verwaltungsapparat, der auch falsche Entscheidungen auslöst, nicht zurecht. Hansen kämpft für eine sozialistische Ordnung, aber er will sie nicht auf Dogmen, sondern auf vernünftiger Planung aufbauen. Er gerät mit der Parteileitung in Konflikt, wird als Vorsitzender der LPG abgesetzt. Am Schluss stirbt er in geistiger Verwirrung – fast als Märtyrer seiner Idee. Der Roman war in der DDR nicht unumstritten; denn er ging mit parteidogmatischen Verwaltungsexzessen ins Gericht. Aber der Optimismus, dass sich trotz einzelner Rückschläge oder Fehlentscheidungen die sozialistische Entwicklung nicht mehr aufhalten lasse, ließ dann doch die Kritik verstummen.

FRANZ FÜHMANN

FRANZ FÜHMANN (1922–1984) zog 1939 als überzeugter Nationalsozialist in den Krieg und kam 1949 als überzeugter Sozialist aus der Kriegsgefangenschaft zurück. Obwohl er erzählerische Kleinformen bevorzugte, gingen seine Themen über den Moment hinaus. Die kritische Aufarbeitung der jüngsten Vergangenheit *(Kameraden, Das Judenauto)* und in seinem letzten Erzählband *Saiäns-Fiktschen* (1981) die Frage eines Überlebens im Konflikt der beiden Machtblöcke be-

Saiäns-Fiktschen

schäftigten ihn mehr als Auseinandersetzungen mit dem Alltag der DDR. Eine Ausnahme bildet die Industriereportage, nach Recherchen vor Ort, *Kabelkran und Blauer Peter* (1961) über die Arbeit auf einer Werft; sie war Fühmanns Beitrag zum Bitterfelder Programm. Fühmann verfiel in seinem Bericht nicht in einen Aufbau-Optimismus; er beobachtete genau und beschrieb auch Widersprüche, die mehr waren als das, was im Wortschatz der DDR „nichtantagonistische Widersprüche" genannt wurde, d. h. Schwierigkeiten, die nicht grundsätzlicher Art sind und nicht aus dem System selbst resultieren. Franz Fühmann hielt das Bitterfelder Programm für literaturfeindlich; denn die Bekundung einer ideologiekonformen Gesinnung am aktuellen Stoff ist noch keine Garantie für Qualität. 1976 gehörte er zu den Unterzeichnern eines Protestbriefes gegen die Ausbürgerung von Wolf Biermann.

Kabelkran und Blauer Peter

JOHANNES BOBROWSKI

JOHANNES BOBROWSKI (1917–1965) aus Tilsit an der Memel schloss sich während seines Studiums in Berlin der Bekennenden Kirche an; sein Widerstand gegen den Nationalsozialismus war religiös motiviert. 1949 kam er aus der Kriegsgefangenschaft zurück und wurde Lektor in Ost-Berlin. Seine Romane erschienen, als er sich durch seine Gedichte bereits einen Namen erworben hatte. Mit seiner Erzählprosa wollte er versuchen „das unglückliche und schuldhafte Verhältnis des deutschen Volkes zu seinen östlichen Nachbarvölkern bis in die jüngste Vergangenheit zum Ausdruck zu bringen und damit zur Überwindung revanchistischer Tendenzen beizutragen". In dem Roman *Levins Mühle* (1964) geht der Erzähler den Spuren seines Großvaters nach, der während der Kaiserzeit im damals zu Preußen gehörenden Culmer Land ein reicher Mühlenbesitzer war. Extrem nationalistisch eingestellt und von der Überlegenheit der Deutschen über Polen, Juden und Zigeuner überzeugt, setzt er seinem Konkurrenten, dem Juden Levin, die Mühle unter Wasser und hängt ihm später auch noch eine Brandstiftung an. Die Armen und Unterdrückten kommen nicht zu ihrem Recht, weil die Richter wie der Großvater denken; aber sie schließen sich zusammen und wehren sich. Es ist dies eine Beispielgeschichte, die überall und auch später geschehen könnte. – Der zweite Roman, *Litauische Claviere* (1966), handelt in den Jahren vor dem Zweiten Weltkrieg in Bobrowskis Heimat. Hintergrund sind die von den Nationalsozialisten provozierten Konflikte im Zusammenleben der Volksgruppen im litauischen Grenzgebiet.

Levins Mühle

Litauische Claviere

Lyrik bis in die frühen 60er-Jahre

Bestimmend für die Entwicklung der Lyrik in der DDR – abseits von der staatlichen Auftragslyrik zum Lob der Partei und des Sozialismus – waren die Gedichte von Bertolt Brecht und Peter Huchel. Johannes R. Becher wurde zwar der erste Minister für Kultur und war in der Diskussion um die Aufgaben der Lyrik im Sozialismus stets präsent, aber sein Beitrag bestand mehr in der Entdeckung und Förderung junger Talente, als dass von seinen späten Gedichten Impulse ausgegangen wären. Brechts Einfluss ging von seinem Gesamtwerk aus, von den Balladen der *Hauspostille* (1927) bis zu den *Buckower Elegien* (1953).

PETER HUCHEL

PETER HUCHEL (1903–1981) leitete und prägte von 1949 bis 1962 als Chefredakteur die Literaturzeitschrift „Sinn und Form". Huchel verschaffte ihr internationales Ansehen; er setzte Qualitätsmaßstäbe über ideologische Streitfragen. Deshalb warf man ihm eine „revisionistische" Tendenz zur „ideologischen Koexistenz" zwischen bürgerlicher und sozialistischer Literatur vor; er wurde gezwungen vom Posten des Chefredakteurs zurückzutreten. 1971 durfte er aus der DDR ausreisen. Außer dem Sammelband *Gedichte* (1948) erschienen Huchels Gedichte in der DDR nur in Einzelabdrucken. Die Bände *Chausseen Chausseen* (1963), *Die Sternenreuse* (1967), *Gezählte Tage* (1972) und *Die neunte Stunde* (1979) erschienen in westdeutschen Verlagen. Die Natur als bewohnte Landschaft, genau beobachtet und beschrieben, ohne dass Beobachter und Natur in eins gehen, war schon der Inhalt seiner frühen Gedichte, die in den Zwanzigerjahren entstanden. Ihr Ort ist die märkische Landschaft, ihre Gestalten, die Menschen, die dort leben und arbeiten. Natur war für Huchel keine magische Chiffre für eine innere Allverbundenheit des Seins; er benutzte, was er sah, zu Metaphern, vor allem in seinen späteren Gedichten. Die Isolation, die er erfahren musste, und der Gegensatz zwischen schöpferischem Leben und lähmender Kälte verbildlichen sich zum vereisten Fluss:

Gedichte

Chausseen Chausseen

Die Sternenreuse

Gezählte Tage

Die neunte Stunde

Ich stand auf der Brücke,
Allein vor der trägen Kälte des Himmels.
Atmet noch schwach,
Durch die Kehle des Schilfrohrs
Der vereiste Fluss? (*Winterpsalm, Schluss*)

Das Naturgedicht verwandelte sich in ein Zeitgedicht aus Naturbildern. Die Naturbilder der späten Gedichte spiegeln nicht mehr die soziale Geborgenheit der frühen Gedichte, überall steht ein „Noch" oder ein Fragezeichen angesichts der absterbenden Natur, die der anonymen Gewalt ausgesetzt ist: „Sie gaben Befehl, die Wurzel zu roden." Dieser Satz steht in dem Gedicht *Der Garten des Theophrast*, das Huchel im letzten von ihm gestalteten „Sinn-und-Form"-Heft veröffentlichte. Er war – damals – nicht ökologisch, sondern politisch gemeint.

Johannes Bobrowski

Peter Huchel veröffentlichte 1954 in der Zeitschrift „Sinn und Form" Gedichte von Johannes Bobrowski. Bobrowski sah wie Huchel die Natur als eine historische Landschaft, die erst in ihrer Beziehung zu den Menschen beschreibbar wird, und mit gutem Grund konnte er sich dabei auch schon auf Klopstock und Hölderlin berufen. Seine Gedichte erschienen, noch vor den Romanen, in zwei Sammelbänden, die auf ihn aufmerksam machten: *Sarmatische Zeit* (1961) und *Schattenland Ströme* (1962). Wie die Romane und Erzählungen sind auch die Gedichte ein Anschreiben gegen die „Vergesslichkeit" und gegen das Verdrängen historisches Schuld:

Sarmatische Zeit

Schattenland Ströme

Leute, ihr redet: Vergessen –
Es kommen die jungen Menschen,
ihr Lachen wie Büsche Holunders,
Leute, es möchte der Holunder
sterben
an eurer Vergesslichkeit. (*Holunderblüte, Schluss*)

Das Ende des Bitterfelder Weges

Ende April 1964 trafen sich Politiker und Schriftsteller zur zweiten Bitterfelder Konferenz. Hans Bentzien, Minister für Kultur, und Walter Ulbricht, Vorsitzender des Staatsrates, lobten in langen Grundsatzreferaten die Ergebnisse des Bitterfelder Weges und die Entwicklung einer eigenen „sozialistischen Nationalkultur" in der DDR. Aber diesem euphorischen Rückblick stimmten nicht alle Schriftsteller zu; denn die thematische Festlegung auf Erfolgsmeldungen aus dem Produktionsprozess und das ideologische Korsett, sich auf „nichtantagonistische Widersprüche" zu beschränken, boten keinen Freiraum für eine kiritische Gesellschaftsanalyse.

Die Partei forderte eine positive Perspektive im Inhalt wie in der ästhetischen Gestaltung; jegliche Abweichung vom „sozialistischen Realismus" wurde pauschal als „Formalismus", als Annäherung an bürgerliche Dekadenz verurteilt. Das Ergebnis war dementsprechend; und dagegen wandten sich während der Konferenz und in den nächsten Jahren viele Schriftsteller. Die Konferenz war in ihrem Ergebnis ein Abgesang auf den Bitterfelder Weg. Erwin Strittmatter, mehrfacher Nationalpreisträger, sagte in seinem Beitrag: „Aber der Stoff ist noch kein Anzug." Und Christa Wolf warf der Literaturkritik vor, sie schreibe für „irgendwelche in der Einbildung vorhandene höhere Instanzen, die sich dazu freundlich äußern sollten."

Rückgriff auf Mythos, Geschichte und literarische Vorlagen als Protest und Alternative

Nicht durch ihre Bitterfelder Stücke, sondern durch historische Komödien und Bearbeitungen literarischer Vorlagen wurden Peter Hacks und Heiner Müller international bekannt; viele ihrer Stücke wurden erfolgreich auch außerhalb der DDR aufgeführt. Obwohl beide ihren Beitrag zum Bitterfelder Weg geleistet hatten, waren sie wegen kritischer, nicht nur optimistischer Passagen in ihren Stücken gemaßregelt worden. Der Rückgriff auf mythische und historische Stoffe und auf Vorlagen aus der klassischen Literatur war aber nicht einfach ein Ausweichen vor der Zensur in die Unverbindlichkeit; ganz im Sinne der brechtschen Verfremdung und Historisierung konnten vor dem Hintergrund zunächst nicht aktueller Stoffe Gegenwartsfragen exemplarisch untersucht und dargestellt werden.

Peter Hacks

Peter Hacks' Kritik am Bitterfelder Programm bezog sich nicht so sehr auf Themenwahl und ideologische Ausrichtung, sondern viel eher auf ästhetische Aspekte, denn die allzu enge Auslegung des sozialistischen Realismus und der mit ihm verbundenen Widerspiegelungstheorie barg die Gefahr einer literarischen Trivialisierung. Peter Hacks betonte immer wieder die ästhetische Eigenständigkeit der Kunst; Theater sollte Theater sein. Bewusst setzte er für seine Musterstücke einer „sozialistischen Klassik" den Vers und eine akzentuierte Bühnensprache ein. Hacks hat unter anderem Stücke von Aristophanes (*Die Vögel,* 1981) und von Goethe (*Das Jahrmarktsfest zu Plundersweilern,* 1975) bearbeitet und seine Lieblingskomödie *Margarete in Aix* (1969) in enger Anlehnung an Shakespeares Dramenstil geschrieben. *Amphitryon* (1968), *Omphale* (1970) und *Adam und Eva* (1973) sind aktualisierte Mythen.

Ein Gespräch im Hause Stein . . .

Ein Gespräch im Hause Stein über den abwesenden Herrn von Goethe (1976) ist ein langer Monolog der Frau von Stein über ihre Beziehungen zu Goethe.

Heiner Müller

Nach der Absetzung seiner zeitkritischen „Produktionsstücke" und nach dem Ausschluss aus dem Schriftstellerverband bearbeitete Heiner Müller seit 1964, wie Peter Hacks, für mehrere Jahre antike Stücke (*Philoktet,* nach Sophokles, 1964) oder Werke Shakespeares (*Macbeth,* 1971) und bevorzugte antike Sagen- und Geschichtsstoffe zur Darstellung seines Gesellschaftsbildes (*Herakles,* 1966; *Der Horatier,* 1969). Mit der Szenenfolge *Germania Tod in Berlin* (1971) wandte er sich dann wieder der deutschen Gegenwart in Ost und West zu. 1985 erhielt er den Büchner-Preis (BRD), 1986 den Nationalpreis der DDR. Die Verleihung des Büchner-Preises spiegelt die Präsenz Müllers auf den westdeutschen Bühnen wider – mehrere Stücke von ihm wurden in der Bundesrepublik uraufgeführt oder nur auf westdeutschen Bühnen inszeniert –, und die Verleihung des Nationalpreises der DDR war eine Art der Wiedergutmachung gegenüber dem Autor, der die gesellschaftliche Realität zwar kritisch analysierte, aber am Sozialismus unbeirrt festhielt und das Ziel der Revolution über das Schicksal des Einzelnen stellte: Das Lehrstück *Mauser* (1975), nach einer Episode aus dem Roman *Der stille Don* von Michail Scholochow, geht in seiner radikal-revolutionären Konsequenz noch über Brechts Lehrstück *Die Maßnahme* hinaus. Trotzdem lässt sich Heiner Müller, der zuerst und vor allem mit und auf der Bühne experimentiert, nicht auf eine einzige Interpretationslinie des historischen Weltprozesses festlegen. Neben der radikal-revolutionären Position in dem Stück *Mauser* wird in der *Hamletmaschine* (1977), einer sehr freien Umarbeitung des alten Stoffes, der Rückzug aus der Geschichte in die Individualität, in den Verzicht auf historische Wirksamkeit, zumindest diskutiert. Dies ist ein Ansatz, die dialektische Zwangsläufigkeit historischer Prozesse, die Hoffnung auf Aufhebung der Gegensätze nun ebenfalls radikal zu überdenken. Hamlet möchte die Voraussetzungen der Konflikte, in und mit denen er lebt, rückgängig machen, gleichsam seine eigene Geschichte aufheben. Doch dies bleibt nur eine theatralische Utopie, ein Spiel auf dem Theater.

Hamletmaschine

Als STEFAN HEYM (geb. 1913) 1952 nach einem Aufenthalt in Prag nicht in die USA zurückkehrte, sondern sich in der DDR niederließ, hatte er bereits ein wechselvolles Emigrantenschicksal und eine journalistische bzw. literarische Karriere hinter sich. Amerika hatte er aus Protest gegen die antikommunistische Hetze unter McCarthy verlassen.

STEFAN HEYM

Aber schon bald geriet Stefan Heym als unabhängiger Geist und kritischer Beobachter des dogmatischen Sozialismus in der DDR auch mit der SED-Führung in Konflikt. Werke, die in der DDR nicht veröffentlicht werden durften, ließ er in der BRD erscheinen. 1976 gehörte er zu den Unterzeichnern, die gegen die Ausbürgerung Wolf Biermanns protestierten. 1979 wurde er aus dem Schriftstellerverband der DDR ausgeschlossen. Obwohl man ihm immer wieder nahelegte die DDR zu verlassen, lebte Heym, wenn auch mit einem Langzeitvisum für Reisen in den Westen, weiterhin in Ost-Berlin. Werke aus Stefan Heyms amerikanischer Exilzeit sind der Roman *Hostages* (1942, dt. *Der Fall Glasenapp,* 1958) über eine Geiselaffäre in Prag während der nationalsozialistischen Besatzungszeit, der antifaschistische Kriegsroman *Crusaders* (1948, dt. *Der bittere Lorbeer,* 1950), der Roman *The Eyes of Reason* (1951, dt. *die Augen der Vernunft* 1955) über die Nachkriegsentwicklung in der Tschechoslowakei und *Goldsborough* (1953), ein romanhafter Bericht über den amerikanischen Bergarbeiterstreik in Pennsylvania 1949/50

Schatten und Licht

1960 erschienen in Leipzig Heyms Erzählungen *Schatten und Licht;* sie waren kritisch zustimmende Skizzen über den Alltag in der DDR, ohne das Wirtschaftsgefälle zwischen West und Ost auszuklammern. Selbst das Problem der Republikflucht war nicht tabu. Aber die Tole-

Die Papiere des Andreas Lenz

Lasalle

Die Schmähschrift

Der König David Bericht

5 Tage im Juni

Schwarzenberg

ranz der staatlichen Zensur, auch Werke abseits des Bitterfelder Weges erscheinen zu lassen, hielt nicht lange an. Nach dem romanhaften Bericht über den Aufstand 1849 in Baden: *Die Papiere des Andreas Lenz* (1963) konnte der biographische Roman *Lassalle* (1969) zunächst nur in der Bundesrepublik erscheinen. Stefan Heym hatte den Fehler begangen, eine für die SED-Führung historische Unperson in ihrem zeitgeschichtlichen Kontext darzustellen und sich über Lassalles Verurteilung durch Marx hinwegzusetzen. In einem satirischen Glanzstück machte sich Heym über die Zurechtweisung durch die DDR-Zensur anschließend Luft; Heym verbarg sich in der historischen Erzählung *Die Schmähschrift* (1970) hinter der Gestalt Daniel Defoes, der 1703 wegen einer satirischen Schmähschrift an den Pranger gestellt und zu einer Geldstrafe verurteilt worden war. Die Erzählung erschien in der Schweiz. – Die Schwierigkeiten eines kritischen, auf historische Objektivität bedachten Schriftstellers mit der staatlichen Allmacht ist auch Inhalt des *König David Berichts* (1972) über die Entstehung der alttestamentarischen Bücher zur Königsgeschichte *(Samuel und Könige)*: Der biblische Historiograph sieht sich, wie Stefan Heym, unentwegt den beschönigenden Korrekturwünschen seines könglichen Auftraggebers ausgesetzt. Die Entschlüsselung des biblischen Panoramas bot dem Leser wenig Schwierigkeiten. – Einundzwanzig Jahre nach dem 17. Juni 1953 erschien Heyms zu einem Roman verdichtete Reportage über *5 Tage im Juni.* Die Arbeiteraufstände in den Industriestädten der DDR waren Stefan Heyms erster entscheidender Eindruck nach seiner Rückkehr aus dem Exil, ein Schlüsselerlebnis; denn er musste sich fragen, warum die proletarischen Massen gegen ein System rebellieren, dem zuliebe er kurz vorher auf seine amerikanische Staatsbürgerschaft verzichtet hatte. In dem langen Prozess der Manuskriptgestaltung vom ursprünglichen Konzept *Der Tag X* bis zur Druckvorlage hat Heym jegliche Schwarzweißmalerei aus beiden Lagern gelöscht und ein sehr komplexes Argumentationsbündel vorgelegt; er ließ sich in der Endfassung von keiner Seite in den propagandistischen Zeugenstand holen. Dies hat ihm Kritik von beiden Seiten eingebracht. – Der Roman *Schwarzenberg* (1984) handelt von der konkreten Utopie, zwischen den beiden Machtblöcken, zwischen westlichem Kapitalismus und östlichem Sozialismus, einen eigenen Weg zu einer demokratischen Staatsform zu finden. Erzählt wird die Geschichte der Republik Schwarzenberg, eines Landstriches im Erzgebirge, der nach Kriegsende von den Siegermächten einfach vergesssen worden war und zunächst nicht besetzt wurde. Aus der Allianz aller Antifaschisten begann eine Entwicklung, in der die Gegensätze zugunsten eines gemeinsamen Zieles überwunden werden sollten. Der Blick auf die spätere deutsch-deutsche Sitatuion ist offensichtlich; das historische Beispiel war eine Analyse der vereitelten Zukunft. Das Experiment dauerte nur wenige Wochen, bis der Bezirk Schwarzenberg der sowjetischen Besatzungszone einverleibt wurde. Schwarzenberg, so heißt es am Schluss des Romans im Rückblick, „war eine große Hoffnung“ und „eine große Illusion“.

„Ankunftsliteratur“

Generationenwechsel in den Sechzigerjahren

In der offiziellen Literaturgeschichtsschreibung der DDR bedeuteten die Sechzigerjahre das Ende der Aufbauphase und die Konsolidierung einer „entwickelten sozialistischen Gesellschaft“. Der Titel der Erzählung *Ankunft im Alltag* (1961) von Brigitte Reimann wurde zum Kennwort der literarischen Situation; man sprach von der „Ankunftsliteratur“. Gemeint war die Ankunft im Sozialismus. Die Gründe für den Perspektivenwandel waren aber nicht nur politische, ein wichtiger Einschnitt war der Generationenwechsel unter den Schriftstellern. In den Anfängen der DDR bestimmten Schriftstellerinnen und Schriftsteller, die aus dem Exil zurückgekommen waren und in dem neuen Staat ihre Idee einer sozialistischen Gesellschaft verwirklichen wollten, das literarische Leben. In den Sechzigerjahren meldete sich eine neue Generation zu Wort, die in der DDR aufgewachsen war und sich in ihr als ihrer Heimat eingerichtet hatte. Das große Thema dieser Generation war nicht mehr der Weg in die sozialistische Gesellschaftsordnung, sondern das Leben in und mit den realen Umständen der herrschenden Gesellschaftsordnung; das Ich trat wieder als Beurteilungsinstanz auf, der Alltag wurde wieder in der Vielfalt der subjektiven Erfahrung wichtig. Dies zeigt sich auch darin, dass die Lyrik, die privateste Gattung der Dichtung, eine neue Blütezeit erlebte. Diese Entwicklung entsprach zwar nicht den Wünschen der Parteiideologen, aber sie bestimmte künftig das literarische Leben in der DDR. Aus der Auseinandersetzung mit dem – wie es in der offiziellen Sprachregelung hieß – „real existierenden Sozialismus“ entstanden neue Themen: Die Existenzerfahrung des Einzelnen und seine Wünsche, d. h. die aktuelle Situation des Alltags, wurden mit den Verlautbarungen der Partei sehr kritisch verglichen. Aber – dies ist zu betonen – die Kritik richtete sich nicht gegen die Grundlagen des Sozialismus, sondern gegen den Parteidogmatismus; die Kritik forderte die Einlösung des humanistischen Potentials einer sozialistischen Gesellschaftsordnung. Erst durch Schreibverbote, Verweigerung der Veröffentlichung und schließlich Ausbürgerung eskalierte die system-interne Kritik zu einer Kritik am System selbst. Seit Biermanns Ausbürgerung (1976) wurde die Auseinandersetzung immer schärfer und offener geführt. Diese Entwicklung, die viele Tabus aus dem Wege räumte, bedeutete aber auch, aus vielen Gründen, eine Annäherung der beiden deutschen Literaturen.

Hermann Kant

Hermann Kants (geb. 1926) Roman *Die Aula* (1965) war ein erster Rückblick auf die Aufbaujahre der DDR aus der Perspektive einer Generation, die damals an der Universität ausgebildet wurde. Hermann Kant, der von 1949 bis 1952 an der Arbeiter- und Bauernfakultät in Greifswald studierte, hat in diesen Rückblick viele autobiographische Erfahrungen eingearbeitet. Der Roman *Die Aula* wurde wohl das bekannteste Beispiel der „Ankunftsliteratur“.

Die Aula

Die Handlung geht über 13 Jahre; sie beginnt 1949, wird aber aus der Perspektive von 1962 aufgerollt. Robert Iswall, Doktor der Philosophie, ehemaliger Absolvent der Arbeiter- und Bauernfakultät und jetzt freier Journalist, wird von seinem früheren Direktor aufgefordert die Festrede zur Schließung jener Fakultät zu halten, die nach 13 Jahren ihren Sinn erfüllt habe. Auf der

Suche nach Material lässt Iswall in Form von Bericht, Dialog, Selbstgespräch und Disput nochmals die Jahre vorüberziehen. Er verfolgt die Lebensläufe seiner Studienkollegen bis 1962. Auf diese Weise entstand eine breite Bestandsaufnahme über das Leben in der DDR. Politische Grundsatzfragen blieben jedoch ausgeklammert, um das optimistische Gefühl, etwas erreicht zu haben, nicht zu stören.

Das Impressum

Diese Erzählhaltung änderte Hermann Kant auch in seinem zweiten Roman *Das Impressum* (1972) nicht; er ist wiederum eine Aufstiegsgeschichte. Der Held, eine durch und durch positive Gestalt, richtet sich erfolgreich in der sozialistischen Gesellschaftsordnung ein und er darf hoffen vielleicht noch Minister zu werden. Diese ideologische Sollerfüllung schien selbst manchem Literaturkritiker in der DDR etwas übertrieben, wenn nicht peinlich. 1978 wurde Hermann Kant Präsident des Schriftstellerverbandes der DDR; er gehörte nicht zu den Autoren, die sich für Wolf Biermann eingesetzt hatten. Unter seiner Präsidentschaft wurden 1979 neun Autoren, unter ihnen Stefan Heym, aus dem Schriftstellerverband ausgeschlossen. Jahrelang von der SED als Staatsautor gefeiert, reichte er nach der politischen Wende im Dezember 1989 seinen Rücktritt ein.

Christa Wolf

Kritische Sympathie

Christa Wolfs (geb. 1929) erster Roman *Der geteilte Himmel* (1963) hat zwar Elemente der Aufbauliteratur des Bitterfelder Weges – der gesellschaftliche Bewusstseinsprozess der beiden Hauptgestalten wird in der Auseinandersetzung mit den sozialistischen Produktionsbedingungen vorgeführt –, aber er geht in seinem differenzierten Auswägen der unterschiedlichen Meinungen und Argumente über die übliche Aufbauliteratur hinaus. Thematisch ist er den beiden Romanen *Mutmaßungen über Jakob* (1959) und *Zwei Ansichten* (1965) von Uwe Johnson verwandt.

Der geteilte Himmel

Erzählt wird, in mehreren Rückblenden, die Liebesgeschichte zwischen der Pädagogik-Studentin Rita Seidel und dem Chemiker Manfred Herrfurth. Die sehr verschiedene, fast konträre Einstellung beider zum Sozialismus in der DDR führt schließlich zur Trennung: Rita Seidel sieht zwar auch, wie Manfred Herrfurth, die Aufbauschwierigkeiten und die Schwerfälligkeit und Sturheit im Apparat, aber dies sind für sie keine unüberwindbaren Hemmnisse; sie will in dieser Gesellschaftsordnung leben und sie verbessern. Manfred Herrfurth kann die Erinnerung an die Exzesse der Stalin-Ära nicht vergessen und er sieht sich durch die Umstände, wie seine betrieblichen Verbesserungsvorschläge unberücksichtigt bleiben, in seiner ablehnenden Haltung bestärkt; er geht schließlich in den Westen. Dies alles wird, wenn auch am Ende die offizielle Ideologie auf Kosten eines persönlichen Verzichts siegt, ohne Schwarzweißmalerei dargestellt. In diesem Roman bekundete Christa Wolf eine kritische Sympathie zu dem Staat, in dem sie lebte.

Vielschichtig und ohne ideologische Patentrezepte – was ihr Kritik in der DDR eintrug – ist auch Christa Wolfs nächster Roman *Nachdenken über Christa T.* (1968). Auch dieser Roman lässt sich, besonders im Erzählansatz der nachträglichen Rekonstruktion einer Biographie, mit Uwe Johnsons frühen Arbeiten vergleichen.

Nachdenken über Christa T.

Man kann *Nachdenken über Christa T.* unter drei Gesichtspunkten lesen: 1. Wie der Roman aufgebaut ist, 2. Wie die Zeitgeschichte in die Biographie einwirkt, 3. Wie eine Frau ein eigenes Leben zu verwirklichen sucht. Aus einer Vielfalt von Material, aus schriftlichen und mündlichen Mitteilungen und nach eigenen Recherchen rekonstruiert die Ich-Erzählerin den Lebensweg ihrer toten Freundin. Das Bild, das sie sich von ihr macht, ist durchaus subjektiv eingefärbt und von der eigenen Lebenserfahrung mitgeprägt. Auf dem langen Weg des Nachdenkens oder der Mutmaßungen über die Freundin wird anhand des Lebenslaufes Zeitgeschichte aufgerollt und über den Alltag in der DDR geschrieben. Und schließlich ist der Roman ein Beitrag zur Emanzipation der Frau. Christa T. wehrt sich gegen gesellschaftlich vorgegebenes Rollenverhalten. Krankheit und Tod setzen jedoch ein frühes Ende; die Selbstverwirklichung blieb eine gedachte Projektion auf die Zukunft.

Der Hintergrund für die Erzählthemen, die Christa Wolf wählte, war immer wieder der Alltag in der DDR; aber Mittelpunkt ist nicht das Kollektiv, sondern der Einzelne in der gesellschaftlichen Wirklichkeit. Die durchgehende Ausgangsfrage ist das Wechselverhältnis zwischen dem Wunsch nach selbstbestimmter Subjektivität und einem gesellschaftlich vermittelten oder vorgeprägten Bewusstsein.

Kindheitsmuster

Diesem Wechselverhältnis ging Christa Wolf in ihrem wohl bekanntesten Roman *Kindheitsmuster* (1976) auf drei Zeitebenen nach. Die Erzählerin schreibt in den Siebzigerjahren (erste Ebene) nach einem Besuch 1971 in der einstigen Heimat, dem ehemaligen Landsberg (zweite Ebene), über die Kindheits- und Jugendgeschichte der Nelly Jordan während der Zeit des Dritten Reiches (dritte Ebene) mit dem Erfahrungsstand der Gegenwart. Diese kompositorische Verzahnung von Vergangenheit und Gegenwart beginnt mit den Sätzen: „Das Vergangene ist nicht tot; es ist nicht einmal vergangen. Wir trennen es von uns ab und stellen uns fremd." Obwohl Nellys Leben in der dritten Person oder in der Anredeform erzählt wird, ist es die erinnerte Vergangenheit der Autorin selbst. Sie spürt den „Mustern", den Denk- und Verhaltensstrukturen nach, die ihre Generation im Faschismus vorgeführt bekam und die auch in der Gegenwart noch nachwirken. In ihrem Roman *Kindheitsmuster* nahm Christa Wolf aus gesamtdeutscher Verantwortung auch die DDR in die Pflicht, sich mit der nationalsozialistischen Vergangenheit selbstkritisch auseinander zu setzen.

Kassandra

In den Erzählungen *Kein Ort. Nirgends* (1979) und *Kassandra* (1983) wechselte Christa Wolf in die Geschichte und in den antiken Mythos; sie führte am Beispiel der Dichterin Karoline von Günderode (1780–1806) und der Seherin Kassandra Gedanken zur Frauenemanzipation aus dem Roman *Nachdenken über Christa T.* weiter. Beide Frauen waren durch ihre intellektuelle Sensibilität ihrer Umwelt überlegen, sie scheiterten aber an dem gesellschaftlich auferlegten Rollenzwang. In den Eigenkommentaren zu *Kassandra* macht Christa Wolf deutlich, dass sie unter Frauenemanzipation nicht die Ablösung des männlichen Machtprinzips durch ein feministisches versteht. Emanzipation ist für sie sich gegenseitig respektierende Partnerschaft im familiären und im internationalen Bereich.

Volker Braun

Das ungezwungene Leben Kasts

In den drei Erzählungen aus dem Leben seines Helden Kast, zusammengefasst unter dem Titel: *Das ungezwungene Leben Kasts – Drei Berichte: Entstanden im jugendlichen Jahrzehnt unserer Gesellschaft* (1972) hat Volker Braun (geb. 1939) drei Einschnitte in der Kulturpolitik der DDR beschrieben: die beiden Bitterfelder Konferenzen (1959 und

1964) und die anschließende relative Öffnung für das literarische Experiment bis zur Verstörung durch den Einmarsch der Truppen des Warschauer Pakts in die Tschechoslowakei (1968) – Einschnitte, die auch in der Biographie und dem literarischen Werk Volker Brauns ihre Spuren hinterlassen haben. Brauns Kritik an der Kulturpolitik der Sechzigerjahre, die hier bereits im Rückblick als etwas Vergangenes behandelt wird, richtet sich gegen die normative Bevormundung durch den Partei- und Staatsapparat: Kunst dürfe nicht eine nachträgliche Affirmation der bestehenden Verhältnisse sein, Kunst habe innovierend auf die Wirklichkeit einzuwirken; sie sei eine Vorwegnahme des Möglichen, auch in der Dokumentation der bestehenden Widersprüche oder vielleicht gerade dadurch.

Die Kipper

Diese Einstellung bestimmte schon seine frühen Stücke aus der Arbeitswelt, die bereits in den Sechzigerjahren – noch in der Auseinandersetzung mit dem Bitterfelder Weg – entstanden waren, aber erst in den Siebzigerjahren aufgeführt wurden. In dem Stück *Die Kipper,* einer epischen Bilderfolge im Stile Brechts (begonnen 1962, aufgeführt 1972), stellte Braun den Wandlungsprozess des ungelernten Braunkohlenarbeiters Paul Bauch vom kurzsichtigen Egoisten zum kompromissbereiten Mitarbeiter in einer Brigade dar; durch eine fast naturalistische Darstellung und Sprache vermied er jegliche Heroisierung. Seine Helden haben Schwächen, erleiden Rückschläge, werden vom Apparat manipuliert und zu Sonderleistungen getrieben, ohne es zu wissen. Braun schildert immer wieder den mühsamen Weg zu bewusster, auch subjektiv gerechtfertigter Verantwortung innerhalb einer größeren objektiven Ordnung. Das Thema, so in *Hinze und Kunze* (begonnen 1967, aufgeführt 1973), ist der Widerspruch zwischen äußerem Leistungserfolg in der Gesellschaft und persönlicher Vereinsamung. Hinze, der am Schluss zwar bereit ist neu anzufangen, um auch zu sich selbst zu finden – eine Art moderner Faust –, zieht aus dem bisherigen Leben das Resümee:

Hinze und Kunze

> *Arbeit, Arbeit, Aufgaben – war es das! Wofür alles geschieht, die Brühe läuft am Rücken, die Arme schleudern in den Angeln, zehn hoch zehn Hirnzellen arbeiten – wofür! Was war das alles? Was heißt denn „glückliche Zustände", die du Großmaul versprichst? Wo sind sie? Hab ich sie? Hier was da was, eine Kette von Tätigkeiten endlos –! Wohin, wohin führt es mich? Ich hab nicht gefragt, mir waren auch die schlechten Wege gut, ich war bereit! Schinderei, Versprechungen, Gewalt, Schweigen, all die niedrigen Eigenschaften hab ich auf meine Schwäche gestülpt, wie die guten, wenn sie zu was führten, was noch! Eine Maßnahme schlägt die andre weg, eine Landschaft deckt die andere zu! Und jeder redet sich ein: das, das ist was! und hält sich dran fest, jahrelang, und macht sich was vor, und merkt nicht: er selbst, selbst kommt zu nichts!*

Kunze, der Einzige, mit dem Hinze offen redet, wirft ihm vor, er habe immer nur sich selbst gesehen; darin liege sein Fehler, er sei Ursache seiner Selbstzweifel: „Dachtest du, es sei ein Spaziergang, die rauhe Strecke zwischen Schutt und Zukunft!" – Während in *Hinze und Kunze* die kritische Auseinandersetzung mit den Produktionsbedingungen und die Frage nach einer individuellen Lebensqualität in diesem Arbeitsprozess – d. h. die mögliche Versöhnung beider Bereiche – eine Aufgabe war, die das Stück am Schluss nach Brechts Vorbild an das Publikum weitergab, sind in *Tinka* (begonnen 1972, aufgeführt 1976) gerade diese Probleme der Hauptgegenstand im Kampf der Ingenieurin Tinka gegen den Apparat, der nur an die Produk-

Tinka

tion, aber nicht an die betroffenen Arbeiter denkt. Trotzdem: Es ist keine Kritik am sozialistischen System; es ist eine Aufforderung zur Humanisierung der ideologischen Soll-Vorstellungen. – Wie Peter Hacks und Heiner Müller verließ auch Volker Braun nach den dogmatischen Beckmessereien der Kulturfunktionäre zumindest in den literarischen Sujets das Terrain der DDR und verlegte sein didaktische Engagement der systeminternen Provokation – wiederum ganz im Sinne Bert Brechts – in eine räumliche und zeitliche Ferne; z. B. *Guevara* (1977), *Großer Frieden* (1979) und *Dmitri* (1982, nach Schillers Fragment *Demetrius*). Die Rückkehr in die sozialistische Gegenwart in seinem *Hinze-Kunze-Roman* (1985; der Titel bezog sich nicht nur auf bereits bekannte Figuren aus Brauns Werken, sondern auch auf die beliebige Auswechselbarkeit der Gestalten) trug ihm, weil er es wagte von einem Herr-Knecht-Verhältnis auch im sozialistischen Staatsapparat zu sprechen, einen Verriss der offiziellen Kritik ein. Volker Braun warnt vor den Erstarrungen und Verkrustungen im Sozialismus. Er lehnt den Sozialismus als eine Möglichkeit gesellschaftlicher Gerechtigkeit nicht ab; aber er besteht auf dem Recht des Einzelnen gegenüber dem Kollektiv. Ein früher Gedichtband hieß *Provokation für mich* (1965). Bezeichnend sind auch die Titel späterer Gedichtbände wie *Gegen die symmetrische Welt* (1974), *Training des aufrechten Gangs* (1979) oder *Langsamer knirschender Morgen* (1987). In dem Gedicht *Das Lehen* (aus: *Langsamer knirschender Morgen*) lautet der Schluss:

Guevara

Großer Frieden

Dmitri

Hinze-Kunze-Roman

Provokation für mich

Gegen die symmetrische Welt

Training des aufrechten Gangs

Langsamer knirschender Morgen

> *Partei mein Fürst:* sie hat uns alles gegeben
> *und alles ist noch nicht das Leben.*
> *Das Lehen, das ich brauch, wird nicht vergeben.*

KARL MICKEL (geb. 1935) kam wie Volker Braun aus Brechts Schule. Seine frühe Lyrik waren parteiliche Agitationstexte mit einem streng zweigeteilten Weltbild. Die *Lobverse & Beschimpfungen* – so der Titel seines Lyrikbandes von 1963 – „lobten" die Errungenschaften und den Friedenswillen des Sozialismus und „beschimpften" bis zur Karikatur und zum Pamphlet die Entwicklungen im Westen, vor allem in der BRD; nur wenige Gedichte aus diesem Band hat Karl Mickel später noch gelten lassen und in Sammelbände aufgenommen. Auch aus dem Titel der Anthologie *In diesem besseren Land. Gedichte der Deutschen Demokratischen Republik seit 1945* (1966), die er zusammen mit Adolf Endler herausgab, war die ideologische Parteinahme unmissverständlich abzulesen. Aber: In der Vorbemerkung zu dieser Anthologie stand auch einiges über die Kriterien ästhetischer Qualität, nach denen Lyrik als ein Kunstwerk zuerst zu beurteilen sei – und es stand auch einiges über literarische Lesekultur darin. Einem eigenen Lyrikband, der im gleichen Jahr erschien, gab er in Anlehnung an Dantes (1265–1321) Lobpreis auf Beatrice sehr selbstbewusst und auch als poetisches Programm den Titel *Vita nova mea. Mein neues Leben* (1966). Beide Bände lösten in der DDR eine Literaturdebatte über die Reihenfolge von Form und Inhalt aus, die noch heftiger geführt wurde als jene nach dem Lyrik-Abend (1962) in der Berliner Akademie der Künste, als Stephan Hermlin damals noch kaum bekannte Autoren, unter ihnen Wolf Biermann, vorstellte. Man warf Mickel elitäre Arroganz vor, weil er den groben Jargon der Agitationslyrik aufgegeben hatte. Nicht nur im Titel seines Lyrikbandes, sondern auch in der Wahl der Strophenform und in den poetischen Metaphern und Allegorien erinnerte er sich klassischer Vorbilder. Dies war jedoch keine Flucht aus der

KARL MICKEL

Lobverse & Beschimpfungen

Vita nova mea. Mein neues Leben

aktuellen politischen Diskussion in die Tradition einer ästhetischen Formen- und Bilderwelt; es war vielmehr der energische Versuch, die politische Diskussion auf einem Niveau zu führen, das den Anspruch poetischer Qualität erfüllte.

Wider die „Ankunftsliteratur"

Er war Mitte vierzig und wohnte in einer großen Wohnung in einem Mietshaus, erbaut um die Jahrhundertwende in der Oststraße in Leipzig. Sehr früh hatte er als junges Talent gegolten, sich dann zu heftig in die Debatten nach dem 17. Juni 1953 und dem XX. Parteitag der KPdSU 1956 eingemischt, hatte Demokratisierung der Partei und des Staates gefordert, war gerügt und schließlich als angeblicher Konterrevolutionär zu siebeneinhalb Jahren Zuchthaus verurteilt worden, von denen er sieben in Bautzen abgesessen hatte. Nun war er wieder Mitglied des Schriftstellerverbandes, schrieb und wurde zu Lesungen in Buchhandlungen und Bibliotheken eingeladen, . . .

Erich Loest
Der vierte Zensor

Diese Selbstcharakteristik gab Erich Loest (geb. 1926) in seinem Bericht *Der vierte Zensor* (1984) über die Schwierigkeiten, seinen wohl bekanntesten Roman *Es geht seinen Gang oder Mühen in unserer Ebene* (1978) in der DDR ohne Eingriff der Zensur zu veröffentlichen. Loests Werke sind auf der Ebene der kleinen Leute – Fallada ist sein Vorbild – kritische Kommentare zur gesellschaftlichen und kulturpolitischen Entwicklung in der DDR. Zu seinen frühen Romanen gehört das antifaschistische Erinnerungsbuch *Jungen, die übrig blieben* (1950); es sind ineinander verzahnte Geschichten junger Leute, die – fast noch Kinder – als letztes Aufgebot in den Krieg ziehen mussten und in ihren Idealen enttäuscht aus dem Krieg zurückkehren, argwöhnisch gegenüber allen neuen Versprechungen. – Mehr als zehn Jahre vor Hermann Kants *Aula* erschien sein Roman *Das Jahr der Prüfung* (1954) über die Arbeiter- und Bauernfakultäten. – Nach den langen Haftjahren in Bautzen schrieb Loest zunächst Kriminalromane und Abenteuergeschichten, meist unter einem Pseudonym. Mit dem Roman *Schattenboxen* (1973) über die Wiedereingliederung eines Haftentlassenen in die Gesellschaft kehrte Loest in die Gegenwart und in seine eigene Lebensgeschichte zurück. Es ist ein Thema, das seitdem kontinuierlich, wenn auch verdeckt, in viele Erzählungen einfließt; denn Loest wartete vergeblich auf seine Rehabilitation. – Der zeitkritische Roman *Es geht seinen Gang* (1978) konnte nur nach einigen Eingriffen durch den Lektor und nach mehreren Überarbeitungen in der DDR erscheinen. Die offizielle Kritik forderte, dass der Hauptgestalt, dem Ingenieur Wolfgang Wülff, der seit seiner schmerzvollen Konfrontation mit der Staatsgewalt bei einer eher zufälligen Demonstration lieber unauffällig in der hintersten Reihe stand und auf staatliche Leistungsprämien gern verzichten wollte, entweder eine staatstreue, positive Identifikationsfigur gegenüber oder zumindest ein ideologisch gefestigter Erzähler zur Seite gestellt werde; die Ereignisse waren aus Wülffs Perspektive in der Ich-Form erzählt worden. Günter Kunert schrieb seinem Freund: „Kannst du mir noch ein Exemplar schicken?" und –

Jungen, die übrig blieben

Das Jahr der Prüfung

Schattenboxen

Es geht seinen Gang

wohl den Kern der öffentlichen Diskussion treffend –: „Ein erstaunliches Buch! Es ist wahrscheinlich das erste, das keinen faulen Kompromiss eingeht und seine kritischen Intentionen am Ende ins Harmonische abbiegt.“ Dieser Roman war eine provozierende Absage an die harmonisierende Ankunftsliteratur, die in ihrem Wunschdenken die Wirklichkeit vergessen oder übersehen hatte. – Die Autobiographie *Durch die Erde ein Riss* (1981) konnte bereits nur noch in einem westdeutschen Verlag erscheinen. 1981 verließ Erich Loest mit einem Dreijahresvisum die DDR und blieb im Westen. – Noch in Leipzig begonnen war der Roman *Völkerschlachtdenkmal* (1984), ein historischer Rückblick auf Leipzig und Sachsen aus der Perspektive eines Außenseiters und Insassen einer Heilanstalt, mit deutlich satirischen Verweisen auf die Gegenwart. – Der Roman *Zwiebelmuster* (1985) schildert die vergeblichen Versuche des Schriftstellers Hans-Georg Haas, ein Visum für eine „Westreise“ zu bekommen; am Schluss, fast am Ziel seiner Wünsche, verunglückt er. Im Sanatorium attestiert man ihm ein „Auslandstrauma“. *Zwiebelmuster* liest sich wie die romanhafte Ausgestaltung von autobiographischen Einzelheiten aus dem Bericht *Der vierte Zensor;* was Loest selbst mit dem Manuskript *Es geht seinen Gang* erlebt hatte, verarbeitete er in *Zwiebelmuster* zu einer zusammenhängenden Erzählung und Satire. – In dem Roman *Froschkonzert* (1987) erweiterte Loest den geographischen Rahmen nach Westen. Halb eine Liebes-, halb eine Spionageschichte, liest sich der Text als kritische Satire auf die deutsch-deutschen Wirtschaftsbeziehungen; die gegenseitige Profitkalkulation lässt jegliche ideologischen Einwände auf beiden Seiten verstummen. – Mit dem Roman *Fallhöhe* (1989) kehrte Loest in sein eigenes, in das literarische Metier zurück: Ein Schriftsteller soll zum Schein ausgebürgert werden, um die ehemaligen Kollegen über ihre Ansichten zur DDR auszuhorchen. Aus der Summe der meist sehr leicht dechiffrierbaren Einzelporträts entstand ein Gesamtbild der ursprünglichen Erwartungen und der damaligen Einstellung zur Bundesrepublik. Eine kritische Chronik der dramatischen Veränderungen in der DDR bis Ende 1989 ist der Roman *Nikolaikirche* (1995). Die Montagsdemonstrationen in der Leipziger Nikolaikirche waren ein friedlicher, aber energischer Protest, um die freiheitlichen Grundrechte auch für die Bürger der DDR einzufordern – und zwar innerhalb des eigenen Staatsgebildes.

Durch die Erde ein Riss

Völkerschlachtdenkmal

Zwiebelmuster

Froschkonzert

Fallhöhe

Nikolaikirche

Subjektive Erfahrung gegen Normenzwang

> *Ich meine, Jeans sind eine Einstellung und keine Hosen. Ich hab überhaupt manchmal gedacht, man dürfte nicht älter werden als siebzehn – achtzehn. Danach fängt es mit dem Beruf an oder mit irgendeinem Studium oder mit der Armee, und dann ist mit keinem mehr zu reden. Ich hab jedenfalls keinen gekannt. Vielleicht versteht mich keiner.*

Edgar Wibeau, der dies sagte, wurde zur literarischen Identifikationsfigur der jugendlichen Protestbewegung gegen Anpassung und gesellschaftlichen Normenzwang. Wibeau war kein Rebell, eher ein Aussteiger. ULRICH PLENZDORF (geb. 1934) erzählte Wibeaus Geschichte *Die neuen Leiden des jungen W.* (1972; es gab auch eine Bühnen- und Filmfassung) auf drei Ebenen.

ULRICH PLENZDORF

Die neuen Leiden des jungen W.

Zu Beginn der Erzählung ist Edgar Wibeau bereits tot; er war von einem Stromschlag getroffen worden, als er für seine Baubrigade ein „nebelloses Farbspritzgerät" entwickeln wollte. In mehreren Gesprächen zeichnen seine Eltern, seine Freunde und Arbeitskollegen aus ihrer Sicht Edgars Leben nach, seitdem er die Lehre aufgegeben und aus der Provinz nach Berlin gezogen war. Dort lebte er in einer verlassenen Gartenlaube, malte abstrakte Bilder, las Goethes *Werther,* lernte eine Kindergärtnerin kennen, die bereits verlobt war, und entschloss sich nach einigen Monaten doch wieder eine Arbeit als Anstreicher einer Baubrigade anzunehmen. Auf einer zweiten Ebene kommentiert Edgar Wibeau gleichsam als Zuhörer die Gespräche und trägt seine eigene Version der Ereignisse vor. Während der Lektüre von Goethes *Werther* sieht er, trotz des zeitlichen Abstandes und der ganz anderen Sprache, immer mehr Parallelen zwischen sich und Werther, sodass er schließlich seinem Freund Willi die Umstände der Bekanntschaft mit der Kindergärtnerin – er nennt sie Charlie nach Goethes Charlotte – auf Tonband mit Ausschnitten aus Goethes Originaltext erzählt; dies ist die dritte Ebene. Edgar Wibeau fühlte sich als zweiter Robinson Crusoe; er wollte das Experiment Leben nach seinen eigenen Bedingungen gestalten, aber schließlich schwenkte er doch – die einen interpretierten es als resignative Einsicht in den Lauf der Dinge, die anderen als Zugeständnis an die staatliche Arbeitsideologie – wieder in den Produktionsprozess ein. Sogar sein Tod konnte als Opfer für die gemeinsame Sache, für die Steigerung der Arbeitsleistung gedeutet werden, wenn man den ironischen Unterton dieser literarischen Pflichterfüllung eines positiven Endes im Sinne des sozialistischen Realismus geflissentlich überhörte. Diese vielleicht bewusst gesteuerte Unentschiedenheit im Handlungsablauf, diese Möglichkeit zu sehr unterschiedlichen, fast konträren Ausdeutungen mag ein Grund für den gesamtdeutschen Erfolg der Erzählung (in Buchform und auf der Bühne) gewesen sein.

Karla

Die Legende von Paul und Paula

Die Legende vom Glück ohne Ende

Plenzdorfs Erzählungen sind genau genommen Filmszenarien; dies ist sehr deutlich an der Technik der mehrfach gebrochenen Rückblende zu beobachten. Sein frühestes Filmskript *Karla,* die Geschichte einer Junglehrerin, die sich mit den staatlichen Erziehungsnormen sehr kritisch auseinander setzt, wurde bereits 1964 geschrieben, konnte aber erst 1978 veröffentlicht werden. *Die Legende von Paul und Paula,* ähnlich den *Neuen Leiden des jungen W.* ein Versuch, ein Stück Selbstverwirklichung im Alltag durchzusetzen, wurde 1972 in der Filmversion ein großer Erfolg; die Erzählfassung, 1974 erschienen, hat Plenzdorf mit der *Legende vom Glück ohne Ende* (1979) weitergeführt. Plenzdorf hat auch literarische Vorlagen für den Film bearbeitet, z. B. *Glück im Hinterhaus* (1978) nach dem Roman *Buridans Esel* von Günter de Bruyn, *Ein fliehendes Pferd* (1983) nach der gleichnamigen Novelle von Martin Walser oder *Zeit der Wölfe* (1989) nach dem Roman *Die Richtstatt* von Tschingis Aitmatow.

ROLF SCHNEIDER

ROLF SCHNEIDERS (geb. 1932) Aussteigergeschichte *Die Reise nach Jaroslaw* (1974) ist in der übergreifenden Argumentation und in mehreren Details mit Plenzdorfs *Neuen Leiden* vergleichbar.

Die Reise nach Jaroslaw

Brigitte Marczinskowski, genannt Gittie, ist das weibliche Gegenüber zu Edgar Wibeau. In der Schule ungerecht behandelt und von ihren Eltern – sie apostrophiert sie nur noch als „Greise" – nicht verstanden, will sie die Heimat ihrer verstorbenen Großmutter, Jaroslaw irgendwo in Ostgalizien, kennen lernen; denn die Großmutter war die einzige Bezugsperson, zu der sie Vertrauen hatte. Unterwegs begegnet sie Jan, einem polnischen Studenten, ähnlich wie Edgar seiner Charlie. Das Ende der vergeblichen Reise in die Wunschwelt der Vergangenheit ist die Heimkehr nach Berlin und der Entschluss eine geordnete Existenz mit einer Lehre als Hotelkaufmann zu beginnen: „Ich werde ab morgen arbeiten." Bei Plenzdorf waren der Ausbruch aus dem Alltag und die Bereitschaft am Ende, sich wieder in den „Arbeitsprozess" einzugliedern, durch die mehrfach gebrochenen Rückblenden sehr differenziert beschrieben und begründet worden. Rolf Schneider gestaltete die Geschichte ausschließlich aus der Perspektive seiner Hauptgestalt; sie ist das Psychogramm eines frustrierten Teenagers, das auch auf weniger Seiten Platz gefunden hätte. Das Bestreben nach naturalistischer Wahrscheinlichkeit der Erzählsituation, d. h. das Kompositionsprinzip, war hier der intendierten Aussage hinderlich. Was Rolf Schneider in der *Reise nach Jaroslaw* durch die Begrenzung auf einen Teenagerprotest an real existierenden Konflikten noch ausgeklammert hatte, baute er in die Zeitromane *Das Glück* (1976) und *November* (1979) ein. 1979 wurde Rolf Schneider – er gehörte zu den Unterzeichnern der Protestresolution gegen die Ausbürgerung Wolf Biermanns – aus dem Schriftstellerverband der DDR ausgeschlossen. Im gleichen Jahr übersiedelte er in die BRD.

Das Glück

November

Frauenliteratur

> *Konflikte werden uns erst bewusst, wenn wir uns leisten können sie zu bewältigen. Unsere Lage als Frau sehen wir differenzierter, seitdem wir die Gelegenheit gehabt haben, sie zu verändern. Wir befinden uns alle auf unerforschtem Gebiet und sind noch weitgehend uns selbst überlassen. Wir suchen nach neuen Lebensweisen, im Privaten und in der Gesellschaft. Nicht gegen die Männer können wir uns emanzipieren, sondern nur in der Auseinandersetzung mit ihnen. Geht es uns doch um die Loslösung von den alten Geschlechterrollen, um die menschliche Emanzipation überhaupt.*

Unter diesen Gesichtspunkten, die sie in der Vorbemerkung nannte, gab MAXIE WANDER (1933–1977) in dem Sammelband *Guten Morgen, du Schöne* (1977) siebzehn Protokolle von Frauen in der DDR heraus. Die Sammlung war in mehrfacher Weise repräsentativ. Die Frauen, die zu Wort kamen, gehörten verschiedenen Altersgruppen an – von sechzehn bis vierundsiebzig. Das berufliche Spektrum war sehr breit gestreut. Und auch die soziale Herkunft war sehr unterschiedlich. Das Neue an diesen Texten war – im Unterschied beispielsweise zu der Erzählprosa von Christa Wolf, die ein ausführliches Vorwort zu dem Band schrieb –, dass sie authentische Berichte aus dem Alltag waren, ganz und gar aus der Perspektive der Frauen, die hier von sich selbst und ihren Schwierigkeiten mit den gesellschaftlichen Vorurteilen erzählten. Dies war *auch* eine Art von „Ankunftsliteratur" im Alltag, aber ohne ideologische Sollerfüllung, sondern auf der Suche nach neuen zwischenmenschlichen Lebensformen. Maxie Wander sprach von der „Loslösung von den alten Geschlechterrollen". Zwar waren die Lebensläufe in der DDR angesiedelt, das Thema hatte aber eine generelle Aktualität. Maxie Wanders Frauenprotokolle erreichten auch in der BRD hohe Auflagen. Als Vorläufer dieser neuen, dokumentarischen Frauenliteratur gilt *Die Pantherfrau. Fünf unfrisierte Erzählungen aus dem Kassetten-Recorder* (1973) von Sarah Kirsch. – 1974 erschienen drei bedeutende Frauenromane in der DDR: *Karen W.* von Gerti Tetzner, *Franziska Linkerhand* von Brigitte Reimann und *Leben und Abenteuer der Trobadora Beatriz* von Irmtraud Morgner.

MAXIE WANDER
Guten Morgen, du Schöne

Sarah Kirsch
Die Pantherfrau

GERTI TETZNER

Karen W.

Der Ich-Roman *Karen W.* (1974) war GERTI TETZNERS (geb. 1936) erster Roman. Er spielt in der Gegenwart; aber die Ansiedlung der Handlung in der DDR ist eher eine biographische Rahmenbedingung, als dass sie für die Argumentation bestimmend wäre.

Der Roman ist die Geschichte einer jungen Frau, die aus dem Trott ihrer Ehe ausbrechen will, um zu sich selbst zu finden. Sie sieht die Monotonie des vorstrukturierten Rollenalltags vor sich: „Diesen abgezirkelten Lebenskreis beispielsweise. Dieses sichtbare Gleis, auf dem man wie in einem bestimmten Zug ein bestimmtes Ziel über bestimmte Stationen erreichte, wenn man erst eingestiegen war, nicht mehr ausstieg oder gar die Notbremse zog." Karen trennt sich von ihrem Mann, ohne die Beziehung ganz abbrechen zu können; die Erinnerung der gemeinsamen Jahre ist für sie auch eine Wirklichkeit ihres Lebens. Sie lernt einen anderen Mann kennen, der sie liebt, aber sie widersteht seinem Drängen zu einer festen Bindung – aus Angst, dass sich frühere Erfahrungen wiederholen könnten. Die Geschichte hat kein Ende, sie scheint sogar wieder in den Anfang einzumünden: Karen besucht die Orte gemeinsamer Vergangenheit.

BRIGITTE REIMANN
Franziska Linkerhand

Den Roman *Franziska Linkerhand* (1974), den BRIGITTE REIMANN (1933–1973) selbst für ihr wichtigstes Werk hielt, konnte sie nicht mehr vollenden; sie hatte ihn 1963 begonnen. Aber der mögliche Schluss ist auch nicht das Wichtigste an diesem Lebensbericht. Zwischen den Extremen – auszusteigen oder sich anzupassen – entscheidet sich die dreißigjährige Architektin Franziska Linkerhand für die Auseinandersetzung mit dem Möglichen. Im argumentativen Aufbau ist *Franziska Linkerhand* ein Entwicklungsroman; „die großen Entwürfe der Jugend" werden durch die Erfahrung der Wirklichkeit korrigiert.

IRMTRAUD MORGNER

Trobadora Beatriz

IRMTRAUD MORGNER (1933–1990) überbrückte in ihrem Frauenroman mit dem barock anmutenden Titel *Leben und Abenteuer der Trobadora Beatriz nach Zeugnissen ihrer Spielfrau Laura* (1974) auf märchenhafte Weise die fast siebenhundertfünfzig Jahre zwischen dem ersten Leben der mittelalterlichen Minnesängerin und ihren erstaunlichen Erlebnissen im ersten deutschen sozialistischen Staat anfangs der Siebzigerjahre. Ihre Begleiterin und Biographin wurde Laura, Zugführerin bei der Berliner S-Bahn und diplomierte Germanistin.

Beatriz glaubt, nach ihrem langen Zauberschlaf, die Jahrhunderte der Emanzipationskämpfe überspringend, in einer besseren Welt aufzuwachen. Ironisch und mit phantastischen Einlagen nicht sparend, ließ Irmtraud Morgner die Trobadora sich in der Gegenwart umsehen und die neuen Erfahrungen an der historischen Erinnerung messen; ein bewährtes literarisches Verfahren, das die Verantwortung für zeitkritische Urteile auf die Romanfiguren selbst überträgt. In dem Roman *Amanda* (1983), einer Fortsetzung der *Trobadora Beatriz,* verglich Irmtraud Morgner die Reaktionen der (immer noch) patriarchalisch orientierten Gesellschaft auf feministische Emanzipationsbestrebungen mit dem mittelalterlichen Hexenwahn; denn „Hexen waren Frauen, die die ihnen von der Gesellschaft gezogenen Grenzen überschritten". Wie schon in der *Trobadora Beatriz* versteckte Irmtraud Morgner die aktuelle Kritik oder Diagnose auch in der *Amanda* hinter literarischen Anspielungen.

Amanda

16 Die 90er-Jahre – Ein neues Kapitel?

1990 (2. Dezember) erste gesamtdeutsche Bundestagswahlen

1929 Christa Wolf – *Was bleibt* (1990) – *Medea* (1996)

1924 Friederike Mayröcker – *Winterglück* (1986) – *Das besessene Alter* (1992) – *Notizen auf einem Kamel* (1996)

1990 ff. Privatisierung ehemaliger Staatsbetriebe der DDR durch die Treuhandanstalt – Aufarbeitung der Geheimakten des ehemaligen Ministeriums für Staatssicherheit der DDR durch die Gauck-Behörde

1937 Robert Gernhardt – *Wörtersee* (1981) – *Körper in Cafés* (1987) – *Weiche Ziele* (1994) – *Lichte Gedichte* (1997)

1991 Golfkrieg – Auflösung des Warschauer Paktes – rechtsradikale Ausschreitungen in Deutschland gegen ausländische Arbeitnehmer und Asylbewerber

1962 Durs Grünbein – *Grauzone morgens* (1988) – *Schädelbasislektion* (1991) – *Falten und Fallen* (1994) – *Den Teuren Toten* (1994)

1954 Christoph Ransmayr – *Die letzte Welt* (1988) – *Morbus Kitahara* (1995)

1940 Christoph Hein – *Die Ritter der Tafelrunde* (1989) – *Von allem Anfang an* (1997)

1991 (20. Juni) Bundestag beschließt mit knapper Mehrheit die Verlegung des Bundestags- und Regierungssitzes nach Berlin in einer Übergangsphase, die spätestens in zwölf Jahren beendet sein soll.

1939 Volker Braun – *Die Zickzackbrücke* (1992) – *Iphigenie in Freiheit* (1992)

1927 Martin Walser – *Die Verteidigung der Kindheit* (1991) – *Ohne einander* (1993)

1991 „Rückgabe vor Entschädigung" als Grundprinzip bei Enteignungen zu DDR-Zeiten

1941 Monika Maron – *Stille Zeile sechs* (1991) – *Animal triste* (1996)

1992 Bürgerkrieg im ehemaligen Jugoslawien – in Berlin erste große Demonstration gegen Ausländerfeindlichkeit

1992 *Amanda herzlos* von Jurek Becker

1993 Der Bundestag verabschiedet den „Solidarpakt", um die wirtschaftliche Konsolidierung in den neuen Bundesländern zu unterstützen.

1926 Günter de Bruyn – *Zwischenbilanz* (1992) – *Vierzig Jahre* (1996)

1994 Anstieg der Arbeitslosenzahl in Deutschland auf mehr als vier Millionen – Eröffnung des Kanaltunnels zwischen Frankreich und England

1993 *„Ich"* von WOLFGANG HILBIG

1927 GÜNTER GRASS – *Novemberland* (1993) – *Ein weites Feld* (1995)

1993 *Wessis in Weimar* von ROLF HOCHHUTH

1995 offene Grenzen in Europa („Schengener Abkommen")

1993 *Ich bin das Volk* von FRANZ XAVER KROETZ

1993 *Der Rote Ritter* von ADOLF MUSCHG

1996 Der Bundestag beschließt Einschränkungen im Sozialnetz, um den Staatshaushalt zu entlasten.

1994 *Die Schattenlinie* von TANKRED DORST

1994 *Mörderkind* von ULRICH PLENZDORF

1994 *Unter dem Namen Norma* von BRIGITTE BURMEISTER

1997 Streiks an bundesdeutschen Hochschulen gegen Einschnitte in der Bildungspolitik

1994 *Unbekannter Verlust* von MARION TITZE

1996 *Ithaka* von BOTHO STRAUSS

1997 *Erwachsenenspiele* von GÜNTER KUNERT

1998 Rechtschreibreform

Deutschland nach 1990

40 Jahre Trennung

Die Gegenwart kann sehr schnell Vergangenheit werden. Die nächtliche Begeisterung am Brandenburger Tor (9. November 1989), als sich die Mauer öffnete, ist einer kritischen Ernüchterung gewichen. Zu sehr hatten sich die beiden deutschen Teilstaaten nach der endgültigen Trennung (1949) voneinander entfernt, als dass sie sich nahtlos – nach vierzig Jahren – wieder ineinander fügen ließen. Denn man darf es nicht vergessen: Die Reduzierung des deutschen Staatsgebietes und die Aufteilung der alliierten Verwaltungszonen oder -sektoren in die Einflussbereiche West/Ost waren Folgen des nationalsozialistischen Angriffskrieges (1939–1945). So entstand die deutsche Teilung. Die Westzonen (und die spätere BRD) konnten sich allmählich ins westliche Bündnis eingliedern, die Ostzone (und die spätere DDR) wurde Teil des kommunistischen Ostblocks. Diese Entwicklung hatte für beide Teilstaaten tief greifende Auswirkungen auf das jeweils politische, wirtschaftliche und kulturelle Selbstverständnis. Der völkerrechtliche Alleinvertretungsanspruch der Bundesrepublik für das ganze Deutschland (politisch verfestigt in der „Hallsteindoktrin", 1955), gestützt auf das Grundgesetz, und der Bau der Berliner Mauer (13. August 1961) durch die DDR-Regierung verschärften die Gegensätze.

Vorstufen zur Wende

Eine erste Lockerung in dem starren Ost-West-Denken zeichnete sich Ende der Sechzigerjahre ab. Die durch die Regierung Brandt entwickelte Formel „Wandel durch Annäherung" ermöglichte einen Verzicht auf die Hallsteindoktrin und eröffnete eine neue Dialog-Bereitschaft in der Ostpolitik. 1973 wurden beide deutsche Staaten in die UNO aufgenommen. – Seit Mitte der Achtzigerjahre bestimmte Michail Gorbatschow die Richtlinien der Politik in Russland und im Ostblock. Innenpolitisch trat er für einen gesellschaftlichen und vor allem wirtschaftlichen Umbau („Perestroika") ein, der von der Mehrheit einer informierten Öffentlichkeit („Glasnost") mitgestaltet werden sollte. Außenpolitisch setzte Gorbatschow auf eine allgemeine Abrüstung. Brandts und Gorbatschows Initiativen haben viel zu den politischen Veränderungen Ende der Achtzigerjahre beigetragen.

die Jahre
des Umbruchs (1989/90)

Die Reformbestrebungen in Polen, Ungarn und in der Sowjetunion und die Bedrohung durch die wirtschaftlich katastrophale Lage verstärkten seit 1988 auch in der DDR die Forderungen nach mehr Freiheit und nach Reformen. Eine wichtige Rolle spielte dabei die Friedensbewegung der „Kirche von unten"; trotz des massiven Einsatzes der Polizeikräfte wuchs die Beteiligung an den Demonstrationen für eine demokratische Öffnung. Während die DDR-Führung noch Anfang 1989 erneut den Mauerbau zu rechtfertigen versuchte, stieg die Zahl der Ausreiseanträge und die westdeutschen Botschaften in Budapest, Prag und Warschau konnten das Heer der Ausreisewilligen nur noch notdürftig aufnehmen. Im September 1989 öffnete Ungarn die Grenze nach Österreich für Bürger aus der DDR, die in die BRD weiterreisen wollten. Vergeblich versuchte die DDR-Führung durch freizügigere Reisebestimmungen der Abwanderung entgegenzusteuern. Aber die Ereignisse überstürzten sich. Am Abend des 9. November 1989 führte die Ankündigung einer uneingeschränkten Reisefreiheit zu einem massenhaften

Öffnung der
Berliner Mauer

Grenzübertritt am Brandenburger Tor: Die Berliner Mauer war endgültig gefallen.

Zwar gab es in den ersten Monaten nach der Wende auch Vorschläge für eine Konföderation, die eine allmähliche Annäherung der beiden deutschen Staaten ermöglichen sollte; doch nach den ersten freien Wahlen in der DDR (18. März 1990) entschied sich die neue Regierung – vor allem angesichts der wirtschaftlichen Situation – für einen schnellen Beitritt zur Bundesrepublik. Im August wurde der „Einigungsvertrag“ ausgehandelt, am 3. Oktober 1990 wurde er vollzogen. Am 2. Dezember 1990 fanden die ersten gesamtdeutschen Wahlen zum Bundestag statt. Damit war zumindest die territoriale Einheit – mit Berlin als künftiger Hauptstadt – wiederhergestellt. Die Unterschiede in der Wirtschafts- und Sozialordnung jedoch ließen sich nicht im gleichen Tempo aufheben. Der Einigungsvertrag sah vor, durch eine eigenständige Verwaltungsinstanz („Treuhand“) die Staatsbetriebe der DDR wieder in private Hände übergehen zu lassen, um die internationale Wettbewerbsfähigkeit zu sichern. Gerade dieses Kriterium der wirtschaftlichen Rentabilität führte zu Massenentlassungen und zur Schließung unrentabler Betriebe.

„Einigungsvertrag“

„Treuhand“

Ein weiteres Hemmnis für den wirtschaftlichen Aufschwung in den neuen Bundesländern waren die ungeklärten Eigentumsverhältnisse. Es ging um die Frage, ob zu DDR-Zeiten enteignete Besitzer von Grund und Boden, Immobilien oder Industrieanlagen nachträglich entschädigt werden sollten oder Anspruch auf die Rückgabe ihres Eigentums hätten. Die Bundesregierung entschied sich für das Prinzip „Rückgabe vor Entschädigung“. Damit waren Existenzen von Bürgern in den neuen Bundesländern gefährdet, die sich guten Glaubens im Rahmen der staatlichen Vorgaben Eigentum erworben hatten. Diese Entscheidung förderte aber auch nicht – eben wegen der ungeklärten Eigentumsfragen – die Bereitschaft zu privaten Investitionen. Um der wirtschaftlichen Stagnation und dem Anstieg der Arbeitslosigkeit in Ostdeutschland entgegenzuwirken, beschloss die Bundesregierung im Mai 1993 ein finanzielles Hilfsprogramm („Solidarpakt“) seitens der alten Bundesländer.

„Rückgabe vor Entschädigung“

„Solidarpakt“

Der Anstieg der Arbeitslosigkeit seit den Achtzigerjahren – verstärkt durch das innerdeutsche Ost-West-Gefälle – war neben anderen Kriterien auch mit ein Grund für die zunehmende Gewaltbereitschaft gegen Gastarbeiter und Asylbewerber. Zwar bildeten sich im Gegenzug Initiativen gegen Ausländerfeindlichkeit, aber friedliche Demonstrationen für eine multikulturelle Koexistenz können die überaus gewalttätigen Ausschreitungen nicht vergessen machen.

Nachdenken über die Wende

ein Literaturstreit

1990 erschien *Was bleibt* von Christa Wolf. Der Text ist ein Ausschnitt aus dem Leben einer Autorin, die von der Staatssicherheit der DDR überwacht wurde, dies wusste und damit auch leben musste. Dieser kleine Band, als literarische Fallstudie oder auch als autobiographische Erinnerungsarbeit gedacht, entfachte einen „deutsch-deutschen" Literaturstreit. An das Ende des Berichtes hatte Christa Wolf zwei Jahreszahlen gesetzt: 1979 und 1989. Damit wollte sie dokumentieren, dass diese Notizen aus dem Jahre 1979 vor der Veröffentlichung überarbeitet worden waren. Für diese Ehrlichkeit wurde sie schlecht belohnt. Es gab Literaturkritiker im In- und Ausland, die ihr vorwarfen nachträglich ihre privilegierte Rolle in der DDR relativieren zu wollen. Doch bald ging es schon nicht mehr um den „Fall" Christa Wolf; er war nur der Auslöser einer sehr polemischen, rechthaberischen Diskussion über die Frage, welche literarischen Werke seit 1945 – nach dem Zusammenbruch des „real existierenden Sozialismus" in der DDR und nach der Verabschiedung kritischer Alternativ-Modelle auch im Westen – noch Bestand haben könnten. Konservative Rezensenten und Schriftsteller sahen ihre Chance gekommen, mit der „linksintellektuellen" Literatur insgesamt abzurechnen.

„Grenzfallgedichte"

Eine Lyrikanthologie aus dem Jahre 1991 hatte den Titel „Grenzfallgedichte". Das doppeldeutige Wort „Grenzfall" bezieht sich sowohl auf das historische Ereignis der Grenzöffnung zwischen Ost und West (1989) als auch auf die besondere Situation, im Grenzbereich zwischen zwei Gesellschaftssystemen zu stehen. Reiner Kunze, der 1977 nach einem generellen Schreibverbot in den Westen gegangen war, sah in der „Mauer" mehr als nur eine bedrohliche Grenzbefestigung; er sprach von der Mauer „in uns", die sich viel schwerer schleifen ließe:

Reiner Kunze
Die Mauer

Die mauer
Zum 3. oktober 1990

Als wir sie schleiften, ahnten wir nicht,
wie hoch sie ist
in uns

Wir hatten uns gewöhnt
an ihren horizont

Und an die windstille

In ihrem schatten warfen
alle keinen schatten

Nun stehen wir entblößt
jeder entschuldigung

Volker Brauns Gedicht *Das Eigentum* hatte in der genannten Anthologie noch den Titel *Nachruf,* beide Überschriften treffen den Inhalt des Textes, der Anfang der Neunzigerjahre zu den am häufigsten zitierten und kommentierten gehörte. Volker Braun veröffentlichte ihn 1992 nochmals in seinem „Abrisskalender" – so der Untertitel – *Die Zickzackbrücke:*

Volker Braun
Das Eigentum

Die Zickzackbrücke

DAS EIGENTUM

Da bin ich noch: mein Land geht in den Westen.
KRIEG DEN HÜTTEN FRIEDE DEN PALÄSTEN.
Ich selber habe ihm den Tritt versetzt.
Es wirft sich weg und seine magre Zierde.
Dem Winter folgt der Sommer der Begierde.
Und ich kann *bleiben wo der Pfeffer wächst.*

Und unverständlich wird mein ganzer Text
Was ich niemals besaß wird mir entrissen.
Was ich nicht lebte, werd ich ewig missen.
Die Hoffnung lag im Weg wie eine Falle.
Mein Eigentum, jetzt habt ihrs auf der Kralle.
Wann sag ich wieder *mein* und meine alle.

Der „Nachruf" hat einen doppelten Sinn: Er bezieht sich auf die gescheiterten Hoffnungen, wenigstens partiell auch innerhalb des herrschenden Systems Forderungen eines aufgeklärten Sozialismus verwirklichen zu können; und er bezieht sich auf den Gang der Ereignisse seit der Öffnung der Mauer, die mehr vom Umtauschwert der alten Währung als von Gesprächen über eine ebenbürtige gesellschaftliche Annäherung bestimmt wurden. Auch „Eigentum" im endgültigen Titel hat einen doppelten Sinn: zum einen, was von der eigenen Identität, von der eigenen Vergangenheit noch bleibt; zum anderen meinte es die territorialen und wirtschaftlichen Restbestände eines bankrotten Staates, die meistbietend verhökert wurden. Ähnlich äußerte sich Christoph Hein 1992 in einem Interview, das fast eine erläuternde Paraphrase des Gedichtes von Volker Braun sein könnte: „Mit dem politischen System gingen bestimmte Hoffnungen zu Ende, aber meine Hoffnungen waren auf Veränderungen gerichtet, insofern habe ich etwas verloren, was ich nie besaß." Die Hoffnungen kritischer DDR-Autoren auf die Möglichkeit eines dritten Weges zwischen Kapitalismus und Sozialismus einfach mit dem Satz abzutun, sie sollten „bleiben, wo der Pfeffer wächst" (so 1990 das Originalzitat in einer westdeutschen Zeitung), – dies förderte nicht gerade den Dialog einer deutsch-deutschen Selbstbefragung.

Günter Grass
Novemberland

In dem Sonett *Die Festung wächst* aus dem Band *Novemberland* (1993) warnte Günter Grass vor einer neuen Mauer, die sich nicht mehr mitten durch Deutschland zieht, sondern an den Grenzen gegen außen errichtet wird. Er meinte die wachsende Feindlichkeit und rechtsradikale Gewalt gegen Ausländer und Asylbewerber.

DIE FESTUNG WÄCHST

Liegt brach das Land zum Fraß der Krähenschar.
Der Maulwurf mehrt sich, und verdächtig häufig
sind längs den Zäunen fremde Hunde läufig.
Wir sollen zahlen: auf die Hand und bar.

Weil in der Mitte liegend, reich und ungeschützt,
hat planend Furcht ein Bauwerk ausgeschwitzt:
als Festung will Novemberland sich sicher machen
vor Roma, Schwarzen, Juden und Fellachen.

Nach Osten hin soll Polen Grenzmark sein;
so schnell fällt nützlich uns Geschichte ein.
Das Burgenbauen war schon immer unsre Lust,
Den Wall zu ziehn, die Mauer zu errichten,
und gegen Festungskoller, Stumpfsinn, Lagerfrust
half stets ein Hölderlin im Brotsack mit Gedichten.

Der Titel des Gedichtbandes erinnert nicht nur an den 9. November 1918 (Ausrufung der Republik), sondern auch an den 9. November 1989, als Zehntausende am Brandenburger Tor die Öffnung der Mauer feierten, und an den 9. November 1938, als in der so genannten „Reichskristallnacht“ jüdische Einrichtungen zerstört wurden und die Synagogen brannten. Im Deutschland nach der Wende zeigten sich erschreckende Anzeichen einer neuen Abgrenzung nach innen und außen.

Parabelstücke und Dokumentartheater

CHRISTOPH HEIN *Die Ritter der Tafelrunde*

Volker Braun *Iphigenie in Freiheit*

Die Hüter des Grals haben ausgedient. Sie sind gescheitert und sie müssen erkennen, dass sie ein Phantom gehütet haben, das weder der Stein der Weisen noch eine verehrungswürdige Reliquie war. Diese mythische Parabel in dem Stück *Die Ritter der Tafelrunde* (1989) von CHRISTOPH HEIN (geb. 1940) ist leicht zu entziffern: Die alten Ritter – die Gralshüter des sozialistischen Staatsapparates – verstummen; denn niemand glaubt ihnen mehr. Ein System hat abgedankt. – Auch Volker Braun zog sich in seinem Stück *Iphigenie in Freiheit* (1992) auf eine mythische und literarische Bilderwelt zurück, um die ersten Jahre im vereinten Deutschland zu kommentieren. Iphigenie zitiert den berühmten Satz aus Goethes Stück: „Das Land der Griechen mit der Seele suchend.“ Sie fügt aber an, es sei der „Kinderglaube an die heile Welt“. Iphigenie kehrt aus dem Barbarenland in ihre westliche Heimat zurück. Was sie vorfindet, ist ein Supermarkt; alles wird nach dem Geld- oder Warenwert bemessen und beurteilt.

Rolf Hochhuth *Wessis in Weimar*

Mythen haben den Vorteil, dass man mit ihnen große gedankliche Bögen vorzeichnen kann, aber im aktuellen Detail sind sie notwendig unscharf. Für seine neunteilige Bilderfolge *Wessis in Weimar. Szenen aus einem besetzten Land* (1993) griff Rolf Hochhuth auf dokumentarisches Material (Zeitungsberichte, Erlasse usw.) zurück. In diesen Szenen schilderte er den Einigungsprozess nicht als eine partnerschaftliche Annäherung. Seine These lautet, dass die neuen Bundesländer wie ein „besetztes Land“ vereinnahmt worden seien; als Beispiele werden die Land- und Anlagenverkäufe der Treuhand, die westlichen Spekulationsinvestitionen oder der Stellenabbau durch „Abwicklung“ genannt.

Franz Xaver Kroetz *Ich bin das Volk*

Im Vorspann zu *Ich bin das Volk. Volkstümliche Szenen aus dem neuen Deutschland* schrieb Franz Xaver Kroetz: Die Szenenfolge „wurde 1993 aus aktuellem Anlass geschrieben: Ausländerhass, Neonazitum, Not und Feigheit“. Die 24 Einzelszenen, vom kurzen Anspiel bis zur grotesken Verzerrung, sind ein gnadenlos desillusionierendes Zeitpanorama. „Volkstümlichkeit“ ist hier ein ironisches Synonym für politische Borniertheit.

„Familiendramen“

Tankred Dorst *Die Schattenlinie*

In dem Stück *Die Schattenlinie* (1994) entwarf Tankred Dorst das Psychogramm eines alt gewordenen Anhängers der 68er-Bewegung, der hilflos zusehen muss, wie in der eigenen Familie, trotz einer antiautoritär-toleranten Erziehung, die junge Generation für rechtsradikale Parolen anfällig wird. In einem Interview sagte Tankred Dorst dazu: „Das Problem der Hauptfigur Malthus ist seine Lebensfremdheit. Es ist viel Zerstörung um ihn herum in seiner Familie. Er steht letztlich für das Scheitern der Vernunft. Wir leben in einer Katastrophenwelt.“ – Das gleiche Thema behandelte Ulrich Plenzdorf in dem Stück *Mörderkind* (1994) aus der Perspektive eines 14-Jährigen, der sich auf der Suche

Ulrich Plenzdorf *Mörderkind*

nach der eigenen Identität von seinen Eltern enttäuscht fühlte und nun in rechtsradikalen Kreisen eine solidarische Geborgenheit zu finden glaubt.

die Wirklichkeit der Satire

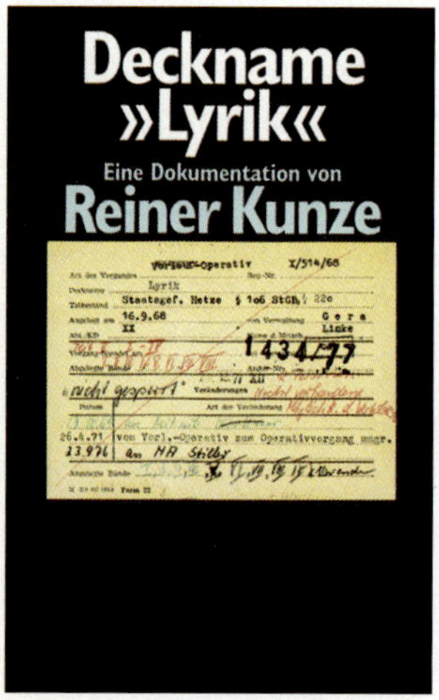

Reiner Kunze gab 1990 unter dem Titel *Deckname „Lyrik“* auszugsweise eine Dokumentation der Originalakten heraus, die der Staatssicherheitsdienst der DDR über ihn angelegt hatte. Von den Informanten waren selbst die belanglosesten Nebensächlichkeiten aufgeschrieben worden. Aber es wurden auch Kunzes Gedichte von willfährigen Germanisten fachkompetent interpretiert bis zu dem absurden Widersinn, dass die Interpreten in einer unfreiwilligen Selbstbezichtigung des Überwachungssystems genau das explizit formulierten, was Kunze in der verdeckten Bildersprache seiner Gedichte an Kritik nur angedeutet hatte. Dies war keine erfundene literarische Groteske auf das System eines Überwachungsstaates, sondern authentisches Archivmaterial. – Vergleicht man Kunzes Dokumentation mit dem satirischen Roman *„Ich“* (1993) von WOLFGANG HILBIG (geb. 1941), dann zeigt sich die Wirklichkeit in ihrer Absurdität dem Spiel der Phantasie überlegen: Hilbigs Roman ist die als Groteske inszenierte Geschichte eines mittelmäßigen, von Minderwertigkeitskomplexen geplagten Schriftstellers, der in der neuen Aufgabe als Informant des Staatssicherheitsdienstes hofft seine literarischen Fähigkeiten unter Beweis stellen zu können. Übereifrig bespitzelt er nicht nur den ihm zugewiesenen Schriftsteller, sondern sucht sich freiwillig weitere Opfer; doch dadurch durchkreuzt er das staatliche Planspiel, einen Doppelagenten aufzubauen, und wird in die Provinz, d. h. in seine Mittelmäßigkeit zurückgeschickt.

WOLFGANG HILBIG
„Ich“

Prosaskizzen aus dem Alltag

In mehreren Romanen spielen die Veränderungen seit 1989 eine Rolle, aber man kann diese Texte nicht deshalb schon politische Zeitromane nennen; sie sind in der Mehrzahl Individualgeschichten vor zeitgeschichtlichem Hintergrund. Für Alfred Dorn, die Hauptfigur in Martin Walsers Roman *Die Verteidigung der Kindheit* (1991), war der Bau der Berliner Mauer (1961) weniger ein einschneidendes Ereignis in der deutsch-deutschen Geschichte, sondern vor allem die erzwungene Trennung von der Mutter, die bisher sein Leben bestimmte; er flieht – auch später – vor der Wirklichkeit und klammert sich an seine erinnerte Kindheit. Der Titel des Romans *Ohne einander* (1993) könnte als Leitthema für Walsers erzählerisches Gesamtwerk seit den Sechzigerjahren gelten: die beharrliche Beschreibung sozialer Vereinsamung, die nur scheinbar durch eine erfolgreiche Berufskarriere nach außen überdeckt wird. – JUREK BECKERS (1937–1997) Roman *Amanda herzlos* (1992) reicht bis 1988; er ist eine Innenansicht des Alltags der DDR in den Achtzigerjahren. Kurz vor der Wende heiratet Amanda einen Hamburger Korrespondenten und darf mit ihm in den Westen ausreisen. Doch ist dies kein Protest gegen den Staat, sondern eher eine private Entscheidung. Seinen ersten großen literarischen Erfolg hatte Jurek Becker mit der tragischen Schelmengeschichte *Jakob der Lügner* (1969), die in einem jüdischen Ghetto in Polen während der deutschen Besatzung handelt. – MONIKA MARON (geb. 1941) konnte ihre kritische Romanreportage *Flugasche* (1981) über den vergeblichen Versuch einer Journalistin, vor ökologischen Katastrophen im Bitterfelder Industriekombi-

Martin Walser
Die Verteidigung der Kindheit

Ohne einander

JUREK BECKER
Amanda herzlos

MONIKA MARON
Flugasche

nat zu warnen, nur im Westen veröffentlichen. 1988 kehrte sie, nachdem sie ein Ausreisevisum erhalten hatte, nicht mehr in die DDR zurück. In ihrem Roman *Stille Zeile sechs* (1991) rechnet sie mit der Generation der Väter ab, die durch ihren sozialistischen Dogmatismus die Generation nach ihnen um eine bessere Zukunft beraubt haben. Dargestellt wird dieser kritische Rückblick im Bericht einer Sekretärin, die von einem pensionierten Parteifunktionär zur Niederschrift seiner Memoiren engagiert worden war. In dem Roman *Animal triste* (1996) beschreibt Monika Maron aus der Perspektive einer Ostberliner Ich-Erzählerin das Scheitern einer deutsch-deutschen Liebesbeziehung nach der Wende. Beide Partner, schon um die fünfzig – sie lernten sich im Berliner Naturkundemuseum kennen –, können sich von Stereotypen ihrer Vergangenheit nicht lösen; die Teilung hatte auch im individuellen Bewusstsein Spuren hinterlassen. – Der Roman *Unter dem Namen Norma* (1994) von Brigitte Burmeister (geb. 1940) spielt zwischen Berlin Mitte und Mannheim. Es ist die Geschichte eines doppelten Verlustes. Der Lebensgefährte der Ich-Erzählerin ist in den Westen gegangen, weil er dort größere berufliche Chancen für sich sieht; dies ist der individuelle Verlust. Der ideelle Verlust, zwar auch aus dem alltäglichen Bereich der Erzählerin kommentiert, ist die Einsicht, dass sich mit der Wende die Hoffnungen des Arbeiteraufstandes vom 17. Juni 1953 nicht erfüllt haben. Und die Erzählerin – sie ist dabei, ein Werk über die Französische Revolution zu übersetzen – geht in ihrem historischen Vergleich noch weiter zurück. Der Rückblick auf gescheiterte Reformbestrebungen ist kein resignativer Nachruf, sondern eher ein privater Protest gegen die Diskussionsunwilligkeit nach der vollzogenen gesamtdeutschen Einheit. – Der Roman von Marion Titze (geb. 1953) über die ersten Jahre nach der Wende trägt den bezeichnenden Titel *Unbekannter Verlust* (1994), vergleichbar mit zwei Zeilen aus dem Gedicht *Das Eigentum* (vgl. S. 493) von Volker Braun: „Was ich niemals besaß, wird mir entrissen. / Was ich nicht lebte, werd ich ewig missen." Eine jahrelange Freundschaft scheitert, weil die Ich-Erzählerin – anders als ihr Partner – sich weigert ihre Vergangenheit einfach zu vergessen und sich einem marktwirtschaftlichen Opportunismus auszuliefern. Es ist die Selbstachtung, die „magre Zierde" (Volker Braun).

Stille Zeile sechs

Animal triste

Brigitte Burmeister
Unter dem Namen Norma

Marion Titze
Unbekannter Verlust

Rückgriff auf die Geschichte

Das Urteil von Günter Grass über die Wiedervereinigung war klar und deutlich: Die praktizierte Vorgehensweise habe zu einer zweiten Trennung geführt; das deutsch-deutsche Eigentum habe sich in westdeutschen Händen kumuliert und die „Treuhand" sei daran nicht unschuldig. Deshalb wählte er für sein zeitgeschichtliches Panorama zunächst den Arbeitstitel *Treuhand.* Da aber die Wurzeln der aktuellen Ereignisse sehr viel weiter zurückreichten und auch sehr viel breiter verzweigt waren, wählte er schließlich den Titel *Ein weites Feld* (1995), der ein Zitat aus Fontanes Gesellschaftsroman *Effi Briest* ist: Immer wenn der alte Briest nach gesellschaftlichen Ursachen oder Hintergründen der nur scheinbar familiären Tragödie gefragt wurde, antwortete er mit dem Satz „. . . das ist ein zu weites Feld". Genauso weigert sich auch Günter Grass die Ereignisse nach 1989 nur aus den aktuellen Fakten zu erklären. Über seine beiden Protagonisten – Theodor Wuttke

Günter Grass
Ein weites Feld

(genannt „Fonty") und Hoftaller – greift er bis in das 19. Jahrhundert zurück, um langläufige Entwicklungen im historischen Kontext darzustellen und möglicherweise auch zu erläutern. Günter Grass geht es in dem vielschichtigen Rückblick nicht darum, aufzurechnen und abzurechnen; er zeichnet nur die Konturen der Widersprüche nach.

Autobiographische Erinnerungen

GÜNTER DE BRUYN *Zwischenbilanz*

Vierzig Jahre

Günter Kunert *Erwachsenenspiele*

Christoph Hein *Von allem Anfang an*

GÜNTER DE BRUYN (geb. 1926), durch *Buridans Esel* (1968), die Geschichte eines Mannes zwischen zwei Frauen, als Erzähler mit der gesellschaftskritischen Ironie eines Fontane bekannt geworden, gab 1992 den ersten Teil seiner Autobiographie unter dem Titel *Zwischenbilanz* heraus. Er versteht die Auskunft über sich selbst als Aufarbeitung der Zeitgeschichte ohne Wahlplakate; er zieht sich nicht hinter fremde Meinungen zurück. Dies gilt auch für die Fortsetzung *Vierzig Jahre* (1996); sie umfasst die Jahre der DDR. – Günter Kunerts Autobiographie *Erwachsenenspiele* (1997) reicht bis zur Flucht (1979) aus der DDR. – In die Nähe einer Autobiographie kommt auch Christoph Heins Schülergeschichte *Von allem Anfang* an (1997); sie spielt in den ersten Jahren der DDR.

Renaissance der Mythen

Der Rückgriff auf Mythos und Geschichte kann ein Versteckspiel mit der Gegenwart sein; unter der Tarnkappe alter Erzählstoffe wird Zeitgeschichte verhandelt. Beispiele dafür sind die schon genannten Stücke *Die Ritter der Tafelrunde* von Christoph Hein und *Iphigenie in Freiheit* von Volker Braun. Mythos und Geschichte können aber auch als archetypische Vorlagen für menschliche Grunderfahrungen dienen; das wohl berühmteste Beispiel aus der Nachkriegsliteratur ist die Figur des Beckmann in Wolfgang Borcherts Stationendrama *Draußen vor der Tür* (vgl. S. 397): Wie Odysseus kommt er nach dem Kriege in eine ihm fremd gewordene Heimat zurück. – In dem Stück *Ithaka* (1996) von Botho Strauß findet Odysseus nach zwanzig Jahren Abwesenheit auf Ithaka ein verrottetes Staatswesen vor; er stellt die alte Ordnung nach dem Wunsch und Willen der Götter wieder her. Wollte man die Aussage des Stückes aktualisieren, dann ist es das Bekenntnis zu einer konservativen Werteordnung, deren Gegenspieler (auf der Bühne) die ichbesessenen, am Gemeinwohl wenig interessierten Freier sind.

Botho Strauß *Ithaka*

CHRISTOPH RANSMAYR *Die letzte Welt*

Der Roman *Die letzte Welt* (1988) von CHRISTOPH RANSMAYR (geb. 1954) ist eine Spurensuche. Cotta, ein Freund des römischen Dichters Ovid (43 v. Chr. – um 18 n. Chr.), will vor Ort über dessen letzte Lebensjahre in der Verbannung am Schwarzen Meer und über den Verbleib einer Abschrift der *Metamorphosen* (Verwandlungen) Genaueres erfahren. Fern von Rom lernt Cotta eine andere Welt kennen, die nicht von der Vernunft, sondern von den Gleichnissen und Bildern einer mythischen Seinsdeutung bestimmt ist. Ransmayr hebt in seiner vielschichtigen Erzählweise die historische Chronologie auf: Rom ist zugleich der Moloch der modernen Zivilisation. Der Rückgriff auf den Mythos als letzte Erklärungsinstanz stellt den Glauben an den Fortschritt der Menschheit in Frage. Als negative Utopie spielt Ransmayr in dem Roman *Morbus Kitahara* (1995) die Folgen zivilisatorischer Selbstzerstörung bis zur Katastrophe durch.

Morbus Kitahara

ADOLF MUSCHGS (geb. 1934) voluminöser Roman *Der Rote Ritter* (1993) ist keine Nacherzählung des mittelalterlichen Heldenepos *Parzival,* sondern eine ernüchternde Korrektur der Gralssuche: Parzival durchschaut das zelebrierte Pathos der Gralshüter und kehrt in die Alltagswelt zurück. – Wie sich der „neue" Parzival jeglicher institutionellen und ideologischen Vereinnahmung verweigert, so wehrt sich auch Medea in Christa Wolfs Roman in Monologen *Medea. Stimmen* (1996) gegen das tradierte Charakterbild, das der Mythos von ihr zeichnet.

ADOLF MUSCHG
Der Rote Ritter

Christa Wolf
Medea

Lyrische „Inventur"

1997 sagte der Literaturkritiker Marcel Reich-Ranicki in einem Interview: „Die deutschsprachige Lyrik ist seit mindestens zehn Jahren ungleich interessanter als das deutsche Drama und der deutsche Roman – wohl deshalb, weil sich unsere heutige Welt in höherem Maße als in früheren Epochen der literarischen Darstellung entzieht oder jedenfalls zu entziehen scheint. Dies erschwert die Arbeit der Dramatiker und erst recht die der Romanciers, nicht aber die der Lyriker. Denn Lyriker können auf unsere Welt wie eh und je ganz subjektiv reagieren und zugleich nur punktuell – ihnen fällt es am leichtesten, ohne eine geschlossene Sicht, ohne eine Welt-Anschauung auszukommen." Trotzdem machen auch sie ihre – vielleicht weniger termingebundene – „Inventur". – Das Gedicht *eines Lebensabschnittes Bestandaufnahme* aus dem Band *Notizen auf einem Kamel* (1996) von FRIEDERIKE MAYRÖCKER (geb. 1924) liest sich wie ein spätes Echo auf Günter Eichs *Inventur* (vgl. S. 404):

eines Lebensabschnittes Bestandaufnahme

in meinem Tornister
ein Thymianstämmchen
zwei Münzen
ein stumpfer Bleistift
zerknitterte Notizen
Keksbrösel
eine grüne Wäscheklammer
die Visitkarte einer japanischen Germanistin
ein zerbrochener kleiner Kamm
Dalís Ameisen auf einem verschatteten Notenblatt (1991)

Doch trotz der nicht überhörbaren Anspielungen geht diese „Bestandaufnahme" über die Vorlage hinaus. Sie reflektiert einen subjektiven Kosmos, in dem Natur, Alltag und Kunst ihren Platz haben: konkret im Detail, frei assoziierend im Gesamtblick. Für Friederike Mayröcker sind Gedichte – frühere Sammelbände: *Winterglück* (1986), *Das besessene Alter* (1992) – impressionistische Momentaufnahmen, die im Experiment mit der Sprache und im Gegenlauf zum überlieferten Bilderinventar ein Eigenleben entwickeln. Gedichte widersetzen sich dem Zwang der Kausalität oder insistierender Nachfragen; sie sind Denk- und Traumspiele. Die Idee des Poetischen – so Friederike Mayröcker – setze „die Begabtheit für ein Gefühl des deckungsgleichen Einsseins mit aller Kreatur" voraus.

FRIEDERIKE MAYRÖCKER
Notizen auf einem Kamel

Winterglück

Das besessene Alter

ROBERT GERNHARDT
Lichte Gedichte

ROBERT GERNHARDT (geb. 1937) ist Satiriker in Wort und Bild. Satire hat Verweischarakter. Unter dem Gedicht *Alles über den Künstler* mag man noch das Palimpsest, die „wieder beschriebene Handschrift" Wilhelm Busch' nur vermuten:

ALLES ÜBER DEN KÜNSTLER

Der Künstler geht auf dünnem Eis.
Erschafft er Kunst? Baut er nur Scheiß?

Der Künstler läuft auf dunkler Bahn.
Trägt sie zu Ruhm? Führt sie zum Wahn?

Der Künstler fällt in freiem Fall.
Als Stein ins Nichts? Als Stern ins All?

Aber im Untertitel zu dem Gedicht *Inventur 96,* das ebenfalls in dem Band *Lichte Gedichte* (1997) steht, ist die Vorlage explizit genannt: „Ich zeig Eich mein Reich":

Dies ist mein Schreibtisch,
dies ist mein Drehstuhl,
hier mein Computer,
darunter der Drucker. [. . .]

Wörtersee
Körper in Cafés
Weiche Ziele

DURS GRÜNBEIN
Grauzone morgens

Schädelbasislektion

Falten und Fallen

Den Teuren Toten

Bezeichnend ist der Schluss: „dies ist meine Bibliothek, / dies ist mein Reich." Der subjektive Augenblick spiegelt sich im intertextuellen Spiel. Es ist zwar ein Leben in und mit der Bibliothek der Weltliteratur, aber die Überlieferung wird zugleich immer wieder satirisch-kritisch reflektiert oder durch die Referenz auf Alltagsbeobachtungen in ihrem Anspruch relativiert, in Frage gestellt. Gernhardt misstraut den Wörtern und Sätzen, dass sie Augenblickserfahrungen noch unmittelbar und unvermittelt wiedergeben könnten; sie sind Zitate von Zitaten und damit vorbelastet. Ein früherer Gedichtband hieß *Wörtersee* (1981); ihm folgten *Körper in Cafés* (1987) und *Weiche Ziele* (1994). – DURS GRÜNBEIN (geb. 1962) veröffentlichte zwischen 1988 und 1994 vier Gedichtbände: *Grauzone morgens* (1988), *Schädelbasislektion* (1991), *Falten und Fallen* (1994), *Den Teuren Toten* (1994). Die Literaturkritik verglich ihn mit dem jungen Enzensberger der Fünfzigerjahre und feierte ihn als die große Hoffnung der Neunzigerjahre. 1995 erhielt er den Georg-Büchner-Preis. Auch Grünbeins Gedichte sind eine Art Inventur, aber ohne den nachsichtigen Rückblick auf das, was für die Gesellschaft und den Einzelnen Bestand haben könnte. Das lyrische Ich, genau beobachtend, versucht die konfusen Details eines eingefangenen Augenblicks, einer Momentaufnahme – z. B. in dem Titelgedicht „Grauzone morgens" – zu einem Textbild zu ordnen. Die Virtuosität der Form, die Grünbein meisterhaft zelebriert, und auch die diagnostische Schärfe der Sprache sind jedoch nur ein „literarischer" Widerspruch gegen die „reale" Anonymität der modernen Industriegesellschaft. Es bleibt beim Widerspruch; die Alternative wird nicht diskutiert. Dies unterscheidet – nun doch – Durs Grünbein von seinem jung-zornigen Vorgänger Hans Magnus Enzensberger (Georg-Büchner-Preis 1963).

Literaturhinweise

I. Bibliographien

Bibliographie der deutschen Sprach- und Literaturwissenschaft. Begründet von Hanns W. Eppelsheimer, fortgeführt von Clemens Köttelwelsch, herausgegeben von Bernhard Koßmann. Verlag Vittorio Klostermann, Frankfurt 1957 ff. (Aufteilung nach Sachgebieten und Epochen; erscheint jährlich).

Germanistik. Internationales Referatenorgan mit bibliographischen Hinweisen. Verlag Niemeyer, Tübingen 1960 ff. (kommentierte Bibliographie der wissenschaftlichen Neuerscheinungen).

Heiner Schmidt: Quellenlexikon der Interpretationen und Textanalysen. Personal- und Einzelwerkbibliographie zur deutschen Literatur von ihren Anfängen bis zur Gegenwart. Verlag für Pädagogische Dokumentation, Duisburg 1984–1987.

II. Nachschlagewerke

Reallexikon der deutschen Literaturgeschichte. Begründet von Paul Merker und Wolfgang Stammler. Zweite Auflage herausgegeben von Werner Kohlschmidt und Wolfgang Mohr. Verlag Walter de Gruyter, Berlin 1958–1988 (Sachartikel).

Herbert A. und Elisabeth Frenzel: Daten deutscher Dichtung. Chronologischer Abriß der deutschen Literaturgeschichte. Zwei Bände. Deutscher Taschenbuch Verlag (dtv), München 1962 ff. (mehrere jeweils aktualisierte Auflagen).

Deutsches Literatur-Lexikon. Biographisch-bibliographisches Handbuch. Begründet von Wilhelm Kosch. Dritte völlig neubearbeitete Auflage, herausgegeben von Bruno Berger und Heinz Rupp. Francke Verlag, Bern und München 1968 ff. (Gliederung nach Autoren).

Lexikon der Kinder- und Jugendliteratur. Herausgegeben von Klaus Doderer. Beltz Verlag, Weinheim und Basel 1975–1982.

KLG Kritisches Lexikon zur deutschsprachigen Gegenwartsliteratur. Herausgegeben von Heinz Ludwig Arnold. Verlag text + kritik, München 1978 ff. (Loseblattsammlung, die ständig aktualisiert wird).

Horst Dieter Schlosser: dtv-Atlas zur deutschen Literatur. Deutscher Taschenbuch Verlag (dtv), München 1983.

Lexikon der deutschen Gegenwartsliteratur. Begründet von Hermann Kunisch, fortgeführt von Herbert Wiesner, ergänzt und erweitert von Sibylle Cramer. Nymphenburger Verlagshandlung, München 1987.

Handbuch der Literatur in Bayern. Vom Frühmittelalter bis zur Gegenwart. Herausgegeben von Albrecht Weber. Verlag Friedrich Pustet, Regensburg 1987.

Gero von Wilpert: Deutsches Dichterlexikon. Biographisch-bibliographisches Handwörterbuch zur deutschen Literaturgeschichte. Dritte Auflage. Verlag Alfred Kröner, Stuttgart 1988.

Literatur Lexikon. Autoren und Werke deutscher Sprache. Herausgegeben von Walther Killy. Bertelsmann Lexikon Verlag, Gütersloh und München 1988 ff. (Autorenartikel mit Bibliographie).

Kindlers Neues Literatur Lexikon. Herausgegeben von Walter Jens. Kindler Verlag, München 1989 ff. (nach Autoren gegliedert; Werke jeweils in Auswahl mit Bibliographie).

Geschichte der deutschen Kinder- und Jugendliteratur. Herausgegeben von Reiner Wild. J. B. Metzler Verlag, Stuttgart 1990.

Metzler Literatur Lexikon. Begriffe und Definitionen. Herausgegeben von Günther und Irmgard Schweikle. Zweite, überarbeitete Auflage. J. B. Metzlersche Verlagsbuchhandlung, Stuttgart 1990.

Neues Handbuch der deutschsprachigen Gegenwartsliteratur seit 1945. Herausgegeben von Dietz-Rüdiger Moser. Deutscher Taschenbuch Verlag, München 1993 (Gliederung nach Autoren).

Volker Meid: Metzler Literatur Chronik. Werke deutschsprachiger Autoren. Zweite erweiterte Auflage. Verlag J. B. Metzler, Stuttgart und Weimar 1998 (chronologisch geordnete Darstellung der Werke in Einzelartikeln).

III. Mehrbändige Literaturgeschichten

Geschichte der deutschen Literatur. Von den Anfängen bis zur Gegenwart. Begründet von Helmut de Boor und Richard Newald. Verlag C. H. Beck, München 1949 ff. (zum Teil neubearbeitet).

Geschichte der deutschen Literatur von den Anfängen bis zur Gegenwart. Reclam Verlag, Stuttgart 1965 ff. (einzelne Epochenbände).

Kindlers Literaturgeschichte der Gegenwart. Autoren, Werke, Themen, Tendenzen seit 1945. Kindler Verlag, Zürich und München 1973–1980.

Neues Handbuch der Literaturwissenschaft. Herausgegeben von Klaus von See. Akademische Verlagsgesellschaft Athenaion, Wiesbaden 1978 ff. (Gliederung der Bände nach Nationalliteraturen und Epochen).

Hansers Sozialgeschichte der deutschen Literatur vom 16. Jahrhundert bis zur Gegenwart. Herausgegeben von Rolf Grimminger. Carl Hanser Verlag, München und Wien 1980 ff.

Deutsche Literatur von Frauen. Herausgegeben von Gisela Brinker-Gabler. Zwei Bände. Verlag C. H. Beck, München 1988 (Geschichte der Frauenliteratur vom Mittelalter bis zur Gegenwart).

IV. Darstellungen der deutschsprachigen Literatur seit 1945

Volker Bohn: Deutsche Literatur seit 1945. Texte und Bilder. Suhrkamp Verlag, Frankfurt a. M. 1993 (ein Überblick mit vielen Textbeispielen).

Ralf Schnell: Geschichte der deutschsprachigen Literatur seit 1945. J. B. Metzlersche Verlagsbuchhandlung, Stuttgart 1993.

Geschichte der deutschen Literatur von 1945 bis zur Gegenwart. Herausgegeben von Wilfried Barner. Verlag C. H. Beck, München 1994.

Autorenregister

(Die Titel der erwähnten oder behandelten Werke stehen unter dem Namen der Autoren bereits in den Übersichtstabellen zu den einzelnen Kapiteln; sie werden hier nicht nochmals aufgeführt. Sie können unter den fett gedruckten Seitenangaben jeweils nachgeschlagen werden. Die kursiv gedruckten Seitenangaben weisen auf Abschnitte hin, in denen die Autoren und ihre Werke ausführlicher behandelt werden.)

Werke, deren Autoren oder Bearbeiter nicht bekannt sind:

Bilderklärungen

Bildnachweis

Archiv für Kunst und Geschichte, Berlin
Aufbau Verlag, Berlin und Weimar
C. H. Beck, München
Bertelsmann Lexikon Verlag, Gütersloh
Bibliographisches Institut, Leipzig
Klaus Böttger, Wiesbaden
F. A. Brockhaus, Mannheim
Büchergilde Gutenberg, Frankfurt/M.
Rosemarie Clausen, Hamburg
Deutscher Klassiker Verlag, Frankfurt/M.
Droemersche Verlagsanstalt, München
Econ Verlag, Düsseldorf
S. Fischer Verlag, Frankfurt/M.
Freies Deutsches Hochstift, Frankfurt/M.
Germanisches Nationalmuseum, Nürnberg
Goethe-Museum, Düsseldorf
Grabbe-Archiv an der Lippischen Landesbibliothek
Hebbel-Museum, Wesselburen Detmold
Heinrich-Heine-Institut, Düsseldorf
Kindler Verlag, München
Kunstmuseum, Düsseldorf
Lingen Verlag, Köln
Luchterhand Literaturverlag, Frankfurt/M.
Manesse Verlag, Zürich
Renate von Mangoldt, Berlin
J. B. Metzler Verlag, Stuttgart
Meyers Lexikonverlag, Mannheim – Zürich – Wien
Christian Mischke, München
Nationale Forschungs- und Gedenkstätten, Weimar
Neumann & Göbel Verlagsgesellschaft, Köln
Nymphenburg Verlagshandlung, München
Isolde Ohlbaum, München
Michael Mathias Prechtl, Nürnberg
Emil Preetorius
Rowohlt Verlag, Reinbek b. Hamburg
Schiller-Nationalmuseum Marbach
Suhrkamp Verlag, Frankfurt/M.
Ullstein Verlag, Frankfurt/M. – Berlin – Wien
Verlag Fritz Molden, Wien – München – Zürich
Verlagsanstalt Athesia, Bonn
Verlagsarchiv
Georg Westermann Verlag, Braunschweig